Cambridge
Word Routes

CAMBRIDGE
UNIVERSITY PRESS

Published by the Press Syndicate of the University of Cambridge
The Pitt Building, Trumpington Street, Cambridge CB2 1RP
40 West 20th Street, New York, NY 10011–4211, USA
10 Stamford Road, Oakleigh, Melbourne 3166, Australia

First published 1996

Printed in Great Britain
at the University Press, Cambridge

Library of Congress cataloguing in publication data applied for

A catalogue record for this book is available from the British Library

ISBN 0 521 480248 hardback
ISBN 0 521 445698 paperback

Cambridge Word Routes

Σύμβουλος της σειράς
Michael McCarthy

Γενική εκδότρια
Elizabeth Walter

Λεξικογράφοι
Edwin Carpenter
Stephen Curtis
John Williams

Μετάφραση
Katy Christomanou
Maria Pericleous

Επιμέλεια
Jocelyn Pye
Dimitra Moschou
Georgia Papadopoulou
Eleftheria Papanikolaou
Glennis Pye
Maria Vlassopoulou

Εικονογράφηση
Simone End
Keith Howard
Chris Price
Danny Pyne
Chris Ryley
Debra Woodward
Martin Woodward

Σχέδιο
Anne Colwell
Liz Knox

Περιεχόμενα

Ένα από τα μεγαλύτερα προβλήματα που αντιμετωπίζει όποιος μαθαίνει μια ξένη γλώσσα είναι το πώς να ξεχωρίσει τις λέξεις με συγγενικό αλλά όχι πάντοτε ίδιο νόημα, κυρίως όταν δεν υπάρχουν ακριβή συνώνυμα στη γλώσσα του σπουδαστή. Τα λεξικά μερικές φορές βοηθούν, αλλά λέξεις και εκφράσεις με συγγενικό νόημα μπορεί να είναι σκορπισμένες σε διαφορετικές σελίδες. Έτσι το ψάξιμο για ακριβείς πληροφορίες όταν υπάρχουν πολύ μικρές διαφορές στο νόημα, είναι χρονοβόρα και συχνά μάταιη προσπάθεια. Σ' ένα συνηθισμένο δίγλωσσο λεξικό ίσως χρειαστεί να ψάξετε για δύο ή τρεις λέξεις στα Αγγλικά και τελικά να βρείτε την ίδια ελληνική μετάφραση, με ελάχιστες εξηγήσεις για το αν οι αγγλικές λέξεις μπορούν να χρησιμοποιηθούν η μια στη θέση της άλλης σε όλες τις περιπτώσεις ή όχι.

Το πλεονέκτημα του **Word Routes** είναι ότι οι λέξεις και εκφράσεις με συγγενικό νόημα είναι ταξινομημένες *μαζί*, με επικεφαλίδες που καλύπτουν το πεδίο νοήματος που σας ενδιαφέρει. Μ' αυτόν τον τρόπο το **Word Routes** σας βοηθά να ξεχωρίσετε τα διάφορα συνώνυμα και σχεδόν συνώνυμα που υπάρχουν στα Αγγλικά και σας υποδεικνύει πώς οι μικρές διαφορές στο νόημα αντιστοιχούν σε λέξεις και εκφράσεις στα Ελληνικά. Το **Word Routes** δεν περιορίζεται στο να σας δώσει απλώς τη σημασία κάποιας λέξης ή έκφρασης, σας δίνει επίσης παραδείγματα χρήσης και λεπτομερείς πληροφορίες για την κάθε λέξη, όπως το βαθμό επισημότητας, γραμματική και χαρακτηριστική σύνταξη στη χρήση. Έτσι μπορείτε να είστε βέβαιοι ότι χρησιμοποιείτε την κατάλληλη λέξη στη σωστή περίπτωση.

Το **Word Routes** έχει το επιπρόσθετο προσόν ότι σας δίνει όλες αυτές τις πληροφορίες στη δική σας γλώσσα. Έχει γραφτεί έχοντας υπόψη τις συγκεκριμένες ανάγκες των Ελληνόφωνων, κι έτσι περιέχει πληροφορίες για παραπλανητικές συνωνυμίες ανάμεσα στις δύο γλώσσες και λεπτομερείς επεξηγήσεις σε περιπτώσεις όπου η μία γλώσσα φαίνεται να διαθέτει κάποια λέξη ή έκφραση που δεν υπάρχει ή είναι δύσκολο να μεταφραστεί στην άλλη.

Πολλά παραδοσιακά λεξικά και θησαυροί περιλαμβάνουν ακαδημαϊκή, λογοτεχνική ή φιλοσοφική ορολογία που δεν αντιστοιχεί στο λεξιλόγιο που μας χρειάζεται συχνά στην καθημερινή μας ζωή. Συνεπώς, χρήσιμες καθημερινές λέξεις και εκφράσεις (π.χ. που αναφέρονται σε αντικείμενα που συναντούμε στο σπίτι) απλούστατα δεν καταγράφονται. Το **Word Routes** συμπεριλαμβάνει κοινά, σύγχρονα λεξικά στοιχεία και καλύπτει διάφορους τομείς και θέματα στο φυσικό περιβάλλον και στο ανθρώπινο κοινωνικό σύνολο.

Οι ομάδες λέξεων στο **Word Routes** περιστρέφονται γύρω από ένα βασικό πυρήνα λέξεων, βοηθώντας σας να ξεκαθαρίσετε και να εμβαθύνετε στα όσα ήδη ξέρετε. Αντί να ταξινομούνται σύμφωνα με κάποιο δυσνόητο φιλοσοφικό σύστημα, οι ομάδες λέξεων είναι ταξινομημένες με λογικό και πρακτικό τρόπο έτσι ώστε, για παράδειγμα, τα ονόματα φαγητών να βρίσκονται κοντά σε λέξεις που έχουν σχέση με τα ρήματα «τρώω» και «πεινάω», και οι λέξεις που αφορούν σχολεία να βρίσκονται κοντά σε ρήματα όπως το «διδάσκω» και «μαθαίνω».

Θα βρείτε το **Word Routes** χρήσιμο βοήθημα στη συγγραφή και κατανόηση, στη συνομιλία (κυρίως το κεφάλαιο *Γλώσσα για επικοινωνία*), στην αλληλογραφία και στη μετάφραση. Μπορείτε επίσης να το χρησιμοποιήσετε για να επεκτείνετε το λεξιλόγιό σας, απλώς ξεφυλλίζοντάς το, ή με το να ρίχνετε μια ματιά σε ολόκληρο το κεφάλαιο όταν ψάχνετε κάποια συγκεκριμένη λέξη. Μ' αυτόν τον τρόπο μαθαίνετε να συνδέετε λέξεις και εκφράσεις μεταξύ τους, από άποψη συσχέτισης και λεξικών οικογενειών, και όχι απλώς τη σημασία κάθε λέξης μόνη της. Η μέθοδος αυτή είναι πολύ αποτελεσματική για την εκμάθηση λεξιλογίου. Οι εκατοντάδες εικόνες αποτελούν επίσης μια αποτελεσματική βοήθεια στην κατανόηση και εκμάθηση της αγγλικής γλώσσας.

Dr Michael McCarthy

1 Πώς να εκμεταλλευτείτε πλήρως το Word Routes

Όταν ψάχνετε να βρείτε κάτι στο **Word Routes** προσπαθήστε να αποκτήσετε τη συνήθεια να διαβάζετε τις άλλες καταχωρήσεις στην ίδια κατηγορία. Μ' αυτόν τον τρόπο θα χρησιμοποιήσετε πλήρως τις πληροφορίες που περιλαμβάνει και θα αποκτήσετε πλατύτερο και περισσότερο ακριβές λεξιλόγιο, καθώς θα αντιληφθείτε τις λεπτές διαφορές χρήσης και νοήματος και θα μάθετε καινούριες λέξεις που σχετίζονται με όποιο θέμα σας ενδιαφέρει.

Αντισταθείτε στον πειρασμό να αναπηδάτε απευθείας στη μετάφραση. Συχνά οι λέξεις δεν έχουν ακριβή αντίστοιχα σε άλλη γλώσσα, και οι σημειώσεις της γραμματικής και το επεξηγηματικό κείμενο στις αγκύλες είναι απαραίτητα για την πλήρη κατανόηση της σημασίας και της χρήσης των αγγλικών λέξεων.

2 Πώς να ψάξετε λέξεις και φράσεις

Στο **Word Routes** μπορείτε να ψάξετε λέξεις και φράσεις με διάφορους τρόπους:

• Αν ξέρετε τη λέξη στα Ελληνικά και θέλετε να μάθετε πώς να την πείτε στα Αγγλικά, κοιτάξτε στο ελληνικό ευρετήριο. Εκεί θα βρείτε τον αριθμό της κατηγορίας όπου θα βρείτε τη λέξη. Κοιτάξτε σ'εκείνη την κατηγορία για πλήρεις πληροφορίες σχετικά με τη λέξη.

• Αν έχετε κάποια λέξη στα Αγγλικά και θέλετε να μάθετε το ακριβές της νόημα, ή αν θέλετε να μάθετε πώς να την χρησιμοποιήσετε, κοιτάξτε στο αγγλικό ευρετήριο για να βρείτε τον αριθμό της κατηγορίας.

• Αν ψάχνετε μια περισσότερο ακριβή λέξη στα Αγγλικά από εκείνη που ξέρετε, ψάξτε να βρείτε τη λέξη που ήδη ξέρετε και διαβάστε τις άλλες καταχωρήσεις στην ίδια κατηγορία.

• Αν ψάχνετε κάποια ιδιωματική φράση σκεφτείτε ένα κατά προσέγγιση συνώνυμο ή κάποια λέξη που περιγράφει εκείνο το πεδίο νοήματος είτε στα Ελληνικά είτε στα Αγγλικά. Ψάξτε στην κατηγορία που καλύπτει αυτή τη λέξη, και αν υπάρχουν καθόλου ιδιωματισμοί με παρόμοιο νόημα θα τους βρείτε εκεί.

• Αν ψάχνετε κάποια κατάλληλη φράση που θέλετε να χρησιμοποιήσετε για να εκφράσετε μια κατάσταση όπως π.χ. έκπληξη ή έπαινο, χρησιμοποιήστε την ενότητα *Γλώσσα για επικοινωνία*. Θα βρείτε κατάλογο των τομέων που καλύπτει στις σελίδες 355–377.

3 Οι καταχωρήσεις

Η ενότητα που ακολουθεί επεξηγεί όλες τις πληροφορίες που περιέχονται στις ομάδες λέξεων. Πολλά απο αυτά τα στοιχεία θα τα βρείτε επίσης στην ενότητα *Γλώσσα για επικοινωνία*.

3.1 *Μέρη του λόγου*

ουσ.	ουσιαστικό
ουσ.αρ.	αριθμήσιμο ουσιαστικό, π.χ. **door, shirt**
ουσ.μ.αρ.	μη αριθμήσιμο ουσιαστικό, π.χ. **arson, amazement**
ουσ.αρ.μ.αρ.	ουσιαστικό που μπορεί να είναι αριθμήσιμο ή μη αριθμήσιμο, π.χ. **marriage, memory**
ουσ.πληθ.	ουσιαστικό στον πληθυντικό, π.χ. **dentures, trousers**
επίθ.	επίθετο, π.χ. **masculine, broad**
επίρρ.	επίρρημα, π.χ. **finely, politely**
ρ.	ρήμα
ρ.μ.	μεταβατικό ρήμα, π.χ. **solve, murder**
ρ.α.	αμετάβατο ρήμα, π.χ. **reign, bleed**
ρ.μ.α.	ρήμα που μπορεί να είναι μεταβατικό ή αμετάβατο, π.χ. **drown, forget**
ρ.πρφ.	περιφραστικό ρήμα, π.χ. **give up**
επιφ.	επιφώνημα, π.χ. **help!**

3.2 *Γραμματική*

Οι σημειώσεις της γραμματικής είναι ένας οδηγός για χαρακτηριστικά παραδείγματα σύνταξης. Η συχνότητα αυτών των παραδειγμάτων υποδεικνύεται από τις λέξεις «πάντα», «συχνά» ή «μερικές φορές».

(πριν από *ουσ.*) Περιγράφει επίθετα. Χρησιμοποιείται πάντα αμέσως πριν από το ουσιαστικό στο οποίο αναφέρεται. π.χ. **legislative** *a legislative assembly.*

(μετά από *ρ.*) Περιγράφει επίθετα. Χρησιμοποιείται μετά από το ουσιαστικό στο οποίο αναφέρεται και το ρήμα, όχι πριν από το ουσιαστικό. π.χ. **above-board** *The deal is above-board.*

(δεν έχει *συγκρ.* ή *υπερθ.*) Περιγράφει επίθετα. Δεν έχει συγκριτικό ή υπερθετικό βαθμό. π.χ. **main** *The main reason was laziness.*

(πάντα + **the**) Περιγράφει ουσιαστικά. Χρησιμοποιείται πάντα με το άρθρο **the**. π.χ. *the police*

(*ρ. ενικ.* ή *πληθ.*) Περιγράφει ουσιαστικά. Μπορεί να ακολουθείται από ρήμα στον ενικό ή στον πληθυντικό αριθμό. π.χ. **government** *The government is in favour of the change. The government are considering it.*

(συνήθως *πληθ.*) Περιγράφει ουσιαστικά. Χρησιμοποιείται συνήθως, αλλά όχι πάντα, στον πληθυντικό αριθμό. π.χ. **arrangement** *to make arrangements*

(σαν *επίθ.*) Περιγράφει ουσιαστικά. Χρησιμοποιείται πριν από άλλο ουσιαστικό σαν επίθετο. π.χ. **seaside** *a seaside town*

(συχνά + **to** + ΑΠΑΡΕΜΦΑΤΟ) Περιγράφει επίθετα και ρήματα. Συχνά ακολουθείται από απαρέμφατο που συμπεριλαμβάνει το **to**. π.χ. **right.** *It's only right to tell you.*

(+ **that**) Περιγράφει ρήματα. Ακολουθείται από πρόταση με το **that** αν και μερικές φορές η ίδια η λέξη **that** μπορεί να παραλειφθεί. π.χ. **vote** *I vote (that) we all go together.*

(+ **-ing**) Περιγράφει ρήματα. Ακολουθείται από άλλο ρήμα με την κατάληξη **-ing**. π.χ. **like** *I don't like getting up early.*

(συνήθως + *επίρρ.* ή *πρόθ.*) Περιγράφει ρήματα. Συνήθως ακολουθείται από επίρρημα ή πρόθεση. π.χ. **peep** *I peeped over her shoulder*

3.3 *Περιφραστικά ρήματα* *(Phrasal verbs)*

Το **Word Routes** σας υποδεικνύει πώς να χρησιμοποιείτε τα περιφραστικά ρήματα, εξηγώντας σαφώς πότε μπορούν ή δε μπορούν να διασπαστούν. Όταν μιλάμε για τη διάσπαση κάποιου περιφραστικού ρήματος, εννοούμε από το αντικείμενό του. Τα περιφραστικά ρήματα που δε μπορούν να διασπαστούν με την προσθήκη του αντικειμένου, συχνά μπορούν να διασπαστούν από επίρρημα. Για παράδειγμα, μπορείτε να πείτε *I clutched wildly at the rope,* αν και το **clutch at** είναι αδιάσπαστο περιφραστικό ρήμα.

«Sth» (κτ) σημαίνει «something» (κάτι) και «sb» (κπ) σημαίνει «somebody» (κάποιος).

own up *ρ.πρφ.α.* Αυτό το περιφραστικό ρήμα είναι αμετάβατο και δε μπορεί να διασπαστεί. π.χ. *I owned up to breaking the window.*

put sth down 'Η **put down sth** *ρ.πρφ.μ.* Αυτό το περιφραστικό ρήμα είναι μεταβατικό και μπορεί είτε να διασπαστεί είτε να μείνει όπως είναι. π.χ. *I put down the book.* 'Η *I put the book down.*

give up (sth) 'Η **give (sth) up** *ρ.πρφ.μ.α.* Αυτό το περιφραστικό ρήμα μπορεί να είναι μεταβατικό ή αμετάβατο και μπορεί είτε να διασπαστεί είτε να μείνει όπως είναι. π.χ. *It's too difficult – I give up. I've given up smoking. I gave my job up.*

clutch at sth *ρ.πρφ.μ.* Αυτό το περιφραστικό ρήμα είναι μεταβατικό και δε μπορεί να διασπαστεί. π.χ. *I clutched at the rope.*

talk sb round *ρ.πρφ.μ.* Αυτό το περιφραστικό ρήμα είναι μεταβατικό και πάντοτε διασπάται. π.χ. *I'll try to talk her round.*

get out of sth *ρ.πρφ.μ.* Μερικά περιφραστικά ρήματα αποτελούνται από περισσότερα από δύο μέρη. Αυτό εδώ είναι μεταβατικό και δε μπορεί να διασπαστεί. π.χ. *I managed to get out of going to the meeting.*

3.4 *Κλίσεις, καταλήξεις*

Όλες οι ανώμαλες κλίσεις και καταλήξεις παρουσιάζονται στις καταχωρήσεις. Συνήθως παρουσιάζονται πλήρως.

Υπάρχουν μερικές που παρουσιάζονται συχνά και συντομεύονται έτσι:

ban *ρ.μ.* **-nn-** δηλ. **banning, banned**
sad *επίθ.* **-dd-** δηλ. **sadder, saddest**

travel *ρ.α.* **-ll-** (*Βρετ.*), συνήθως **-l-** (*Αμερ.*) Στα βρετανικά Αγγλικά, η απλή μορφή διπλασιάζει το **l** στις κλίσεις **–ing** και **-ed**, δηλ. **travelling, travelled**. Στα αμερικάνικα Αγγλικά το διπλό **l** είναι πιθανό, αλλά είναι περισσότερο συνηθισμένο να παρουσιάζεται η λέξη με ένα **l**, δηλ. **traveling, traveled**.

organize *ρ.μ.α.* ΕΠΙΣΗΣ **-ise** (*Βρετ.*) Στα βρετανικά και αμερικάνικα Αγγλικά το **organize** γράφεται με την κατάληξη **-ize**. Στα βρετανικά Αγγλικά είναι επίσης δυνατή η γραφή **organise**.

Τίτλος και αριθμός της κατηγορίας. ————————————

77 Great Σπουδαίος

δες επίσης **Good 417**

Αγγλική επικεφαλίδα Όλες οι επικεφαλίδες —————
συμπεριλαμβάνονται στο ευρετήριο με τον αριθμό της
κατηγορίας ή υποκατηγορίας όπου ανήκουν.

great επίθ. [περιγράφει: π.χ. επίτευγμα, αρχηγό, καλλιτέχνη]
μεγάλος, σπουδαίος *Frederick the Great* Φρειδερίκος ο
Μέγας **greatness** ουσ.μ.αρ. μεγαλείο

Κυρίως μετάφραση Αυτή είναι η γενικότερη —————
μετάφραση της επικεφαλίδας, αλλά μην παραλείψετε
να διαβάσετε και τα παραδείγματα γιατί μπορεί αυτή
η μετάφραση να μην είναι η κατάλληλη για όλες τις
περιπτώσεις.

grand επίθ. **1** [περιγράφει: π.χ. παλάτι, είσοδο, περίσταση]
μεγαλοπρεπής *on the grand scale* σε επιβλητική κλίμακα
Our house is not very grand, I'm afraid. Δυστυχώς το σπίτι
μας δεν είναι πολύ μεγαλοπρεπές. **2** [συχνά υποτιμητικό
όταν χρησιμοποιείται για να περιγράψει ανθρώπους]
σπουδαίος, σπουδαιοφανής

Υποκατηγορία Οι κατηγορίες συχνά υποδιαιρούνται ——
σε υποκατηγορίες, σύμφωνα με τη σημασία τους. ———

18.4 Κρύος καιρός

δες επίσης **19 Cold**

Παραπομπές σε κατηγορίες με παρόμοια ή αντίθετη ——
σημασία.

snow ρ.α. χιονίζει *It snowed all night.* Χιόνισε όλη τη
νύχτα. **snow** ουσ.μ.αρ. χιόνι **snowy** επίθ. χιονισμένος
snowflake ουσ.αρ. νιφάδα του χιονιού

Μέρος του λόγου Για κατάλογο των μερών του λόγου ——
και σχετικές επεξηγήσεις δες τον αρ. 3.1 πιο πάνω.

Το επεξηγηματικό κείμενο καλύπτει λεπτομερώς ——
μικρές διαφορές στο νόημα και στη χρήση.

everlasting επίθ. [χρησιμοποιείται με λογοτεχνική ή
χιουμοριστική σημασία, ή για να εκφράσει παράπονο]
παντοτινός *everlasting peace* παντοτινή ειρήνη *I can't
stand her everlasting complaints.* Δεν αντέχω τα αδιάκοπα
παράπονά της.

Παράδειγμα Δίνονται πολλά παραδείγματα με τη ——
μετάφρασή τους στα Ελληνικά για να σας βοηθήσουν
να χρησιμοποιήσετε τη λέξη με φυσικό τρόπο.

Τυποποιημένες φράσεις δίνονται με σκούρο μελάνι
στα παραδείγματα.

circumstances πληθ. ουσ. [γεγονότα που έχουν σημασία
για μια συγκεκριμένη κατάσταση ή γεγονός] περιστάσεις
I explained the circumstances which led to our decision.
Εξήγησα κάτω από ποιες περιστάσεις καταλήξαμε στην
απόφασή μας. *Under/in the circumstances* her conduct
seems understandable. Κάτω από αυτές τις συνθήκες η
συμπεριφορά της φαίνεται δικαιολογημένη.

Ιδιωματισμοί και φράσεις με παρόμοιο νόημα δίνονται ——
στους πίνακες.

φράσεις

a good chance μεγάλη πιθανότητα *There's a very good
chance that she'll succeed.* Υπάρχει μεγάλη πιθανότητα ότι
θα πετύχει.

Ο βαθμός επισημότητας περιγράφεται καθαρά. ————

a safe bet [ανεπίσημο] κάτι το σίγουρο *It's a safe bet that
someone will have told him already.* Είναι σίγουρο ότι
κάποιος του το έχει ήδη πει.

Περιφραστικά ρήματα Πλήρεις οδηγίες και ——
πληροφορίες σχετικά με τη σύνταξη των
περιφραστικών ρημάτων. Δες τον αρ. 3.3 πιο πάνω.

do sth **up** 'H **do up** sth ρ.μ.πρφ. [σε καλύτερη κατάσταση.
Αντικ.: κυρίως σπίτια] επιδιορθώνω, ανακαινίζω

impractical επίθ. [περιγράφει: π.χ. σχέδιο, πρόταση, πρόγραμμα] μη πρακτικός, *δες επίσης **282 Useless**

unfeasible επίθ. [επίσημο] ανέφικτος

unattainable επίθ. [περιγράφει: π.χ. επιδίωξη, αντικειμενικό σκοπό] ανεπίτευκτος

unthinkable επίθ. (συχνά + **that**, συνήθως μετά από ρ.) [δίνει έμφαση στο ότι αυτό που περιγράφεται είναι κακό, σκανδαλώδες, κλπ.] αδιανόητο *It's unthinkable that they would refuse.* Θα ήταν αδιανόητο να αρνηθούν.

Σύνταξη Δίνονται τα ουσιαστικά που συνήθως περιγράφονται από το επίθετο.

Η γραμματική δομή περιγράφεται καθαρά. Για πλήρεις επεξηγήσεις σχετικά με τη γραμματική δες τον αρ. 3.2 πιο πάνω.

34.1 Ακυρώνω

cancel ρ.μ., (Βρετ.) -ll-, (Αμερ.) -l- [αντικ.: π.χ. ταξίδι, ραντεβού, τρένο] ακυρώνω *They've cancelled their order for five new aircraft.* Έχουν ακυρώσει την παραγγελία τους για πέντε καινούρια αεροσκάφη.

terminate ρ.α.μ. [επίσημο. Υπονοεί ότι κάτι έχει τελειώσει οριστικά και επίσημα. Αντικ.: π.χ. συμφωνία, συμβόλαιο, σχέση] τερματίζω, καταλήγω *The train terminates here.* [δηλαδή δεν πάει πιο πέρα] Το τρένο τερματίζει εδώ. *terminate a pregnancy* τερματίζω εγκυμοσύνη

Σύνταξη Δίνονται τα χαρακτηριστικά υποκείμενα και αντικείμενα όταν αυτά κάνουν το ρήμα να ξεχωρίζει από άλλα ρήματα στην ίδια κατηγορία.

possibility ουσ.αρ.μ.αρ. (συχνά + **for, of, that**) πιθανότητα *it is **within the bounds/realms of possibility** that* είναι μέσα στα πλαίσια/όρια του πιθανού/του δυνατού ότι

χρήση

Η λέξη **possibility** δεν ακολουθείται από απαρέμφατο. Σε αυτή τη σύνταξη, χρησιμοποιείστε **chance** ή **opportunity**: π.χ. *We didn't have a chance to thank him.* (Δεν είχαμε την ευκαιρία να τον ευχαριστήσουμε.) *That gave us an opportunity to rest.* (Αυτό μας έδωσε την ευκαιρία να ξεκουραστούμε.)

Προθέσεις Οι προθέσεις που συνήθως χρησιμοποιούνται σε κάθε περίπτωση δίνονται μέσα σε παρενθέσεις.

Σημειώσεις σχετικά με τη χρήση δίνουν πληροφορίες σχετικά με τη γραμματική ή μικρές διαφορές στο νόημα σε κάθε περίπτωση. Αυτές οι σημειώσεις μπορούν να αναφέρονται σε συγκεκριμένη επικεφαλίδα ή να συγκρίνουν διάφορες λέξεις που ανήκουν στην ίδια κατηγορία.

DIY ΕΠΙΣΗΣ **do-it-yourself** ουσ.μ.αρ. (κυρίως Βρετ.) [καλύπτει όλες τις επισκευές και βελτιώσεις στο σπίτι που γίνονται από κάποιον που δεν είναι επαγγελματίας χτίστης, μπογιατζής, κτλ.] φτιάξτο μόνος σου

Παραλλαγές της επικεφαλίδας Λέξεις με την ίδια σημασία και χρήση.

county ουσ.αρ. **1** (Βρετ.) [η μεγαλύτερη διοικητική περιοχή τοπικής διακυβέρνησης] κομητεία **2** (Αμερ.) [διοικητική περιοχή μιας πολιτείας] πολιτεία

Τυπικές παραλλαγές Δίνονται καθαρά οι διαφορές ανάμεσα στα αμερικάνικα και βρετανικά Αγγλικά.

mow ρ.μ., αόρ. **mowed** μτχ. αορ. **mowed** Ή **mown** κουρεύω το γρασίδι

Ανώμαλες κλιτικές καταλήξεις παρουσιάζονται για το συγκεκριμένο ρήμα. Για περισσότερες πληροφορίες δες τον αρ. 3.4 πιο πάνω.

ΟΜΑΔΕΣ ΛΕΞΕΩΝ

Κατάλογος περιεχομένων

211 **Fair** Δίκαιος	273 **Shops** Μαγαζιά	329 **Soon** Σύντομα	389 **Ball sports** Αθλήματα
212 **Unfair** Άδικος	274 **Work** Δουλειά	330 **Delay** Καθυστερώ	σφαίρας
213 **Honest** Ειλικρινής	275 **Busy**	331 **Containers** Δοχεία	390 **Athletics** Αθλητισμός
214 **Dishonest** Ανέντιμος,	Απασχολημένος	332 **Full** Γεμάτος	391 **Water sports**
Ανειλικρινής,	276 **Try** Προσπαθώ	333 **Empty** Άδειος	Θαλάσσια αθλήματα
215 **True** Αληθινός	277 **Help** Βοηθάω	334 **Cover** Σκεπάζω	392 **Gymnasium sports**
216 **Untrue** Ψεύτικος	278 **Eager** Πρόθυμος	335 **Uncover** Ξεσκεπάζω	Αθλήματα
217 **Good (morally)**	279 **Encourage**	336 **Hold** Κρατώ	γυμναστηρίου
Καλός (ηθικά)	Ενθαρρύνω	337 **Carry** Κουβαλώ	393 **Outdoor sports**
218 **Reliable** Αξιόπιστος	280 **Use** Χρησιμοποιώ	338 **Pull and Push** Τραβώ	Υπαίθρια αθλήματα
219 **Wicked** Κακός	281 **Useful** Χρήσιμος	και Σπρώχνω	394 **Target sports**
220 **Steal** Κλέβω	282 **Useless** Άχρηστος	339 **Hide** Κρύβομαι	Αθλήματα
221 **Mercy** Έλεος	283 **Lazy** Τεμπέλης	340 **Communications**	σκοποβολής
222 **Sympathy** Συμπόνια	284 **Inaction** Απραξία	Επικοινωνίες	395 **Equestrian sports**
223 **Unmerciful** Ανηλεής	285 **Unwilling** Απρόθυμος	341 **Speak** Μιλώ	Αθλήματα ιππασίας
224 **Kind** Ευγενικός	286 **Wait** Περιμένω	342 **Tell** Λέω	396 **Success** Επιτυχία
225 **Cruel** Σκληρός	287 **Do** Κάνω	343 **Explain** Εξηγώ	397 **Failure** Αποτυχία
226 **Selfish** Εγωιστής	288 **Habitual**	344 **Shout** Φωνάζω	398 **Reward** Ανταμοιβή
227 **Politics and**	Συνηθισμένος	345 **Complain**	399 **Agile** Ευκίνητος
Government Πολιτική	289 **Put** Βάζω	Παραπονούμαι	400 **Clumsy** Αδέξιος
και Κυβέρνηση	290 **System** Σύστημα	346 **Disagree** Διαφωνώ	401 **Strength** Δύναμη
228 **Control** Έλεγχος	291 **Cause** Αιτία	347 **Refuse** Αρνούμαι	402 **Weak** Αδύναμος
229 **Strict** Αυστηρός	292 **Result** Αποτέλεσμα	348 **Agree** Συμφωνώ	403 **Quick** Γρήγορος
230 **Allow** Επιτρέπω	293 **Make** Φτιάχνω	349 **Persuade** Πείθω	404 **Slow** Αργός
231 **Forbid** Απαγορεύω	294 **Join** Ενώνω, Συνδέω	350 **Admit** Παραδέχομαι	405 **Throw** Ρίχνω
232 **Religion** Θρησκεία	295 **Separate** Ξεχωρίζω	351 **Ask** Ρωτώ	406 **Catch** Πιάνω
233 **Education**	296 **Computers**	352 **Answer** Απαντώ	407 **Walk** Περπατώ
Εκπαίδευση	Ηλεκτρονικοί	353 **Suggest** Προτείνω	408 **Run** Τρέχω
234 **Teach** Διδάσκω	υπολογιστές	354 **Discuss** Συζητώ	409 **Follow** Ακολουθώ
235 **Learn** Μαθαίνω	297 **Maths** Μαθηματικά	355 **Emphasize** Δίνω	410 **Jump** Πηδώ
236 **Clever** Έξυπνος	298 **Numbers** Οι αριθμοί	έμφαση	411 **Movement** Κίνηση
237 **Able** Ικανός	299 **Correct** Σωστός,	356 **Repeat**	412 **Fall** Πέφτω
238 **Sensible** Λογικός	Ακριβής	Επαναλαμβάνω	413 **Rise** Σηκώνομαι
239 **Skilful** Επιδέξιος	300 **Incorrect**	357 **Swear** Ορκίζομαι	414 **Turn** Γυρίζω
240 **Stupid** Ανόητος	Λανθασμένος, Όχι	358 **Promise** Υπόσχομαι	415 **Wave** Κυματίζω
241 **Foolish** Ανόητος	ακριβής	359 **Talkative** Ομιλητικός	416 **Magic** Μαγεία
242 **Unskilled**	301 **Careful** Προσεκτικός	360 **Gossip**	417 **Good** Καλός
Ανειδίκευτος	302 **Careless** Απρόσεκτος	Κουτσομπολιό	418 **Improve** Βελτιώνω
243 **Difficult** Δύσκολος	303 **Machinery**	361 **Language** Γλώσσα	419 **Superior** Ανώτερος
244 **Problem** Πρόβλημα	Μηχανήματα,	362 **Words** Λέξεις	420 **Suitable**
245 **Hinder** Εμποδίζω	Μηχανισμοί	363 **Punctuation** Στίξη	Κατάλληλος
246 **Interfere**	304 **Materials** Υλικά,	364 **Meaning** Νόημα	421 **Comfortable** Άνετος
Ανακατεύομαι	Ύλες	365 **Gesture** Χειρονομία	422 **Happy** Ευτυχής
247 **Easy** Εύκολος	305 **Thing** Πράγμα	366 **Document** Έγγραφο	423 **Laugh** Γελάω
248 **War** Πόλεμος	306 **Sort** Είδος, Τύπος	367 **Book** Βιβλίο	424 **Funny** Αστείος
249 **Fight** Μάχομαι	307 **Weights and**	368 **Journalism**	425 **Tease** Πειράζω
250 **Enmity** Έχθρα	**Measures** Σταθμά και	Δημοσιογραφία	426 **Like** Μου αρέσει
251 **Resentment**	Μέτρα	369 **Write** Γράφω	427 **Love** Αγάπη
Δυσαρέσκεια	308 **Car** Αυτοκίνητο	370 **Writing materials**	428 **Enjoy** Απολαμβάνω
252 **Danger** Κίνδυνος	309 **Driving** Οδήγημα	Υλικά γραφής	429 **Satisfy** Ικανοποιώ
253 **Safety** Ασφάλεια	310 **Petrol station**	371 **Erase** Διαγράφω	430 **Praise** Παινεύω
254 **Look after** Φροντίζω	Πρατήριο βενζίνης	372 **Give** Δίνω	431 **Admire** Θαυμάζω
255 **Fear** Φόβος	311 **Roads** Δρόμοι	373 **Get** Παίρνω	432 **Attract** Προσελκύω
256 **Tension** Ένταση	312 **Ships and boats**	374 **Have** Έχω	433 **Endure** Υπομένω
257 **Excitement** Έξαψη	Πλοία και Βάρκες	375 **Take** Παίρνω	434 **Friendship** Φιλία
258 **Courage** Κουράγιο	313 **Aircraft** Αεροσκάφη	376 **Entertainment**	435 **Loneliness** Μοναξιά
259 **Calmness** Ηρεμία	314 **Trains** Τρένα	Ψυχαγωγία	436 **Include**
260 **Bank** Τράπεζα	315 **Other transport**	377 **Circus** Τσίρκο	Περιλαμβάνω
261 **Borrowing and lending**	Άλλα μεταφορικά	378 **Broadcasting**	437 **Exclude** Εξαιρώ
Δανεισμός και	μέσα	Εκπομπές	438 **Bad** Κακός
Δανειοδότηση	316 **Travel documents and**	379 **Music** Μουσική	439 **Inferior** Κατώτερος
262 **Doing business** Κάνω	**procedures**	380 **Leisure activities**	440 **Uncomfortable**
εμπορικές	Ταξιδιωτικά χαρτιά	Δραστηριότητες στον	Άβολος
συναλλαγές	και διαδικασίες	ελεύθερο χρόνο	441 **Worsen** Χειροτερεύω
263 **Buying and selling**	317 **Travel** Ταξιδεύω	381 **Arts and Crafts**	442 **Normal** Φυσιολογικός
Αγορά και Πώληση	318 **Directions**	Τέχνες και	443 **Often** Συχνά
264 **Finance**	Κατευθύνσεις	Δεξιοτεχνίες	444 **Unusual** Ασυνήθιστος
Χρηματοδότηση	319 **Visit** Επισκέπτομαι	382 **Tools** Εργαλεία	445 **Hate and Dislike**
265 **Money** Χρήματα	320 **Distance** Απόσταση	383 **Repair** Επισκευάζω	Μίσος και
266 **Cheap** Φτηνός	321 **Come** Έρχομαι	384 **Gardening**	Αντιπάθεια
267 **Expensive** Ακριβός	322 **Go** Πηγαίνω, Φεύγω	Κηπουρική	446 **Horror and Disgust**
268 **Value** Αξία	323 **Bring** Φέρνω	385 **Park and Funfair**	Τρόμος και Αηδία
269 **Rich** Πλούσιος	324 **Avoid** Αποφεύγω	Πάρκο και Λούνα	447 **Sad** Λυπημένος
270 **Poor** Φτωχός	325 **Early** Νωρίς	παρκ	448 **Disappointment**
271 **Employment**	326 **Late** Αργά	386 **Games** Παιχνίδια	Απογοήτευση
Απασχόληση	327 **On time** Στην ώρα	387 **Luck** Τύχη	449 **Shame** Ντροπή
272 **The office** Το γραφείο	328 **Ready** Έτοιμος	388 **Sport** Αθλητισμός	450 **Angry** Θυμωμένος

1 Wild animals Άγρια ζώα

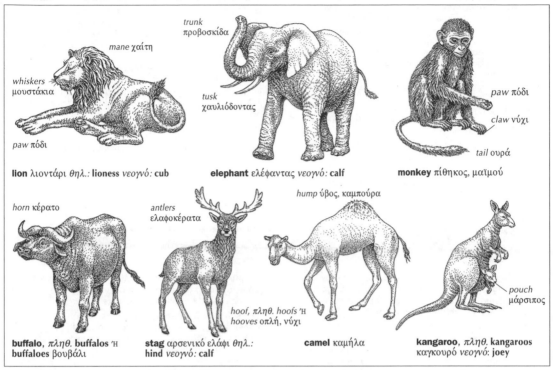

lion λιοντάρι *θηλ.*: **lioness** *νεογνό*: **cub**   **elephant** ελέφαντας *νεογνό*: **calf**   **monkey** πίθηκος, μαϊμού

mane χαίτη
trunk προβοσκίδα
whiskers μουστάκια
tusk χαυλιόδοντας
paw πόδι
paw πόδι
claw νύχι
tail ουρά

horn κέρατο
antlers ελαφοκέρατα
hump ύβος, καμπούρα
hoof, πληθ. hoofs Ή *hooves* οπλή, νύχι
pouch μάρσιπος

buffalo, *πληθ.* **buffalos** Ή **buffaloes** βουβάλι   **stag** αρσενικό ελάφι *θηλ.*: **hind** *νεογνό*: **calf**   **camel** καμήλα   **kangaroo**, *πληθ.* **kangaroos** καγκουρό *νεογνό*: **joey**

tiger *ουσ.αρ.* τίγρη *θηλ.*: **tigress**

leopard *ουσ.αρ.* λεοπάρδαλη *θηλ.*: **leopardess**

cheetah *ουσ.αρ.* κυναίλουρος

panther *ουσ.αρ.* πάνθηρας

giraffe *ουσ.αρ.* καμηλοπάρδαλη

hippopotamus *ουσ.αρ.*, *πληθ.* **hippopotamuses** Ή **hippopotami**, *σύντ.* **hippo**, *πληθ.* **hippos** ιπποπόταμος

rhinoceros *ουσ.αρ.*, *σύντ.* **rhino**, *πληθ.* **rhinos** ρινόκερος

baboon *ουσ.αρ.* βαβουίνος

chimpanzee *ουσ.αρ.*, *σύντ.* **chimp** χιμπατζής

gorilla *ουσ.αρ.* γορίλας

ape *ουσ.αρ.* πίθηκος

bear *ουσ.αρ.* αρκούδα *θηλ.*: **she-bear** *νεογνό*: **cub**

panda *ουσ.αρ.* πάντα

polar bear *ουσ.αρ.* πολική αρκούδα

koala Ή **koala bear** *ουσ.αρ.* κοάλα

bison (*Βρετ.*) **buffalo** (*Αμερ.*), *πληθ.* **buffalos** Ή **buffaloes** βίσονας, βουβάλι

fox *ουσ.αρ.* αλεπού *θηλ.*: **vixen**

wolf *ουσ.αρ.*, *πληθ.* **wolves** λύκος

deer *ουσ.αρ.*, *πληθ.* **deer** ελάφι *αρσ.*: **buck** *θηλ.*: **doe**

antelope *ουσ.αρ.* αντιλόπη

zebra *ουσ.αρ.* ζέβρα

ΤΡΟΠΟΙ ΔΙΑΤΡΟΦΗΣ

carnivore *ουσ.αρ.* σαρκοφάγος **carnivorous** *επίθ.* σαρκοφάγος

herbivore *ουσ.αρ.* χορτοφάγος **herbivorous** *επίθ.* χορτοφάγος

omnivore *ουσ.αρ.* παμφάγος **omnivorous** *επίθ.* παμφάγος

ΛΕΞΕΙΣ ΠΟΥ ΠΕΡΙΓΡΑΦΟΥΝ ΖΩΑ

creature *ουσ.αρ.* [συχνά εκφράζει συναισθηματική αντίδραση για την εμφάνιση ενός ζώου, ή για περιστάσεις, ή όταν το όνομα του ζώου είναι άγνωστο] πλάσμα *What a peculiar creature!* Τι παράξενο πλάσμα!

beast *ουσ.αρ.* [ειδικά ένα μεγάλο ή δυνατό ζώο] κτήνος

monster *ουσ.αρ.* [ένα μεγάλο, άσχημο, τρομακτικό, φανταστικό πλάσμα, ή οποιοδήποτε αφύσικα μεγάλο ζώο] τέρας

wildlife *ουσ.μ.αρ.* [γενική λέξη για όλα τα ζωντανά. Η σημασία της λέξης στα βρετανικά Αγγλικά περιλαμβάνει φυτά αλλά όχι στα αμερικάνικα Αγγλικά] άγρια ζώα, χλωρίδα και πανίδα *a wildlife tour of Kenya* γύρος της Κένιας με σκοπό την παρατήρηση της φύσης

game *ουσ.μ.αρ.* [ζώα που πιάνονται στο κυνήγι, ειδικά όταν το κυνήγι είναι σπορ] κυνήγι *game birds* πουλιά που πιάνονται στο κυνήγι

mammal *ουσ.αρ.* [ζώο που θηλάζει τα νεογνά του] θηλαστικό

χρήση

Πληθυντικός αριθμός των λέξεων που περιγράφουν τα άγρια ζώα:

Τα ονόματα των περισσότερων άγριων ζώων σχηματίζουν τον πληθυντικό με τον ίδιο τρόπο όπως τα άλλα ουσιαστικά και οι ανώμαλοι πληθυντικοί αναφέρονται στο κείμενο. Όταν όμως γίνεται λόγος για κυνήγι ή για σαφάρι, συχνά χρησιμοποιείται η λέξη στον ενικό αριθμό όταν αναφέρεται κανείς σε πολλά ζώα π.χ. *We saw a dozen giraffe.* (Είδαμε δώδεκα (μια ντουζίνα) καμηλοπάρδαλες.)

1.1 Reptiles Ερπετά

snake *ουσ.αρ.* φίδι

lizard *ουσ.αρ.* σαύρα

alligator *ουσ.αρ.* αλιγάτορας

crocodile *ουσ.αρ.* κροκόδειλος

ΟΝΟΜΑΤΑ ΖΩΩΝ ΠΟΥ ΧΡΗΣΙΜΟΠΟΙΟΥΝΤΑΙ ΓΙΑ ΝΑ ΠΕΡΙΓΡΑΨΟΥΝ ΑΝΘΡΩΠΟΥΣ

Όταν τα ονόματα ζώων χρησιμοποιούνται για να περιγράψουν ανθρώπους, συχνά έχουν προσβλητική σημασία. Πολλά είναι σχετικά γενικές προσβολές:

pig *ουσ.αρ.* **1** ΕΠΙΣΗΣ **swine**, *πληθ.* **swine** [ένα δυσάρεστο άτομο. Η λέξη αυτή χρησιμοποιείται αρκετά συχνά και δεν είναι πολύ προσβλητική σε φιλικές περιστάσεις] γουρούνι **2** [ένα λαίμαργο άτομο] γουρούνι *He's a real pig!* Είναι σωστό γουρούνι!/Τρώει σαν γουρούνι!

ass *ουσ.αρ.* [κάπως απαρχαιωμένο. Ένα ανόητο άτομο. Ήπια λέξη] γάιδαρος, ανόητος

cow *ουσ.αρ.* [προσβλητικό. Μια δυσάρεστη γυναίκα] αγελάδα *The silly cow nearly ran me over.* Η ανόητη, παραλίγο να με πατήσει.

rat *ουσ.αρ.* [απαρχαιωμένο ή χιουμοριστικό. Συνήθως αναφέρεται σε άντρες] ύπουλο υποκείμενο, προδότης

Μερικά έχουν αρκετά συγκεκριμένες σημασίες:

mouse *ουσ.αρ.*, *πληθ* . **mice** [ένα υπερβολικά ντροπαλό και ήσυχο άτομο] ποντικός **mousy** Ή **mousey** *επίθ.* φοβιτσιάρης

fox *ουσ.αρ.* [πανούργος] αλεπού **foxy** *επίθ.* κατεργάρης

wolf *ουσ.αρ., πληθ.* **wolves** [άντρας που επιμένει υπερβολικά στις ερωτικές προτάσεις του προς τις γυναίκες] λύκος, κορτάκιας **wolfish** *επίθ.* λάγνος

shrew *ουσ.αρ.* [κακότροπη, γκρινιάρα γυναίκα] στρίγγλα **shrewish** *επίθ.* στριμμένη

sheep *ουσ.αρ., πληθ.* **sheep** [ένα άτομο που ακολουθεί τους άλλους χωρίς αντίρρηση] πρόβατο

lamb *ουσ.αρ.* [ένα ήσυχο, ευγενικό άτομο. Συχνά εκφράζει στοργή ή περιγράφει κάποιον που θα περίμενες ότι θα ήταν άγριος ή θα είχε κακούς τρόπους] αρνάκι *He came like a lamb.* Ήρθε σαν αρνάκι. *My poor lamb!* Καημένο αρνάκι μου!

tiger *ουσ.αρ.* [ένα άγριο άτομο. Συνήθως εκφράζει θαυμασμό] τίγρης

mole *ουσ.αρ.* [ένας κατάσκοπος που δουλεύει μέσα στον ίδιο τον οργανισμό που κατασκοπεύει] τυφλοπόντικας

---

2 Fierce Βίαιος

δες επίσης **225 Cruel**

fierce *επίθ.* [περιγράφει: π.χ. ζώα, ανθρώπους, εκφράσεις του προσώπου] άγριος, βίαιος *a fierce tiger* μια άγρια τίγρη *Your uncle looks fierce!* Ο θείος σου φαίνεται πολύ αυστηρός! **fiercely** *επίρρ.* άγρια **fierceness** *ουσ.μ.αρ.* αγριότητα

ferocious *επίθ.* [πιο έντονο από το **fierce**, υπονοεί περισσότερη βία] άγριος, θηριώδης *a ferocious storm* μια άγρια καταιγίδα *a ferocious attack on socialism* σφοδρή επίθεση κατά του σοσιαλισμού **ferociously** *επίρρ.* άγρια, λυσσασμένα **ferocity** *ουσ.μ.αρ.* αγριότητα

savage *επίθ.* [υπονοεί περισσότερη βία από το **fierce** και **ferocious**] άγριος, θηριώδης *a savage wolf* ένας άγριος λύκος *a savage attack* μια θηριώδης επίθεση **savagely** *επίρρ.* άγρια *savagely beaten* δαρμένος άγρια, αγριοδαρμένος **savagery** *ουσ.μ.αρ.* κτηνωδία, θηρωδία

savage *ρ.μ.* ξεσκίζω, δαγκώνω *The child was savaged by a mad dog.* Ένα άγριο σκυλί καταδάγκωσε το παιδί.

violent *επίθ.* [υπονοεί ανεξέλεγκτο συναίσθημα παρά σκόπιμη σκληρότητα] βίαιος *The prisoner may become violent if approached.* Ο κατάδικος μπορεί να καταφύγει στη βία αν τον πλησιάσει κανείς. *a violent argument* [σφοδρός, αλλά δε συνεπάγεται σωματική βία] ένας βίαιος καυγάς **violently** *επίρρ.* βίαια **violence** *ουσ.μ.αρ.* βία

aggressive *επίθ.* [πάντα έτοιμος να επιτεθεί ή να διαφωνήσει. Υπονοεί νοοτροπία παρά χρήση βίας] επιθετικός *an aggressive response* μια επιθετική απάντηση *an aggressive child* ένα επιθετικό παιδί **aggressively** *επίρρ.* επιθετικά

aggressiveness Ή **aggression** *ουσ.αρ.* επιθετικότητα *acts of aggression* επιθετικές πράξεις

φράσεις

His/her bark is worse than his/her bite. [ανεπίσημο. Δεν είναι τόσο άγριος όσο φαίνεται] Σκύλος που γαυγίζει δε δαγκώνει. *She's always making threats, but her bark is worse than her bite.* Όλη την ώρα απειλεί, αλλά είναι σαν τον σκύλο που γαυγίζει και δε δαγκώνει.

He/she won't bite/eat you. [ανεπίσημο. Συχνά το λένε στα παιδιά που είναι ντροπαλά με άγνωστα άτομα] Δε θα σε φάει.

---

3 Gentle Ευγενικός

δες επίσης **224 Kind**

gentle *επίθ.* [ευγενικός, ήπιος, μαλακός, και ήρεμος] ευγενικός *a gentle old man* ένας γέρος με ήρεμους τρόπους *a gentle smile* ένα ευγενικό χαμόγελο *gentle criticism* μια επιεικής κριτική **gentleness** *ουσ.μ.αρ.* ευγένεια

gently *επίρρ.* ευγενικά *He gently picked up the kitten.* Σήκωσε το γατάκι προσεχτικά. *She spoke gently.* Μίλησε σιγανά και ήρεμα.

tender *επίθ.* [περιγράφει: άτομα, συμπεριφορά, όχι ζώα. Ευγενικός και στοργικός] τρυφερός *a tender glance* μια τρυφερή ματιά **tenderness** *ουσ.μ.αρ.* τρυφερότητα

tenderly *επίρρ.* τρυφερά *He kissed her tenderly.* Την φίλησε τρυφερά.

mild *επίθ.* [ήρεμος και ευγενικός, χωρίς βία, ειδικά όταν θα αναμενόταν θυμός] ήπιος *a mild expression* μια ήπια έκφραση *a mild-mannered person* ένα άτομο με ήπιους τρόπους **mildness** *ουσ.μ.αρ.* ηπιότητα

mildly *επίρρ.* ήπια *'Please calm down', he said mildly.* «Σε παρακαλώ ηρέμησε», είπε ήρεμα.

harmless *επίθ.* [κυρίως για άτομα που φαίνονται κατά κάποιο τρόπο άγρια ή απειλητικά] αβλαβής, ακίνδυνος *a harmless spider* μια ακίνδυνη αράχνη **harmlessly** *επίρρ.* ακίνδυνα

tame *επίθ.* [περιγράφει: ζώα, όχι ανθρώπους] ήμερος *a tame monkey* ένας εξημερωμένος πίθηκος

tame *ρ.μ.* εξημερώνω *She tamed a bear cub.* Εξημέρωσε ένα αρκουδάκι.

4 Small animals Μικρά ζώα

squirrel *ουσ.αρ.* σκίουρος
hedgehog *ουσ.αρ.* σκαντζόχοιρος
rat *ουσ.αρ.* αρουραίος
mouse *ουσ.αρ., πληθ.* mice ποντίκι
frog *ουσ.αρ.* βάτραχος
toad *ουσ.αρ.* φρύνος
worm *ουσ.αρ.* σκουλήκι
slug *ουσ.αρ.* γυμνοσάλιαγκας
snail *ουσ.αρ.* σαλιγκάρι
spider *ουσ.αρ.* αράχνη
(spider's) web *ουσ.αρ.* ιστός (της αράχνης)
scorpion *ουσ.αρ.* σκορπιός

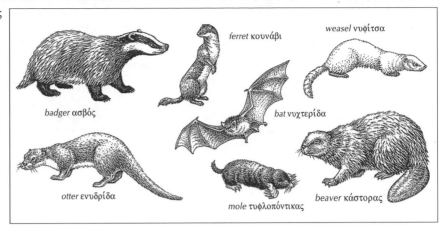

ferret κουνάβι
weasel νυφίτσα
badger ασβός
bat νυχτερίδα
otter ενυδρίδα
mole τυφλοπόντικας
beaver κάστορας

ΡΗΜΑΤΑ ΠΟΥ ΠΑΡΑΓΟΝΤΑΙ ΑΠΟ ΟΝΟΜΑΤΑ ΖΩΩΝ

'Ολες αυτές οι λέξεις είναι σχετικά ανεπίσημες και χρησιμοποιούνται περισσότερο στον προφορικό παρά στο γραπτό λόγο.

beaver away *ρ.πρφ.α. (κυρίως Βρετ.)* (συχνά + at) [υπονοεί μεγάλο ζήλο και προθυμία] δείχνω πολύ ζήλο *They're beavering away at their homework.* Κάνουν τα μαθήματά τους με πολύ ζήλο.

ferret *ρ.α.* (συνήθως + *επίρρ. ή πρόθ.*) [υπονοεί πρόχειρο τρόπο ψαξίματος] ψάχνω *She ferreted around in the fridge for some cheese.* Έψαξε στο ψυγείο για τυρί.

ferret out sth 'H ferret sth out *ρ.πρφ.μ.* ξετρυπώνω *I'll see if I can ferret out those papers.* Θα δω αν μπορώ να ξετρυπώσω εκείνα τα χαρτιά.

fox *ρ.μ.* σαστίζω *That puzzle really had me foxed.* Σ' εκείνο το αίνιγμα δεν μπορούσα με τίποτα να βρω τη λύση.

hare *ρ.α. (Βρετ.)* (+ *επίρρ. ή πρόθ.*) τρέχω (σαν λαγός) *She's always haring around Britain on business.* Τρέχει συνέχεια σε όλη τη Βρετανία για δουλειές.

rabbit *ρ.α.,* -tt- 'H -t- *(Βρετ.)* (συνήθως + on, away) [υποτιμητικό] μιλώ όλη την ώρα (κάνοντας κάποιον να βαρεθεί) *He went rabbiting on about his prize leeks.* Μιλούσε όλη την ώρα για τα βραβευμένα πράσα που καλλιέργησε.

squirrel *ρ.μ.,* -ll- *(κυρίως Βρετ.)* -l- *(Αμερ.)* (συνήθως + away) μαζεύω, αποθησαυρίζω *She's got a fortune squirrelled away in the bank.* Έχει μαζέψει μια περιουσία στην τράπεζα.

wolf *ρ.μ.* (συνήθως + down) [υπονοεί μεγάλη πείνα] καταβροχθίζω *They wolfed down their food.* Καταβρόχθισαν το φαγητό τους.

---

5 Insects Έντομα

ΛΕΞΕΙΣ ΓΙΑ ΕΝΤΟΜΑ

insect *ουσ.αρ.* [γενική λέξη] έντομο
bug *ουσ.αρ. (κυρίως Αμερ.)* [ανεπίσημο. Οποιοδήποτε μικρό έντομο] ζωύφιο
creepy-crawly *ουσ.αρ., (κυρίως Βρετ.)* [ανεπίσημο, συχνά με χιουμοριστική σημασία. Εκφράζει αηδία] ζωύφιο, σκουλήκι

fly *ουσ.αρ.* μύγα
flea *ουσ.αρ.* ψύλλος
daddy longlegs *ουσ.αρ., πληθ.* daddy longlegs αλογατάκι
beetle *ουσ.αρ.* σκαθάρι
ladybird *(Βρετ.),* ladybug *(Αμερ.) ουσ.αρ.* παπαδίτσα
bee *ουσ.αρ.* μέλισσα
beehive *ουσ.αρ.* κυψέλη
wasp *ουσ.αρ.* σφήκα
ant *ουσ.αρ.* μυρμήγκι

anthill *ουσ.αρ.* μυρμηγκοφωλιά
grasshopper *ουσ.αρ.* ακρίδα
cricket *ουσ.αρ.* γρύλος, τριζόνι
butterfly *ουσ.αρ.* πεταλούδα
moth *ουσ.αρ.* σκόρος
cockroach *ουσ.αρ.* κατσαρίδα

Νεαρά έντομα

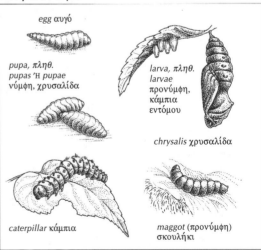

egg αυγό
pupa, *πληθ.* pupas 'H pupae νύμφη, χρυσαλίδα
larva, *πληθ.* larvae προνύμφη, κάμπια εντόμου
chrysalis χρυσαλίδα
caterpillar κάμπια
maggot (προνύμφη) σκουλήκι

6 Farm animals Ζώα του αγροκτήματος

δες επίσης **159 Meat**

cattle *ουσ. πληθ.* βοδινά

cow *ουσ.αρ.* αγελάδα

calf *ουσ.αρ., πληθ.* **calves**
μοσχάρι (νεογνό)

bull *ουσ.αρ.* ταύρος

ox *ουσ.αρ., πληθ.* **oxen** βόδι

pig *ουσ.αρ.* γουρούνι *θηλ.:*
sow *αρσ.:* **boar** *νεογνό:*
piglet

goat *ουσ.αρ.* κατσίκι *θηλ.:*
nanny (goat) *αρσ.:* **billy
(goat)** *νεογνό:* **kid**

horse *ουσ.αρ., πληθ.* **horses**
άλογο *θηλ.:* **mare** *αρσ:*
stallion *νεογνό:* **foal**

pony *ουσ.αρ.* πόνι

donkey *ουσ.αρ.* γάιδαρος

ass *ουσ.αρ.* γάιδαρος

mule *ουσ.αρ.* μουλάρι

sheep *ουσ.αρ.* πρόβατο
πληθ. **sheep** *θηλ.:* **ewe**
αρσ.: **ram** *νεογνό:* **lamb**

6.1 Πτηνά του αγροκτήματος

cock (*κυρίως Βρετ.*),
rooster (*κυρίως Αμερ.*)
ουσ.αρ. πετεινός, κόκορας

chicken *ουσ.αρ.* κοτόπουλο

hen *ουσ.αρ.* κότα

chick *ουσ.αρ.* κοτοπουλάκι

duck *ουσ.αρ.* πάπια *αρσ.:*
drake *νεογνό:* **duckling**

goose *ουσ.αρ., πληθ.* **geese**
χήνα *αρσ.:* **gander** *νεογνό:*
gosling

turkey *ουσ.αρ.* γαλοπούλα

χρήση

Η λέξη **chicken** γενικά χρησιμοποιείται για να δηλώσει αρσενικά και θηλυκά. Συχνά η λέξη **chicken** χρησιμοποιείται μόνο για τα θηλυκά, αλλά όταν γίνεται λόγος μόνο για τα αρσενικά, χρησιμοποιείται η λέξη **cock** ή **rooster**. Το κρέας της κότας λέγεται **chicken**. Ο μικρός πετεινός λέγεται **cockerel**. Η γενική λέξη για τα πτηνά του αγροκτήματος είναι **poultry** (πουλερικά), και οι πτηνοτρόφοι λέγονται **poultry farmers**, ακόμα και αν έχουν μόνο κότες.

7 Pets Ζώα του σπιτιού

7.1 Σκυλιά

dog *ουσ.αρ.* [η λέξη δηλώνει αρσενικό σκυλί, αλλά χρησιμοποιείται και για τα θηλυκά όταν το φύλο δεν έχει σημασία] σκυλί

bitch *ουσ.αρ.* σκύλα, σκυλίτσα

puppy *ουσ.αρ.* σκυλάκι, κουτάβι

canine *επίθ.* [επίσημο] σκυλίσιος

7.2 Γάτες

cat *ουσ.αρ.* γάτα

tomcat 'Η **tom** *ουσ.αρ.* γάτος

kitten *ουσ.αρ.* γατάκι

puss *ουσ.αρ.* (συνήθως δεν έχει *πληθ.*) [κυρίως χρησιμοποιείται για να φωνάξουμε τη γάτα] ψιψίνα

pussy 'Η **pussy cat** *ουσ.αρ.* [ανεπίσημο. Χρησιμοποιείται κυρίως από μικρά παιδιά ή όταν μιλάμε σε μικρά παιδιά] γατούλα, ψιψίνα

tabby *ουσ.αρ.* γάτα με ραβδωτό τρίχωμα

feline *επίθ.* [επίσημο] αιλουροειδής

Είδη σκυλιών

Alsatian (*Βρετ.*) σκυλί Αλσατίας 'Η *German shepherd* γερμανικό λυκόσκυλο

poodle κανίς

bulldog μπουλντόγκ

greyhound λαγωνικό

terrier τεριέ

spaniel σπάνιελ

dachshund 'Η [ανεπίσημο] *sausage dog* ντάκσχουντ

7.3 Άλλα ζώα του σπιτιού

guinea pig *ουσ.αρ.* ινδικό χοιρίδιο

hamster *ουσ.αρ.* χάμστερ

tortoise *ουσ.αρ.* χελώνα

gerbil *ουσ.αρ.* τρωκτικό της Αφρικής

parrot *ουσ.αρ.* παπαγάλος

budgerigar *ουσ.αρ., σύντ.*

budgie παπαγαλάκι της Αυστραλίας

goldfish *ουσ.αρ.* χρυσόψαρο

8 Animal noises Φωνές ζώων

δες επίσης **9.4 Birds**

8.1 Οικιακά ζώα

bark *ρ.α.* γαυγίζω
growl *ρ.α.* μουγκρίζω, γρυλίζω (απειλητικά)
howl *ρ.α.* ουρλιάζω (δηλώνει κλάμα)
mew 'Η **miaow** *ρ.α.* νιαουρίζω

purr *ρ.α.* γουργουρίζω (για γάτες)
neigh *ρ.α.* χλιμιντρίζω
whinny *ρ.α.* χρεμετίζω, χλιμιντρίζω (ελαφρά και ευχαριστημένα)
bray *ρ.α.* γκαρίζω
low *ρ.α.* [λογοτεχνικό] μουγκανίζω

8.2 Άγρια ζώα

roar *ρ.α.* βρυχώμαι
trumpet *ρ.α.* σαλπίζω (για ελέφαντες)
hiss *ρ.α.* σφυρίζω (για φίδια)

moo *ρ.α.* μουγκανίζω
bleat *ρ.α.* βελάζω
croak *ρ.α.* κοάζω (για βατράχους)
squeak *ρ.α.* τρίζω, τσιρίζω (για ποντίκια)

ΦΩΝΕΣ ΖΩΩΝ ΠΟΥ ΧΡΗΣΙΜΟΠΟΙΟΥΝΤΑΙ ΓΙΑ ΑΝΘΡΩΠΟΥΣ

bark *ρ.α.* (συχνά + **out**) [κοφτή, άγρια φωνή] γαυγίζω, μιλώ ξηρά και απότομα *The sergeant barked out his orders.* Ο λοχίας φώναξε κοφτά τις οδηγίες του. **bark** *ουσ.αρ.* γαύγισμα

growl *ρ.α.* [χαμηλή, απειλητική φωνή] μουγκρίζω

purr *ρ.α.* [χαμηλή φωνή που εκφράζει ευχαρίστηση] γουργουρίζω, μουρμουρίζω *'Thank you, darling,' she purred.* «Ευχαριστώ, αγάπη μου» μουρμούρισε.

bray *ρ.α.* [υποτιμητικό. Τραχιά, δυνατή φωνή. Συχνά περιγράφει γέλιο] γκαρίζω

bleat *ρ.α.* [υποτιμητικό. Αδύναμη, παραπονούμενη φωνή] παραπονιέμαι *Stop bleating about how he bullies you and*

stand up to him! Σταμάτα να παραπονιέσαι για το πως σε τρομοκρατεί και αντιμετώπισέ τον γενναία.

roar *ρ.α.* [πολύ δυνατή, κραυγαλέα φωνή] ουρλιάζω *'Get out of here!,' he roared.* «Βγες έξω» ούρλιαξε.

trumpet *ρ.α.* [κάπως χιουμοριστικό. Υπερβολικά δυνατή φωνή] σαλπίζω

hiss *ρ.α.* [κακόβουλη φωνή ή δυνατό ψιθύρισμα] σφυρίζω

croak *ρ.α.* [βραχνή φωνή, από το κρύωμα ή από τον φόβο] κοάζω

squeak *ρ.α.* [σύντομη, φοβισμένη φωνή] ξεφωνίζω, λέω τσιριχτά

---

9 Birds Πουλιά

tail ουρά
beak ράμφος
feather πούπουλο, φτερό
wing φτερούγα
breast στέρνο, στήθος
claw νύχι
blackbird κοτσύφι

thrush τσίχλα
robin κοκκινολαίμης
pigeon περιστέρι, πιτσούνι
dove περιστέρι
blue tit αιγίθαλος, πάρος
swallow χελιδόνι
woodpecker δρυοκολάπτης

fowl *ουσ.αρ., πληθ.* **fowl** 'Η **fowls** 1 [πουλιά αγροκτήματος] πουλερικά 2 [λογοτεχνικό] πετεινά *the fowls of the air* τα πετεινά του ουρανού *waterfowl* νεροπούλι *wildfowl* αγριοπούλια
vulture *ουσ.αρ.* γύπας
bird of prey *ουσ.αρ.* αρπακτικό πουλί
bill *ουσ.αρ.* [πιο

εξειδικευμένος όρος από το **beak**] ράμφος
nest *ουσ.αρ.* φωλιά
nest *ρ.α.* (συχνά + *πρόθ.*) φωλιάζω *Sparrows nested under the roof.* Τα σπουργίτια έκαναν τη φωλιά τους κάτω από τη σκεπή.
aviary *ουσ.αρ.* μεγάλο κλουβί για πτηνά, πτηνοτροφείο

peacock
παγόνι

emu εμού,
δρομαίος

ostrich
στρουθοκάμηλος

finch *ουσ.αρ.* σπίνος
starling *ουσ.αρ.* ψαρόνι,
μαυροπούλι
sparrow *ουσ.αρ.* σπουργίτι
wren *ουσ.αρ.*
(τρωγλοδύτης)
τρυποφράκτης

crow *ουσ.αρ.* κόρακας
(κουρούνα)
lark *ουσ.αρ.* κορυδαλλός
cuckoo *ουσ.αρ., πληθ.*
cuckoos κούκος
partridge *ουσ.αρ.* πέρδικα
nightingale *ουσ.αρ.* αηδόνι

9.1 Πράξεις των πουλιών

fly *ρ.α., αόρ.* **flew** *μτχ. αορ.* **flown** πετώ
swoop *ρ.α.* (συνήθως + *επίρρ. ή πρόθ.*) εφορμώ κάθετα
soar *ρ.α.* (συνήθως + *επίρρ. ή πρόθ.*) πετώ πολύ ψηλά
hover *ρ.α.* (συνήθως + *πρόθ.*) πλανιέμαι
perch *ρ.α.* (συνήθως + *πρόθ.*) κουρνιάζω **perch** *ουσ.αρ.*
κούρνια
peck *ρ.α.μ.* (συχνά + **at**) ραμφίζω *A blue tit pecked at the
nuts.* Ένα πουλί τσίμπησε τα σπόρια με το ράμφος του.
lay *ρ.μ.α., αόρ. & μτχ. αορ.* **laid** γεννώ αυγά *The duck has
laid four eggs.* Η πάπια γέννησε τέσσερα αυγά. *Our hens
are laying well.* Οι κότες μας γεννάνε αρκετά.
hatch *ρ.α.μ.* (συχνά + **out**) εκκολάπτω, επωάζω *All the eggs
have hatched out.* Όλα τα πουλάκια έχουν βγει από το
αυγό.

9.2 Πουλιά του νερού

swan *ουσ.αρ.* κύκνος
webbed feet στεγανόποδα
(ρενηκτική μεμβράνη)
kingfisher *ουσ.αρ.*
ψαροφάγος
flamingo *ουσ.αρ., πληθ.*
flamingos *ουσ.αρ.*
φλαμίγκο

pelican *ουσ.αρ.* πελεκάνος
heron *ουσ.αρ.* ερωδιός
seagull *ουσ.αρ.* γλάρος
puffin *ουσ.αρ.* θαλασσινός
παπαγάλος (μικρός
πιγκουΐνος)
penguin *ουσ.αρ.*
πιγκουΐνος

9.3 Αρπακτικά πουλιά

hawk γεράκι

eagle αετός

owl κουκουβάγια

talon νύχι

9.4 Φωνές πουλιών

sing *ρ.α.μ., αόρ.* **sang** *μτχ.
αορ.* **sung** κελαηδώ *The
birds were singing.* Τα
πουλιά κελαηδούσαν.
birdsong *ουσ.μ.αρ.*
κελάηδημα
cheep *ρ.α.* τιτιβίζω
chirp Ή **chirrup** *ρ.α.*
τιτιβίζω, τερετίζω

tweet *ρ.α.* τιτιβίζω (τσίου)
quack *ρ.α.* κράζω (πάπια)
cluck *ρ.α.* κακαρίζω (κότα)
gobble *ρ.α.* κακαρίζω
(διάνος)
crow *ρ.α.* κράζω (πετεινός)

10 Fish and Sea animals Ψάρια και Ζώα της θάλασσας

χρήση

Τα ονόματα ψαριών και ζώων της θάλασσας συχνά
μένουν αμετάβλητα στον πληθυντικό, ειδικά όταν μιλάμε
για κυνήγι και ψάρεμα. Για τα ψάρια ο αμετάβλητος
πληθυντικός είναι πιο συνηθισμένος, ενώ τα οστρακοειδή,
μαλάκια και θαλάσσια θηλαστικά σχηματίζουν τον
πληθυντικό με το 's'. Ο πληθυντικός του **fish** είναι **fish** Ή
fishes.

10.1 Είδη ψαριών

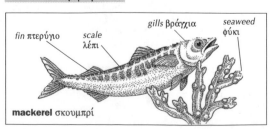

fin πτερύγιο
scale λέπι
gills βράγχια
seaweed φύκι
mackerel σκουμπρί

cod ουσ.αρ. μπακαλιάρος
eel ουσ.αρ. χέλι
herring ουσ.αρ. ρέγγα
plaice ουσ.αρ. γλώσσα, πησσί

salmon ουσ.αρ. σολομός
sardine ουσ.αρ. σαρδέλα
shark ουσ.αρ. καρχαρίας
sole ουσ.αρ. γλώσσα
trout ουσ.αρ. πέστροφα

10.2 Οστρακοειδή και μαλάκια

crustacean ουσ.αρ. οστρακοειδές
mollusc ουσ.αρ. μαλάκιο
shellfish ουσ.αρ.μ.αρ., πληθ. **shellfish** θαλασσινά
We caught some shellfish.
Πιάσαμε μερικά θαλασσινά.
crab ουσ.αρ. κάβουρας
mussel ουσ.αρ. μύδι

octopus ουσ.αρ., πληθ. **octopuses** 'Η **octopi** χταπόδι
oyster ουσ.αρ. στρείδι
prawn ουσ.αρ. μεγάλη γαρίδα
shrimp ουσ.αρ. μικρή γαρίδα
squid ουσ.αρ. καλαμάρι

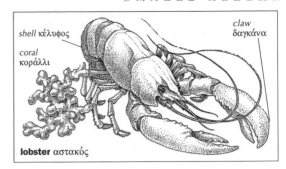

shell κέλυφος
coral κοράλλι
claw δαγκάνα
lobster αστακός

10.3 Θαλάσσια θηλαστικά

whale ουσ.αρ. φάλαινα
dolphin ουσ.αρ. δελφίνι
seal ουσ.αρ. φώκια
sea lion ουσ.αρ. θαλάσσιο λιοντάρι (μεγάλη φώκια)
walrus ουσ.αρ., πληθ. **walruses** 'Η **walrus** θαλάσιος ελέφαντας

11 Plants Φυτά

δες επίσης **384 Gardening**

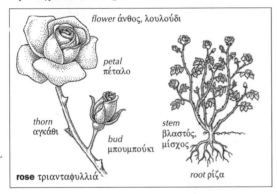

flower άνθος, λουλούδι
petal πέταλο
thorn αγκάθι
bud μπουμπούκι
stem βλαστός, μίσχος
root ρίζα
rose τριανταφυλλιά

stalk ουσ.αρ. [παρόμοιο με το **stem**, αλλά δε χρησιμοποιείται για φυτά με ξύλινο βλαστό] βλαστός
bulb ουσ.αρ. βολβός
seed ουσ.αρ. σπόρος

pollen ουσ.μ.αρ. γύρη
shrub ουσ.αρ. θάμνος (αναφέρεται σε εκλεκτό είδος)
bush ουσ.αρ. θάμνος
weed ουσ.αρ. ζιζάνιο, αγριοχόρτο
lily ουσ.αρ. κρίνος
heather ουσ.μ.αρ. ρείκι
violet ουσ.αρ. βιολέτα, μενεξές
buttercup ουσ.αρ. νεραγκούλα
rhododendron ουσ.αρ. ροδόδεντρο
nettle ουσ.αρ. τσουκνίδα
reed ουσ.αρ. καλαμιά
rush ουσ.αρ. βούρλο

vine ουσ.αρ. κλήμα
daisy ουσ.αρ. μαργαρίτα
daffodil ουσ.αρ. ασφόδελος
tulip ουσ.αρ. τουλίπα
carnation ουσ.αρ. γαρίφαλο
bluebell ουσ.αρ. καμπανούλα
dandelion ουσ.αρ. αγριοραδίκι, πικραλίδα
pansy ουσ.αρ. πανσές
fern ουσ.αρ. φτέρη
thistle ουσ.αρ. γαϊδουράγκαθο
holly ουσ.μ.αρ.αρ. λιόπρινο
berry ουσ.αρ. μούρο
ivy ουσ.μ.αρ. κισσός
cactus πληθ. **cacti** 'Η **cactuses** κάκτος

12 Trees Δέντρα

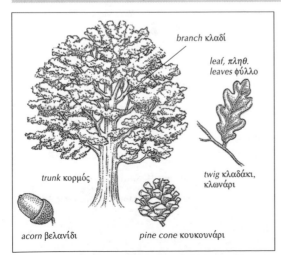

branch κλαδί
leaf, πληθ. leaves φύλλο
trunk κορμός
twig κλαδάκι, κλωνάρι
acorn βελανίδι
pine cone κουκουνάρι

12.1 Είδη δέντρων

oak ουσ.αρ. βελανιδιά
silver birch (Βρετ.), **white birch** (Αμερ.) ουσ.αρ. σημύδα, βέργα
beech ουσ.αρ. οξιά
elm ουσ.αρ. φτελιά
chestnut ουσ.αρ.
 1 [δέντρο] καστανιά
 2 [καρπός] κάστανο

(weeping) willow ουσ.αρ. ιτιά (η κλαίουσα)
ash ουσ.αρ. φλαμουριά
fir ουσ.αρ. έλατο
pine ουσ.αρ. πεύκο
cedar ουσ.αρ. κέδρος
maple ουσ.αρ. σφοντάμι
palm ουσ.αρ. φοίνικας
redwood ουσ.αρ. σεκόια

Όταν τα ονόματα των δέντρων χρησιμοποιούνται στο μη αριθμήσιμο τύπο, περιγράφουν το ξύλο του δέντρου: π.χ. a table made of oak (ένα τραπέζι από ξύλο βελανιδιάς) a pine wardrobe (μια ντουλάπα από ξύλο πεύκου)

13 Geography and Geology Γεωγραφία και γεωλογία

geographer *ουσ.αρ.*
γεωγράφος **geographical**
επίθ. γεωγραφικός

geologist *ουσ.αρ.* γεωλόγος
geological *επίθ.* γεωλογικός

pool *ουσ.αρ.* [συνήθως
φυσική. Μπορεί να είναι
μικρή ή μεγάλη] λίμνη
a rock pool λίμνη

περιτριγυρισμένη από
βράχους
puddle *ουσ.αρ.* λακκούβα

13.1 Φυσικά υψώματα

hill *ουσ.αρ.* λόφος *at the top
of a hill* στην κορυφή ενός
λόφου **hilly** *επίθ.* λοφώδης
hillside *ουσ.αρ.* πλαγιά του
λόφου
hilltop *ουσ.αρ.* κορυφή του
λόφου
volcano *ουσ.αρ., πληθ.*
volcanoes ηφαίστειο
mountain *ουσ.αρ.* βουνό *a
mountain range* οροσειρά
mountainous *επίθ.* ορεινός

mountainside *ουσ.αρ.*
πλαγιά του βουνού
slope *ουσ.αρ.* ανηφόρα
a gentle/steep slope μια
απαλή/απότομη ανηφόρα
peak *ουσ.αρ.* κορυφή
summit *ουσ.αρ.* κορυφή,
βουνοκορφή
gorge *ουσ.αρ.* χαράδρα
canyon *ουσ.αρ.* φαράγγι
valley *ουσ.αρ.* κοιλάδα

χρήση

Οι λέξεις **sea**, **lake**, και **ocean** συχνά χρησιμοποιούνται
σε ονόματα και γράφονται με κεφαλαίο γράμμα, π.χ. *the
Atlantic Ocean* (Ο Ατλαντικός Ωκεανός) *Lake Geneva*
(η λίμνη της Γενεύης).

13.5 Η άκρη μιας έκτασης νερού

shore *ουσ.αρ.* [θάλασσας ή λίμνης] όχθη *We can go on
shore at Stockholm.* Μπορούμε να ξεμπαρκάρουμε στη
Στοκχόλμη.
ashore *επίρρ.* (μετά από ρ.) στην ακτή, στην ξηρά *We went
ashore that evening.* Πήγαμε στην ξηρά εκείνο το βράδυ.
seashore *ουσ.αρ.* ακροθαλασσιά *shells on the seashore*
όστρακα στην ακροθαλασσιά
beach *ουσ.αρ.* [θάλασσας ή μεγάλης λίμνης] παραλία, πλαζ
a sandy beach αμμουδιά *sunbathing on the beach*
ηλιοθεραπεία στην αμμουδιά

χρήση

Η λέξη **top** περιγράφει την κορυφή βουνού ή και λόφου,
ενώ η λέξη **peak** χρησιμοποιείται μόνο για μυτερή,
οδοντωτή κορυφή βουνού, και η λέξη **summit** συνήθως
χρησιμοποιείται όταν γίνεται λόγος για ορειβασία.

13.2 Άλλα γεωγραφικά χαρακτηριστικά

desert *ουσ.αρ.* (συχνά +
the) έρημος *We were lost
in the desert.* Είχαμε χαθεί
στην έρημο.
oasis *ουσ.αρ., πληθ.* **oases**
όαση
jungle *ουσ.αρ.* (συχνά +
the) ζούγκλα
rainforest *ουσ.αρ.* (συχνά +
the) τροπικό δάσος *the
Brazilian rainforest* το
τροπικό δάσος της
Βραζιλίας
forest *ουσ.αρ.* [μεγάλη
έκταση που καλύπτεται
από δέντρα] δάσος
wood *ουσ.αρ.* 'Η **woods**
ουσ. πληθ. [μικρότερη
έκταση και λιγότερο άγρια
από το **forest**] δάσος

a stroll through the wood(s)
μια βόλτα στο δάσος
vegetation *ουσ.μ.αρ.*
βλάστηση
plain *ουσ.αρ.* 'Η **plains**
ουσ. πληθ. πεδιάδα, κάμπος
moor *ουσ.αρ.* 'Η **moors**
ουσ. πληθ. (κυρίως Βρετ.)
ακαλλιέργητος και ψηλός
κάμπος
swamp *ουσ.αρ.* [κυρίως
ελώδης περιοχή σε ζεστά,
υγρά μέρη] έλος, βάλτος
swampy *επίθ.* ελώδης
bog *ουσ.αρ.* έλος, βάλτος
boggy *επίθ.* ελώδης
marsh *ουσ.αρ.* [συνήθως με
φυτά] βάλτος **marshy** *επίθ.*
βαλτώδης

13.3 Βράχοι

rock *ουσ.αρ.* βράχος **rocky**
επίθ. βραχώδης
stone *ουσ.αρ.* πέτρα **stony**
επίθ. πετρώδης
pebble *ουσ.αρ.* πετραδάκι

boulder *ουσ.αρ.* λιθάρι,
κοτρόνι
fossil *ουσ.αρ.* απολίθωμα
mineral *ουσ.αρ.* ορυκτό,
μετάλλευμα

13.4 Εκτάσεις νερού

sea *ουσ.αρ.* θάλασσα
ocean *ουσ.αρ.* ωκεανός
lake *ουσ.αρ.* λίμνη

reservoir *ουσ.αρ.* δεξαμενή
pond *ουσ.αρ.* [συχνά
τεχνητή] λιμνούλα

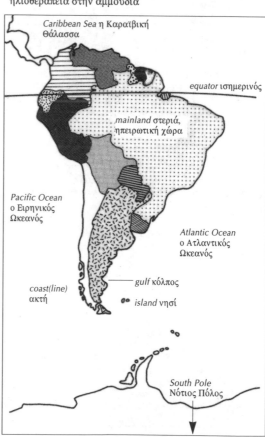

South America is a *continent*. Η Νότια Αμερική είναι ήπειρος.
Brazil is a *country*. Η Βραζιλία είναι χώρα.
Buenos Aires is the *capital* of Argentina. Το Μπουένος Άιρες
είναι η πρωτεύουσα της Αργεντινής.

seaside *ουσ.μ.αρ.* (πάντα + the) [όλη η περιοχή κοντά στην θάλασσα, που θεωρείται μέρος για διακοπές, κλπ.] παραλία *a day at the seaside* μια μέρα στην παραλία (σαν *επίθ.*) *a seaside town* μια παράκτια πόλη

coast *ουσ.αρ.* [εκεί που συναντιέται η θάλασσα με την ξηρά] ακτή *storms off the Atlantic coast* καταιγίδες στην ακτή του Ατλαντικού **coastal** *επίθ.* παράκτιος

coastline *ουσ.αρ.* ακτογραμμή

cliff *ουσ.αρ.* βράχος, γκρεμός

bank *ουσ.αρ.* [του ποταμού] όχθη

13.6 Άλλα χαρακτηριστικά της θάλασσας

tide *ουσ.αρ.* παλίρροια *The tide is in/out.* Υπάρχει πλημμυρίδα/άμπωτη. *The tide is coming in/going out.* Η παλίρροια έρχεται/φεύγει. *high/low tide* πλημμυρίδα/άμπωτη **tidal** *επίθ.* παλιρροιακός

wave *ουσ.αρ.* κύμα

iceberg *ουσ.αρ.* παγόβουνο

sand *ουσ.μ.αρ.* άμμος **sandy** *επίθ.* αμμώδης

sandbank *ουσ.αρ.* αμμώδης ύφαλος

sand dune *ουσ.αρ.* αμμόλοφος

seaweed *ουσ.μ.αρ.* φύκια

13.7 Ρεύματα νερού

river *ουσ.αρ.* ποτάμι *the River Thames* ο ποταμός Τάμεσης

riverbed *ουσ.αρ.* κοίτη

brook *ουσ.αρ.* ρυάκι

stream *ουσ.αρ.* χείμαρρος

canal *ουσ.αρ.* διώρυγα, κανάλι

channel *ουσ.αρ.*
1 [θαλάσσιο πέρασμα] στενό, πορθμός
2 [πλεύσιμο μέρος του ποταμού] κοίτη ποταμού

current *ουσ.αρ.* ρεύμα *a strong current* δυνατό ρεύμα

mouth *ουσ.αρ.* εκβολή *the mouth of the Nile* η εκβολή του ποταμού Νείλου

waterfall *ουσ.αρ.* καταρράχτης

spring *ουσ.αρ.* πηγή

glacier *ουσ.αρ.* παγετώνας

14 Areas Περιοχές

area *ουσ.αρ.* περιοχή *Water covered a large area of the country.* Ένα μεγάλο μέρος της χώρας ήταν καλυμμένο από νερό. *a residential/industrial area* οικιστική/βιομηχανική περιοχή

place *ουσ.αρ.* μέρος *This is the place where we met.* Σε αυτό το μέρος συναντηθήκαμε. *Most cities are noisy places.* Οι περισσότερες πόλεις έχουν πολύ θόρυβο.

region *ουσ.αρ.* περιοχή *a mountainous region* μια ορεινή περιοχή *high winds in the region of Northern Scotland* ισχυροί άνεμοι στην περιοχή της βόρειας Σκωτίας **regional** *επίθ.* τοπικός

territory *ουσ.αρ.* [περιοχή κυρίως σε σχέση με το ποιος την κατέχει ή την έχει στη δικαιοδοσία του] επικράτεια *British territories* βρετανικές επικράτειες *Robins defend their territory fiercely.* Οι κοκκινολαίμηδες υπερασπίζονται την περιοχή τους με πολύ σθένος. **territorial** *επίθ.* εδαφικός

14.1 Πολιτικές και διοικητικές περιοχές

χρήση

Η λέξη **country** τονίζει τη γεωγραφική άποψη μιας οργανωμένης περιοχής, ενώ το **state** θεωρεί την περιοχή σαν πολιτικό οργανισμό ή σε σχέση με την κυβέρνηση. Η λέξη **nation** είναι μια ομάδα ανθρώπων, που συχνά ζουν στην ίδια χώρα, με ισχυρούς πολιτιστικούς, φυλετικούς, γλωσσικούς ή θρησκευτικούς δεσμούς.

country *ουσ.αρ.* χώρα

nation *ουσ.αρ.* έθνος *the English-speaking nations* τα αγγλόφωνα έθνη **national** *επίθ.* εθνικός

nationality *ουσ.αρ.* εθνικότητα *people of all nationalities* άνθρωποι όλων των εθνικοτήτων

state *ουσ.αρ.* 1 [χώρα] κράτος *representatives of several European states* αντιπρόσωποι διαφόρων ευρωπαϊκών κρατών 2 [περιοχή χώρας] πολιτεία *the United States of America* οι Ηνωμένες Πολιτείες της Αμερικής 3 [κυβέρνηση] κράτος *state-owned industries* κρατικές βιομηχανίες

republic *ουσ.αρ.* [όχι μοναρχία] δημοκρατία *the Irish republic* η ιρλανδική δημοκρατία

kingdom *ουσ.αρ.* βασίλειο *the United Kingdom* το Ηνωμένο Βασίλειο

empire *ουσ.αρ.* αυτοκρατορία

imperial *επίθ.* αυτοκρατορικός

county *ουσ.αρ.* 1 (Βρετ.) [η μεγαλύτερη διοικητική περιοχή τοπικής διακυβέρνησης] κομητεία 2 (Αμερ.) [διοικητική περιοχή μιας πολιτείας] πολιτεία

province *ουσ.αρ.* [διοικητικό τμήμα μιας χώρας ή αυτοκρατορίας] επαρχία

provincial *επίθ.* [συχνά υποτιμητικό, υπονοεί απλοϊκότητα] επαρχιακός

district *ουσ.αρ.* [περιοχή ειδικά καθορισμένη για διοικητικούς σκοπούς, αλλά μπορεί να μην έχει καθορισμένα με ακρίβεια σύνορα] περιφέρεια *postal districts* ταχυδρομικοί τομείς

race *ουσ.αρ.* φυλή

tribe *ουσ.αρ.* (πρωτόγονη) φυλή *nomadic tribes* νομαδικές φυλές **tribal** *επίθ.* φυλετικός

LANDSCAPE (ΤΟΠΙΟ), **COUNTRYSIDE** (ΕΞΟΧΗ), ΚΑΙ **COUNTRY** (ΥΠΑΙΘΡΟΣ)

Η λέξη **landscape** αναφέρεται στην ύπαιθρο σαν θέα ή εικόνα που την κοιτάζεις και θαυμάζεις από κάποια απόσταση. Οι λέξεις **country** και **countryside** αναφέρονται σε περιοχές που μπορεί κανείς και να επισκεφθεί. Η λέξη **countryside** συνήθως υπονοεί χλοερή, συχνά καλλιεργημένη περιοχή, την οποία μπορούν να επισκεφθούν οι άνθρωποι των πόλεων, αλλά δε χρησιμοποιείται για άγριες, ξηρές, ή ορεινές περιοχές. Η λέξη **country** μπορεί να χρησιμοποιηθεί για περιοχές έξω από τις πόλεις, περιλαμβάνοντας και πιο άγριες περιοχές. Αποφεύγουμε όμως να χρησιμοποιούμε τη λέξη **country** με αυτή τη σημασία όταν υπάρχει περίπτωση να είναι διφορούμενη με την έννοια που σημαίνει έθνος.

14.2 Περιοχές που περιβάλλουν κάποιο σημείο

surroundings *ουσ. πληθ.* περιβάλλον, περίχωρα *The church is set in beautiful surroundings.* Η εκκλησία βρίσκεται σε ωραία τοποθεσία.

setting *ουσ.αρ.* [παρόμοιο με το **surroundings**] φόντο, σκηνικό

location *ουσ.αρ.* [δίνει έμφαση στο σημείο όπου βρίσκεται κάτι, παρά στην περιοχή που το περιβάλλει] τοποθεσία, θέση

neighbourhood (*Βρετ.*), **neighborhood** (*Αμερ.*) *ουσ.αρ.* γειτονιά *a violent neighbourhood* μια ταραγμένη γειτονιά

environment *ουσ.αρ.* 1 [συνθήκες κάτω από τις οποίες υπάρχουν πρόσωπα ή πράγματα] περιβάλλον *brought up in a rural environment* μεγαλωμένος σε αγροτικό περιβάλλον 2 (*πάντα* + **the**) [φυσικά χαρακτηριστικά του κόσμου, όπως φυτά, γη, αέρας, κλπ.] περιβάλλον, οικολογία *concern for the environment* ενδιαφέρον για το περιβάλλον

environmental *επίθ.* οικολογικός *environmental issues* οικολογικά θέματα

environmentally *επίθ.* οικολογικά *environmentally friendly products* προϊόντα φιλικά προς το περιβάλλον

14.3 Μέρη όπου ζουν οι άνθρωποι

city *ουσ.αρ.* πόλη, μεγαλούπολη (σαν *επίθ.*) *a city dweller* κάτοικος της πόλης, αστός

town *ουσ.αρ.* πόλη, κωμόπολη

village *ουσ.αρ.* χωριό

outskirts *ουσ. πληθ.* περίχωρα

suburb *ουσ.αρ.* προάστειο *a suburb of London* ένα προάστειο του Λονδίνου *to live in the suburbs* ζω στα περίχωρα

15 Jewels Κοσμήματα

jewel *ουσ.αρ.* 1 [πέτρα] πολύτιμος λίθος 2 [στολίδι] κόσμημα *She put on her jewels.* Φόρεσε τα κοσμήματά της.
jewellery (*Βρετ.*), **jewelry** (*Αμερ.*) *ουσ.μ.αρ.* κοσμήματα **jeweller** (*Βρετ.*), **jeweler** (*Αμερ.*) *ουσ.αρ.* κοσμηματοπώλης

gem *ουσ.αρ.* [λιγότερο συνηθισμένο από το *jewel*. Έχει πιο εξειδικευμένη σημασία] πετράδι

amethyst *ουσ.αρ.μ.αρ.* αμέθυστος

diamond *ουσ.αρ.μ.αρ.* διαμάντι

emerald *ουσ.αρ.μ.αρ.* σμαράγδι

opal *ουσ.αρ.μ.αρ.* οπάλι

pearl *ουσ.αρ.μ.αρ.* μαργαριτάρι **pearly** *επίθ.* μαργαριταρένιος

ruby *ουσ.αρ.μ.αρ.* ρουμπίνι

sapphire *ουσ.αρ.μ.αρ.* ζαφείρι

ΧΡΩΜΑΤΑ

Τα ονόματα των πετραδιών συχνά χρησιμοποιούνται για να περιγράψουν χρώματα. Μερικές φορές χρησιμοποιούνται μαζί με το όνομα του χρώματος που αντιπροσωπεύουν: π.χ. *emerald green sea* (σμαραγδοπράσινη θάλασσα) *ruby red lips* (χείλια κόκκινα σαν ρουμπίνι)

Μπορεί επίσης να χρησιμοποιηθούν σαν επίθετα μόνα τους: π.χ. *ruby wine* (βαθυπόρφυρο κρασί) *amethyst silk* (μοβ μετάξι).

---

16 Metals Μέταλλα

χρήση

Όλα τα μέταλλα που αναφέρονται εδώ μπορούν να χρησιμοποιηθούν πριν από ουσιαστικά για να περιγράψουν κάτι που είναι φτιαγμένο από εκείνο το συγκεκριμένο μέταλλο: π.χ. *a gold bracelet* (ένα χρυσό βραχιόλι) *a lead pipe* (ένας μολυβένιος σωλήνας).

metal *ουσ.μ.αρ.αρ.* μέταλλο **metal** *επίθ.* μεταλλικός

ore *ουσ.μ.αρ.* μετάλλευμα *iron ore* μετάλλευμα σιδήρου

mine *ουσ.αρ.* ορυχείο **mine** *ρ.μ.α.* (συχνά + **for**) εξορύσσω *to mine for gold* σκάβω για χρυσό **miner** *ουσ.αρ.* ανθρακωρύχος (εργάτης ορυχείου)

gold *ουσ.μ.αρ.* χρυσός

golden *επίθ.* [συνήθως λογοτεχνικό] 1 [φτιαγμένος από χρυσό] χρυσός 2 [χρώμα] χρυσός, χρυσαφένιος

silver *ουσ.μ.αρ.* ασήμι **silvery** *επίθ.* ασημένιος

lead *ουσ.μ.αρ.* μόλυβδος **leaden** *επίθ.* μολύβδινος, μολυβής

copper *ουσ.μ.αρ.* χαλκός

steel *ουσ.μ.αρ.* χάλυβας, ατσάλι **steely** *επίθ.* χαλύβδινος, ατσάλινος

iron *ουσ.μ.αρ.* σίδηρος

brass *ουσ.μ.αρ.* μπρούντζος, ορείχαλκος

bronze *ουσ.μ.αρ.* μπρούντζος (κράμα χαλκού και κασσίτερου)

aluminium *ουσ.μ.αρ.* αργίλιο, αλουμίνιο

mercury *ουσ.μ.αρ.* υδράργυρος

platinum *ουσ.μ.αρ.* λευκόχρυσος, πλατίνα

rust *ουσ.μ.αρ.* σκουριά **rusty** *επίθ.* σκουριασμένος

ΧΡΩΜΑΤΑ

Τα ονόματα των μετάλλων συχνά χρησιμοποιούνται πριν από ουσιαστικά για να περιγράψουν το χρώμα τους: π.χ. *gold material* (χρυσό ύφασμα) *copper hair* (χαλκόχρωμα μαλλιά). Μερικά μέταλλα έχουν εναλλακτικά επίθετα που αναφέρονται παραπάνω με τα ονόματα των μετάλλων: π.χ. *leaden skies* (μολυβένιος ουρανός) *silvery hair* (ασημί μαλλιά).

---

17 Gases Αέρια

oxygen *ουσ.μ.αρ.* οξυγόνο

hydrogen *ουσ.μ.αρ.* υδρογόνο

nitrogen *ουσ.μ.αρ.* άζωτο

carbon dioxide *ουσ.μ.αρ.* διοξείδιο του άνθρακα

helium *ουσ.μ.αρ.* ήλιο

ozone *ουσ.μ.αρ.* όζον *the ozone layer* το στρώμα του όζοντος

air *ουσ.μ.αρ.* (συνήθως + **the**) αέρας

sky *ουσ.μ.αρ.* (συνήθως + **the**) ουρανός

χρήση

Το **the skies** (οι ουρανοί) συχνά είναι συνώνυμο του **the sky**: π.χ. *The skies were grey.* (Ο ουρανός ήταν γκρίζος.) Το **skies** έχει πιο λογοτεχνική χροιά από το **sky**, αλλά χρησιμοποιείται συχνά.

18 Weather Καιρός

weather *ουσ.μ.αρ.* (συχνά + **the**) καιρός *What's the weather like today?* Τι καιρό κάνει σήμερα; *poor weather conditions* κακές καιρικές συνθήκες

climate *ουσ.αρ.* κλίμα *the Mediterranean climate* το μεσογειακό κλίμα

meteorology *ουσ.μ.αρ.* μετεωρολογία **meteorologist** *ουσ.αρ.* μετεωρολόγος **meteorological** *επίθ.* μετεωρολογικός

18.1 Καλός καιρός

δες επίσης **20 Hot**

fine *επίθ.* [περιγράφει τον καιρό] αίθριος *It was a fine day.* Έκανε καλό καιρό.

clear *επίθ.* [περιγράφει τον ουρανό] καθαρός

sun *ουσ.αρ.* (συχνά + **the**) ήλιος *I'm sitting in the sun.* Κάθομαι στον ήλιο.

sunshine *ουσ.μ.αρ.* λιακάδα

sunny *επίθ.* ηλιόλουστος *a sunny afternoon* ένα ηλιόλουστο απόγευμα

tropical *επίθ.* [περιγράφει: π.χ. κλίμα, χώρα] τροπικός

18.2 Βροχή και υγρός καιρός

δες επίσης **21 Wet**

rain *ρ.α.* [γενική λέξη για βροχή οποιασδήποτε έντασης] βρέχει *It's raining.* Βρέχει. *It rained heavily all night.* Έβρεξε πολύ όλη τη νύχτα.

rain *ουσ.μ.αρ.* βροχή *heavy/light rain* βαριά/ελαφρή βροχή

raindrop *ουσ.αρ.* σταγόνα βροχής

rainfall *ουσ.μ.αρ.* βροχόπτωση

rainy *επίθ.* βροχερός *the rainy season* η εποχή των βροχών

wet *επίθ.* βροχερός *a wet day* μια βροχερή μέρα

drizzle *ουσ.μ.αρ.* [ψιλή, ομιχλώδης βροχή] ψιλοβρόχι **drizzle** *ρ.α.* ψιλοβρέχει

shower *ουσ.αρ.* [σύντομη βροχή] νεροποντή

pour *ρ.α.* (συχνά + **down**) βρέχει καταρρακτωδώς *It's pouring!* Βρέχει καταρρακτωδώς! *It poured down all night.* Έβρεξε καταρρακτωδώς όλη τη νύχτα.

downpour *ουσ.αρ.* [ξαφνική, βαριά βροχή] ραγδαία βροχή *We were caught in the downpour.* Μας έπιασε ραγδαία βροχή.

bucket down (*Βρετ.*) *ρ.πρφ.α.* [ανεπίσημη, εμφατική λέξη] βρέχει με τη σέσουλα *It/the rain was bucketing down.* Έβρεχε με τη σέσουλα.

piss (it) down (*Βρετ.*) *ρ.πρφ.α.* [κάπως χυδαίο, αλλά πολύ συνηθισμένο σε ανεπίσημη συνομιλία] βρέχει πάρα πολύ *It's pissing (it) down out there!* Βρέχει πάρα πολύ έξω!

monsoon *ουσ.αρ.* μουσώνας

flood *ουσ.αρ.* (συχνά στον πληθυντικό) πλημμύρα **flood** *ρ.α.* πλημμυρίζω *The river has flooded.* Το ποτάμι έχει πλημμυρίσει.

cloud *ουσ.αρ.* σύννεφο **cloudy** *επίθ.* συννεφιασμένος

overcast *επίθ.* (μετά από ρ.) συννεφιασμένος *It's very overcast today.* Έχει πολλή συννεφιά σήμερα.

rainbow *ουσ.αρ.* ουράνιο τόξο

fog *ουσ.μ.αρ.* ομίχλη **foggy** *επίθ.* ομιχλώδης

mist *ουσ.μ.αρ.* ομίχλη, καταχνιά [πιο αραιή από το **fog**] *Mist came down over the hills.* Η ομίχλη έπεσε πάνω στους λόφους. **misty** *επίθ.* ομιχλώδης

18.3 Άνεμος

χρήση

Το ρήμα που χρησιμοποιείται με όλες τις λέξεις που αναφέρονται στον άνεμο είναι το **blow**: π.χ. *A breeze/gale was blowing.* (Μια αύρα/θύελλα φυσούσε.) Το ρήμα **blow** χρησιμοποιείται με ένα επίρρημα για να περιγράψει τα αποτελέσματα του ανέμου: π.χ. *The roof was blown off in the hurricane.* (Ο τυφώνας παρέσυρε τη σκεπή.)

wind *ουσ.αρ.μ.αρ.* [γενική λέξη] άνεμος *a gust of wind* μπουρίνι *flags blowing in the wind* σημαίες που κυματίζουν στον αέρα **windy** *επίθ.* ανεμώδης, ανεμοδαρμένος

breeze *ουσ.αρ.* αύρα, αεράκι *a gentle breeze* ένα απαλό αεράκι

gale *ουσ.αρ.* θύελλα, μελτέμι *It's blowing a gale.* Έχει θύελλα.

whirlwind *ουσ.αρ.* ανεμοστρόβιλος, σίφουνας

hurricane *ουσ.αρ.* τυφώνας

cyclone *ουσ.αρ.* κυκλώνας

typhoon *ουσ.αρ.* τυφώνας

tornado *ουσ.αρ.*, *πληθ.* **tornados** 'Η **tornadoes** ανεμοστρόβιλος

draught (*Βρετ.*), **draft** (*Αμερ.*) *ουσ.αρ.* ρεύμα (αέρα) **draughty** (*Βρετ.*), **drafty** (*Αμερ.*) *επίθ.* με ρεύμα

gust *ουσ.αρ.* μπουρίνι *a sudden gust of wind* ένα ξαφνικό μπουρίνι

18.4 Κρύος καιρός

δες επίσης **19 Cold**

snow *ρ.α.* χιονίζει *It snowed all night.* Χιόνισε όλη τη νύχτα. **snow** *ουσ.μ.αρ.* χιόνι **snowy** *επίθ.* χιονισμένος

snowflake *ουσ.αρ.* νιφάδα του χιονιού

snowstorm *ουσ.αρ.* χιονοθύελλα

hail *ουσ.μ.αρ.* χαλάζι **hail** *ρ.α.* ρίχνει χαλάζι

sleet *ουσ.μ.αρ.* χιονόνερο **sleet** *ρ.α.* ρίχνει χιονόνερο

blizzard *ουσ.αρ.* χιονοστρόβιλος

frost *ουσ.μ.αρ.αρ.* παγετός (παγωνιά, πάχνη) *the first frost of the year* ο πρώτος παγετός φέτος **frosty** *επίθ.* παγετώδης, παγερός

ice *ουσ.μ.αρ.* πάγος **icy** *επίθ.* παγωμένος, παγερός

melt *ρ.α.μ.* λιώνω

thaw *ρ.α.μ.* (συχνά + **out**) λιώνω, ξεπαγώνω **thaw** *ουσ.αρ.* λιώσιμο

18.5 Καταιγίδες και φυσικές καταστροφές

storm *ουσ.αρ.* καταιγίδα (χρησιμοποιείται σαν *επίθ.*) *storm clouds* τα σύννεφα πριν από την καταιγίδα **stormy** *επίθ.* θυελλώδης

thunderstorm *ουσ.αρ.* καταιγίδα με κεραυνούς

thunder *ουσ.μ.αρ.* βροντή *a clap of thunder* μια βροντή **thunder** *ρ.α.* βροντά

lightning *ουσ.μ.αρ.* αστραπή *a flash of lightning* μια αστραπή

earthquake *ουσ.αρ.* σεισμός

19 Cold Κρύο

δες επίσης **18.4 Weather**

cold *επίθ.* κρύος *I'm cold.* Κρυώνω. *cold weather* κρύος καιρός, κρύο

cool *επίθ.* δροσερός *a cool breeze* ένα δροσερό αεράκι

cool *ρ.μ.* (συχνά + **down**) δροσίζω *Let's have a drink to cool ourselves down.* Ας πιούμε κάτι να δροσιστούμε.

tepid *επίθ.* [συχνά υποτιμητικό. Συνήθως περιγράφει υγρά, όχι τον καιρό] χλιαρός

chilly *επίθ.* [συνήθως δε χρησιμοποιείται στον επίσημο λόγο] ψυχρός *It's chilly in here.* Κάνει ψύχρα εδώ μέσα. [όταν χρησιμοποιείται για ανθρώπους, συνήθως ακολουθεί το ρήμα **feel**] *I feel rather chilly.* Κρυώνω λίγο.

chill *ουσ.αρ.* (δεν έχει πληθ.) ψύχος *There was a chill in the air.* Ο αέρας ήταν ψυχρός.

chill *ρ.μ.* ψύχω, κρυώνω *chilled to the bone* παγωμένος μέχρι το κόκαλο *chill the wine* κρυώνω το κρασί

nippy *επίθ.* [ανεπίσημο] τσουχτερός *It's a bit nippy outside.* Το κρύο έξω είναι λίγο τσουχτερό.

freeze *ρ.α.μ.,* αόρ. **froze** μτχ. αορ. **frozen** παγώνω *The lake froze last winter.* Η λίμνη πάγωσε πέρυσι το χειμώνα. *The pipes have frozen.* Οι σωλήνες έχουν παγώσει.

freezing *επίθ.* [κάπως ανεπίσημο. Περιγράφει ανθρώπους ή καιρό] πολύ κρύος *It's freezing in here.* Κάνει παγωνιά εδώ μέσα.

frozen *επίθ.* [περιγράφει ανθρώπους] παγωμένος *I'm frozen stiff.* Έχω ξυλιάσει από το κρύο.

icy *επίθ.* παγωμένος *an icy wind* παγωμένος αέρας

shiver *ρ.α.μ.* τρέμω από το κρύο, τουρτουρίζω

φράση

a nip in the air [κάπως ανεπίσημο] ένα κρύο που πηρουνιάζει

---

20 Hot Ζεστός

χρήση

Οι λέξεις **mild**, **muggy**, **stuffy**, και **close** (κυρίως Βρετ.) χρησιμοποιούνται μόνο για τον καιρό ή την ατμόσφαιρα και όχι για τη θερμοκρασία ή οτιδήποτε άλλο. Οι λέξεις **warm**, **hot**, και **boiling** μπορούν να χρησιμοποιηθούν όταν μιλάμε για τον καιρό και διάφορα άλλα πράγματα. Η λέξη **red-hot** δεν μπορεί να χρησιμοποιηθεί για να εκφράσει τον καιρό.

---

hot *επίθ.,* -tt- ζεστός (καυτός) *hot milk* ζεστό γάλα *a hot afternoon* ένα ζεστό απόγευμα

heat *ουσ.μ.αρ.* ζέστη

heat *ρ.μ.α.* (συχνά + **up**) ζεσταίνω *Heat (up) some milk for the baby's bottle.* Ζέστανε λίγο γάλα για το μωρό.

warm *επίθ.* ζεστός (θερμός) *The body was still warm.* Το πτώμα ήταν ακόμα ζεστό.

warm *ρ.μ.* (συχνά + **up**) ζεσταίνω *The water was warmed by the sun.* Το νερό ζεστάθηκε από τον ήλιο. **warmth** *ουσ.μ.αρ.* ζεστασιά

lukewarm *επίθ.* χλιαρός

mild *επίθ.* ήπιος *a mild day* μια ήπια ημέρα

boiling *επίθ.* [κάπως ανεπίσημο] πολύ ζεστός *It's boiling in here!* Κάνει πολύ ζέστη εδώ μέσα (βράζουμε από τη ζέστη).

humid *επίθ.* [περιγράφει: π.χ. καιρό, κλίμα. Συχνά χρησιμοποιείται για πιο μόνιμες καταστάσεις από το **close** ή το **muggy**] υγρός **humidity** *ουσ.μ.αρ.* υγρασία

muggy *επίθ.* [περιγράφει τον καιρό, όχι το κλίμα. Δίνει έμφαση στην υγρασία που επικρατεί] ζεστός και υγρός, αποπνικτικός

close *επίθ.* [περιγράφει τον καιρό, όχι το κλίμα. Τονίζει την έλλειψη αέρα] πνιγηρός

stuffy *επίθ.* [περιγράφει π.χ. δωμάτιο, όχι κλίμα] αποπνικτικός

20.1 Ανεβάζω τη θερμοκρασία

heater *ουσ.αρ.* θερμάστρα
heating *ουσ.μ.αρ.* θέρμανση
central heating *ουσ.μ.αρ.* κεντρική θέρμανση
fire *ουσ.αρ.* **1** φωτιά *to light a fire* ανάβω τη φωτιά **2** [τεχνητή φωτιά] θερμάστρα *a gas fire* (Βρετ.)/*a gas heater* (κυρίως Αμερ.) θερμάστρα γκαζιού

radiator *ουσ.αρ.* σώμα καλοριφέρ

---

21 Wet Υγρός, Βρεγμένος

δες επίσης **18.2 Weather**

wet *επίθ.,* -tt- **1** [κάτι που έχει καλυφθεί από, ή έχει απορροφήσει νερό ή άλλο υγρό] βρεγμένος *wet clothes* βρεγμένα ρούχα *The pavement was still wet.* Το πεζοδρόμιο ήταν ακόμα βρεγμένο. **2** βροχερός *a wet afternoon* ένα βροχερό απόγευμα

damp *επίθ.* [λιγότερο υγρό από το **wet**. Έχει τη σημασία του κρύου παρά του ζεστού, διαφορετικά από το **humid**] υγρός **damp** ή **dampness** *ουσ.μ.αρ.* υγρασία

moist *επίθ.* [κάτι που περιέχει μια μικρή ποσότητα υγρασίας. Συνήθως υπονοεί κάτι ευχάριστα ή φυσιολογικά υγρό] υγρός *moist cakes* αφράτα κέικ *the dog's moist nose* η υγρή μύτη του σκύλου

moisture *ουσ.μ.αρ.* υγρασία *Moisture collects inside the glass.* Η υγρασία μαζεύεται στο εσωτερικό του ποτηριού.

condensation *ουσ.μ.αρ.* υγροποίηση

soggy *επίθ.* [δυσάρεστα υγρό] υγρός *soggy bread* μουσκεμένο ψωμί *soggy ground* μουσκεμένο έδαφος

soaking ή **soaking wet** ή **soaked** *επίθ.* [ανεπίσημο] μουσκεμένος, μουλιασμένος *You're absolutely soaking!* Είσαι καταμουσκεμένος!

dripping *επίθ.* [ανεπίσημο] μούσκεμα

liquid *ουσ.αρ.μ.αρ.* υγρό

liquid *επίθ.* [κάπως επίσημο ή επιστημονικό] υγρό *liquid gas* υγρό αέριο *liquid detergent* υγρό απορρυπαντικό

watery *επίθ.* [συνήθως υποτιμητικό] νερουλός *watery custard* νερουλή κρέμα

runny *επίθ.* **1** [λιγότερο επίσημο από το **liquid**] υγρός, ημίρρευστος *runny egg yolk* μελάτο αυγό **2** [που παράγει υγρό] που τρέχει *runny eyes* μάτια που τρέχουν *a runny nose* μύτη που τρέχει

dilute *ρ.μ.* αραιώνω

dilute *επίθ.* αραιωμένος *dilute orange juice* αραιωμένος χυμός πορτοκαλιού

pour *ρ.μ.* χύνω *Shall I pour the tea?* Να σερβίρω το τσάι;

21.1 Βρέχω

wet *ρ.μ.*, -tt-, *αόρ. & μτχ. αορ.* **wet** 'H **wetted** βρέχω *Wet the edges of the pastry.* Βρέξτε τις άκρες της ζύμης.

dampen *ρ.μ.* υγραίνω

moisten *ρ.μ.* υγραίνω *She moistened the flap of the envelope.* Ύγρανε την άκρη του φακέλου για να τον σφραγίσει.

soak *ρ.μ.α.* μουσκεύω *The rain had soaked the garden.* Η βροχή είχε καταμουσκέψει τον κήπο. *Soak the oats in milk for an hour.* Μουσκέψτε τη βρώμη σε γάλα για μια ώρα.

saturate *ρ.μ.* [βρέχω εντελώς] διαποτίζω

immerse *ρ.μ.* (συχνά + **in**) βουτώ

dip *ρ.μ.*, -pp- βουτώ

plunge *ρ.μ.α.* [υπονοεί ρωμαλέα πράξη] καταδύομαι, βουτώ

splash *ρ.μ.α.* πιτσιλίζω *Waves splashed our legs.* Τα κύματα πιτσίλισαν τα πόδια μας.

Immerse the garment completely in the dye.
Βουτήξτε το ρούχο τελείως στη βαφή.

Dip the cherries in melted chocolate. Βουτήξτε τα κεράσια σε λιωμένη σοκολάτα.

She plunged into the icy water. Βούτηξε στο παγωμένο νερό.

22 Dry Ξερός, Στεγνός

dry *επίθ.* ξερός, στεγνός *The washing isn't dry yet.* Η μπουγάδα δεν έχει στεγνώσει ακόμα. *dry weather* ξηρός καιρός *dry skin* ξηρό δέρμα **dryness** *ουσ.μ.αρ.* ξηρότητα
dry *ρ.μ.α.* στεγνώνω *Our towels dried in the breeze.* Οι πετσέτες μας στέγνωσαν με το αεράκι.

bone dry *επίθ.* κατάξερος

arid *επίθ.* [περιγράφει: ειδικά το έδαφος] άνυδρος *an arid desert region* άνυδρη έρημη περιοχή

parch *ρ.α.* [συνήθως στην παθητική φωνή] ξεραίνω

land parched by the sun έδαφος αποξηραμένο από τον ήλιο

dehydrate *ρ.μ.α.* αφυδατώνω *dehydrated vegetables* αφυδατωμένα λαχανικά **dehydration** *ουσ.μ.αρ.* αφυδάτωση

π α ρ ο μ ο ί ω σ η

as dry as a bone [κυριολεκτικά: ξερός σαν κόκαλο] κατάξερος

23 Dark Σκοτάδι, Σκοτεινός

dark *επίθ.* σκοτεινός *It's dark in here.* Είναι σκοτεινά εδώ μέσα. *a dark winter's morning* ένα σκοτεινό χειμωνιάτικο πρωινό *It gets dark at about six.* Σκοτεινιάζει γύρω στις έξι. **darkness** *ουσ.μ.αρ.* σκοτάδι

dark *ουσ.μ.αρ.* (δεν έχει πληθυντικό. Συχνά + **the**) σκοτάδι *I'm afraid of the dark.* Φοβάμαι το σκοτάδι. *She never goes out after dark.* Δε βγαίνει ποτέ έξω αφού σκοτεινιάσει.

darken *ρ.μ.α.* σκοτεινιάζω *The sky darkened.* Ο ουρανός σκοτείνιασε [πριν από καταιγίδα, όχι τη νύχτα].

black *επίθ.* μαύρος **blackness** *ουσ.μ.αρ.* μαυρίλα

pitch-black 'H **pitch-dark** *επίθ.* [δίνει έμφαση] κατάμαυρος, κατασκότεινος

gloomy *επίθ.* [μελαγχολικά ή καταθλιπτικά σκοτεινός] σκοτεινός *a gloomy kitchen* μια σκοτεινή κουζίνα

gloom *ουσ.μ.αρ.* [κάπως λογοτεχνικό] σκοτάδι *A light appeared through the gloom.* Εμφανίστηκε ένα φως μέσα στο σκοτάδι.

dim *επίθ.*, -mm- [όχι λαμπερός] αμυδρός *a dim light* ένα αμυδρό φως **dimly** *επίρρ.* αμυδρά

dull *επίθ.* [χωρίς ακτινοβολία] θαμπός *a dull gleam* μια θαμπή ακτίνα *the dull sky* ο μουντός ουρανός **dully** *επίρρ.* θαμπά, μουντά **dullness** *ουσ.μ.αρ.* θαμπάδα

fade *ρ.α.μ.* (συχνά + **away**) ξεθωριάζω, σβήνω *daylight faded* το φως της ημέρας χάθηκε *The colours have faded.* Τα χρώματα έχουν ξεθωριάσει.

shadow *ουσ.* **1** *ουσ.μ.αρ.* [σκοτάδι] σκιά *The room was in shadow.* Το δωμάτιο ήταν σκοτεινό. **2** *ουσ.αρ.* [σχήμα] σκιά

shadowy *επίθ.* σκιώδης, μυστήριος *A shadowy figure lurked in the corner.* Μια σκιά ανθρώπου καραδοκούσε στη γωνία.

shade *ουσ.μ.αρ.* (συχνά + **the**) [σκιερή περιοχή, ειδικά: καταφύγιο από τον καυτό ήλιο] σκιά *Let's sit in the shade.* Ας καθήσουμε στη σκιά. **shady** *επίθ.* σκιερός

The statue cast a shadow on the wall. Η σκιά του αγάλματος έπεφτε στον τοίχο.

They sat in the shade of the tree. Κάθησαν στη σκιά του δέντρου.

24 Light Φως

light *ουσ.μ.αρ.αρ.* φως *by the light of the moon* στο φως του φεγγαριού *We saw a bright light in the distance.* Είδαμε ένα λαμπερό φως από μακριά.

light *επίθ.* φωτεινός *Let's wait till it gets light.* Ας περιμένουμε μέχρι να φωτίσει. *It's too light in here.* Το φως είναι πολύ δυνατό εδώ μέσα.

bright *επίθ.* λαμπερός *bright eyes* λαμπερά μάτια **brightly** *επίρρ.* λαμπερά

beam *ουσ.αρ.* [φυσικό ή τεχνητό φως] ακτίνα *A beam of light swept the sky.* Μια ακτίνα φωτός διέσχισε τον ουρανό. *Put the headlights on **full beam**.* Άναψε τους πιο δυνατούς προβολείς του αυτοκινήτου. *a sunbeam/moonbeam* ακτίνα του ήλιου/του φεγγαριού

ray *ουσ.αρ.* [συνήθως του ήλιου] ακτίνα

laser *ουσ.αρ.* λέηζερ *a laser beam* ακτίνα λέηζερ

24.1 Φωτίζω

light *ρ.μ.α.* αόρ. & μτχ. αορ. **lit** (συχνά + **up**) [κάνω φωτεινό] φωτίζω *The hall was lit by an oil lamp.* Η είσοδος φωτιζόταν από μια λάμπα πετρελαίου.

lighten *ρ.μ.α.* [κάνω πιο ανοιχτόχρωμο] φωτίζω *Her hair was lightened by the sun.* Ο ήλιος έδωσε στα μαλλιά της ένα πιο ανοιχτό χρώμα.

illuminate *ρ.μ.* φωτίζω, φωταγωγώ *Flares illuminated the sky.* Οι φωτοβολίδες φωταγώγησαν τον ουρανό. **illumination** *ουσ.μ.αρ.* φωταψία, φωταγώγηση

brighten *ρ.μ.α.* (συχνά + **up**) [μπορεί να σημαίνει πιο ανοιχτά ή πιο λαμπερά χρώματα] φωτίζω *Let's brighten up the place with some new wallpaper.* Ας κάνουμε το χώρο πιο φωτεινό με μια καινούρια ταπετσαρία.

24.2 Λάμπω με σταθερό φως

shine *ρ.α.,* αόρ. & μτχ. αορ. **shone** [γενική λέξη] λάμπω *The sun was shining.* Ο ήλιος έλαμπε. *Their eyes were shining with excitement.* Τα μάτια τους έλαμπαν από την έξαψη. **shiny** *επίθ.* φωτεινός, γυαλιστερός

glow *ρ.α.* [με χαμηλό, ζεστό φως] λάμπω *The coals still glowed.* Τα κάρβουνα έκαιγαν ακόμα. (+ **with**) *Their cheeks glowed with health.* Τα μάγουλά τους έλαμπαν από υγεία. **glow** *ουσ.αρ.* (δεν έχει πληθ.) λάμψη, πυράκτωση

gleam *ρ.α.* [με μαλακό, γυαλιστερό φως. Υποκ.: κυρίως μέταλλο, φως] λάμπω *The coins gleamed in her hand.* Τα νομίσματα γυάλιζαν στα χέρια της. *a gleaming mahogany table* ένα γυαλιστερό τραπέζι από μαόνι *His eyes gleamed with malice.* Τα μάτια του έλαμψαν από κακία. **gleam** *ουσ.αρ.* λάμψη

glisten *ρ.α.* (συχνά + **with**) [αντανακλώ φως από την υγρασία] γυαλίζω *glistening with sweat* γυαλίζω από ιδρώτα *Her eyes glistened with tears.* Τα μάτια της γυάλιζαν από τα δάκρυα.

glare *ρ.α.* [με έντονο, εκτυφλωτικό φως] λάμπω

glare *ουσ.αρ.μ.αρ.* (δεν έχει πληθ.) λάμψη *the glare of the headlights* το εκτυφλωτικό φως των προβολέων

luminous *επίθ.* [με λαμπερό εσωτερικό φως, ειδικά στο σκοτάδι] φωσφορούχος *a luminous watch* ένα φωσφορούχο ρολόι του χεριού

24.3 Λάμπω με διακεκομμένο φως

glitter *ρ.α.* [με σκληρό, δυνατό φως από διάφορα σημεία] λάμπω, αστράφτω *The lake glittered in the sunshine.* Η λίμνη έλαμπε στη λιακάδα. *Her eyes glittered with resentment.* Τα μάτια της άστραψαν από μνησικακία. [όταν περιγράφει μάτια, υπονοεί κακία ή εχθρική διάθεση] σπινθηροβολώ

flash *ρ.α.μ.* [με ξαφνικό, λαμπερό φως] αναβοσβήνω *She flashed her headlights at him.* Αναβόσβησε τους προβολείς του αυτοκινήτου της προς το μέρος του. **flash** *ουσ.αρ.* αναλαμπή, λάμψη

glimmer *ρ.α.* [με αμυδρό, ασταθές φως] φωτίζω με αμυδρό φως *His torch glimmered at the end of the tunnel.* Ο φακός του έλαμπε αμυδρά στο τέλος του τούνελ. **glimmer** *ουσ.αρ.* αμυδρή λάμψη

shimmer *ρ.α.* [με μαλακό, ασταθές, αντανακλούμενο φως. Συνήθως εκφράζει θαυμασμό] λαμπυρίζω *Her silk dress shimmered as she walked.* Το μεταξωτό φόρεμά της άστραφτε καθώς περπατούσε.

twinkle *ρ.α.* [λάμπω διακεκομμένα. Συχνά υπονοεί ευθυμία] σπινθηρίζω *Stars twinkled in the sky.* Τα άστρα αναβόσβηναν στον ουρανό. *His eyes twinkled with mirth.* Τα μάτια του έλαμψαν από χαρά.

24.4 Αντικείμενα που δίνουν φως

light *ουσ.αρ.* [γενική λέξη] φως *to switch/turn the light on* ανάβω το φως *to switch/turn the light off* σβήνω το φως

candle κερί

bulb λάμπα (γλόμπος, ηλεκτρικός λαμπτήρας)

table lamp λάμπα τραπεζιού

bicycle lamp λάμπα (φανάρι) ποδηλάτου

headlight προβολέας

torch (*Βρετ.*), flashlight (*Αμερ.*) φακός

25 Calendar and Seasons Ημερολόγιο και Εποχές

25.1 Ημέρες και εβδομάδες

χρήση

Στα Αγγλικά, οι ημέρες της εβδομάδας πάντα αρχίζουν με κεφαλαίο γράμμα. Συνήθως χρησιμοποιούνται με την πρόθεση **on**: e.g. *We play tennis on Thursdays.* (Παίζουμε τένις κάθε Πέμπτη.) Το **on** δε χρησιμοποιείται όταν πριν από την ημέρα προηγείται μια από τις επόμενες λέξεις: **next** (επόμενος), **last** (περασμένος), ή **every** (κάθε): e.g. *John phoned last Monday.* (Ο Τζων τηλεφώνησε την περασμένη Δευτέρα.)

Monday (*σύντ.* **Mon.**) Δευτέρα

Tuesday (*σύντ.* **Tues.**) Τρίτη

Wednesday (*σύντ.* **Wed.**) Τετάρτη

Thursday (*σύντ.* **Thurs.**) Πέμπτη

Friday (*σύντ.* **Fri.**) Παρασκευή

Saturday (*σύντ.* **Sat.**) Σάββατο

Sunday (*σύντ.* **Sun.**) Κυριακή

day *ουσ.αρ.* ημέρα *I go there every day.* Πηγαίνω εκεί κάθε μέρα. *How many days are you staying for?* Πόσες μέρες θα μείνεις;

daily *επίθ.* καθημερινός *a daily paper* μια καθημερινή εφημερίδα **daily** *επίρρ.* καθημερινά

tomorrow *επίρρ. & ουσ.αρ.* αύριο *the day after tomorrow* μεθαύριο

yesterday *επίρρ. & ουσ.αρ.* χθες *the day before yesterday* προχθές

date *ουσ.αρ.* ημερομηνία *What's the date today/What's today's date?* Τι ημερομηνία έχουμε σήμερα;

date *ρ.μ.* βάζω ημερομηνία [π.χ. σε γράμμα] *your letter dated March 16th* το γράμμα σας της 16ης Μαρτίου

week *ουσ.αρ.* εβδομάδα *once a week* μια φορά την εβδομάδα **weekly** *επίρρ.* εβδομαδιαίως **weekly** *επίθ.* εβδομαδιαίος

weekday *ουσ.αρ.* καθημερινή *They open on weekdays.* Ανοίγουνε τις καθημερινές.

weekend *ουσ.αρ.* Σαββατοκύριακο *See you at the weekend* (*Βρετ*)/*on the weekend* (*Αμερ.*). Θα σε δω το Σαββατοκύριακο.

fortnight *ουσ.αρ.* (*Βρετ.*) δεκαπενθήμερο

25.2 Μήνες και εποχές

δες επίσης **L21 Making arrangements**

spring άνοιξη

summer καλοκαίρι

autumn (κυρίως *Βρετ.*), fall (*Αμερ.*) φθινόπωρο

winter χειμώνας

January (σύντ. Jan.)
Ιανουάριος

February (σύντ. Feb.)
Φεβρουάριος

March (σύντ. Mar.)
Μάρτιος

April (σύντ. Apr.) Απρίλιος

May Μάιος

June (σύντ. Jun.) Ιούνιος

July (σύντ. Jul.) Ιούλιος

August (σύντ. Aug.)
Αύγουστος

September (σύντ. Sept.)
Σεπτέμβριος

October (σύντ. Oct.)
Οκτώβριος

November (σύντ. Nov.)
Νοέμβριος

December (σύντ. Dec.)
Δεκέμβριος

χρήση

Στα Αγγλικά, τα ονόματα των μηνών αρχίζουν πάντα με κεφαλαίο και τα ονόματα των εποχών αρχίζουν με μικρό ή με κεφαλαίο γράμμα. Η πρόθεση που χρησιμοποιείται με τους μήνες και τις εποχές είναι το in e.g. They got married in April. (Παντρεύτηκαν τον Απρίλιο.) We go there in (the) summer. (Πηγαίνουμε εκεί το καλοκαίρι.) Τα ονόματα των μηνών, εποχών και γιορτών (δες 25.3) μπορούν να χρησιμοποιηθούν πριν από ουσιαστικά π.χ. spring flowers (ανοιξιάτικα λουλούδια) April showers (Απριλιάτικες μπόρες) Christmas holidays (διακοπές των Χριστουγέννων).

25.3 Γιορτές

χρήση

Η πρόθεση at χρησιμοποιείται για περιόδους διακοπών, αλλά το on χρησιμοποιείται για συγκεκριμένες μέρες: π.χ. at Easter (το Πάσχα [την περίοδο του Πάσχα]) on Boxing Day (τη δεύτερη ημέρα των Χριστουγέννων). Με τις λέξεις **Passover** και **Ramadan** συνήθως χρησιμοποιείται η πρόθεση **during**.

Easter Πάσχα

Whitsun [έβδομη Κυριακή μετά το Πάσχα] Πεντηκοστή

Halloween [31 Οκτωβρίου. Όταν πιστεύεται ότι βγαίνουν τα πνεύματα. Πολλοί μασκαρεύονται σαν φαντάσματα]

παραμονή των Αγίων Πάντων

Guy Fawkes Night 'ή **Bonfire Night** [5 Νοεμβρίου. Επέτειος της απόπειρας ανατίναξης του βρετανικού κοινοβουλίου, που γιορτάζεται με υπαίθριες φωτιές και πυροτεχνήματα]

Thanksgiving [Γιορτή στις ΗΠΑ, κατά την οποία ευχαριστείται ο Θεός για τη συγκομιδή. 4η Πέμπτη του Νοεμβρίου] η ημέρα των Ευχαριστιών

Independence Day [4 Ιουλίου στις ΗΠΑ] η ημέρα της Ανεξαρτησίας

Christmas Χριστούγεννα

Christmas Eve παραμονή Χριστουγέννων

Boxing Day [Αγγλία και Ουαλία 26 Δεκεμβρίου] δεύτερη ημέρα των Χριστουγέννων

New Year Καινούριος Χρόνος to celebrate the New Year γιορτάζω τον Καινούριο Χρόνο

New Year's Day Πρωτοχρονιά

New Year's Eve παραμονή Πρωτοχρονιάς

May Day Πρωτομαγιά

Midsummer's Eve παραμονή του θερινού ηλιοστασίου

Passover το εβραϊκό Πάσχα [γιορτάζεται η έξοδος των Εβραίων από την Αίγυπτο]

Ramadan Ραμαζάνι [ο ένατος μήνας του Μουσουλμανικού έτους]

bank holiday (Βρετ.) [επίσημη αργία, συνήθως Δευτέρα, όταν οι περισσότερες επιχειρήσεις είναι κλειστές] αργία

25.4 Χρόνια

year ουσ.αρ. χρόνος, έτος I see him twice a year. Τον βλέπω δύο φορές το χρόνο. **yearly** επίρρ. ετησίως **yearly** επίθ. ετήσιος

annual επίθ. ετήσιος the annual staff outing η ετήσια έξοδος (αναψυχής) του προσωπικού **annually** επίρρ. ετησίως

decade ουσ.αρ. δεκαετία

century ουσ.αρ. αιώνας the twentieth century ο εικοστός αιώνας

26 Time 'Ωρα

χρήση

1 Η πρόθεση **at** χρησιμοποιείται όταν μιλάμε για συγκεκριμένη ώρα: π.χ. at twelve o'clock (στις δώδεκα ακριβώς). Οι προθέσεις **in** ή **during** χρησιμοποιούνται για χρονικές περιόδους: I'll do it in the morning. (Θα το κάνω το πρωί.) during the day (κατά τη διάρκεια της ημέρας/την ημέρα). **2** Η λέξη **morning** αντιστοιχεί στο χρονικό διάστημα περίπου από την χαραυγή μέχρι τις δώδεκα το μεσημέρι, **afternoon** από τις δώδεκα το μεσημέρι μέχρι το σούρουπο, **evening** από το σούρουπο μέχρι τις δέκα ή έντεκα και **night** από τότε μέχρι το πρωί. Λέμε **Goodnight** (καληνύχτα) μόνο όταν αποχαιρετάμε κάποιον αργά τη νύχτα ή όταν πάμε για ύπνο. Με το **Good evening** συνήθως χαιρετάμε αφού σκοτεινιάσει.

midnight μεσάνυχτα | midday/noon μεσημέρι

twelve o'clock δώδεκα ακριβώς

six o'clock in the evening έξι το βράδυ | six o'clock in the morning έξι το πρωί

six o'clock έξι ακριβώς

two o'clock in the morning δύο το πρωί	two o'clock in the afternoon δύο το απόγευμα

two o'clock δύο ακριβώς

χρήση

Όταν γίνεται λόγος για συγκεκριμένη ώρα το **in the morning** χρησιμοποιείται για να κάνουμε τη διάκριση ανάμεσα στις ώρες από τα μεσάνυχτα μέχρι το μεσημέρι και τις ώρες από το μεσημέρι μέχρι τα μεσάνυχτα, για τις οποίες χρησιμοποιούμε το **in the afternoon** ή το **in the evening**. Δε λέμε 'in the night'.

26.1 Λέω τι ώρα είναι

It's (a) quarter past five./It's five fifteen. Είναι πέντε και τέταρτο./Είναι πέντε και δεκαπέντε.	It's half past nine./It's nine thirty. Είναι εννιάμιση./Είναι εννέα και τριάντα.

clock ρολόι	**alarm clock** ξυπνητήρι

It's (a) quarter to four./It's three forty-five. Είναι τέσσερις παρά τέταρτο./Είναι τρεις και σαράντα πέντε.	It's eleven thirty-seven./It's twenty three minutes to twelve. Είναι έντεκα και τριάντα επτά./Είναι δώδεκα παρά είκοσι τρία λεπτά.

(pocket) watch ρολόι τσέπης	**watch** 'Η **wristwatch** ρολόι του χεριού

χρήση

Όταν δίνουμε την ακριβή ώρα, όπως σ' αυτή την περίπτωση, συνήθως προσθέτουμε τη λέξη **minutes**. Αλλιώς, σ' αυτή τη περίπτωση, θα λέγαμε, με λιγότερη ακρίβεια αλλά πιο συνηθισμένα, π.χ. twenty five to twelve (δώδεκα παρά είκοσι πέντε).

a.m. (σύντ. του ante meridiem) π.μ.

p.m. (σύντ. του post meridiem) μ.μ.

hour ουσ.αρ. ώρα It took four hours. Πήρε τέσσερις ώρες. half an hour μισή ώρα a quarter of an hour ένα τέταρτο

minute ουσ.αρ. λεπτό The journey lasted twenty minutes. Το ταξίδι διήρκεσε είκοσι λεπτά. a five-minute walk πέντε λεπτά με τα πόδια

moment ουσ.αρ. στιγμή He'll be here in a moment. Θα έρθει εδώ σε λίγο. They took me upstairs the moment I arrived. Με πήγανε στο επάνω πάτωμα μόλις έφτασα. She's quite busy **at the moment**. Είναι αρκετά απασχολημένη αυτή τη στιγμή/αυτό τον καιρό.

26.2 Μεγαλύτερες χρονικές περίοδοι

period ουσ.αρ. περίοδος She's had several periods of unemployment. Έχει περάσει αρκετές περιόδους ανεργίας. a period of international tension μια περίοδος διεθνούς έντασης

era ουσ.αρ. [συνήθως αρκετά ή πολλά χρόνια] εποχή the modern era η σύγχρονη εποχή the end of an era το τέλος μιας εποχής

age ουσ.αρ. εποχή, αιώνας the Ice Age η περίοδος των παγετώνων [καθομιλουμένη] He's been gone an age. Έχει ώρες που λείπει.

ages ουσ. πληθ. [ανεπίσημο] πάρα πολύς καιρός (χρόνια και ζαμάνια) That was ages ago. Αυτό συνέβη εδώ και πολύ καιρό.

phase ουσ.αρ. φάση, στάδιο an important phase in the company's development ένα σημαντικό στάδιο στην εξέλιξη της εταιρείας My daughter's going through a difficult phase. Η κόρη μου περνάει ένα δύσκολο στάδιο.

past ουσ. (δεν έχει πληθ., συνήθως + the) παρελθόν Do you think people were happier **in the past**? Νομίζεις ότι οι άνθρωποι ήταν πιο ευτυχισμένοι στο παρελθόν; We've always flown in the past. Μέχρι σήμερα πάντα ταξιδεύαμε αεροπορικώς.

present ουσ. (δεν έχει πληθ., συνήθως + the) παρόν **At present**, we are concentrating on developing our export markets. Προς το παρόν, συγκεντρώνουμε την προσοχή μας στην εξέλιξη των εξαγωγικών αγορών μας.

future ουσ. (δεν έχει πληθ., συνήθως + the) μέλλον Who knows what the future may hold? Ποιος ξέρει τι επιφυλάσσει το μέλλον; Try to be more polite **in future**. Από δω και στο εξής να προσπαθείς να είσαι πιο ευγενικός.

26.3 Επίθετα που εκφράζουν χρόνο

past επίθ. περασμένος, προηγούμενος She's been abroad for the past few weeks. Είναι στο εξωτερικό εδώ και μερικές εβδομάδες. a past headmaster of the school ένας προηγούμενος διευθυντής του σχολείου

present επίθ. παρών What is your present occupation? Ποια είναι η παρούσα απασχόλησή σου;

future επίθ. μελλοντικός Future events may force us to change our plans. Τα μελλοντικά γεγονότα μπορεί να μας αναγκάσουν να αλλάξουμε τα σχέδιά μας.

previous επίθ. προηγούμενος, προγενέστερος He has no previous experience. Δεν έχει προηγούμενη εμπειρία. We have met on two previous occasions. Έχουμε συναντηθεί δύο φορές παλιότερα.

previously επίρρ. προηγουμένως Previously, we had always been able to leave early on Fridays. Πριν από τότε, πάντα μπορούσαμε να φύγουμε νωρίς την Παρασκευή.

recent επίθ. πρόσφατος Recent events have shown the need for caution. Τα πρόσφατα γεγονότα έχουν δείξει πόσο προσεκτικοί πρέπει να είμαστε. in recent years τα τελευταία χρόνια

recently επίρρ. πρόσφατα Have you read any good books recently? Έχεις διαβάσει κανένα καλό βιβλίο πρόσφατα;

lately επίρρ. πρόσφατα, τώρα τελευταία I've been staying in a lot lately. Τώρα τελευταία συνέχεια κάθομαι στο σπίτι.

nowadays επίρρ. στις μέρες μας Young people have no manners nowadays. Οι νέοι δεν έχουν καλούς τρόπους στις μέρες μας.

27 Astronomy Αστρονομία

astronomer *ουσ.αρ.* αστρονόμος
astronaut *ουσ.αρ.* αστροναύτης

planet *ουσ.αρ.* πλανήτης
universe *ουσ.αρ.* (πάντα + the) το σύμπαν
star *ουσ.αρ.* αστέρι

moon *ουσ.αρ.* (πάντα + the) φεγγάρι
sun *ουσ.αρ.* (πάντα + the) ήλιος

comet *ουσ.αρ.* κομήτης
meteor *ουσ.αρ.* μετέωρο
telescope *ουσ.αρ.* τηλεσκόπιο

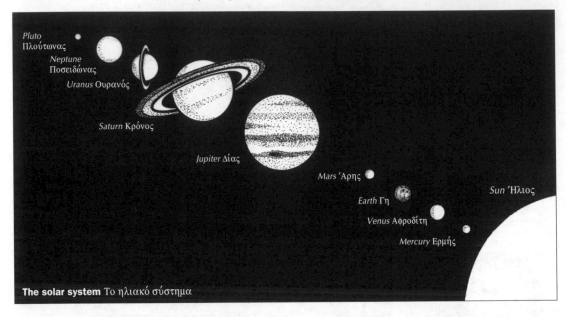

The solar system Το ηλιακό σύστημα

28 Astrology Αστρολογία

astrologer *ουσ.αρ.* αστρολόγος
horoscope *ουσ.αρ.* ωροσκόπιο

stars *ουσ. πληθ.* [ανεπίσημο] ωροσκόπιο *Did you read your stars in the paper this morning?*

Διάβασες το ωροσκόπιό σου στην εφημερίδα σήμερα το πρωί;

star sign *ουσ.αρ.* αστερισμός, ζώδιο *What's your star sign?* Σε ποιον αστερισμό ανήκεις;

SIGNS OF THE ZODIAC ΤΑ ΖΩΔΙΑ

Aquarius Υδροχόος (21 Ιαν. – 21 Φεβ.)
Pisces Ιχθείς (21 Φεβ. – 21 Μαρ.)
Aries Κριός (21 Μαρ. – 21 Απρ.)

Taurus Ταύρος (21 Απρ. – 21 Μαΐου)
Gemini Δίδυμοι (21 Μαΐου – 21 Ιουν.)
Cancer Καρκίνος (21 Ιουν. – 21 Ιουλ.)

Leo Λέων (21 Ιουλ. – 21 Αυγ.)
Virgo Παρθένος (21 Αυγ. – 21 Σεπτ.)
Libra Ζυγός (21 Σεπτ. – 21 Οκτ.)

Scorpio Σκορπιός (21 Οκτ. – 21 Νοεμβ.)
Sagittarius Τοξότης (21 Νοεμβ. – 21 Δεκ.)
Capricorn Αιγόκερως (21 Δεκ. – 21 Ιαν.)

---

29 Be Είμαι

exist *ρ.α.* **1** [είμαι πραγματικός] υπάρχω *Giants only exist in fairy stories.* Οι γίγαντες υπάρχουν μόνο στα παραμύθια. *The existing laws do not cover this case.* Οι υπάρχοντες νόμοι δεν καλύπτουν αυτήν την περίπτωση. **2** (συνήθως + **on**) [επιβιώνω] υπάρχω *They find it hard to exist on such small wages.* Το βρίσκουν πολύ δύσκολο να επιβιώσουν με τόσο μικρό μισθό.
existence *ουσ.μ.αρ.αρ.* (δεν έχει πληθ.) ύπαρξη *The firm has been **in existence** since 1898.* Η εταιρεία υπάρχει από το 1898. *The firm **came into existence** in 1898.* Η εταιρεία ιδρύθηκε το 1898. *It was a lonely existence on the island.* Ήτανε μια μοναχική ύπαρξη στο νησί.

live *ρ.α.* **1** ζω *She lived to be 95.* Έζησε μέχρι τα 95 της. (+ **on**) *He seems to live on bread and jam.* Φαίνεται ότι τρέφεται με ψωμί και μαρμελάδα. **2** [διαμένω] ζω *They lived in America for 20 years.* Ζήσανε στην Αμερική 20 χρόνια. *Rabbits live in burrows.* Τα κουνέλια ζουν σε τρύπες.
live *επίθ.* (πριν από ουσ.) ζωντανός, πραγματικός *Have you ever seen a real live leopard?* Έχεις δει ποτέ σου μια πραγματική λεοπάρδαλη;
life *ουσ., πληθ.* **lives 1** *ουσ.αρ.* [περίοδος κατά την οποία είναι κάποιος ζωντανός] ζωή *I seem to spend my whole life*

doing housework. Μου φαίνεται ότι περνάω όλη τη ζωή μου κάνοντας δουλειές του σπιτιού. **2** *ουσ.μ.αρ.* [ζωντανά όντα] ζωή *Is there life on Mars?* Υπάρχει ζωή στον Άρη; **3** *ουσ.μ.αρ.* [ζωτικότητα] ζωή *He's so full of life!* Είναι τόσο γεμάτος ζωή!

alive *επίθ.* (μετά από ρ.) ζωντανός *Three people were found alive under the rubble.* Τρεις άνθρωποι βρέθηκαν ζωντανοί κάτω από τα ερείπια.

identity *ουσ.μ.αρ.αρ.* ταυτότητα *Police were unable to establish the identity of the victim.* Η αστυνομία δεν κατάφερε να διαπιστώσει την ταυτότητα του θύματος. *proof of identity* [δελτίο ταυτότητας. Μπορεί να είναι άδεια οδήγησης, διαβατήριο, ή οτιδήποτε αποδεικνύει το όνομα και τη διεύθυνση του κατόχου] ταυτότητα

29.1 Υπάρχω για πολύ καιρό

δες επίσης **33.1 Continue**

permanent *επίθ.* [σχεδιασμένο να διαρκέσει όσο είναι δυνατό να προβλεφθεί] μόνιμος *a permanent job* μια μόνιμη δουλειά *I expect my move to Sydney will be permanent.* Νομίζω ότι η μετοίκησή μου στο Σίδνεϋ θα είναι μόνιμη. **permanently** *επίρρ.* μόνιμα **permanence** Ή (πιο σπάνια) **permanency** *ουσ.μ.αρ.* μονιμότητα

everlasting *επίθ.* [χρησιμοποιείται με λογοτεχνική ή χιουμοριστική σημασία, ή για να εκφράσει παράπονο] παντοτινός *everlasting peace* παντοτινή ειρήνη *I can't stand her everlasting complaints.* Δεν αντέχω τα αδιάκοπα παράπονά της.

immortal *επίθ.* [κάπως επίσημο] αθάνατος **immortality** *ουσ.μ.αρ.* αθανασία

29.2 Υπάρχω για λίγο διάστημα

temporary *επίθ.* [σχεδιασμένος να διαρκέσει σύντομο χρονικό διάστημα] προσωρινός *temporary road works* προσωρινά έργα οδοποιίας *temporary accommodation* προσωρινή στέγαση, κατάλυμα **temporarily** *επίρρ.* προσωρινά

brief *επίθ.* [περιγράφει π.χ. διάλειμμα, παύση, εξήγηση] σύντομος *the news in brief* σύντομο δελτίο ειδήσεων [όταν περιγράφει ρούχα σημαίνει ότι καλύπτουν μικρή επιφάνεια] *a brief bikini* ένα μικρό μπικίνι **briefly** *επίρρ.* σύντομα

transient Ή **transitory** *επίθ.* [πιο επίσημο από το **temporary**. Υπονοεί ακούσια αλλαγή] μεταβατικός, παροδικός *Her happiness proved transient.* Η ευτυχία της αποδείχτηκε παροδική.

ephemeral *επίθ.* [επίσημο. Μπορεί να έχει υποτιμητική σημασία, υπονοώντας ότι κάτι δεν είναι αρκετά σημαντικό για να διαρκέσει] εφήμερος *ephemeral slang words* εφήμερες λέξεις της αργκό

mortal *επίθ.* [κάποιος που τελικά θα πεθάνει. Περιγράφει κυρίως ανθρώπους] θνητός **mortality** *ουσ.μ.αρ.* θνησιμότητα

mortal *ουσ.αρ.* [χρησιμοποιείται κυριολεκτικά ή χιουμοριστικά] θνητός *She may run five miles a day, but mere mortals like us are satisfied if we run one.* Αυτή μπορεί να τρέχει πέντε μίλια κάθε μέρα αλλά κοινοί θνητοί σαν και μας αρκούνται να τρέξουν ένα.

φράση

a flash in the pan [ξαφνική επιτυχία, που συμβαίνει μόνο μια φορά] σαπουνόφουσκα *Her hit single turned out to be a flash in the pan.* Η επιτυχία του δίσκου της δεν είχε μόνιμη απήχηση.

30 Presence and Absence Παρουσία και Απουσία

present *επίθ.* (μετά από ρ.) [κάπως επίσημος τύπος, όταν χρησιμοποιείται αντί για το **here** ή το **there**] παρών *Were you present at the meeting?* Ήσουν παρών στη συνεδρίαση;
presence *ουσ.μ.αρ.* [κάπως επίσημος τύπος] παρουσία *How dare you use such language in my presence?* Πώς τολμάς να χρησιμοποιείς τέτοια γλώσσα όταν είμαι παρών; *An autopsy revealed the presence of poison in her blood.* Η αυτοψία αποκάλυψε την παρουσία δηλητηρίου στο αίμα της.

on the spot επί τόπου *We go over to our reporter on the spot, Jane Williams.* Πηγαίνουμε στην ανταποκρίτριά μας επί τόπου, Τζένη Ουίλλιαμς.

absent *επίθ.* απών *a toast to absent friends* μια πρόποση για τους απόντες φίλους (+ **from**) *He has been absent from*

school for two weeks. Λείπει από το σχολείο εδώ και δύο βδομάδες.

absence *ουσ.μ.αρ.* [κάπως επίσημο] απουσία *In the absence of firm evidence against him he was released.* Επειδή δεν υπήρχαν ακλόνητα στοιχεία εναντίον του τον άφησαν ελεύθερο. *I discovered they had finished the work in my absence.* Ανακάλυψα ότι είχαν τελειώσει τη δουλειά όσο έλειπα. **absentee** *ουσ.αρ.* απών συστηματικά και χωρίς δικαιολογία **absenteeism** *ουσ.μ.αρ.* συστηματική απουσία

truant *ουσ.αρ.* σκασιάρχης **truancy** *ουσ.μ.αρ.* σκασιαρχείο

elsewhere *επίρρ.* [πιο επίσημο από το **somewhere else**] αλλού *I shall take my business elsewhere.* Θα μεταφέρω τις δουλειές μου κάπου αλλού.

31 Happen Συμβαίνω

happen *ρ.α.* [γενική λέξη] συμβαίνω *I was there when the accident happened.* Ήμουν εκεί όταν συνέβη το ατύχημα **happening** *ουσ.αρ.* συμβάν, γεγονός

occur *ρ.α.*, **-rr-** [κάπως πιο επίσημο από το **happen**. Συνήθως δε χρησιμοποιείται για σχεδιασμένα γεγονότα] συμβαίνω *This is not the first time such mistakes have occurred.* Δεν είναι η πρώτη φορά που συμβαίνουν τέτοια λάθη. **occurrence** *ουσ.αρ.μ.αρ.* περιστατικό, εμφάνιση

take place *ρ.πρφ.μ.* [ειδικά σε σχέση με προσχεδιασμένα γεγονότα, π.χ. πάρτι, κονσέρτο] λαμβάνω χώρα *The meeting is scheduled to take place next week.* Η συνάντηση έχει προγραμματιστεί να λάβει χώρα την επόμενη εβδομάδα. *These changes have all taken place since the last election.* Όλες αυτές οι αλλαγές έχουν συμβεί μετά τις τελευταίες εκλογές.

come about *ρ.πρφ.α.* [συνήθως χρησιμοποιείται όταν

μιλάμε για το πώς συνέβη κάτι] συμβαίνω The reforms came about because people wanted them. Οι μεταρρυθμίσεις έγιναν επειδή τις ήθελε ο κόσμος.

materialize, ΕΠΙΣΗΣ **-ise** (βρετ.) ρ.α. [υποκ.: βοήθεια, δώρο. Συχνά χρησιμοποιείται στον αρνητικό τύπο] υλοποιούμαι, γίνομαι πραγματικότητα The financial aid they had promised never materialized. Η οικονομική βοήθεια που είχαν υποσχεθεί δεν υλοποιήθηκε ποτέ.

31.1 Πράγματα που συμβαίνουν

event ουσ.αρ. γεγονός The event is due to take place next Monday. Το γεγονός πρόκειται να λάβει χώρα την επόμενη Δευτέρα. **In the event,** no definite decisions were reached. Όταν έφτασε η ώρα δεν πάρθηκαν οριστικές αποφάσεις. **In the event of** fire, leave the building by the nearest exit. Σε περίπτωση πυρκαγιάς, βγήτε από το κτίριο από την πλησιέστερη έξοδο.

occasion ουσ.αρ. **1** [όταν συμβαίνει κάτι] περίσταση I was not present on that occasion. Δεν ήμουν παρών τότε. **on the occasion of** her 18th birthday την ημέρα των 18ων γενεθλίων της **2** [σπουδαίο ή εορταστικό γεγονός] περίσταση, τελετή Let's have champagne as it's a **special occasion.** Ας πιούμε σαμπάνια μια και είναι ειδική περίσταση.

affair ουσ.αρ. [λιγότερο επίσημο από το **event** ή το **occasion**, και μπορεί επίσης να αναφέρεται σε μια σειρά συνδεδεμένων μεταξύ τους γεγονότων] υπόθεση The wedding reception was a very grand affair. Η δεξίωση του γάμου ήταν πολύ μεγαλοπρεπής. They were in business for a while, but the whole affair was a disaster. Ανοίξανε επιχείρηση για ένα διάστημα αλλά η όλη υπόθεση αποδείχτηκε αποτυχία.

incident ουσ.αρ.μ.αρ. [ασυνήθιστο ή δυσάρεστο περιστατικό] συμβάν, περιστατικό an amusing incident ένα αστείο περιστατικό Police are appealing for witnesses to the incident. Η αστυνομία κάνει έκκληση για μάρτυρες παρόντες στο περιστατικό. [κάπως επίσημο όταν χρησιμοποιείται στο μη αριθμήσιμο τύπο] Our visit was not without incident. Η επίσκεψή μας δεν ήταν χωρίς απρόβλεπτα.

instance ουσ.αρ. [μοναδικό παράδειγμα κάποιου

συμβάντος] περίπτωση There have been several instances of looting. Υπήρξαν αρκετές περιπτώσεις λεηλασίας. **In this instance** the police were at fault. Σε αυτή την περίπτωση οι αστυνομικοί έκαναν λάθος.

31.2 Πώς έχουν τα πράγματα

condition ουσ.αρ.μ.αρ. [χρησιμοποιείται για να περιγράψει το βαθμό καλής/κακής συντήρησης, της καθαριότητας, υγείας, κτλ.] κατάσταση in good/bad condition σε καλή/κακή κατάσταση What are conditions like in the refugee camp? Τι συνθήκες επικρατούν στο στρατόπεδο προσφύγων; Her condition is not serious. Η κατάστασή της δεν είναι σοβαρή.

state ουσ.αρ. (συχνά + **of**) κατάσταση The business world is in a state of panic at the news. Ο επιχειρηματικός κόσμος έχει πανικοβληθεί από τα νέα. [συχνά χρησιμοποιείται στον ανεπίσημο λόγο για να δηλώσει κακή κατάσταση] How did your room get into this state? Πώς κατάντησε το δωμάτιό σου σε τέτοια κατάσταση;

χρήση

Αν και η λέξη state έχει γενική σημασία, συνήθως χρησιμοποιείται για ανθρώπους μόνο όταν γίνεται αναφορά σε μια συγκεκριμένη κατάσταση του ατόμου: π.χ. her mental state (η πνευματική της κατάσταση), his state of health (η κατάσταση της υγείας του).

state of affairs κατάσταση πραγμάτων A peaceful settlement seems unlikely in the present state of affairs. Όπως έχουν τα πράγματα τώρα, δε φαίνεται να υπάρξουν πολλές πιθανότητες για ειρηνική διευθέτηση.

situation ουσ.αρ. [γεγονότα και συνθήκες] κατάσταση a dangerous situation μια επικίνδυνη κατάσταση the unemployment situation η κατάσταση ανεργίας

circumstances ουσ. πληθ. [γεγονότα που έχουν σημασία για μια συγκεκριμένη κατάσταση ή γεγονός] περιστάσεις I explained the circumstances which led to our decision. Εξήγησα κάτω από ποιες περιστάσεις καταλήξαμε στην απόφασή μας. **Under/in the circumstances** her conduct seems understandable. Κάτω από αυτές τις συνθήκες η συμπεριφορά της φαίνεται δικαιολογημένη.

32 Begin Αρχίζω
δες επίσης **201 New,** αντίθετο **34 End**

begin ρ.α.μ., αόρ. **began** μτχ. αορ. **begun** [γενική λέξη, ελάχιστα πιο επίσημη από το **start**] αρχίζω We'll begin the meeting with a prayer. Θα αρχίσουμε τη συνάντηση με μια προσευχή. I can't begin to explain. Δεν ξέρω από πού να αρχίσω να εξηγώ. Life begins at forty. Η ζωή αρχίζει στα σαράντα. I began to be suspicious. Άρχισα να υποψιάζομαι.

beginning ουσ.αρ.μ.αρ. αρχή Start reading from the beginning of the page. Άρχισε να διαβάζεις από την αρχή της σελίδας. At the beginning of the project we made mistakes. Στην αρχή του έργου κάναμε λάθη. I read it **from beginning to end.** Το διάβασα από την αρχή ως το τέλος.

start ρ.α.μ. **1** [γενική λέξη, ελάχιστα λιγότερο επίσημη από το **begin**] αρχίζω I start work at eight. Αρχίζω δουλειά στις οκτώ. He started to cry. Άρχισε να κλαίει. I'll start with the soup. Θα αρχίσω με τη σούπα. He started it! [πάλη, καυγά, κτλ.] Αυτός άρχισε! **2** [αντικ./υποκ.: μηχάνημα] κινητοποιώ, βάζω μπροστά I can't start the car. Δεν μπορώ

να βάλω μπρος το αυτοκίνητο. The lawnmower won't start. Η μηχανή για το γρασίδι δεν παίρνει μπρος.

start ουσ.αρ. αρχή Let's try to get an early start tomorrow. Ας προσπαθήσουμε να ξεκινήσουμε νωρίς αύριο. The runners have got off to **a flying start.** Οι δρομείς έχουν κάνει θεαματική εκκίνηση. The whole visit was a disaster **from start to finish.** Η όλη επίσκεψη ήταν αποτυχία από την αρχή μέχρι το τέλος.

commence ρ.α.μ. [επίσημο] αρχίζω Let the festivities commence! Ας αρχίσουν οι εορτασμοί!

commencement ουσ.μ.αρ.αρ. (συχνά + **of**) έναρξη

set off ρ.πρφ. **1** ρ.α. (συχνά + **for**) [π.χ. ταξίδι] ξεκινώ We set off for London the next day. Ξεκινήσαμε για το Λονδίνο την επομένη. **2** ρ.μ. **set** sth **off** 'H **set off** sth [προκαλώ την έναρξη. Αντικ: π.χ. διαδικασία, αλυσίδα γεγονότων] αρχίζω (κάτι) Government action set off a wave of protest. Η ενέργεια της κυβέρνησης προξένησε κύμα διαμαρτυριών. [αντικ: άτομα] *She started giggling and that set John off.* Άρχισε να χασκογελάει και αυτό έκανε τον Τζων να αρχίσει.

kick off *ρ.πρφ.α.* (συχνά + **with**) [ανεπίσημο] αρχίζω *We kick off at four o'clock with a speech from the mayor.* Αρχίζουμε στις τέσσερις η ώρα με λόγο από το δήμαρχο **kick-off** *ουσ.αρ.* [ανεπίσημο] έναρξη

introduce *ρ.μ.* (συχνά + **into, to**) [πρωτοπαρουσιάζω, φέρνω] εισάγω *The potato was introduced into Europe in the 16th century.* Η πατάτα πρωτοπαρουσιάστηκε στην Ευρώπη τον 16ο αιώνα. *They have introduced a new computer system at work.* Έχουν φέρει ένα καινούριο σύστημα κομπιούτερ στη δουλειά.

introduction *ουσ.μ.αρ.* εισαγωγή (+ **of**) *the introduction of new working practices* η εισαγωγή καινούριων κανόνων δουλειάς (+ **to**) *a quick introduction to bookkeeping* μια σύντομη εισαγωγή στη λογιστική

originate *ρ.α.μ* (συχνά + **in**) [τονίζει πού και πώς άρχισε κάτι] προέρχομαι *The custom originated in Scotland/in the 14th century.* Το έθιμο προέρχεται από τη Σκωτία/από το 14ο αιώνα. **originator** *ουσ.αρ.* δημιουργός

origin *ουσ.αρ.μ.αρ.* [συχνά χρησιμοποιείται ο πληθυντικός **origins** σαν συνώνυμο του **origin**, εκτός όταν μιλάμε για μια φυσική αφετηρία, π.χ. ενός ποταμού] προέλευση, αφετηρία *The idea has its origin/origins in Christian theology.* Η ιδέα έχει την αρχή της στη χριστιανική θεολογία. *She is very proud of her Scottish origins.* Είναι πολύ περήφανη για τη σκωτσέζικη καταγωγή της.

original *επίθ.* **1** (πριν από ουσ.) [που υπάρχει στην αρχή. Περιγράφει: κυρίως μια ιδέα] αρχικός *the original inhabitants* οι αρχικοί κάτοικοι *Let's go back to our original idea.* Ας επιστρέψουμε στην αρχική μας ιδέα. **2** [όχι αντίγραφο] πρωτότυπος **3** [με δημιουργική φαντασία. Περιγράφει: κυρίως μια ιδέα] πρωτότυπος *an original style of writing* ένα πρωτότυπο συγγραφικό ύφος **originality** *ουσ.μ.αρ.* πρωτοτυπία

original *ουσ.αρ.* [πίνακας ζωγραφικής, έγγραφο, κτλ.] πρωτότυπο

originally *επίρρ.* [συνήθως χρησιμοποιείται όταν γίνεται λόγος για κάτι που έχει αλλάξει αργότερα] αρχικά *I spent more than I had originally intended (to).* Ξόδεψα περισσότερα λεφτά από ότι σκόπευα στην αρχή.

initial *επίθ.* (πριν από ουσ.) **1** [κάτι που συμβαίνει στην αρχή. Περιγράφει: π.χ. εκτίμηση, προσδοκία, αποτέλεσμα] αρχικός *Initial failure did not deter them.* Η αρχική τους αποτυχία δεν τους αποθάρρυνε **2** [τοποθετημένος στην

αρχή] αρχικός *the initial letter of the code* το πρώτο γράμμα του κώδικα

initially *επίρρ.* [κάπως πιο επίσημο από το **originally**] αρχικά

φ ρ ά σ ε ι ς

at first στην αρχή *At first I thought he was joking.* Στην αρχή νόμιζα ότι αστειευόταν.

from the word go [σχετικά ανεπίσημο] από την αρχή *They had problems from the word go.* Είχαν προβλήματα από την αρχή.

from scratch [τονίζει την έλλειψη προηγούμενης δουλειάς, κλπ., που μπορεί να χρησιμοποιηθεί] από την αρχή, από το μηδέν *You'll have to rewrite the report from scratch.* Θα πρέπει να ξαναγράψεις όλη την αναφορά από την αρχή. **start from scratch** αρχίζω από το μηδέν/το τίποτα

(in) the early stages στα πρώτα στάδια *Careful planning is necessary in the early stages of the project.* Προσεκτικός σχεδιασμός είναι απαραίτητος στα πρώτα στάδια του έργου.

32.1 Άνθρωποι που αρχίζουν κάποια δραστηριότητα

beginner *ουσ.αρ.* αρχάριος *I'm a complete beginner at Spanish.* Είμαι τελείως αρχάριος στα Ισπανικά. **beginner's luck** η τύχη των πρωτάρηδων

learner *ουσ.αρ.* [όταν η λέξη **learner** χρησιμοποιείται μόνη της στα βρετανικά Αγγλικά, συνήθως σημαίνει κάποιον που μαθαίνει οδήγηση] μαθητευόμενος *a quick learner* κάποιος που μαθαίνει γρήγορα *stuck behind a learner* φρακαρισμένος πίσω από έναν μαθητευόμενο οδηγό

χ ρ ή σ η

Η λέξη **learner** χρησιμοποιείται σαν *επίθ.* στην φράση **learner driver** μαθητευόμενος οδηγός, αλλά όχι συνήθως για μαθητευόμενους άλλων δεξιοτεχνιών. Αντί για αυτή τη φράση, χρησιμοποιείται η φράση **a learner of ...** ή μια πιο μακροσκελής φράση, όπως **people who are learning to ...** .

---

novice *ουσ.αρ.* [χωρίς πείρα σε κάποια δεξιοτεχνία] πρωτόπειρος *I'm a novice at beekeeping.* Είμαι καινούριος στη μελισσουργική. (σαν *επίθ.*) *a novice racehorse* ένα άλογο καινούριο στις κούρσες

---

33 Continue Συνεχίζω

continue *ρ.α.μ.* (συχνά + **with**) [γενική λέξη, κάπως επίσημη αν χρησιμοποιείται στον προφορικό λόγο] συνεχίζω *Should we continue with our work?* Θα πρέπει να συνεχίσουμε τη δουλειά μας; (+ **to** + ΑΠΑΡΕΜΦΑΤΟ) *I continued to visit her regularly.* Συνέχισα να την επισκέπτομαι τακτικά. (+ **-ing**) *Please continue eating.* Παρακαλώ συνεχίστε το φαγητό σας.

continuation *ουσ.μ.αρ.αρ.* (συχνά + **of**) συνέχεια, συνέχιση *a continuation of our earlier conversation* συνέχεια της προηγούμενης συνομιλίας μας

go on *ρ.πρφ.α.* (συχνά + **with**) [λιγότερο επίσημο από το **continue**] συνεχίζω *The party's still going on upstairs.* Το πάρτι στο επάνω πάτωμα συνεχίζεται ακόμα. *Go on with the story.* Συνέχισε τη διήγηση.

carry on (sth) *ρ.πρφ.α.μ.* [αντικ.: π.χ. δουλειά, συζήτηση, δράση. Λιγότερο επίσημο από το **continue**] συνεχίζω *Who will carry on (with) my work?* Ποιος θα συνεχίσει τη

δουλειά μου; *Carry on taking the tablets.* Συνέχισε να παίρνεις τα χάπια.

persist *ρ.α.* **1** [κάπως επίσημο. Υποκ.: κυρίως κατάσταση (συνήθως ανεπιθύμητη)] παραμένω σταθερός *Racist attitudes persist in many societies.* Ρατσιστικές νοοτροπίες εξακολουθούν να επικρατούν σε πολλές κοινωνίες. **2** (συχνά + **in, with**) [υποκ.: πρόσωπο. Όταν κάποιος συνεχίζει κάτι παρά το γεγονός ότι είναι ανόητο, ενοχλητικό, κτλ.] επιμένω, εμμένω *He persists in trying to do everything on his own.* Επιμένει να κάνει τα πάντα μόνος του.

proceed *ρ.α.* **1** [προχωρώ σε επόμενο, αλλά όχι απαραίτητα καλύτερο, στάδιο. Κάπως επίσημο] προβαίνω, προχωρώ *Shall we proceed to the next item on the agenda?* Να προχωρήσουμε στο επόμενο θέμα της ημερήσιας διάταξης; *Work is proceeding rather slowly.* Η δουλειά προχωράει κάπως αργά. [μπορεί να υπονοεί σωματική κίνηση]

Proceed at once to the main exit. Προσέλθετε αμέσως στην κύρια έξοδο. **2** (+ **to** + ΑΠΑΡΕΜΦΑΤΟ) [αρχίζω κάποια πράξη αφού έχω κάνει κάποια άλλη. Συνήθως χρησιμοποιείται όταν ο ομιλητής θέλει να εκφράσει έκπληξη ή αγανάκτηση με αυτή την πράξη] αρχίζω *Having got through three plates of stew, he proceeded to eat a large piece of chocolate cake.* Αφού έφαγε τρία πιάτα στιφάδο, συνέχισε με ένα μεγάλο κομμάτι τούρτα σοκολάτας. *She then proceeded to undress.* Τότε βάλθηκε να ξεντυθεί.

progress *ρ.α.* [υποκ.: π.χ. πρόσωπο, δουλειά. Υπονοεί βελτίωση] προοδεύω *My research is progressing well.* Κάνω προόδους με την έρευνά μου.

progress *ουσ.μ.αρ.* πρόοδος *The patient is making steady progress.* Η κατάσταση του ασθενή βελτιώνεται σταθερά. *We made slow progress through the fog.* Προχωρούσαμε πολύ αργά μέσα στην ομίχλη.

stay *ρ.α.* μένω, διαμένω *I can't stay for the meeting.* Δεν μπορώ να μείνω για τη συνεδρίαση. *I hope the weather stays fine.* Ελπίζω ότι ο καιρός θα συνεχίσει να είναι καλός. *Women's liberation is **here to stay**.* Η απελευθέρωση των γυναικών έχει πια επιβληθεί.

remain *ρ.α.* **1** [συνεχίζω αμετάβλητος. Πιο επίσημο από το **stay**] παραμένω *Please remain seated.* Παρακαλώ παραμείνετε στις θέσεις σας. *I remain unconvinced.* Ακόμα δεν έχω πεισθεί. *It remains to be seen whether they will succeed.* Έχουμε ακόμα να δούμε αν θα πετύχουν. **2** [υπολείπομαι. Κάπως επίσημο] απομένω *Doubts about her fitness remain.* Υπάρχουν ακόμα αμφιβολίες για την καλή κατάσταση της υγείας της. *Can you eat the remaining food?* Μπορείς να φας το φαγητό που έμεινε;

remainder *ουσ.αρ.* (δεν έχει πληθ., πάντα + **the**, συχνά + **of**) υπόλοιπο, υπόλειμμα (χρησιμοποιείται με το ρήμα στον ενικό ή πληθυντικό ανάλογα με το αν αυτό που περισσεύει είναι στον ενικό ή τον πληθυντικό αριθμό) *The remainder of the children were taken by bus.* Τα υπόλοιπα παιδιά πήγαν με το λεωφορείο. *The remainder of the food was thrown away.* Τα υπολείμματα του φαγητού τα πέταξαν.

33.1 Περιγράφω πράγματα που συνεχίζουν

δες επίσης **29.1 Be**

continual *επίθ.* **1** [κάτι που επαναλαμβάνεται συνέχεια. Χρησιμοποιείται ειδικά για πράγματα που ενοχλούν] συνεχής, επίμονος *I'm fed up with her continual whining.* Έχω βαρεθεί το αδιάκοπο κλαψούρισμά της. *continual stoppages due to bad weather* συνεχείς διακοπές λόγω του κακού καιρού **2** [συνεχής, χωρίς διακοπή. Περιγράφει: κυρίως δυσάρεστες συναισθηματικές καταστάσεις] αδιάκοπος *They lived in continual dread of discovery.* Ζούσαν με τον αδιάκοπο φόβο μήπως τους ανακαλύψουν. **continually** *επίρρ.* συνεχώς, αδιάκοπα

continuous *επίθ.* [συνεχής, αδιάκοπος. Περιγράφει: π.χ. θόρυβο, ροή] συνεχής *a continuous line of cars* μια συνεχής σειρά αυτοκίνητα *Wait until you hear a continuous tone.* Περίμενε μέχρι να ακούσεις ένα συνεχή τόνο. **continuously** *επίρρ.* συνεχώς

constant *επίθ.* **1** [επαναλαμβανόμενο τακτικά ή συνέχεια. Περιγράφει: π.χ. υπενθυμίσεις, διαφωνίες, προσοχή] αδιάκοπος, σταθερός *I receive constant inquiries about the book.* Μου ζητάνε συνεχώς πληροφορίες για το βιβλίο. *She needs constant medical care.* Χρειάζεται συνεχή ιατρική φροντίδα. **2** [χωρίς ποικιλία. Περιγράφει: π.χ. ταχύτητα, θερμοκρασία] αμετάβλητος *Spending has remained constant over the last 5 years.* Οι δαπάνες έχουν παραμείνει σταθερές τα τελευταία 5 χρόνια. **constantly** *επίρρ.* συνεχώς, σταθερά

non-stop *επίθ.* [αρκετά ανεπίσημο, εκτός όταν αναφέρεται σε πτήσεις, δρομολόγια τρένων, κτλ.] χωρίς διακοπή (σαν *επίρρ.*) *I've been working non-stop since eight o'clock.* Δουλεύω χωρίς διακοπή από τις οκτώ η ώρα.

persistent *επίθ.* [συχνά υπονοεί πείσμα μπροστά σε εμπόδιο/αντίρρηση] επίμονος, έμμονος *persistent troublemakers* επίμονοι ταραχοποιοί *a persistent cough* ένας επίμονος βήχας **persistently** *επίρρ.* επίμονα

persistence *ουσ.μ.αρ.* [συχνά λιγότερο υποτιμητικό από το **persist** και **persistent**] επιμονή *The persistence of the police eventually paid off.* Η επιμονή των αστυνομικών τελικά έφερε καλό αποτέλεσμα.

34 End Τελειώνω

δες επίσης **245 Hinder**, αντίθετο **32 Begin**

end *ρ.μ.α.* [δες χρήση, παρακάτω] τελειώνω *The meeting ended at four.* Η συνεδρίαση τελείωσε στις τέσσερις. *The party ended in a fight.* Το πάρτι τελείωσε με άγριο καυγά. *I had to end our relationship.* Αναγκάστηκα να βάλω τέρμα στη σχέση μας.

end *ουσ.αρ.* τέλος *I didn't stay to the end.* Δεν έμεινα μέχρι το τέλος. *come to an end* τελειώνω *put an end to* βάζω τέλος σε

χρήση

Οι λέξεις **end** και **finish** είναι πολύ κοινές λέξεις. Η λέξη **finish** έχει περισσότερο την έννοια της αποπεράτωσης από το **end** και είναι πιο συνηθισμένη όταν χρησιμοποιείται με μεταβατική σημασία. Όταν έχει αμετάβατη σημασία, το **finish** είναι κάπως λιγότερο επίσημο από το **end**. Το **finish** μπορεί να χρησιμοποιηθεί με τη σύνταξη (+ -ing), π.χ. *Have you finished eating?* (Έχεις τελειώσει το φαγητό;) αλλά όχι το **end**.

---

finish *ρ.μ.α.* [δες χρήση, παραπάνω] τελειώνω *I haven't finished my work yet.* Δεν έχω τελειώσει τη δουλειά μου

ακόμα. *Work has finished on the new stretch of road.* Η δουλειά για το καινούριο τμήμα του δρόμου έχει τελειώσει.

finish *ουσ.αρ.* [κυρίως για αγώνες] τέρμα *It was a close finish.* Δεν υπήρχε μεγάλη διαφορά ανάμεσα στο νικητή και στον ηττημένο.

complete *ρ.μ.* [πιο επίσημο από το **finish**. Αντικ.: π.χ. καθήκον, ταξίδι] περατώνω, ολοκληρώνω *Building work has been completed.* Το χτίσιμο έχει αποπερατωθεί. *She completed the crossword in ten minutes.* Τελείωσε το σταυρόλεξο μέσα σε δέκα λεπτά.

completion *ουσ.μ.αρ.* [κάπως επίσημο] αποπεράτωση, ολοκλήρωση

stop *ρ.*, -pp- **1** *ρ.α.μ.* [σταματώ μια πράξη] σταματώ, παύω *I've stopped using make-up.* Δε φοράω πια μακιγιάζ. *The bus stops outside my house.* Το λεωφορείο σταματάει έξω από το σπίτι μου. *Has it stopped raining?* Έχει σταματήσει η βροχή; *Stop the engine!* Σβήσε τη μηχανή! **2** *ρ.μ.* (συχνά + **from**) [εμποδίζω] σταματώ, αποτρέπω *They can't stop the wedding.* Δεν μπορούν να αποτρέψουν το γάμο. *She* *stopped me sending the letter.* Με απότρεψε από το να στείλω το γράμμα.

stop *ουσ.αρ.* στάση, τέλος *a four hour journey allowing for stops* ταξίδι που διαρκεί τέσσερις ώρες, περιλαμβανομένων των στάσεων *come to a stop* σταματώ *put a stop to sth* βάζω τέλος σε κάτι

χρήση

Προσέξτε τις παρακάτω ρηματικές συντάξεις, που χρησιμοποιούνται για να δηλώσουν διαφορετικές σημασίες του **stop**: (+ **to** + ΑΠΑΡΕΜΦΑΤΟ) [διακόπτω μια πράξη για να κάνω κάποια άλλη] *He stopped to tie his shoelace.* (Σταμάτησε για να δέσει τα κορδόνια του.) (+ -ing) [σταματώ κάποια πράξη] *She stopped eating.* (Σταμάτησε να τρώει.)

---

halt *ρ.* [πιο επίσημο από το **stop**] 1 *ρ.α.μ.* σταματώ *The vehicle halted outside a shop.* Το όχημα σταμάτησε έξω από ένα κατάστημα. 2 *ρ.μ.* [εμποδίζω] σταματώ, διακόπτω *Strikes have halted production.* Οι απεργίες έχουν σταματήσει την παραγωγή.

halt *ουσ.αρ.* [χρησιμοποιείται κυρίως σε καθορισμένες εκφράσεις] σταμάτημα *come to a halt* σταματώ μόνος μου *bring* sth *to a halt* σταματώ κάτι

cease *ρ.α.μ.* [επίσημο] παύω *We have ceased manufacture of that model.* Έχουμε σταματήσει να παράγουμε αυτό το μοντέλο (+ **to** + ΑΠΑΡΕΜΦΑΤΟ) *Without your support the club would cease to exist.* Χωρίς τη συμπαράστασή σας ο όμιλος θα είχε παύσει να υπάρχει.

give up (sth) Ή **give** (sth) **up** *ρ.πρφ.μ.α.* 1 [σταματώ να κάνω κάτι] παρατάω, εγκαταλείπω *I gave up smoking.* Έκοψα το κάπνισμα. 2 *ρ.πρφ.α.* [σταματώ την προσπάθεια] παραιτούμαι

quit *ρ.μ.α.*, -tt-, αόρ. & μτχ. αορ. **quit** (κυρίως Αμερ.) [σταματώ να κάνω κάτι. Μερικές φορές σημαίνει ότι κυριολεκτικά απομακρύνομαι από κάποιο μέρος] παρατάω, παραιτούμαι *She quit her job.* Παραιτήθηκε από τη δουλειά της.

conclude *ρ.α.μ.* [επίσημο] συμπεραίνω, κλείνω *The service concludes with the blessing.* Η τελετή κλείνει με την ευλογία. *some concluding remarks* μερικά συμπερασματικά σχόλια

conclusion *ουσ.μ.αρ.* [επίσημο] τέλος, συμπέρασμα *a fitting conclusion to the day* ένα τέλος που αρμόζει στην ημέρα

In conclusion, I would just like to say... Συμπερασματικά, θα ήθελα να πω απλώς...

34.1 Ακυρώνω

cancel *ρ.μ.*, (Βρετ.) -ll-, (Αμερ.) -l- [αντικ.: π.χ. ταξίδι, ραντεβού, τρένο] ακυρώνω *They've cancelled their order for five new aircraft.* Έχουν ακυρώσει την παραγγελία τους για πέντε καινούρια αεροσκάφη.

cancellation *ουσ.* 1 *ουσ.μ.αρ.* ματαίωση 2 *ουσ.αρ.* ακύρωση *The flight is fully booked, but you may get a cancellation.* Όλες οι θέσεις στη πτήση είναι κλεισμένες, αλλά μπορεί να γίνει καμιά ακύρωση.

call sth **off** Ή **call off** sth *ρ.πρφ.μ.* [λιγότερο επίσημο από το **cancel**] ματαιώνω, ακυρώνω *The match was called off because of bad weather.* Ο αγώνας ματαιώθηκε λόγω του κακού καιρού.

terminate *ρ.α.μ.* [επίσημο. Υπονοεί ότι κάτι έχει τελειώσει οριστικά και επίσημα. Αντικ.: π.χ. συμφωνία, συμβόλαιο, σχέση] τερματίζω, καταλήγω *The train terminates here.* [δηλαδή δεν πάει πιο πέρα] Το τρένο τερματίζει εδώ. *terminate a pregnancy* τερματίζω εγκυμοσύνη

termination *ουσ.* 1 *ουσ.μ.αρ.* τερματισμός, τελείωμα 2 *ουσ.αρ.* [έκτρωση] τερματισμός εγκυμοσύνης

abolish *ρ.μ.* [τελειώνω επίσημα. Αντικ.: θεσμός, έθιμο] καταργώ **abolition** *ουσ.μ.αρ.* κατάργηση

34.2 Τελευταίος

last *επίθ.* τελευταίος *The last train leaves at 22.40.* Το τελευταίο τρένο φεύγει στις 22.40 *I gave her my last penny.* Της έδωσα όλα τα λεφτά μου.

last *επίρρ.* τελευταία *We were the last to arrive.* Φτάσαμε τελευταίοι. *And last but not least,* a big thank you to my parents. Και τελευταία, αλλά όχι το λιγότερο σημαντικό, ένα μεγάλο ευχαριστώ στους γονείς μου.

lastly *επίρρ.* [εισάγει το τελευταίο μιας σειράς θεμάτων, ερωτήσεων, κτλ.] τελικά, στο τέλος *Lastly, I should like to thank the organisers.* Τελειώνοντας, θα ήθελα να ευχαριστήσω τους οργανωτές.

final *επίθ.* [κάπως πιο επίσημο και εμφατικό από το **last**] τελικός *This is your final chance!* Αυτή είναι η τελευταία σου ευκαιρία. *our final offer* η τελική προσφορά μας

finally *επίρρ.* 1 τελικά 2 επιτέλους *So you've finally succeeded.* Ώστε τα κατάφερες επιτέλους.

---

35 Real Πραγματικός

δες επίσης **215 True**

real *επίθ.* [γενική λέξη] πραγματικός, αληθινός *real orange juice* φυσικός χυμός πορτοκαλιού *real life situations* πραγματικές καταστάσεις της ζωής

reality *ουσ.μ.αρ.αρ.* πραγματικότητα *It's about time you faced reality.* Είναι καιρός να αντιμετωπίσεις την πραγματικότητα. *Manned space flight is already a reality.* Οι επανδρωμένες πτήσεις στο διάστημα είναι ήδη πραγματικότητα.

genuine *επίθ.* 1 [όχι πλαστός. Περιγράφει: κυρίως αντικείμενα αξίας και υλικά] γνήσιος *genuine crocodile-skin shoes* παπούτσια από γνήσιο δέρμα κροκοδείλου *Is the painting genuine?* Είναι γνήσιος ο πίνακας; 2 [ειλικρινής. Περιγράφει: π.χ. ενδιαφέρον, προσφορά] γνήσιος, ειλικρινής *It was a genuine mistake.* Ήταν πραγματικά λάθος. **genuinely** *επίρρ.* πραγματικά, γνήσια

authentic *επίθ.* [φτιαγμένο, γραμμένο, κτλ. από το πρόσωπο που ισχυρίζεται ότι το έκανε. Περιγράφει: π.χ. αντικείμενα, έγγραφα, όχι υλικά] αυθεντικός *an authentic sample of Mozart's handwriting* ένα αυθεντικό δείγμα του γραφικού χαρακτήρα του Μότσαρτ **authenticity** *ουσ.μ.αρ.* αυθεντικότητα

actual *επίθ.* (πριν από ουσ.) 1 [όχι φανταστικός] πραγματικός *The actual election doesn't take place until next week.* Οι εκλογές καθαυτές δε θα γίνουν μέχρι την επόμενη εβδομάδα. *In actual fact* there are two copies. Στην πραγματικότητα υπάρχουν δυο αντίγραφα. 2 [χρησιμοποιείται για να τονίσει ότι το αντικείμενο, μέρος, κτλ. είναι εκείνο το συγκεκριμένο για το οποίο γίνεται λόγος] ίδιος *This is the actual knife the murderer used.* Αυτό είναι το ίδιο το μαχαίρι που χρησιμοποίησε ο δολοφόνος. *Those were his actual words.* Αυτά είπε, κατά λέξη.

actually επίρρ. πραγματικά The soup looks awful, but actually it tastes good. Η σούπα φαίνεται απαίσια, αλλά έχει καλή γεύση. [συχνά χρησιμοποιείται όταν διαφωνούμε] Actually, I think we should charge more than that. Η δική μου γνώμη είναι ότι θα πρέπει να χρεώσουμε περισσότερο.

proper επίθ. (πριν από ουσ.) [συχνά χρησιμοποιείται σε σχετικά ανεπίσημες περιστάσεις, για να τονίσει ότι αναφερόμαστε στην πλήρη σημασία μιας λέξης, και όχι μια κατώτερη παραλλαγή] κανονικός Have you had a proper meal? Έχεις φάει κανονικά; I want a proper job, not part-time work. Θέλω μια κανονική δουλειά, όχι μερική

απασχόληση.

concrete επίθ. 1 [κάτι που υπάρχει. Περιγράφει: αντικείμενα] χειροπιαστός I want something more concrete than a promise to pay. Θέλω κάτι πιο χειροπιαστό από μια υπόσχεση ότι θα πληρώσεις. 2 [συγκεκριμένος, σίγουρος. Περιγράφει: π.χ. πρόταση, αποδεικτικά στοιχεία] συγκεκριμένος

tangible επίθ. [κάπως επίσημο. Κάτι που μπορεί να παρατηρηθεί ξεκάθαρα] χειροπιαστός, απτός tangible assets χειροπιαστά περιουσιακά στοιχεία The reforms have had no tangible results yet. Οι μεταρρυθμίσεις δεν έχουν φέρει χειροπιαστά αποτελέσματα ακόμα.

36 Unreal Μη πραγματικός

δες επίσης **56 Copy, 216 Untrue**

imaginary επίθ. φανταστικός an imaginary friend ένας φανταστικός φίλος

imagine ρ.μ. [πιστεύω κάτι που δεν ισχύει] φαντάζομαι Nobody's trying to hurt you - you're just imagining things! Κανείς δε προσπαθεί να σε βλάψει – το φαντάζεσαι μόνο!

non-existent επίθ. ανύπαρκτος Public transport is practically non-existent here. Οι δημόσιες συγκοινωνίες είναι σχεδόν ανύπαρκτες εδώ.

fake επίθ. [περιγράφει: π.χ. έργο τέχνης, υλικό, κόσμημα] πλαστός a fake tan ένα ψεύτικο μαύρισμα **fake** ουσ.αρ. απομίμηση, απάτη

fake ρ.μ.α. [αντικ.: π.χ. αντικείμενο, συναίσθημα] απομιμούμαι, πλαστογραφώ We bought faked documents.

Αγοράσαμε πλαστά έγγραφα.

pretend ρ.α.μ. προσποιούμαι, υποκρίνομαι She pretended not to notice me. Έκανε πως δε με πρόσεξε. (+ **that**) I pretended that I didn't know. Προσποιήθηκα ότι δεν ήξερα.

pretend επίθ. (πριν από ουσ.) [πιο ανεπίσημο από το **imaginary**. Συχνά χρησιμοποιείται από και σε παιδιά] προσποιητός a pretend gun ψεύτικο όπλο

pretence (Βρετ. & Αμερ.), **pretense** (Αμερ.) ουσ.μ.αρ.αρ. προσποίηση There are no diamonds - that was all pretence. Δεν υπάρχουν διαμάντια – όλα ήταν παραμύθι. You've brought me here **under false pretences**. Με έφερες εδώ με ψευδή προσχήματα.

37 Seem Φαίνομαι

seem ρ.α. (χρησιμοποιείται στον απλό ενεστώτα) φαίνομαι (+ επίθ.) It seems very hot in here. Μου φαίνεται ότι κάνει πολύ ζέστη εδώ μέσα. (+ **to** + ΑΠΑΡΕΜΦΑΤΟ) He seemed to sway. Φάνηκε να ταλαντεύεται. (+ **like**) It seems like yesterday. Μου φαίνεται σαν χθες. It seems as if they have gone. Φαίνεται ότι έχουν φύγει. It seems to me that we're wasting our time. Έχω την εντύπωση ότι χάνουμε το χρόνο μας.

appear ρ.α. (χρησιμοποιείται στον απλό ενεστώτα) [συχνά είναι κάπως επίσημο] φαίνομαι, δίνω την εντύπωση (+ επίθ.) You appear surprised. Φαίνεσαι έκπληκτος. (+ **to** + ΑΠΑΡΕΜΦΑΤΟ) The room appeared to be empty. Το δωμάτιο φαινόταν άδειο. **It appears that** she gave him the wrong information. Φαίνεται ότι του έδωσε λάθος πληροφορίες.

appearance ουσ.αρ.μ.αρ. (συχνά στον πληθ.) εμφάνιση, φαινόμενο (κυρίως απατηλό) Appearances can be deceptive. Τα φαινόμενα απατούν. **keep up appearances** τηρώ τα προσχήματα **By/To all appearances...** Απ' ό,τι φαίνεται...

look ρ.α. φαίνομαι, μοιάζω You're looking well. Φαίνεσαι (να είσαι) καλά. (+ **like**) She looks like Greta Garbo. Μοιάζει με την Γκρέτα Γκάρμπο. It looks as though it's going to rain. Μου φαίνεται ότι θα βρέξει. It looks as though we'll have to cancel the show. Φαίνεται ότι θα χρειαστεί να ματαιώσουμε την παράσταση.

look ουσ.αρ. εμφάνιση, παρουσιαστικό The farm had a neglected look. Το αγρόκτημα φαινόταν παραμελημένο. I don't **like the look of** that dog. Κάτι δε μου αρέσει σ'αυτό το σκυλί. We're in for a hard time **by the look(s) of it**. Φαίνεται ότι έχουμε δυσκολίες μπροστά μας.

impression ουσ.αρ. (συνήθως δεν έχει πληθ.) εντύπωση I got the impression he was lying. Μου έδωσε την εντύπωση ότι έλεγε ψέματα. The house gives an impression of grandeur. Το σπίτι δίνει μεγαλοπρεπή εντύπωση. You can't judge by first impressions. Δεν μπορείς να κρίνεις από τη πρώτη εντύπωση.

superficial επίθ. [επιφανειακός. Περιγράφει: π.χ. ομοιότητα] επιφανειακός, επιπόλαιος **superficially** επίρρ. επιφανειακά, επιπόλαια

38 Shapes Σχήματα

shape ουσ.αρ. σχήμα a card in the shape of a heart μια κάρτα με σχήμα καρδιάς

form ουσ.αρ. [κάπως πιο αφηρημένο και λογοτεχνικό από το

shape] μορφή, σχήμα The form of a building was just visible. Το σχήμα ενός κτιρίου μόλις που φαινόταν.

38.1 Σχήματα δύο διαστάσεων

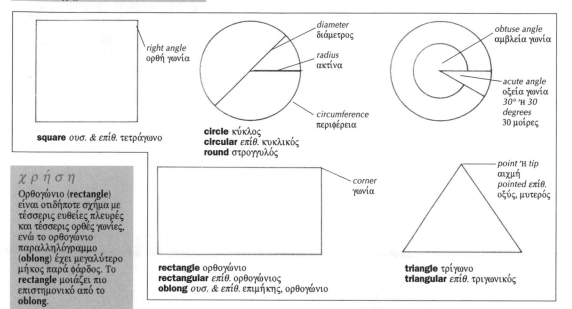

right angle
ορθή γωνία

diameter
διάμετρος

radius
ακτίνα

circumference
περιφέρεια

obtuse angle
αμβλεία γωνία

acute angle
οξεία γωνία
30° Ή 30
degrees
30 μοίρες

square *ουσ. & επίθ. τετράγωνο*

circle κύκλος
circular *επίθ.* κυκλικός
round στρογγυλός

corner
γωνία

point Ή tip
αιχμή
pointed *επίθ.*
οξύς, μυτερός

rectangle ορθογώνιο
rectangular *επίθ.* ορθογώνιος
oblong *ουσ. & επίθ.* επιμήκης, ορθογώνιο

triangle τρίγωνο
triangular *επίθ.* τριγωνικός

χρήση

Ορθογώνιο (**rectangle**)
είναι οτιδήποτε σχήμα με
τέσσερις ευθείες πλευρές
και τέσσερις ορθές γωνίες,
ενώ το ορθογώνιο
παραλληλόγραμμο
(**oblong**) έχει μεγαλύτερο
μήκος παρά φάρδος. Το
rectangle μοιάζει πιο
επιστημονικό από το
oblong.

38.2 Τρισδιάστατα σχήματα

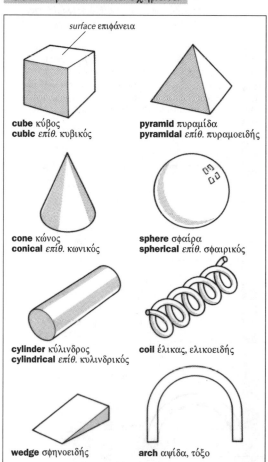

surface επιφάνεια

cube κύβος
cubic *επίθ.* κυβικός

pyramid πυραμίδα
pyramidal *επίθ.* πυραμοειδής

cone κώνος
conical *επίθ.* κωνικός

sphere σφαίρα
spherical *επίθ.* σφαιρικός

cylinder κύλινδρος
cylindrical *επίθ.* κυλινδρικός

coil έλικας, ελικοειδής

wedge σφηνοειδής

arch αψίδα, τόξο

38.3 Σχήματα που χρησιμοποιούνται για διακόσμηση

design *ουσ.αρ.* [σχήμα ή σχέδιο, όχι απαραίτητα
επαναλαμβανόμενο] σχέδιο

pattern *ουσ.αρ.* [συνήθως επαναλαμβανόμενο σχέδιο, που
χρησιμοποιείται για διακόσμηση] σχέδιο *a floral pattern*
ένα σχέδιο με λουλούδια **patterned** *επίθ.* με σχέδια

stripe *ουσ.αρ.* ρίγα, λωρίδα **striped** *επίθ.* ριγωτός

dot *ουσ.αρ.* τελεία, κουκίδα

spot *ουσ.αρ.* στίγμα, κηλίδα **spotted** *επίθ.* διάστικτος

check *ουσ.αρ.* (σχέδιο με) καρό **checked** *επίθ.* καρό

38.4 Γραμμές

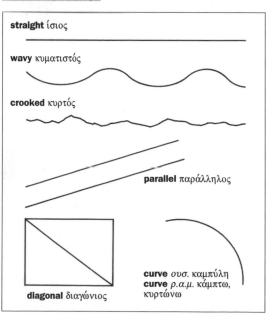

straight ίσιος

wavy κυματιστός

crooked κυρτός

parallel παράλληλος

diagonal διαγώνιος

curve *ουσ.* καμπύλη
curve *ρ.α.μ.* κάμπτω,
κυρτώνω

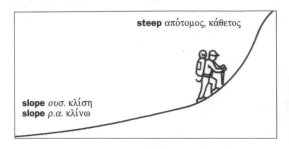

38.5 Ακανόνιστα σχήματα

lump *ουσ.μ.α.* [μικρή μάζα, μερικές φορές μέσα σε μια άλλη ύλη] άμορφη μάζα *a lump of rock* ένα κομμάτι βράχου *The porridge was full of lumps.* Ο χυλός είχε σβολιάσει.

lumpy *επίθ.* [συνήθως υποτιμητικό] σβολιασμένος *lumpy custard* σβολιασμένη κρέμα

bump *ουσ.αρ.* [κάτι που ξεχωρίζει πάνω από μια επίπεδη επιφάνεια] εξόγκωμα *You've got a bump on your forehead.* Έχεις ένα εξόγκωμα στο μέτωπό σου. *bumps in the road* ανωμαλίες στο οδόστρωμα **bumpy** *επίθ.* γεμάτος εξογκώματα

shapeless *επίθ.* [περιγράφει: π.χ. μάζα, ρούχα] άμορφος, δύσμορφος

baggy *επίθ.* [περιγράφει: κυρίως ρούχα] φαρδύς

39 Shape Σχηματίζω

shape *ρ.μ.* [συνήθως με τα χέρια ή εργαλείο. Πάντα εκούσια πράξη] σχηματίζω, διαπλάθω

-shaped *επίθ.* με σχήμα *an egg-shaped stone* μια πέτρα με σχήμα αυγού

form *ρ.μ.α.* [κάπως πιο επίσημο από το **shape**. Μπορεί να είναι εκούσια ή ακούσια πράξη] διαμορφώνω *Form the sausage meat into balls.* Σχημάτισε μπαλάκια με το κρέας. *The children formed a straight line.* Τα παιδιά στοιχήθηκαν σε ευθεία γραμμή. *Icicles formed below the windowsill.* Παγάκια σχηματίστηκαν στο περβάζι του παραθύρου.

χρήση

Οι λέξεις **shape**, **form**, και **mould** μπορεί να χρησιμοποιηθούν μεταφορικά για να περιγράψουν την επιρροή γεγονότων και εμπειριών: π.χ. *His character was shaped by his wartime experiences.* (Ο χαρακτήρας του διαμορφώθηκε από τις εμπειρίες του στον πόλεμο.)

mould (*Βρετ.*), **mold** (*Αμερ.*) *ρ.μ.* [συνήθως με τα χέρια ή σε ένα δοχείο με συγκεκριμένο σχήμα. Αντικ.: π.χ. πλαστικό, πηλός] καλουπώνω, πλάθω **mould** *ουσ.αρ.* καλούπι

bend *ρ.μ.α., αόρ. & μτχ. αορ.* **bent** κάμπτω, λυγίζω **bend** *ουσ.αρ.* καμπή, κλίση

fold *ρ.μ.α.* [αντικ.: π.χ. ρούχα, εφημερίδες] διπλώνω *The bed folds away.* Το κρεβάτι είναι πτυσσόμενο. *to fold one's arms* διπλώνω τα χέρια **fold** *ουσ.αρ.* πτυχή, δίπλα (υφάσματος)

flatten *ρ.μ.α.* [αντικ.: π.χ. επιφάνεια, άκρη] ισοπεδώνω, ισιώνω [συχνά υπονοεί επιθετική ή βίαιη πράξη] *trees flattened by the gales* δέντρα ισοπεδωμένα από τη θύελλα

straighten *ρ.μ.α.* ισιώνω, τεντώνω *I couldn't straighten my leg.* Δεν μπορούσα να τεντώσω το πόδι μου. *She tried to straighten her hair.* Προσπάθησε να κάνει τα μαλλιά της ίσια.

40 Dimensions Διαστάσεις

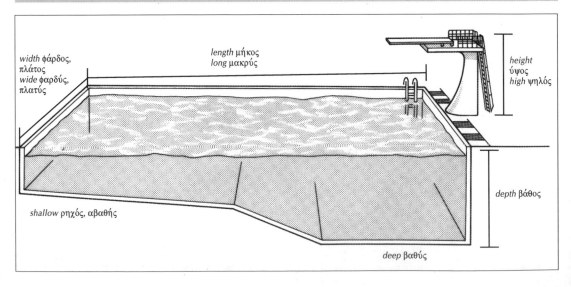

χρήση

χρήση

Η λέξη **wide** χρησιμοποιείται πιο συχνά από το **broad**. Η λέξη **broad** συχνά δίνει την εντύπωση περισσότερης απλοχωριάς και άνεσης από το **wide**, και έτσι η φράση *broad avenues* (φαρδιές λεωφόροι) δίνει πιο καλή εντύπωση από τη φράση *wide streets* (πλατείς δρόμοι). Όταν μιλάμε για τις διαστάσεις ενός αντικειμένου, χρησιμοποιούμε συνήθως τη λέξη **wide**: π.χ. *The room is 10 feet long and 7 feet wide.* (Το δωμάτιο έχει μήκος 10 πόδια και πλάτος 7 πόδια.)
Η λέξη **broad** συχνά χρησιμοποιείται για να περιγράψει μέρη του σώματος και μπορεί να υπονοεί δύναμη: π.χ. *broad shoulders/hips* (φαρδείς ώμοι/γοφοί).
Οι λέξεις **broad** και **wide** μπορεί να χρησιμοποιηθούν μεταφορικά με λέξεις όπως **range** (σειρά, φάσμα) και **selection** (επιλογή, συλλογή).

a broad avenue
πλατιά λεωφόρος

a narrow footpath
στενό μονοπάτι

χρήση

Η λέξη **thick** (πηχτός, χοντρός) συνήθως χρησιμοποιείται για να περιγράψει αντικείμενα που θεωρούνται είτε στερεά, όπως τοίχοι, ή αποτελούνται από μια συγκεκριμένη ουσία, όπως τα υγρά. Η λέξη **dense** (πυκνός, πηχτός) χρησιμοποιείται συνήθως για να περιγράψει πράγματα που συνίστανται από πολλές μονάδες ή σωματίδια συγκεντρωμένα σε ένα συγκεκριμένο χώρο. Η λέξη **density** (πυκνότητα) συχνά χρησιμοποιείται με επιστημονική σημασία, ενώ η λέξη **thickness** (πυκνότητα, πάχος) είναι γενική λέξη.

a dense crowd πυκνό πλήθος

thick soup πηχτή σούπα

41 Size Μέγεθος

quantity *ουσ.αρ.μ.αρ.* [συνήθως για συγκεκριμένα, όχι αφηρημένα πράγματα] ποσότητα *He consumed an enormous quantity/enormous quantities of beer.* Κατανάλωσε μια μεγάλη ποσότητα μπίρας. *to buy/manufacture in quantity* αγοράζω/κατασκευάζω σε μεγάλη ποσότητα

amount *ουσ.αρ.μ.αρ.* **1** [συνήθως χρησιμοποιείται με συγκεκριμένα και αφηρημένα ουσιαστικά] ποσό *I view their claims with **a certain amount of** scepticism.* Αντιμετωπίζω τους ισχυρισμούς τους με κάποια αμφιβολία. ***No amount of** persuasion will make her change her mind.* Καμία πειθώ δε θα την κάνει να αλλάξει γνώμη. **2** [για χρήματα] ποσό *Half the amount is still owing.* Υπολείπεται ακόμα το μισό ποσό.

area *ουσ.αρ.μ.αρ.* [γενική λέξη και μαθηματικός όρος] περιοχή, εμβαδόν *the area of a triangle/circle* το εμβαδόν ενός τριγώνου/κύκλου *The oil spread over a large area.* Το πετρέλαιο απλώθηκε σε μεγάλη έκταση. *δες επίσης **13 Area***

extent *ουσ.μ.αρ.αρ.* (δεν έχει πληθ.) **1** [σημείο μέχρι το οποίο επεκτείνεται κάτι] έκταση *She stretched her arm out to its full extent.* Τέντωσε τελείως το χέρι της. **2** βαθμός *We don't yet know the extent of the damage.* Δεν ξέρουμε ακόμα το βαθμό της ζημιάς. ***To what extent** were they responsible for the error?* Κατά πόσο ήταν υπεύθυνοι για το λάθος; ***to a certain extent*** μέχρι ένα ορισμένο σημείο

space *ουσ.μ.αρ.αρ.* [συγκεκριμένη περιοχή] χώρος *There's just enough space for the cupboard against that wall.* Μόλις που υπάρχει αρκετός χώρος για το ντουλάπι σε εκείνο το τοίχο. *The refrigerator won't fit into the space we left for it.* Το ψυγείο δε θα χωρέσει στο μέρος που αφήσαμε. *wide open spaces* μεγάλοι ελεύθεροι χώροι

room *ουσ.μ.αρ.* [ελεύθερος χώρος] χώρος *Is there room for me in the car?* Χωράω κι εγώ στο αυτοκίνητο;

volume *ουσ.μ.αρ.* **1** [μαθηματικός όρος] όγκος *the volume of a sphere/cube* ο όγκος μιας σφαίρας/ενός κύβου *8% alcohol by volume* 8% του όγκου είναι οινόπνευμα **2** [κάπως επίσημο] ποσότητα *the volume of work/trade/traffic* η ποσότητα δουλειάς/εμπορίου/κυκλοφορίας

capacity *ουσ.μ.αρ.αρ.* [η ποσότητα την οποία μπορεί να χωρέσει κάτι. Κάπως εξειδικευμένος όρος] χωρητικότητα *a tank with a capacity of 2,000 litres* δεξαμενή χωρητικότητας 2000 λίτρων *seating capacity* χωρητικότητα σε θέσεις *The hall was **filled/full to capacity**.* Όλες οι θέσεις στην αίθουσα ήταν πιασμένες. (χρησιμοποιείται σαν επίθ.) *There was a capacity crowd in the match.* Το γήπεδο ήταν γεμάτο.

dimensions *ουσ. πληθ.* [κάπως επίσημο] διαστάσεις *a task of huge dimensions* μια δουλειά τεραστίων διαστάσεων

proportions *ουσ. πληθ.* [υπονοεί σχήμα καθώς και μέγεθος. Μερικές φορές χρησιμοποιείται με πιο χιουμοριστική σημασία από το **dimensions**] αναλογίες *his ample proportions* οι μπόλικες αναλογίες του (διαστάσεις του σώματός του) *It's a way of reducing the task to more manageable proportions.* Είναι ένας τρόπος για να ελαττώσουμε τη δουλειά σε πιο εφικτές διαστάσεις.

scale *ουσ.* **1** *ουσ.μ.αρ.αρ.* (δεν έχει πληθ.) κλίμακα *The sheer scale of the building is breathtaking.* Και μόνο η κλίμακα του κτιρίου σου κόβει την ανάσα. *Television coverage **on this scale** is unprecedented.* Τηλεοπτική κάλυψη σε τέτοια κλίμακα είναι άνευ προηγουμένου. *a **large-scale** undertaking* εγχείρημα σε μεγάλη κλίμακα *a **full-scale** reorganization* πλήρης αναδιοργάνωση **2** *ουσ.αρ.* κλίμακα *a scale of 1 centimetre = 1 kilometre* κλίμακα 1 εκατοστού προς 1 χιλιόμετρο *The map is not **to scale**.* Ο χάρτης δε δείχνει τις σωστές αναλογίες της κλίμακας.

42 Big Μεγάλος

δες επίσης **48 Fat**, αντίθετο **44 Small**

large *επίθ.* [κάπως πιο επίσημο από το big. Δε σημαίνει **high** ή **tall**. Περιγράφει: π.χ. ποσό, ποσότητα, έκταση] μεγάλος *a large number of people* ένας μεγάλος αριθμός ανθρώπων

long *επίθ.* [περιγράφει: μέγεθος, απόσταση, χρόνο] μακρύς, εκτεταμένος *It's a long way from here.* Είναι μακριά από εδώ. *a long corridor* ένας μακρύς διάδρομος

long *επίρρ.* πολύ καιρό *Have you lived here long?* Έχεις ζήσει πολύ καιρό εδώ;

tall *επίθ.* [δες χρήση παρακάτω] ψηλός

χρήση

Η λέξη **tall** (αντίθετο **short**) μπορεί να περιγράψει ανθρώπους καθώς επίσης και αντικείμενα των οποίων το υψηλότερο σημείο είναι σε μεγάλη απόσταση από το χαμηλότερο. Η λέξη **high** (αντίθετο **low**) δε χρησιμοποιείται για ανθρώπους, αλλά περιγράφει είτε τη θέση των αντικειμένων σε σχέση με το έδαφος, ή το γεγονός ότι στα αντικείμενα αυτά το πάνω μέρος απέχει πολύ από το κάτω. Έτσι, η φράση *a high window* (ένα ψηλό παράθυρο) θα μπορούσε να είναι ένα παράθυρο του οποίου το πάνω μέρος απέχει πολύ από το κάτω, ή που βρίσκεται σε μεγάλη απόσταση από το έδαφος.

---

spacious *επίθ.* [εκφράζει θαυμασμό. Κάτι που έχει πολύ χώρο. Περιγράφει: π.χ. σπίτι] ευρύχωρος *spacious accommodation* ευρύχωρος τόπος διαμονής

extensive *επίθ.* [υπονοεί ευρεία περιοχή ή μεγάλη ποικιλία αντικειμένων. Περιγράφει: π.χ. ζημιά, αναλύσεις, μετατροπές] εκτεταμένος *an extensive knowledge of French literature* εκτεταμένη γνώση της γαλλικής λογοτεχνίας **extensively** *επίρρ.* εκτεταμένα, σε μεγάλο βαθμό

considerable *επίθ.* [αρκετά επίσημο. Υπονοεί σπουδαιότητα ή πόσο εντυπωσιακό είναι το αντικείμενο που περιγράφει. Περιγράφει: π.χ. ποσό, κίνδυνο, βελτίωση, ταλέντο. Δεν αναφέρεται στο μέγεθος ενός συγκεκριμένου αντικειμένου] σημαντικός, αξιόλογος *They have spent a considerable sum on his education.* Έχουν ξοδέψει ένα σημαντικό ποσό για την εκπαίδευσή του.

considerably *επίρρ.* σημαντικά *Circumstances have altered considerably since we last spoke.* Οι περιστάσεις έχουν αλλάξει σημαντικά από την τελευταία φορά που μιλήσαμε.

substantial *επίθ.* [αρκετά επίσημο. Υπονοεί στερεότητα και σπουδαιότητα] ουσιώδης *The industry needs substantial investment.* Η βιομηχανία χρειάζεται σημαντικές επενδύσεις. *substantial evidence* ουσιώδη αποδεικτικά στοιχεία *a substantial meal* ένα χορταστικό γεύμα

substantially *επίρρ.* σημαντικά, ουσιαστικά *substantially different* ουσιαστικά διαφορετικός

bulky *επίθ.* [υπονοεί κάτι βαρύ και δύσχρηστο. Περιγράφει: π.χ. πακέτο, εξοπλισμό] ογκώδης

42.1 Πολύ μεγάλος

χρήση

Οι λέξεις **enormous, huge, immense, gigantic,** και **colossal** σημαίνουν κάτι που είναι πραγματικά μεγάλο. Οι λέξεις **enormous** και **huge** είναι πιο συνηθισμένες από τις υπόλοιπες. Η λέξη **gigantic** χρησιμοποιείται σε κάπως πιο ανεπίσημες περιστάσεις, και οι λέξεις **immense** και **colossal** έχουν πιο κυριολεκτική σημασία. Οι λέξεις **gigantic, immense,** και **colossal** είναι κάπως πιο εμφατικές από τις λέξεις **huge** και **enormous.** Όλες μπορεί να αναφέρονται σε συγκεκριμένα αντικείμενα και αφηρημένα θέματα, όπως προβλήματα και ποσά. Το νόημα όλων αυτών των λέξεων μπορεί να γίνει πιο έντονο αν προστεθεί το **absolutely**: π.χ. *Their house is absolutely enormous!* (Το σπίτι τους είναι τεράστιο!)

---

vast *επίθ.* [υπονοεί μια μεγάλη περιοχή. Περιγράφει: κυρίως ποσό, περιοχή, όχι συνήθως έμψυχα όντα] απέραντος, αχανής *vast plains* απέραντες πεδιάδες

massive *επίθ.* [υπονοεί δύναμη και στερεότητα] τεράστιος, ογκώδης *a massive rock* ένας τεράστιος βράχος [κάπως ανεπίσημο όταν χρησιμοποιείται για υπερβολές] *a massive spider* μια τεράστια αράχνη *a massive heart attack* μια πολύ σοβαρή καρδιακή προσβολή

giant *επίθ.* (πριν από ουσ.) [περιγράφει: συγκεκριμένα αντικείμενα, όχι ποσά ή περιοχές] γιγαντιαίος *a giant octopus* ένα γιγαντιαίο χταπόδι *a giant packet of soap powder* ένα πακέτο απορρυπαντικού σε γιγαντιαίο μέγεθος

giant *ουσ.αρ.* [πλάσμα στα παραμύθια ή μεγαλόσωμο άτομο] γίγαντας

---

43 Large quantity Μεγάλη ποσότητα

δες επίσης **42 Big, 50 Whole, 51 Enough, 332 Full**, αντίθετο **45 Small quantity**

plentiful *επίθ.* [δε χρησιμοποιείται σε ανεπίσημες περιπτώσεις. Υπονοεί εύκολη διαθεσιμότητα. Περιγράφει: κυρίως προμήθεια] άφθονος

abundant *επίθ.* [παρόμοιο με το **plentiful**] άφθονος

abundance *ουσ.μ.αρ.αρ.* (δεν έχει πληθ.) αφθονία *She has ideas in abundance, but no practical experience.* Έχει άφθονες ιδέες αλλά όχι πρακτική εμπειρία. *an abundance of food and drink* άφθονα φαγητά και ποτά

majority *ουσ.* 1 *ουσ.αρ.* (δεν έχει πληθ., + ρ. ενικ. ή πληθ.) πλειονότητα *the majority of voters* η πλειοψηφία των ψηφοφόρων *Those who object to the changes are clearly in a/the majority* here. Αυτοί που έχουν αντίρρηση για τις αλλαγές είναι ολοφάνερο πως έχουν την πλειοψηφία εδώ. (σαν *επίθ.*) *the majority opinion* η γνώμη της πλειοψηφίας 2 *ουσ.αρ.* [διαφορά στον αριθμό] πλειοψηφία *She won by a majority of 50 votes.* Κέρδισε (νίκησε) με διαφορά 50 ψήφων.

maximum *ουσ.αρ.* μέγιστος αριθμός *This lift takes a maximum of 10 people.* Το ανώτατο όριο ατόμων που παίρνει αυτός ο ανελκυστήρας (ασανσέρ) είναι 10 άτομα.

maximum *επίθ.* (πριν από ουσ.) [περιγράφει: π.χ. θερμοκρασία, επίπεδο, αριθμό] μέγιστος, ανώτατος

43.1 Μεγάλος αριθμός πραγμάτων το ένα πάνω στο άλλο

a stack/pile of plates μια στοίβα πιάτα

a pile/stack of plates μια στοίβα πιάτα

a heap/pile of dirty dishes ένας σωρός από βρώμικα πιάτα

a heap of broken crockery ένας σωρός από σπασμένα πιατικά

χρήση

Οι λέξεις **stack, pile, heap,** και **load** χρησιμοποιούνται στις παρακάτω συντάξεις για να σημάνουν μεγάλη ποσότητα:

1) *stacks/piles/heaps/loads of sth* σωροί από κάτι
2) *a stack/pile/heap/load of sth* ένας σωρός από κάτι

Όλες αυτές οι εκφράσεις είναι ανεπίσημες και μπορούν να χρησιμοποιηθούν με αριθμήσιμα και μη αριθμήσιμα ουσιαστικά.

stack *ουσ.αρ.* [τακτοποιημένος, με κάθετες ή σχεδόν κάθετες πλευρές, συνήθως από αντικείμενα του ίδιου είδους και σχήματος] στοίβα **stack** *ρ.μ.* στοιβάζω

pile *ουσ.αρ.* [συχνά λιγότερο ταχτοποιημένο και ομοιόμορφο από το **stack**. Μπορεί να έχει πλαγιαστές πλευρές ή ακανόνιστο σχήμα] στοίβα, σωρός
pile *ρ.μ.* (συχνά + **up**) στοιβάζω

heap *ουσ.αρ.* [συνήθως με πλαγιαστές πλευρές ή ακατάστατο, ακανόνιστο σχήμα. Συχνά περιέχει αντικείμενα διαφόρων ειδών] σωρός *a compost heap* [στον κήπο] σωρός οργανικών απορριμάτων για λίπασμα

43.2 Ανεπίσημες λέξεις για μεγάλες ποσότητες

lot ή **lots** (συνήθως + **of**) πολύ *You made a lot of noise last night.* Έκανες πολύ θόρυβο χθες το βράδυ. *We've got lots to do.* Έχουμε να κάνουμε πολλά πράγματα.

bags (*Βρετ.*) *ουσ. πληθ.* (πάντα + **of**) πολύ *There's bags of room in the car.* Έχει μπόλικο χώρο στο αυτοκίνητο. *bags of charm* πολλή γοητεία

masses *ουσ. πληθ.* (συνήθως + **of**) πολύ μεγάλη ποσότητα από κάτι *masses of people* πολλοί άνθρωποι *Don't bring any food - we've got masses.* Μη φέρεις καθόλου φαγητό – έχουμε πάρα πολύ.

mass *ουσ.αρ.* (συνήθως + **of**) [αρκετά επίσημο] μεγάλος αριθμός *We received a mass of letters.* Πήραμε ένα μεγάλο αριθμό επιστολών.

tons *ουσ. πληθ.* (συνήθως + **of**) τόνοι, μεγάλη ποσότητα *tons of food* τόνοι φαγητό

galore *επίθ.* (μετά από ουσ.) [δεν είναι τόσο ανεπίσημο όπως το **stacks, heaps**, κλπ., αλλά δε χρησιμοποιείται συνήθως στον επίσημο λόγο. Συνήθως χρησιμοποιείται για να εκφράσει θαυμασμό] άφθονος *There are opportunities galore in the USA.* Υπάρχουν άφθονες ευκαιρίες στις ΗΠΑ.

φράση

more than one bargained for [ποσό, αντίδραση, συνέπεια, κλπ. που έρχεται σαν δυσάρεστη έκπληξη] περισσότερο από ότι λογάριαζα *When I challenged her to an argument I got rather more than I had bargained for.* Όταν την προκάλεσα σε λογομαχία, ήταν πολύ πιο εύγλωττη απ' ό,τι περίμενα.

44 Small Μικρός

δες επίσης **49 Thin**, αντίθετο **42 Big**

little *επίθ.* [συχνά υπονοεί ότι το πράγμα που περιγράφεται είναι τόσο μικρό που είναι χαριτωμένο ή εμπνέει αγάπη. Ο συγκριτικός (**littler**) και ο υπερθετικός (**littlest**) είναι αρκετά σπάνιοι, και οπωσδήποτε υπονοούν κάτι το γουστόζικο] λίγος, μικρός *What a dear little kitten!* Τι γλυκό γατάκι! *I used a little bit of your face cream.* Χρησιμοποίησα λίγη από την κρέμα σου για το πρόσωπο. *in a little while* σε λιγάκι

tiny *επίθ.* [πάρα πολύ μικρός. Όπως το **little** μπορεί να σημαίνει κάτι χαριτωμένο, αλλά μπορεί επίσης να χρησιμοποιείται υποτιμητικά] μικροσκοπικός, μικρούτσικος *tiny babies* μικρούτσικα μωρά *The portions they served were tiny.* Οι μερίδες που σέρβιραν ήταν μικροσκοπικές.

minute *επίθ.* [μικρότερο ακόμα και από το **tiny**. Συχνά χρησιμοποιείται για να δώσει έμφαση] μικροσκοπικός *This kitchen is absolutely minute!* Αυτή η κουζίνα είναι τελείως μικροσκοπική!

miniature *επίθ.* [ελαττωμένο σε μέγεθος από το κανονικό] μικρογραφία, μινιατούρα *a miniature railway* μια μινιατούρα σιδηροδρόμου *a miniature poodle* ένα μικροσκοπικό κανίς (σαν ουσ.) *The model shows the whole town in miniature.* Η μακέτα δείχνει όλη την πόλη σε μικρογραφία.

miniature *ουσ.αρ.* [πίνακας ζωγραφικής] μινιατούρα

dwarf *επίθ.* [περιγράφει: κυρίως φυτά, ζώα] πολύ μικρός *a dwarf conifer* ένα πολύ μικρό κωνοφόρο δέντρο

dwarf *ουσ.αρ., πληθ.* **dwarfs** ή **dwarves** νάνος

dwarf *ρ.μ.* κάνω να φαίνεται μικρός, επισκιάζω *The church is dwarfed by surrounding skyscrapers.* Η εκκλησία φαίνεται μικροσκοπική σε σχέση με τους ουρανοξύστες που την περιβάλλουν.

compact *επίθ.* [εκφράζει θαυμασμό. Υπονοεί πολλά πράγματα συγκεντρωμένα μέσα σε μια μικρή περιοχή] συμπαγής

petite επίθ. [εκφράζει θαυμασμό. Περιγράφει: μικρόσωμες γυναίκες και τα ρούχα τους] λεπτοκαμωμένος

slight επίθ. 1 [ασήμαντος. Περιγράφει: π.χ. πόνο, προσαρμογή, λάθος] μικρός σε βαθμό, έκταση, ή ένταση *There has been a slight improvement in our sales.* Έχει σημειωθεί μια μικρή βελτίωση στις πωλήσεις μας. 2 [μικρός και λεπτός. Περιγράφει: ανθρώπους] λιγνός, μικροκαμωμένος *his slight frame* ο λεπτός σκελετός του

slightly επίρρ. [σε μικρό βαθμό] ελαφρώς, κάπως *I was slightly angry.* Θύμωσα λίγο. *slightly more common* κάπως πιο συνηθισμένο

44.1 Μικρός σε ύψος

short επίθ. [περιγράφει: π.χ. ανθρώπους, απόσταση, χρονική περίοδο] κοντός, σύντομος *short trousers* κοντό παντελόνι *In short, the play was a total flop.* Με λίγα λόγια, το έργο ήταν παταγώδης αποτυχία.

low επίθ. [περιγράφει: π.χ. ταβάνι, θερμοκρασία, τιμή, όχι ανθρώπους] χαμηλός *low cloud* χαμηλά σύννεφα *families on low incomes* οικογένειες με χαμηλό εισόδημα

45 Small quantity Μικρή ποσότητα

δες επίσης **44 Small**, αντίθετο **43 Large quantity**

minority ουσ.αρ. (δεν έχει πληθ., + ρ. στον ενικ. ή πληθ.) μειονότητα *A small minority of the crowd caused trouble.* Μια μικρή μειονότητα του πλήθους προκάλεσε ταραχές. *Parents with young children were in the/a minority at the meeting.* Γονείς μικρών παιδιών ήταν η μειονότητα στη συνάντηση.

minimum ουσ.αρ. ελάχιστος αριθμός *I need a minimum of 5 volunteers.* Χρειάζομαι τουλάχιστον 5 εθελοντές.

minimum επίθ. (πριν από ουσ.) [περιγράφει: π.χ. θερμοκρασία, αριθμό] ελάχιστος *a minimum charge of £2.50* ελάχιστη χρέωση (είναι) δυόμιση λίρες

45.1 Επίθετα που περιγράφουν μικρές ποσότητες

scant επίθ. (πριν από ουσ.) [κάπως επίσημο και συχνά υπονοεί αποδοκιμασία. Περιγράφει: κυρίως αφηρημένα πράγματα, π.χ. εκτίμηση, σεβασμό] λίγος *She paid scant attention to her parents' warnings.* Δεν έδωσε και πολύ σημασία στις προειδοποιήσεις των γονιών της.

scanty επίθ. [όχι αρκετά μεγάλος. Συχνά υπονοεί αποδοκιμασία. Περιγράφει: π.χ. γεύμα, προμήθεια, μπικίνι] ελλιπής

scantily επίρρ. ελλιπώς *scantily-clad models* μανεκέν που δε φορούσαν πολλά ρούχα

skimpy επίθ. [πιο υποτιμητικό από το **scanty**] ανεπαρκής

skimp on sth ρ.πρφ.μ. [ξοδεύω λιγότερο από ό,τι χρειάζεται, για να κάνω οικονομία] τσιγκουνεύομαι *If you skimp on fabric, the dress won't hang properly.* Αν τσιγκουνευτείς το ύφασμα, το φόρεμα δε θα κάνει κανονικές πτυχές.

mere επίθ. (πριν από ουσ., δεν έχει συγκρ.) [δίνει έμφαση στο πόσο μικρό ή ασήμαντο είναι κάτι] απλός, σκέτος *The mere mention of his name is forbidden.* Και μόνο να αναφέρεις το όνομά του απαγορεύεται.

merely επίρρ. [αρκετά επίσημο] απλώς *I was merely trying to be helpful.* Απλώς προσπαθούσα να βοηθήσω.

meagre (Βρετ.) **meager** (Αμερ.) επίθ. [υποτιμητικό. Όχι αρκετό. Μπορεί να υπονοεί τσιγγουνιά. Περιγράφει: π.χ. γεύμα, ποσό χρημάτων] πενιχρός

measly επίθ. [ανεπίσημο και υποτιμητικό. Εκφράζει περιφρόνηση] τιποτένιος, ασήμαντος *Two measly sausages - is that all we get?* Δυο τιποτένια λουκάνικα, αυτό είναι όλο; *All I asked for was a measly £10!* Όλο κι όλο ζήτησα το ασήμαντο ποσό των δέκα λιρών!

sparse επίθ. [μακριά/αραιά απλωμένο ή σκορπισμένο. Περιγράφει: π.χ. πληθυσμό, βλάστηση] αραιός

sparsely επίρρ. αραιά *sparsely furnished/populated* σποραδικά επιπλωμένο/κατοικημένο

φράση

thin on the ground (Βρετ.) [ανεπίσημο] σπάνιος *Good restaurants are a bit thin on the ground round here.* Τα καλά εστιατόρια είναι σπάνια εδώ.

45.2 Μικρά κομμάτια

δες επίσης **52 Part**

little αντων. λίγο *I'll have a little of the soup.* Θα πάρω λίγη (από τη) σούπα. *There is little point in continuing this discussion.* Δεν υπάρχει λόγος να συνεχίσουμε αυτή τη συζήτηση. *Give us a little more time.* Δώστε μας λίγο ακόμα καιρό.

fraction ουσ.αρ. (συνήθως + **of**) [χρησιμοποιείται για πράγματα που μπορούν να μετρηθούν, π.χ. απόσταση, χρόνος, ποσό] κλάσμα *The bullet missed me by a fraction of an inch.* Η σφαίρα δε με βρήκε για κλάσμα της ίντσας. *a fraction of a second* κλάσμα δευτερολέπτου *a fraction of the cost* κλάσμα του κόστους

fragment ουσ.αρ. [όταν χρησιμοποιείται για φυσικές ουσίες, περιγράφει ουσίες που θρυμματίζονται, π.χ. γυαλί, πορσελάνη, κόκαλο] κομμάτι, θραύσμα *Fragments of folk songs are found in the symphony.* Αποσπάσματα από λαϊκά τραγούδια βρίσκονται στη συμφωνία.

fragmentary επίθ. [συχνά κάπως υποτιμητικό. Περιγράφει: π.χ. εξήγηση, γνώση] αποσπασματικός, τμηματικός

scrap ουσ.αρ. [όταν χρησιμοποιείται για φυσικές ύλες, περιγράφει, ειδικά υλικά που σκίζονται, π.χ. χαρτί, ρούχα, ή φαγητό] τεμάχιο, κομμάτι *There's not a scrap of evidence to support his claim.* Δεν υπάρχει ούτε ίχνος στοιχείων για να αποδείξει τους ισχυρισμούς του.

grain ουσ.αρ. [ρυζιού, άμμου, κλπ.] κόκκος *There isn't a grain of truth in the allegation.* Δεν υπάρχει κόκκος αλήθειας στον ισχυρισμό.

trace επίθ. [όταν χρησιμοποιείται για φυσικές ουσίες, περιγράφει κυρίως υγρές ουσίες ή ουσίες που λεκιάζουν, π.χ. αίμα, δηλητήριο] ίχνος *There was a trace of anger in her voice.* Υπήρχε ένα ίχνος θυμού στη φωνή της. *She vanished without trace.* Εξαφανίστηκε χωρίς να αφήσει ίχνη. *There's no trace of the car.* Δεν υπάρχει ούτε ίχνος από το αυτοκίνητο.

handful ουσ.αρ. [συνήθως χρησιμοποιείται για ανθρώπους. Συχνά υπονοεί απογοητευτικά μικρό αριθμό] χούφτα *Only a handful of people turned up.* Μόνο μια χούφτα άνθρωποι ήρθανε.

46 Increase Αυξάνω

increase *ρ.α.μ.* (συχνά + **in**, **by**) [υποκ./αντικ.: π.χ. μέγεθος, ποσό, τιμή, όχι πρόσωπο] αυξάνω *Output has increased by 3% in the last month.* Η παραγωγή έχει αυξηθεί κατά 3% μέσα στον τελευταίο μήνα.

increase *ουσ.αρ.* (συχνά + **in**, **of**) αύξηση *a wage/price increase* αύξηση μισθού/τιμών *a sharp increase in public spending* απότομη αύξηση των δημοσίων δαπανών *an increase of 50%* αύξηση κατά 50% *Absenteeism is on the increase.* Οι συστηματικές απουσίες των υπαλλήλων από τη δουλειά αυξάνονται.

grow *ρ.α.*, *αόρ.* **grew** *μτχ. αορ.* **grown** [υποκ.: π.χ. πρόσωπο, φυτό, επιχείρηση] αυξάνομαι, αναπτύσσομαι *Britain's fastest-growing supermarket chain* η ταχύτερα επεκτεινόμενη αλυσίδα σουπερμάρκετ στη Βρετανία *Fears are growing for the child's safety.* Οι φόβοι για την ασφάλεια του παιδιού μεγαλώνουν.

growth *ουσ.μ.αρ.* (συχνά + **in**) ανάπτυξη *a period of economic growth* περίοδος οικονομικής ανάπτυξης

spread *ρ.*, *αόρ. & μτχ. αορ.* **spread** **1** *ρ.α.μ.* [κάπως λιγότερο επίσημο από το **expand**, και συχνά δηλώνει ακούσια πράξη. Συχνά χρησιμοποιείται για αφηρημένα πράγματα. Υποκ.: π.χ. νερό, φωτιά, αναταραχή] επεκτείνω, επεκτείνομαι *Unrest has spread throughout the country.* Η αναταραχή έχει εξαπλωθεί σε όλη τη χώρα. **2** *ρ.μ.* [αντικ.: π.χ. βούτυρο] απλώνω, επαλείφω

spread *ουσ.μ.αρ.* εξάπλωση, μετάδοση *the spread of disease* η μετάδοση της αρρώστιας

expand *ρ.α.μ.* [συνήθως υπονοεί αύξηση σε συγκεκριμένη περιοχή. Συχνά είναι εκούσια πράξη] επεκτείνω, επεκτείνομαι *Our business is expanding.* Η επιχείρησή μας επεκτείνεται. *Wet weather makes the wood expand.* Η υγρασία προκαλεί διαστολή του ξύλου.

expansion *ουσ.μ.αρ.αρ.* επέκταση, διεύρυνση *industrial expansion* βιομηχανική επέκταση

swell *ρ.α.μ.*, *αόρ.* **swelled** *μτχ. αορ.* **swollen** [συχνά έχει την αρνητική σημασία της αφύσικης ή ανεπιθύμητης αύξησης. Υποκ.: π.χ. αστράγαλος, ποτάμι, πλήθος] φουσκώνω, πρήζομαι

stretch *ρ.* **1** *ρ.μ.α.* [γίνομαι ή κάνω μακρύτερο, φαρδύτερο, κλπ. ειδικά καταβάλλοντας προσπάθεια] τεντώνω *My jumper stretched in the wash.* Το πουλόβερ μου μάκρυνε με το πλύσιμο. *Stretch the tyre over the wheel frame.* Τέντωσε το λάστιχο πάνω στο σκελετό της ρόδας. **2** *ρ.μ.α.* [εκτείνω σε όλο το μήκος] τεντώνω, απλώνω *He stretched out his arm.* Άπλωσε το χέρι του. *She yawned and stretched.* Χασμουρήθηκε και τεντώθηκε. *The rope won't stretch as far as the tree.* Το σκοινί δε θα φτάσει μέχρι το δέντρο. **3** *ρ.α.* [εκτείνομαι σε χώρο] εκτείνομαι, απλώνομαι *the road stretched ahead* ο δρόμος απλωνόταν μπροστά

stretch *ουσ.αρ.* **1** τέντωμα *Give your muscles a stretch.* Τέντωσε τους μυς σου. **2** [περιοχή] τμήμα, έκταση *a short stretch of railway* ένα μικρό τμήμα του σιδηροδρόμου

extend *ρ.* **1** *ρ.μ.α.* [προσθέτω ένα επί πλέον τμήμα. Αντικ.: π.χ. κτίριο, επιρροή] επεκτείνω, παρατείνω *I've extended the deadline by a week.* Έχω παρατείνει την προθεσμία κατά μία εβδομάδα. **2** *ρ.μ.α.* [στο πλήρες μήκος] τεντώνω *The cord is two metres long when fully extended.* Το σκοινί έχει δυο μέτρα μάκρος όταν είναι τελείως τεντωμένο. **3** *ρ.α.* [σε χώρο] εκτείνομαι

extension *ουσ.* **1** *ουσ.μ.αρ.αρ.* προέκταση, διεύρυνση *an extension of their powers* διεύρυνση της εξουσίας τους **2** *ουσ.αρ.* [μέρος ενός κτιρίου] προέκταση

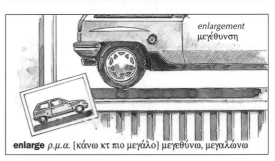

enlargement
μεγέθυνση

enlarge *ρ.μ.α.* [κάνω κτ πιο μεγάλο] μεγεθύνω, μεγαλώνω

magnifying glass
μεγεθυντικός φακός

magnify *ρ.μ.* [κάνω κτ να φαίνεται πιο μεγάλο] μεγεθύνω
magnification *ουσ.μ.αρ.αρ.* μεγέθυνση

46.1 Μαθηματικοί όροι που δηλώνουν αύξηση

add *ρ.μ.* (συχνά + **to**) προσθέτω *Can you add that to my bill, please?* Μπορείτε να το προσθέσετε στο λογαριασμό μου, παρακαλώ; *This just adds to my worries.* Αυτό απλώς μου δίνει μια ακόμα σκοτούρα.

addition *ουσ.μ.αρ.* πρόσθεση *another addition to the family* η πρόσθεση ενός επί πλέον μέλους στην οικογένεια *They want longer holidays in addition to higher pay.* Θέλουν μεγαλύτερο μισθό και επιπλέον περισσότερη άδεια.

additional *επίθ.* (συνήθως πριν από ουσ.) επιπλέον, επιπρόσθετος *There is no additional charge.* Δε γίνεται επιπλέον χρέωση.

multiply *ρ.μ.α.*, *αόρ. & μτχ. αορ.* **multiplied** πολλαπλασιάζω *Our problems have multiplied.* Τα προβλήματά μας έχουν πολλαπλασιαστεί. **multiplication** *ουσ.μ.αρ.* πολλαπλασιασμός

double *ρ.μ.α.* διπλασιάζω *Prices have doubled in the last year.* Οι τιμές έχουν διπλασιαστεί από πέρσι.

double *επίθ.* (πριν από ουσ.) διπλός, διπλάσιος *The coat has a double lining.* Το παλτό έχει διπλή επένδυση. *She's earning double what I get.* Βγάζει τα διπλάσια λεφτά από μένα.

triple *επίθ.* (πριν από ουσ.) [κάτι που αποτελείται από τρία πράγματα ή από τρία μέρη] τριπλός **triple** *ρ.μ.α.* τριπλασιάζω

treble επίθ. (πριν από ουσ.) [χρησιμοποιείται για αριθμούς. Κάτι που επαναλαμβάνεται τρεις φορές] τριπλός **treble** ρ.μ.α. τριπλασιάζω

46.2 Αύξηση μιας συγκεκριμένης διάστασης

deepen ρ.μ.α. 1 [αντικ./υποκ.: π.χ. νερό, τρύπα] βαθαίνω 2 [γίνομαι πιο έντονος. Αντικ./υποκ: κατήφεια, κρίση] εντείνομαι

lengthen ρ.μ.α. μακραίνω I lengthened the dress. Μάκρυνα το φόρεμα.

widen ρ.μ.α. [αντικ./υποκ.: π.χ. δρόμο, τούνελ, γνώση] φαρδαίνω, (δι)ευρύνω

broaden ρ.μ.α. [συχνά χρησιμοποιείται για πιο αφηρημένα πράγματα από το **widen**. Αντικ./υποκ.: π.χ. νοοτροπία, εμπειρία] ευρύνω

heighten ρ.μ.α. 1 [σε ύψος] υψώνω 2 [σε ένταση. Αντικ./υποκ.: π.χ. εντύπωση, αντιπαράθεση, έξαψη] επιτείνω

46.3 Μεταφορικές εκφράσεις για την αύξηση

mushroom ρ.α. [ξεπετάγομαι ξαφνικά. Συχνά χρησιμοποιείται κάπως υποτιμητικά] ξεπετάγομαι (σαν μανιτάρι) Factories have mushroomed in the area. Τα εργοστάσια έχουν ξεπεταχτεί σαν μανιτάρια στην περιοχή.

snowball ρ.α. [αυξάνομαι σε μέγεθος γρήγορα] αυξάνομαι συνεχώς We started out with only two employees but the business just snowballed. Αρχίσαμε με δύο υπαλλήλους μόνο, αλλά η επιχείρηση αυξήθηκε ασταμάτητα.

balloon ρ.α. (συχνά + out) [πρήζομαι όταν είμαι ή σαν να είμαι γεμάτος με αέρα] φουσκώνω Her ankles ballooned when she was pregnant. Οι αστράγαλοί της πρήστηκαν όταν ήταν έγκυος.

47 Decrease Ελαττώνω

δες επίσης 412 Fall

decrease ρ.α.μ. [γενική λέξη που χρησιμοποιείται για μέγεθος και ποσό] ελαττώνομαι Investment decreased by 20% last year. Οι επενδύσεις ελαττώθηκαν κατά 20% πέρυσι.

decrease ουσ.αρ.μ.αρ. (συχνά + in) ελάττωση Inflation is on the decrease. Ο πληθωρισμός μειώνεται.

reduce ρ.μ. [σε μέγεθος ή ποσό] ελαττώνω Reduce the temperature after 20 minutes. Ελάττωσε τη θερμοκρασία μετά από 20 λεπτά. This has reduced my chances of promotion. Αυτό έχει ελαττώσει τις πιθανότητες που είχα για προαγωγή.

reduction ουσ.μ.αρ. (συχνά + in) μείωση (+ on) a 10% reduction on the original price 10% έκπτωση επί της αρχικής τιμής

lessen ρ.μ.α. [δε χρησιμοποιείται για μέγεθος. Αντικ.: αποτέλεσμα, κίνδυνο, πιθανότητα] ελαττώνω, μειώνω

diminish ρ.μ.α. [δε χρησιμοποιείται για μέγεθος. Κάπως πιο επίσημο από το **lessen**] ελαττώ This has not diminished our determination. Αυτό δεν έχει ελαττώσει την αποφασιστικότητά μας. Their profits diminished over the years. Τα κέρδη τους ελαττώθηκαν με την πάροδο των χρόνων.

dwindle ρ.α. (συχνά + away) [δίνει έμφαση στο ότι η ελάττωση είναι βαθμιαία. Υπονοεί ότι απομένει μόνο ένα μικρό ποσό, ή τίποτα] φθίνω, λιγοστεύω dwindling resources/profits πλουτοπαραγωγικές πηγές/κέρδη που φθίνουν

shrink ρ.α.μ., αόρ. **shrank** μτχ. αορ. **shrunk** [υποκ./αντικ.: π.χ. υλικό, ρούχο, αξία] μπαίνω, μαζεύω Our membership has shrunk to a quarter of its original size. Ο αριθμός των μελών μας έχει συρρικνωθεί στο ένα τέταρτο του αρχικού. **shrinkage** ουσ.μ.αρ. μείωση, συρρίκνωση

contract ρ.α.μ. [κάπως τεχνικός όρος. Υποκ.: μέταλλο, μυς] συστέλλω, συσπώ **contraction** ουσ.μ.αρ.αρ. συστολή, σύσπαση

compress ρ.μ. [κάνω μια μεγάλη ποσότητα να χωρέσει σε μικρό χώρο] συμπιέζω, συνοψίζω compressed air πεπιεσμένος αέρας I managed to compress the information into a few paragraphs. Κατάφερα να συνοψίσω τις πληροφορίες σε λίγες παραγράφους. **compression** ουσ.μ.αρ. συμπίεση, σύμπτυξη

shorten ρ.μ. [αντικ.: κυρίως μήκος, χρόνο] κονταίνω, συντομεύω I shortened the dress. Κόντυνα το φόρεμα. Let's shorten this meeting. Ας συντομεύσουμε τη συνεδρίαση.

cut short sb/sth ή **cut** sb/sth **short** [τελειώνω κάτι πριν από ό,τι ήταν προγραμματισμένο, ειδικά με ανεπιθύμητο τρόπο. Αντικ.: π.χ. διακοπές, συζήτηση] συντομεύω

cut ρ.μ. [αφαιρώ τμήματα από κάτι. Αντικ: π.χ. βιβλίο, ταινία, προϋπολογισμό] περικόπτω The government has cut defence spending. Η κυβέρνηση έχει κάνει περικοπές στις αμυντικές δαπάνες. **cut** ουσ.αρ. περικοπή

cut (sth) **down** ρ.πρφ.α.μ. (συχνά + on, to) ελαττώνω Try to cut down on sugar. Προσπάθησε να τρως λιγότερη ζάχαρη.

abbreviate ρ.μ. [αντικ.: λέξη, φράση] συντομεύω, συντέμνω **abbreviation** ουσ.αρ. συντομογραφία

halve ρ.μ. μοιράζω στα δύο If you come in my car, we'll halve the petrol costs. Αν έρθεις με το αυτοκίνητό μου, θα μοιραστούμε τα έξοδα της βενζίνης μισά–μισά.

quarter ρ.μ. τεμαχίζω στα τέσσερα

48 Fat Χοντρός

δες επίσης **42 Big**

fat *επίθ.*, **-tt-** [γενική λέξη, συνήθως καθόλου κολακευτική] χοντρός, παχύσαρκος **fatness** *ουσ.μ.αρ.* παχυσαρκία
fat *ουσ.μ.αρ.* λίπος, πάχος *I've got a layer of fat on my thighs.* Έχω ένα στρώμα λίπος στους μηρούς μου.
fatten *ρ.μ.* (συχνά + **up**) [αντικ.: κυρίως ζώο] παχαίνω
fattening *επίθ.* [περιγράφει: φαγητό] παχυντικός
overweight *επίθ.* [λέξη με αρκετά ουδέτερη σημασία] υπέρβαρος

φ ρ ά σ ε ι ς

to put on weight παίρνω κιλά

to gain weight [χρησιμοποιείται σε αρκετά επίσημο λόγο. Υπονοεί ότι το άτομο για το οποίο γίνεται λόγος ήταν πριν αδύνατο] παίρνω βάρος *The baby is beginning to gain weight now.* Το μωρό έχει αρχίσει να παίρνει βάρος τώρα.

---

obese *επίθ.* [υπερβολικά χοντρός. Πιο επίσημο και υποτιμητικό από το **fat** και το **overweight**. Είναι επίσης ιατρικός όρος] παχύσαρκος **obesity** *ουσ.μ.αρ.* παχυσαρκία
corpulent *επίθ.* [πολύ χοντρός. Αρκετά επίσημο, αλλά συχνά χρησιμοποιείται για γεροντότερους] παχύσαρκος **corpulence** *ουσ.μ.αρ.* παχυσαρκία
pot-bellied *επίθ.* [κάπως χιουμοριστικό] κοιλαράς

48.1 Λιγότερο υποτιμητικές λέξεις για υπέρβαρους

chubby *επίθ.* [συνήθως χρησιμοποιείται για να δείξει στοργή. Περιγράφει: κυρίως μωρό, μάγουλα] στρουμπουλός
plump *επίθ.* [δείχνει στοργή και συχνά θαυμασμό] παχουλός, στρουμπουλός [οπωσδήποτε θαυμασμό όταν περιγράφει π.χ. πουλερικά] στρουμπουλός *a nice plump chicken* μια ωραία στρουμπουλή κότα
tubby *επίθ.* [υποτιμητικό, με κάπως χιουμοριστική, στοργική σημασία] κοντόχοντρος, κοντοπίθαρος
stout *επίθ.* [χρησιμοποιείται για γεροντότερους. Υπονοεί μεγάλο κορμό] παχύς, μεγαλόσωμος
buxom *επίθ.* [μπορεί να εκφράσει θαυμασμό, αλλά συχνά χρησιμοποιείται χιουμοριστικά. Συνήθως υπονοεί μια γυναίκα υγιή και εύσωμη, με μεγάλο στήθος. Περιγράφει: γυναίκες] γεροδεμένη, νταρντάνα

---

49 Thin Λεπτός

δες επίσης **44 Small**

thin *επίθ.* 1 [για άνθρωπο] αδύνατος, λιγνός 2 [στενός. Δεν περιγράφει χώρους ή επιφάνειες] λεπτός
narrow *επίθ.* [συχνά κάπως υποτιμητικό, υπονοεί ανεπαρκές μέγεθος. Περιγράφει: π.χ. δρόμο, άνοιγμα, γέφυρα] στενός

π α ρ ο μ ο ί ω σ η

as thin as a rake [κυριολεκτικά: λεπτός σαν τσουγκράνα]

---

skinny *επίθ.* [κάπως υποτιμητικό, ή μπορεί να δηλώσει στοργή] κοκαλιάρης
lanky *επίθ.* [μάλλον υποτιμητικό. Υπονοεί αδεξιότητα. Περιγράφει: κυρίως αγόρια ή νεαρούς άντρες] ψηλόλιγνος, ξερακιανός

χ ρ ή σ η

Οι λέξεις **gaunt** και **haggard** γενικά αναφέρονται στο πρόσωπο ή την εμφάνιση κάποιου και όχι στο σώμα ή στα άκρα. Οι λέξεις **skinny**, **emaciated**, και **anorexic** χρησιμοποιούνται πιο συχνά για το σώμα ή τα άκρα παρά για το πρόσωπο.

---

underweight *επίθ.* [κάτω από το φυσιολογικό, υγιές βάρος] με βάρος λιγότερο από το κανονικό *He's at least 10 kilos underweight.* Ζυγίζει τουλάχιστο 10 κιλά λιγότερο από το κανονικό.
skin and bone [υποτιμητικό, αλλά συχνά χρησιμοποιείται για να δείξει συμπόνια] πετσί και κόκαλο *Poor little thing, she's just skin and bone.* Την καημένη, είναι πετσί και κόκαλο.
emaciated *επίθ.* [αρκετά επίσημο. Υπερβολικά αδύνατος, συνήθως από αρρώστια ή από την πείνα] κάτισχνος

gaunt *επίθ.* [υπονοεί τα αποτελέσματα σοβαρής αρρώστιας ή πόνου] κοκαλιάρης
haggard *επίθ.* [παρόμοιο με το **gaunt** αλλά όχι απαραίτητα τόσο λεπτός] καταβεβλημένος, τσακισμένος
anorexic *επίθ.* [ιατρικός όρος, αλλά συχνά χρησιμοποιείται όταν υπερβάλλουμε για το πόσο υπερβολικά και μη ελκυστικά λεπτός είναι κάποιος] κοκαλιάρης, ο πάσχων από ανορεξία **anorexia** *ουσ.μ.αρ.* ανορεξία

49.1 Χάνω βάρος

to lose weight χάνω βάρος

diet *ουσ.αρ.* 1 [χάνω βάρος] δίαιτα *to go on a diet* κάνω δίαιτα 2 (συχνά + **of**) [αυτό που τρώει κάποιος συνήθως] διαιτολόγιο, διατροφή **diet** *ρ.α.* κάνω δίαιτα **dieter** *ουσ.αρ.* αυτός που κάνει δίαιτα
slim *ρ.α.*, **-mm-** (συχνά + **down**) αδυνατίζω **slimmer** *ουσ.αρ.* αυτός που κάνει δίαιτα

49.2 Ελκυστικά λεπτός

slim *επίθ.*, **-mm-** λεπτός, λυγερόκορμος *Plenty of exercise helps keep you slim.* Η πολλή σωματική άσκηση βοηθάει να διατηρηθείς λεπτός.
lean *επίθ.* [υπονοεί δύναμη και καλή φόρμα] λιγνός
slender *επίθ.* [υπονοεί χάρη και ευπάθεια. Περιγράφει. π.χ. άτομο, άκρα, κλαδί] λεπτός
fine *επίθ.* [πολύ λεπτός και ελαφρύς. Περιγράφει: π.χ. γραμμή, κλωστή, μαλλιά] λεπτός, φίνος

50 Whole Ολόκληρος

αντίθετο **52 Part**

whole *επίθ.* **1** (πριν από ουσ.) όλος *I've spent the whole afternoon looking for you.* Σε ψάχνω όλο το απόγευμα. **2** (μετά από ρ.) [αδιάσπαστος, αδιαίρετος] ακέραιος *The bird simply swallowed the fish whole.* Το πουλί απλώς κατάπιε το ψάρι ολόκληρο.

whole *ουσ.* **1** (πάντα + the) όλο *the whole of Europe* όλη η Ευρώπη **2** *ουσ.αρ.* [ολόκληρο αντικείμενο] σύνολο *Rather than divide up the property, they decided to sell it as a whole.* Προτίμησαν να πουλήσουν το κτήμα ολόκληρο παρά να το μοιράσουν.

wholly *επίρρ.* (συνήθως πριν από επίθ. ή ρ.) [κάπως πιο επίσημο από το **completely** ή **entirely**] τελείως, ολότελα *They were not wholly responsible for their actions.* Δεν ήταν ολότελα υπεύθυνοι για τις πράξεις τους.

χρήση

Συχνά το **whole** *επίθ.* μπορεί να χρησιμοποιηθεί στη θέση του **the whole of**. Μπορούμε να πούμε *the whole afternoon* 'ή *the whole of the afternoon* (όλο το απόγευμα), *my whole life* 'ή *the whole of my life* (όλη η ζωή μου). Με κύρια ονόματα λέμε **the whole of**: π.χ. *the whole of New York, the whole of 1990.*

---

entire *επίθ.* (πριν από ουσ.) [πιο επίσημο από το **whole**] πλήρης, ολόκληρος **entirely** *επίρρ.* πλήρως

entirety *ουσ.μ.αρ.* σύνολο, πληρότητα *We must try to deal with the problem in its entirety.* Πρέπει να αντιμετωπίσουμε το πρόβλημα στο σύνολό του.

complete *επίθ.* **1** [χρησιμοποιείται για μια συλλογή αντικειμένων παρά για ένα αδιαίρετο αντικείμενο. Περιγράφει: π.χ. σύνολο, συλλογή, κατάλογο] πλήρης, συμπληρωμένος *the complete works of Shakespeare* τα άπαντα του Σαίξπηρ *The system came complete with a printer and a mouse.* Το σύστημα πουλήθηκε μαζί με εκτυπωτή και χειριστή. **2** (πριν από ουσ.) [χρησιμοποιείται για να επιτείνει τη σημασία] πλήρης, τελείως *He made me look a complete idiot.* Με έκανε να φανώ τελείως ανόητος.

completely *επίρρ.* τελείως *You look completely different.* Φαίνεσαι τελείως διαφορετικός. *We were going in completely the wrong direction.* Πηγαίναμε σε τελείως λάθος κατεύθυνση.

total *επίθ.* (συνήθως πριν από ουσ.) [περιγράφει: π.χ. αριθμό, ποσό, αποτυχία, απώλεια] ολικός, συνολικός *He wants to gain total control of the company.* Θέλει να πετύχει πλήρη έλεγχο της εταιρείας. *our total profits for the year* τα συνολικά κέρδη μας αυτό το χρόνο **totally** *επίρρ.* πλήρως, τελείως

total *ουσ.αρ.* σύνολο *We received a grand total of £3,000.* Πήραμε συνολικά 3.000 λίρες.

intact *επίθ.* (συνήθως μετά από ρ.) άθικτος *The glass jar was still intact when we opened the parcel.* Το βάζο ήταν ακόμα ανέπαφο όταν ανοίξαμε το δέμα.

in one piece [ανεπίσημο] ακέραιος, σώος και αβλαβής *Just make sure you get that chair home in one piece; it's an antique.* Λάβε τα μέτρα σου ώστε η καρέκλα να φτάσει στο σπίτι ακέραια. Είναι αντίκα. *I've got a few bruises, but I'm still in one piece.* Έχω μερικές μελανιές, αλλά είμαι σώος.

comprehensive *επίθ.* [πλήρης και μεγάλης ποικιλίας. Περιγράφει: π.χ. περιγραφή, γνώση] περιεκτικός, εκτεταμένος *comprehensive insurance* πλήρης ασφάλεια **comprehensively** *επίρρ.* πλήρως

---

51 Enough Αρκετά

δες επίσης **43 Large quantity**

enough *επίθ.* (συχνά + to + ΑΠΑΡΕΜΦΑΤΟ, + for) αρκετός *They didn't give me enough time.* Δε μου έδωσαν αρκετό χρόνο. *I haven't got enough money for a ticket.* Δε μου φτάνουν τα λεφτά για το εισιτήριο. *Is there enough space left on the page?* Έχει μείνει αρκετός χώρος στη σελίδα; (έχει πιο λογοτεχνική σημασία ή είναι πιο επίσημο όταν χρησιμοποιείται μετά από ρ.) *There's room enough for you to sit down.* Έχει χώρο αρκετό για να καθήσεις.

enough *επίρρ.* (μετά από επίθ.) **1** (συχνά + to + ΑΠΑΡΕΜΦΑΤΟ, + for) αρκετά *The dress isn't quite big enough for me.* Δε θα έλεγα ότι το φόρεμα μου είναι αρκετά μεγάλο.

χρήση

Η λέξη **enough** χρησιμοποιείται με επιρρήματα, ειδικά στην αρχή των προτάσεων, όταν ο ομιλητής θέλει να κάνει ένα γενικό σχόλιο για τη φύση της πληροφορίας που δίνει: π.χ. *Oddly enough, he forgot to mention that.* (Κατά παράξενο τρόπο, ξέχασε να το αναφέρει.) *He was, naturally enough, very upset by the news.* (Πολύ φυσικά, αναστατώθηκε από τα νέα.) Η λέξη **enough** επίσης χρησιμοποιείται σε αρκετές (συγκεκριμένες) φράσεις: *Enough is enough, she's had fair warning.* (Αρκετά πια, της δώσαμε επαρκή προειδοποίηση.) *Enough said, I completely understand your position.* (Αρκετά είπες, καταλαβαίνω περίφημα τη θέση σου.) *I've had enough of her everlasting moaning.* (Έχω βαρεθεί την αιώνια γκρίνια της.)

---

2 [χρησιμοποιείται χωρίς να υπονοεί σύγκριση] *It's a common enough complaint.* Είναι αρκετά συνηθισμένο παράπονο. *She's cheerful enough, it's just that nobody ever seems to visit her.* Είναι αρκετά ευδιάθετη, το πρόβλημα είναι ότι κανείς δεν πάει να τη δει.

enough *αντων.* αρκετό *Have you got enough?* Έχεις αρκετό;

sufficient *επίθ.* (συχνά + to + ΑΠΑΡΕΜΦΑΤΟ + for) [πιο επίσημο από το **enough**] επαρκής, αρκετός *We have sufficient evidence to be able to make an arrest.* Έχουμε επαρκή στοιχεία που μας επιτρέπουν να κάνουμε τη σύλληψη. **sufficiently** *επίρρ.* επαρκώς

adequate *επίθ.* **1** (συχνά + to + ΑΠΑΡΕΜΦΑΤΟ, + for) [πιο επίσημο από το **enough**. Λέξη που δε δείχνει ενθουσιασμό, υπονοεί αρκετή ποσότητα αλλά όχι επιπλέον] επαρκής *Our supplies are adequate for our needs.* Οι προμήθειές μας ανταποκρίνονται στις ανάγκες μας. **adequately** *επίρρ.* επαρκώς, ικανοποιητικά

plenty *αντων.* (συχνά + of) [παραπάνω από αρκετά] άφθονος, μπόλικος *We had plenty to eat.* Είχαμε άφθονο φαγητό.

ample *επίθ.* [αρκετός ή περισσότερο από αρκετός. Πιο λογοτεχνικό από το **plenty**] (συχνά + for) άφθονος *There's ample space in the cupboard.* Έχει άφθονο χώρο στο ντουλάπι. **amply** *επίρρ.* υπεραρκετά

52 Part Μέρος

δες επίσης **45 small quantity**, αντίθετο **50 Whole**

part *ουσ.* 1 *ουσ.αρ.* [ξεχωριστό τμήμα] μέρος *She lives in a separate part of the house.* Ζει σε ένα ξεχωριστό μέρος του σπιτιού. 2 *ουσ.μ.αρ.* [ποσό] μέρος *Part of the money belongs to me.* Ένα μέρος των χρημάτων μου ανήκει. *We had to hang around for **the better/best part of** an hour.* Χρειάστηκε να περιμένουμε σχεδόν μια ώρα. *The crash was caused **in part** by human error.* Η σύγκρουση προκλήθηκε ενμέρει από ανθρώπινο λάθος. 3 *ουσ.αρ.* [μηχανής ή εξοπλισμού] ανταλλακτικό *spare parts* ανταλλακτικά

partly *επίρρ.* ενμέρει *He resigned partly because of ill health.* Παραιτήθηκε ενμέρει λόγω της κακής κατάστασης της υγείας του.

partial *επίθ.* [Περιγράφει π.χ. επιτυχία, αποτυχία, ανάρρωση] μερικός

partially *επίρρ.* [κάπως πιο επίσημο από το **partly** και χρησιμοποιείται με ιατρικό περιεχόμενο] μερικώς *partially deaf/paralysed* με μερική κόφωση/παράλυση

χρήση

Οι λέξεις **partly, partially, in part** και **to some extent/to a certain extent** (μέχρι ένα σημείο) μπορούν η μία στη θέση της άλλης σε πολλές προτάσεις: π.χ. *I was partly/partially/in part/to some extent to blame for the accident.* (Έγω ήμουν ενμέρει υπεύθυνος για το ατύχημα.) Το επίρρημα **partly** είναι αυτό που έχει την πιο ευρεία χρήση και μπορεί να χρησιμοποιηθεί σε προτάσεις με δύο σκέλη: π.χ. *He did it partly for the money and partly because he's interested in theatre.* (Το έκανε ενμέρει για τα λεφτά και ενμέρει επειδή ενδιαφέρεται για το θέατρο.) Η λέξη **partially** πρέπει να χρησιμοποιείται με μεγάλη προσοχή όταν συντάσσεται με ρήματα όπως το **judge** ή το **decide**, διότι σημαίνει επίσης 'in a biased way' (με μεροληψία), και με αυτή την έννοια ακολουθεί πάντα το ρήμα. Η φράση **in part** κυρίως χρησιμοποιείται σε πιο επίσημες περιπτώσεις. Οι φράσεις **to some extent/to a certain extent** είναι κάπως πιο ασαφείς από τους άλλους όρους και υπονοούν ότι δε θέλουμε ή δεν μπορούμε να καθορίσουμε μέχρι ποιο βαθμό κάποια δήλωση είναι σωστή.

---

piece *ουσ.αρ.* 1 κομμάτι *a piece of cheese/coal/glass* ένα κομμάτι τυρί/κάρβουνο/γυαλί *to break/smash (something) to pieces* σπάζω/συντρίβω κάτι και το κάνω κομμάτια 2 [ένα ξεχωριστό αντικείμενο από μια τάξη πραγμάτων στις περιπτώσεις που δεν υπάρχει αριθμήσιμο ουσιαστικό. Στα ελληνικά μπορεί να μεταφράζεται απλώς με αριθμήσιμο ουσιαστικό] κομμάτι *a piece of clothing* ένα ρούχο *a piece of information* μια πληροφορία *a piece of music* ένα μουσικό κομμάτι

χρήση

Οι λέξεις **part, piece,** και **bit** είναι πολύ παρόμοιες, αλλά το **piece** και το **bit** συνήθως χρησιμοποιούνται στη σύνταξη *'a piece/bit of sth'.* Η λέξη **part** δε χρησιμοποιείται συνήθως με αυτή τη σύνταξη. Η λέξη **part** συχνά χρησιμοποιείται στη σύνταξη *'part of',* αλλά όχι το **piece** και το **bit**. Όταν μιλάμε για πράγματα που έχουν σπάσει ή θρυμματιστεί, είναι πιο συνηθισμένο να χρησιμοποιήσουμε τις λέξεις **pieces** ή **bits**, διότι το **parts** συνήθως περιγράφει πράγματα στη φυσιολογική ή την επιθυμητή τους κατάσταση.

Would you like a piece of cake? Θέλεις ένα κομμάτι γλυκό;

The vase smashed to pieces/bits. Το βάζο καταθρυμματίστηκε.

The machine arrived in several parts. Το μηχάνημα ήρθε ασυναρμολόγητο.

bit *ουσ.αρ.* 1 [πιο ανεπίσημο από το **piece**] κομματάκι, λιγάκι *Who wants the last bit of pie?* Ποιος θέλει το τελευταίο κομματάκι της πίτας; *We'll have to reorganize the filing system **bit by bit**.* Θα πρέπει να αναδιοργανώσουμε το αρχείο λίγο λίγο. *When you've finished your sewing, put all your **bits and pieces** back in the box.* Όταν τελειώσεις το ράψιμο, ξαναβάλε τα ψιλοπράγματά σου στο κουτί. 2 [ανεπίσημο. Μικρή ποσότητα] λίγο *I've got a bit of shopping to do in town.* Έχω να κάνω μερικά ψώνια στην πόλη. 3 (Βρετ.) [χρησιμοποιείται επιρρηματικά] κάπως *It's a bit cold in here.* Κάνει λίγο κρύο εδώ.

section *ουσ.αρ.* [ένα από διάφορα μέρη που συνδυάζονται για να σχηματίσουν το σύνολο] τμήμα *The fuselage is constructed in three separate sections.* Η άτρακτος έχει κατασκευαστεί σε τρία διαφορετικά τμήματα. *Complete section one of the form.* Συμπληρώστε το πρώτο τμήμα του εντύπου.

portion *ουσ.αρ.* [μια ποσότητα από κάτι, πιο ακαθόριστη από το **section**. Πολύ συχνά χρησιμοποιείται για φαγητό] μερίδα, μέρος *He ate a large portion of pudding.* Έφαγε μια μεγάλη μερίδα γλυκού. *He kept back a portion of his earnings every month.* Έβαζε στην άκρη ένα μέρος του μισθού του κάθε μήνα.

proportion *ουσ.* 1 *ουσ.αρ.* [συνήθως εκφράζει το μέγεθος του μέρους σε σχέση με το σύνολο] ποσοστό *a vast/small proportion of the population* ένα τεράστιο/μικρό ποσοστό του πληθυσμού 2 *ουσ.μ.αρ.* αναλογία *The price increase is very small **in proportion to** the extra costs we have had to pay.* Η αύξηση στην τιμή είναι πολύ μικρή αναλογικά με τα επιπλέον έξοδα που είχαμε. *The punishment was out of* *all proportion to the crime.* Η ποινή ήταν εντελώς δυσανάλογη με το έγκλημα. **proportional** *επίθ.* αναλογικός **proportionally** *επίρρ.* αναλογικά

percentage *ουσ.αρ.* [μαθηματικός όρος. Επίσης χρησιμοποιείται όπως το **proportion**, έννοια 1] ποσοστό επί τοις εκατό

52.1 Μικρά μέρη

slice *ουσ.αρ.* [κομμένος κατακόρυφα] φέτα *a slice of ham/cake* μία φέτα ζαμπόν/ένα κομμάτι κέικ *The workers feel they're entitled to a slice of the profits as well.* Οι εργάτες θεωρούν ότι δικαιούνται κι αυτοί ένα μερίδιο από τα κέρδη.

slice *ρ.μ.* (συχνά + **off**, **up**) [αντικ.: π.χ. ψωμί, κέικ, λαχανικά] κόβω σε φέτες *a sliced loaf* ένα ψωμί κομμένο φέτες

strip *ουσ.αρ.* [συνήθως κάτι λεπτό, κομμένο κατά μήκος] λωρίδα *a narrow strip of land* μια στενή λωρίδα γης

element *ουσ.αρ.* 1 [μέρος ενός συνόλου] στοιχείο *Patriotism is a very important element in his character.* Ο πατριωτισμός είναι ένα σημαντικό στοιχείο του χαρακτήρα του. 2 [μικρή ποσότητα] δόση *There is an element of risk involved in any investment.* Υπάρχει μια δόση κινδύνου σε οποιαδήποτε επένδυση.

atom *ουσ.αρ.* άτομο *an atom of hydrogen/a hydrogen atom* άτομο υδρογόνου *to split the atom* η διασπώ το άτομο

particle *ουσ.αρ.* [μικροσκοπικό, συχνά αόρατο] μόριο, κόκκος *subatomic particles* υποατομικά μόρια *a particle of dust/dust particle* κόκκος σκόνης

53 Edge Άκρη

edge *ουσ.αρ.* [γενική λέξη] άκρη *Hold the photograph by the edges.* Κράτα τη φωτογραφία από τις άκρες. *the water's edge* η άκρη του νερού *We could be on the edge of a historic agreement.* Μπορεί να είμαστε στα πρόθυρα μιας ιστορικής συμφωνίας.

edge *ρ.μ.* [αντικ.: π.χ. ένδυμα, γρασίδι] πλαισιώνω *a pond edged with reeds* μια λιμνούλα πλαισιωμένη από καλαμιές

limit *ουσ.αρ.* (συχνά χρησιμοποιείται στον πληθ.) [απώτερη άκρη] όριο *the city limits* τα όρια της πόλης *a twelve-mile fishing limit* ένα όριο για το ψάρεμα των 12 μιλίων *The town is off limits to service personnel.* Δεν επιτρέπεται στο προσωπικό να πάει στην πόλη. *I am prepared, within limits, to let students decide the content of courses.* Είμαι διατεθειμένος μέχρις ενός ορίου να αφήσω τους φοιτητές να αποφασίσουν για το περιεχόμενο των μαθημάτων.

limit *ρ.μ.* (συχνά + **to**) περιορίζω *The problem isn't limited to the inner cities.* Το πρόβλημα δεν περιορίζεται στο κέντρο των πόλεων.

limited *επίθ.* [περιγράφει: π.χ. αριθμό, ποσότητα, ποικιλία] περιορισμένος *a very limited selection of goods on offer* πολύ περιορισμένη επιλογή προϊόντων *a student of very limited ability* μαθητής πολύ περιορισμένων ικανοτήτων

frame *ουσ.αρ.* 1 [πάντα στον πληθ.] σκελετός *I need new frames for my glasses.* Χρειάζομαι καινούριο σκελετό για τα γυαλιά μου. 2 [υποστήριγμα] σκελετός *a bicycle frame* σκελετός ποδηλάτου *a rucksack on a frame* ένα σακίδιο στερεωμένο σε σκελετό

frame *ρ.μ.* [αντικ.: κυρίως πίνακας, φωτογραφία] πλαισιώνω, κορνιζάρω *a pretty face framed by light brown hair* ένα χαριτωμένο πρόσωπο πλαισιωμένο από ανοιχτόχρωμα καστανά μαλλιά

outline *ουσ.αρ.μ.αρ.* περίγραμμα, σχεδιάγραμμα *The outline(s) of the building was/were just visible in the mist.* Το περίγραμμα του κτιρίου μόλις που διακρινόταν μέσα από την ομίχλη.

outline *ρ.μ.* [αντικ.: π.χ. σχήμα, φιγούρα] διαγράφω, σκιαγραφώ *a tree outlined against the horizon* ένα δέντρο που διαγράφεται καθαρά μπροστά στον ορίζοντα

rim *ουσ.αρ.* [συνήθως χρησιμοποιείται για κυκλικά αντικείμενα] περιφέρεια, γύρος **rim** *ρ.μ.* περιβάλλω **-rimmed** *επίθ.* με περίγυρο *horn-/steel-rimmed glasses* γυαλιά με περίγυρο από κόκαλο/μέταλλο

surround *ρ.μ.* περιβάλλω, περικυκλώνω *the surrounding countryside* το γύρω τοπίο *Troops surrounded the radio station.* Ο στρατός περικύκλωσε το ραδιοφωνικό σταθμό. *There is a lot of controversy surrounding the proposed legislation.* Υπάρχουν πολλές διαμάχες γύρω από τη προτεινόμενη νομοθεσία.

enclose *ρ.μ.* 1 [δίνει περισσότερο την έννοια του αποκλεισμένου από το **surround**. Αντικ.: περιοχή χώρας π.χ. αγρός, κήπος] περικλείω, περιφράσσω *a courtyard enclosed by a high wall* μια αυλή περιφραγμένη από έναν ψηλό τοίχο 2 [σε γράμμα. Αντικ.: π.χ. σημείωμα, επιταγή] εσωκλείω *Please find enclosed the agenda for next week's meeting.* [φράση που χρησιμοποιείται σε επίσημες επαγγελματικές επιστολές] Εσώκλειστη είναι η ημερήσια διάταξη για την συνεδρίαση της προσεχούς εβδομάδας.

enclosure *ουσ.αρ.* 1 περίβολος *a special enclosure for important guests* ειδικός περίβολος για σημαντικούς φιλοξενούμενους 2 [επίσημο. Σε γράμμα] εσώκλειστο έγγραφο

a picture frame κορνίζα

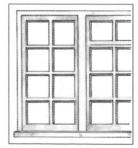
a window frame πλαίσιο παραθύρου

the rim of a glass το χείλος/ περιστόμιο του ποτηριού

the rim of a wheel η στεφάνη/ περίγυρος του τροχού

53.1 Γραμμές που χωρίζουν περιοχές

border *ουσ.αρ.* **1** (συχνά + **between, with**) [ανάμεσα σε χώρες] σύνορα *We crossed the border into Mexico.* Περάσαμε τα σύνορα και μπήκαμε στο Μεξικό. *border town/guard* συνοριακή πόλη/φύλακας των συνόρων **2** [συνήθως διακοσμητικό] μπορντούρα

border *ρ.μ.* **1** [γειτονεύω. Αντικ.: χώρα, δρόμος] συνορεύω *Poland borders Germany in the west.* Η Πολωνία συνορεύει στα δυτικά με τη Γερμανία. *The path borders a stream.* Το μονοπάτι συνορεύει με το ποταμάκι. **2** (συχνά + **with**) [αντικ.: π.χ. μαντήλι, χορτάρι, φόρεμα] πλαισιώνω *a path bordered with flowers* ένα μονοπάτι πλαισιωμένο από λουλούδια

border on sth *ρ.πρφ.μ.* συνορεύω *I wish our garden didn't border on the golf course.* Μακάρι να μην συνόρευε ο κήπος μας με το γήπεδο του γκολφ. *excitement bordering on hysteria* έξαψη που φτάνει τα όρια της υστερίας

frontier *ουσ.αρ.* **1** (συχνά + **with**, **between**) [μόνο ανάμεσα σε χώρες. Δηλώνει κάτι πιο μεγαλοπρεπές από το **border**] σύνορα, μεθόριος [συχνά χρησιμοποιείται με μεταφορική σημασία, κυρίως στον πληθυντικό] *the frontiers of human knowledge* τα όρια της ανθρώπινης γνώσης **2** [κυρίως στην αμερικάνικη ιστορία. Ανάμεσα σε οικισμένη και ακατοίκητη χώρα] όρια

boundary *ουσ.αρ.* (συχνά + **between**) [ανάμεσα σε περιοχές μικρότερες από χώρες] όριο, σύνορο *town/county boundary* τα όρια της πόλης/της επαρχίας *The stream marks the boundary between her land and mine.* Το ποταμάκι δείχνει τα όρια ανάμεσα στη δική μου και τη δική της γη. [συχνά χρησιμοποιείται με μεταφορική σημασία, συνήθως στον πληθυντικό] *I think she overstepped the boundaries of good taste.* Νομίζω ότι ξεπέρασε τα όρια του καλού γούστου.

I live North of the border. Ζω βόρεια από τα σύνορα.

I live South of the border. Ζω νότια από τα σύνορα.

the border between England and Scotland τα σύνορα ανάμεσα στην Αγγλία και τη Σκωτία

54 Alike Όμοιος, Παρόμοιος

δες επίσης **56 Copy**

alike/similar παρόμοιος

identical πανομοιότυπος

alike *επίθ.* (μετά από ρ.) [περιγράφει πρόσωπα και πράγματα, ειδικά ανθρώπους που έχουν σχεδόν την ίδια εμφάνιση] όμοιος, παρόμοιος *They're so alike they could almost be twins.* Μοιάζουν μεταξύ τους τόσο πολύ που θα μπορούσαν να είναι δίδυμα.

alike *επίρρ.* (μετά από ρ. ή ουσ.) [κάπως επίσημο] όμοια *Boys and girls alike will enjoy this tale of adventure.* Σε αγόρια και κορίτσια το ίδιο, θα αρέσει αυτή η περιπέτεια.

like *πρόθ.* σαν *He looks like my father.* Μοιάζει με τον πατέρα μου. *I'd love a house like yours.* Θα ήθελα πολύ να είχα ένα σπίτι σαν το δικό σας.

likeness *ουσ.* **1** *ουσ.αρ.μ.αρ.* (δεν έχει πληθ.) [ταυτότητα στην εμφάνιση. Συνήθως χρησιμοποιείται για ανθρώπους] ομοιότητα *a family likeness* ομοιότητα χαρακτηριστική της οικογένειας **2** *ουσ.αρ.* [πίνακας, σκίτσο] ομοιότητα *a good likeness* ακριβές πορτρέτο

similar *επίθ.* (συχνά + **to**) [όταν χρησιμοποιείται για ανθρώπους, συχνά περιγράφει προσωπικότητα παρά εμφάνιση] παρόμοιος *Our taste in music is similar.* Έχουμε παρόμοιες προτιμήσεις στη μουσική. *Our problems are similar to yours.* Τα προβλήματά μας είναι όμοια με τα δικά σας. (+ **in**) *The objects are similar in size but not in shape.* Τα αντικείμενα είναι παρόμοια σε μέγεθος αλλά όχι σε σχήμα. **similarity** *ουσ.μ.αρ.αρ.* ομοιότητα

similarly *επίρρ.* παρόμοια *similarly dressed* ντυμένοι με παρόμοια ρούχα [χρησιμοποιείται στην αρχή μιας κύριας ή δευτερεύουσας πρότασης] *I have certain rights as a citizen. Similarly, as a citizen, I have certain duties.* Σαν πολίτης, έχω ορισμένα δικαιώματα. Κατά τον ίδιο τρόπο, έχω και ορισμένες υποχρεώσεις.

same *επίθ.* (πριν από ουσ., πάντα ακολουθεί τις λέξεις **the**, **those, this**, κτλ.) ίδιος *He wore the same shirt all week.* Φορούσε το ίδιο πουκάμισο όλη την εβδομάδα.

same *επίρρ.* (πάντα ακολουθεί το **the**) το ίδιο *The children should be treated the same.* Τα παιδιά πρέπει να έχουν ίση μεταχείριση. (+ **as**) *Your jacket is the same as mine.* Το σακάκι σου είναι το ίδιο με το δικό μου.

same *αντων.* (πάντα ακολουθεί το **the**) ο ίδιος *Our backgrounds are almost the same.* Έχουμε σχεδόν το ίδιο υπόβαθρο.

identical επίθ. (συχνά + **to**) [ακριβώς το ίδιο] απαράλλαχτος, πανομοιότυπος *identical twins* απαράλλαχτα δίδυμα *The two paintings are almost identical.* Οι δύο πίνακες είναι σχεδόν πανομοιότυποι.

uniform επίθ. [σχετικά επίσημο. Υπονοεί κάτι το κανονικό και ομαλό. Περιγράφει: π.χ. χρώμα, θερμοκρασία, κατανομή] ομοιόμορφος **uniformly** επίρρ. ομοιόμορφα, ενιαία

uniformity ουσ.μ.αρ. [συνήθως υπονοεί ανιαρότητα και έλλειψη φαντασίας] ομοιομορφία *the dreary uniformity of urban apartment buildings* η πληκτική ομοιομορφία των πολυκατοικιών των πόλεων

consistent επίθ. [που δεν αλλάζει. Συχνά χρησιμοποιείται για ανθρώπους ή τη νοοτροπία και συμπεριφορά τους] συνεπής, σταθερός *a consistent standard of work* επίπεδο δουλειάς που παραμένει σταθερό **consistently** επίρρ. συνεπώς, σταθερά **consistency** ουσ.μ.αρ. συνέπεια, σταθερότητα

54.1 Ίσος

equal επίθ. (συχνά + **to**) [περιγράφει: π.χ. μέρος, μερίδιο, ευκαιρίες, δικαιώματα] ίσος *Mix equal amounts of flour and sugar.* Ανακατέψτε ίσα μέρη από αλεύρι και ζάχαρη. *We are all equal partners in this alliance.* Είμαστε όλοι ίσοι συνεργάτες σε αυτή τη συμμαχία. **equally** επίρρ. εξίσου, όμοια

equal ουσ. ίσος *He treats his staff as (his) equals.* Μεταχειρίζεται τους υπαλλήλους του σαν ίσους (του).

equal ρ.μ., **-ll-** (Βρετ.), συνήθως **-l-** (Αμερ.) **1** [αντικ.: αριθμός, ποσότητα] ισοδυναμώ *y equals x + 2* το ψ ισούται με το χ + 2 **2** [αντικ.: π.χ. επίτευγμα, ταχύτητα, γενναιοδωρία] εξισώνω, ισοφαρίζω *She equalled the world record for the 200 metres.* Ισοφάρισε το παγκόσμιο ρεκόρ στα 200 μέτρα.

equality ουσ.μ.αρ. (συχνά + **with**) ισότητα

equivalent επίθ. (συχνά + **to**) [χρησιμοποιείται για να δηλώσει ότι ορισμένα πράγματα είναι ίσα ή σχεδόν ίσα σε αξία, λειτουργία, κλπ. ακόμα και αν ανήκουν σε διαφορετικές κατηγορίες ή συστήματα. Περιγράφει: π.χ. θέση, αξίωμα, αξία] ισοδύναμος, ισότιμος *The money is equivalent to a year's salary.* Αυτό το χρηματικό ποσό ισοδυναμεί με μισθό ενός χρόνου.

equivalent ουσ. (συχνά + **of**, **to**) ισοδύναμο *200 dollars or the/its equivalent in pounds sterling* 200 δολάρια ή το ισοδύναμό τους σε λίρες Αγγλίας *She's the nearest equivalent to a personnel manager that we have in our company.* Είναι το πλησιέστερο ισοδύναμο άτομο του διευθυντή προσωπικού που έχουμε στην εταιρεία.

even επίθ. [περιγράφει: π.χ. διαγωνισμό, κατανομή, ευκαιρία] ίσος, ομοιόμορφος *The scores are even.* Είναι ισοπαλία. *to get even with sb* πατσίζω **evenly** επίρρ. ομοιόμορφα

even (sth) **out** 'Η **even out** (sth) ρ.πρφ.α.μ. [υποκ./αντικ.: π.χ. διαφορά, ανισορροπία] εξομαλύνω

even sth **up** 'Η **even up** sth ρ.πρφ.μ. [αντικ.: π.χ. αριθμούς, ομάδες] εξισορροπώ, εξισώνω *If John goes over to your side, that will even things up a bit.* Αν ο Τζων πάει με τη δική σας ομάδα, αυτό θα εξισορροπήσει λίγο τα πράγματα.

level επίθ. ίσος, στο ίδιο ύψος *Their scores were level at the end of the match.* Στο τέλος του αγώνα είχαν σημειώσει το ίδιο σκορ.

---

level ρ.α., **-ll-** (Βρετ.), **-l-** (Αμερ.) (συχνά + **with**) εξισώνω, ισοφαρίζω *They levelled the score at 3-3.* Ισοφάρισαν το σκορ 3–3.

standardize, ΕΠΙΣΗΣ **-ise** (βρετ.) ρ.μ. [αντικ. π.χ. διαδικασίες, εξοπλισμό, ορθογραφία] τυποποιώ, σταθεροποιώ

54.2 Μοιάζω

resemble ρ.μ. (συχνά + **in**) [κάπως επίσημο. Χρησιμοποιείται περισσότερο για πρόσωπα αλλά επίσης και για πράγματα] μοιάζω *She resembles her father more than her mother.* Μοιάζει περισσότερο στον πατέρα της παρά στη μητέρα της.

resemblance ουσ.αρ.μ.αρ. (συχνά + **to**, **between**) ομοιότητα *to bear a close/no resemblance to something* έχω μεγάλη/δεν έχω καμμιά ομοιότητα με κάτι

remind sb **of** sb/sth ρ.πρφ.μ. θυμίζω *He reminds me of a chap I used to know at school.* Μου θυμίζει κάποιον που ήξερα στο σχολείο. *δες επίσης **116.1 Remember**

have a lot in common (with sb/sth) [έχω κοινά ενδιαφέροντα ή χαρακτηριστικά] έχω κοινά, συμμερίζομαι *I didn't find her easy to talk to because we don't have a lot in common.* Δε μου ήταν εύκολο να συζητήσω μαζί της επειδή δεν έχουμε κοινά ενδιαφέροντα. *Their aims obviously have a lot in common with ours.* Είναι φανερό ότι οι στόχοι τους έχουν πολλά κοινά σημεία με τους δικούς μας.

correspond ρ.α. (συχνά + **to**, **with**) [είμαι συνεπής ή αντίστοιχος. Υποκ.: π.χ. ημερομηνίες, νούμερα, λογαριασμοί] ανταποκρίνομαι, αντιστοιχώ *The results we obtained exactly correspond with theirs.* Τα αποτελέσματα που είχαμε αντιστοιχούν ακριβώς με τα δικά τους.

correspondence ουσ.μ.αρ.αρ. [επίσημο] ανταπόκριση

compare ρ. **1** ρ.α. (συνήθως + **with**) [είμαι το ίδιο όπως] παραβάλλομαι, είμαι εφάμιλλος *The food in the canteen can't compare with what you could get in a restaurant.* Το φαγητό στην καντίνα δε συγκρίνεται με αυτό που θα έτρωγες στο εστιατόριο. *Her exam results compared favourably/unfavourably with mine.* Τα αποτελέσματά της στις εξετάσεις ήταν/δεν ήταν τόσο καλά όσο τα δικά μου. **2** ρ.μ. (συχνά + **with**, **to**) [κοιτάζω για να βρω ομοιότητα ή διαφορά] συγκρίνω *Their parents are very strict, compared with/to mine.* Οι γονείς τους είναι πολύ αυστηροί αν τους συγκρίνεις με τους δικούς μου.

comparable επίθ. (συχνά + **to**, **with**) συγκρίσιμος *The two systems aren't really comparable.* Τα δυο συστήματα δε συγκρίνονται.

comparison ουσ.αρ.μ.αρ. (συχνά + **to**, **with**, **between**) σύγκριση *Their house is small by/in comparison (with ours).* Το σπίτι τους είναι μικρό σε σύγκριση (με το δικό μας).

55 Different Διαφορετικός

different επίθ. 1 (συχνά + **from**, **to**) διαφορετικός It's the same washing powder, it's just in a different packet. Είναι η ίδια σκόνη πλυσίματος, μόνο που είναι σε διαφορετικό πακέτο. 2 (πριν από ουσ.) [χωριστός, ξεχωριστός, άλλος] διαφορετικός I've heard the same thing from three different people. Έχω ακούσει το ίδιο πράγμα από τρεις διαφορετικούς ανθρώπους.

difference ουσ.μ.αρ.αρ. (συχνά + **between**, **in**, **of**) διαφορά What's the difference between a crocodile and an alligator? Ποια είναι η διαφορά ανάμεσα σε έναν κροκόδειλο και έναν αλιγάτορα; The new carpet has **made a big difference to** the room. Το καινούριο χαλί έχει κάνει αισθητή διαφορά στο δωμάτιο.

differ ρ.α. (συχνά + **from**) [κάπως επίσημο] διαφέρω How exactly does the new model differ from the old one? Σε τι ακριβώς διαφέρει το καινούριο μοντέλο από το παλιό;

χρήση

Οι καθαρολόγοι πιστεύουν ότι η μοναδική σωστή πρόθεση μετά το **different** είναι το **from**. Το **different to** όμως, είναι αποδεκτό από τους περισσότερους Βρετανούς (αλλά όχι Αμερικανούς). Το ρήμα **differ** όμως, πρέπει να ακολουθείται από το **from**.

dissimilar επίθ. (συχνά + **to**, **from**) [πιο επίσημο από το **different**] ανόμοιος [συχνά χρησιμοποιείται σε διπλή άρνηση] Their attitudes are not dissimilar. Οι νοοτροπίες τους δε διαφέρουν πολύ. **dissimilarity** ουσ.μ.αρ.αρ. ανομοιότητα

inconsistent επίθ. [κάπως υποτιμητικό. Κάποιος που δεν είναι τακτικός ή ο ίδιος πάντα. Συχνά χρησιμοποιείται για ανθρώπους ή τις νοοτροπίες και τη συμπεριφορά τους] ασυνεπής, αντιφατικός His judgments are so inconsistent. Η κρίση του είναι πολύ αντιφατική. **inconsistency** ουσ.αρ.μ.αρ. ασυνέπεια, αντίφαση

opposite επίθ. [περιγράφει: π.χ. κατεύθυνση, αποτέλεσμα, άποψη] αντίθετος Hot is the opposite of cold. Το ζεστό είναι το αντίθετο του κρύου. **the opposite sex** το αντίθετο φύλο

opposite ουσ.αρ. (αν χρησιμοποιείται στον ενικ., πάντα + **the**) αντίθετο If I say something she always says the opposite. Αν πω κάτι, πάντα λέει το αντίθετο.

alternative επίθ. (πριν από ουσ.) 1 [περιγράφει: π.χ. διαδρομή, πρόταση, εξήγηση] εναλλακτικός 2 [χρησιμοποιείται για να περιγράψει πράγματα που αντιπροσωπεύουν απόκλιση από παραδοσιακές ή συμβατικές συνήθειες. Περιγράφει: π.χ. κωμωδία, τρόπο ζωής, ιατρική] εναλλακτικός alternative sources of energy εναλλακτικές πηγές ενέργειας

alternative ουσ.αρ. (συχνά + **to**) εναλλακτική λύση a cheaper alternative to conventional detergents

μια φθηνότερη εναλλακτική λύση από τα συμβατικά απορρυπαντικά I **have no alternative** but to ask for your resignation. Δεν έχω άλλη επιλογή από το να σου ζητήσω να παραιτηθείς.

alternatively επίρρ. [χρησιμοποιείται για να εισαγάγει μια πρόταση που δηλώνει μια διαφορετική πιθανότητα] σαν εναλλακτική λύση Alternatively you could have the party at our house. Σαν εναλλακτική λύση, θα μπορούσες να κάνεις το πάρτι στο σπίτι μας.

φράσεις

to be a far cry from [συχνά υπονοεί ότι αυτό που περιγράφουμε είναι κατώτερο από αυτό με το οποίο συγκρίνεται] είμαι πολύ διαφορετικός Our town has canals, but it's a far cry from Venice! Η πόλη μας έχει κανάλια αλλά δεν έχει καμία σχέση με τη Βενετία!

to be like/as different as chalk and cheese (Βρετ.) [κυριολεκτικά: διαφέρω όσο η κιμωλία από το τυρί] δεν έχω καμιά σχέση.

55.1 Βρίσκω ή προκαλώ διαφορές

differentiate ρ. 1 ρ.α.μ. (συχνά + **between**, **from**) [βλέπω τη διαφορά ή μεταχειρίζομαι διαφορετικά. Υποκ.: πρόσωπο] διακρίνω I can't differentiate between these two shades of blue. Δεν μπορώ να ξεχωρίσω αυτές τις δύο αποχρώσεις του μπλε. We try not to differentiate between our children. Προσπαθούμε να μην κάνουμε διακρίσεις ανάμεσα στα παιδιά μας. 2 ρ.μ. (συχνά + **from**) [κάνω διαφορετικό] διαφοροποιώ What differentiates this product from its competitors? Σε τι διαφέρει αυτό το προϊόν από τους ανταγωνιστές του;

distinguish ρ. 1 ρ.α.μ. (συχνά + **between**, **from**) [βλέπω τη διαφορά ή μεταχειρίζομαι διαφορετικά] ξεχωρίζω Even our parents have difficulty distinguishing between us. Ακόμα και οι γονείς μας το βρίσκουν δύσκολο να μας ξεχωρίσουν. 2 ρ.μ. (συχνά + **from**) [κάνω διαφορετικό] ξεχωρίζω a distinguishing feature ένα διακριτικό χαρακτηριστικό

distinction ουσ.αρ. (συχνά + **between**) διάκριση, διαφορά **to make/draw a distinction** κάνω διάκριση I honestly can't see the distinction. Ειλικρινά δεν καταλαβαίνω τη διαφορά.

contrast ρ.α.μ. (συχνά + **with**) [δίνει έμφαση στις διαφορές] συγκρίνω, αντιπαραβάλλω contrasting colours χρώματα που δείχνουν αντίθεση

contrast ουσ.μ.αρ.αρ. (συχνά + **between**, **to**, **with**) αντίθεση, αντιπαραβολή **In contrast to** the steady rise in managerial earnings, wages for manual workers have declined. Σε αντίθεση προς τη σταθερή αύξηση των μισθών των διευθυντών, οι μισθοί των εργαζομένων χειρωνακτικά έχουν μειωθεί.

56 Copy Αντιγράφω

δες επίσης **36 Unreal**, **54 Alike**

copy ρ.μ. [γενική, ουδέτερη λέξη] 1 [κάνω αντίγραφο. Αντικ.: π.χ. γραφή, διάγραμμα] αντιγράφω (+ **out**) I copied out the poem. Αντέγραψα το ποίημα. 2 [μιμούμαι. Αντικ.: π.χ. άτομο, συμπεριφορά] αντιγράφω, μιμούμαι She copies everything I do. Μιμείται ό,τι κάνω.

copy ουσ.αρ. 1 αντίγραφο to make a copy of something κάνω ένα αντίγραφο από κάτι 2 [μοναδικό παράδειγμα]

αντίτυπο Has anyone seen my copy of 'Lorna Doone'? Έχει δει κανείς το αντίτυπό μου του βιβλίου «Λόρνα Ντουν»;

replica ουσ.αρ. [πιο επίσημο από το **copy**. Συνήθως δεν υπονοεί αποδοκιμασία] ακριβές αντίγραφο (συνήθως έργου τέχνης)

reproduce *ρ.* 1 *ρ.μ.* [κάπως εξειδικευμένος όρος. Αντικ.: π.χ. χρώμα, ήχος, υφή] αναπαράγω, αντιγράφω [μπορεί να σημαίνει «ξανακάνω»] *Will she be able to reproduce that performance in an exam?* Θα μπορέσει να επαναλάβει αυτή την επίδοση στις εξετάσεις; 2 *ρ.α.μ.* [παράγω νεογνά. Υποκ.: όντα] αναπαράγομαι

reproduction *ουσ.* 1 *ουσ.αρ.μ.αρ.* αντίγραφο *The painting's a reproduction.* Ο πίνακας είναι αντίγραφο. *sound reproduction* αναπαραγωγή του ήχου 2 *ουσ.μ.αρ.* [βιολογική διαδικασία] αναπαραγωγή

forge *ρ.μ.* [για εγκληματικούς σκοπούς. Αντικ.: π.χ. χαρτονόμισμα, υπογραφή] πλαστογραφώ **forger** *ουσ.αρ.* πλαστογράφος **forgery** *ουσ.αρ.μ.αρ.* πλαστογράφηση

plagiarize, ΕΠΙΣΗΣ **-ise** (*βρετ.*) *ρ.μ.α.* [χρησιμοποιείται αποδοκιμαστικά. Αντικ.: π.χ. συγγραφέας, έργο, ιδέα] κάνω λογοκλοπή **plagiarism** *ουσ.μ.αρ.αρ.* λογοκλοπή **plagiarist** *ουσ.αρ.* λογοκλόπος

imitation *ουσ.αρ.μ.αρ.* [συχνά υπονοεί κατώτερη ποιότητα] απομίμηση (σαν *επίθ.*) *imitation leather/fur/jewellery* απομίμηση δερμάτινου/γούνας/ κοσμημάτων

reflect *ρ.α.* αντανακλώ *sunlight reflected on the water* φως του ήλιου σε αντανάκλαση πάνω στο νερό *I saw my face reflected in the puddle.* Είδα το πρόσωπό μου σε αντανάκλαση μέσα στη λακούβα.

reflection *ουσ.αρ.μ.αρ.* αντικατοπτρισμός, είδωλο (στον καθρέφτη) *her reflection in the mirror* το είδωλο (του εαυτού) της στον καθρέφτη

reflective *επίθ.* αντανακλαστικός *reflective clothing* ρούχα που αντανακλούν το φως

56.1 Λέξεις για την αντιγραφή ανθρώπων και της συμπεριφοράς τους

imitate *ρ.μ.* [είτε για διακωμόδηση ή για προσπάθεια να μοιάσουμε σε κάποιον] μιμούμαι *They all try to imitate their favourite film stars.* Όλοι προσπαθούν να μιμηθούν τους αγαπημένους τους ηθοποιούς.

imitation *ουσ.αρ.* [συνήθως για διακωμόδηση] μίμηση *She does imitations.* Μιμείται ανθρώπους.

ape *ρ.μ.* [υποτιμητικό. Αντιγράφω με ανόητο τρόπο ή χωρίς να σκεφτώ] μιμούμαι, πιθηκίζω *They try to ape the manners of people in high society.* Προσπαθούν να μιμηθούν σαν πίθηκοι τους τρόπους των ατόμων της υψηλής κοινωνίας.

impersonate *ρ.μ.* [προσποιούμαι ότι είμαι κάποιος άλλος, συχνά για διακωμόδηση] παριστάνω, υποδύομαι *He was arrested for impersonating a police officer.* Συνελήφθη επειδή παρίστανε πως ήταν αστυνομικός.

impersonation *ουσ.αρ.μ.αρ.* προσωποποίηση, ερμηνεία *to do impersonations* κάνω προσωποποιήσεις

impersonator *ουσ.αρ.* μιμητής *a female impersonator* άντρας που ερμηνεύει γυναικείους ρόλους

mimic *ρ.μ.*, *-ck-* [για διακωμόδηση, συχνά για να κοροϊδέψω κάποιον] μιμούμαι **mimicry** *ουσ.μ.αρ.* [επίσημο] μίμηση **mimic** *ουσ.αρ.* μιμητής, μίμος

take sb **off** 'H **take off** sb (*Βρετ.*) *ρ.πρφ.μ.* [ανεπίσημο. Πάντα για διακωμόδηση] μιμούμαι, γελοιοποιώ με τη μίμηση **take-off** *ουσ.αρ.* μίμηση

follow suit [κάνω κάτι που έχει κάνει κάποιος άλλος, κυρίως αμέσως μετά] κάνω το ίδιο *We changed our filing system and all the other departments immediately followed suit.* Αλλάξαμε το σύστημα αρχειοθέτησης και όλα τα άλλα τμήματα έκαναν το ίδιο αμέσως.

57 Substitute Υποκαθιστώ

substitute *ρ.* 1 *ρ.μ.* (συνήθως + **for**) [βάζω κάτι στη θέση κάποιου άλλου πράγματος] υποκαθιστώ *We substituted a fake diamond for the real one.* Υποκαταστήσαμε το αληθινό διαμάντι με ένα ψεύτικο. 2 *ρ.α.* (συνήθως + **for**) [ενεργεί σαν αντικατάστατο] αντικαθιστώ *Will you substitute for me at the meeting?* Θα με αντικαταστήσεις στη συνεδρίαση;

substitute *ουσ.αρ.* (συχνά + **for**) [μπορεί να είναι πρόσωπο ή πράγμα] υποκατάστατο *rubber/sugar substitute* υποκατάστατο λάστιχου/ζάχαρης **substitution** *ουσ.μ.αρ.αρ.* υποκατάσταση, αντικατάσταση

replace *ρ.μ.* 1 (συχνά + **with**) [αλλάζω με κάτι άλλο] αντικαθιστώ *It's cheaper to replace the machine than to get it repaired.* Κοστίζει λιγότερο να αντικαταστήσουμε τη μηχανή παρά να την επισκευάσουμε. 2 [παίρνω τη θέση κάποιου απόντα] αναπληρώνω *She replaces Sarah Jones who is injured.* Αναπληρώνει τη Σάρα Τζόουνς η οποία έχει τραυματιστεί.

χρήση

Η λέξη **substitute** συχνά υπονοεί ότι αυτό που αντικαθίσταται είναι κατά κάποιο τρόπο κατώτερο από το γνήσιο. Η λέξη **replace** δεν υπονοεί τίποτα τέτοιο, και χρησιμοποιείται πιο συχνά σε περιπτώσεις που το αντικείμενο που αντικαθιστά είναι καλύτερο από το αρχικό.

replacement *ουσ.* 1 *ουσ.αρ.* (συχνά + **for**) [μπορεί να είναι πρόσωπο ή πράγμα] αντικαταστάτης, αναπληρωτής *My replacement has lots of experience.* Ο αντικαταστάτης μου έχει πολλή εμπειρία. (χρησιμοποιείται σαν *επίθ.*) *replacement part/unit* ένα καινούριο ανταλλακτικό/σύνολο (που αντικαθιστά κάτι παλιό) 2 *ουσ.μ.αρ.* αναπλήρωση, αντικατάσταση

represent *ρ.μ.* 1 [μιλώ, δουλεύω, κλπ. εκ μέρους κάποιου. Αντικ.: π.χ. πρόσωπο, εταιρεία, πελάτης] αντιπροσωπεύω, εκπροσωπώ *delegates representing the workers in the industry* σύνεδροι που εκπροσωπούν τους εργαζόμενους στη βιομηχανία 2 [εννοώ. Κάπως εξειδικευμένος όρος] αναπαριστώ, συμβολίζω *Let x represent the velocity of the particle.* Ας πούμε ότι το χ συμβολίζει την ταχύτητα του μορίου. *The graph represents average rainfall.* Το διάγραμμα παριστάνει το μέσο όρο της βροχόπτωσης.

representation *ουσ.αρ.μ.αρ.* εκπροσώπηση, αντιπροσώπηση

representative *ουσ.αρ.* εκπρόσωπος, αντιπρόσωπος *representatives of/from many organizations* εκπρόσωποι πολλών οργανισμών

representative *επίθ.* (συχνά + **of**) 1 [περιγράφει: π.χ. δείγμα] χαρακτηριστικός 2 [περιγράφει: π.χ. κυβέρνηση] αντιπροσωπευτικός

deputize, ΕΠΙΣΗΣ **-ise** (*Βρετ.*) *ρ.* 1 *ρ.α.* (συχνά + **for**) αναπληρώνω *I'm deputizing for her while she's at the*

conference. Την αναπληρώνω όσο είναι στο συνέδριο.
2 *ρ.μ.* (*Αμερ.*) διορίζω αναπληρωτή

deputy *ουσ.αρ.* [μόνο για πρόσωπα, ειδικά αυτός που είναι ένα βαθμό μετά τον επικεφαλή] βοηθός, εκπρόσωπος (σαν *επίθ.*) deputy chairman/sheriff/ headmistress αντιπρόεδρος, βοηθός σερίφη, υποδιευθύντρια

stand in for sb *ρ.πρφ.μ.* [έχει λιγότερο επίσημη σημασία

από το **deputize**] αναπληρώνω, είμαι στο πόδι κάποιου απόντα *I'm standing in for Sheila while she's on holiday.* Αναπληρώνω τη Σήλα όσο λείπει σε διακοπές.

stand-in *ουσ.αρ.* [χρησιμοποιείται ειδικά σε σχέση με το σινεμά και το θέατρο] αντικαταστάτης *We'll use a stand-in during the action sequences.* Θα ντουμπλάρουμε τους ηθοποιούς στις σκηνές δράσης.

58 Change Αλλάζω

δες επίσης **418 Improve, 441 Worsen**

change *ρ.* 1 *ρ.α.μ.* (συχνά + **from, into/to**) [γενική λέξη. Υποκ./αντικ.: π.χ. σχέδιο, προετοιμασίες, όνομα] αλλάζω *She's changed since she went to university.* Έχει αλλάξει από τότε που πήγε στο πανεπιστήμιο. *If you don't like the colour you can always change it.* Αν δε σου αρέσει το χρώμα μπορείς να το αλλάξεις. 2 *ρ.μ.* (συχνά + **for**) [ανταλλάσσω] αλλάζω *I changed my old car for a new one.* Άλλαξα το παλιό μου αυτοκίνητο με ένα καινούριο. *Susan and I have changed places.* Η Σούζαν και εγώ αλλάξαμε θέσεις.

change *ουσ.αρ.μ.αρ.* (συχνά + **in, of**) [γενική λέξη] αλλαγή *a change in the weather* αλλαγή του καιρού *to make a change* κάνω αλλαγή *I'd like to eat out tonight for a change.* Θα ήθελα να φάω έξω σήμερα για να κάνω κάτι διαφορετικό.

changeable *επίθ.* [περιγράφει: π.χ. καιρό, πρόσωπο, διάθεση] μεταβλητός, άστατος

alter *ρ.μ.α.* μετατρέπω *Would you like to have the dress altered?* Θέλετε να μετατρέψουμε το φόρεμα; *The date has been altered on the cheque.* Κάποιος έχει αλλάξει την ημερομηνία στην επιταγή. **alteration** *ουσ.αρ.μ.αρ.* μετατροπή

χρήση

Η λέξη **alter** χρησιμοποιείται σε παρόμοιες περιπτώσεις με το **change 1**, αλλά το **alter** είναι κάπως πιο επίσημο. Το **alter** χρησιμοποιείται όταν τα πράγματα αλλάζουν αλλά όχι όταν γίνονται κάτι τελείως διαφορετικό, ενώ το **change** μπορεί να χρησιμοποιηθεί για κάτι που γίνεται τελείως διαφορετικό. Το **alter** συχνά υπονοεί πιο σκόπιμη πράξη από το **change**. Όταν γίνεται λόγος για μετατροπή του μεγέθους των ρούχων, χρησιμοποιούμε το **alter**.

transform *ρ.μ.* [αλλάζω τελείως. Εμφατική λέξη] μεταμορφώνω *It has been transformed from a quiet country town into an industrial centre.* Έχει μεταμορφωθεί από ήσυχη επαρχιακή πόλη σε βιομηχανικό κέντρο. **transformation** *ουσ.αρ.μ.αρ.* μεταμόρφωση

transition *ουσ.μ.αρ.αρ.* (συχνά + **from, to**) [σχετικά επίσημο] μετάβαση, μεταβολή *a gradual transition from small business to multinational company* βαθμιαία μετάβαση από μικρή επιχείρηση σε πολυεθνική εταιρεία

affect *ρ.μ.* [προξενώ αλλαγή] επηρεάζω *an area which has been badly affected by drought* μια περιοχή που έχει πληγεί από την ξηρασία

vary *ρ.α.μ.* [υποκ/αντικ: π.χ. ταχύτητα, συχνότητα, θερμοκρασία] ποικίλλω (+ **in**) *The poems varied greatly in quality.* Η ποιότητα των ποιημάτων ποίκιλε πολύ. *I like to vary what I eat.* Μου αρέσει η ποικιλία στο φαγητό. **variation** *ουσ.αρ.μ.αρ.* παραλλαγή

variable *επίθ.* 1 [κάτι που είναι πιθανό να αλλάξει ανά

πάσα στιγμή. Περιγράφει: π.χ. καιρό, βροχόπτωση, διάθεση] ευμετάβλητος 2 [κάτι που είναι δυνατό να αλλάξει. Περιγράφει: π.χ. τοποθέτηση, θέση] μεταβλητός

develop *ρ.α.μ.* (συχνά + **from, into**) [αλλάζω βαθμιαία, συχνά για να γίνω μεγαλύτερος, πιο προηγμένος, κλπ.] αναπτύσσομαι, εξελίσσομαι *The plant develops from a tiny seed.* Το φυτό αναπτύσσεται από ένα μικροσκοπικό σπόρο. *developing nations* τα αναπτυσσόμενα/υπό ανάπτυξη έθνη

development *ουσ.μ.αρ.* (συχνά + **from, into**) ανάπτυξη, εξέλιξη

58.1 Αλλάζω για να προσαρμοστώ σε καινούριες περιστάσεις

adapt *ρ.μ.α.* (συχνά + **to, for**) [υπονοεί ότι (συχνά σχετικά σπουδαίες) αλλαγές γίνονται για ένα καινούργιο σκοπό ή μια καινούρια κατάσταση] προσαρμόζω, διασκευάζω *He's adapted well to his new working conditions.* Έχει προσαρμοστεί καλά στις καινούριες συνθήκες της εργασίας του. *a play adapted for radio* ένα θεατρικό έργο διασκευασμένο για το ραδιόφωνο **adaptation** *ουσ.αρ.μ.αρ.* προσαρμογή, διασκευή

adjust *ρ.μ.α.* [υπονοεί ότι συνήθως γίνονται μικρές αλλαγές έτσι ώστε κάτι να λειτουργήσει καλύτερα] ρυθμίζω *Please do not adjust your set.* Παρακαλώ μη ρυθμίσετε τη συσκευή σας. *I adjusted the straps.* Ρύθμισα τα λουριά. **adjustment** *ουσ.μ.αρ.αρ.* ρύθμιση

modify *ρ.μ.* [πιο επίσημο από το **change**. Συχνά υπονοεί αλλαγή που έχει υποδειχτεί από την εμπειρία] τροποποιώ *a modified version of the program* μια τροποποιημένη έκδοση του προγράμματος *The control panel has been modified to make it easier for the pilot to read the instruments.* Ο πίνακας ελέγχου έχει τροποποιηθεί για να διευκολύνει τον πιλότο να διαβάζει τα όργανα χειρισμού.

revise *ρ.μ.* [σχετικά επίσημο. Επανεξετάζω, αλλάζω και βελτιώνω. Αντικ.: π.χ. γνώμη, νόμο, γραπτό κείμενο] αναθεωρώ *to revise figures upwards/downwards* αυξάνω ή ελαττώνω νούμερα

revision *ουσ.αρ.μ.αρ.* αναθεώρηση, βελτίωση *Your revisions were all incorporated in the published text.* Το δημοσιευμένο κείμενο περιέλαβε όλες τις βελτιώσεις σου.

reform *ρ.* 1 *ρ.μ.* [αλλάζω και βελτιώνω. Χρησιμοποιείται κυρίως με πολιτική σημασία. Αντικ.: κυρίως νόμο] μεταρρυθμίζω 2 *ρ.α.μ.* [βελτιώνω συμπεριφορά, προσωπικότητα, κτλ. Υποκ./αντικ.: πρόσωπο] διορθώνω *She's a reformed character.* Έχει ξεπεράσει οριστικά τα παλιά της ελαττώματα.

reform *ουσ.αρ.μ.αρ.* [χρησιμοποιείται κυρίως με πολιτική σημασία] μεταρρύθμιση *legal reforms* νομοθετικές μεταρρυθμίσεις

59 Beautiful Ωραίος

δες επίσης **417 Good**

beautiful *επίθ.* [γενική λέξη. Δείχνει πολύ θαυμασμό. Συνήθως δεν περιγράφει άντρες] όμορφος

beauty *ουσ.* **1** *ουσ.μ.αρ.* ομορφιά *They were stunned by her beauty.* Έμειναν κατάπληκτοι από την ομορφιά της. **2** *ουσ.αρ.* [σχετικά επίσημο όταν αναφέρεται σε μια όμορφη γυναίκα] καλλονή *Your mother was a famous beauty in her day.* Η μητέρα σου ήταν μια διάσημη καλλονή στον καιρό της. [σχετικά ανεπίσημο όταν αναφερόμαστε σε αντικείμενα] *That new car of hers is a beauty!* Το καινούριο αυτοκίνητό της είναι πολύ ωραίο!

pretty *επίθ.* [εκφράζει λιγότερο έντονο θαυμασμό από το **beautiful**. Υπονοεί πιο επιφανειακή ελκυστικότητα. Περιγράφει: π.χ. κοπέλα, ζωγραφιά, φόρεμα] χαριτωμένος [αν χρησιμοποιείται για άντρες, υπονοεί θηλυπρεπή εμφάνιση] *a pretty boy* ένα χαριτωμένο αγόρι **prettiness** *ουσ.μ.αρ.* ωραιότητα, χάρη

π α ρ ο μ ο ί ω σ η

as pretty as a picture χαριτωμένος σαν ζωγραφιά

handsome *επίθ.* [περιγράφει: κυρίως άντρες, επίσης ζώα, έπιπλωση] ωραίος, όμορφος [όταν χρησιμοποιείται για γυναίκες, υπονοεί μεγάλο μέγεθος και έντονα χαρακτηριστικά] επιβλητική και ωραία

good-looking *επίθ.* [περιγράφει: άντρες ή γυναίκες, αλλά σπάνια πράγματα] ωραίος, εμφανίσιμος

attractive *επίθ.* [περιγράφει: άντρες, γυναίκες, ή πράγματα] ελκυστικός **attractively** *επίρρ.* θελκτικά **attractiveness** *ουσ.μ.αρ.* ελκυστικότητα

lovely *επίθ.* [έχει ευρεία χρήση, με διάφορους βαθμούς θαυμασμού. Όταν χρησιμοποιείται για γυναίκες, υπονοεί μεγάλη ομορφιά ή σεξουαλική ελκυστικότητα] πολύ ωραίος, χαριτωμένος *They've got a lovely house in the country.* Έχουν ένα πολύ ωραίο σπίτι στην εξοχή. *They gazed at her lovely face.* Χάζευαν το πανέμορφο πρόσωπό της. **loveliness** *ουσ.μ.αρ.* ομορφιά

exquisite *επίθ.* [εξαιρετικά ωραίος. Υπονοεί μικρό μέγεθος και κομψότητα] εξαίσιος, έξοχος *exquisite jewellery* κομψότατα κοσμήματα **exquisitely** *επίρρ.* εξαίσια

gorgeous *επίθ.* [πιο έντονο από το **lovely**, αλλά το ίδιο γενικό. Περιγράφει: π.χ. καιρό, γεύμα, χρώμα] υπέροχος *What a gorgeous dress!* Τι υπέροχο φόρεμα!

picturesque *επίθ.* [περιγράφει: π.χ. πόλη, τοπίο, θέα] γραφικός

elegant *επίθ.* [περιγράφει: π.χ. πρόσωπο, ρούχα, επίπλωση] κομψός **elegantly** *επίρρ.* κομψά **elegance** *ουσ.μ.αρ.* κομψότητα

φ ρ ά σ ε ι ς

a work of art *ουσ.αρ.* [χρησιμοποιείται για πίνακες ζωγραφικής, κτλ., ή αρκετά ανεπίσημα] έργο τέχνης *That bedspread you made for me is a work of art.* Εκείνο το κάλυμμα για το κρεβάτι που μου έφτιαξες είναι ένα έργο τέχνης.

look/feel like a million dollars έχω πολύ ωραία εμφάνιση, αισθάνομαι πάρα πολύ ωραία *I came out of the hairdresser's feeling like a million dollars.* Όταν βγήκα από το κομμωτήριο αισθανόμουνα πάρα πολύ ωραία.

graceful *επίθ.* [περιγράφει: π.χ. χορευτή, κινήσεις, καμπύλες] χαριτωμένος, γεμάτος χάρη **gracefully** *επίρρ.* με χάρη **grace** *ουσ.μ.αρ.* χάρη

59.1 Κάνω πιο ωραίο

decorate *ρ.* **1** *ρ.μ.* (συχνά + **with**) [γενική λέξη, αλλά δε χρησιμοποιείται για ανθρώπους] διακοσμώ, στολίζω *The buildings were decorated with flags.* Τα κτίρια είχαν στολιστεί με σημαίες. **2** *ρ.μ.α.* [με μπογιά, ταπετσαρία, κτλ.] βάφω τους τοίχους, περνώ ταπετσαρία **decorator** *ουσ.αρ.* διακοσμητής

We decorated the living room. Βάψαμε το καθιστικό.

We decorated the living room for John's party. Στολίσαμε το καθιστικό για το πάρτι του Τζων.

decoration *ουσ.αρ.μ.αρ.* διακόσμηση, στολίδι *Christmas decorations* Χριστουγεννιάτικα στολίδια *The knobs are just there for decoration.* Τα χερούλια είναι μόνο για διακόσμηση. **decorative** *επίθ.* διακοσμητικός

adorn *ρ.μ.* (συχνά + **with**) [πιο επίσημο από το **decorate**. Μπορεί να χρησιμοποιηθεί για πρόσωπα καθώς και για πράγματα] διακοσμώ *She adorned herself with ribbons and bows.* Στολίστηκε με κορδέλες και φιόγκους. **adornment** *ουσ.αρ.μ.α.* διακόσμηση

embellish *ρ.μ.* (συχνά + **with**) [πιο επίσημο από το **decorate**. Δε χρησιμοποιείται για ανθρώπους. Υπονοεί την πρόσθεση πλούσιων και συχνά αχρείαστων διακοσμήσεων] ωραιοποιώ, γαρνίρω **embellishment** *ουσ.αρ.μ.αρ.* καλλωπισμός, στολίδι

ornament *ουσ.αρ.* [κάτι που εκτίθεται για την ωραιότητά του παρά για τη χρησιμότητά του. Πιο μόνιμο από το **decoration**] στολίδι *china/brass ornaments* πορσελάνινα/ μπρούντζινα διακοσμητικά

ornamental *επίθ.* [περιγράφει: π.χ. ξυλόγλυπτο] διακοσμητικός, καλλωπιστικός *an ornamental fountain* διακοσμητικό συντριβάνι

60 Ugly Άσχημος

ugly *επίθ.* [γενική λέξη. Περιγράφει: π.χ. άτομο, πρόσωπο, φόρεμα] άσχημος **ugliness** *ουσ.αρ.* ασχήμια

plain *επίθ.* [περιγράφει: κυρίως ανθρώπους, συνήθως γυναίκες. Υπονοεί βαρετή, συνηθισμένη εμφάνιση, και έτσι είναι κάπως λιγότερο εμφατικό από το ugly] άχαρος

hideous *επίθ.* [υπερβολικά άσχημος. Συχνά χρησιμοποιείται για υπερβολές. Περιγράφει: π.χ. τέρας, βεβιασμένο ή ειρωνικό χαμόγελο] απαίσιος, φρικιαστικός *What made her choose those hideous curtains?* Τι την έκανε να διαλέξει εκείνες τις απαίσιες κουρτίνες; **hideously** *επίρρ.* απαίσια

grotesque *επίθ.* [κάτι το υπερβολικά άσχημο, κυρίως επειδή είναι αφύσικο, παραμορφωμένο ή ανάρμοστο. Συχνά χρησιμοποιείται για υπερβολές] τραγελαφικός, τερατώδης *dancers wearing grotesque animal masks* χορευτές με φρικιαστικά προσωπεία ζώων **grotesquely** *επίρρ.* φριχτά

eyesore *ουσ.αρ.* [περιγράφει: πράγματα, ειδικά κτίρια, όχι ανθρώπους] ασχήμια, αντιαισθητικό θέαμα *That new office block is an absolute eyesore.* Εκείνη η καινούρια πολυκατοικία είναι τόσο αντιαισθητική που βγάζει μάτι.

to look/be a sight [ανεπίσημο, χρησιμοποιείται κυρίως για ανθρώπους] γίνομαι θέαμα *I must look a sight with my jacket all torn.* Πρέπει να έχω γίνει θέαμα με το σακάκι μου κατασκισμένο.

61 Rough Τραχύς

rough *επίθ.* **1** [περιγράφει: π.χ. επιφάνεια, επιδερμίδα] τραχύς, άγριος **2** [περιγράφει: θάλασσα] τρικυμιώδης

coarse *επίθ.* **1** [τραχύς στην υφή. Περιγράφει: π.χ. γυαλόχαρτο, ίνα, ρούχο] τραχύς **2** [όχι λεπτύς. Περιγράφει: π.χ. κόκκους] χοντρός

coarsely *επίρρ.* τραχιά, χοντρά *coarsely-ground pepper* πιπέρι αλεσμένο σε χοντρούς κόκκους

uneven *επίθ.* [περιγράφει: π.χ. επιφάνεια, έδαφος, άκρη] ανώμαλος, τραχύς **unevenly** *επίρρ.* τραχιά, ακανόνιστα

irregular *επίθ.* [περιγράφει: π.χ. σχήμα, ρυθμό, διάλειμμα] ακανόνιστος *an irregular heartbeat* ακανόνιστοι χτύποι της καρδιάς **irregularity** *ουσ.μ.αρ.αρ.* αρρυθμία, ασυμμετρία

choppy *επίθ.* [περιγράφει: την επιφάνεια του νερού] ελαφρά τρικυμιώδης

ripple *ουσ.αρ.* [μικρά κύματα, επίσης χρησιμοποιείται για να περιγράψει π.χ. μετάξι] ελαφρός κυματισμός, κυματάκι

ripple *ρ.α.μ.* [υποκ./αντικ.: νερό, σιτάρι] κυματίζω ελαφρά *rippling muscles* υπερτροφικοί μυς (από την άσκηση)

bumpy *επίθ.* [περιγράφει: π.χ. δρόμο, διαδρομή] ανώμαλος, γεμάτος εξογκώματα

corrugated *επίθ.* ζαρωμένος, συμπτυγμένος σε πτυχές

corrugated iron κυματοειδές έλασμα, αυλακωτή λαμαρίνα

jagged *επίθ.* [περιγράφει: π.χ. άκρη, κορυφή, βράχους] οδοντωτός

serrated *επίθ.* [περιγράφει: π.χ. άκρη, λεπίδα] οδοντωτός, πριονοειδής

a **bumpy road** ένας ανώμαλος δρόμος

The sea was **choppy**. Η θάλασσα ήταν ελαφρά τρικυμιώδης.

the **jagged mountains** βουνά με ακανόνιστες κορυφές

62 Smooth Λείος

smooth *επίθ.* 1 [περιγράφει: π.χ. επιφάνεια, υφή, επιδερμίδα] απαλός, λείος *The stones had been worn smooth by the tread of thousands of feet.* Οι πέτρες είχαν λιώσει από τις πατημασιές χιλιάδων ποδιών. *Mix to a smooth paste.* Ανακατέψτε μέχρι να γίνει απαλή αλοιφή. 2 [περιγράφει: π.χ. θαλάσσιο ταξίδι] ομαλός, χωρίς επεισόδια *The landing was very smooth.* Η προσγείωση ήταν πολύ ομαλή.

smooth *ρ.μ.* (συχνά + **away**, **down**, **out**) [αντικ.: π.χ. ρούχα] ισιώνω, στρώνω

smoothly *επίρρ.* ομαλά *flow/run/progress smoothly* ρέω/λειτουργώ/προχωρώ ομαλά

sleek *επίθ.* [μαλακός και γυαλιστερός. Περιγράφει: μαλλιά, γούνα] λείος, στιλπνός

calm *επίθ.* [περιγράφει: θάλασσα] ήρεμος

62.1 Λέξεις που περιγράφουν οριζόντιες επιφάνειες

flat *επίθ.*, -tt- επίπεδος *People used to believe the Earth was flat.* Οι άνθρωποι κάποτε πίστευαν ότι η γη ήταν επίπεδη. *a flat tyre* ένα ξεφούσκωτο λάστιχο *flat shoes/heels* χαμηλά παπούτσια (χωρίς τακούνια)

flat *επίρρ.* (πριν από επιρρηματική φράση) μπρούμυτα *I was lying flat on the floor.* Ήμουν ξαπλωμένος μπρούμυτα στο πάτωμα.

π α ρ ο μ ο ί ω σ η

as flat as a pancake πλακουτσωτός σαν τηγανίτα

level *επίθ.* 1 [κάπως πιο εξειδικευμένος όρος από το **flat**. Περιγράφει: π.χ. επιφάνεια, έδαφος, κουταλιά] επίπεδος 2 (συχνά + **with**, συνήθως μετά από ρ.) ισόπεδος *My head was level with the window.* Το κεφάλι μου έφτανε το παράθυρο.

level *ουσ.αρ.* επίπεδο *The sitting room is on two levels.* Το καθιστικό δωμάτιο είναι σε δύο επίπεδα. *below sea-level* κάτω από την επιφάνεια της θάλασσας *at eye-level* στο ύψος των ματιών

level *ρ.μ.*, -ll- (*Βρετ.*), -l- (*Αμερ.*) [αντικ.: π.χ. έδαφος, χώμα] ισοπεδώνω

level off/out *ρ.πρφ.α.* [υποκ.: π.χ. αεροσκάφος, τιμές] πετώ παράλληλα με το έδαφος, εξισώνομαι *Inflation has levelled off at 8%.* Ο πληθωρισμός έχει σταθεροποιηθεί στα 8%.

even *επίθ.* 1 [περιγράφει: π.χ. έδαφος, επιφάνεια, στρώμα] ομαλός, επίπεδος *I trimmed the edges to make them nice and even.* Έκοψα τις άκρες για να τις κάνω ωραία ίσιες. [συχνά υπονοεί μια σειρά ή ένα σύνολο πραγμάτων που είναι όλα στο ίδιο ύψος] *a nice even set of teeth* ένα ωραίο στρωτό σύνολο δοντιών 2 [περιγράφει: π.χ. θερμοκρασία, ρυθμό, ταχύτητα] σταθερός, ομοιόμορφος **evenly** *επίρρ.* ομοιόμορφα, ομαλά

even (sth) **out** Ή **even out** (sth) *ρ.πρφ.α.μ.* [υποκ., αντικ.: π.χ. έδαφος] ομαλύνω, ισιώνω

plane *ουσ.αρ.* [γεωμετρικός όρος. Τελείως επίπεδη επιφάνεια] επίπεδο

63 Tidy Τακτοποιημένος

δες επίσης **65 Order**

tidy *επίθ.* τακτοποιημένος, τακτικός *Keep the lounge tidy because we've got guests coming.* Κρατήστε το σαλόνι τακτοποιημένο γιατί θα έρθουν επισκέπτες. **tidily** *επίρρ.* τακτοποιημένα

tidy *ρ.μ.α.* (συχνά + **up**) [αντικ.: π.χ. δωμάτιο, ακαταστασία] τακτοποιώ, συγυρίζω *I've got to stay in and tidy (up) my bedroom.* Πρέπει να μείνω στο σπίτι και να συγυρίσω το δωμάτιό μου.

neat *επίθ.* συγυρισμένος, συμμετρικός *The books were arranged in neat rows.* Τα βιβλία ήταν τακτοποιημένα σε (συμμετρικές) σειρές. **neatness** *ουσ.μ.αρ.* τάξη **neatly** *επίρρ.* τακτικά, με τάξη

smart *επίθ.* [εμφανίσιμος και σικ. Περιγράφει: κυρίως άτομο, ρούχα] κομψός *You look very smart in that new suit.* Είσαι πολύ κομψός με εκείνο το καινούριο κοστούμι. **smartly** *επίρρ.* κομψά

smarten sth **up** Ή **smarten up** sth *ρ.πρφ.μ.* δίνω κομψότητα, ζωηρεύω *Some new curtains would smarten this room up considerably.* Με καινούριες κουρτίνες το δωμάτιο θα έδειχνε πολύ πιο εμφανίσιμο.

clear (sth) **up** Ή **clear up** (sth) *ρ.πρφ.μ.α.* [αντικ.: π.χ. ακαταστασία, δωμάτιο] συγυρίζω

χ ρ ή σ η

Οι λέξεις **neat** και **tidy** συχνά χρησιμοποιούνται μαζί. Μπορείς να ζητήσεις από κάποιον να κρατήσει ένα δωμάτιο, ντουλάπι, βιβλία, κλπ. *neat and tidy* (τακτοποιημένα) ή το ντύσιμό του ή τις συνήθειες του κλπ. Τα δύο επίθετα έχουν σχεδόν όμοια σημασία, αλλά το **tidy** συνήθως χρησιμοποιείται για το συνολικό αποτέλεσμα και υπονοεί την έλλειψη ακαταστασίας ή αταξίας. Δεν έχει την έννοια της ακρίβειας και φροντίδας που δηλώνει το **neat** το οποίο μπορεί να χρησιμοποιηθεί για να περιγράψει μικρές λεπτομέρειες. Για παράδειγμα, το *handwriting* (γραφικός χαρακτήρας) μπορεί να περιγραφεί σαν **neat** αλλά όχι σαν **tidy**.

order *ουσ.μ.αρ.* τάξη *I just want to get/put my papers in order before I leave.* Απλώς θέλω να βάλω τα χαρτιά μου σε τάξη πριν φύγω.

orderly *επίθ.* [υπονοεί πειθαρχία καθώς και τάξη. Περιγράφει: π.χ. διάταξη, σειρά, αποχώρηση] τακτικός, μεθοδικός, πειθαρχικός

64 Untidy Ακατάστατος

disorder *ουσ.μ.αρ.* [σχετικά επίσημο] ακαταστασία *The room was in complete disorder.* Στο δωμάτιο επικρατούσε πλήρης ακαταστασία. **disorder** *ρ.μ.* διαταράσσω, αναστατώνω **disorderly** *επίθ.* ακατάστατος

chaos *ουσ.αρ.* [πιο έντονο και λιγότερο επίσημο από το **disorder**] χάος *Fog has caused chaos on the roads.* Η ομίχλη έχει προκαλέσει χάος στους δρόμους. *The office was in complete chaos after the break-in.* Στο γραφείο επικρατούσε χάος μετά τη διάρρηξη. **chaotic** *επίθ.* χαώδης

mess *ουσ.αρ.μ.αρ.* (δεν έχει πληθ.) **1** [κάπως ανεπίσημο. Υπονοεί μια λιγότερο σοβαρή κατάσταση σύγχυσης από το **disorder** ή το **chaos**] ακαταστασία *I'm afraid the room is (in) a mess.* Συγνώμη αλλά το δωμάτιο είναι ακατάστατο. **2** [ευφημιστικό. Δυσάρεστη ουσία, κυρίως αφόδευση] ακαθαρσία *The dog made a mess on the carpet.* Το σκυλί έκανε τις ακαθαρσίες του στο χαλί.

mess sth **up** ή **mess up** sth *ρ.πρφ.μ.* [αντικ.: π.χ. μαλλιά, χώρος] ανακατεύω

messy *επίθ.* **1** [κάποιος που προκαλεί ανακατωσούρα] ακατάστατος, τσαπατσούλικος *Little babies are so messy.* Τα μωρά προκαλούν τόσο πολύ ακαταστασία! **2** [περιγράφει: π.χ. δωμάτιο, μαλλιά] ακατάστατος

jumble *ουσ.αρ.* (δεν έχει πληθ.) [υπονοεί ένα σωρό από πολλά διαφορετικά πράγματα στοιβαγμένα ανακατωμένα] σωρός *a jumble of old pots and pans* ένας σωρός από παλιά κατσαρολικά

jumble *ρ.μ.* (συχνά + **up**) ανακατεύω *I found the papers all jumbled up together on her desk.* Βρήκα τα χαρτιά ανακατωμένα πάνω στο γραφείο της.

muddle *ουσ.αρ.μ.αρ.* (συνήθως στον ενικό) [συχνότερα αναφέρεται σε διανοητική ή διοικητική σύγχυση παρά σε κυριολεκτική ακαταστασία] μπέρδεμα *My finances are in a muddle.* Τα οικονομικά μου είναι πολύ μπερδεμένα. *to get into a muddle* μπερδεύομαι

muddle *ρ.μ.* (συχνά + **up**) **1** [ανακατεύω. Αντικ.: π.χ. χαρτιά] μπερδεύω **2** [συγχύζω] μπερδεύω *I'm sorry, I got the figures muddled (up).* Συγνώμη, μπέρδεψα τα νούμερα.

unkempt *επίθ.* [υπονοεί ατημέλητος. Περιγράφει: π.χ. μαλλιά, εμφάνιση, άτομο] κακοντυμένος, απεριποίητος

random *επίθ.* [περιγράφει: π.χ. δείγμα, αριθμό] τυχαίος [σαν *ουσ.*] *The names were chosen at random from our list.* Τα ονόματα επιλέχτηκαν τυχαία από τον κατάλογο που είχαμε.

φράσεις

Οι δύο παρακάτω ανεπίσημες φράσεις σημαίνουν πάρα πολύ ατημέλητος στην εμφάνιση:

look as if one has been dragged through a hedge backwards (*Βρετ.*) [για ανθρώπους] φαίνομαι σαν να με έχουν σύρει από τους θάμνους

look like a bomb has hit it [δωμάτιο, γραφείο, κλπ.] φαίνεται σαν να το έχει χτυπήσει βόμβα

---

65 Order Σειρά, Τάξη

δες επίσης **63 Tidy**

order *ουσ.μ.αρ.αρ.* [ακολουθία] σειρά, τάξη *in alphabetical/chronological order* με αλφαβητική/χρονολογική σειρά *You've got the files in the wrong order.* Έχεις βάλει τους φακέλλους σε λάθος σειρά. *It took me hours to get the cards back in the right order.* Μου πήρε ώρες να ξαναβάλω τις κάρτες στη σωστή σειρά. *in order of seniority/importance* κατά σειρά αρχαιότητας/σπουδαιότητας **order** *ρ.μ.* τακτοποιώ

sort *ρ.μ.α.* [τακτοποιώ σύμφωνα με το είδος, μέγεθος, κτλ. Αντικ.: π.χ. γράμματα, ρούχα, φρούτα] ταξινομώ *The eggs are sorted by size.* Τα αυγά είναι χωρισμένα κατά μέγεθος. (+ **out**) *I'm sorting out my old clothes.* Ξεδιαλέγω τα παλιά μου ρούχα. (+ **into**) *I was just sorting the cards into piles.* Απλώς ξεχώριζα τις κάρτες σε στοίβες.

classify *ρ.μ.* [υπονοεί πιο επίσημο σύστημα από το **sort** ή το **order**] ταξινομώ, κατατάσσω *Should I classify this book as fantasy or science fiction?* Σε ποια κατηγορία να κατατάξω αυτό το βιβλίο, φανταστική ιστορία ή επιστημονικής φαντασίας; **classification** *ουσ.μ.αρ.αρ.* ταξινόμηση, κατάταξη

arrange *ρ.μ.* (συχνά + **in**) [αντικ.: π.χ. βιβλία, λουλούδια, στολίδια] τακτοποιώ *The exhibits aren't arranged in any particular order.* Τα εκθέματα δεν είναι τακτοποιημένα σε κάποια συγκεκριμένη σειρά. *chairs arranged around a table* καρέκλες τοποθετημένες γύρω από ένα τραπέζι

arrangement *ουσ.αρ.μ.αρ.* διάταξη, τακτοποίηση *an arrangement of daffodils and irises* νάρκισσοι και κρίνοι τοποθετημένοι σε ωραία διάταξη

---

66 Position Θέση, Τοποθέτηση

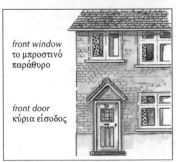

front window
το μπροστινό παράθυρο

front door
κύρια είσοδος

the front of the house η πρόσοψη του σπιτιού

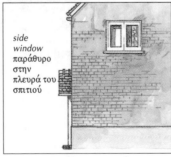

side window
παράθυρο στην πλευρά του σπιτιού

the side of the house η πλευρά του σπιτιού (όχι πρόσοψη ή το πίσω μέρος)

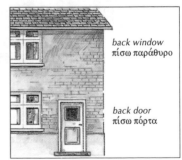

back window
πίσω παράθυρο

back door
πίσω πόρτα

the back/rear of the house το πίσω μέρος του σπιτιού

χρήση

Η λέξη **rear** είναι πιο επίσημη από τη λέξη **back**. Η λέξη **centre** είναι κάπως πιο επίσημη από τη λέξη **middle**. Η λέξη **centre** συνήθως χρησιμοποιείται για περιοχές με δύο διαστάσεις, ενώ η λέξη **middle** μπορεί να χρησιμοποιηθεί και για γραμμές.

She is at the front of the queue. Είναι στην αρχή της ουράς.

She is in the middle of the queue. Είναι στη μέση της ουράς.

He is at the back/rear of the queue. Είναι στο τέλος της ουράς.

The buttons are at the front.
Τα κουμπιά είναι μπροστά.

The buttons are at the back.
Τα κουμπιά είναι πίσω.

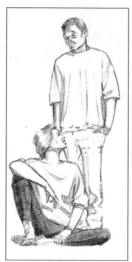

She is sitting in front of him.
Κάθεται μπροστά του.
He is standing behind her.
Στέκεται πίσω της.

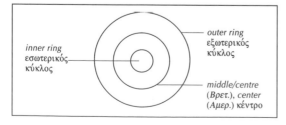

inner ring
εσωτερικός
κύκλος

outer ring
εξωτερικός
κύκλος

middle/centre
(Βρετ.), center
(Αμερ.) κέντρο

He stood in the middle. Στεκόταν στη μέση.
They danced round the outside. Χόρευαν γύρω του.

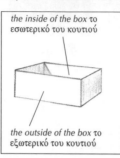

the inside of the box το εσωτερικό του κουτιού

the outside of the box το εξωτερικό του κουτιού

flowers on the outside λουλουδάτο από έξω

plain on the inside σκέτο από μέσα

outside
έξω

inside μέσα

χρήση

Και οι δύο λέξεις **exterior** (εξωτερικός) και **external** (εξωτερικός) είναι κάπως πιο επίσημα συνώνυμα του **outside**, ενώ το **interior** (εσωτερικός) και **internal** (εσωτερικός) έχουν την ίδια σχέση με το **inside**. Οι λέξεις **exterior** και **interior** συνήθως χρησιμοποιούνται σε σχέση με κτίρια: π.χ. *exterior/interior walls* (εξωτερικοί/εσωτερικοί τοίχοι). Μπορούν επίσης να χρησιμοποιηθούν σαν ουσιαστικά, επίσης κυρίως σε σχέση με κτίρια. Όταν το **exterior** χρησιμοποιείται σαν ουσιαστικό, μπορεί επίσης να αναφέρεται στην εξωτερική εμφάνιση κάποιου και/ή στους τρόπους του: π.χ. *Beneath her rather reserved exterior she had a very kind heart.* (Κάτω από την κάπως συγκρατημένη εμφάνισή της είχε μια πολύ ευγενική καρδιά.) Από την άλλη μεριά, η λέξη **the interior**, δηλώνει το κεντρικό και συχνά κάπως άγριο μέρος μιας χώρας ή ηπείρου: π.χ. *a journey into the interior* (ένα ταξίδι στο εσωτερικό). Οι λέξεις **external** και **internal** έχουν πιο ευρεία χρήση. Μπορεί να αναφέρονται σε μέρη κτιρίων ή μέρη του σώματος και στο τι ανήκει ή συμβαίνει μέσα σε μια χώρα ή έναν οργανισμό. Μπορούμε λοιπόν να κάνουμε λόγο για *external/internal affairs* (εξωτερικές/εσωτερικές υποθέσεις) μιας χώρας ή για έναν *external/internal examiner* (εξωτερικό/εσωτερικό εξεταστή) για σχολικές εξετάσεις.

top κορυφή

middle μέση

bottom κάτω μέρος   at the bottom στο κάτω μέρος   half way up/half way down στη μέση   at the top στην κορυφή

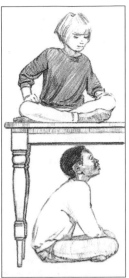

upright όρθιος
vertical κάθετος

horizontal οριζόντιος

They are sitting opposite one another.
Κάθονται ο ένας απέναντι στον άλλον.

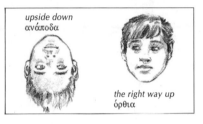

upside down
ανάποδα

the right way up
όρθια

She is sitting on top of the table. Κάθεται πάνω στο τραπέζι.
He is sitting underneath the table. Κάθεται κάτω από το τραπέζι.

67 Necessary Αναγκαίος, Απαραίτητος

δες επίσης **74 Important**

necessary επίθ. (συχνά + **for**) αναγκαίος, απαραίτητος *Is it necessary for us all to be there?* Είναι απαραίτητο να είμαστε όλοι εκεί; *Is it really necessary to make quite so much noise?* [χρησιμοποιείται ειρωνικά] Είναι ανάγκη να κάνετε τόσο πολύ θόρυβο; *We could, **if necessary**, postpone the meeting.* Θα μπορούσαμε, αν χρειαστεί, να αναβάλλουμε τη συνεδρίαση.

necessarily επίρρ. απαραίτητα, αναγκαία *'Will I have to go?' '**Not necessarily.**'* «Θα πρέπει να φύγω;» «Όχι απαραίτητα.»

necessity ουσ.μ.αρ.αρ. (συχνά + **for, of**) αναγκαιότητα *She stressed the necessity of keeping the plan a secret.* Τόνισε την αναγκαιότητα να κρατηθεί το σχέδιο μυστικό. *the **bare necessities** of life* οι στοιχειώδεις ανάγκες της ζωής

need ρ.μ. [γενική λέξη, συνήθως δε χρησιμοποιείται σε χρόνους διαρκείας] χρειάζομαι *to need something badly* έχω μεγάλη ανάγκη από κάτι *I need a new pair of shoes.* Χρειάζομαι ένα καινούριο ζευγάρι παπούτσια. *The boiler needs repairing/needs to be repaired.* Ο λέβητας χρειάζεται επισκευή.

need ουσ. **1** ουσ.μ.αρ (συχνά + **for, of**) ανάγκη *families **in need*** οικογένειες σε ανάγκη *Are you **in need of** any assistance?* Χρειάζεσαι βοήθεια; *There's **no need to** get so upset.* Δε χρειάζεται να αναστατώνεσαι τόσο πολύ.
2 ουσ.αρ. [συνήθως στον πληθ.] ανάγκη *We can supply all your home-decorating needs.* Μπορούμε να ανταποκριθούμε σε όλες τις ανάγκες για το βάψιμο του σπιτιού σας.

require ρ.μ. [πιο επίσημο από το need] χρειάζομαι, απαιτώ *Your services are no longer required.* Δε χρειαζόμαστε πλέον τις υπηρεσίες σου. *We urgently require assistance.* Χρειαζόμαστε επειγόντως βοήθεια.

requirement ουσ.αρ. (συχνά + **for**) [σχετικά επίσημο, συνήθως χρησιμοποιείται στον πληθ.] απαίτηση, ανάγκη *entry requirements* τα απαιτούμενα για την εισαγωγή προσόντα

addict ουσ.αρ. ο συνηθισμένος σε κάτι *a drug addict* ναρκομανής

addicted επίθ. (συνήθως μετά από ρ., συχνά + **to**) παθιασμένος [χιουμοριστικό] *I'm addicted to fast cars.* Έχω πάθος με τα γρήγορα αυτοκίνητα.

addiction ουσ.μ.αρ.αρ. (συχνά + **to**) εθισμός *drug addiction* τοξικομανία

addictive επίθ. [συνήθως για ναρκωτικά] που προκαλεί εθισμό

φ ρ ά σ η

there's nothing (else) for it (but to) δεν υπάρχει άλλη λύση (από το να) *There's nothing else for it - we'll have to walk.* Δεν υπάρχει άλλη λύση – πρέπει να πάμε με τα πόδια.

essential επίθ. (συχνά + **for, to**) ουσιώδης, απαραίτητος *essential services* απαραίτητες υπηρεσίες *Good marketing is essential for success.* Η καλή προώθηση των προϊόντων είναι απαραίτητη για την επιτυχία.

essential ουσ.αρ. [συχνά χρησιμοποιείται στον πληθ.] ουσιώδες *the **bare essentials*** τα τελείως απαραίτητα

vital επίθ. (συχνά + **for, to**) ζωτικός (+ **that**) *It's absolutely vital that this is posted today.* Είναι ζωτικής σημασίας να ταχυδρομηθεί αυτό σήμερα. *a question of vital importance* θέμα ζωτικής σημασίας **vitally** *επίρρ.* ζωτικά

crucial *επίθ.* (συχνά + **for, to**) κρίσιμος, αποφασιστικός *a crucial factor in our decision* ένας αποφασιστικός παράγοντας για την απόφασή μας **crucially** *επίρρ.* αποφασιστικά, κρίσιμα

68 Unnecessary Περιττός, Μη αναγκαίος

δες επίσης **76 Unimportant**

unnecessary *επίθ.* περιττός *Don't carry any unnecessary weight.* Μην κουβαλήσεις περιττό βάρος. **unnecessarily** *επίρρ.* άσκοπα

needless *επίθ.* (πριν από ουσ.) [πιο επίσημο από το **unnecessary**] περιττός, άχρηστος *a needless waste of resources* μια περιττή σπατάλη των πόρων (πλουτοπαραγωγικών πηγών) [όχι επίσημο] *Needless to say, nobody bothered to inform me.* Περιττό να σου πω, ότι κανένας δεν μπήκε στον κόπο να με πληροφορήσει. **needlessly** *επίρρ.* περιττά

pointless *επίθ.* [περιγράφει: π.χ. παρατήρηση, χειρονομία] άσκοπος, μάταιος **pointlessly** *επίρρ.* άσκοπα, μάταια

68.1 Περισσότερο από ό,τι είναι ανάγκη

extra *επίθ.* [περιγράφει: π.χ. προσωπικό, ρούχα, πληρωμή] πρόσθετος *an extra £10 a week* δέκα λίρες την εβδομάδα επιπλέον *a goal scored during **extra time*** (Βρετ.) ένα γκολ που σημειώθηκε κατά την παράταση

extra *επίρρ.* πρόσθετα, ιδιαίτερα *I've been working extra hard all this week.* Αυτή τη βδομάδα έχω δουλέψει ιδιαίτερα σκληρά. *extra large size* το πολύ μεγάλο μέγεθος

extra *ουσ.αρ.* επιπλέον *You have to pay for all the extras like organized excursions.* Πρέπει να πληρώσεις όλες τις επιπρόσθετες επιβαρύνσεις όπως τις οργανωμένες εκδρομές.

spare *επίθ.* 1 [κάτι που μπορεί να χρησιμοποιηθεί σαν υποκατάστατο] εφεδρικός *Did you pack any spare*

underwear? Έχεις πάρει μαζί σου εφεδρικά εσώρουχα; *spare parts* ανταλλακτικά 2 [κάτι που δε χρησιμοποιείται προς το παρόν] διαθέσιμος *Have you got a spare pen you could lend me?* Έχεις ένα στυλό να μου δανείσεις; *the spare bedroom* το δωμάτιο για φιλοξενούμενους *There are two tickets **going spare*** (Βρετ.) *if you want them.* Περισσεύουν δύο εισιτήρια αν τα θέλεις.

spare *ουσ.αρ.* εφεδρικό (π.χ. ανταλλακτικό) *If the fanbelt breaks there's a spare in the boot.* Αν σπάσει ο ιμάντας υπάρχει ένας εφεδρικός στο πορτ μπαγκάζ.

spare *ρ.μ.* διαθέτω *There's no time to spare.* Δεν υπάρχει χρόνος για χάσιμο. *Can you spare any money?* Σου περισσεύουν καθόλου λεφτά;

surplus *επίθ.* πλεονάζων, περίσσιος *surplus energy* πλεονάζουσα ενέργεια *It is surplus to requirements.* Είναι παραπάνω από το απαιτούμενο.

surplus *ουσ.αρ.μ.αρ.* πλεόνασμα *a huge surplus of agricultural products* ένα τεράστιο πλεόνασμα αγροτικών προϊόντων

excess *επίθ.* [χρησιμοποιείται μόνο για φυσικές ιδιότητες ή αντικείμενα. Περιγράφει: π.χ. βάρος, υλικό] υπερβολικός *excess baggage* υπέρβαρες αποσκευές

excess *ουσ.μ.αρ.αρ.* [σχετικά επίσημο] υπερβολή *an excess of enthusiasm* υπερβολικός ενθουσιασμός *a figure **in excess of** $4,000,000* ένα ποσό που ξεπερνάει τα 4.000.000 δολάρια

excessive *επίθ.* [σχετικά επίσημο και κάπως υποτιμητικό, που δηλώνει παραλογισμό] υπέρμετρο *She drank an excessive amount of wine.* Ήπιε υπερβολικά πολύ κρασί. **excessively** *επίρρ.* υπερβολικά, υπέρμετρα

superfluous *επίθ.* [σχετικά επίσημο] περιττός, περίσσιος

redundant *επίθ.* [επίσημο] περιττός, άχρηστος *New technology has made our old machinery redundant.* Η καινούρια τεχνολογία έχει κάνει τα παλιά μηχανήματά μας περιττά.

69 Waste Σπαταλώ

δες επίσης **71 Rubbish**

waste *ρ.μ.* (συχνά + **on**) [αντικ.: π.χ. λεφτά, ενέργεια, (πλουτοπαραγωγικές) πηγές] σπαταλώ, χάνω *You're wasting your time here.* Χάνεις τον καιρό σου εδώ. *I shouldn't waste any sympathy on him.* Δε θα τον συμπονούσα καθόλου.

waste *ουσ.αρ.μ.αρ.* (δεν έχει πληθ.) σπατάλη *That project's a waste of time and money.* Εκείνο το έργο είναι χαμένος κόπος και χαμένα λεφτά. *Her talents are wasted here.* Τα ταλέντα της πάνε χαμένα εδώ. *All that hard work has gone to waste.* Όλη η σκληρή δουλειά έχει πάει χαμένη.

wasteful *επίθ.* [περιγράφει: π.χ. πρόσωπο, χρήση, συνήθειες] σπάταλος, πολυέξοδος

squander *ρ.μ.* (συχνά + **on**) [πιο έντονα αποδοκιμαστικό από το **waste**] κατασπαταλώ, χαραμίζω

fritter sth **away** 'H **fritter away** sth *ρ.πρφ.μ.* (συχνά + **on**) [υποτιμητικό] κατασπαταλώ *He frittered away his inheritance on horses.* Κατασπατάλησε τη κληρονομιά του στα άλογα.

extravagant *επίθ.* [περιγράφει: π.χ. πρόσωπο, χρήση] υπερβολικός, σπάταλος *Taking taxis everywhere is rather extravagant.* Είναι μάλλον σπατάλη να πηγαίνεις παντού με ταξί. **extravagantly** *επίρρ.* σπάταλα **extravagance** *ουσ.μ.αρ.αρ.* υπερβολή, σπατάλη

70 Throw away Πετώ

throw sth **away** 'Η **throw away** sth ρ.πρφ.μ. **1** πετώ *Why don't you throw that old suitcase away?* Γιατί δεν πετάς εκείνη τη παλιά βαλίτσα; **2** [αντικ.: π.χ. ευκαιρία] χάνω, χαραμίζω

throw sth/sb **out** 'Η **throw out** sth/sb ρ.πρφ.μ. [ακούγεται λίγο πιο βίαιο από το **throw away**] **1** πετώ, διώχνω **2** (συχνά + **of**) [αντικ.: πρόσωπο] διώχνω *Her mother threw her out of the house when she became pregnant.* Η μητέρα της την έδιωξε από το σπίτι όταν έμεινε έγκυος.

get rid of sth/sb [κάπως ανεπίσημο] ξεφορτώνομαι κτ/κπ *I wish I could get rid of this cough.* Μακάρι να μπορούσα να απαλλαγώ από αυτόν το βήχα. *I got rid of her by saying I was expecting guests.* Την ξεφορτώθηκα με τη δικαιολογία ότι περίμενα επισκέπτες.

dispose of sth ρ.πρφ.μ. [πιο επίσημο από το **get rid of**] πετώ, διαθέτω *Dispose of all waste carefully.* Πετάξτε όλα τα απορρίμματα προσεκτικά. **disposal** ουσ.μ.αρ. πέταμα, διάθεση

discard ρ.μ. [συχνά υπονοεί απροσεξία] πετώ, εγκαταλείπω *a pile of discarded clothing* ένας σωρός από πεταμένα ρούχα

reject ρ.μ. [αντικ.: π.χ. ιδέα, πρόταση, πρόσωπο] απορρίπτω *The unions have rejected the proposed settlement.* Τα σωματεία έχουν απορρίψει τις προτάσεις για διευθέτηση. *She felt rejected by her parents.* Αισθάνθηκε ότι οι γονείς της την είχαν απαρνηθεί. **reject** ουσ.αρ. απόρριμμα, απόβλητο **rejection** ουσ.μ.αρ.αρ. απόρριψη

71 Rubbish Σκουπίδια

rubbish (κυρίως Βρετ.), **garbage** 'Η **trash** (κυρίως Αμερ.) ουσ.μ.αρ. [μπορεί να σημαίνει απορρίμματα σχεδόν οποιουδήποτε είδους] σκουπίδια *garden/household rubbish* απορρίματα από τον κήπο/το σπίτι *a pile/heap of rubbish* ένας σωρός σκουπίδια

χρήση

Οι λέξεις **rubbish** (Βρετ.), **junk** (Βρετ. & Αμερ.), **garbage** (κυρίως Αμερ.), και **trash** (κυρίως Αμερ.) συνήθως χρησιμοποιούνται για να περιγράψουν πράγματα που θεωρούνται άχρηστα: π.χ. *He talks a load of rubbish.* (Λέει πολλές ανοησίες.) *The movie was absolute garbage.* (Το έργο ήταν σκέτη ανοησία.)

waste ουσ.μ.α. [πιο εξειδικευμένο από το **rubbish** και συχνά χρησιμοποιείται όταν μιλάμε για τη βιομηχανία ή το περιβάλλον] απόβλητα *industrial/domestic waste* βιομηχανικά/οικιακά απόβλητα *chemical/nuclear waste* χημικά/πυρηνικά απόβλητα (χρησιμοποιείται πριν από ουσ.) *waste pipe* σωλήνας αποχέτευσης

waste επίθ. [περιγράφει: π.χ. προϊόντα, υλικά] άχρηστος *δες επίσης **69 Waste**

refuse ουσ.μ.αρ. [επίσημο] απορρίμματα *refuse collection* συλλογή των απορριμμάτων

litter ουσ.μ.αρ. [ελαφρά σκουπίδια, κυρίως χαρτιά, σκορπισμένα εδώ και εκεί, π.χ. στο δρόμο] σκουπίδια

litter ρ.μ. (συχνά + **with**) [συχνά χρησιμοποιείται στην παθητική φωνή] ρυπαίνω *The ground was littered with old newspapers.* Στο έδαφος ήταν σκορπισμένες παλιές εφημερίδες.

junk ουσ.μ.αρ. [ανεπίσημο και υποτιμητικό, κυρίως αντικείμενα μεγάλου μεγέθους] παλιοπράγματα *The garage is full of old junk.* Το γκαράζ είναι γεμάτο παλιοπράγματα. (σαν επίθ.) *junk shop* παλαιοπωλείο *junk food* τροφή χωρίς θρεπτική αξία

debris ουσ.μ.αρ. συντρίμμια, χαλάσματα *the debris from the explosion* τα συντρίμμια από την έκρηξη

rubble ουσ.μ.αρ. μπάζα *to reduce sth to rubble* γκρεμίζω κτ

dustbin (Βρετ.)/garbage can 'Η trashcan (Αμερ.) σκουπιδοτενεκές

dustman (Βρετ.)/garbage collector (Αμερ.) σκουπιδιάρης

dustcart (Βρετ.)/garbage truck (Αμερ.) σκουπιδιάρικο

72 Want Θέλω

δες επίσης **107 Intend, 251 Resentment, 278 Eager, 426 Like, 427 Love**

want ρ.μ. (δε χρησιμοποιείται σε χρόνους διαρκείας) θέλω *What do you want for Christmas/dinner?* Τι (δώρο) θέλεις για τα Χριστούγεννα/Τι θέλεις (να φας) για βραδινό; [+ **to** + ΑΠΑΡΕΜΦΑΤΟ] *He wanted to see you again.* Ήθελε να σε ξαναδεί.

want ουσ. [επίσημο] **1** ουσ.μ.αρ.αρ. (συχνά + **of**) ανάγκη, έλλειψη *All your wants will be provided for.* [κάπως επίσημο] Θα φροντίσουμε για όλες τις ανάγκες σου. *Let's call it carelessness, **for want of** a better word.* Ας το πούμε

απροσεξία μια και δε βρίσκουμε καλύτερη λέξη. **2** ουσ.μ.αρ. στέρηση *families who suffer want* οικογένειες που υφίστανται στερήσεις

desire ρ.μ. (δε χρησιμοποιείται σε χρόνους διαρκείας) **1** [επίσημο] επιθυμώ *They may submit a proposal, if they so desire.* Μπορούν να υποβάλλουν μια πρόταση αν το επιθυμούν. *The warning didn't have **the desired effect**.* [όχι επίσημο] Η προειδοποίηση δεν έφερε το επιθυμητό αποτέλεσμα. 2 [σεξουαλικά. Αντικ.: πρόσωπο, σώμα] επιθυμώ

desire ουσ.αρ.μ.αρ. (συχνά + **to** + ΑΠΑΡΕΜΦΑΤΟ) [πιο επίσημο από το **wish**] επιθυμία *She is motivated mainly by a passionate desire for popularity.* Το κύριο κίνητρό της είναι μια παθιασμένη επιθυμία να είναι δημοφιλής. *one's heart's desire* αυτό που επιθυμεί η ψυχή σου

desirable επίθ. **1** [σχετικά επίσημο. Αντικ.: π.χ. τόπος διαμονής, τοποθεσία] επιθυμητός **2** [αντικ.: πρόσωπο] επιθυμητός, ελκυστικός **desirably** επίρρ. επιθυμητά

feel like sth ρ.πρφ.μ. [ανεπίσημο] έχω όρεξη για κάτι *I feel like a nice cup of tea.* Θα ήθελα ένα ωραίο φλυτζάνι τσάι. *Don't come if you don't feel like it.* Μην έρχεσαι αν δεν έχεις όρεξη.

wish ρ. **1** ρ.μ.α. (συνήθως + **to** + ΑΠΑΡΕΜΦΑΤΟ) [πιο επίσημο και εμφατικό από το **want**] επιθυμώ *I wish to see the manager.* Θέλω να δω το διευθυντή. **2** ρ.α.μ. (συχνά + **for, that**) θέλω πάρα πολύ *I wished for a new bike.* Ήθελα πολύ ένα καινούριο ποδήλατο. *I wish you wouldn't keep interrupting me.* Μακάρι να μη με διέκοπτες όλη την ώρα. **3** ρ.μ. [αντικ.: π.χ. υγεία, χαρούμενα γενέθλια] εύχομαι *to wish sb luck* εύχομαι σε κάποιον καλή τύχη

wish ουσ.αρ. **1** (συχνά + **to** + ΑΠΑΡΕΜΦΑΤΟ) επιθυμία *I have no wish to seem ungrateful.* Δεν έχω καμιά επιθυμία να φανώ αχάριστος. *to have/get one's wish* αποκτώ αυτό που επιθυμώ *to make a wish* κάνω μια ευχή **2** (συνήθως στον πληθ., συχνά + **for**) ευχή *best wishes for the future* τις καλύτερες ευχές (μου) για το μέλλον

hope ρ.α.μ. ελπίζω (+ **for**) *We'll just have to hope for the best.* Απλώς θα πρέπει να ελπίσουμε για την ευνοϊκότερη εξέλιξη. (+ **that**) *I hope (that) they'll be happy.* Ελπίζω να είναι ευτυχισμένοι.

hope ουσ.μ.αρ.αρ. (συχνά + **for, of**) ελπίδα *a glimmer/ray of hope* μια αμυδρή ελπίδα *There's no hope of a pardon.* Δεν υπάρχει ελπίδα για αμνηστεία.

hopeful επίθ. (συχνά + **that**) γεμάτος ελπίδα *We're still hopeful she may change her mind.* Ελπίζουμε ακόμη ότι θα αλλάξει γνώμη.

miss ρ.μ. (συχνά + -ing) [αντικ.: γνώριμο ή προσφιλές πρόσωπο ή πράγμα] νοσταλγώ, επιθυμώ *I really missed you while you were away.* Πραγματικά σε επιθύμησα όσο έλειπες.

72.1 Θέλω πάρα πολύ

crave ρ.α.μ. (συχνά + **for**) [σχετικά επίσημο] ποθώ, λαχταρώ *She thought he could give her the security she craved (for).* Νόμιζε ότι θα της έδινε την ασφάλεια που λαχταρούσε.

long for sth/sb ρ.πρφ.μ. [αντικ.: πρόσωπο, σπιτι(κό)] ποθώ, λαχταρώ *I've been longing for you to ask me.* Λαχταρούσα να μου το ζητήσεις.

φ ρ ά σ η

set one's heart on sth επιθυμώ διακαώς *He'd set his heart on (getting) that job.* Το είχε βάλει μεράκι να πάρει εκείνη τη δουλειά.

yearn for sth/sb ρ.πρφ.μ. [λογοτεχνικό. Πιο έντονο από το **long for**] ποθώ, λαχταρώ

72.2 Αισθήματα επιθυμίας

urge ουσ.αρ. (συχνά + **to** + ΑΠΑΡΕΜΦΑΤΟ) ακατανίκητη επιθυμία *to feel the/an urge to do sth* έχω την ακατανίκητη επιθυμία να κάνω κάτι *sexual urge* σεξουαλική ορμή

impulse ουσ.αρ.μ.αρ. (συχνά + **to** + ΑΠΑΡΕΜΦΑΤΟ) ορμή, παρόρμηση *to act on impulse* ενεργώ αυθόρμητα **impulsive** επίθ. αυθόρμητος **impulsively** επίρρ. αυθόρμητα, παρορμητικά

appetite ουσ.αρ.μ.αρ. (συχνά + **for**) όρεξη, διάθεση *to have a good/healthy appetite* έχω καλή/υγιή όρεξη *She's got no real appetite for work.* Δεν έχει πραγματική διάθεση για δουλειά.

craving ουσ.αρ. (συχνά + **for**) [πιο έντονο από το **appetite**, και μερικές φορές υποτιμητικό] πόθος, σφοδρή επιθυμία *a craving for love/tobacco* πόθος για αγάπη/σφοδρή επιθυμία για κάπνισμα

greed ουσ.μ.αρ. [υποτιμητικό] απληστία, λαιμαργία

greedy επίθ. [υποτιμητικό] άπληστος, λαίμαργος *You're a greedy pig, Michael.* Είσαι ένα λαίμαργο γουρούνι Μάικλ. *greedy for power/profit* άπληστος για εξουσία/κέρδη **greedily** επίρρ. άπληστα, λαίμαργα

greediness ουσ.μ.αρ. [λιγότερο συνηθισμένο από το **greed**] απληστία, λαιμαργία

temptation ουσ.μ.αρ.αρ. (συχνά + **to** + ΑΠΑΡΕΜΦΑΤΟ) πειρασμός *The temptation to cheat was just too strong.* Ο πειρασμός για απάτη ήταν πολύ έντονος για να αντισταθώ.

tempt ρ.μ. (συχνά στην παθητική φωνή, συχνά + **to** + ΑΠΑΡΕΜΦΑΤΟ) δελεάζω, βάζω σε πειρασμό *They were sorely tempted to resign on the spot.* Μπήκαν σε σοβαρό πειρασμό να παραιτηθούν αμέσως. *δες επίσης **432 Attract**

72.3 Εκφράζω επιθυμίες

δες επίσης **351 Ask**

demand ρ.μ. (συχνά + **to** + ΑΠΑΡΕΜΦΑΤΟ) απαιτώ *I demand an explanation.* Απαιτώ μια εξήγηση. *He demanded to know why he had not been informed.* Απαίτησε να μάθει γιατί δεν τον είχαν πληροφορήσει.

demand ουσ. (συχνά + **for**) **1** ουσ.αρ. απαίτηση *a demand for payment* απαίτηση για πληρωμή *to make demands on sb/sth* έχω απαιτήσεις από κάποιον/κάτι **2** ουσ.μ.αρ. ζήτηση *supply and demand* προσφορά και ζήτηση *goods which are in demand* αγαθά που είναι σε ζήτηση *available on demand* διαθέσιμο όταν το ζητήσεις

order ρ.μ.α. [αντικ.: π.χ. αγαθά, τρόφιμα, βιβλίο] παραγγέλνω *Have you ordered yet, sir?* Έχετε παραγγείλει, κύριε;

order ουσ.αρ.μ.αρ. (συχνά + **for**) παραγγελία *on order* κάτι που έχει παραγγελθεί αλλά δεν έχει παραδοθεί/παραληφθεί ακόμα (χρησιμοποιείται σαν επίθ.) *order form* έντυπο παραγγελίας *order book* βιβλίο παραγγελιών

73 Choose Διαλέγω

δες επίσης **107 Intend**, *L3 Preferences*

choose ρ.μ.α., αόρ. **chose**, μτχ. αορ. **chosen** (συχνά + **between**, + **to** + ΑΠΑΡΕΜΦΑΤΟ) [γενική λέξη] διαλέγω, επιλέγω *My chosen subject is French history.* Το μάθημα που έχω διαλέξει είναι Γαλλική ιστορία. *He chose to ignore my advice.* Επέλεξε να αγνοήσει τη συμβουλή μου.

choice ουσ. **1** ουσ.αρ.μ.αρ. (συχνά + **between**) επιλογή *to make a choice* κάνω επιλογή/εκλογή *She had no choice but to obey.* Δεν είχε άλλη επιλογή από το να υπακούσει. *I wouldn't go there by choice.* Δε θα διάλεγα να πάω εκεί. **2** ουσ.αρ. (συχνά + **for, as**) επιλογή *She's my choice as*

team captain. Τη διαλέγω για αρχηγό της ομάδας.
3 *ουσ.αρ.μ.αρ.* (συχνά + **of**) εκλογή, επιλογή *They don't offer you much (of a) choice.* Δε σου προσφέρουν πολύ μεγάλη επιλογή.

select *ρ.μ.* (συχνά + **for**, + **to** + ΑΠΑΡΕΜΦΑΤΟ) [πιο επίσημο από το **choose**. Δίνει έμφαση στην ανώτερη ποιότητα του αντικειμένου ή του προσώπου που έχει επιλεχθεί] επιλέγω *She's been selected to play for Scotland.* Την έχουν επιλέξει να παίξει για την ομάδα της Σκωτίας. **selector** *ουσ.αρ.* επιλογέας
selection *ουσ.* 1 *ουσ.μ.αρ.* επιλογή [σαν *επίθ.*] *selection board/committee* επιτροπή επιλογής
2 *ουσ.αρ.* (συχνά + **of, from**) επιλογή, ποικιλία *a selection of desserts* μια επιλογή από γλυκά
pick *ρ.μ.α.* [κάπως λιγότερο επίσημο από το **choose**] διαλέγω *You certainly picked the right person for the job.* Είναι σίγουρο ότι διάλεξες το σωστό άτομο για τη δουλειά. *You haven't got time to **pick and choose.*** Δεν έχεις χρόνο να είσαι πολύ απαιτητικός.
pick *ουσ.* 1 [μόνο σε καθορισμένες εκφράσεις] *to have first pick of something* έχω την πρώτη επιλογή από κάτι *to **have/take one's pick*** of something διαλέγω, έχω τη δυνατότητα επιλογής 2 (πάντα + **the**) [το καλύτερο] η πρώτη επιλογή *the pick of the bunch* η αφρόκρεμα
elect *ρ.μ.* 1 [αντικ.: π.χ. κυβέρνηση, πρόεδρο, επιτροπή] εκλέγω 2 (+ **to** + ΑΠΑΡΕΜΦΑΤΟ) [επίσημο] αποφασίζω
opt for sth/sb *ρ.πρφ.μ.* αποφασίζω για κάτι/κάποιον
option *ουσ.αρ.μ.αρ.* επιλογή *to have no option* δεν έχω άλλη επιλογή *What are my options?* Ποιες είναι οι επιλογές μου; **optional** *επίθ.* προαιρετικός

settle for sth/sb *ρ.πρφ.μ.* [συνήθως υπονοεί συμβιβασμό] παίρνω, συμβιβάζομαι με *We had to settle for second best.* Αναγκαστήκαμε να συμβιβαστούμε με τη δεύτερη επιλογή.
decide on sth/sb *ρ.πρφ.μ.* αποφασίζω (αφού έχω σκεφτεί άλλα ενδεχόμενα) *We've decided on France for our holiday this year.* Αποφασίσαμε να πάμε στη Γαλλία για τις διακοπές μας φέτος.

73.1 Προτιμώ

prefer *ρ.μ.* (συχνά + **to**, + **to** + ΑΠΑΡΕΜΦΑΤΟ) προτιμώ *They obviously prefer brandy to whiskey.* Είναι φανερό ότι προτιμούν το κονιάκ από το ουίσκι. *I prefer to go alone.* Προτιμώ να πάω μόνος μου.
preferable *επίθ.* (συνήθως μετά από *ρ.*, συχνά + **to**) προτιμότερος **preferably** *επίρρ.* κατά προτίμηση
preference *ουσ.αρ.μ.αρ.* (συχνά + **for**) προτίμηση *to have/show a preference for sb/sth* έχω/δείχνω προτίμηση για κάποιον/κάτι *in preference to* προτιμότερο από

χρήση

Σαν εναλλακτικό του **prefer**, μπορούμε να χρησιμοποιήσουμε το επίρρημα **rather** με τον υποθετικό χρόνο οποιουδήποτε ρήματος. Π.χ.: *I'd rather go by bus than walk.* (Προτιμώ να πάω με το λεωφορείο παρά με τα πόδια.) *She says she'd rather stay at home.* (Λέει ότι προτιμά να μείνει στο σπίτι.) *I'd rather you told her yourself.* (Θα προτιμούσα να της το πεις εσύ.)

74 Important Σπουδαίος

δες επίσης **Necessary 67**, αντίθετο **Unimportant 76**

important *επίθ.* (συχνά + **to**) [γενική λέξη. Περιγράφει: π.χ. δουλειά, νέα, πρόσωπο] σπουδαίος, σημαντικός, σοβαρός *I've got something very important to tell you.* Έχω να σου πω κάτι πολύ σοβαρό. *a very important person* ένα πολύ σπουδαίο πρόσωπο
importance *ουσ.μ.αρ.* σπουδαιότητα, σημασία, σοβαρότητα *a matter of the utmost importance* θέμα υψίστης σπουδαιότητας
significant *επίθ.* [κάτι που έχει σπουδαίο και αισθητό αποτέλεσμα. Συνήθως δε χρησιμοποιείται για ανθρώπους. Περιγράφει: π.χ. γεγονός, εξέλιξη, βελτίωση] σημαντικός **significantly** *επίρρ.* σημαντικά
significance *ουσ.μ.αρ.* σημασία, σπουδαιότητα *to attach significance to something* αποδίδω σημασία σε κάτι

φράσεις

it's no joke/no laughing matter δεν είναι αστείο *It's no joke having to get up at four o'clock in the morning.* Δεν είναι αστείο να πρέπει να σηκωθείς στις τέσσερις η ώρα το πρωί.
the be-all and end-all [συχνά δηλώνει αποδοκιμασία της σπουδαιότητας που αποδίδεται στο αντικείμενο για το οποίο γίνεται λόγος] το πιο σημαντικό πράγμα, το παν *Clothes aren't the be-all and end-all of life, you know.* Τα ρούχα δεν είναι το παν στη ζωή, ξέρεις.
a matter of life and death ζήτημα ζωής και θανάτου *Come quickly, it's a matter of life and death.* Έλα γρήγορα είναι ζήτημα ζωής και θανάτου.

serious *επίθ.* [κάτι που προκαλεί ανησυχία και χρειάζεται προσοχή. Περιγράφει: π.χ. ατύχημα, τραυματισμό,

δυσκολία] σοβαρός *We're in serious trouble.* Έχουμε σοβαρό πρόβλημα.
seriously *επίρρ.* σοβαρά *seriously injured* σοβαρά τραυματισμένος *to take sth seriously* παίρνω κάτι στα σοβαρά **seriousness** *ουσ.μ.αρ.* σοβαρότητα *δες επίσης 447.2 Sad, 238.1 Sensible*
grave *επίθ.* [πιο έντονη λέξη από το **serious** και κάπως πιο επίσημη. Περιγράφει: π.χ. απειλή, λάθος, έννοια] σοβαρός, βαρύς *I have grave doubts about his suitability.* Έχω σοβαρές αμφιβολίες για την καταλληλότητά του. **gravely** *επίρρ.* σοβαρά **gravity** *ουσ.μ.αρ.* σοβαρότητα

74.1 Θεωρώ σπουδαίο

matter *ρ.α.* (συχνά + **to**) [χρησιμοποιείται κυρίως σε αρνητικούς τύπους] έχω σημασία, πειράζει *Does it matter if I'm late?* Πειράζει αν αργήσω; *Money doesn't matter to me.* Τα λεφτά δε με ενδιαφέρουν.
mind *ρ.α.μ.* ενοχλούμαι από κάτι, με πειράζει κάτι *Do you mind if I sit here?* Σε πειράζει αν καθήσω εδώ; *'I'm so sorry, I've broken a glass.' - 'Never mind, it was only a cheap one.'* «Συγνώμη, έσπασα ένα ποτήρι.» «Δεν πειράζει, ήταν φτηνό.» *I don't mind the rain.* Δε με πειράζει η βροχή.
care *ρ.α.μ.* (συχνά + **about**) [πιο έντονη λέξη από το **mind**] νοιάζομαι, ενδιαφέρομαι *I do care about you.* Πραγματικά νοιάζομαι για σένα. *We could be stuck here all night for all they care.* Δεν τους νοιάζει αν μείνουμε εδώ ακόμα και όλη τη νύχτα. *He says he'll leave me, but I couldn't care less!* Λέει ότι θα με αφήσει, αλλά δε με νοιάζει καθόλου!

χρήση

1 Κανένα από αυτά τα ρήματα δε χρησιμοποιείται στους χρόνους διαρκείας. 2 Προσέξτε ότι, στα Αγγλικά, το υποκείμενο των ρημάτων **care** και **mind** είναι το πρόσωπο, όχι το πράγμα.

74.2 Βαθμός σπουδαιότητας

grade *ουσ.αρ.* 1 [περιγράφει τη σπουδαιότητα ανθρώπων και ποιότητα υλικών] βαθμός, βαθμίδα, τάξη *high-grade ore* μετάλλευμα υψηλής ποιότητας *a low-grade civil servant* δημόσιος υπάλληλος κατώτερης βαθμίδας 2 (*κυρίως Αμερ.*) [στο σχολείο ή κολέγιο] βαθμός *to get good grades* παίρνω καλούς βαθμούς

grade *ρ.μ.* [αντικ.: π.χ. αυγά, μαλλί] ταξινομώ *graded according to size* ταξινομημένα κατά μέγεθος

rank *ουσ.αρ.* [χρησιμοποιείται κυρίως για τις ένοπλες δυνάμεις] βαθμός *the rank of captain* ο βαθμός του λοχαγού

rank *ρ.α.μ.* (συχνά + **as, with**) κατατάσσομαι *to rank above/below sb* θεωρούμαι ανώτερος/κατώτερος από κάποιον *This must rank as one of the worst disasters of modern times.* Αυτό πρέπει να κατατάσσεται ανάμεσα στις χειρότερες καταστροφές της σύγχρονης εποχής. *She is ranked 5th in the world at chess.* Κατατάσσεται πέμπτη στον κόσμο στο σκάκι.

level *ουσ.αρ.* επίπεδο *a high-level delegation* αποστολή υψηλού επιπέδου *She entered the service at executive level.* Μπήκε στην υπηρεσία σε διοικητικό επίπεδο.

75 Main Κύριος

main *επίθ.* (πριν από ουσ., δεν έχει συγκρ. ή υπερθ.) [περιγράφει: π.χ. σκοπό, αιτία, επιρροή] κύριος *main door/entrance* κύρια είσοδος *You're all safe, that's the main thing.* Είσαστε όλοι καλά, αυτό είναι το κυριότερο.

mainly *επίρρ.* κυρίως *I work mainly in Paris.* Δουλεύω κυρίως στο Παρίσι.

chief *επίθ.* (πριν από ουσ., δεν έχει συγκρ. ή υπερθ.) [χρησιμοποιείται σε παρόμοιες περιπτώσεις όπως το **main**, εκτός από συγκεκριμένες εκφράσεις όπως **main road** (κεντρικός δρόμος)] κύριος, πρωτεύων [συχνά χρησιμοποιείται με μια λέξη που δηλώνει το επάγγελμα ή τη θέση κάποιου] αρχι–(λογιστής) *the company's chief executive* ο διευθυντής της εταιρείας **chiefly** *επίρρ.* κυρίως

principal *επίθ.* (πριν από ουσ., δεν έχει συγκρ. ή υπερθ.) [κάπως επίσημο. Δηλώνει σπουδαιότητα, όχι μέγεθος. Περιγράφει: π.χ. σκοπό, πρόβλημα] κύριος **principally** *επίρρ.* κυρίως

major *επίθ.* (συνήθως πριν από ουσ.) [δηλώνει σπουδαιότητα και μέγεθος. Λιγότερο απόλυτο από το **main**, **chief**, και **principal**. Περιγράφει: π.χ. παράγοντα, επιχείρηση, πρόβλημα] σημαντικός, μεγάλος *major road works* οδικά έργα ευρείας έκτασης *a major earthquake* μεγάλος σεισμός

key *επίθ.* (πριν από ουσ., δεν έχει συγκρ. ή υπερθ.) [σπουδαίος επειδή άλλα πράγματα, άνθρωποι, κτλ.

εξαρτώνται από αυτόν. Περιγράφει: π.χ. θέμα, βιομηχανία, μάρτυρα] κεντρικός, βασικός

basic *επίθ.* (συνήθως πριν από ουσ.) 1 [σπουδαίος επειδή όλα τα άλλα εξαρτώνται από αυτόν] βασικός, θεμελιώδης *Food and water are basic human needs.* Η τροφή και το νερό είναι βασικές ανθρώπινες ανάγκες. (+ **to**) *Freedom of speech is basic to our society.* Η ελευθερία του λόγου είναι βασική για την κοινωνία μας. 2 [το πιο απλό, χωρίς στολίδια παράδειγμα] βασικός *The basic model is quite cheap.* Το βασικό μοντέλο είναι αρκετά φτηνό.

basics *ουσ. πληθ.* οι βασικές αρχές *This book covers the basics of motor mechanics.* Αυτό το βιβλίο καλύπτει τις βασικές αρχές της μηχανικής των αυτοκινήτων.

basically *επίρρ.* βασικά *Basically I'm in good health.* Βασικά, είμαι καλά στην υγεία μου. [μερικές φορές χρησιμοποιείται σε εκφράσεις που δηλώνουν θυμό] *Basically, I'm fed up with the lot of you!* Βασικά, σας έχω βαρεθεί όλους σας!

fundamental *επίθ.* (συχνά + **to**) [κάπως πιο επίσημο από το ⬥ **basic**. Περιγράφει: κυρίως ιδέες] θεμελιώδης, στοιχειώδης *a fundamental principle of democratic government* θεμελιώδης αρχή δημοκρατικής διακυβέρνησης **fundamentals** *ουσ. πληθ.* θεμελιώδεις αρχές

fundamentally *επίρρ.* κατά βάση, ουσιαστικά *Your argument is fundamentally flawed.* Το επιχείρημά σου είναι κατά βάση λανθασμένο.

76 Unimportant Ασήμαντος

δες επίσης **68 Unnecessary**, αντίθετο **74 Important**

unimportant *επίθ.* [γενική λέξη] ασήμαντος **unimportance** *ουσ.μ.αρ.* έλλειψη σημασίας

minor *επίθ.* [περιγράφει: π.χ. μέρος, ελάττωμα, μερίδιο] ασήμαντος, δευτερεύων

insignificant *επίθ.* [κάτι που δεν παίζει μεγάλο ρόλο. Μπορεί να χρησιμοποιηθεί υποτιμητικά] ασήμαντος, μηδαμινός *an insignificant little man* ένας ασήμαντος ανθρωπάκος **insignificantly** *επίρρ.* χωρίς σημασία

insignificance *ουσ.μ.αρ.* ασημαντότητα *to pale/dwindle into insignificance* χάνω κάθε σημασία (σε σύγκριση με κάτι άλλο)

trivial *επίθ.* [αρκετά υποτιμητικό. Περιγράφει: προβλήματα, ποσά, όχι ανθρώπους] ασήμαντος **triviality** *ουσ.μ.αρ.αρ.* [επίσημο] ασημαντότητα, κοινοτοπία

φράσεις

it's not the end of the world δεν ήρθε το τέλος του κόσμου

a storm in a teacup [ένα πρόβλημα που δεν είναι τόσο σοβαρό όσο φαίνεται, και θα επιλυθεί σύντομα] [κυριολεκτικά: τρικυμία σε ένα φλυτζάνι] πνίγεσαι σε μια κουταλιά νερό

petty *επίθ.* (πριν από ουσ.) [περιγράφει: π.χ. κανόνες, ανθρώπους] μικρός, μικροπρεπής *petty cash* ψιλά *It was so petty of her to make him pay for the book.* Ήταν τόσο μικροπρεπές εκ μέρους της να τον κάνει να πληρώσει το βιβλίο. **pettiness** *ουσ.μ.αρ.* μικρότητα, μικροπρέπεια

trifling *επίθ.* [κάπως επίσημο. Χρησιμοποιείται όταν ο ομιλητής θέλει να δώσει έμφαση στο πόσο ασήμαντο είναι

κάτι. Περιγράφει: π.χ. ποσό, ζήτημα] ασήμαντος, μηδαμινός

trifle *ουσ.αρ.* [σχετικά επίσημο] ψιλοπράγματα *Why bother about such trifles?* Γιατί να ανησυχούμε για τέτοια ψιλοπράγματα;

77 Great Σπουδαίος

δες επίσης **Good 417**

great *επίθ.* [περιγράφει: π.χ. επίτευγμα, αρχηγό, καλλιτέχνη] μεγάλος, σπουδαίος *Frederick the Great* Φρειδερίκος ο Μέγας **greatness** *ουσ.μ.αρ.* μεγαλείο

grand *επίθ.* 1 [περιγράφει: π.χ. παλάτι, είσοδο, περίσταση] μεγαλοπρεπής *on the grand scale* σε επιβλητική κλίμακα *Our house is not very grand, I'm afraid.* Δυστυχώς το σπίτι μας δεν είναι πολύ μεγαλοπρεπές. 2 [συχνά υποτιμητικό όταν χρησιμοποιείται για να περιγράψει ανθρώπους] σπουδαίος, σπουδαιοφανής

grandeur *ουσ.μ.αρ.* μεγαλείο *delusions of grandeur* αυταπάτες μεγαλοπρέπειας

splendid *επίθ.* [περιγράφει: π.χ. ηλιοβασίλεμα, επίσημα

ενδύματα, χρώματα] λαμπρός **splendour** *(Βρετ.)*, **splendor** *(Αμερ.) ουσ.μ.αρ.αρ.* λαμπρότητα, μεγαλείο

magnificent *επίθ.* [περιγράφει: π.χ. παλάτι, επίσημα ενδύματα] μεγαλοπρεπής, υπέροχος **magnificence** *ουσ.μ.αρ.* μεγαλοπρέπεια

glorious *επίθ.* 1 [περιγράφει: π.χ. νίκη, βασιλεία] ένδοξος 2 [περιγράφει: π.χ. καιρό, λουλούδια, θέα] θαυμάσιος *The garden looks glorious in summer.* Ο κήπος είναι θαυμάσιος το καλοκαίρι.

glory *ουσ.* 1 *ουσ.μ.αρ.* δόξα 2 *ουσ.μ.αρ.αρ.* λαμπρότητα, μεγαλοπρέπεια *I saw Venice in all its glory.* Είδα τη Βενετία σε όλη της τη μεγαλοπρέπεια.

78 Possible Πιθανός

δες επίσης **80 Probable, 237 Able**

possible *επίθ.* δυνατός *the worst possible time* η πιο ακατάλληλη ώρα/εποχή *I avoid borrowing money as far as possible.* Αποφεύγω να δανείζομαι λεφτά όσο είναι δυνατό. *as soon as possible* το συντομότερο δυνατό *We'll do it ourselves, if possible.* Θα το κάνουμε μόνοι μας αν είναι δυνατό.

possibly *επίρρ.* 1 αν υπάρχει δυνατότητα *I'll come if I possibly can.* Θα κάνω ό,τι μπορώ για να έρθω. 2 ίσως *'Can you come?' 'Possibly, I'm not sure.'* «Θα έρθεις;» «Ίσως, δεν είμαι σίγουρος.»

feasible *επίθ.* (συνήθως μετά από ρ.) [δες χρήση, παρακάτω. Κάπως επίσημο. Περιγράφει: π.χ. σχέδιο, πρόταση] εφικτός *technically/economically feasible* εφικτός από τεχνική/οικονομική άποψη

feasibility *ουσ.μ.αρ.* δυνατότητα πραγματοποίησης *feasibility study* μια μελέτη για να δούμε αν κάτι είναι εφαρμόσιμο

viable *επίθ.* [δες χρήση, παρακάτω. Κυρίως σε τεχνικό ή εμπορικό περιεχόμενο] βιώσιμος, εφαρμόσιμος *financially viable* οικονομικά βιώσιμος *a viable proposition* μια εφαρμόσιμη πρόταση **viability** *ουσ.μ.αρ.* βιωσιμότητα

practical *επίθ.* 1 [δες χρήση, παρακάτω. Περιγράφει: π.χ. πρόταση, τακτική, λύση] πρακτικός *for all practical purposes* όσον αφορά την πράξη 2 [ουσιαστικός] πρακτικός *It's a practical certainty.* Ουσιαστικά είναι σίγουρο.

practically *επίρρ.* πρακτικά, στην πράξη, ουσιαστικά **practicality** *ουσ.μ.αρ.* πρακτικότητα, λειτουργικότητα

*δες επίσης **281 Useful**

potential *επίθ.* [περιγράφει: π.χ. νικητή, ωφέλεια, πηγή] ενδεχόμενος **potentially** *επίρρ.* πιθανώς

potential *ουσ.μ.αρ.* (συχνά + **to** + ΑΠΑΡΕΜΦΑΤΟ, + **for**) δυνατότητα *She's got the potential to become a world champion.* Έχει τη δυνατότητα να γίνει παγκόσμια πρωταθλήτρια. *leadership potential* δυνατότητες ηγεσίας

χρήση

Όταν λέμε ότι κάτι, π.χ. ένα σχέδιο, είναι **feasible** (πραγματοποιήσιμο), σημαίνει ότι μπορεί να γίνει αλλά δεν υπονοεί απαραίτητα ότι διατίθενται τα μέσα για να το κάνουμε ή ότι αξίζει να το κάνουμε. Όταν ένα σχέδιο γίνεται **viable** (βιώσιμο), αυτό συνήθως σημαίνει ότι είναι διαθέσιμα τα οικονομικά, τεχνικά, κτλ. μέσα για την πραγματοποίησή του. Αν ένα σχέδιο είναι **practical** (λειτουργικό), σημαίνει ότι μπορεί να πραγματοποιηθεί διότι διατίθενται τα μέσα και συνήθως υπονοεί ότι είναι πιθανό ότι το σχέδιο θα είναι και χρήσιμο.

78.1 Δυνατότητα

possibility *ουσ.αρ.μ.αρ.* (συχνά + **for, of, that**) πιθανότητα *it is within the bounds/realms of possibility that* είναι μέσα στα πλαίσια/όρια του πιθανού/του δυνατού ότι

χρήση

Η λέξη **possibility** δεν ακολουθείται από απαρέμφατο. Σε αυτή τη σύνταξη, χρησιμοποιείστε **chance** ή **opportunity**: π.χ. *We didn't have a chance to thank him.* (Δεν είχαμε την ευκαιρία να τον ευχαριστήσουμε.) *That gave us an opportunity to rest.* (Αυτό μας έδωσε την ευκαιρία να ξεκουραστούμε.)

chance *ουσ.* 1 *ουσ.αρ.μ.αρ.* (συχνά + **of, that**) [πιθανότητα] ευκαιρία *There's always a chance that a better job will turn up.* Υπάρχει πάντα η πιθανότητα ότι θα βρεθεί μια καλύτερη δουλειά. *(The) chances are that she won't be coming.* [ανεπίσημο] Το πιο πιθανό είναι ότι δε θα έρθει. *She's still in with a chance.* [ανεπίσημο] Έχει ακόμα μια μικρή πιθανότητα επιτυχίας. 2 *ουσ.αρ.* (συχνά + **to** +

ΑΠΑΡΕΜΦΑΤΟ, + **of**) ευκαιρία *Now's your chance, ask her.* Τώρα έχεις την ευκαιρία, ρώτησέ την. **δες επίσης **387 Luck***

opportunity *ουσ.αρ.μ.αρ.* (συχνά + **to** + ΑΠΑΡΕΜΦΑΤΟ, + **of**) [κάπως πιο επίσημο από το **chance**] ευκαιρία *I should like to **take** this **opportunity** of thanking you.* Με αυτή την ευκαιρία θα ήθελα να σας ευχαριστήσω.

means *ουσ.αρ., πληθ.* **means** (συχνά + **of**) τρόπος, τα μέσα *She had no means of knowing.* Δεν είχε τρόπο για να μάθει. *by means of* μέσω/με τη βοήθεια

enable *ρ.μ.* (+ **to** + ΑΠΑΡΕΜΦΑΤΟ) καθιστώ ικανό *The inheritance enabled me to buy a house.* Η κληρονομιά μου έδωσε τη δυνατότητα να αγοράσω ένα σπίτι.

79 Impossible Αδύνατο

impossible *επίθ.* (συχνά + **to** + ΑΠΑΡΕΜΦΑΤΟ) αδύνατος, ακατόρθωτος *It's impossible to say when she'll be free.* Είναι αδύνατο να ξέρει κανείς πότε θα είναι ελεύθερη. [σαν ουσ.] *to attempt the impossible* επιχειρώ το αδύνατο **impossibility** *ουσ.μ.αρ.αρ.* μη δυνατότητα

impossibly *επίρρ.* (χρησιμοποιείται μόνο μετά από επίθ.) ακατόρθωτα, απίθανα

impractical *επίθ.* [περιγράφει: π.χ. σχέδιο, πρόταση, πρόγραμμα] μη πρακτικός **δες επίσης **282 Useless***

unfeasible *επίθ.* [επίσημο] ανέφικτος

unattainable *επίθ.* [περιγράφει: π.χ. επιδίωξη, αντικειμενικό σκοπό] ανεπίτευκτος

unthinkable *επίθ.* (συχνά + **that**, συνήθως μετά από ρ.) [δίνει έμφαση στο ότι αυτό που περιγράφεται είναι κακό, σκανδαλώδες, κλπ.] αδιανόητο *It's unthinkable that they would refuse.* Θα ήταν αδιανόητο να αρνηθούν.

unable *επίθ.* (συνήθως + **to** + ΑΠΑΡΕΜΦΑΤΟ, μετά από ρ.) [σχετικά επίσημο. Δεν είμαι σε θέση] ανίκανος *I was unable to walk after the accident.* Δεν μπορούσα να περπατήσω μετά το ατύχημα.

incapable *επίθ.* (συχνά + **of**, μετά από ρ.) [μπορεί να χρησιμοποιηθεί για να δώσει περισσότερη έμφαση από το

unable] ανίκανος *He's incapable of understanding the simplest instructions.* Είναι ανίκανος να καταλάβει και τις πιο απλές οδηγίες.

80 Probable Πιθανός

probable *επίθ.* (συχνά + **that**) πιθανός **probably** *επίρρ.* πιθανώς, μάλλον

probability *ουσ.μ.αρ.αρ.* (συχνά + **of**) πιθανότητα *In all probability the game will already be over.* Κατά πάσα πιθανότητα ο αγώνας θα έχει ήδη τελειώσει.

likely *επίθ.* **1** (συχνά + **to** + ΑΠΑΡΕΜΦΑΤΟ, + **that**) πιθανός *Is it likely to rain today?* Είναι πιθανό να βρέξει σήμερα; *That's the most likely explanation.* Αυτή είναι η πιο πιθανή εξήγηση. **2** (πριν από ουσ.) [μάλλον κατάλληλος. Περιγράφει: π.χ. τόπο, νέο μέλος] πιθανός, πολλά υποσχόμενος **likelihood** *ουσ.μ.αρ.* (συχνά + **of**) πιθανότητα

presume *ρ.μ.* (συχνά + **that**) υποθέτω *I presume she won't be coming if she's sick.* Υποθέτω ότι δε θα έρθει αφού είναι άρρωστη. **presumption** *ουσ.μ.αρ.* υπόθεση

presumably *επίρρ.* πιθανώς *Presumably they offered him more money.* Φαντάζομαι ότι του πρόσφεραν περισσότερα λεφτά.

81 Improbable Απίθανος

improbable *επίθ.* (συχνά + **that**) απίθανος *Their story sounds wildly improbable.* Η ιστορία τους φαίνεται τελείως απίθανη. **improbably** *επίρρ.* απίθανα **improbability** *ουσ.μ.αρ.αρ.* απιθανότητα

unlikely *επίθ.* (συχνά + **to** + ΑΠΑΡΕΜΦΑΤΟ, + **that**) απίθανος *It's highly unlikely that they will win.* Έχει πολύ λίγες πιθανότητες να κερδίσουν. *in the unlikely event of a sudden loss of cabin pressure* στην απίθανη περίπτωση που η πίεση της καμπίνας μειωθεί ξαφνικά **unlikelihood** *ουσ.μ.αρ.* απιθανότητα

φράσεις

a long shot [ανεπίσημο. Μια προσπάθεια που γίνεται γνωρίζοντας ότι είναι απίθανο να πετύχει] καταδικασμένη απόπειρα *It's a bit of a long shot, but we may as well try.* Είναι μια καταδικασμένη απόπειρα, αλλά δε χάνουμε τίποτα να προσπαθήσουμε.

that'll be the day! [ανεπίσημο. Κυνική απάντηση σε μια δήλωση που φαίνεται υπερβολικά αισιόδοξη] να το δω και να μην το πιστέψω *'They're bound to send us some money soon.' -'That'll be the day!'* «Σίγουρα θα μας στείλουν χρήματα σύντομα.» «Να το δω και να μην το πιστέψω!»

ΠΙΘΑΝΟΤΗΤΑ

Η λέξη **chance** χρησιμοποιείται σε πολλές φράσεις που εκφράζουν πιθανότητα ή έλλειψη πιθανότητας. Μπορεί να χρησιμοποιηθεί σε φράσεις όπως: *We have a good chance of success.* (Έχουμε αρκετές πιθανότητες επιτυχίας.)*They have little chance of getting there today.* (Έχουν πολύ λίγες πιθανότητες να φτάσουν εκεί σήμερα.) *Our chances are slim/high.* (Οι πιθανότητές μας είναι πολύ μικρές/μεγάλες.)

Η φράση **fat chance** (μικρή πιθανότητα) χρησιμοποιείται με εμφατικό τόνο για να δείξει τον κυνισμό κάποιου που ενοχλήθηκε: *There's a fat chance of us getting the money!* Σιγά μην πάρουμε εμείς τα λεφτά!

Η φράση **a chance in a million** (η πιθανότητα είναι ένα στο εκατομμύριο) χρησιμοποιείται για να περιγράψει ένα πολύ απίθανο γεγονός: *Meeting her there was a chance in a million.* (Οι πιθανότητες να τη συναντήσω εκεί ήταν μια στο εκατομμύριο.) *There's only a chance in a million that she'll survive the operation.* (Οι πιθανότητες να ζήσει μετά την εγχείρηση είναι μια στο εκατομμύριο.)

82 Certain Σίγουρος

certain *επίθ.* **1** (συχνά + **about**, **of**, **that**, μετά από *ρ.*) [αναφέρεται στο συναίσθημα που έχει κάποιος] σίγουρος, βέβαιος *Are you quite certain that you locked the door?* Είσαι σίγουρος ότι κλείδωσες την πόρτα; *I know for certain that she left.* Ξέρω σίγουρα ότι έφυγε. **2** (συχνά + **to** + ΑΠΑΡΕΜΦΑΤΟ, + **that**) [περιγράφει: π.χ. θεραπεία, θάνατο, ήττα] σίγουρος *She's certain to be there.* Είναι σίγουρο ότι θα είναι εκεί. *That record is a certain hit.* Εκείνος ο δίσκος θα γίνει σίγουρα επιτυχία.

certainly *επίρρ.* σίγουρα *There'll almost certainly be a delay.* Σχεδόν σίγουρα θα υπάρξει καθυστέρηση.

certainty *ουσ.* **1** *ουσ.μ.αρ.* [προσωπικό συναίσθημα] σιγουριά *I can say that with certainty.* Μπορώ να το πω με σιγουριά. **2** *ουσ.αρ.μ.αρ.* βεβαιότητα *faced with the certainty of defeat* αντιμέτωπος με την βεβαιότητα της ήττας

sure *επίθ.* **1** (συχνά + **about**, **of**, **that**, μετά από *ρ.*) [κάπως πιο ανεπίσημο από το **certain**. Αναφέρεται σε προσωπικό συναίσθημα] σίγουρος *I'm not quite sure when he's arriving.* Δεν είμαι σίγουρος πότε θα φτάσει. *Do we know for sure what his plans are?* Ξέρουμε σίγουρα ποια είναι τα σχέδιά του; **2** (συχνά + **to** + ΑΠΑΡΕΜΦΑΤΟ) σίγουρο *It's sure to be a success.* Είναι σίγουρο ότι θα γίνει επιτυχία. *They won't waste any time, that's for sure.* [ανεπίσημο] Δε θα χάσουν καθόλου καιρό, αυτό είναι σίγουρο.

surely *επίρρ.* [υπονοεί ότι κάτι θα έπρεπε να συμβαίνει, όχι ότι σίγουρα συμβαίνει] σίγουρα *They should surely be finished by now.* Σίγουρα θα πρέπει να έχουν τελειώσει μέχρι τώρα. *Surely we should have turned left?* Δε θα έπρεπε να είχαμε στρίψει αριστερά;

definite *επίθ.* **1** (συχνά + **about**, μετά από *ρ.*) συγκεκριμένος, σαφής *Can you be a bit more definite about the date?* Μπορείς να είσαι πιο σαφής σχετικά με την ημερομηνία; **2** (συνήθως πριν από *ουσ.*) [περιγράφει: π.χ.

βελτίωση, απάντηση, πλεονέκτημα] οριστικός *Can you give me a definite time for the interview?* Μπορείς να μου δώσεις μια οριστική ώρα για τη συνέντευξη;

definitely *επίρρ.* **1** [χρησιμοποιείται για να δώσει έμφαση] σίγουρα, αναμφίβολα *I definitely did not say that.* Σίγουρα δεν το είπα. *'Will you be coming?' - 'Definitely not.'* «Θα έρθεις;» «Σίγουρα όχι.» **2** οριστικά *decide/agree definitely* αποφασίζω/συμφωνώ οριστικά

χρήση

Στα βρετανικά και αμερικάνικα Αγγλικά, το **certainly** καθώς και το **definitely** χρησιμοποιούνται για να τονίσουν το γεγονός ότι ο ομιλητής ξέρει ότι κάτι είναι αλήθεια: *That certainly/definitely wasn't what she meant.* (Σίγουρα δεν εννοούσε αυτό). Ειδικά όμως στα βρετανικά Αγγλικά, αν πεις: *That surely wasn't what she meant.* (Αυτό σίγουρα δεν ήταν αυτό που εννοούσε.) σημαίνει ότι ελπίζεις ότι δεν εννοούσε και θέλεις ο συνομιλητής σου να το επιβεβαιώσει. Στα αμερικάνικα Αγγλικά το **surely** μπορεί να χρησιμοποιηθεί με την ίδια έννοια όπως το **certainly** και το **definitely**, ειδικά όταν χρησιμοποιείται σαν απάντηση σε ερώτηση.

to be bound to είναι βέβαιο ότι *You're bound to be asked a question on Louis XIV.* Είναι βέβαιο ότι θα σε ρωτήσουν για το Λουδοβίκο τον 14ο.

82.1 Εξασφαλίζω

ensure *ρ.μ.* (συχνά + **that**) [σχετικά επίσημο. Αντικ.: π.χ. επιτυχία, ασφάλεια] εξασφαλίζω *Please ensure that your seat belts are securely fastened.* Παρακαλώ βεβαιωθείτε ότι έχετε δέσει καλά τις ζώνες ασφάλειας.

to make certain/sure (συχνά + **of**, + **that**) βεβαιώνομαι
I think I switched the iron off but I'll just make sure/certain.
Νομίζω ότι έσβησα το σίδερο, αλλά θα (ξαναελέγξω για
να) βεβαιωθώ. *Make sure (that) she doesn't come in.* Κοίτα
να μη μπει μέσα.

guarantee *ρ.μ.* (συχνά + **to** + ΑΠΑΡΕΜΦΑΤΟ, + **that**) εγγυώμαι
I can't guarantee to be there on time. Δεν μπορώ να σας
εγγυηθώ ότι θα είμαι εκεί στην ώρα μου.

guarantee *ουσ.* (συχνά + **of**, + **that**) εγγύηση *There's no
guarantee that you'll get the job.* Δεν εγγυάται κανείς ότι θα
σου δώσουν τη δουλειά. *δες επίσης **358 Promise***

φ ρ ά σ ε ι ς

Υπάρχουν δυο τρόποι για να αστειευτεί κανείς λέγοντας
ότι θα δοκιμάσει μεγάλη έκπληξη αν κάνει λάθος για
κάτι:
I'll eat my hat θα φάω το καπέλο μου *If it snows tonight,
I'll eat my hat.* Αν χιονίσει απόψε, θα φάω το καπέλο μου.
... or I'm a Dutchman [κάπως ντεμοντέ] *...ή εγώ είμαι
Ολλανδός That boy's in love or I'm a Dutchman.* Εκείνος ο
νεαρός είναι ερωτευμένος, δεν είναι δυνατό να πέφτω
έξω.

---

83 Uncertain Αβέβαιος

uncertain *επίθ.* 1 (συχνά + **about, of**) [αναφέρεται στα
συναισθήματα κάποιου] αβέβαιος *I'm uncertain whether I
should go or not.* Δεν είμαι σίγουρος αν θα πρέπει να πάω ή
όχι. 2 [περιγράφει: π.χ. μέλλον, καιρό] αβέβαιος, αμφίβολος
The result is still uncertain. Το αποτέλεσμα είναι ακόμα
αμφίβολο. *I told her so* **in no uncertain terms.** Της το είπα
χωρίς να αφήσω καθόλου αμφιβολία.

uncertainty *ουσ.μ.αρ.* 1 (συχνά + **about**) αβεβαιότητα
There's a lot of uncertainty about their intentions. Υπάρχει
πολλή αβεβαιότητα σχετικά με τις προθέσεις τους.
2 *ουσ.μ.αρ.αρ.* ανασφάλεια, αβεβαιότητα *the uncertainties
of life on the dole* η ανασφάλεια του να ζει κανείς στην
ανεργία

unsure *επίθ.* 1 (συχνά + **about, of**) [αναφέρεται στα
συναισθήματα κάποιου] αβέβαιος, αμφίβολος *He's very
unsure of himself.* Είναι πολύ αβέβαιος για τον εαυτό του
(δεν έχει αυτοπεποίθηση). 2 [πιο επίσημο από το **uncertain**]
αβέβαιος

condition *ουσ.αρ.* (συχνά + **for, of**) όρος, προϋπόθεση *under
the conditions of the contract* υπό τους όρους του
συμβολαίου *on condition that* υπό τον όρο ότι

conditional *επίθ.* (συχνά + **on**) [περιγράφει: π.χ. αποδοχή,
προσφορά, συμφωνία] εξαρτώμενος από τους όρους *The
job offer is conditional on a medical report.* Το αν θα σου
προσφέρουν τη δουλειά εξαρτάται από τα αποτελέσματα
της ιατρικής αναφοράς.

83.1 Αμφιβολία

doubt *ουσ.μ.αρ.αρ.* (συχνά + **about**) αμφιβολία *There's* **no
doubt** *about it.* Δεν υπάρχει αμφιβολία γι αυτό. *I have my
doubts about her suitability.* Έχω τις αμφιβολίες μου για το
πόσο κατάλληλη είναι. *If* **in doubt,** *consult the user's
manual.* Αν έχεις αμφιβολίες, συμβουλέψου το εγχειρίδιο
με τις οδηγίες χρήσης. *without (a) doubt* χωρίς αμφιβολία
doubt *ρ.μ.* (συχνά + **that, if, whether**) αμφιβάλλω,
αμφισβητώ *Nobody could doubt her integrity.* Κανείς δεν
μπορούσε να αμφισβητήσει την ακεραιότητα του
χαρακτήρα της. *I doubt whether he cares.* Αμφιβάλλω αν
τον νοιάζει.

qualms *ουσ. πληθ.* ενδοιασμός, δισταγμός *to* **have qualms
about** *sth* έχω ενδοιασμούς για κάτι

reservation *ουσ.μ.αρ.αρ.* επιφύλαξη *to* **have reservations
about** *sth* έχω επιφυλάξεις για κάτι *to support/condemn sth
without reservation* υποστηρίζω/καταδικάζω κάτι χωρίς
επιφυλάξεις

φ ρ ά σ ε ι ς

be in (*Βρετ.*) /**of** (*Αμερ.*) **two minds** (συχνά + **about,
whether**) διστάζω, είμαι αναποφάσιστος *I'm still in two
minds about selling the house/whether to sell the house or
not.* Ακόμα δε μπορώ να αποφασίσω να πουλήσω το σπίτι
ή όχι.
have mixed feelings (συχνά + **about**) αμφιταλαντεύομαι
I've got mixed feelings about the situation. Έχω ανάμικτα
συναισθήματα για τα γεγονότα.

83.2 Αμφίβολος

doubtful *επίθ.* 1 (συχνά + **about, of, whether**, συνήθως μετά
από *ρ.*) [αναφέρεται στα συναισθήματα ενός ατόμου]
αμφίβολος *They're doubtful whether they can afford the
fare.* Αμφιβάλλουν αν έχουν αρκετά χρήματα για τα
εισιτήρια. 2 (συχνά + **whether**) [αντικ.: π.χ. καιρός,
μέλλον] αμφίβολος, αβέβαιος **doubtfully** *επίρρ.* με
αβεβαιότητα

dubious *επίθ.* (συχνά + **about, of, whether**, συνήθως μετά
από *ρ.*) διστακτικός, επιφυλακτικός *He was dubious about
the idea.* Ήταν επιφυλακτικός σχετικά με το πόσο καλή
ήταν η ιδέα.

questionable *επίθ.* 1 (συχνά + **whether**) [αντικ.: π.χ.
δήλωση, επιχείρημα] αμφισβητήσιμος 2 [αντικ.: π.χ. αξία,
αυθεντικότητα] αμφίβολος, αμφισβητήσιμος

debatable *επίθ.* (συχνά + **whether**) [αντικ.: π.χ. ισχυρισμός]
συζητήσιμος, αμφισβητήσιμος

---

84 Particular Συγκεκριμένος

δες επίσης **299 Correct**

particular *επίθ.* 1 (πριν από *ουσ.*) συγκεκριμένος *Is there a
particular shade you want?* Θέλεις κάποια συγκεκριμένη
απόχρωση; *on this particular occasion* σε αυτή τη
συγκεκριμένη περίσταση (χρησιμοποιείται σαν *ουσ.*) *Are
you looking for anyone in particular?* Ψάχνεις για κάποιον

συγκεκριμένα; 2 (πριν από *ουσ.*) [ξεχωριστός. Περιγράφει:
π.χ. φίλο, κάτι το αγαπημένο, αιτία] ιδιαίτερος *I took
particular care not to spill any.* Πρόσεξα ιδιαίτερα για να
μην αφήσω να χυθεί τίποτα.

particularly *επίρρ.* ιδιαίτερα *You look particularly handsome tonight.* Είσαι ιδιαίτερα ωραίος απόψε. *'Would you like to watch television?' - 'Not particularly.'* «Θέλεις να δεις τηλεόραση;» «΄Οχι ιδιαίτερα.»

specific *επίθ.* 1 [κάπως πιο έντονο από το **particular**] συγκεκριμένος *I came here with the specific purpose of obtaining this information.* ΄Ηρθα εδώ με το συγκεκριμένο σκοπό να βρω αυτή την πληροφορία. 2 (*συχνά* + **about**) [ακριβής. Περιγράφει: π.χ. οδηγίες, πληροφορίες] σαφής *Can you be a bit more specific about what you need?* Μπορείς να γίνεις πιο σαφής για το τι χρειάζεσαι; **specifically** *επίρρ.* ειδικά

specify *ρ.μ.* (συχνά + **that**) [αντικ.: μέγεθος, χρώμα, είδος] καθορίζω, προσδιορίζω *The contract specifies that the goods should be sent by air.* Το συμβόλαιο καθορίζει ότι τα εμπορεύματα πρέπει να σταλούν αεροπορικώς.

specification *ουσ.αρ.* (συνήθως στον *πληθ.*) καθορισμός, προδιαγραφή *The machine has been made to your specifications.* Η μηχανή έχει κατασκευαστεί σύμφωνα με τις προδιαγραφές σας.

certain *επίθ.* κάποιος συγκεκριμένος *at a certain time and in a certain place* σε κάποια συγκεκριμένη ώρα και συγκεκριμένο μέρος *a certain Mr. Jones* κάποιος κύριος Τζόουνς

---

85 General Γενικός

general *επίθ.* γενικός *a topic of general interest* θέμα γενικού ενδιαφέροντος *in general terms* σε γενικές γραμμές *He doesn't go to parties as a general rule.* Γενικά, δεν πηγαίνει στα πάρτι.

generally *επίρρ.* 1 [περιγράφει: π.χ. συζήτηση, συμφωνία] γενικά *generally speaking* αν μιλήσουμε γενικά 2 [από τους περισσότερους ανθρώπους, στα περισσότερα μέρη] γενικά *generally agreed/available* γενικά δεκτός/διαθέσιμος

generalize *ρ.α.* (συχνά + **about, from**) γενικεύω **generalization** *ουσ.μ.αρ.* γενίκευση

abstract *επίθ.* [περιγράφει: π.χ. ιδέα, πίνακα ζωγραφικής] αφηρημένος *an abstract noun such as 'freedom'* ένα αφηρημένο ουσιαστικό όπως «ελευθερία» [σαν ουσ.] *to discuss something in the abstract* συζητώ κάτι θεωρητικά **abstraction** *ουσ.αρ.μ.αρ.* αφηρημένη έννοια/ιδέα

unspecific *επίθ.* μη συγκεκριμένος *He was so unspecific I had no idea what he might be referring to.* ΄Ηταν τόσο

ασαφής που δεν είχα ιδέα σε τι μπορεί να αναφερόταν.

85.1 Γενικά

in general γενικά *We just talked about things in general.* Απλώς μιλήσαμε γενικά για το πώς έχουν τα πράγματα. *In general work has been proceeding satisfactorily.* Γενικά, η δουλειά προχωρεί ικανοποιητικά.

on the whole σε γενικές γραμμές *On the whole I think there has been an improvement.* Σε γενικές γραμμές, νομίζω ότι έχει σημειωθεί βελτίωση.

all in all συνολικά *It's been a good year, all in all.* ΄Ολο κι όλο ήταν καλή χρονιά.

overall *επίρρ.* γενικά *This has been a successful period for us overall.* Γενικά, αυτή η περίοδος ήταν καλή για μας. **overall** *επίθ.* [περιγράφει: π.χ. εντύπωση, βελτίωση] γενικός, ολικός

---

86 Human body – external Ανθρώπινο σώμα – εξωτερικό

δες επίσης **101 Human body – internal**

face *ουσ.αρ.* πρόσωπο
head *ουσ.αρ.* κεφάλι
hair *ουσ.αρ.μ.αρ.* μαλλιά
neck *ουσ.αρ.μ.αρ.* λαιμός
shoulder *ουσ.αρ.μ.αρ.* ώμος
armpit *ουσ.αρ.μ.αρ.* μασχάλη
arm *ουσ.αρ.μ.αρ.* βραχίονας, μπράτσο
elbow *ουσ.αρ.μ.αρ.* αγκώνας
wrist *ουσ.αρ.μ.αρ.* καρπός
hand *ουσ.αρ.μ.αρ.* παλάμη, χέρι
chest *ουσ.αρ.μ.αρ.* στέρνο, στήθος
breast *ουσ.αρ.μ.αρ.* στήθος, μαστός
nipple *ουσ.αρ.μ.αρ.* θηλή, ρώγα
waist *ουσ.αρ.μ.αρ.* μέση
hip *ουσ.αρ.μ.αρ.* γοφός
stomach *ουσ.αρ.μ.αρ.* στομάχι, κοιλιά

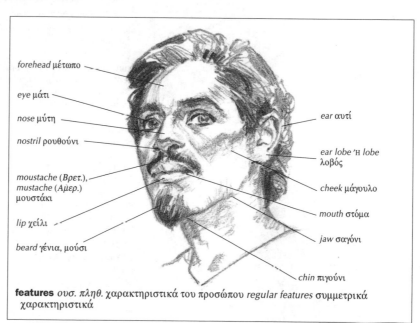

forehead μέτωπο
eye μάτι
nose μύτη
nostril ρουθούνι
moustache (Βρετ.), mustache (Αμερ.) μουστάκι
lip χείλι
beard γένια, μούσι
ear αυτί
ear lobe ΄Η lobe λοβός
cheek μάγουλο
mouth στόμα
jaw σαγόνι
chin πιγούνι

features *ουσ. πληθ.* χαρακτηριστικά του προσώπου *regular features* συμμετρικά χαρακτηριστικά

tummy *ουσ.αρ.μ.αρ.*
[ανεπίσημο] κοιλίτσα

navel *ουσ.αρ.μ.αρ.* αφαλός

belly button *ουσ.αρ.μ.αρ.*
[ανεπίσημο] αφαλός

back *ουσ.αρ.μ.αρ.* πλάτη

buttocks *ουσ. πληθ.*
γλουτοί

genitals *ουσ. πληθ.*
γεννητικά όργανα

penis *ουσ.αρ.* πέος

testicles *πληθ. ουσ.* όρχεις

balls *ουσ.αρ.* [*ουσ. πληθ.*
λαϊκό, κάπως χυδαίο]
αρχίδια

vulva *ουσ.αρ.* αιδοίο

pubic hair *ουσ.μαρ.αρ.*
ηβικό τρίχωμα

leg *ουσ.αρ.* πόδι, κνήμη

thigh *ουσ.αρ.* μηρός

knee *ουσ.αρ.* γόνατο

calf *ουσ.αρ.*, *πληθ.* **calves**
γάμπα

shin *ουσ.αρ.* καλάμι του
ποδιού

ankle *ουσ.αρ.* αστράγαλος

foot *ουσ.αρ.*, *πληθ.* **feet**
πέλμα, πόδι

toe *ουσ.αρ.* δάχτυλο του
ποδιού

toenail *'Η* **nail** νύχι

heel *ουσ.αρ.* φτέρνα

sole *ουσ.αρ.* πατούσα,
πέλμα

figure *ουσ.αρ.* [σχήμα του
σώματος, κυρίως σε σχέση
με ελκυστικότητα]
σιλουέτα *I've kept my
figure.* Έχω διατηρήσει τη
σιλουέτα μου.

build *ουσ.αρ.* [σώμα σε
σχέση με το μέγεθος και τη
δύναμη] παράστημα,
διάπλαση του σώματος
a muscular build ένα
γεροδεμένο/μυώδες σώμα

-built *επίθ.* (μετά από *επίρρ.*)
–σωμος *a heavily-built
policeman* ένας
μεγαλόσωμος αστυνομικός

limb *ουσ.αρ.* άκρο του
σώματος *my poor weary
limbs* τα καημένα,
κουρασμένα χέρια και
πόδια μου

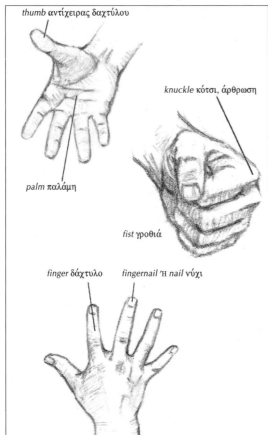

thumb αντίχειρας δαχτύλου

knuckle κότσι, άρθρωση

palm παλάμη

fist γροθιά

finger δάχτυλο

fingernail 'H nail νύχι

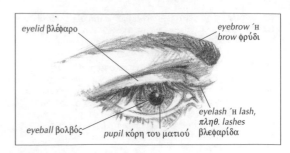

eyelid βλέφαρο

eyebrow 'H brow φρύδι

eyeball βολβός

pupil κόρη του ματιού

eyelash 'H lash, πληθ. lashes βλεφαρίδα

86.1 Μέσα στυ στύμα

tooth *ουσ.αρ.*, *πληθ.* **teeth**
δόντι

gums *ουσ. πληθ.* ούλα (σαν
επίθ.) *gum disease*
ουλίτιδα

tongue *ουσ.αρ.* γλώσσα

saliva *ουσ.μ.αρ.* σάλιο

spit *ουσ.μ.αρ* [λιγότερο
εξειδικευμένος όρος από το
saliva] σάλιο

86.2 Δέρμα

skin *ουσ.μ.αρ.αρ.* δέρμα

complexion *ουσ.αρ.* χροιά, χρώμα προσώπου

pore *ουσ.αρ.* πόρος

sweat *ουσ.μ.αρ* ιδρώτας *beads of sweat* σταγόνες ιδρώτα
sweat *ρ.α.* ιδρώνω

perspiration *ουσ.μ.αρ* [πιο επίσημο από το **sweat**] εφίδρωση

perspire *ρ.α.* [επίσημο] εφιδρώνω

spot (κυρίως *Βρετ.*) *ουσ.αρ.* σπυράκι **spotty** *επίθ.* γεμάτος
σπυριά

pimple (κυρίως *Αμερ.*) *ουσ.αρ.* εξάνθημα **pimply** *επίθ.*
σπυριάρης

blackhead *ουσ.αρ.* μαύρο σπυρί, μπιμπίκι

hairy *επίθ.* τριχωτός

86.3 Χρώματα μαλλιών και χτενίσματα

δες επίσης **184 Personal hygiene**

blond *επίθ.* **1** [περιγράφει: μαλλιά] ξανθός **2** ΕΠΙΣΗΣ **blonde**
(θηλυκό) [περιγράφει: ανθρώπους] ξανθός **blonde** *ουσ.αρ.*
ξανθός, ξανθιά

brunette (*Βρετ. & Αμερ.*), **brunet** (*Αμερ.*) *επίθ.*
[χρησιμοποιείται για γυναίκες με ανοιχτόχρωμο δέρμα και
σκούρα μαλλιά. Προσδίδει περισσότερη γοητεία από ό,τι
το **brown** ή το **dark**] μελαχρινή **brunette** *ουσ.αρ.*
μελαχρινή

brown *επίθ.* καστανός

ginger *επίθ.* [χρησιμοποιείται για ανοιχτόχρωμα ή σκούρα
κοκκινωπά μαλλιά. Δε χρησιμοποιείται συνήθως για να
περιγράψει γοητευτικό ή κομψό χρώμα μαλλιών]
πυρόξανθος

red *επίθ.* [χρησιμοποιείται περισσότερο για σκούρα
κοκκινωπά μαλλιά. Δίνει την εντύπωση πιο ελκυστικού
χρώματος από το **ginger**] κόκκινος

auburn *επίθ.* [κοκκινωπό–καστανό. Δίνει την εντύπωση πιο
γοητευτικού χρώματος από το **ginger**] πυρόξανθος

grey (κυρίως *Βρετ.*), **gray** (*Αμερ.*) *επίθ.* γκρίζος

black *επίθ.* μαύρος

fair *επίθ.* [περιγράφει: ανθρώπους, όχι χρώμα. Δες τη χρήση
της λέξης παρακάτω] ξανθός

light *επίθ.* [περιγράφει: χρώματα, όχι ανθρώπους. Δες τη
χρήση της λέξης παρακάτω] ανοιχτόχρωμος *light brown
hair* ανοιχτά καστανά μαλλιά

χρήση

Στα βρετανικά Αγγλικά, η λέξη **fair** συνήθως χρησιμοποιείται για να περιγράψει μαλλιά, ενώ στα αμερικάνικα Αγγλικά πιο συνηθισμένη είναι η λέξη **light**.

dark *επίθ.* **1** [περιγράφει: ανθρώπους, μαλλιά] μελαχρινός, σκούρος **2** [περιγράφει: χρώματα] σκούρος *dark brown hair* σκούρα καστανά μαλλιά

bald *επίθ.* φαλακρός

curly *επίθ.* σγουρός

wavy *επίθ.* [λιγότερο σγουρά από το **curly**] σπαστός

straight *επίθ.* ίσιος

87 Hear Ακούω

hear *ρ.μ.α., αόρ. & μτχ. αορ.* **heard** [αισθάνομαι ήχους χωρίς να καταβάλλω προσπάθεια] ακούω *Can you hear the music?* Ακούς τη μουσική;

hearing *ουσ.μ.αρ.* ακοή *Her hearing's not been the same since the explosion.* Η ακοή της δεν είναι η ίδια από τότε που έγινε η έκρηξη.

listen *ρ.α.* (συνήθως + **to**) [υπονοεί σκόπιμη προσπάθεια για να ακούσεις] ακούω *Listen carefully to the instructions.* Άκουσε προσεκτικά τις οδηγίες.

listener *ουσ.αρ.* ακροατής [συχνά του ραδιοφώνου] *regular listeners to the programme* τακτικοί ακροατές του προγράμματος

eavesdrop *ρ.α.*, **-pp-** (συχνά + **on**) [ακούω κρυφά] κρυφακούω *I caught him eavesdropping on our discussion.* Τον έπιασα να κρυφακούει τη συνομιλία μας.

eavesdropper *ουσ.αρ.* ωτακουστής

overhear *ρ.μ., αόρ. & μτχ. αορ.* **overheard** [ακούω κατά τύχη] παίρνει το αυτί μου *I couldn't help overhearing what you were saying.* Άκουσα άθελά μου αυτά που λέγατε.

catch *ρ.μ., αόρ & μτχ. αορ.* **caught** [καταφέρνω να ακούσω και να καταλάβω] ακούω, πιάνω *I'm afraid I didn't catch your name.* Με συγχωρείς, δεν άκουσα καλά το όνομά σου.

φράσεις

keep one's ears open [προσπαθώ να μη χάσω σημαντικές πληροφορίες] έχω τα αυτιά μου ανοιχτά

within earshot [αρκετά κοντά για να ακούσω] πολύ κοντά *I didn't realize Emma was within earshot when I said all that.* Δε συνειδητοποίησα ότι η Έμμα ήταν τόσο κοντά όταν τα είπα όλα αυτά.

88 Noisy Θορυβώδης

loud *επίθ.* δυνατός *She was greeted with loud applause.* Τη χαιρέτησαν με δυνατά χειροκροτήματα. **loudness** *ουσ.μ.αρ.* δύναμη ήχου/φωνής

loudly *επίρρ.* δυνατά *He was screaming loudly.* Τσίριζε δυνατά.

loud *επίρρ.* δυνατά *Don't talk so loud.* Μη μιλάς τόσο δυνατά. *He read the letter **out loud**.* Διάβασε το γράμμα φωναχτά.

aloud *επίρρ.* φωναχτά *I was just thinking aloud.* Απλώς σκεφτόμουν φωναχτά.

deafening *επίθ.* [υπερβολικά δυνατός] εκκωφαντικός *a deafening roar of traffic* εκκωφαντικό βουητό της κυκλοφορίας

ear-splitting *επίθ.* [τόσο δυνατός που πονάει] εκκωφαντικός *The engines produce an ear-splitting whine.* Οι μηχανές κάνουν ένα εκκωφαντικό σφύριγμα.

strident *επίθ.* [υποτιμητικό. Δυσάρεστος, συχνά υψηλής έντασης, απαιτητικός τόνος] οξύς, διαπεραστικός *a strident voice* μια διαπεραστική φωνή **stridently** *επίρρ.* διαπεραστικά **stridency** *ουσ.μ.αρ.* οξύτητα (φωνής)

φράσεις

(at) full blast [στη δυνατότερη ένταση] στη διαπασών *The TV was on full blast.* Η τηλεόραση ήταν στη διαπασών.

at the top of one's voice όσο πιο δυνατά μπορώ *thirty children yelling at the top of their voices* τριάντα παιδιά που φωνάζουν όσο πιο δυνατά μπορούν

I can't hear myself think δεν μπορώ να συγκεντρωθώ από τη φασαρία

shrill *επίθ.* [υψηλής έντασης και συχνά οδυνηρός στην ακοή] τσιριχτός, στριγκός *a shrill voice* μια στριγκή φωνή *a shrill whistle* ένα στριγκό σφύριγμα **shrilly** *επίρρ.* διαπεραστικά **shrillness** *ουσ.μ.αρ.* οξύτητα

audible *επίθ.* ακουστός, ευκρινής *a barely audible groan* ένα βογγητό που μόλις ακουγόταν **audibly** *επίρρ.* ευδιάκριτα

88.1 Πράγματα που ακούμε

noise *ουσ.αρ.μ.αρ.* [από ουδέτερο μέχρι δυσάρεστο. Συνήθως δυσάρεστο όταν χρησιμοποιείται στο μη αριθμήσιμο τύπο] θόρυβος *The engine's making a funny noise.* Η μηχανή κάνει ένα παράξενο θόρυβο. *background noise* θόρυβος που έρχεται από το βάθος

sound *ουσ.αρ.μ.αρ.* [συνήθως υπονοεί κάπως πιο ευχάριστο, χαμηλότερο ήχο από το **noise**] ήχος *the sound of children playing* οι θόρυβοι από παιδιά που παίζουν [συχνά έχει πιο εξειδικευμένη σημασία όταν χρησιμοποιείται στο μη αριθμήσιμο τύπο] *the speed of sound* η ταχύτητα του ήχου

tone *ουσ.αρ.* [ποιότητα του ήχου, κυρίως ενός μουσικού οργάνου, φωνής, κτλ.] τόνος/χροιά φωνής *her voice has a clear tone* η φωνή της έχει έναν καθαρό τόνο *Don't speak to me in that **tone of voice**!* Μη μου μιλάς με αυτόν τον τόνο στη φωνή σου!

racket *ουσ.αρ.* [υποτιμητικό. Συνήθως χρησιμοποιείται για να παραπονεθούμε για το θόρυβο που κάνουν άλλοι] πανδαιμόνιο, φασαρία *Our neighbours were making a terrible racket last night.* Οι γείτονές μας έκαναν φοβερή φασαρία χθες το βράδυ.

din *ουσ.αρ.* [υποτιμητικό. Δυνατός, δυσάρεστος θόρυβος. Μπορεί να τον κάνουν άνθρωποι, μηχανές, κυκλοφορία, κλπ.] (οχλο)βοή, σαματάς

row *ουσ.αρ.* [υποτιμητικό] φασαρία *You mean people actually pay to listen to that row?* Δηλαδή υπάρχουν άνθρωποι που πληρώνουν για να ακούσουν αυτή τη φασαρία;

commotion *ουσ.αρ.* [θορυβώδης ταραχή, που προκαλείται π.χ. από καυγά ή από ατύχημα] αναταραχή, σάλος

The incident caused quite a commotion. Το συμβάν προκάλεσε αρκετή αναταραχή.

88.2 Δυναμώνω ήχους

loudspeaker *ουσ.αρ.* μεγάφωνο

microphone *ουσ.αρ.* μικρόφωνο

mike *ουσ.αρ.* [ανεπίσημο] μικρόφωνο

amplify *ρ.μ.* ενισχύω

88.3 Θόρυβοι και πράγματα που κάνουν θόρυβο

bell *ουσ.αρ.* κουδούνι, καμπάνα *ring a bell* χτυπώ ένα κουδούνι

horn *ουσ.αρ.* κόρνα, κλάξον *to sound a horn* κορνάρω

hooter *ουσ.αρ.* σειρήνα, κόρνα *a factory hooter* σειρήνα εργοστασίου

siren *ουσ.αρ.* σειρήνα *an air-raid siren* σειρήνα αεροπορικού συναγερμού

rattle *ουσ.αρ.* 1 [μωρού, οπαδού ποδοσφαίρου] κουδουνίστρα, κρόταλο 2 [ήχος] κροτάλισμα *a rattle in the back of the car* ένας θόρυβος σαν κροτάλισμα στο πίσω μέρος του αυτοκινήτου **rattle** *ρ.μ.α.* κροταλίζω, κάνω θόρυβο

bang *ουσ.αρ.* χτύπος

bang *επιφ.* μπαμ *The balloon went bang.* Το μπαλόνι έσκασε με κρότο.

crash *ουσ.αρ.* βρόντος, πάταγος *The ladder fell over with a crash.* Η σκάλα έπεσε με πάταγο.

whistle *ουσ.αρ.* σφυρίχτρα, σφύριγμα *blow a whistle* σφυρίζω μια σφυρίχτρα *the whistle of a train* το σφύριγμα ενός τρένου **whistle** *ρ.α.μ.* σφυρίζω

ring *ουσ.αρ.* κουδούνισμα, χτύπημα *the ring of the alarm* το χτύπημα του συναγερμού **ring** *ρ.α.μ.,* αόρ. **rang** μτχ. αορ. **rung** χτυπώ, κουδουνίζω

89 Quiet Ήσυχος

quiet *επίθ.* ήσυχος **quietly** *επίρρ.* ήσυχα **quietness** *ουσ.μ.αρ.* [πολύ λίγος θόρυβος] ησυχία

silence *ουσ.μ.αρ.αρ.* [καθόλου θόρυβος] σιγή, σιωπή *We sat in silence.* Καθήσαμε σιωπηλοί. *There was a long silence after the announcement.* Μια μεγάλη σιγή ακολούθησε την ανακοίνωση. **silence** *ρ.μ.* κάνω κπ/κτ να σωπάσει

silent *επίθ.* σιωπηλός *a silent protest* μια σιωπηλή διαμαρτυρία **silently** *επίρρ.* σιωπηλά

peace *ουσ.μ.αρ.* [καθόλου θόρυβος, και ήρεμη ατμόσφαιρα] γαλήνη, ειρήνη *We get a bit of **peace and quiet** once the baby's in bed.* Ησυχάζουμε λίγο αφού βάλουμε το μωρό να κοιμηθεί.

soft *επίθ.* [περιγράφει: π.χ. φωνή] μαλακός, ήπιος *a soft northern accent* μια ελαφριά βόρεια προφορά

softly *επίρρ.* απαλά, μαλακά *He sang softly to the baby.* Τραγούδησε απαλά στο μωρό. **softness** *ουσ.μ.αρ.* απαλότητα

faint *επίθ.* [δύσκολος να ακουστεί] αμυδρός, εξασθενημένος *a faint sigh* ένας ελαφρός αναστεναγμός **faintly** *επίρρ.* αμυδρά **faintness** *ουσ.μ.αρ.* αμυδρότητα

inaudible *επίθ.* [αδύνατος να ακουστεί] ανεπαίσθητος *an inaudible mumble* ένα ανεπαίσθητο μουρμούρισμα **inaudibly** *επίρρ.* ανεπαίσθητα

dumb *επίθ.* [κάποιος που δε θέλει ή δε μπορεί να μιλήσει.

Συχνά θεωρείται προσβλητικό όταν χρησιμοποιείται για ανθρώπους που δεν μπορούν να μιλήσουν] μουγκός *I was struck dumb by the announcement.* Έμεινα άναυδος όταν άκουσα την αναγγελία. *dumb insolence* σιωπηρή αγένεια **dumbly** *επίρρ.* σιωπηρά, βουβά

mute *επίθ.* [πιο επίσημο από το **dumb**] βουβός *her mute acceptance of fate* η βουβή αποδοχή της μοίρας της **mutely** *επίρρ.* σιωπηλά

89.1 Κάνω να σωπάσουν

stifle *ρ.μ.* [εμποδίζω έναν ήχο να βγει. Αντικ.: π.χ. γέλιο, βογκητό] καταπαύω, καταπνίγω

muffle *ρ.μ.* [εμποδίζω έναν ήχο να ακουστεί] πνίγω *We heard the sound of muffled voices.* Ακούσαμε πνιχτές φωνές.

hush *ρ.μ.* [λέω να σωπάσουν] επιβάλλω ησυχία σε κπ/κτ **hush** *επιφ.* σώπα! σουτ! **hush** *ουσ.αρ.* (δεν έχει πληθ.) σιωπή, ησυχία

φ ρ ά σ η

(It was so quiet) you could hear a pin drop [συχνά χρησιμοποιείται για να περιγράψει μια ατμόσφαιρα έντασης ή προσδοκίας] (Ήταν τόσο ήσυχα που) θα μπορούσες να ακούσεις ακόμα και μια βελόνα να πέφτει

---

90 Smell Μυρωδιά

smell *ουσ.αρ.μ.αρ.* [γενικός όρος] μυρωδιά *a smell of fish* μυρωδιά από ψάρι

smell *ρ.* 1 *ρ.α* [δυσάρεστα εκτός αν η λέξη προσδιορίζεται] μυρίζω, βρομώ *Your feet smell!* Τα πόδια σου βρωμάνε! *These roses smell lovely.* Αυτά τα τριαντάφυλλα έχουν θαυμάσιο άρωμα. 2 *ρ.μ.* μυρίζω, οσφραίνομαι *Can you smell burning?* Μυρίζεις κάτι να καίγεται;

smelly *επίθ.* [ανεπίσημο] δύσοσμος *smelly feet* δύσοσμα πόδια/πόδια που βρωμάνε

odour (*Βρετ.*), **odor** (*Αμερ.*) *ουσ.αρ.* [πιο επίσημο από το **smell**, συχνά δυσάρεστο] μυρωδιά, οσμή *a faintly chemical odour* μια ελαφριά μυρωδιά χημικής ουσίας

body odour ή **B.O.** *ουσ.μ.αρ.* σωματική δυσοσμία *He's got B.O.* Έχει σωματική δυσοσμία.

perfume *ουσ.αρ.μ.αρ.* 1 [έντονη, ευχάριστη μυρωδιά, συχνά τεχνητή] άρωμα 2 [υγρό] άρωμα *Are you wearing perfume?* Φοράς άρωμα;

perfumed *επίθ.* αρωματισμένος *perfumed notepaper* αρωματισμένο χαρτί αλληλογραφίας

scent *ουσ.αρ.μ.αρ.* 1 [ευχάριστη μυρωδιά, πιο λεπτή από το **perfume**] ευωδιά 2 [υγρό] άρωμα **scented** *επίθ.* ευωδιαστός

aroma *ουσ.αρ.* [ευχάριστο, συχνά φαγητού και ποτού] άρωμα, μυρωδιά *a delicious aroma of fresh bread* μια υπέροχη μυρωδιά από φρέσκο ψωμί

fragrance *ουσ.αρ.* [ευχάριστη, υπονοεί λουλούδια] ευωδιά, άρωμα *the sweet fragrance of violets* το ευχάριστο άρωμα από τις βιολέτες *Our deodorant comes in three fragrances.* [χρησιμοποιείται για να περιγράψει μυρωδιά, π.χ.

απορρυπαντικών, ειδών προσωπικής καθαριότητας] άρωμα **fragrant** επίθ. μυρωδάτος

stink ουσ.αρ. [πολύ δυσάρεστη] δυσωδία

stink ρ.α., αόρ. **stank**, μτχ. αορ. **stunk** (συχνά + **of**) βρομώ, βρομοκοπώ *Her breath stank of cigarettes.* Η αναπνοή της βρομούσε τσιγάρο.

stench ουσ.αρ. [αρκετά δυσάρεστη για να σε αηδιάσει] δυσοσμία, δυσωδία *the stench from the abattoir* η δυσωδία από το σφαγείο

pong ουσ.αρ. [ανεπίσημο, χιουμοριστικό. Δυσάρεστη μυρωδιά] βρόμα **pongy** επίθ. βρομερός

91 See and Look Βλέπω και Κοιτάζω

see ρ. μ.α., αόρ. **saw** μτχ. αορ. **seen** [όχι αναγαία μια σκόπιμη πράξη] βλέπω *I saw a man get in the car.* Είδα έναν άνδρα να μπαίνει στο αυτοκίνητο. *Have you seen my pen?* Είδες το στυλό μου;

look ρ.α. (συχνα + **at**) [σκόπιμη πράξη] κοιτώ *Look at that huge bird.* Κοίτα αυτό το τεράστιο πουλί. *She slipped out when I wasn't looking.* Ξεγλίστρησε όταν δεν κοίτουσα.

watch ρ.μ.α. [σκόπιμη πράξη. Αντικ.: συνήθως κάτι που συμβαίνει ή κινείται] παρακολουθώ, παρατηρώ *I watched her walk away.* Την παρατηρούσα καθώς έφευγε. *to watch TV* βλέπω τηλεόραση

behold ρ.μ., αόρ. & μτχ. αορ. **beheld** [λογοτεχνική ή αρχαϊκή χρήση] βλέπω, κοιτάζω *It was a sad sight to behold.* Ήταν πολύ λυπηρό θέαμα.

regard ρ.μ. [επίσημο. Υπονοεί σταθερό βλέμμα, και πάντα χαρακτηρίζει το βλέμμα] θωρώ *He regarded me with dislike.* Με κοίταξε με αντιπάθεια.

visualize, ΕΠΙΣΗΣ -**ise** (Βρετ.) ρ.μ. [χρησιμοποιώντας τη φαντασία. Χρησιμοποιείται σε πιο αφηρημένες περιπτώσεις από το **picture**] φαντάζομαι *I just can't visualize this room in blue.* Δεν μπορώ καθόλου να φανταστώ αυτό το δωμάτιο βαμμένο μπλε.

picture ρ.μ. [χρησιμοποιώντας τη φαντασία. Χρησιμοποιείται σε λιγότερο επίσημες περιπτώσεις από το **visualize**. Συχνά χρησιμοποιείται με αστείο τρόπο] φαντάζομαι *I can't picture him in a dinner jacket.* Δεν μπορώ να τον φανταστώ να φοράει σμόκιν.

91.1 Κοιτάζω γρήγορα

peep ρ.α. (συνήθως + επίρρ. ή πρόθ.) [γρήγορα και στα κρυφά] κρυφοκοιτάζω *I peeped over her shoulder at the letter.* Κρυφοκοίταξα πάνω από τον ώμο της προσπαθώντας να διαβάσω το γράμμα.

peep ουσ.αρ. (δεν έχει πληθ.) κρυφοκοίταγμα *I took a quick peep in the drawer.* Έριξα μια κλεφτή ματιά στο συρτάρι.

glimpse ρ.μ. [πολύ γρήγορα, συχνά όχι ικανοποιητικά] βλέπω φευγαλέα, παίρνει το μάτι μου *We glimpsed the house through the trees.* Είδαμε στα γρήγορα το σπίτι μέσα από τα δέντρα.

glimpse ουσ.αρ. στιγμιαίο βλέμμα *I managed to **catch a glimpse** of him.* Κατάφερα να τον δω στα γρήγορα. *We only got a **fleeting glimpse** of the Queen.* Μόλις που πήρε το μάτι μας τη Βασίλισσα.

glance ρ.α. (συνήθως + επίρρ. ή πρόθ.) [συχνά αδιάφορα] ρίχνω μια ματιά *I glanced over my shoulder.* Έριξα μια ματιά πίσω μου. *He quickly glanced through the documents.* Έριξε μια γρήγορη ματιά στα έγγραφα.

glance ουσ.αρ. γρήγορη ματιά *I could see **at a glance** that something was wrong.* Κατάλαβα με μια ματιά ότι κάτι δεν πήγαινε καλά. *They exchanged knowing glances.* Ανταλλάξανε ματιές όλο νόημα.

scan ρ.μ., -**nn**- [κοιτάζω γρήγορα σε μια μεγάλη περιοχή, συνήθως ψάχνοντας για κάτι] ανιχνεύω, εξερευνώ *We scanned the list for his name.* Ψάξαμε το όνομά του στον κατάλογο.

φράση

run one's eye over [διαβάζω γρήγορα αλλά αρκετά προσεκτικά] ρίχνω μια ματιά *Will you run your eye over the guest list?* Θα ρίξεις μια ματιά στη λίστα των καλεσμένων;

91.2 Βλέπω για παρατεταμμένο διάστημα

peer ρ.α. (+ επίρρ. ή πρόθ.) [υπονοεί προσπάθεια ή δυσκολία] περιεργάζομαι *They were peering intently at the screen.* Ήταν προσηλωμένοι στην οθόνη.

stare ρ.α (συχνά + **at**) [συχνά υπονοεί έκπληξη, ανοησία, ή αγένεια] κοιτάζω *They stared at me in amazement.* Με κοιτάξανε με έκπληξη. *Stop staring into space.* Σταμάτα να χαζεύεις. **stare** ουσ.αρ. επίμονο βλέμμα

gaze ρ.α. (+ επίρρ. ή πρόθ.) [υπονοεί θέλγητρο ή αφηρημάδα] ατενίζω *We stood gazing out over the lake.* Σταθήκαμε ατενίζοντας προς τη λίμνη. **gaze** ουσ.αρ. βλέμμα

gawp ρ.α. (Βρετ.) (συνήθως + **at**) [υποτιμητικό. Υπονοεί ανόητο ενδιαφέρον ή έκπληξη] χαζεύω, κοιτάζω σα χαζός *Everyone stood around gawping at the baby.* Όλοι στέκονταν και χάζευαν το μωρό.

ogle ρ.μ. [υποτιμητικό. Κοιτάζω με φανερό σεξουαλικό ενδιαφέρον] γλυκοκοιτάζω *You get ogled by all the men.* Όλοι οι άντρες σε τρώνε με τα μάτια τους.

eye ρ.μ. [κοιτάζω από κοντά, συνήθως με επιθυμία ή εχθρική διάθεση] κοιτάζω, περιεργάζομαι *jealously eyeing her jewellery* κοιτάζοντας τα κοσμήματά της με ζήλεια *They eyed us suspiciously.* Μας περιεργάστηκαν καχύποπτα.

survey ρ.μ. [κοιτάζω μια μεγάλη περιοχή] επισκοπώ *We sat down and surveyed the countryside.* Καθήσαμε και επισκοπήσαμε το τοπίο.

91.3 Κοιτάζω προσεκτικά

examine ρ.μ. [για να μάθω κάτι] εξετάζω *She examined the bill closely.* Εξέτασε το λογαριασμό προσεκτικά.

examination ουσ.αρ.μ.αρ. εξέταση **on closer examination** μετά από προσεκτική εξέταση

inspect ρ.μ. [ελέγχω, συχνά επίσημα] επιθεωρώ *The police inspected their documents.* Οι αστυνομικοί έλεγξαν τα χαρτιά τους. **inspection** ουσ.αρ.μ.αρ. επιθεώρηση **inspector** ουσ.αρ. επιθεωρητής

observe ρ.μ. [κάπως επίσημο. Παρακολουθώ προσεκτικά, συχνά για ένα χρονικό διάστημα, συχνά με επιστημονικό τρόπο] παρατηρώ *We are observing the mating patterns of seagulls.* Παρατηρούμε τους τρόπους ζευγαρώματος των γλάρων.

observation ουσ.μ.αρ. παρατήρηση *powers of observation* παρατηρητικότητα *The doctors are keeping him **under observation**.* Οι γιατροί τον έχουν υπό παρακολούθηση.

scrutinize, ΕΠΙΣΗΣ -**ise** (βρετ.) ρ.μ. [εξετάζω προσεκτικά, κυρίως ψάχνοντας για λάθη] διερευνώ

scrutiny *ουσ.μ.αρ.* εξονυχιστική έρευνα *Her private life is under scrutiny in the press.* Ο τύπος ερευνά εξονυχιστικά την προσωπική της ζωή.

sightseeing *ουσ.μ.αρ.* επίσκεψη των αξιοθέατων (σαν *επίθ.*) *a sightseeing tour* περιήγηση στα αξιοθέατα

91.4 Ανακαλύπτω βλέποντας

notice *ρ.μ.α.* προσέχω *Did you notice how sad he looked?* Πρόσεξες πόσο λυπημένος φαινόταν; *I couldn't help noticing her rash.* Δεν ήταν δυνατό να μην προσέξω το εξάνθημά της.

spot *ρ.μ.,* -tt- [υπονοεί ετοιμότητα και προσεκτικά μάτια] εντοπίζω *I've spotted another spelling mistake.* Βρήκα ακόμα ένα ορθογραφικό λάθος.

perceive *ρ.μ.* [κάπως επίσημο. Αντικ.: κυρίως ό,τι είναι δύσκολο να δει κανείς] αντιλαμβάνομαι, διακρίνω *movements which can only be perceived under the microscope* κινήσεις που διακρίνονται μόνο με το μικροσκόπιο

discern *ρ.μ.* [βλέπω με δυσκολία] διακρίνω *Only an expert could discern the differences in shade.* Μόνο ένας ειδικός θα μπορούσε να διακρίνει τις διαφορές στην απόχρωση.

make out sb/sth Ή **make** sb/sth **out** [αντικ.: κάτι μικρό ή δύσκολο να το δεις] διακρίνω, ξεχωρίζω *You can just make out the nest among the branches.* Μόλις που μπορείς να διακρίνεις τη φωλιά ανάμεσα στα κλαδιά.

91.5 Κινήσεις των ματιών

blink *ρ.α.* [και τα δύο μάτια, αυτόματη κίνηση] ανοιγοκλείνω τα μάτια

wink *ρ.α.* [ένα μάτι, σκόπιμα] κλείνω το μάτι

91.6 Χρησιμοποιώ τα μάτια

sight *ουσ.* 1 *ουσ.μ.αρ.* [αίσθηση] όραση *out of sight* εκτός θέας 2 *ουσ.αρ.* [κάτι που βλέπεις] θέαμα *a sight for sore eyes* θέαμα που προκαλεί ευχαρίστηση 3 *ουσ.αρ.* (δεν έχει πληθ.) [ανεπίσημο. Κάτι που φαίνεται άσχημο] θέαμα *You look a real sight in those clothes!* Είσαι ένα γελοίο θέαμα με αυτά τα ρούχα!

eyesight *ουσ.μ.αρ.* [ικανότητα να βλέπεις] όραση *My eyesight is failing.* Η όρασή μου χάνεται.

vision *ουσ.* 1 *ουσ.μ.αρ.* [πιο επίσημο ή εξειδικευμένο από το **sight**] όραση *He is suffering from impaired vision.* Υποφέρει από διαταραχές της όρασης. 2 *ουσ.αρ.* [εικόνα στο μυαλό] όραμα *I had visions of them arriving on an elephant!* Τους έβλεπα με τη φαντασία μου να έρχονται πάνω σε έναν ελέφαντα!

visible *επίθ.* ορατός *The bruises were still clearly visible.* Μπορούσες ακόμα να δεις καθαρά τις μελανιές.

visibly *επίρρ.* ολοφάνερα *They were visibly shaken by the news.* Ήταν ολοφάνερο ότι συγκλονίστηκαν από τα νέα.

visibility *ουσ.μ.αρ.* ορατότητα *Fog had reduced visibility to a few feet.* Η ομίχλη είχε ελαττώσει το πεδίο ορατότητας σε μερικά μέτρα.

invisible *επίθ.* αόρατος *an almost invisible seam* μια σχεδόν αόρατη ραφή

have/need eyes in the back of one's head έχω/χρειάζομαι μάτια και στην πλάτη μου

(have) eyes like a hawk (έχω) μάτια σα γεράκι

91.7 Πράγματα που κοιτάμε

picture *ουσ.αρ.* [συνήθως ζωγραφιά, σχέδιο ή φωτογραφία, αλλά και νοερή εικόνα] εικόνα

image *ουσ.αρ.* [οποιαδήποτε αναπαράσταση αντικειμένου ή ατόμου. Μπορεί να είναι νοερή] εικόνα, ομοίωμα *We are used to violent images on our TV screens.* Έχουμε συνηθίσει τις σκηνές βίας στην τηλεόραση. *This machine produces an image of the brain's structure.* Αυτή η μηχανή παράγει μια εικόνα της δομής του εγκεφάλου.

view *ουσ.αρ.μ.αρ.* θέα *There's a wonderful view from this window.* Η θέα από αυτό το παράθυρο είναι υπέροχη. *He undressed in full view of the crowd.* Γδύθηκε μπροστά στα μάτια του πλήθους.

scene *ουσ.αρ.* [τόπος που βλέπει κανείς σε ορισμένο χρονικό σημείο] σκηνή *The painting shows a rural scene.* Ο πίνακας δείχνει μια αγροτική σκηνή.

scenery *ουσ.μ.αρ.* [φυσικός περίγυρος, π.χ. βουνά, δέντρα] τοπίο, θέα *alpine scenery* αλπικό τοπίο

scenic *επίθ.* [με ωραίο τοπίο] γραφικός *a scenic route* γραφική διαδρομή

91.8 Γυαλιά, κτλ.

a pair of glasses ένα ζευγάρι γυαλιά

she wears glasses φοράει γυαλιά

glasses *ουσ. πληθ.* γυαλιά

spectacles *ουσ. πληθ.* [πιο αρχαϊκό ή επίσημο από το **glasses**] γυαλιά

specs *ουσ. πληθ.* [ανεπίσημο] γυαλιά

bifocals *ουσ. πληθ.* γυαλιά με φακούς δύο εστιών

sunglasses *ουσ. πληθ.* γυαλιά ηλίου

contact lenses *ουσ. πληθ.* φακοί επαφής

binoculars *ουσ. πληθ.* κιάλια *a pair of binoculars* ένα ζευγάρι κιάλια

goggles *ουσ. πληθ.* προστατευτικά γυαλιά (π.χ. αεροπόρου, δύτη)

92 Show Δείχνω

show *ρ.μ., αόρ.* **showed** *μτχ. αορ.* **shown** [γενικός όρος] δείχνω *I showed him my press card and went in.* Του έδειξα τη δημοσιογραφική κάρτα μου και μπήκα.

display *ρ.μ.* 1 [έτσι ώστε να μπορεί κανείς να εξετάσει το αντικείμενο] εκθέτω *The sponsor's name is prominently displayed on all the posters.* Το όνομα του χορηγού είναι εμφανές σε όλες τις αφίσες. 2 [κάπως επίσημο. Δείχνω σημάδια] δείχνω *She displays no interest in the subject.* Δε δείχνει καθόλου ενδιαφέρον στο θέμα.

on show εκτεθειμένος *They had all their goods on show.* Είχαν εκθέσει όλα τα προϊόντα τους.

exhibit *ρ.μ.α.* 1 [με επισημότητα, π.χ. σε έκθεση. Αντικ.: π.χ. πίνακας ζωγραφικής. Υποκ.: καλλιτέχνης] εκθέτω *The portrait will be exhibited in the entrance hall.* Το πορτρέτο θα εκτεθεί στην είσοδο. 2 [κάπως επίσημο. Δείχνω σημάδια] παρουσιάζω *He is exhibiting some signs of the disease.* Παρουσιάζει συμπτώματα της αρρώστιας.

demonstrate *ρ.μ.* 1 [έτσι ώστε να γίνει κατανοητό. Αντικ.: π.χ. μηχάνημα] κάνω επίδειξη *Let me demonstrate the software for you.* Να σας δείξω πώς λειτουργεί το πρόγραμμα. 2 [αποτελώ απόδειξη για κάτι] αποδεικνύω *This book demonstrates the need for more research in the area.* Αυτό το βιβλίο αποδεικνύει την ανάγκη για περισσότερη έρευνα στον τομέα.

present *ρ.μ.* [υπονοεί κάτι καινούριο, συχνά για να εντυπωσιάσει] παρουσιάζω *Car manufacturers will be presenting their latest models at the show.* Οι κατασκευαστές αυτοκινήτων θα παρουσιάσουν τα τελευταία μοντέλα στην έκθεση. *We will present the findings of our research in June.* Θα παρουσιάσουμε τα πορίσματα της έρευνάς μας τον Ιούνιο.

presentation *ουσ.μ.αρ.* [τρόπος παρουσίασης] παρουσίαση

prove *ρ.μ.* αποδεικνύω *We can't prove that he was there.* Δεν μπορούμε να αποδείξουμε ότι ήταν εκεί.

proof *ουσ.μ.αρ.αρ.* απόδειξη *Is there any proof of their involvement?* Υπάρχει απόδειξη για τη συμμετοχή τους;

92.1 Επιδιώκω τον θαυμασμό

show off sth/sb Ή **show** sth/sb **off** *ρ.πρφ.μ.* κάνω φιγούρα *a perfect opportunity to show off the new car* ιδανική ευκαιρία να επιδείξω το καινούριο αυτοκίνητο

parade *ρ.μ.α.* [υποτιμητικό. Υπονοεί κίνηση και καύχημα. Αντικ.: το ίδιο μου το σώμα ή κάτι που μπορεί να μεταφερθεί] παρελαύνω *She came back to parade the new baby round the office.* Ήρθε για να επιδείξει το μωρό στο γραφείο. *He parades round the village in a long fur coat.* Περιφέρεται επιδεικτικά στο χωριό φορώντας ένα μακρύ γούνινο παλτό.

flaunt *ρ.μ.* [υποτιμητικό. Αντικ.: κυρίως πράγματα που μπορεί να προκαλέσουν μνησικακία ή αποδοκιμασία από άλλα άτομα] επιδεικνύω *I don't like the way she flaunts her wealth.* Δε μου αρέσει ο τρόπος που επιδεικνύει τα πλούτη της.

92.2 Δείχνω το δρόμο, κατεύθυνση, κτλ.

point *ρ.α.* (συνήθως + to) 1 [κυρίως με το δάχτυλο] δείχνω *She pointed to the open window.* Έδειξε (προς) το ανοιχτό παράθυρο. 2 [εφιστά τη προσοχή σε κάτι] υποδεικνύω *The report points to problems in the prison service.* Η αναφορά υποδεικνύει προβλήματα στο σύστημα των φυλακών.

point sth/sb **out** Ή **point out** sb/sth *ρ.πρφ.μ.* 1 [αντικ.: λεπτομέρεια που μπορεί να έμεινε απαρατήρητη] επισημαίνω *Our guide pointed out buildings of interest.*

Ο οδηγός μας επισήμανε τα κτίρια που παρουσίαζαν ενδιαφέρον 2 (συχνά + that) [αντικ.: γεγονός] επισημαίνω *May I point out that the proposed course of action is illegal?* Μου επιτρέπετε να επισημάνω ότι ο προτεινόμενος τρόπος δράσης είναι παράνομος;

indicate *ρ.μ.* [με λόγια ή χειρονομίες] δείχνω *He indicated a door on our right.* Μας έδειξε μια πόρτα στα δεξιά μας. *She indicated that I should sit down.* Έδειξε ότι έπρεπε να καθήσω.

guide *ρ.μ.* (συνήθως + επίρρ. ή πρόθ.) ξεναγώ *We were guided round Oxford by a student.* Ένας φοιτητής μας ξενάγησε στην Οξφόρδη.

guide *ουσ.αρ.* 1 [πρόσωπο] οδηγός, ξεναγός 2 [βιβλίο] τουριστικός οδηγός

92.3 Τόποι και γεγονότα όπου γίνονται επιδείξεις

museum *ουσ.αρ.* [για ιστορικά, επιστημονικά, κλπ. αντικείμενα] μουσείο

χρήση
Το μουσείο ιστορίας συνήθως λέγεται **history museum**, όχι 'historical museum', και το μουσείο φυσικών επιστημών λέγεται **science museum**.

exhibition (*Βρετ. & Αμερ.*), **exhibit** (*Αμερ.*) *ουσ.αρ.* (συχνά + of) [σχετικά επίσημο γεγονός] έκθεση *an exhibition of Medieval manuscripts* έκθεση μεσαιωνικών χειρόγραφων *The Queen's jewels are on exhibition in London.* Τα κοσμήματα της Βασίλισσας εκτίθενται στο Λονδίνο.

χρήση
Οι εκθέσεις είναι συνήθως προσωρινές, εκτός αν έχει δηλωθεί διαφορετικά, και μπορεί να εκθέτουν έργα για πώληση. Η λέξη **exhibition** συχνά χρησιμοποιείται για μικρές ή πολύ συγκεκριμένες εκθέσεις σχεδόν όλων των αντικειμένων, π.χ. έργων τέχνης, μηχανημάτων, αγροτικών προϊόντων, αλλά όχι έμψυχων. Μια έκθεση μπορεί να λάβει χώρα μέσα σε ένα μουσείο.

gallery Ή **art gallery** *ουσ.αρ.* [για έργα τέχνης. Μπορεί να είναι μόνιμη ή προσωρινή συλλογή, και μπορεί να περιλαμβάνει εκθέματα για πούλημα] γκαλερί

show *ουσ.αρ.* [π.χ. λουλουδιών, ζώων, κλπ. Λιγότερο επίσημο γεγονός από το **exhibition**] επίδειξη *the annual rose show* η ετήσια έκθεση τριαντάφυλλων

display *ουσ.αρ.* [ενός αντικειμένου ή μικρής ομάδας αντικειμένων. Οποιαδήποτε διάταξη σχεδιασμένη να φαίνεται ωραία, π.χ. σε βιτρίνα καταστήματος] έκθεση, επίδειξη *There was a beautiful display of cut flowers in the church.* Είχαν τοποθετήσει τα λουλούδια σε μια ωραία διάταξη στην εκκλησία. *The children put on a display of country dancing.* Τα παιδιά έκαναν επίδειξη τοπικών χορών. *a disgraceful display of bad temper* μια εξευτελιστική επίδειξη θυμού

demonstration *ουσ.αρ.* [για το πώς να κάνεις κάτι] επίδειξη *a quick demonstration of nappy-changing* σύντομη επίδειξη για το πώς να αλλάζεις τις πάνες του μωρού

92.4 Πράγματα που επιδεικνύονται

exhibit *ουσ.αρ.* 1 [κάτι που επιδεικνύεται σε έκθεση] έκθεμα 2 [αποδεικτικό στοιχείο στο δικαστήριο] τεκμήριο

example *ουσ.αρ.* **1** [κάτι που δείχνει αντιπροσωπευτική κατάσταση, αντικείμενο, χαρακτηριστικό, κτλ.] παράδειγμα *an example of his wit* ένα παράδειγμα της ευφυΐας του *I have seen some examples of her work.* Έχω δει (παρα)δείγματα της δουλειάς της. **2** [κάτι για αντιγραφή] παράδειγμα προς μίμηση *Such behaviour sets a bad example to younger children.* Τέτοια συμπεριφορά δίνει το κακό παράδειγμα στα μικρά παιδιά. *I followed her example and gave up smoking.* Ακολούθησα το παράδειγμά της και έκοψα το κάπνισμα.

sample *ουσ.αρ.* [μικρό μέρος από κάτι] δείγμα *a blood sample* δείγμα αίματος *We chose the carpet from a book of samples.* Διαλέξαμε το χαλί από ένα βιβλίο με δείγματα (*σαν επίθ.*) *a page of sample text* μια σελίδα δείγμα του κειμένου

93 Obvious Φανερός

obvious *επίθ.* (συχνά + **to**) [κάτι που είναι εύκολο να το δεις/αντιληφθείς] φανερός *It was obvious to all of us that they were lying.* Ήταν φανερό σε όλους μας ότι έλεγαν ψέματα. *I didn't tell her, for obvious reasons.* Δεν της το είπα, για ευνόητους λόγους.

obviously *επίρρ.* προφανώς, φανερά *They were obviously lost.* Ήταν φανερό πως είχαν χαθεί. *Obviously, we'll need help.* Φυσικά θα χρειαστούμε βοήθεια.

evident *επίθ.* [ξεκάθαρο από την κατάσταση] φανερός *Her annoyance was only too evident.* Η ενόχλησή της ήταν κάτι παραπάνω από φανερή.

evidently *επίρρ.* προφανώς *He has evidently been delayed.* Προφανώς του έχει τύχει κάποια καθυστέρηση.

clear *επίθ.* **1** (συχνά + **to**) [απολύτως κατανοητό] ξεκάθαρος, σαφής *It's not clear to me what these figures mean.* Δε μου είναι πολύ ξεκάθαρο τι σημαίνουν αυτά τα νούμερα [φράση που εκφράζει θυμό] *Do I make myself clear?* Έγινα σαφής; **2** [κατανοητός. Περιγράφει: π.χ. σύμβολα, γραφικό χαρακτήρα, φωνή] ευδιάκριτος

clearly *επίρρ.* **1** σαφώς *I thought you were my friend. That is clearly not the case.* Νόμιζα ότι ήσουν φίλος μου. Αυτό, σαφώς, δε συμβαίνει. **2** καθαρά *He spoke clearly.* Μιλούσε καθαρά.

plain *επίθ.* (συχνά + **to**) ξεκάθαρος *His disappointment was plain to see.* Η απογοήτευσή του ήταν ολοφάνερη.

plainly *επίρρ.* φανερά *She is plainly unable to do the job.* Είναι φανερό πως είναι ανίκανη να κάνει τη δουλειά.

conspicuous *επίθ.* [πολύ αισθητός, συχνά υπονοεί αδεξιότητα, ή εξέχουσα συμπεριφορά] καταφανής, εμφανής *I feel conspicuous in jeans.* Αισθάνομαι ότι όλοι με κοιτάνε όταν φοράω τζην. *The minister was conspicuous by his absence.* Ο υπουργός έλαμψε με την απουσία του.

conspicuously *επίρρ.* καταφανώς *She remained conspicuously silent.* Η σιωπή της ήταν πολύ αισθητή.

apparent *επίθ.* **1** [κάτι που είναι εύκολο να το δεις ή να το καταλάβεις] προφανής *Several problems soon became apparent to the researchers.* Διάφορα προβλήματα έγιναν γρήγορα φανερά στους ερευνητές. **2** [φαίνεται αληθινό, αλλά μπορεί να μην είναι έτσι] φαινομενικός *your apparent lack of concern for safety* η φαινομενική έλλειψη ενδιαφέροντος από μέρους σου για την ασφάλεια

apparently *επίρρ.* [συνήθως χρησιμοποιείται στην αρχή της πρότασης] απ' ό,τι λένε, καθώς έμαθα *Apparently, they're going to build a bridge here.* Έμαθα ότι θα χτίσουν μια γέφυρα εδώ. *Apparently, he tried to phone earlier.* Φαίνεται ότι προσπάθησε να τηλεφωνήσει πιο πριν.

noticeable *επίθ.* [κάτι που είναι εύκολο να το παρατηρήσεις ή σημαντικό] αισθητός *She still has a noticeable limp.* Είναι φανερό ότι κουτσαίνει ακόμα. *a noticeable drop in the temperature* αισθητή πτώση της θερμοκρασίας

noticeably *επίρρ.* αισθητά *The situation has improved noticeably since May.* Η κατάσταση έχει βελτιωθεί αισθητά από το Μάιο.

φ ρ ά σ η

stick out like a sore thumb [ανεπίσημο. Αδύνατο να μη το δεις, κυρίως επειδή δεν ταιριάζει] ξεχωρίζω σαν τη μύγα μες στο γάλα (κυριολεκτικά: ξεχωρίζω σαν πληγωμένος αντίχειρας) *She sticks out like a sore thumb in that hat!* Δείχνει σαν τη μύγα μες στο γάλα με εκείνο το καπέλο!

---

94 Search Ψάχνω

search *ρ.* [υπονοεί σοβαρή προσπάθεια να βρεις κάτι] **1** *ρ.μ.* ψάχνω *The house was searched for explosives.* Ψάξανε το σπίτι μήπως βρούνε εκρηκτικά. **2** *ρ.α.* (συνήθως + **for**) ερευνώ *Police are still searching for the missing diplomat.* Η αστυνομία ακόμα ψάχνει για τον αγνοούμενο διπλωμάτη. *We searched high and low.* Ψάξαμε παντού.

search *ουσ.αρ.* έρευνα *The search for an effective vaccine goes on.* Η έρευνα για ένα αποτελεσματικό εμβόλιο συνεχίζεται.

look for sb/sth *ρ.πρφ.μ.* [η πιο συνηθισμένη και γενική λέξη που δηλώνει ότι προσπαθούμε να βρούμε κάτι] ψάχνω *I'm looking for a Mr Martin.* Ψάχνω κάποιον κύριο Μάρτιν.

have a look for sth ρίχνω μια ματιά ψάχνοντας για κάτι *Have you had a look for it in the bathroom?* Είδες μήπως είναι στο μπάνιο;

hunt *ρ.* **1** *ρ.α.* (συνήθως + **for**) [υπονοεί δυσκολία, συχνά ανεπιτυχή έρευνα] ψάχνω *I'm still hunting for those keys.* Ακόμα ψάχνω εκείνα τα κλειδιά. **2** *ρ.μ.* (αντικ.: π.χ. εγκληματίας) κυνηγώ *Police are hunting the killer.* Η αστυνομία κυνηγάει το δολοφόνο.

hunt *ουσ.αρ.* (συνήθως + **for**) αναζήτηση *the hunt for a suitable successor* η αναζήτηση ενός κατάλληλου διαδόχου

hunting *ουσ.μ.αρ.* (χρησιμοποιείται σε σύνθετες λέξεις) αναζήτηση *house-hunting* αναζήτηση σπιτιού *job-hunting* αναζήτηση δουλειάς

seek *ρ.μ.*, *αόρ.* & *μτχ. αορ.* **sought** [κάπως επίσημο. Αντικ.: όχι συνήθως ένα υλικό αντικείμενο ή πρόσωπο] αναζητώ *They are both seeking promotion.* Και οι δύο επιδιώκουν προαγωγή. *I went abroad to seek my fortune.* Πήγα στο εξωτερικό να βρω την τύχη μου.

comb *ρ.μ.* [ψάχνω πάρα πολύ προσεκτικά. Χρησιμοποιείται ειδικά για έρευνες της αστυνομίας] χτενίζω *Police combed the woods for evidence.* Η αστυνομία χτένισε την περιοχή ψάχνοντας για αποδεικτικά στοιχεία. *I combed the second-hand bookshops for her novels.* Χτένισα τα βιβλιοπωλεία μεταχειρισμένων βιβλίων για να βρω τα μυθιστορήματά της.

94.1 Κατασκοπεύω

spy *ρ.α., αόρ. & μτχ. αορ.* **spied** (συνήθως + **on**) [συνήθως υποτιμητικό. Υπονοεί μυστικότητα] κατασκοπεύω *We spied on our neighbours through a hole in the fence.* Παρακολουθήσαμε τους γείτονές μας μέσα από μια τρύπα στο φράχτη.

snoop *ρ.α.* (συχνά + **around**) [ανεπίσημο και υποτιμητικό] παρακολουθώ κρυφά *The police have been snooping*

around the building. Οι αστυνομικοί παρακολουθούν κρυφά το κτίριο.

snooper *ουσ.αρ.* [ανεπίσημο και υποτιμητικό] χαφιές *snoopers from the tax office* χαφιέδες από την εφορία

pry *ρ.α.* (συχνά + **into**) [υποτιμητικό. Υπονοεί επίμονη και ενοχλητική περιέργεια] ανακατεύομαι *They're always prying into people's private affairs.* Συνεχώς ανακατεύονται στα προσωπικά των άλλων. *prying eyes* περίεργα μάτια

95 Find Βρίσκω

δες επίσης **113 Find out**

find *ρ.μ., αόρ. & μτχ. αορ.* **found** [γενικός όρος] βρίσκω *I found a gold pen on the floor.* Βρήκα ένα χρυσό στυλό στο πάτωμα. *We've found a place to live.* Βρήκαμε σπίτι να μείνουμε.

find *ουσ.αρ.* εύρημα *a lucky find* τυχερό εύρημα

discover *ρ.μ.* [αντικ.: κάτι το οποίο δεν ήξερες ότι υπήρχε] ανακαλύπτω *I discovered an old sewing machine in the loft.* Ανακάλυψα μια παλιά ραπτομηχανή στο πατάρι. *I've discovered the source of the problem.* Έχω ανακαλύψει την αιτία του προβλήματος.

discovery *ουσ.αρ.μ.αρ.* ανακάλυψη *We made some surprising discoveries about her past.* Κάναμε εκπληκτικές ανακαλύψεις για το παρελθόν της. *the discovery of penicillin* η ανακάλυψη της πενικιλίνης

track down sth/sb ή **track** sb/sth **down** *ρ.πρφ.μ.* [κάπως ανεπίσημο. Βρίσκω μετά από έρευνα] εντοπίζω *I've managed to track down their address.* Κατάφερα να βρω τη διεύθυνσή τους (μετά από πολύ ψάξιμο).

uncover *ρ.μ.* [αντικ.: π.χ. σχέδιο, κίνητρα] αποκαλύπτω *Police uncovered plans to smuggle the painting out of the country.* Η αστυνομία αποκάλυψε τα σχέδια για τη λαθραία εξαγωγή του πίνακα από τη χώρα.

come across sth/sb *ρ.πρφ.μ.* [συνήθως τυχαία ή συμπτωματικά] βρίσκω τυχαία, συναντώ *I'd never come*

across her books before. Δεν έτυχε ποτέ μέχρι τώρα να πέσει στα χέρια μου κάποιο βιβλίο της. *We suddenly came across a beautiful little fishing village.* Ξαφνικά βρεθήκαμε μπροστά σε ένα ωραίο ψαροχώρι.

95.1 Εφευρίσκω

invent *ρ.μ.* [αντικ.: κάτι που δεν υπήρχε πριν] εφευρίσκω *They invented a secret code.* Επινόησαν ένα μυστικό κώδικα. [μπορεί να υπονοεί ψέματα] *I invented an excuse not to go.* Βρήκα μια δικαιολογία για να μην πάω. **inventor** *ουσ.αρ.* εφευρέτης

invention *ουσ.αρ.μ.αρ.* εφεύρεση *a brilliant invention* έξοχη εφεύρεση *the invention of the computer* η εφεύρεση του κομπιούτερ [υποτιμητικό. Λέω ψέματα] *His story was pure invention.* Αυτά που είπε ήταν όλα ψέματα.

make up sth ή **make** sth **up** *ρ.πρφ.μ.* [αντικ.: π.χ. ιστορία, δικαιολογία. Συχνά υπονοεί ότι κάποιος λέει ψέματα] επινοώ *The reports of an invasion were completely made up.* Τα νέα ότι έγινε εισβολή ήταν τελείως φτιαχτά.

hit upon sth *ρ.πρφ.μ.* [τυχαία. Υπονοεί καλή σύμπτωση. Αντικ.: κυρίως σχέδιο, απάντηση] βρίσκω ξαφνικά *We hit upon the idea of using old sheets.* Ξαφνικά σκεφτήκαμε να χρησιμοποιήσουμε παλιά σεντόνια.

96 Lose Χάνω

lose *ρ.μ., αόρ. & μτχ. αορ.* **lost** [γενικός όρος] χάνω

loss *ουσ.αρ.μ.αρ.* απώλεια *Report any losses to the police.* Να δηλώσετε οποιεσδήποτε απώλειες στην αστυνομία. *We're insured against damage and loss.* Έχουμε ασφαλιστεί για ζημιές και απώλειες.

mislay *ρ.μ., αόρ. & μτχ. αορ.* **mislaid** [πιο επίσημο από το **lose**. Προσωρινή απώλεια, αλλά συχνά χρησιμοποιείται για ευφημισμό και κάπως χιουμοριστικά, όταν ο ομιλητής

δεν έχει ιδέα για το πού είναι το συγκεκριμένο πράγμα] χάνω *I seem to have mislaid my diary.* Φαίνεται ότι έχω αφήσει κάπου το ημερολόγιό μου.

misplace *ρ.μ.* [παρόμοια έννοια με το **mislay**] βάζω σε λάθος μέρος *I'm afraid your file has been misplaced.* Λυπάμαι αλλά ο φάκελός σας δεν μπορεί να βρεθεί αυτήν τη στιγμή.

97 Body positions Θέσεις του σώματος

χρήση

Πολλά από αυτά τα ρήματα μπορούν να χρησιμοποιηθούν με επιρρήματα όπως το **up** και το **down**. Όταν χρησιμοποιούνται χωρίς το επίρρημα υπονοούν ότι το πρόσωπο έχει ήδη πάρει τη συγκεκριμένη θέση: π.χ. *We sat on long benches.* (Καθήσαμε σε μεγάλα παγκάκια.)

Όταν χρησιμοποιούνται με το επίρρημα, συνήθως αναφέρονται στην κίνηση που κάνει το άτομο προκειμένου να πάρει τη συγκεκριμένη θέση: π.χ. *She sat down on the bench.* (Κάθησε στο παγκάκι.)

97.1 Είμαι όρθιος ή σηκώνομαι

stand *ρ.α.*, *αόρ. & μτχ. αορ.* **stood** (συχνά + **up**) στέκομαι *They were standing outside the library.* Στέκονταν έξω από τη βιβλιοθήκη. *She stood up and walked out.* Σηκώθηκε πάνω και βγήκε έξω.

arise *ρ.α.*, *αόρ.* **arose** *μτχ. αορ.* **arisen** [λογοτεχνικά] σηκώνομαι [συχνά από το κρεβάτι] *When he arose the sun was shining.* ΄Οταν σηκώθηκε, ο ήλιος έλαμπε.

get up *ρ.πρφ.α.* 1 [κάπως λιγότερο επίσημο από το **stand up**] σηκώνομαι *He got up and shook hands with me.* Σηκώθηκε και μου έσφιξε το χέρι. 2 [από το κρεβάτι] σηκώνομαι

get to one's feet [υπονοεί πράξη για την οποία έχει καταβληθεί κόπος] στέκομαι στα πόδια μου *She slowly got to her feet.* Σιγά-σιγά στάθηκε στα πόδια της.

spring to one's feet [γρήγορη πράξη, που έχει προκληθεί από κίνδυνο, θυμό, ενθουσιασμό, κλπ.] τινάζομαι πάνω

rear *ρ.α.* (μερικές φορές + **up**) [υποκ.: κυρίως αλόγου] στέκομαι στα πίσω πόδια

97.2 Θέσεις ανάπαυσης

sit *ρ.α.*, *αόρ. & μτχ. αορ.* **sat** (συχνά + **down**) κάθομαι *We had to sit at the back of the hall.* Αναγκαστήκαμε να καθήσουμε στο πίσω μέρος της αίθουσας. *We found a bench to sit down on.* Βρήκαμε ένα παγκάκι να καθήσουμε. *Sit up straight!* Κάθησε με ίσια την πλάτη σου! (χρησιμοποιείται σαν σύνθετο ουσιαστικό) *Let's have a sit-down.* Ας καθήσουμε λιγάκι.

lie *ρ.α.*, *αόρ.* **lay** *μτχ. αορ.* **lain** (συχνά + **down**) ξαπλώνω *We've been lying in the sun all day.* Μείναμε ξαπλωμένοι στον ήλιο όλη μέρα. *Lie down and have a rest.* Ξάπλωσε και ξεκουράσου.

97.3 Θέσεις του σώματος κοντά στο έδαφος

kneel *ρ.α.*, *αόρ. & μτχ. αορ.* **knelt** (συχνά + **down**) γονατίζω *We knelt to pray.* Γονατίσαμε για να προσευχηθούμε. *I knelt down to tie my laces.* Γονάτισα για να δέσω τα κορδόνια μου.

squat *ρ.α.*, -tt- (συχνά + **down**) κάθομαι στις φτέρνες/ανακούρκουδα

crouch *ρ.α.* (συχνά + **down**) μαζεύομαι, κάθομαι κουλουριασμένος

on all fours στα τέσσερα *We got down on all fours to look for her contact lens.* Πέσαμε στα τέσσερα για να της βρούμε το φακό επαφής.

97.4 Θέσεις του σώματος όταν σκύβουμε

bend *ρ.α.*, *αόρ. & μτχ. αορ.* **bent** (συχνά + **down**, **over**) σκύβω *I bent down to pick up the envelope.* ΄Εσκυψα για να πιάσω το φάκελο.

lean *ρ.α.*, *αόρ. & μτχ. αορ.* **leaned** ΄Η **lent** (συνήθως + *επίρρ.* ή *πρόθ.*) γέρνω, ακουμπώ *She leaned over to talk to me.* ΄Εγειρε προς το μέρος μου για να μου μιλήσει. *I leaned against the wall.* Ακούμπησα στον τοίχο.

stoop *ρ.α.* [για να περάσουμε κάτω από εμπόδιο, ή από γεράματα, λύπη, κλπ.] σκύβω *We stooped to avoid the branches.* Σκύψαμε για να αποφύγουμε τα κλαδιά.

stoop *ουσ.αρ.* καμπούριασμα *She walks with a slight stoop.* Περπατάει λίγο καμπουριαστά.

slouch *ρ.α.* [υποτιμητικό. Υπονοεί τεμπελιά και άγαρμπη θέση του σώματος όταν περπατάμε ή καθόμαστε] καμπουριάζω *He slouched over his books.* ΄Εγειρε τεμπέλικα πάνω στα βιβλία του. **slouch** *ουσ.αρ.* καμπούριασμα

bow *ρ.α.* υποκλίνομαι *He bowed to the ground.* ΄Εκανε μια βαθιά υπόκλιση.

bow *ουσ.αρ.* υπόκλιση *take a bow* κάνω υπόκλιση

curtsy ΄Η **curtsey** *ρ.α.* υποκλίνομαι (για γυναίκες)

curtsy ΄Η **curtsey** *ουσ.αρ.* υπόκλιση *perform a curtsey* κάνω υπόκλιση

98 Touch Αγγίζω

δες επίσης **338 Pull and Push**

touch *ρ.μ.α.* 1 [κυρίως με το χέρι] αγγίζω *She reached over and touched my hand.* ΄Απλωσε το χέρι της και ακούμπησε το χέρι μου. 2 [οποιαδήποτε επαφή] ακουμπώ *Her skirt touched the floor.* Η φούστα της ακουμπούσε το πάτωμα.

touch *ουσ.* 1 *ουσ.μ.αρ.* [αίσθηση] αφή *It's painful* **to the touch**. Πονάει όταν το αγγίζεις. 2 *ουσ.αρ.* (συνήθως δεν έχει πληθ.) άγγιγμα *You can see the figures at the touch of a computer key.* Μπορείς να δεις τα νούμερα με το άγγιγμα ενός κουμπιού του κομπιούτερ.

feel *ρ.*, *αόρ. & μτχ. αορ.* **felt** 1 *ρ.μ.* αισθάνομαι *He felt some drops of rain on his face.* Αισθάνθηκε μερικές σταγόνες βροχής στο πρόσωπό του. 2 *ρ.α.* δίνω την αίσθηση *This fabric feels very stiff.* Αυτό το ύφασμα δίνει την αίσθηση του πολύ σκληρού.

feel *ουσ.μ.αρ.αρ.* (δεν έχει πληθ.) αφή *The clothes had a damp feel.* Τα ρούχα ήταν υγρά στην αφή.

handle *ρ.μ.* [ακουμπώ με τα χέρια, συχνά σηκώνω] πιάνω *The books were torn from constant handling.* Τα βιβλία είχαν σκιστεί από τη συνεχή χρήση. [ετικέτα σε πακέτο με εύθραυστα αντικείμενα] *Handle with care!* Μετακινήστε με προσοχή!

finger *ρ.μ.* [ακουμπάω με τα δάχτυλα. Συχνά υπονοεί ότι χαλάμε ή λερώνουμε αυτό που ακουμπάμε] πασπατεύω *Don't finger the food if you're not going to eat it!* Μη πασπατεύεις το φαγητό αν δεν πρόκειται να το φας!

98.1 Αγγίζω με στοργή

caress *ρ.μ.* [τρυφερά, με αγάπη] χαϊδεύω *He gently caressed her hair.* Χάιδεψε απαλά τα μαλλιά της. [λογοτεχνικό] *A soft breeze caressed our cheeks.* ΄Ενα απαλό αεράκι χάιδεψε τα μάγουλά μας. **caress** *ουσ.αρ.* χάιδεμα

fondle *ρ.μ.* [μπορεί να υπονοεί παιχνιδιάρικο άγγιγμα και μπορεί να είναι λιγότερο αισθησιακό από το **caress**] χαϊδεύω *My dog loves having his ears fondled.* Στο σκυλί μου αρέσει πολύ να του χαϊδεύουν τα αυτιά.

stroke *ρ.μ.* [υπονοεί τακτικές κινήσεις του χεριού] χαϊδεύω *He stroked the child's hair.* Χάιδεψε τα μαλλιά του παιδιού.

pat *ρ.μ.,* -tt- [σύντομα, απαλά αγγίγματα. Αντικ.: π.χ. σκυλί, το κεφάλι κάποιου] χτυπώ απαλά

98.2 Αγγίζω σκληρά

press *ρ.* 1 *ρ.μ.* [σπρώχνω με τα δάχτυλα. Αντικ.: π.χ. διακόπτης, κουμπί] πιέζω, πατάω *The bear's tummy squeaks if you press it.* Η κοιλιά της αρκούδας τσιρίζει αν την πιέσεις. 2 *ρ.μ.* (συχνά + επιρρηματική φράση) [συντρίβω, ισοπεδώνω, κλπ.] πιέζω *She pressed her face against the glass.* Πίεσε το πρόσωπό της στο τζάμι. *press flowers* πρεσάρω λουλούδια 3 *ρ.α.* (συχνά + επιρρηματική φράση, συχνά + **against**, **down**) πιέζω *Press down hard on the lever.* Πίεσε το μοχλό δυνατά προς τα κάτω. **press** *ουσ.αρ.* (δεν έχει πληθ.) πίεση

rub *ρ.μ.α.,* -bb- (συχνά + επιρρηματική φράση, συχνά + **against**) τρίβω *He rubbed his hand against his cheek.* Έτριψε το χέρι του στο μάγουλό του. *The back of my shoe rubs.* Το παπούτσι μου τρώει τη φτέρνα/με κόβει. *The wheel's rubbing against the mudguard.* Η ρόδα τρίβεται πάνω στο φτερό.

friction *ουσ.μ.αρ.* τριβή *The friction creates static electricity.* Η τριβή δημιουργεί στατικό ηλεκτρισμό.

pressure *ουσ.μ.αρ.* πίεση *Pressure built up inside until the pipe burst.* Η πίεση αυξήθηκε στο εσωτερικό σε σημείο να σκάσει ο σωλήνας. *Apply gentle pressure to the wound.* Πιέστε ελαφρά το τραύμα.

99 Soft Μαλακός

soft *επίθ.* μαλακός *The bed's too soft.* Το κρεβάτι είναι υπερβολικά μαλακό. *soft towels* απαλές πετσέτες **softness** *ουσ.μ.αρ.* απαλότητα

soften *ρ.μ.α.* μαλακώνω *Leave the butter on the table until it has softened.* Άφησε το βούτυρο πάνω στο τραπέζι ώσπου να μαλακώσει.

softener *ουσ.αρ.* [συχνά σε σύνθετες λέξεις] μαλακτικό *water-softener* μαλακτικό νερού *fabric-softener* μαλακτικό υφασμάτων

tender *επίθ.* 1 [εύκολος να κοπεί ή να μασηθεί. Περιγράφει: φαγητό, κυρίως κρέας] μαλακός 2 [ευπαθής & ευαίσθητος. Περιγράφει: π.χ. δέρμα] τρυφερός *Protect children's tender skin from the sun.* Προστατέψτε το τρυφερό δέρμα των παιδιών από τον ήλιο. **tenderness** *ουσ.μ.αρ.* τρυφερότητα, απαλότητα

spongy *επίθ.* [συχνά υπονοεί υγρασία] μουλιασμένος *Heavy rain made the lawn spongy.* Η πολλή βροχή έκανε το γρασίδι να μουλιάσει. *horrible spongy aubergines* απαίσιες πανιασμένες μελιτζάνες

limp *επίθ.* [υπονοεί αδυναμία, απώλεια φυσιολογικού σχήματος] χαλαρός *a few limp lettuce leaves* μαραμένα μαρουλόφυλλα **limpness** *ουσ.μ.αρ.* χαλαρότητα

99.1 Εύκαμπτος

flexible *επίθ.* [περιγράφει: υλικά, όχι συνήθως ανθρώπους] εύκαμπτος *flexible rubber tubing* εύκαμπτος λαστιχένιος σωλήνας **flexibility** *ουσ.μ.αρ.* ευκαμψία

pliable *επίθ.* [κάπως πιο εξειδικευμένος όρος από το **flexible**. Περιγράφει: υλικά, όχι ανθρώπους] εύκαμπτος *We need a pliable wood to make the barrels.* Χρειαζόμαστε εύκαμπτο ξύλο για να φτιάξουμε τα βαρέλια. **pliability** *ουσ.μ.αρ.* ευκαμψία

pliant *επίθ.* [το ίδιο όπως το **pliable**] εύκαμπτος **pliancy** *ουσ.μ.αρ.* ευκαμψία

supple *επίθ.* [περιγράφει: άτομο, κλειδώσεις, δέρμα] ευλύγιστος *Swimming helps me keep supple.* Το κολύμπι με βοηθάει να διατηρώ τη λυγεράδα μου. **suppleness** *ουσ.μ.αρ.* ευλυγισία

lithe *επίθ.* [υπονοεί εύκολη, δυνατή, με χάρη κίνηση. Περιγράφει: άτομο] λυγερός *a lithe-limbed youth* λυγερός νέος **lithely** *επίρρ.* λυγερά **litheness** *ουσ.μ.αρ.* λυγεράδα

100 Hard Σκληρός

δες επίσης **256.2 Tension, 401 Strength**

hard *επίθ.* σκληρός *The butter's too hard to spread.* Το βούτυρο είναι πολύ σκληρό και δεν απλώνει στο ψωμί. *The beds were hard.* Τα κρεβάτια ήταν σκληρά. **hardness** *ουσ.μ.αρ.* σκληρότητα

harden *ρ.μ.α.* σκληραίνω *Carbon is added to harden the steel.* Προσθέτουν άνθρακα για να σκληρύνουν το ατσάλι. *The icing takes a few hours to harden.* Το γκλάσο θέλει μερικές ώρες για να σκληρύνει.

solid *επίθ.* 1 [όχι υγρός ή αέριος] στερεός *The lake has frozen solid.* Η λίμνη έχει παγώσει μέχρι πολύ βαθιά. 2 [στερεός και δυνατός] στερεός *The house is built on solid foundations.* Το σπίτι είναι χτισμένο σε γερά θεμέλια.

solid *ουσ.αρ.* στερεός *Is the baby eating solids yet?* Έχει αρχίσει να τρώει στερεά τροφή το μωρό;

solidify *ρ.μ.μ.* στερεοποιώ *The glue had solidified in its tube.* Η κόλλα είχε στερεοποιηθεί στο σωληνάριό της.

rock-hard ή **rock-solid** *επίθ.* [κάπως ανεπίσημο. Πάρα πολύ σκληρό] σκληρός σαν πέτρα *This bread is rock-solid!* Αυτό το ψωμί είναι σκληρό σαν πέτρα!

firm *επίθ.* 1 [αρκετά σκληρός αλλά όχι τελείως σκληρός. Συνήθως χρησιμοποιείται για να εκφράσει θαυμασμό] σφιχτός *The tomatoes should be ripe but still firm.* Οι τομάτες πρέπει να είναι ώριμες αλλά σφιχτές. 2 [στερεός και ακίνητος] σταθερός *The box made a firm platform.* Το κουτί ήταν αρκετά σταθερό για να χρησιμοποιηθεί σαν εξέδρα. 3 [δυνατός] σφιχτός *a firm grasp* μια σφιχτή λαβή **firmness** *ουσ.μ.αρ.* σταθερότητα

firmly *επίρρ.* σταθερά *My feet were firmly on the ground.* Τα πόδια μου πατούσαν σταθερά στη γη. *She shook my hand firmly.* Μου έσφιξε το χέρι με δύναμη.

tough *επίθ.* [δύσκολο να το κόψεις, σκίσεις, μασήσεις, κτλ. Περιγράφει: π.χ. κρέας, υλικό] σκληρός, ανθεκτικός *a tough steak* σκληρή μπριζόλα *tough walking boots* ανθεκτικές μπότες για περπάτημα **toughness** *ουσ.μ.αρ.* σκληρότητα, ανθεκτικότητα

100.1 Άκαμπτος

stiff επίθ. [κάτι/κάποιος που λυγίζει με δυσκολία. Περιγράφει: π.χ. υλικό, μυς, κίνηση] δύσκαμπτος *The sheets were stiff with starch.* Τα σεντόνια ήταν σκληρά από την κόλλα. *My legs were stiff after the run.* Τα πόδια μου είχαν πιαστεί μετά το τρέξιμο. **stiffly** επίρρ. αλύγιστα **stiffness** ουσ.μ.αρ. δυσκαμψία

stiffen ρ.μ.α. (ρ.α. συχνά + **up**) σκληραίνω *I stiffened the collar with starch.* Σκλήρυνα το κολάρο με κόλλα. *My muscles stiffened up after the swim.* Οι μυς μου ήταν πιασμένοι μετά το κολύμπι.

rigid επίθ. [τελείως άκαμπτος. Συχνά περιγράφει ανεπιθύμητη κατάσταση] αλύγιστος *I went rigid with fear.*

Κοκάλωσα από το φόβο μου. *a tray made of rigid plastic* δίσκος φτιαγμένος από άκαμπτο πλαστικό **rigidly** επίρρ. άκαμπτα **rigidity** ουσ.μ.αρ. ακαμψία

100.2 Σκληρός αλλά εύθραυστος

crisp επίθ. [συνήθως εκφράζει θαυμασμό, υπονοεί φρεσκάδα. Περιγράφει: κυρίως φαγητό] τραγανός *a crisp lettuce* ένα τραγανό μαρούλι *crisp banknotes* καινούρια χαρτονομίσματα **crispness** ουσ.μ.αρ. φρεσκάδα

brittle επίθ. [αρνητική λέξη. Συχνά υπονοεί ότι αυτό που περιγράφεται είναι υπερβολικά αδύνατο] εύθραυστος και ξερός *brittle bones* εύθραυστα κόκαλα **brittleness** ουσ.μ.αρ. εύθραυστη ξηρότητα

101 Human body – internal Το ανθρώπινο σώμα – εσωτερικό

δες επίσης **86 Human body – external**

101.1 Ο σκελετός

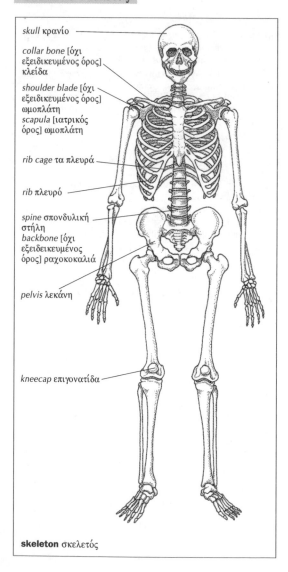

skeleton σκελετός

101.2 Εσωτερικά όργανα

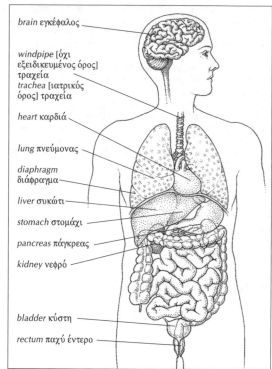

tonsil ουσ.αρ. αμυγδαλή *I had my tonsils out.* Έβγαλα τις αμυγδαλές μου.

appendix ουσ.αρ., πληθ. **appendixes** Ή **appendices** σκωληκοειδής απόφυση *a burst appendix* διάτρηση/ρήξη της σκωληκοειδούς απόφυσης

intestine ουσ.αρ. Ή **intestines** ουσ. πληθ. έντερο **intestinal** επίθ. [εξειδικευμένος όρος] εντερικός

bowel ουσ.αρ. Ή **bowels** ουσ. πληθ. έντερα *I've got very regular bowels.* Έχω πολύ τακτικό έντερο. (σαν επίθ.) *bowel cancer* καρκίνος των εντέρων *bowel movements* εκκένωση

nucleus ουσ.αρ., πληθ. **nuclei** πυρήνας *When the nucleus divides, two new cells are formed.* Όταν διαιρείται ο πυρήνας, σχηματίζονται δυο καινούρια κύτταρα.

cell ουσ.αρ. κύτταρο (σαν επίθ.) cell division διαίρεση του κυττάρου

bone ουσ.αρ.μ.αρ. κόκαλο a splinter of bone θραύσμα από κόκαλο a fish bone κόκαλο του ψαριού

bony επίθ. 1 [ανεπίσημο. Πολύ λεπτός] κοκαλιάρης She held out a bony hand. Άπλωσε το κοκαλιάρικο χέρι της. 2 [κάτι που περιέχει πολλά κόκαλα. Περιγράφει: κυρίως ψάρια] γεμάτος κόκαλα

joint ουσ.αρ. άρθρωση an artificial hip joint τεχνητή άρθρωση μηρού

muscle ουσ.αρ.μ.αρ. μυς the leg muscles οι μύες του ποδιού exercises to build muscle ασκήσεις για να κάνω μυς (σαν επίθ.) muscle tissue μυικός ιστός **muscular** επίθ. μυικός

organ ουσ.αρ. όργανο internal organs εσωτερικά όργανα reproductive organs αναπαραγωγικά όργανα

blood ουσ.μ.αρ. αίμα Blood flowed from the wound. Αίμα έτρεχε από το τραύμα. (σαν επίθ.) blood donors δωρητές αίματος

vein ουσ.αρ. φλέβα The veins stood out on his forehead. Οι φλέβες ξεχώριζαν στο μέτωπό του.

artery ουσ.αρ. αρτηρία hardened arteries αρτηρίες που έχουν σκληρύνει

nerve ουσ.αρ. νεύρο The pain is caused by pressure on the nerve. Ο πόνος προκαλείται από πίεση που ασκείται στο νεύρο. (σαν επίθ.) nerve endings απολήξεις των νεύρων

101.3 Το αναπαραγωγικό σύστημα

δες επίσης **199 Sex**

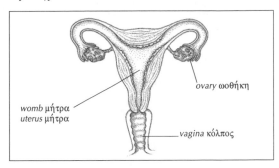

womb μήτρα
uterus μήτρα

ovary ωοθήκη

vagina κόλπος

egg ουσ.αρ. ωάριο   **sperm** ουσ.αρ.μ.αρ. σπέρμα

101.4 Μυαλό και σώμα

mental επίθ. διανοητικός mental health πνευματική υγεία **mentally** επίρρ. πνευματικά

physical επίθ. σωματικός physical exercise σωματική άσκηση

physically επίρρ. σωματικά a physically active person σωματικά δραστήριο άτομο

102 Bodily wastes Απόβλητα του σώματος

δες επίσης **184 Bathroom**

faeces (Βρετ.), **feces** (κυρίως Αμερ.) ουσ. πληθ. [επίσημο και εξειδικευμένο] περιττώματα

defecate ρ.α. [επίσημο και εξειδικευμένο] αφοδεύω

shit ουσ.μ.αρ.αρ. (δεν έχει πληθ.) [ταμπού] σκατά
shit ρ.α., -tt-, αόρ. & μτχ. αορ **shat** [ταμπού] χέζω

crap ουσ.μ.αρ.αρ. (δεν έχει πληθ.) [ταμπού] σκατά have a crap χέζω **crap** ρ.α., -pp- χέζω

turd ουσ.αρ. [ταμπού λαϊκό] κουράδι

poo ουσ.μ.αρ.αρ. [ανεπίσημο, παιδιάστικη λέξη] κακά

urine ουσ.μ.αρ. ούρα **urinate** ρ.α. [κάπως επίσημο] ουρώ

wee Ή **wee-wee** ουσ.μ.αρ. (κυρίως Βρετ.) [ανεπίσημη, παιδιάστικη λέξη] πιπί
wee ρ.α. [ανεπίσημο, παιδιάστικη λέξη] κάνω τσίσα

pee ουσ.μ.αρ. [ανεπίσημο. Ήπια λέξη αλλά είναι καλύτερο να αποφεύγεται σε επίσημες περιστάσεις. Χρησιμοποιείται από και προς παιδιά στα αμερικάνικα Αγγλικά] κάτουρο **pee** ρ.α. [ανεπίσημο] κατουρώ

wet oneself/one's pants/the bed, etc. [ουρώ χωρίς να συγκρατηθώ] βρέχομαι, βρέχω τα εσώρουχα/το κρεββάτι, κτλ.

spend a penny (Βρετ.) [πολύ συνηθισμένο, ευφημισμός] πάω στην τουαλέτα

go to the toilet/loo, etc. [σχετικά ουδέτερη φράση, ανάλογα με τη λέξη που χρησιμοποιείται για την τουαλέτα] πηγαίνω στην τουαλέτα
*δες επίσης **184.1 Bathroom**

103 Breathe Αναπνέω

breathe ρ. 1 ρ.α. αναπνέω, ανασαίνω You could hardly breathe for the smoke. Μόλις που μπορούσες να αναπνεύσεις από τον καπνό. We were breathing heavily after the climb. Αναπνέαμε βαριά μετά την ανάβαση. 2 ρ.μ. The air's not fit to breathe round here. Ο αέρας είναι τόσο άσχημος εδώ που δεν κάνει να τον αναπνεύσεις. breathing in traffic fumes αναπνέω καυσαέρια

breathing ουσ.μ.αρ. αναπνοή Try to regulate your breathing. Προσπάθησε να ρυθμίσεις την αναπνοή σου.

breathe in ρ.πρφ.α. εισπνέω
breathe out ρ.πρφ.α. εκπνέω

breath ουσ.αρ.μ.αρ. αναπνοή Each breath was an effort. Κάθε ανάσα απαιτούσε προσπάθεια. **Take a deep breath.** Πάρε βαθειά αναπνοή. How long can you **hold your breath**? Πόση ώρα μπορείς να κρατήσεις την αναπνοή

σου; **out of breath** λαχανιασμένος I felt his breath on my cheek. Αισθάνθηκα την αναπνοή του στο μάγουλό μου.

inhale ρ.α.μ. [πιο επίσημο από το **breathe in**. Συχνά χρησιμοποιείται σαν ιατρικός όρος] εισπνέω She drew on the cigarette and inhaled deeply. Τράβηξε μια ρουφηξιά από το τσιγάρο και εισέπνευσε βαθιά. **inhalation** ουσ.αρ.μ.αρ. [επίσημο] εισπνοή

exhale ρ. 1 ρ.α. [πιο επίσημο από το **breathe out**. Συχνά χρησιμοποιείται σαν ιατρικός όρος] εκπνέω 2 ρ.μ. [αντικ.: καπνός, αέριο, κλπ.] αναδίδω αναθυμιάσεις **exhalation** ουσ.αρ.μ.αρ. [επίσημο] εκπνοή, αναθυμίαση

sniff ρ. 1 ρ.μ.α. οσφραίνομαι A dog sniffed around the dustbin. Ένα σκυλί μύριζε γύρω από το σκουπιδοτενεκέ. 2 ρ.α. [επειδή τρέχει η μύτη μου] ρουφώ τη μύτη μου **sniff** ουσ.αρ. ρούφηγμα μύτης

sigh *ρ.α.* [εκφράζει λύπη, απογοήτευση, κτλ.] αναστενάζω
sigh *ουσ.αρ.* αναστεναγμός

103.1 Αναπνέω δυνατά ή με προσπάθεια

blow *ρ.μ.α.*, *αόρ.* blew *μτχ. αορ.* **blown** (συχνά + *επίρρ.*) φυσώ *Blow into the tube, please.* Φυσήξτε μέσα στο σωλήνα, παρακαλώ. *I blew out the candles.* Έσβησα τα κεριά. *She blew the fly off her arm.* Έδιωξε τη μύγα από το χέρι της φυσώντας την.

pant *ρ.α.* [κυρίως εξαιτίας προσπάθειας ή ζέστης] λαχανιάζω *a huge panting alsatian* ένα τεράστιο λαχανιασμένο λυκόσκυλο

puff *ρ.α.* 1 [εξαιτίας προσπάθειας. Πολύ σύντομες αναπνοές] βαριανασαίνω *We were all puffing after the climb.* Όλοι βαριανασαίναμε μετά την ανάβαση. 2 (συχνά + **on**, **at**) [ανεπίσημο. Καπνίζω] τραβώ ρουφηξιές *puffing on a pipe* καπνίζω μια πίπα

puff *ουσ.αρ.* ρουφηξιά *a puff of her cigarette* μια ρουφηξιά από το τσιγάρο της

gasp *ρ.* 1 *ρ.α.* [παίρνω σύντομη, ακουστή αναπνοή, εξαιτίας σοκ, αναστάτωσης, κτλ.] κόβεται η αναπνοή μου *They gasped in horror as she fell.* Τους κόπηκε η αναπνοή όταν έπεσε. 2 *ρ.α.* [αναπνέω απελπισμένα, προσπαθώντας να πάρω αέρα] λαχανιάζω, προσπαθώ να αναπνεύσω *He came to the lake's surface, gasping for breath.* Βγήκε στην επιφάνεια της λίμνης λαχανιασμένος. 3 *ρ.μ.* [μιλώ λαχανιασμένα, εξαιτίας σοκ, κτλ., ή έλλειψης αναπνοής] λέω με κομμένη την ανάσα *'John's got a gun!,' she gasped.* «Ο Τζων κρατάει όπλο!», είπε με κομμένη την ανάσα.

gasp *ουσ.αρ.* άναρθρη κραυγή *He let out a gasp of amazement.* Έβγαλε κραυγή έκπληξης.

wheeze *ρ.α.* [κάνω θόρυβο που μοιάζει με σφύριγμα όταν αναπνέω, συχνά λόγω διαταραχής του αναπνευστικού συστήματος] ασθμαίνω **wheeze** *ουσ.αρ.* σφύριγμα αναπνοής

104 Think Σκέφτομαι

think *ρ.*, *αόρ. & μτχ. αορ.* **thought** 1 *ρ.α.* (συχνά + *επίρρ.*) [γενικός όρος για οποιαδήποτε συνειδητή διανοητική δραστηριότητα] σκέφτομαι *I thought about it all day.* Το σκεφτόμουν όλη την ημέρα. *Your trouble is, you just don't think!* Το πρόβλημα με σένα είναι ότι δε σκέφτεσαι. *Think carefully.* Σκέψου προσεκτικά. 2 *ρ.μ.* [εκφράζει ιδέες, πεποιθήσεις] νομίζω *I think I'm pregnant.* Νομίζω ότι είμαι έγκυος. *Do you think she'll mind?* Λες να την πειράξει;

thinker *ουσ.αρ.* (συχνά ακολουθεί μετά από *επίθ.*) στοχαστής *a fast thinker* ετοιμόλογος

thought *ουσ.* 1 *ουσ.μ.αρ.* σκέψη *I found her deep in thought.* Τη βρήκα βυθισμένη σε σκέψεις. *Your work needs more thought.* Η δουλειά σου χρειάζεται περισσότερη σκέψη. 2 *ουσ.αρ.* ιδέα *I've had some thoughts about the project.* Έχω σκεφτεί ορισμένα πράγματα για τη μελέτη.

consider *ρ.μ.* 1 [για να πάρω μια απόφαση] σκέφτομαι *I'm considering leaving this job.* Σκέφτομαι να φύγω από αυτή τη δουλειά. 2 [λαβαίνω υπόψη μου] υπολογίζω *Have you considered the consequences of giving up work?* Έχεις λάβει υπόψη σου ποιες θα είναι οι συνέπειες αν σταματήσεις να δουλεύεις; *Considering her age, she's in good shape.* Για την ηλικία της, είναι σε καλή φόρμα. *I'd like to be considered for the job.* Θα ήθελα να με λάβετε υπόψη σας για τη δουλειά.

consideration *ουσ.μ.αρ.* [προσεκτική σκέψη, ειδικά για να πάρουμε μια απόφαση] σκέψη *We will need to take rising oil prices into consideration.* Θα χρειαστεί να λάβουμε υπόψη μας ότι οι τιμές του πετρελαίου ανεβαίνουν. *The idea deserves consideration.* Αξίζει να μελετήσουμε την ιδέα.

take into account λαβαίνω υπόψη μου *We forgot to take postage costs into account.* Ξεχάσαμε να συμπεριλάβουμε τα ταχυδρομικά έξοδα.

104.1 Σκέφτομαι προσεκτικά

concentrate *ρ.α.* (συχνά + **on**) 1 [σκέφτομαι πολύ σοβαρά μόνο ένα θέμα] συγκεντρώνομαι *It's hard to concentrate in a noisy room.* Είναι δύσκολο να συγκεντρωθείς σε ένα δωμάτιο με θόρυβο. 2 [βάζω όλες τις προσπάθειές μου σε μια δραστηριότητα] συγκεντρώνομαι *I'm concentrating on my exams at the moment.* Προς το παρόν, συγκεντρώνω όλες τις προσπάθειές μου στις εξετάσεις μου.

concentration *ουσ.μ.αρ.* συγκέντρωση *The phone disturbed my concentration.* Το τηλέφωνο διέσπασε την προσοχή μου.

contemplate *ρ.α.μ.* [σκέφτομαι προσεκτικά, συνήθως για μελλοντικά θέματα] στοχάζομαι *The idea is too terrible to contemplate.* Η ιδέα είναι πολύ τρομακτική για να τη σκεφτείς.

contemplation *ουσ.μ.αρ.* [ήρεμη, σοβαρή σκέψη] περισυλλογή *I spent an hour in quiet contemplation.* Κάθησα σε περισυλλογή για μια ώρα.

ponder *ρ.μ.α.* (συχνά + **on**, **over**) [αργή, διεξοδική, ολοκληρωμένη σκέψη. Συχνά υπονοεί δυσκολία να βγάλει κανείς συμπέρασμα] συλλογίζομαι, μελετώ *I sat pondering the likely outcome of the decision.* Κάθησα και συλλογίστηκα το πιθανό αποτέλεσμα της απόφασης.

reflect *ρ.α.* (συχνά + **on**) [υπονοεί σοβαρότητα και επιφύλαξη. Χρησιμοποιείται για υπάρχουσες καταστάσεις ή γεγονότα του παρελθόντος, όχι συνήθως για μελλοντικά γεγονότα] συλλογίζομαι, αναλογίζομαι [συχνά χρησιμοποιείται για να υπονοήσει ότι αναγκάζεται κάποιος να συνειδητοποιήσει τις συνέπειες και τα λάθη της αδικίας] *When I had had time to reflect, I regretted my words.* Όταν κάθησα και ξανασκέφτηκα, μετάνιωσα για τα λόγια που είπα.

reflection *ουσ.* 1 *ουσ.μ.αρ.* [σοβαρή σκέψη] συλλογισμός *On reflection, I'd rather come on Friday.* Τώρα που το σκέφτομαι, θα προτιμούσα να έρθω την Παρασκευή. 2 *ουσ.αρ.* [δήλωση] αναλογισμός, σκέψη

reason *ρ.α.μ.* [σκέφτομαι λογικά] αναπτύσσω επιχείρημα, υπολογίζω (+ **that**) *He reasoned that we would be ready to agree.* Υπολόγισε ότι θα είμαστε πρόθυμοι να συμφωνήσουμε.

reason *ουσ.μ.αρ.* [λογική σκέψη] λογική

104.2 Απορροφημένος από τη σκέψη

thoughtful *επίθ.* στοχαστικός *a thoughtful expression* μια βαθυστόχαστη έκφραση **thoughtfully** *επίρρ.* συλλογισμένα

pensive *επίθ.* [υπονοεί ανήσυχη ή λυπηρή σκέψη] συλλογισμένος **pensively** *επίρρ.* συλλογισμένα

brood *ρ.α.* (συχνά + **over**, **on**, **about**) [σκέφτομαι για μεγάλο διάστημα, με ανησυχία ή μνησικακία] συλλογίζομαι μελαγχολικά *She's still brooding over his criticism.* Ακόμα σκέφτεται την κριτική που της έκανε.

meditate *ρ.α.* 1 [σε έκσταση] αυτοσυγκεντρώνομαι 2 (συχνά + **on**) [μακροσκελής και ήρεμη σκέψη] διαλογίζομαι *He's got six years in prison to meditate on his crimes.* Έχει έξι χρόνια στη φυλακή για να συλλογιστεί τα εγκλήματα που έκανε.

meditation *ουσ.* 1 *ουσ.μ.αρ.* [σε έκσταση] αυτοσυγκέντρωση 2 *ουσ.αρ.* [σκέψη] διαλογισμός

daydream *ρ.α.* (συχνά + **of, about**) ονειροπολώ **daydream** *ουσ.αρ.* ονειροπόληση

105 Believe Πιστεύω

δες επίσης **104 Think, 106 Opinion, 109 Guess, 110 Know,** *L30 Opinions*

believe *ρ.μ.* πιστεύω *I don't believe he's fifty!* Δεν το πιστεύω ότι είναι 50 χρονών. *I believe you.* Σε πιστεύω.
believe in sth *ρ.πρφ.μ.* [αντικ.: π.χ. φαντάσματα, Θεό] πιστεύω σε κάτι
belief *ουσ.* 1 *ουσ.μ.αρ.* (συχνά + **in**) πίστη *His rudeness is beyond belief.* Η αγένειά του είναι απίστευτη. 2 *ουσ.αρ.* [κάτι που πιστεύεται] πεποίθηση *political beliefs* πολιτικές πεποιθήσεις
be convinced [είμαι σίγουρος, όχι απαραίτητα λογικά] έχω πειστεί *She's convinced I want to hurt her.* Έχει πειστεί ότι θέλω να της κάνω κακό.

105.1 Πιστεύω με βάση αποδείξεις ή πληροφορίες

infer *ρ.μ.*, -rr- [υπονοεί λογικό συμπέρασμα] συμπεραίνω *Can I infer from that that you are not coming?* Να συμπεράνω από αυτό ότι δε θα έρθεις;
gather *ρ.μ.* [χρησιμοποιείται περισσότερο στον προφορικό παρά στο γραπτό λόγο. Ξέρω επειδή είδα ή άκουσα κάτι] μαθαίνω, συνάγω *I gather the house has been sold.* Έμαθα ότι το σπίτι έχει πουληθεί.
conclude *ρ.μ.* [υπονοεί κρίση μετά από σκέψη] συμπεραίνω, αποφασίζω *I concluded that he was not a suitable candidate.* Κατέληξα στο συμπέρασμα ότι δεν ήταν κατάλληλος υποψήφιος.
conclusion *ουσ.αρ.* συμπέρασμα **come to a conclusion** καταλήγω σε συμπέρασμα

105.2 Λιγότερο οριστική πεποίθηση

suppose *ρ.μ.* 1 [θεωρώ πιθανό] υποθέτω *I suppose it's very expensive.* Υποθέτω ότι είναι πολύ ακριβό. [συχνά χρησιμοποιείται για να εκφράσει απροθυμία] *I suppose we ought to help.* Υποθέτω ότι πρέπει να βοηθήσουμε. 2 [επίσημο. Πιστεύω, συχνά λανθασμένα] υποθέτω *I had supposed he wanted to borrow money.* Υπέθεσα ότι ήθελε να δανειστεί λεφτά.
supposition *ουσ.αρ.μ.αρ.* υπόθεση *Your theory is pure supposition.* Η θεωρία σου είναι καθαρή εικασία.
assume *ρ.μ.* [υπονοεί ότι αυτό που πιστεύει κάποιος είναι πιθανό και λογικό] υποθέτω, φαντάζομαι *I assumed the car would be ready by now.* Φαντάστηκα ότι το αυτοκίνητο θα ήταν έτοιμο μέχρι τώρα. *I assume you won't be coming?* Να υποθέσω ότι δε θα έρθεις;

assumption *ουσ.αρ.* υπόθεση *I bought it on the assumption that prices would go on rising.* Το αγόρασα επειδή περίμενα ότι οι τιμές θα εξακολουθούσαν να ανεβαίνουν.
presume *ρ.μ.* [υπονοεί ότι η πεποίθηση είναι πιθανή, αλλά αποδέχεται ότι μπορεί να είναι λανθασμένη] υποθέτω, θεωρώ δεδομένο *You seem to presume she will agree.* Φαίνεται να το θεωρείς σίγουρο πως θα συμφωνήσει.
presumption *ουσ.αρ.* [κάπως επίσημο] υπόθεση, προϋπόθεση *Let us accept the presumption of his innocence.* Ας δεχτούμε την υπόθεση ότι είναι αθώος.
I take it [ανεπίσημο. Συνήθως υπονοεί παράκληση για επιβεβαίωση κάποιας πεποίθησης] υποθέτω *You'll be bringing the children, I take it.* Υποθέτω ότι θα φέρεις τα παιδιά.
reckon *ρ.μ.* [ανεπίσημο. Υπονοεί γνώμη που βασίζεται σε πιθανότητα] λογαριάζω, υποθέτω, νομίζω *She was tired of waiting, I reckon.* Μάλλον θα κουράστηκε να περιμένει.
guess *ρ.μ.* (κυρίως Αμερ.) [ανεπίσημο] υποθέτω *I guess you're right.* Υποθέτω ότι έχεις δίκιο.

105.3 Εύπιστος

swallow *ρ.μ.* [ανεπίσημο. Αντικ.: λάθος πληροφορία] πιστεύω *The story was absurd, but he swallowed it whole.* Η ιστορία ήταν παράλογη, αλλά την έχαψε.
gullible *επίθ.* [υποτιμητικό. Υπονοεί έλλειψη κοινής λογικής] αφελής **gullibility** *ουσ.αρ.* αφέλεια
superstition *ουσ.αρ.μ.αρ.* [πίστη σε μαγικές ή υπερφυσικές δυνάμεις] πρόληψη
superstitious *επίθ.* [περιγράφει: πρόσωπο] προληπτικός

105.4 Ικανός να πιστευτεί

credible *επίθ.* [αξίζει να πιστέψεις ή να πάρεις στα σοβαρά. Περιγράφει: π.χ. ιστορία, εναλλακτική λύση] πιστευτός *Their defence policies are barely credible.* Μόλις και μετά βίας μπορείς να πιστέψεις την αμυντική πολιτική τους. **credibly** *επίρρ.* πιστευτά **credibility** *ουσ.μ.αρ.* αξιοπιστία
plausible *επίθ.* [δίνει την εντύπωση ότι είναι πιστευτό. Περιγράφει: π.χ. δικαιολογία] αληθοφανής **plausibly** *επίρρ.* αληθοφανώς **plausibility** *ουσ.μ.αρ.* αληθοφάνεια

106 Opinion Γνώμη

δες επίσης **105 Believe,** *L30 Opinions*

opinion *ουσ.αρ.μ.αρ.* (συχνά + **of**) γνώμη *You're making a mistake, in my opinion.* Κατά τη γνώμη μου, κάνεις λάθος. *I have a high opinion of her ability.* Έχω καλή εντύπωση για τις ικανότητές της. *public opinion* κοινή γνώμη *They were of the opinion that the business would fail.* Ήταν της γνώμης ότι η επιχείρηση θα αποτύχαινε.
attitude *ουσ.αρ.* (συχνά + **to, towards**) [υπονοεί ένα συναίσθημα ή αντίδραση που προξενείται από μια κατάσταση, παρά μια κρίση γι' αυτή] στάση *His attitude to*

the problem seems to be to ignore it. Η στάση που παίρνει για το πρόβλημα είναι, φαίνεται, να το αγνοεί. *My attitude is that they should pay for our advice.* Η στάση μου είναι ότι πρέπει να πληρώσουν για τη συμβουλή μας.
view *ουσ.αρ.* (συχνά + **on, about**) [συχνά χρησιμοποιείται για πιο πλατιά θέματα από το **opinion**] άποψη *She has odd views on bringing up children.* Έχει παράξενες απόψεις για την ανατροφή των παιδιών. *She took the view that training was a priority.* Υιοθέτησε την άποψη ότι η εκπαίδευση

ήταν θέμα μεγάλης σημασίας. *In my view*, cars should be banned from cities. Κατά τη γνώμη μου, τα αυτοκίνητα πρέπει να απαγορευτούν από τις πόλεις.

estimation *ουσ.μ.αρ.* [κάπως επίσημο. Υπονοεί πιο σοβαρή κρίση από το **opinion**] εκτίμηση *In my estimation*, it is a second-rate book. Κατά την εκτίμησή μου, είναι βιβλίο δεύτερης διαλογής.

point of view 1 [γνώμη που προξενείται από μια συγκεκριμένη κατάσταση, κυρίως σχετικά με επιθυμίες, πεποιθήσεις, απαιτήσεις, κτλ. του συγκεκριμένου προσώπου ή ομάδας προσώπων] οπτική γωνία *The news is disastrous from the enemy's point of view.* Τα νέα είναι καταστρεπτικά από την οπτική γωνία του εχθρού. 2 [υπολογισμός μιας συγκεκριμένης πλευράς μιας κατάστασης ή πράγματος] άποψη *From the point of view of size, the room is ideal.* Από την άποψη του μεγέθους, το δωμάτιο είναι ιδανικό.

viewpoint *ουσ.αρ.* [κάπως πιο επίσημο από το **point of view**. Δεν μπορεί να χρησιμοποιηθεί για τη δεύτερη έννοια του **point of view**] οπτική γωνία, σκοπιά *Try to see it from my viewpoint.* Προσπάθησε να το δεις από τη δική μου σκοπιά.

106.1 Πρόελευση γνώμης

principle *ουσ.* 1 *ουσ.αρ.μ.αρ.* [υπονοεί ηθικές ιδέες] αρχή *It's a matter of principle.* Είναι θέμα αρχής. 2 *ουσ.αρ.* [βάση πράξεων, πεποιθήσεων, κτλ.] αρχή *based on principles of Freudian psychology* με βάση τις αρχές της Φρόυδικής ψυχολογίας

philosophy *ουσ.* 1 *ουσ.αρ.μ.αρ.* [σύστημα πεποιθήσεων] φιλοσοφία *his philosophy of non-violence* η φιλοσοφία του για την έλλειψη βίας *the philosophy of Plato* η φιλοσοφία του Πλάτωνα 2 *ουσ.μ.αρ.* [μελέτη] φιλοσοφία **philosopher** *ουσ.αρ.* φιλόσοφος **philosophical** *επίθ.* φιλοσοφικός

outlook *ουσ.* (συνήθως δεν έχει πληθ., συχνά + **on**) [γενικός τρόπος σκέψης, π.χ. για τη ζωή] νοοτροπία, αντίληψη *a negative outlook on life* μια αρνητική αντίληψη για τη ζωή

106.2 Καταλήγω σε γνώμη

consider *ρ.μ.* [κάπως επίσημο] θεωρώ (+ **that**) *I consider that the operation is too risky.* Θεωρώ ότι η επιχείρηση είναι πολύ επικίνδυνη. (+ αντικ. + ουσ.) *I consider my work a failure.* Θεωρώ το έργο μου μια αποτυχία. (+ αντικ. + επίθ.) *They considered her remarks offensive.* Θεώρησαν ότι τα σχόλιά της ήταν προσβλητικά.

think of sth/sb *ρ.πρφ.μ.* (συχνά χρησιμοποιείται σε ερωτήσεις, ή + **as**) νομίζω σχετικά με κάτι/κάποιον *What did you think of the show?* Πώς σου φάνηκε η παράσταση; *I thought of you as a friend.* Σε θεωρούσα φίλο μου.

regard *ρ.μ.* (συχνά + **as**) [κάπως επίσημο] θεωρώ *How do you regard his early work?* Πώς κρίνεις την αρχική δουλειά του; *I regard him as a fool.* Τον θεωρώ ανόητο.

assess *ρ.μ.* [υπονοεί γνώμη στην οποία έχει καταλήξει κάποιος μετά από προσεκτική, συχνά επίσημη, εξέταση] εκτιμώ *We must assess the product's commercial potential.* Πρέπει να εκτιμήσουμε το πόσο εμπορεύσιμο είναι το προϊόν.

assessment *ουσ.αρ.μ.αρ.* εκτίμηση *an encouraging assessment of our achievements* μια ενθαρρυντική εκτίμηση των επιτευγμάτων μας

judge *ρ.μ.α.* κρίνω (+ **that**) *I judged that the time was right.* Έκρινα ότι είχε έρθει η κατάλληλη στιγμή. (+ αντικ. + επίθ.) *Doctors judged her fit to compete.* Οι γιατροί αποφάνθηκαν ότι ήταν σε θέση να αγωνιστεί. *Judging by his tone of voice, he was rather angry.* Κρίνοντας από τον τόνο στη φωνή του, ήταν αρκετά θυμωμένος. [μπορεί να υπονοεί γνώμη για ηθικές αξίες] *Don't judge me too harshly.* Μη με κρίνεις πολύ αυστηρά.

judgment 'H **judgement** *ουσ.* 1 *ουσ.αρ.* (συχνά + **on**) [γνώμη] κρίση *Have you formed a judgment on the matter?* Έχεις αποφανθεί για το θέμα; 2 *ουσ.μ.αρ.* [ικανότητα να κρίνεις] κρίση *I'm relying on your judgment.* Υπολογίζω στη γνώμη σου.

107 Intend Προτίθεμαι

δες επίσης **72 Want, 73 Choose**

intend *ρ.α.* (συχνά + **to** + ΑΠΑΡΕΜΦΑΤΟ) [εκφράζει επιθυμία να πραγματοποιήσουμε μια πράξη] προτίθεμαι *Do you intend to have the baby at home?* Σκοπεύεις να γεννήσεις το μωρό στο σπίτι; *I intended it to be a surprise.* Είχα σκοπό να το κρατήσω για έκπληξη.

plan *ρ.μ.*, -nn- (συχνά + **to** + ΑΠΑΡΕΜΦΑΤΟ) [κάπως λιγότερο επίσημο και λιγότερο καθοριστικό από το **intend**] σχεδιάζω *We're planning to emigrate to Canada.* Σχεδιάζουμε να μεταναστεύσουμε στον Καναδά.

mean *ρ.*, αόρ. & μτχ.αορ. **meant** 1 *ρ.μ.α.* (+ **to** + ΑΠΑΡΕΜΦΑΤΟ) [κάνω κάτι επίτηδες. Συχνά χρησιμοποιείται σε αρνητικές προτάσεις, ή όταν μιλάμε για πράγματα που δεν μπορέσαμε να κάνουμε ή πράγματα που δε συνέβησαν. Λιγότερο επίσημο από το **intend**] σκοπεύω *He didn't mean to hurt you.* Δεν είχε την πρόθεση να σε πληγώσει. *I meant to phone you, but I forgot.* Είχα σκοπό να σου τηλεφωνήσω αλλά το ξέχασα. *I meant them to eat it all.* Ήθελα να το φάνε όλο. 2 *ρ.μ.* [προκαλώ επίτηδες] θέλω *I didn't mean them any harm.* Δεν ήθελα να τους κάνω κακό. 3 *ρ.α.* (+ **to** + ΑΠΑΡΕΜΦΑΤΟ) [επίσημο. Έχω πρόθεση να κάνω στο μέλλον] προτίθεμαι *I mean to work harder.* Έχω την πρόθεση να δουλέψω πιο σκληρά.

have sth/sb in mind [σκέφτομαι να κάνω κάτι, αλλά δεν έχω αποφασίσει οριστικά] έχω υπόψη μου *Who do you have in mind for the job?* Ποιον έχεις υπόψη σου για τη δουλειά;

decide *ρ.α.μ.* (συχνά + **to** + ΑΠΑΡΕΜΦΑΤΟ) αποφασίζω *I've decided to retire.* Έχω αποφασίσει να βγω στη σύνταξη. *He can't decide which option is best.* Δεν μπορεί να αποφασίσει ποια επιλογή είναι καλύτερη.

decision *ουσ.αρ.* (συχνά + **on**, **about**) απόφαση *I have some difficult decisions to make.* Χρειάζεται να πάρω μερικές δύσκολες αποφάσεις. *I'll respect your decision.* Θα σεβαστώ την απόφασή σου.

107.1 Κάτι που έχουμε πρόθεση να κάνουμε

δες επίσης **290 System**

intention *ουσ.αρ.μ.αρ.* [κάπως επίσημο, ειδικά σε καταφατικές προτάσεις] πρόθεση *She has no intention of marrying him.* Δεν έχει καμία πρόθεση να τον παντρευτεί. *It was my intention to remain silent.* Είχα την πρόθεση να παραμείνω σιωπηλός. *good intentions* καλές προθέσεις

plan *ουσ.αρ.* [συχνά πιο οριστικό από το **intention**] σχέδιο *We have plans to buy a house next year.* Έχουμε σχέδια να πάρουμε ένα σπίτι του χρόνου.

scheme *ουσ.αρ.* 1 [περίπλοκο σχέδιο] σχέδιο *a new scheme for improving the traffic problem* καινούριο σχέδιο για να λυθεί το κυκλοφοριακό πρόβλημα 2 [έξυπνο, ανέντιμο σχέδιο] πλεκτάνη

scheme *ρ.α.* (συχνά + **against**) [υποτιμητικό. Υπονοεί κακές προθέσεις] σχεδιάζω πλεκτάνη

project *ουσ.αρ.* [υπονοεί μακροπρόθεσμο σχεδιασμό και προσπάθεια] πρόγραμμα *I'm working on a project to provide new housing in the area.* Σχεδιάζω ένα πρόγραμμα για νέους οικισμούς στην περιοχή.

107.2 Πράγματα που προσπαθούμε να πετύχουμε

δες επίσης **396 Success**

aim *ουσ.αρ.* σκοπός, στόχος *the government's long-term aims* οι μακροπρόθεσμοι στόχοι της κυβέρνησης

goal *ουσ.αρ.* [συχνά υπονοεί απώτερο σκοπό] στόχος *Our ultimate goal is full independence.* Ο βασικός μας στόχος είναι η πλήρη ανεξαρτητοποίηση.

objective *ουσ.αρ.* [κάπως επίσημο, συχνά χρησιμοποιείται σε επιχειρηματικές εκφράσεις. Υπονοεί επιδιώξεις, το αποτέλεσμα των οποίων είναι δυνατό να εκτιμηθεί] σκοπός, στόχος *We need to set our objectives for the year.* Χρειάζεται να καθορίσουμε τους στόχους μας για την επόμενη χρονιά.

target *ουσ.αρ.* [υπονοεί επιδιώξεις, το αποτέλεσμα των οποίων είναι δυνατό να εκτιμηθεί] στόχος *Our original target was to double sales.* Ο αρχικός στόχος μας ήταν να διπλασιάσουμε τις πωλήσεις.

ambition *ουσ.αρ.μ.αρ.* [προσωπική επιθυμία για επιτυχία] φιλοδοξία *One of my ambitions is to visit China.* Μια από τις φιλοδοξίες μου είναι να επισκεφτώ την Κίνα. *naked ambition* φανερή φιλοδοξία **ambitious** *επίθ.* φιλόδοξος **ambitiously** *επίρρ.* φιλόδοξα

purpose *ουσ.αρ.μ.αρ.* (συχνά + **of**) [δίνει έμφαση στην αιτία για μια πράξη] σκοπός, επιδίωξη *The troops' main purpose is to keep the peace.* Ο κύριος σκοπός των στρατιωτικών δυνάμεων είναι να διατηρήσουν την ειρήνη.

intent *ουσ.μ.αρ.* [συχνά χρησιμοποιείται σε νομικό περιεχόμενο] πρόθεση, σκοπός *He went there with no intent to steal.* Δεν είχε πρόθεση να διαπράξει κλοπή όταν πήγε εκεί.

107.3 Θέλω να πετύχω κάτι

intent *επίθ.* (μετά από *ρ.*, + **on**) [εξαιρετικά αποφασισμένος. Περιγράφει: πρόσωπο] προσηλωμένος [συχνά χρησιμοποιείται για να δηλώσει αποδοκιμασία] *She seems intent on self-destruction.* Φαίνεται να επιμένει στην ιδέα της αυτοκαταστροφής.

intentional *επίθ.* [περιγράφει: π.χ. πράξη, κυρίως κακή πράξη] εσκεμμένος *Was the humour intentional?* Ήταν το αστείο εσκεμμένο; **intentionally** *επίρρ.* σκόπιμα, επίτηδες

deliberate *επίθ.* [περιγράφει: π.χ. πράξη, κυρίως κακή πράξη] σκόπιμος *a deliberate attempt to undermine authority* μια σκόπιμη απόπειρα να υπονομευθεί η εξουσία **deliberately** *επίρρ.* σκόπιμα, επίτηδες

determined *επίθ.* (συχνά + **to** + ΑΠΑΡΕΜΦΑΤΟ) [πολύ έντονη πρόθεση. Περιγράφει: πρόσωπο, πράξη] αποφασισμένος *I'm determined to win the race.* Είμαι αποφασισμένος να κερδίσω τον αγώνα. *a determined attempt to win* μια αποφασισμένη απόπειρα για νίκη **determination** *ουσ.μ.αρ.* αποφασιστικότητα

obstinate *επίθ.* [υποτιμητικό, υπονοεί παραλογισμό] πεισματώδης, ισχυρογνώμων **obstinately** *επίρρ.* πεισματικά, με ισχυρογνωμοσύνη **obstinacy** *ουσ.μ.αρ.* πείσμα, ισχυρογνωμοσύνη

stubborn *επίθ.* [συχνά υπονοεί παραλογισμό] πεισματώδης *his stubborn refusal to eat* η πεισματική άρνησή του να φάει **stubbornly** *επίρρ.* πεισματικά **stubbornness** *ουσ.μ.αρ.* πείσμα

π α ρ ο μ ο ί ω σ η

as stubborn as a mule πεισματάρης σαν μουλάρι

108 Idea Ιδέα

theory *ουσ.* **1** *ουσ.αρ.* [πιθανή εξήγηση] θεωρία *My theory is that they're planning an invasion.* Εγώ πιστεύω ότι σχεδιάζουν μια επίθεση. **2** *ουσ.μ.αρ.* [το αντίθετο της πρακτικής] θεωρία *In theory, the engine should start now.* Θεωρητικά, η μηχανή πρέπει να πάρει μπρος τώρα. **theoretical** *επίθ.* θεωρητικός **theoretically** *επίρρ.* θεωρητικά

concept *ουσ.αρ.* [αφηρημένη ιδέα] έννοια *It is difficult to grasp the concept of death.* Είναι δύσκολο να κατανοήσει κανείς την έννοια του θανάτου. **conceptual** *επίθ.* εννοιολογικός **conceptually** *επίρρ.* εννοιολογικά

notion *ουσ.αρ.* [έννοια] αντίληψη *the notion of God as all-powerful* η αντίληψη που έχουμε για το Θεό σαν παντοδύναμο [κατανόηση] *She has no notion of fairness.* Δεν μπορεί να κατανοήσει την έννοια της αδικίας. [συχνά χρησιμοποιείται με υποτιμητική σημασία, που υπονοεί ιδιοτροπία] *old-fashioned notions about discipline* παλιομοδίτικες αντιλήψεις για την πειθαρχία

inspiration *ουσ.* **1** *ουσ.μ.αρ.αρ.* [πηγή των ιδεών] έμπνευση *A trip to China provided the inspiration for my latest book.* Ένα ταξίδι στην Κίνα μου έδωσε την έμπνευση για το πιο πρόσφατο βιβλίο μου. **2** *ουσ.αρ.* [έξοχη ιδέα] έμπνευση *I've had an inspiration!* Μου ήρθε μια έμπνευση!

brainwave *ουσ.αρ.* (κυρίως Βρετ.) [κάπως ανεπίσημο.] Ξαφνική έξοχη ιδέα] φαεινή ιδέα *I've had a brainwave about where to look.* Έχω μια φαεινή ιδέα για το πού να ψάξω.

108.1 Έχω ιδέες

occur to sb *ρ.πρφ.μ.*, **-rr-** [υπονοεί ξαφνική συνειδητοποίηση] μου περνά από το μυαλό *It suddenly occurred to me that you might know the answer.* Ξαφνικά μου πέρασε από το μυαλό ότι μπορεί να ξέρεις την απάντηση. [συχνά χρησιμοποιείται σε αρνητικές προτάσεις για να δώσει έμφαση στην πλήρη έλλειψη ιδεών. Συχνά υπονοεί ότι το απροσδόκητο είναι παράλογο] *It never occurred to me that he might be angry.* Δε μου πέρασε καθόλου από το μυαλό ότι θα μπορούσε να θυμώσει.

cross one's mind [συχνά χρησιμοποιείται σε αρνητικές προτάσεις] μου περνά από το μυαλό *It never crossed my mind to ask.* Δε μου πέρασε ποτέ από το μυαλό να ρωτήσω.

imagine *ρ.μ.* [εικόνα στο μυαλό] φαντάζομαι *Can you imagine how cross I was?* Μπορείς να φανταστείς πόσο θύμωσα; *I tried to imagine their house in the country.* Προσπάθησα να φανταστώ το σπίτι τους στην εξοχή.

imagination *ουσ.αρ.μ.αρ.* [ικανότητα να σκεφτείς πράγματα που δεν μπορείς να δεις ή που δεν υπάρχουν] φαντασία

Her writing lacks imagination. Από το γράψιμό της λείπει η φαντασία. *I'll leave the rest of the story to your imagination.* Θα αφήσω τα υπόλοιπα της ιστορίας στη φαντασία σου.
*δες επίσης **35 Unreal**

inspire *ρ.μ.* [δίνω μια ιδέα για κάτι] εμπνέω *The film was inspired by his own experiences in the war.* Η ταινία ήταν εμπνευσμένη από τις προσωπικές του εμπειρίες στον πόλεμο.

109 Guess Υποθέτω

δες επίσης **105 Believe**

guess *ρ.μ.α.* 1 [κρίνω χωρίς πληροφορίες] μαντεύω *I'd guess (that) he is about 50.* Φαντάζομαι ότι είναι γύρω στα πενήντα. *Try and guess the price.* Προσπάθησε να μαντέψεις την τιμή. (+ **at**) *We can only guess at their next move.* Μπορούμε μόνο να μαντέψουμε ποια θα είναι η επόμενη κίνησή τους. *Guess what I've been doing!* Μάντεψε τι έχω κάνει! 2 [μαντεύω σωστά] μαντεύω *He's guessed our secret.* Βρήκε το μυστικό μας.
guess *ουσ.αρ.* (συχνά + **at**) εικασία *Have a guess at their age.* Προσπάθησε να μαντέψεις την ηλικία τους. *At a rough guess, I'd say the painting's Dutch.* Με μια πρόχειρη εκτίμηση, θα έλεγα ότι ο πίνακας είναι ολλανδικός.
guesswork *ουσ.μ.αρ.* υπολογισμός που βασίζεται σε εικασία *The report is nothing but guesswork.* Η αναφορά είναι σκέτη εικασία.
wonder *ρ.μ.α.* [υπονοεί επιθυμία να μάθει κανείς] αναρωτιέμαι *I wonder what they'll do next.* Αναρωτιέμαι ποιο θα είναι το επόμενο πράγμα που θα κάνουν. (+ **about**) *We were wondering about her future.* Αναρωτιόμασταν για το μέλλον της. *They wondered whether they should go.* Αναρωτήθηκαν αν θα έπρεπε να πάνε.
suspect *ρ.μ.α.* [θεωρώ πιθανό. Αντικ.: κυρίως κάτι κακό] υποψιάζομαι *I suspected he'd been drinking.* Υποψιάστηκα ότι είχε πιει. (+ **of**) *I suspected her of lying.* Υποψιάστηκα ότι έλεγε ψέματα. **suspect** *ουσ.αρ.* ύποπτος
suspicion *ουσ.αρ.μ.αρ.* 1 [πίστη ενοχής] υποψία *I always had my suspicions about that family.* Πάντα είχα τις υποψίες μου για εκείνη την οικογένεια. *She was under suspicion of murder.* Την θεωρούσαν ύποπτη δολοφονίας. *He was arrested on suspicion of fraud.* Τον συνέλαβαν γιατί ήταν ύποπτος απάτης. 2 [έλλειψη εμπιστοσύνης] καχυποψία *He regarded me with suspicion.* Με έβλεπε με καχυποψία.
suspicious *επίθ.* 1 [που προκαλεί υποψίες. Αντικ.: π.χ. συμπεριφορά, αντικείμενο, πρόσωπο] ύποπτος *a suspicious character* ένας ύποπτος τύπος 2 (συχνά + **of**, **about**) [υποψιαζόμενος ενοχή] καχύποπτος **suspiciously** *επίρρ.* ύποπτα, καχύποπτα
expect *ρ.μ.* 1 [νομίζω ότι είναι πιθανό] υποθέτω, φαντάζομαι *I expect you're hungry.* Φαντάζομαι ότι πεινάς. *I expected her to come later.* Φαντάστηκα ότι θα ερχόταν αργότερα. (+ **that**) *I expect that it will rain.* Υποθέτω ότι θα βρέξει. 2 [θεωρώ λογικό ή αναγκαίο] έχω την απαίτηση (+ **to** + ΑΠΑΡΕΜΦΑΤΟ) *I expect my staff to be polite.* Έχω την απαίτηση από τους υπαλλήλους μου να είναι ευγενικοί.
expectation *ουσ.αρ.μ.αρ.* 1 [αυτό που θεωρεί κανείς πιθανό] πρόβλεψη *My expectation is that prices will fall.* Περιμένω ότι οι τιμές θα πέσουν. 2 [αυτό που θέλει κανείς]

προσδοκία *They have unrealistic expectations of their children.* Έχουν παράλογες προσδοκίες από τα παιδιά τους. *The business has exceeded all our expectations.* Η επιχείρηση έχει ξεπεράσει όλες τις προσδοκίες μας.
estimate *ρ.μ.* [υπολογίζω πρόχειρα, με βάση ορισμένες πληροφορίες. Αντικ.: π.χ. αξία, ποσό] εκτιμώ (+ **that**) *I estimate that the job will take two weeks.* Η εκτίμησή μου είναι ότι η δουλειά θα πάρει δύο εβδομάδες.
estimate *ουσ.αρ.* εκτίμηση *a conservative estimate* μια συντηρητική εκτίμηση
speculate *ρ.α.* (συχνά + **about**, **on**) [μερικές φορές μπορεί να είναι κάπως υποτιμητικό, υπονοώντας υποθέσεις που δε βασίζονται σε πληροφορίες] κάνω υποθέσεις *Low profits have led people to speculate about the company's future.* Τα χαμηλά κέρδη έχουν οδηγήσει τον κόσμο σε εικασίες για το μέλλον της εταιρείας.
speculation *ουσ.αρ.μ.αρ.* εικασία *There has been speculation in the press about their marriage.* Γίνονται πολλές εικασίες από τον τύπο για το γάμο τους.

109.1 Κάνω υποθέσεις για το μέλλον

predict *ρ.μ.* [με βάση γεγονότα ή συναισθήματα] προβλέπω *Nobody could have predicted the scale of the disaster.* Κανείς δε θα μπορούσε να είχε προβλέψει το μέγεθος της καταστροφής. (+ **that**) *I predict that shares will rise.* Προβλέπω ότι οι μετοχές θα ανεβούν.
prediction *ουσ.αρ.* πρόβλεψη *gloomy economic predictions* ζοφερές οικονομικές προβλέψεις
forecast *ρ.μ.*, *αόρ. & μτχ. αορ.* **forecast** [υπονοεί ειδικούς που χρησιμοποιούν δεδομένα στοιχεία] προβλέπω *The polls forecast a victory for the president.* Η σφυγμομέτρηση της κοινής γνώμης προβλέπει νίκη για τον πρόεδρο.
forecast *ουσ.αρ.* πρόβλεψη *economic forecasts* οικονομικές προβλέψεις *weather forecast* η πρόβλεψη του καιρού
anticipate *ρ.μ.* [θεωρώ πιθανό. Συχνά υπονοεί ότι κάποιος προβαίνει στην κατάλληλη δράση] προσδοκώ *We're not anticipating any problems.* Δεν περιμένουμε ότι θα έχουμε καθόλου προβλήματα. *I had anticipated their objections and prepared my arguments.* Είχα προβλέψει τις αντιρρήσεις τους και ετοίμασα τα επιχειρήματά μου.
anticipation *ουσ.μ.αρ.* 1 προσδοκία *They're buying extra coal in anticipation of a strike.* Αγοράζουν επιπλέον κάρβουνο γιατί προβλέπουν ότι θα γίνει απεργία. 2 [έξαψη] αναμονή *There was a sense of anticipation in the room.* Υπήρχε μια αίσθηση προσδοκίας στην αίθουσα.

110 Know Γνωρίζω

δες επίσης **105 Believe**, **236 Clever**

know *ρ.μ.*, *αόρ.* **knew** *μτχ. αορ.* **known** 1 [έχω γνώση για κάτι] ξέρω *You always know what to do.* Πάντα ξέρεις τι να κάνεις. *Do you know where she is?* Ξέρεις πού είναι; 2 [μου είναι γνώριμος. Αντικ.: πρόσωπο, μέρος] γνωρίζω
knowledge *ουσ.μ.αρ.* γνώση *To the best of my knowledge they never met.* Από όσο μπορώ να ξέρω δε γνωρίζονται.

My knowledge of German is slight. Έχω πολύ μικρή γνώση της γερμανικής. [μπορεί να είναι επίσημο] *I have no knowledge of his whereabouts.* Δεν έχω γνώση πού μπορεί να είναι.
knowledgeable *επίθ.* (συχνά + **about**, **on**) γνώστης
knowledgeably *επίρρ.* (καλά) πληροφορημένα

aware *επίθ.* (συνήθως μετά από *ρ.*, συχνά + **of**) [κάποιος που γνωρίζει και παίρνει υπόψη] ενήμερος *I was not aware of her background.* Δεν ήξερα την καταγωγή της. *I am aware that he resents me.* Ξέρω ότι μου κρατάει κακία. *They are* **well aware of** *the danger.* Ξέρουν καλά ότι υπάρχει κίνδυνος.

awareness *ουσ.μ.αρ.* (συχνά + **of**) επίγνωση *There is little public awareness of the problem.* Το κοινό γνωρίζει ελάχιστα το πρόβλημα.

conscious *επίθ.* (συνήθως μετά από *ρ.*, συχνά + **of**) [υπονοεί ότι ξέρουμε τα γεγονότα και ανησυχούμε για αυτά] συνειδητός *He's highly conscious of his previous mistakes.* Έχει πλήρη συνείδηση των προηγούμενων λαθών του. **consciousness** *ουσ.μ.αρ.* συνείδηση

consciously *επίρρ.* [επίτηδες] συνειδητά *I don't consciously set out to be controversial.* Δεν έχω συνειδητή πρόθεση να προκαλέσω φιλονικίες.

intuition *ουσ.μ.αρ.αρ.* [ενστικτώδης γνώση] διαίσθηση *My intuition tells me something is wrong.* Η διαίσθησή μου μού λέει ότι κάτι δεν πάει καλά. **intuitive** *επίθ.* διαισθητικός **intuitively** *επίρρ.* από διαίσθηση *She knew intuitively that the child was ill.* Ήξερε από διαίσθηση ότι το παιδί ήταν άρρωστο.

110.1 Μαθαίνω

realize *ρ.μ.* συνειδητοποιώ (+ **that**) *I didn't realize that they were there.* Δε συνειδητοποίησα ότι ήταν εκεί. [ξέρω και καταλαβαίνω] *I realize how angry you must feel.* Συνειδητοποιώ πόσο θυμωμένος πρέπει να είσαι. *Do you realize the damage you have caused?* Συνειδητοποιείς τη ζημιά που έχεις προκαλέσει;

realization *ουσ.* (δεν έχει πληθ.) συνειδητοποίηση (+ **of**) *His jaw fell as the realization of his mistake dawned on him.* Έμεινε με το στόμα ανοιχτό όταν συνειδητοποίησε το λάθος του.

recognize *ρ.μ.* **1** [αντικ.: πρόσωπο, αντικείμενο] αναγνωρίζω *Don't you recognize me?* Δε με αναγνωρίζεις; **2** [παραδέχομαι. Κάπως επίσημο] αναγνωρίζω *We recognize the need for further training.* Αναγνωρίζουμε την ανάγκη για περισσότερη εκπαίδευση. (+ **that**) *They recognize that morale is low among staff.* Αναγνωρίζουν ότι το ηθικό του προσωπικού είναι χαμηλό.

recognition *ουσ.μ.αρ.* **1** αναγνώριση *My brother has changed* **beyond all recognition**. Ο αδελφός μου έχει αλλάξει τόσο πολύ, που δεν τον αναγνωρίζεις. **2** αναγνώριση *Recognition of earlier failures has helped them improve.* Η αναγνώριση των προηγούμενων αποτυχιών τους έχει βοηθήσει να βελτιωθούν.

identify *ρ.μ.* **1** [ανακαλύπτω. Συχνά υπονοεί περισσότερη προσπάθεια, ίσως και έρευνα, από το **recognize**] αναγνωρίζω, εξακριβώνω *We have finally identified the cause of the problem.* Τελικά έχουμε εξακριβώσει την αιτία του προβλήματος. **2** [αποδεικνύω ή δείχνω την ταυτότητα] κάνω την αναγνώριση *I identified his body.* Έκανα την αναγνώριση του πτώματός του. (+ **as**) *We identified the birds as plovers.* Αναγνωρίσαμε ότι τα πουλιά ήταν κιτρινοπούλια. **identification** *ουσ.μ.αρ.* εξακρίβωση της ταυτότητας

110.2 Ξέρω από προηγούμενη εμπειρία

δες επίσης **288 Habitual**

experience *ουσ.* **1** *ουσ.μ.αρ.* [έχω κάνει κάτι στο παρελθόν] πείρα *Have you any experience of working with young people?* Έχεις πείρα δουλειάς με νέους; **2** *ουσ.αρ.* [γεγονός] εμπειρία *The crash was a traumatic experience.* Η σύγκρουση ήταν μια τραυματική εμπειρία.

experience *ρ.μ.* αποκτώ πείρα, δοκιμάζω *a generation which has never experienced war* μια γενιά που δεν έχει ζήσει ποτέ τον πόλεμο

experienced *επίθ.* πεπειραμένος *one of our most experienced officers* ένας από τους πιο πεπειραμένους αξιωματικούς μας

accustomed *επίθ.* (πάντα + **to**) [κάπως επίσημο] συνηθισμένος *They have become accustomed to a life of luxury.* Έχουν συνηθίσει στην άνετη ζωή.

accustom sb **to** sth *ρ.πρφ.μ.* συνηθίζω *I gradually accustomed myself to the noise.* Σιγά σιγά συνήθισα το θόρυβο.

acquaint sb **with** sth *ρ.πρφ.μ.* [επίσημο] κάνω κάτι γνωστό σε κάποιον *I'm not acquainted with her work.* Δε γνωρίζω τη δουλειά της. *I need to acquaint them with our procedures.* Χρειάζεται να τους δείξω τις διαδικασίες μας.

familiar *επίθ.* **1** (μετά από *ρ.*, πάντα + **with**) [έχω γνώση κάποιου πράγματος] ενήμερος *Which computers are you familiar with?* Ποια συστήματα κομπιούτερ ξέρεις; **2** [συνηθισμένος] γνωστός *a familiar complaint* συνηθισμένο παράπονο

φράσεις

know the ropes [ανεπίσημο. Υπονοεί ότι ξέρει κάποιος τη ρουτίνα, και μπορεί να ενεργήσει επιδέξια] ξέρω τους κανονισμούς, τα κόλπα *You can work next to me until you know the ropes.* Μπορείς να δουλέψεις δίπλα μου μέχρι να μάθεις το σύστημα.

know what's what [ανεπίσημο. Υπονοεί ικανότητα να κρίνει κανείς τι είναι σωστό, σπουδαίο, κλπ.] έχω πείρα, ξέρω τι μου γίνεται

find one's feet [συνηθίζω και μπορώ να τα βγάλω πέρα με μια καινούρια κατάσταση] μαθαίνω πώς γίνονται ορισμένα πράγματα *The company's still finding its feet in the Japanese market.* Η εταιρεία είναι ακόμα στο στάδιο της εξοικείωσης με την ιαπωνική αγορά.

know sth inside out/like the back of one's hand [ανεπίσημο. Ξέρω κάτι πολύ διεξοδικά] ξέρω κάτι απέξω κι ανακατωτά *Taxi drivers have to know the city inside out.* Οι ταξιτζήδες πρέπει να ξέρουν την πόλη απέξω κι ανακατωτά.

111 Fame Φήμη

χρήση

Συχνά αυτές οι λέξεις δηλώνουν ότι οι άνθρωποι ή τα πράγματα είναι πολύ γνωστά, αλλά ότι είναι γνωστά σε μια ορισμένη ομάδα ανθρώπων. Για παράδειγμα, αν πεις *He's a notorious eavesdropper* (είναι διαβόητος ωτακουστής), εννοείς ότι αυτοί που τον γνωρίζουν, ξέρουν ότι κρυφακούει, όχι ότι είναι φημισμένος γι αυτό.

Συγκεκριμένα, αν προσθέσουμε το *for sth* (για κάτι), δίνουμε έμφαση στη σπουδαιότητα των πράξεων ή των προσόντων που αναφέρουμε, παρά του προσώπου. π.χ. *She is famous for her wit.* (Είναι διάσημη για το πνεύμα της.) *He's well-known for his research on heart disease.* (Είναι φημισμένος για την έρευνά του στις καρδιακές παθήσεις.)

famous επίθ. φημισμένος *He was a gifted poet, but more famous as a historian.* Ήταν προικισμένος ποιητής, αλλά ήταν πιο φημισμένος ως ιστορικός. *a famous landmark* ένα φημισμένο ορόσημο

well-known επίθ., συγκρ. **better-known** υπερθ. **best-known** [υπονοεί το ενδιαφέρον μικρότερου αριθμού ανθρώπων από το **famous**, και ίσως λιγότερο γοητευτικό ή εντυπωσιακό επίτευγμα] γνωστός *a well-known journalist* ένας γνωστός δημοσιογράφος *one of Britain's best-known insurance companies* μια από τις πιο γνωστές ασφαλιστικές εταιρείες της Βρετανίας

notorious επίθ. [φημισμένος για κάτι κακό. Κάπως πιο έντονο από το **infamous**] διαβόητος *a notorious war criminal* ένας διαβόητος εγκληματίας πολέμου *That stretch of road is a notorious death trap.* Εκείνο το τμήμα του δρόμου είναι μια διαβόητη παγίδα θανάτου. **notoriously** επίρρ. διαβόητα **notoriety** ουσ.μ.αρ. κακή φήμη

infamous επίθ. [φημισμένος για κάτι κακό. Μπορεί να υπονοεί σεβασμό γι αυτό που περιγράφει] διαβόητος *the infamous North face of the Eiger* η διαβόητη βόρεια πλευρά του βουνού Άιγκερ

reputation ουσ.αρ. (συχνά + **for**, **as**) υπόληψη *The school has a good reputation.* Το σχολείο έχει καλή φήμη. *She has a considerable reputation as a poet.* Έχει σημαντική υπόληψη ως ποιήτρια. *He certainly **lived up to his reputation** as a trouble-maker.* Σίγουρα απόδειξε την φήμη του ως ταραχοποιός.

celebrity ουσ.αρ. διασημότητα *local sports celebrities* τοπικές αθλητικές διασημότητες

star ουσ.αρ. [εξαιρετικά διάσημο και θαυμαζόμενο πρόσωπο] αστέρι *pop star* αστέρι της μουσικής ποπ *stars of stage and screen* τα αστέρια του θεάτρου και του κινηματογράφου **stardom** ουσ.μ.αρ. καλλιτεχνικό στερέωμα

112 Unknown Άγνωστος

obscure επίθ. [όχι γνωστός] πολύ ειδικός, άγνωστος, άσημος *obscure references to Chaucer* υπερβολικά εξειδικευμένες αναφορές στον Τσώσερ **obscurity** ουσ.μ.αρ. σπανιότητα, ασημότητα

oblivion ουσ.μ.αρ. [υπονοεί ότι κάτι/κάποιος αγνοείται ή ξεχνιέται] λησμονιά *After one successful novel she sank into oblivion.* Μετά από ένα επιτυχημένο μυθιστόρημα λησμονήθηκε εντελώς.

112.1 Δε γνωρίζω

unaware επίθ. (μετά από ρ., + **of**, **that**) αγνοών *They were unaware of their rights.* Αγνοούσαν τα δικαιώματά τους.

ignorant επίθ. (μετά από ρ., + **of**) [κάπως επίσημο] ανίδεος *They were completely ignorant of the research done in Europe.* Δεν είχαν ιδέα για την επιστημονική έρευνα που έγινε στην Ευρώπη. **ignorance** ουσ.μ.αρ. άγνοια *δες επίσης **240 Stupid**

oblivious επίθ. (συνήθως μετά από ρ., + **to**, **of**) [συχνά χρησιμοποιείται όταν συμβαίνει ή θα μπορούσε να είχε συμβεί κάτι κακό λόγω άγνοιας κάποιου άλλου γεγονότος] που δεν έχει επίγνωση *She carried on talking, totally oblivious to the offence she had caused.* Συνέχισε να μιλάει, χωρίς να έχει καθόλου επίγνωση της προσβολής που είχε προκαλέσει.

112.2 Άγνωστο πρόσωπο ή πράγμα

stranger ουσ.αρ. άγνωστος, ξένος *She looked at me as though I was a complete stranger.* Με κοίταξε σαν να ήμουν τελείως άγνωστος.

mystery ουσ.αρ.μ.αρ. μυστήριο *It's a complete mystery where the money came from.* Είναι τελείως μυστήριο από πού ήρθαν τα λεφτά. (χρησιμοποιείται σαν επίθ.) *mystery story* ιστορία μυστηρίου

mysterious επίθ. μυστηριώδης *He disappeared in mysterious circumstances.* Εξαφανίστηκε κάτω από μυστηριώδεις συνθήκες. **mysteriously** επίρρ. μυστηριωδώς

φράσεις

(to be) in the dark (about sth) απληροφόρητος *They kept us in the dark about the firm's financial crisis.* Δε μας πληροφόρησαν για την οικονομική κρίση στην οποία βρισκόταν η εταιρεία.

I haven't (got) a clue [εμφατικό] δεν έχω ιδέα *It's broken and I haven't got a clue how to fix it.* Έχει χαλάσει και δεν έχω ιδέα πώς να το φτιάξω.

the sixty-four thousand dollar question [κάπως χιουμοριστικό. Η σπουδαία ερώτηση που δεν μπορεί να απαντήσει κανείς] πολύ δύσκολη ερώτηση *Will the public buy the product? That's the sixty-four thousand dollar question!* Θα αγοράσει το κοινό το προϊόν; Εκεί είναι το θέμα.

113 Find out Ανακαλύπτω, Μαθαίνω

δες επίσης **95 Find**

find (sth) out Ή **find out (sth)** ρ.πρφ.μ. [ο ενεστώτας και ο μέλλοντας υπονοούν την ανακάλυψη πληροφοριών μετά από έρευνα, αλλά ο αόριστος χρησιμοποιείται επίσης για πληροφορίες που μαθαίνονται από σύμπτωση] μαθαίνω, ανακαλύπτω *Could you find out the train times for me?* Θα μπορούσες να μάθεις τα δρομολόγια των τρένων σε παρακαλώ; *I found out she's been married before.* Έμαθα ότι ήταν ξαναπαντρεμένη.

finding ουσ.αρ. (συνήθως χρησιμοποιείται στον πληθ.) [αποτέλεσμα (συνήθως επίσημης) έρευνας] πόρισμα, ανακάλυψη *The committee's findings were critical of airport security.* Το πόρισμα της επιτροπής έκρινε αυστηρά τα μέτρα ασφάλειας στα αεροδρόμια.

discover ρ.μ. ανακαλύπτω, μαθαίνω *I discovered that my grandfather was buried near there.* Έμαθα ότι ο παππούς μου είχε θαφτεί εκεί κοντά. *I've discovered their secret.* Έμαθα το μυστικό τους.

discovery ουσ.αρ. ανακάλυψη *We made an interesting discovery about our house.* Κάναμε μια ενδιαφέρουσα ανακάλυψη για το σπίτι μας.

detect *ρ.μ.* [ανακαλύπτω παρατηρώντας] εντοπίζω, διακρίνω *It's easy to detect the influence of Joyce in his work.* Είναι εύκολο να διακρίνει κανείς την επίδραση του Τζόυς στη δουλειά του. *Do I detect a note of sarcasm in your reply?* Νομίζω διακρίνω κάποιο τόνο ειρωνείας στην απάντησή σου. detection *ουσ.μ.αρ.* ανακάλυψη, εντόπιση

113.1 Προσπαθώ να βρω πληροφορίες για κάτι

investigate *ρ.μ.* [εξετάζω τις αποδείξεις για να βρω την αιτία, το πιθανό αποτέλεσμα κτλ., αντικ.: π.χ. έγκλημα, θεραπεία, πιθανότητα] ερευνώ *Police are investigating the theft of priceless jewellery.* Η αστυνομία διεξάγει έρευνες για την κλοπή των ανεκτίμητων κοσμημάτων. *I went to investigate the noise in the garden.* Πήγα να ερευνήσω την αιτία του θορύβου στον κήπο.

investigation *ουσ.αρ.μ.αρ.* (συχνά + into) έρευνα, διερεύνηση *a murder investigation* διερεύνηση φόνου *The matter is under investigation.* Το θέμα διερευνάται.

investigator *ουσ.αρ.* [τύπος ερευνητή, συνήθως διευκρινίζεται] ερευνητής, ανακριτής *a private investigator* ιδιωτικός ντετέκτιβ *accident investigators* ερευνητές για ατυχήματα

analyse, ΕΠΙΣΗΣ analyze (*Αμερ.*) *ρ.μ.* [υπονοεί επιστημονικές μεθόδους και μεγάλη λεπτομέρεια, συχνά κοιτάζοντας κάθε ξεχωριστό μέρος του αντικειμένου που αναλύεται] αναλύω *Her hair was analysed for mineral deficiencies.* Έγινε ανάλυση δείγματος των μαλλιών της για ανεπάρκεια μετάλλων. *If we analyse the situation...* Αν εξετάσουμε την κατάσταση...

analysis *ουσ.αρ.μ.αρ., πληθ.* analyses ανάλυση, μελέτη *an analysis of the economic situation* μελέτη της οικονομικής κατάστασης

research *ουσ.μ.αρ.* Ή researches *ουσ. πληθ.* (συχνά + into, on) [υπονοεί επιστημονική ή ακαδημαϊκή μελέτη] έρευνα, μελέτη *She published her research into child psychology.* Δημοσίευσε τη μελέτη της με θέμα την παιδική ψυχολογία. *They carry out research using live animals.* Κάνουν πειράματα χρησιμοποιώντας ζωντανά ζώα.

research *ρ.μ.* ερευνώ *She's researching the period for a novel.* Μαζεύει πληροφορίες για την εποχή που περιγράφει στο μυθιστόρημά της.

113.2 Μαθαίνω μετά από λογική σκέψη

work sth out Ή work out sth *ρ.πρφ.μ.* [υπονοεί εξεύρεση λύσεων σε μαθηματικά ή πρακτικά προβλήματα] υπολογίζω, ανακαλύπτω *I worked out the cost of running a car for a year.* Υπολόγισα το κόστος συντήρησης του αυτοκινήτου για ένα χρόνο. *I finally worked out how to turn it off.* Τελικά κατάφερα να ανακαλύψω πώς σβήνει.

solve *ρ.μ.* [υπονοεί σκόπιμη δυσκολία στην επίλυση, αντικ.: π.χ. σπαζοκεφαλιά, σταυρόλεξο] λύνω

solution *ουσ.αρ.μ.αρ.* λύση (+ to) *the solution to last week's crossword* η λύση του σταυρόλεξου της περασμένης βδομάδας

113.3 Θέλω να μάθω

curious *επίθ.* [δες ΧΡΗΣΗ πιο κάτω] περίεργος curiously *επίρρ.* περίεργα

curiosity *ουσ.μ.αρ.* περιέργεια *We went along out of curiosity.* Πήγαμε μαζί τους από περιέργεια.

nosy *επίθ.* [υποτιμητικό. Υπονοεί ενδιαφέρον για τα προσωπικά θέματα των άλλων] κουτσομπόλης, αδιάκριτος nosiness *ουσ.μ.αρ.* κουτσομπολιό, αδιακρισία

inquisitive *επίθ.* [μερικές φορές υποτιμητικό, αλλά μπορεί να υπονοεί εύστροφο και δραστήριο μυαλό] ερευνητικός, περίεργος inquisitively *επίρρ.* ερευνητικά inquisitiveness *ουσ.μ.αρ.* ερευνητικότητα, περιέργεια

χρηση

Η λέξη curious συνήθως χρησιμοποιείται στις ακόλουθες προτάσεις:

(+ about) *I'm curious about his past.* Είμαι περίεργος να μάθω για το παρελθόν του.

(+ to + ΑΠΑΡΕΜΦΑΤΟ) *Everyone was curious to know who had written the letter.* Όλοι ήταν περίεργοι να μάθουν ποιος είχε γράψει το γράμμα.

Αφού το curious μπορεί και να σημαίνει 'παράξενος' ή 'ασυνήθιστος', συνήθως χρησιμοποιείται μόνο σε αυτού του είδους τις προτάσεις, εκτός αν είναι απόλυτα σαφής η έννοιά του.

Οι λέξεις nosy και inquisitive δε χρησιμοποιούνται σε αυτού του είδους τις προτάσεις. Χρησιμοποιούνται μόνο για να περιγράψουν πρόσωπα: *He is very nosy.* Είναι πολύ κουτσομπόλης. *My answers obviously did not satisfy this inquisitive six-year-old.* Ήταν φανερό ότι οι απαντήσεις μου δεν ικανοποίησαν τον περίεργο εξάχρονο.

114 Understand Καταλαβαίνω

understand *ρ.μ.α., αόρ. & μτχ.αορ.* understood καταλαβαίνω

understanding *ουσ.μ.αρ.* [αυτό που καταλαβαίνει κανείς ή που πιστεύει ότι είναι αλήθεια] κατανόηση, αντίληψη *My understanding of the contract was that you were responsible for labour costs.* Η αντίληψή μου σχετικά με το συμβόλαιο ήταν ότι θα αναλαμβάνατε εσείς τα εργατικά έξοδα.

comprehend *ρ.μ.α.* [επίσημο. Συχνά χρησιμοποιείται για έμφαση] κατανοώ, καταλαβαίνω *Why she left I shall never comprehend.* Λ.Ε. θα μπορέσω ποτέ να καταλάβω γιατί έφυγε.

comprehension *ουσ.μ.αρ.* κατανόηση *They have no comprehension of environmental issues.* Δεν κατανοούν καθόλου τα περιβαλλοντικά θέματα. *Why he needs another car is beyond my comprehension.* [υπονοεί αποδοκιμασία] Γιατί χρειάζεται καινούριο αυτοκίνητο δεν μπορώ να το κατανοήσω.

grasp *ρ.μ.* [καταφέρνω να καταλάβω, κυρίως κάτι πολύπλοκο] κατανοώ (έννοια) *Once you've grasped the basic idea, the system's quite simple.* Όταν καταλάβεις τη βασική ιδέα, το σύστημα είναι πολύ απλό.

grasp *ουσ.* (δεν έχει πληθ.) κατανόηση *You need a good grasp of economic theory.* Πρέπει να έχεις καλή αντίληψη της οικονομικής θεωρίας.

realize *ρ.μ.* [υπονοεί ξαφνική αντίληψη ή τονίζει γνώση του γεγονότος] αντιλαμβάνομαι, συνειδητοποιώ *I realized I had forgotten my watch.* Συνειδητοποίησα ότι είχα ξεχάσει το ρολόι μου. *I realize you're very busy, but it is important.* Αντιλαμβάνομαι ότι είστε πολύ απασχολημένος, αλλά πρόκειται για κάτι σημαντικό. realization *ουσ.μ.αρ.* κατανόηση (κατάστασης), αντίληψη

dawn on sb *ρ.πρφ.μ.* [υπονοεί ότι ένα γεγονός (συχνά φανερό) ξαφνικά κατανοείται] αντιλαμβάνομαι *It dawned on me that there was a simple answer to the problem.*

Ξαφνικά συνειδητοποίησα ότι υπήρχε μια απλή λύση για το πρόβλημα.

see through sth *ρ.πρφ.μ.* [υπονοεί κατανόηση παρά τις προσπάθειες άλλων να κρύψουν κάποια γεγονότα. Αντικ.: π.χ. ψέματα, προσποίηση] αποκαλύπτω *She claimed to be a doctor, but we saw through her at once.* Ισχυρίστηκε ότι ήταν γιατρός αλλά την καταλάβαμε αμέσως.

114.1 Καταλαβαίνω και μαθαίνω

take sth **in** 'Η **take in** sth *ρ.πρφ.μ.* [υπονοεί κατανόηση δίνοντας προσοχή] συνειδητοποιώ, χωνεύω *I was so shocked, I couldn't take in what was happening.* Η κατάπληξή μου ήταν τόσο μεγάλη που δεν μπορούσα να χωνέψω το τι γινόταν.

catch on *ρ.πρφ.α.* (συχνά + **to**) [ανεπίσημο. Υπονοεί ότι χρησιμοποιώ ευστροφία για να καταλάβω] μπαίνω στο θέμα *Just watch what I do – you'll soon catch on.* Απλά παρακολούθησε εμένα και σύντομα θα μπεις στο νόημα.

cotton on *ρ.πρφ.α.* (συχνά + **to**) [ανεπίσημο. Παρόμοιο με το **catch on**] παίρνω είδηση *All the staff were stealing, but the management never cottoned on.* Όλα τα μέλη του προσωπικού έκλεβαν, αλλά η διεύθυνση ποτέ δεν το πήρε είδηση.

get the hang of sth [ανεπίσημο. Μαθαίνω να κάνω κάτι με ικανότητα] μπαίνω στο νόημα *I haven't quite got the hang of this keyboard yet.* Δεν έχω ακόμα καταφέρει να μάθω πώς λειτουργεί αυτό το πληκτρολόγιο.

115 Misunderstand Παρεξηγώ

misunderstand *ρ.μ.α.*, αόρ. & *μτχ.αορ.* **misunderstood** [υπονοεί ότι καταλαβαίνω κάτι λανθασμένα] παρεξηγώ, παρανοώ

misunderstanding *ουσ.αρ.* [υπονοεί διαφωνίες, είναι επίσης ευφημισμός για καυγά] παρεξήγηση *There must be a misunderstanding – I definitely booked a double room.* Πρέπει να έγινε κάποια παρεξήγηση, βεβαίως και έκλεισα διπλό δωμάτιο. *I know we've had a few misunderstandings in the past.* Ξέρω ότι υπήρξαν μερικές παρεξηγήσεις μεταξύ μας στο παρελθόν.

incomprehension *ουσ.μ.αρ.* [επίσημο] ακατανοησία *We were amazed at their incomprehension of children's needs.* Μας κατέπληξε η έλλειψη κατανόησης που έδειξαν για τις ανάγκες των παιδιών.

115.1 Εμποδίζω κάποιον να καταλάβει

confuse *ρ.μ.* 1 [γίνεται κατανοητό δύσκολα] μπερδεύω, συγχύζω *Stop talking so fast – you're confusing me.* Σταμάτα να μιλάς τόσο γρήγορα γιατί με μπερδεύεις. *I'm still confused about who's in charge here.* Ακόμα δεν έχω καταλάβει ποιος είναι ο υπεύθυνος εδώ. 2 (συχνά + **with**) [μπερδεύω κάτι/κάποιον για κάτι/κάποιον άλλο] μπερδεύω, συγχύζω *I always confuse him with his brother.* Πάντα τον μπερδεύω με τον αδελφό του.

puzzle *ρ.μ.* [κάνω κάποιον να σκεφτεί εντατικά και να νοιώσει άσχημα που δεν κατάλαβε] προβληματίζω *What puzzles me is the lack of motive for the murder.* Αυτό που με προβληματίζει είναι η έλλειψη κινήτρου για το φόνο. *She looked puzzled.* Φαινόταν σαστισμένη.

puzzle *ουσ.αρ.* 1 [κάτι που δεν έγινε αντιληπτό] μυστήριο, αίνιγμα *His background is a bit of a puzzle.* Το παρελθόν του είναι λιγάκι μυστήριο. 2 [παιχνίδι] σπαζοκεφαλιά, γρίφος

bewilder *ρ.μ.* [προκαλώ ανησυχία, ειδικά παρουσιάζοντας κάτι με μπερδεμένο τρόπο, ή παρουσιάζοντας περισσότερα στοιχεία από όσα μπορούν να κατανοηθούν συγχρόνως] μπερδεύω, περιπλέκω *The computer manual left me totally bewildered.* Οι οδηγίες χρήσης του υπολογιστή με μπέρδεψαν τελείως. *a bewildering array of goods* μια μπερδεμένη παράταξη από αντικείμενα

bewilderment *ουσ.μ.αρ.* αμηχανία, σύγχυση *He stared at us in bewilderment.* Μας κοίταξε με αμηχανία.

baffle *ρ.μ.* [αδύνατο να κατανοηθεί, ακόμα και μετά από πολλή σκέψη] μπερδεύω, φέρνω σε αμηχανία *Scientists are baffled by the new virus.* Η ανακάλυψη του νέου ιού έφερε σε αμηχανία τους επιστήμονες. **bafflement** *ουσ.μ.αρ.* αμηχανία

it beats me [ανεπίσημο. Υπονοεί έκπληξη καθώς και μη κατανόηση] δεν μπορώ να καταλάβω, παραμένω άναυδος *It beats me why they ever came back.* Δεν μπορώ να καταλάβω γιατί επέστρεψαν.

it's/sth is beyond me [κάτι είναι πολύ δύσκολο ή πολύπλοκο για να το καταλάβω] αυτό δεν μπορώ να το καταλάβω *The legal technicalities are beyond me.* Δεν μπορώ να καταλάβω τις νομικές λεπτομέρειες.

miss the point [αδυνατώ να καταλάβω αυτό που είναι σημαντικό] δε συλλαμβάνω το νόημα *Her reply shows that she misses the whole point of my article.* Η απάντησή της δείχνει ότι δεν έχει καταλάβει την κεντρική ιδέα του άρθρου μου.

get (hold of) the wrong end of the stick [ανεπίσημο. Παρεξηγώ, συχνά με δυσάρεστες συνέπειες] μου δημιουργείται λανθασμένη εντύπωση

116 Remember Θυμάμαι

Η λέξη **remember** μπορεί να σημαίνει ή 'φέρνω στο μυαλό' ή 'δεν ξεχνώ'. Όταν το **remember** σημαίνει 'φέρνω στο μυαλό' ακολουθείται από (+ -ing). Όταν σημαίνει 'δεν ξεχνώ' ακολουθείται από (+ **to** + ΑΠΑΡΕΜΦΑΤΟ) ή από άμεσο αντικείμενο. Το πρώτο παράδειγμα δείχνει την πρώτη έννοια, τα υπόλοιπα παραδείγματα τη δεύτερη έννοια.

I remember meeting her. Θυμάμαι τη γνωριμία μου μαζί της.

Did you remember her birthday? Θυμήθηκες ότι είχε τα γενέθλιά της;

I remembered to lock the door. Δεν ξέχασα να κλειδώσω την πόρτα.

Οι λέξεις **recall** και **recollect** χρησιμοποιούνται μόνο με την πρώτη έννοια.

recall *ρ.μ.α.* [κάπως επίσημο. Μπορεί να υπονοεί προσπάθεια] ανακαλώ, θυμάμαι *Do you recall what the man was wearing?* Μπορείς να θυμηθείς τί φορούσε ο άνδρας;

recollect *ρ.μ.α.* [κάπως επίσημο. Μερικές φορές υπονοεί ότι θυμάμαι με μάλλον αμυδρό τρόπο] φέρνω στο νου, αναπολώ *I seem to recollect that his father was a vicar.* Μου φαίνεται ότι ο πατέρας του ήταν ιερέας.

recollection *ουσ.αρ.* ανάμνηση *I have only the dimmest recollections of my father.* Οι αναμνήσεις που έχω από τον πατέρα μου είναι πολύ αμυδρές.

memory *ουσ.* 1 *ουσ.μ.αρ.αρ.* (δεν έχει πληθ.) [μυαλό] μνήμη, μνημονικό *She has a remarkable memory for names.* Έχει καταπληκτικό μνημονικό για ονόματα. 2 *ουσ.αρ.* [πράγματα που θυμάται κανείς] αναμνήσεις *We have many happy memories of those days.* Έχουμε πολύ ευχάριστες αναμνήσεις από εκείνη την εποχή. **memorize**, ΕΠΙΣΗΣ **-ise** (Βρετ.) *ρ.μ.* απομνημονεύω, αποστηθίζω

memorable *επίθ.* [συνήθως εκφράζει εκτίμηση. Κάτι που είναι αρκετά αξιόλογο ώστε να μην ξεχαστεί] αξιομνημόνευτος, αξέχαστος *a truly memorable performance* μια πραγματικά αξέχαστη παράσταση **memorably** *επίρρ.* αξέχαστα

116.1 Κάνω/βοηθώ κάποιον να θυμηθεί

remind *ρ.μ.* (συχνά + **of**) [μπορεί να είναι σκόπιμη ή άθελη πράξη] θυμίζω, υπενθυμίζω *Remind me of your address.* Θύμισέ μου τη διεύθυνσή σου. [μερικές φορές χρησιμοποιείται για να δείξει θυμό] *May I remind you that you are a guest here?* Να σου θυμίσω ότι εδώ είσαι φιλοξενούμενος.

reminder *ουσ.αρ.* (συχνά + **of**) υπενθύμιση *This is just a reminder that your train leaves at six.* Σας υπενθυμίζω ότι το τρένο σας αναχωρεί στις έξι. *a grim reminder of the horrors of war* μια καταθλιπτική υπενθύμιση της φρίκης του πολέμου

jog sb's memory [κάνω κάποιον να θυμηθεί σκόπιμα] υπενθυμίζω, φρεσκάρω τη μνήμη *Police staged a reconstruction of the crime to jog people's memories.* Η αστυνομία σκηνοθέτησε αναπαράσταση του εγκλήματος για να βοηθήσει πιθανούς μάρτυρες να θυμηθούν.

bring it all (flooding) back [κάνω κάποιον να θυμηθεί καθαρά] φέρνω στο μυαλό *I had almost forgotten those years, but seeing you brings it all back!* Είχα σχεδόν ξεχάσει εκείνα τα χρόνια, αλλά μόλις σε είδα μου ξαναήρθαν όλα στο μυαλό.

memento *ουσ.αρ., πληθ.* **mementos** (συχνά + **of**) [αντικείμενο που φυλάγεται για να θυμίζει γεγονός, περίοδο, κτλ.] ενθύμιο, αναμνηστικό

souvenir *ουσ.αρ.* (συχνά + **of**) [αντικείμενο που συνήθως αγοράζεται για να θυμίζει κυρίως κάποιο μέρος ή διακοπές] ενθύμιο, σουβενίρ (όταν χρησιμοποιείται σαν *επίθ.*) *a souvenir shop* κατάστημα που πουλά σουβενίρ

keepsake *ουσ.αρ.* [αντικείμενο που συνήθως χαρίζεται για να θυμίζει το άτομο που το έδωσε] ενθύμιο, αναμνηστικό

116.2 Προσωπικές αναμνήσεις

reminisce *ρ.α.* (συχνά + **about**) [υπονοεί το να μιλώ για πράγματα που θυμάμαι, συνήθως ευχάριστα] αναπολώ *reminiscing about our schooldays* αναπολούμε τα σχολικά μας χρόνια

reminiscence *ουσ.αρ.* αναπόληση *We endured an hour of her reminiscences about the composer.* Ανεχθήκαμε για μια ολόκληρη ώρα τις αναπολήσεις της για το συνθέτη.

nostalgia *ουσ.μ.αρ.* [υπονοεί ότι θυμάμαι και μου λείπει το παρελθόν] νοσταλγία

nostalgic *επίθ.* (συχνά + **about, for**) νοσταλγικός *This music makes me feel nostalgic.* Αυτή η μουσική μου φέρνει νοσταλγία.

117 Forget Ξεχνώ

forget *ρ.μ.α. αόρ.* **forgot**, *μτχ.αορ.* **forgotten** ξεχνώ
forgetful *επίθ.* [υπονοεί ότι ξεχνώ συστηματικά] αμελής, ξεχασιάρης **forgetfully** *επίρρ.* αφηρημένα **forgetfulness** *ουσ.μ.αρ.* αφηρημάδα

absent-minded *επίθ.* [υποδηλώνει ότι δε μπορώ να συγκεντρωθώ] αφηρημένος, απρόσεκτος **absent-mindedly** *επίρρ.* αφηρημένα, απρόσεκτα **absent-mindedness** *ουσ.μ.αρ.* αφηρημάδα, απροσεξία

slip one's mind [συχνά χρησιμοποιείται σε απολογία] μου διαφεύγει *I'm sorry I wasn't at the meeting – it completely slipped my mind.* Συγνώμη που δεν ήμουν στη συνεδρίαση, μου διέφυγε εντελώς.

have a memory like a sieve [μάλλον χιουμοριστική υπερβολή] είμαι ξεχασιάρης (κυριολεκτικά: έχω μνήμη σαν κόσκινο)

Out of sight, out of mind. [παροιμία. Ξεχνά κανείς άτομα,

προβλήματα, κτλ. όταν βρίσκεται μακριά τους] Μάτια που δε βλέπονται γρήγορα ξεχνιούνται.

(to be) on the tip of one's tongue [μπορώ σχεδόν να θυμηθώ αλλά δεν τα καταφέρνω, σε εξαιρετικά ενοχλητικό σημείο] εδώ το έχω, δε μού 'ρχεται *His name is on the tip of my tongue.* Δε μού 'ρχεται το όνομά του!

Let sleeping dogs lie. [παροιμία. Δεν ξυπνώ παλιούς καυγάδες και παράπονα] 'αστο, μην πας γυρεύοντας

118 Surprise Έκπληξη

surprise *ρ.μ.* [γενικός όρος. Μπορεί να υπονοεί έντονο ή λιγότερο έντονο συναίσθημα] ξαφνιάζω *I'm not surprised you didn't stay!* Δε με ξαφνιάζει που δεν έμεινες. *A surprising number of people turned up.* Μας ξάφνιασε ο αριθμός των ανθρώπων που ήρθαν. **surprisingly** *επίρρ.* εκπληκτικά

surprise *ουσ.* 1 *ουσ.αρ.* [κάτι που προκαλεί έκπληξη, συνήθως ευχάριστη] έκπληξη *Jennifer! What a nice surprise to see you!* Τζέννιφερ, τι ευχάριστη έκπληξη! 2 *ουσ.αρ.* [συναίσθημα] έκπληξη, ξάφνιασμα *Much to her surprise, she got the job.* Προς μεγάλη της έκπληξη, πήρε τη δουλειά. *The offer took me by surprise.* Η προσφορά αυτή με ξάφνιασε.

amaze ρ.μ. [πιο δυνατό από το **surprise**] καταπλήσσω *You'd be amazed how often it happens.* Δε θα το πίστευες αν σου έλεγα πόσο συχνά συμβαίνει αυτό. *It is amazing he wasn't killed.* Είναι απίστευτο πώς δε σκοτώθηκε.

amazement ουσ.μ.αρ. κατάπληξη *We watched in amazement as he stroked the lions.* Τον παρακολουθήσαμε με κατάπληξη καθώς χάιδευε τα λιοντάρια.

amazing επίθ. [συνήθως επαινετικό. Κάπως ανεπίσημο, δίνει έμφαση] καταπληκτικός, εκπληκτικός *Their garden is amazing.* Ο κήπος τους είναι καταπληκτικός. **amazingly** επίρρ. καταπληκτικά

astonish ρ.μ. [πιο έντονο από το **surprise**. Υπονοεί ότι κάτι απροσδόκητο προκάλεσε το αίσθημα] καταπλήσσω *The confession astonished us all.* Η ομολογία μας κατέπληξε όλους. *his astonishing rudeness* η αξιοσημείωτη αγένειά του **astonishingly** επίρρ. εκπληκτικά **astonishment** ουσ.μ.αρ. κατάπληξη

astound ρ.μ. [πιο έντονο από το **surprise**. Λίγο πιο έντονο από το **amaze** και το **astonish**. Υπονοεί ότι κάτι απίθανο έχει προκαλέσει το συναίσθημα] καταπλήσσω *We made an astounding discovery.* Κάναμε μια καταπληκτική ανακάλυψη. **astoundingly** επίρρ. εκπληκτικά

118.1 Δυσάρεστες εκπλήξεις

shock ρ.μ. [υπονοεί έκπληξη και αναστάτωση γιατί κάτι είναι απαίσιο, λανθασμένο ή ανήθικο] σκανδαλίζω, συγκλονίζω *His death shocked the art world.* Ο θάνατός του συγκλόνησε τον κόσμο της τέχνης. *She showed a shocking lack of tact.* Έδειξε μια απίστευτη έλλειψη διακριτικότητας. **shockingly** επίρρ. συγκλονιστικά, εκπληκτικά

shock ουσ. 1 ουσ.αρ. [γεγονός] πλήγμα *Her resignation came as a shock to most of us.* Η παραίτησή της ήταν πολύ ξαφνική για τους περισσότερους από μας. 2 ουσ.μ.αρ. [συναίσθημα. Μπορεί να είναι ιατρικός όρος] κλονισμός, σοκ *He's still in a state of shock.* Βρίσκεται ακόμα σε σοκ.

startle ρ.μ. [υπονοεί ξαφνική και σύντομη αντίδραση φόβου] ξαφνιάζω, αιφνιδιάζω *We were startled by a gunshot.* Τρομάξαμε από έναν πυροβολισμό.

startling επίθ. [εκπληκτικός και ελαφρά ανησυχητικός] εκπληκτικός, εντυπωσιακός *Did you notice her startling resemblance to her mother?* Πρόσεξες την καταπληκτική ομοιότητα που έχει με τη μητέρα της; **startlingly** επίρρ. καταπληκτικά

stun ρ.μ. -nn- [ξαφνιάζω κάποιον έντονα, συχνά σε τέτοιο βαθμό που να μη μπορεί να αντιδράσει] αιφνιδιάζω *The bank's collapse stunned the financial world.* Η χρεωκοπία της τράπεζας αιφνιδίασε τους οικονομικούς κύκλους. *We sat in stunned silence.* Καθήσαμε σιωπηλοί από το ξάφνιασμα.

stunning επίθ. 1 [κάτι που προκαλεί μεγάλη έκπληξη] εντυπωσιακός, καταπληκτικός *a stunning lack of courtesy* μια τρομερή έλλειψη ευγένειας 2 [πολύ όμορφος]

εκθαμβωτικός *You look stunning in that outfit.* Είσαι εκθαμβωτική με αυτό το φόρεμα.

speechless επίθ. [παραμένω άφωνος σαν αποτέλεσμα ευχάριστης ή δυσάρεστης έκπληξης ή θυμού] άφωνος, άναυδος

118.2 Εκπληκτικό και αφύσικο
δες επίσης **444 Unusual**

extraordinary επίθ. 1 [χρησιμοποιείται για να δώσει έμφαση. Παράξενος] απίθανος, ασυνήθιστος *What an extraordinary man!* Τι απίθανος άνθρωπος! 2 [καλύτερος από το κανονικό] καταπληκτικός *She has an extraordinary talent.* Έχει καταπληκτικό ταλέντο. **extraordinarily** επίρρ. καταπληκτικά

unexpected επίθ. [λιγότερο εμφατικό από το **extraordinary**] απροσδόκητος, ανέλπιστος *The cheque was completely unexpected.* Η επιταγή έφθασε εντελώς απροσδόκητα.

unexpectedly επίρρ. απροσδόκητα, ανέλπιστα *Some friends arrived unexpectedly.* Μερικοί φίλοι κατέφθασαν απροσδόκητα.

incredible επίθ. 1 [κάτι που είναι δύσκολο να το πιστέψει κανείς. Περιγράφει: π.χ. σύμπτωση, έλλειψη, συμπεριφορά] απίστευτος, πρωτάκουστος *They drove at an incredible speed.* Οδηγούσαν με απίστευτα μεγάλη ταχύτητα. 2 [ανεπίσημο. Καταπληκτικός] απίθανος *That was an incredible meal.* Ήταν ένα απίθανο γεύμα.

incredibly επίρρ. [πάρα πολύ. Συνήθως δίνει έμφαση σε επίθ.] απίστευτα, αφάνταστα *incredibly boring* αφάνταστα ανιαρός

miracle ουσ.αρ. θαύμα *It's a miracle you weren't hurt.* Είναι θαύμα που δεν τραυματίστηκες.

miraculous επίθ. θαυματουργός *a miraculous escape* διάσωση ως εκ θαύματος **miraculously** επίρρ. ως εκ θαύματος

φράσεις

it's a wonder (that)... είναι θαύμα, είναι να απορεί κανείς *It's a wonder nobody was hurt.* Είναι θαύμα το πώς δεν πληγώθηκε κανείς.

it/sth never ceases to amaze me [εκφράζει έκπληξη και συχνά δυσαρέσκεια γιατί τα πράγματα δε φαίνονται να αλλάζουν] δεν παύει να με ξαφνιάζει *Her stubbornness never ceases to amaze me!* Το πείσμα της ποτέ δε σταματάει να με ξαφνιάζει.

Now I've seen/heard everything! [εκφράζει έκπληξη και συχνά θυμό] Τώρα τα κατάλαβα όλα!

out of the blue [απροσδόκητα] έξαφνα, χωρίς προειδοποίηση *Their offer came out of the blue.* Η προσφορά τους ήταν απροσδόκητη.

take sb aback ξαφνιάζω, σαστίζω *I was taken aback by his frankness.* Η ειλικρίνειά του με ξάφνιασε.

119 Boring Ανιαρός

bore ρ.μ. [υπονοεί χάσιμο του ενδιαφέροντος] βαριέμαι, πλήττω *Aren't you bored with your job?* Δε βαριέσαι τη δουλειά σου; *I get bored stiff sitting at home.* Σκυλοβαριέμαι να κάθομαι στο σπίτι.

bore ουσ.αρ. [ανιαρό άτομο] ενόχληση, μπελάς **boredom** ουσ.μ.αρ. ανία, πλήξη

uninteresting επίθ. [λίγο πιο επίσημο και λιγότερο εμφατικό από το **boring**] χωρίς ενδιαφέρον, βαρετός

dull επίθ. [κάτι που δεν εμπνέει ενδιαφέρον] πληκτικός, ανιαρός *a dull book* ένα ανιαρό βιβλίο **dullness** ουσ.μ.αρ. πλήξη

tedious επίθ. [πιο έντονο και πιο περιφρονητικό από το **boring** και το **dull**. Περιγράφει: κυρίως επαναλαμβανόμενα ή μακροπρόθεσμα γεγονότα ή πράξεις] κουραστικός *Her complaints are utterly tedious.* Η γκρίνια της είναι τρομερά κουραστική. **tediously** επίρρ. κουραστικά **tediousness** ουσ.μ.αρ. κούραση

monotonous επίθ. [κάτι που γίνεται ανιαρό γιατί δεν αλλάζει. Περιγράφει: π.χ. δουλειά, μουσική] μονότονος **monotony** ουσ.μ.αρ. μονοτονία

dry επίθ. [υπονοεί την έλλειψη χιουμοριστικών εκφράσεων, ανέκδοτων κτλ., που θα έκαναν κάτι πιο ενδιαφέρον. Περιγράφει: π.χ. γεγονότα, ομιλία, βιβλίο] ξερός, άχρωμος

π α ρ ο μ ο ί ω σ η

as dry as dust κατάξερος

dreary *επίθ.* [καταθλιπτικά ανιαρός. Περιγράφει: π.χ. ζωή, καιρό] μελαγχολικός, καταθλιπτικός

bland *επίθ.* [κάτι που δεν έχει έντονα χαρακτηριστικά. Περιγράφει: π.χ. διασκέδαση, φαγητό] απρόσωπος, άγευστος **blandness** *ουσ.μ.αρ.* έλλειψη χαρακτήρα

long-winded *επίθ.* [χρησιμοποιώ περισσότερα λόγια από όσα χρειάζονται] πολυλογάς, φλύαρος **long-windedness** *ουσ.μ.αρ.* πολυλογία, φλυαρία

φ ρ ά σ ε ι ς

fed up (with) [ανεπίσημο. Υπονοεί ανία, ανυπομονησία, θυμό ή δυσαρέσκεια] μπουχτισμένος *me I'm fed up with waiting. Έχω βαρεθεί να περιμένω. I'm fed up with your complaining! Έχω μπουχτίσει με τη γκρίνια σου!*

tired of [λιγότερο έντονο από το **fed up**] κουρασμένος από *I got tired of waiting and went home. Βαρέθηκα να περιμένω και πήγα σπίτι.*

sick of [ανεπίσημο. Πολύ δυνατότερο από το **tired of**. Υποδηλώνει εκνευρισμό και αγανάκτηση] αηδιασμένος από *I'm sick of your excuses! Μου έχεις σπάσει τα νεύρα με τις δικαιολογίες σου!*

sick and tired of/sick to death of [ανεπίσημο. Πολύ εμφατικές φράσεις] αηδιασμένος/μπουχτισμένος από *I'm sick and tired of this job. Έχω σκυλοβαρεθεί να κάνω αυτή τη δουλειά.*

120 Interesting Ενδιαφέρων

interest *ουσ.* 1 *ουσ.μ.αρ.* (συχνά + **in**) ενδιαφέρον *She's never shown much interest in religion.* Δεν έδειξε ποτέ πολύ ενδιαφέρον για τη θρησκεία. *These books are of great interest to historians.* Αυτά τα βιβλία παρουσιάζουν πολύ μεγάλο ενδιαφέρον για τους ιστορικούς. 2 *ουσ.αρ.* [χόμπι ή ειδικότητα] ενδιαφέρον *My interests include rock-climbing and water sports.* Μέσα στα ενδιαφέροντά μου είναι η ορειβασία και τα θαλάσσια σπορ.

interest *ρ.μ.* ενδιαφέρω *His political views interest me.* Οι πολιτικές του απόψεις με ενδιαφέρουν.

interested *επίθ.* (συχνά + **in**) ενδιαφερόμενος *I'm not interested in your problems.* Δε με ενδιαφέρουν τα προβλήματά σου.

fascinating *επίθ.* [δυνατότερο από το **interesting**. Υπονοεί συνεχές ενδιαφέρον] γοητευτικός, συναρπαστικός *Studying language is fascinating.* Η μελέτη της γλώσσας είναι συναρπαστική.

fascinate *ρ.μ.* γοητεύω, συναρπάζω *I'm fascinated by insects.* Με καταγοητεύουν τα έντομα.

fascination *ουσ.μ.αρ.* γοητεία *India has long held a strange fascination for the British.* Η Ινδία ασκούσε πάντα μια ασυνήθιστη γοητεία στους Βρετανούς.

gripping *επίθ.* [υπονοεί κάτι που ενθουσιάζει ή που κρατά ζωντανό το ενδιαφέρον] συναρπαστικός, τρομερά ενδιαφέρων *His memoirs are gripping stuff!* Τα απομνημονεύματά του είναι συναρπαστικά.

121 Doctor Γιατρός

ΙΑΤΡΟΦΑΡΜΑΚΕΥΤΙΚΗ ΠΕΡΙΘΑΛΨΗ ΣΤΗ ΒΡΕΤΑΝΙΑ

Το **National Health Service** ή **NHS** (αντίστοιχο του ΙΚΑ) είναι η δημόσια υπηρεσία στη Βρετανία που παρέχει ιατροφαρμακευτική περίθαλψη. Οι περισσότεροι Βρετανοί είναι εγγεγραμμένοι σε ενα γενικό παθολόγο της περιοχής τους, (**general practitioner** ή **GP**) που είναι ο πρώτος που επισκέπτονται για κάθε είδους πάθηση. Ο **GP** μπορεί να τους παραπέμψει σε νοσοκομείο ή σε ειδικό γιατρό, αν χρειάζονται πιο εξειδικευμένη ιατρική φροντίδα. Ο ασθενής δεν καταβάλλει τίποτα για την περίθαλψη (η

πληρωμή γίνεται έμμεσα μέσω των φόρων) παρά μόνο ένα καθιερωμένο ποσό για κάθε φάρμακο που δίνεται με συνταγή. Τα τελευταία χρόνια πολλοί Βρετανοί κάνουν ιδιωτική ασφάλεια υγείας, που τους επιτρέπει να έχουν πιο έγκαιρη θεραπεία και συχνά με περισσότερη άνεση. Οι οδοντίατροι συνήθως ανήκουν στο **NHS**, αλλά ο ασθενής καλύπτει μέρος των εξόδων της θεραπείας. Πολλοί οδοντίατροι δέχονται επίσης ασθενείς για ακριβότερη, ιδιωτική θεραπεία.

surgery *ουσ.αρ.* (Βρετ.), **office** (Αμερ.) ιατρείο

health centre *ουσ.αρ.* [το μέρος όπου εργάζονται πολλοί γιατροί και προσφέρονται υπηρεσίες από νοσοκόμες, επισκέπτριες νοσοκόμες, κτλ.] ιατρικό κέντρο

health visitor *ουσ.αρ.* (Βρετ.) [συνήθως ειδικευμένη νοσοκόμα που επισκέπτεται τα νεογέννητα μωρά και τις νέες μητέρες, κτλ.] επισκέπτρια

homeopath *ουσ.αρ.* ομοιοπαθητικός (γιατρός) **homeopathic** *επίθ.* [περιγράφει: κυρίως γιατρό, θεραπεία] ομοιοπαθητικός

vet *ουσ.αρ.* [συντομογραφία του **veterinary surgeon**, που σπάνια χρησιμοποιείται] κτηνίατρος

appointment *ουσ.αρ.* ραντεβού *to make an appointment* κλείνω ραντεβού

122 Hospital Νοσοκομείο

patient *ουσ.αρ.* ασθενής

outpatient *ουσ.αρ.* εξωτερικός ασθενής

clinic *ουσ.αρ.* [μικρό ίδρυμα ή μέρος νοσοκομείου όπου συνήθως παρέχεται ειδικευμένη θεραπεία] κλινική,

νοσηλευτικό ίδρυμα *an infertility clinic* κέντρο στειρότητας *the family planning clinic* κέντρο οικογενειακού προγραμματισμού

nursing home *ουσ.αρ.* [σπίτι για ηλικιωμένους ή όσους βρίσκονται σε ανάρρωση] αναρρωτική κλινική

ward *ουσ.αρ.* θάλαμος *Which ward is he in?* Σε ποιο θάλαμο βρίσκεται; *maternity ward* μαιευτήριο

nurse *ουσ.αρ.* νοσοκόμος/α

nursing *ουσ.μ.αρ.* το επάγγελμα της νοσοκόμας *(σαν επίθ.) nursing staff* νοσοκομειακό προσωπικό

sister *ουσ.αρ. (Βρετ.)* αδελφή νοσοκόμα, προϊσταμένη (θαλάμου)

χρήση

Οι τίτλοι **nurse, sister** και **doctor** μπορούν να χρησιμοποιηθούν επίσης σαν προσφωνήσεις: π.χ. *Is it serious, doctor?* (Είναι σοβαρό, γιατρέ;)

---

midwife *ουσ.αρ.* μαμή

consultant *ουσ.αρ. (Βρετ.)* γενικός επιμελητής νοσοκομείου

χρήση

Οι γενικοί επιμελητές είναι ανώτεροι από τους συνηθισμένους γιατρούς και έχουν τον τίτλο **Mr.**, όχι **Dr.** Πρέπει να τους απευθύνει κανείς το λόγο χρησιμοποιώντας το **Mr.** και το επίθετό τους, π.χ. *Mr. Sheppard.*

---

specialist *ουσ.αρ.* ειδικός, ειδικευμένος γιατρός

paramedic *ουσ.αρ.* [προσωπικό όπως οι οδηγοί ασθενοφόρου, που έχουν στοιχειώδεις ιατρικές γνώσεις] παραϊατρικό προσωπικό

ambulance *ουσ.αρ.* ασθενοφόρο *(σαν επίθ.) ambulance workers* προσωπικό ασθενοφόρου

122.1 Χειρουργείο

surgeon *ουσ.αρ.* χειρουργός *a brain surgeon* εγκεφαλοχειρουργός

surgery *ουσ.μ.αρ.* χειρουργείο *She underwent open-heart surgery.* Υποβλήθηκε σε εγχείρηση ανοιχτής καρδιάς.

operation *ουσ.αρ.* εγχείρηση, χειρουργική επέμβαση *a transplant operation* μεταμόσχευση

operate *ρ.α. (συχνά + on)* χειρουργώ *They operated on his leg to save it.* Του έκαναν εγχείρηση για να του σώσουν το πόδι.

operating theatre *ουσ.αρ.* χειρουργείο

anaesthetist *(Βρετ.)*, **anesthetist** *(Αμερ.) ουσ.αρ.* αναισθησιολόγος

anaesthetic *(Βρετ.)*, **anesthetic** *(Αμερ.) ουσ.αρ.* αναισθητικό *The lump was removed under anaesthetic.* Ο όγκος του αφαιρέθηκε κάτω από την επίδραση αναισθητικού.

general anaesthetic *ουσ.αρ.* γενική αναισθησία *I had a general anaesthetic.* Υποβλήθηκα σε γενική αναισθησία.

local anaesthetic *ουσ.αρ.* τοπική αναισθησία

anaesthetize *(Βρετ.)*, **anesthetize** *(Αμερ.) ρ.μ.* αναισθητοποιώ, ναρκώνω

123 Dentist Οδοντίατρος

dentist *ουσ.αρ.* οδοντίατρος *I went to the dentist's yesterday.* Χθές πήγα στον οδοντίατρο.

dental *επίθ. (πριν από ουσ.)* οδοντικός, οδοντιατρικός *dental hygiene* οδοντική υγιεινή

dental nurse *ουσ.αρ. (Βρετ.)* νοσοκόμα οδοντιατρείου

dental hygienist *ουσ.αρ. (κυρίως Αμερ.)* βοηθός οδοντιατρείου για τη στοματική υγιεινή

drill *ουσ.αρ.* τροχός *drill ρ.μ.* τροχίζω

filling *ουσ.αρ.* σφράγισμα *to have a filling* κάνω σφράγισμα

to have a tooth out κάνω εξαγωγή δοντιού

wisdom teeth *ουσ. πληθ.* φρονιμήτες

bridge *ουσ.αρ.* γέφυρα

crown *ουσ.αρ.* κορώνα *crown ρ.μ.* βάζω κορώνα

false teeth [συνηθισμένος όρος, συνήθως σημαίνει σε δύο ολόκληρες σειρές] μασέλα, τεχνητή οδοντοστοιχία *a set of false teeth* μια μασέλα

dentures *ουσ. πληθ.* [πιο τεχνικός όρος από το **false teeth**] μασέλα, τεχνητή οδοντοστοιχία *(ενικ. όταν χρησιμοποιείται σαν επίθ.) a denture cleaner* καθαριστικό μασέλας

brace *ουσ.αρ. (Βρετ.)*, **braces** *ουσ. πληθ. (Αμερ.)* σιδεράκια

decay *ουσ.μ.αρ.* τερηδόνα *tooth decay* τερηδόνα

124 Illnesses Αρρώστιες

δες επίσης **128 Unhealthy**

124.1 Γενικοί όροι

disease *ουσ.αρ.μ.αρ.* αρρώστια, ασθένεια *tropical diseases* τροπικές ασθένειες *the fight against disease* η μάχη κατά των ασθενειών

infection *ουσ.αρ.μ.αρ.* [που προκαλείται από μικρόβια κτλ.] μόλυνση *a viral infection* μόλυνση που οφείλεται σε ιό *Stress weakens your resistance to infection.* Το στρες εξασθενίζει την αντίσταση του οργανισμού στις αρρώστιες.

fever *ουσ.αρ.μ.αρ.* [υπονοεί υπερβολικά ψηλή θερμοκρασία ή αρρώστεια με αυτά τα συμπτώματα] πυρετός *She's still got a bit of a fever.* Έχει ακόμα λίγο πυρετό. *It relieves pain and brings down fever.* Ανακουφίζει τον πόνο και κατεβάζει τον πυρετό. (σε σύνθετες λέξεις) *yellow fever* κίτρινος πυρετός *glandular fever* αδενικός πυρετός

feverish *επίθ.* πυρετώδης, σε έξαψη *I felt shivery and feverish.* Ένιωθα ρίγος και έξαψη.

epidemic *ουσ.αρ.* [που επηρεάζει πολλά άτομα στην ίδια περιοχή] επιδημία *a typhoid epidemic* επιδημία τύφου

plague *ουσ.αρ.μ.αρ.* [συνήθως σε ιστορικές αναφορές. Σοβαρή και συνήθως θανατηφόρα ασθένεια] πανώλη, πανούκλα *bubonic plague* βουβωνική πανώλη *an outbreak of plague* επιδημία πανώλης

allergy *ουσ.αρ. (συχνά + to)* αλλεργία *children with allergies to cow's milk* παιδιά που έχουν αλλεργία στο αγελαδίσιο γάλα

allergic *επίθ. (συχνά + to)* αλλεργικός *She's allergic to cats.* Είναι αλλεργική στις γάτες.

124.2 Αιτίες που προκαλούν ασθένειες

bacteria *ουσ. πληθ.* [όχι κατ'ανάγκη βλαβερά] βακτηρίδια *the spread of dangerous bacteria* η εξάπλωση επικίνδυνων βακτηριδίων

bacterial *επίθ.* βακτηριακός *a bacterial infection* βακτηριακή μόλυνση

germ *ουσ.αρ.* [λιγότερο τεχνικός όρος από τη λέξη **bacteria**. Πάντα βλαβερό] μικρόβιο *flu germs* μικρόβια γρίπης

virus *ουσ.αρ.* ιός *No vaccine exists against the virus.* Δεν υπάρχει εμβόλιο κατά του ιού. **viral** *επίθ.* που οφείλεται σε ιό

bug *ουσ.αρ.* [ανεπίσημο. Περιγράφει οποιαδήποτε αρρώστια ή μικρόβιο που δεν είναι πολύ σοβαρό] μικρόβιο *a tummy bug* μικρόβιο που επηρεάζει το στομάχι

infect *ρ.μ.* [αντικ.: π.χ. πρόσωπο, παροχή νερού, πληγή, αίμα] μολύνω, μεταδίδω

infectious *επίθ.* [που μεταφέρεται στον αέρα. Περιγράφει: πρόσωπο] μολυσμένος, μεταδοτικός [περιγράφει: ασθένεια, στάδιο ασθένειας] μολυσματικός

contagious *επίθ.* [που μεταδίδεται με το άγγιγμα] μεταδοτικός, κολλητικός *Don't worry, it looks nasty but it's not contagious.* Μην ανησυχείτε, φαίνεται σοβαρό αλλά δεν είναι μεταδοτικό.

124.3 Σωματική αναπηρία

handicap [που επηρεάζει τα άκρα, τις αισθήσεις ή το μυαλό] *ουσ.αρ.μ.αρ.* αναπηρία *They suffer from different degrees of handicap.* Πάσχουν από διάφορους βαθμούς αναπηρίας.

handicapped *επίθ.* ανάπηρος *handicapped athletes* ανάπηροι αθλητές *mentally handicapped* διανοητικά καθυστερημένος (σαν *ουσ. πληθ.*) *activities for the handicapped* δραστηριότητες για τους ανάπηρους

invalid *ουσ.αρ.* ανάπηρος, παράλυτος, σακάτης *The accident left her a total invalid.* Το δυστύχημα την άφησε εντελώς παράλυτη.

disabled *επίθ.* ανάπηρος, σωματικά ανίκανος *a car adapted for disabled drivers* αυτοκίνητο ειδικά προσαρμοσμένο για ανάπηρους οδηγούς (σαν *ουσ. πληθ.*) *facilities for the disabled* εγκαταστάσεις που διευκολύνουν τους ανάπηρους

paralyse (*Βρετ.*), **paralyze** (*Αμερ.*) *ρ.μ.* ακινητοποιώ [αντικ.: κυρίως πρόσωπο, άκρα] παραλύω *The accident left her with both legs paralysed.* Το δυστύχημα της προκάλεσε παράλυση και στα δύο πόδια. **paralysis** *ουσ.μ.αρ.* παράλυση

lame *επίθ.* [περιγράφει: κυρίως πρόσωπο, μηρό, άλογο] κουτσός *She's slightly lame in her left leg.* Κουτσαίνει ελαφρά στο αριστερό της πόδι. **lameness** *ουσ.μ.αρ.* αναπηρία

124.4 Προβλήματα στην όραση, ακοή και ομιλία

δες επίσης **87 Hear, 91 See and Look, 341 Speak**

blind *επίθ.* τυφλός *to go blind* τυφλώνομαι (σαν *ουσ. πληθ.*) *a braille edition for the blind* έκδοση της μεθόδου Μπράιγ για τους τυφλούς **blind** *ρ.μ.* τυφλώνω **blindness** *ουσ.μ.αρ.* τύφλωση

partially sighted [μάλλον τεχνικός όρος] μερικώς τυφλός (σαν *ουσ. πληθ.*) *the partially sighted* οι μερικώς τυφλοί

shortsighted *επίθ.* μυωπικός **shortsightedness** *ουσ.μ.αρ.* μυωπία

longsighted *επίθ.* με πρεσβυωπία **longsightedness** *ουσ.μ.αρ.* πρεσβυωπία

optician *ουσ.αρ.* οπτικός *I need some contact lens solution from the optician's.* Χρειάζομαι υγρό για τους φακούς επαφής από τον οπτικό.

deaf *επίθ.* [δεν υπονοεί πάντα πλήρη απώλεια της ακοής] κουφός *This cold's making me terribly deaf.* Αυτό το κρυολόγημα με κάνει να μην ακούω. (σαν *ουσ. πληθ.*) *the*

deaf οι κουφοί **deafness** *ουσ.μ.αρ.* κουφαμάρα, κώφωση

hard of hearing (μετά από *ρ.*) [όχι εντελώς κουφός. Μάλλον ευφημιστικό] βαρήκοος (σαν *ουσ. πληθ.*) *subtitles for the hard of hearing* υπότιτλοι για τους βαρήκοους

dumb *επίθ.* μουγκός (σαν *ουσ. πληθ.*) *the deaf and dumb* οι κωφάλαλοι

124.5 Ερεθισμοί και διογκώσεις στο δέρμα

sore *ουσ.αρ.* [μέρος όπου το δέρμα είναι ερεθισμένο] ερέθισμα, πληγή

rash *ουσ.αρ.* εξάνθημα *to come out in a rash* βγάζω εξάνθημα

blister *ουσ.αρ.* φουσκάλα *I could hardly walk for the blisters on my feet.* Δεν μπορούσα να περπατήσω από τις φουσκάλες στα πόδια μου.

blister *ρ.* 1 *ρ.α.* φουσκαλιάζω 2 *ρ.μ.* βγάζω φουσκάλες

corn *ουσ.αρ.* [φουσκωμένο μέρος από σκληρό δέρμα] κάλος *You trod on my corn.* Μου πάτησες τον κάλο.

bunion *ουσ.αρ.* [φούσκωμα στην κλείδωση του μεγάλου δαχτύλου του ποδιού] κάλος, κότσι

wart *ουσ.αρ.* κρεατοελιά

abscess *ουσ.αρ.* [φούσκωμα με πύο μέσα στο σώμα ή στο δέρμα] απόστημα *to drain an abscess* αδειάζω ένα απόστημα

ulcer *ουσ.αρ.* [πληγή με σπασμένη επιφάνεια μέσα στο σώμα ή στο δέρμα. Συχνά αιμορραγεί] έλκος *a mouth ulcer* σπυρί μέσα στο στόμα, άφθα *a stomach ulcer* έλκος στο στομάχι

boil *ουσ.αρ.* [φούσκωμα με πύο στο δέρμα] σπυρί

124.6 Χειμερινές παθήσεις

cold *ουσ.αρ.* κρυολόγημα *to catch (a) cold* κρυολογώ

flu *ουσ.μ.αρ.* [συνηθισμένη λέξη για **influenza**] γρίπη *I've got a touch of flu.* Έχω ελαφράς μορφής γρίπη. *She's got (the) flu.* Έχει γρίπη.

cough *ουσ.αρ.* 1 [αρρώστεια] βήχας *a smoker's cough* βήχας του καπνιστή 2 [ο ήχος] βήξιμο **cough** *ρ.α.* βήχω

sneeze *ουσ.αρ.* φτάρνισμα *a loud sneeze* ένα δυνατό φτάρνισμα **sneeze** *ρ.α.* φταρνίζομαι

124.7 Στομάχι και χώνευση

stomachache *ουσ.αρ.μ.αρ.* στομαχόπονος *Yoghurt gives me stomachache.* Το γιαούρτι μου προκαλεί στομαχόπονο.

diarrhoea, ΕΠΙΣΗΣ **diarrhea** (*Αμερ.*) *ουσ.μ.αρ.* διάρροια

the runs [ανεπίσημος και χιουμοριστικός όρος για **diarrhoea**] διάρροια *I hope those blackberries don't give you the runs.* Ελπίζω τα μούρα να μη σου προκαλέσουν διάρροια.

constipation *ουσ.μ.αρ.* δυσκοιλιότητα **constipated** *επίθ.* δυσκοίλιος

vomit *ρ.α.μ.* [συχνά σαν ιατρικός ή επίσημος όρος] κάνω εμετό *to vomit blood* κάνω εμετό αίμα **vomit** *ουσ.μ.αρ.* εμετός

be sick (*Βρετ.*) [γενικός όρος για **vomit**] κάνω εμετό *I was sick in the sink.* Έκανα εμετό στο νεροχύτη.

sick *επίθ.* [αναγούλα] αναγουλιασμένος *I felt sick.* Ένιωσα αναγούλα.

throw up (sth) ή **throw** (sth) **up** *ρ.πρφ.α.μ.* [ανεπίσημος, μάλλον απρεπής όρος] ξερνώ *The food was so greasy I threw up.* Το φαγητό ήταν τόσο λαδερό που ξέρασα.

nausea *ουσ.μ.αρ.* [κάπως επίσημο ή χρησιμοποιείται σαν ιατρικός όρος] ναυτία *Nausea can be one of the side effects.* Η ναυτία είναι μια από τις πιθανές παρενέργειες.

nauseous *επίθ.* [μάλλον επίσημο] εμετικός *Are you feeling nauseous?* Έχετε ναυτία;

indigestion *ουσ.μ.αρ.* δυσπεψία *Lentils always give me indigestion.* Οι φακές μου προκαλούν πάντα δυσπεψία.

food poisoning *ουσ.μ.αρ.* (τροφική) δηλητηρίαση *an outbreak of food poisoning caused by inadequately cooked meat* μια κρίση τροφικής δηλητηρίασης που προκλήθηκε από άψητο κρέας

appendicitis *ουσ.μ.αρ.* σκωληκοειδίτιδα *She was rushed to hospital with acute appendicitis.* Μεταφέρθηκε στο νοσοκομείο με οξεία σκωληκοειδίτιδα.

124.8 Παθήσεις του κεφαλιού και του στήθους

headache *ουσ.αρ.* πονοκέφαλος *I've got a splitting headache.* Έχω τρομερό πονοκέφαλο.

migraine *ουσ.μ.αρ.αρ.* ημικρανία

earache *ουσ.μ.αρ.αρ.* πόνος στο αυτί

toothache *ουσ.μ.αρ.αρ.* πονόδοντος

sore throat *ουσ.αρ.* πονόλαιμος

asthma *ουσ.μ.αρ.* άσθμα **asthmatic** *επίθ.* ασθματικός **asthmatic** *ουσ.αρ.* ασθματικός

bronchitis *ουσ.μ.αρ.* βρογχίτιδα

124.9 Πόνοι στα κόκαλα και στους μυς

backache *ουσ.αρ.μ.αρ.* πόνος στην πλάτη

cramp *ουσ.μ.αρ.* κράμπα *muscle cramp* κράμπα στους μυς

rheumatism *ουσ.μ.αρ.* ρευματισμοί **rheumatic** *επίθ.* ρευματικός

arthritis *ουσ.μ.αρ.* αρθρίτιδα *She's crippled with arthritis.* Ακινητοποιήθηκε από την αρθρίτιδα. **arthritic** *επίθ.* αρθριτικός

124.10 Παιδικές ασθένειες

measles *ουσ.μ.αρ.* ιλαρά

German measles *ουσ.μ.αρ.* [ιατρικό όνομα **rubella**] ερυθρά

chicken pox *ουσ.μ.αρ.* ανεμοβλογιά

tonsillitis *ουσ.μ.αρ.* αμυγδαλίτιδα

mumps *ουσ.μ.αρ.* μαγουλάδες

whooping cough *ουσ.μ.αρ.* κοκκύτης

124.11 Παθήσεις του αίματος και της καρδιάς

anaemia (*Βρετ.*), **anemia** (*Αμερ.*) *ουσ.μ.αρ.* αναιμία **anaemic** (*Βρετ.*), **anemic** (*Αμερ.*) *επίθ.* αναιμικός

haemophilia (*Βρετ.*), **hemophilia** (*Αμερ.*) *ουσ.μ.αρ.* αιμοφιλία **haemophiliac** (*Βρετ.*), **hemophiliac** (*Αμερ.*) *ουσ.αρ.* αιμοφιλικός

blood pressure πίεση (του αίματος) *I'd better take your blood pressure.* Καλύτερα να σου μετρήσω την πίεση. *high/low blood pressure* ψηλή/χαμηλή πίεση

heart attack καρδιακή προσβολή *He has had two heart attacks.* Έχει πάθει δύο καρδιακές προσβολές.

stroke *ουσ.αρ.* αποπληξία, εγκεφαλικό (σαν *επίθ.*) *stroke patients* ασθενείς που έχουν πάθει εγκεφαλική συμφόρηση

124.12 Καρκίνος και άλλες σοβαρές ασθένειες

cancer *ουσ.μ.αρ.αρ.* καρκίνος *skin cancer* καρκίνος του δέρματος *cancer of the liver* καρκίνος στο συκώτι **cancerous** *επίθ.* καρκινώδης

leukaemia (*Βρετ.*), **leukemia** (*Αμερ.*) *ουσ.μ.αρ.* λευχαιμία

tumour (*Βρετ.*), **tumor** (*Αμερ.*) *ουσ.αρ.* όγκος *an operable tumour* όγκος που μπορεί να αφαιρεθεί

benign *επίθ.* [περιγράφει: όγκους] καλοήθης *a benign polyp* καλοήθης πολύποδας

malignant *επίθ.* [περιγράφει: όγκους] κακοήθης *a malignant growth* κακοήθης όγκος

Aids *ουσ.μ.αρ.* [συνηθισμένο όνομα του **Acquired Immune Deficiency Syndrome**] έιτζ *a test for Aids* εξέταση για έιτζ

HIV *ουσ.μ.αρ.* [συνηθισμένο όνομα του **human immunodeficiency virus**, του ιού που προκαλεί έιτζ] ο ιός του έιτζ *He is HIV positive.* Είναι φορέας του έιτζ.

VD *ουσ.μ.αρ.* [κάπως ανεπίσημο, αλλά πολύ πιο κοινό από το τεχνικό **venereal disease**] αφροδίσιο νόσημα

epilepsy *ουσ.μ.αρ.* επιληψία **epileptic** *επίθ.* επιληπτικός *an epileptic fit* επιληπτική κρίση **epileptic** *ουσ.αρ.* επιληπτικός

fit *ουσ.αρ.* κρίση *to have a fit* έχω κρίση

diabetes *ουσ.μ.αρ.* διαβήτης **diabetic** *επίθ.* διαβητικός **diabetic** *ουσ.αρ.* διαβητικός

124.13 Τραυματισμοί

injury *ουσ.αρ.μ.αρ.* τραύμα, πληγή *She suffered severe head injuries.* Υπέστη σοβαρά τραύματα στο κεφάλι.

injure *ρ.μ.* τραυματίζω, πληγώνω *I injured my knee in the fall.* Με τη πτώση τραυματίστηκα στο γόνατο. (συχνά *μτχ.αορ.*) *an injured knee* τραυματισμένο γόνατο (σαν *ουσ. πληθ.*) *The injured were taken to a local hospital.* Οι τραυματίες μεταφέρθηκαν σε ένα νοσοκομείο της περιοχής.

wound *ουσ.αρ.* 1 [κόψιμο κτλ., όταν χρησιμοποιείται σαν ιατρικός όρος] τραύμα, πληγή *to clean and dress a wound* καθαρίζω και επιδένω μια πληγή 2 [τραυματισμός στη μάχη] τραυματισμός πολέμου *an old war wound* ένα παλιό τραύμα από τον πόλεμο

wound *ρ.μ.* [συνήθως στη μάχη] τραυματίζω *He was badly wounded in the war.* Τραυματίστηκε σοβαρά στον πόλεμο. (σαν *ουσ. πληθ.*) *the dead and wounded* οι νεκροί και οι τραυματίες

fracture *ουσ.αρ.* κάταγμα *a simple fracture* απλό κάταγμα **fracture** *ρ.μ.* παθαίνω κάταγμα

break *ρ.μ.* [αντικ.: π.χ. πόδι, κόκαλο] σπάζω *a broken arm* ένα σπασμένο χέρι

bruise *ουσ.αρ.* μώλωπας, μελάνιασμα **bruise** *ρ.μ.* μελανιάζω

sprain *ουσ.αρ.* στραμπούληγμα, εξάρθρωση

sprain *ρ.μ.* στραμπουλίζω, εξαρθρώνω *a sprained ankle* στραμπούληγμα στον αστράγαλο

χρήση

Υπάρχουν μερικοί σταθεροί συνδυασμοί λέξεων που χρησιμοποιούνται σε συνδυασμό με ονόματα ασθενειών και τραυματισμών. Οι όροι όπως **asthma** και **indigestion** δεν έχουν πληθ., μεμονωμένες περιπτώσεις συχνά περιγράφονται σαν **attacks** (κρίσεις) ή **bouts** (προσβολές), π.χ. *an attack of asthma* ή *an asthma attack*, αλλά μόνο *an attack of indigestion*. Μπορεί να πει κανείς είτε *a bout* ή *an attack of coughing/sneezing.*

Προσέξτε τα ακόλουθα ρήματα:

catch *ρ.μ.*, *αόρ. & μτχ.αορ.* **caught** [αντικ.: μεταδοτική αρρώστεια] αρπάζω, κολλώ *I've caught the flu.* Άρπαξα γρίπη.

contract *ρ.μ.* [χρησιμοποιείται σαν επίσημος ή ιατρικός όρος] προσβάλλομαι από *He contracted Aids.* Προσβλήθηκε απο τον ιό του έιτζ.

have got *ρ.μ.* [μόνιμα ή για ορισμένο χρονικό διάστημα] έχω, πάσχω από *She's got tonsillitis/arthritis.* Πάσχει από αμυγδαλίτιδα/αρθρίτιδα.

suffer from sth *ρ.πρφ.μ.* [αντικ.: συνήθως μια αρκετά σοβαρή ασθένεια, μόνιμα ή για ορισμένο χρονικό διάστημα] πάσχω από *She suffers from migraine.* Πάσχει από ημικρανίες. *He's suffering from cancer.* Πάσχει από καρκίνο.

die of sth *ρ.πρφ.μ.* πεθαίνω από *He died of food poisoning.* Πέθανε από τροφική δηλητηρίαση.

Προσέξτε επίσης τη χρήση του **with** σε φράσεις όπως οι ακόλουθες:

He's in hospital with a heart attack. Βρίσκεται στο νοσοκομείο επειδή έπαθε καρδιακή προσβολή.
She's in bed with a cold. Είναι στο κρεββάτι επειδή έχει γρίπη.
I'm off work with bronchitis. Πήρα άδεια ασθενείας λόγω βρογχίτιδας.

Τα άτομα που πάσχουν από μια ασθένεια για πολύ καιρό συχνά αποκαλούνται **sufferers**: *arthritis sufferers* (πάσχοντες από αρθρίτιδα), έστω και αν σε μερικές περιπτώσεις υπάρχει ειδικός όρος, πχ. *an asthmatic* (ασθματικός), *a haemophiliac* (αιμοφιλικός). Μερικές παθήσεις θεωρούνται μάλλον σαν ατυχήματα και όσοι επηρεάζονται μερικές φορές ονομάζονται **victims**: *heart attack victims* (θύματα καρδιακών προσβολών). Αυτός ο όρος δεν είναι πάντα ο κατάλληλος: για παράδειγμα υπάρχει πιθανότητα μερικοί *Aids sufferers* (πάσχοντες από Έιτζ) να το βρουν προσβλητικό όταν αποκαλούνται *Aids victims* (θύματα του Έιτζ).

125 Symptoms Συμπτώματα

125.1 Πόνος

pain *ουσ.μ.αρ.αρ.* [γενικός όρος] πόνος *She's in a lot of pain.* Έχει τρομερούς πόνους. *He's complaining of severe chest pains.* Παραπονιέται για έντονους πόνους στο στήθος. *a sharp pain* [έντονος και ξαφνικός] πόνος, σουβλιά *a dull pain* [συνεχής, ενοχλητικός, αλλά όχι έντονος] επίμονος πόνος

painful *επίθ.* [περιγράφει: π.χ. αρρώστια, τραυματισμό, μέρος του σώματος] οδυνηρός *Do you find it painful to swallow?* Πονάτε όταν καταπίνετε;

hurt *ρ.*, *αόρ. & μτχ.αορ.* **hurt 1** *ρ.α.* προκαλώ πόνο, πληγώνω *My ankle hurts like mad.* Ο αστράγαλός μου με πονάει τρομερά. **2** *ρ.μ.* [συνήθως υπονοεί και τραυματισμό παρά απλώς πόνο] πληγώνω, τραυματίζω *She was badly hurt in the fall.* Πληγώθηκε άσχημα στο πέσιμο. *It hurts my back to walk.* Όταν περπατώ με πονά η πλάτη.

ache *ουσ.αρ.* [υπονοεί συνεχή παρά έντονο πόνο] πόνος, άλγος *Tell me all about your aches and pains.* Μιλήστε μου για τους πόνους που έχετε.

ache *ρ.α.* πονάω *My eyes are aching.* Με πονάνε τα μάτια.

discomfort *ουσ.μ.αρ.* [λιγότερο έντονο από το **pain**] ενόχληση, ταλαιπωρία *You may feel a little discomfort as the probe is inserted.* Ίσως νοιώσετε μια μικρή ενόχληση καθώς θα εισάγεται ο καθετήρας.

sore *επίθ.* [υπονοεί ερεθισμό, κυρίως στο δέρμα, ή κούραση των μυών] ερεθισμένος, πονεμένος *My shoulders were sore with the straps of the rucksack.* Οι ώμοι μου πονούσαν στο μέρος όπου άγγιζαν τα λουριά του σακιδίου. **soreness** *ουσ.μ.αρ.* ερεθισμός, ευαισθησία

throb *ρ.α.* -bb- [υπονοεί πόνο με δυνατό παλμό] πάλλομαι *My head is throbbing.* Το κεφάλι μου βουίζει από τον πόνο.

itch *ουσ.αρ.* [όταν κανείς νοιώθει την επιθυμία να ξυστεί] φαγούρα *I've got this itch behind my ear.* Έχω μια φαγούρα πίσω από το αυτί μου. **itch** *ρ.α.* έχω/νοιώθω φαγούρα **itchy** *επίθ.* που νοιώθει φαγούρα

sting *ουσ.αρ.* [υπονοεί ένα καυτερό, απότομο συναίσθημα] τσίμπημα, τσούξιμο *the sting of the iodine* το τσούξιμο από το ιώδιο

sting *ρ.*, *αόρ. & μτχ.αορ.* **stung 1** *ρ.α.* [υποκ.: π.χ. αλοιφή, καπνός] τσούζω, καίω [υποκ.: π.χ. μάτια] τσούζω **2** *ρ.μ.* τσούζω *The smoke stung my eyes.* Ο καπνός μου έτσουξε τα μάτια.

tender *επίθ.* [η επαφή προκαλεί πόνο] ευαίσθητος *The lips are still swollen and tender.* Τα χείλη είναι ακόμα πρησμένα και ευαίσθητα. **tenderness** *ουσ.μ.αρ.* ευαισθησία

φράση

my feet are/my back is (κτλ.) **killing me** [ανεπίσημο. Με πονά πολύ] τα πόδια/η πλάτη μου με πέθαναν στους πόνους

125.2 Ορατά συμπτώματα

pale *επίθ.* χλωμός *You look terribly pale.* Φαίνεσαι πολύ χλωμός. **paleness** *ουσ.μ.αρ.* χλωμάδα

pallor *ουσ.μ.αρ.* [πιο επίσημο από το **paleness**, και πιο ενδεικτικό κακής κατάστασης υγείας] χλωμάδα, ωχρότητα *an unhealthy pallor* μια ασθενική χλωμάδα

wan *επίθ.* [υπονοεί χλωμάδα και δυστυχία] χλωμός, άχρωμος *She still looks weak and wan.* Φαίνεται ακόμα αδύναμη και χλωμή.

swell *ρ.*, *αόρ.* **swelled**, *μτχ.αορ.* **swollen** Ή **swelled 1** *ρ.α.* (συχνά + **up**) πρήζομαι *His eye had swollen up.* Το μάτι του ήταν πρησμένο. **2** *ρ.μ.* [λιγότερο συνηθισμένο από το **make** sth **swell**] διογκώνω *Her face was swelled by the drugs.* Τα φάρμακα της προκάλεσαν πρήξιμο στο πρόσωπο.

swelling *ουσ.αρ.μ.αρ.* φούσκωμα, πρήξιμο, διόγκωση **swollen** *επίθ.* φουσκωμένος, πρησμένος

bleed *ρ.α.*, *αόρ. & μτχ.αορ.* **bled** [υποκ.: π.χ. πρόσωπο, πληγή] αιμορραγώ, χάνω αίμα *His nose was bleeding profusely.* Η μύτη του αιμορραγούσε ασταμάτητα.

bleeding *ουσ.μ.αρ.* αιμορραγία *Try to stop the bleeding.* Προσπάθησε να σταματήσεις την αιμορραγία.

125.3 Χάσιμο των αισθήσεων

faint *ρ.α.* λιποθυμώ *She was fainting from exhaustion.* [φαινόταν έτοιμη να λιποθυμήσει] Κόντευε να λιποθυμήσει από την κούραση.
faint *επίθ.* αδύναμος, εξασθενημένος *I feel faint.* Νοιώθω αδυναμία.
faint *ουσ.αρ.* λιποθυμία *He went into a dead faint.* Έχασε τελείως τις αισθήσεις του. **faintness** *ουσ.μ.αρ.* αδυναμία
pass out *ρ.πρφ.α.* [πιο ανεπίσημο από το **faint**] χάνω τις αισθήσεις μου, λιποθυμώ
unconscious *επίθ.* (συνήθως μετά από ρ.) αναίσθητος, λιπόθυμος *The blow knocked him unconscious.* Το χτύπημα τον άφησε αναίσθητο. *her unconscious body* το αναίσθητο σώμα της **unconsciousness** *ουσ.μ.αρ.* αναισθησία (με την ιατρική έννοια)
coma *ουσ.αρ.* κώμα *He is in a coma.* Βρίσκεται σε κώμα.
dizzy *επίθ.* (συνήθως μετά από ρ.) [υπονοεί χάσιμο της ισορροπίας, κυρίως σε συνδυασμό με ίλιγγο] ζαλισμένος *Heights make me feel dizzy.* Τα ύψη μου προκαλούν ίλιγγο. **dizziness** *ουσ.μ.αρ.* ζαλάδα

125.4 Συμπτώματα που ακούγονται

hoarse *επίθ.* [υπονοεί ότι ο ομιλητής έχει πόνο στο λαιμό. Περιγράφει: κυρίως πρόσωπο, φωνή] βραχνός *a hoarse smoker's cough* ένας βραχνός βήχας καπνιστή **hoarsely** *επίρρ.* βραχνά **hoarseness** *ουσ.μ.αρ.* βραχνάδα

φ ρ ά σ η

have a frog in one's throat [ανεπίσημο] είμαι βραχνός Κυριολεκτικά: Έχω βάτραχο στο λαιμό.

---

hiccup, **-pp-** ΕΠΙΣΗΣ **hiccough** *ρ.α.* έχω λόξιγκα
hiccup ΕΠΙΣΗΣ **hiccough** *ουσ.αρ.* λόξιγκας *She's got (the) hiccups.* Έχει λόξιγκα.
burp *ρ.α.* ρεύομαι
burp *ουσ.αρ.* ρέψιμο *He gave a loud burp.* Ρεύτηκε με θόρυβο.
belch *ρ.α.* [πιο θορυβώδες από το **burp**] ρεύομαι **belch** *ουσ.αρ.* ρέψιμο
fart *ρ.α.* [ανεπίσημο. Χυδαίος όρος] κλάνω **fart** *ουσ.αρ.* κλανιά
pass wind [πιο ευγενικός όρος του **fart**] έχω αέρια

---

126 Cures Θεραπείες

cure *ρ.μ.* (συχνά + **of**) [θεραπεύω. Αντικ.: κυρίως ασθενής, ασθένεια] θεραπεύω, γιατρεύω *He's been cured of his fits.* Έχει θεραπευτεί από τις κρίσεις του.
cure *ουσ.αρ.* [φάρμακο ή γιατρειά] θεραπεία, κούρα *There's no cure for baldness.* Δεν υπάρχει θεραπεία για τη φαλάκρα.
remedy *ουσ.αρ.* [φάρμακο που θεραπεύει] θεραπεία, γιατρειά, φάρμακο *homeopathic remedies* ομοιοπαθητικές θεραπείες
treat *ρ.μ.* (συχνά + **for**) [αντικ.: π.χ. ασθενής, ασθένεια] περιθάλπτω, νοσηλεύω *He's being treated for anaemia.* Κάνει θεραπεία για αναιμία.
treatment *ουσ.αρ.μ.αρ.* θεραπεία *a new cancer treatment* μια νέα θεραπεία για τον καρκίνο
therapy *ουσ.μ.αρ.αρ.* [πιο επίσημο ή τεχνικό από το **treatment**] θεραπεία *They're trying laser therapy.* Κάνουν δοκιμές ακτινοθεραπείας. **therapist** *ουσ.αρ.* θεραπευτής, γιατρός
medical *επίθ.* (συνήθως πριν από ουσ.) ιατρικός *medical ethics* ιατρικός ηθικός κώδικας *the medical profession* το ιατρικό επάγγελμα/το σύνολο των γιατρών
medicinal *επίθ.* φαρμακευτικός, ιαματικός *the plant's medicinal uses* οι θεραπευτικές ιδιότητες του φυτού

126.1 Βελτίωση/ανάρρωση

better *επίθ.* [δεν είναι τεχνικός όρος] καλύτερα *get/feel better* γίνομαι/νοιώθω καλύτερα *She's getting better gradually.* Η κατάστασή της βελτιώνεται με τον καιρό.
recover *ρ.α.* (συχνά + **from**) αναρρώνω *He's still recovering from his bronchitis.* Ακόμα βρίσκεται σε ανάρρωση από τη βρογχίτιδα.
recovery *ουσ.αρ.μ.αρ.* ανάρρωση *She's made a remarkable/full recovery.* Σημείωσε αξιόλογη/πλήρη ανάρρωση. *factors that assist recovery* οι παράγοντες που συμβάλλουν στην ανάρρωση
heal *ρ.α.μ.* [υποκ.: π.χ. σπασμένο οστό, πληγή] επουλώνομαι, κλείνω *Her ankle took a long time to heal.* Ο αστράγαλός της έκανε αρκετό καιρό να επουλωθεί.
convalesce *ρ.α.* [υπονοεί ανάπαυση και το τελικό στάδιο της ανάρρωσης] αναρρώνω *She was sent to Switzerland to convalesce.* Την έστειλαν στην Ελβετία για ανάρρωση.
convalescence *ουσ.μ.αρ.* ανάρρωση *He returned after a month's convalescence.* Επέστρεψε μετά από ένα μήνα ανάρρωσης.
recuperate *ρ.α.* [υπονοεί ανάπαυση για ανάκτηση των δυνάμεων μετά από ανάρρωση] αποθεραπεύομαι, ανακτώ
recuperation *ουσ.μ.αρ.* αποθεραπεία, ανάκτηση *You need a little rest and recuperation.* Χρειάζεσαι λίγη ξεκούραση και ανάρρωση.
be on the mend [κάπως ανεπίσημο] πάω καλύτερα, συνέρχομαι

126.2 Διάγνωση

diagnose *ρ.μ.* [αντικ.: π.χ. ασθένεια, αιτία ασθένειας] κάνω διάγνωση *They've diagnosed diabetes.* Του έχουν βρει διαβήτη.
diagnosis *ουσ.αρ.μ.αρ.*, *πληθ.* **diagnoses** διάγνωση *They've made a positive diagnosis.* Η διάγνωσή τους ήταν θετική.
thermometer *ουσ.αρ.* θερμόμετρο
take sb's temperature [συνήθως από το στόμα στη Βρετανία και τις Η.Π.Α.] παίρνω τη θερμοκρασία κάποιου
take sb's pulse μετρώ το σφυγμό κάποιου

126.3 Ενέσεις

injection *ουσ.αρ.μ.αρ.* ένεση *a typhoid injection* ένεση κατά του τύφου *The drug is administered by injection.* Το φάρμακο χορηγείται με ένεση.
inject *ρ.μ.* [αντικ.: πρόσωπο, ζώο] κάνω ένεση [αντικ.: φάρμακο, ουσία] κάνω ένεση
jab *ουσ.αρ.* (κυρίως Βρετ.) [ανεπίσημο. Συνήθως για να εμποδιστεί κάποια ασθένεια] ένεση *a tetanus jab* αντιτετανικό εμβόλιο
shot *ουσ.αρ.* (κυρίως Αμερ.) [ανεπίσημο] ένεση *I'm having some shots for my hayfever.* Θα κάνω μερικές ενέσεις για το αλλεργικό συνάχι μου.
vaccinate *ρ.μ.* (συχνά + **against**) εμβολιάζω *We vaccinate all the children against measles now.* Τώρα όλα τα παιδιά εμβολιάζονται κατά της ιλαράς.

vaccination *ουσ.αρ.μ.αρ.* εμβόλιο *We recommend vaccination against cholera and yellow fever.* Συστήνουμε εμβολιασμό κατά της χολέρας και του κίτρινου πυρετού. **vaccine** *ουσ.αρ.* εμβόλιο

inoculate *ρ.μ.* (συχνά + **against, with**) εμβολιάζω *The patient is inoculated with a weak form of the virus.* Ο ασθενής εμβολιάζεται με μια αδύνατη μορφή του ιού. **inoculation** *ουσ.αρ.μ.αρ.* εμβολιασμός

immunize, ΕΠΙΣΗΣ **-ise** (*Βρετ.*) *ρ.μ.* (συχνά + **against**) [προστασία κατά της ασθένειας, συνήθως με εμβολιασμό] ανοσοποιώ **immunization** *ουσ.μ.αρ.* ανοσοποίηση

syringe *ουσ.αρ.* σύριγγα

syringe *ρ.μ.* [συνήθως για καθαρισμό. Αντικ.: κυρίως αυτί] ψεκάζω ή καθαρίζω με σύριγγα

needle *ουσ.αρ.* βελόνα

blood transfusion *ουσ.αρ.* μετάγγιση αίματος *to give sb a blood transfusion* κάνω σε κάποιον μετάγγιση αίματος

126.4 Ιατρικές συνταγές

prescription *ουσ.αρ.* συνταγή γιατρού *a prescription for sleeping pills* συνταγή για υπνωτικά χάπια *to dispense a prescription* (*Βρετ.*), *to fill a prescription* (*Αμερ.*) εκτελώ συνταγή

dose *ουσ.αρ.* **1** ΕΠΙΣΗΣ **dosage** [η ποσότητα που πρέπει να πάρει ο ασθενής] δόση *Do not exceed the stated dose.* Μην υπερβείτε την προκαθορισμένη δόση. **2** [ποσότητα που χορηγείται κάθε φορά] δόση

chemist *ουσ.αρ.* (*Βρετ.*) **1** ΕΠΙΣΗΣ **druggist** (*Αμερ.*) [πρόσωπο] φαρμακοποιός **2** ΕΠΙΣΗΣ **drugstore** (*Αμερ.*) φαρμακείο

pharmacist *ουσ.αρ.* [πιο επίσημο και τεχνικό από το **chemist** ή **druggist**, αλλά χρησιμοποιείται συνήθως για να περιγράψει άτομο που εργάζεται σε νοσοκομείο] φαρμακοποιός νοσοκομείου *Ask your pharmacist for advice.* Ζητήστε τη συμβουλή του φαρμακοποιού σας.

pharmacy *ουσ.*, *πληθ.* **pharmacies 1** *ουσ.αρ.* [επίσημος όρος για το κατάστημα, συνηθισμένος όρος για το τμήμα νοσοκομείου] φαρμακείο (νοσοκομείου) **2** *ουσ.μ.αρ.* [τομέας] φαρμακοποιΐα

126.5 Φάρμακα

δες επίσης **172 Drugs**

medicine *ουσ.αρ.μ.αρ.* [συνήθως υγρό φάρμακο, αλλά μπορεί να εννοεί οποιοδήποτε είδος φάρμακου, χάπια, κτλ.] φάρμακο *a bottle of medicine* ένα μπουκαλάκι με φάρμακο *a medicine chest* ντουλάπι με φάρμακα

drug *ουσ.αρ.* [γενικός όρος, που δε διευκρινίζει το πώς χορηγούνται] φάρμακο *an anti-arthritis drug* φάρμακο κατά της αρθρίτιδας

medication *ουσ.μ.αρ.* [πιο επίσημο από το **drug** ή **medicine**. Περιλαμβάνει οποιαδήποτε φάρμακα που χορηγούνται στον ασθενή] φάρμακα *She's **under medication**.* Είναι υπό φαρμακευτική αγωγή.

pill *ουσ.αρ.* **1** [γενικός όρος] χάπι *He takes pills for everything.* Παίρνει χάπια για όλα. **2** (πάντοτε + **the**) [αντισυλληπτικό] το χάπι *to be **on the pill*** παίρνω το χάπι

χρήση

Η λέξη **tablet** χρησιμοποιείται ίσως πιο συχνά από τη λέξη **pill** για δύο λόγους. Πρώτα-πρώτα γιατί οι πιο κοινοί τύποι δισκίων, όπως είναι οι ασπιρίνες, συνήθως έχουν επίπεδο σχήμα, και επίσης γιατί έτσι αποφεύγεται η πιθανή σύγχυση με τη χρήση του όρου **the pill** για να περιγράψει τη μέθοδο αντισύλληψης.

---

tablet *ουσ.αρ.* [συνήθως έχει επίπεδο σχήμα] δισκίο *indigestion tablets* χαπάκια δυσπεψίας

capsule *ουσ.αρ.* [τα συστατικά είναι σε ένα ευδιάλυτο περίβλημα] κάψουλα

antibiotic *ουσ.αρ.* [φάρμακο κατά της βακτηριακής μόλυνσης] αντιβιοτικό

penicillin *ουσ.μ.αρ.* πενικιλίνη

painkiller *ουσ.αρ.* παυσίπονο *We can't cure you but we can give you painkillers.* Δεν μπορούμε να σας θεραπεύσουμε, αλλά θα σας δώσουμε παυσίπονα.

aspirin *ουσ.* **1** *ουσ.αρ.*, *πληθ.* **aspirins** Ή **aspirin** [δισκίο] ασπιρίνη *I took a couple of aspirin.* Πήρα μια δύο ασπιρίνες. **2** *ουσ.μ.αρ.* [η ουσία] ασπιρίνη

paracetamol *ουσ.* **1** *ουσ.αρ.*, *πληθ.* **paracetamols** Ή **paracetamol** χάπια για τον πονοκέφαλο *I took a couple of paracetamol.* Πήρα ένα δύο χάπια για τον πονοκέφαλο. **2** *ουσ.μ.αρ.* [η ουσία] παρασεταμόλη

tranquillizer *ουσ.αρ.* ηρεμιστικό (φάρμακο)

antiseptic *ουσ.αρ.μ.αρ.* [εμποδίζει τη μόλυνση πληγής] αντισηπτικό

antiseptic *επίθ.* αντισηπτικός *antiseptic wipes* πετσετάκια εμποτισμένα με αντισηπτικό

ointment *ουσ.αρ.μ.αρ.* αλοιφή *Apply the ointment sparingly.* Απλώστε την αλοιφή με μέτρο.

126.6 Μετά από ατυχήματα

first aid [βασική περίθαλψη] πρώτες βοήθειες *to give sb first aid* παρέχω σε κάποιον τις πρώτες βοήθειες (σαν *επίθ.*) *a first aid kit* σύνεργα πρώτων βοηθειών

bandage *ουσ.αρ.* επίδεσμος *Can't you put a bandage on properly?* Δεν μπορείς να βάλεις σωστά έναν επίδεσμο;

bandage *ρ.μ.* [αντικ.: π.χ. άτομο, τραύμα, πόδι] βάζω επίδεσμο, επιδένω *His knee was tightly bandaged.* Το γόνατό του επιδέθηκε σφιχτά.

She's got her arm in a sling. Έχει το χέρι της σε (κρεμαστό) επίδεσμο.

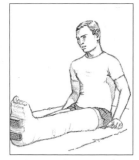

His leg is in plaster. Το πόδι του είναι στο γύψο.

She has to walk on crutches. Περπατά με δεκανίκια.

He's in a wheelchair. Είναι σε αναπηρική καρέκλα.

plaster ουσ. (Βρετ.) **1** ουσ.αρ. [μικρός αυτοκόλλητος επίδεσμος για μικρές πληγές] λευκοπλάστ **2** ουσ.μ.αρ. [αυτοκόλλητη ταινία για να στερεώνονται οι επίδεσμοι] λευκοπλάστης a roll of plaster κύλινδρος λευκοπλάστη **3** [σε σπασμένο άκρο] γύψος

cotton wool (Βρετ.), **cotton** ή **absorbent cotton** (Αμερ.) βαμβάκι (σαν επίθ.) cotton wool balls μπαλάκια από βαμβάκι

dressing ουσ.αρ. [με γάζα, επιδέσμους, κτλ.] επίδεσμος I put a clean dressing on. Έβαλα καθαρό επίδεσμο.

sling ουσ.αρ. κρεμαστός επίδεσμος

artificial respiration τεχνητή αναπνοή to give sb artificial respiration κάνω τεχνητή αναπνοή σε κάποιον

the kiss of life [στόμα με στόμα] το φιλί της ζωής to give sb the kiss of life δίνω σε κάποιον το φιλί της ζωής

crutches ουσ. πληθ. δεκανίκια

wheelchair ουσ.αρ. αναπηρική καρέκλα

stretcher ουσ.αρ. φορείο

127 Healthy Υγιής, Υγιεινός

healthy επίθ. [σε καλή υγεία, σε συγκεκριμένη χρονική περίοδο ή γενικά. Περιγράφει: π.χ. πρόσωπο, σώμα] υγιής [περιγράφει: π.χ. φαγητό, άσκηση] υγιεινός You look very healthy. Φαίνεσαι πολύ υγιής. a healthy diet υγιεινή διατροφή

health ουσ.μ.αρ. υγεία She seemed in the best of health. Φαινόταν σε άριστη κατάσταση από άποψη υγείας.

well επίθ., συγκρ. **better** (συνήθως μετά από ρ.) [σε καλή κατάσταση υγείας σε συγκεκριμένη περίοδο] καλά I don't feel well enough to go out. Δε νοιώθω αρκετά καλά για να βγω έξω. Are you feeling any better now? Νοιώθεις κάπως καλύτερα τώρα;

fit επίθ., -tt- (συνήθως μετά από ρ.) [σε καλή κατάσταση υγείας και ικανός για έντονη σωματική άσκηση] σε φόρμα She'll be fit enough to run in Zurich. Θα είναι σε αρκετά καλή φόρμα για να τρέξει (για να λάβει μέρος στους αγώνες) στη Ζυρίχη. **fitness** ουσ.μ.αρ. φόρμα

keep fit ουσ.μ.αρ. (Βρετ.) [κάνω γυμναστική] κρατώ τη φόρμα μου We do keep fit on Wednesday afternoons. Κάνουμε γυμναστική κάθε Τετάρτη απόγευμα. (σαν επίθ.) keep fit classes μαθήματα γυμναστικής

wholesome επίθ. [θρεπτικός και ευεργετικός για την υγεία. Περιγράφει: κυρίως τρόφιμα] θρεπτικός good wholesome cooking θρεπτική μαγειρική

128 Unhealthy Όχι υγιής, Ανθυγιεινός

δες επίσης **124 Illnesses**

unhealthy επίθ. **1** [υπονοεί περισσότερο άσχημη κατάσταση υγείας γενικά παρά πραγματική αρρώστια. Περιγράφει: άτομο] όχι υγιής You look pretty unhealthy to me. Δε μου φαίνεσαι καθόλου υγιής. **2** [παράγοντες που πιθανόν να προκαλέσουν αρρώστια. Περιγράφει: π.χ. συνθήκες, τρόπο ζωής, δίαιτα] ανθυγιεινός All that fat is terribly unhealthy, you know. Όλο αυτό το λίπος που τρως είναι ανθυγιεινό, ξέρεις.

sick επίθ. [που υποφέρει από αρρώστια] άρρωστος He's a very sick man. Είναι πολύ άρρωστος. I was off sick all last week. Ήμουν στο σπίτι άρρωστος ολόκληρη την περασμένη βδομάδα.

ill επίθ. (συνήθως μετά από ρ.) [γενικός όρος, συχνά χρησιμοποιείται για να αποφευχθεί το διφορούμενο **sick**] άρρωστος She felt ill and went home. Ένοιωσε άρρωστη και πήγε σπίτι της.

poorly επίθ. (Βρετ.) [κάπως ανεπίσημο. Συνήθως υπονοεί ελαφριά αρρώστια με δυσάρεστα συμπτώματα] αδιάθετος

The injections made her feel rather poorly. Οι ενέσεις την έκαναν να νοιώσει λίγο αδιάθετη.

off-colour επίθ. (Βρετ.) (συνήθως μετά από ρ.) [νοιώθω μάλλον άρρωστος, αλλά συνήθως χωρίς συγκεκριμένη αρρώστια] αδιάθετος, άκεφος I feel a bit off-colour, I hope it's not flu. Αισθάνομαι λίγο αδιάθετος, ελπίζω να μην είναι γρίπη.

run-down επίθ. (συνήθως μετά από ρ.) [κάπως ανεπίσημο. Υπονοεί περισσότερο εξάντληση παρά πραγματική αρρώστια] εξαντλημένος

φράση

under the weather [κάπως ανεπίσημο. Όχι εντελώς καλά, και ίσως με ελαφριά κατάθλιψη] αδιάθετος, άτονος A holiday will do you good if you're feeling under the weather. Οι διακοπές θα σου κάνουν καλό αν νοιώθεις ατονία.

129 Mad Τρελός

δες επίσης **240 Stupid, 241 Foolish**

χρήση

Οι όροι που έχουν σχέση με προβλήματα του μυαλού συχνά χρησιμοποιούνται με πολύ ανακριβή και αόριστο τρόπο. Στον προφορικό καθώς και στο γραπτό λόγο υπάρχει η τάση για υπερβολή χρησιμοποιώντας λέξεις όπως **mad** για να περιγράψουν άτομα ή συμπεριφορά που φαίνεται να μην είναι συμβατική ή απλώς ενοχλητική. Οι λέξεις χρησιμοποιούνται περισσότερο με χιουμοριστικό ή προσβλητικό τρόπο παρά για να περιγράψουν ιατρικές παθήσεις. Μπορεί να θεωρηθεί προσβλητικό όταν πραγματικά διανοητικά προβλήματα περιγράφονται με αυτόν τον τρόπο.

129.1 Γενικοί όροι

mental illness ουσ.μ.αρ.αρ. [ουδέτερος όρος, δεν είναι υποτιμητικός] διανοητική πάθηση

mad επίθ., -dd- [υπονοεί παράξενη, συχνά απειθάρχητη συμπεριφορά. Η κυριολεκτική χρήση της λέξης είναι λιγότερο κοινή από την υπερβολική χρήση] τρελός to **go mad** τρελαίνομαι to **drive sb mad** [ανεπίσημο] τρελαίνω κάποιον

madness ουσ.μ.αρ. τρέλα It would be madness to refuse. Θα ήταν τρέλα να αρνηθεί κανείς.

madman *ουσ.αρ.*, *πληθ.* **madmen** [συνήθως υποτιμητικό, σπάνια χρησιμοποιείται σαν ιατρικός όρος] τρελός *Only a madman would have dared to attack.* Μόνο ένας τρελός θα τολμούσε να κάνει επίθεση.

madwoman *ουσ.αρ.*, *πληθ.* **madwomen** [συχνά σε παρομοιώσεις, σπάνια χρησιμοποιείται σαν ιατρικός όρος] τρελή *She was screaming like a madwoman.* Ξεφώνιζε σαν τρελή.

insane *επίθ.* [κάπως επίσημο. Υπονοεί πλήρες χάσιμο του λογικού] παράφρωνας, ανισόρροπος *an insane desire for revenge* μια τρελή επιθυμία για εκδίκηση **insanity** *ουσ.μ.αρ.* παραφροσύνη

insanely *επίρρ.* τρελά *insanely jealous* παθολογικά ζηλιάρης

lunatic *ουσ.αρ.* [απαρχαιωμένος ιατρικός όρος. Συνήθως υπονοεί παράλογη ή επικίνδυνη συμπεριφορά] φρενοβλαβής, παράφρωνας *You're driving like a lunatic.* Οδηγείς σαν τρελός. *the raving lunatic that designed this software* ο ηλίθιος που σχεδίασε αυτό το πρόγραμμα του κομπιούτερ **lunacy** *ουσ.μ.αρ.* τρέλα

129.2 Ιατρικοί όροι

paranoia *ουσ.μ.αρ.* [η ψευδαίσθηση δύναμης ή καταδίωξης] παράνοια

paranoid *επίθ.* παρανοϊκός *paranoid delusions* παρανοϊκές παραισθήσεις *She's paranoid about the neighbours.* [υποτιμητική έννοια] Έγινε παρανοϊκή με τους γείτονες.

mania *ουσ.* 1 *ουσ.μ.αρ.* [υπονοεί ασυγκράτητα ξεσπάσματα ενθουσιασμού, συχνά με αλλαγές στη ψυχική διάθεση] μανία *to suffer from mania* πάσχω από μανία 2 *ουσ.αρ.* [ανεπίσημο. Υπερβολικός ζήλος] μανία *a mania for cleaning everything* μανία καθαριότητας

manic *επίθ.* [κάποιος που υποφέρει από μανία] μανιακός *manic tendencies* μανιακές τάσεις *manic depression* μανιακή κατάθλιψη *a manic laugh* [όχι τεχνική χρήση] ένα μανιακό γέλιο **manically** *επίρρ.* μανιακά, με μανία

maniac *ουσ.αρ.* [όχι τεχνική χρήση, υποτιμητικό] μανιακός *the maniac who's making these obscene phone calls* ο μανιακός που κάνει αυτά τα άσεμνα τηλεφωνήματα (σαν *επίθ.*) *a maniac driver* μανιακός οδηγός

schizophrenia *ουσ.μ.αρ.* σχιζοφρένεια **schizophrenic** *επίθ.* σχιζοφρενικός **schizophrenic** *ουσ.αρ.* σχιζοφρενής

hysteria *ουσ.μ.αρ.* 1 [υποδηλώνει βίαιο συναίσθημα και συχνά φανταστική αρρώστια] υστερία *temporary paralysis brought on by hysteria* προσωρινή παράλυση που προκλήθηκε από υστερία 2 [ασυγκράτητος ενθουσιασμός ή φόβος] υστερισμοί *The mere suggestion produced hysteria.* Και μόνο η αναφορά προκάλεσε υστερισμούς.

hysterical *επίθ.* 1 υστερικός *a hysterical pregnancy* υστερική εγκυμοσύνη 2 υστερικός *hysterical laughter* υστερικό γέλιο **hysterically** *επίρρ.* υστερικά

phobia *ουσ.αρ.* [παράλογος φόβος] φοβία

neurosis *ουσ.αρ.μ.αρ.*, *πληθ.* **neuroses** [γενικός όρος που υπονοεί διανοητική ανησυχία, συχνά υπερβολική ταραχή] (ψυχο)νεύρωση

neurotic *επίθ.* (ψυχο)νευρωτικός *neurotic behaviour* (ψυχο) νευρωτική συμπεριφορά *They're all so neurotic about exam results.* [υποτιμητική χρήση, που υπονοεί παράλογη ταραχή] Είναι όλοι τους (ψυχο)νευρωτικοί σχετικά με τα αποτελέσματα των εξετάσεων.

delirious *επίθ.* [υπονοεί αναστάτωση και χάσιμο του λογικού, κυρίως κατά τη διάρκεια πυρετού] αυτός που παραληρεί, έξαλλος **deliriously** *επίρρ.* έξαλλα

senile *επίθ.* [υπονοεί σταδιακό χάσιμο της μνήμης και της συγκέντρωσης στα γεράματα] ο πάσχων από γεροντική άνοια *I'm afraid she's getting a bit senile.* Φοβάμαι πως έχει αρχίσει να πάσχει από γεροντική άνοια. **senility** *ουσ.μ.αρ.* γεροντική άνοια

129.3 Θεραπείες για ψυχικές/διανοητικές ασθένειες

psychology *ουσ.μ.αρ.* [η μελέτη του μυαλού] ψυχολογία *the use of psychology in selling* η χρήση της ψυχολογίας στις πωλήσεις

psychological *επίθ.* ψυχολογικός *to apply psychological pressure* ασκώ ψυχολογική πίεση **psychologically** *επίρρ.* ψυχολογικά **psychologist** *ουσ.αρ.* ψυχολόγος

psychiatry *ουσ.μ.αρ.* [θεραπεία για διανοητικές παθήσεις] ψυχιατρική

psychiatric *επίθ.* ψυχιατρικός *a psychiatric nurse* νοσοκόμα ψυχιατρείου **psychiatrist** *ουσ.αρ.* ψυχίατρος

psychoanalysis 'Η **analysis** *ουσ.μ.αρ.* [θεραπεία με ερωτήσεις/διάλογο] ψυχανάλυση **psychoanalyst** 'Η **analyst** *ουσ.αρ.* ψυχαναλυτής

psychotherapist *ουσ.αρ.* [κάποιος που χρησιμοποιεί αποκλειστικά ψυχολογικές μεθόδους, όχι φάρμακα και εγχειρήσεις] ψυχοθεραπευτής

psychiatric hospital *ουσ.αρ.* [ουδέτερος όρος] ψυχιατρείο

mental hospital *ουσ.αρ.* [κάπως αρνητικά υπονοούμενα] τρελοκομείο

asylum *ουσ.αρ.* [απαρχαιωμένο. Πολύ πιο αρνητικά υπονοούμενα από το **psychiatric hospital**] φρενοκομείο

129.4 Ανεπίσημοι και προσβλητικοί όροι

crazy *επίθ.* [υπονοεί συμπεριφορά που κυμαίνεται από ηλίθια μέχρι επικίνδυνη] τρελός *You were crazy to lend him the money.* Ήσουν τρελός που του δάνεισες τα χρήματα. **crazily** *επίρρ.* τρελά

nutty *επίθ.* [πολύ ανεπίσημο. Υπονοεί παράξενη και ηλίθια συμπεριφορά] θεότρελος, παλαβός

nuts *επίθ.* (μετά από ρ.) [περιγράφει: πρόσωπο, όχι ενέργεια] θεότρελος, παλαβός, για δέσιμο *You're either nuts or very brave.* Πρέπει να είσαι ή θεότρελος ή πολύ γενναίος.

nutcase *ουσ.αρ.* [ο ομιλητής βρίσκει τις ιδέες ή τη συμπεριφορά κάποιου γελοίες] ηλίθιος *the sort of nutcase that you'd expect to believe in UFOs* ο τύπος του ηλίθιου που θα περίμενε κανείς να πιστεύει στους ιπτάμενους δίσκους

barmy *επίθ.* (Βρετ.) [τονίζει τη βλακεία του ατόμου] εντελώς ηλίθιος, ανόητος *You must be barmy to work so hard.* Πρέπει να είσαι εντελώς ηλίθιος για να δουλεύεις τόσο σκληρά.

παρομοίωση

as mad as a hatter [χιουμοριστική φράση] εκκεντρικός, θεότρελος

φράσεις

Όλες αυτές οι φράσεις είναι ανεπίσημες και υπονοούν περιφρόνηση εκ μέρους του ομιλητή.

(to be) off one's rocker είμαι τρελός, παλαβός

(to be) off one's head (Βρετ.)/**out of one's head** (Αμερ.) εντελώς τρελός *He must be off his head to have spent all that money!* Πρέπει να είναι εντελώς τρελός για να ξόδεψει τόσα χρήματα.

have a screw loose [δεν έχω τη δυνατότητα να φερθώ λογικά] μου λείπει κάποια βίδα

lose one's marbles [χάνω τη δυνατότητα να φερθώ λογικά] χάνω το μυαλό μου

130 Sane Λογικός

sanity *ουσ.μ.αρ.* λογικό, σύνεση *The decision caused some people to question his sanity.* Η απόφασή του έκανε μερικούς να αμφιβάλλουν για τη λογική του.

rational *επίθ.* [χρησιμοποιώ τη λογική] λογικός, γνωστικός *capable of rational thought* ικανός για λογική σκέψη **rationally** *επίρρ.* λογικά

reason *ουσ.μ.αρ.* [κάπως επίσημο. Ικανότητα για κανονική χρήση του μυαλού] λογική *I don't know how she kept her reason throughout the ordeal.* Δεν ξέρω πώς τα κατάφερε να μη χάσει τα λογικά της όσο κράτησε η δοκιμασία της.

reasonable *επίθ.* [υπονοεί λογική και αμεροληψία] λογικός, συνετός *Any reasonable person would understand.* Οποιοδήποτε λογικό άτομο θα το καταλάβαινε. **reasonably** *επίρρ.* λογικά

131 Hit Χτυπώ

hit *ρ.μ.*, *αόρ. & μτχ.αορ.* **hit 1** [επιθετικά] χτυπώ *He hit me on the head with a bottle.* Με χτύπησε στο κεφάλι με ένα μπουκάλι. **2** [π.χ. καθώς κάτι πέφτει ή κινείται] χτυπώ *I caught the plate before it hit the floor.* Έπιασα το πιάτο πριν χτυπήσει στο πάτωμα.

131.1 Χτυπώ επιθετικά

punch *ρ.μ.* [με τη γροθιά] δίνω γροθιά, γρονθοκοπώ *I punched him on the nose.* Του έδωσα μια γροθιά στη μύτη. **punch** *ουσ.αρ.* γροθιά

slap *ρ.μ.* -pp- [με ανοιχτή παλάμη] χαστουκίζω *to slap sb's face* χαστουκίζω κάποιον **slap** *ουσ.αρ.* χαστούκι

thump *ρ.μ.* [ανεπίσημο, συχνά χρησιμοποιείται σε απειλές. Χτυπώ με δύναμη, συνήθως με τη γροθιά] δίνω μπουνιά *Shut up or I'll thump you.* Αν δε σωπάσεις θα σου δώσω μπουνιά. **thump** *ουσ.αρ.* μπουνιά, γροθιά

strike *ρ.μ.*, *αόρ. & μτχ.αορ.* **struck** [κάπως επίσημο. Με το χέρι ή με κάποιο αντικείμενο] χτυπώ *A stone struck him on the head.* Η πέτρα τον βρήκε στο κεφάλι.

smack *ρ.μ.* (κυρίως Βρετ.) [με ανοιχτή παλάμη. Αντικ.: συνήθως παιδί ή μέρος του σώματος] δέρνω, χαστουκίζω *Stop that or I'll smack you.* Αν δε σταματήσεις θα σε δείρω. **smack** *ουσ.αρ.* χαστούκι

cuff *ρ.μ.* [χτυπώ στο κεφάλι ελαφρά με ανοιχτή παλάμη] ρίχνω σφαλιάρα *She cuffed him and told him not to be silly.* Του έριξε μια σφαλιάρα και του είπε να σταματήσει να κάνει βλακείες.

blow *ουσ.αρ.* [ένα χτύπημα] χτύπημα *The blow knocked him unconscious.* Το χτύπημα τον άφησε αναίσθητο.

kick *ρ.μ.* [με το πόδι] κλωτσώ *She kicked me on the shin.* Με κλώτσησε στο καλάμι.

131.2 Χτυπώ επιθετικά και επανειλημμένα

φράσεις

give sb a thick ear [ανεπίσημο. Συνήθως χρησιμοποιείται σε απειλές. Χτυπώ στο αυτί ή στο κεφάλι] σπάω στο ξύλο *One more word out of you and I'll give you a thick ear.* Αν πεις έστω και μια λέξη ακόμα θα σε σπάσω στο ξύλο.

give sb a good hiding [ανεπίσημο. Συχνά χρησιμοποιείται σαν απειλή σε παιδί. Χτυπώ με το χέρι, με παντόφλα, κτλ.] τις βρέχω σε κάποιον *Finish your dinner or I'll give you a good hiding.* Αν δε φας όλο το φαγητό σου θα σου τις βρέξω.

beat *ρ.μ.*, *αόρ.* **beat**, *μτχ.αορ.* **beaten** [χτυπώ με δύναμη και συστηματικά, συχνά με κάποιο αντικείμενο] δέρνω, δίνω ξύλο *The children were beaten if they misbehaved.* Τα παιδιά έτρωγαν ξύλο αν ήταν άτακτα.

beat sb **up** 'H **beat up** sb *ρ.πρφ.μ.* σπάω στο ξύλο

beating *ουσ.αρ.* ξύλο *He deserves a beating.* Του αξίζει ένα χέρι ξύλο.

thrash *ρ.μ.* [κάπως επίσημο και υπονοεί ακόμα περισσότερη βία από το **beat**] ραβδίζω, ξυλοκοπώ *He was thrashed to within an inch of his life.* Το ξυλοκόπημα τον άφησε μισοπεθαμένο.

thrashing *ουσ.αρ.* ράβδισμα, ξυλοκόπημα *I gave him a good thrashing.* Του έδωσα ένα γερό χέρι ξύλο.

whip *ρ.μ.* -pp- μαστιγώνω

131.3 Συγκρούομαι

collide *ρ.α.* (συχνά + with) [υπονοεί αρκετά ισχυρή σύγκρουση] συγκρούομαι, τρακάρω *I braked too late and collided with the bus.* Άργησα να πατήσω φρένο και συγκρούστηκα με το λεωφορείο.

collision *ουσ.αρ.* σύγκρουση, τρακάρισμα *a mid-air collision* εναέρια σύγκρουση

knock *ρ.* **1** *ρ.μ.* (συχνά + επίρρ.) χτυπώ [συχνά υπονοεί ότι προκαλώ κίνηση] *I must have knocked the chair with my knee.* Πρέπει να χτύπησα την καρέκλα με το γόνατό μου. *The cat's knocked the vase over.* Η γάτα αναποδογύρισε το βάζο. **2** *ρ.α.* (συχνά + on, at) [για να μπω κάπου, ή για να τραβήξω την προσοχή] χτυπώ *I knocked on the door.* Χτύπησα την πόρτα. **knock** *ουσ.αρ.* χτύπημα

bump *ρ.μ.α.* (συχνά + επίρρ. ή πρόθ.) [χτυπώ αδέξια ή με δύναμη, συνήθως κατά λάθος] χτυπώ, κουτουλώ *He bumped his head on the doorway.* Χτύπησε το κεφάλι του στην πόρτα.

bump *ουσ.αρ.* χτύπημα *The book landed on the floor with a bump.* Το βιβλίο έπεσε στο πάτωμα με θόρυβο.

bang *ρ.μ.α.* (συχνά + επίρρ. ή πρόθ.) [χτυπώ με δύναμη, συχνά με θόρυβο] χτυπώ *I banged my knee against the table leg.* Χτύπησα το γόνατό μου στο πόδι του τραπεζιού. *The car door banged shut.* Η πόρτα του αυτοκινήτου έκλεισε με πάταγο. *We banged at the door.* Χτυπήσαμε με δύναμη την πόρτα. **bang** *ουσ.αρ.* χτύπημα

impact *ουσ.μ.αρ.* **1** [χτυπώντας] σύγκρουση *The container was not damaged by the impact.* Το φορτηγό δεν έπαθε ζημιά από τη σύγκρουση. *The plane exploded **on impact**.* Το αεροπλάνο έκανε έκρηξη με την πρόσκρουση. **2** [δύναμη έκρηξης βόμβας κτλ.] δύναμη σύγκρουσης ή έκρηξης *He took the full impact of the explosion.* Δέχτηκε όλη τη δύναμη της έκρηξης.

131.4 Χτυπώ ελαφρά

tap *ρ.μ.α.*, **-pp-** [χτυπώ στιγμιαία και ρυθμικά, συχνά με ελαφρό θόρυβο] χτυπώ ρυθμικά *She tapped her pencil on the desk.* Χτυπούσε ρυθμικά το μολύβι της στο θρανίο. *My feet were tapping to the music.* Τα πόδια μου κρατούσαν το ρυθμό.

tap *ουσ.αρ.* ελαφρό χτύπημα *I heard a tap on the window.* Άκουσα ένα ελαφρό χτύπημα στο τζάμι.

pat *ρ.μ.* **-tt-** [αγγίζω πολλές φορές με ανοιχτή παλάμη, συχνά με τρυφερότητα] χαϊδεύω, χτυπώ ελαφρά *He patted me on the knee and told me not to worry.* Μου χάιδεψε το γόνατο και μου είπε να μην ανησυχώ. *She looked in the mirror and patted her hair.* Κοιτάχτηκε στον καθρέφτη και έσιαξε τα μαλλιά της.

stroke *ρ.μ.* [κινώ την ανοιχτή παλάμη μου πάνω κάτω πολλές φορές, συχνά με τρυφερότητα] χαϊδεύω, στρώνω *He stroked his beard thoughtfully.* Χάιδεψε τη γενειάδα του σκεφτικός.

132 Damage Ζημιά

δες επίσης **133 Cut, 441 Worsen**

damage *ρ.μ.* [γενικός όρος. Αντικ.: πράγματα, μέρη του σώματος, όχι πρόσωπα] προξενώ ζημιές *The house was damaged in the bombing.* Από το βομβαρδισμό προξενήθηκαν ζημιές στο σπίτι. *The wrong oil can damage the engine.* Λάθος λάδι μπορεί να κάνει ζημιά στη μηχανή.

damage *ουσ.μ.αρ.* ζημιά *Did the storm do much damage to your house?* Έπαθε μεγάλες ζημιές το σπίτι σου από την καταιγίδα;

spoil *ρ.μ.*, *αόρ.* & *μτχ.αορ.* **spoiled** ή (*Βρετ.*) **spoilt** [όταν επηρεάζεται η ποιότητα ή η εμφάνιση] χαλώ, ασχημίζω *Don't spoil the soup with too much salt.* Μη χαλάσεις τη σούπα βάζοντας πολύ αλάτι. *The building spoils the view.* Το κτίριο καταστρέφει τη θέα.

harm *ρ.μ.* βλάπτω, κάνω κακό *The driver's in hospital, but none of the passengers were harmed.* Ο οδηγός είναι στο νοσοκομείο, αλλά κανένας από τους επιβάτες δεν έπαθε τίποτα. *The dry atmosphere can harm the wood.* Η ξηρή ατμόσφαιρα μπορεί να βλάψει το ξύλο.

harm *ουσ.μ.αρ.* κακό, ζημιά *None of us came to* **any** *harm.* Κανένας μας δεν έχει πάθει κακό. *A bit of hard work won't* **do you any harm!** [συχνά χρησιμοποιείται σαρκαστικά] Λίγη σκληρή δουλειά δε θα σε βλάψει!

harmful *επίθ.* βλαβερός *The drug can be harmful to pregnant women.* Το φάρμακο μπορεί να βλάψει τις εγκύους.

mutilate *ρ.μ.* [τραυματίζω με άσχημο τρόπο, κυρίως κόβοντας χέρι ή πόδι. Αντικ.: σώμα ή μέρος του σώματος] ακρωτηριάζω *horribly mutilated civilian casualties* φρικτά ακρωτηριασμένοι πολίτες θύματα **mutilation** *ουσ.μ.αρ.* ακρωτηριασμός

scar *ρ.μ.* **-rr- 1** [αντικ.: δέρμα] σημαδεύω *He was bruised and scarred in the accident.* Το δυστύχημα του προκάλεσε μώλωπες και σημάδια. **2** [χαλώ την ομορφιά] χαλώ *Mining had scarred the landscape.* Τα ορυχεία είχαν χαλάσει το τοπίο.

scar *ουσ.αρ.* [στο δέρμα] ουλή [άσχημο χαρακτηριστικό] σημάδι

132.1 Καταστρέφω

destroy *ρ.μ.* [όταν κάτι δε διορθώνεται ή δεν υπάρχει πια] καταστρέφω, αφανίζω *Both houses were destroyed in the fire.* Η φωτιά κατέστρεψε και τα δύο σπίτια. *We are slowly destroying our countryside.* Σιγά–σιγά καταστρέφουμε την ύπαιθρό μας.

destruction *ουσ.μ.αρ.* καταστροφή *The storm brought widespread destruction.* Η καταιγίδα προκάλεσε εκτεταμένες ζημιές. *the destruction of nuclear warheads* η καταστροφή των πυρηνικών κεφαλών

ruin *ρ.μ.* [υπονοεί πλήρη απώλεια της ποιότητας, αλλά η δομή μπορεί να μην επηρεαστεί] καταστρέφω, ρημάζω, ερειπώνομαι *You'll ruin that jumper if you wash it in the machine.* Θα καταστρέψεις το πουλόβερ αν το πλύνεις στο πλυντήριο. *He ruined my life.* Μου κατέστρεψε τη ζωή.

ruins *ουσ. πληθ.* [αυτό που μένει μετά από καταστροφή] ερείπια, συντρίμμια *The whole street was in ruins.* Ολόκληρος ο δρόμος είχε καταστραφεί.

wreck *ρ.μ.* [καταστρέφω με βίαιο τρόπο] καταστρέφω *Storms have wrecked the crops.* Οι καταιγίδες κατέστρεψαν τη σοδειά.

wreck *ουσ.αρ.* [συνήθως κατεστραμμένο όχημα] ρημάδι *Her motorbike was a total wreck.* Το μηχανάκι της ήταν ερείπιο.

wreckage *ουσ.μ.αρ.* [αυτό που σώζεται από αυτοκίνητο, τρένο, κτλ. μετά από δυστύχημα, συμπεριλαμβανομένων των σκορπισμένων κομματιών] συντρίμμια *Wreckage from the plane was scattered over a large area.* Τα κομμάτια του αεροπλάνου ήταν σκορπισμένα σε μεγάλη έκταση. *People are still trapped in the wreckage.* Υπάρχουν ακόμα άτομα παγιδευμένα στα συντρίμμια.

132.2 Σπάω

break *ρ.*, *αόρ.* **broke**, *μτχ.αορ.* **broken 1** *ρ.μ.α.* [σε πολλά κομμάτια] σπάζω, κομματιάζω *Who broke this window?* Ποιος έσπασε το τζάμι; (συχνά + **off**) *You've broken the end off.* Έσπασες την άκρη του. *The leg broke in two places.* Το πόδι έσπασε σε δύο σημεία. **2** *ρ.μ.α.* [κάνω κάτι να μη λειτουργεί/παύω να λειτουργώ. Αντικ.: π.χ. μηχάνημα] χαλώ *You're going to break that calculator.* Θα χαλάσεις την αριθμομηχανή.

smash *ρ.μ.* [σπάω με δύναμη σε πολλά κομμάτια] συντρίβω *Looters smashed the shop window.* Κάποιοι ληστές έσπασαν τη βιτρίνα του καταστήματος.

tear *ρ.*, *αόρ.* **tore** *μτχ.αορ.* **torn 1** *ρ.μ.* σκίζω *How did you tear your trousers?* Πώς έσκισες το παντελόνι σου; *She tore open the envelope.* Άνοιξε το φάκελο σκίζοντάς το. (+ *επίρρ.* ή *πρόθ.*) *I tore off the wrapper.* Έσκισα το περιτύλιγμα. [συχνά + **up** μιλώντας για χαρτί] *He tore up the contract.* Έσκισε το συμβόλαιο. **2** *ρ.α.* σκίζομαι *One of the sails began to tear.* Ένα από τα πανιά άρχισε να σκίζεται.

tear *ουσ.αρ.* σκίσιμο *I sewed up the tear.* Έραψα το σκίσιμο.

rip *ρ.* **-pp-** [υπονοεί γρηγορότερη και πιο βίαιη πράξη από το **tear**] (ξε)σκίζω **1** *ρ.μ.* *He ripped his shirt into strips for bandages.* Έσκισε το πουκάμισό του σε λωρίδες για επιδέσμους. (+ *επίρρ.* ή *πρόθ.*) *I ripped off the cover.* Έσκισα το περιτύλιγμα. **2** *ρ.α.* σκίζω *The sheet ripped from top to bottom.* Το σεντόνι σκίστηκε από πάνω μέχρι κάτω. **rip** *ουσ.αρ.* σκίσιμο

split *ρ.*, **-tt-**, *αόρ.* & *μτχ.αορ.* **split 1** *ρ.μ.* σκίζω, μοιράζω *I used an axe to split the log.* Άνοιξα τον κορμό στα δύο με ένα τσεκούρι. (+ *επίρρ.* ή *πρόθ.*) *I split open the chicken.* Έκοψα το κοτόπουλο στα δύο. **2** *ρ.α.* σκίζομαι *His trousers had split at the seams.* Οι ραφές του παντελονιού του είχαν ανοίξει. **split** *ουσ.αρ.* σκίσιμο, σχισμή

crack *ρ.* [υπονοεί λεπτή σχισμή σε αρκετά σκληρό, στερεό αντικείμενο] **1** *ρ.α.* ραγίζω *Won't the glass crack in the hot water?* Δε θα ραγίσει το ποτήρι μέσα στο ζεστό νερό; **2** *ρ.μ.* ραγίζω *I cracked a plate while I was washing up.* Το πιάτο ράγισε καθώς το έπλενα.

crack *ουσ.αρ.* ράγισμα, σχισμή *I'm filling in the cracks in the ceiling.* Γεμίζω τις σχισμές στο ταβάνι.

snap *ρ.*, **-pp-** **1** *ρ.α.* [αντικ.: κάτι εύθραυστο που σπάει σαν αποτέλεσμα πίεσης] τσακίζω *She fell and the bone just snapped.* Με το πέσιμο το κόκαλό της τσάκισε. (+ **off**) *The knob just snapped off in my hand.* Το πόμολο έσπασε και μου έμεινε στο χέρι. **2** *ρ.μ.* τσακίζω, σπάω *She snapped the ruler in two.* Έσπασε το χάρακα στα δύο.

burst *ρ.*, *αόρ. & μτχ.αορ.* **burst** **1** *ρ.α.* σκάω, σπάω *The bag burst and all the oranges rolled out.* Σκίστηκε η τσάντα και όλα τα πορτοκάλια κύλησαν στο πάτωμα. *I hope no pipes have burst.* Ελπίζω να μην έχουν σπάσει οι σωλήνες. **2** *ρ.μ.* σκάω *Did you burst your brother's balloon?* Εσύ έσκασες το μπαλόνι του αδελφού σου;

explode *ρ.α.μ.* [κάνω έκρηξη, συνήθως με θόρυβο και παράγοντας θερμότητα. Υποκ./αντικ.: π.χ. βόμβα] σκάω, εκρήγνυμαι, ανατινάζομαι *The gas main could explode.* Υπάρχει πιθανότητα να εκραγεί ο αγωγός του γκαζιού. *The army exploded the mine on the beach.* Οι στρατιώτες αχρήστευσαν τη νάρκη στην παραλία.

explosion *ουσ.αρ.* έκρηξη *The bomb was set off in a controlled explosion.* Η βόμβα αχρηστεύθηκε.

leak *ρ.α.* στάζω, διαρρέω *The bottle's leaking.* Το μπουκάλι στάζει/έχει διαρροή. *The water's leaking out of the bottle.* Το νερό στάζει μέσα από το μπουκάλι.

leak *ουσ.αρ.* διαρροή *The pipe has **sprung a leak**.* Ο σωλήνας κάνει διαρροή.

132.3 Ζημιά σε επιφάνεια

flake *ρ.α.* [μικρά και λεπτά κομμάτια ξεκολλούν από την επιφάνεια. Υποκ.: κυρίως μπογιά] ξεφλουδίζομαι (συχνά + **off**) *The plaster is flaking off.* Ο γύψος ξεφλουδίζει.

flake *ουσ.αρ.* ξεφλούδισμα *flakes of paint* ξεφλουδίσματα μπογιάς

peel *ρ.* **1** *ρ.α.* [λεπτές λωρίδες ξεκολλούν από την επιφάνεια] ξεφλουδίζω *My skin always peels after sunbathing.* Το δέρμα μου πάντα ξεφλουδίζει μετά την ηλιοθεραπεία. (+ **off**) *The veneer started to peel off.* Το βερνίκι άρχισε να ξεφλουδίζει. **2** *ρ.μ.* (συνήθως + **off**) ξεκολλώ *I peeled off the label.* Ξεκόλλησα την ετικέτα.

chip *ρ.*, **-pp-** [μικρό στερεό κομμάτι ξεκολλά σαν αποτέλεσμα χτυπήματος] **1** *ρ.μ.* ραγίζω και σπάζω σε μικρά κομματάκια *chipped cups* ραγισμένα φλυτζάνια (μερικές φορές + *επίρρ. ή πρόθ.*) *We had to chip away the ice.* Χρειάστηκε να σπάσουμε τον πάγο. **2** *ρ.α.* σπάζω **chip** *ουσ.αρ.* κομμάτι, θραύσμα

graze *ρ.μ.* [αφαιρώ την επιφάνεια του δέρματος σαν αποτέλεσμα τριβής] (ξε)γδέρνω *She's grazed her leg.* Έγδαρε το πόδι της. **graze** *ουσ.αρ.* γδάρσιμο

scrape *ρ.μ.* [προκαλώ ζημιά στην επιφάνεια] γδέρνω, ξύνω *I scraped the car door on a branch.* Έγδαρα την πόρτα του αυτοκινήτου σε ένα κλαδί. **scrape** *ουσ.αρ.* γδάρσιμο *a few scrapes and bruises* μερικά γδαρσίματα και μώλωπες

dent *ρ.μ.* κάνω βαθούλωμα/κοίλωμα *I drove into a wall and dented the bumper.* Χτύπησα σε έναν τοίχο και έκανα ένα βαθούλωμα στον προφυλακτήρα του αυτοκινήτου. **dent** *ουσ.αρ.* βαθούλωμα, κοίλωμα

132.4 Ζημιές που προκαλούνται από πίεση

crush *ρ.μ.* [άμεση πίεση αλλάζει το φυσικό σχήμα ή μετατρέπει κάτι σε σκόνη ή μικρά κομματάκια] συμπιέζω, συνθλίβω *The machine crushes the cars into small blocks of metal.* Το μηχάνημα συμπιέζει τα αυτοκίνητα μετατρέποντάς τα σε μικρές μάζες από μέταλλο. *crushed ice* τριμμένος πάγος

grind *ρ.μ.*, *αόρ. & μτχ.αορ.* **ground** [άμεση πίεση μεταξύ δύο επιφανειών] αλέθω *Grind the coffee very fine.* Άλεσε τον καφέ πολύ ψιλό.

squash *ρ.μ.* [άμεση πίεση ισοπεδώνει ή αλλάζει το φυσικό σχήμα] συνθλίβω, πολτοποιώ *The flowers got a bit squashed in the bag.* Τα λουλούδια πατήθηκαν λίγο μέσα στην τσάντα.

132.5 Σταδιακή ζημιά

disintegrate *ρ.α.* [το αντικείμενο χάνει τη συνοχή του και καταστρέφεται] διαλύομαι, καταστρέφομαι *The satellite will disintegrate on reentering the atmosphere.* Ο δορυφόρος θα καταστραφεί μόλις ξαναμπεί στη γήινη ατμόσφαιρα. **disintegration** *ουσ.μ.αρ.* διάλυση, αποσύνθεση

erode *ρ.μ.α.* [θάλασσα, νερό, άνεμος, κτλ. σταδιακά αφαιρούν μέρος μιας μάζας] διαβρώνω *The river has eroded the bank.* Το νερό του ποταμού έχει διαβρώσει την όχθη. (συχνά + **away**) *Sections of the coastline had been eroded away.* Μέρος της ακτής είχε διαβρωθεί.

erosion *ουσ.μ.αρ.* διάβρωση *a tree-planting programme to halt soil erosion* πρόγραμμα δενδροφύτευσης για να εμποδιστεί η διάβρωση της γης

decay *ρ.μ.α.* [χημικές αλλαγές σε νεκρή ύλη] αποσυνθέτω *the methane released by decaying organic matter* το μεθάνιο που παράγει η αποσύνθεση οργανικής ύλης *the substances that decay tooth enamel* οι ουσίες που φθείρουν το σμάλτο των δοντιών

decay *ουσ.μ.αρ.* αποσύνθεση *The cold inhibits decay.* Το κρύο εμποδίζει την αποσύνθεση.

rot *ρ.α.μ.*, **-tt-** [λιγότερο τεχνικό από το **decay**, μερικές φορές υποτιμητικό] σαπίζω *the smell of rotting vegetables* η μυρωδιά από σάπια λαχανικά *One bad apple will rot all the rest.* Ένα σάπιο μήλο θα σαπίσει τα υπόλοιπα.

> *φ ρ ά σ η*
>
> **wear and tear** [ζημιά που προκαλείται από συνηθισμένη χρήση] καθημερινή φθορά *Our carpets get a lot of wear and tear.* Τα χαλιά μας φθείρονται αρκετά.

132.6 Ζημιά που προκαλείται επίτηδες

vandal *ουσ.αρ.* [αυτός που προκαλεί ζημιά σε περιουσία, κυρίως σε δημόσιους χώρους] βάνδαλος

vandalize, ΕΠΙΣΗΣ **-ise** (*Βρετ.*) *ρ.μ.* καταστρέφω με βία *All the phone boxes had been vandalized.* Όλοι οι τηλεφωνικοί θάλαμοι είχαν καταστραφεί από βάνδαλους. **vandalism** *ουσ.μ.αρ.* βανδαλισμός

sabotage *ουσ.μ.αρ.* [ζημιά που προκαλείται από εχθρικό άτομο, συνήθως για να διακόψει την ομαλή λειτουργία και την απόδοση] σαμποτάζ

sabotage *ρ.μ.* κάνω σαμποτάζ, σαμποτάρω *They had plans to sabotage the oil refineries.* Έκαναν σχέδια να σαμποτάρουν τα διυλιστήρια. **saboteur** *ουσ.αρ.* σαμποτέρ

133 Cut Κόβω

cut *ρ.μ.*, -tt- *αόρ. & μτχ.αορ.* **cut** κόβω *I cut the string.* Κόβω το σπάγγο. (+ **down**) *to cut down a tree* κόβω ένα δέντρο (+ **up**) *I cut up an old sheet for dusters.* Έκοψα ένα παλιό σεντόνι σε κομμάτια για ξεσκονόπανα.

cut *ουσ.αρ.* κόψιμο, τομή *She made a neat cut along the top of the page.* Έκοψε προσεκτικά το πάνω μέρος της σελίδας. *cuts and bruises* κοψίματα και μώλωπες

snip *ρ.μ.* -pp- (συνήθως + *επίρρ.* ή *πρόθ.*) [υπονοεί μικρή καθαρή τομή με ψαλίδι, ψαλίδα, κτλ.] κόβω, ψαλιδίζω *I snipped the corner off the packet.* Έκοψα τη γωνία του πακέτου. **snip** *ουσ.αρ.* κόψιμο, ψαλίδισμα

slit *ρ.μ.* -tt- *αόρ. & μτχ.αορ.* **slit** [υπονοεί μακρύ και λεπτό κόψιμο που ανοίγει κάτι] κόβω, σκίζω *She slit the package open with a pen-knife.* Άνοιξε το πακέτο με ένα σουγιά. *to slit sb's throat* κόβω το λαιμό κάποιου **slit** *ουσ.αρ.* κόψιμο, σκίσιμο

pierce *ρ.μ.* [διαπερνώ κάτι με αιχμηρό αντικείμενο] τρυπώ, διαπερνώ *The missile can pierce tank armour.* Το βλήμα διαπερνάει άρμα μάχης.

prick *ρ.μ.* [διαπερνώ το δέρμα με μικρό αιχμηρό αντικείμενο] τρυπώ, τσιμπώ *I pricked my finger on the needle.* Τρύπησα το δάχτυλό μου με τη βελόνα.

prick *ουσ.αρ.* τσίμπημα *You'll feel a slight prick as the needle goes in.* Θα νοιώσεις ένα ελαφρό τσίμπημα καθώς θα μπαίνει η βελόνα.

133.1 Τομές στο σώμα

stab *ρ.μ.*, -bb- [προκαλώ πληγή με μαχαίρι] μαχαιρώνω *They stabbed him in the stomach.* Τον μαχαίρωσαν στο στομάχι. (σαν *επίθ.*) *stab wounds* μαχαιριές

behead *ρ.μ.* [κάπως επίσημο. Αποκεφαλίζω, συνήθως σαν τιμωρία] αποκεφαλίζω

amputate *ρ.μ.* [συνήθως χρησιμοποιείται σαν ιατρικός όρος. Αντικ.: άκρο του σώματος] ακρωτηριάζω *They amputated the leg below the knee.* Ακρωτηρίασαν το πόδι του από το γόνατο. **amputation** *ουσ.μ.αρ.* ακρωτηριασμός

133.2 Κόβω άγρια και βίαια

hack *ρ.μ.α.* [χτυπώ με δύναμη και επανειλημμένα] (κατα)κρεουργώ, πετσοκόβω *They hacked their victims to pieces.* Κατακρεούργησαν τα θύματά τους. (+ **off**) *I hacked off the branch.* Πελέκησα με δύναμη το κλαδί του δέντρου. *We hacked vainly at the roots.* Πελεκούσαμε τις ρίζες χωρίς αποτέλεσμα.

gash *ουσ.αρ.* [μακρύ, ανοιχτό κόψιμο] τομή, εγκοπή *The latex is collected from a gash in the tree.* Το καουτσούκ μαζεύεται από μια τομή στο δέντρο.

gash *ρ.μ.* κόβω, σκίζω *She gashed her knee on some broken glass.* Έσκισε το γόνατό της σε σπασμένο γυαλί.

slash *ρ.μ.* [μακρόστενο κόψιμο] χαράζω, σκίζω *Vandals had slashed the seats.* Βάνδαλοι είχαν σκίσει τα καθίσματα. **slash** *ουσ.αρ.* χαρακιά, σκίσιμο

133.3 Κόβω τρόφιμα και στερεά υλικά

δες επίσης **168 Cooking methods**

slice *ρ.μ.* κόβω σε φέτες *to slice a cake* κόβω το κέικ σε φέτες (συχνά + *επίρρ.*) *I sliced some meat off the bone.* Έκοψα λίγο ψαχνό από το κόκαλο.

slice *ουσ.αρ.* φέτα, κομμάτι *Another slice of ham?* Θες άλλη μια φέτα ζαμπόν; *two slices of bread* δύο φέτες ψωμί

shred *ρ.μ.*, -dd- [αντικ.: κυρίως λαχανικά, χαρτί] κόβω σε μακρόστενα κομματάκια *roughly shredded cabbage* λάχανο κομμένο ακανόνιστα *Many of the documents had been shredded.* Πολλά από τα έγγραφα είχαν κατατεμαχιστεί. **shredder** *ουσ.αρ.* το μηχάνημα που κόβει σε λουρίδες

mince *ρ.μ.* (κυρίως Βρετ.) [αντικ.: κυρίως κρέας, κρεμμύδια] (κατα)τεμαχίζω, ψιλοκόβω *sausages made from minced pork* λουκάνικα από χοιρινό κιμά

grind *ρ.μ.* (Αμερ.) [όπως το mince αλλά χρησιμοποιείται μόνο για κρέας] αλέθω *ground beef* βοδινός κιμάς

carve *ρ.* 1 *ρ.μ.α.* [αντικ.: κρέας] κόβω 2 *ρ.μ.* [αντικ.: π.χ. ξύλο, πέτρα] σκαλίζω *He carved delicate flowers from the wood.* Σκάλισε λεπτοδουλεμένα λουλούδια από το ξύλο.

133.4 Αιχμηρά εργαλεία

knife *ουσ.αρ.* μαχαίρι

blade *ουσ.αρ.* λεπίδα, λάμα

scissors *ουσ. πληθ.* ψαλίδι *a pair of scissors* ένα ψαλίδι

saw *ουσ.αρ.* πριόνι

saw *ρ.μ.*, *αόρ.* **sawed**, *μτχ.αορ.* (Βρετ.) **sawn**, (Αμερ.) **sawed** πριονίζω (+ **off**) *I sawed off a bit at the bottom.* Το πριόνισα λίγο από κάτω.

133.5 Αιχμηρότητα

sharp *επίθ.* [περιγράφει: π.χ. μαχαίρι, λεπίδα] κοφτερός, μυτερός **sharpen** *ρ.μ.* ακονίζω **sharpness** *ουσ.μ.αρ.* αιχμηρότητα

prickly *επίθ.* [περιγράφει: κάτι με πολλά αιχμηρά σημεία] αγκαθωτός *a mass of prickly branches* ένας πυκνός σωρός από κλαδιά με αγκάθια

blunt *επίθ.* αμβλύς *This razor blade's blunt.* Αυτή η ξυριστική λεπίδα δεν κόβει. **bluntness** *ουσ.μ.αρ.* αμβλύτητα

133.6 Υφή μετά από κόψιμο

fine *επίθ.* 1 [πολύ μικρός] ψιλός, λεπτός *This sugar is very fine.* Αυτή η ζάχαρη είναι πολύ ψιλή. 2 [πολύ λεπτός] λεπτός *fine slices of smoked ham* λεπτές φέτες από καπνιστό ζαμπόν

fine *επίρρ.* ψιλά, λεπτά *Chop the onions fairly fine.* Ψιλόκοψε τα κρεμμύδια.

finely *επίρρ.* ψιλά, λεπτά *finely chopped onions* ψιλοκομμένα κρεμμύδια

coarse *επίθ.* [κόβω σε μεγάλα ή ακανόνιστα κομμάτια] τραχύς, χοντρός *a coarse grind of coffee* καφές αλεσμένος χοντρά

coarsely *επίρρ.* χοντρά *coarsely chopped vegetables* λαχανικά κομμένα χοντρά

134 Hole Τρύπα

δες επίσης **333 Empty**

hole *ουσ.αρ.* τρύπα **hole** *ρ.μ.* τρυπώ, ανοίγω τρύπα

gap *ουσ.αρ.* [κενός χώρος, κυρίως όπου δεν το περιμένει κανείς] κενό, άνοιγμα *They got in through a gap in the hedge.* Μπήκαν από ένα άνοιγμα στο φράχτη.

opening *ουσ.αρ.* [επιτρέπει την είσοδο σε πρόσωπο ή αντικείμενο] άνοιγμα *an opening in the roof for smoke to escape* ένα άνοιγμα στη στέγη για να διαφεύγει ο καπνός

outlet *ουσ.αρ.* [τρύπα, κυρίως σωλήνας, μέσω του οποίου διαφεύγει υγρό ή αέριο] εξαγωγή, στόμιο *a sewage outlet* σωλήνας αποχέτευσης (υπόνομος)

crack *ουσ.αρ.* [μικρή, στενή τρύπα που διαπερνάται από φως ή αέρα] χαραμάδα, ρωγμή *The ring fell through a crack in the floorboards.* Το δαχτυλίδι έπεσε σε μια χαραμάδα στις σανίδες του πατώματος.

crevice *ουσ.αρ.* [μικρή χαραμάδα ή άνοιγμα, συνήθως σε βράχο ή πέτρινο κατασκεύασμα] χαραμάδα, σχισμή *Crabs scurried off into crevices.* Τα καβούρια έτρεξαν να χωθούν σε χαραμάδες στο βράχο.

135 Burn Καίω

burn *ρ., αόρ. & μτχ.αορ.* **burned** *(Βρετ. & Αμερ.)*, **burnt** *(Βρετ.)* **1** *ρ.μ.* καίω *Demonstrators burned the American flag.* Διαδηλωτές έκαψαν την αμερικάνικη σημαία. *I've burnt my hand on the stove.* Έκαψα το χέρι μου στη θερμάστρα. *coal-burning power stations* ηλεκτροπαραγωγικοί σταθμοί που δουλεύουν με κάρβουνο (+ **down**) *to burn down a building* καίω ένα κτίριο **2** *ρ.α.* καίγομαι *A candle burned in the window.* Στο παράθυρο έκαιγε ένα κερί. (+ **down**) *Her house has burnt down.* Το σπίτι της καταστράφηκε τελείως από φωτιά.

burn *ουσ.αρ.* [πληγή] έγκαυμα *He suffered severe burns.* Υπέστη σοβαρά εγκαύματα.

fire *ουσ.* **1** *ουσ.αρ.* [π.χ. σε τζάκι] φωτιά *a log fire* μια φωτιά με ξύλα **2** *ουσ.αρ.* [που καίει κτίριο κτλ.] πυρκαγιά *to put out a fire* σβήνω μια φωτιά **3** *ουσ.μ.αρ.* φωτιά *My car's on fire.* Το αυτοκίνητό μου έπιασε φωτιά. *The frying pan caught fire.* Το τηγάνι έπιασε φωτιά.

blaze *ρ.α.* [με δυνατές φλόγες] καίγομαι δυνατά *A log fire was blazing in the hearth.* Μια δυνατή φωτιά από ξύλα έκαιγε στο τζάκι. *a blazing building* ένα φλεγόμενο κτίριο

blaze *ουσ.αρ.* [σε τζάκι] φωτιά [φλεγόμενο κτίριο] πυρκαγιά *the documents lost in the blaze* τα έγγραφα που χάθηκαν στη φωτιά

ablaze *επίθ.* (μετά από *ρ.*) [δίνει έμφαση] φλεγόμενος *The curtains were ablaze in seconds.* Οι κουρτίνες τυλίχτηκαν στις φλόγες μέσα σε μερικά δευτερόλεπτα. *The explosion set the street ablaze.* Όλα τα σπίτια του δρόμου έπιασαν φωτιά από την έκρηξη.

flame *ουσ.αρ.* φλόγα *I blew out the flame.* Έσβησα τη φλόγα. *The warehouse was a mass of flames.* Η αποθήκη ήταν ζωσμένη στις φλόγες.

ash *ουσ.μ.αρ.* στάχτη *cigarette ash* στάχτη από τσιγάρο

ashes *ουσ. πληθ.* στάχτες *I cleared out the ashes from the grate.* Καθάρισα τις στάχτες από τη σχάρα.

smoke *ουσ.μ.αρ.* καπνός

bonfire *ουσ.αρ.* [φωτιά για κάψιμο απορριμμάτων, φύλλων, κτλ., ή που ανάβεται για διασκέδαση η γιορτή] φωτιά

135.1 Καίω αντικείμενα

light *ρ., αόρ. & μτχ.αορ.* **lit** 'H **lighted** **1** *ρ.μ.* [αντικ.: π.χ. σπίρτο, φωτιά, κερί] ανάβω **2** *ρ.α.* ανάβω *His pipe wouldn't light.* Η πίπα του δεν έλεγε να ανάψει.

light *ουσ.αρ.* [ανεπίσημο. Για τσιγάρο] φωτιά *Have you got a light?* Έχεις φωτιά;

match *ουσ.αρ.* σπίρτο *a box of matches* ένα κουτί σπίρτα

lighter *ουσ.αρ.* αναπτήρας

arson *ουσ.μ.αρ.* [σκόπιμο έγκλημα] εμπρησμός **arsonist** *ουσ.αρ.* εμπρηστής

> *φράσεις*
>
> **set fire to** [δίνει έμφαση στην πρόθεση για καταστροφή] βάζω φωτιά *He's accused of setting fire to his own warehouse.* Κατηγορείται ότι έβαλε ο ίδιος φωτιά στην αποθήκη του.
>
> **set alight** [μπορεί να μην είναι σκόπιμο] βάζω φωτιά *Some idiot with a cigarette set the whole forest alight.* Κάποιος ηλίθιος έβαλε φωτιά στο δάσος με το τσιγάρο του.

135.2 Σβήσιμο φωτιάς

put out sth 'H **put** sth **out** *ρ.πρφ.μ.* σβήνω *I put the fire out with a bucket of water.* Έσβησα τη φωτιά με έναν κουβά νερό.

firefighter *ουσ.αρ.*, αρσ. **fireman**, θηλ. **firewoman** πυροσβέστης [το **firefighter** συνήθως χρησιμοποιείται σαν αρσενικό ουσιαστικό, αλλά το **firemen** μπορεί να αναφέρεται και σε γυναίκες] πυροσβέστης *Firemen using breathing apparatus rescued the couple.* Πυροσβέστες με αναπνευστικές συσκευές έσωσαν το ζευγάρι.

fire brigade *(Βρετ.)*, **fire department** *(Αμερ.)* *ουσ.αρ.* (συχνά + **the**) η πυροσβεστική υπηρεσία

fire engine *ουσ.αρ.* πυροσβεστική αντλία

fire extinguisher *ουσ.αρ.* πυροσβεστήρας

136 Babies Μωρά

baby *ουσ.αρ.* μωρό *She's **having a baby** in July.* Θα γεννήσει τον Ιούλιο. (σαν *επίθ.*) *baby clothes* μωρουδιακά

twins *ουσ.αρ.* δίδυμα *a pair of twins* τα δίδυμα *I can't tell the twins apart.* Δεν ξεχωρίζω τα δίδυμα.

triplets *ουσ.αρ.* τρίδυμα

136.1 Κάνω παιδί

conceive *ρ.* **1** *ρ.μ.* συλλαμβάνω *from the moment the child is conceived* από τη στιγμή που γίνεται η σύλληψη **2** *ρ.α.* μένω έγκυος

conception *ουσ.μ.αρ.* σύλληψη *the probable date of conception* η πιθανή ημερομηνία σύλληψης

pregnant *επίθ.* έγκυος *I'm pregnant again.* Είμαι ξανά έγκυος.

pregnancy *ουσ.μ.αρ.αρ.* εγκυμοσύνη *medical checks during pregnancy* ιατρικές εξετάσεις κατά τη διάρκεια της εγκυμοσύνης *a difficult pregnancy* μια δύσκολη εγκυμοσύνη

foetus *(Βρετ.),* **fetus** *(Αμερ.) ουσ.αρ.* έμβρυο

embryo *ουσ.αρ.,* πληθ. **embryos** έμβρυο

womb *ουσ.αρ.* μήτρα

umbilical cord *ουσ.αρ.* ομφάλιος λώρος

placenta *ουσ.αρ.* πλακούντας

labour *(Βρετ.),* **labor** *(Αμερ.) ουσ.μ.αρ.αρ.* πόνοι γέννας *to go into labour* με πιάνουν οι πόνοι

birth *ουσ.μ.αρ.αρ.* γέννα *to give birth to* a child γεννώ (ένα μωρό) *I was present at the birth.* Ήμουν παρών στη γέννα. (σαν *επίθ.*) *her birth weight* το βάρος της αμέσως μετά τη γέννα

be born γεννιέμαι *We want the next child to be born at home.* Το επόμενό μας μωρό θέλουμε να γεννηθεί στο σπίτι.

136.2 Μωρά και ιατρική τεχνολογία

abortion *ουσ.αρ.μ.αρ.* έκτρωση *to have an abortion* κάνω έκτρωση

artificial insemination *ουσ.μ.αρ.* τεχνητή γονιμοποίηση

surrogate mother *ουσ.αρ.* γυναίκα που αναλαμβάνει να γεννήσει ένα παιδί εκ μέρους κάποιας άλλης, και συχνά πληρώνεται για τις υπηρεσίες της

test-tube baby *ουσ.αρ.* παιδί του σωλήνα

136.3 Παιδιά χωρίς φυσική οικογένεια

adopt *ρ.μ.* [μόνιμα, σαν να ήταν δικό μου παιδί] υιοθετώ **adoption** *ουσ.μ.αρ.* υιοθεσία

foster *ρ.μ.* [αναλαμβάνω προσωρινά, βραχυπρόθεσμα ή μακροπρόθεσμα, χωρίς να γίνω επίσημος γονιός] αναλαμβάνω ένα παιδί, έχω ψυχοπαίδι *Could you foster a handicapped child?* Θα μπορούσες να αναλάβεις προσωρινά ένα ανάπηρο παιδί; (σαν *επίθ.*) *foster parents* (προσωρινά) θετοί γονείς

custody *ουσ.μ.αρ.* [το δικαίωμα με το νόμο να αναλάβει κανείς παιδιά, κυρίως μετά από διαζύγιο] κηδεμονία *She was awarded custody of the children.* Της ανατέθηκε η κηδεμονία των παιδιών.

orphan *ουσ.αρ.* ορφανός

136.4 Εξοπλισμός για μωρά

cot *(Βρετ.),* **crib** *(Αμερ.) ουσ.αρ.* παιδικό κρεβάτι, κούνια

moses basket *ουσ.αρ.* καλάθι για μωρό

carrycot *(Βρετ.),* **portacrib** *(Αμερ.) ουσ.αρ.* φορητό κρεβατάκι μωρού, πορτ μπεμπέ

rattle *ουσ.αρ.* κουδουνίστρα

bottle *ουσ.αρ.* μπιμπερό

dummy *(Βρετ.),* **pacifier** *(Αμερ.) ουσ.αρ.* πιπίλα

doll *ουσ.αρ.* κούκλα

nappy *(Βρετ.),* **diaper** *(Αμερ.) ουσ.αρ.* πάνα *disposable nappies* πάνες μίας χρήσης

safety pin *ουσ.αρ.* παραμάνα

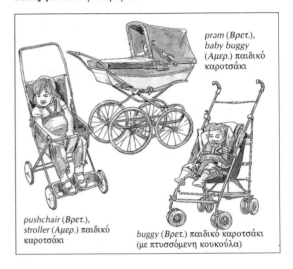

pram (Βρετ.), baby buggy (Αμερ.) παιδικό καροτσάκι

pushchair (Βρετ.), stroller (Αμερ.) παιδικό καροτσάκι

buggy (Βρετ.) παιδικό καροτσάκι (με πτυσσόμενη κουκούλα)

137 Name Όνομα

name *ουσ.αρ.* όνομα *My name is Gabriel.* Το όνομά μου είναι Γαβριήλ. *Sign your name here please.* Γράψτε το όνομά σας εδώ, παρακαλώ.

name *ρ.μ.* [πιο επίσημο από το call. Δίνει έμφαση στην εκλογή του ονόματος] ονομάζω *We named her Helen after her grandmother.* Την ονομάσαμε Ελένη, το όνομα της γιαγιάς της. (κυρίως σε μτχ.αορ.) *a man named Mullin* κάποιος (που ονομαζόταν) Μάλλιν

call *ρ.μ.* [συνηθισμένος όρος, δίνω και χρησιμοποιώ κάποιο όνομα] φωνάζω, ονομάζω *My name's Jennifer but everyone calls me Jenny.* Το όνομά μου είναι Τζένιφερ, αλλά όλοι με φωνάζουν Τζένυ. (σε μτχ.αορ.) *Somebody called Gibbs rang.* Τηλεφώνησε κάποιος (που τον λένε) Γκιμπς. *a village called Fritwell* ένα χωριό που ονομάζεται Φρίτγουελ

christen *ρ.μ.* [δίνω όνομα με χριστιανική τελετή] βαφτίζω *I was christened Robert Edward.* Βαφτίστηκα Ρόμπερτ Έντουαρντ.

title *ουσ.αρ.* [όνομα έργου ή βαθμού/αξιώματος κάποιου]

τίτλος, επωνυμία *I know the film you mean but I've forgotten the title.* Ξέρω ποιο φιλμ εννοείς, αλλά μου διαφεύγει ο τίτλος. *His proper title is Professor Sir Raymond Hall.* Ο πλήρης του τίτλος είναι Καθηγητής Σερ Ρέιμοντ Χωλ.

entitle *ρ.μ.* [αντικ.: π.χ. βιβλίο, έργο τέχνης] τιτλοφορώ (κυρίως σε μτχ.αορ.) *a print entitled 'Still Marshes'* ένας πίνακας με τίτλο: «Γαλήνιοι Βάλτοι»

label *ρ.μ.* -ll- [κάπως υποτιμητικό. Υπονοεί αμφίβολη περιγραφή παρά πραγματικό όνομα] χαρακτηρίζω, αποκαλώ *She was soon labelled a troublemaker.* Σύντομα απέκτησε τη φήμη του ταραξία.

137.1 Είδη ονομάτων

first name [συνήθως πρώτο στη σειρά, αλλά μπορεί να είναι οποιοδήποτε από τα ονόματα πριν από το επίθετο] μικρό όνομα *We're all on first name terms round here.*

Εμείς εδώ φωνάζουμε ο ένας τον άλλο με τα μικρά μας ονόματα.

christian name [συνηθισμένος όρος για το πρώτο όνομα, αλλά καλύτερα να αποφεύγεται όταν μιλάμε για άτομα που δεν ανήκουν σε χριστιανικές θρησκείες] βαφτιστικό όνομα

forename *ουσ.αρ.* [συνήθως σε επίσημα ή διοικητικά κείμενα] μικρό όνομα (μπορεί να είναι περισσότερα από ένα) *Please give your name, forenames and address.* Παρακαλώ γράψτε το επίθετο, τα μικρά σας ονόματα και τη διεύθυνσή σας.

middle name *ουσ.αρ.* [μεταξύ του μικρού ονόματος και του επιθέτου] μεσαίο όνομα (δεύτερο χριστιανικό) *We called him William, that's his father's middle name.* Τον ονομάσαμε Γουίλλιαμ, που ήταν το μεσαίο όνομα του πατέρα του.

surname *ουσ.αρ.* [που χρησιμοποιείται από όλα τα μέλη της οικογένειας] επώνυμο, επίθετο

double-barrelled name (*Βρετ.*), **hyphenated name** (*Αμερ.*) *ουσ.αρ.* [όταν συνδυάζονται δύο επίθετα μαζί και χωρίζονται από παύλα] διπλό επώνυμο *They all have double-barrelled names like Worthington-Smythe.* Έχουν όλοι τους διπλό επώνυμο, όπως Γουέρδιγκτον-Σμάιδ.

137.2 Ψεύτικα ονόματα

nickname *ουσ.αρ.* [χρησιμοποιείται κοροϊδευτικά ή χαϊδευτικά] παρατσούκλι, υποκοριστικό

nickname *ρ.μ.* βγάζω παρατσούκλι, φωνάζω *a particularly ugly biology teacher nicknamed 'Dracula'* ένας ιδιαίτερα άσχημος καθηγητής βιολογίας που ονομάζαμε «Δράκουλα»

alias *ουσ.αρ.* [χρησιμοποιείται κυρίως από εγκληματίες] ψευδώνυμο, πλαστό όνομα *She had used a different alias at each hotel.* Είχε χρησιμοποιήσει διαφορετικό ψευδώνυμο στο κάθε ξενοδοχείο. *Sheila Woodrow, alias Virginia Fielding.* Σήλα Γούντροου, ή αλλιώς Βιρτζίνια Φήλντιγκ.

pen name *ουσ.αρ.* [που χρησιμοποιείται από συγγραφείς στα έργα τους] φιλολογικό ψευδώνυμο

pseudonym *ουσ.αρ.* [χρησιμοποιείται κάθε τόσο όταν γράφει κανείς, για να κρύψει την ταυτότητά του] ψευδώνυμο

anonymous *επίθ.* [χωρίς όνομα] ανώνυμος *I've received several anonymous letters.* Έχω λάβει μεγάλο αριθμό ανώνυμων επιστολών. **anonymously** *επίρρ.* ανώνυμα **anonymity** *ουσ.μ.αρ.* ανωνυμία

---

138 Families and Relations Οικογένειες και Συγγενείς

138.1 Γονείς

parent *ουσ.αρ.* γονιός *Don't tell my parents!* Μην το πεις στους γονείς μου!

folks *ουσ. πληθ.* (*κυρίως Αμερ.*) οι γονείς μου, οι «γέροι» μου

mother *ουσ.αρ.* [επίσημο όταν της απευθύνει κανείς το λόγο] μητέρα, μαμά *Thank you, mother.* Ευχαριστώ, μαμά. *Go and ask your mother.* Πήγαινε να ρωτήσεις τη μητέρα σου.

mum (*Βρετ.*), **mom** (*Αμερ.*) *ουσ.αρ.* [ανεπίσημο] μαμά, μάνα *Her mum picks her up after school.* Η μαμά της έρχεται και την παίρνει μετά το σχολείο.

mam *ουσ.αρ.* [κυρίως στην Ουαλλία και τη Βόρεια Αγγλία] μαμά

mummy (*Βρετ.*), **mommy** (*Αμερ.*) *ουσ.αρ.* [ανεπίσημο. Χρησιμοποιείται κυρίως μιλώντας σε παιδιά, ή από τα ίδια τα παιδιά] μανούλα, μαμά *I want my mummy!* Θέλω τη μαμά μου!

mama *ουσ.αρ.* [απαρχαιωμένη και επίσημη λέξη στα βρετανικά Αγγλικά, χρησιμοποιείται από μικρά παιδιά στις Ηνωμένες Πολιτείες] μαμά

father *ουσ.αρ.* [επίσημο όταν χρησιμοποιείται σε περιπτώσεις που του απευθύνει κανείς το λόγο] πατέρας

dad *ουσ.αρ.* [ανεπίσημο] μπαμπάς *She can borrow her dad's car.* Μπορεί να δανειστεί το αμάξι του μπαμπά της.

daddy *ουσ.αρ.* [ανεπίσημο. Χρησιμοποιείται κυρίως μιλώντας σε παιδιά ή από τα ίδια τα παιδιά] μπαμπάκας, μπαμπάς *My daddy's a fireman.* Ο μπαμπάς μου είναι πυροσβέστης.

papa *ουσ.αρ.* [απαρχαιωμένη και επίσημη λέξη στα βρετανικά Αγγλικά. Χρησιμοποιείται αντί για το **dad** στα αμερικάνικα Αγγλικά] μπαμπάς

pop *ουσ.αρ.* (*κυρίως Αμερ.*) [ανεπίσημο] μπαμπάς *Is pop still in the bathroom?* Είναι ακόμα στο μπάνιο ο μπαμπάς;

138.2 Παιδιά

son *ουσ.αρ.* γιός

daughter *ουσ.αρ.* κόρη

sister *ουσ.αρ.* αδερφή *my big sister* η μεγάλη μου αδερφή

brother *ουσ.αρ.* αδερφός *my little brother* ο μικρός μου αδερφός

sibling *ουσ.αρ.* [εξειδικευμένη λέξη που χρησιμοποιείται π.χ. σαν κοινωνιολογικός ή ψυχολογικός όρος] αδερφός/αδερφή *The gene is not found in either of the other siblings.* Αυτό το γονίδιο δεν ανακαλύφθηκε σε κανένα από τα άλλα δύο αδέρφια. (σαν *επίθ.*) *sibling rivalry* αδερφική ζήλεια

138.3 Γιαγιάδες, παππούδες και εγγόνια

grandparent *ουσ.αρ.* (συνήθως *πληθ.*) παππούς ή γιαγιά *He sees both sets of grandparents.* Βλέπει όλους τους παππούδες και τις γιαγιάδες του.

grandmother *ουσ.αρ.* [συνήθως δε χρησιμοποιείται όταν της απευθύνει κανείς το λόγο] γιαγιά *When are you going to make me a grandmother?* Πότε θα με κάνετε γιαγιά;

granny (*κυρίως Βρετ.*) ή **grandma** (*Βρετ. & Αμερ.*) *ουσ.αρ.* [ανεπίσημο] γιαγιούλα, νόνα

grandfather *ουσ.αρ.* [συνήθως δε χρησιμοποιείται όταν του απευθύνει κανείς το λόγο] παππούς

grandad (*κυρίως Βρετ.*) ή **grandpa** (*Βρετ. & Αμερ.*) *ουσ.αρ.* [ανεπίσημο] παππούς

grandchild *ουσ.αρ.*, *πληθ.* **grandchildren** εγγόνι

granddaughter *ουσ.αρ.* εγγονή

grandson *ουσ.αρ.* εγγονός

great- *πρόθεμα* προ- *my great-grandmother* η προγιαγιά μου *a great-uncle* θείος του πατέρα/της μητέρας μου *my great-great-grandfather* ο παππούς του παππού μου

138.4 Συγγένειες εξ αγχιστείας

husband *ουσ.αρ.* ο σύζυγος

wife *ουσ.αρ.* η σύζυγος

mother-in-law *ουσ.αρ.* πεθερά

father-in-law *ουσ.αρ.* πεθερός

daughter-in-law *ουσ.αρ.* νύφη (με την έννοια της συγγένειας)

son-in-law *ουσ.αρ.* γαμπρός (με την έννοια της συγγένειας)

brother-in-law *ουσ.αρ.* κουνιάδος

sister-in-law *ουσ.αρ.* κουνιάδα

in-laws *ουσ. πληθ.* πεθερικά *I can't stand my in-laws.* Δε χωνεύω τα πεθερικά μου.

widow *ουσ.αρ.* χήρα

widow *ρ.μ.* (κυρίως στην παθητική) χηρεύω *my widowed mother* η χήρα μητέρα μου

widower *ουσ.αρ.* χήρος

138.5 Συγγένειες από δεύτερους γάμους

stepfather *ουσ.αρ.* πατριός

stepmother *ουσ.αρ.* μητριά

stepbrother *ουσ.αρ.* θετός αδερφός

stepsister *ουσ.αρ.* θετή αδερφή

half-brother *ουσ.αρ.* ετεροθαλής αδερφός

half-sister *ουσ.αρ.* ετεροθαλής αδερφή

138.6 Θείοι, ανίψια και ξαδέρφια

aunt *ουσ.αρ.* [κάπως επίσημη λέξη] θεία

auntie 'Η **aunty** *ουσ.αρ.* [ανεπίσημη λέξη] θείτσα [συχνά ακολουθείται από το όνομα] *Auntie Monica* θεία Μόνικα

uncle *ουσ.αρ.* θείος [συχνά ακολουθείται από το όνομα] *Uncle Harry* ο θείος Χάρρυ

nephew *ουσ.αρ.* ανιψιός

niece *ουσ.αρ.* ανιψιά

cousin *ουσ.αρ.* [απαρχαιωμένο όταν ακολουθείται από το όνομα] ξάδερφος/ξαδέρφη *a second cousin* δεύτερος ξάδερφος *distant cousins* μακρινά ξαδέρφια

138.7 Οικογενειακοί δεσμοί

related *επίθ.* (συνήθως μετά από ρ., συχνά + **to**) που έχει συγγένεια, που συγγενεύει *We're not related.* Δεν έχουμε καμμιά συγγένεια.

relative *ουσ.αρ.* [συνήθως υπονοεί αρκετά στενή συγγένεια] συγγενής *a close relative* ένας στενός συγγενής

relation *ουσ.αρ.* [συχνά υπονοεί λιγότερο στενή συγγένεια από το **relative**] συγγένεια εξ αίματος ή αγχιστείας *distant relations* μακρινοί συγγενείς

descendant *ουσ.αρ.* [κάπως επίσημο. Υπονοεί συγγένεια αρκετές γενεές αργότερα] απόγονος *The firm is still run by a descendant of the founder.* Την εταιρεία εξακολουθεί να διαχειρίζεται ένας από τους απογόνους του ιδρυτή.

be descended from είμαι απόγονος, κατάγομαι *The family is descended from nineteenth-century Italian emigrants.* Η οικογένεια κατάγεται από μια ιταλική οικογένεια μεταναστών του δεκάτου ενάτου αιώνα.

ancestor *ουσ.αρ.* πρόγονος *Portraits of forgotten ancestors hung on the walls.* Τα πορτρέτα ξεχασμένων προγόνων κρέμονταν στους τοίχους. **ancestral** *επίθ.* προγονικός

offspring *ουσ.μ.αρ.* [επίσημο ή χιουμοριστικό. Μπορεί να αναφέρεται σε ένα παιδί ή πολλά] παιδιά, απόγονοι *She was trying to keep her offspring under control.* Προσπαθούσε να κρατήσει τα παιδιά της υπό έλεγχο.

generation *ουσ.αρ.* γενιά *a tradition handed down through generations* μια παράδοση που συνεχίζεται για γενιές ολόκληρες (σαν *επίθ.*) *second-generation Americans* Αμερικανοί δεύτερης γενιάς

139 People Άνθρωποι

δες επίσης **204 Society**

person *ουσ.αρ.* 1 *πληθ.* **people** άνθρωπος, άτομο, πρόσωπο *She's a very nice person.* Αυτή η κοπέλα είναι πολύ καλός άνθρωπος. *I think we should give the job to a younger person.* Νομίζω ότι πρέπει να δώσουμε τη θέση σε πιο νεαρό άτομο. **2** *πληθ.* **persons** [χρησιμοποιείται κυρίως σε διοικητικά ή επίσημα κείμενα] άτομο *Any person seeking advice should ring this number.* Αν ενδιαφέρεστε για περισσότερες πληροφορίες, τηλεφωνήστε σε αυτόν τον αριθμό.

human 'Η **human being** *ουσ.αρ.* άνθρωπος *the pollution caused by humans* η ρύπανση που προκαλείται από τους ανθρώπους

human *επίθ.* ανθρώπινος *the human race* το ανθρώπινο γένος

individual *ουσ.αρ.* [σε αντίθεση με την κοινωνία, με το σύνολο, κτλ.] άτομο, πρόσωπο *What can individuals do on their own?* Τι μπορούν να κάνουν τα άτομα από μόνα τους; [συχνά χρησιμοποιείται υποτιμητικά] *He's an awkward individual.* Είναι δύσκολο άτομο.

individual *επίθ.* προσωπικός, ατομικός (π.χ. ατομική μερίδα) *I was speaking as an individual party member rather than as a minister.* Μιλούσα σαν απλό μέλος του κόμματος παρά σαν υπουργός.

139.1 Οι άνθρωποι σα σύνολο

mankind *ουσ.μ.αρ.* [όλοι οι άνθρωποι στον κόσμο] ανθρωπότητα, ανθρώπινο γένος *inventions that have benefited mankind* εφευρέσεις που ευεργέτησαν την ανθρωπότητα

man *ουσ.μ.αρ.* [συχνά χρησιμοποιείται με την έννοια όλοι οι άνθρωποι, αλλά μερικές φορές προκαλεί διαμαρτυρία σαν όρος σεξιστικός] ο άνθρωπος *Man has been to the moon.* Ο άνθρωπος έχει πάει στο φεγγάρι.

humankind *ουσ.μ.αρ.* [όλοι οι άνθρωποι στον κόσμο. Προτιμάται από όσους θεωρούν το **mankind** όρο σεξιστικό] ανθρωπότητα, ανθρώπινο γένος *the survival of humankind on this planet* η επιβίωση του ανθρώπινου γένους στον πλανήτη μας

humanity *ουσ.μ.αρ.* [όλοι οι άνθρωποι στον κόσμο, συχνά χρησιμοποιείται για να δώσει έμφαση σε ηθική ή συναισθηματική άποψη] ανθρωπότητα *crimes against humanity* εγκλήματα κατά της ανθρωπότητας

public *ουσ.* 1 *ουσ.μ.αρ.* (συνήθως **the public**) [οι κοινοί άνθρωποι σε αντίθεση με την κυβέρνηση, τον τύπο, τους κατασκευαστές, κτλ.] κοινό, λαός *Programme makers are simply aiming to satisfy the public.* Οι παραγωγοί προγραμμάτων προσπαθούν απλώς να ικανοποιήσουν το κοινό. *the general public* το ευρύ κοινό **2** *ουσ.αρ.* [συγκεκριμένη μερίδα του κοινού] το κοινό *We want to introduce opera to a wider public.* Θα θέλαμε να φέρουμε την όπερα κοντά στο ευρύτερο κοινό. *the sporting public* το αθλητικό κοινό

public *επίθ.* 1 δημόσιος, κοινός *public anger at the decision* θυμός της κοινής γνώμης για την απόφαση 2 [για τη χρήση όλων] κοινόχρηστος, δημόσιος *public toilets* δημόσιες τουαλέτες **3** [γνωστό σε όλους] κοινός, γενικός *Is it public knowledge?* Είναι κοινώς γνωστό;

folk *ουσ. πληθ.* [άνθρωποι, κυρίως όταν ανήκουν σε κάποια κατηγορία] άνθρωποι *Folk like him.* Άνθρωποι σαν αυτόν. *city folk* αστοί *See you later folks!* Τα λέμε αργότερα, παιδιά!

139.2 Πολύ νεαρά άτομα

baby *ουσ.αρ.* μωρό, βρέφος

child *ουσ.αρ., πληθ.* **children** παιδί *children's books* παιδικά βιβλία

infant *ουσ.αρ.* [εξειδικευμένο, χρησιμοποιείται κυρίως σαν ιατρικός όρος. Η ηλικία κυμαίνεται από βρέφος μέχρι περίπου πέντε χρόνων] παιδάκι, νήπιο *the immunity the infant acquires from the mother's milk* η ανοσία που αποκτά το μωρό θηλάζοντας *(σαν επίθ.) infant care* φροντίδα του παιδιού *infant mortality* παιδική θνησιμότητα *infant classes* προσχολικές τάξεις

toddler *ουσ.αρ.* [περίπου 1–3 χρόνων] παιδάκι, νήπιο

kid *ουσ.αρ.* [ανεπίσημο. Η ηλικία κυμαίνεται από εντελώς μωρό μέχρι νεαρό ενήλικα] παιδί *When do the kids go back to school?* Πότε θα επιστρέψουν τα παιδιά στο σχολείο;

youngster *ουσ.αρ.* [κάπως ανεπίσημο, χρησιμοποιείται κυρίως για μεγαλύτερα άτομα. Η ηλικία κυμαίνεται από πέντε χρόνων μέχρι νεαρό ενήλικα] νεαρός, παιδί *There are plenty of activities for the youngsters.* Υπάρχουν πολλές δραστηριότητες για νεαρούς.

boy *ουσ.αρ.* [η ηλικία κυμαίνεται από μωρό σε ενήλικα] αγόρι *Are you ready, boys?* Είστε έτοιμοι, παιδιά; *boys' clothes* αγορίστικα ρούχα

girl *ουσ.αρ.* [η ηλικία κυμαίνεται από μωρό μέχρι ενήλικα] κορίτσι *Are the girls coming?* Θα έρθουν τα κορίτσια; *a girls' school* παρθεναγωγείο [θεωρείται προσβλητικό από φεμινίστριες όταν περιγράφει ενήλικες] *the girls in the office* τα κορίτσια στο γραφείο

lad *ουσ.αρ.* **1** [ανεπίσημο και χρησιμοποιείται κυρίως από μεγαλύτερα άτομα. Η ηλικία κυμαίνεται από μωρό μέχρι ενήλικα] νεαρός, παλικάρι *the lad who delivers the paper* ο νεαρός που κάνει τη διανομή των εφημερίδων **2** *(πάντα πληθ.)* [φίλος] παιδί *I went to the pub with the lads.* Πήγα στην μπιραρία με τα παιδιά.

lass *ουσ.αρ.* [ανεπίσημο. Η ηλικία κυμαίνεται από μωρό μέχρι ενήλικα. Χρησιμοποιείται κυρίως στη Σκωτία ή στη Βόρεια Αγγλία] κοπελιά, κορίτσι

139.3 Νεαρά άτομα που πλησιάζουν την ενηλικίωση

teenager *ουσ.αρ.* έφηβος, νεαρός *The programme's popular with teenagers.* Το πρόγραμμα αρέσει στους έφηβους.

teenage *επίθ.* εφηβικός *my teenage daughters* οι κόρες μου που είναι στην εφηβική ηλικία *teenage fashions* μόδα για νεαρούς

teens *ουσ. πληθ.* εφηβεία *He's in his teens.* Είναι σε. εφηβική ηλικία.

juvenile *ουσ.αρ.* [τεχνική λέξη, κυρίως σαν νομικός ή κοινωνιολογικός όρος, περιγράφει άτομα κάτω των 18 χρόνων] ανήλικος *our policy on sentencing juveniles* η πολιτική μας σε σχέση με την καταδίκη ανηλίκων *(σαν επίθ.) juvenile crime* εγκληματικότητα ανηλίκων

adolescent *ουσ.αρ.* [επίσημο ή ελαφρά υποτιμητικό. Υπονοεί την περίοδο μεταξύ της εφηβικής ηλικίας και της

ενηλικίωσης] έφηβος *adolescents' emotional problems* τα συναισθηματικά προβλήματα της εφηβείας *when I was a spotty adolescent* όταν ήμουν ένας έφηβος γεμάτος σπυριά

adolescent *επίθ.* [συχνά υποτιμητικό] εφηβικός, ανώριμος *his adolescent enthusiasm* ο εφηβικός του ενθουσιασμός

youth *ουσ.αρ.* [επίσημο ή υποτιμητικό. Όροι όπως **boy, girl** ή **young people** προτιμούνται όταν δεν υπάρχουν αρνητικά υπονοούμενα. Συνήθως αρσενικό παρά θηλυκό] νεαρός, νέος *an inexperienced youth* ένας άπειρος νεαρός *a gang of youths on motorcycles* μια παρέα νεαρών με μοτοσικλέτες

139.4 Ενήλικες

adult *ουσ.αρ.* ενήλικας *(σαν επίθ.) in adult life* στην ενήλικη ζωή

grown-up *ουσ.αρ.* [οι ενήλικες όπως τους βλέπουν τα παιδιά] μεγάλος *Grown-ups should set an example.* Οι μεγάλοι πρέπει να δίνουν το καλό παράδειγμα.

man *ουσ.αρ., πληθ.* **men** άντρας *men's clothing* αντρικά ρούχα

gentleman *ουσ.αρ., πληθ.* **gentlemen 1** [ευγενικός όρος] κύριος *These gentlemen are from Canada.* Αυτοί οι κύριοι είναι από τον Καναδά. **2** [άντρας που συμπεριφέρεται με αξιοπρέπεια] τζέντλεμαν, ιππότης *If he was a gentleman, he'd resign.* Αν ήταν τζέντλεμαν θα υπέβαλλε παραίτηση.

gentlemanly *επίθ.* [σαν ευγενικός τζέντλεμαν] καθώς πρέπει, αξιοπρεπής *It was the gentlemanly thing to do.* Ήταν η πιο αξιοπρεπής πράξη.

woman *ουσ.αρ., πληθ.* **women** γυναίκα *women's shoes* γυναικεία παπούτσια *women's issues* ζητήματα που αφορούν τις γυναίκες *(σαν επίθ.) a woman instructor* εκπαιδεύτρια

lady *ουσ.αρ.* **1** [ευγενικός όρος] κυρία *There's a lady waiting to see you.* Μια κυρία περιμένει να σας δει. *(σαν επίθ.) a lady doctor* μια γυναίκα γιατρός **2** [γυναίκα με καλούς τρόπους και συμπεριφορά] πραγματική κυρία

χ ρ ή σ η

Σε μερικές γυναίκες δεν αρέσει η χρήση της λέξης **lady** σαν θηλυκό ισοδύναμο του **man**, γιατί βρίσκουν ότι έχει συγκαταβατικό τόνο, έτσι προτιμούν τη λέξη **woman**.

139.5 Ανεπίσημες λέξεις που περιγράφουν τους άντρες

chap *ουσ.αρ.* (κυρίως Βρετ.) [ανεπίσημο] τύπος, φιλαράκος *You mean the chap your sister married?* Εννοείς τον τύπο που παντρεύτηκε η αδελφή σου;

bloke *ουσ.αρ.* (κυρίως Βρετ.) [ανεπίσημο. Μερικές φορές υπονοεί χαμηλή κοινωνική τάξη] τύπος, μάγκας *The bloke at the garage can't fix it till next week.* Ο τύπος στο γκαράζ δεν μπορεί να το φτιάξει νωρίτερα από την ερχόμενη βδομάδα.

fellow *ουσ.αρ.* τύπος, πρόσωπο *The fellow from the bank called.* Τηλεφώνησε ο τύπος από την τράπεζα.

guy *ουσ.αρ.* [ο πιο ανεπίσημος από όλους αυτούς τους όρους] παιδί, τύπος *this Greek guy she's going out with* εκείνο το παιδί, ο Έλληνας, με τον οποίο έχει σχέσεις [στον πληθυντικό μπορεί επίσης να αναφέρεται και σε γυναίκες στα αμερικάνικα Αγγλικά] *What are you guys doing?* Τι κάνετε, παιδιά;

140 Male Αρσενικό

male *επίθ.* αρσενικός *male hormones* αρσενικές ορμόνες *male stereotypes* αρσενικά στερεότυπα

male *ουσ.αρ.* [περιγράφει τον άντρα σαν μέλος του φύλου του, παρά σαν άτομο] αρσενικό *surrounded by four adoring males* περικυκλωμένη από τέσσερα ερωτευμένα αρσενικά

masculine *επίθ.* [υπονοεί τους τρόπους ή το στυλ που συσχετίζεται με τους άντρες. Συνήθως σε θετικά περιεχόμενα] αρρενωπός, ανδρικός *masculine charm* αρρενωπή γοητεία *The product needs a more masculine image.* Το προϊόν χρειάζεται μια πιο αρρενωπή εικόνα. **masculinity** *ουσ.μ.αρ.* αρρενωπότητα, ανδρισμός

macho *επίθ.* [συνήθως υποτιμητικό. Υπονοεί την εχθρική εντύπωση ότι οι άντρες είναι ανώτεροι] σοβινιστής *I think the motorbike is just there to make him feel macho.* Πιστεύω ότι έχει το μηχανάκι μόνο και μόνο για να νοιώθει άντρας.

unisex *επίθ.* [που προορίζεται και για τα δυο φύλα ή για αποφυγή δηλώσεων σεξισμού] γιούνισεξ *unisex fashions* μόδα γιούνισεξ *unisex terms like fire fighter instead of fireman* όροι ουδέτεροι όπως πυροσβεστικό προσωπικό αντί για πυροσβέστης

141 Female Θηλυκό

female *επίθ.* θηλυκός *female hormones* θηλυκές ορμόνες *a typically female reaction* μια χαρακτηριστικά γυναικεία αντίδραση *female staff* οι γυναίκες υπάλληλοι

female *ουσ.αρ.* [περιγράφει τη γυναίκα σαν μέλος του φύλου της παρά σαν άτομο] θηλυκό *a profession dominated by females* ένα επάγγελμα όπου κυριαρχούν οι γυναίκες

feminine *επίθ.* [υπονοεί τους τρόπους ή το στυλ που συσχετίζεται με τις γυναίκες] γυναικείος *feminine intuition* γυναικεία διαίσθηση *the rather feminine decor* ο διάκοσμος σε μάλλον γυναικείο στυλ **femininity** *ουσ.μ.αρ.* θηλυκότητα, θηλυπρέπεια

girlish *επίθ.* [μπορεί να είναι κάπως υποτιμητικό, υπονοεί ιδιότητες όπως ευθυμία, ανωριμότητα, κτλ.] κοριτσίστικος *a girlish grin* ένα κοριτσίστικο χαμόγελο **girlishly** *επίρρ.* κοριτσίστικα **girlishness** *ουσ.μ.αρ.* συμπεριφορά κοριτσιού

ladylike *επίθ.* [τώρα συχνά χιουμοριστικό, υπονοεί εξευγενισμένους τρόπους που συσχετίζονται με κυρίες] καθώς πρέπει, που αρμόζει σε κυρία, θηλυπρεπής *far too ladylike to drink beer* είναι πολύ σνομπ για να πιει μπίρα

142 Personality Προσωπικότητα

personality *ουσ.αρ.μ.αρ.* [νοοτροπία και συμπεριφορά από ψυχολογική άποψη. Μπορεί να χρησιμοποιηθεί σαν τεχνικός όρος] προσωπικότητα *an outgoing personality* μια εξωστρεφής προσωπικότητα [συγκεκριμένο πρόσωπο] *They're both dynamic personalities.* Έχουν και οι δύο δυναμική προσωπικότητα. *(σαν επίθ.) a personality disorder* ανωμαλίες της προσωπικότητας

character *ουσ.* **1** *ουσ.μ.αρ.αρ.* [νοοτροπία και συμπεριφορά από ηθική ή συναισθηματική άποψη] χαρακτήρας *Coming to the rescue is entirely in character for her.* Το ότι έτρεξε αμέσως να βοηθήσει είναι στο χαρακτήρα της. *It would be entirely out of character if she gave up.* Αν τα παρατούσε τώρα θα δρούσε εντελώς εκτός χαρακτήρα. [συγκεκριμένο πρόσωπο] *He used to be a very timid character.* Κάποτε ήταν πολύ ντροπαλός. *(σαν επίθ.) a character witness* μάρτυρας υπεράσπισης **2** *ουσ.μ.αρ.* [υπονοεί ακεραιότητα, γενναιότητα, κτλ.] χαρακτήρας *I think persevering like that*

takes character. Πιστεύω ότι το να εμμένει κανείς έτσι απαιτεί χαρακτήρα.

nature *ουσ.αρ.μ.αρ.* [φυσικός τρόπος αντίδρασης σε καταστάσεις και ανθρώπους] φύση, ιδιοσυγκρασία *She has an understanding nature.* Έχει από τη φύση της κατανόηση. *It's not in her nature to give up easily.* Δεν είναι στη φύση της να τα παρατά τόσο εύκολα.

-natured σχηματίζει *επίθ.* εκ φύσεως *a sweet-natured child* ένα καλόβολο παιδάκι *He's a good-natured sort.* Είναι πολύ καλόκαρδος. *ill-natured remarks* κακοπροαίρετα σχόλια

temperament *ουσ.αρ.μ.αρ.* [γενικός τρόπος συναισθηματικής αντίδρασης σε καταστάσεις και ανθρώπους] ταμπεραμέντο, ψυχοσύνθεση *Some people can't take his fiery temperament.* Μερικοί δε μπορούν να ανεχτούν το ευέξαπτο ταμπεραμέντο του.

temperamental επίθ. [υπονοεί συχνές και απρόβλεπτες αλλαγές στη διάθεση και συχνές κρίσεις θυμού ή ενθουσιασμού] ευέξαπτος, ευμετάβλητος

temper ουσ. 1 ουσ.αρ.μ.αρ. [συγκεκριμένη περίπτωση θυμού] θυμός, νεύρα Watch out for her temper. Πρόσεξέ την γιατί είναι ευέξαπτη. He's *in a temper*. Έχει τα νεύρα του. a show of temper ξέσπασμα θυμού 2 ουσ.αρ. [συνηθισμένες αντιδράσεις] χαρακτήρας, ψυχοσύνθεση Don't let his quiet temper fool you. Μην ξεγελιέσαι με την φαινομενική του ψυχραιμία. She's got a violent temper. Έχει ευέξαπτο χαρακτήρα.

-tempered σχηματίζει επίθ. -τροπος, -βουλος a bad-tempered man ένας ευέξαπτος άντρας an ill-tempered retort μια κακότροπη απάντηση a good-tempered smile ένα μειλίχιο χαμόγελο

142.1 Προέλευση των ανθρώπινων αισθημάτων

mood ουσ.αρ. 1 [πώς νοιώθει κανείς ή πώς τον κάνουν οι άλλοι να νοιώθει] διάθεση, κέφι She was not **in the mood** to talk. Δεν είχε διάθεση να μιλήσει.The defeat created a sombre mood at party headquarters. Η ήττα προκάλεσε μια καταθλιπτική ατμόσφαιρα στα γραφεία του κόμματος. I'm in a good mood today. Έχω πολύ κέφι σήμερα. 2 [υπονοεί δυσάρεστη συναισθηματική κατάσταση] κακοκεφιά, κατάθλιψη He's **in a mood** again. Είναι και πάλι κακόκεφος. I can't stand his moods. Δεν αντέχω τις καταθλιπτικές του φάσεις.

moody επίθ. 1 [που έχει συχνές αλλαγές διάθεσης] ασταθής, ευμετάβλητος 2 [όταν πρόκειται για άσχημη διάθεση] κακόκεφος, κατσούφης You've been very moody lately. Είσαι πολύ κατσούφης τελευταία. **moodily** επίρρ. κακόκεφα, κατσουφιασμένα

manner ουσ.αρ. [ο τρόπος συμπεριφοράς κάποιου] τρόπος, ύφος She refused in her usual brusque manner. Αρνήθηκε με το συνηθισμένο της απότομο ύφος. the manner he has of ignoring you ο τρόπος του να αγνοεί τους άλλους

atmosphere ουσ. 1 ουσ.αρ. [υπονοεί μια κατάσταση που δημιουργεί συγκεκριμένα αισθήματα] ατμόσφαιρα, κλίμα the right atmosphere for negotiations το κατάλληλο κλίμα για διαπραγματεύσεις The decorations gave the streets a happy atmosphere. 2 ουσ.μ.αρ. [υπονοεί γενικά ενδιαφέρον περιβάλλον] ατμόσφαιρα, περιβάλλον a pizza place with no real atmosphere μια πιτσαρία χωρίς ωραία ατμόσφαιρα

143 Polite Ευγενικός

polite επίθ. [υπονοεί σωστή κοινωνική συμπεριφορά] ευγενικός Try and be a bit more polite to our customers. Προσπάθησε να είσαι κάπως πιο ευγενικός στους πελάτες μας. a polite smile ένα ευγενικό χαμόγελο **politely** επίρρ. ευγενικά **politeness** ουσ.μ.αρ. ευγένεια

manners ουσ. πληθ. τρόποι, καλή ανατροφή try and learn some manners προσπάθησε να μάθεις τρόπους Her children have terrible manners. Τα παιδιά της έχουν απαίσιους τρόπους. table manners καλή συμπεριφορά στο τραπέζι Holding the door open for others is good manners. Το να κρατά κανείς την πόρτα ανοιχτή για τους άλλους είναι ένδειξη καλής ανατροφής.

143.1 Πολλή ευγένεια

courteous επίθ. [υπονοεί μια ελαφρά απαρχαιωμένη και διακριτική ευγένεια] ευγενικός, αβρός He is invariably courteous, even towards his opponents. Είναι πάντα ευγενικός, ακόμα και με τους αντιπάλους του. a courteous bow μια ευγενική υπόκλιση **courteously** επίρρ. ευγενικά **courteousness** ουσ.μ.αρ. ευγένεια

chivalrous επίθ. [υπονοεί εντιμότητα και σεβασμό, κυρίως από άντρες απέναντι σε γυναίκες] ιπποτικός **chivalrously** επίρρ. ιπποτικά **chivalry** ουσ.μ.αρ. ιπποτισμός

gracious επίθ. [κάπως λογοτεχνικό. Δίνει έμφαση στη λεπτότητα, κυρίως προς κατώτερους] μεγαλόψυχος, καταδεκτικός her gracious acceptance of our invitation το ότι αποδέχτηκε ευγενικά την πρόσκλησή μας **graciously** επίρρ. καταδεκτικά, ευγενικά

obsequious επίθ. [υποτιμητικό. Υπονοεί υπερβολική και συνήθως προσποιητή επιθυμία να αρέσω ή να κάνω καλή εντύπωση] δουλοπρεπής, χαμερπής obsequious flattery χαμερπής κολακεία **obsequiously** επίρρ. ταπεινά **obsequiousness** ουσ.μ.αρ. χαμέρπεια, ταπεινοφροσύνη

143.2 Φροντίζω να είμαι ευγενικός

civil επίθ. [εκτός αν διευκρινίζεται, υπονοεί στοιχειώδη ευγένεια] ευγενικός I think I'm entitled to a civil reply. Πιστεύω ότι δικαιούμαι μια ευγενική απάντηση. Her tone was barely civil. Ο τόνος της ήταν σχεδόν αγενής. **civilly** επίρρ. ευγενικά **civility** ουσ.μ.αρ. ευγένεια

respectful επίθ. [που δείχνει σεβασμό] ευγενικός, ευλαβής a respectful silence μια ευλαβική σιωπή **respectfully** επίρρ. ευγενικά, ευλαβικά

diplomatic επίθ. [υπονοεί την παρουσίαση των πραγμάτων με διακριτικό τρόπο, κυρίως για την επίτευξη κάποιου σκοπού] διπλωματικός We found a diplomatic way of turning the invitation down. Σκεφτήκαμε ένα διπλωματικό τρόπο για να αρνηθούμε την πρόσκληση. **diplomatically** επίρρ. διπλωματικά

diplomacy ουσ.μ.αρ. διπλωματία It took some diplomacy to get the whole family to agree. Χρειάστηκε διπλωματία για να πείσουμε ολόκληρη την οικογένεια να συμφωνήσει.

tact ουσ.μ.αρ. διακριτικότητα, λεπτότητα a situation which requires a lot of tact μια κατάσταση που απαιτεί πολλή διακριτικότητα

tactful επίθ. διακριτικός It wasn't exactly tactful to mention his ex-wife. Δεν ήταν διακριτικό εκ μέρους σου να αναφέρεις την πρώην γυναίκα του. a tactful explanation μια διακριτική εξήγηση

tactfully επίρρ. διακριτικά How can we refuse tactfully? Πώς μπορούμε να αρνηθούμε ευγενικά;

φράση

in good taste [υπονοεί κοινωνικά αποδεκτή συμπεριφορά] καλόγουστος, ευπρεπής It would have been in better taste to stay away from the funeral. Θα ήταν πιο ευπρεπές το να μην είχες παραστεί στην κηδεία.

144 Rude Αγενής

δες επίσης **145 Cheeky**

144.1 Χαρακτηριστικά αγενής

rude *επίθ.* (μερικές φορές + **to**) [μπορεί να υπονοεί επιθετική έλλειψη ευγένειας. Περιγράφει: π.χ. ανθρώπους, πράξεις, δηλώσεις] αγενής, απρεπής *Don't be rude to your teacher.* Μην είσαι αγενής προς το δάσκαλό σου. *It's rude to point.* Είναι αγένεια να δείχνεις με το δάχτυλο. *rude comments on the blackboard* απρεπή σχόλια γραμμένα στον πίνακα **rudely** *επίρρ.* με αγένεια **rudeness** *ουσ.μ.αρ.* αγένεια

impolite *επίθ.* [περισσότερο επίσημο από το **rude**] αγενής, ανάγωγος *His behaviour was extremely impolite.* Η συμπεριφορά του ήταν αγενέστατη. *an impolite letter* ένα αγενές γράμμα **impolitely** *επίρρ.* με αγένεια **impoliteness** *ουσ.μ.αρ.* αγένεια

vulgar *επίθ.* [υπονοεί κακόγουστη και άσχημη συμπεριφορά] χυδαίος, πρόστυχος *his vulgar and racist talk* τα χυδαία και ρατσιστικά σχόλια που κάνει *the vulgar familiarity with which they treat you* η χυδαία οικειότητα που σου δείχνουν **vulgarity** *ουσ.μ.αρ.* χυδαιότητα, προστυχιά

offensive *επίθ.* [που αναστατώνει ή εκνευρίζει κάποιον] προσβλητικός, ενοχλητικός *offensive personal remarks* προσβλητικά προσωπικά σχόλια **offensively** *επίρρ.* προσβλητικά, ενοχλητικά **offensiveness** *ουσ.μ.αρ.* προσβολή, ενόχληση

144.2 Συμπεριφέρομαι σε κάποιον με αγένεια

insult *ρ.μ.* προσβάλλω, βρίζω *insulting remarks* προσβλητικά σχόλια *He'll feel insulted if you offer him money.* Θα τον προσβάλλεις αν του προσφέρεις χρήματα.

insult *ουσ.αρ.* προσβολή *If you refuse he'll take it as an insult.* Αν αρνηθείς θα το θεωρήσει προσβολή. *to hurl insults at sb* βρίζω κάποιον

offend *ρ.μ.* [μπορεί να μην είναι σκόπιμο] προσβάλλω, θίγω *The article deeply offended many women.* Το άρθρο έθιξε βαθειά πολλές γυναίκες. *I hope you won't be offended if we go now.* Ελπίζω να μη σε προσβάλλουμε αν φύγουμε τώρα.

offence (*Βρετ.*), **offense** (*Αμερ.*) *ουσ.μ.αρ.* προσβολή *No offence intended.* Δε θα 'θελα να σας προσβάλλω. *to take offence at sth* θίγομαι/πειράζομαι από κάτι

rebuff *ρ.μ.* [υπονοεί μη εξυπηρετική ή εχθρική αντίδραση σε παράκληση, προσφορά, κτλ.] αρνούμαι, περιφρονώ *I had hoped for a compromise, but I was firmly rebuffed.* Έλπιζα ότι θα υπήρχε κάποιος συμβιβασμός, αλλά μου αρνήθηκαν αποφασιστικά.

rebuff *ουσ.αρ.* άρνηση, περιφρόνηση *All our ideas met with a stern rebuff.* Όλες οι ιδέες μας συνάντησαν τη βλοσυρή τους απόρριψη.

144.3 Έλλειψη σεβασμού

offhand *επίθ.* [δε δίνω την απαιτούμενη προσοχή σε κάποιον ή κάτι] απότομος, ψυχρός *She dismissed the problem in the most offhand way.* Παραμέρισε το πρόβλημα με τον πιο απότομο τρόπο. **offhandedly** *επίρρ.* απότομα, ψυχρά

discourteous *επίθ.* [επίσημο. Υπονοεί ότι αψηφώ τους κανόνες καλής συμπεριφοράς και τα αισθήματα των άλλων] αγενής, αγροίκος *It would be discourteous to keep them waiting.* Θα ήταν αγένεια να τους αφήσεις να περιμένουν. **discourteously** *επίρρ.* με αγένεια, άξεστα **discourtesy** *ουσ.μ.αρ.* αγένεια

flippant *επίθ.* [υπονοεί πνευματώδη και επιπόλαια συμπεριφορά σε στιγμές όπου απαιτείται σοβαρότητα] αναιδής, επιπόλαιος *I had expected an apology, not some flippant excuse.* Περίμενα μια απολογία και όχι κάποια επιπόλαιη δικαιολογία. **flippantly** *επίρρ.* απρεπώς, επιπόλαια

improper *επίθ.* [κάπως επίσημο. Υπονοεί ότι αψηφώ ηθικούς και κοινωνικούς κανόνες] απρεπής *It would be quite improper to ask such a personal question.* Θα ήταν απρέπεια να κάνεις μια τόσο προσωπική ερώτηση. **improperly** *επίρρ.* απρεπώς

tactless *επίθ.* [δε δίνω σημασία σε κάτι που θα μπορούσε να προκαλέσει αναστάτωση σε κάποιον] αδιάκριτος, χωρίς λεπτότητα *I know it's tactless but I need to know her age.* Ξέρω ότι είναι αδιακρισία να ρωτά κανείς, αλλά πρέπει να μάθω την ηλικία της. **tactlessly** *επίρρ.* αδιάκριτα

φ ρ ά σ ε ι ς

a slap in the face [κάτι που θέλει να πληγώσει και να προσβάλλει] χαστούκι, χτύπημα *After all we had done for her, her behaviour was a real slap in the face.* Μετά από όσα είχαμε κάνει για κείνην, η συμπεριφορά της ήταν μεγάλο χτύπημα για μας.

put one's foot in it [ανεπίσημο. Είμαι αγενής χωρίς να το θέλω] κάνω γκάφα *As soon as I mentioned divorce, I realized I had put my foot in it.* Μόλις ανέφερα το διαζύγιο, αντιλήφθηκα τη γκάφα μου.

in bad/poor taste [υπονοεί συμπεριφορά που δεν είναι κοινωνικά αποδεκτή] κακόγουστος *His remarks were in very poor taste.* Τα σχόλιά του ήταν πολύ κακόγουστα.

145 Cheeky Αυθάδης

cheeky *επίθ.* (κυρίως *Βρετ.*) [κάπως ανεπίσημο. Δείχνω έλλειψη σεβασμού αλλά χωρίς να έχω την επιθυμία να πληγώσω τους άλλους] αυθάδης, αναιδής *Don't be cheeky to your mother.* Μην αυθαδιάζεις στη μητέρα σου. [συχνά περιγράφει χιουμοριστικό σκοπό] *a cheeky allusion to the minister's private life* ένας προκλητικός υπαινιγμός για την προσωπική ζωή του υπουργού **cheekily** *επίρρ.* με θρασύ/ αναιδή τρόπο

cheek *ουσ.μ.αρ.* αναίδεια, θράσος *Less of your cheek!* Μην είσαι τόσο αναιδής. *He had the cheek to borrow my lawnmower without asking.* Είχε την αναίδεια να δανειστεί τη χορτοκοπτική μου μηχανή χωρίς να με ρωτήσει.

insolent *επίθ.* [εχθρική και επιδεικτική έλλειψη σεβασμού] αναιδής *an insolent refusal to obey the rules* μια προκλητική άρνηση να υπακούσει τους κανόνες *He made an insolent remark about my wife.* Έκανε ένα προκλητικό σχόλιο για τη γυναίκα μου. **insolently** *επίρρ.* με αναίδεια, προκλητικά **insolence** *ουσ.μ.αρ.* αναίδεια, πρόκληση

impudent *επίθ.* [υπονοεί περιφρόνηση] θρασύς *impudent questions about my sex life* θρασείς ερωτήσεις για τη σεξουαλική μου ζωή **impudently** *επίρρ.* με θρασύ τρόπο **impudence** *ουσ.μ.αρ.* θράσος

impertinent *επίθ.* [κάπως επίσημο. Υπονοεί έλλειψη σεβασμού για την εξουσία] αναιδής, ανάρμοστος *She regarded any questioning of her decisions as impertinent.* Θεωρούσε ανάρμοστα οποιαδήποτε σχόλια σχετικά με τις αποφάσεις της. **impertinently** *επίρρ.* ανάρμοστα, με αναίδεια

impertinence *ουσ.μ.αρ.* αναίδεια *embarrassed by the child's impertinence* αμήχανος λόγω της αναίδειας του παιδιού

nerve *ουσ.μ.αρ.* [ανεπίσημο. Υπονοεί τολμηρή αγένεια] θράσος, αναίδεια *She had the sheer nerve to suggest I was too old for the job.* Είχε το θράσος να υπαινιχθεί ότι ήμουν πολύ ηλικιωμένος για τη θέση. *What a nerve!* Τι θράσος!

146 Formal Επίσημος

formal *επίθ.* 1 [που ακολουθεί αυστηρούς, επίσημους ή κοινωνικούς κανόνες] επίσημος, τυπικός *the formal announcement of her resignation* η επίσημη ανακοίνωση της παραίτησής της 2 [πολύ ευπρεπές και ευγενικό, μπορεί να υπονοεί ψυχρότητα] επίσημος, τυπικός *He sent me a very formal letter.* Μου έστειλε ένα πολύ τυπικό γράμμα. 3 [ακατάλληλο για χρήση στον προφορικό λόγο. Περιγράφει: λέξεις] επίσημος **formally** *επίρρ.* επίσημα, τυπικά

formality *ουσ.* 1 *ουσ.μ.αρ.* επισημότητα, τυπικότητα *a moving occasion despite the formality* μια συγκινητική τελετή, παρά την επισημότητα 2 *ουσ.αρ.* [επίσημη διαδικασία] διατυπώσεις *We can dispense with the formalities.* Ας αφήσουμε κατά μέρος τις διατυπώσεις.

ceremonial *επίθ.* [περιγράφει: π.χ. περίσταση, φόρεμα] εθιμοτυπικός, τελετουργικός *the ceremonial opening of the courts* η τελετή ενάρξεως των εργασιών του δικαστηρίου *his ceremonial sword* το επίσημο σπαθί του

ceremony *ουσ.* 1 *ουσ.αρ.* [επίσημη πράξη] τελετή *a civil ceremony* μια πολιτική τελετή (όχι εκκλησιαστική π.χ. γάμος) 2 *ουσ.μ.αρ.* [επίσημη συμπεριφορά] επισημότητα, εθιμοτυπία *They accompanied me with ceremony to the*

door. Με συνόδευσαν με επισημότητα μέχρι την πόρτα.

dignity *ουσ.μ.αρ.* [υπονοεί ότι κάτι/κάποιος είναι σοβαρό και έντιμο] αξιοπρέπεια *their dignity in defeat* δέχτηκαν την ήττα τους με αξιοπρέπεια

dignified *επίθ.* αξιοπρεπής, μεγαλοπρεπής *a dignified bow* μια αξιοπρεπής υπόκλιση *his dignified admission of failure* παραδέχτηκε την αποτυχία του με αξιοπρέπεια

stately *επίθ.* [επίσημο και εντυπωσιακό] μεγαλοπρεπής, επιβλητικός, αρχοντικός *a stately procession* μια μεγαλοπρεπής πομπή **stateliness** *ουσ.μ.αρ.* μεγαλοπρέπεια, επιβλητικότητα

pomp *ουσ.μ.αρ.* [μερικές φορές υποτιμητικό, υπονοεί επιβλητική, επίσημη διαδικασία] μεγαλοπρέπεια, λαμπρότητα *all the pomp and colour of the medieval church* όλη η μεγαλοπρέπεια και τα χρώματα της μεσαιωνικής εκκλησίας

posh *επίθ.* [συχνά υποτιμητικό. Υπονοεί επιθυμία να δοθεί έμφαση στην κοινωνική θέση] πολυτελής, σικ *a posh wedding at the cathedral* ένας πολυτελής γάμος στον καθεδρικό ναό

147 Informal Ανεπίσημος

informal *επίθ.* 1 [που δεν ακολουθεί αυστηρούς, τυποποιημένους κοινωνικούς κανόνες] ανεπίσημος, χωρίς διατυπώσεις *an informal approach to negotiations* μια ανεπίσημη προσέγγιση σε σχέση με τις συνομιλίες *an informal arrangement* μια ανεπίσημη συμφωνία 2 [ακατάλληλος για επίσημη ομιλία ή γραπτό λόγο. Περιγράφει: λέξεις] ανεπίσημος, της καθομιλούμενης **informally** *επίρρ.* ανεπίσημα *We have spoken informally about the problem.* Συζητήσαμε το πρόβλημα ανεπίσημα. **informality** *ουσ.μ.αρ.* ανεπισημότητα

casual *επίθ.* 1 [υπονοεί χαλαρή και ψύχραιμη συμπεριφορά] πρόχειρος, ανεπίσημος *a casual chat about the children and so on* μια ανεπίσημη συζήτηση σχετικά με τα παιδιά και άλλα θέματα 2 [μερικές φορές υποτιμητικό. Χωρίς προσεκτική σκέψη] πρόχειρος *a casual attitude* μια αδιάφορη στάση **casually** *επίρρ.* πρόχειρα,

ανεπίσημα **casualness** *ουσ.μ.αρ.* προχειρότητα, ανεπισημότητα

impromptu *επίθ.* [κάτι που συμβαίνει ξαφνικά, χωρίς προετοιμασία. Περιγράφει: π.χ. γεγονότα, πράξεις] απρομελέτητος, της στιγμής *an impromptu press conference* μια απρομελέτητη δημοσιογραφική διάσκεψη **impromptu** *επίρρ.* εκ του προχείρου *I was reluctant to speak impromptu on the decision.* Δίστασα να σχολιάσω την απόφαση εκ του προχείρου.

> *φράση*
>
> **off the cuff** [ανεπίσημο. Συνήθως υπονοεί ότι μιλώ, παίρνω αποφάσεις, κτλ. ξαφνικά και χωρίς προετοιμασία] εκ του προχείρου, χωρίς προετοιμασία (σαν *επίθ.*) *off-the-cuff remarks* σχόλια της στιγμής

148 Proud Περήφανος

αντίθετο **449 Shame**

148.1 Έχω μεγάλη ιδέα για τον εαυτό μου

proud *επίθ.* 1 (συχνά + **of**) [ευχαριστημένος για ένα κατόρθωμα κτλ.] περήφανος *Your tributes make me feel very proud.* Οι ομιλίες σας με κάνουν να νοιώθω πολύ περήφανος. *I'm proud of this garden.* Είμαι περήφανος γι' αυτό τον κήπο. *I hope you're proud of yourself!*

[χρησιμοποιείται σαρκαστικά όταν κάποιος κάνει κάτι κακό] Ελπίζω να είσαι ικανοποιημένος με τον εαυτό σου τώρα! 2 [συχνά υποτιμητικό. Υπονοεί αδικαιολόγητα μεγάλη ιδέα για τον εαυτό μου] περήφανος *too proud to ask for help* πολύ περήφανος για να ζητήσει βοήθεια **proudly** *επίρρ.* περήφανα

pride *ουσ.μ.αρ.* 1 [π.χ. για ένα κατόρθωμα] περηφάνεια

a sense of pride in their victory ένα αίσθημα περηφάνειας για τη νίκη τους *We **take pride in** our work here.* Είμαστε περήφανοι για τη δουλειά που κάνουμε. **2** [υποτιμητικό] περηφάνεια *He refused our help out of pride.* Αρνήθηκε τη βοήθειά μας από περηφάνεια.

vain *επίθ.* [υποτιμητικό. Υπονοεί μεγάλη ιδέα για τον εαυτό μου, που είναι ανόητη ή μη ρεαλιστική] φιλάρεσκος, ματαιόδοξος *I may be vain, but I'd hate to be bald.* Μπορεί να πρόκειται περί φιλαρέσκειας, αλλά δε θα μου άρεσε να ήμουνα φαλακρός. **vainly** *επίρρ.* φιλάρεσκα, ματαιόδοξα **vanity** *ουσ.μ.αρ.* φιλαρέσκεια, ματαιοδοξία

conceited *επίθ.* [υποτιμητικό. Έχω μεγάλη ιδέα για τον εαυτό μου και το εκφράζω με δυσάρεστη συμπεριφορά] ματαιόδοξος, φαντασμένος *Promotion only made him more conceited.* Η προαγωγή τον έκανε ακόμα πιο φαντασμένο.

conceit *ουσ.μ.αρ.* [ελαφρά επίσημο] ματαιοδοξία, αλαζονεία

148.2 Δείχνω περιφρόνηση προς τους άλλους

contempt *ουσ.μ.αρ.* [υπονοεί περιφρόνηση και αντιπάθεια. Εμφατική λέξη] περιφρόνηση *their open contempt for people's feelings* η φανερή περιφρόνηση που δείχνουν για τα αισθήματα των άλλων *I will treat your remarks with the contempt they deserve.* Θα απαντήσω στα σχόλιά σου με την περιφρόνηση που τους αρμόζει.

contemptuous *επίθ.* [συχνά υποτιμητικό] περιφρονητικός *a contemptuous smile* ένα περιφρονητικό χαμόγελο **contemptuously** *επίρρ.* περιφρονητικά

sneer *ρ.α.* (συνήθως + *at*) [υποτιμητικό. Υπονοεί περήφανη και εχθρική συμπεριφορά] ειρωνεύομαι, χλευάζω *A cynic would sneer at his simple convictions.* Κάποιο κυνικό άτομο θα γέλαγε με τις απλοϊκές του πεποιθήσεις.

sneer *ουσ.αρ.* ειρωνία, χλευασμός *despite the sneers of our opponents* παρά το χλευασμό των αντιπάλων μας

despise *ρ.μ.* [εμφατική λέξη] περιφρονώ, καταφρονώ *They despise society's values.* Περιφρονούν τις ηθικές αξίες της κοινωνίας.

arrogant *επίθ.* [υπονοεί υπερβολική περηφάνεια και αυτοπεποίθηση] αλαζονικός, υπεροπτικός *an arrogant refusal to make changes* μια αλαζονική άρνηση να κάνω αλλαγές **arrogantly** *επίρρ.* αλαζονικά, υπεροπτικά

arrogance *ουσ.μ.αρ.* αλαζονεία, υπεροψία *the arrogance that comes with power* η αλαζονεία που αποκτάται με την εξουσία

pompous *επίθ.* [υποτιμητικό. Υπονοεί ότι κάποιος πιστεύει

ότι είναι σημαντικός ή ηθικά ανώτερος] στομφώδης, πομπώδης *pompous declarations of loyalty* στομφώδεις διακηρύξεις αφοσίωσης **pompously** *επίρρ.* με στόμφο, μεγαλοπρεπώς **pomposity** *ουσ.μ.αρ.* μεγαλοπρέπεια

haughty *επίθ.* [υποτιμητικό και κάπως επίσημο. Υπονοεί ότι κάποιος συμπεριφέρεται στους άλλους σα να ήταν κατώτεροι] *the haughty aristocratic types who expect instant obedience* οι υπερόπτες αριστοκράτες που απαιτούν αμέσως υποταγή **haughtily** *επίρρ.* υπεροπτικά **haughtiness** *ουσ.μ.αρ.* υπεροψία

snob *ουσ.αρ.* [υπονοεί άρνηση να προσφέρω σεβασμό προς άλλες, κυρίως κατώτερες τάξεις] σνομπ, ψευτοαριστοκράτης *snobs who won't use public transport* οι σνομπ που δε χρησιμοποιούν δημόσιες συγκοινωνίες *a wine snob* ψευτοαριστοκράτης που πίνει αποκλειστικά τα ακριβότερα είδη κρασιών **snobbery** *ουσ.μ.αρ.* σνομπισμός, υπεροψία **snobbish** *επίθ.* σνομπ, υπεροπτικός **snobbishly** *επίρρ.* υπεροπτικά

snooty *επίθ.* [ανεπίσημο και υποτιμητικό. Υπονοεί πεποίθηση κάποιου ότι η κοινωνική του τάξη ή η κουλτούρα του υπερέχουν] φαντασμένος, ψηλομύτης *A snooty waiter gave us a table next to the toilets.* Ένα γκαρσόνι με υπεροπτικό ύφος μας έδωσε ένα τραπέζι δίπλα στις τουαλέτες. **snootily** *επίρρ.* υπεροπτικά **snootiness** *ουσ.μ.αρ.* υπεροψία

stuck up *επίθ.* [πιο ανεπίσημο από το **snooty**] ψηλομύτης, φαντασμένος

φράσεις

think sb/sth (is) beneath one [δε θέλω πάρε δώσε με κάποιον/κάτι λόγω υπεροψίας] πιστεύω ότι κάποιος δεν είναι αντάξιός μου, πιστεύω ότι κάτι είναι υποτιμητικό. *I suppose you think it beneath you to type your own letters?* Φαντάζομαι θα το θεωρείς υποτιμητικό να δακτυλογραφείς μόνος σου τις επιστολές σου.

get above oneself [συμπεριφέρομαι σα να ήμουν περισσότερο σημαντικός από ότι είμαι στην πραγματικότητα] είμαι ξιπασμένος/φαντασμένος

to have/get ideas above one's station [κάπως απαρχαιωμένη] Έχω υπερβολική φιλοδοξία ή αυτοπεποίθηση] μεγαλοπιάνομαι *She was a good organizer but she got ideas above her station.* Ήταν καλή στη διοργάνωση, αλλά μεγαλοπιάστηκε.

give oneself airs [πιστεύω ότι είμαι πολύ σημαντικός και περιμένω ότι οι άλλοι θα εντυπωσιαστούν] κάνω τον σπουδαίο, παίρνω ύφος

149 Boast Περηφανεύομαι

boast *ρ.α.μ.* (συχνά + **about**, **of**, **that**) [υπονοεί περήφανους ή υπερβολικούς ισχυρισμούς] περηφανεύομαι, καυχιέμαι *She kept boasting about her big house.* Καυχιόταν συνεχώς για το μεγάλο σπίτι της. *He sometimes boasts of friends in high places.* Μερικές φορές καυχιέται για τους σημαντικούς φίλους του. **boastful** *επίθ.* καυχησιάρης **boastfully** *επίρρ.* καυχησιάρικα **boastfulness** *ουσ.μ.αρ.* περιαυτολογία

cocky *επίθ.* [ανεπίσημο. Υπονοεί υπερβολική αυτοπεποίθηση] θρασύς, αναιδής *a cocky young actor who thinks he's a star* ένας θρασύς νεαρός ηθοποιός που νομίζει

ότι είναι σταρ **cockily** *επίρρ.* με θρασύ τρόπο **cockiness** *ουσ.μ.αρ.* θρασύτητα

show off *ρ.πρφ.* [ανεπίσημο. Θέλω να εντυπωσιάσω] κάνω επίδειξη, κάνω φιγούρα *She's always showing off in front of her friends.* Συνέχεια κάνει φιγούρα στους φίλους της. **show-off** *ουσ.αρ.* [ανεπίσημο] επιδειξίας, φιγουρατζής

bigheaded *επίθ.* [ανεπίσημο και υποτιμητικό. Είμαι υπερβολικά σίγουρος για τις ικανότητες, τις ιδέες μου, κτλ.] φαντασμένος, καυχησιάρης **bighead** *ουσ.αρ.* φαντασμένος, καυχησιάρης

φράσεις

(to be) too big for one's boots [ανεπίσημο. Ενοχλώ τους άλλους με την περήφανη συμπεριφορά μου που δεν αρμόζει στην πραγματική μου θέση] μεγαλοπιάνομαι, κάνω το σπουδαίο *He's getting far too big for his boots, bossing everyone around.* Άρχισε να μεγαλοπιάνεται και δίνει διαταγές σε όλους.

to think one is it [πολύ ανεπίσημο. Πιστεύω ότι είμαι αξιόλογος, έξυπνος, κτλ.] πιστεύω ότι εγώ είμαι και κανένας άλλος *They really think they're it with their money and their fast cars.* Πιστεύουν ότι αυτοί είναι και κανένας άλλος, με

τα λεφτά και τα γρήγορα αυτοκίνητά τους.
(to be) full of oneself [υποτιμητικό. Είμαι απορροφημένος από τις ικανότητες, τα κατορθώματά μου, κτλ.] (είμαι) εγωκεντρικός
(to think one is) God's gift to sth [χιουμοριστικό. Πιστεύω ότι είμαι πολύ σημαντικός και πολύτιμος σε κάτι] (θεωρώ τον εαυτό μου) Θείο δώρο, ουρανοκατέβατη ευλογία *He thinks he's God's gift to women.* Πιστεύει ότι είναι Θείο δώρο για τις γυναίκες.

150 Modest Μετριόφρων

modest *επίθ.* [που δεν καυχιέται] μετριόφρων, σεμνός *It doesn't help to be too modest when applying for jobs.* Δε βοηθά το να είσαι υπερβολικά μετριόφρων όταν κάνεις αίτηση για δουλειά. **modestly** *επίρρ.* με μετριοφροσύνη, σεμνά **modesty** *ουσ.μ.αρ.* μετριοφροσύνη, σεμνότητα
humble *επίθ.* [έχω χαμηλή γνώμη για τον εαυτό μου ή είμαι ταπεινός και υποχωρητικός] ταπεινός *a humble apology*

μια ταπεινή απολογία **humbly** *επίρρ.* ταπεινά **humility** *ουσ.μ.αρ.* ταπεινοφροσύνη
meek *επίθ.* [μερικές φορές υποτιμητικό. Υπονοεί έλλειψη επιβλητικότητας] άτολμος, βολικός *a meek soul who presented no threat to the system* μια άτολμη ψυχή που δεν παρουσιάζει απειλή για το σύστημα **meekly** *επίρρ.* άτολμα, βολικά **meekness** *ουσ.μ.αρ.* πραότητα

φράσεις

swallow one's pride [δέχομαι κάτι ταπεινωτικό] βάζω την περηφάνεια κατά μέρος *We had to swallow our pride and call the strike off.* Αναγκαστήκαμε να βάλουμε την περηφάνεια κατά μέρος και να αναστείλουμε την απεργία.
eat humble pie [παύω να είμαι περήφανος και απολογούμαι ταπεινά] ζητώ ταπεινά συγνώμη *I'm prepared to eat humble*

pie if I turn out to be wrong. Είμαι διατεθειμένος να ζητήσω ταπεινά συγνώμη αν τελικά έχω λάθος.
take sb down a peg or two [δείχνω σε κάποιον ότι δεν είναι τόσο σημαντικός όσο πιστεύει] προσγειώνω κάποιον, του κόβω τον αέρα *Losing that contract should take her down a peg or two.* Το ότι έχασε αυτούς τους πελάτες θα πρέπει να της κόψει τον αέρα.

151 Emotion Συναίσθημα

151.1 Γενικοί όροι

emotion *ουσ.* 1 *ουσ.μ.αρ.* συναίσθημα, αίσθημα, συγκίνηση *I could hardly speak for emotion.* Δεν μπορούσα να μιλήσω από τη συγκίνηση. 2 *ουσ.αρ.* [συγκεκριμένο είδος] αίσθημα *an appeal to the emotions of the public* έκκληση προς τα αισθήματα του κοινού
emotional *επίθ.* 1 [που έχει σχέση με συναισθήματα] συναισθηματικός *our emotional attachment to our home countries* η συναισθηματική μας σύνδεση με την πατρίδα 2 [που φανερώνει συναισθήματα] συγκινητικός *an emotional farewell* ένας συγκινητικός αποχαιρετισμός **emotionally** *επίρρ.* συναισθηματικά
emotive *επίθ.* (πριν από ουσ.) [που προκαλεί συναισθηματική παρά λογική αντίδραση] συγκινητικός, συναισθηματικός *emotive subjects like child abuse* συγκινητικά θέματα όπως η κακομεταχείρηση των παιδιών
feel *ρ.* [αισθάνομαι] 1 *ρ.μ.* αισθάνομαι, νοιώθω *We all felt a sense of triumph.* Νοιώσαμε όλοι μια αίσθηση θριάμβου. 2 *ρ.α.* (συνήθως ακολουθείται από *επίθ.* ή προτάσεις) αισθάνομαι, νοιώθω *We all feel a bit disappointed.* Όλοι μας νοιώθουμε κάποια απογοήτευση. *I felt as though I'd been betrayed.* Ένοιωσα προδομένος.
feeling *ουσ.* 1 *ουσ.μ.αρ.* αίσθημα, πάθος *She spoke with unusual feeling.* Μίλησε με ασυνήθιστο πάθος. 2 *ουσ.αρ.* αίσθηση *a feeling of elation* ενθουσιασμός

151.2 Ανεπαίσθητα αισθήματα

sensitive *επίθ.* (μερικές φορές + **to**) 1 [κάποιος που αναστατώνεται εύκολα] ευαίσθητος *She's rather too sensitive for politics.* Είναι πολύ ευαίσθητη για να ασχοληθεί με τα πολιτικά. *very sensitive to criticism* πολύ ευαίσθητος στις κριτικές 2 [κάτι που ενδέχεται να αναστατώνει τον κόσμο] ευαίσθητος *a sensitive subject* λεπτό θέμα 3 [κάποιου που δείχνει ευαισθησία προς τους άλλους] ευαίσθητος, λεπτός *a sensitive response to public concern* μια ευαίσθητη αντίδραση στις ανησυχίες του κοινού 4 [κάποιος που ξέρει να εκτιμά την τέχνη, τη μουσική, κτλ.] ευαίσθητος **sensitively** *επίρρ.* ευαίσθητα **sensitivity** *ουσ.μ.αρ.* ευαισθησία
insensitive *επίθ.* (μερικές φορές + **to**) [χωρίς αισθήματα] αναίσθητος *It would be insensitive to make her leave so soon.* Θα ήταν αναισθησία να την διώξουμε τόσο νωρίς. **insensitively** *επίρρ.* αναίσθητα **insensitivity** *ουσ.μ.αρ.* αναισθησία
instinctive *επίθ.* [υπονοεί αυτόματη αντίδραση] ενστικτώδης, αυθόρμητος *Her instinctive reaction was to offer to help.* Η ενστικτώδης αντίδρασή της ήταν να προσφέρει βοήθεια. **instinctively** *επίρρ.* ενστινκτωδώς **instinctiveness** *ουσ.μ.αρ.* αυθορμητισμός
instinct *ουσ.αρ.μ.αρ.* ένστικτο *My instinct told me it was dangerous.* Το ένστικτό μου μού έλεγε ότι ήταν επικίνδυνο.

151.3 Δείχνω ή κρύβω τα αισθήματά μου

highly-strung *επίθ.* [υπονοεί υπερβολικές αισθηματικές αντιδράσεις. Περιγράφει: συνήθως άτομο] νευρικός, ευέξαπτος *He's highly-strung and likely to cause a scene.* Είναι ευέξαπτος και είναι πιθανόν να κάνει σκηνή.

demonstrative *επίθ.* [κάποιος που δείχνει τα αισθήματά του φανερά, μερικές φορές με δραματικό τρόπο] εκδηλωτικός, διαχυτικός *I suppose they were glad to see me, but they weren't very demonstrative.* Υποθέτω πως χάρηκαν που με είδαν, αλλά δεν ήταν και πολύ διαχυτικοί. **demonstratively** *επίρρ.* εκδηλωτικά, διαχυτικά **demonstrativeness** *ουσ.μ.αρ.* εκδηλωτικότητα, διαχυτικότητα

undemonstrative *επίθ.* [κάποιος που δε δείχνει καθόλου τα αισθήματά του] συγκρατημένος *She thanked us all in her usual undemonstrative way.* Μας ευχαρίστησε όλους με το συνηθισμένο της συγκρατημένο τρόπο. **undemonstratively** *επίρρ.* συγκρατημένα **undemonstrativeness** *ουσ.μ.αρ.* ηρεμία, συγκράτηση

thick-skinned *επίθ.* [κάπως υποτιμητικό. Κάποιος που δεν τον ενοχλούν οι προσβολές, οι παρακλήσεις, κτλ.] χοντρόπετσος, αναίσθητος *The press can say what they like about me, I'm pretty thick-skinned.* Ο τύπος μπορεί να λέει ό,τι θέλει για μένα, είμαι αρκετά χοντρόπετσος.

self-control *ουσ.μ.αρ.* [υπονοεί έλεγχο των αισθημάτων] αυτοκυριαρχία *With a little more self-control we could avoid these arguments.* Με κάπως περισσότερη αυτοκυριαρχία θα μπορούσαμε να αποφύγουμε αυτούς τους καυγάδες.

self-controlled *επίθ.* αυτοκύριαρχος, συγκρατημένος *a self-controlled performance in front of the cameras* μια παράσταση εκτελεσμένη με αυτοκυριαρχία μπροστά στις κάμερες

---

152 Fruit Φρούτα

152.1 Κοινά φρούτα

apple *ουσ.αρ.* μήλο *an eating apple* επιτραπέζιο μήλο *cooking apples* μήλα για μαγείρεμα

pear *ουσ.αρ.* αχλάδι

banana *ουσ.αρ.* μπανάνα *a bunch of bananas* ένα μάτσο μπανάνες

grape *ουσ.αρ.* σταφύλι *a bunch of grapes* ένα τσαμπί σταφύλι

peach *ουσ.αρ.* ροδάκινο

nectarine *ουσ.αρ.* νεκταρίνι

apricot *ουσ.αρ.* βερίκοκο

plum *ουσ.αρ.* δαμάσκηνο

melon *ουσ.αρ.* πεπόνι

watermelon *ουσ.αρ.* καρπούζι

rhubarb *ουσ.μ.αρ.* ρήο, ραβέντι *a stick of rhubarb* ένα (κλωνάρι) ρήο

152.2 Εσπεριδοειδή

orange *ουσ.αρ.* πορτοκάλι

lime *ουσ.αρ.* κίτρο, γλυκολέμονο

lemon *ουσ.αρ.* λεμόνι

grapefruit *ουσ.αρ.* γκρέιπφρουτ, φράπα

tangerine *ουσ.αρ.* μανταρίνι

satsuma *ουσ.αρ.* [χωρίς κουκούτσια] μανταρίνι

152.3 Μαλακά φρούτα

cherry *ουσ.αρ.* κεράσι

strawberry *ουσ.αρ.* φράουλα

raspberry *ουσ.αρ.* [κόκκινο και γλυκό] βατόμουρο

blackberry *ουσ.αρ.* [μαύρο και κάπως πικρό] βατόμουρο

blackcurrant *ουσ.αρ.* μαύρη σταφίδα

gooseberry *ουσ.αρ.* φραγκοστάφυλο

blueberry *ουσ.αρ.* μούρο

152.4 Εξωτικά φρούτα

pineapple *ουσ.αρ.* ανανάς

mango *ουσ.αρ., πληθ.* **mangos** μάγκο

avocado *ουσ.αρ., πληθ.* **avocados** αβοκάντο

kiwi fruit *ουσ.αρ.* ακτινίδιο

passion fruit *ουσ.αρ.* ο καρπός του φυτού πασσιφλόρα

lychee *ουσ.αρ.* λίτσι

152.5 Ξηραμένα φρούτα

raisin *ουσ.αρ.* [ξηραμένο μαύρο σταφύλι, μεγαλύτερο από σουλτανίνα ή σταφίδα] σταφίδα

currant *ουσ.αρ.* [πολύ μικρό, μαύρο, ξηραμένο σταφύλι] σταφίδα

sultana *ουσ.αρ.* [μικρό, άσπρο, ξηραμένο σταφύλι] σουλτανίνα

prune *ουσ.αρ.* ξερό δαμάσκηνο

date *ουσ.αρ.* χουρμάς

fig *ουσ.αρ.* σύκο

152.6 Μέρη του φρούτου

skin *ουσ.μ.αρ.* [γενικός όρος που μπορεί να χρησιμοποιηθεί για οποιοδήποτε φρούτο] φλούδα

peel *ουσ.μ.αρ.* [χοντρή φλούδα φρούτου, π.χ. σε μπανάνες, πορτοκάλια, όχι δαμάσκηνα, αχλάδια, κτλ.] φλούδα, φλοιός

rind *ουσ.μ.αρ.* [φλούδα σε εσπεριδοειδή και πεπόνι] φλούδα

zest *ουσ.μ.αρ.* [λεπτό χρωματιστό μέρος φλούδας εσπεριδοειδούς] εξωτερική φλούδα

pith *ουσ.μ.αρ.* [σε εσπεριδοειδή, το εσωτερικό μέσα από τη φλούδα] ψίχα

pip *ουσ.αρ.* (Βρετ.) [μικρό, σε μήλα, εσπεριδοειδή, σταφύλια, κτλ.] κουκούτσι

seed *ουσ.αρ.* [πολύ μικρό, σε φραγκοστάφυλα, φράουλες, κτλ.] σπόρος

stone (κυρίως Βρετ.), **pit** (Αμερ.) *ουσ.αρ.* [μεγάλο, σε ροδάκινα, βερίκοκα, χουρμάδες, κτλ.] κουκούτσι

core *ουσ.αρ.* [το εσωτερικό π.χ. ενός μήλου που περιέχει τα κουκούτσια] πυρήνας

stalk *ουσ.αρ.* στέλεχος, μίσχος

153 Ripeness Ωριμότητα

ripe επίθ. [περιγράφει: π.χ. φρούτα, τυρί] ώριμος **ripen** ρ.α.μ. ωριμάζω

unripe επίθ. [περιγράφει: π.χ. φρούτα] άγουρος

rotten επίθ. [περιγράφει: π.χ. φρούτα, αυγά] σάπιος *to go rotten* σαπίζω

stale επίθ. [όταν κάτι ξεραίνεται. Περιγράφει: π.χ. ψωμί, τυρί] μπαγιάτικος *to go stale* μπαγιατεύω

go off ρ.πρφ.α. [υποκ.: π.χ. γάλα, ψάρι] χαλώ, ξυνίζω

154 Nuts Ξηροί καρποί

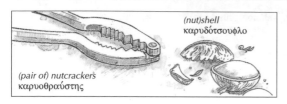

(nut)shell καρυδότσουφλο

(pair of) nutcracker's καρυοθραύστης

almond ουσ.αρ. αμύγδαλο

walnut ουσ.αρ. καρύδι

chestnut ουσ.αρ. κάστανο *roasted chestnuts* ψητά κάστανα

hazelnut ουσ.αρ. φουντούκι

brazil nut ουσ.αρ.

βραζιλιάνικο καρύδι

cashew ουσ.αρ. φυστίκι (αμερικάνικο)

peanut ουσ.αρ. φυστίκι

coconut ουσ.αρ. καρύδα

pistachio ουσ.αρ. φυστίκι (Αιγίνης)

155 Vegetables Λαχανικά

155.1 Πράσινα λαχανικά

cabbage ουσ.αρ.μ.αρ. λάχανο

pea ουσ.αρ. μπιζέλι

bean ουσ.αρ. φασόλι

runner bean (Βρετ.), **string bean** (Αμερ.) ουσ.αρ. αμπελοφάσουλο

French bean (Βρετ.), **green bean** (Αμερ.) ουσ.αρ. φασόλι, φασολάκι

broad bean ουσ.αρ. κουκί

brussels sprout ουσ.αρ. λαχανάκι Βρυξελλών

broccoli ουσ.μ.αρ. μπρόκολο

spinach ουσ.μ.αρ. σπανάκι

asparagus ουσ.μ.αρ. σπαράγγι (σαν επίθ.) *asparagus spears* σπαράγγια

155.2 Λαχανικά με φαγώσιμες ρίζες

potato ουσ.αρ., πληθ. **potatoes** πατάτα

carrot ουσ.αρ. καρότο

parsnip ουσ.αρ. δαυκί, παστινάκη

turnip ουσ.αρ.μ.αρ. γογγύλι

swede (κυρίως Βρετ.), **rutabaga** (Αμερ.) ουσ.αρ.μ.αρ. γουλί

155.3 Άλλα κοινά λαχανικά

mushroom ουσ.αρ. μανιτάρι

cauliflower ουσ.αρ.μ.αρ. κουνουπίδι

pepper ουσ.αρ. πιπεριά

aubergine (κυρίως Βρετ.), **eggplant** (Αμερ.) ουσ. αρ.μ.αρ. μελιντζάνα

onion ουσ.αρ. κρεμμύδι

leek ουσ.αρ. πράσο

garlic ουσ.μ.αρ. σκόρδο

chilli ουσ.αρ., πληθ. **chillies** καυτή, μικρή πιπεριά

courgette (Βρετ.), **zucchini** (Αμερ.) ουσ.αρ. κολοκυθάκι

marrow ουσ.αρ. κολοκύθα

sweetcorn ουσ.μ.αρ.

καλαμπόκι

artichoke, ΕΠΙΣΗΣ **globe artichoke** ουσ.αρ. αγκινάρα

pumpkin ουσ.αρ.μ.αρ. [στρογγυλό και με κοκκινωπό χρώμα] κολοκύθα

155.4 Σαλατικά

salad ουσ.αρ.μ.αρ. [στη Βρετανία, συνήθως ένα πιάτο με κρύο κρέας, ψάρι, κτλ. που σερβίρεται με μαρούλι, ντομάτα, αγγουράκι, κτλ., ή ένα μείγμα από υλικά που σερβίρονται με λαδόξυδο] σαλάτα *a ham salad* σαλάτα με ζαμπόν *rice salad* σαλάτα με ρύζι

lettuce ουσ.αρ.μ.αρ. μαρούλι

tomato ουσ.αρ., πληθ. **tomatoes** ντομάτα

radish ουσ.αρ. ραπανάκι

spring onion (Βρετ.), **scallion** (Αμερ.) ουσ.αρ. φρέσκο κρεμμυδάκι

cucumber ουσ.αρ.μ.αρ. αγγούρι

beetroot (Βρετ.), **beet** (Αμερ.) ουσ.αρ.μ.αρ. παντζάρι

celery ουσ.μ.αρ. σέλινο

cress ουσ.μ.αρ. κάρδαμο *mustard and cress* μουστάρδα και κάρδαμο

watercress ουσ.μ.αρ. νεροκάρδαμο

beansprout ουσ.αρ. (συνήθως πληθ.) [μικροί λεπτοί μίσχοι με άσπρο χρώμα που χρησιμοποιούνται συνήθως στην κινέζικη κουζίνα] βλασταράκια φασολιού

156 Baked and dried foods Ψημένα και ξηρά τρόφιμα

156.1 Ψωμί

bread ουσ.μ.αρ. ψωμί *sliced bread* ψωμί κομμένο σε φέτες *white bread* άσπρο ψωμί *brown bread* μαύρο ψωμί *bread and butter* ψωμί με βούτυρο

loaf ουσ.αρ., πληθ. **loaves** [ένα ψωμί που συνήθως δεν έχει κοπεί φέτες] ψωμί, καρβέλι *a wholemeal loaf* μαύρο, σιταρένιο ψωμί *a granary loaf* [με σπυριά από ξηραμένο κριθάρι] κριθαρένιο ψωμί

χρήση

Προσέξτε ότι το ουσιαστικό **bread**, που αναφέρεται στο υλικό, δεν είναι αριθμήσιμο, ενώ το **loaf**, που χρησιμοποιείται για να περιγράψει ξεχωριστές μονάδες ψωμιού, είναι αριθμήσιμο, π.χ. *two loaves (of bread) please* (δύο ψωμιά παρακαλώ)

roll ουσ.αρ. φρατζολάκι, ψωμάκι

dough *ουσ.μ.αρ.* ζύμη, ζυμάρι *to knead dough* πλάθω ζυμάρι (ζυμώνω)

crust *ουσ.αρ.μ.αρ.* [η τελευταία φέτα ή το εξωτερικό περίβλημα καρβελιού] κρούστα, κόρα

crumb *ουσ.αρ.* [μικρό κομματάκι ψωμιού, μπισκότου, κτλ.] ψίχουλο

toast *ουσ.μ.αρ.* φρυγανιά *a piece of toast* μια φρυγανιά **toast** *ρ.μ.* φρυγανίζω

156.2 Υλικά για ψήσιμο στο φούρνο

yeast *ουσ.μ.αρ.* μαγιά, προζύμι

flour *ουσ.μ.αρ.* αλεύρι *plain flour* (*Βρετ.*)/*all-purpose flour* (*Αμερ.*) αλεύρι για όλες τις χρήσεις *self-raising flour* (*Βρετ.*) αλεύρι που φουσκώνει μόνο του *strong flour* σκληρό αλεύρι

baking powder *ουσ.μ.αρ.* μπέικιν πάουντερ

sugar *ουσ.μ.αρ.* ζάχαρη *granulated sugar* ζάχαρη σε κόκκους *caster sugar* (*Βρετ.*) ψιλή ζάχαρη *icing sugar* (*Βρετ.*)/*powdered sugar* (*Αμερ.*) ζάχαρη άχνη *cube sugar* κύβοι ζάχαρης *brown sugar* μαύρη ζάχαρη

156.3 Άλλα είδη ψημένα στο φούρνο

biscuit *ουσ.αρ.* 1 (*Βρετ.*), **cookie** (*Αμερ.*) [σκληρό, συχνά γλυκό] μπισκότο 2 (*Αμερ.*) [μαλακό και γλυκό] κουλουράκι

cake *ουσ.αρ.μ.αρ.* [μαλακό, οποιουδήποτε μεγέθους, απλό ή διακοσμημένο] κέικ, τούρτα *a sponge cake* παντεσπάνι *fruit cake* κέικ φρούτων *a cream cake* πάστα με κρέμα

bun (*κυρίως Βρετ.*), **sweet roll** (*Αμερ.*) *ουσ.αρ.* [μαλακό και γλυκό, συχνά με ξηραμένα φρούτα ή γλασαρισμένο]

κουλουράκι *a sticky bun* σιροπιασμένο κουλουράκι

icing (*κυρίως Βρετ.*), **frosting** (*κυρίως Αμερ.*) *ουσ.μ.αρ.* γλασάρισμα *royal icing* σκληρό γλάσο για τούρτες

pastry *ουσ.* 1 *ουσ.μ.αρ.* [χρησιμοποιείται για πίτες και τάρτες] ζύμη *shortcrust pastry* ζύμη για κέικ *puff pastry* πλούσια ελαφριά ζύμη σε φύλλα 2 *ουσ.αρ.* [ατομικό κέικ με ζύμη] πάστα *Danish pastries* [πάστες με γέμιση από φρούτα και σιρόπι, συχνά γλασαρισμένα] πάστα

pie *ουσ.αρ.μ.αρ.* [γλυκό ή αλμυρό. Η γέμιση καλύπτεται με κρούστα από ζύμη] πίτα *an apple pie* μηλόπιτα *pecan pie* πίτα με φυστίκια *a pork pie* κρεατόπιτα με χοιρινό κρέας

tart *ουσ.αρ.μ.αρ.* [συνήθως γλυκιά. Ανοιχτή από πάνω ή με δικτυωτή ζύμη] τάρτα *a jam tart* τάρτα με μαρμελάδα

156.4 Αμυλώδεις τροφές

rice *ουσ.μ.αρ.* ρύζι *long-grain rice* ρύζι σπυρωτό *pudding rice* ρύζι για ριζόγαλο

pasta *ουσ.μ.αρ.* ζυμαρικά

spaghetti *ουσ.μ.αρ.* σπαγέτο, μακαρόνια

156.5 Πρόγευμα

cereal *ουσ.αρ.μ.αρ.* δημητριακά

porridge *ουσ.μ.αρ.* χυλός

muesli (*Βρετ.*), **granola** (*Αμερ.*) *ουσ.μ.αρ.* μείγμα από δημητριακά, ξηρά φρούτα, σταφίδες και ξηρούς καρπούς

bran *ουσ.μ.αρ.* πίτουρα

cornflakes *ουσ. πληθ.* κορν φλέικς

157 Flavours Γεύσεις

157.1 Γενικοί όροι

flavour (*Βρετ.*), **flavor** (*Αμερ.*) *ουσ.μ.αρ.αρ.* γεύση *to give sth flavour* προσθέτω γεύση σε κάτι *a distinct lemony flavour* μια χαρακτηριστική γεύση λεμονιού *six different flavours of ice cream* έξι διαφορετικές γεύσεις παγωτού

flavour (*Βρετ.*), **flavor** (*Αμερ.*) *ρ.μ.* (συχνά + with) καρυκεύω, προσθέτω νοστιμιά *flavoured with herbs* καρυκευμένο με βότανα

flavouring (*Βρετ.*), **flavoring** (*Αμερ.*) *ουσ.αρ.μ.αρ.* [συνήθως δεν είναι φυσικό υλικό] πρόσθετη γευστική ουσία

season *ρ.μ.* [κανονίζω τη γεύση, συνήθως με αλάτι, πιπέρι ή μπαχαρικά] καρυκεύω, προσθέτω αλατοπίπερο *subtly seasoned with saffron* ελαφρά καρυκευμένο με ζαφορά *season to taste* προσθέτω τα ανάλογα μπαχαρικά **seasoning** *ουσ.αρ.μ.αρ.* καρυκεύματα, μπαχαρικά

taste *ουσ.μ.αρ.αρ.* [δίνει έμφαση στην αντίδραση του ατόμου που τρώει] γεύση *a sharp taste* μια έντονη γεύση

157.2 Βότανα και μπαχαρικά

salt *ουσ.μ.αρ.* αλάτι *a pinch of salt* ελάχιστο αλάτι

salt *ρ.μ.* αλατίζω *lightly salted butter* ελαφρά αλατισμένο βούτυρο

pepper *ουσ.μ.αρ.* πιπέρι *black pepper* μαύρο πιπέρι

herb *ουσ.αρ.* βότανο

parsley *ουσ.μ.αρ.* μαϊντανός *a sprig of parsley* ένας βλαστός μαϊντανού

chives *ουσ. πληθ.* σχοινόπρασο

mint *ουσ.μ.αρ.* δυόσμος, μέντα

thyme *ουσ.μ.αρ.* θυμάρι

spice *ουσ.αρ.μ.αρ.* μπαχαρικό

mustard *ουσ.μ.αρ.* μουστάρδα

157.3 Έντονες γεύσεις

vanilla *ουσ.μ.αρ.* βανίλια (σαν *επίθ.*) *a vanilla pod* καρπός βανίλιας

peppermint *ουσ.μ.αρ.* μέντα

aniseed *ουσ.μ.αρ.* γλυκάνισο

ginger *ουσ.μ.αρ.* πιπερόριζα *stem ginger* πιπερόριζα (από το βλαστό του φυτού) *root ginger* πιπερόριζα (από τη ρίζα του φυτού)

157.4 Γλυκειές γεύσεις

sweet *επίθ.* γλυκός **sweetness** *ουσ.μ.αρ.* γλυκάδα

sweeten *ρ.μ.* γλυκαίνω, προσθέτω ζάχαρη *slightly sweetened grape fruit juice* χυμός γκρέιπφρουτ με την προσθήκη ελάχιστης ζάχαρης **sweetener** *ουσ.αρ.μ.αρ.* γλυκαντικό

sugary *επίθ.* [υποτιμητικό. Υπερβολικά γλυκός] ζαχαρώδης, ζαχαρωμένος

157.5 Γεύσεις που δεν είναι γλυκειές

savoury (*Βρετ.*), **savory** (*Αμερ.*) *επίθ.* αλμυρός *a savoury filling* αλμυρή γέμιση *a savoury pancake* αλμυρή τηγανίτα

bitter *επίθ.* [υπονοεί έντονη, συνήθως ξινή γεύση, συχνά χρησιμοποιείται υποτιμητικά] πικρός *bitter black coffee* πικρός μαύρος καφές **bitterness** *ουσ.μ.αρ.* πικράδα, πίκρα

sour *επίθ.* [όπως τα άγουρα φρούτα, συχνά θεωρείται δυσάρεστη γεύση. Περιγράφει τη γεύση π.χ. γκρέιπφρουτ, ξύδι] ξινός *sour cream* ξινισμένη κρέμα **sourness** *ουσ.μ.αρ.* ξινίλα

sharp *επίθ.* [υπονοεί ξινίλα που ξαφνιάζει. Μπορεί να θεωρείται ευχάριστη από μερικούς] έντονος *A good eating apple should be slightly sharp.* Ένα καλό επιτραπέζιο μήλο πρέπει να έχει κάπως έντονη γεύση. **sharpness** *ουσ.μ.αρ.* οξύτητα

tart *επίθ.* [υπονοεί πικράδα που συνήθως θεωρείται ευχάριστη] στυφός *deliciously tart blackberries* υπέροχα στυφά βατόμουρα

acid *επίθ.* [όπως το λεμόνι ή το ξύδι, συνήθως θεωρείται δυσάρεστη γεύση] ξινός *a rather acid white wine* ένα αρκετά ξινό άσπρο κρασί **acidity** *ουσ.μ.αρ.* οξύτητα, ξινίλα

157.6 Ευχάριστες γεύσεις

delicious *επίθ.* νοστιμότατος

mouth-watering *επίθ.* [κάτι που θέλω να γευτώ] κάνει να τρέχουν τα σάλια μου

tasty *επίθ.* [δεν είναι επίσημη λέξη. Υπονοεί καλή, συνηθισμένη κουζίνα, κυρίως στο σπίτι] νόστιμος, γευστικός *You can use the bone to make a tasty soup.* Μπορείς να χρησιμοποιήσεις το κόκαλο για να φτιάξεις μια νόστιμη σούπα.

157.7 Αδύνατες γεύσεις

tasteless *επίθ.* άγευστος, ανούσιος *The pears were crisp but tasteless.* Τα αχλάδια ήταν τραγανιστά αλλά άγευστα.

bland *επίθ.* [ήπιος και χωρίς ενδιαφέρον] άγευστος, ανούσιος *Add no salt to baby food, even if it seems bland to you.* Μην προσθέτετε αλάτι στις παιδικές τροφές έστω και αν σας φαίνονται άνοστες.

158 Dairy products Γαλακτοκομικά προϊόντα

158.1 Ζωικά προϊόντα

milk *ουσ.μ.αρ.* γάλα *skimmed milk* αποβουτυρωμένο γάλα

butter *ουσ.μ.αρ.* βούτυρο *unsalted butter* ανάλατο βούτυρο

butter *ρ.μ.* [αντικ.: π.χ. ψωμί] βουτυρώνω

buttery *επίθ.* βουτυράτος *lovely buttery potatoes* ωραίες βουτυράτες πατάτες

cheese *ουσ.μ.αρ.αρ.* τυρί *a blue cheese* τυρί ροκφόρ *soft cheeses* μαλακά τυριά

yoghurt 'Η **yogurt** *ουσ.μ.αρ.αρ.* γιαούρτι *low-fat yoghurt* άπαχο γιαούρτι

cream *ουσ.μ.αρ.* κρέμα *single cream* (Βρετ.)/*light cream* (Αμερ.) ελαφριά κρέμα *whipping cream* κρέμα για σαντιγύ *double cream* (Βρετ.)/*heavy cream* (Αμερ.) παχιά κρέμα

egg *ουσ.αρ.* αυγό

158.2 Λιπαρά και λαδερά

margarine *ουσ.μ.αρ.* μαργαρίνη

oil *ουσ.αρ.* λάδι *cooking oil* μαγειρικό λάδι *olive oil* ελαιόλαδο

suet *ουσ.μ.αρ.* ξίγκι

159 Meat Κρέας

δες επίσης **6 Farm animals, 10 Fish and Sea animals**

159.1 Κρέας ζώων

beef *ουσ.μ.αρ.* βοδινό *roast beef* ψητό βοδινό (σαν *επίθ.*) *beef stew* βοδινό στην κατσαρόλα

veal *ουσ.μ.αρ.* μοσχάρι

lamb *ουσ.μ.αρ.* αρνί *breast of lamb* στήθος από αρνί

pork *ουσ.μ.αρ.* χοιρινό

bacon *ουσ.μ.αρ.* μπέικον, καπνιστό χοιρινό (σαν *επίθ.*) *a bacon sandwich* σάντουιτς με μπέικον

ham *ουσ.μ.αρ.* ζαμπόν

gammon *ουσ.αρ.* (Βρετ.) παστό χοιρομέρι/ζαμπόν (σαν *επίθ.*) *a gammon steak* φιλέτο από παστό χοιρομέρι

159.2 Κομμάτια κρέατος

joint (Βρετ.), **roast** (Αμερ.) *ουσ.αρ.* [συνήθως για ψητό] κομμάτι κρέατος *a shoulder joint* σπάλα

cut *ουσ.αρ.* [είδος κρέατος από συγκεκριμένο μέρος του σώματος του ζώου, π.χ. πόδι ή λαιμό] κομμάτι κρέατος *a prime cut of beef* πρώτης ποιότητας βοδινό κρέας

rasher *ουσ.αρ.* [λεπτή φέτα από μπέικον] φέτα μπέικον

chop *ουσ.αρ.* [από τις πλευρές, κυρίως αρνίσιο ή χοιρινό] κοτολέτα, παϊδάκι *a pork chop* κοτολέτα χοιρινή

cutlet *ουσ.αρ.* [μικρή κοτολέτα, συνήθως χωρίς κόκαλο] παϊδάκι *veal cutlets* παϊδάκια μοσχαρίσια

steak *ουσ.αρ.* μπριζόλα *a T-bone steak* μπριζόλα κόντρα *a rare steak* μισοψημένη μπριζόλα

flesh *ουσ.μ.αρ.* [ωμό, είναι λιγότερο κοινό από το **meat**, χρησιμοποιείται π.χ. σχολιάζοντας την ποιότητα] κρέας, σάρκα *The flesh should be pink and firm.* Το κρέας πρέπει να είναι κόκκινο και σφιχτό.

fat *ουσ.μ.αρ.* λίπος *trim the fat off the bacon* κόψε το λίπος από το μπέικον *animal and vegetable fats* ζωικά και φυτικά λίπη

fatty *επίθ.* [υποτιμητικό] λιπαρό *fatty bacon* λιπαρό μπέικον

lean *επίθ.* άπαχος *lean chops* άπαχες κοτολέτες

159.3 Πουλερικά κυνήγι και ψαρικά

poultry *ουσ.μ.αρ.* πουλερικά (σαν *επίθ.*) *poultry farmers* πτηνοτρόφοι

chicken *ουσ.μ.αρ.αρ.* κοτόπουλο *a free-range chicken* κοτόπουλο ελεύθερης βοσκής *roast chicken* κοτόπουλο ψητό

turkey *ουσ.μ.αρ.αρ.* γαλοπούλα

game *ουσ.μ.αρ.* κυνήγι (σαν *επίθ.*) *a game bird* πουλί για κυνήγι

venison *ουσ.μ.αρ.* ελάφι *a haunch of venison* γοφός ελαφιού

fish *ουσ.μ.αρ.αρ.* ψάρι

159.4 Εντόσθια και κρεατικά

liver *ουσ.μ.αρ.αρ.* συκώτι *lamb's liver* συκώτι αρνίσιο *chicken liver* συκώτι από κοτόπουλο

kidney *ουσ.μ.αρ.αρ.* νεφρό

sausage *ουσ.αρ.* λουκάνικο (σαν *επίθ.*) *sausage meat* κρέας για λουκάνικα

mince *ουσ.αρ.* (*Βρετ.*) κιμάς

pâté *ουσ.μ.αρ.αρ.* πατέ *liver pâté* πατέ από συκώτι

160 Sweet foods Γλυκιές τροφές

160.1 Για να αλείβουμε

honey *ουσ.μ.αρ.* μέλι

jam (*Βρετ.*), **jelly** (*Αμερ.*) *ουσ.μ.αρ.* μαρμελάδα *raspberry jam* μαρμελάδα από κόκκινα βατόμουρα

marmalade *ουσ.μ.αρ.* [μαρμελάδα με έντονη γεύση που παρασκευάζεται από εσπεριδοειδή και τρώγεται για πρόγευμα] μαρμελάδα πορτοκαλιού/λεμονιού κτλ.

syrup *ουσ.μ.αρ.* σιρόπι

treacle (*Βρετ.*), **molasses** (*Αμερ.*) *ουσ.μ.αρ.* μελάσα

160.2 Επιδόρπιο

ice cream *ουσ.μ.αρ.αρ.* παγωτό

jelly (*Βρετ.*), **jello** (*Αμερ.*) *ουσ.μ.αρ.* ζελέ

custard *ουσ.μ.αρ.* (*Βρετ.*) [κρέμα από γάλα και αυγά] κρέμα (σαν *επίθ.*) *custard powder* σκόνη κρέμας

trifle *ουσ.μ.αρ.αρ.* (*κυρίως Βρετ.*) [παντεσπάνι και από πάνω φρούτα ή μαρμελάδα, ζελέ, κρέμα και σαντιγύ] τράιφλ

161 Snacks and Cooked food
Πρόχειρα γεύματα και Μαγειρεμένο φαγητό

161.1 Γλυκά σνακς

sweet *ουσ.αρ.* (*Βρετ.*) καραμέλα

candy *ουσ.αρ.μ.αρ.* (*Αμερ.*) [από ζάχαρη ή σοκολάτα] ζαχαρωτό, καραμέλα (σαν *επίθ.*) *a candy bar* ζαχαρωτό, σοκολάτα

chocolate *ουσ.αρ.μ.αρ.* σοκολάτα *a bar of chocolate* μια σοκολάτα

toffee *ουσ.αρ.μ.αρ.* καραμέλα βουτύρου

popcorn *ουσ.μ.αρ.* [τρώγεται με ζάχαρη ή αλάτι] ποπ κορν

chewing gum *ουσ.μ.αρ.* τσίχλα

161.2 Αλμυρά σνακς

crisp (*Βρετ.*), **chip** (*Αμερ.*) *ουσ.αρ.* πατατάκι, τσιπς *a bag of crisps* ένα σακουλάκι πατατάκια

sandwich *ουσ.αρ.* σάντουιτς *a cheese and tomato sandwich* ένα σάντουιτς με τυρί και ντομάτα

sausage roll *ουσ.αρ.* (*Βρετ.*) [λουκάνικο ή κρέας για λουκάνικο τυλιγμένο σε πάστα σφολιάτα] λουκανικόπιτα

pickles *ουσ. πληθ.* τουρσί

gherkin *ουσ.αρ.* αγγουράκι τουρσί

olive *ουσ.αρ.* ελιά

161.3 Φαγητά σε πακέτο

fast food *ουσ.μ.αρ.* [φαγητό που σερβίρεται γρήγορα] φαστ φουντ, έτοιμο φαγητό στο χέρι

junk food *ουσ.μ.αρ.* [είδος φαγητού που τρώγεται για ευχαρίστηση παρά για τη θρεπτική του αξία] έτοιμο φαγητό

takeaway (*Βρετ.*), **takeout** (*Αμερ.*) *ουσ.αρ.* 1 [φαγητό. Δεν καταναλώνεται στο μέρος όπου αγοράζεται] φαγητό σε πακέτο *a Chinese takeaway* ένα κινέζικο γεύμα σε πακέτο (σαν *επίθ.*) *takeaway pizza* (*Βρετ.*) πίτσα σε πακέτο 2 [μέρος] φαστφουντάδικο *the Indian takeaway on the corner* το ινδικό φαστφουντάδικο στη γωνία

fish and chips *ουσ. πληθ.* [το ψάρι είναι βουτηγμένο σε χυλό] ψάρι με τηγανητές πατάτες (σαν *επίθ.* χωρίς το 's') *a fish and chip shop* φαστφουντάδικο για ψάρι με πατάτες

chip (*Βρετ.*), **french fry** (*Αμερ.*) *ουσ.αρ.* τηγανητή πατάτα *cod and chips* μπακαλιάρος και τηγανητές πατάτες

pizza *ουσ.αρ.μ.αρ.* πίτσα

curry *ουσ.αρ.* κάρι *vegetable curry* κάρι με χορταρικά

hot dog *ουσ.αρ.* ζεστό σάντουιτς με λουκάνικο

hamburger *ουσ.αρ.* χάμπουργκερ, μπιφτέκι

beefburger *ουσ.αρ.* χάμπουργκερ με βοδινό

cheeseburger *ουσ.αρ.* χάμπουργκερ με τυρί

161.4 Απλά πιάτα

soup *ουσ.μ.αρ.αρ.* σούπα *tomato soup* ντοματόσουπα

omelette *ουσ.αρ.* ομελέτα *a Spanish omelette* ισπανική ομελέτα (με πατάτες)

pancake *ουσ.αρ.* (*Βρετ.*) [φτιαγμένο με πυκνότερη ζύμη από τη γαλλική κρέπα, συνήθως σερβίρεται με ζάχαρη και λεμόνι] τηγανίτα

161.5 Σάλτσες

sauce *ουσ.μ.αρ.αρ.* σάλτσα

gravy *ουσ.αρ.* σάλτσα (από ζωμό κρέατος)

tomato ketchup (*Βρετ. & Αμερ.*), ΕΠΙΣΗΣ **tomato sauce** (*Βρετ.*) *ουσ.μ.αρ.* κέτσαπ, σάλτσα ντομάτα

vinegar *ουσ.μ.αρ.* ξύδι

mayonnaise *ουσ.μ.αρ.* μαγιονέζα

162 Meals Γεύματα

breakfast *ουσ.αρ.μ.αρ.* πρόγευμα *an English breakfast* [συνήθως περιλαμβάνει τηγανητά αυγά, μπέικον, ντομάτα, φρυγανιές και τσάι ή καφέ] αγγλικό πρόγευμα *continental breakfast* [συνήθως περιλαμβάνει φρυγανιές ή κρουασάν, μαρμελάδα, χυμό φρούτων και καφέ] ευρωπαϊκό πρόγευμα

lunch *ουσ.αρ.μ.αρ.* μεσημεριανό (γεύμα) *to have lunch* γευματίζω, τρώω για μεσημέρι

dinner *ουσ.αρ.μ.αρ.* [συνήθως το κυριότερο γεύμα της ημέρας, που τρώγεται το μεσημέρι ή το βράδυ] δείπνο, γεύμα *to have dinner* γευματίζω (σαν επίθ.) *an invitation to a dinner party* πρόσκληση σε δείπνο

tea *ουσ.αρ.μ.αρ.* (Βρετ.) τσάι *afternoon tea* απογευματινό τσάι [μερικές φορές σημαίνει βραδινό γεύμα] *What's for tea?* Τι θα φάμε για βραδινό;

supper *ουσ.αρ.μ.αρ.* 1 [σνακ αμέσως πριν πάω για ύπνο] βραδινό 2 [βραδινό γεύμα] δείπνο *Come to supper.* Έλα για φαγητό το βράδυ.

χρήση

1 Μιλώντας για το τι έφαγε κανείς σε κάποιο γεύμα, η πρόθεση που χρησιμοποιείται είναι **for**, π.χ. *We had eggs for breakfast.* (Φάγαμε αυγά για πρωινό.) *They served turkey for dinner.* (Στο δείπνο σέρβιραν γαλοπούλα.) 2 Η λέξη **time** μπορεί να προστεθεί μετά από όλες αυτές τις λέξεις για να περιγράψει συγκεκριμένη ώρα της ημέρας, π.χ. *lunch time* (η ώρα του μεσημβρινού φαγητού), *tea time* (η ώρα του βραδινού φαγητού). Αυτοί οι όροι μερικές φορές γράφονται σαν μία λέξη: *lunchtime, teatime.*

162.1 Φαγητό

food *ουσ.μ.αρ.αρ.* φαγητό *vegetarian food* φαγητό για χορτοφάγους *dairy foods* γαλακτοκομικά προϊόντα

grub *ουσ.μ.αρ.* [ανεπίσημο και απαρχαιωμένο] μάσα *the sort of grub children love* το είδος του φαγητού που αρέσει στα παιδιά [χιουμοριστικό] *pub grub* φαγητό που σερβίρεται σε μπιραρίες

portion *ουσ.αρ.* [περισσότερο προκαθορισμένη ποσότητα από το **helping**] μερίδα *a double portion of sweetcorn* μια διπλή μερίδα καλαμπόκι

snack *ουσ.αρ.* σνακ

helping *ουσ.αρ.* [η ποσότητα που σερβίρεται] μερίδα *Another helping of soup?* Θα πάρετε άλλο ένα πιάτο σούπα;

162.2 Πιάτα γεύματος

hors d'oeuvre *ουσ.αρ.* (συνήθως *πληθ.*) [κάπως επίσημο. Οποιοδήποτε πιάτο που τρώγεται στην αρχή του γεύματος ή δείπνου] ορεκτικό, ορντέβρ

starter *ουσ.αρ.* (Βρετ.) [λιγότερο επίσημο από το **hors d'oeuvre**] ορεκτικό

first course *ουσ.αρ.* [μπορεί να αναφέρεται στο ορεκτικό ή το κύριο πιάτο αν δε σερβίρεται ορεκτικό] πρώτο πιάτο

main course *ουσ.αρ.* κύριο πιάτο

pudding *ουσ.αρ.μ.αρ.* 1 (Βρετ.) [οποιοδήποτε επιδόρπιο] γλυκό, επιδόρπιο *What's for pudding?* Τι γλυκό θα φάμε μετά το φαγητό; 2 (Βρετ.) [γλυκό βρασμένο ή ψημένο σε ατμό] γλυκό 3 (Αμερ.) [γλυκό που αποτελείται κυρίως από κρέμα] πουτίγκα

dessert *ουσ.αρ.* επιδόρπιο, γλυκό

afters *ουσ. πληθ.* (Βρετ.) [ανεπίσημο] γλυκό *What's for afters?* Τι γλυκό θα φάμε μετά το φαγητό;

162.3 Ειδικά γεύματα

feast *ουσ.αρ.* [υπονοεί εορτασμό και μεγάλες ποσότητες φαγητού] πανδαισία, φαγοπότι *a Christmas feast* Χριστουγεννιάτικη πανδαισία

refreshments *ουσ. πληθ.* [π.χ. σάντουιτς, μπισκότα, τσάι] πρόχειρο/ελαφρό γεύμα *Light refreshments will be available in the interval.* Στο διάλειμμα θα σερβίρονται αναψυκτικά και σνακς.

buffet *ουσ.αρ.* [φαγητό ή γεύμα, συνήθως κρύο, όπου οι καλεσμένοι σερβίρονται μόνοι τους] μπουφέ

picnic *ουσ.αρ.* πικνίκ *We went on a picnic.* Πήγαμε για πικνίκ. **picnic** *ρ.α.* , **-ck-** κάνω πικνίκ

barbecue *ουσ.αρ.* συγκέντρωση στο ύπαιθρο όπου ψήνονται φαγητά στη σχάρα, κυρίως κρέας **barbecue** *ρ.μ.* ψήνω στη σχάρα

163 Eating and drinking places Μέρη για φαγητό και ποτό

restaurant *ουσ.αρ.* εστιατόριο

cafe Ή **café** *ουσ.αρ.* [στη Βρετανία συνήθως δε σερβίρουν αλκοόλ] καφετέρια, καφενείο

bar *ουσ.αρ.* [κατάστημα, δωμάτιο σε μπιραρία ή ξενοδοχείο, έπιπλο] μπαρ

pub *ουσ.αρ.* (Βρετ.) μπιραρία

wine bar *ουσ.αρ.* (Βρετ.) [κάτι μεταξύ μπιραρίας και εστιατορίου. Συνήθως στο **wine bar** υπάρχουν γκαρσόνια] μπαρ

inn *ουσ.αρ.* [σε ιστορικά κείμενα ή όταν αναφερόμαστε σε παλιές μπιραρίες και ξενοδοχεία] πανδοχείο *a coaching inn* πανδοχείο όπου έκαναν σταθμό οι άμαξες

canteen *ουσ.αρ.* καντίνα

snack bar *ουσ.αρ.* [σερβίρουν μόνο ελαφρά γεύματα και συνήθως δε σερβίρουν αλκοόλ] σνακ μπαρ

menu *ουσ.αρ.* μενού, κατάλογος φαγητών *What's on the menu?* Τι υπάρχει στο μενού;

163.1 Προσωπικό

waiter *ουσ.αρ.* σερβιτόρος, γκαρσόνι *a wine waiter* γκαρσόνι για το κρασί

waitress *ουσ.αρ.* σερβιτόρα

chef *ουσ.αρ.* [σε εστιατόριο] σεφ

cook *ουσ.αρ.* [σε καντίνα κτλ.] μάγειρας

barman *ουσ.αρ., πληθ.* **barmen** (Βρετ.) μπάρμαν

barmaid *ουσ.αρ.* (Βρετ.) σερβιτόρα σε μπαρ

bartender *ουσ.αρ.* (Αμερ.) [άντρας ή γυναίκα] σερβιτόρος/σερβιτόρα σε μπαρ

χρήση

Οι όροι **barman** και κυρίως **barmaid** συνήθως αποφεύγονται, ίσως γιατί έχουν ελαφρώς συγκαταβατική έννοια. Αντί αυτών συχνά λέμε *the man/woman (serving) behind the bar* (αυτός/αυτή που σερβίρει στο μπαρ), ή όταν αναφερόμαστε σε αυτού του είδους το προσωπικό γενικά λέμε απλά **bar staff** (προσωπικό του μπαρ).

164 Eat Τρώω

eat *ρ.μ.α.*, *αόρ.* **ate** *μτχ.αορ.* **eaten** (μερικές φορές + **up**, που υπονοεί ότι αποτελειώνω το φαγητό) [γενικός όρος] τρώω *She doesn't eat meat.* Δεν τρώει κρέας. *The dog will eat up the rest.* Ο σκύλος θα αποτελειώσει το υπόλοιπο φαγητό. *Have you eaten?* Έχεις φάει;

feed *ρ.*, *αόρ.* & *μτχ.αορ.* **fed** (μερικές φορές + **on**) 1 *ρ.μ.* [δίνω φαγητό] ταΐζω *Have you fed the cats?* Έχεις ταΐσει τις γάτες; *I'm supposed to feed you all on £30 a week.* Υποτίθεται ότι θα σας ταΐσω όλους με 30 λίρες τη βδομάδα. *the scraps we feed (to) the dog* τα αποφάγια που δίνουμε στο σκύλο 2 *ρ.α.* τρώω *The baby's still feeding.* Το μωρό εξακολουθεί να θηλάζει.

consume *ρ.μ.* [περισσότερο επίσημο από το **eat**. Χρησιμοποιείται π.χ. σε στατιστικές] καταναλώνω *The average Briton consumes 37 kilos of sugar a year.* Ο μέσος Βρετανός καταναλώνει 37 κιλά ζάχαρη το χρόνο.

consumption *ουσ.αρ.* κατανάλωση *a fall in meat consumption* μείωση στην κατανάλωση κρέατος

dine *ρ.α.* (μερικές φορές + **on**) [επίσημο. Υπονοεί ειδική περίπτωση. Η συνηθισμένη έκφραση θα ήταν **eat** ή **have dinner**] γευματίζω *We were invited to dine at the captain's table.* Μας κάλεσαν για δείπνο στο τραπέζι του καπετάνιου.

appetite *ουσ.αρ.μ.αρ.* όρεξη *a healthy appetite* όρεξη υγιούς ανθρώπου

164.1 Κάτι που αξίζει να φαγωθεί

nourishing *επίθ.* [περιγράφει κάτι που είναι καλό για την υγεία] θρεπτικός *Save the bone for a nourishing soup.* Φύλαξε το κόκαλο για μια θρεπτική σούπα.

edible *επίθ.* [που είναι κατάλληλο για να φαγωθεί] φαγώσιμος *edible decorations for the cake* φαγώσιμες διακοσμήσεις για το κέικ

164.2 Πράξεις σχετικές με φαγητό

taste *ρ.* 1 *ρ.μ.* [προσέχω τη γεύση] γεύομαι *You can taste the basil.* Διακρίνεται η γεύση του βασιλικού. *Have you ever tasted raw fish?* Έχεις δοκιμάσει ποτέ ωμό ψάρι; 2 *ρ.α.* (ακολουθείται από *επίθ.*, + **of**) [υποκ.: φαγητό] έχω γεύση από *The milk tastes sour.* Το γάλα έχει ξινή γεύση. *It tasted strongly of mint.* Είχε μια έντονη γεύση μέντας.

swallow *ρ.μ.* καταπίνω *He swallowed the tea in one gulp.* Ήπιε το τσάι του μονορούφι.

bite *ρ.μ.α.*, *αόρ.* **bit** *μτχ.αορ.* **bitten** (συνήθως + *επίρρ.* ή *πρόθ.*) δαγκώνω *She bit the end off the carrot.* Δάγκωσε την άκρη του καρότου. *She bit into the carrot.* Δάγκωσε το καρότο.

bite *ουσ.αρ.* δαγκωματιά, μπουκιά *Have a bite of my sandwich.* Πάρε μια μπουκιά από το σάντουιτς μου.

chew *ρ.* 1 *ρ.μ.* μασώ 2 *ρ.α.* (συνήθως + **on**) μασουλώ *He was chewing on the bone.* Μασουλούσε το κόκαλο.

gnaw *ρ.* [υπονοεί μικρές μπουκιές από κάτι σκληρό, κυρίως κόκαλο] 1 *ρ.μ.* ροκανίζω, μασουλώ 2 *ρ.α.* (συνήθως + **on**) ροκανίζω, μασουλώ

lick *ρ.μ.* γλείφω

suck *ρ.μ.α.* (συχνά + **at**) ρουφώ, πιπιλίζω *She sucked the last drops out of the bottle.* Ρούφηξε και τις τελευταίες σταγόνες από το μπουκάλι. *She kept sucking at a dummy.* Όλη την ώρα βύζαινε μια πιπίλα.

digest *ρ.μ.* χωνεύω

choke *ρ.α.* (μερικές φορές + **on**) στραβοκαταπίνω, πνίγομαι *He nearly choked on a fish bone.* Κόντεψε να πνιγεί με ένα κόκαλο ψαριού.

164.3 Τρώω γρήγορα ή μεγάλες ποσότητες

gobble *ρ.μ.* (συχνά + **up**) [υπονοεί ότι μασώ και καταπίνω με μεγάλη ταχύτητα] καταβροχθίζω *We watched the ducks gobble the bread.* Παρακολουθήσαμε τις πάπιες καθώς έτρωγαν με λαιμαργία το ψωμί.

guzzle *ρ.μ.* [υπονοεί ότι τρώω ή πίνω λαίμαργα, κυρίως υγρές τροφές] καταβροχθίζω *They were all in front of the television guzzling beer and crisps.* Καθόντουσαν όλοι μπροστά στην τηλεόραση και καταβρόχθιζαν μπίρα και τσιπς.

munch *ρ.μ.α.* [δίνει έμφαση στο δάγκωμα, το μάσημα και την απόλαυση του φαγητού] μασουλώ *He's always munching sweets or biscuits.* Μασουλάει συνεχώς καραμέλες ή μπισκότα. *She kept munching happily at her apple.* Όλο μασουλούσε με απόλαυση το μήλο της.

devour *ρ.μ.* [υπονοεί μεγάλη όρεξη και ότι δεν περισσεύει τίποτα] καταβρυχθίζω, κατατρώγω *The children devoured everything in sight.* Τα παιδιά καταβρόχθισαν ό,τι έβλεπαν μπροστά τους.

scoff *ρ.μ.* [ανεπίσημο. Υπονοεί λαιμαργία και το ότι δεν περισσεύει τίποτα] καταβροχθίζω, μπουκώνομαι *I bet you've scoffed all the chocolate.* Στοιχηματίζω ότι έχεις καταβροχθίσει όλη τη σοκολάτα.

bolt *ρ.μ.* (συχνά + **down**) [υπονοεί ότι καταπίνω χωρίς να μασώ ή να γεύομαι] καταβροχθίζω *If you bolt your food down like that you're bound to get heartburn.* Αν συνεχίσεις να καταβροχθίζεις έτσι το φαγητό σου θα πάθεις σίγουρα δυσπεψία.

wolf down sth ή **wolf** sth **down** *ρ.πρφ.μ.* [υπονοεί μεγάλη πείνα και ταχύτητα στο φάγωμα] καταβροχθίζω, τρώω σαν λύκος *She wolfed it down as if she hadn't eaten for weeks.* Το καταβρόχθισε σαν να είχε να φάει βδομάδες ολόκληρες.

> *φ ρ ά σ η*
>
> **stuff one's face** [λαϊκή έκφραση. Τρώω λαίμαργα. Συχνά υπονοεί άξεστους τρόπους] παρατρώω, καταβροχθίζω *They were stuffing their faces with ice cream.* Καταβρόχθιζαν ασταμάτητα παγωτό.

164.4 Άτομα που τρώνε πολύ

glutton *ουσ.αρ.* [υποτιμητικό, επίσημο όταν χρησιμοποιείται χωρίς αναίρεση ή υπερβολή] λαίμαργος, πολυφαγάς **gluttonous** *επίθ.* λαίμαργος **gluttony** *ουσ.μ.αρ.* λαιμαργία, πολυφαγία

pig *ουσ.αρ.* [ανεπίσημο και υποτιμητικό] γουρούνι, λαίμαργος *You pig! We've only just had lunch.* Είσαι πολύ λαίμαργος! Μόλις τώρα φάγαμε για μεσημεριανό. *I've made a pig of myself, there's not a chocolate left.* Έφαγα σαν γουρούνι, δεν άφησα ούτε ένα σοκολατάκι.

164.5 Τρώω σε μικρές ποσότητες

peck at sth *ρ.πρφ.μ.* [υπονοεί ότι δεν έχω όρεξη] τρώω χωρίς όρεξη, τσιμπώ *She only pecked at what was on her plate.* Μόλις που τσίμπησε λίγο από το φαγητό που ήταν στο πιάτο της.

nibble ρ.μ.α. [υπονοεί μικρές μπουκιές, όπως τα ποντίκια και οι σκίουροι] τσιμπολογώ *bowls of peanuts for people to nibble* μπολ με φυστίκια για να τσιμπολογήσουν οι καλεσμένοι (+ **at**) *You've been nibbling at the icing, haven't you?* Τσιμπολόγησες το γλάσο του κέικ, ε;

mouthful ουσ.αρ. μπουκιά, χαψιά *That was lovely but I couldn't manage another mouthful.* Ήταν υπέροχο, αλλά δε θα μπορούσα να φάω ούτε μια μπουκιά παραπάνω.

165 Hungry Πεινασμένος

hungry επίθ. πεινασμένος *five hungry children* πέντε πεινασμένα παιδιά *I bet you're hungry.* Πρέπει να πεινάς. **hungrily** επίρρ. πεινασμένα **hunger** ουσ.μ.αρ. πείνα

starve ρ. 1 ρ.α. πεθαίνω της πείνας, λιμοκτονώ *If there is no rain, millions will starve.* Αν δε βρέξει, εκατομμύρια άνθρωποι θα πεθάνουν από τη πείνα. *pictures of starving children* φωτογραφίες παιδιών που λιμοκτονούν 2 ρ.μ. [δε δίνω τροφή] στερώ σε κάποιον την τροφή *They looked half-starved.* Φαινόντουσαν μισοπεθαμένοι από την πείνα. **starvation** ουσ.μ.αρ. πείνα

starving (Βρετ. & Αμερ.), **starved** (Αμερ.) επίθ. [ανεπίσημο] πεθαμένος από την πείνα *I'm absolutely starving!* Πεθαίνω από την πείνα!

famine ουσ.αρ.μ.αρ. [όταν ο πληθυσμός δεν έχει φαγητό να φάει] λιμός, πείνα *last year's famine* ο λιμός της περσινής χρονιάς

peckish επίθ (κυρίως Βρετ.). [ανεπίσημο. Ελαφρά πεινασμένος] πεινασμένος *There are some biscuits if you're feeling peckish.* Υπάρχουν μπισκότα αν θέλεις να τσιμπήσεις κάτι.

famished επίθ. (συνήθως μετά από ρ.) [ανεπίσημο. Υπερβολικά πεινασμένος, κυρίως μετά τη δουλειά ή μεγάλη χρονική περίοδο χωρίς φαγητό] ξελιγωμένος *I missed breakfast and I'm famished!* Δεν έφαγα πρωινό και έχω ξελιγωθεί στην πείνα.

ravenous επίθ. [υπονοεί ακατανίκητη επιθυμία για φαγητό] πειναλέος *I ate the sandwich but I was still ravenous.* Έφαγα το σάντουιτς αλλά εξακολουθούσα να νοιώθω ακατανίκητη πείνα.

> **φράση**
>
> **I could eat a horse** [ανεπίσημο. Τονίζει την επιθυμία για μεγάλη ποσότητα φαγητού] θα μπορούσα να φάω ολόκληρο βόδι (κυριολεκτικά: θα μπορούσα να φάω ολόκληρο άλογο)

166 Drinks Ποτά

166.1 Περιγραφές ποτών

alcohol ουσ.μ.αρ. οινοπνευματώδη ποτά, αλκοόλ *under the influence of alcohol* κάτω από την επίδραση του αλκοόλ

alcoholic επίθ. αλκοολικός *a highly alcoholic punch* ένα ποντς με πολύ αλκοόλ

booze ουσ.μ.αρ. [ανεπίσημο. Οποιοσδήποτε τύπος οινοπνευματώδους ποτού, κυρίως όταν καταναλώνεται σε μεγάλες ποσότητες] ποτό *You look after the food and I'll bring the booze.* Εσύ φρόντισε για το φαγητό και εγώ θα φέρω το ποτό.

booze ρ.α. [λαϊκή έκφραση] τα κοπανάω, τα πίνω *to go out boozing* βγαίνω έξω να τα πιω

non-alcoholic επίθ. χωρίς αλκοόλ

low-alcohol επίθ. με μικρή ποσότητα αλκοόλ *low-alcohol lager* μπίρα με μικρή ποσότητα αλκοόλ

alcohol-free επίθ. χωρίς αλκοόλ *an alcohol-free drink* ένα ποτό χωρίς αλκοόλ

soft drink ουσ.αρ.μ.αρ. [γλυκό και χωρίς αλκοόλ] αναψυκτικό

still επίθ. [που δεν είναι αεριούχο] μη αφρώδες, χωρίς ανθρακικό *still mineral water* μεταλλικό νερό χωρίς ανθρακικό

flat επίθ. [που δεν είναι πια αφρώδης] ξεθυμασμένος *the beer was flat* η μπίρα ήταν ξεθυμασμένη

fizzy επίθ. [αεριούχο, συνήθως τεχνητά. Περιγράφει: π.χ. λεμονάδα, μεταλλικό νερό] αεριούχος, αφρώδης

sparkling επίθ. [με ανθρακικό, μερικές φορές φυσικά. Περιγράφει: π.χ. κρασί, χυμούς φρούτων] αεριούχος, αφρώδης

aperitif ουσ.αρ. απεριτίφ

cocktail ουσ.αρ. κοκτέιλ

liqueur ουσ.μ.αρ.αρ. λικέρ

166.2 Ποτά χωρίς αλκοόλ

water ουσ.μ.αρ. νερό *mineral water* μεταλλικό νερό

juice ουσ.μ.αρ. χυμός *fruit juice* χυμός φρούτου *tomato juice* χυμός ντομάτας, ντοματοχυμός

squash ουσ.μ.αρ. (Βρετ.) [σιρόπι από φρούτα που αναμιγνύεται με νερό] συμπυκνωμένος χυμός *orange squash* πορτοκαλάδα

lemonade ουσ.μ.αρ.αρ. λεμονάδα

166.3 Ζεστά ροφήματα

tea ουσ.μ.αρ.αρ. τσάι *a nice cup of tea* ένα ωραίο φλυτζάνι τσάι

tea bag ουσ.αρ. φακελάκι τσαγιού

coffee ουσ.μ.αρ.αρ. καφές *decaffeinated coffee* καφές χωρίς καφεΐνη

cocoa ουσ.μ.αρ.αρ. κακάο

hot chocolate ουσ.μ.αρ.αρ. ζεστή σοκολάτα

166.4 Οινοπνευματώδη ποτά

brandy ουσ.μ.αρ.αρ. κονιάκ, μπράντι *Three brandies, please.* Τρία μπράντι, παρακαλώ.

whisky ουσ.μ.αρ.αρ., πληθ. **whiskies** [που παράγεται στη Σκωτία] ουίσκι

whiskey ουσ.μ.αρ.αρ., πληθ. **whiskeys** [που παράγεται στην Ιρλανδία ή στις Η.Π.Α.] ιρλανδικό/αμερικάνικο ουίσκι

gin ουσ.μ.αρ.αρ. τζιν

vodka ουσ.μ.αρ.αρ. βότκα

rum ουσ.μ.αρ.αρ. ρούμι

166.5 Μπίρα

beer ουσ.μ.αρ.αρ. μπίρα *draught beer* μπίρα από το βαρέλι

ale ουσ.μ.αρ.αρ. [κανονικά περιγράφει μπίρα φτιαγμένη χωρίς ζυθοβότανο, αλλά χρησιμοποιείται επίσης χιουμοριστικά για να περιγράψει τη μπίρα γενικά] μπίρα (αγγλική) *real ale* μπίρα που δεν είναι παστεριωμένη

bitter ουσ.μ.αρ. (Βρετ.) [με πολύ ζυθοβότανο] μαύρη μπίρα *a pint of bitter* μια πίντα (ένα μεγάλο ποτήρι) μπίρα

lager ουσ.μ.αρ.αρ. [ανοιχτόχρωμη μπίρα, συνήθως όχι αγγλικής προέλευσης] ξανθιά μπίρα

shandy ουσ.μ.αρ.αρ. (κυρίως Βρετ.) μπίρα με (αεριούχα) γκαζόζα

166.6 Άλλα οινοπνευματώδη ποτά

wine ουσ.μ.αρ.αρ. κρασί (σαν *επίθ.) a wine cellar* κάβα, υπόγεια οιναποθήκη

claret ουσ.μ.αρ.αρ. κόκκινο κρασί από το Μπορντώ

cork ουσ.αρ. πώμα, φελλός *to pull a cork* βγάζω το φελλό απο ένα μπουκάλι

corkscrew ουσ.αρ. ελικοειδές ανοιχτήρι

sherry ουσ.μ.αρ.αρ. σέρι

port ουσ.μ.αρ.αρ. γλυκό κρασί, πορτ

cider ουσ.μ.αρ.αρ. μηλίτης

166.7 Μεθύσι

drunk επίθ. [ανεπίσημο] μεθυσμένος *blind drunk* τύφλα στο μεθύσι

drunkard ουσ.αρ. [κάπως απαρχαιωμένο] μεθύστακας, μπεκρής

alcoholic ουσ.αρ. αλκοολικός **alcoholism** ουσ.μ.αρ. αλκοολισμός

merry επίθ. (συνήθως μετά από ρ.) [ανεπίσημο, μερικές φορές χρησιμοποιείται ευφημιστικά. Ελαφρά μεθυσμένος και εύθυμος] σε κέφι

tipsy επίθ. [ανεπίσημο. Αρχίζω να μεθώ] μισομεθυσμένος *It only took two sherries to get him tipsy.* Μετά από δύο μόνο σέρι άρχισε να μεθά.

legless επίθ. (Βρετ.) [ανεπίσημο. Είμαι πολύ μεθυσμένος και έχω χάσει τον έλεγχο του εαυτού μου] σκνίπα/τύφλα στο μεθύσι *We went out and got legless.* Βγήκαμε έξω και γίναμε σκνίπα στο μεθύσι.

pissed επίθ. [χυδαίο και ανεπίσημο. Πολύ μεθυσμένος] σκνίπα/τύφλα στο μεθύσι *The party was just another excuse to get pissed.* Το πάρτι δεν ήταν παρά άλλη μια δικαιολογία για να γίνουμε τύφλα στο μεθύσι.

Dutch courage (Βρετ.) [θάρρος ή αυτοπεποίθηση που δημιουργείται από ελαφρό μεθύσι] ψευτοπαλικαριά, θάρρος μεθυσμένου *I needed a little Dutch courage to tell her I'd wrecked the car.* Χρειάστηκε να πιω για να βρω το θάρρος να της πω ότι είχα τρακάρει το αυτοκίνητο.

hangover ουσ.αρ. [τη μέρα μετά από μεθύσι] πονοκέφαλος *to have a hangover* έχω πονοκέφαλο

166.8 Νηφαλιότητα

sober επίθ. [όχι μεθυσμένος] νηφάλιος, ξεμέθυστος *He'd never say a thing like that when he was sober.* Δε θα έλεγε ποτέ κάτι τέτοιο αν ήταν ξεμέθυστος. **sobriety** ουσ.μ.αρ. νηφαλιότητα **sober up** ρ.πρφ.α. ξεμεθώ

teetotal επίθ. [κάποιος που δεν πίνει καθόλου αλκοόλ] αντιαλκοολικός *All my family were teetotal.* Όλοι στην οικογένειά μου ήταν κατά του αλκοόλ. **teetotaller** (Βρετ.), **teetotaler** (Αμερ.) ουσ.αρ. αυτός που δεν πίνει καθόλου αλκοόλ

> *φ ρ ά σ η*
>
> **on the wagon** [ανεπίσημο. Περιγράφει κάποιον που έχει σταματήσει να πίνει αλκοόλ, ίσως προσωρινά] εγκρατής *He never stays on the wagon for long.* Η εγκράτειά του δε διαρκεί πολύ.

167 Drink Πίνω

drink ρ., αόρ. **drank**, μτχ.αορ. **drunk** 1 ρ.μ. (μερικές φορές + πρόθ.) πίνω *Drink up that tea.* Τελείωσε το τσάι σου. 2 ρ.α. [πίνω αλκοόλ. Όταν χρησιμοποιείται χωρίς εξήγηση συνήθως σημαίνει ότι πίνω υπερβολικές ποσότητες αλκοόλ] πίνω *He drinks, you know.* Πίνει, ξέρεις.

sip ρ.μ.α. [σε μικρές ποσότητες, ανάμεσα σε χείλη που είναι σχεδόν κλειστά] αργοπίνω, ρουφώ γουλιά γουλιά *I was quietly sipping my whisky.* Έπινα γουλιά γουλιά το ουίσκι μου. (+ at) αργοπίνω, ρουφώ *He was sipping at a cocktail.* Αργόπινε ένα κοκτέιλ. **sip** ουσ.αρ. ρουφηξιά, γουλιά

lap ρ.μ. (μερικές φορές + up) [υποκ.: συνήθως ζώο, π.χ. γάτα] πίνω με τη γλώσσα, παφλάζω

gulp sth **down** ή **gulp down** sth ρ.πρφ.μ. [υπονοεί ότι πίνω γρήγορα και καταπίνω με θόρυβο] κατεβάζω, καταβροχθίζω *I gulped down the medicine.* Κατέβασα γρήγορα το φάρμακο. **gulp** ουσ.αρ. ρουφηξιά, γουλιά

swig ρ.μ., -gg- (μερικές φορές + down) [ανεπίσημο. Υπονοεί ότι πίνω γρήγορα και με μεγάλες γουλιές, συχνά άγαρμπα μέσα από το μπουκάλι] πίνω με μεγάλες γουλιές *They hang about the city centre swigging lager from cans.* Τριγυρνούν στο κέντρο της πόλης πίνοντας μπίρα μέσα από το κουτί. **swig** ουσ.αρ. γουλιά *She took a swig of cider.* Ήπιε μια γουλιά μηλίτη.

167.1 Επιθυμία να πιω

thirst ουσ.μ.αρ.αρ. δίψα *We're all dying of thirst.* Πεθαίνουμε όλοι μας από τη δίψα. *I had a terrible thirst.* Διψούσα τρομερά.

thirsty επίθ. διψασμένος *to be thirsty* διψώ *It's thirsty work.* Είναι πολύ κοπιαστική δουλειά.

parched επίθ. (συνήθως μετά από ρ.) [πολύ διψασμένος] αποστεγνωμένος, ξεραμένος *Give me some water, I'm parched.* Δώσε μου λίγο νερό, έχω ξεραθεί.

168 Cooking methods Μέθοδοι μαγειρέματος

δες επίσης **169 Kitchen**

recipe ουσ.αρ. συνταγή *to follow a recipe* ακολουθώ συνταγή

cookery book (Βρετ.), ΕΠΙΣΗΣ **cookbook** (Βρετ. & Αμερ.) ουσ.αρ. βιβλίο μαγειρικής

168.1 Μαγειρεύω χρησιμοποιώντας θερμότητα

boil ρ. [αντικ./υποκ.: π.χ. νερό, πατάτες] 1 ρ.μ. βράζω

boiled carrots βραστά καρότα **2** ρ.α. βράζω, κοχλάζω (σαν ουσ.) to bring sth to the boil βράζω κάτι μέχρι να κοχλάσει

simmer ρ. [κάτω από το σημείο βρασμού] **1** ρ.α. σιγοψήνομαι, σιγοβράζω Let the mixture simmer for five minutes. Αφήστε το μείγμα να σιγοβράσει για πέντε λεπτά. **2** ρ.μ. σιγοψήνω, σιγοβράζω Simmer the porridge, stirring all the time. Σιγοψήστε το χυλό ανακατεύοντας συνεχώς.

steam ρ.μ. [αντικ.: π.χ. λαχανικά, πουτίγκα] βράζω στον ατμό

fry ρ. **1** ρ.μ. τηγανίζω fried eggs τηγανητά αυγά to deep-fry sth τηγανίζω κάτι σε πολύ λάδι to stir-fry sth τηγανίζω κάτι ανακατεύοντάς το **2** ρ.α. τηγανίζομαι Can I smell something frying? Άν δεν κάνω λάθος, κάτι τηγανίζεται.

bake ρ. [σε φούρνο. Αντικ./υποκ.: συνήθως ψωμί ή κέικ] **1** ρ.μ. ψήνω σε φούρνο a baked potato ψητή πατάτα **2** ρ.α. ψήνομαι σε φούρνο

poach ρ.μ.α. [σε υγρό. Αντικ.: π.χ. ψάρι, αυγό] κάνω ποσέ

roast ρ. [σε φούρνο, χρησιμοποιώντας λίπος. Αντικ./υποκ.: π.χ. κρέας, πατάτες] **1** ρ.μ. ψήνω σε φούρνο **2** ρ.α. ψήνομαι σε φούρνο **roast** ουσ.αρ. ψητό

roast επίθ. ψητός roast potatoes ψητές πατάτες

grill ρ. **1** ρ.μ. ψήνω στη σχάρα **2** ρ.α. ψήνομαι στη σχάρα

168.2 Κόβω τρόφιμα

δες επίσης 133.3 Cut

shred ρ.μ., -dd- [κόβω σε λωρίδες. Αντικ.: π.χ. μαρούλι, λάχανο ή άλλο λαχανικό με φύλλα] κόβω

grate ρ.μ. [χρησιμοποιώντας τρίφτη. Αντικ.: π.χ. τυρί, καρότο] τρίβω

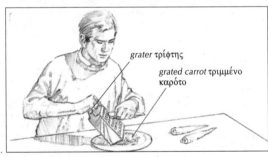

grater τρίφτης
grated carrot τριμμένο καρότο

He grated the carrot. Έτριψε το καρότο.

chop ρ.μ., -pp- [σε μικρά κομματάκια, χρησιμοποιώντας αιχμηρό εργαλείο] κόβω, ψιλοκόβω chopped parsley ψιλοκομμένος μαϊντανός

mash ρ.μ. [αντικ.: κυρίως πατάτες] κάνω πουρέ, πολτοποιώ

peel ρ.μ. [αφαιρώ τη φλούδα] ξεφλουδίζω

mashed potatoes πατάτες πουρέ

She mashed the potatoes. Έκανε τις πατάτες πουρέ.

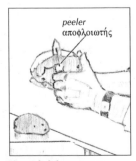

peeler αποφλοιωτής

He peeled the potatoes. Καθάρισε τις πατάτες.

168.3 Αναμιγνύω τρόφιμα

stir ρ.μ., -rr- ανακατεύω Keep stirring the porridge. Συνέχισε να ανακατεύεις το χυλό. (+ **in**) Stir in the lemon juice. Προσθέστε το χυμό λεμονιού ενώ ανακατεύετε.

mix ρ.μ. (μερικές φορές + **in**, **together**) αναμιγνύω Mix the dry ingredients thoroughly. Ανακατέψτε καλά τα ξηρά υλικά. Mix in the milk a little at a time. Προσθέστε λίγο λίγο το γάλα.

mixture ουσ.αρ. [σχεδόν σε υγρή μορφή, που ετοιμάζεται για ψήσιμο] μείγμα Remove the mixture from the heat when it begins to boil. Κατεβάστε το μείγμα από τη φωτιά όταν πάρει βράση.

beat ρ.μ. (μερικές φορές + **in**) [ανακατεύω με δύναμη, για να μπει αέρας στο μείγμα] χτυπώ Beat in the eggs one at a time. Προσθέστε τα αυγά χτυπώντας τα ένα–ένα μέσα στο μείγμα.

whisk ρ.μ. [κάνω να μπει αέρας στο μείγμα για να γίνει στερεό ή αφρώδες. Αντικ.: κυρίως κρέμα, το ασπράδι του αυγού] χτυπώ

whisk χτυπητήρι
rotary whisk περιστρεφόμενο χτυπητήρι

Whisk the egg whites until frothy. Χτυπήστε τα ασπράδια μέχρι να αφρίσουν.

fold in sth Ή **fold** sth **in** πρφ.ρ.μ. [αναμιγνύω προσεχτικά για να μη διαφύγει ο αέρας από το μείγμα. Αντικ.: π.χ. αλεύρι, ζάχαρη] ανακατεύω προσεχτικά

168.4 Διαχωρίζω τρόφιμα

strain ρ.μ. [αφαιρώ υγρό από στερεά τρόφιμα] στραγγίζω, σουρώνω Boil the vegetables and strain off the cooking liquid. Βράστε τα λαχανικά και στραγγίστε τα.

sieve ρ.μ. [περνώ από κόσκινο για να αφαιρέσω ανεπιθύμητα υλικά ή για να κάνω την υφή πιο ανάλαφρη. Αντικ.: ξηρές τροφές ή υγρά] κοσκινίζω Sieve the raspberries to remove the seeds. Περάστε από κόσκινο τα βατόμουρα για να αφαιρέσετε τους σπόρους.

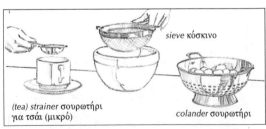

sieve κόσκινο
(tea) strainer σουρωτήρι για τσάι (μικρό)
colander σουρωτήρι

sift ρ.μ. [περνώ από κόσκινο για να κάνω την υφή πιο λεπτή. Αντικ.: μόνο ξηρά τρόφιμα όπως αλεύρι, ζάχαρη, κτλ.] κοσκινίζω

drain ρ.μ. (συχνά + **off**) στραγγίζω drain the spaghetti στραγγίστε τα μακαρόνια drain off the liquid στραγγίστε το υγρό

169 Kitchen Κουζίνα

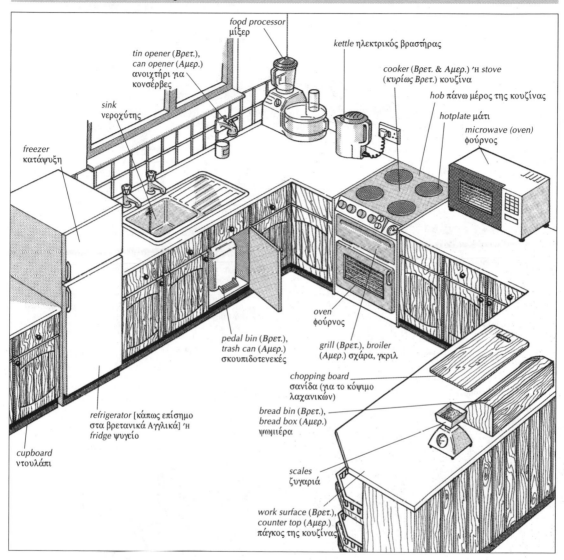

food processor
μίξερ

tin opener (Βρετ.),
can opener (Αμερ.)
ανοιχτήρι για
κονσέρβες

kettle ηλεκτρικός βραστήρας

cooker (Βρετ. & Αμερ.) 'ή stove
(κυρίως Βρετ.) κουζίνα

hob πάνω μέρος της κουζίνας

hotplate μάτι

microwave (oven)
φούρνος

sink
νεροχύτης

freezer
κατάψυξη

oven
φούρνος

pedal bin (Βρετ.),
trash can (Αμερ.)
σκουπιδοτενεκές

grill (Βρετ.), broiler
(Αμερ.) σχάρα, γκριλ

chopping board
σανίδα (για το κόψιμο
λαχανικών)

bread bin (Βρετ.),
bread box (Αμερ.)
ψωμιέρα

refrigerator [κάπως επίσημο
στα βρετανικά Αγγλικά] 'ή
fridge ψυγείο

scales
ζυγαριά

cupboard
ντουλάπι

work surface (Βρετ.),
counter top (Αμερ.)
πάγκος της κουζίνας

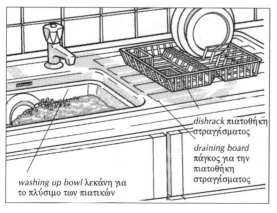

dishrack πιατοθήκη
στραγγίσματος

draining board
πάγκος για την
πιατοθήκη
στραγγίσματος

washing up bowl λεκάνη για
το πλύσιμο των πιατικών

pressure cooker χύτρα ταχύτητας

saucepan κατσαρόλα

frying pan τηγάνι

119

170 Dining room Τραπεζαρία

(vegetable) dish πιάτο (για λαχανικά)

serving dish πατέλα

carving fork ειδικό πιρούνι για το κόψιμο κρέατος

carving knife μεγάλο μαχαίρι (για το κόψιμο κρέατος)

butter dish θήκη για το βούτυρο

glass ποτήρι

napkin 'Η serviette πετσέτα φαγητού

tablecloth τραπεζο-μάντηλο

side plate [π.χ. για σαλάτα ή ψωμί] πιατάκι

dinner plate πιάτο

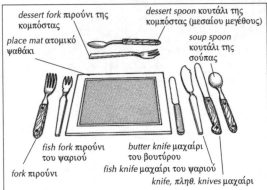

dessert fork πιρούνι της κομπόστας

dessert spoon κουτάλι της κομπόστας (μεσαίου μεγέθους)

place mat ατομικό ψαθάκι

soup spoon κουτάλι της σούπας

fish fork πιρούνι του ψαριού

butter knife μαχαίρι του βουτύρου

fork πιρούνι

fish knife μαχαίρι του ψαριού

knife, πληθ. knives μαχαίρι

crockery *ουσ.μ.αρ.* [πιάτα, πιατέλες, κτλ.] πιατικά

χρήση

Στη Βρετανία η λέξη **cup** συνήθως αναφέρεται σε αρκετά μεγάλο φλυτζάνι που χρησιμοποιείται για τσάι, αλλά στα Αγγλικά υπάρχει και η διάκριση μεταξύ *a tea cup* (φλυτζάνι του τσαγιού), και *a coffee cup* (φλυτζάνι του καφέ). Στην Αμερική χρησιμοποιούνται ειδικά φλυτζάνια για το μέτρημα υλικών σε συνταγές: *two cups of flour* (δύο φλυτζάνια αλεύρι).

cutlery (*κυρίως Βρετ.*), **silverware** (*Αμερ.*) *ουσ.μ.αρ.* [μαχαίρια, πηρούνια, κτλ.] μαχαιροπήρουνα

saucer πιατάκι

cup φλυτζάνι

mug μεγάλο φλυτζάνι

teapot τσαγιέρα

teaspoon κουταλάκι (του τσαγιού)

(milk) jug (Βρετ.), pitcher (Αμερ.) γαλατιέρα

(sugar) bowl ζαχαριέρα

tray δίσκος

plate πιάτο

SPOONS (ΚΟΥΤΑΛΙΑ)

Το μεγαλύτερο είδος κουταλιού είναι το **tablespoon** (κουτάλι της σούπας), που μερικές φορές χρησιμοποιείται στο σερβίρισμα λαχανικών. Τα **dessert spoons** (*κυρίως Βρετ.*) (κουτάλια της κομπόστας) είναι μικρότερα και χρησιμοποιούνται για επιδόρπια, δημητριακά, κτλ. Τα **teaspoons** (κουταλάκια του τσαγιού) είναι τα μικρότερα, και χρησιμοποιούνται για να ανακατεύουν τσάι. Όλα αυτά χρησιμοποιούνται επίσης για μέτρημα στη μαγειρική. Στις συνταγές, *a level tablespoon(ful)* (ένα κοφτό κουτάλι της σούπας) είναι περίπου 15 χιλιόλιτρα (ml), *a dessert spoon(ful)* (ένα κουτάλι της κομπόστας) είναι περίπου 10 χιλιόλιτρα και *a teaspoon(ful)* (ένα κουταλάκι του τσαγιού) είναι περίπου 5 χιλιόλιτρα. Μια άλλη κοινή μονάδα μετρήσεως που σε συνταγές είναι *a heaped teaspoon/tablespoon*, κτλ. (ένα γεμάτο κουτάλι του τσαγιού/της σούπας) στα βρετανικά Αγγλικά, που στα αμερικάνικα Αγγλικά ονομάζεται *a heaping teaspoon/tablespoon*, κτλ.

171 Smoking Κάπνισμα

cigarette *ουσ.αρ.* τσιγάρο *(σαν επίθ.) cigarette smoke* καπνός από τσιγάρο *a packet (Βρετ.)/pack (Αμερ.) of cigarettes* ένα πακέτο τσιγάρα

fag *ουσ.αρ. (Βρετ.) [ανεπίσημο]* τσιγάρο

cigar *ουσ.αρ.* πούρο   **pipe** *ουσ.αρ.* πίπα

tobacco *ουσ.μ.αρ.* καπνός   **ash** *ουσ.μ.αρ.* στάχτη

ashtray *ουσ.αρ.* σταχτοδοχείο, τασάκι

stub *(Βρετ.)*, **butt** *(κυρίως Αμερ.) ουσ.αρ.* αποτσίγαρο, γόπα

lighter *ουσ.αρ.* αναπτήρας

Have you got a light? Έχεις φωτιά;

172 Drugs Ναρκωτικά

172.1 Άτομα που έχουν σχέση με ναρκωτικά

addict *ουσ.αρ.* ναρκομανής **addiction** *ουσ.μ.αρ.* εθισμός **addictive** *επίθ.* που προκαλεί εθισμό

junkie Ή **junky** *ουσ.αρ. [ανεπίσημο.* Χρησιμοποιείται κυρίως σε σχέση με ηρωίνη] τοξικομανής

user *ουσ.αρ. [ανεπίσημο]* χρήστης ναρκωτικών

pusher *ουσ.αρ. [που πουλά ναρκωτικά σε ναρκομανείς]* πωλητής ναρκωτικών

dealer *ουσ.αρ. [που πουλά ναρκωτικά σε πωλητές]* προμηθευτής ναρκωτικών

to be on drugs κάνω τακτική χρήση ναρκωτικών

172.2 Είδη ναρκωτικών

soft drug *[που δε δημιουργεί εξάρτηση]* ελαφρύ ναρκωτικό

hard drug *[που δημιουργεί εξάρτηση]* βαρύ ναρκωτικό

amphetamine *ουσ.αρ.* αμφεταμίνη

heroin *ουσ.μ.αρ.* ηρωίνη *to do heroin [ανεπίσημο]* παίρνω ηρωίνη

crack *ουσ.μ.αρ.* μορφή ηρωίνης που εισπνέεται

opium *ουσ.μ.αρ.* όπιο

LSD *ουσ.μ.αρ. [διαιθυλαμίδιο του λυσεργικού οξέος. Ισχυρό παραισθησιογόνο]* Ελ Ες Ντι

acid *ουσ.μ.αρ. [ανεπίσημο]* Ελ Ες Ντι *to drop acid* παίρνω Ελ Ες Ντι

172.3 Κάνναβη

cannabis *ουσ.μ.αρ. [γενική λέξη που χρησιμοποιείται ως π.χ. νομικός και δημοσιογραφικός όρος]* ινδική κάνναβη

hashish *ουσ.μ.αρ. [κάνναβη σε ρετσίνι, που μπορεί να μασηθεί ή να καπνιστεί]* χασίς

marijuana *ουσ.μ.αρ. [ελαφριά μορφή κάνναβης που συνήθως καπνίζεται]* μαριχουάνα

pot Ή **grass** *ουσ.μ.αρ. [ανεπίσημο]* χόρτο

joint *ουσ.αρ. [ανεπίσημο. Τσιγάρο που περιέχει μαριχουάνα]* τσιγαριλίκι

173 Farming Γεωργία

farm *ουσ.αρ.* φάρμα, αγρόκτημα *a poultry farm* ορνιθοτροφείο *(σαν επίθ.) farm animals* ζώα αγροκτήματος *farm workers* εργάτες αγροκτήματος

farm *ρ.μ.* καλλιεργώ, εκτρέφω *They farm two hundred acres in Scotland.* Καλλιεργούν οχτακόσια στρέμματα γης στη Σκωτία. *They now use the land for farming sheep.* Τώρα χρησιμοποιούν τη γη για την εκτροφή προβάτων.

farming *ουσ.μ.αρ.* καλλιέργεια γης, εκτροφή ζώων *fish farming* ιχθυοτροφία **farmer** *ουσ.αρ.* αγρότης, κτηνοτρόφος **farmhouse** *ουσ.αρ.* κατοικία σε αγρόκτημα, αγροικία

farmyard *ουσ.αρ.* αυλή αγροκτήματος *(σαν επίθ.) farmyard animals* ζώα αγροκτήματος

agriculture *ουσ.μ.αρ.* γεωργία, γεωπονία

agricultural *επίθ.* γεωργικός, γεωπονικός *agricultural workers* εργάτες που ασχολούνται με γεωργικές εργασίες

173.1 Αγροκτήματα

field *ουσ.αρ.* χωράφι *a potato field* φυτεία με πατάτες

meadow *ουσ.αρ. [με χόρτο, συνήθως χρησιμοποιείται για βοσκή]* λιβάδι

orchard *ουσ.αρ. [με οπωροφόρα δέντρα]* περιβόλι

vineyard *ουσ.αρ.* αμπελώνας, αμπέλι

pasture *ουσ.μ.αρ.αρ. [για βοσκή]* βοσκότοπος *The land was only fit for pasture.* Η γη ήταν κατάλληλη μόνο για βοσκή.

hedge *ουσ.αρ. [από θάμνους]* φράχτης

ditch *ουσ.αρ.* χαντάκι

173.2 Μηχανήματα που χρησιμοποιούνται σε φάρμα

plough *(Βρετ.)*, **plow** *(Αμερ.) ρ.μ.* οργώνω

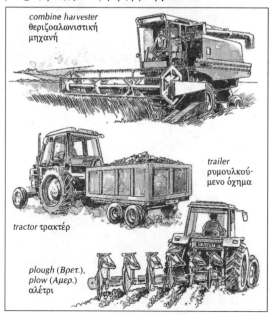

combine harvester θεριζοαλωνιστική μηχανή

trailer ρυμουλκού- μενο όχημα

tractor τρακτέρ

plough (Βρετ.), plow (Αμερ.) αλέτρι

173.3 Κτίρια φάρμας

stable *ουσ.αρ.* [για άλογα] στάυλος

cowshed *ουσ.αρ.* στάυλος αγελάδων

pigsty *ουσ.αρ.* χοιροστάσιο, αχούρι

dairy *ουσ.αρ.* [αγρόκτημα που ειδικεύεται στην παραγωγή γαλακτοκομικών προϊόντων] γαλακτοκομείο

silo *ουσ.αρ., πληθ.* silos σιλό

outbuilding *ουσ.αρ.* εξωτερικό κτίσμα (π.χ. στάυλος, αποθήκη)

173.4 Καλλιέργεια σπαρτών

arable *επίθ.* καλλιεργήσιμος

grow *ρ.μ.,* αόρ. **grew,** μτχ.αορ. **grown** καλλιεργώ *organically grown vegetables* λαχανικά που καλλιεργούνται χωρίς χημικά

grower *ουσ.αρ.* [κυρίως μιλώντας για φρούτα και λουλούδια] καλλιεργητής

cultivate *ρ.μ.* [κάπως επίσημο. Υπονοεί επαγγελματικές μεθόδους. Αντικ.: κυρίως έδαφος, σπαρτά] καλλιεργώ *Land which had previously been cultivated was turned over to sheep farming.* Η γη που προηγουμένως εκαλλιεργείτο, άρχισε να χρησιμοποιείται για την εκτροφή προβάτων. *Attempts to cultivate cotton had failed.* Οι προσπάθειες για την καλλιέργεια βαμβακιού απέτυχαν. **cultivation** *ουσ.μ.αρ.* καλλιέργεια

crop *ουσ.αρ.* **1** [αυτό που καλλιεργείται] σπαρτά, καρπός *a difficult crop to grow in this climate* σπαρτά που δύσκολα ευδοκιμούν σε αυτό το κλίμα **2** [αυτό που μαζεύεται] συγκομιδή, σοδειά *a heavy crop of tomatoes* μια μεγάλη σοδειά από ντομάτες (σαν *επίθ.*) *The drought led to crop failure.* Η ανομβρία κατάστρεψε τη σοδειά.

harvest *ουσ.αρ.* **1** [μάζεμα των καρπών] συγκομιδή, θερισμός, τρύγος *workers taken on for the harvest* εργάτες που προσλήφθηκαν ειδικά για τη συγκομιδή **2** [σοδειά] *an average fruit harvest* μια συνηθισμένη σοδειά φρούτων

harvest *ρ.μ.* [αντικ.: π.χ. χωράφι, σοδειά] θερίζω, τρυγώ

yield *ρ.μ.* [υποκ.: π.χ. δέντρο, αγρόκτημα, αγελάδα] παράγω, αποδίδω *The estate yields three tonnes of apples a year.* Το κτήμα παράγει τρεις τόνους μήλα το χρόνο.

yield *ουσ.αρ.* παραγωγή *increased milk yields* αυξημένη παραγωγή γάλακτος

173.5 Δημητριακά

cereal *ουσ.μ.αρ.αρ.* [σπυρί ή τα φυτά που το παράγουν] δημητριακά, σιτηρά, είδος δημητριακών (σαν *επίθ.*) *cereal crops* σιτηρά

grain *ουσ.μ.αρ.αρ.* σπυριά, σπυρί/κόκκος

wheat *ουσ.μ.αρ.* σιτάρι

maize (*Βρετ.*), **corn** (*Αμερ.*) *ουσ.μ.αρ.* αραβόσιτος, καλαμπόκι

corn *ουσ.μ.αρ.* **1** (*Βρετ.*) σιτάρι **2** (*Αμερ.*) καλαμπόκι

barley *ουσ.μ.αρ.* κριθάρι

oats *ουσ. πληθ.* βρώμη

rye *ουσ.μ.αρ.* σίκαλη

bale *ουσ.αρ.* δεμάτι

hay *ουσ.μ.αρ.* σανός, άχυρα

haystack *ουσ.αρ.* θημωνιά

straw *ουσ.μ.αρ.* άχυρο

173.6 Παραγωγικότητα αγροκτήματος

fertile *επίθ.* [περιγράφει: π.χ. έδαφος, αγελάδα] γόνιμος, εύφορος **fertility** *ουσ.μ.αρ.* γονιμότητα, ευφορία

infertile *επίθ.* άγονος, άκαρπος **infertility** *ουσ.μ.αρ.* στειρότητα

fertilizer *ουσ.μ.αρ.αρ.* λίπασμα *artificial fertilizers* τεχνητό λίπασμα

muck *ουσ.μ.αρ.* [ανεπίσημο. Που παράγεται από ζώα] κοπριά

manure *ουσ.μ.αρ.* [συνήθως παράγεται από ζώα] κοπριά **manure** *ρ.μ.* κοπρίζω, λιπαίνω

173.7 Εκτροφή προβάτων και αγελάδων

shepherd *ουσ.αρ.* βοσκός

flock *ουσ.αρ.* [χρησιμοποιείται για πουλιά και πρόβατα] κοπάδι

herd *ουσ.αρ.* [χρησιμοποιείται για τα περισσότερα ζώα, εκτός από τα πρόβατα] αγέλη, κοπάδι

cattle *ουσ.μ.αρ.* βοοειδή, αγελάδες *dairy cattle* γαλακτοπαραγωγικές αγελάδες

shear *ρ.μ.* κουρεύω (πρόβατα) **shearer** *ουσ.αρ.* εργάτης που ειδικεύεται στο κούρεμα των προβάτων

milk *ρ.μ.* αρμέγω *a milking machine* αρμεκτική μηχανή

174 Types of building Είδη κτιρίων

174.1 Κτίρια για κατοίκηση

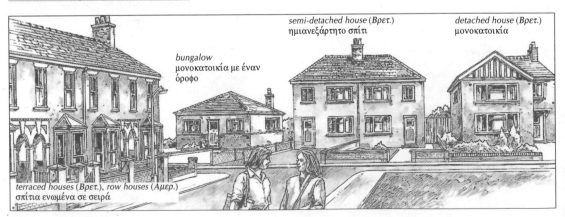

semi-detached house (*Βρετ.*) ημιανεξάρτητο σπίτι

detached house (*Βρετ.*) μονοκατοικία

bungalow μονοκατοικία με έναν όροφο

terraced houses (*Βρετ.*), *row houses* (*Αμερ.*) σπίτια ενωμένα σε σειρά

house ουσ.αρ. [γενικός όρος] σπίτι

home ουσ.αρ. 1 [το μέρος που ζει κανείς, που θεωρείται το επίκεντρο της προσωπικής ή της οικογενειακής του ζωής και με το οποίο συχνά συνδέεται συναισθηματικά] σπίτι, σπιτικό *Thousands have no job and no home.* Χιλιάδες άτομα δεν έχουν δουλειά και σπίτι. *We're spending Christmas at home.* Θα περάσουμε τα Χριστούγεννα στο σπίτι μας. (σαν *επίθ.*) *home improvements* μετατροπές στο σπίτι 2 [μέρος όπου παρέχεται φροντίδα σε γέρους, ανάπηρους, κτλ.] ίδρυμα *an old people's home* γηροκομείο

cottage ουσ.αρ. [υπονοεί μικρό, παλιό σπίτι σε χωριό στην εξοχή] εξοχικό σπιτάκι *a thatched cottage* σπιτάκι με αχυρένια στέγη

villa ουσ.αρ. [σπίτι που συνήθως βρίσκεται σε παραλία ή σε τουριστική περιοχή] έπαυλη, βίλα *We're invited to his villa in the South of France.* Μας προσκάλεσε στην έπαυλή του στη νότια Γαλλία.

igloo ουσ.αρ., *πληθ.* **igloos** ιγκλού

slum ουσ.αρ. [περιοχή όπου τα κτίρια και οι συνθήκες διαβίωσης δεν είναι ικανοποιητικές] φτωχογειτονιά *the slums of Calcutta* οι φτωχογειτονιές της Καλκούτας

174.2 Τμήματα κτιρίων για κατοίκηση

flat (*κυρίως Βρετ.*), **apartment** (*κυρίως Αμερ.*) ουσ.αρ. διαμέρισμα *a block of flats/an apartment building* πολυκατοικία

bedsit 'Η **bedsitter** ουσ.αρ. (*Βρετ.*) [ένα μόνο δωμάτιο για να ζει και να κοιμάται κανείς που συχνά νοικιάζεται] δωμάτιο

studio 'Η **studio flat** ουσ.αρ. [με ένα δωμάτιο για να ζει και να κοιμάται κανείς. Πιο πολυτελές από το **bedsit**] γκαρσονιέρα

duplex ουσ.αρ. (*Αμερ.*) 1 διαμέρισμα σε δύο ορόφους 2 [κτίριο με δύο διαμερίσματα, πάνω και κάτω] διπλοκατοικία

174.3 Ψηλά κτίρια

skyscraper ουσ.αρ. [συνήθως χρησιμοποιείται για γραφεία] ουρανοξύστης

tower block ουσ.αρ. (*Βρετ.*) [συνήθως για κατοικίες] πολυκατοικία

office block ουσ.αρ. κτίριο με γραφεία

condominium ΕΠΙΣΗΣ [ανεπίσημο] **condo** (*κυρίως Αμερ.*) ουσ.αρ. 1 [μεγάλη πολυκατοικία ή ομάδα από σπίτια όπου το κάθε διαμέρισμα ή σπίτι ανήκει στο άτομο που το κατοικεί] κτιριακό συγκρότημα 2 [κατοικία σε κτιριακό συγκρότημα] διαμέρισμα

174.4 Εντυπωσιακά κτίρια

castle ουσ.αρ. κάστρο

palace ουσ.αρ. παλάτι

mansion ουσ.αρ. [μεγάλο σπίτι, κυρίως στη εξοχή] μέγαρο, αρχοντικό

monument ουσ.αρ. [συνήθως δεν κατοικείται και είναι ιστορικό μέρος ή μνημειακό οικοδόμημα] μνημείο *the monument honouring him in Westminster Abbey* το μνημείο που στήθηκε προς τιμήν του στο Αββαείο του Γουέστμινστερ *the ruins are classed as an ancient monument* τα ερείπια αυτά κατατάσσονται στα αρχαία μνημεία

174.5 Απλά κτίρια

shed ουσ.αρ. [συνήθως από ξύλο, π.χ. για την αποθήκευση εργαλείων] αποθήκη, παράγκα *a garden shed* αποθήκη στον κήπο

hut ουσ.αρ. [συνήθως από ξύλο, χρησιμοποιείται σαν καταφύγιο στο βουνό ή σαν κατοικία σε φτωχές χώρες] καλύβα

174.6 Άτομα που συμβάλλουν στο χτίσιμο

architect ουσ.αρ. αρχιτέκτονας **architecture** ουσ.μ.αρ. αρχιτεκτονική

surveyor ουσ.αρ. τοπογράφος

builder ουσ.αρ. [εργάτης που ασχολείται με χειρωνακτική εργασία] οικοδόμος, χτίστης *We've got the builders in.* Έχουμε οικοδόμους /κάνουμε μετατροπές στο σπίτι.

bricklayer ουσ.αρ. χτίστης

carpenter ουσ.αρ. μαραγκός, ξυλουργός

electrician ουσ.αρ. ηλεκτρολόγος

plumber ουσ.αρ. υδραυλικός

175 Live Κατοικώ

live ρ.α. μένω, ζω (+ **in** με ονόματα πόλεων, δρόμων, κτλ.) *I live in London.* Ζω στο Λονδίνο. (+ **at** με αριθμό του σπιτιού) *I live at number 56 Hawthorne Rd.* Μένω στον αριθμό 56, Χόθορν Ρόουντ.

reside ρ.α. (συχνά + **in, at**) [επίσημο, συχνά σε επίσημα κείμενα] διαμένω, κατοικώ *Do you reside in this country?* Είστε μόνιμος κάτοικος σε αυτή τη χώρα;

residence ουσ. 1 ουσ.αρ. [εκεί που ζει κανείς, κυρίως αν πρόκειται περί εντυπωσιακού μέρους] κατοικία *the ambassador's residence* η κατοικία του πρέσβη 2 ουσ.μ.αρ. [ζω κάπου] παραμονή *You need three years' residence for naturalization.* Σου χρειάζονται τρία χρόνια παραμονής στη χώρα για να αποκτήσεις υπηκοότητα.

resident ουσ.αρ. [άτομο που ζει σε κάποιο συγκεκριμένο μέρος, π.χ. χώρα, δρομο, κτίριο] κάτοικος *Other residents have been complaining about the noise.* Και άλλοι κάτοικοι έχουν παραπονεθεί για το θόρυβο.

resident επίθ. (πριν από ουσ.) 1 [που ζει και εργάζεται σε κάποιο μέρος] εσωτερικός, μόνιμος *a resident caretaker* εσωτερικός θυρωρός 2 (μετά από ρ.) [επίσημο, συχνά σε επίσημα κείμενα] διαμένων *foreigners resident in Britain* ξένοι διαμένοντες στη Βρετανία

dwell ρ.α. (συχνά + **in**) αόρ. & μτχ. αορ. **dwelled** 'Η **dwelt** [απαρχαιωμένο ή ποιητικό] κατοικώ, ζω *Down by the river there dwelt an old man.* Κάτω στο ποτάμι ζούσε ένας γέροντας.

dwelling ουσ.αρ. [απαρχαιωμένο ή σε επίσημα κείμενα] κατοικία *a woodcutter's dwelling* η κατοικία του ξυλοκόπου *The dwelling shall not be used for any business or trade.* Η κατοικία δεν πρέπει να χρησιμοποιηθεί σαν χώρος εργασίας ή εμπορίου.

dweller ουσ.αρ. (κυρίως σε σύνθετες λέξεις) κάτοικος *city-dwellers* οι κάτοικοι πόλεων (αστοί)

inhabit ρ.μ. (κυρίως σε μτχ.αορ.) [ζω. Αντικ.: π.χ. γεωγραφική περιοχή] κατοικώ *the cossacks who inhabited the steppes* οι Κοζάκοι που κατοικούσαν στις στέπες *The island is no longer inhabited.* Το νησί δεν κατοικείται πια.

inhabitant ουσ.αρ. κάτοικος *the village's oldest inhabitant* ο γηραιότερος κάτοικος του νησιού **uninhabited** επίθ. ακατοίκητος

squat *ρ.α.*, *-tt-* (*κυρίως Βρετ.*) (*συνήθως + in*) [μένω κάπου χωρίς να ζητήσω την άδεια του ιδιοκτήτη ή να πληρώσω ενοίκιο] καταλαμβάνω *We were forced to squat in derelict buildings.* Αναγκαστήκαμε να ζήσουμε παράνομα σε μισογκρεμισμένα κτίρια.

squat *ουσ.αρ.* κατάληψη *We shared a squat in South London.* Κάναμε μαζί κατάληψη σε ένα κτίριο στο νότιο Λονδίνο. **squatter** *ουσ.αρ.* καταληψίας

175.1 Αρχίζω να κατοικώ κάπου

settle *ρ.* 1 *ρ.α.* (συχνά + in) [υπονοεί την εκλογή μόνιμης κατοικίας] εγκαθίσταμαι *A lot of retired people settle here.* Πολλοί συνταξιούχοι έρχονται να εγκατασταθούν εδώ. 2 *ρ.μ.* [αρχίζω μια νέα κοινότητα κάπου] αποικίζω *The state was originally settled by Mormons.* Η πολιτεία είχε αρχικά κατοικηθεί από Μορμόνους. 3 **settle in** *ρ.πρφ.α.* [συνηθίζω σε καινούριο μέρος] εγκλιματίζομαι *We're gradually settling in to our new place.* Σιγά σιγά συνηθίζουμε το καινούριο μας σπίτι.

settlement *ουσ.αρ.* οικισμός, εγκατάσταση *Viking settlements on the east coast* οικισμοί Βίκινγκ στην ανατολική ακτή

settler *ουσ.αρ.* άποικος *the ideals of the Puritan settlers* τα ιδανικά των πουριτανών αποίκων

move in *ρ.πρφ.α.* [αρχίζω να ζω σε νέο σπίτι] εγκαθίσταμαι, μετακομίζω *We moved in on the 5th.* Μετακομίσαμε στις 5 του μηνός.

move out *ρ.πρφ.α.* [σταματώ να ζω κάπου] μετακομίζω (από) *They asked her to move out.* Της ζήτησαν να φύγει από το σπίτι.

175.2 Χώρος διαμονής

accommodation *ουσ.μ.αρ.* [οποιοδήποτε είδος κατοικίας, συχνά για μικρό χρονικό διάστημα, για συγκεκριμένα άτομα ή για ανθρώπους γενικά] κατάλυμα *the town's hotel accommodation* τα διαθέσιμα δωμάτια σε ξενοδοχεία της πόλης *We're staying in temporary accommodation till we buy a house.* Μένουμε κάπου προσωρινά μέχρι να αγοράσουμε δικό μας σπίτι.

housing *ουσ.μ.αρ.* [οποιοδήποτε είδος κατοικίας, συνήθως για μεγάλο χρονικό διάστημα, για ανθρώπους γενικά] στέγαση *the availability of low-cost housing* η ύπαρξη στέγασης με χαμηλό κόστος

landlord *ουσ.αρ.* σπιτονοικοκύρης
landlady *ουσ.αρ.* σπιτονοικοκυρά

tenant *ουσ.αρ.* [συνήθως σε σπίτι ή διαμέρισμα] ενοικιαστής, ένοικος

lodge *ρ.α.* [κάπως απαρχαιωμένο] διαμένω, κατοικώ *It was usual for the apprentice to lodge with his master.* Ήταν συνηθισμένο ο μαθητευόμενος να κατοικεί με το δάσκαλό του.

lodger *ουσ.αρ.* [κάποιος που μένει στο σπίτι κάποιου άλλου και πληρώνει ενοίκιο και πολλές φορές φαγητό] νοικάρης, οικότροφος *to take in lodgers* δέχομαι οικότροφους

lodgings *ουσ.πληθ.* [δωμάτιο που νοικιάζεται, π.χ. σε φοιτητή] δωμάτιο *to look for lodgings* ψάχνω για δωμάτιο

digs *ουσ.πληθ.* [ανεπίσημο. Δωμάτιο που νοικιάζεται, π.χ. σε φοιτητή] δωμάτιο *I'm in digs.* Μένω σε ένα δωμάτιο.

lease *ουσ.αρ.* ενοικιάζω σπίτι ή διαμέρισμα για μεγάλη χρονική περίοδο

deposit *ουσ.αρ.* προκαταβολή

inventory *ουσ.αρ.* κατάλογος περιουσιακών στοιχείων

176 Parts of buildings Μέρη κτιρίων

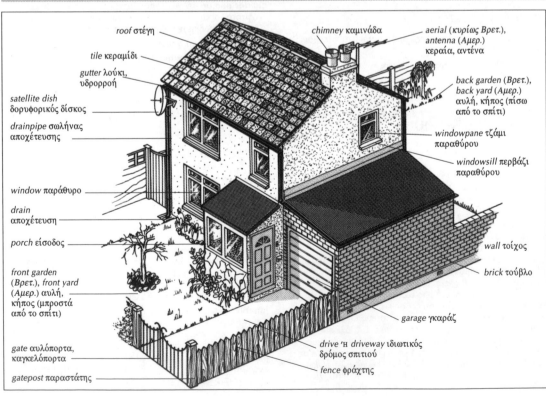

roof στέγη
tile κεραμίδι
gutter λούκι, υδρορροή
satellite dish δορυφορικός δίσκος
drainpipe σωλήνας αποχέτευσης
window παράθυρο
drain αποχέτευση
porch είσοδος
front garden (Βρετ.), front yard (Αμερ.) αυλή, κήπος (μπροστά από το σπίτι)
gate αυλόπορτα, καγκελόπορτα
gatepost παραστάτης

chimney καμινάδα
aerial (κυρίως Βρετ.), antenna (Αμερ.) κεραία, αντένα
back garden (Βρετ.), back yard (Αμερ.) αυλή, κήπος (πίσω από το σπίτι)
windowpane τζάμι παραθύρου
windowsill περβάζι παραθύρου
wall τοίχος
brick τούβλο
garage γκαράζ
drive 'ή driveway ιδιωτικός δρόμος σπιτιού
fence φράχτης

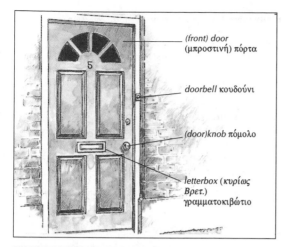

(front) door
(μπροστινή) πόρτα

doorbell κουδούνι

(door)knob πόμολο

letterbox (κυρίως
Βρετ.)
γραμματοκιβώτιο

176.1 Είσοδοι και έξοδοι

entry ουσ.αρ. (κυρίως Αμερ.) [μπορεί να είναι πόρτα, καγκελόπορτα, πέρασμα, κτλ.] είσοδος *A police officer guarded the entry to the embassy.* Ένας αστυνομικός φρουρούσε την είσοδο της πρεσβείας.

entrance ουσ.αρ. [πόρτα που χρησιμοποιείται για είσοδο] είσοδος *I slipped out by the back entrance.* Κατάφερα να ξεγλιστρήσω από την πίσω πόρτα. *(σαν επίθ.) the entrance hall* χώρος υποδοχής/χολ

exit ουσ.αρ. [από κτίριο ή δωμάτιο] έξοδος *emergency exit* έξοδος κινδύνου

way out ουσ.αρ. [λιγότερο επίσημο από το **exit**] έξοδος

gateway ουσ.αρ. [μεγάλη καγκελόπορτα, π.χ. εκεί που αρχίζει ο ιδιωτικός δρόμος σπιτιού] πύλη, είσοδος

indoors επίρρ. μέσα *to go indoors* μπαίνω μέσα στο σπίτι
indoor επίθ. εσωτερικός *an indoor aerial* εσωτερική κεραία

outdoors επίρρ. έξω *to eat outdoors* τρώω στο ύπαιθρο
outdoor επίθ. εξωτερικός, υπαίθριος *an outdoor swimming pool* υπαίθρια πισίνα

176.2 Επίπεδα

floor ουσ.αρ. όροφος

storey (Βρετ.), **story** (Αμερ.) ουσ.αρ. [όροφος κτιρίου, κυρίως σαν αρχιτεκτονικός όρος] όροφος *There are plans to add an extra storey.* Υπάρχουν σχέδια για να προστεθεί ένας ακόμα όροφος. *(σαν επίθ.) a seventeen-storey office block* ένα δεκαεπταόροφο κτίριο με γραφεία

second floor
(Βρετ.), third
floor (Αμερ.)
δεύτερος όροφος

first floor (Βρετ.),
second floor
(Αμερ.) πρώτος
όροφος

balcony
μπαλκόνι

ground floor
(Βρετ.), first floor
(Αμερ.) ισόγειο

multistorey (Βρετ.), **multistory** (Αμερ.) επίθ. [ψηλό και με πολλούς ορόφους. Συνήθως χρησιμοποιείται για να περιγράψει χώρους στάθμευσης και όχι κατοικίες ή κτίρια με γραφεία] πολυόροφος *a multistorey car park* πολυόροφος χώρος στάθμευσης

177 Inside buildings Εσωτερικοί χώροι κτιρίων

177.1 Χώροι εισόδου

hall ουσ.αρ. [κυρίως σε σπίτι ή διαμέρισμα] χώρος υποδοχής, χολ

lobby ουσ.αρ. [κυρίως σε ξενοδοχείο ή δημόσιο κτίριο] προθάλαμος

foyer ουσ.αρ. 1 [κυρίως σε θέατρο, σινεμά, κτλ.] προθάλαμος, φουαγιέ 2 (Αμερ.) [χώρος εισόδου σε σπίτι ή διαμέρισμα] χολ

177.2 Πηγαίνω από τον έναν όροφο στον άλλο

upstairs επίρρ. [κυρίως σε σπίτι ή σε πολυκατοικία] επάνω, στο επάνω πάτωμα *to go upstairs* ανεβαίνω στο επάνω πάτωμα *(σαν επίθ.) an upstairs room* ένα δωμάτιο στο επάνω πάτωμα

downstairs επίρρ. [κυρίως σε σπίτι ή σε πολυκατοικία] κάτω, στο κάτω πάτωμα *They live downstairs.* Μένουν στο κάτω πάτωμα. *(σαν επίθ.) the downstairs flat* το διαμέρισμα κάτω από το δικό μας

escalator ουσ.αρ. κυλιόμενη σκάλα

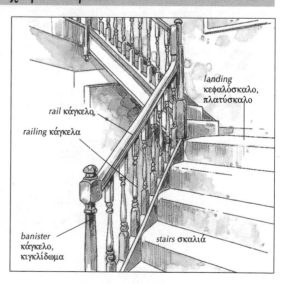

landing
κεφαλόσκαλο,
πλατύσκαλο

rail κάγκελα

railing κάγκελα

banister
κάγκελο,
κιγκλίδωμα

stairs σκαλιά

Η λέξη **staircase** αναφέρεται σε ολόκληρη την κατασκευή, συμπεριλαμβανομένων των σκαλιών και των πλευρών τους, τα κιγκλιδώματα, κτλ., ενώ η λέξη **stairs** αναφέρεται κυρίως στα ίδια τα σκαλιά.

lift (*Βρετ.*), **elevator** (*Αμερ.*) *ουσ.αρ.* ανελκυστήρας, ασανσέρ *to take the lift* παίρνω το ασανσέρ

177.3 Πηγαίνω από το ένα δωμάτιο στο άλλο

corridor *ουσ.αρ.* [με πόρτες δωματίων] διάδρομος

passage *ουσ.αρ.* [με ή χωρίς πόρτες δωματίων] πέρασμα, διάδρομος

door *ουσ.αρ.* πόρτα *to knock at the door* χτυπώ την πόρτα **(door)handle** *ουσ.αρ.* πόμολο/χειρολαβή

177.4 Επιπλέον δωμάτια

cloakroom *ουσ.αρ.* [για παλτά κτλ.] βεστιάριο, γκαρνταρόμπα

coatpeg *ουσ.αρ.* κρεμαστάρι

study *ουσ.αρ.* γραφείο

utility room *ουσ.αρ.* [για το πλυντήριο, εργαλεία, κτλ.] δωμάτιο γενικής χρήσης, αποθήκη

attic *ουσ.αρ.* [κάτω από τη στέγη του σπιτιού] σοφίτα *We're converting the attic into a playroom.* Θα μετατρέψουμε τη σοφίτα σε δωμάτιο για παιχνίδι.

loft *ουσ.αρ.* 1 [σοφίτα] πατάρι 2 (*Αμερ.*) [το τελευταίο πάτωμα κτιρίου που συνήθως χρησιμοποιείται σαν αποθήκη] πατάρι 3 (*Αμερ.*) [το τελευταίο πάτωμα σπιτιού που έχει μετατραπεί σε διαμέρισμα] σοφίτα

cellar *ουσ.αρ.* [συνήθως χρησιμοποιείται σαν αποθήκη] κελάρι

basement *ουσ.αρ.* [το πάτωμα σε σπίτι ή κατάστημα που βρίσκεται κάτω από την επιφάνεια του εδάφους. Χρησιμοποιείται σαν κατοικία, χώρος εργασίας, εμπορίου, κτλ. παρά σαν αποθήκη] υπόγειο (σαν *επίθ.*) *a basement flat* υπόγειο διαμέρισμα

177.5 Το εσωτερικό των δωματίων

ceiling *ουσ.αρ.* ταβάνι

floor *ουσ.αρ.* πάτωμα (σαν *επίθ.*) *floor coverings* [πλακάκια, χαλιά, κτλ.] καλύμματα δαπέδου

furniture *ουσ.μ.αρ.* έπιπλα *a piece of furniture* έπιπλο

furnish *ρ.μ.* επιπλώνω *furnished accommodation* επιπλωμένο σπίτι/διαμέρισμα

178 Close Κλείνω

close *ρ.μ.α.* [αντικ./υποκ.: π.χ. πόρτα, καπάκι, κουτί, ντουλάπι, όχι δωμάτιο ή αυτοκίνητο] κλείνω *The drawer won't close.* Το συρτάρι δεν κλείνει. (+ off) *The area has been closed off by police.* Η περιοχή έχει περιφραχθεί από την αστυνομία.

shut *ρ.μ.α.*, -tt- *αόρ.* & *μτχ.αορ.* **shut** [ελαφρά πιο ανεπίσημο από το **close**] κλείνω *The boot won't shut.* Το πορτ μπαγκάζ δεν κλείνει. *Shut your mouth!* Βούλωστο!

shut *επίθ.* κλειστός *Keep your eyes tight shut.* Κλείσε σφιχτά τα μάτια σου.

sealed off [ώστε να μην μπορεί να μπει κανείς. Περιγράφει: π.χ. δρόμο, περιοχή] αποκλεισμένος, περιφραγμένος *All exits from the building are now sealed off.* Όλες οι έξοδοι του κτιρίου έχουν σφραγιστεί.

lock *ρ.μ.* κλειδώνω *The door's not locked.* Η πόρτα δεν είναι κλειδωμένη.

lock *ουσ.αρ.* κλειδαριά *The key was in the lock.* Το κλειδί ήταν στην κλειδαριά.

key *ουσ.αρ.* κλειδί

keyhole *ουσ.αρ.* κλειδαρότρυπα

179 Open Ανοίγω

open *ρ.μ.α.* [αντικ./υποκ.: π.χ. πόρτα, κουτί, ντουλάπι] ανοίγω *We opened our presents.* Ανοίξαμε τα δώρα μας.

undo *ρ.μ.*, *αόρ.* **undid** *μτχ.αορ.* **undone** [αντικ.: π.χ. δέμα, περιτύλιγμα, κόμπο] λύνω, ανοίγω

unlock *ρ.μ.* ξεκλειδώνω *You left the garage unlocked.* Άφησες ξεκλείδωτο το γκαράζ.

ajar *επίρρ.* (μετά από *ρ.*) [λίγο ανοιχτός. Περιγράφει: κυρίως πόρτα, παράθυρο] μισάνοιχτος *I left the door ajar.* Άφησα την πόρτα μισάνοιχτη.

wide open [περιγράφει: π.χ. πόρτα, δοχείο] ορθάνοιχτος *The fridge is wide open, you know.* Το ξέρεις ότι το ψυγείο είναι ορθάνοιχτο;

gaping *επίθ.* (συνήθως πριν από *ουσ.*) [υπονοεί ότι κάτι έχει ανοιχτεί περισσότερο από το κανονικό, συχνά εκφράζει υπερβολή. Περιγράφει: κυρίως τρύπα, πληγή, στόμα] ορθάνοιχτος, που χάσκει

180 Living room Το καθιστικό

Αυτό το δωμάτιο μπορεί να ονομαστεί και **sitting room** ή μερικές φορές **lounge**. Και τα δύο αυτά ονόματα είναι κάπως απαρχαιωμένα. Πολλά μοντέρνα σπίτια έχουν ένα μόνο δωμάτιο στο ισόγειο, αλλά σε περίπτωση που υπάρχουν δύο, συχνά ονομάζονται **front room** και **back room**.

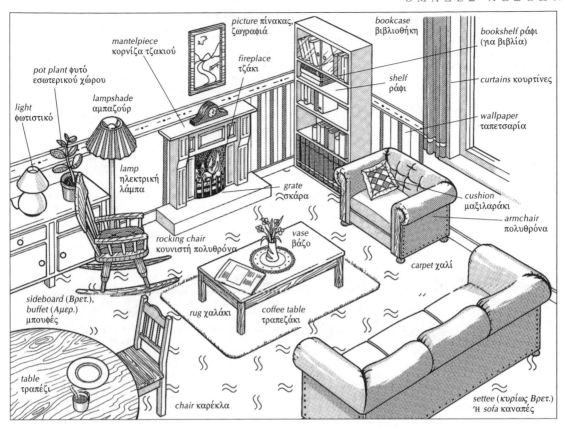

picture πίνακας, ζωγραφιά

mantelpiece κορνίζα τζακιού

fireplace τζάκι

bookcase βιβλιοθήκη

bookshelf ράφι (για βιβλία)

pot plant φυτό εσωτερικού χώρου

shelf ράφι

curtains κουρτίνες

light φωτιστικό

lampshade αμπαζούρ

wallpaper ταπετσαρία

lamp ηλεκτρική λάμπα

grate σκάρα

cushion μαξιλαράκι

armchair πολυθρόνα

rocking chair κουνιστή πολυθρόνα

vase βάζο

carpet χαλί

sideboard (Βρετ.), buffet (Αμερ.) μπουφές

rug χαλάκι

coffee table τραπεζάκι

table τραπέζι

chair καρέκλα

settee (κυρίως Βρετ.) 'ή sofa καναπές

181 Bedroom Η κρεβατοκάμαρα

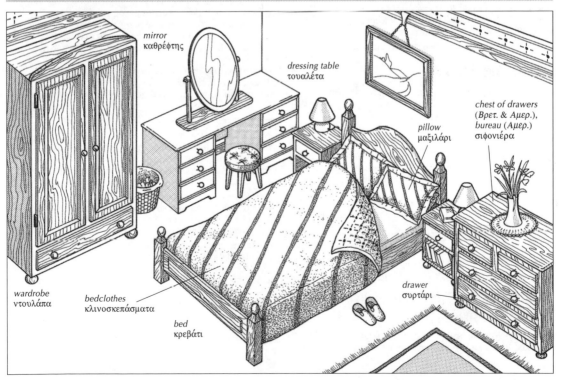

mirror καθρέφτης

dressing table τουαλέτα

chest of drawers (Βρετ. & Αμερ.), bureau (Αμερ.) σιφονιέρα

pillow μαξιλάρι

wardrobe ντουλάπα

bedclothes κλινοσκεπάσματα

bed κρεβάτι

drawer συρτάρι

127

181.1 Πάνω στο κρεβάτι

bedclothes *ουσ. πληθ.* [γενικός όρος που αναφέρεται στα σεντόνια, τις κουβέρτες, κτλ.] κλινοσκεπάσματα

pillowcase *ουσ.αρ.* μαξιλαροθήκη

sheet *ουσ.αρ.* σεντόνι

blanket *ουσ.αρ.* κουβέρτα

duvet *ουσ.αρ.* πάπλωμα (σαν επίθ.) a duvet cover κάλυμμα παπλώματος

quilt *ουσ.αρ.* 1 πάπλωμα καπιτονέ a patchwork quilt πάπλωμα πάτσγουερκ (φτιαγμένο από μικρά κομμάτια υφάσματος που έχουν ματιστεί) 2 ΕΠΙΣΗΣ **continental quilt** πάπλωμα

bedspread *ουσ.αρ.* κάλυμμα κρεβατιού

eiderdown *ουσ.αρ.* (κυρίως Βρετ.) [ελαφρότερο από το **duvet** και με μόνιμο κάλυμμα, που απλώνεται πάνω από τις κουβέρτες] πουπουλένιο πάπλωμα

electric blanket *ουσ.αρ.* ηλεκτρική κουβέρτα

hot water bottle *ουσ.αρ.* θερμοφόρα

182 Sleep Κοιμάμαι

sleep *ρ.α., αόρ. & μτχ.αορ.* **slept** κοιμάμαι I slept soundly. Κοιμήθηκα βαθιά.

sleep *ουσ.* 1 *ουσ.μ.αρ.* ύπνος I'm not getting enough sleep. Δεν κοιμάμαι αρκετά. to **go to sleep** αποκοιμιέμαι 2 *ουσ.αρ.* (πληθ. πολύ σπάνιο) ύπνος You'll feel better after a little sleep. Θα νοιώσεις καλύτερα μετά από έναν υπνάκο.

asleep *επίθ.* (μετά από ρ.) αποκοιμισμένος She's **fast asleep**. Κοιμάται βαθιά. to **fall asleep** με παίρνει ο ύπνος

φ ρ ά σ η

sleep like a log [πολύ βαθειά, χωρίς να αντιλαμβάνομαι οποιοδήποτε θόρυβο] κοιμάμαι βαριά (κυριολεκτικά: κοιμάμαι σαν κούτσουρο)

snore *ρ.α.* ροχαλίζω

dream *ρ., αόρ. & μτχ.αορ.* **dreamed** 'Η (κυρίως Βρετ.) **dreamt** 1 *ρ.μ.* ονειρεύομαι I dreamt I was back at school. Ονειρεύτηκα ότι ήμουν ακόμα στο σχολείο. 2 *ρ.α.* ονειρεύομαι (κάποιον ή κάτι) I dreamt about her last night. Χθές το βράδυ την είδα στο ονειρό μου.

dream *ουσ.αρ.* όνειρο to **have a dream** βλέπω όνειρο

oversleep *ρ.α., αόρ. & μτχ.αορ.* **overslept** παρακοιμάμαι

lie in *ρ.πρφ.α.* (κυρίως Βρετ.) χουζουρεύω στο κρεβάτι We always like to lie in on a Sunday. Την Κυριακή μας αρέσει να χουζουρεύουμε στο κρεβάτι.

yawn *ρ.α.* χασμουριέμαι **yawn** *ουσ.αρ.* χασμουρητό

182.1 Αποκοιμιέμαι

nod off *ρ.πρφ.α.* [ανεπίσημο. Αποκοιμιέμαι, συνήθως για μικρό χρονικό διάστημα] με παίρνει ο ύπνος I nodded off after lunch. Μετά το γεύμα με πήρε ο ύπνος.

drop off *ρ.πρφ.α.* [ανεπίσημο. Αποκοιμιέμαι] με παίρνει ο ύπνος It was well after midnight before I dropped off. Όταν με πήρε ο ύπνος ήταν περασμένα μεσάνυχτα.

doze *ρ.α.* [ανεπίσημο. Μισοκοιμάμαι] λαγοκοιμάμαι I dozed through most of the lecture. Λαγοκοιμόμουνα κατά το μεγαλύτερο μέρος της διάλεξης.

doze *ουσ.αρ.* (συνήθως δεν έχει πληθ.) ελαφρός ύπνος

doze off *ρ.πρφ.α.* [κοιμάμαι για μικρό ή για μεγάλο χρονικό διάστημα] με παίρνει ο ύπνος He was dozing off. Τον έπαιρνε σιγά σιγά ο ύπνος. **dozy** *επίθ.* μισοκοιμισμένος, νυσταγμένος

drowsy *επίθ.* νυσταγμένος, μισοκοιμισμένος These tablets make you drowsy. Αυτά τα χάπια σου φέρουν υπνηλία.

182.2 Κοιμάμαι για μικρά χρονικά διαστήματα

nap *ουσ.αρ.* [σύντομος ύπνος κατά τη διάρκεια της ημέρας] υπνάκος to **have a nap** παίρνω έναν υπνάκο

kip *ουσ.* (δεν έχει πληθ.) [ανεπίσημο] (Βρετ.) ύπνος to have a kip κοιμάμαι I didn't get enough kip last night. Δεν κοιμήθηκα αρκετά χθές το βράδυ.

forty winks [ανεπίσημο. Σύντομος ύπνος κατά τη διάρκεια της ημέρας] υπνάκος You'll feel better after forty winks. Θα νοιώσεις καλύτερα μετά από έναν υπνάκο.

182.3 Κούραση

tired *επίθ.* κουρασμένος I'm getting tired. Έχω αρχίσει να κουράζομαι. **tiredness** *ουσ.μ.αρ.* κούραση

tire *ρ.* 1 *ρ.μ.* (συχνά + **out** για να δώσει έμφαση) κουράζω, εξαντλώ Don't tire your father, he's not well. Μην κουράζεις τον πατέρα σου γιατί δεν είναι καλά. to **tire sb out** εξαντλώ κάποιον 2 *ρ.α.* [κάπως επίσημο] κουράζομαι She's very weak and tires quickly. Είναι πολύ αδύναμη και κουράζεται εύκολα. **tiring** *επίθ.* κουραστικός

sleepy *επίθ.* νυσταγμένος Don't force a sleepy child to eat. Μην πιέζετε ένα νυσταγμένο παιδί να φάει. **sleepily** *επίρρ.* νυσταγμένα

fatigue *ουσ.μ.αρ.* [επίσημο] κόπωση, εξάντληση I took glucose tablets to combat fatigue. Πήρα χαπάκια γλυκόζης για να καταπολεμήσω την εξάντληση. **fatigue** *ρ.μ.* κουράζω

exhausted *επίθ.* [πολύ κουρασμένος και αδύναμος. Συχνά χρησιμοποιείται για να εκφράσει υπερβολή] εξαντλημένος, εξουθενωμένος I collapsed exhausted in front of the television. Σωριάστηκα εξουθενωμένος μπροστά στην τηλεόραση.

exhaust *ρ.μ.* εξαντλώ The climb had exhausted me. Η ανάβαση με είχε εξαντλήσει.

exhaustion *ουσ.μ.αρ.* εξάντληση She fainted from thirst and exhaustion. Λιποθύμησε από τη δίψα και την εξάντληση.

dog-tired *επίθ.* [ανεπίσημο. Πολύ κουρασμένος] κατακουρασμένος, ψόφιος

worn out *επίθ.* [ανεπίσημο. Συχνά δίνει έμφαση στην αιτία της κούρασης] εξαντλημένος, κάτακοπος You'd be worn out if you had to look after the kids all day. Θα ήσουν εξαντλημένος αν είχες την ευθύνη των παιδιών όλη την ημέρα.

wear sb **out** 'Η **wear out** sb *ρ.πρφ.μ.* εξαντλώ They wore me out with their constant questions. Με εξάντλησαν με τις αδιάκοπες ερωτήσεις τους.

shattered *επίθ.* [ανεπίσημο. Δίνει έμφαση στις συνέπειες κάποιας δραστηριότητας] εξουθενωμένος I'm absolutely shattered after that run. Νοιώθω τελείως εξουθενωμένος μετά από το τρέξιμο.

182.4 Ανήσυχος ύπνος

nightmare *ουσ.αρ.* εφιάλτης *to have nightmares* έχω εφιάλτες

sleepwalk *ρ.α.* υπνοβατώ **sleepwalker** *ουσ.αρ.* υπνοβάτης

insomnia *ουσ.μ.αρ.* αϋπνία **insomniac** *ουσ.αρ.* πάσχων από αϋπνία

182.5 Μετά τον ύπνο

wake up *ρ.πρφ.*, *αόρ.* **woke**, *μτχ.αορ.* **woken** [συνηθισμένος

όρος] 1 *ρ.α.* ξυπνώ *I woke up early.* Ξύπνησα νωρίς. **2 wake up** sb 'H **wake** sb up *ρ.μ.* ξυπνώ κάποιον

wake *ρ.* [πιο επίσημο από το **wake up**] 1 *ρ.μ.* ξυπνώ (κάποιον) *The steward woke me with breakfast.* Ο αεροσυνοδός με ξύπνησε για το πρόγευμα. **2** *ρ.α.* ξυπνώ

awake *ρ.*, *αόρ.* **awoke**, *μτχ.αορ.* **awoken** ΕΠΙΣΗΣ **awaken**, **waken** [λογοτεχνικό] 1 *ρ.α.* ξυπνώ *I awoke refreshed.* Ξύπνησα ανανεωμένος. **2** *ρ.μ.* ξυπνώ (κάποιον) *I was awoken by the storm.* Με ξύπνησε η καταιγίδα.

awake *επίθ.* (μετά από *ρ.*) ξύπνιος *wide awake* με το μάτι γαρίδα

183 Rest and Relaxation Ανάπαυση και Ξεκούραση

δες επίσης **283 Lazy, 284 Inaction**

rest *ρ.α.* ξεκουράζομαι, αναπαύομαι

rest *ουσ.αρ.* (δεν έχει πληθ.) ξεκούραση *to have a rest* ξεκουράζομαι

relax *ρ.α.* ξεκουράζομαι, χαλαρώνω *We relaxed in front of the television.* Ξεκουραστήκαμε μπροστά στην τηλεόραση.

relaxing *επίθ.* χαλαρωτικός *a relaxing shower* ένα χαλαρωτικό ντους

relaxed *επίθ.* [περιγράφει: π.χ. πρόσωπο, περιβάλλον] ξεκούραστος, άνετος *a wonderful relaxed feeling* ένα καταπληκτικό αίσθημα ξεκούρασης

unwind *ρ.α.*, *αόρ. & μτχ.αορ.* **unwound** [δίνει έμφαση στην ανακούφιση από το στρες] ξεκουράζομαι, καλμάρω *He says alcohol helps him unwind.* Υποστηρίζει ότι το αλκοόλ τον βοηθά να καλμάρει.

carefree *επίθ.* [υπονοεί ευδιαθεσία και απουσία στρες] ανέμελος *a carefree weekend with no cooking to do* ένα ανέμελο Σαββατοκύριακο χωρίς την ευθύνη του μαγειρέματος

183.1 'Ωρα για ξεκούραση

pause *ουσ.αρ.* [σύντομη παύση] ανάπαυλα, διακοπή *without any pause between classes* χωρίς διακοπή μεταξύ μαθημάτων

pause *ρ.α.* κάνω διακοπή *We paused to get our breath back.* Κάναμε διακοπή για να πάρουμε ανάσα.

break *ουσ.αρ.* [μπορεί να είναι για μικρό ή για μεγάλο χρονικό διάστημα] διάλειμμα *a break for coffee* κάνω διάλειμμα για καφέ *to have/take a break* κάνω διάλειμμα

break *ρ.α.* διακόπτω, κάνω διάλειμμα *Let's break for lunch.* Ας διακόψουμε για γεύμα.

respite *ουσ.αρ.* (συχνά + **from**) [κάπως επίσημο. Υπονοεί προσωρινή μείωση των πιέσεων] ανάπαυλα *We got no respite from customers calling in.* Δεν είχαμε ούτε μιας στιγμής ανάπαυλα από τους συνεχείς πελάτες.

lull *ουσ.αρ.* [υπονοεί προσωρινή μείωση της δραστηριότητας] ανάπαυλα *There's usually a lull mid-morning before the lunchtime shoppers.* Συνήθως υπάρχει μια περίοδος ηρεμίας το πρωί, πριν ακόμα κάνουν την εμφάνισή τους οι μεσημεριανοί πελάτες.

leisure *ουσ.μ.αρ.* [ελεύθερος χρόνος για ψυχαγωγία]

ελεύθερος χρόνος *Now I'm retired I don't know what to do with my leisure.* Τώρα που βγήκα σε σύνταξη δεν ξέρω τι να τον κάνω τον ελεύθερό μου χρόνο. (σαν *επίθ.*) *leisure time* ελεύθερος χρόνος *leisure activities* ασχολίες στον ελεύθερο χρόνο

leisurely *επίθ.* [αργός και απολαυστικός] αβίαστος *a leisurely outdoor meal* ένα αβίαστο γεύμα στο ύπαιθρο

recreation *ουσ.* [υπονοεί ευχάριστη απασχόληση στον ελεύθερο χρόνο] ψυχαγωγία, αναψυχή 1 *ουσ.μ.αρ. The centre provides facilities for sports and recreation.* Το κέντρο προσφέρει εγκαταστάσεις για σπορ και ψυχαγωγία. **2** *ουσ.αρ.* ψυχαγωγία *more active recreations like skiing* περισσότερο ενεργητικές ασχολίες όπως το σκι

recreational *επίθ.* ψυχαγωγικός *recreational activities* ψυχαγωγικές ασχολίες

183.2 Διακοπές

holiday *ουσ.αρ.* (κυρίως Βρετ.) διακοπές *to go on holiday* πηγαίνω διακοπές

holiday *ρ.α.* κάνω διακοπές, παραθερίζω *people holidaying abroad* όσοι κάνουν διακοπές στο εξωτερικό **holidaymaker** *ουσ.αρ.* παραθεριστής

vacation *ουσ.αρ.* (κυρίως Αμερ.) διακοπές *to go on vacation* πηγαίνω/κάνω διακοπές

vacation *ρ.α.* κάνω διακοπές *We're vacationing in Florida.* Θα περάσουμε τις διακοπές μας στη Φλόριντα. **vacationer** *ουσ.αρ.* παραθεριστής

leave *ουσ.μ.αρ.* [π.χ. στο στρατό ή στην αστυνομία] άδεια (εξόδου ή απουσίας) *I've got ten days leave due.* Δικαιούμαι τώρα δέκα μέρες άδειας. *to go on leave* παίρνω άδεια

φράσεις

take it easy [ανεπίσημο. Ξεκουράζομαι και δε δουλεύω] ξεκουράζομαι *I'll do the meal, you take it easy.* Ξεκουράσου εσύ, θα μαγειρέψω εγώ.

put one's feet up [ανεπίσημο. Κάθομαι για να ξεκουραστώ, όχι απαραίτητα με τα πόδια σηκωμένα] κάθομαι αναπαυτικά για να ξεκουραστώ (κυριολεκτικά: βάζω τα πόδια μου ψηλά)

184 Personal hygiene Ατομική υγιεινή

184.1 Πλένομαι

soap *ουσ.μ.αρ.* σαπούνι *a bar of soap* ένα σαπούνι

bubble bath *ουσ.μ.αρ.* [διαλύεται στη μπανιέρα] αφρόλουτρο

shower gel *ουσ.μ.αρ.* [χρησιμοποιείται στο ντους] αφρόλουτρο, ζελέ ντους

deodorant *ουσ.αρ.μ.αρ.* αποσμητικό

talc 'H **talcum powder** *ουσ.μ.αρ.* ταλκ, πούδρα

flannel 'H **facecloth** (Βρετ.), **washcloth** (Αμερ.) *ουσ.αρ.* μικρή πετσέτα προσώπου

sponge *ουσ.αρ.* [φυσικό ή συνθετικό] σφουγγάρι

towel *ουσ.αρ.* πετσέτα

have a bath/shower (κυρίως Βρετ.), **take a bath/shower** (κυρίως Αμερ.) κάνω μπάνιο/ντους

bathe *ρ.α.μ.* [επίσημο στα βρετανικά Αγγλικά, συνηθισμένο στα αμερικάνικα Αγγλικά] λούζομαι, λούζω

184.2 Περιποίηση των μαλλιών

(hair)brush *ουσ.αρ.* βούρτσα μαλλιών **brush** *ρ.μ.* βουρτσίζω

comb *ουσ.αρ.* χτένα **comb** *ρ.μ.* χτενίζω *to comb my hair* χτενίζομαι

conditioner *ουσ.αρ.μ.αρ.* (μαλακτική) κρέμα μαλλιών

hairdresser *ουσ.αρ.* [για γυναίκες ή για άνδρες] κομμωτήριο, κομμωτής *to go to the hairdresser's* πηγαίνω στο κομμωτήριο

barber *ουσ.αρ.* [για άνδρες] κουρέας *I've been to the barber's.* Πήγα στο κουρείο.

haircut *ουσ.αρ.* κόψιμο μαλλιών, κούρεμα *to have a haircut* πάω για κούρεμα, κουρεύομαι

tweezers *ουσ. πληθ.* τσιμπιδάκι για τα φρύδια *a pair of tweezers* ένα τσιμπιδάκι για τα φρύδια

shampoo *ουσ.αρ.μ.αρ.,* πληθ. **shampoos** σαμπουάν **shampoo** *ρ.μ.* λούζω τα μαλλιά μου με σαμπουάν

hairspray *ουσ.αρ.μ.αρ.* λακ

hairdryer 'Η **hairdrier** *ουσ.αρ.* στεγνωτήρας μαλλιών, σεσουάρ

φ ρ ά σ ε ι ς

to have/get one's hair cut κουρεύομαι *I must get my hair cut tomorrow.* Πρέπει να πάω για κούρεμα αύριο. *Oh! you've had your hair cut – it looks nicer this way.* Α, κουρεύτηκες – σου πηγαίνουν καλύτερα έτσι.

to wash one's hair λούζω τα μαλλιά μου *She washes her hair every day.* Λούζει τα μαλλιά της κάθε μέρα.

184.3 Περιποίηση των δοντιών

toothbrush *ουσ.αρ.* οδοντόβουρτσα

toothpaste *ουσ.μ.αρ.* οδοντόπαστα *a tube of toothpaste* ένα σωληνάριο οδοντόπαστα

dental floss *ουσ.μ.αρ.* οδοντικό νήμα

mouthwash *ουσ.μ.αρ.* υγρό για ξέπλυμα του στόματος

184.4 Ξύρισμα

razor *ουσ.αρ.* ξυραφάκι

razor blade *ουσ.αρ.* λεπίδα ξυρίσματος

shaver ΕΠΙΣΗΣ **electric shaver** *ουσ.αρ.* ξυριστική μηχανή

shaving cream *ουσ.μ.αρ.* κρέμα ξυρίσματος

shaving brush *ουσ.αρ.* πινέλο ξυρίσματος

aftershave *ουσ.αρ.μ.αρ.* κολόνια ξυρίσματος

184.5 Περιποίηση των νυχιών

nailbrush *ουσ.αρ.* βούρτσα νυχιών

nailfile *ουσ.αρ.* λίμα νυχιών

nail clippers *ουσ.πληθ.* νυχοκόπτης

nail varnish *ουσ.μ.αρ.* βερνίκι νυχιών

184.6 Γυναικεία ατομική υγιεινή

tampon *ουσ.αρ.* ταμπόν

sanitary towel (*Βρετ. & Αμερ.*), **sanitary napkin** (*Αμερ.*) *ουσ.αρ.* σερβιέτα

panty liner *ουσ.αρ.* σερβιετάκι

---

185 Bathroom Το μπάνιο

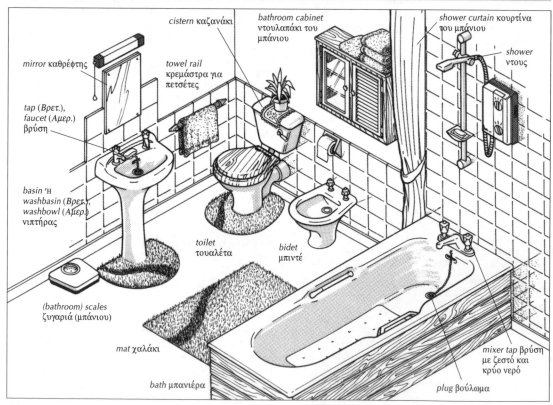

mirror καθρέφτης

cistern καζανάκι

bathroom cabinet ντουλαπάκι του μπάνιου

shower curtain κουρτίνα του μπάνιου

towel rail κρεμάστρα για πετσέτες

shower ντους

tap (Βρετ.), faucet (Αμερ.) βρύση

basin 'Η washbasin (Βρετ.), washbowl (Αμερ.) νιπτήρας

toilet τουαλέτα

bidet μπιντέ

(bathroom) scales ζυγαριά (μπάνιου)

mat χαλάκι

bath μπανιέρα

mixer tap βρύση με ζεστό και κρύο νερό

plug βούλωμα

185.1 Το αποχωρητήριο

lavatory *ουσ.αρ.* [κάπως απαρχαιωμένο στα βρετανικά Αγγλικά. Στα αμερικάνικα Αγγλικά χρησιμοποιείται για να περιγράψει δημόσιες τουαλέτες] αποχωρητήριο *an outside lavatory* υπαίθριο αποχωρητήριο

loo *ουσ.αρ., πληθ.* **loos** *(κυρίως Βρετ.)* [ανεπίσημο, ο πιο κοινός ευφημισμός] τουαλέτα *He's in the loo.* Είναι στην τουαλέτα. *to go to the loo* πάω στην τουαλέτα

john *ουσ.αρ. (Αμερ.)* [αργκό] τουαλέτα

ladies *ουσ.αρ.* [κάπως ανεπίσημο. Δωμάτιο σε δημόσιο χώρο] τουαλέτες γυναικών *Where's the ladies?* Πού είναι οι γυναικείες τουαλέτες;

ladies' room *ουσ.αρ. (Αμερ.)* τουαλέτες γυναικών

gents *ουσ.αρ.* [ανεπίσημο. Δωμάτιο σε δημόσιο χώρο] τουαλέτες ανδρών

men's room *ουσ.αρ. (Αμερ.)* τουαλέτες ανδρών

restroom Ή **washroom** *(Αμερ.)* [ευφημισμός για δημόσιες τουαλέτες] τουαλέτες, αποχωρητήρια

toilet roll *ουσ.αρ.* χαρτί υγείας

flush *ρ.μ.* τραβώ το καζανάκι

pull the chain *(Βρετ.)* [συχνά χρησιμοποιείται και σε περιπτώσεις όπου ο μηχανισμός δουλεύει με χερούλι] τραβώ το καζανάκι

---

186 Laundry Μπουγάδα

laundry *ουσ.* 1 *ουσ.μ.αρ.* [ρούχα που χρειάζονται πλύσιμο ή που μόλις πλύθηκαν] μπουγάδα, φρεσκοπλυμένα ρούχα *to do the laundry* κάνω μπουγάδα 2 *ουσ.αρ.* [επιχείρηση που αναλαμβάνει το πλύσιμο ρούχων] πλυντήριο 3 *ουσ.αρ.* [μέρος όπου γίνεται η μπουγάδα] πλυσταριό

launderette *(Βρετ.)*, **laundromat** *(Αμερ.) ουσ.αρ.* πλυντήριο, κατάστημα με αυτόματα πλυντήρια

launder *ρ.μ.* [κάπως επίσημο. Μπορεί να χρησιμοποιηθεί για να περιγράψει πλύσιμο που γίνεται από επαγγελματίες] πλένω

washing machine *ουσ.αρ.* πλυντήριο

washing powder *ουσ.μ.αρ.* σκόνη πλυσίματος

fabric conditioner *ουσ.μ.αρ.* μαλακτικό ρούχων

starch *ουσ.μ.αρ.* [για κολλάρισμα] κόλλα

washing line *(Βρετ.)*, **clothes line** *(Βρετ. & Αμερ.)*, **wash line** *(Αμερ.) ουσ.αρ.* σκοινί για το άπλωμα ρούχων *to hang clothes out on the washing line* απλώνω τα ρούχα στο σχοινί

(clothes) peg *(Βρετ.)*, **clothes pin** *(Αμερ.) ουσ.αρ.* μανταλάκι

tumble drier *ουσ.αρ.* (ηλεκτρικό) στεγνωτήριο ρούχων

iron *ουσ.αρ.* σίδερο *steam iron* σίδερο ατμού

iron *ρ.μ.* σιδερώνω *to do the ironing* σιδερώνω

ironing board *ουσ.αρ.* σιδερώστρα

---

187 Cleaning Καθάρισμα

clean *ρ.μ.α.* καθαρίζω *The kitchen needs cleaning.* Η κουζίνα χρειάζεται καθάρισμα. (+ **off**) *This liquid cleans off grease.* Αυτό το υγρό βγάζει λιπαρούς λεκέδες. (+ **up**) *Use a cloth to clean up the mess.* Μάζεψε την ακαθαρσία με ένα πανί.

cleaner *ουσ.αρ.* 1 [πρόσωπο] καθαριστής, καθαρίστρια 2 [ουσία] υλικό καθαρισμού

187.1 Καθάρισμα του σπιτιού

housework *ουσ.μ.αρ.* [μαγείρεμα, καθάρισμα, κτλ.] δουλειές του σπιτιού, νοικοκυριό *to do the housework* κάνω τις δουλειές του σπιτιού

housewife *ουσ.μ.αρ.* [παντρεμένη γυναίκα που δε δουλεύει έξω από το σπίτι] νοικοκυρά

housekeeping *ουσ.μ.αρ.* [οργανώνω το σπίτι και συχνά κάνω τα ψώνια, μαγείρεμα, καθάρισμα, κτλ.] νοικοκυριό

housekeeper *ουσ.μ.αρ.* [άτομο που πληρώνεται γι αυτή τη δουλειά] οικονόμος, οικιακή βοηθός

spring-clean *ρ.μ.μ.* [καθάρισμα σε μεγάλη κλίμακα, όχι απαραίτητα την άνοιξη] κάνω γενικό καθάρισμα, ξεσηκώνω το σπίτι

187.2 Καθάρισμα με υγρά

wash *ρ.μ.* [αντικ.: π.χ. πάτωμα, κάλτσες] πλένω, καθαρίζω

soak *ρ.μ.* μουσκεύω, μουλιάζω

scrub *ρ.μ.* -**bb**- [συνήθως χρησιμοποιώντας βούρτσα] τρίβω

rinse *ρ.μ.* ξεπλένω, ξεβγάζω (+ **out**) *Rinse the cloth out under the tap.* Ξέπλυνε το ρούχο κάτω από τη βρύση.

bathe *ρ.μ.* [πλένω προσεκτικά με μεγάλη ποσότητα νερού. Αντικ.: π.χ. πληγή, μάτι] πλένω

sterilize, ΕΠΙΣΗΣ -**ise** *(Βρετ.) ρ.μ.* [αντικ.: π.χ. μπιμπερό] αποστειρώνω

detergent *ουσ.μ.αρ.αρ.* [πιο τεχνικός όρος από το **washing powder**] απορρυπαντικό

bleach *ουσ.μ.αρ.* λευκαντικό

187.3 Καθάρισμα πατωμάτων

hoover *ουσ.αρ. (Βρετ.* σήμα κατατεθέν) [κοινός όρος, ανεξαρτήτως κατασκευής] ηλεκτρική σκούπα

hoover *ρ.μ. (Βρετ.)* [κοινός όρος] καθαρίζω με ηλεκτρική σκούπα *to do the hoovering* καθαρίζω με ηλεκτρική σκούπα

vacuum cleaner *ουσ.αρ.* [γενικός όρος, ελαφρά πιο επίσημος από το **hoover** στα βρετανικά Αγγλικά. Συνηθισμένος όρος στα αμερικάνικα Αγγλικά] ηλεκτρική σκούπα

vacuum *ρ.μ.* [λιγότερο κοινό από το **hoover**] καθαρίζω με ηλεκτρική σκούπα

mop up sth Ή **mop** sth **up** *ρ.πρφ.μ.* [απορροφώ, κυρίως υγρό που χύθηκε, χρησιμοποιώντας σφουγγάρι, σφουγγαρόπανο, κτλ.] σφουγγαρίζω **mop** *ουσ.αρ.* σφουγγαρόπανο (συνήθως με κοντάρι)

floorcloth *ουσ.αρ.* σφουγγαρόπανο

sweep *ρ.μ.* (συχνά + *επίρρ.*) σκουπίζω *to sweep the floor* σκουπίζω το πάτωμα *to sweep up the mess* σκουπίζω την ακαθαρσία

broom *ουσ.αρ.* [με μακρύ κοντάρι] σκούπα

brush *ουσ.αρ.* 1 [με κοντό κοντάρι ή χωρίς] βούρτσα 2 [με μακρύ κοντάρι] σκούπα, βούρτσα

brush *ρ.μ.* (συχνά + *επίρρ.*) βουρτσίζω *I brushed the dust off.* Το βούρτσισα για να φύγει η σκόνη.

dustpan *ουσ.αρ.* φαράσι

broom
σκούπα

brush
βούρτσα

brush, broom
σκούπα

187.4 Καθάρισμα επιφανειών

dust *ρ.α.μ.* ξεσκονίζω **duster** *ουσ.αρ.* ξεσκονόπανο

wipe *ρ.μ.* (συχνά + *επίρρ.*) σκουπίζω, μαζεύω *to wipe up a spill* μαζεύω κάτι που έχει χυθεί *to wipe down the work surfaces* σκουπίζω τις επιφάνειες της κουζίνας

polish *ρ.μ.* στιλβώνω, γυαλίζω

187.5 Πλύσιμο των πιάτων

wash up (sth) 'Η **wash** (sth) up *ρ.πρφ.μ.α.* (*Βρετ.*) πλένω τα πιάτα

washing-up *ουσ.μ.αρ.* (*Βρετ.*) (+ **the**) πλύσιμο πιάτων *to do the washing-up* πλένω τα πιάτα

do the dishes πλένω τα πιάτα

washing-up liquid *ουσ.μ.αρ.* υγρό πιάτων

dishcloth *ουσ.αρ.* πιατόπανο, πετσέτα (κουζίνας)

tea towel *ουσ.αρ.* [για στέγνωμα πιάτων] πετσέτα (κουζίνας)

dishwasher *ουσ.αρ.* πλυντήριο πιάτων

---

188 Clean Καθαρός

clean *επίθ.* καθαρός **cleanliness** *ουσ.μ.αρ.* καθαριότητα

immaculate *επίθ.* [απόλυτα καθαρός και συγυρισμένος] πεντακάθαρος *The house was always immaculate.* Το σπίτι ήταν πάντοτε πεντακάθαρο.

immaculately *επίρρ.* πεντακάθαρα *immaculately dressed* άψογα ντυμένος

spotless *επίθ.* [χωρίς ίχνος ακαθαρσίας] πεντακάθαρος *The sheets were spotless.* Τα σεντόνια ήταν πεντακάθαρα.

spotlessly *επίρρ.* πεντακάθαρα *spotlessly clean* πεντακάθαρος

pure *επίθ.* [που δεν είναι μολυσμένος] καθαρός, αγνός *the pure water of the lake* το καθαρό νερό της λίμνης **purity** *ουσ.μ.αρ.* καθαρότητα, αγνότητα

hygienic *επίθ.* υγιεινός **hygienically** *επίρρ.* υγιεινά

π α ρ ο μ ο ί ω σ η

as clean as a whistle πεντακάθαρος (κυριολεκτικά: καθαρός σαν σφυρίχτρα)

---

189 Dirty Βρόμικος

dirt *ουσ.μ.αρ.* ακαθαρσία *I can't get the dirt out.* Δεν μπορώ να βγάλω τη βρομιά. **dirtiness** *ουσ.μ.αρ.* ακαθαρσία

filthy *επίθ.* [εμφατική λέξη που υπονοεί αηδία] πολύ λερωμένος, βρόμικος *Your ears are simply filthy.* Τα αυτιά σου είναι τελείως βρόμικα. **filthiness** *ουσ.μ.αρ.* βρομιά

filth *ουσ.μ.αρ.* βρομιά *surrounded by filth and disease* περιστοιχισμένος από βρομιά και αρρώστια

muck *ουσ.μ.αρ.* [ανεπίσημο. Λάσπη ή παρόμοια ακαθαρσία] λάσπη, χώματα *We came back wet and covered in muck.* Επιστρέψαμε βρεγμένοι και καλυμμένοι με λάσπη.

mucky *επίθ.* λασπωμένος *mucky shoes* λασπωμένα παπούτσια

muddy *επίθ.* [περιγράφει: π.χ. έδαφος, ρούχα] λασπωμένος

grubby *επίθ.* [που δεν καθαρίζεται όπως πρέπει. Περιγράφει: π.χ. πρόσωπο, ρούχα, μέρος] βρόμικος *grubby fingernails* βρόμικα νύχια **grubbiness** *ουσ.μ.αρ.* βρομιά

grime *ουσ.μ.αρ.* [ακαθαρσία που δύσκολα μπορεί να αφαιρεθεί. Συχνά χρησιμοποιείται σαν βιομηχανικός όρος] λίγδα *hands covered in oil and grime* χέρια καλυμμένα με λάδια και λίγδα

grimy *επίθ.* λιγδιάρης *a grimy old machine* μια παλιά λιγδιασμένη μηχανή

greasy *επίθ.* λιπαρός, λαδωμένος *greasy plates* λαδωμένα πιάτα

dust *ουσ.μ.αρ.* σκόνη
dusty *επίθ.* [περιγράφει π.χ. δωμάτιο, ράφι] σκονισμένος

189.1 Λερώνω

pollute *ρ.μ.* [υπονοεί καταστροφή του περιβάλλοντος. Αντικ.: π.χ. ατμόσφαιρα, ποτάμι] μολύνω, ρυπαίνω

pollution *ουσ.μ.αρ.* ρύπανση *soil pollution* ρύπανση του εδάφους

blacken *ρ.μ.* μαυρίζω

stain *ρ.μ.* [υπονοεί αλλαγή του φυσικού χρώματος, συνήθως διαπερνώντας το υλικό] λεκιάζω *stained with blackcurrant juice* με λεκέδες από χυμό μαύρης σταφίδας

stain *ουσ.αρ.* λεκές *wine stains* λεκέδες από κρασί (σαν *επίθ.*) *stain removal* αφαίρεση λεκέδων

mark *ρ.μ.* [μπορεί να είναι ακαθαρσία ή γδάρσιμο σε επιφάνεια] αφήνω σημάδι *The vase has marked the sideboard.* Το βάζο άφησε σημάδι στον μπουφέ.

mark *ουσ.αρ.* σημάδι *greasy marks round the light switch* λιγερά σημάδια γύρω από το διακόπτη

smudge *ρ.μ.* [υπονοεί την εξάπλωση λεκέ με τρίψιμο] μουτζουρώνω *You've smudged the ink!* Μουτζούρωσες το μελάνι! **smudge** *ουσ.αρ.* μουτζούρα, λεκές

smear *ρ.μ.* (συχνά + **with**) [υπονοεί την εξάπλωση κολλητικής ή λαδερής ουσίας] αλείφω, απλώνω *She's just smearing paint over the canvas.* Απλώς αλείφει μπογιά πάνω στον καμβά. *Everywhere was smeared with blood.* Όλα ήταν αλειμμένα με αίμα.

smear *ουσ.αρ.* κηλίδα *a smear of oil* μια κηλίδα από λάδι

spot *ουσ.αρ.* [ακαθαρσία ή κηλίδα σε μικρή επιφάνεια] λεκές, κηλίδα *an ink spot* μια κηλίδα από μελάνι

spot *ρ.μ.* -tt- λεκιάζω *Her hair was spotted with paint.* Τα μαλλιά της είχαν λεκέδες από μπογιά.

speck *ουσ.αρ.* 1 [λεκές ή ακαθαρσία σε πολύ μικρή επιφάνεια] στίγμα 2 [πολύ μικρό μόριο σκόνης ή ακαθαρσίας] κόκκος, μόριο *There wasn't a speck of dust anywhere.* Δεν υπήρχε πουθενά ούτε ένα μόριο σκόνης.

190 Clothes Ρούχα

χρήση

Η λέξη **clothes** δεν έχει ενικό. Ένα πουκάμισο, ένα φόρεμα, κτλ. μπορούν να ονομαστούν **garment** (ένδυμα, ρούχο), αλλά αυτή η λέξη είναι αρκετά επίσημη και χρησιμοποιείται κυρίως από όσους ράβουν ή πουλάνε ρούχα. Μπορεί επίσης να ονομαστεί **an item of clothing** (ένα ρούχο), αλλά και αυτή η λέξη είναι αρκετά επίσημη: *Police found several items of clothing near the scene of the crime.* (Η αστυνομία ανακάλυψε διάφορα ρούχα κοντά στη σκηνή του εγκλήματος.) Όταν γίνεται αναφορά σε ένα συγκεκριμένο είδος ρουχισμού συνήθως χρησιμοποιείται το όνομα του είδους αυτού, π.χ. φούστα, μπουφάν, φόρεμα, κτλ. Η λέξη **clothing** είναι επίσης αρκετά επίσημη, και αναφέρεται σε όλα τα ρούχα που φορά κανείς: *Remember to bring warm clothing.* (Θυμήσου να φέρεις μαζί σου ζεστά ρούχα.)

190.1 Φορώ ρούχα

wear *αόρ.* **wore**, *μτχ.αορ.* **worn** [αντικ.: π.χ. παλτό, καπέλο, γυαλιά] φορώ *She never wears a skirt.* Δε φορά ποτέ φούστα. *He wears glasses.* Φοράει γυαλιά.

dress *ρ.* 1 *ρ.μ.α.* [αντικ.: π.χ. μωρό, ηθοποιός] ντύνω, ντύνομαι *I dressed him in shorts and a T-shirt.* Του φόρεσα σορτς και ένα μπλουζάκι. *I dressed quickly.* Ντύθηκα γρήγορα. 2 *ρ.α.* [φορώ ρούχα με συγκεκριμένο στυλ] ντύνομαι *She dresses with taste.* Ντύνεται με γούστο. *He was dressed in black.* Ήταν ντυμένος στα μαύρα. *to be well/badly dressed* είμαι καλοντυμένος/κακοντυμένος

χρήση

Όταν μιλάμε για την πράξη **putting on clothes**, εννοώντας όλα τα ρούχα, συνήθως χρησιμοποιούμε το **to get dressed** (ντύνομαι/φορώ τα ρούχα μου). Αυτό γίνεται όταν σηκωθούμε το πρωί, π.χ. *He had a shower, got dressed and left for work.* (Έκανε ντους, ντύθηκε και έφυγε για τη δουλειά.) *It takes the children ages to get dressed.* (Τα παιδιά κάνουν ώρες ολόκληρες να ντυθούν.) Χρησιμοποιούμε το **put on** (φοράω, βάζω) για να περιγράψουμε την πράξη του να προσθέτουμε ξεχωριστά ρούχα, π.χ. *Put your coat on if you're going outside.* (Φόρεσε το παλτό σου αν θα βγεις έξω.) *She put on a blue skirt.* (Φόρεσε μια μπλε φούστα.) *He put his sunglasses on.* (Φόρεσε τα γυαλιά ηλίου του.) Δε χρησιμοποιούμε το **wear** (φορώ) όταν μιλάμε για την πράξη, αλλά για να περιγράψουμε την εμφάνιση ή τις συνήθειες κάποιου, π.χ. *She was wearing a blue skirt/sunglasses.* (Φορούσε μια μπλε φούστα/γυαλιά ηλίου.) *He often wears a suit.* (Φορά κουστούμι συχνά.) Αν βγάλω όλα τα ρούχα που φορώ και φορέσω κάτι άλλο τότε χρησιμοποιούμε το **change** (αλλάζω) ή **get changed** (αλλάζω), π.χ. *I must change/get changed before we go out.* (Πρέπει να αλλάξω πριν βγούμε έξω.)

put on sth 'H **put** sth **on** *ρ.πρφ.μ.* [αντικ.: π.χ. πουκάμισο, γυαλιά] φορώ, βάζω *I put my dressing gown on.* Φόρεσα τη ρόμπα μου.

don *ρ.μ.* -nn- [χιουμοριστικό ή απαρχαιωμένο] φορώ *on the rare occasions I don a suit and tie* στις σπάνιες περιπτώσεις που φορώ κουστούμι και γραβάτα

clothe *ρ.μ.* [κάπως επίσημο. Εφοδιάζω κάποιον με ρούχα] ντύνω *five children to feed and clothe* πέντε παιδιά να ταΐζω και να ντύνω

190.2 Χωρίς ρούχα

She is getting dressed. Ντύνεται.
She is putting on her blouse. Βάζει τη μπλούζα της.

She is dressed in a nurse's uniform. Φοράει στολή νοσοκόμας.

He is wearing a hat. Φοράει καπέλο.
He has a moustache. Έχει μουστάκι.

He is carrying an umbrella. Κρατάει ομπρέλα.

undress *ρ.α.μ.* γδύνομαι, γδύνω (κυρίως *μτχ.αορ.*) *to get undressed* γδύνομαι

take off sth 'H **take** sth **off** *ρ.πρφ.μ.* [αντικ.: π.χ. πουκάμισο, παλτό] βγάζω *I took off my shoes.* Έβγαλα τα παπούτσια μου.

strip *ρ.*, -pp- 1 *ρ.α.* (μερικές φορές + **off**) [βγάζω τα ρούχα μου, συχνά για να δουν άλλοι] γδύνομαι *I want you to strip to the waist, please.* Γδυθείτε μέχρι τη μέση, παρακαλώ. *I stripped off and dived in.* Γδύθηκα και έκανα βουτιά. 2 *ρ.μ.* [συχνά με επιθετικό τρόπο] γδύνω, γυμνώνω *The victim had been stripped and beaten.* Αφού έγδυσαν το θύμα, το έσπασαν στο ξύλο. *They were stripped and* searched at customs. Στο τελωνείο τους έγδυσαν για να τους κάνουν έρευνα.

bare επίθ. [που δεν καλύπτεται με ρούχα. Αντικ.: συχνά μέρος του σώματος] γυμνός *Her arms were bare and sunburnt.* Τα μπράτσα της ήταν γυμνά και ηλιοκαμένα. *bare feet* γυμνά πόδια

bare ρ.μ. γυμνώνω, αποκαλύπτω *to bare one's chest* γυμνώνω το στήθος

naked επίθ. [χωρίς ρούχα. Αντικ.: συχνά άτομο] γυμνός *They wander round the house naked.* Τριγυρνούν γυμνοί μέσα στο σπίτι. **nakedness** ουσ.μ.αρ. γύμνια

nude επίθ. [συχνά υπονοεί ότι αποκαλύπτομαι επίτηδες. Πάντα περιγράφει ολόκληρο το σώμα και όχι απλώς ένα μέρος του] γυμνός *photographs of nude women* φωτογραφίες με γυμνές γυναίκες **nudity** ουσ.μ.αρ. γύμνια **nude** ουσ.αρ. γυμνός, γυμνή

190.3 Ρούχα για το κάτω μέρος του σώματος

trousers ουσ. πληθ. (κυρίως Βρετ.) παντελόνι (σαν επίθ., χωρίς τελικό «s») *in his trouser pocket* στην τσέπη του παντελονιού του

pants ουσ. πληθ. (κυρίως Αμερ.) [ανεπίσημο] παντελόνι

shorts ουσ. πληθ. σορτς

culottes ουσ. πληθ. ζιπ κιλότ

slacks ουσ. πληθ. [παντελόνι καθημερινής χρήσης] παντελόνι

jeans ουσ. πληθ. τζην

dungarees ουσ. πληθ. [χωρίς μανίκια] φόρμα

overalls ουσ. πληθ. φόρμα της δουλειάς

χρήση

Όλες οι πιο πάνω λέξεις χρησιμοποιούνται με ρήματα στον πληθυντικό. Αν θέλετε να αναφερθείτε σε ένα μόνο ρούχο πρέπει να πείτε *a pair of trousers/jeans/shorts* κτλ.

190.4 Ρούχα για το πάνω μέρος του σώματος

shirt ουσ.αρ. [για άνδρες και γυναίκες] πουκάμισο

blouse ουσ.αρ. [για γυναίκες. Συνήθως περισσότερο διακοσμημένο από **shirt**] γυναικείο πουκάμισο

T-shirt ουσ.αρ. [με κοντό μανίκι] μπλούζα, μπλουζάκι

sweatshirt ουσ.αρ. μπλούζα, φούτερ

waistcoat ουσ.αρ. γιλέκο

a V-necked sweater πουλόβερ με γιακά σε σχήμα «v»

a crew-necked sweater πουλόβερ με στρογγυλό γιακά

a polo-necked sweater πουλόβερ με ψηλό γυριστό γιακά

jacket ουσ.αρ. σακάκι

dinner jacket ουσ.αρ. σμόκιν

cardigan ουσ.αρ. πλεχτή ζακέτα

jumper (Βρετ.), **pullover** (Βρετ.), **sweater** (Βρετ. & Αμερ.), **jersey** (Βρετ.) ουσ.αρ. πουλόβερ

190.5 Γυναικεία ρούχα

dress ουσ.αρ. φόρεμα *an evening dress* βραδινό φόρεμα

skirt ουσ.αρ. φούστα

jumpsuit ουσ.αρ. ολόσωμη φόρμα

sari ουσ.αρ. [γυναικεία εθνική ενδυμασία των Ινδιών] σάρι

gown ουσ.αρ. [πολύ επίσημο, μακρύ φόρεμα] τουαλέτα *a ball gown* βραδινή τουαλέτα

190.6 Σύνολα ρούχων

suit ουσ.αρ. [για άνδρες ή γυναίκες] κοστούμι *a pinstripe suit* ένα ριγέ κοστούμι

costume ουσ. 1 ουσ.αρ. [π.χ. σε θέατρο] στολή, αμφίεση 2 ουσ.μ.αρ. [ρούχα με συγκεκριμένο στυλ, π.χ. η εθνική ενδυμασία κάποιας χώρας] (τοπική) ενδυμασία *peasant costume* ενδυμασία χωρικού

outfit ουσ.αρ. [π.χ. για μια συγκεκριμένη περίπτωση ή δουλειά] σύνολο, ενδυμασία *She's been coming to work in the same old outfit for years.* Έρχεται στη δουλειά φορώντας τα ίδια ρούχα εδώ και χρόνια. *a child wearing a cowboy outfit* ένα παιδάκι που φοράει στολή καουμπόη

uniform ουσ.αρ.μ.αρ. στολή *in uniform* με στολή

190.7 Ρούχα για σπορ και άσκηση

tracksuit ουσ.αρ. αθλητική φόρμα

leotard ουσ.αρ. [χορευτών, ακροβατών, κτλ] εφαρμοστή φόρμα.

bikini ουσ.αρ. μπικίνι

swimming costume ουσ.αρ. [για άνδρες ή γυναίκες] μαγιό

trunks 'Η **swimming trunks** ουσ. πληθ. [για άνδρες] μαγιό

190.8 Ρούχα που φορούνται για ύπνο

pyjamas (Βρετ.), **pajamas** (Αμερ.) ουσ. πληθ. πυτζάμα *a pair of pyjamas* μια πυτζάμα (σαν επίθ., χωρίς τελικό «s») *my pyjama trousers* το κάτω μέρος της πυτζάμας μου

nightdress ουσ.αρ. νυχτικό

nightie ουσ.αρ. [κάπως ανεπίσημο] νυχτικό

dressing gown ουσ.αρ. ρόμπα

190.9 Εσώρουχα

underwear ουσ.μ.αρ. εσώρουχα

pants (Βρετ.), **panties** (κυρίως Αμερ.) ουσ. πληθ. σώβρακο, σλιπ *a pair of pants* ένα σώβρακο

briefs ουσ. πληθ. [για άνδρες ή γυναίκες] σλιπ *a pair of briefs* ένα σλιπ

knickers ουσ. πληθ. (Βρετ.) [κάπως ανεπίσημο. Για γυναίκες] κυλότα *a pair of knickers* ένα κυλοτάκι

underpants ουσ. πληθ. [για άνδρες] σλιπ, σώβρακο *a pair of underpants* ένα σώβρακο

slip ουσ.αρ. μεσοφόρι

petticoat ουσ.αρ. [μερικές φορές θεωρείται περισσότερο απαρχαιωμένο από το **slip**] μεσοφόρι

bra *ουσ.αρ.* σουτιέν

vest (*Βρετ.*), **undershirt** (*Αμερ.*) *ουσ.αρ.* φανέλα a string vest δικτυωτή φανέλα

socks *ουσ. πληθ.* κάλτσες a pair of socks ένα ζευγάρι κάλτσες

tights (*κυρίως Βρετ.*), **pantyhose** (*Αμερ.*) *ουσ. πληθ.* καλσόν a pair of tights ένα καλσόν

stockings *ουσ. πληθ.* (μακριές) κάλτσες, καλσόν a pair of stockings ένα ζευγάρι γυναικείες κάλτσες

190.10 Παλτά και αδιάβροχα

coat *ουσ.αρ.* παλτό

overcoat *ουσ.αρ.* [συνήθως για άνδρες] παλτό

mac *ουσ.αρ.* (*Βρετ.*) [ανεπίσημο] αδιάβροχο

raincoat *ουσ.αρ.* [γενικός όρος. Περισσότερο

επίσημο από το **mac**] αδιάβροχο

anorak *ουσ.αρ.* (*κυρίως Βρετ.*) αδιάβροχο με κουκούλα, μπουφάν

cloak *ουσ.αρ.* μανδύας

190.11 Τρόποι κουμπώματος

button *ουσ.αρ.* κουμπί to do up one's buttons κουμπώνομαι

button *ρ.μ.* (συχνά + **up**) κουμπώνω She buttoned up her coat. Κούμπωσε το παλτό της.

buttonhole *ουσ.αρ.* κουμπότρυπα

zip (*Βρετ.*), **zipper** (*κυρίως Αμερ.*) *ουσ.αρ.* φερμουάρ

zip *ρ.μ.* -**pp**- (συνήθως + **up**) κλείνω το φερμουάρ She zipped up her anorak.

Έκλεισε το φερμουάρ στο μπουφάν της.

fly *ουσ.αρ.*, 'Η **flies** *ουσ. πληθ.* [σε παντελόνι] φερμουάρ Your fly is/flies are open. Το φερμουάρ του παντελονιού σου είναι ανοιχτό.

press stud (*Βρετ.*), **snap fastener** (*Αμερ.*), **popper** (*Βρετ. & Αμερ.*) *ουσ.αρ* [ανεπίσημο] σούστα

strap *ουσ.αρ.* λουρί

190.12 Μέρη ρούχων

fringe *ουσ.αρ.* κρόσσι

hem *ουσ.αρ.* στρίφωμα, ποδόγυρος

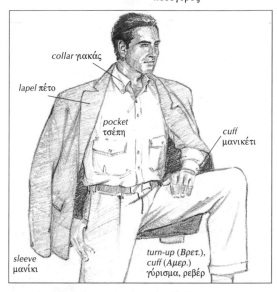

collar γιακάς

lapel πέτο

pocket τσέπη

cuff μανικέτι

sleeve μανίκι

turn-up (*Βρετ.*), cuff (*Αμερ.*) γύρισμα, ρεβέρ

190.13 Κατασκευαστές ρούχων

tailor *ουσ.αρ.* [κυρίως για άνδρες] ράφτης

dressmaker *ουσ.αρ.* [κυρίως για γυναίκες] ράφτης, μοδίστρα

designer *ουσ.αρ.* [υπονοεί μοντέρνα ρούχα] σχεδιαστής μόδας (σαν *επίθ.*) designer jeans τζην που είναι δημιουργία κάποιου γνωστού σχεδιαστή μόδας

191 Shoes Παπούτσια

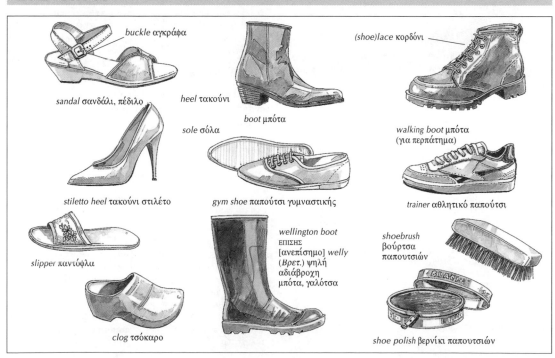

buckle αγκράφα

(shoe)lace κορδόνι

sandal σανδάλι, πέδιλο

heel τακούνι

boot μπότα

sole σόλα

walking boot μπότα (για περπάτημα)

stiletto heel τακούνι στιλέτο

gym shoe παπούτσι γυμναστικής

trainer αθλητικό παπούτσι

slipper παντόφλα

wellington boot ΕΠΙΣΗΣ [ανεπίσημο] welly (*Βρετ.*) ψηλή αδιάβροχη μπότα, γαλότσα

shoebrush βούρτσα παπουτσιών

clog τσόκαρο

shoe polish βερνίκι παπουτσιών

192 Accessories Αξεσουάρ

192.1 Καλύμματα για το κεφάλι

hat καπέλο

veil βέλο

cap κασκέτο, πηλίκιο

crash helmet προστατευτικό κράνος

helmet κράνος

turban τουρμπάνι

wig περούκα

veil βέλο

hood κουκούλα

192.2 Για ζεστασιά

scarf *ουσ.αρ., πληθ.* **scarves** κασκόλ, εσάρπα, φουλάρι

headscarf *ουσ.αρ., πληθ.* **headscarves** [τετράγωνο] μαντήλι για το κεφάλι

glove *ουσ.αρ.* γάντι *a pair of gloves* ένα ζευγάρι γάντια

shawl *ουσ.αρ.* σάλι

umbrella *ουσ.αρ.* ομπρέλα

192.3 Για τη μεταφορά αντικειμένων

handbag *(Βρετ.),* **purse** *(Αμερ.) ουσ.αρ.* γυναικεία τσάντα

purse *(Βρετ.),* **wallet** *(Αμερ.) ουσ.αρ.* (γυναικείο) πορτοφόλι

wallet *(Βρετ.),* **billfold** *(Αμερ.) ουσ.αρ.* (ανδρικό) πορτοφόλι

briefcase *ουσ.αρ.* χαρτοφύλακας

192.4 Διακοσμητικά αξεσουάρ

tie *(Βρετ.),* **necktie** *(Αμερ.) ουσ.αρ.* γραβάτα

ribbon *ουσ.αρ.* κορδέλα

bow *ουσ.αρ.* φιόγκος

belt *ουσ.αρ.* ζώνη

cufflink *ουσ.αρ.* μανικετόκουμπο

fan *ουσ.αρ.* βεντάλια

badge *ουσ.αρ.* σήμα, έμβλημα

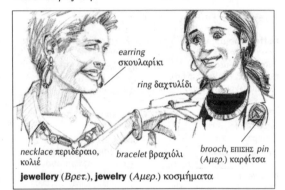

earring σκουλαρίκι

ring δαχτυλίδι

necklace περιδέραιο, κολιέ

bracelet βραχιόλι

brooch, ΕΠΙΣΗΣ pin (Αμερ.) καρφίτσα

jewellery *(Βρετ.),* **jewelry** *(Αμερ.)* κοσμήματα

192.5 Καλλυντικά

make-up *ουσ.μ.αρ.* μέικαπ

cosmetics *ουσ.πληθ.* [περισσότερο επίσημο από το **make-up**] καλλυντικά

lipstick *ουσ.μ.αρ.αρ.* κραγιόν

mascara *ουσ.μ.αρ.αρ.* μάσκαρα

eyeshadow *ουσ.μ.αρ.αρ.* σκιές ματιών

perfume *ουσ.μ.αρ.αρ.* άρωμα

192.6 Μαντήλια

handkerchief *ουσ.αρ., πληθ.* **handkerchieves** μαντήλι

hankie *ουσ.αρ.* [ανεπίσημο] μαντήλι

tissue *ουσ.αρ.* χαρτομάντηλο

193 Textiles Υφάσματα

δες επίσης **381.6 Arts and Crafts**

material *ουσ.μ.αρ.αρ.* [γενική λέξη] ύφασμα *You'll need three metres of material.* Θα χρειαστείς τρία μέτρα ύφασμα.

fabric *ουσ.μ.αρ.αρ.* [περισσότερο τεχνικό από το **material**] ύφασμα *synthetic fabrics* συνθετικά υφάσματα

cloth *ουσ.μ.αρ.* [υφαντό, δε χρησιμοποιείται σε σχέση με συνθετικά υφάσματα] πανί, ύφασμα *You can tell the quality from the feel of the cloth.* Η ποιότητα φαίνεται από την υφή του υφάσματος.

thread *ουσ.μ.αρ.αρ.* [για ράψιμο] κλωστή, νήμα

yarn *ουσ.μ.αρ.* [για πλέξιμο] νήμα, μαλλί

rag *ουσ.αρ.μ.αρ.* [οποιοδήποτε είδος ρούχου, όταν σκιστεί] κουρέλι

weave *ρ.μ., αόρ.* **wove**, *μτχ.αορ.* **woven** υφαίνω **weaver** *ουσ.αρ.* υφαντής, υφάντρια

193.1 Συνηθισμένα υφάσματα

cotton *ουσ.μ.αρ.* 1 βαμβακερό ύφασμα 2 *(Βρετ.)* κλωστή *a needle and cotton* βελόνα και κλωστή

wool *ουσ.μ.αρ.* 1 μάλλινο ύφασμα 2 [νήμα] μαλλί *a ball of wool* κουβάρι μαλλιού

woollen *επίθ.* μάλλινος *a woollen jumper* μάλλινο πουλόβερ

felt *ουσ.μ.αρ.* τσόχα

nylon *ουσ.αρ.* νάιλον

polyester *ουσ.μ.αρ.* πολυέστερ

corduroy *ουσ.μ.αρ.* (βελούδο) κοτλέ

tweed *ουσ.μ.αρ.* τουήντ
leather *ουσ.μ.αρ.* δέρμα
suede *ουσ.μ.αρ.* καστόρι
linen *ουσ.μ.αρ.* λινό
ύφασμα

canvas *ουσ.μ.αρ.*
καραβόπανο
velvet *ουσ.μ.αρ.* βελούδο
silk *ουσ.μ.αρ.* μετάξι
satin *ουσ.μ.αρ.* σατέν
lace *ουσ.μ.αρ.* δαντέλα

194 Colours Χρώματα

δες επίσης **15 Jewels**, **16 Metals**

χρήση

Όταν θέλετε να χρησιμοποιήσετε ένα επίθετο που
περιγράφει το χρώμα σε συνδυασμό με άλλα επίθετα,
συνήθως το επίθετο που περιγράφει το χρώμα μπαίνει
αμέσως πριν από το ουσιαστικό: *a big heavy black
bookcase* (μια μεγάλη, βαριά, μαύρη βιβλιοθήκη).
Γίνεται εξαίρεση όταν υπάρχει και άλλο επίθετο που
δίνει πληροφορίες σχετικά με τη φύση του προσώπου ή
του αντικειμένου που περιγράφεται, όπως είναι η
προέλευσή του ή το υλικό που το αποτελεί. Ώστε: *a big
heavy black oak bookcase* (μεγάλη, βαριά, μαύρη
βιβλιοθήκη από ξύλο βελανιδιάς) ή *a small white Italian
car* (ένα μικρό, άσπρο, ιταλικό αυτοκίνητο).

194.1 Περιγραφή χρωμάτων

bright *επίθ.* [υπονοεί ένταση και αντανάκλαση του φωτός]
φωτεινός, έντονος, χτυπητός *a bright yellow* ένα έντονο
κίτρινο

gaudy *επίθ.* [συνήθως υποτιμητικό. Υπερβολικά έντονος για
το συνηθισμένο καλό γούστο] φανταχτερός *a gaudy pink
dress* ένα φανταχτερό ροζ φόρεμα

pale *επίθ.* απαλός *a pale blue shirt* ενα πουκάμισο με απαλό
μπλε χρώμα

light *επίθ.* ανοιχτόχρωμος *light brown hair* μαλλιά σε
ανοιχτό καστανό *light blue* ανοιχτό μπλε

χρήση

Η λέξη **pale** δίνει έμφαση στην έλλειψη έντασης κάποιου
χρώματος, ενώ η λέξη **light** δίνει έμφαση στην απόχρωση
του χρώματος. Γι αυτό και είναι δυνατόν ορισμένα
χρώματα που περιγράφονται σαν **light** να είναι
συγχρόνως και έντονα. Το αντίθετο του **light** είναι **dark**,
και το αντίθετο του **pale** είναι **deep**.

deep *επίθ.* βαθύς *a deep red cherry* ένα κεράσι με βαθύ
κόκκινο χρώμα

dark *επίθ.* σκούρος *a dark blue suit* ένα σκούρο μπλε
κοστούμι

pastel *επίθ.* [υπονοεί απαλό χρώμα] παστέλ *pastel shades*
παστέλ αποχρώσεις

transparent *επίθ.* διαυγής, διάφανος

clear *επίθ.* [διάφανος και συνήθως άχρωμος] διαφανής *clear
glass* διαφανές γυαλί

194.2 Βασικά χρώματα

red *ουσ.μ.αρ.* κόκκινο *cherry red* βαθύ/έντονο κόκκινο (το
χρώμα του κερασιού) **red** *επίθ.* -dd- κόκκινος

yellow *ουσ.μ.αρ.* κίτρινο *mustard yellow* κίτρινο μουσταρδί
yellow *επίθ.* κίτρινος

blue *ουσ.μ.αρ.* μπλε *sky blue* γαλάζιο *royal blue* μπλε
ηλεκτρίκ *navy blue* μπλε μαρέν **blue** *επίθ.* μπλε

194.3 Άλλα χρώματα

green *ουσ.μ.αρ.* πράσινο *bottle green* βαθύ πράσινο *olive
green* λαδί **green** *επίθ.* πράσινος

pink *ουσ.μ.αρ., επίθ.* ροζ

orange *ουσ.μ.αρ.* πορτοκαλί, *επίθ.* πορτοκαλής

purple *ουσ.μ.αρ., επίθ.* μοβ

tan *ουσ.μ.αρ.* καστανόχρυσο, *επίθ.* καστανόχρυσος

mauve *ουσ.μ.αρ., επίθ.* [λιγότερο έντονο από το **purple**] μοβ

brown *ουσ.μ.αρ.* καφέ, *επίθ.* καφέ, καφετής

beige *ουσ.μ.αρ., επίθ.* μπεζ

ginger *ουσ.μ.αρ.* πυρόξανθο, *επίθ.* [περιγράφει: κυρίως
μαλλιά] πυρόξανθος

black *ουσ.μ.αρ.* μαύρο, *επίθ.* μαύρος

white *ουσ.μ.αρ.* άσπρο, *επίθ.* άσπρος

grey (Βρετ.), **gray** (κυρίως Αμερ.) *ουσ.μ.αρ.* γκρι, *επίθ.*
γκρίζος, σταχτής

παρομοιώσεις

as black as ink/coal μαύρος σαν μελάνι/κάρβουνο
as white as snow άσπρος σαν χιόνι
as white as a sheet [υπονοεί σοκ] άσπρος σαν κερί
(κυριολεκτικά: άσπρος σαν σεντόνι)

ΠΕΡΙΓΡΑΦΩ ΚΑΙ ΣΥΝΔΥΑΖΩ ΧΡΩΜΑΤΑ

Τα περισσότερα επίθετα που περιγράφουν χρώματα
μπορούν να συνδυαστούν με την κατάληξη -y και -ish.
Αν χρησιμοποιήσετε λέξεις όπως *greeny* ή *reddish*, δίνετε
την εντύπωση ότι περιγράφετε το χρώμα σε προσέγγιση
μόνο: *She's got brownish hair* (τα μαλλιά της είναι
μάλλον καστανά). Αυτές οι λέξεις μπορούν επίσης να
συνδυαστούν με τα κανονικά επίθετα χρωμάτων, για να
εκφράσουν μια συγκεκριμένη απόχρωση: *greeny-brown
eyes* (πρασινο–κάστανα μάτια) *reddish-pink lipstick*
(κραγιόν σε χρώμα ανάμεσα στο κόκκινο και το ροζ).

---

195 Social customs Κοινωνικές συνήθειες

custom *ουσ.αρ.μ.αρ.* έθιμο *It's the/a custom in our country
to give presents on Christmas Eve.* Στη χώρα μας έχουμε το
έθιμο να ανταλλάζουμε δώρα την παραμονή των
Χριστουγέννων. **customary** *επίθ.* εθιμικός, συνηθισμένος

tradition *ουσ.αρ.μ.αρ.* παράδοση *by tradition* σύμφωνα με
την παράδοση *to break with tradition* σπάζω την παράδοση
traditional *επίθ.* [περιγράφει: π.χ. φόρεμα, φαγητό, τραγούδι]
παραδοσιακός, πατροπαράδοτος

traditionally επίρρ. σύμφωνα με την παράδοση

culture ουσ. 1 ουσ.αρ.μ.αρ. [τρόπος ζωής] πολιτισμός, κουλτούρα (σαν επίθ.) **culture shock** πολιτισμικό σοκ (μπροστά σε απότομη αλλαγή περιβάλλοντος/τρόπου ζωής) 2 ουσ.μ.αρ. [καλλιτεχνική και ακαδημαϊκή δραστηριότητα] πολιτισμός, κουλτούρα *They went to Paris for a bit of culture.* Πήγαν στο Παρίσι για να πάρουν μια γεύση κουλτούρας. **cultural** επίθ. πολιτιστικός **cultured** επίθ. καλλιεργημένος

195.1 Εορταστικές εκδηλώσεις

celebrate ρ. 1 ρ.μ. [αντικ.: π.χ. γεγονός, επιτυχία, επέτειο] γιορτάζω *We're having a party to celebrate Maria's homecoming.* Κάνουμε πάρτι για να γιορτάσουμε την επιστροφή της Μαρίας. 2 ρ.α. γιορτάζω *Let's celebrate by going out to dinner tonight.* Ας βγούμε έξω για φαγητό απόψε να το γιορτάσουμε.

celebration ουσ.αρ.μ.αρ. (συχνά χρησιμοποιείται στον πληθ.) εορτασμός *Independence-Day celebrations* εορτασμοί για την ημέρα της Ανεξαρτησίας

party ουσ.αρ. πάρτι *birthday party* πάρτι γενεθλίων *dinner party* δείπνο με καλεσμένους *to give/throw a party for sb* κάνω πάρτι προς τιμή κάποιου (σαν επίθ.) *party dress* βραδινό φόρεμα

anniversary ουσ.αρ. επέτειος *the fiftieth anniversary of the school's foundation* η πεντηκοστή επέτειος από την ίδρυση του σχολείου *wedding anniversary* επέτειος γάμου

birthday ουσ.αρ. γενέθλια *My birthday is (on) August 16th.* Τα γενέθλιά μου είναι στις 16 Αυγούστου. *What do you want for your birthday?* Τι δώρο θέλεις για τα γενέθλιά σου; *her eighteenth birthday* τα δέκατα όγδοα της γενέθλια (σαν επίθ.) *birthday card* κάρτα γενεθλίων *birthday present* δώρο γενεθλίων

195.2 Θρησκευτικές τελετές

δες επίσης **232 Religion**

christening ουσ.αρ. [η πιο συνηθισμένη λέξη] βαφτίσια, βάφτιση (σαν επίθ.) *christening robe* βαπτιστικά ρούχα **christen** ρ.μ. βαφτίζω

baptism ουσ.αρ. [λέξη που χρησιμοποιείται περισσότερο σαν θρησκευτικός όρος] βάφτιση **baptize** ρ.μ. βαφτίζω

godmother ουσ.αρ. νονά, ανάδοχος

godfather ουσ.αρ. νονός, ανάδοχος

godchild ουσ.αρ., πληθ. **godchildren** βαφτισιμιός, αναδεκτός

bar mitzvah ουσ.αρ. (Εβραϊκή τελετή) ο εορτασμός των 13ων γενεθλίων αγοριού, που με την ευκαιρία αυτή αποκτά το δικαίωμα να διαβάζει τις προσευχές στη συναγωγή σαν ίσο μέλος

195.3 Ο γάμος

bachelor ουσ.αρ. εργένης *a confirmed bachelor* αιώνιος εργένης (σαν επίθ.) *bachelor flat* διαμέρισμα εργένη (για ένα άτομο) *bachelor girl* χειραφετημένη γυναίκα (που συνήθως ζει μόνη)

spinster ουσ.αρ. ανύπαντρη, γεροντοκόρη

χρήση

Ενώ η λέξη **bachelor** εξάκολουθεί να χρησιμοποιείται για να περιγράψει έναν ανύπαντρο άνδρα, ο όρος **spinster** σπάνια χρησιμοποιείται, εκτός αν πρόκειται για επίσημα έγγραφα που σχετίζονται με το γάμο ή με την ίδια την τελετή γάμου. Στην καθημερινή ομιλία, ο όρος **spinster** έχει καθαρά υποτιμητικές προεκτάσεις.

engagement ουσ.αρ. (συχνά + **to**) αρραβώνας (σαν επίθ.) *engagement ring* δαχτυλίδι αρραβώνα

be/get engaged (συχνά + **to**) αρραβωνιάζομαι

marriage ουσ.μ.αρ.αρ. [μπορεί να αναφέρεται στην κατάσταση του να είμαι παντρεμένος καθώς επίσης και στο γεγονός ή την τελετή] γάμος *a happy marriage* ένας ευτυχισμένος γάμος

marry ρ. 1 ρ.μ. παντρεύομαι *Will you marry me?* Με παντρεύεσαι; *We have been married for twenty years.* Είμαστε είκοσι χρόνια παντρεμένοι. 2 ρ.α. παντρεύομαι *They can't marry until his divorce is final.* Δεν μπορούν να παντρευτούν προτού βγει τελειωτικά το διαζύγιό του.

get married (συχνά + **to**) [περισσότερο ανεπίσημο από το **marry**] παντρεύομαι *She wants to get married in church.* Θέλει να παντρευτεί σε εκκλησία.

(wedding) reception ουσ.αρ. (γαμήλια) δεξίωση

honeymoon ουσ.αρ. μήνας του μέλιτος *to go on honeymoon* φεύγω για το μήνα του μέλιτος **honeymoon** ρ.α. περνώ το μήνα του μέλιτος

separate ρ.α. χωρίζω, ζω σε διάσταση *She and her husband have/are separated.* Εκείνη και ο άντρας της ζουν σε διάσταση. **separation** ουσ.αρ.μ.αρ. χωρισμός

divorce ρ.α.μ. παίρνω διαζύγιο *to get divorced* παίρνω διαζύγιο

bridesmaid παράνυφος — bride νύφη — (bride)groom γαμπρός — best man κουμπάρος — wedding ring βέρα — wedding dress νυφικό — **wedding** γάμος

divorce *ουσ.μ.αρ.αρ.* διαζύγιο *grounds for divorce* λόγοι διαζυγίου [σαν *επίθ.*] *divorce court* δικαστήριο διαζυγίων

195.4 Η κηδεία

funeral *ουσ.αρ.* κηδεία *a funeral procession* πένθιμη πομπή
cemetery 'ή **graveyard** *ουσ.αρ.* κοιμητήρι, νεκροταφείο
grave *ουσ.αρ.* τάφος
gravestone 'ή **headstone** *ουσ.αρ.* ταφόπετρα
coffin *ουσ.αρ.* φέρετρο
wreath *ουσ.αρ.* [με λουλούδια, για κηδεία] στεφάνι
undertaker *ουσ.αρ.* εργολάβος κηδειών
hearse *ουσ.αρ.* [όχημα] νεκροφόρος

bury *ρ.μ.* θάβω, κηδεύω *He was buried at sea.* Θάφτηκε στη θάλασσα.
burial *ουσ.μ.αρ.αρ.* ταφή (σαν *επίθ.*) *burial service* τελετή ενταφιασμού
cremate *ρ.μ.* αποτεφρώνω **cremation** *ουσ.μ.αρ.αρ.* αποτέφρωση **crematorium** *ουσ.*, *πληθ.* **crematoria** αποτεφρωτήριο
mourn *ρ.μ.α.* [αντικ.: π.χ. πρόσωπο, θάνατο, απώλεια] πενθώ, θρηνώ **mourner** *ουσ.αρ.* πενθούντας
mourning *ουσ.μ.αρ.* πένθος *to be in mourning (for somebody)* πενθώ (για κάποιον)
wake *ουσ.αρ.* ξενύχτισμα νεκρού

196 Greet Χαιρετώ

δες επίσης **365 Gesture, L1 Introductions, L3 Greetings**

greet *ρ.μ.* [αντικ.: πρόσωπο] χαιρετώ (+ **with**) *He greeted me with a friendly wave.* Με χαιρέτησε με ένα φιλικό κούνημα του χεριού.
greeting *ουσ.αρ.μ.αρ.* χαιρετισμός *a warm/friendly greeting* ένας ζεστός/ φιλικός χαιρετισμός [συχνά χρησιμοποιείται στον *πληθ.*] *to send Christmas/Easter greetings to someone* στέλνω Χριστουγεννιάτικες/Πασχαλινές ευχές σε κάποιον [όταν χρησιμοποιείται σαν *επίθ.* είναι πάντοτε στον *πληθ.*] *greetings card* ευχετήρια κάρτα
welcome *ρ.μ.* 1 (συχνά + **to**) υποδέχομαι, καλωσορίζω *He welcomed us to Spain.* Μας καλωσόρισε στην Ισπανία. *to welcome someone* **with open arms** υποδέχομαι κάποιον με ανοιχτές αγκάλες 2 [με χαροποιεί κάτι. Αντικ.: π.χ. απόφαση, νέα] υποδέχομαι με χαρά *The staff welcomed the new pay scales.* Το προσωπικό υποδέχτηκε με χαρά τις καινούριες μισθολογικές κλίμακες.
welcome *επιφ.* (συχνά + **to**) καλωσόρισες
welcome *επίθ.* 1 [περιγράφει : π.χ. καλεσμένο] ευπρόσδεκτος *I know when I'm not welcome.* Το νοιώθω όταν δεν είμαι ευπρόσδεκτος. *to* **make** *someone* **welcome** κάνω κάποιον να νοιώσει ευπρόσδεκτος 2 [που το δέχεται κανείς με ευχαρίστηση] ευχάριστος *a welcome change from work* μια ευχάριστη αλλαγή από τη δουλειά
welcome *ουσ.αρ.* υποδοχή *to give someone a* **warm**

welcome κάνω θερμή υποδοχή σε κάποιον
shake hands [σαν χαιρετισμός, ένδειξη/επισφράγιση συμφωνίας κτλ.] κάνω χειραψία *They shook hands on the deal.* Επισφράγισαν τη συμφωνία με χειραψία.
handshake *ουσ.αρ.* χειραψία
wave *ρ.α.μ.* (συχνά + **to**) χαιρετώ, κουνώ το χέρι *He waved to us from the balcony.* Μας κούνησε το χέρι από το μπαλκόνι. *to wave someone goodbye* αποχαιρετώ κάποιον (κουνώντας το χέρι)
wave *ουσ.αρ.* κούνημα του χεριού *a wave of the hand* κούνημα του χεριού
kiss *ρ.μ.α.* φιλώ *He kissed her on both cheeks.* Τη φίλησε και στα δύο μάγουλα. *to kiss someone goodbye/goodnight* αποχαιρετώ/καληνυχτίζω κάποιον με ένα φιλί
kiss *ουσ.αρ.* φιλί *to give someone a kiss* δίνω ένα φιλί σε κάποιον
introduce *ρ.μ.* (συχνά + **to**) συστήνω, παρουσιάζω *We haven't been introduced yet.* Δε μας έχουν συστήσει ακόμα.
introduction *ουσ.αρ.μ.αρ.* σύσταση, παρουσίαση (ενός προσώπου σε άλλο) *I'll leave Bob to make the introductions.* Θα αφήσω τον Μπομπ να κάνει τις συστάσεις.

197 Die Πεθαίνω

die *ρ.α.* [γενική λέξη] πεθαίνω *dying words/wishes* οι τελευταίες λέξεις/επιθυμίες (+ **of**) *He died of a heart attack.* Πέθανε από καρδιακή προσβολή. *I'll remember that* **till my dying day.** Θα το θυμάμαι μέχρι τη μέρα που θα πεθάνω. *I nearly died when they told me.* [χρησιμοποιείται ανεπίσημα για να δείξει μεγάλο σοκ ή αμηχανία] Κόντεψα να πέσω κάτω (να πεθάνω) όταν μου το είπαν.
pass away/on *ρ.πρφ.* [ευφημισμός. Κάπως απαρχαιωμένο] εκπνέω, ξεψυχώ *She passed away/on last week.* Ξεψύχησε την περασμένη βδομάδα.

φράσεις

(to) drop dead [πεθαίνω ξαφνικά] πέφτω νεκρός ξαφνικά *He just dropped dead in the street.* Ξαφνικά έπεσε νεκρός στο δρόμο.
kick the bucket [ανεπίσημο, χιουμοριστικό] τα τινάζω, πάω στα θυμαράκια
snuff it [αργκό, συχνά χιουμοριστικό] τα τινάζω, ψοφάω

perish *ρ.α.* [συχνά χρησιμοποιείται από δημοσιογράφους για να δώσει έμφαση στις δραματικές συνθήκες του

θανάτου] αφανίζομαι, πεθαίνω *Hundreds perished when the ship went down.* Εκατοντάδες άτομα πνίγηκαν όταν βυθίστηκε το πλοίο.
expire *ρ.α.* [πολύ επίσημο ή λογοτεχνικό όταν χρησιμοποιείται για πρόσωπο] εκπνέω, ξεψυχώ

χρήση

Η χρήση ανεπίσημων ή χιουμοριστικών εκφράσεων σχετικά με το θάνατο σε σοβαρές περιπτώσεις μπορεί να θεωρηθεί αναισθησία ή προσβολή.

197.1 Νεκρός

dead *επίθ.* 1 [περιγράφει: π.χ. ανθρώπινο σώμα, ζώο, λουλούδι] πεθαμένος *a dead body* ένα πτώμα *to shoot someone dead* πυροβολώ και σκοτώνω κάποιον *I wouldn't be seen dead in that hat.* [χιουμοριστικό] Προτιμώ να πεθάνω παρά να εμφανιστώ με αυτό το καπέλο. (σαν *ουσ.* *πληθ.*) *the living and the dead* οι ζωντανοί και οι πεθαμένοι 2 [περιγράφει : π.χ. μηχάνημα, μπαταρία] νεκρός *The line* **went dead.** Κόπηκε η γραμμή.

as dead as a dodo/doornail τέζα, κόκαλο

deceased επίθ. [επίσημο, χρησιμοποιείται κυρίως σε νομικά ή επίσημα έγγραφα] αποθανών John Henry Morton, deceased. Ο αποθανών Χένρυ Μόρτον. [σαν ουσ.] the deceased's personal effects τα προσωπικά αντικείμενα του αποθανόντος

late επίθ. (πριν από ουσ.) [μιλώντας με σεβασμό για κάποιον που έχει πεθάνει πρόσφατα. Χρησιμοποιείται σε επίσημα έγγραφα, αλλά είναι λιγότερο επίσημο από το **deceased**] μακαρίτης, αείμνηστος my late uncle ο μακαρίτης ο θείος μου

extinct επίθ. [περιγράφει: π.χ. ζώο, είδος, ηφαίστειο] εξαλειφθείς, μη ενεργός **extinction** ουσ.μ.αρ. εξάλειψη, εξαφάνιση

death ουσ.μ.αρ.αρ. θάνατος a natural death φυσικός θάνατος to be frightened **to death** [ανεπίσημο] είμαι κατατρομαγμένος

198 Kill Σκοτώνω

kill ρ.μ.α. [γενική λέξη. Μπορεί να περιγράφει εσκεμμένη ή τυχαία πράξη. Αντικ.: πρόσωπο, ζώο, φυτό] σκοτώνω His parents were killed in a plane crash. Οι γονείς του σκοτώθηκαν σε αεροπορικό δυστύχημα. My wife will kill me if she finds out! Η γυναίκα μου θα με σκοτώσει αν το ανακαλύψω! **killer** ουσ.αρ. δολοφόνος

slay ρ.μ., αόρ. **slew**, μτχ.αορ. **slain** [απαρχαιωμένο ή λογοτεχνικό. Αντικ.: π.χ. εχθρό, ιππότη] σκοτώνω, φονεύω

massacre ρ.μ. [αναφέρεται σε μεγάλους αριθμούς θυμάτων και υπονοεί βάναυσο τρόπο σκοτώματος] σφαγιάζω, κατακρεουργώ **massacre** ουσ.αρ. σφαγή, σκοτωμός

exterminate ρ.μ. [υπονοεί την πλήρη καταστροφή συγκεκριμένης ομάδας ανθρώπων ή ζώων] εξολοθρεύω, εξοντώνω **extermination** ουσ.μ.αρ. εξολόθρευση, εξόντωση

suicide ουσ.μ.αρ.αρ. αυτοκτονία to commit suicide αυτοκτονώ

euthanasia ουσ.μ.αρ. ευθανασία

198.1 Δολοφονώ

murder ρ.μ. δολοφονώ, σκοτώνω He murdered his victims with an axe. Σκότωσε τα θύματά του με ένα τσεκούρι. I could murder him for forgetting to tell you. [χρησιμοποιείται επίσης ανεπίσημα ή χιουμοριστικά] Θα μπορούσα να τον σκοτώσω που ξέχασε να σου το πει. **murderer** ουσ.αρ. δολοφόνος

murder ουσ.μ.αρ.αρ. φόνος to **get away with murder** [χιουμοριστικό] είμαι κακομαθημένος/παραμένω ατιμώρητος

manslaughter ουσ.μ.αρ. ανθρωποκτονία The driver of the car was found guilty of manslaughter. Ο οδηγός του αυτοκινήτου κηρύχθηκε ένοχος για ανθρωποκτονία.

assassinate ρ.μ. [αντικ.: σπουδαίο πρόσωπο] δολοφονώ an attempt to assassinate the President μια απόπειρα δολοφονίας εναντίον του προέδρου **assassin** ουσ.αρ. δολοφόνος **assassination** ουσ.μ.αρ.αρ. δολοφονία

bump sb **off** 'H **bump off** sb ρ.πρφ.μ. [ανεπίσημο, ακούγεται κάπως χιουμοριστικό] καθαρίζω, βγάζω από τη μέση

do sb **in** 'H **do in** sb ρ.πρφ.μ. [ανεπίσημο] καθαρίζω She tried to do her old man in. Προσπάθησε να καθαρίσει τον άντρα της.

poison ρ.μ. (συχνά + with) δηλητηριάζω

poison ουσ.αρ.μ.αρ. δηλητήριο rat poison ποντικοφάρμακο (σαν επίθ.) poison gas δηλητηριώδες αέριο

poisonous επίθ. [περιγράφει: π.χ. φίδι, χημική ουσία, φυτό] δηλητηριώδης

shoot ρ.μ., αόρ. & μτχ.αορ. **shot** πυροβολώ

strangle ρ.μ. στραγγαλίζω

drown ρ. 1 ρ.μ. [σε νερό] πνίγω 2 ρ.α. πνίγομαι

suffocate ρ. 1 ρ.μ. πνίγω, σκοτώνω προκαλώντας ασφυξία 2 ρ.α. πεθαίνω από ασφυξία

198.2 Θανατική ποινή

capital punishment ουσ.μ.αρ. θανατική ποινή

execute ρ.μ. [πραγματοποιώ τη θανατική ποινή. Συχνά χρησιμοποιείται σε στρατιωτικά κείμενα] εκτελώ He was executed by firing squad. Θανατώθηκε από εκτελεστικό απόσπασμα.

execution ουσ.μ.αρ.αρ. εκτέλεση **executioner** ουσ.αρ. εκτελεστής, δήμιος

put sb **to death** ρ.μ. [λιγότερο ψυχρό και ουδέτερο από το **execute**. Συχνά χρησιμοποιείται όταν περιγράφονται γεγονότα στην ιστορία] θανατώνω

hang ρ.μ., αόρ. & μτχ.αορ. **hanged** 'Η **hung** απαγχονίζω He was sentenced to be hung. Καταδικάστηκε σε απαγχονισμό.

hanging ουσ.μ.αρ.αρ. απαγχονισμός Some people want to bring back hanging. Μερικοί ζητούν την επαναφορά της ποινής του απαγχονισμού.

electric chair ουσ.αρ. (πάντοτε + the) ηλεκτρική καρέκλα

gas chamber ουσ.αρ. θάλαμος αερίων

firing squad ουσ.αρ. (+ ρ., ενικ. ή πληθ.) εκτελεστικό απόσπασμα to face a firing squad βρίσκομαι αντιμέτωπος με εκτελεστικό απόσπασμα

198.3 Θανάτωση ζώων

put sth **down** 'Η **put down** sth ρ.πρφ.μ. [συνήθως από κτηνίατρο. Αντικ.: γέρικο, άρρωστο ή ανεπιθύμητο ζώο] θανατώνω

put to sleep [ευφημισμός του **put down**] «κοιμίζω»

slaughter ρ.μ. [αντικ.: ζώο που χρησιμοποιείται για την παραγωγή κρέατος] σφάζω **slaughter** ουσ.μ.αρ. σφαγή

butcher ρ.μ. [αντικ.: ζώο που χρησιμοποιείται για την παραγωγή κρέατος] σφαγιάζω **butchery** ουσ.μ.αρ. σφαγή, σφαγείο

Όταν οι λέξεις **slaughter** και **butcher** χρησιμοποιούνται για να περιγράψουν το σκότωμα ανθρώπων, γίνονται πολύ δυνατές και συναισθηματικές.

198.4 Θανατηφόρος

lethal επίθ. [περιγράφει: π.χ. δόση, όπλο] θανατηφόρος Those sharp spikes could be lethal. Εκείνοι οι αιχμηροί πάσσαλοι μπορούν να γίνουν θανατηφόροι.

deadly επίθ. 1 [περιγράφει: π.χ. δηλητήριο] θανατηφόρος 2 [περιγράφει: π.χ. ακρίβεια, σημάδεμα] αλάθητος, αδυσώπητος in deadly earnest με απόλυτη σοβαρότητα

fatal επίθ. 1 [που προκαλεί το θάνατο. Περιγράφει: π.χ. ατύχημα, τραύμα] θανατηφόρος, μοιραίος 2 (συχνά + to) [που προκαλεί αποτυχία. Περιγράφει: π.χ. λάθος, δισταγμό] καταστρεπτικός, μοιραίος *Further delays could be fatal to the project.* Περαιτέρω καθυστερήσεις μπορούν να είναι καταστρεπτικές για το έργο. **fatally** επίρρ. θανάσιμα **fatality** ουσ.αρ. βίαιος θάνατος/θύμα δυστυχήματος

mortal επίθ. 1 [επίσημο. Περιγράφει : π.χ. χτύπημα, τραύμα] θανάσιμος, μοιραίος *mortal sin* [για τους Καθολικούς] θανάσιμο αμάρτημα 2 [περιγράφει: π.χ. τρόμο, φόβο, κίνδυνο] θανάσιμος *a mortal danger* θανάσιμος κίνδυνος

mortally επίρρ. θανάσιμα *mortally wounded* πληγωμένος θανάσιμα

199 Sex Σεξ

sex ουσ. 1 ουσ.μ.αρ. [σεξουαλική επαφή ή σεξουαλική δραστηριότητα γενικά] σεξ *There's too much sex on television.* Στην τηλεόραση υπάρχει υπερβολικό σεξ. *premarital/extramarital sex* προγαμιαίος/εξωγαμικός έρωτας (σαν επίθ.) *sex appeal* σεξουαλική έλξη *sex life* σεξουαλική ζωή 2 ουσ.αρ.μ.αρ. φύλο *the male/female sex* το ανδρικό/ γυναικείο φύλο *the opposite sex* το αντίθετο φύλο

sexuality ουσ.μ.αρ. [σεξουαλική φύση] σεξουαλικότητα *male/female sexuality* ανδρική/γυναικεία σεξουαλικότητα

sexual επίθ. 1 [που σχετίζεται με σεξουαλικές πράξεις] σεξουαλικός *sexual satisfaction* σεξουαλική ικανοποίηση 2 [που σχετίζεται με το φύλο] γεννητικός, φυλετικός *sexual stereotyping* στερεοτύπηση των φύλων

sexually επίρρ. σεξουαλικά *sexually explicit material* σεξουαλικά σαφές υλικό

gender ουσ.μ.αρ. 1 [περισσότερο τεχνικό από το sex] φύλο 2 [στη γραμματική] γένος

199.1 Σέξι

δες επίσης 432 Attract

sexy επίθ. [αρκετά ανεπίσημο. Λιγότερο απερίφραστο από το **erotic**. Περιγράφει: π.χ. πρόσωπο, εσώρουχα] σέξι, προκλητικός *You look so sexy in that dress.* Είσαι πολύ σέξι με εκείνο το φόρεμα.

erotic επίθ. [περισσότερο σοβαρό από το **sexy**. Περιγράφει: π.χ. εικόνα, πόζα, ποίημα, συνήθως όχι πρόσωπα] ερωτικός, ελκυστικός

pornographic επίθ. [υποτιμητικό, υπονοεί κάτι κακόγουστο. Περιγράφει: π.χ. βιβλίο, περιοδικό, εικόνα] πορνογραφικός **pornography** ουσ.μ.αρ. πορνογραφία **pornographer** ουσ.αρ. πορνογράφος

199.2 Σεξουαλική επαφή

sexual intercourse ουσ.μ.αρ. [αρκετά επίσημο. Χρησιμοποιείται π.χ. συνομιλώντας με γιατρούς] συνουσία, σεξουαλική επαφή *to have sexual intercourse with someone* έχω σεξουαλική επαφή με κάποιον

have sex ρ.α. (συχνά + with) [αρκετά ανεπίσημος, αλλά παράλληλα και αρκετά ουδέτερος όρος] έχω σεξουαλική επαφή

make love ρ.α. (συχνά + to) [κάπως ευφημιστικός, αλλά συναισθηματικά θερμότερος όρος από το **have sex**] κάνω έρωτα

sleep with sb 'Η **go to bed with sb** [κοινοί ευφημισμοί] πλαγιάζω με κάποιον

consummate ρ.μ. [κυρίως με τεχνική ή νομική έννοια. Αντικ.: γάμο] ολοκληρώνω (με συνουσία) **consummation** ουσ.μ.αρ. ολοκλήρωση

copulate ρ.α. [συχνά χρησιμοποιείται σε σχέση με ζώα. Υποτιμητικό όταν χρησιμοποιείται για ανθρώπους] ζευγαρώνω **copulation** ουσ.μ.αρ. ζευγάρωμα

fornicate ρ.α. [επίσημο και υποτιμητικό. Χρησιμοποιείται στην Αγία Γραφή] συνουσιάζομαι **fornication** ουσ.μ.αρ. συνουσία

mate ρ.α. (συχνά + with) [χρησιμοποιείται μόνο περιγράφοντας ζώα] ζευγαρώνω *the mating season* η εποχή του ζευγαρώματος

mate ουσ.αρ. [χρησιμοποιείται κυρίως περιγράφοντας ζώα, αλλά μπορεί να περιγράψει και ανθρώπους] ταίρι

breed ρ., αόρ. & μτχ.αορ. **bred** 1 ρ.α. [υποκ.: ζώα] αναπαράγομαι, γεννώ, πολλαπλασιάζομαι [χρησιμοποιείται επίσης για ανθρώπους, εκφράζοντας περιφρόνηση] *They breed like rabbits.* Αναπαράγονται σαν τα κουνέλια. 2 ρ.μ. [αντικ.: ζώα, φυτά] αναπαράγω, τρέφω *bred in captivity* που γεννήθηκε στην αιχμαλωσία **breeder** ουσ.αρ. εκτροφέας

masturbate ρ.α.μ. αυνανίζομαι, μαλακίζομαι **masturbation** ουσ.μ.αρ. αυνανισμός, μαλακία

fuck ρ.α.μ. [η βασική και δυνατότερη λέξη, είναι πιθανό να σοκάρει και/ή να ενοχλήσει μεγάλο αριθμό προσώπων, καλύτερα να την αποφύγετε] γαμώ

fuck επιφ. [χρησιμοποιείται σαν πολύ δυνατή και χυδαία βρισιά] γαμώ το **fuck** ουσ.αρ. [πράξη] γαμήσι

screw ρ.μ.α. [λιγότερο δυνατό και σκανδαλιστικό από το **fuck**, αλλά και αυτό θεωρείται χυδαία αργκό και πιθανόν να ενοχλήσει πολλά άτομα] πηδάω, γαμώ **screw** ουσ.αρ. γαμήσι

lay ρ.μ. (κυρίως Αμερ.) [λιγότερο δυνατό και άμεσο από το **fuck** ή το **screw** και ελαφρά λιγότερο ενοχλητικό, αλλά και αυτό είναι πιθανόν να σοκάρει μερικά άτομα] πηδάω, γαμώ *to get laid* πηδιέμαι **lay** ουσ.αρ. [όπως το ρήμα] γαμήσι

bonk *ρ.α.μ.* [χιουμοριστική αργκό, όχι ιδιαίτερα ενοχλητικό αλλά χρησιμοποιείστε το μόνο με άτομα που ξέρετε καλά] πηδάω **bonking** *ουσ.μ.αρ.* γαμήσι, πήδημα

to have it off (with sb) [αργκό. Όχι ιδιαίτερα ενοχλητικό, αλλά χρησιμοποιείστε το μόνο με άτομα που ξέρετε καλά] πηδιέμαι

199.3 Κατά τη διάρκεια της σεξουαλικής επαφής

foreplay *ουσ.μ.αρ.* προκαταρκτικό ερωτικό παιχνίδι

ejaculate *ρ.α.* εκσπερματώνω **ejaculation** *ουσ.μ.αρ.αρ.* εκσπερμάτωση

orgasm *ουσ.αρ.μ.αρ.* οργασμός *to have an orgasm* φτάνω σε οργασμό

come *ρ.α.*, *αόρ.* came, *μτχ.αορ.* come [ανεπίσημο] χύνω

199.4 Εγκλήματα που σχετίζονται με το σεξ

incest *ουσ.μ.αρ.* αιμομιξία *to commit incest* διαπράττω αιμομιξία **incestuous** *επίθ.* αιμομικτικός

rape *ουσ.μ.αρ.αρ.* βιασμός *(σαν επίθ.) rape victim* θύμα βιασμού **rape** *ρ.μ.* βιάζω **rapist** *ουσ.αρ.* βιαστής

sexual abuse *ουσ.μ.αρ.* σεξουαλική κακομεταχείρηση *a victim of sexual abuse* θύμα σεξουαλικής κακομεταχείρησης

prostitute *ουσ.αρ.* [γυναίκα, εκτός εάν διευκρινίζεται ότι πρόκειται για άνδρα] πόρνη **prostitution** *ουσ.μ.αρ.* πορνεία

brothel *ουσ.αρ.* πορνείο, οίκος ανοχής

red light area/district *ουσ.αρ.* κακόφημη συνοικία

199.5 Αντισύλληψη

contraception *ουσ.μ.αρ.* [ουδέτερος και αρκετά τεχνικός όρος] αντισύλληψη

contraceptive *ουσ.αρ.* αντισυλληπτική μέθοδος *oral contraceptive* αντισυλληπτικό χάπι **contraceptive** *επίθ.* αντισυλληπτικός

birth control *ουσ.μ.αρ.* [συμπεριλαμβάνει και άλλες μεθόδους εκτός από την αντισύλληψη] έλεγχος της γεννητικότητας

family planning *ουσ.μ.αρ.* [δεν είναι τεχνικός όρος, και είναι ελαφρά ευφημιστικός] οικογενειακός προγραμματισμός *the family planning clinic* κέντρο οικογενειακού προγραμματισμού

pill *ουσ.* (πάντοτε + **the**) το χάπι *to be on the pill* παίρνω το χάπι

condom (*Βρετ.* & *Αμερ.*), **rubber** (*Αμερ.*) *ουσ.αρ.* προφυλακτικό

199.6 Σεξουαλικές τάσεις

heterosexual *επίθ.* ετεροφυλοφιλικός **heterosexual** *ουσ.αρ.* ετεροφυλόφιλος **heterosexuality** *ουσ.μ.αρ.* ετεροφυλοφιλία

homosexual *επίθ.* [ουδέτερη λέξη. Περιγράφει: π.χ. πρόσωπο, σχέση] ομοφυλοφιλικός **homosexual** *ουσ.αρ.* ομοφυλόφιλος **homosexuality** *ουσ.μ.αρ.* ομοφυλοφιλία

lesbian *επίθ.* [ουδέτερη λέξη. Περιγράφει: π.χ. γυναίκα, σχέση] λεσβιακός **lesbian** *ουσ.αρ.* λεσβία

gay *επίθ.* [χρησιμοποιείται για να περιγράψει άνδρες και γυναίκες. Περισσότερο ευνοϊκή λέξη από το **homosexual** ή το **lesbian**] ομοφυλοφιλικός *gay rights* τα δικαιώματα των ομοφυλόφιλων *the gay community* η ομοφυλοφιλική κοινότητα *gay bars* μπαρ για ομοφυλόφιλους **gay** *ουσ.αρ.* ομοφυλόφιλος

bisexual *επίθ.* που αισθάνεται σεξουαλική έλξη για άτομα και των δύο φύλων **bisexual** *ουσ.αρ.* ερμαφρόδιτος **bisexuality** *ουσ.μ.αρ.* σεξουαλική έλξη και για τα δύο φύλα

celibate *επίθ.* [που δεν έχει σεξουαλική ζωή, προσωρινά ή μόνιμα] άγαμος **celibacy** *ουσ.μ.αρ.* (προσωρινή ή μόνιμη) αγαμία

virgin *ουσ.αρ.* παρθένος/παρθένα

virginity *ουσ.μ.αρ.* παρθενιά *to lose one's virginity* χάνω την παρθενιά μου

200 Old Παλιός

δες επίσης **203 Old-fashioned**

old *επίθ.* 1 [γενική λέξη, χρησιμοποιείται για να περιγράψει αντικείμενα και πρόσωπα] παλιός, μεγάλος (στην ηλικία) *to get/grow old* γερνώ *She's old enough to vote.* Είναι αρκετά μεγάλη για να ψηφίσει. *Surely you're not going to wear that old thing.* Μη μου πεις ότι θα φορέσεις εκείνο το παλιόρουχο. 2 [για να περιγράψει ηλικία] *ten years old* δέκα χρονών *a ten-year-old (child)* ένα δεκάχρονο (παιδάκι) 3 [προηγούμενος] παλιός *He's his old self again.* Είναι ο παλιός του εαυτός και πάλι. *My old car ran better than this one.* Το παλιό μου αυτοκίνητο δούλευε καλύτερα από αυτό που έχω τώρα.

age *ουσ.* 1 *ουσ.αρ.* ηλικία *children of all ages* παιδιά κάθε ηλικίας *He's starting to look his age.* Άρχισε να δείχνει την ηλικία του. *when I was your age* όταν ήμουνα στην ηλικία σου. 2 *ουσ.μ.αρ.* ηλικία *old/middle age* γεράματα/μέση ηλικία *δες επίσης **26.2 Time**

age *ρ.α.μ.* [μεγαλώνω ή φαίνομαι μεγαλύτερος] γερνώ *He has aged a lot in the past year.* Τον τελευταίο χρόνο έχει γεράσει πολύ.

200.1 Περιγραφή ατόμων

elder *επίθ.* (συγκριτικό του **old**, συνήθως πριν από *ουσ.*) μεγαλύτερος (μόνο μιλώντας για ηλικία) *my elder brother* ο μεγάλος μου αδελφός

elder *ουσ.αρ.* πρεσβύτερος, μεγαλύτερος *the elder of her two sons* ο μεγαλύτερος από τους δύο της γιους *You must show respect to your elders.* Πρέπει να δείχνεις σεβασμό στους μεγαλύτερούς σου.

elderly *επίθ.* 1 [μιλώντας για πρόσωπα. Περισσότερο ευγενική λέξη από το **old**] ηλικιωμένος (σαν *ουσ. πληθ.*) *the elderly* οι ηλικιωμένοι 2 [συχνά ελαφρά χιουμοριστικό όταν χρησιμοποιείται για να περιγράψει αντικείμενα] παμπάλαιος

senior *επίθ.* (συχνά + **to**) [περιγράφει: π.χ. σχολείο, τάξη, μαθητή] ανώτερος, μεγαλύτερος *senior citizen* συνταξιούχος

senior *ουσ.αρ.* (πάντα + κτητικό *επίθ.*) [επίσημο] μεγαλύτερος *She is two years my senior/my senior by two years.* Είναι δύο χρόνια μεγαλύτερη από μένα.

veteran *επίθ.* [περιγράφει : π.χ. κάποιον που κάνει εκστρατεία, πολιτικό] παλιός, έμπειρος *veteran car* (Βρετ.) παλιό αυτοκίνητο (που κατασκευάστηκε πριν από το 1916).

veteran *ουσ.αρ.* βετεράνος, παλαίμαχος *a Second World War veteran* βετεράνος του δευτέρου παγκοσμίου πολέμου

mature *επίθ.* 1 [περιγράφει: πρόσωπο] ώριμος *mature student* (Βρετ.) ενήλικας που συνεχίζει τις σπουδές του στο Πανεπιστήμιο μετά από διακοπή στην εκπαίδευσή του 2 [μπορεί να χρησιμοποιηθεί ευφημιστικά για να αποφευχθεί το **middle-aged**] ώριμος *styles for the mature woman* μόδα για την ώριμη γυναίκα 3 [περιγράφει: κυρίως τυρί, κρασί] παλιός **maturity** *ουσ.μ.αρ.* ωριμότητα *δες επίσης **238 Sensible***

mature *ρ.α.μ.* 1 [υποκ.: πρόσωπο] ωριμάζω 2 [υποκ.: κυρίως τυρί, κρασί] ωριμάζω

middle-aged *επίθ.* [χρησιμοποιείται μόνο για να περιγράψει πρόσωπα] μεσήλικας, μεσόκοπος [συχνά χρησιμοποιείται με επικριτικό τρόπο] *middle-aged spread* γεροντόπαχα *His attitudes are so middle-aged.* Έχει νοοτροπία μεσήλικα.

aged *επίθ.* [κάπως επίσημο] υπερήλικας [κάπως λιγότερο επίσημο όταν χρησιμοποιείται σαν *ουσ.πληθ.*] *a home for the aged* γηροκομείο

200.2 Περιγραφή αντικειμένων

second-hand *επίθ.* [περιγράφει: π.χ. αυτοκίνητο, ρούχα] μεταχειρισμένος *a second-hand shop* κατάστημα που πουλά μεταχειρισμένα είδη **second-hand** *επίρρ.* μεταχειρισμένα

vintage *επίθ.* [κολακευτικό. Περιγράφει: κυρίως κρασί] εκλεκτής ποιότητας *vintage car* (Βρετ.) παλιό αυτοκίνητο, αντίκα **vintage** *ουσ.αρ.* κρασί από καλή σοδειά

ancient *επίθ.* 1 [πάρα πολύ παλιός. Περιγράφει: π.χ. μνημείο, καθεδρικό ναό, ενδυμασία] αρχαίος *the ancient Romans* οι αρχαίοι Ρωμαίοι *That's ancient history.* Αυτό ανήκει πια στο παρελθόν. 2 [χιουμοριστικό, χρησιμοποιείται για να δώσει έμφαση] παμπάλαιος *I'm getting terribly ancient.* Άρχισα να γερνώ. *this ancient raincoat* αυτό το παμπάλαιο αδιάβροχο

antique *επίθ.* [παλιό και πολύτιμο. Περιγράφει: π.χ. επίπλωση, βάζο] παλιός, αρχαίος

antique *ουσ.αρ.* αντίκα (σαν *επίθ.*) *an antique shop* κατάστημα που πουλά αντίκες

φ ρ ά σ ε ι ς

as old as the hills [χρησιμοποιείται για πρόσωπα και αντικείμενα] παμπάλαιος

long in the tooth (*κυρίως Βρετ.*) [ελαφρά υποτιμητικό. Χρησιμοποιείται αποκλειστικά για να περιγράψει ανθρώπους] με πήραν τα χρόνια *She's getting a bit long in the tooth.* Την έχουν πάρει τα χρόνια.

(with) one foot in the grave [κάπως σκληρή φράση] με το ένα πόδι στον τάφο

to be getting on [ανεπίσημο, μπορεί να είναι ελαφρά συγκαταβατικό] γερνώ *He's getting on a bit now.* Έχει αρχίσει να γερνά.

---

201 New Καινούριος, νέος

δες επίσης **32 Begin, 202 Modern**

new *επίθ.* 1 καινούριος *I threw the old vacuum cleaner away and bought a new one.* Πέταξα την παλιά μου ηλεκτρική σκούπα και πήρα καινούρια. *as good as new* σαν καινούριος 2 [διαφορετικός. Περιγράφει: π.χ. εργασία, ζωή] καινούριος, νέος *He has a new girlfriend every week.* Κάθε βδομάδα έχει καινούρια φιλενάδα. *There seem to be lots of new faces in the office.* Υπάρχουν πολλά καινούρια πρόσωπα στο γραφείο. 3 (συχνά + **to**) [περιγράφει: π.χ. μέλος, άφιξη] καινούριος, νεοφερμένος *new boy/girl* καινούριος μαθητής/καινούρια μαθήτρια *She's still very new to the job.* Είναι καινούρια και δεν έχει ακόμη αποκτήσει πείρα στη δουλειά.

brand-new *επίθ.* [δίνει έμφαση στο γεγονός ότι κάποιο αντικείμενο δεν έχει χρησιμοποιηθεί προηγουμένως] ολοκαίνουριος

fresh *επίθ.* 1 [σε καλή κατάσταση. Όχι μπαγιάτικος ή σαπισμένος] φρέσκος *the smell of fresh bread* η μυρωδιά φρέσκου ψωμιού *I'm just going out for a breath of fresh air.* Θα βγω έξω για να πάρω λίγο καθαρό αέρα. 2 [όχι κατεψυγμένος ή κονσερβοποιημένος. Περιγράφει: π.χ. φρούτα, κρέας] φρέσκος 3 [περιγράφει: π.χ. αποδείξεις, ειδήσεις] καινούριος, νέος *a fresh start* μια νέα αρχή *fresh outbreaks of violence* καινούρια ξεσπάσματα βίας *Start a fresh sheet of paper for each question.* Αρχίστε κάθε ερώτηση σε νέα σελίδα.

freshly *επίρρ.* φρέσκα *freshly-ground coffee* φρεσκοαλεσμένος καφές

201.1 Επιδεικνύω φαντασία και εφευρετικότητα

original *επίθ.* [κολακευτικό. Περιγράφει: π.χ. ιδέα, σχέδιο, στοχαστή] πρωτότυπος **originality** *ουσ.μ.αρ.* πρωτοτυπία

novel *επίθ.* [μπορεί να υπονοεί ότι κάποιο αντικείμενο είναι ασυνήθιστο ή κάπως παράξενο, εκτός από καινούριο] πρωτότυπος, πρωτόφαντος *a novel idea for saving electricity* μια πρωτότυπη ιδέα για την εξοικονόμηση ηλεκτρικού ρεύματος

novelty *ουσ.μ.αρ.αρ.* πρωτοτυπία, αίσθηση του καινούριου *The novelty is beginning to wear off.* Η έλξη του καινούριου έχει αρχίσει να χάνεται. (σαν *επίθ.*) *novelty value* το πλεονέκτημα του καινούριου

innovative *επίθ.* [κολακευτικό. Περιγράφει: π.χ. πρόσωπο, ιδέα, προϊόν] καινοτομικός **innovation** *ουσ.αρ.μ.αρ.* καινοτομία **innovator** *ουσ.αρ.* καινοτόμος, μεταρρυθμιστής

pioneering *επίθ.* [κολακευτικό. Περιγράφει: π.χ. εργασία, εταιρεία] πρωτοποριακός *her pioneering work with deaf children* η πρωτοποριακή της δουλειά με κωφά παιδιά

pioneer *ουσ.αρ.* 1 πρωτοπόρος *a pioneer in the field of laser technology* πρωτοπόρος στον τομέα της τεχνολογίας για παραγωγή ακτίνων λέιζερ 2 πρώτος άποικος **pioneer** *ρ.μ.* πρωτοπορώ

201.2 Νέος, μικρός

young *επίθ.* νέος, μικρός *younger sister* μικρή αδελφή *He's too young to travel alone.* Είναι πολύ μικρός για να ταξιδέψει μόνος.

youthful *επίθ.* [κολακευτικός. Αναφέρεται σε ό,τι είναι χαρακτηριστικό για νεαρά άτομα, αλλά μπορεί να περιγράψει μεγαλύτερα άτομα. Περιγράφει: π.χ. πρόσωπο, σιλουέτα, ενθουσιασμό] νεανικός

immature *επίθ.* [περιγράφει: ζωντανό οργανισμό] ανώριμος, ανήλικος *an immature bird* ανήλικο πουλί *δες επίσης **241.4 Foolish***

201.3 Απειρία

inexperienced επίθ. άπειρος *sexually/politically inexperienced* σεξουαλικά/πολιτικά άπειρος **inexperience** ουσ.μ.αρ. απειρία

naive επίθ. [υποτιμητικό] αφελής, αγαθός **naively** επίρρ. με αφέλεια **naivety** ουσ.μ.αρ. αφέλεια

green επίθ. [ανεπίσημο, υποτιμητικό] άπειρος, αρχάριος

> *φ ρ ά σ η*
>
> **(still) wet behind the ears** [ανεπίσημο, χιουμοριστικό] ακόμα δε βγήκε από το αυγό

202 Modern Μοντέρνος

modern επίθ. μοντέρνος, σύγχρονος *the most modern equipment* τα πιο σύγχρονα μηχανήματα *modern languages* [που χρησιμοποιούνται σήμερα] σύγχρονες γλώσσες *modern history/literature/art* [συνήθως αναφέρεται σε περίπου τον προηγούμενο αιώνα] σύγχρονη ιστορία/λογοτεχνία/τέχνη

modernize, ΕΠΙΣΗΣ **-ise** (Βρετ.) ρ.μ.α. [αντικ.: π.χ. μεθόδους, εξοπλισμό] εκσυγχρονίζω **modernization** ουσ.μ.αρ.αρ. εκσυγχρονισμός

up-to-date επίθ. **1** [μοντέρνος. Περιγράφει: π.χ. εξοπλισμό, μεθόδους] μοντέρνος, (εκ)συγχρονισμένος **2** (συχνά + **with**) [που γνωρίζει ή που περιέχει τις πιο σύγχρονες πληροφορίες. Περιγράφει: π.χ. κατάλογο, χάρτη] ενημερωμένος, ενήμερος *to **keep up-to-date with** the latest developments* είμαι ενημερωμένος σχετικά με τις τελευταίες εξελίξεις *We must bring our records up-to-date.* Πρέπει να συμπληρώσουμε τα στοιχεία που ήδη έχουμε.

update ρ.μ. **1** [αντικ.: π.χ. αρχεία, πληροφορίες, πρότυπο] (εκ)συγχρονίζω *We're updating all our office equipment.* Εκσυγχρονίζουμε όλο τον εξοπλισμό του γραφείου μας. **2** (συχνά + **on**) [δίνω τις τελευταίες πληροφορίες/εξελίξεις σε κάποιον] ενημερώνω *I'll just update you on the latest sales figures.* Θα σε ενημερώσω σχετικά με τα τελευταία στοιχεία πωλήσεων. **update** ουσ.αρ. ενημέρωση

newfangled επίθ. [αρκετά ανεπίσημο και υποτιμητικό] νεωτεριστικός, υπερμοντέρνος *I can't cope with this newfangled machinery.* Δεν τα βγάζω πέρα με αυτά τα υπερμοντέρνα μηχανήματα.

contemporary επίθ. **1** [κυρίως χρησιμοποιείται σε σοβαρή ομιλία ή κείμενα που έχουν πνευματικό περιεχόμενο. Περιγράφει: π.χ. μουσική, σχέδιο, στάσεις] σύγχρονος **2** (συχνά + **with**) [που ζει στην ίδια εποχή] σύγχρονος **contemporary** ουσ.αρ. σύγχρονος

current επίθ. (συνήθως πριν από ουσ.) [που συμβαίνει ή που υπάρχει στην ίδια εποχή ή που υπάρχει τώρα] τωρινός, επίκαιρος *current affairs* επικαιρότητα *the current*

economic climate το παρόν οικονομικό κλίμα *the current issue of the magazine* η τελευταία έκδοση του περιοδικού [κάπως επίσημο όταν χρησιμοποιείται μετά από ρ.] επικρατών *These ideas are current in certain sections of the community.* Αυτές οι ιδέες επικρατούν σε ορισμένα στρώματα της κοινότητας. **currently** επίρρ. τώρα

topical επίθ. [σχετικός με την επικαιρότητα. Περιγράφει: π.χ. ερώτηση, θέμα, υπαινιγμό] επίκαιρος

202.1 Η μόδα

fashion ουσ.αρ.μ.αρ. **1** μόδα *to be **in/out of fashion*** είναι/δεν είναι στη μόδα *Pointed shoes are coming back into fashion.* Τα μυτερά παπούτσια επιστρέφουν στη μόδα. *Roller-skating is the latest fashion here.* Τα τροχοπέδιλα είναι η τελευταία λέξη της μόδας εδώ. **2** [ρούχα] μόδα *men's/ladies fashions* ανδρική/γυναικεία μόδα (σαν επίθ.) *fashion designer/model* σχεδιαστής μόδας/φωτομοντέλο *fashion show* επίδειξη μόδας

fashionable επίθ. [περιγράφει: π.χ. ρούχα, πρόσωπο, γνώμη, εστιατόριο] στη μόδα *It's fashionable to live in a converted warehouse.* Είναι στη μόδα να ζει κανείς σε μια αποθήκη που έχει μετατραπεί σε σπίτι. **fashionably** επίρρ. σύμφωνα με τη μόδα

trend ουσ.αρ. (συχνά + **in, towards**) τάση *The present trend is towards products which are environment-friendly.* Αυτό που θέλει ο κόσμος σήμερα είναι τα προϊόντα που είναι φιλικά προς το περιβάλλον. *to **set a/the trend*** λανσάρω ένα στυλ/καθορίζω τη μόδα

trendy επίθ. [αρκετά ανεπίσημο και συχνά υποτιμητικό] της τελευταίας μόδας *trendy left-wing ideas* αριστερές ιδέες της τελευταίας μόδας

with-it επίθ. [ανεπίσημο και κάπως απαρχαιωμένο] μοντέρνος, σύγχρονος *a with-it vicar* ένας εφημέριος με σύγχρονες απόψεις

203 Old-fashioned Παλιάς μόδας, ξεπερασμένος

δες επίσης **200 Old**

old-fashioned επίθ. [γενική λέξη, όχι πάντα υποτιμητική, συχνά τονίζει τη γοητεία των πραγμάτων που δεν είναι μοντέρνα] παλιάς μόδας, του παλιού καιρού *I love a good old-fashioned western.* Με ενθουσιάζουν τα παλιά γουέστερν.

quaint επίθ. [παλιός με τρόπο που αρέσει π.χ. στους τουρίστες. Περιγράφει: π.χ. εξοχικό σπίτι, έθιμο] γραφικός, ιδιόρρυθμος

dated επίθ. [χρησιμοποιείται για να περιγράψει λέξεις και ιδέες καθώς και αντικείμενα. Υπονοεί ότι κάτι ανήκει πολύ φανερά σε μια συγκεκριμένη και όχι πια περάσει πρόσφατα] ξεπερασμένος *Those hair styles make the film look so dated!* Εκείνες οι κομμώσεις το κάνουν ολοφάνερο ότι η ταινία ανήκει σε περασμένη εποχή.

out-of-date επίθ. **1** [αρκετά υποτιμητικό] ξεπερασμένος, ντεμοντέ **2** [περιγράφει: π.χ. διαβατήριο, άδεια, κατάλογο] που δεν ισχύει πια

outdated επίθ. [αρκετά υποτιμητικό. Κάτι που έχει ξεπεραστεί από κάτι καλύτερο. Περιγράφει: π.χ. εξοπλισμό, ιδέες] ξεπερασμένος, ντεμοντέ

antiquated επίθ. [περισσότερο υποτιμητικό από το **outdated**] απαρχαιωμένος *We can't produce good products with antiquated equipment.* Δεν μπορούμε να βγάλουμε καλά προϊόντα με απαρχαιωμένα μηχανήματα.

obsolete επίθ. [που δε χρησιμοποιείται πια] αφανισμένος

archaic επίθ. [από πολύ παλαιότερη εποχή, μερικές φορές είναι υποτιμητικό] απαρχαιωμένος, αρχαίος

φράσεις

(to be) old hat [ανεπίσημο, υποτιμητικό] πεπαλαιωμένος, ξεπερασμένος *The whole punk scene seems terribly old hat nowadays.* Η όλη κουλτούρα πανκ μας φαίνεται φοβερά ντεμοντέ σήμερα.

it/they, etc. went out with the ark [υποτιμητικό, κάπως χιουμοριστικό] είναι από την εποχή του Νώε *But, my dear, little lace curtains went out with the ark.* Μα, αγαπητή μου, οι μικρές δαντελένιες κουρτίνες είναι από την εποχή του Νώε.

204 Society Κοινωνία

δες επίσης **139 People**

society ουσ. 1 ουσ.μ.αρ.αρ. κοινωνία *She's a menace to society.* Αποτελεί απειλή για την κοινωνία. *a modern industrial society* μια σύγχρονη βιομηχανική κοινωνία 2 ουσ.μ.αρ. [άτομα που είναι στη μόδα] οι κοσμικοί *high society* υψηλή κοινωνία (σαν *επίθ.*) *a society wedding* κοσμικός γάμος

social *επίθ.* 1 [που σχετίζεται με την κοινωνία. Περιγράφει: π.χ. πρόβλημα, ερώτηση, αλλαγή] κοινωνικός *social work/ worker* επαγγελματική απασχόληση με άτομα με κοινωνικά προβλήματα/κοινωνικός λειτουργός *people of different social backgrounds* άτομα με διαφορετικό κοινωνικό υπόβαθρο 2 [που σχετίζεται με το χρόνο που περνά κανείς με φίλους. Περιγράφει: π.χ. περίσταση, επαφή] κοινωνικός, κοσμικός *They lead a very active social life.* Κάνουν μια πολύ δραστήρια κοινωνική ζωή. *He lacks any social graces.* Του λείπει η κοινωνική μόρφωση.

community ουσ. 1 ουσ.αρ. (δεν έχει πληθ., πάντα + the, + ρ. πληθ. ή ενικ.) [το κοινό] κοινότητα, κοινωνία *The members represent all sections of the community.* Τα μέλη αντιπροσωπεύουν όλα τα κοινωνικά στρώματα. (σαν *επίθ.*) *community policing* αστική προστασία της κοινότητας 2 ουσ.αρ. [ομάδα που μοιράζεται τα ίδια πιστεύω, έθιμα, καταγωγή κτλ.] κοινότητα *the Muslim and Hindu communities in Great Britain* η μουσουλμανική και η ινδουιστική κοινότητα στη Βρετανία

communal *επίθ.* 1 [που μοιράζονται όλοι. Περιγράφει: π.χ. ιδιοκτησία, ευκολίες] κοινόχρηστος, δημόσιος *We all eat in the communal dining room.* Τρώμε όλοι στην κοινή τραπεζαρία. 2 [που βασίζεται σε φυλή, θρησκεία κτλ. Περιγράφει: π.χ. βία, ταραχές] κοινοτικός

population ουσ.αρ. πληθυσμός *China has the largest population of any country.* Η Κίνα έχει το μεγαλύτερο πληθυσμό από οποιαδήποτε άλλη χώρα. (σαν *επίθ.*) *the population explosion* η έκρηξη πληθυσμού

civilization, ΕΠΙΣΗΣ **-isation** (*Βρετ.*) ουσ.μ.αρ.αρ. 1 [η κοινωνία συγκεκριμένης εποχής ή περιοχής] πολιτισμός

the history of western civilization η ιστορία του δυτικού πολιτισμού *ancient civilizations in the Middle East* αρχαίοι πολιτισμοί στη Μέση Ανατολή 2 [προηγμένη ανάπτυξη] εκπολιτισμός 3 [περιοχή με μεγάλη ανάπτυξη] πολιτισμός

civilized, ΕΠΙΣΗΣ **-ised** (*Βρετ.*) *επίθ.* 1 [περιγράφει: π.χ. κράτος, κοινωνία] πολιτισμένος, ανεπτυγμένος 2 [ευχάριστος, καλλιεργημένος και με καλούς τρόπους] πολιτισμένος, καλλιεργημένος *a civilized evening at the opera* ένα πολιτισμένο βράδυ στην όπερα **civilize**, ΕΠΙΣΗΣ **-ise** (*Βρετ.*) ρ.μ. εκπολιτίζω

citizen ουσ.αρ. πολίτης *an Irish citizen* Ιρλανδός πολίτης **citizenship** ουσ.μ.αρ. υπηκοότητα, ιθαγένεια

204.1 Κοινωνικές τάξεις

working class ουσ. (πάντα + the) εργατική τάξη, (η) εργατιά **working-class** *επίθ.* εργατικός, (της) εργατιάς

middle class ουσ. (πάντα + the) μεσαία τάξη, (οι) μικροαστοί *lower middle class* μικροαστική/κατώτερη μεσαία τάξη *upper middle class* ανώτερη μεσαία τάξη **middle-class** *επίθ.* μικροαστικός, αστικός

upper class ουσ. (πάντα + the) ανώτερη κοινωνική τάξη, (οι) αστοί **upper-class** *επίθ.* αστικός

χρήση

Working class, middle class και **upper class** είναι όλα ουσιαστικά που μπορούν να ακολυυθούνται από ρήματα στον ενικό ή στον πληθυντικό: *The upper class sends its/send their children to private schools.* (Η ανώτερη τάξη στέλνει τα παιδιά της/στέλνουν τα παιδιά τους σε ιδιωτικά σχολεία.) Τα τρία αυτά ουσιαστικά μπορούν επίσης να χρησιμοποιηθούν στον ενικό ή στον πληθυντικό με την ίδια έννοια: *It's an insult to the working class* ή *the working classes.* (Αποτελεί προσβολή προς την εργατική τάξη/τις εργατικές τάξεις.)

205 Royalty Βασιλικά πρόσωπα

royalty ουσ.μ.αρ. (+ ρ., ενικ. ή πληθ.) βασιλικά πρόσωπα, το αξίωμα της βασίλισσας ή του βασιλιά

royal *επίθ.* [περιγράφει: π.χ. οικογένεια, γιοτ, γάμο] βασιλικός [συχνά χρησιμοποιείται σε τίτλους στη Βρετανία] *the Royal Navy* το Βασιλικό Ναυτικό **royally** *επίρρ.* βασιλικά, υπέροχα

monarch ουσ.αρ. [περισσότερο επίσημη και τεχνική λέξη από το **king** ή **queen**] μονάρχης *a reigning monarch* βασιλεύων μονάρχης **monarchy** ουσ.αρ.μ.αρ. μοναρχία

majesty ουσ. [με κεφαλαίο, χρησιμοποιείται σαν βασιλικός τίτλος] μεγαλειότητα, εξοχότητα *Her Majesty Queen*

Elizabeth II. Η αυτής μεγαλειότητα η Βασίλισσα Ελισάβετ η 2η.

Highness ουσ. [χρησιμοποιείται σαν βασιλικός τίτλος] υψηλότητα *His Royal Highness the Prince of Wales.* Η αυτού υψηλότητα ο Πρίγκηπας της Ουαλλίας.

reign ουσ.αρ. βασιλεία *during the reign of Queen Victoria* κατά τη διάρκεια της βασιλείας της Βασίλισσας Βικτώριας

reign ρ.α. βασιλεύω *Charles II reigned from 1660 to 1683.* Ο Κάρολος ο 2ος βασίλεψε από το 1660 μέχρι το 1683.

crown
κορώνα

throne
θρόνος

coronation στέψη

ΒΑΣΙΛΙΚΟΙ ΤΙΤΛΟΙ ΚΑΙ ΤΙΤΛΟΙ ΕΥΓΕΝΕΙΑΣ

Άνδρες	Γυναίκες
king βασιλιάς	queen βασίλισσα
prince πρίγκηπας	princess πριγκίπισσα
emperor αυτοκράτορας	empress αυτοκράτειρα
duke δούκας	duchess δούκισσα
earl κόμης	
count κόμης (το αντίστοιχο του earl στις άλλες Ευρωπαϊκές χώρες)	countess κόμισσα
viscount υποκόμης	viscountess υποκόμισσα
baron βαρώνος	baroness βαρώνη

205.1 Τάξη των ευγενών

nobility ουσ. (+ ρ., ενικ. ή πληθ., πάντα + **the**) (οι) ευγενείς, (οι) άρχοντες

noble επίθ. ευγενής *of noble birth* υψηλής καταγωγής

nobleman ουσ.αρ. άρχοντας, ευγενής **noblewoman** ουσ.αρ. αρχόντισσα, ευγενής

aristocracy ουσ. (+ ρ., ενικ. ή πληθ., πάντα + **the**) αριστοκρατία **aristocrat** ουσ.αρ. αριστοκράτης **aristocratic** επίθ. αριστοκρατικός

peer ουσ.αρ. ομότιμο μέλος της Βουλής των Λόρδων *life peer* ισόβιος λόρδος

peerage ουσ. 1 (πάντα + **the**) οι λόρδοι 2 ουσ.αρ. το αξίωμα του λόρδου *to be given a peerage* μου δίνεται το αξίωμα του λόρδου

lord ουσ.αρ. 1 [άνδρας της αριστοκρατικής τάξης, κυρίως στη Βρετανία, που έχει το δικαίωμα να έχει έδρα στη Βουλή των Λόρδων] λόρδος *the lord of the manor* φεουδάρχης [σαν τίτλος] *Lord Olivier* ο λόρδος Ολίβιε 2 [άτομο με ιδιαίτερο αξίωμα] λόρδος *the Lord Mayor of London* ο Λόρδος Δήμαρχος του Λονδίνου

lady ουσ.αρ. 1 [γυναίκα αριστοκρατικής καταγωγής, κυρίως στη Βρετανία, και που έχει το δικαίωμα να έχει έδρα στη Βουλή των Λόρδων] λαίδη 2 [σύζυγος ιππότη] λαίδη

knight ουσ.αρ. 1 [άνδρας με υψηλή κοινωνική θέση στην παλιά εποχή] ιππότης *a knight on a white charger* ιππότης με άσπρο άλογο 2 [άνδρας στον οποίο δίνεται ο τίτλος **Sir**] ιππότης

Dame ουσ.αρ. [βαθμός για γυναίκα που είναι ο αντίστοιχος του **knight**] *Dame Janet Baker* Δέσποινα Τζάνετ Μπέηκερ

---

206 Organization Οργανισμός, οργάνωση

δες επίσης **207 Group, 228 Control**

organization, ΕΠΙΣΗΣ **-isation** (*Βρετ.*) ουσ.αρ. [γενική λέξη. Μέλη μπορούν να είναι άτομα ή μεγαλύτερες ομάδες, κράτη κτλ.] οργανισμός, οργάνωση *student organizations* φοιτητικές οργανώσεις *North Atlantic Treaty Organization* Βορειοατλαντική Συμμαχία

association ουσ.αρ. [μέλη μπορούν να είναι άτομα ή μεγαλύτερες ομάδες, κράτη κτλ.] συνεργασία, ένωση *δες επίσης **434.2 Friendship**

society ουσ.αρ. [μέλη συνήθως είναι άτομα. Συνήθως είναι αρκετά επίσημος οργανισμός] σύλλογος *a national horticultural society* εθνικός σύλλογος φυτοκόμων/ κηπουρών

club ουσ.αρ. [τα μέλη γενικά είναι άτομα. Υπονοεί λιγότερο επίσημο είδος οργανισμού από το **society**, συχνά δημιουργείται για δραστηριότητες ελεύθερου χρόνου] λέσχη, όμιλος *tennis club* λέσχη τένις (σαν επίθ.) *club house* λέσχη, εντευκτήριο

institute ουσ.αρ. [οργανισμός που ιδρύεται για να πραγματοποιήσει συγκεκριμένη εργασία/μελέτη σοβαρής φύσεως. Κυρίως χρησιμοποιείται σε τίτλους] ινστιτούτο, ίδρυμα

institution ουσ.αρ. 1 [σημαντικός οργανισμός, κυρίως που έχει παράδοση] ίδρυμα *educational institutions* εκπαιδευτικά ιδρύματα *research institution* ινστιτούτο ερευνών 2 [μέρος όπου παρέχεται φροντίδα σε άτομα που τη χρειάζονται] ίδρυμα *a mental institution* ψυχιατρικό ίδρυμα **institutional** επίθ. κάποιος ή κάτι που ανήκει σε ίδρυμα

206.1 Διεύθυνση/διαχείρηση επιχειρήσεων και οργανισμών

headquarters ουσ. (+ ρ., ενικ. ή πληθ.) [μέρος και/ή τα άτομα που βρίσκονται εκεί και δίνουν διαταγές] έδρα, επιτελείο *The organization has its headquarters in Geneva.* Ο οργανισμός έχει έδρα του τη Γενεύη. (συχνά χρησιμοποιείται χωρίς **a** ή **the**) *a message from headquarters* ένα μήνυμα από το αρχηγείο

chairperson 'Η **chair**, αρσ. **chairman**, θηλ. **chairwoman** ουσ.αρ. [υπεύθυνος για κάποια συνάντηση, επιτροπή, λέσχη κτλ.] πρόεδρος *to address the chair* απευθύνομαι προς τον πρόεδρο *chairperson of the finance committee* ο πρόεδρος της οικονομικής επιτροπής

chair ρ.μ. [αντικ.: π.χ. συνεδρίαση, επιτροπή] προεδρεύω

committee ουσ.αρ. [που αποτελείται από άτομα, συχνά εκλεγμένα μέσα από μέλη μεγαλύτερου οργανισμού] επιτροπή, συμβούλιο *the club committee* η επιτροπή της λέσχης *to be on the committee* είμαι στην επιτροπή (σαν επίθ.) *committee member/meeting* μέλος/συνεδρία της επιτροπής

sub-committee ουσ.αρ. υποεπιτροπή

treasurer ουσ.αρ. ταμίας   **secretary** ουσ.αρ. γραμματέας

member ουσ.αρ. (συχνά + **of**) μέλος *(open to) members only* (ανοιχτό) μόνο για τα μέλη *club/committee member* μέλος λέσχης/επιτροπής

membership ουσ. 1 ουσ.μ.αρ. (συχνά + **of**) ιδιότητα μέλους *to apply for membership* κάνω αίτηση για να γίνω μέλος 2 ουσ. (+ ρ., ενικ. ή πληθ.) [όλα τα μέλη] το σύνολο των μελών *Most of the membership voted against the proposal.* Τα περισσότερα μέλη καταψήφισαν την πρόταση.

207 Group Ομάδα

δες επίσης 139 People, 204 Society, 332 Full

group ουσ.αρ. 1 [γενική λέξη που χρησιμοποιείται για να περιγράψει πρόσωπα και αντικείμενα] ομάδα, γκρουπ *They were standing together in a group.* Στεκόντουσαν όλοι μαζί σε ένα γκρουπ. *a group of trees* συστάδα δένδρων (σαν επίθ.) *group photograph* ομαδική φωτογραφία *group therapy* ομαδική θεραπεία 2 [μιλώντας για μουσικούς] συγκρότημα *pop group* μοντέρνο μουσικό συγκρότημα

group ρ.μ.α. ταξινομώ, συγκεντρώνω/–ομαι *They grouped (themselves) around the flagpole.* Μαζεύτηκαν γύρω από το κοντάρι της σημαίας. *Make sure all the exhibits from overseas are grouped together.* Βεβαιωθείτε ότι όλα τα εκθέματα από ξένες χώρες είναι συγκεντρωμένα μαζί.

bunch ουσ.αρ. [ομάδα από συνήθως μικρά πράγματα, συχνά στερεωμένα μαζί στη μια τους άκρη] δέσμη, μάτσο

bunch ρ.α.μ. (συχνά + **up, together**) κάνω δέμα/μάτσο

cluster ουσ.αρ. [μικρή ομάδα από αντικείμενα ή από πρόσωπα που βρίσκονται πολύ κοντά μεταξύ τους] συγκέντρωση, σύμπλεγμα

cluster ρ.α.μ. (συχνά + **around, together**) μαζεύω/–ομαι *People clustered around the radio set waiting for news.* Ο κόσμος μαζεύτηκε γύρω από το ραδιόφωνο περιμένοντας νεα.

bundle ουσ.αρ. 1 [αντικείμενα που είναι δεμένα μαζί] δέσμη, μάτσο 2 [αντικείμενα σε ένα σάκο] μπόγος

a bunch of keys μια δέσμη κλειδιών

a bunch of grapes ένα τσαμπί σταφύλι

clusters of daffodils συστάδες ασφόδελων

a bundle of sticks ένα μάτσο ξύλων

a bunch of flowers ένα μπουκέτο λουλούδια

a cluster of stars συγκέντρωση πολλών αστεριών

collection ουσ.αρ. 1 συλλογή *art/stamp collection* συλλογή έργων τέχνης/γραμματοσήμων *a collection of short poems* μια ανθολογία σύντομων ποιημάτων 2 [ελαφρά υποτιμητικό] πλήθος, ποικιλία *There was the usual collection of fans and photographers waiting at the door.* Στην πόρτα περίμενε το συνηθισμένο πλήθος θαυμαστών και φωτογράφων.

collector ουσ.αρ. συλλέκτης *collector's item* αντικείμενο που είναι περιζήτητο από συλλέκτες (και μερικές φορές δεν εξυπηρετεί κανένα άλλο σκοπό)

network ουσ.αρ. δίκτυο *the country's rail/road network* το σιδηροδρομικό/οδικό δίκτυο της χώρας *a network of friends* ένας κύκλος φίλων (σαν επίθ.) *network television* τηλεοπτικό δίκτυο

207.1 Ομάδες ανθρώπων

band ουσ.αρ. 1 [ελαφρά απαρχαιωμένο. Χρησιμοποιείται κυρίως για εγκληματίες] συμμορία, κλίκα *a band of thieves* μια συμμορία ληστών

gang ουσ.αρ. 1 [που εργάζονται μαζί] συνεργείο, ομάδα *chain gang* ομάδα αλυσοδεμένων κατάδικων την ώρα της εργασίας *construction gang* συνεργείο εργατών 2 [εγκληματίες ή επικίνδυνες ομάδες ατόμων] συμμορία, σπείρα (σαν επίθ.) *gang warfare* συγκρούσεις συμμοριών 3 [ομάδες φίλων, νεαρών ατόμων] παρέα *All the old gang were there.* Όλη η παλιά παρέα ήταν εκεί.

crowd ουσ.αρ. 1 πλήθος *I nearly got lost in the crowd.* Κόντεψα να χαθώ μέσα στο πλήθος. *There were crowds of people in the shop.* Μέσα στο κατάστημα ήταν πλήθος ανθρώπων. 2 [ανεπίσημο. Ομάδα ανθρώπων] παρέα *I don't like you going around with that crowd.* Δε μου αρέσει να βγαίνεις με εκείνη την παρέα.

crowd ρ.α.μ. (πάντα + επίρρ. ή πρόθ., συνήθως + **around, into**) στριμώχνω, συνωστίζω *We all crowded into the narrow passage.* Στριμωχτήκαμε όλοι στο στενό διάδρομο.

crowded επίθ. [περιγράφει: π.χ. δρόμο, λεωφορείο, μαγαζί] γεμάτος, φίσκα

throng ουσ.αρ. [περισσότερο λογοτεχνικό από το **crowd**. Συνήθως υπονοεί μια ομάδα από κεφάτους ανθρώπους] πλήθος, κοσμοσυρροή *the happy throng singing in the street* το χαρούμενο πλήθος που τραγουδάει στους δρόμους

throng ρ.μ.α. [αντικ.: ένα μέρος] στριμώχνω, γεμίζω με κόσμο *People thronged the courtyard.* Η αυλή γέμισε με κόσμο. *The streets were thronged with shoppers.* Οι δρόμοι ήταν γεμάτοι με άτομα που έκαναν ψώνια.

mob ουσ.αρ. [υποτιμητικό. Μεγάλη και άτακτη ή βίαιη ομάδα ανθρώπων] όχλος *Shops were looted by the mob.* Καταστήματα λεηλατήθηκαν από τον όχλο. (σαν επίθ.) *mob rule* οχλοκρατία *mob violence* βιαιοπραγία όχλου

mob ρ.μ., -bb- [αντικ.: πρόσωπο για το οποίο εκφράζεται θαυμασμός ή αντιπάθεια] στριμώχνομαι γύρω από κπ/κτ

assembly ουσ. 1 ουσ.αρ.μ.αρ. [χρησιμοποιείται για πρόσωπα. Συνήθως κάπως επίσημο] συγκέντρωση, συνέλευση *the right of assembly* το δικαίωμα του συνέρχεσθαι *school assembly* σχολική συγκέντρωση των μαθητών 2 ουσ.μ.αρ. συναρμολόγηση (σαν επίθ.) *assembly line* συναρμολόγηση προϊόντων σε σειρά/ταινιόδρομο *self-assembly furniture* έπιπλα που συναρμολογούνται από τον ίδιο τον αγοραστή

herd ουσ.αρ. [χρησιμοποιείται για να περιγράψει ζώα, ή περιφρονητικά περιγράφοντας ανθρώπους] κοπάδι, αγέλη

herd *ρ.μ.α.* (συνήθως + *επίρρ.* ή *πρόθ.*) οδηγώ/μαζεύω σαν αγέλη *The tourists were herded back to the bus.* Η αγέλη των τουριστών καθοδηγήθηκε προς το λεωφορείο.

207.2 Μαζεύω

assemble *ρ.* 1 *ρ.α.μ.* [υποκ.: π.χ. πλήθος, ομάδα] συναθροίζω, συγκεντρώνω *the assembled company* οι παρόντες 2 *ρ.μ.* [αντικ.: αντικείμενο που αποτελείται από ξεχωριστά μέρη] συναρμολογώ

gather *ρ.* 1 *ρ.α.* (συχνά + **around, together**) [υπονοεί μια συγκέντρωση λιγότερο επίσημη και οργανωμένη από το **assemble**] μαζεύομαι *A small crowd had gathered outside the gate of the palace.* Ένα μικρό πλήθος είχε μαζευτεί έξω από την πύλη του παλατιού. 2 *ρ.μ.* (συχνά + **up**) [αντικ.: αντικείμενα που είχαν σκορπιστεί] μαζεύω, συγκεντρώνω *She gathered (up) her papers and put them into her briefcase.* Μάζεψε τα χαρτιά της και τα έβαλε στο χαρτοφύλακά της. *to gather fruit/nuts* μαζεύω φρούτα/ξερούς καρπούς *We're trying to gather more information on that subject.* Προσπαθούμε να συγκεντρώσουμε περισσότερες πληροφορίες σχετικά με εκείνο το θέμα.

congregate *ρ.α.* [περισσότερο επίσημο από το **gather**] συναθροίζομαι

collect *ρ.* 1 *ρ.μ.* [αντικ.: π.χ. γραμματόσημα, νομίσματα, αντίκες] κάνω συλλογή 2 *ρ.μ.α.* [αντικ.: π.χ. σκόνη, βρομιά, φύλλα] μαζεύω *A crowd collected at the scene of the crime.* Μαζεύτηκε κόσμος στη σκηνή του εγκλήματος.

meet *ρ.* 1 *ρ.μ.α.* [μετά από διευθέτηση] συναντώ, προϋπαντώ *I'm meeting her off the train.* Θα την προϋπαντήσω όταν θα φτάσει το τρένο. *Shall we meet (up) for lunch one day next week?* Θες να συναντηθούμε για γεύμα κάποια μέρα, την ερχόμενη βδομάδα; 2 *ρ.μ.α.* [τυχαία] συναντώ, συναντιέμαι *I'm sure we've met before.* Είμαι βέβαιος ότι έχουμε ξανασυναντηθεί. 3 *ρ.α.* [υποκ.: π.χ. γραμμές, άκρες] συναντιέμαι, συμπίπτω *Their eyes met.* Τα βλέμματά τους συναντήθηκαν.

unite *ρ.μ.α.* [αντικ./υποκ.: άτομα, ξεχωριστοί οργανισμοί ή αντικείμενα] ενώνω, ενώνομαι, συνδυάζομαι *United we stand, divided we fall!* Η ένωση φέρνει τη δύναμη.

unity *ουσ.μ.αρ.* (συχνά + **with**) ενότητα, ομόνοια *Christian unity* χριστιανική ομόνοια

union *ουσ.μ.αρ.αρ.* (συχνά + **with**) ένωση

208 Laws and Rules Νόμοι και Κανόνες

law *ουσ.* 1 *ουσ.αρ.* (συχνά + **against**) [εισάγονται μόνο από κυβερνήσεις] νόμος, νομοθεσία *There ought to be a law against it!* Θα έπρεπε να υπάρχει νόμος που να το απαγορεύει! 2 *ουσ.μ.αρ.* (συχνά + **the**) νόμος *It's against the law to drive an unroadworthy vehicle.* Είναι παράνομο να οδηγείς αυτοκίνητο που κρίθηκε ακατάλληλο για κυκλοφορία. *criminal/civil law* ποινικό/αστικό δίκαιο *law and order* έννομη τάξη *to break the law* παραβαίνω το νόμο 3 *ουσ.αρ.* (συχνά + **of**) νόμος, αρχή *a law of nature* νόμος της φύσης *Newton's third law* η τρίτη αρχή του Νεύτωνα

lawful *επίθ.* [επίσημο] νόμιμος *lawful wedded wife/husband* η νόμιμη σύζυγος/ο νόμιμος σύζυγος **lawfully** *επίρρ.* νόμιμα

unlawful *επίθ.* [επίσημο] παράνομος **unlawfully** *επίρρ.* παράνομα

legal *επίθ.* 1 [κάτι που επιτρέπεται από το νόμο. Περιγράφει: π.χ. πράξη, συμβόλαιο] νόμιμος *below the legal age for marriage* κάτω του νομίμου ορίου ηλικίας για γάμο 2 (πριν από ουσ.) [που σχετίζεται με το νόμο. Περιγράφει: π.χ. σύστημα, συμβουλή, πρακτικά] νομικός *to take legal action* λαμβάνω νομικά μέτρα *to take legal advice* παίρνω νομική συμβουλή **legally** *επίρρ.* νομικά **legality** *ουσ.μ.αρ.* νομιμότητα

illegal *επίθ.* παράνομος **illegally** *επίρρ.* παράνομα

legislate *ρ.α.* (συχνά + **for, against**) νομοθετώ **legislator** *ουσ.αρ.* νομοθέτης

legislation *ουσ.μ.αρ.* νομοθεσία *to bring in/introduce legislation* εισάγω νομοθεσία

legislative *επίθ.* (πριν από ουσ.) [περιγράφει: κυρίως συνέλευση, σώμα] νομοθετικός

regulation *ουσ.αρ.* [που συντάσσεται από δημόσιους ή επίσημους οργανισμούς ή από λέσχες κτλ.] κανονισμός *fire and safety regulations* κανονισμοί ασφαλείας και πυρασφάλειας (σαν *επίθ.*) *wearing regulation blue overalls* φορώντας ολόσωμες μπλε φόρμες όπως προνοούν οι κανονισμοί

rule *ουσ.αρ.* 1 [που συντάσσεται από κάποιο επίσημο ή ανεπίσημο οργανισμό ή άτομο] κανονισμός, κανόνας *rules and regulations* κανονισμοί *against the rules* σε αντίθεση με τους κανονισμούς *to bend the rules* παρακάμπτω τους κανόνες *to break the rules* παραβαίνω τους κανόνες *They don't play according to the rules.* Δεν παίζουν σύμφωνα με τους κανόνες. 2 [ο συνηθισμένος τρόπος με τον οποίο γίνεται κάτι] κανόνας *The rules of physics.* Οι κανόνες της φυσικής. *I'm home by six o'clock as a rule.* Συνήθως είμαι στο σπίτι πριν από τις έξι.

209 Legal system Νομικό σύστημα

209.1 Έγκλημα

δες επίσης **214 Dishonest, 219 Wicked, 220 Steal**

crime *ουσ.αρ.μ.αρ.* [συνήθως αρκετά σοβαρή παρανομία] έγκλημα *to commit a crime* διαπράττω έγκλημα *at the scene of the crime* στη σκηνή του εγκλήματος *organized crime* οργανωμένο έγκλημα *petty crime* μικροεγκλήματα

offence (*Βρετ.*), **offense** (*Αμερ.*) *ουσ.αρ.* [φαίνεται λιγότερο σοβαρό από το **crime**] παράπτωμα, παράβαση *a traffic offence* τροχαία παράβαση *It's her second offence.* Είναι η δεύτερη της παράβαση.

offender *ουσ.αρ.* παραβάτης *first offender* κάποιος που έχει κάνει παράβαση για πρώτη φορά **offend** *ρ.μ.* παρανομώ

misdemeanour (*Βρετ.*), **misdemeanor** (*Αμερ.*) *ουσ.αρ.* [δευτερεύον παράπτωμα, π.χ. παράνομο παρκάρισμα] παράβαση

infringement *ουσ.αρ.μ.αρ.* [δευτερεύον παράπτωμα] παράβαση *an infringement of the rules* παράβαση των κανονισμών

209.2 Αστυνομία

police *ουσ.* 1 (πάντα + **the**) αστυνομία *to call the police* καλώ την αστυνομία *the secret police* η μυστική αστυνομία (σαν *επίθ.*) *police constable* αστυφύλακας *police force* αστυνομική δύναμη *police station* αστυνομικό τμήμα 2 *ουσ.πληθ.* αστυφύλακες *Five police were injured in the attack.* Πέντε αστυνομικοί τραυματίστηκαν κατά τη διάρκεια της επίθεσης.

policeman (*αρσ.*), **policewoman** (*θηλ.*) *ουσ.αρ.* αστυνομικός, αστυφύλακας

police officer *ουσ.αρ.* [περισσότερο επίσημη χρήση. Χρησιμοποιείται για να περιγράψει άνδρες και γυναίκες] αστυνομικός

detective *ουσ.αρ.* ντετέκτιβ *private detective* ιδιωτικός ντετέκτιβ (σαν *επίθ.*) *detective story* αστυνομικό μυθιστόρημα

cop, ΕΠΙΣΗΣ **copper** *ουσ.αρ.* [ανεπίσημο] μπάτσος

suspect *ουσ.αρ.* ύποπτος (εγκλήματος) *I'm their chief suspect.* Είμαι ο κύριος ύποπτος.

suspect *ρ.μ.* (συχνά + **of**) υποψιάζομαι, υποπτεύομαι *The police suspect them of having carried out the bank raid.* Η αστυνομία έχει υποψίες ότι αυτοί πραγματοποίησαν τη ληστεία στην τράπεζα. *a suspected terrorist* άτομο ύποπτο για τρομοκρατικές ενέργειες

arrest *ρ.μ.* συλλαμβάνω, θέτω υπό κράτηση *She was arrested for the murder of her husband.* Συνελήφθη για το φόνο του συζύγου της.

arrest *ουσ.αρ.μ.αρ.* σύλληψη, κράτηση *to make an arrest* πραγματοποιώ σύλληψη *to be **under arrest*** βρίσκομαι υπό κράτηση

custody *ουσ.μ.αρ.* προφυλάκιση *to be **in custody*** βρίσκομαι σε προφυλάκιση *to be **remanded in custody*** προφυλακίζομαι

charge *ρ.μ.* (συχνά + **with**) κατηγορώ *She was charged with fraud.* Κατηγορήθηκε για απάτη.

charge *ουσ.αρ.* (συχνά + **of**) κατηγορία *He's awaiting trial on a charge of fraud.* Αναμένει να δικαστεί με την κατηγορία απάτης. *to bring a charge against somebody*

προσάπτω κατηγορίες εναντίον κάποιου *They won't press charges.* Δε θα προσάψουν κατηγορίες.

209.3 Δικηγόροι

lawyer *ουσ.αρ.* [γενική λέξη] δικηγόρος, νομικός

solicitor *ουσ.αρ.* (Βρετ.) [που ασκεί το επάγγελμα στα κατώτερα δικαστήρια] δικηγόρος, νομικός σύμβουλος

barrister [στην Αγγλία], **advocate** [στη Σκωτία] *ουσ.αρ.* [που ασκεί το επάγγελμα στα ανώτερα δικαστήρια] δικηγόρος

attorney *ουσ.αρ.* (κυρίως Αμερ.) [συνδυάζει τα καθήκοντα που έχουν ο **solicitor** και ο **barrister** στην Αγγλία] δικηγόρος

counsel *ουσ.αρ.* (συνήθως χωρίς **a** ή **the**) [δικηγόρος που αντιπροσωπεύει κάποιον] συνήγορος *counsel for the defence* ο συνήγορος της υπεράσπισης

209.4 Στο δικαστήριο

accuse *ρ.μ.* (συχνά + **of**) κατηγορώ *He was accused of stealing the money.* Κατηγορήθηκε για την κλοπή των χρημάτων.

accusation *ουσ.αρ.μ.αρ.* κατηγορία *to make an accusation against sb* κατηγορώ κάποιον

bail *ουσ.μ.αρ.* εγγύηση *to be **out on bail*** βγαίνω από τη φυλακή με εγγύηση *The judge granted bail of £5,000.* Ο δικαστής έθεσε εγγύηση ύψους £5,000 λιρών.

try *ρ.μ.* (συχνά + **for**) δικάζω *He was tried for the robbery.* Δικάστηκε για την κλοπή.

trial *ουσ.αρ.μ.αρ.* δίκη *murder trial* δίκη για φόνο *to be **on trial for** assault* δικάζομαι για επίθεση *to be sent for trial* παραπέμπομαι σε δίκη

court *ουσ.αρ.μ.αρ.* δικαστήριο *to appear in court* παρουσιάζομαι στο δικαστήριο *to **take** someone **to court*** κάνω αγωγή σε κάποιον

tribunal *ουσ.αρ.* [ειδική ανακριτική επιτροπή με δικαστική δικαιοδοσία] δικαστήριο *an industrial relations tribunal* δικαστήριο εργατικών διαφορών

judge δικαστής — jury ένορκοι jurors ένορκοι — the defendant/ the accused ο κατηγορούμενος — jury box έδρα ενόρκων — the dock εδώλιο — witness μάρτυρας — witness box θέση εξεταζόμενου μάρτυρα — barrister δικηγόρος — **Trial** Δίκη

plead *ρ.μ.α.* κηρύσσομαι (ένοχος/αθώος) *to plead guilty/ not guilty* παραδέχομαι/αρνούμαι την ενοχή μου

prosecute *ρ.μ.α.* διώκω ποινικά, μηνύω *Shoplifters will be prosecuted.* Οι κλέφτες καταστημάτων θα διώκονται. *prosecuting counsel* συνήγορος κατηγορίας

prosecution *ουσ.* 1 (πάντα + **the**) κατηγορία *witness for the prosecution* μάρτυρας κατηγορίας (σαν *επίθ.*) *prosecution lawyers* κατήγοροι 2 *ουσ.μ.αρ.αρ.* ποινική δίωξη *several prosecutions for theft* μερικές ποινικές διώξεις για κλοπή

defence (*Βρετ.*), **defense** (*Αμερ.*) *ουσ.* 1 (πάντα + **the**) υπεράσπιση (σαν *επίθ.*) *defence witness* μάρτυρας υπεράσπισης 2 *ουσ.αρ.μ.αρ.* υπεράσπιση *She gave evidence in her own defence.* Κατέθεσε ως μάρτυρας για δική της υπεράσπιση.

defend *ρ.μ.* υπερασπίζω, συνηγορώ **defendant** *ουσ.αρ.* κατηγορούμενος

plaintiff *ουσ.αρ.* [άτομο που κινεί τη διαδικασία για να αχθεί ενώπιον δικαστηρίου μια αστική υπόθεση] μηνυτής, ενάγων

evidence *ουσ.μ.αρ.* 1 [στο δικαστήριο] μαρτυρία, κατάθεση *to give evidence* καταθέτω μαρτυρία 2 (συχνά + **of**, **for**, **that**) [αποδείξεις] αποδεικτικά ενοχοποιητικά στοιχεία *to collect/gather evidence* μαζεύω αποδεικτικά στοιχεία *There is no evidence that the lock has been tampered with.* Δεν υπάρχει καμιά μαρτυρία ότι η κλειδαριά έχει παραβιαστεί.

verdict *ουσ.αρ.* ετυμηγορία *to return a verdict of guilty/not guilty* έκδοση καταδικαστικής/αθωωτικής ετυμηγορίας

convict *ρ.μ.α.* (συχνά + **of**) καταδικάζω, κηρύσσω ένοχο *a convicted murderer* καταδικασθείς δολοφόνος **convict** *ουσ.αρ.* καταδικασθείς, κατάδικος

sentence *ουσ.αρ.* ποινή, καταδίκη *to receive a heavy/light sentence* παίρνω βαριά/ελαφριά ποινή

sentence *ρ.μ.* (συχνά + **to**) καταδικάζω *to sentence somebody to death* καταδικάζω κάποιον σε θάνατο

209.5 Ποινές

δες επίσης **198.2 Kill**

punishment *ουσ.μ.αρ.αρ.* (συχνά + **for**) ποινή, τιμωρία *corporal punishment* σωματική ποινή *to make the punishment fit the crime* επιβάλλω την ποινή που αρμόζει στο έγκλημα

punish *ρ.μ.* (συχνά + **for**) τιμωρώ *They were punished for lying.* Τιμωρήθηκαν γιατί είχαν πει ψέματα.

probation *ουσ.μ.αρ.* [νομικός όρος] δικαστική/αστυνομική επιτήρηση *to put someone on probation* θέτω υπό δικαστική/αστυνομική επιτήρηση. (σαν *επίθ.*) *probation officer* επιμελητής (όταν πρόκειται για δικαστική επιτήρηση), αξιωματικός επιτήρησης (όταν πρόκειται για αστυνομική επιτήρηση)

fine *ουσ.αρ.* πρόστιμο, χρηματική ποινή *to pay a fine* καταβάλλω χρηματική ποινή

fine *ρ.μ.* επιβάλλω πρόστιμο *She was fined £100.* Της επεβλήθη η χρηματική ποινή των 100 λιρών.

expulsion *ουσ.μ.αρ.* (συχνά + **from**) απέλαση, εκδίωξη

expel *ρ.μ.* [συνήθως από σχολείο ή λέσχη] αποβάλλω

exile *ουσ.μ.αρ.* εξορία *to be exiled* στέλνω σε εξορία *government in exile* κυβέρνηση εξορίας

exile *ρ.μ.* (συχνά + **to**) εξορίζω *He was exiled to Siberia.* Εξορίστηκε στη Σιβηρία.

torture *ουσ.μ.αρ.αρ.* βασανιστήριο *instruments of torture* όργανα βασανιστηρίων **torture** *ρ.μ.* βασανίζω

209.6 Φυλακή

prison *ουσ.αρ.μ.αρ.* φυλακή *to send someone to prison* φυλακίζω κάποιον *to be in prison* βρίσκομαι στη φυλακή (σαν *επίθ.*) *prison officer* δεσμοφύλακας

prisoner *ουσ.αρ.* φυλακισμένος, αιχμάλωτος *prisoner of war* αιχμάλωτος πολέμου *to take someone prisoner* αιχμαλωτίζω κάποιον

imprison *ρ.μ.* [ελαφρά επίσημο] φυλακίζω *He was imprisoned for failure to pay his debts.* Φυλακίστηκε γιατί παρέλειψε να ξοφλήσει τα χρέη του.

jail (*Βρετ. & Αμερ.*), ΕΠΙΣΗΣ **gaol** (*Βρετ.*) φυλακή **jailer** (*Βρετ. & Αμερ.*), ΕΠΙΣΗΣ **gaoler** (*Βρετ.*) δεσμοφύλακας

parole *ουσ.μ.αρ.* [δοκιμαστική περίοδος αποφυλάκισης] προσωρινή/πρόωρη αποφυλάκιση *He's been released on parole.* Αφέθηκε προσωρινά ελεύθερος. *the parole board* το συμβούλιο που αποφασίζει για τη χορήγηση προσωρινής άδειας σε φυλακισμένο

cell *ουσ.αρ.* κελί

dungeon *ουσ.αρ.* [ιστορικός όρος] μπουντρούμι, υπόγεια φυλακή

(prison) warder (*Βρετ.*), **prison warden** (*Αμερ.*) *ουσ.αρ.* δεσμοφύλακας

cage *ουσ.αρ.* [χρησιμοποιείται κυρίως σε σχέση με ζώα] κλουβί

cage *ρ.μ.* φυλακίζω, βάζω σε κλουβί *caged birds* πουλιά σε κλουβί

φράσεις

(to be) behind bars είμαι φυλακισμένος, είμαι στο φρέσκο *He spent six months behind bars.* Πέρασε έξι μήνες στη φυλακή.

do time [αργκό] είμαι μέσα

210 Free Ελεύθερος

free *επίθ.* 1 [όχι στη φυλακή] ελεύθερος *he was set free* αφέθηκε ελεύθερος *You are free to go.* Μπορείτε να πηγαίνετε. 2 [χωρίς περιορισμούς] ελεύθερος *free speech* ελευθερία του λόγου *Feel free to ask if you need anything.* Αν χρειαστείτε κάτι μη διστάσετε να το ζητήσετε. 3 [που δεν είναι πιασμένος. Περιγράφει: π.χ. χώρο, κάθισμα, χρόνο] ελεύθερος *I'm not free to see you until four o' clock.* Δεν μπορώ να σας δω πριν από τις τέσσερις. **free** *ρ.μ.* ελευθερώνω

freedom *ουσ.μ.αρ.αρ.* (συχνά + **of**, **from**) ελευθερία *freedom of thought* ελευθερία της σκέψης *freedom from fear* ελευθερία από φόβους

release *ρ.μ.* 1 (συχνά + **from**) [αντικ.: π.χ. αιχμάλωτο, άτομο ή ζώο που είναι δεμένο, σαν όμηρους] απελευθερώνω *He was released from jail yesterday.* Αποφυλακίστηκε χθές. 2 [δίνω στο κοινό. Αντικ.: π.χ. πληροφορίες] δίνω στη δημοσιότητα, βγάζω *The text of the speech has been released to the press.* Το κείμενο της ομιλίας δόθηκε στη δημοσιότητα. *They released their new album last month.* Έβγαλαν τον νέο τους δίσκο τον περασμένο μήνα. 3 [αντικ.: π.χ. μοχλό, διακόπτη, χειρόφρενο] αφήνω, αποδεσμεύω

release 1 *ουσ.μ.αρ.αρ.* (συχνά + **from**) ελευθέρωση, αποδέσμευση 2 *ουσ.αρ.* ανακοίνωση *press release* ανακοίνωση στον τύπο

liberate *ρ.μ.* [λίγο πιο επίσημο από το **release** ή το **free**, και δίνει περισσότερη έμφαση στην καταπίεση που επικρατούσε προηγουμένως] απελευθερώνω, αποδεσμεύω *to liberate a country from enemy forces* απελευθερώνω τη χώρα από τις εχθρικές δυνάμεις **liberation** *ουσ.μ.αρ.* απελευθέρωση

liberated *επίθ.* [έχω ελευθερία σκέψης και συμπεριφοράς. Περιγράφει: π.χ. γυναίκα, τρόπο ζωής] απελευθερωμένος

liberty *ουσ.* 1 *ουσ.μ.αρ.* [περισσότερο επίσημο από το **freedom**] ελευθερία *to set someone at liberty* αφήνω κάποιον ελεύθερο/δίνω σε κάποιον την ελευθερία του 2 *ουσ.αρ.μ.αρ.* άδεια *You're at liberty to refuse.* Έχεις το δικαίωμα να αρνηθείς.

escape *ρ.* 1 *ρ.α.* (συχνά + **from**) [υποκ.: π.χ. φυλακισμένος, ζώο] δραπετεύω 2 *ρ.μ.* [αποφεύγω. Αντικ.: π.χ. θάνατο, τραυματισμό] διαφεύγω, ξεφεύγω *She narrowly escaped being captured.* Παρά τρίχα διέφυγε τη σύλληψη./Παρά λίγο να την πιάσουν. *It escaped my notice.* Ξέφυγε από την προσοχή μου.

escape *ουσ.μ.αρ.αρ.* (συχνά + **from**) απόδραση, δραπέτευση *to have a narrow escape* καταφέρνω να διαφύγω στο παρά πέντε *to make one's escape* πραγματοποιώ την απόδρασή μου (σαν *επίθ.*) *escape route* τρόπος διαφυγής

give sb the slip [ελαφρά ανεπίσημο] ξεγλιστρώ *She gave the police the slip by climbing out of the window.* Ξεγλίστρησε από την αστυνομία βγαίνοντας από το παράθυρο.

211 Fair Δίκαιος

fair *επίθ.* (συχνά + **to**) [περιγράφει: π.χ. μερίδιο, συμφωνία, τακτική] δίκαιος *It's not fair to blame me.* Δεν είναι δίκαιο να ρίχνεις το φταίξιμο σε μένα. *My boss is tough but fair.* Ο προϊστάμενός μου είναι αυστηρός αλλά δίκαιος. *To be fair, she did ask me first.* Για να είμαστε δίκαιοι, εκείνη μου το ζήτησε πρώτη. **fairly** *επίρρ.* δίκαια

fairness *ουσ.μ.αρ.* δικαιοσύνη *In fairness to you, I must say you did try hard.* Για να είμαι δίκαιος μαζί σου, οφείλω να παραδεχτώ ότι προσπάθησες αρκετά.

right *επίθ.* (συχνά + **to** + ΑΠΑΡΕΜΦΑΤΟ, συνήθως μετά από ρ.) σωστός, ορθός *It's only right to tell him.* Το σωστό είναι να του το πούμε. (σαν *επίρρ.*) *It serves you right.* Καλά να πάθεις!

right *ουσ.μ.αρ.* σωστό *a sense of right and wrong* ικανότητα να ξεχωρίζει κανείς το σωστό από το άδικο

just *επίθ.* [κάπως επίσημο] δίκαιος *They got their just rewards.* Πήραν την ανταμοιβή που τους άξιζε. **justly** *επίρρ.* δίκαια

justice *ουσ.μ.αρ.* δικαιοσύνη *to bring someone to justice* προσάγω κάποιον ενώπιον της δικαιοσύνης *Justice has been seen to be done.* Είδε ο κόσμος πως απονεμήθηκε δικαιοσύνη.

impartial *επίθ.* [περιγράφει: π.χ. κριτή, παρατηρητή, άποψη] αμερόληπτος **impartially** *επίρρ.* αμερόληπτα

disinterested *επίθ.* ανιδιοτελής, ανεπηρέαστος

χρήση

Η πιο πάνω ερμηνεία του **disinterested** θεωρείται από πολλούς Αγγλόφωνους σαν η μόνη σωστή. Η λέξη όμως συχνά χρησιμοποιείται σαν να έχει την ίδια σημασία με τη λέξη **uninterested** (αδιάφορος, ουδέτερος).

φράσεις

fair and square [σύμφωνα με τους κανόνες] έντιμα, τίμια *to beat someone fair and square* κερδίζω κάποιον έντιμα

fair enough [λέγεται όταν κανείς δέχεται σαν λογικά, με ή χωρίς επιφυλάξεις, τα λεγόμενα κάποιου άλλου] σύμφωνοι, έχεις/έχει κτλ. δίκιο

fair's fair [λέγεται για να τραβήξει την προσοχή κάποιου στο λογικό ή το σωστό] το σωστό σωστό *Look, fair's fair, he was here first.* Το σωστό σωστό, εκείνος έφθασε εδώ πρώτος.

fair play ίση μεταχείρηση, εντιμότητα *one's sense of fair play* η εντιμότητα κάποιου

212 Unfair Άδικος

unfair *επίθ.* (συχνά + **to, on**) άδικος *Aren't you being a bit unfair to Michael?* Δε νομίζεις ότι είσαι λίγο άδικος με το Μάικλ; *to take unfair advantage of something* εκμεταλλεύομαι κάτι με άδικο τρόπο **unfairly** *επίρρ.* άδικα **unfairness** *ουσ.μ.αρ.* αδικία

unjust *επίθ.* (συχνά + **to**) [πιο επίσημο από το **unfair**. Περιγράφει: π.χ. ετυμηγορία, απόφαση, πρόσωπο] άδικος **unjustly** *επίρρ.* άδικα

prejudice *ουσ.μ.αρ.αρ.* (συχνά + **against, in favour of**) [συχνά χρησιμοποιείται για να περιγράψει αδικαιολόγητα αρνητικά αισθήματα προς κάτι] προκατάληψη *racial prejudice* φυλετική προκατάληψη

prejudice *ρ.μ.* (συχνά + **against, in favour of**) [αντικ.: π.χ. πρόσωπο, δικαστή, ένορκους] προκαταλαμβάνω, επηρεάζω **prejudiced** *επίθ.* προκατειλημμένος

bias *ουσ.αρ.μ.αρ.* (συχνά + **towards, in favour of, against**) προκατάληψη, προτίμηση, μεροληψία *She shows a distinct bias towards people from her own area.* Εκδηλώνει ολοφάνερα την προτίμησή της για άτομα που κατάγονται από την περιοχή της.

bias *ρ.μ.* προκαταλαμβάνω **biased** *επίθ.* προκατειλημμένος, μεροληπτικός

discrimination *ουσ.μ.αρ.* (συχνά + **against, in favour of**) [συνήθως άδικα αρνητική μεταχείριση κάποιου] διάκριση *discrimination on grounds of race or colour* διάκριση για λόγους φυλής ή χρώματος

discriminate *ρ.α.* (συχνά + **against, in favour of**) κάνω διακρίσεις

racism *ουσ.μ.αρ.* ρατσισμός **racist** *επίθ.* ρατσιστικός **racist** *ουσ.αρ.* ρατσιστής

sexism *ουσ.μ.αρ.* σοβινισμός, σεξισμός **sexist** *επίθ.* σοβινιστικός, σεξιστικός **sexist** *ουσ.αρ.* σοβινιστής, σεξιστής

male chauvinist (pig) *ουσ.αρ.* μισογύνης (σοβινιστικό γουρούνι)

213 Honest Ειλικρινής

δες επίσης **215 True, 217 Good, 218 Reliable**

honest *επίθ.* 1 [περιγράφει: π.χ. άτομο, πρόσωπο] ειλικρινής, τίμιος *to make an honest living* βγάζω το ψωμί μου τίμια 2 (συχνά + **about**) [περιγράφει: π.χ. απάντηση, εξήγηση] ειλικρινής *Give me your honest opinion.* Δώσε μου την ειλικρινή σου γνώμη. *To be honest, I don't really like it.* Για να είμαι ειλικρινής, δε μου αρέσει και πολύ.

honestly *επίρρ.* 1 [περιγράφει: π.χ. συμφωνία] ειλικρινά, τίμια 2 ειλικρινά, για να πω την αλήθεια *I don't honestly know what their plans are.* Ειλικρινά, δεν ξέρω ποια είναι τα σχέδιά τους. *Quite honestly, neither candidate is really suitable.* Για να πω την αλήθεια, κανένας από τους δύο υποψήφιους δεν είναι κατάλληλος. **honesty** *ουσ.μ.αρ.* ειλικρίνεια, τιμιότητα

above-board *επίθ.* (μετά από ρ.) ειλικρινής, με ανοιχτά χαρτιά *It's all open and above-board.* Γίνονται όλα στα φανερά και με ανοιχτά χαρτιά.

trustworthy *επίθ.* [περιγράφει: π.χ. πρόσωπο, αναφορά] αξιόπιστος

trust *ουσ.μ.αρ.* (συχνά + **in**) εμπιστοσύνη *to put one's trust in sth/sb* δείχνω εμπιστοσύνη σε κάτι/κάποιον *to take something on trust* δέχομαι κάτι χωρίς αποδείξεις

trust *ρ.μ.* [αντικ.: π.χ. πρόσωπο, κρίση, συμβουλή] εμπιστεύομαι, βασίζομαι *You can't trust what the politicians tell you.* Δεν μπορείς να βασίζεσαι στα όσα σου λένε οι πολιτικοί. *Can she be trusted to keep the plans a secret?* Μπορούμε να είμαστε ήσυχοι ότι θα κρατήσει μυστικά τα σχέδια;

integrity *ουσ.μ.αρ.* ακεραιότητα, εντιμότητα *a man of integrity* ένας άνθρωπος με ακέραιο χαρακτήρα

the straight and narrow [τίμιος τρόπος ζωής, κυρίως μετά από εγκληματικό παρελθόν] ίσιος δρόμος *to keep on/to the straight and narrow* κρατιέμαι στον ίσιο δρόμο

213.1 Ανυπόκριτος

sincere *επίθ.* (συχνά + **about**) [περιγράφει: π.χ. πρόσωπο, καλή θέληση, σχέση] ειλικρινής, ανυπόκριτος **sincerity** *ουσ.μ.αρ.* ειλικρίνεια, ανυποκρισία

sincerely *επίρρ.* ειλικρινά, ολόψυχα *I sincerely hope they succeed.* Εύχομαι ολόψυχα να τα καταφέρουν.

genuine *επίθ.* [περιγράφει: συναίσθημα, αντίδραση] γνήσιος, αυθεντικός *Their surprise was perfectly genuine.* Η έκπληξή τους ήταν αναμφίβολα πραγματική. **genuinely** *επίρρ.* πραγματικά, αυθεντικά *δες επίσης **35 Real**

φράσεις

from the bottom of one's heart από τα βάθη της καρδιάς μου *I'd like to thank you all from the bottom of my heart.* Θα ήθελα να σας ευχαριστήσω όλους από τα βάθη της καρδιάς μου.

213.2 Χωρίς περιστροφές

frank *επίθ.* (συχνά + **about**) [περιγράφει: π.χ. δήλωση, ομολογία, συζήτηση] ειλικρινής, ευθύς *To be frank, they bore me to tears.* Για να είμαι ειλικρινής, τους βαριέμαι τρομερά. **frankness** *ουσ.μ.αρ.* ειλικρίνεια

frankly *επίρρ.* 1 [περιγράφει: π.χ. λέω, διηγέμαι] ειλικρινά, χωρίς περιστροφές 2 [χρησιμοποιείται για να δώσει έμφαση και συχνά για να εκφράσει ενόχληση] για να πω την αλήθεια *The price they are asking is frankly ridiculous.* Η τιμή που ζητούν είναι πραγματικά εξωφρενική. *Frankly, I don't care who wins.* Για να πω την αλήθεια, δε με νοιάζει ποιος θα κερδίσει.

candid *επίθ.* ανεπιφύλακτος **candidly** *επίρρ.* ανεπιφύλακτα **candour** *ουσ.μ.αρ.* ειλικρίνεια

open *επίθ.* (συχνά + **about**) [δεν κρύβω τίποτα] ανοιχτός *He's completely open about his homosexuality.* Δεν κρύβει το γεγονός ότι είναι ομοφυλόφιλος. *It's an open secret.* Είναι κοινό μυστικό. [σαν *ουσ.*] *to bring something out into the open* αποκαλύπτω κάτι που προηγουμένως ήταν κρυφό **openly** *επίρρ.* ανοιχτά

direct *επίθ.* [κάτι που δε λέγεται με πλάγιο ή διακριτικό τρόπο. Περιγράφει: π.χ. ερώτηση, πρόκληση, απάντηση] ευθύς, ντόμπρος *She's very direct when interviewing people.* Όταν παίρνει συνεντεύξεις είναι πολύ ευθύς. **directly** *επίρρ.* χωρίς περιστροφές, ντόμπρα **directness** *ουσ.μ.αρ.* ευθύτητα

blunt *επίθ.* (συχνά + **about**) [δεν ενδιαφέρομαι για τα αισθήματα των άλλων. Μερικές φορές είναι υποτιμητικό] απότομος, ωμός *To be blunt, it's been a total disaster.* Αν το θέσουμε ωμά, ήταν καταστροφή από την αρχή μέχρι το τέλος. *He issued a blunt refusal.* Εξέδωσε μια ωμή άρνηση. **bluntness** *ουσ.μ.αρ.* απότομος τρόπος

bluntly *επίρρ.* απότομα, ωμά *To put it bluntly, you're in a hopeless muddle.* Αν το θέσουμε ωμά, δεν ξέρεις τι σου γίνεται.

(to give) a straight answer (δίνω) ευθεία απάντηση *I want a straight answer to a straight question.* Η ερώτηση μου είναι σαφής, θέλω μια απάντηση χωρίς περιστροφές.

to tell sb a few home truths (*Βρετ.*) [λέω σε κάποιον δυσάρεστα πράγματα για τον εαυτό του] τα λέω σε κάποιον έξω από τα δόντια

213.3 Πιστός

loyal *επίθ.* (συχνά + **to**) [περιγράφει: π.χ. υποστηριχτή, υπήκοο] πιστός, αφοσιωμένος *troops loyal to the government* στρατεύματα που είναι πιστά στην κυβέρνηση *to remain loyal to something* παραμένω πιστός σε κάτι **loyally** *επίρρ.* πιστά, αφοσιωμένα

loyalty *ουσ.* 1 *ουσ.μ.αρ.* (συχνά + **to**) πίστη, αφοσίωση 2 *ουσ.αρ.* (συνήθως *πληθ.*) αφοσίωση, υποχρέωση *divided loyalties* αφοσίωση που οφείλει κανείς προς αντίθετες πλευρές

faithful *επίθ.* (συχνά + **to**) 1 [που φανερώνει αφοσίωση] πιστός, αφοσιωμένος *a faithful friend* ένας πιστός φίλος 2 [δεν έχω άλλο σεξουαλικό σύντροφο] πιστός *Are you faithful to your husband?* Είστε πιστή στο σύζυγό σας; **faithfulness** *ουσ.μ.αρ.* πίστη, αφοσίωση **faithfully** *επίρρ.* πιστά, αφοσιωμένα

fidelity *ουσ.μ.αρ.* (συχνά + **to**) 1 πίστη, αφοσίωση 2 [προς τον σεξουαλικό σύντροφο] πίστη

true *επίθ.* (συχνά + **to**) [ελαφρά πιο λογοτεχνικό από το **loyal** ή **faithful**] πιστός *to be true to one's word /promise* κρατώ το λόγο μου/τηρώ την υπόσχεσή μου

214 Dishonest Ανέντιμος, ανειλικρινής

δες επίσης **216 Untrue**

dishonest επίθ. [γενική λέξη, δεν είναι πολύ δυνατή] ανειλικρινής **dishonestly** επίρρ. με ανειλικρινή τρόπο **dishonesty** ουσ.μ.αρ. ανειλικρίνεια

corrupt επίθ. [δρω με ανέντιμο τρόπο. Περιγράφει: π.χ. αξιωματικό, πολιτικό] διεφθαρμένος, δωροδοκούμενος 2 [ηθικά κακός. Περιγράφει: π.χ. γραπτό] ανήθικος, διεφθαρμένος

corrupt ρ.μ.α. 1 [αντικ.: κυρίως άτομο με δύναμη, ευθύνη] διαφθείρω, εξαγοράζω 2 [αντικ.: νεαρό ή τρωτό άτομο] διαφθείρω

corruption ουσ.μ.αρ. 1 διαφθορά the department is riddled with corruption το τμήμα αυτό είναι αποσαθρωμένο από τη διαφθορά 2 διαφθορά moral corruption ηθική διαφθορά

crooked επίθ. [ανεπίσημο] ανέντιμος, παράνομος crooked business deals ανέντιμες επιχειρηματικές συμφωνίες

shady επίθ. [ανεπίσημο. Κατά πάσα πιθανότητα ανέντιμος. Περιγράφει: π.χ. συμφωνία, επιχειρηματία] σκοτεινός, ύποπτος

unscrupulous επίθ. ασυνείδητος

insincere επίθ. ανειλικρινής, προσποιητός **insincerity** ουσ.μ.αρ. ανειλικρίνεια, υποκρισία

sly επίθ. 1 [ξεγελώ με έξυπνο τρόπο. Περιγράφει: π.χ. κόλπο] πονηρός, πανούργος You sly old devil! Πονηρούλη! (σαν ουσ.) **on the sly** κρυφά, λαθραία 2 [με μυστικότητα. Περιγράφει: π.χ. χαμόγελο, παρατήρηση] λαθραίος

φ ρ ά σ η

not to trust sb an inch Ή **not to trust sb as far as you can throw him/her** [αρκετά ανεπίσημο] δεν έχω καμμιά απολύτως εμπιστοσύνη σε κάποιον They say they'll pay up, but I wouldn't trust them as far as I can throw them. Λένε ότι θα ξοφλήσουν το λογαριασμό, αλλά δεν τους έχω καμιά απολύτως εμπιστοσύνη.

214.1 Κλέβω

cheat ρ. 1 ρ.α. κλέβω, αντιγράφω She cheated in the exam. Έκλεψε στις εξετάσεις. (+ **at**) to cheat at cards κλέβω στα χαρτιά 2 ρ.μ. (συχνά + **of, out of**) [παίρνω με ανέντιμο τρόπο] εξαπατώ She was cheated out of her rightful inheritance. Την εξαπάτησαν και της πήραν την κληρονομιά που νόμιμα της ανήκε. 3 ρ.α. (+ **on**) [ανεπίσημο. Κάνω απιστίες στο ερωτικό μου σύντροφο] απατώ She thinks John's cheating on her. Πιστεύει ότι ο Τζων την απατά.

cheat ουσ.αρ. 1 [πρόσωπο] απατεώνας, κατεργάρης 2 [αντικείμενο] κλεψιά, απάτη That special offer is a cheat. Εκείνη η ειδική προσφορά είναι απάτη.

swindle ρ.μ. (συχνά + **out of**) εξαπατώ **swindler** ουσ.αρ. απατεώνας

swindle ουσ.αρ. απάτη It's a swindle! Είναι απάτη/κλεψιά!

fiddle ουσ.αρ. (Βρετ.) [ανεπίσημο] κομπίνα It's a real fiddle - they make you pay extra for food. Είναι σκέτη κομπίνα – σε αναγκάζουν να πληρώσεις επιπλέον για το φαγητό. She's **on the fiddle**. Είναι απατεώνας/κάνει μικροαπάτες.

fiddle ρ.μ. (Βρετ.) [ανεπίσημο] κάνω κομπίνα He's been fiddling the books. Μαγειρεύει τους λογαριασμούς.

defraud ρ.μ. (συχνά + **of**) [περισσότερο επίσημο από το cheat, swindle ή fiddle] εξαπατώ, κλέβω

fraud ουσ. 1 ουσ.μ.αρ.αρ. απάτη to commit fraud διαπράττω απάτη 2 ουσ.αρ. [πρόσωπο] απατεώνας, τσαρλατάνος The

man was a complete fraud. He had no qualifications whatsoever. Ήταν εντελώς απατεώνας. Δεν είχε κανένα απολύτως προσόν. **fraudulent** επίθ. [κάπως επίσημο] δόλιος, ψευδής

φ ρ ά σ η

cook the books [ανεπίσημο] μαγειρεύω τους λογαριασμούς

214.2 Εξαπατώ, ξεγελώ

deceive ρ.μ. εξαπατώ, ξεγελώ You're deceiving yourself if you think it will be an easy task. Γελιέσαι αν πιστεύεις ότι θα είναι εύκολη δουλειά. They were deceived into thinking that the main attack would be in the south. Τους έκαναν να πιστέψουν ότι η κυρίως επίθεση θα πραγματοποιόταν στο νότο.

deceit ουσ.μ.αρ. [δεν είμαι ειλικρινής] εξαπάτηση, κοροϊδία She won them over by lies and deceit. Κέρδισε τη συμπάθειά τους με ψευτιές και απάτες. **deceitful** επίθ. παραπλανητικός, δόλιος

deception ουσ.μ.αρ.αρ. [συνήθως αναφέρεται σε πράξη] απάτη

deceptive επίθ. [δε χρησιμοποιείται για να περιγράψει πρόσωπα] παραπλανητικός Appearances may be deceptive. Τα φαινόμενα απατούν.

deceptively επίρρ. φαινομενικά a deceptively large house ένα φαινομενικά μεγάλο σπίτι

trick ρ.μ. [μπορεί να είναι αστείο ή κακία] ξεγελώ, παραπλανώ He tricked them by pretending to be a rich foreigner. Τους ξεγέλασε κάνοντάς τους να πιστέψουν ότι ήταν ένας πλούσιος αλλοδαπός. (+ **into**) She was tricked into signing the contract. Την παραπλάνησαν για να υπογράψει το συμβόλαιο. **trickery** ουσ.μ.αρ. απάτη, κοροϊδία

trick ουσ.αρ. 1 [μπορεί να είναι αστείο ή κακία] κατεργαριά, κόλπο a clever/dirty trick ένα έξυπνο/πρόστυχο κόλπο to **play a trick on** someone τη φέρνω σε κάποιον (σαν επίθ.) a trick question παραπλανητική ερώτηση 2 κόλπο, ταχυδακτυλουργία a magic/conjuring trick ταχυδακτυλουργία card tricks τρικ με τραπουλόχαρτα

fool ρ.μ. εξαπατώ, ξεγελώ He certainly had me fooled. Πάντως εμένα με ξεγέλασε. (+ **into**) We were fooled into paying more than we should have done. Μας εξαπάτησαν και στο τέλος πληρώσαμε περισσότερα από όσα θα έπρεπε.

mislead ρ.μ., αόρ. & μτχ.αορ. misled [δεν είναι απαραίτητα εσκεμμένο] παραπλανώ, παρασύρω We were misled by their apparent willingness to co-operate. Μας παράπλανησε η φαινομενική τους διάθεση να συνεργαστούμε.

misleading επίθ. [περιγράφει: π.χ. πινακίδα, διατύπωση] παραπλανητικός The directions you gave us were misleading. Οι οδηγίες που μας έδωσες ήταν παραπλανητικές.

take sb **in** Ή **take in** sb ρ.πρφ.μ. εξαπατώ, πιάνω κορόιδο Don't be taken in by his fine talk. Μην παρασυρθείς από την ευγενική του ομιλία.

con ρ.μ., -nn- (συχνά + **into, out of**) [ανεπίσημο] εξαπατώ, τη φέρνω σε κπ She conned me out of most of my savings. Με εξαπάτησε και μου πήρε όλες τις οικονομίες μου. I got conned into paying for their drinks. Μου την έφεραν και πλήρωσα τα ποτά τους. **con** ουσ.αρ. απάτη

con-man ουσ.αρ., πληθ. **con-men** [ανεπίσημο] καταχραστής εμπιστοσύνης, απατεώνας

214.3 Προδίνω

betray ρ.μ. 1 [προδίνω ή κάνω απιστία σε κάποιον] προδίνω, εξαπατώ *He betrayed his own brother to the enemy.* Πρόδωσε τον ίδιο του τον αδελφό στον εχθρό. *You've betrayed my trust.* Πρόδωσες την εμπιστοσύνη μου. *He felt betrayed when he discovered his wife's affair.* Ένοιωσε προδωμένος όταν έμαθε για την ερωτική σχέση της γυναίκας του. 2 [γνωστοποιώ] αποκαλύπτω *I trust you not to betray our secret.* Σε εμπιστεύομαι ότι δε θα προδώσεις το μυστικό μας.

betrayal ουσ.αρ.μ.αρ. προδοσία *It's a betrayal of everything I believe in.* Έρχεται σε αντίθεση με όλα τα πιστεύω μου.

double-cross ρ.μ. [ανεπίσημο. Εξαπατώ και προδίδω] κάνω λαδιά σε κάποιον *They trusted Jack with the money, but he double-crossed them.* Εμπιστεύθηκαν τα χρήματα στον Τζακ, αλλά τους έκανε λαδιά.

traitor ουσ.αρ. [άτομο που συμπεριφέρεται προδοτικά, κυρίως προς την πατρίδα του] προδότης *The traitors were shot.* Οι προδότες τουφεκίζονταν. *You traitor – I saw you talking to the competition!* Προδότη! Σε είδα που μιλούσες με τους αντιπάλους μας.

turncoat ουσ.αρ. [άτομο που αλλάζει τα πιστεύω του ή παράταξη] αποστάτης

treason ουσ.μ.αρ. προδοσία *They were accused of treason.* Κατηγορήθηκαν για προδοσία.

treacherous επίθ. προδοτικός, δόλιος **treachery** ουσ.αρ.μ.αρ. προδοσία, δόλος

disloyal επίθ. (συνήθως + to) [χρησιμοποιείται όταν κάποιος δεν υποστηρίζει το πρόσωπο που θα περίμενε κανείς και που ίσως φτάνει στο σημείο να βοηθά τους αντιπάλους του] προδοτικός *I think your criticisms of the boss are extremely disloyal.* Πιστεύω ότι ο τρόπος που επικρίνεις το αφεντικό είναι τρομερά προδοτικός. *He didn't want to appear disloyal to his wife.* Δε θέλησε να προδώσει τη γυναίκα του.

disloyalty ουσ.αρ.μ.αρ. (συνήθως + to) προδοσία

unfaithful επίθ. (συνήθως + to) [προς ερωτικό σύντροφο] άπιστος *She accused him of being unfaithful to her.* Τον κατηγόρησε ότι δεν της ήταν πιστός.

infidelity ουσ.αρ.μ.αρ. [προς ερωτικό σύντροφο] απιστία, μοιχεία

two-time ρ.μ. [ανεπίσημο] [αναφέρεται σε ερωτικό σύντροφο] κάνω απιστίες (συστηματικά) *She's been two-timing him.* Του κάνει απιστίες.

215 True Αληθινός

δες επίσης **35 Real, 213 Honest, 299 Correct**

true επίθ. 1 [περιγράφει: π.χ. δήλωση, ιστορία] αληθινός *Is it true that you're getting married?* Αληθεύει ότι πρόκειται να παντρευτείτε; *The pay sounds **too good to be true**.* Ο μισθός μού φαίνεται απίστευτος. 2 [αληθινός. Περιγράφει: π.χ. χαρακτήρα, προθέσεις] πραγματικός *They've only just realised the true gravity of the situation.* Μόλις τώρα συνειδητοποίησαν την πραγματική σοβαρότητα της κατάστασης. *I hope your wish **comes true**.* Ελπίζω η ευχή σου να πραγματοποιηθεί. **truly** επίρρ. αληθινά, ειλικρινά

truth ουσ. 1 (πάντοτε + **the**) [πραγματικά γεγονότα] αλήθεια **to tell the truth** λέω την αλήθεια *To tell (you) the truth,* I'm getting bored with this job. Για να πω την αλήθεια, έχω αρχίσει να βαριέμαι αυτή τη δουλειά. *When she learned the truth about his activities, she was horrified.* Έμεινε άναυδη όταν έμαθε την αλήθεια σχετικά με τις δραστηριότητές του. 2 ουσ.μ.αρ. [το να αληθεύει κάτι]

αλήθεια *There's no truth in the rumour.* Οι διαδόσεις αυτές δεν έχουν βάση αλήθειας.

truthful επίθ. [περιγράφει: κυρίως πρόσωπο, λογαριασμό] φιλαλήθης, ειλικρινής **truthfully** επίρρ. ειλικρινά, αληθινά

fact ουσ.αρ.μ.αρ. γεγονός, πραγματικότητα *a conclusion drawn from the facts of the case* ένα συμπέρασμα που εξάγεται από τη γνώση των γεγονότων *a novel based on fact* ένα μυθιστόρημα βασισμένο στην πραγματικότητα *As a **matter of fact** she already knows.* Για να σου πω την αλήθεια, το ξέρει ήδη. *I've just finished **in fact**.* Τυχαίνει να έχω μόλις τελειώσει. *The fact (of the matter) is,* we're in big trouble. Η πραγματικότητα είναι ότι την έχουμε πολύ άσχημα.

factual επίθ. [δε χρησιμοποιείται για να περιγράψει πρόσωπα. Περιγράφει: π.χ. αρχείο, λογαριασμό, πληροφορίες] πραγματικός, τεκμηριωμένος

216 Untrue Ψεύτικος

δες επίσης **36 Unreal, 56 Copy, 214 Dishonest**

untrue επίθ. (συνήθως μετά από ρ.) ψεύτικος *The story she told us was completely untrue.* Η ιστορία που μας είπε ήταν εντελώς ψεύτικη.

untruth ουσ.αρ. [επίσημο] ψέμα *to tell someone an untruth* λέω ψέματα σε κάποιον **untruthful** επίθ. ψευδόμενος **untruthfully** επίρρ. ανειλικρινά

false επίθ. 1 [περιγράφει: π.χ. δήλωση] ψευδής,

λανθασμένος *The capital of Germany is Bonn, true or false?* Η πρωτεύουσα της Γερμανίας είναι η Βόννη, σωστό ή λάθος; *It was a **false alarm**.* Ήταν ψεύτικος συναγερμός. *One **false move** and you're dead.* Μια λάθος κίνηση και πέθανες. *They were lulled into a **false sense of security**.* Βυθίστηκαν σε μια ψεύτικη αίσθηση σιγουριάς. 2 [που δεν είναι πραγματικός] ψεύτικος *He was wearing a false beard.*

Φορούσε ψεύτικη γενειάδα. *false teeth* μασέλα *The suitcase had a false bottom.* Η βαλίτσα είχε ψεύτικο πάτο (που μπορεί να χρησιμεύσει σαν κρύπτη). **falsely** *επίρρ.* ψευδώς, άδικα

falsify *ρ.μ.* [κάπως επίσημο. Αντικ.: π.χ. αρχεία] πλαστογραφώ, παραποιώ **falsification** *ουσ.μ.αρ.* διαστρέβλωση (γεγονότων), πλαστογράφηση (εγγράφων)

lie *ουσ.αρ.* ψέμα *to tell lies* λέω ψέματα

lie *ρ.α.* (συχνά + **about, to**) λέω ψέματα *He lied to the police about where he'd been that night.* Είπε ψέματα στην αστυνομία για το πού βρισκόταν εκείνο το βράδυ.

liar *ουσ.αρ.* ψεύτης *Are you calling me a liar?* Με αποκαλείς ψεύτη;

fictitious *επίθ.* [αρκετά επίσημο] φανταστικός, πλαστός *Her account of her upbringing was completely fictitious.* Η ιστορία που μας διηγήθηκε για την παιδική της ηλικία ήταν εξ ολοκλήρου φανταστική.

fiction *ουσ.αρ.μ.αρ.* [αρκετά επίσημο] πλάσμα φαντασίας, παραμύθι

superstitious *επίθ.* [περιγράφει: π.χ. πρόσωπο, πίστη] προληπτικός **superstition** *ουσ.μ.αρ.αρ.* δεισιδαιμονία, πρόληψη

217 Good (morally) Καλός (ηθικά)

δες επίσης **213 Honest, 218 Reliable, 417 Good**

good *επίθ.*, *συγκρ.* **better,** *υπερθ.* **best 1** [περιγράφει: π.χ. πρόσωπο, πράξη] καλός *to do sb* **a good deed** ενεργετώ κάποιον **2** [περιγράφει: π.χ. παιδί, συμπεριφορά] καλός, φρόνιμος *Be good while I'm out.* Να είσαι φρόνιμος όσο θα λείπω. *to* **be on one's best behaviour** δείχνω τον καλύτερό μου εαυτό **3** (συνήθως μετά από *ρ.*, συχνά + **about, to**) ευγενικός, καλόκαρδος *She was very good to me when I was ill.* Μου φέρθηκε πολύ καλά όσο ήμουν άρρωστος.

good *ουσ.μ.αρ.* καλό *good and evil* το καλό και το κακό *to do good* κάνω το καλό *to be* **up to no good** κάνω παρανομίες/αταξίες

goodness *ουσ.μ.αρ.* [το να είμαι καλός] καλοσύνη

innocent *επίθ.* **1** (συχνά + **of**) [περιγράφει: π.χ. πρόσωπο, θύμα] αθώος *He was innocent of any crime.* Δεν είχε διαπράξει κανένα έγκλημα. *The bomb went off killing many innocent people.* Η έκρηξη της βόμβας σκόρπισε το θάνατο σε πολλούς αθώους ανθρώπους. **2** [που δεν είναι κακόβουλος ή δεν έχει σχέση με το σεξ. Περιγράφει: π.χ. απόλαυση, διασκέδαση, ερώτηση] απονήρευτος, αθώος *It was a perfectly innocent remark.* Ήταν ένα εντελώς αθώο σχόλιο. **innocently** *επίρρ.* απονήρευτα, αθώα

innocence *ουσ.μ.αρ.* **1** αθωότητα *to protest one's innocence* διακηρύσσω την αθωότητά μου **2** αθωότητα *to lose one's innocence* χάνω την αθωότητά μου *I merely said* **in all innocence** *that I thought the decision was correct.* Απλώς έκανα ένα αθώο σχόλιο για το ότι έκρινα σωστή την απόφαση.

pure *επίθ.* [περιγράφει: π.χ. κίνητρα, σκέψεις] αγνός **purity** *ουσ.μ.αρ.* αγνότητα

noble *επίθ.* [περιγράφει: π.χ. αίσθημα, πράξη] ευγενικός, αξιέπαινος [συχνά χρησιμοποιείται με ελαφρά χιουμοριστικό τρόπο] *It's very noble of you to take on all this extra work.* Είναι πολύ ευγενικό εκ μέρους σου να αναλάβεις όλη αυτή την επιπλέον δουλειά. **nobly** *επίρρ.* ευγενικά

moral *επίθ.* **1** [περιγράφει: π.χ. ερώτηση, κρίση, αρχή] ηθικός *declining moral standards* οι παρακμάζουσες ηθικές αρχές *They're claiming it as a* **moral victory.** Το θεωρούν ηθική νίκη. **2** [με καλό χαρακτήρα, κυρίως όσον αφορά το σεξ. Περιγράφει: π.χ. πρόσωπο, ζωή] ενάρετος, ηθικός *the moral majority* η ηθική πλειοψηφία **morally** *επίρρ.* ηθικά, από ηθική άποψη

moral *ουσ.αρ.* (ηθικό) δίδαγμα *What is the moral of this story?* Ποιο είναι το δίδαγμα αυτής της ιστορίας;

conscience *ουσ.αρ.μ.αρ.* συνείδηση *They can say what they like,* **my conscience is clear.** Ας πουν ότι θέλουν, η συνείδησή μου είναι καθαρή. *to have a guilty conscience* έχω τύψεις

217.1 Κόσμιος

well-behaved *επίθ.*, *συγκρ.* **better-behaved,** *υπερθ.* **best-behaved** κόσμιος, φρόνιμος

obedient *επίθ.* [κάνω αυτό που μου λένε να κάνω] υπάκουος, πειθαρχημένος **obediently** *επίρρ.* υπάκουα, πειθαρχημένα

obedience *ουσ.μ.αρ.* υπακοή, πειθαρχία *They expect unquestioning obedience from their servants.* Περιμένουν τυφλή υπακοή από τους υπηρέτες τους. (σαν *επίθ.*) *obedience training for dogs* εκπαίδευση υπακοής για σκύλους

obey ρ.μ.α. [αντικ.: π.χ. διαταγή, νόμο, αξιωματικό] υπακούω, συμμορφώνομαι με

dutiful επίθ. [επίσημο και κάπως απαρχαιωμένο. Περιγράφει: κυρίως γιο, κόρη] υπάκουος **dutifully** επίρρ. υπάκουα

φράση

butter wouldn't melt in his/her mouth [χιουμοριστικό και συχνά χρησιμοποιείται με κάπως σαρκαστικό τρόπο για να περιγράψει άτομα που προσποιούνται τους καλούς] είναι η προσωποποίηση της αθωότητας (κυριολεκτικά: το βούτυρο δε θα έλυωνε στο στόμα του) *In that little sailor suit he looks as though butter wouldn't melt in his mouth.* Με εκείνο το ναυτικό κουστουμάκι που φορά είναι η προσωποποίηση της αθωότητας.

217.2 Ανεπίσημοι ή χιουμοριστικοί τρόποι για να περιγράψουμε καλούς ανθρώπους

saint ουσ.αρ. [χρησιμοποιείται κυρίως για να περιγράψει

άτομα που είναι διατεθειμένα να ανεχτούν αρκετή ενόχληση ή εχθρότητα από τους άλλους] *άγιος He's got the patience of a saint.* Έχει την υπομονή αγίου.

angel ουσ.αρ. [χρησιμοποιείται κυρίως για να περιγράψει παιδί που είναι πολύ καλόβολο και φρόνιμο ή ενήλικο που είναι πολύ καλός, ευγενικός και εξυπηρετικός] *άγγελος They went to bed like little angels.* Πήγαν στα κρεβάτια τους σαν αγγελούδια. *I'm no angel.* Δεν είμαι και άγγελος. **angelic** επίθ. αγγελικός

treasure ουσ.αρ. [χρησιμοποιείται κυρίως για να περιγράψει άτομο που είναι πολύ εξυπηρετικό και αξιόπιστο] *θησαυρός Our cleaning lady is an absolute treasure.* Η καθαρίστριά μας είναι θησαυρός.

pillar ουσ.αρ. (πάντοτε + of) [χρησιμοποιείται για να περιγράψει άτομο που είναι δραστήριο και αξιόλογο μέλος σε κάτι] *στυλοβάτης, υπόδειγμα a pillar of society/the community* στυλοβάτης της κοινωνίας/υπόδειγμα πολίτη

φράση

one in a million μοναδικός *My secretary is one in a million.* Η γραμματέας μου είναι μία στις χίλιες.

---

218 Reliable Αξιόπιστος

δες επίσης **213 Honest**

reliable επίθ. [περιγράφει: π.χ. πρόσωπο, πληροφορίες, μηχάνημα] αξιόπιστος, σταθερός *I can't give her the job unless I'm sure she's one hundred per cent reliable.* Δεν μπορώ να της δώσω τη δουλειά αν δε βεβαιωθώ πρώτα ότι είναι εκατό τοις εκατό αξιόπιστη. *information from a reliable source* πληροφορίες από έγκυρη πηγή

reliably επίρρ. αξιόπιστα, έγκυρα *to be reliably informed that ...* πληροφορούμαι από έγκυρες πηγές ότι... **reliability** ουσ.μ.αρ. αξιοπιστία, εγκυρότητα

reliance ουσ.μ.αρ. (συχνά + on) εμπιστοσύνη, στήριξη *our reliance on computers to process information* το ότι βασιζόμαστε στους υπολογιστές για την επεξεργασία πληροφοριών **reliant** επίθ. εμπιστευόμενος, στηριζόμενος

dependable επίθ. [περιγράφει: άτομα και μηχανές, όχι πληροφορίες] αξιόπιστος, σταθερός

dependence ουσ.μ.αρ. (συχνά + on) [ελαφρά δυνατότερο από το **reliance**] εξάρτηση *drug dependence* εξάρτηση από ναρκωτικά

dependent επίθ. (συχνά + on) 1 [περιγράφει: πρόσωπο] εξαρτώμενος, βασιζόμενος *I'm totally dependent on the train service to get me to work.* Βασίζομαι εξ ολοκλήρου στα τρένα για να φτάσω στη δουλειά μου. *I'm dependent on them for information.* Βασίζομαι επάνω τους για πληροφορίες. 2 (μετά από ρ.) [περιγράφει: γεγονός, πράξη, κτλ.] εξαρτώμενος *The trip's dependent on the weather.* Το αν θα πραγματοποιηθεί το ταξίδι εξαρτάται από τον καιρό.

dependant, ΕΠΙΣΗΣ **dependent** ουσ.αρ. εξαρτώμενος *Do you have any dependents?* Έχετε άτομα που εξαρτώνται από σας;

218.1 Στηρίζομαι σε κάτι/κάποιον

rely on/upon sb/sth ρ.πρφ.μ., αόρ. & μτχ.αορ. **relied** (συχνά + to + ΑΠΑΡΕΜΦΑΤΟ + for) 1 [έχω εμπιστοσύνη σε κάποιον] βασίζομαι, στηρίζομαι σε *He's someone you can rely on.* Είναι άτομο στο οποίο μπορεί να βασιστεί κανείς. *We're relying on you for help.* Στηριζόμαστε επάνω σου για

βοήθεια. 2 [εξαρτώμαι από κάποιον/κάτι. Αντικ.: πρόσωπο, οργανισμό κτλ., που με εφοδιάζει με κάτι που χρειάζομαι] εξαρτώμαι, βασίζομαι εξ ολοκλήρου *We oughtn't to rely on one supplier for all our raw materials.* Δεν πρέπει να βασιζόμαστε εξ ολοκλήρου σε έναν προμηθευτή για τις πρώτες ύλες.

depend on/upon sb/sth ρ.πρφ.μ. 1 (συχνά + to + ΑΠΑΡΕΜΦΑΤΟ) [αντικ.: π.χ. πρόσωπο, σύμμαχο] έχω εμπιστοσύνη, βασίζομαι σε *You can depend on me to be there.* Μπορείς να βασιστείς στο ότι θα είμαι εκεί. 2 (συχνά + for) [χρειάζομαι] στηρίζομαι, εξαρτώμαι *We depend heavily on financial support from local businesses.* Εξαρτώμαστε κατά μεγάλο βαθμό από την οικονομική υποστήριξη των επιχειρήσεων της περιοχής.

depend ρ.α.μ. (συχνά + on, upon) [αλλάζω σύμφωνα με. Ποτέ δεν παίρνει πρόσωπο σαν υποκείμενο] εξαρτώμαι *We may have to have the party indoors, it (all) depends on the weather.* Ίσως αναγκαστούμε να κάνουμε το πάρτι μέσα στο σπίτι, εξαρτάται από τον καιρό. *'Can I buy one?' - 'That depends/It all depends.* «Μπορώ να αγοράσω ένα;» «Εξαρτάται.» *It depends how much you are prepared to pay.* Εξαρτάται από το πόσα δίνεις.

count on/upon sb/sth ρ.πρφ.μ. (συχνά + to + ΑΠΑΡΕΜΦΑΤΟ + for) βασίζομαι σε, στηρίζομαι σε *You may get help from them, but don't count on it.* Μπορεί να σε βοηθήσουν, αλλά μη βασιστείς επάνω τους. *I'm counting on your support.* Βασίζομαι στην υποστήριξή σου.

bank on sb/sth (συχνά + to + ΑΠΑΡΕΜΦΑΤΟ + –ing) βασίζομαι σε *I was banking on (getting) your support.* Βασιζόμουν στην υποστήριξή σου.

fall back on sth ρ.πρφ.μ. [βασίζομαι σε κάτι όταν αποτύχουν όλα τα άλλα] προσφεύγω, καταφεύγω *If my business is slow to get started I've got some savings to fall back on.* Αν οι δουλειές δεν πάνε και τόσο καλά στην αρχή, μπορώ να καταφύγω στις οικονομίες μου.

219 Wicked Κακός

δες επίσης **209 Legal system, 214 Dishonest, 225 Cruel, 438 Bad**

wicked *επίθ.* 1 [πολύ δυνατό και κάπως απαρχαιωμένο όταν χρησιμοποιείται με κυριολεκτική έννοια για να περιγράψει άτομα ή πράξεις] κακός *She's a wicked woman.* Είναι κακιά γυναίκα. *It's a wicked waste of money.* Είναι τρομερή σπατάλη χρημάτων. 2 [σκανδαλιάρης. Περιγράφει: π.χ. μορφασμό, αίσθηση χιούμορ] πονηρός *He did a wicked take-off of the boss.* Έκανε μια πετυχημένη μίμηση του αφεντικού. **wickedly** *επίρρ.* με κακία, πονηρά **wickedness** *ουσ.μ.αρ.* κακία, πονηριά

evil *επίθ.* 1 [πολύ δυνατό. Όταν χρησιμοποιείται για να περιγράψει άτομα, αναφέρεται περισσότερο στο γενικό χαρακτήρα παρά σε συγκεκριμένες πράξεις] κακός, μοχθηρός *an evil spirit* κακό πνεύμα *That man is absolutely evil.* Εκείνος ο άνθρωπος είναι πέρα για πέρα κακός. 2 [περιγράφει: π.χ. διάθεση, μυρωδιά] πολύ άσχημος, πολύ δυσάρεστος *evil-smelling* δύσοσμος *to have an evil tongue* έχω φαρμακερή γλώσσα

evil *ουσ.* 1 *ουσ.μ.αρ.* το κακό *the forces of evil* οι δυνάμεις του κακού 2 *ουσ.αρ.* [άσχημη κατάσταση ή αντικείμενο] κακό *a necessary evil* αναγκαίο κακό *It's the lesser of two evils.* Είναι το μικρότερο κακό.

sin *ουσ.αρ.μ.αρ.* [κυρίως με τη θρησκευτική έννοια] αμαρτία, κρίμα *to commit a sin* αμαρτάνω *the sin of pride* το αμάρτημα της υπερηφάνειας **sinful** *επίθ.* αμαρτωλός

sin *ρ.α.,* **-nn-** (συχνά + **against**) [κάπως επίσημο, κυρίως σε σχέση με την Αγία Γραφή] αμαρτάνω **sinner** *ουσ.αρ.* αμαρτωλός

vice *ουσ.αρ.μ.αρ.* [συστηματικά λανθασμένη συμπεριφορά, κυρίως που δίνει ευχαρίστηση στο άτομο που το κάνει] πάθος, ελάττωμα [χρησιμοποιείται επίσης χιουμοριστικά] *I do smoke, it's my one vice.* Ναι, καπνίζω, αυτό είναι το μόνο μου ελάττωμα. (σαν *επίθ.*) *vice ring* σπείρα κακοποιών *vice squad* τμήμα πορνείας και ναρκωτικών

immoral *επίθ.* ανήθικος **immorality** *ουσ.μ.αρ.* ανηθικότητα

219.1 Ενοχή

δες επίσης **291 Cause**

guilt *ουσ.μ.αρ.* 1 [αφού κάνω κάτι κακό] ενοχή *He admitted his guilt.* Παραδέχτηκε την ενοχή του. 2 [αίσθημα] συναίσθημα ενοχής (σαν *επίθ.*) *guilt complex* σύμπλεγμα ενοχής

guilty *επίθ.* 1 (συχνά + **of**) [αφού κάνω κάτι κακό] ένοχος *to be found guilty of a crime* κρίνομαι ένοχος για κάποιο έγκλημα *the guilty party* η ένοχη πλευρά 2 (συχνά + **about**) [αισθάνομαι άσχημα] που έχει τύψεις *I feel very guilty about not writing to him.* Έχω πολλές τύψεις που δεν του έγραψα. *to have a guilty conscience* έχω τύψεις συνειδήσεως **guiltily** *επίρρ.* ένοχα, με ύφος ενόχου

blame *ουσ.μ.αρ.* (συχνά + **for**) ευθύνη, φταίξιμο *to lay/put the blame on* sb ρίχνω το φταίξιμο σε κάποιον *I always take the blame* for her mistakes. Πάντα ρίχνουν σε μένα το φταίξιμο για τα λάθη της.

blame *ρ.μ.* (συχνά + **for, on**) ρίχνω την ευθύνη/το φταίξιμο, κατηγορώ *They blame me for the delay.* Ρίχνουν σε μένα το φταίξιμο για την καθυστέρηση.*They blamed her death on drugs.* Απέδωσαν το θάνατό της στα ναρκωτικά. *Don't blame me if you miss the plane!* Μη ρίξεις σε μένα το φταίξιμο αν χάσεις το αεροπλάνο. *to blame sb for doing sth* κατηγορώ κάποιον ότι έκανε κάτι *to be to blame* φταίω *I'm not to blame.* Δε φταίω εγώ. *Who was to blame for the mix-up?* Ποιος έφταιγε για την παρεξήγηση;

φράσεις

to catch sb red-handed [πιάνω κάποιον την ώρα που διαπράττει κάποιο έγκλημα] στα πράσα, επ' αυτοφόρω *He was caught red-handed trying to hide the money.* Τον τσάκωσαν επ' αυτοφόρω καθώς προσπαθούσε να κρύψει τα χρήματα.

on your head be it [πρέπει να πάρεις στα χέρια σου την ευθύνη για τις συνέπειες σου αν τα πράγματα πάνε στραβά] το κρίμα στο λαιμό σου *On your head be it if the boss finds out.* Αν το μάθει το αφεντικό, το κρίμα στο λαιμό σου.

(to be) six of one and half a dozen of the other [λέγεται όταν δύο άτομα ή δύο ομάδες φταίνε στον ίδιο βαθμό] πάρε τον έναν και χτύπα τον πάνω στον άλλον *She says he's being unreasonable, but I think it's six of one and half a dozen of the other.* Εκείνη λέει ότι εκείνος συμπεριφέρεται παράλογα, αλλά πιστεύω ότι είναι περίπτωση του πάρε τον έναν και χτύπα τον πάνω στον άλλον.

219.2 Άσχημη συμπεριφορά

badly behaved *επίθ.,* *συγκρ.* **worse-behaved,** *υπερθ.* **worst-behaved** ανάγωγος

naughty *επίθ.* 1 [περιγράφει: κυρίως παιδί] άτακτος *He's been a naughty boy.* Ήταν άτακτο παιδί. 2 (κυρίως Βρετ.) [κάπως ευφημιστικός και χιουμοριστικός όρος. Σεξουαλικά απρεπής. Περιγράφει: π.χ. λέξη, αστείο] απρεπής, άσεμνος *The film's a bit naughty.* Η ταινία είναι λιγάκι άσεμνη. **naughtiness** *ουσ.μ.αρ.* απειθαρχία, απρέπεια

mischievous *επίθ.* 1 [παιγνιδιάρικα ανυπάκους. Περιγράφει: π.χ. παιδί, φάρσα, χαμόγελο] πονηρός, άτακτος 2 [κάπως επίσημο. Δημιουργώ προβλήματα επίτηδες. Περιγράφει, π.χ. παρατήρηση, σκοπό] επιζήμιος, κακόβουλος

mischief *ουσ.μ.αρ.* αταξίες *I bought the children some paints to keep them out of mischief.* Αγόρασα στα παιδιά νερομπογιές για να έχουν ήρεμη απασχόληση.

disobedient *επίθ.* ανυπάκους **disobediently** *επίρρ.* ανυπάκουα **disobedience** *ουσ.μ.αρ.* ανυπακοή

disobey *ρ.μ.* [αντικ.: π.χ. διαταγή, αξιωματικό] παραβαίνω, αψηφώ

in trouble που έχει φασαρίες, που βρίσκει τον μπελά του *He's in trouble with the police.* Έχει φασαρίες με την αστυνομία. *If I'm late for dinner I'll be in trouble.* Αν αργήσω για το δείπνο θα βρω τον μπελά μου.

219.3 Κακό άτομο

criminal *ουσ.αρ.* εγκληματίας *a hardened criminal* αμετανόητος εγκληματίας

criminal *επίθ.* [περιγράφει: π.χ. προσβολή, ζημιά, αδιαφορία] εγκληματικός [χρησιμοποιείται επίσης με πιο ανεπίσημο τρόπο] *It's a criminal waste of money.* Είναι αδικαιολόγητη σπατάλη χρημάτων. **criminally** *επίρρ.* εγκληματικά

villain *ουσ.αρ.* [απαρχαιωμένο, χιουμοριστικό, σε βιβλίο κτλ.] παλιάνθρωπος **villainous** *επίθ.* άτιμος **villainy** *ουσ.μ.αρ.* παλιανθρωπιά

devil *ουσ.αρ.* 1 [πάρα πολύ δυνατό όταν χρησιμοποιείται με την έννοια του κακού ατόμου] διάβολος, σατανάς [μερικές φορές χρησιμοποιείται σαν μια αρκετά ήπια βρισιά] *Give it back, you rotten devil!* Δώσε μου το πίσω μπαγάσα!

2 [ανεπίσημο. Σκανδαλιάρικο άτομο] διαβολάκι *The little devils have trampled all over my flower bed.* Τα διαβολάκια μου τσαλαπάτησαν το παρτέρι. *Go on, be a devil!* Έλα τώρα, κάντο και μη σε νοιάζει!

thug *ουσ.αρ.* [βίαιο άτομο] κακοποιός, μαχαιροβγάλτης *He was beaten up by a gang of thugs.* Τον ξυλοφόρτωσε μια συμμορία κακοποιών

bully *ουσ.αρ.* τυρρανικός τύπος, νταής *Leave her alone, you big bully!* Άσε την ήσυχη, τύρρανε.

bully *ρ.μ.* τρομοκρατώ, φοβερίζω (+ **into**) *Don't let her bully you into giving up your office for her.* Μην αφήσεις να σε τρομοκρατήσει ώστε να αφήσεις το γραφείο σου για χάρη της.

220 Steal Κλέβω

steal *ρ.μ.*, *αόρ.* **stole**, *μτχ.αορ.* **stolen** κλέβω *Someone's stolen my watch.* Κάποιος έκλεψε το ρολόι μου. *They had their credit cards stolen.* Τους έκλεψαν τις πιστωτικές τους κάρτες.

rob *ρ.μ.*, **-bb-** (συχνά + **of**) [αντικ.: πρόσωπο, τράπεζα] ληστεύω *I've been robbed!* Με λήστεψαν! *A knee injury robbed him of Olympic success.* [με μεταφορική έννοια] Ο τραυματισμός στο γόνατο του στοίχισε την Ολυμπιακή νίκη.

burgle (*κυρίως Βρετ.*), **burglarize** (*Αμερ.*) *ρ.μ.* [αντικ.: σπίτι, μαγαζί] κάνω διάρρηξη *We were burgled last night.* Μας έκαναν διάρρηξη χθες το βράδυ.

loot *ρ.μ.α.* **1** [αντικ.: μαγαζί, κτίριο, περιοχή] λεηλατώ **2** [αντικ.: κλεμμένα αντικείμενα] παίρνω λάφυρα **looter** *ουσ.αρ.* λεηλάτης

embezzle *ρ.μ.* (συχνά + **from**) [αντικ.: χρήματα] καταχρώμαι **embezzlement** *ουσ.μ.αρ.* κατάχρηση **embezzler** *ουσ.αρ.* καταχραστής

mug *ρ.μ.*, **-gg-** [ανεπίσημο. Αντικ.: πρόσωπο στο δρόμο] επιτίθεμαι, ληστεύω *He was mugged right outside the hotel.* Του επιτέθηκαν και τον λήστεψαν ακριβώς έξω από το ξενοδοχείο.

pinch *ρ.μ.* (*κυρίως Βρετ.*) [ανεπίσημο. Αντικ.: πράγμα] κλέβω, βουτάω *Don't let anyone pinch my seat.* Μην αφήσεις κανένα να μου πάρει τη θέση.

nick *ρ.μ.* (*Βρετ.*) [αργκό. Αντικ.: πράγμα] κλέβω *His car has been nicked.* Του έκλεψαν το αυτοκίνητο.

220.1 Άτομα που κλέβουν και τα εγκλήματά τους

thief *ουσ.αρ.*, *πληθ.* **thieves** κλέφτης *Stop thief!* Σταμάτα, κλέφτη! *jewel thief* κλέφτης κοσμημάτων

thieving *επίθ.* που κλέβει *Get your thieving hands out of my desk drawer!* Πάρε τα χέρια σου από το συρτάρι του γραφείου μου, κλέφτη! **theft** *ουσ.μ.αρ.αρ.* (συχνά + **of**) κλοπή

robber *ουσ.αρ.* [δε χρησιμοποιείται συχνά σε επίσημα κείμενα. Συχνά χρησιμοποιείται από παιδιά και γι αυτό μπορεί να ακούγεται σαν κάπως παιδιάστικος όρος]

κλέφτης, ληστής *bank/train robber* ληστής τράπεζας/ τρένου

robbery *ουσ.μ.αρ.αρ.* ληστεία *robbery with violence* ληστεία με χρήση βίας *It's daylight robbery!* (σχολιάζοντας π.χ. την τιμή κάποιου αντικειμένου) Είναι σκέτη/φανερή κλεψιά!

burglar *ουσ.αρ.* διαρρήκτης *They've had burglars next door.* Μπήκαν διαρρήκτες στο διπλανό σπίτι. *burglar alarm* σύστημα συναγερμού κατά των διαρρήξεων **burglary** *ουσ.μ.αρ.αρ.* διάρρηξη

shoplifter *ουσ.αρ.* κλέφτης εκτεθειμένων ειδών σε κατάστημα **shoplifting** *ουσ.μ.αρ.* κλοπή σε καταστήματα

mugger *ουσ.αρ.* ληστής που επιτίθεται σε άτομα στο δρόμο **mugging** *ουσ.μ.αρ.αρ.* επίθεση στο δρόμο με σκοπό τη ληστεία

pickpocket *ουσ.αρ.* πορτοφολάς *Beware of pickpockets.* Προσοχή στους πορτοφολάδες.

to pick sb's pocket κλέβω το πορτοφόλι κάποιου

220.2 Πιο έμμεσοι τρόποι κλοπής

kidnap *ρ.μ.*, **-pp-** [αντικ.: πρόσωπο] απαγάγω *Terrorists kidnapped a well-known businessman.* Τρομοκράτες απήγαγαν γνωστό επιχειρηματία. **kidnapper** *ουσ.αρ.* απαγωγέας **kidnapping** *ουσ.μ.αρ.αρ.* απαγωγή

ransom *ουσ.μ.αρ.αρ.* λύτρα *to demand a ransom for sb* απαιτώ λύτρα για να ελευθερώσω κάποιον *to hold sb to ransom* κρατώ κάποιον αιχμάλωτο μέχρι να πληρωθούν τα λύτρα που ζητώ (σαν *επίθ.*) *a ransom note* σημείωμα απαγωγέων με το οποίο ζητούν λύτρα

hijack *ρ.μ.* [αντικ.: π.χ. αεροπλάνο, λεωφορείο] κάνω αεροπειρατεία **hijacker** *ουσ.αρ.* αεροπειρατής **hijacking** *ουσ.μ.αρ.αρ.* αεροπειρατεία

hostage *ουσ.αρ.* όμηρος *to take sb hostage* παίρνω κάποιον όμηρο *negotiations to obtain the release of children held hostage by terrorists* διαπραγματεύσεις για την απελευθέρωση παιδιών που κρατούνται όμηροι από τρομοκράτες

blackmail *ρ.μ.* εκβιάζω *He was being blackmailed by his former lover.* Τον εκβίαζε η πρώην ερωμένη του. **blackmailer** *ουσ.αρ.* εκβιαστής

blackmail *ουσ.μ.αρ.* εκβιασμός *emotional blackmail* ψυχικός εκβιασμός

smuggle *ρ.μ.* **1** [αντικ.: π.χ. ναρκωτικά] κάνω/ασχολούμαι με λαθρεμπόριο **2** (πάντα + *επίρρ.* ή *πρόθ.*) [παίρνω κρυφά] μπάζω λαθραία *I managed to smuggle the magazine into the classroom.* Κατάφερα να μπάσω λαθραία στην τάξη το περιοδικό. **smuggler** *ουσ.αρ.* λαθρέμπορος **smuggling** *ουσ.μ.αρ.* λαθρεμπόριο

221 Mercy Έλεος

mercy ουσ. 1 ουσ.μ.αρ. έλεος, ευσπλαχνία to **have mercy on** sb συγχωρώ/δείχνω έλεος σε κπ to **show mercy** (to sb) δείχνω ευσπλαχνία (σε κάποιον) 2 ουσ.αρ. ευτύχημα It's a mercy nobody was killed! Είναι ευτύχημα το ότι δε σκοτώθηκε κανένας! to **be thankful for small mercies** είμαι ευγνώμων για τις μικρές χαρές

merciful επίθ. (συχνά + to) σπλαχνικός, συγχωρητικός

mercifully επίρρ. με ευσπλαχνία [σαν επίρρ. πρόταση] Mercifully they didn't ask me to sing. Ευτυχώς δε μου ζήτησαν να τραγουδήσω.

compassion ουσ.μ.αρ. (συχνά + for) [δίνει περισσότερη έμφαση στο στοιχείο της συμπόνιας από το **mercy**] συμπόνια, ευσπλαχνία

compassionate επίθ. συμπονετικός, ευσπλαχνικός compassionate leave 'Η leave on compassionate grounds (Βρετ.) ειδική άδεια λόγω εκτάκτου ανάγκης (π.χ. κηδεία μέλους της οικογένειας)

lenient επίθ. [κάπως επίσημο. Περιγράφει: π.χ. κρίση, τιμωρία] επιεικής **leniently** επίρρ. επιεικώς **leniency** ουσ.μ.αρ. επιείκεια

soft επίθ. (συχνά + on, with) [μερικές φορές υποτιμητικό] ανεκτικός, ευαίσθητος to have a soft heart/be soft-hearted είμαι ευαίσθητος Her parents are too soft on her. Οι γονείς της είναι υπερβολικά ανεκτικοί μαζί της.

spare ρ.μ. 1 [δε βλάπτω ούτε τιμωρώ] απαλλάσσω to spare sb's life χαρίζω τη ζωή σε κάποιον 2 [δεν υποχρεώνω κάποιον να υποστεί κάτι] γλιτώνω από I was hoping to spare you a long wait. Ήλπιζα να σε απαλλάξω από τη μεγάλη αναμονή. Spare me the details! Δε θέλω να ακούσω τις λεπτομέρειες!

221.1 Συγχωρώ

forgive ρ.μ.α., αόρ. **forgave**, μτχ.αορ. **forgiven** (συχνά + for) [αντικ.: π.χ. πρόσωπο, αμάρτημα, προσβολή] συγχωρώ She can't forgive herself for not being there. Δεν μπορεί να συγχωρέσει τον εαυτό της που δεν ήταν εκεί. She forgave them their unkindness to her. [ελαφρά πιο επίσημο όταν ακολουθείται από δύο αντικείμενα] Τους συγχώρεσε την άσχημη συμπεριφορά τους απέναντί της. Forgive me, I didn't catch your name. [με φιλοφρονητική έννοια] Με συγχωρείτε, δεν άκουσα το όνομά σας. **forgiveness** ουσ.μ.αρ. συγνώμη, συγχώρηση

pardon ρ.μ. 1 (συχνά + for) [συχνά χρησιμοποιείται στην προστακτική. Ελαφρά πιο επίσημο από το **forgive** όταν χρησιμοποιείται σε διαφορετική έγκλιση. Αντικ.: π.χ. πρόσωπο, αγένεια, περιέργεια] συγχωρώ You must pardon him, he's a bit overwrought. Πρέπει να τον συγχωρέσεις, είναι κάπως σε ένταση. That's utter rubbish, **if you'll pardon the expression**. Με συγχωρείς για την έκφραση, αλλά όλα αυτά είναι πέρα για πέρα βλακείες. 2 [επίσημη συγχώρηση. Αντικ.: καταδικασμένος εγκληματίας] δίνω αμνηστία, απονέμω χάρη

pardon ουσ. 1 ουσ.μ.αρ. [επίσημο] συγχώρηση I beg your pardon. Με συγχωρείτε. 2 ουσ.αρ. [σε εγκληματία κτλ.] αμνηστία, χάρη **pardon** επιφ. πώς είπατε;

excuse ρ.μ. 1 [συγχωρώ, κυρίως για μικρό λάθος. Αντικ.: π.χ. πρόσωπο, διακοπή, αργοπορία] συγχωρώ Please excuse the mess. Συγνώμη για την ακαταστασία. 2 [προσπαθώ να δικαιολογήσω κάτι. Αντικ.: π.χ. άσχημη εργασία, ανικανότητα] δικαιολογώ Nothing can excuse sloppy workmanship. Δεν υπάρχει καμμία δικαιολογία για τσαπατσούλικη ποιότητα της δουλειάς. 3 (συχνά + from) [απαλλάσσω από κάποιο καθήκον. Αντικ.: π.χ. υποχρέωση, τάξη] απαλλάσσω You're excused form washing up today. Σε απαλλάσσω από το πλύσιμο των πιάτων για σήμερα.

*δες επίσης 291 Cause

let sb **off** (sth) ρ.πρφ.μ. [συγχωρώ, κυρίως για μικρό λάθος, ή απαλλάσσω κάποιον από τιμωρία ή καθήκον] απαλλάσσω, συγχωρώ 'Sorry I'm late!' 'That's OK, I'll let you off.' «Συγνώμη που άργησα.» «Δεν πειράζει, σε συγχωρώ.» He's been let off doing the washing up. Απαλλάχτηκε από το πλύσιμο των πιάτων.

relent ρ.α. [δείχνω επιείκεια, κυρίως αφού περάσει αρκετός καιρός] ενδίδω Eventually she relented and allowed me to rejoin the group. Τελικά ενέδωσε και μου επέτρεψε να επανέρθω στο συγκρότημα.

φράσεις

give sb a second/another chance δίνω σε κάποιον δεύτερη ευκαιρία If you mess it up this time, you won't get a second chance. Αν αποτύχεις αυτή τη φορά, δε θα σου δοθεί δεύτερη ευκαιρία.

give sb the benefit of the doubt σε περίπτωση αμφιβολίας απαλλάσω κάποιον

make allowances (for sb/sth) παραδέχομαι σαν ελαφρυντικό, δείχνω επιείκεια/κατανόηση She's not been very well, so you must make allowances. Δεν είναι και πολύ καλά από υγεία τελευταία, γι' αυτό πρέπει να φανείς επιεικής. Even making allowances for the difficult conditions, they were very slow in getting here. Έστω και αν λάβουμε υπόψη τις δύσκολες συνθήκες, καθυστέρησαν πολύ να φτάσουν εδώ.

222 Sympathy Συμπόνια

δες επίσης L11 Expressing sympathy

sympathy ουσ. 1 ουσ.μ.αρ. (συχνά + for) συμπόνια, κατανόηση I don't have much sympathy for her. Δεν τη λυπάμαι και πολύ. 2 ουσ.μ.αρ.αρ. (συχνά + with) [συμφωνία ή συμπαράσταση] ιδεολογική ταύτιση, υποστήριξη My sympathies are entirely with the rebels. Είμαι οπωσδήποτε με το μέρος των επαναστατών. to be **in sympathy with** sb's aims συμμερίζομαι τους σκοπούς κάποιου

sympathetic επίθ. (συχνά + to, towards) 1 [περιγράφει: π.χ. συναίσθημα, χαμόγελο] συμπονετικός, με κατανόηση They were very sympathetic when my mother died. Έδειξαν μεγάλη κατανόηση όταν πέθανε η μητέρα μου. 2 [συνοϊκός. Περιγράφει: π.χ. αναφορά, άποψη, άκουσμα] ευμενής, σύμφωνος The press seems quite sympathetic to our policies. Ο τύπος αντέδρασε αρκετά θετικά σε σχέση με την πολιτική μας. **sympathetically** επίρρ. συμπονετικά

sympathize ρ.α., ΕΠΙΣΗΣ -ise (Βρετ.) (συχνά + with) 1 [με κάποιο άτομο, συναίσθημα κτλ.] ταυτίζομαι, συμμερίζομαι 2 [με κάποια άποψη, σκοπό κτλ.] υποστηρίζω, συμμερίζομαι **sympathizer** ουσ.αρ. υποστηρικτής, οπαδός

pity ουσ. 1 ουσ.μ.αρ. ευσπλαχνία, οίκτος *to take/have pity on sb/sth* λυπάμαι κπ/κτ **2** ουσ.αρ. (δεν έχει πληθ.) κρίμα *What a pity!* Τι κρίμα! *It's a pity you didn't arrive sooner.* Κρίμα που δεν έφθασες νωρίτερα. *It would have been a pity to miss the show.* Θα ήταν κρίμα αν είχαμε χάσει την παράσταση.

pity ρ.μ. συμπονώ, σπλαχνίζομαι *I pity anyone who has to put up with her all day.* Λυπάμαι όσους είναι αναγκασμένοι να την ανέχονται όλη μέρα.

feel for sb ρ.πρφ.μ. συμμερίζομαι, συμπονώ

feel sorry for sb ρ.πρφ.μ. [λιγότερο δυνατό από το **feel for**] λυπάμαι κάποιον *He's feeling very sorry for himself.* Είναι πολύ μεμψίμοιρος.

commiserate ρ.α. (συχνά + **with**) συλλυπούμαι *I came over to commiserate with you on not getting the job.* Ήρθα για να σου εκφράσω τα συλλυπητήριά μου που δεν πήρες τη δουλειά.

commiserations ουσ.πληθ. (συχνά + **on**) συλλυπητήρια *Congratulations to the winner, commiserations to the losers.* Συγχαρητήρια στο νικητή και συλλυπητήρια στους ηττημένους.

condolence ουσ.μ.αρ.αρ. [πιο επίσημο και σοβαρό από το **commiserations** χρησιμοποιείται κυρίως όταν κάποιος έχει χάσει αγαπημένο του πρόσωπο] συλλυπητήρια *a letter of condolence* συλλυπητήρια επιστολή (συχνά χρησιμοποιείται στον πληθ.) *I sent my condolences.* Έστειλα τα συλλυπητήριά μου.

223 Unmerciful Ανηλεής

δες επίσης **225 Cruel**

heartless επίθ. [λέξη με γενική έννοια. Περιγράφει: π.χ. πρόσωπο, στάση, απόφαση] άκαρδος *How can you be so heartless as to refuse?* Πώς μπορείς να φανείς τόσο άκαρδος ώστε να αρνηθείς; **heartlessly** επίρρ. άκαρδα

hard-hearted επίθ. [περιγράφει: πρόσωπο] σκληρόκαρδος

callous επίθ. [περιγράφει: π.χ. πρόσωπο, αδιαφορία, αμέλεια] σκληρός, αναίσθητος **callously** επίρρ. σκληρά, ασυγκίνητα **callousness** ουσ.μ.αρ. αναισθησία

pitiless επίθ. [συνήθως χρησιμοποιείται σε πιο λογοτεχνικά κείμενα] άσπλαχνος, ανηλεής **pitilessly** επίρρ. άσπλαχνα

merciless επίθ. **1** [λογοτεχνικό. Περιγράφει: π.χ. δολοφόνο, τύραννο] αμείλικτος, άσπλαχνος **2** [δεν είναι αναγκαστικά υποτιμητικό. Περιγράφει: π.χ. κριτική, επίθεση] αυστηρός *He is a merciless taskmaster.* Είναι αυστηρός επιστάτης.

mercilessly, ΕΠΙΣΗΣ **unmercifully** επίρρ. άσπλαχνα, ανελέητα *to beat/criticize sb mercilessly* χτυπώ/κατακρίνω κάποιον ανελέητα *His colleagues teased him unmercifully.* Οι συνάδελφοί του τον κορόιδευαν ανελέητα.

ruthless επίθ. **1** [περιγράφει: π.χ. καταστροφή, δικτάτορα] άσπλαχνος, αδίστακτος **2** [δεν είναι αναγκαστικά υποτιμητικό. Περιγράφει: π.χ. αποφασιστικότητα, αποδοτικότητα] άκαμπτος **ruthlessly** επίρρ. άσπλαχνα, αδίστακτα **ruthlessness** ουσ.μ.αρ. ασπλαχνία, σκληρότητα

relentless επίθ. [που δε σταματά και δε μειώνεται. Περιγράφει: π.χ. ενέργεια, επιδίωξη, ανάκριση] άκαμπτος, ακατάπαυστος *They kept up a relentless pressure on their opponents' goal.* Διατηρούσαν συνεχή πίεση στο τέρμα των αντιπάλων τους. *The pace of life in a big city can be absolutely relentless.* Ο ρυθμός της ζωής σε μια μεγάλη πόλη μπορεί να είναι τρομερά καταπιεστικός. **relentlessly** επίρρ. άκαμπτα **relentlessness** ουσ.μ.αρ. αδιαλλαξία

224 Kind Ευγενικός

kind επίθ. (συχνά + **to**) ευγενικός, καλός *It was so kind of you to help.* Ήταν πολύ ευγενικό εκ μέρους σου να βοηθήσεις. *They were very kind to me when I was in trouble.* Έδειξαν πολλή κατανόηση όταν είχα μπελάδες. *She always has a kind word for everyone.* Έχει πάντα μια καλή κουβέντα να πει σε όλους.

kindly επίρρ. με καλοσύνη *to smile kindly* χαμογελώ με καλοσύνη *They very kindly helped us.* Είχαν την καλοσύνη να μας βοηθήσουν.

kindness ουσ.μ.αρ.αρ. (συχνά + **to**) καλοσύνη *to do sb a kindness* ευεργετώ/βοηθώ κάποιον *to show kindness to sb* συμπεριφέρομαι σε κάποιον με καλοσύνη

considerate επίθ. (συχνά + **to, towards**) [σκέφτομαι τους άλλους] διακριτικός, αβρός

consideration ουσ.μ.αρ. διακριτικότητα, αβρότητα *to show*

sb consideration δείχνω ενδιαφέρον για τα αισθήματα κάποιου

thoughtful επίθ. ευγενικός, αβρός *How thoughtful of you to remember to send flowers.* Ήταν πολύ ευγενικό εκ μέρους σου να θυμηθείς να στείλεις λουλούδια. **thoughtfully** επίρρ. ευγενικά

understanding επίθ. (συχνά + **about**) [κάποιος που δείχνει κατανόηση και δε ρίχνει σε άλλους το φταίξιμο] συμπονετικός *I have a lot of days off sick, but my boss is very understanding.* Παίρνω αρκετή άδεια ασθενείας αλλά ο προϊστάμενός μου δείχνει μεγάλη κατανόηση. *She was very understanding about the broken window.* Έδειξε πολλή κατανόηση όταν έμαθε για το σπασμένο τζάμι.

humane επίθ. [χρησιμοποιείται περισσότερο για να περιγράψει κοινωνικές τάσεις ή δραστηριότητες παρά συγκεκριμένες πράξεις] ανθρωπιστικός, εύσπλαχνος *humane treatment of prisoners* ανθρωπιστική συμπεριφορά προς τους αιχμαλώτους **humanely** *επίρρ.* ανθρωπιστικά

224.1 Γενναιοδωρία

δες επίσης **372.1 Give**

generous *επίθ.* **1** (συχνά + **to, with**) [περιγράφει: π.χ. πρόσωπο, χαρακτήρα] γενναιόδωρος *I'm feeling generous today, I'll pay for the drinks.* Νοιώθω.γενναιόδωρος σήμερα, θα κεράσω τα ποτά. **2** [καταπληκτικά μεγάλος ή καλός. Περιγράφει: π.χ. δώρο, προμήθεια] γενναιόδωρος *a generous helping of mashed potatoes* μια γενναιόδωρη μερίδα πατάτες πουρέ **generously** *επίρρ.* γενναιόδωρα **generosity** *ουσ.μ.αρ.* γενναιοδωρία

charity *ουσ.* **1** *ουσ.μ.αρ.* [χρήματα κτλ. που χαρίζονται από καλωσύνη] ελεημοσύνη, φιλανθρωπία *I won't accept charity.* Δε δέχομαι ελεημοσύνη. *She gave us the clothes out of charity.* Μας έδωσε τα ρούχα από φιλανθρωπία. **2** *ουσ.αρ.* [οργανισμός] φιλανθρωπικό ίδρυμα
charitable *επίθ.* **1** [καλός. Περιγράφει: π.χ. στάση, παρατήρηση, κρίση] φιλάνθρωπος, επιεικής *The most charitable thing one can say about it is that he meant well.* Το πιο επιεικές σχόλιο που μπορεί να κάνει κανείς είναι ότι είχε καλές προθέσεις. **2** [περιγράφει: οργανισμό, δωρεά] φιλανθρωπικός, αγαθοεργής **charitably** *επίρρ.* φιλανθρωπικά, επιεικώς
unselfish *επίθ.* ανιδιοτελής, αλτρουϊστής **unselfishly** *επίρρ.* με ανιδιοτελή τρόπο, αλτρουϊστικά

225 Cruel Σκληρός

δες επίσης **2 Fierce, 223 Unmerciful**

cruel *επίθ.*, **-ll- 1** (συχνά + **to**) [περιγράφει: π.χ. πρόσωπο, τιμωρία, παρατήρηση] σκληρός, απάνθρωπος **2** [περιγράφει: π.χ. απογοήτευση, χτύπημα] σκληρός *That was really cruel luck.* Αυτό ήταν πολύ μεγάλη ατυχία. **cruelly** *επίρρ.* σκληρά, απάνθρωπα **cruelty** *ουσ.μ.αρ.αρ.* σκληρότητα, ασπλαχνία
unkind *επίθ.* (συχνά + **to**) [λιγότερο δυνατό από το **cruel**] αγενής, αναίσθητος **unkindly** *επίρρ.* με αγενή τρόπο, με κακία **unkindness** *ουσ.μ.αρ.* αγένεια, κακία
vicious *επίθ.* [πολύ δυνατή λέξη]. Μπορεί να περιγράφει σωματική ή ψυχική κακομεταχείριση. Περιγράφει: π.χ. επίθεση, φονιά] επιθετικός, άγριος **viciously** *επίρρ.* επιθετικά, άγρια **viciousness** *ουσ.μ.αρ.* επιθετικότητα, αγριάδα
brutal *επίθ.* [παρόμοιο με το **vicious**] κτηνώδης, βάναυσος *a victim of a brutal assault* το θύμα μιας βάναυσης επίθεσης **brutally** *επίρρ.* βάναυσα **brutality** *ουσ.μ.αρ.αρ.* σκληρότητα, βία
bloodthirsty *επίθ.* **1** [περιγράφει: π.χ. φονιά, τύραννο] αιμοβόρος, αιμοδιψής **2** [περιγράφει: κυρίως ταινία, βιβλίο] αιμοβόρος
sadistic *επίθ.* [που του αρέσει να προκαλεί πόνο. Περιγράφει: π.χ. ευχαρίστηση, ξύλο, σκληρότητα] σαδιστικός **sadism** *ουσ.μ.αρ.* σαδισμός **sadist** *ουσ.αρ.* σαδιστής

barbaric 'H **barbarous** *επίθ.* [υπονοεί πράξη υπερβολικά σκληρή και απολίτιστη. Περιγράφει: π.χ. επίθεση, έθιμο] βάρβαρος
barbarian *ουσ.αρ.* [απολίτιστο άτομο, ή άτομο που συμπεριφέρεται με άξεστο και σκληρό τρόπο] απολίτιστος, βάρβαρος

225.1 Κακοβουλία

malice *ουσ.μ.αρ.* κακοβουλία, κακία *to bear sb no malice* δεν κρατώ κακία σε κάποιον
malicious *επίθ.* [περιγράφει: π.χ. πρόσωπο, ζημιά, επίθεση] κακόβουλος, μοχθηρός **maliciously** *επίρρ.* κακόβουλα, με κακία
spite *ουσ.μ.αρ.* μοχθηρία, φθόνος *He did it out of pure spite.* Το έκανε από σκέτο φθόνο.
spite *ρ.μ.* πεισμώνω *They cancelled their order just to spite us.* Ακύρωσαν την παραγγελία τους απλώς και μόνο για να μας πεισμώσουν.
spiteful *επίθ.* [περιγράφει: π.χ. πρόσωπο, παρατήρηση] μοχθηρός, φθονερός **spitefully** *επίρρ.* μοχθηρά, φθονερά
bitchy *επίθ.* [κάπως ανεπίσημο. Περιγράφει: π.χ. γυναίκα, παρατήρηση] μικροπρεπής
bitch *ουσ.αρ.* [πολύ υποτιμητικό. Συνήθως χρησιμοποιείται περιγράφοντας γυναίκες] παλιοθήλυκο

226 Selfish Εγωιστής

selfish *επίθ.* [περιγράφει: π.χ. πρόσωπο, κίνητρο, στάση] εγωιστικός **selfishly** *επίρρ.* εγωιστικά **selfishness** *ουσ.μ.αρ.* εγωισμός
mean *επίθ.* **1** (κυρίως Βρετ.) [όσον αφορά χρήματα κτλ. Περιγράφει: πρόσωπο] τσιγκούνης *He's too mean to make a donation.* Είναι πολύ τσιγκούνης για να κάνει δωρεές. **2** (συχνά + **to**) [όχι καλός] κακός *She's got a mean streak in her.* Έχει μια δόση κακίας στο χαρακτήρα της. *Don't be so mean to your sister.* Μη συμπεριφέρεσαι τόσο απαίσια στην αδερφή σου. **meanness** *ουσ.μ.αρ.* τσιγκουνιά, κακία
tightfisted *επίθ.* [ανεπίσημο. Όσον αφορά χρήματα] σφιχτοχέρης *He's too tightfisted to buy anyone a drink.* Είναι πολύ σφιχτοχέρης για να κεράσει ποτά στους άλλους.
stingy *επίθ.* (συχνά + **with**) [ανεπίσημο. Κυρίως όσον αφορά χρήματα] τσιγκούνης
ungenerous *επίθ.* (συχνά + **to**) [όσον αφορά χρήματα κτλ.] μη γενναιόδωρος

self-interest *ουσ.μ.αρ.* ιδιοτέλεια, συμφεροντολογία
self-interested *επίθ.* ιδιοτελής, συμφεροντολόγος

φράσεις

to feather one's own nest κοιτάω το συμφέρον μου *He used his position simply to feather his own nest.* Χρησιμοποιούσε τη θέση του για το προσωπικό του συμφέρον.

I'm all right Jack! (*Βρετ.*) [ανεπίσημο. Συχνά λέγεται σαρκαστικά σαν επίπληξη προς κάποιον που δε φαίνεται να νοιάζεται για άτομα λιγότερο τυχερά από τον ίδιο] κοιτάω τον εαυτούλη μου *an I'm-all-right-Jack attitude* μια ατομικιστική στάση

(to look after) number one κοιτάζω τον εαυτό μου [συχνά δίνεται σαν συμβουλή] *Don't worry about us – you just look after number one.* Μην ανησυχείς για μας – εσύ κοίταξε τον εαυτό σου. *He only thinks about number one.* Μόνο τον εαυτό του σκέφτεται.

227 Politics and Government Πολιτική και Κυβέρνηση

ΤΟ ΠΟΛΙΤΙΚΟ ΣΥΣΤΗΜΑ ΣΤΗ ΜΕΓΑΛΗ ΒΡΕΤΑΝΙΑ

Στη Βρετανία η Βασίλισσα είναι η κεφαλή του κράτους και ο συμβολικός αρχηγός του έθνους, αλλά έχει λίγη ως καμία πολιτική εξουσία. Η πολιτική εξουσία ασκείται από την κυβέρνηση επικεφαλής της οποίας είναι ο Πρωθυπουργός. Η βρετανική κυβέρνηση συνήθως σχηματίζεται από μέλη του πολιτικού κόμματος που έχει την πλειοψηφία στη Βουλή των Κοινοτήτων, το κατώτερο εκλεγμένο τμήμα της Βουλής. Η Βουλή κάνει τους νόμους που κυβερνούν τη χώρα. Κάθε Πράξη του Κοινοβουλίου, όπως ονομάζονται οι καινούριοι νόμοι ή οι δικαστικές αποφάσεις, συνήθως ψηφίζεται και από τις δύο Βουλές, τη Βουλή των Κοινοτήτων και τη Βουλή των Λόρδων και πρέπει να πάρει την επίσημη συγκατάθεση της Βασίλισσας πριν να γίνει νόμος. Η Βουλή των Κοινοτήτων αποτελείται από περίπου 650 εκλεγμένους βουλευτές, που συνήθως αποκαλούνται **MP**s (Members of Parliament). Εισηγείται το μεγαλύτερο μέρος της καινούριας νομοθεσίας, και το ανώτερο τμήμα, η Βουλή των Λόρδων, μπορεί να καθυστερήσει τις αποφάσεις της, αλλά όχι να τις αποτρέψει. Η Βουλή των Λόρδων αποτελείται από μέλη της αριστοκρατίας που έχουν κληρονομήσει τον τίτλο, ανώτερους επισκόπους της Αγγλικανικής Εκκλησίας καθώς και ορισμένους **peers**, διακεκριμένα άτομα από διάφορα επαγγέλματα στους οποίους απονέμεται τίτλος ευγενείας που διαρκεί για όλη τη ζωή τους. Η Βουλή των Λόρδων μπορεί να εισηγηθεί νομοθεσία, η οποία πρέπει να ψηφιστεί από τη Βουλή των Κοινοτήτων πριν να γίνει νόμος, και επίσης μπορεί να συζητήσει και να προτείνει αλλαγές στη νομοθεσία που της υποβάλλεται από τη Βουλή των Κοινοτήτων. Αν όμως ένα νομοσχέδιο ψηφιστεί τρεις φορές από την Βουλή των Κοινοτήτων, τότε γίνεται νόμος με ή χωρίς την έγκριση της Βουλής των Λόρδων.

Σε αντίθεση με τα περισσότερα άλλα κράτη, η Μεγάλη Βρετανία δεν έχει γραπτό σύνταγμα. Οι εξουσίες της Βασίλισσας, για παράδειγμα, καθορίζονται εν μέρει από Πράξεις του Κοινοβουλίου, πολλές από τις οποίες χρονολογούνται από προηγούμενες περιόδους της ιστορίας, και εν μέρει από παραδόσεις που έχουν εξελιχθεί με τα χρόνια. Ο ρόλος και οι εξουσίες του πρωθυπουργού καθορίζονται αποκλειστικά από την παραδοσιακή πείρα και δεν υπάρχουν πουθενά σε μορφή νόμου.

Η τοπική διακυβέρνηση στη Μεγάλη Βρετανία είναι σχετικά αδύναμη σε σχέση, για παράδειγμα, με τις Ηνωμένες Πολιτείες. Υπάρχουν εκλεγμένα συμβούλια για τις επαρχίες, που είναι περιοχές μέσου μεγέθους, συνήθως με ξεχωριστή ιστορική ταυτότητα, και για μεγάλες πόλεις, δήμους και περιφέρειες. Ο κύριος σκοπός τους, όμως, είναι όχι να κάνουν νόμους, αλλά να παρέχουν υπηρεσίες στο κοινό.

Σημαντικά πρόσωπα και θεσμοί στη Βρετανική κυβέρνηση και πολιτική:

prime minister ουσ.αρ. πρωθυπουργός

foreign secretary ουσ.αρ. υπουργός εξωτερικών

chancellor (of the exchequer) ουσ.αρ. υπουργός οικονομικών

minister [άτομο που είναι επικεφαλής κυβερνητικού τμήματος, αλλά όχι απαραίτητα μέλος του **Cabinet**] ουσ.αρ. υπουργός *minister of education/education minister* υπουργός παιδείας *government ministers* υπουργοί της κυβέρνησης

MP ουσ.αρ. βουλευτής *the MP for Bristol South* ο βουλευτής του Νοτίου Μπρίστολ

parliament ουσ.αρ. κοινοβούλιο

Cabinet (συνήθως + the) (+ ενικ. ή πληθ. ρ.) [συμβούλιο των ανώτερων υπουργών της κυβέρνησης, που έχει την ευθύνη να καθορίζει την πολιτική που ακολουθείται και να συμβουλεύει τον Πρωθυπουργό] υπουργικό συμβούλιο

House of Commons (συνήθως + the) Βουλή των Κοινοτήτων

House of Lords (συνήθως + the) Βουλή των Λόρδων

ΤΟ ΠΟΛΙΤΙΚΟ ΣΥΣΤΗΜΑ ΣΤΙΣ ΗΝΩΜΕΝΕΣ ΠΟΛΙΤΕΙΕΣ ΤΗΣ ΑΜΕΡΙΚΗΣ

Στις ΗΠΑ ο Πρόεδρος είναι η κεφαλή του κράτους και επίσης η κεφαλή της ομοσπονδιακής κυβέρνησης και αρχιστράτηγος των ενόπλων δυνάμεων. Τα μέλη της κυβέρνησής του, όμως, δεν είναι, και μάλιστα δεν επιτρέπεται να είναι, μέλη του κογκρέσου, που είναι το ανώτατο νομοθετικό σώμα των Ηνωμένων Πολιτειών. Σε αντίθεση με τη Μεγάλη Βρετανία, οι Ηνωμένες Πολιτείες έχουν γραπτό σύνταγμα, και μια από τις κύριες αρχές του είναι η «διαχώριση των εξουσιών» ανάμεσα στην εκτελεστική (ο Πρόεδρος και η κυβέρνησή του), τη νομοθετική (το κογκρέσο) και τη δικαστική (ειδικά το Ανώτατο Δικαστήριο το οποίο καλείται να ερμηνεύσει το σύνταγμα). Συχνά, ο Πρόεδρος τυχαίνει να ανήκει σε διαφορετικό πολιτικό κόμμα από αυτό που έχει τη πλειοψηφία στα δύο τμήματα του κογκρέσου, τη Βουλή των Αντιπροσώπων και τη Γερουσία.

Οι ξεχωριστές πολιτείες που αποτελούν τις ΗΠΑ έχουν η κάθε μία τη δική της κυβέρνηση, της οποίας την προεδρία έχει ο κυβερνήτης, και επίσης τη δική τους νομοθετική συνέλευση. Συχνά υπάρχουν μεγάλες διαφορές στους νόμους των διαφόρων πολιτειών. Ένα άλλο χαρακτηριστικό της αμερικάνικης πολιτικής ζωής είναι το γεγονός ότι για σχεδόν όλες τις σημαντικές δημόσιες θέσεις στην τοπική διακυβέρνηση, όπως του σερίφη μιας επικράτειας, η επιλογή γίνεται με ξεχωριστές εκλογές.

Σημαντικά πρόσωπα και θεσμοί στην αμερικάνικη κυβέρνηση και πολιτική:

president ουσ.αρ. πρόεδρος

vice president ουσ.αρ. αντιπρόεδρος

secretary of state ουσ.αρ. υπουργός εξωτερικών

governor ουσ.αρ. κυβερνήτης

senator ουσ.αρ. γερουσιαστής

congressman (αρσ.), **congresswoman** (θηλ.) ουσ.αρ. μέλος του κογκρέσου

presidency ουσ.μ.αρ.αρ. προεδρία

Congress (+ ενικό ή πληθ. ρ.) κογκρέσο

Senate (+ ενικό ή πληθ. ρ.) γερουσία

House of Representatives ουσ.αρ. (συνήθως + the) Βουλή των Αντιπροσώπων

politics ουσ. **1** ουσ.μ.αρ. (συνήθως + ενικ. ρ., μερικές φορές + πληθ. ρ.) πολιτική *She went into politics after leaving university.* Ασχολήθηκε με την πολιτική όταν τελείωσε το πανεπιστήμιο. *local/student politics* τοπική/φοιτητική πολιτική **2** *πληθ. ουσ.* πολιτικές απόψεις *Her politics are very right-wing.* Οι πολιτικές της απόψεις είναι πολύ δεξιές.
politician ουσ.αρ. πολιτικός

political επίθ. [περιγράφει: π.χ. σύστημα, κόμμα, απόψεις] πολιτικός *We still hope to find a political solution to the conflict.* Ακόμα ελπίζουμε ότι θα βρούμε πολιτική λύση στη σύγκρουση. *to ask for **political asylum*** ζητώ πολιτικό άσυλο ***political prisoner*** πολιτικός κατάδικος **politically** επίρρ. πολιτικά

government *ουσ.αρ.μ.αρ.* (συχνά + **the**, + *ενικ. ή πληθ. ρ.*) κυβέρνηση *They accused the government of ignoring the homeless.* Κατηγόρησαν την κυβέρνηση ότι αγνοούσε τους άστεγους. (*σαν επίθ.*) *government officials* κυβερνητικοί εκπρόσωποι

227.1 Τοπική κυβέρνηση

mayor *ουσ.αρ.* [άντρας ή γυναίκα] δήμαρχος

mayoress *ουσ.αρ.* **1** (*Βρετ. & Αμερ.*) σύζυγος του δημάρχου **2** (*Βρετ.*) φίλη της δημάρχου **3** (*Αμερ.*) [γυναίκα δήμαρχος] δήμαρχος

council *ουσ.αρ.* (+ *ενικ. ή πληθ. ρ.*) **1** (*κυρίως Βρετ.*) συμβούλιο *town/district council* δημοτικό/περιφερειακό συμβούλιο (*σαν επίθ.*) *council house* σπίτι που παρέχεται από τον δήμο με χαμηλό ενοίκιο, κυρίως σε άτομα με χαμηλό εισόδημα *council meeting* συνεδρίαση του συμβουλίου **2** [εκλεγμένο ή διορισμένο σώμα] συμβούλιο *the United Nations Security Council* το Συμβούλιο Ασφαλείας του Οργανισμού Ηνωμένων Εθνών *a council of war* πολεμικό συμβούλιο

councillor *ουσ.αρ.* (*κυρίως Βρετ.*) σύμβουλος

councilman *ουσ.αρ.* (*Αμερ.*) [άντρας] σύμβουλος

councilwoman *ουσ.αρ.* (*Αμερ.*) [γυναίκα] σύμβουλος

town hall *ουσ.αρ.* δημαρχείο *You have to go down to the town hall to register.* Πρέπει να πας στο δημαρχείο να γραφτείς.

city hall *ουσ.αρ.* (*κυρίως Αμερ.*) δημαρχείο (συχνά χρησιμοποιείται χωρίς το *a* ή το **the**) *I'm going to complain to city hall.* Θα παραπονεθώ στο δημαρχείο.

227.2 Άτομα που δουλεύουν για την κυβέρνηση

civil service *ουσ.* (*πάντα* + **the**) δημόσιο **civil servant** *ουσ.αρ.* δημόσιος υπάλληλος

official *ουσ.αρ.* στέλεχος *a government official* κυβερνητικός εκπρόσωπος

official *επίθ.* **1** [περιγράφει: π.χ. θέση, γράμμα, άδεια] επίσημος *an official visit by the Queen* μια επίσημη επίσκεψη από τη Βασίλισσα *The letter was written on official notepaper.* Το γράμμα ήταν γραμμένο σε επίσημο επιστολόχαρτο. **2** [δημόσια γνωστός] επίσημος *That was the official reason, I don't know whether it was the true one.* Αυτή ήταν η επίσημη αιτία, δεν ξέρω αν ήταν η αληθινή. **officially** *επίρρ.* επίσημα

officer *ουσ.αρ.* υπάλληλος *local government officer* υπάλληλος της τοπικής κυβέρνησης

227.3 Εκλογές

nominate *ρ.μ.* (συχνά + **for**, **as**) προτείνω/υποδεικνύω σαν υποψήφιο *You've been nominated (as a candidate) for the post of treasurer.* Σε έχουν επιλέξει σαν υποψήφιο για τη θέση του ταμία. **nomination** *ουσ.αρ.μ.αρ.* πρόταση **nominee** *ουσ.αρ.* υποψήφιος

candidate *ουσ.αρ.* (συχνά + **for**) υποψήφιος *the Labour Party candidate in the general election* ο υποψήφιος του Εργατικού Κόμματος στις γενικές εκλογές *candidates for the post of club secretary* υποψήφιοι για τη θέση του γραμματέα του ομίλου **candidacy** *ουσ.αρ.μ.αρ.* υποψηφιότητα

stand (*κυρίως Βρετ.*), **run** (*κυρίως Αμερ.*) *ρ.α.* (συχνά + **as**, **for**) βάζω υποψηφιότητα *She stood as Conservative Party candidate for Brighton.* Κατέβηκε στις εκλογές σαν υποψήφια του Συντηρητικού Κόμματος στο Μπράιτον.

election *ουσ.* **1** *ουσ.αρ.μ.αρ.* εκλογές *a general election* γενικές εκλογές *to hold an election* διεξάγω εκλογές (*σαν επίθ.*) *election campaign* προεκλογική εκστρατεία *election results* αποτελέσματα των εκλογών **2** *ουσ.μ.αρ.* (συχνά + **as, to**) εκλογή *after his election to Parliament* μετά την εκλογή του στο Κοινοβούλιο

by-election 'Η **bye-election** *ουσ.αρ.* (*Βρετ.*) [όταν ο βουλευτής ή ο τοπικός αντιπρόσωπος πεθαίνει ή παραιτείται] επαναληπτικές εκλογές

ballot *ουσ.αρ.μ.αρ.* ψηφοφορία *a secret/postal ballot* μυστική/ταχυδρομική ψηφοφορία *ballot-rigging* νοθεία στις κάλπες (*σαν επίθ.*) *ballot box* κάλπη *ballot paper* ψηφοδέλτιο

ballot *ρ.* **1** *ρ.μ.* [ζητάω τη γνώμη. Αντικ: κυρίως μέλη] καλώ κάποιον να ψηφίσει *We balloted our members on the proposed changes to the rules.* Κάλεσα τα μέλη μας να ψηφίσουν για τις προτεινόμενες αλλαγές στους κανονισμούς. **2** *ρ.α.* (συχνά + **for**) ψηφίζω

poll *ουσ.μ.αρ.* 'Η **polls** *πληθ. ουσ.* ψηφοφορία *The poll is expected to go in favour of the Democrats.* Το αποτέλεσμα της ψηφοφορίας αναμένεται ότι θα ευνοήσει τους δημοκράτες. *The country will be going to the polls in July.* Θα γίνουν εκλογές τον Ιούλιο.

polling station *ουσ.αρ.* (*κυρίως Βρετ.*) εκλογικό τμήμα

polling booth *ουσ.αρ.* (*κυρίως Βρετ.*) εκλογικός θάλαμος

referendum *ουσ.αρ.* (συχνά + **on**) δημοψήφισμα *to hold a referendum* διεξάγω δημοψήφισμα

vote *ουσ.* **1** *ουσ.αρ.* (συχνά + **for**, **against**) ψήφος *There were 340 votes for the motion and only 56 against it.* Οι ψήφοι ήταν 340 υπέρ του κινήματος και μόνο 56 κατά. *to cast one's vote* ρίχνω την ψήφο μου *to get the vote* ψηφίζομαι **2** *ουσ.αρ.* ψηφοφορία *Let's take/have a vote on it.* Ας θέσουμε το θέμα σε ψηφοφορία. *to put something to the vote* παίρνω απόφαση για κάτι μετά από ψηφοφορία **3** (*πάντα* + **the**) [οι ψήφοι που ρίχτηκαν] το σύνολο των ψήφων *He got 56% of the vote.* Πήρε το 56% των ψήφων. *the opposition vote* η ψήφος της αντιπολίτευσης **voter** *ουσ.αρ.* ψηφοφόρος

vote *ρ.* **1** *ρ.α.μ.* (συχνά + **for**, **against**, **on**) ψηφίζω *Can we vote on that question?* Μπορούμε να ψηφίσουμε για εκείνο το θέμα; *You're too young to vote* Είσαι πολύ νέος για να ψηφίσεις. *I voted Conservative at the last election.* Ψήφισα τους Συντηρητικούς στις τελευταίες εκλογές. **2** *ρ.μ.* [είμαι της γνώμης] κρίνω *Everyone voted it a success.* Όλοι έκριναν ότι ήταν επιτυχία. **3** *ρ.μ.* (*πάντα* + **that**) [ανεπίσημο] προτείνω *I vote (that) we all go together.* Προτείνω να πάμε όλοι μαζί.

constituent *ουσ.αρ.* ψηφοφόρος **constituency** *ουσ.αρ.* το σύνολο των ψηφοφόρων μιας εκλογικής περιφέρειας

227.4 Πολιτικά κόμματα και ιδεολογίες

party *ουσ.αρ.* κόμμα *a member of the Labour Party* μέλος του Εργατικού Κόμματος (*σαν επίθ.*) *party leader* αρχηγός κόμματος *party politics* κομματική πολιτική

communism *ουσ.μ.αρ.* κομουνισμός **communist** *ουσ.αρ.* κομουνιστής **communist** *επίθ.* κομουνιστικός

socialism *ουσ.μ.αρ.* σοσιαλισμός **socialist** *ουσ.αρ.* σοσιαλιστής **socialist** *επίθ.* σοσιαλιστικός

red *επίθ.* [συχνά υποτιμητικό] κόκκινος *Red China* Κόκκινη (Κομουνιστική) Κίνα **red** *ουσ.αρ.* κόκκινος, κομουνιστής

left wing *ουσ.* (συνήθως + **the**) αριστερά **left-wing** *επίθ.* αριστερός

centre (*Βρετ.*), **center** (*Αμερ.*) *ουσ.αρ.* (*πάντα* + **the**) κέντρο (*σαν επίθ.*) *centre party* κόμμα του κέντρου

liberal *επίθ.* [με ανοιχτό μυαλό και ανεκτικός. Περιγράφει:

π.χ. καθεστώς, νοοτροπία] φιλελεύθερος **liberal** *ουσ.αρ.* φιλελεύθερος **liberalism** *ουσ.μ.αρ.* φιλελευθερισμός

right wing *ουσ.* (συνήθως + the) δεξιά **right-wing** *επίθ.* δεξιός

conservative *επίθ.* [περιγράφει: π.χ. πρόσωπο, νοοτροπία] συντηρητικός **conservative** *ουσ.αρ.* συντηρητικός **conservatism** *ουσ.μ.αρ.* συντηρητισμός

fascism *ουσ.μ.αρ.* φασισμός **fascist** *ουσ.αρ.* φασίστας **fascist** *επίθ.* φασιστικός

ΤΑ ΚΥΡΙΑ ΠΟΛΙΤΙΚΑ ΚΟΜΜΑΤΑ ΣΤΗ ΜΕΓΑΛΗ ΒΡΕΤΑΝΙΑ ΚΑΙ ΤΙΣ ΗΝΩΜΕΝΕΣ ΠΟΛΙΤΕΙΕΣ

Τα κύρια πολιτικά κόμματα στη Μεγάλη Βρετανία είναι το δεξιό **Conservative Party** (Συντηρητικό Κόμμα), του οποίου τα μέλη είναι γνωστά σαν **Conservatives** ή, πιο ανεπίσημα, **Tories** το αριστερό **Labour Party** (Εργατικό Κόμμα) – δεν υπάρχει ειδικός όρος για τα μέλη του Εργατικού Κόμματος – και το μικρότερο **Liberal Democratic Party** (Κόμμα των Φιλελευθέρων Δημοκρατών), που είναι κόμμα του κέντρου και του οποίου τα μέλη είναι γνωστά σαν **Liberal Democrats**.

Μόνο δύο μεγάλα πολιτικά κόμματα υπάρχουν στις Ηνωμένες Πολιτείες. Το **Republican Party** (Κόμμα των Ρεπουμπλικάνων), του οποίου οι υποστηρικτές λέγονται Ρεπουμπλικάνοι (**Republicans**), είναι πιο δεξιό από το **Democratic Party** (Δημοκρατικό Κόμμα), οι υποστηρικτές του οποίου είναι γνωστοί σαν **Democrats** (Δημοκράτες).

227.5 Συστήματα διακυβέρνησης

democracy *ουσ.μ.αρ.αρ.* δημοκρατία *parliamentary democracy* κοινοβουλευτική δημοκρατία **democrat** *ουσ.αρ.* δημοκράτης

democratic *επίθ.* [περιγράφει: π.χ. κυβέρνηση, δικαίωμα, κοινωνία] δημοκρατικός *It would be more democratic if we took a vote.* Θα ήταν πιο δημοκρατικό αν ψηφίζαμε. **democratically** *επίρρ.* δημοκρατικά

dictatorship *ουσ.μ.αρ.αρ.* δικτατορία **dictator** *ουσ.αρ.* δικτάτορας **dictatorial** *επίθ.* δικτατορικός

anarchism *ουσ.μ.αρ.* αναρχισμός **anarchist** *ουσ.αρ.* αναρχικός

anarchy *ουσ.μ.αρ.* αναρχία *There was total anarchy following the overthrow of the president.* Επικρατούσε πλήρης αναρχία μετά την ανατροπή του προέδρου.

227.6 Επανάσταση

revolution *ουσ.* 1 *ουσ.αρ.μ.αρ.* επανάσταση *the French Revolution* η Γαλλική Επανάσταση *The government was overthrown in a revolution.* Η κυβέρνηση ανατράπηκε με μια επανάσταση. 2 *ουσ.αρ.* (συχνά + in) [πλήρης αλλαγή] επανάσταση *a revolution in scientific thought* επανάσταση στην επιστημονική σκέψη *the Industrial Revolution* η Βιομηχανική Επανάσταση

revolutionary *επίθ.* 1 [περιγράφει: π.χ. κυβέρνηση, δραστηριότητες, αρχηγό] επαναστατικός 2 [περιγράφει: π.χ. αλλαγή, αποτέλεσμα, ανακάλυψη] επαναστατικός **revolutionary** *ουσ.αρ.* επαναστάτης

revolt *ουσ.μ.αρ.αρ.* [μικρότερης κλίμακας από το **revolution**] (συχνά + against) ξεσήκωμα *to rise in revolt against somebody/something* ξεσηκώνομαι εναντίον κάποιου/κάτι *a back-bench revolt* (Βρετ.) ξεσήκωμα των απλών βουλευτών της κυβέρνησης

revolt *ρ.α.* (συχνά + against) επαναστατώ, ξεσηκώνομαι

χρήση

Οι τύποι των χρόνων διαρκείας του ρήματος **to revolt** πρέπει να χρησιμοποιούνται με προσοχή για να αποφευχθούν περιπτώσεις ασάφειας επειδή η λέξη **revolting** είναι συνηθισμένη σαν επίθετο που σημαίνει: αηδιαστικός, αποκρουστικός.

uprising *ουσ.αρ.* εξέγερση, επανάσταση *an armed uprising* ένοπλη εξέγερση

rebellion *ουσ.αρ.μ.αρ.* ανταρσία *armed rebellion* ένοπλη ανταρσία *The rebellion was crushed by the military.* Η ανταρσία καταπνίχτηκε από το στρατό.

coup *ουσ.αρ.* 1 επίσης **coup d'etat** [αρπαγή της εξουσίας από μια μικρή μη εκλεγμένη ομάδα] πραξικόπημα *He seized power in a coup.* Πήρε την εξουσία με πραξικόπημα. 2 [πολύ έξυπνο και επιτυχές κατόρθωμα] τέχνασμα *It was quite a coup to get the contract to build the new bridge.* Ήταν κατόρθωμα το ότι πήραμε την παραγγελία να χτίσουμε την καινούρια γέφυρα.

demonstration *ουσ.αρ.*, *σύντ.* [ανεπίσημο] **demo** (συχνά + against, in favour of) διαδήλωση *a student demonstration in support of the sacked lecturer* διαδήλωση φοιτητών υπέρ του λέκτορα που απολύθηκε **demonstrate** *ρ.α.* κάνω διαδήλωση **demonstrator** *ουσ.αρ.* διαδηλωτής

---

228 Control Έλεγχος

δες επίσης **401 Strength**

control *ρ.μ.*, -ll- (Βρετ.), συνήθως -l- (Αμερ.) 1 [ρυθμίζω ή ασκώ περιορισμό. Αντικ.: π.χ. μηχάνημα, όχημα, τάξη] ελέγχω *She simply can't control those children.* Δεν μπορεί να εξασκήσει καθόλου έλεγχο πάνω στα παιδιά. *Please try to control yourself.* Σε παρακαλώ προσπάθησε να ελέγξεις τον εαυτό σου. *a computer-controlled process* διαδικασία που ρυθμίζεται από κομπιούτερ 2 [έχω εξουσία πάνω σε κάτι. Αντικ.: π.χ. χώρα, οργανισμός] ελέγχω *Our forces now control all access roads to the city.* Οι δυνάμεις μας ελέγχουν τώρα όλες τις εισόδους της πόλης.

control *ουσ.* 1 *ουσ.μ.αρ.* (συχνά + of) έλεγχος *to be in control* (of something) έχω τον έλεγχο (κάποιου πράγματος) *The vehicle went out of control.* Το όχημα ξέφυγε από τον έλεγχο. *She lost control of her temper.* Έχασε την ψυχραιμία της. *The army has taken control of the country.* Ο στρατός έχει αναλάβει τον έλεγχο της χώρας. *Everything is under control.* Όλα είναι υπό έλεγχο. *circumstances outside/beyond our control* περιστάσεις έξω/πέρα από τον

έλεγχό μας 2 *ουσ.αρ.μ.αρ.* (συχνά + on) [όριο] περιορισμός *traffic control* έλεγχος της κυκλοφορίας *controls on imports* περιορισμοί στις εισαγωγές 3 *ουσ.αρ.* (συχνά πληθ.) [μηχανήματος, οχήματος, κτλ.] σύστημα ελέγχου **controller** *ουσ.αρ.* ελεγκτής

χρήση

Προσέχετε να μη συγχέετε το ρήμα **control** (ελέγχω) με το ρήμα **check** (ελέγχω) (δες **301 Careful**). Σε προτάσεις όπως *The immigration officers checked my passport.* (Οι τελωνειακοί έλεγξαν το διαβατήριό μου.) δεν μπορείτε να χρησιμοποιήσετε το **control** αντί για το **check**. Το ουσιαστικό **control** όμως, μπορεί μερικές φορές να χρησιμοποιηθεί με αυτή την έννοια, π.χ. *I went through Passport Control before collecting my luggage.* Πέρασα από τον έλεγχο διαβατηρίων πριν πάρω τις αποσκευές μου. (δες έννοια 2 του **control** *ουσ.* παραπάνω.)

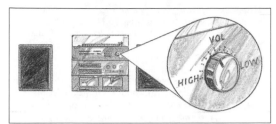

the volume control on a stereo το κουμπί που ρυθμίζει την ένταση του ήχου στο στερεοφωνικό συγκρότημα

The pilot is at the controls. Ο πιλότος είναι στη καμπίνα διακυβερνήσεως του αεροσκάφους.

be in charge (of sth/sb) είμαι υπεύθυνος για κτ/κπ *Who's in charge while the boss is away?* Ποιος κάνει κουμάντο όσο λείπει το αφεντικό; *I left Mary in charge of the office.* Άφησα τη Μαίρη υπεύθυνη για το γραφείο.

228.1 Επιβλέπω

supervise ρ.μ.α. [αντικ: π.χ. εργαζόμενους, δουλειά, επιχείρηση] επιβλέπω

supervision ουσ.μ.αρ. επίβλεψη *to work* **under supervision** δουλεύω υπό επίβλεψη **supervisor** ουσ.αρ. επιτηρητής

oversee ρ.μ., αόρ. **oversaw** μτχ. αορ. **overseen** [ασκώ γενικό ή πλήρη έλεγχο] επιστατώ *They brought in an expert to oversee the running of the project.* Έφεραν έναν ειδικό για να επιστατήσει στη διεξαγωγή του έργου.

overseer ουσ.αρ. [σε εργοστάσιο κτλ.] επιστάτης

monitor ρ.μ. [υπονοεί μέτρηση. Αντικ.: π.χ. χτύπος καρδιάς, πρόοδος] παρακολουθώ, ελέγχω *The doctors are continuously monitoring the patient's respiration.* Οι γιατροί παρακολουθούν συνεχώς την αναπνοή του ασθενή.

monitor ουσ.αρ. 1 [που μετράει π.χ. χτύπους της καρδιάς] μετρητής 2 [τηλεοπτική κάμερα] μόνιτορ

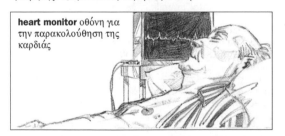

heart monitor οθόνη για την παρακολούθηση της καρδιάς

watchdog ουσ.αρ. φύλακας *The committee acts as a watchdog to ensure that standards are maintained.* Η επιτροπή λειτουργεί σαν φύλακας για να διασφαλίσει τη διατήρηση των προτύπων.

keep an eye on sb/sth [ανεπίσημο] προσέχω *I asked my neighbour to keep an eye on the children while I was out.* Ζήτησα από τη γειτόνισσά μου να προσέχει τα παιδιά όσο έλειπα. *The police are keeping an eye on the warehouse because they think it contains stolen goods.* Οι αστυνομικοί παρακολουθούν την αποθήκη επειδή νομίζουν ότι περιέχει κλοπιμαία.

228.2 Οργανώνω

organize ρ.μ.α., ΕΠΙΣΗΣ -**ise** (*Βρετ.*) 1 [κάνω να συμβεί. Αντικ.: π.χ. συνάντηση, ταξίδι] οργανώνω *I'm organizing a party for Julia's birthday.* Οργανώνω ένα πάρτι για τα γενέθλια της Τζούλιας. *Can you organize lifts for the people who haven't got cars?* Μπορείς να κανονίσεις μεταφορά για τα άτομα που δεν έχουν αυτοκίνητα; 2 [αναπτύσσω σύστημα τάξης. Αντικ.: π.χ. αντικείμενα, ανθρώπους, στοιχεία] οργανώνω *We must get (ourselves)* **organized**. Πρέπει να οργανωθούμε. *organized crime* οργανωμένο έγκλημα *The books are organized by subject.* Τα βιβλία έχουν ταξινομηθεί κατά θέμα.

arrange ρ. 1 ρ.μ.α. (συχνά + **to** + ΑΠΑΡΕΜΦΑΤΟ, + **for**) [αντικ.: π.χ. συνέντευξη, ώρα, λεπτομέρειες] κανονίζω *an arranged marriage* γάμος από προξενιό *We'll meet on Friday then, as arranged.* Θα συναντηθούμε την Παρασκευή λοιπόν, όπως συμφωνήσαμε. *Can you arrange for me to be met at the airport?* Μπορείς να κανονίσεις να έρθει κάποιος να με υποδεχτεί στο αεροδρόμιο; 2 ρ.μ. [βάζω σε κάποια σειρά ή διάταξη. Αντικ.: π.χ. λουλούδια, βιβλία, χαρτιά] τακτοποιώ *Arrange these words in the correct order.* Βάλε αυτές τις λέξεις στη σωστή σειρά.

arrangement ουσ. 1 ουσ.αρ. (συνήθως πληθ.) ετοιμασία *to* **make arrangements** (*for* sth) κανονίζω (κάτι) *travel arrangements* ετοιμασίες για το ταξίδι 2 ουσ.μ.αρ.αρ. (συχνά + **with**) συμφωνία *by arrangement* (with somebody) μετά από συμφωνία (με κάποιον) *to* **come to an arrangement with** somebody έρχομαι σε συμφωνία με κάποιον 3 ουσ.μ.αρ.αρ. διάταξη *(a) flower arrangement* διάταξη λουλουδιών

plan ρ.μ.α., -**nn**- σχεδιάζω *We're planning a surprise party.* Σχεδιάζουμε ένα πάρτι έκπληξη.

planning ουσ.μ.αρ. σχεδιασμός *This kind of project needs careful planning.* Αυτό το είδος έργου χρειάζεται προσεκτικό σχεδιασμό. *δες επίσης **107 Intend**

coordinate ρ.μ. [κάνω όλα τα μέρη να λειτουργήσουν αποτελεσματικά. Αντικ.: π.χ. προσπάθειες, επιχείρηση, κινήσεις] συντονίζω *a well-coordinated campaign* μια καλά συντονισμένη εκστρατεία

coordination ουσ.μ.αρ. 1 συντονισμός *coordination of the efforts of the various groups* συντονισμός των προσπαθειών των διαφόρων ομάδων 2 [για το σώμα] συντονισμός *lack of muscular coordination* έλλειψη συντονισμού των μυικών κινήσεων

run ρ., -**nn**- αόρ. **ran** μτχ.αορ. **run** ρ.μ. [αντικ: π.χ. επιχείρηση, ξενοδοχείο, οργανισμός] διευθύνω *a well-run/badly-run company* μια καλά/άσχημα διοικούμενη εταιρεία *She's actually running the whole show.* Αυτή είναι που διευθύνει τα πάντα σε αυτή την επιχείρηση.

administer ρ.μ. 1 [αντικ.: π.χ. τμήμα, περιοχή, οικονομικά] διαχειρίζομαι 2 [επίσημο. Αντικ.: π.χ. φάρμακο, γροθιά] δίνω

administration ουσ. 1 ουσ.μ.αρ. διαχείρηση, διοίκηση *I spend more time on administration than on actual design work.* Αφιερώνω πιο πολλή ώρα σε διοικητική δουλειά παρά σε σχεδιασμό. 2 ουσ.αρ. (κυρίως Αμερ.) [χρόνος στην εξουσία] διακυβέρνηση *the Reagan administration* η διακυβέρνηση του Ρήγκαν **administrative** επίθ. διοικητικός **administrator** ουσ.αρ. διαχειριστής

handle ρ.μ. [χειρίζομαι. Αντικ.: π.χ. πρόσωπο, υπόθεση, παράπονα] διεκπεραιώνω *My accountant handles any tax problems I may have.* Ο λογιστής μου διαχειρίζεται οποιαδήποτε φορολογικά προβλήματα έχω. *Don't worry, I can handle it!* [τα καταφέρνω. Μπορεί να σημαίνει συναισθηματικά παρά σωματικά] Μην ανησυχείς. Μπορώ να τα βγάλω πέρα!

228.3 Διατάζω

δες επίσης **208 Laws and Rules**

command ρ. 1 ρ.μ.α. [είμαι υπεύθυνος. Αντικ.: π.χ. πλοίο, αεροσκάφος, ομάδα στρατιωτών] εξουσιάζω. 2 ρ.μ.α. (συχνά + **to** + ΑΠΑΡΕΜΦΑΤΟ, + **that**) [είναι πιο επίσημο και υπονοεί μεγαλύτερη εξουσία από το **order**] διατάζω *She commanded us to stand still.* Μας διέταξε να σταθούμε ακίνητοι. 3 ρ.μ. [κάνω να δώσουν. Αντικ.: π.χ. σεβασμός, προσοχή] μου δινουν *His paintings still command high prices.* Οι πίνακές του ακόμα και τώρα φέρνουν υψηλές τιμές. **commander** ουσ.αρ. διοικητής

command ουσ. 1 ουσ.μ.αρ. έλεγχος *to be* **in command of** *something* έχω τον έλεγχο κάποιου πράγματος *to* **take command** *(of something)* αναλαμβάνω τον έλεγχο (κάποιου πράγματος) *She's in full command of the situation.* Ελέγχει την κατάσταση πλήρως. 2 ουσ.αρ. διαταγή *to give the command to do something* δίνω διαταγή (σε κάποιον) να κάνει κάτι

order ρ.μ. (συχνά + **to** + ΑΠΑΡΕΜΦΑΤΟ) διατάζω *I order you to stop immediately.* Σε διατάζω να σταματήσεις αμέσως. *She loves* **ordering** *people* **about.** Της αρέσει πάρα πολύ να λέει στους άλλους τι να κάνουν. **order** ουσ.αρ. διαταγή *He gave the order to shoot.* Έδωσε τη διαταγή να πυροβολήσουν. *Go home, that's an order!* Πήγαινε σπίτι, σε διατάζω!

instruct ρ.μ. (συχνά + **to** + ΑΠΑΡΕΜΦΑΤΟ) [πιο επίσημο από το **order**, δε χρησιμοποιείται συνήθως σε στρατιωτικές περιστάσεις] δίνω οδηγίες *I've been instructed to hand you this letter.* Μου έχουν δοθεί οδηγίες να σας παραδώσω αυτό το γράμμα. **instruction** ουσ.αρ. [συνήθως χρησιμοποιείται στον πληθ.] εντολή, οδηγία *to give instructions (that)* δίνω οδηγίες (να) *Follow the instructions on the packet.* Ακολούθησε τις οδηγίες στο πακέτο.

boss ρ.μ. (συχνά + **about**, **around**) [ανεπίσημο] κάνω κουμάντο *Don't let her boss you (around).* Μην την αφήνεις να σου κάνει κουμάντο. **bossy** επίθ. [ανεπίσημο] αυταρχικός

228.4 Αρχηγεία

leader ουσ.αρ. αρχηγός *The country needs a strong leader.* Η χώρα χρειάζεται έναν ισχυρό αρχηγό. *group/team leader* αρχηγός της ομάδας

leadership ουσ.μ.αρ. 1 (συχνά + **of**) αρχηγεία *She took over the leadership of the party.* Ανέλαβε την αρχηγεία του κόμματος. 2 αρχηγεία *The course is designed to develop qualities of leadership and responsibility in young people.* Τα μαθήματα είναι σχεδιασμένα να αναπτύξουν τα προσόντα για αρχηγεία και υπευθυνότητα σε νεαρά άτομα. 3 (πάντα + **the** + ενικ. ή πληθ. ρ.) αρχηγοί *The party leadership is/are out of touch with what ordinary members think.* Οι αρχηγοί του κόμματος δεν έχουν ιδέα ποιες είναι οι απόψεις των απλών μελών.

lead ρ.μ.α., αόρ. & μτχ. αορ. **led** οδηγώ *She led her party to victory.* Οδήγησε το κόμμα της στη νίκη.

head ουσ.αρ. (συχνά + **of**) επικεφαλής *departmental heads* οι επικεφαλής σχολών/τμημάτων *the head of the organization* ο επικεφαλής της οργάνωσης **head of state** αρχηγός του κράτους *(σαν επίθ.) head waiter* αρχισερβιτόρος *head office* κεντρικά γραφεία

head ρ.μ. [αντικ.: π.χ. οργανισμός, τμήμα, εξέγερση] είμαι επικεφαλής

master ουσ.αρ. (συχνά + **of**) κύριος *The dog recognised its master's voice.* Το σκυλί αναγνώρισε τη φωνή του κυρίου του. *to be master of the situation* είμαι κύριος της κατάστασης *to be one's own master* είμαι κύριος του εαυτού μου

mistress ουσ.αρ. (συχνά + **of**) κυρία *to be one's own mistress* είμαι κυρία του εαυτού μου *The servant reported the matter to his mistress.* Ο υπηρέτης ανέφερε το θέμα στη κυρία του.

rule ρ.α.μ. (συχνά + **over**) κυβερνώ *Louis XIV ruled (France) from 1643 to 1715.* Ο Λουδοβίκος 14ος κυβέρνησε (τη Γαλλία) από το 1643 μέχρι το 1715. *Don't let your heart rule your head.* Μην αφήνεις την καρδιά σου να ορίζει το μυαλό σου. **rule** ουσ.αρ. εξουσία **ruler** ουσ.αρ. κυβερνήτης

govern ρ. 1 ρ.μ.α. [αντικ.: κυρίως χώρα] κυβερνώ 2 ρ.μ. [κάνω κανόνες για. Αντικ.: π.χ. πράξεις, συμπεριφορά] καθορίζω *rules governing the conduct of meetings* κανόνες που καθορίζουν τη διεξαγωγή των συνεδριάσεων

dominate ρ.μ.α. εξουσιάζω *He'll dominate you, if you let him.* Θα σε εξουσιάσει αν του το επιτρέψεις. *a building dominating the skyline* ένα κτίριο που κυριαρχεί στον ορίζοντα **domination** ουσ.μ.αρ. κυριαρχία

228.5 Περιορίζω

limit ρ.μ. (συχνά + **to**) περιορίζω *We had to limit ourselves to five minutes each.* Χρειάστηκε να περιοριστούμε σε πέντε λεπτά ο καθένας. *We're limited by financial considerations.* Περιοριζόμαστε από το γεγονός ότι πρέπει να λάβουμε υπόψη τους οικονομικούς παράγοντες. *The problem isn't limited to students/the inner cities.* Το πρόβλημα δεν περιορίζεται στους φοιτητές/στα κέντρα των πόλεων.

limit ουσ.αρ. όριο *speed/time limit* όριο ταχύτητας/χρονικό όριο *to impose limits on something/somebody* επιβάλλω περιορισμούς σε κάτι/κάποιον

limitation ουσ.αρ. [συχνά πληθ.] περιορισμός, μειονέκτημα *to have limitations* έχω ατέλειες/περιορισμένες ικανότητες *to know one's own limitations* γνωρίζω τα όρια των δυνατοτήτων μου

limited επίθ. [περιγράφει: π.χ. αριθμό, ποσό, φάσμα] περιορισμένος *They have a limited selection of goods on offer.* Προσφέρουν μια περιορισμένη επιλογή αγαθών. *a student of very limited ability* μαθητής πολύ περιορισμένων ικανοτήτων

restrict ρ.μ. (συχνά + **to**) [υπονοεί πιο σταθερό αρνητικό έλεγχο από το **limit**] περιορίζω *laws restricting the number of hours young people are allowed to work* νόμοι που περιορίζουν τον αριθμό των ωρών που επιτρέπεται στα νεαρά άτομα να δουλεύουν *Membership is restricted to women.* Το δικαίωμα του να είναι κανείς μέλος περιορίζεται σε γυναίκες.

restricted επίθ. [περιγράφει: π.χ. θέα, χώρο, ελεύθερο ύψος] περιορισμένος *The invention's commercial potential is restricted.* Η εμπορικότητα της εφεύρεσης είναι περιορισμένη.

restriction ουσ.αρ. (συχνά + **on**) περιορισμός *Speed restrictions are in force on the motorway.* Περιορισμοί του ορίου ταχύτητας ισχύουν στον αυτοκινητόδρομο. *to place/impose restrictions on* θέτω/επιβάλλω περιορισμούς σε

curb ρ.μ. [υπονοεί πιο δυνατό και πιο σθεναρό έλεγχο από το **limit** ή το **restrict**. Αντικ.: κάτι που θεωρείται ανεπιθύμητο] συγκρατώ *measures to curb outbreaks of violence* μέτρα για να συγκρατηθούν οι εκρήξεις βίας **curb** ουσ.αρ. (συχνά + **on**) περιορισμός *curbs on public spending* περιορισμοί των δημοσίων δαπανών

curtail ρ.μ. [κάπως επίσημο] περικόπτω *an attempt to curtail expenditure* μια απόπειρα να περικοπούν οι δαπάνες

restrain ρ.μ. [υπονοεί ήπιο έλεγχο. Συχνά χρησιμοποιείται για να περιγράψει τις προσπάθειες ενός ατόμου για αυτοσυγκράτηση] συγκρατώ *I couldn't restrain myself any longer – I had to speak out.* Δεν μπορούσα να συγκρατηθώ άλλο – έπρεπε να μιλήσω έξω από τα δόντια. *Police* restrained the man and led him out of the hall. Οι αστυνομικοί συγκράτησαν τον άνθρωπο και τον οδήγησαν έξω από την αίθουσα.

restrained επίθ. [περιγράφει: π.χ. αντίδραση, συναίσθημα] συγκρατημένος

restraint ουσ. 1 ουσ.μ.αρ. συγκράτηση to show/exercise restraint δείχνω/εξασκώ συγκράτηση 2 ουσ.αρ.μ.αρ. (συχνά + on) [κάπως επίσημο] καταστολή restraints on one's freedom of action καταστολή της ελευθερίας των πράξεων

regulate ρ.μ. [υπονοεί οργάνωση και έλεγχο. Συνήθως δε χρησιμοποιείται για ανθρώπους. Αντικ.: π.χ. χρήση, πώληση, ροή] ρυθμίζω Laws to regulate the import of livestock. Νόμοι για τη ρύθμιση των εισαγωγών των ζώων.

228.6 Επιρροή

influence ουσ. 1 ουσ.μ.αρ.αρ. (δεν έχει πληθ., συχνά + on) επιρροή to have an influence on something/somebody έχω επιρροή σε κάτι/κάποιον She could use her influence to get you the job. Θα μπορούσε να χρησιμοποιήσει την επιρροή της για να σου δώσουν τη δουλειά. She's still under her sister's influence. Ακόμα είναι κάτω από την επιρροή της αδελφής της. 2 ουσ.αρ. (συχνά + on) επιρροή to be a good/bad influence on somebody είμαι καλή/κακή επιρροή για κάποιον an influence for good επιρροή για καλό

influential επίθ. [περιγράφει: π.χ. πρόσωπο, εφημερίδα, θέση] που έχει επιρροή He was influential in bringing about a

settlement. Έπαιξε σημαντικό ρόλο στη σύναψη συμφωνίας.

power ουσ. 1 ουσ.μ.αρ. εξουσία to be in power είμαι στην εξουσία to come to power ανεβαίνω στην εξουσία to have power over somebody/something έχω εξουσία πάνω σε κάποιον/κάτι (σαν επίθ.) power politics πολιτική που βασίζεται στην άσκηση εξουσίας power struggle αγώνας για εξουσία 2 ουσ.μ.αρ.αρ. [δικαίωμα] εξουσία, αρμοδιότητα Only the President has the power to authorize such a move. Μόνο ο Πρόεδρος έχει την αρμοδιότητα να εξουσιοδοτήσει τέτοια κίνηση. The police were given special powers during the emergency. Όσο διαρκούσε η κατάσταση έκτακτης ανάγκης δόθηκαν ειδικές εξουσίες στην αστυνομία. 3 ουσ.αρ. [χώρα ή πρόσωπο] δύναμη a naval/military power μια ναυτική/στρατιωτική δύναμη

powerful επίθ. [περιγράφει: π.χ. πρόσωπο, έθνος, οργανισμό] ισχυρός

pull strings [ανεπίσημο. Εξασκώ επιρροή] βάζω τα μέσα I could pull a few strings at headquarters to help get the plan accepted. Θα μπορούσα να βάλω μέσο στα κεντρικά γραφεία για να βοηθήσω να γίνει αποδεκτό το σχέδιο.

authority ουσ. 1 ουσ.μ.αρ. [συχνά + over] εξουσία people in authority άτομα στην εξουσία I don't have the authority to order her to stay. Δεν έχω τη δικαιοδοσία να τη διατάξω να μείνει. 2 ουσ.αρ. [συχνά πληθ., συνήθως + the] αρχή You'll have to get permission from the proper authorities. Θα πρέπει να πάρεις άδεια από τις αρμόδιες αρχές.

229 Strict Αυστηρός

strict επίθ. 1 (συχνά + about, with) [περιγράφει: π.χ. δάσκαλο, οπαδό της αυστηρής πειθαρχίας, κανόνα] αυστηρός My parents are very strict about homework. Οι γονείς μου είναι πολύ αυστηροί σχετικά με τα μαθήματα. I was given strict instructions not to be late. Μου δόθηκαν αυστηρές οδηγίες να μην αργήσω. 2 [απόλυτα ακριβής. Περιγράφει: π.χ. ερμηνεία, αλήθεια] στενός not in the strict sense of the word όχι με την στενή σημασία της λέξης

strictly επίρρ. 1 [χρησιμοποιείται για να δώσει έμφαση] αυστηρά strictly forbidden/confidential αυστηρά απαγορευμένος/εμπιστευτικός 2 ακριβώς Strictly speaking, it's our turn next. Για να είμαστε ακριβείς, είμαστε οι επόμενοι στη σειρά. Are these figures strictly accurate? Είναι αυτά τα νούμερα απόλυτα ακριβή;

firm επίθ. ακλόνητος, αποφασισμένος Be firm with her. Να παραμείνεις ακλόνητος απέναντί της. That boy needs a firm hand. Εκείνο το παιδί χρειάζεται κάποιον που να είναι ανένδοτος μαζί του. **firmly** επίρρ. αποφασισμένα **firmness** ουσ.μ.αρ. αποφασιστικότητα

stern επίθ. 1 [περιγράφει: π.χ. προειδοποίηση, υπενθύμιση, μέτρο] αυστηρός 2 [περιγράφει: π.χ. έκφραση, βλέμμα]

βλοσυρός **sternly** επίρρ. αυστηρά, βλοσυρά

severe επίθ. 1 [περιγράφει: π.χ. πρόσωπο, τιμωρία, κριτική] αυστηρός, σκληρός I thought the judge was too severe on him. Κατά τη γνώμη μου ο δικαστής ήταν υπερβολικά αυστηρός μαζί του. 2 [πολύ κακός. Περιγράφει: π.χ. ζημιά, τραυματισμό, χτύπημα] σοβαρός severe weather δριμύ ψύχος They are suffering severe hardship. Υποφέρουν σοβαρές στερήσεις. **severely** επίρρ. αυστηρά **severity** ουσ.μ.αρ. αυστηρότητα

harsh επίθ. 1 [συχνά υποτιμητικό] σκληρός She certainly didn't deserve such harsh treatment. Σίγουρα δεν της άξιζε τέτοια σκληρή μεταχείριση. 2 [τραχύς ή δυσάρεστος. Περιγράφει: π.χ. ήχο, φωνή, φως] σκληρός, έντονος **harshly** επίρρ. σκληρά

discipline ρ.μ. 1 [εξαναγκάζω κπ να πειθαρχηθεί] πειθαρχώ 2 [κάπως επίσημο] τιμωρώ **disciplinary** επίθ. πειθαρχικός

discipline ουσ.μ.αρ. πειθαρχία Those children badly need discipline. Εκείνα τα παιδιά έχουν μεγάλη ανάγκη από πειθαρχία. self-discipline αυτοπειθαρχία **disciplined** επίθ. πειθαρχημένος

230 Allow Επιτρέπω

δες επίσης **L14 Permission**

allow ρ.μ. 1 (συχνά + to + ΑΠΑΡΕΜΦΑΤΟ) επιτρέπω I'm not allowed to tell you his name. Δε μου επιτρέπεται να σου πω το όνομά του. They're only allowed out on Sundays. Μόνο τις Κυριακές τους επιτρέπουν να βγουν. No dogs allowed. Δεν επιτρέπονται σκυλιά. 2 (συχνά + to + ΑΠΑΡΕΜΦΑΤΟ) [καθιστώ κάποιον ικανό να κάνει ή να έχει] επιτρέπω The new arrangements allow me more free time. Οι καινούριοι όροι μου δίνουν περισσότερο ελεύθερο χρόνο. **allowable** επίθ. επιτρεπτός

χρήση

Δεν είναι σωστό να πούμε Is it allowed to smoke/eat in here? κτλ. Αντί γι αυτό, λέμε Is smoking/eating allowed in here? Επιτρέπεται το κάπνισμα εδώ; ή Are we allowed to smoke in here? Μας επιτρέπεται να καπνίσουμε εδώ μέσα; Am I allowed to eat in here? Μου επιτρέπεται να φάω εδώ μέσα;

let ρ.μ., -tt- αόρ. & μτχ. αορ. **let** (συχνά + ΑΠΑΡΕΜΦΑΤΟ – **to**) [δε χρησιμοποιείται στην παθητική φωνή. Πιο ανεπίσημο από το **allow**] αφήνω *I won't let them hurt you. Δε θα τους αφήσω να σου κάνουν κακό. You mean you just let him take the money? Δηλαδή έτσι απλώς τον άφησες να πάρει τα λεφτά;*

permit ρ.μ., -tt- (συχνά + **to** + ΑΠΑΡΕΜΦΑΤΟ) [πιο επίσημο από το **allow**] επιτρέπω *Smoking is not permitted in this area. Το κάπνισμα δεν επιτρέπεται σε αυτό το χώρο. if time permits αν το επιτρέπει ο χρόνος*

permit ουσ.αρ. [επίσημο έγγραφο] άδεια *a work permit* άδεια εργασίας

permission ουσ.μ.αρ. (συχνά + **to** + ΑΠΑΡΕΜΦΑΤΟ) άδεια *I didn't give you permission to leave. Δε σου έδωσα άδεια να φύγεις. She took the book without my permission. Πήρε το βιβλίο χωρίς την άδειά μου.*

permissible επίθ. [κάπως επίσημο. Περιγράφει: π.χ. επίπεδο, όριο] επιτρεπτός

grant ρ.μ. 1 [συμφωνώ σε κάτι. Αντικ: π.χ. ευχή, παράκληση] δέχομαι 2 [δίνω. Χρησιμοποιείται σε σχετικά επίσημο περιεχόμενο] χορηγώ *They were granted a small monthly payment. Τους χορήγησαν ένα μικρό μηνιαίο επίδομα.*

entitle ρ.μ. (συχνά + **to**, + **to** + ΑΠΑΡΕΜΦΑΤΟ) δίνω το δικαίωμα *This voucher entitles you to two free cinema tickets. Με αυτό το κουπόνι δικαιούσαι δύο δωρεάν εισιτήρια για το κινηματογράφο. I'm entitled to know why my application was refused. Έχω το δικαίωμα να μάθω γιατί απορρίφθηκε η αίτησή μου. entitlement ουσ.μ.αρ.* δικαίωμα

authorize, ΕΠΙΣΗΣ **-ise** (Βρετ.) ρ.μ. (συχνά + **to** + ΑΠΑΡΕΜΦΑΤΟ) [δίνω κυρίως επίσημη άδεια] εξουσιοδοτώ *Who authorized you to sign on the company's behalf? Ποιος* σε εξουσιοδότησε να υπογράψεις εκ μέρους της εταιρείας; *authorized biography* βιογραφία ενός προσώπου που εκδίδεται με την άδειά του **authorization**, ΕΠΙΣΗΣ **-isation** (Βρετ.) ουσ.μ.αρ. εξουσιοδότηση

licence (κυρίως Βρετ.), **license** (Αμερ.) ουσ. 1 ουσ.αρ. (συχνά + **to** + ΑΠΑΡΕΜΦΑΤΟ) άδεια *driving licence* (Βρετ.)/ *driver's license* (Αμερ.) άδεια οδήγησης *manufactured under licence* κατασκευασμένο με άδεια (σαν επίθ.) *licence fee* τέλη για την έκδοση άδειας 2 ουσ.μ.αρ. [ελευθερία] άδεια *She allowed herself a certain amount of licence in interpreting her instructions. Ερμήνευσε τις οδηγίες της κάπως ελεύθερα. poetic licence* ποιητική άδεια

φράσεις

to give/get the go-ahead (συχνά + **to** + ΑΠΑΡΕΜΦΑΤΟ) δίνω/παίρνω την άδεια/το εμπρός *We can start as soon as we get the go-ahead from you. Μπορούμε να αρχίσουμε μόλις πάρουμε την άδεια από σένα.*
to give the green light to δίνω το πράσινο φως σε
to give the thumbs up to δείχνω θετική ανταπόκριση σε

license (Βρετ. & Αμερ.), **licence** (Αμερ.) ρ.μ. (συχνά + **to** + ΑΠΑΡΕΜΦΑΤΟ) δίνω άδεια

sanction ρ.μ. [επίσημο] εγκρίνω *The committee refused to sanction any further expenditure on the project. Η επιτροπή αρνήθηκε να εγκρίνει οποιαδήποτε επιπλέον έξοδα για το έργο.*

sanction ουσ. 1 ουσ.αρ. [σαν τιμωρία] κύρωση *to impose economic sanctions on a country* επιβάλλω οικονομικές κυρώσεις σε μια χώρα 2 ουσ.μ.αρ. [άδεια. Επίσημο] συγκατάθεση

231 Forbid Απαγορεύω

forbid ρ.μ., -dd- αόρ. **forbade** μτχ. αορ. **forbidden** (συχνά + **to** + ΑΠΑΡΕΜΦΑΤΟ) απαγορεύω *I forbid you to go near that place again. Σου απαγορεύω να ξαναπλησιάσεις εκείνο το μέρος. forbidden by law* απαγορευμένος από το νόμο

χρήση

Από τα ρήματα σε αυτό το τμήμα, το **forbid** είναι το μόνο που μπορεί να χρησιμοποιηθεί σε συζήτηση όταν το ένα πρόσωπο προσπαθεί να αναγκάσει κάποιο άλλο να σταματήσει να κάνει κάτι συγκεκριμένο σε μια συγκεκριμένη στιγμή: *I forbid you to do that.* (Σου απαγορεύω να το κάνεις.) Το **forbid**, όμως, είναι πολύ εμφατικό και κάπως επίσημο. Υπάρχουν αρκετοί πιο ανεπίσημοι τρόποι για να εκφράσουμε απαγόρευση στα Αγγλικά, όπως η χρήση της αρνητικής προστακτικής: *Don't do that!* (Μην το κάνεις!) ή του **must** στον αρνητικό τύπο: *You mustn't do that.* (Δεν πρέπει να το κάνεις.) Κατά παρόμοιο τρόπο, αν και ένα νεαρό πρόσωπο μπορεί να πει: *'My parents have forbidden me to go.'* (Οι γονείς μου μου έχουν απαγορεύσει να πάω) είναι πιο πιθανό να πει: *'My parents won't let me go.'* (Οι γονείς μου δε με αφήνουν να πάω.)

ban ρ.μ., -nn- (συχνά + **from**) απαγορεύω *The government has banned the sale of the drug. Η κυβέρνηση έχει απαγορεύσει την πώληση του φαρμάκου. My dad's banned me from driving his car. Ο πατέρας μου μού έχει απαγορεύσει να οδηγήσω το αυτοκίνητό του.*

ban ουσ.αρ. (συχνά + **on**) απαγόρευση *a ban on overtime* η απαγόρευση υπερωριακής δουλειάς *a smoking ban* απαγόρευση του καπνίσματος

prohibit ρ.μ. [επίσημο] (συχνά + **from**) απαγορεύω
prohibition ουσ.αρ.μ.αρ. απαγόρευση

bar ρ.μ., -rr- (συχνά + **from**) αποκλείω *The committee barred her from the club. Η επιτροπή την απέκλεισε από τον όμιλο. Company employees are barred from taking part in the competition. Οι υπάλληλοι της εταιρείας αποκλείονται από τη συμμετοχή στο διαγωνισμό.*

bar ουσ.αρ. (συχνά + **on**, **to**) εμπόδιο *a bar on sales of alcohol* σταμάτημα στις πωλήσεις αλκοόλ *This issue is a major bar to world peace. Αυτό το θέμα είναι σοβαρό εμπόδιο για την παγκόσμια ειρήνη.*

outlaw ρ.μ. [χρησιμοποιείται κυρίως από δημοσιογράφους. Υποκ.: κυρίως κυβέρνηση] κηρύσσω παράνομο **outlaw** ουσ.αρ. παράνομος

φράση

to give the thumbs down to δείχνω αρνητική ανταπόκριση σε κάτι

231.1 Συγκεριμένα είδη απαγόρευσης

veto ουσ.αρ., πληθ. **vetoes** [δίνει έμφαση στη χρήση δύναμης ή επιρροής] βέτο *The USA used its veto in the Security Council. Οι ΗΠΑ χρησιμοποίησαν το βέτο τους στο Συμβούλιο Ασφαλείας.*
veto ρ.μ. [αντικ.: π.χ. πρόταση, σχέδιο] προβάλλω βέτο

embargo ουσ.αρ., πληθ. **embargoes** (συχνά + **on**) αποκλεισμός *trade embargo* εμπορικός αποκλεισμός *to lift/raise an embargo on something* αίρω την απαγόρευση *to place goods under an embargo* θέτω εμπορεύματα υπό απαγόρευση **embargo** ρ.μ. βάζω σε απαγόρευση

censorship ουσ.μ.αρ. λογοκρισία *press censorship* λογοκρισία τύπου

censor ρ.μ. [αντικ.: π.χ. βιβλίο, ειδήσεις, πληροφορίες] λογοκρίνω The explicit sex scenes have been censored. Οι φανερές σκηνές σεξ έχουν λογοκριθεί. censor ουσ.αρ. λογοκριτής

taboo ουσ.αρ., πληθ. taboos ταμπού
taboo επίθ. ταμπού That subject is taboo in this household. Αυτό το θέμα είναι ταμπού σε αυτό το σπίτι.

232 Religion Θρησκεία

δες επίσης 195.2 Social customs

religion ουσ.μ.αρ.αρ. θρησκεία What's your religion? Ποιο είναι το θρήσκευμά σου;
religious επίθ. [περιγράφει: π.χ. πίστη, λειτουργία, μουσική] θρησκευτικός He's very religious. Είναι πολύ θρησκόληπτος.

faith ουσ. 1 ουσ.μ.αρ. πίστη Her faith kept her going through this crisis. Η πίστη της τής έδωσε τη δύναμη να συνεχίσει όσο η κατάσταση ήταν κρίσιμη. to lose one's faith χάνω τη πίστη μου 2 ουσ.αρ. πίστη She was brought up in the Catholic faith. Ανατράφηκε με την Καθολική πίστη. 3 ουσ.μ.αρ. εμπιστοσύνη to have faith in somebody/ something εχω εμπιστοσύνη σε κάποιον/κάτι

232.1 Θρησκείες του κόσμου

Christianity ουσ.μ.αρ. Χριστιανισμός Christian ουσ.αρ. Χριστιανός Christian επίθ. χριστιανικός
Buddhism ουσ.μ.αρ. Βουδισμός Buddhist ουσ.αρ. Βουδιστής Buddhist επίθ. βουδιστικός
Hinduism ουσ.μ.αρ. Ινδουισμός Hindu ουσ.αρ. Ινδουιστής Hindu επίθ. ινδουιστικός
Judaism ουσ.μ.αρ. Ιουδαϊσμός Jew ουσ.αρ. Ιουδαίος Jewish επίθ. ιουδαϊκός
Islam ουσ.μ.αρ. Ισλάμ Moslem 'ή Muslim ουσ.αρ. Μουσουλμάνος Moslem 'ή Muslim επίθ. μουσουλμανικός

232.2 Χριστιανικά δόγματα

Anglicanism ουσ.μ.αρ. Αγγλικανισμός Anglican ουσ.αρ. Αγγλικανός Anglican επίθ. αγγλικανικός
Baptist ουσ.αρ. Βαπτιστής Baptist επίθ. των Βαπτιστών
(Roman) Catholicism ουσ.μ.αρ. Καθολικισμός (Roman) Catholic ουσ.αρ. Καθολικός (Roman) Catholic επίθ. καθολικός
Lutheranism ουσ.μ.αρ. Λουθηρανισμός Lutheran ουσ.αρ. Λουθηρανός Lutheran επίθ. λουθηρανικός
Methodism ουσ.μ.αρ. Μεθοδισμός Methodist ουσ.αρ. Μεθοδιστής Methodist επίθ. μεθοδιστικός
Mormonism ουσ.μ.αρ. Μορμονισμός Mormon ουσ.αρ. Μορμόνος Mormon επίθ. μορμονικός
(Greek/Russian) Orthodox επίθ. ελληνορθόδοξος/ρωσσορθόδοξος
Orthodoxy ουσ.μ.αρ. Ορθοδοξία
Protestantism ουσ.μ.αρ. Προτεστανισμός Protestant ουσ.αρ. Προτεστάντης Protestant επίθ. προτεσταντικός
Quakerism ουσ.μ.αρ. Κουακερισμός Quaker ουσ.αρ. Κυάκερος Quaker επίθ. κουακερικός

232.3 Θεία ή ιεράόντα

God ουσ. (συνήθως χωρίς το a ή το the) [ο ένας Θεός των Χριστιανών, Ιουδαίων ή Μουσουλμάνων] Θεός
god ουσ.αρ., θηλ. goddess θεός, θεά the god of war ο θεός του πολέμου the goddess Diana η θεά Άρτεμη
Allah [το όνομα του Θεού στον Ισλαμισμό] Αλλάχ
Buddha (πάντα + the) ο Βούδας
Mohammed Μωάμεθ

Jehovah [όνομα του Θεού στο Χριστιανισμό και Ιουδαϊσμό] Ιεχωβάς
Lord ουσ. (χωρίς άρθρο ή + the) Κύριος Lord, hear our prayer. Κύριε, εισάκουσε τη προσευχή μας.
Jesus Ιησούς Jesus saves. Ο Ιησούς σώζει.
Christ Χριστός
Holy Spirit ΕΠΙΣΗΣ Holy Ghost (πάντα + the) το Άγιο Πνεύμα
Virgin Mary (πάντα + the) η Παρθένος Μαρία, η Παναγία the Blessed Virgin Mary η Ευλογημένη Παρθένος Μαρία
Satan Σατανάς
angel ουσ.αρ. άγγελος guardian angel φύλακας άγγελος
devil ουσ.αρ. διάβολος the Devil ο Διάβολος
saint ουσ.αρ. άγιος Saint Agnes η Αγία Αγνή Saint John's (church) η εκκλησία του Αγίου Ιωάννη saintly επίθ. άγιος
prophet ουσ.αρ. προφήτης the prophet Isaiah ο προφήτης Ησαίας a prophet of doom προφήτης της καταστροφής prophetic επίθ. προφητικός prophecy ουσ.μ.αρ.αρ. προφητεία prophesy ρ.μ.α. προφητεύω

232.4 Κλήρος

clergy ουσ. (πάντα + the) κλήρος members of the clergy μέλη του κλήρου
clergyman ουσ.αρ., πληθ. clergymen κληρικός
priest ουσ.αρ. παπάς, ιερέας
priesthood ουσ. (πάντα + the) ιεροσύνη
vicar ουσ.αρ. [στην αγγλικανική εκκλησία] εφημέριος the vicar of St. Mary's ο εφημέριος της εκκλησίας της Παναγίας vicarage ουσ.αρ. το σπίτι του εφημερίου
minister ουσ.αρ. [κυρίως της προτεσταντικής ή της μη επίσημης χριστιανικής εκκλησίας] ιερέας a minister of the Gospel κήρυκας του Ευαγγελίου
rabbi ουσ.αρ. ραβίνος
bishop ουσ.αρ. επίσκοπος
archbishop ουσ.αρ. αρχιεπίσκοπος
pope ουσ.αρ. Πάπας Pope John Paul II ο Πάπας Ιωάννης Παύλος ο 2ος
monk ουσ.αρ. καλόγερος
nun ουσ.αρ. καλόγρια

232.5 Θρησκευτικά κτίρια

abbey ουσ.αρ. αβαείο Westminster Abbey το Αβαείο του Γουέστμινστερ
cathedral ουσ.αρ. καθεδρικός ναός Winchester Cathedral ο καθεδρικός του Γουίντσεστερ
monastery ουσ.αρ. μοναστήρι
convent ουσ.αρ. μοναστήρι (καλογριών) (σαν επίθ.) convent school σχολείο για καθολικά κορίτσια convent girl μαθήτρια του καθολικού σχολείου
church ουσ.αρ.μ.αρ. 1 εκκλησία to go to church πηγαίνω στην εκκλησία (σαν επίθ.) church door πόρτα της εκκλησίας church service θεία λειτουργία 2 [συχνά με κεφαλαίο γράμμα] Εκκλησία the Church of England η αγγλικανική Εκκλησία the teachings of the Church εκκλησιαστική διδασκαλία

steeple καμπαναριό

spire βέλος

tower πύργος

aisle διάδρομος

pulpit άμβωνας

altar Αγία Τράπεζα

pew στασίδι

font κολυμβήθρα

nave κεντρικό κλίτος

porch πρόναος
church εκκλησία
churchyard νεκροταφείο γύρω από εκκλησία

temple *ουσ.αρ.* τέμπλο, ναός

synagogue *ουσ.αρ.* συναγωγή

mosque *ουσ.αρ.* τζαμί

232.6 Λατρεία

worship *ουσ.μ.αρ.* λατρεία *They bowed their head in worship.* Έσκυψαν το κεφάλι τους για να προσευχηθούν.
worship *ρ.μ.α.,* **-pp-** *(Βρετ.),* **-p-** *(Αμερ.)* λατρεύω

service *ουσ.αρ.* λειτουργία *the marriage service* η τελετή του γάμου *a memorial service* μνημόσυνο

pray *ρ.α.μ.* (συχνά + **for, to, that**) προσεύχομαι *Let us pray.* Ας προσευχηθούμε. *We're all praying for your recovery.* Όλοι προσευχόμαστε για την ανάρρωσή σου.

prayer *ουσ.αρ.μ.αρ.* προσευχή *the Lord's prayer* η Κυριακή προσευχή *to say a prayer/one's prayers* κάνω την προσευχή μου *to kneel in prayer* γονατίζω για να προσευχηθώ *(σαν επίθ.) prayer book* βιβλίο προσευχών

hymn *ουσ.αρ.* ύμνος *We shall now sing hymn (number) 55.* Και τώρα θα ψάλλουμε τον ύμνο 55. *(σαν επίθ.) hymn book* βιβλίο ύμνων

psalm *ουσ.αρ.* ψαλμός

preach *ρ.μ.α.* [αντικ.: κυρίως κήρυγμα] κηρύσσω *to preach the Gospel* κηρύσσω το Ευαγγέλιο **preacher** *ουσ.αρ.* κήρυκας

sermon *ουσ.αρ.* (συχνά + **on**) κήρυγμα

confession *ουσ.μ.αρ.* εξομολόγηση *to go to confession* εξομολογούμαι **confessional** *ουσ.αρ.* εξομολογητήριο

creed *ουσ.αρ.* **1** (συνήθως + **the**) [δήλωση πεποιθήσεων] πίστη **2** [θεμελιώδης πίστη] θρησκεία *people of every colour and creed* άνθρωποι κάθε φυλής και θρησκείας

sacrifice *ουσ.μ.αρ.αρ.* **1** (συχνά + **to**) θυσία *human sacrifice* ανθρωποθυσία *a lamb offered as a sacrifice* αμνός που προσφέρεται για θυσία **2** θυσία *to make sacrifices for somebody/something* κάνω θυσίες για κάποιον/κάτι *self-sacrifice* αυτοθυσία **sacrificial** *επίθ.* θυσιαστήριος

sacrifice *ρ.μ.* **1** [αντικ.: κυρίως ζώο] θυσιάζω **2** [αντικ.: π.χ. χρόνο, καριέρα] θυσιάζω

bless *ρ.μ., αόρ., & μτχ. αορ.* **blessed** 'Η **blest** [υποκ.: παπάς, πάπας. Αντικ.: π.χ. πρόσωπο, συνέλευση, ψωμί] ευλογώ *to be blessed with* good health είμαι ευλογημένος να έχω υγεία

blessing *ουσ.* **1** (πάντα + **the**) [σε λειτουργία] ευλογία **2** *ουσ.μ.αρ.* ευλογία *to ask for God's blessing* ζητώ την ευλογία του Θεού *They did it without my blessing.* Το έκαναν χωρίς την ευλογία μου. **3** *ουσ.αρ.* καλό *It's a blessing nobody was hurt.* Είναι θαύμα πως κανείς δεν έπαθε τίποτα. *a mixed blessing* κάτι κατά ένα μέρος κακό κατά ένα μέρος καλό *a blessing in disguise* κάτι που φαίνεται κακό αλλά στην πραγματικότητα είναι καλό *to count one's blessings* συνειδητοποιώ πόσο τυχερός είμαι

congregation *ουσ.αρ.* (+ ενικό ή πληθ. ρ.) εκκλησίασμα

232.7 Ιερά βιβλία

bible *ουσ.* **1** (με κεφαλαίο γράμμα· πάντα + **the**) Βίβλος **2** *ουσ.αρ.* [αντίτυπο της βίβλου] βίβλος **biblical** *επίθ.* βιβλικός

Old Testament (+ **the**) Παλαιά Διαθήκη

New Testament (+ **the**) Καινή Διαθήκη

Gospel (+ **the**) (το) Ευαγγέλιο *the gospel according to St Mark* το κατά Μάρκον Ευαγγέλιο

Koran ή **Quran** (+ **the**) (το) Κοράνιο

scripture *ουσ.αρ.μ.αρ.* **1** (συχνά με κεφαλαίο γράμμα, αν πληθ., πάντα + **the**) [η Βίβλος] η Αγία Γραφή *according to the scriptures* σύμφωνα με τις γραφές *(σαν επίθ.) scripture lesson* μάθημα για τις γραφές **2** [ιερά βιβλία οποιασδήποτε θρησκείας] ιερές γραφές *Buddhist scriptures* ιερές γραφές του Βουδισμού

232.8 Ιερός

holy *επίθ.* [συχνά με κεφαλαίο γράμμα. Περιγράφει: π.χ. ημέρα, νερό, άνθρωπο] άγιος *Holy Communion* Θεία Κοινωνία *the Holy Land* οι Άγιοι Τόποι **holiness** *ουσ.μ.αρ.* αγιότητα

sacred *επίθ.* (συχνά + **to**) [περιγράφει: π.χ. μέρος, όρκο, καθήκον] ιερός *to hold something sacred* θεωρώ κάτι ιερό *Is nothing sacred?* Τίποτα δεν είναι ιερό;

divine *επίθ.* [κάτι που έρχεται από θεότητα ή είναι θεότητα. Περιγράφει: π.χ. αποκάλυψη, πρόνοια] θείος, θεϊκός **divinely** *επίρρ.* θεϊκά

pious *επίθ.* 1 [περιγράφει: πρόσωπο] ευσεβής 2 [υποτιμητικό. Υποκριτικός και ψευδευλαβής. Περιγράφει: π.χ. λύπη, συναισθήματα] ευλαβής *a pious hope* ευσεβής προσδοκία **piety** *ουσ.μ.αρ.* ευσέβεια

devout *επίθ.* 1 [περιγράφει: π.χ. καθολικό, πιστό] ευσεβής 2 [περιγράφει: π.χ. ευχή, ελπίδα] θερμός **devoutly** *επίρρ.* με ευσέβεια

232.9 Μεταθανάτια ζωή

soul *ουσ.* 1 *ουσ.αρ.* ψυχή *the immortality of the soul* η αθανασία της ψυχής 2 *ουσ.μ.αρ.αρ.* [συναισθηματική πλευρά ενός ατόμου] ψυχή *She's got no soul.* Δεν έχει ψυχή. *the life and soul of the party* ο πιο δημοφιλής στο πάρτι *He's the soul of discretion.* Είναι πάρα πολύ διακριτικός. 3 *ουσ.αρ.* [άνθρωπος] ψυχή *Don't mention it to a soul.* Σε ψυχή να μη το πεις. *Poor soul, he has had bad luck.* Τον καημένο, του έχουν τύχει πολλές κακοτυχίες.

spirit *ουσ.* 1 *ουσ.αρ.μαρ.* [κάπως πιο συγκεκριμένη έννοια από το soul] πνεύμα *the spirits of their ancestors* τα πνεύματα των προγόνων τους *an evil spirit* κακό πνεύμα *to be with somebody in spirit* βρίσκομαι δίπλα σε κάποιον με το πνεύμα μου 2 *ουσ.μ.αρ.αρ.* (δεν έχει πληθ.) [ατμόσφαιρα ή γενική ποιότητα] πνεύμα *team spirit* ομαδικό πνεύμα *She didn't show much of the Christmas spirit.* Δεν έδειξε πολύ από το πνεύμα των Χριστουγέννων. *in a spirit of co-operation* σε πνεύμα συνεργασίας *to enter into the spirit of something* μπαίνω στο πνεύμα 3 *ουσ.μ.αρ.* [ζωντάνια και αποφασιστικότητα] ψυχή

spiritual *επίθ.* πνευματικός *He is concerned for their spiritual wellbeing.* Νοιάζεται για την πνευματική τους ευημερία.

spirited *επίθ.* θαρραλέος *He put up a spirited defence of his views.* Υπερασπίστηκε τις απόψεις του με ευψυχία.

heaven *ουσ.* 1 (χωρίς a ή the) παράδεισος *to go to heaven* πηγαίνω στον παράδεισο [χρησιμοποιείται για να σημάνει Θεό] *Heaven help you,* if you make the same mistake again! Θεός να σε φυλάει αν ξανακάνεις το ίδιο λάθος! *Heaven forbid!* Θεός φυλάξοι! 2 *ουσ.μ.αρ.αρ.* [κάπως ανεπίσημο. Εξαιρετικά ευχάριστη κατάσταση] ουρανός, παράδεισος *(a) heaven on earth* επίγειος παράδεισος

heavenly *επίθ.* 1 ουράνιος *heavenly angels* οι άγγελοι του ουρανού 2 [πολύ ωραίο. Κάπως προσποιητή λέξη] θεσπέσιος *That cake is absolutely heavenly!* Αυτό το κέικ είναι θεσπέσιο!

paradise *ουσ.* 1 (συχνά με κεφαλαίο γράμμα και χωρίς a ή the) παράδεισος 2 [υπέροχο μέρος ή κατάσταση] παράδεισος *This is paradise compared to where we used to live.* Αυτό το μέρος είναι παράδεισος αν το συγκρίνεις με το μέρος που ζούσαμε. *a bargain-hunter's paradise* παράδεισος για όσους κυνηγάνε ευκαιρίες

purgatory *ουσ.* (στη θρησκευτική έννοια συχνά με κεφαλαίο γράμμα, χωρίς a ή the) κάθαρση *It's sheer purgatory to have to listen to her.* Είναι σκέτο μαρτύριο να είσαι υποχρεωμένος να την ακούς.

hell *ουσ.* 1 (συχνά με κεφαλαίο γράμμα, χωρίς a ή the) κόλαση *to go to hell* πηγαίνω στην κόλαση/στο διάολο 2 *ουσ.μ.αρ.αρ.* [απαίσιο μέρος ή κατάσταση] κόλαση *(a) hell on earth* επίγεια κόλαση *to go through hell* περνάω μαρτύρια *to make somebody's life hell* κάνω τη ζωή κάποιου μαρτύριο **hellish** *επίθ.* διαβολικός

232.10 Αθεϊσμός

atheist *ουσ.αρ.* άθεος **atheism** *ουσ.μ.αρ.* αθεϊσμός, αθεΐα **atheistic** *επίθ.* αθεϊστικός

unbeliever *ουσ.αρ.* άπιστος

agnostic *ουσ.αρ.* αγνωστικιστής **agnosticism** *ουσ.μ.αρ.* αγνωστικισμός **agnostic** *επίθ.* του αγνωστικισμού

233 Education Εκπαίδευση

education *ουσ.* 1 *ουσ.μ.αρ.* εκπαίδευση (σαν *επίθ.*) *education experts* οι ειδικοί της εκπαίδευσης 2 *ουσ.αρ.μαρ.* (δεν έχει πληθ.) μόρφωση *We want our children to have a good education.* Θέλουμε τα παιδιά μας να πάρουν καλή μόρφωση.

educational *επίθ.* [περιγράφει: π.χ. εμπειρία, παιχνίδι, βιβλίο] επιμορφωτικός

academic *επίθ.* 1 [σχετικός με την εκπαίδευση. Περιγράφει:

π.χ. προσωπικό, μαθήματα, προσόντα] ακαδημαϊκός 2 [προικισμένος ή απαιτητικός διανοητικά] ακαδημαϊκός *It's a very academic course.* Τα μαθήματα είναι πολύ ακαδημαϊκά.

academic *ουσ.αρ.* 1 [καθηγητής σε πανεπιστήμιο ή κολέγιο] ακαδημαϊκός 2 διανοούμενος **academically** *επίρρ.* ακαδημαϊκά

ΕΚΠΑΙΔΕΥΣΗ ΣΤΗ ΒΡΕΤΑΝΙΑ ΚΑΙ ΤΙΣ ΗΠΑ

Στη Βρετανία, καθώς και στις ΗΠΑ, τα εκπαιδευτικά συστήματα ποικίλουν από περιοχή σε περιοχή. Παρακάτω αναφέρεται ένα αντιπροσωπευτικό σύστημα, αλλά υπάρχουν παραλλαγές.

Προσχολική εκπαίδευση

Παιδιά κάτω από το νόμιμο όριο ηλικίας για να πάνε σχολείο συχνά αρχίζουν την εκπαίδευσή τους σε ένα **nursery school** ή **kindergarten** (νηπιαγωγείο). Στη Βρετανία τα πολύ μικρά παιδιά μπορεί *επίσης* να πάνε στο **play school** (παιδικός σταθμός).

Πρωτοβάθμια εκπαίδευση

Στην ηλικία των 5, τα παιδιά στη Βρετανία πρέπει να πάνε στο **primary school** (δημοτικό), που μερικές φορές χωρίζεται σε δύο τμήματα: **infants school** για παιδιά ηλικίας 5 έως 7 χρονών, και το **junior school** για παιδιά ηλικίας 7 έως 11 χρονών. Στις ΗΠΑ τα παιδιά πηγαίνουν στο **elementary school** (δημοτικό), που επίσης λέγεται **grade school**, για τα πρώτα έξι με οχτώ χρόνια της σχολικής τους ζωής. Τα χρόνια από έξι μέχρι οχτώ συχνά λέγονται **middle school**.

Δευτεροβάθμια εκπαίδευση

Στην ηλικία των 14 ετών τα περισσότερα παιδιά στην Αμερική μπαίνουν στο **high school** (γυμνάσιο) και όταν τελειώσουν τις μεγαλύτερες τάξεις αποφοιτούν από το γυμνάσιο με ένα **diploma**. Το σχετικό ρήμα είναι **to graduate**. Οι αντίστοιχοί τους στη Βρετανία συνήθως μπαίνουν στο **secondary school** στην ηλικία των έντεκα. Μερικοί μαθητές όμως στη Βρετανία πηγαίνουν στα **middle schools** στην ηλικία μεταξύ 9 και 13 ετών. Η πλειοψηφία των παιδιών στη Βρετανία τώρα πηγαίνουν στα **comprehensive schools**, που συχνά αποκαλούνται **comprehensives**. Αυτά είναι μεγάλα, δωρεάν, κρατικά σχολεία, που μοιάζουν πολύ με τα αμερικάνικα **high schools**. Λέγονται «περιεκτικά» σχολεία επειδή δέχονται όλα τα παιδιά, ανεξάρτητα από τις ικανότητές τους. Μέχρι τις δεκαετίες του 1960 και του 1970, τα παιδιά στη Βρετανία έδιναν εξετάσεις στην ηλικία των 11 για να καθοριστεί αν θα συνέχιζαν την εκπαίδευσή τους στα **grammar schools**, που προορίζονταν για τους πιο προικισμένους ακαδημαϊκά, ή στα **secondary modern schools**, που προορίζονταν για πιο εξειδικευμένα και επαγγελματικά μαθήματα.

Τριτοβάθμια εκπαίδευση

Και οι ΗΠΑ και η Βρετανία έχουν ιδρύματα για **Higher education** (ανώτερη εκπαίδευση) που λέγονται **universities** (πανεπιστήμια) και **colleges** (κολέγια). Στη Βρετανία τα κολέγια διδάσκουν λιγότερο ακαδημαϊκά μαθήματα, που συχνά δεν καταλήγουν σε απονομή πτυχίου, ενώ στην Αμερική τα κολέγια διδάσκουν μαθήματα που καταλήγουν σε πτυχίο (bachelor's degree). Ένα κολέγιο μπορεί επίσης να είναι τμήμα ενός πανεπιστημίου, π.χ. *Trinity College, Cambridge*. Ένας Αμερικανός φοιτητής συνήθως χρησιμοποιεί τη λέξη **college** ανεξάρτητα αν το ίδρυμα στο οποίο αναφέρεται ονομάζεται επίσημα **university** ή **college**, ενώ οι Βρετανοί φοιτητές συνήθως κάνουν πιο αυστηρή διάκριση ανάμεσα στις δυο ονομασίες. Στη Βρετανία, τα **polytechnics** (πολυτεχνεία) είναι κολέγια που εξειδικεύονται σε πτυχία θετικής και τεχνικής κατεύθυνσης και συχνά αποκαλούνται πιο ανεπίσημα **polys**. Το **Further education** (*Βρετ*.), και το **Adult Education** (*Αμερ*.) είναι γενικοί όροι για οποιαδήποτε εκπαίδευση που γίνεται μετά την αποφοίτηση από το σχολείο.

Ιδιωτική εκπαίδευση

Και στη Βρετανία και στις ΗΠΑ οι γονείς μπορεί να αποφασίσουν να πληρώσουν για την εκπαίδευση των παιδιών τους. Ο όρος **private school** (ιδιωτικό σχολείο) χρησιμοποιείται και στις ΗΠΑ και στη Βρετανία για το σχολείο που πληρώνουν οι γονείς για να στείλουν τα παιδιά τους. Αυτού του είδους τα σχολεία είναι συχνά **boarding schools** (σχολεία στα οποία οι μαθητές είναι οικότροφοι), αλλά μπορεί επίσης να είναι και **day schools** (ημερήσια σχολεία). Ο όρος **public school** επίσης χρησιμοποιείται και

στις δύο χώρες, αλλά ενώ στις ΗΠΑ δηλώνει ένα σχολείο που διευθύνεται από το κράτος και η φοίτηση σε αυτό είναι δωρεάν, στην Βρετανία και κυρίως στην Αγγλία, δηλώνει ένα εδραιωμένο και προνομιούχο σχολείο με οικότροφους μαθητές που συχνά χρεώνει πολύ υψηλά δίδακτρα. Στη Βρετανία ένα σχολείο που διοικείται από τις τοπικές αρχές, και στο οποίο η φοίτηση είναι δωρεάν, είναι γνωστό σαν **state school** (κρατικό σχολείο). Ένας όρος που χρησιμοποιείται συχνά στη Βρετανία για να αναφερθεί σε όλα τα σχολεία που χρεώνουν δίδακτρα, παλιά και καινούρια, ημερήσια και με οικότροφους, είναι το **independent schools** (ανεξάρτητα σχολεία).

Επίπεδα ηλικίας

Στις ΗΠΑ τα παιδιά περνάνε από **grade** (τάξη) σε **grade** στο σχολείο, ξεκινώντας από την πρώτη και καταλήγοντας στη δωδέκατη τάξη. Στη Βρετανία τα διάφορα έτη μέσα σε ένα σχολείο λέγονται **forms** ή **years**. Στα Βρετανικά σχολεία δευτεροβάθμιας εκπαίδευσης τα δύο ανώτερα χρόνια λέγονται συνήθως **sixth form** (έκτη τάξη): το **lower sixth** (κατώτερη έκτη) και το **upper sixth** (ανώτερη έκτη). Η λέξη **form** επίσης χρησιμοποιείται για να περιγράψει ξεχωριστά τμήματα μέσα σε ένα συγκεκριμένο έτος, έτσι ώστε ένας μαθητής μπορεί να είναι **in the fourth form** (στο τέταρτο έτος του σχολείου) και **in Form 4A** (σε ένα τμήμα του τέταρτου έτους κάτω από τη γενική επίβλεψη ενός συγκεκριμένου δασκάλου).

Ακαδημαϊκές περίοδοι

Το **academic year** (ακαδημαϊκό έτος) στα βρετανικά σχολεία και πανεπιστήμια αρχίζει τον Σεπτέμβριο ή Οκτώβριο και συνήθως διαιρείται σε τρία **terms** (τρίμηνα) ενώ στις ΗΠΑ το έτος διαιρείται σε δύο **semesters** (εξάμηνα).

233.1 Η σχολική αίθουσα

blackboard πίνακας

chalk κιμωλία

playground προαύλιο

desk θρανίο

exercise book βιβλίο ασκήσεων, τετράδιο

textbook βιβλίο

Classroom Αίθουσα

233.2 Μαθήματα θεωρητικής κατεύθυνσης

χρήση

Στα Αγγλικά πολλές από τις λέξεις για ακαδημαϊκά μαθήματα μπορεί να φαίνονται σαν πληθυντικοί ουσιαστικών, ενώ στην πραγματικότητα είναι μη αριθμήσιμα ουσιαστικά, π.χ. **maths**, **physics**, **economics**, **classics**, **linguistics**, κτλ. Βεβαιωθείτε ότι χρησιμοποιείτε τον μη αριθμήσιμο τύπο όταν τα χρησιμοποιείτε σε προτάσεις, π.χ. *Maths is my best subject.* (Τα Μαθηματικά είναι το αγαπημένο μου μάθημα.)

arts *πληθ. ουσ.* φιλολογικές σπουδές *bachelor of arts* πτυχιούχος φιλολογικών σπουδών (σαν *επίθ*.) *arts courses* φιλολογικά μαθήματα *an arts degree* πτυχίο φιλολογικών σπουδών

χρήση

Μη συγχέετε αυτό το νόημα της λέξης **arts** με τη λέξη **The Arts** [θέατρο, σινεμά, όπερα κτλ.] τέχνες ή **art** [ζωγραφική, γλυπτική, κτλ.] καλές τέχνες

humanities *πληθ. ουσ.* (συνήθως + the) [σχεδόν το ίδιο όπως το **arts**, αν και το **humanities** είναι πιο πιθανό να χρησιμοποιείται όταν αναφερόμαστε σε μαθήματα όπως η ιστορία και η γεωγραφία] ανθρωπιστικές σπουδές

archaeology 'ή **archeology** ουσ.μ.αρ. αρχαιολογία
archaeological 'ή **archeological** επίθ. αρχαιολογικός
archaeologist 'ή **archeologist** ουσ.αρ. αρχαιολόγος

classics ουσ.μ.αρ. κλασικές σπουδές

English ουσ.μ.αρ. Αγγλικά *English language* Αγγλική γλώσσα *English literature* Αγγλική λογοτεχνία

geography ουσ.μ.αρ. γεωγραφία *δες επίσης **13 Geography and Geology**

history ουσ.μ.αρ. ιστορία **historical** επίθ. ιστορικός **historian** ουσ.αρ. ο ιστορικός

languages πληθ. ουσ. ξένες γλώσσες *modern languages* σύγχρονες γλώσσες **linguistic** επίθ. γλωσσικός, γλωσσολογικός

linguist ουσ.αρ. 1 γλωσσολόγος 2 αυτός που μιλάει πολλές ξένες γλώσσες

language laboratory ουσ.αρ. γλωσσικό εργαστήριο

linguistics ουσ.μ.αρ. γλωσσολογία

music ουσ.μ.αρ. μουσική * δες επίσης **379 Music**

P.E., ΕΠΙΣΗΣ **physical education** ουσ.μ.αρ. γυμναστική

R.I., ΕΠΙΣΗΣ **religious instruction** (Βρετ.) ουσ.μ.αρ. θρησκευτικά

sociology ουσ.μ.αρ. κοινωνιολογία **sociological** επίθ. κοινωνιολογικός **sociologist** ουσ.αρ. κοινωνιολόγος

233.3 Μαθήματα θετικής κατεύθυνσης

science ουσ.μ.αρ.αρ. θετικές επιστήμες *natural sciences* φυσικές επιστήμες *bachelor of science* πτυχιούχος θετικών επιστημών (σαν επίθ.) *science teacher* καθηγητής φυσικής/χημείας/βιολογίας **scientific** επίθ. επιστημονικός **scientist** ουσ.αρ. επιστήμονας

biology ουσ.μ.αρ. βιολογία **biological** επίθ. βιολογικός **biologist** ουσ.αρ. βιολόγος

botany ουσ.μ.αρ. βοτανική **botanical** επίθ. βοτανικός **botanist** ουσ.αρ. βοτανολόγος

chemistry ουσ.μ.αρ. χημεία **chemical** επίθ. χημικός **chemist** ουσ.αρ. χημικός

economics ουσ.μ.αρ. οικονομικά **economist** ουσ.αρ. οικονομολόγος * δες επίσης **264 Finance**

mathematics, ΕΠΙΣΗΣ **maths** (Βρετ.) **math** (Αμερ.) ουσ.μ.αρ. μαθηματικά * δες επίσης **297 Maths**

physics ουσ.μ.αρ. φυσική **physicist** ουσ.αρ. φυσικός

zoology ουσ.μ.αρ. ζωολογία **zoological** επίθ. ζωολογικός **zoologist** ουσ.αρ. ζωολόγος

233.4 Το επιστημονικό εργαστήριο

laboratory, σύντ. [πιο ανεπίσημο] **lab** ουσ.αρ. εργαστήριο *research laboratories* εργαστήρια ερευνών *physics/chemistry laboratory* εργαστήριο φυσικής/χημείας

(σαν επίθ.) *laboratory animal* πειραματόζωο *laboratory-tested* ελεγμένος σε επιστημονικά εργαστήρια

element ουσ.αρ. στοιχείο *chemical element* χημικό στοιχείο

compound ουσ.αρ. ένωση *a compound of chlorine and oxygen* ένωση χλωρίου και οξυγόνου **compound** επίθ. σύνθετος

233.5 Εξετάσεις και προσόντα

exam ουσ.αρ. [ο πιο συνηθισμένος όρος, κυρίως στην καθημερινή γλώσσα] μάθημα, εξετάσεις *history/music exam* εξετάσεις ιστορίας/μουσικής *to take/sit/do an exam* δίνω μάθημα *to pass/fail an exam* περνάω μάθημα/κόβομαι σε μάθημα (σαν επίθ.) *exam paper* θέματα εξετάσεων

examination ουσ.αρ.μ.αρ. [χρησιμοποιείται κυρίως σε επίσημα συμφραζόμενα] εξετάσεις

examine ρ.μ. (συχνά + on) [αντικ.: π.χ. υποψήφιο, μαθητή] εξετάζω **examiner** ουσ.αρ. εξεταστής

test ουσ.αρ. 1 [σύντομη εξέταση] τεστ *geography test* διαγώνισμα γεωγραφίας *driving test* εξετάσεις οδήγησης *a test of your skill/knowledge/character* τεστ των δεξιοτήτων/γνώσεων/χαρακτήρα σου 2 [π.χ. μιας μηχανής] δοκιμή, έλεγχος [που γίνεται από γιατρό] *blood/eye test* εξέταση αίματος/όρασης *to carry out tests on something* διεξάγω δοκιμές πάνω σε κάτι *to put something/somebody **to the test*** υποβάλλω κάτι/κάποιον σε δοκιμασία

test ρ. 1 ρ.μ. (συχνά + on) [αντικ.: π.χ. πρόσωπο, γνώση, δύναμη] εξετάζω *We're being tested on our French verbs tomorrow.* Θα μας εξετάσουν στα ρήματα στα Γαλλικά αύριο. 2 ρ.μ.α. (συχνά + for, on) δοκιμάζω, κάνω πείραμα *This product has not been tested on animals.* Αυτό το προϊόν δεν έχει δοκιμαστεί πάνω σε ζώα. *They're testing for radioactivity.* Ελέγχουν αν υπάρχει ραδιενέργεια.

graduate ρ.α. 1 [παίρνω πτυχίο] αποφοιτώ 2 (Αμερ.) αποφοιτώ *to graduate from high school* τελειώνω το γυμνάσιο **graduation** ουσ.μ.αρ. αποφοίτηση

qualify ρ. 1 ρ.α.μ. (συχνά + as, for) αποκτώ τα προσόντα *She's recently qualified as a dentist.* Έχει πάρει πρόσφατα πτυχίο/ειδικότητα οδοντιάτρου. *The team qualified for the second round of the tournament.* Η ομάδα πέρασε στο δεύτερο γύρο του πρωταθλήματος. 2 ρ.μ.α. (συχνά + for) έχω το δικαίωμα *Do I qualify for a tax rebate?* Έχω το δικαίωμα να πάρω πίσω το φόρο που έχω πληρώσει; **qualified** επίθ. με προσόντα

qualification ουσ.αρ. (συχνά + for) προσόν *We still haven't found anyone with the right qualifications for the job.* Ακόμα δεν έχουμε βρει κάποιον με τα κατάλληλα προσόντα για τη δουλειά.

award ρ.μ. [αντικ.: π.χ. πτυχίο] απονέμω * δες επίσης **398 Reward**

degree ουσ.αρ. πτυχίο *law degree/degree in law* πτυχίο νομικής *first degree* πρώτο πτυχίο *higher degree* ανώτερο πτυχίο (μεταπτυχιακού επιπέδου)

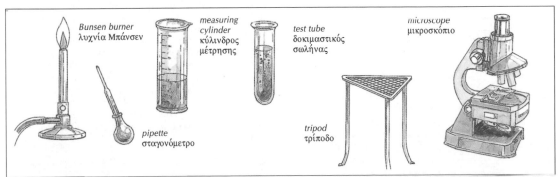

Bunsen burner
λυχνία Μπάνσεν

measuring cylinder
κύλινδρος μέτρησης

test tube
δοκιμαστικός σωλήνας

microscope
μικροσκόπιο

pipette
σταγονόμετρο

tripod
τρίποδο

diploma *ουσ.αρ.* [συνήθως σε επαγγελματικό τομέα] δίπλωμα

scholarship *ουσ.* 1 *ουσ.αρ.* υποτροφία *She won a scholarship to Cambridge.* Πήρε υποτροφία για το Καίμπριτζ. 2 *ουσ.μ.αρ.* [μάθηση] ευρυμάθεια

234 Teach Διδάσκω

teach *ρ., αόρ. & μτχ. αορ.* **taught** (συχνά + **to** + ΑΠΑΡΕΜΦΑΤΟ) 1 *ρ.μ.α.* [στο σχολείο, πανεπιστήμιο, κτλ.] διδάσκω *He teaches at the village school.* Διδάσκει στο σχολείο του χωριού. *I teach French.* Διδάσκω Γαλλικά. 2 *ρ.μ.* [δείχνω ή λέω πώς γίνεται] μαθαίνω (σε κάποιον) *My parents taught me to read.* Οι γονείς μου μου έμαθαν να διαβάζω. 3 *ρ.μ.* [ενημερώνω για τις συνέπειες] μαθαίνω (σε κάποιον) *That'll teach you not to play with matches!* Αυτό θα σου γίνει μάθημα να μην παίζεις με σπίρτα! *I hope that's taught you a lesson!* Ελπίζω ότι αυτό σου έγινε μάθημα!

teaching *ουσ.* 1 *ουσ.μ.αρ.* διδασκαλία *a career in teaching* διδασκαλική καριέρα 2 *ουσ.αρ.* διδασκαλία *the teachings of Christ* η διδασκαλία του Χριστού

educate *ρ.μ.* [αντικ.: πρόσωπο όχι μάθημα] 1 (συνήθως στη παθητική φωνή) [δίνω γενική εκπαίδευση] μορφώνω *She was educated in Italy.* Μορφώθηκε στην Ιταλία. 2 ενημερώνω *We're trying to educate the public about healthy eating.* Προσπαθούμε να ενημερώσουμε το κοινό για την υγιεινή διατροφή.

educated *επίθ.* μορφωμένος *an educated guess* εκτίμηση που βασίζεται σε προηγούμενη γνώση

train *ρ.μ.* (συχνά + **to** + ΑΠΑΡΕΜΦΑΤΟ) [συνήθως αναφέρεται σε πρακτικές δεξιότητες. Αντικ.: π.χ. πρόσωπο, ζώο, όχι μάθημα] εκπαιδεύω *a fully trained engineer* ένας πλήρως εκπαιδευμένος μηχανικός **training** *ουσ.μ.αρ.* εκπαίδευση

instruct *ρ.μ.* (συχνά + **in**) [πιο επίσημο από το **teach** ή το **train**. Συχνά αναφέρεται σε μια πρακτική δεξιότητα. Αντικ.: πρόσωπο, ομάδα, όχι μάθημα] εκπαιδεύω *We were instructed in the use of the fire-fighting equipment.* Μας δώσανε οδηγίες πώς να χρησιμοποιούμε τον πυροσβεστικό εξοπλισμό.

instruction *ουσ.μ.αρ.* διδασκαλία, εκπαίδευση *to receive instruction in sth* παρακολουθώ μαθήματα για κάτι, μου μαθαίνει κάποιος κάτι

lecture *ρ.* 1 *ρ.α.μ.* (συχνά + **on, in**) κάνω διάλεξη *She lectures on archaeology at London University.* Είναι λέκτορας της αρχαιολογίας στο Πανεπιστήμιο του Λονδίνου. 2 *ρ.μ.* (συχνά + **about, on**) [υποτιμητικό] τα ψάλλω *My parents lectured me on respect for my elders.* Οι γονείς μου μου τα έψαλαν για τον σεβασμό προς τους μεγαλύτερους.

lecture *ουσ.αρ.* 1 (συχνά + **on**) διάλεξη, μάθημα *a course of*

lectures on German history μια σειρά διαλέξεων για τη Γερμανική ιστορία 2 (συχνά + **about, on**) κήρυγμα

234.1 Άνθρωποι που διδάσκουν

teacher *ουσ.αρ.* δάσκαλος *French teacher* δάσκαλος/ καθηγητής Γαλλικών *primary-school teacher* δάσκαλος δημοτικού σχολείου

master (αρσ.), **mistress** (θηλ.) *ουσ.αρ.* [κάπως παλιομοδίτικο, αλλά χρησιμοποιείται ακόμα και τώρα σε πιο παραδοσιακά βρετανικά σχολεία ή από γεροντότερους] δάσκαλος, καθηγητής *science mistress* καθηγήτρια της φυσικής

headteacher (*Βρετ.*), **headmaster** (*Βρετ.*) (αρσ.) **headmistress** (*Βρετ.*) (θηλ.) *ουσ.αρ.* διευθυντής/ διευθύντρια σχολείου

head (*Βρετ.*) *ουσ.αρ.* [πιο ανεπίσημο από το **headteacher** κτλ.] διευθυντής/διευθύντρια *The head wants to see you in his study now.* Ο διευθυντής θέλει να σε δει στο γραφείο του τώρα. **headship** *ουσ.αρ.* (*Βρετ.*) διεύθυνση

principal *ουσ.αρ.* [διευθυντής σχολείου, κολεγίου, ή πανεπιστημίου] διευθυντής

tutor *ουσ.αρ.* 1 [που δίνει συνήθως ιδιαίτερα μαθήματα] δάσκαλος στο σπίτι 2 [σε βρετανικό πανεπιστήμιο, κυρίως που κάνει μάθημα σε μικρές ομάδες φοιτητών] καθηγητής **tutor** *ρ.μ.α.* διδάσκω **tuition** (*Βρετ.*) *ουσ.μ.αρ.* ιδιαίτερη διδασκαλία

coach *ουσ.αρ.* 1 [σπορ] προπονητής *football coach* προπονητής ποδοσφαίρου 2 ιδιωτικός δάσκαλος **coach** *ρ.μ.α.* προπονώ

trainer *ουσ.αρ.* [συνήθως στα σπορ ή για ζώα] εκπαιδευτής

instructor *ουσ.αρ.* [συνήθως σε μια πρακτική δεξιότητα] εκπαιδευτής *flying/driving instructor* εκπαιδευτής οδήγησης/πτήσης

lecturer *ουσ.αρ.* [στο πανεπιστήμιο] λέκτορας, καθηγητής *history lecturer/lecturer in history* λέκτορας της ιστορίας

professor *ουσ.αρ.* 1 (*Βρετ.*) [εξέχων πανεπιστημιακός λέκτορας που κατέχει έδρα σε ένα τομέα] καθηγητής *chemistry professor/professor of chemistry* καθηγητής χημείας 2 (*Αμερ.*) [οποιοσδήποτε πανεπιστημιακός λέκτορας] καθηγητής *associate professor* υφηγητής

235 Learn Μαθαίνω

learn *ρ.μ.α., αόρ. & μτχ. αορ.* **learned** ή **learnt** (*Βρετ.*) 1 (συχνά + **to** + ΑΠΑΡΕΜΦΑΤΟ) [αντικ.: μάθημα, γεγονός, δεξιότητα] μαθαίνω *I want to learn (how) to drive.* Θέλω να μάθω να οδηγώ. *He learnt the poem by heart* (*Βρετ. & Αμερ.*)/*off by heart* (*Βρετ.*) Έμαθε το ποίημα απέξω. 2 [από εμπειρία] μαθαίνω *When will they ever learn!* Πότε θα μάθουν! *I think she's learned her lesson.* Νομίζω ότι της έχει γίνει μάθημα. 3 (συχνά + **about, of, that**) [ανακαλύπτω. Αντικ.: φύση, ταυτότητα] μαθαίνω *We only learnt of the change of plan last Friday.* Μόλις την περασμένη Παρασκευή μάθαμε για την αλλαγή σχεδίου.

study *ρ.* 1 *ρ.μ.α.* [αντικ.: π.χ. μάθημα, συγγραφέα, περίοδο] σπουδάζω, μελετώ *He's studying to be a lawyer.* Σπουδάζει για να γίνει δικηγόρος. *I'm studying French at university.*

Σπουδάζω Γαλλικά στο πανεπιστήμιο. 2 *ρ.μ.* [εξετάζω. Αντικ.: π.χ. έγγραφο, χάρτης] μελετώ

study *ουσ.μ.αρ.αρ.* μελέτη *time set aside for private study* χρόνος ξεχωριστός για ατομική μελέτη *She'll be continuing her studies at an American university.* Θα συνεχίσει τις σπουδές της σε ένα αμερικάνικο πανεπιστήμιο. *to make a study of something* κάνω μελέτη κάποιου πράγματος

revise *ρ.μ.α.* (*Βρετ.*) κάνω επανάληψη *He's revising for a physics exam.* Κάνει επανάληψη για ένα διαγώνισμα φυσικής. **revision** *ουσ.μ.αρ.* επανάληψη

review *ρ.μ.α.* (*Αμερ.*) κάνω επανάληψη *He's reviewing for a physics exam.* Κάνει επανάληψη για ένα διαγώνισμα φυσικής.

course *ουσ.αρ.* (συχνά + **in**) [σειρά μαθημάτων] μαθήματα *to do a course in business studies* παρακολουθώ μαθήματα επιχειρησιακών σπουδών *a language course* μαθήματα ξένης γλώσσας

class *ουσ.αρ.* **1** μάθημα *geography class* μάθημα γεωγραφίας *to go to evening classes* πηγαίνω σε βραδινά μαθήματα **2** [ομάδα μαθητών] τάξη *I gave the whole class a detention.* Έβαλα όλη την τάξη τιμωρία.

lesson *ουσ.αρ.* **1** μάθημα *a biology lesson* μάθημα βιολογίας *to give lessons* παραδίδω μαθήματα *She gave us all a lesson in good manners.* Μας έδωσε όλους ένα μάθημα καλών τρόπων. **2** [προειδοποιητικό παράδειγμα ή εμπειρία] μάθημα *What lesson can we draw from this little story?* Τι μαθαίνουμε από αυτή τη μικρή ιστορία; *Let that be a lesson to you!* Αυτό να σου γίνει μάθημα!

subject *ουσ.αρ.* μάθημα *French is my worst subject.* Τα Γαλλικά είναι το χειρότερό μου μάθημα.

homework *ουσ.μ.αρ.* [εργασία για το σπίτι] μαθήματα, καθήκοντα *to do one's homework* κάνω τα μαθήματά μου [επίσης χρησιμοποιείται με μεταφορική σημασία] *Their legal advisers obviously hadn't done their homework.* Οι νομικοί τους σύμβουλοι ήταν φανερό ότι δεν ήταν προετοιμασμένοι.

235.1 Άνθρωποι που μαθαίνουν

schoolboy (*αρσ.*), **schoolgirl** (*θηλ.*) *ουσ.αρ.* μαθητής, μαθήτρια (σαν *επίθ.*) *schoolboy jokes* αστεία των μαθητών

schoolchild *ουσ.αρ.*, *πληθ.* **schoolchildren** (πιο συχνά στον *πληθ.*) μαθητής

pupil *ουσ.αρ.* **1** (κυρίως *Βρετ.*) [στο σχολείο] μαθητής **2** μαθητής *Beethoven was a pupil of Haydn.* Ο Μπετόβεν ήταν μαθητής του Χάυντεν.

student *ουσ.αρ.* **1** [στην ανώτερη εκπαίδευση] φοιτητής *a chemistry student* φοιτητής χημείας (σαν *επίθ.*) *student days* φοιτητικά χρόνια *student teacher* κάποιος που σπουδάζει για να γίνει δάσκαλος **2** (κυρίως *Αμερ.*) [στο σχολείο] μαθητής

undergraduate *ουσ.αρ.* φοιτητής (που δεν έχει πάρει ακόμα πτυχίο) (σαν *επίθ.*) *undergraduate course* μαθήματα πτυχιακού επιπέδου

graduate *ουσ.αρ.* **1** [με πτυχίο] απόφοιτος (πανεπιστημίου) *Industry is trying to attract more graduates.* Η βιομηχανία προσπαθεί να τραβήξει περισσότερους πτυχιούχους. *a graduate of Cambridge University* πτυχιούχος του Πανεπιστημίου του Καίμπριτζ **2** (*Αμερ.*) [από το γυμνάσιο/λύκειο] απόφοιτος

postgraduate *ουσ.αρ.* (κυρίως *Βρετ.*) μεταπτυχιακός (σαν *επίθ.*) *postgraduate seminar* μεταπτυχιακό σεμινάριο

scholar *ουσ.αρ.* λόγιος *Scholars cannot agree on the date of the manuscript.* Οι λόγιοι δε συμφωνούν για την ημερομηνία του χειρόγραφου. [επίσης χρησιμοποιείται πιο ανεπίσημα] *I'm no scholar.* Δεν είμαι ιδιαίτερα πολυμαθής. **scholarly** *επίθ.* λόγιος

236 Clever Έξυπνος

δες επίσης **110 Know, 238 Sensible, 239 Skilful**, αντίθετο **240 Stupid**

clever *επίθ.* [γενική λέξη, συχνά χρησιμοποιείται υποτιμητικά] **1** [περιγράφει: π.χ. πρόσωπο, σχέδιο, παρατήρηση] έξυπνος *You're very clever to have worked that out.* Είσαι πολύ έξυπνος που το κατάλαβες/το έλυσες αυτό. *That was clever of you.* Αυτό ήταν έξυπνο από μέρους σου. *That's a clever little gadget/machine.* Είναι ένα έξυπνο μηχάνημα. **2** (συνήθως μετά από *ρ.*) [με πρακτικό τρόπο] έξυπνος *She's very clever with her hands.* Ξέρει να χρησιμοποιεί τα χέρια της. *clever at making things* έξυπνος στο να φτιάχνει πράγματα **cleverly** *επίρρ.* έξυπνα **cleverness** *ουσ.μ.αρ.* εξυπνάδα

intelligent *επίθ.* [κάπως πιο επίσημο από το **clever**. Πάντα εκφράζει θαυμασμό. Περιγράφει: π.χ. πρόσωπο, ερώτηση, παρατήρηση] έξυπνος, ευφυής **intelligently** *επίρρ.* έξυπνα

intelligence *ουσ.μ.αρ.* ευφυΐα *a person of average intelligence* άτομο μέτριας ευφυΐας (σαν *επίθ.*) *intelligence test* τεστ ευφυΐας/νοημοσύνης

perceptive *επίθ.* [κάπως επίσημο. Περιγράφει: π.χ. πρόσωπο, παρατήρηση, κριτική] διορατικός

intellectual *επίθ.* [περιγράφει: π.χ. συζήτηση, ενδιαφέρον, πρόσωπο] διανοητικός *The book is too intellectual for my taste.* Αυτό το βιβλίο είναι υπερβολικά διανοητικό για το γούστο μου. **intellectual** *ουσ.αρ.* διανοούμενος **intellect** *ουσ.αρ.μ.αρ.* διάνοηση

learned *επίθ.* [αυτός που έχει διαβάσει πολύ] πολυμαθής **learning** *ουσ.μ.αρ.* μάθηση

wise *επίθ.* [με καλή κρίση, συχνά από εμπειρία. Περιγράφει: π.χ. πρόσωπο, απόφαση, επιλογή] σοφός *You were wise not to say anything.* Ήταν σοφό εκ μέρους σου να μην πεις τίποτα. *Her explanation left me none the wiser.* Η εξήγησή της δε με διαφώτισε. **wisely** *επίρρ.* σοφά **wisdom** *ουσ.μ.αρ.* σοφία

quick-witted *επίθ.* έξυπνος, ετοιμόλογος

shrewd *επίθ.* [έμπειρο άτομο που δεν ξεγελιέται εύκολα] έξυπνος *a shrewd businessman* έξυπνος επιχειρηματίας *I've a shrewd idea who might have sent the letter.* Έχω μια έξυπνη ιδέα για το ποιος μπορεί να έστειλε το γράμμα. **shrewdly** *επίρρ.* με μυαλό, έξυπνα **shrewdness** *ουσ.μ.αρ.* διορατικότητα

cunning *επίθ.* [μερικές φορές υποτιμητικό, υπονοεί ανεντιμότητα. Περιγράφει: π.χ. πρόσωπο, μεταμφίεση, πλεκτάνη] πανούργος *He used a cunning trick to lure the enemy into his trap.* Χρησιμοποίησε πανούργο τρόπο για να τραβήξει τον εχθρό στην παγίδα. **cunningly** *επίρρ.* πονηρά

cunning *ουσ.μ.αρ.* [μερικές φορές υποτιμητικό] πανουργία *She used cunning to outwit her rivals.* Χρησιμοποίησε πανουργία για να ξεγελάσει τους αντιπάλους της. * δες επίσης **214 Dishonest**

236.1 Εξαιρετικά έξυπνος

brilliant επίθ. [περιγράφει: π.χ. επιστήμονα, παράσταση, λύση] λαμπρός *She was a brilliant student.* Ήταν έξοχη μαθήτρια. *What a brilliant idea!* Τι έξοχη ιδέα! **brilliantly** επίρρ. έξοχα **brilliance** ουσ.μ.αρ. ευφυΐα

ingenious επίθ. [που δείχνει εφευρετικότητα. Περιγράφει: π.χ. πρόσωπο, εφεύρεση, ιδέα] ευφυής **ingeniously** με ευφυΐα επίρρ. **ingenuity** ουσ.μ.αρ. εφευρετικότητα

genius ουσ. 1 ουσ.αρ. [πρόσωπο] ιδιοφυΐα *a mathematical genius* μεγαλοφυΐα στα μαθηματικά 2 ουσ.μ.αρ.αρ. (δεν έχει πληθ.) [κάπως ανεπίσημο] ταλέντο, ιδιοφυΐα *an idea of genius* μια μεγαλοφυής ιδέα *He **has a genius for** getting himself into trouble.* Έχει ταλέντο να μπλέκει σε φασαρίες.

236.2 Σχετικά ανεπίσημες λέξεις που σημαίνουν έξυπνος

bright επίθ. έξυπνος *She's a very bright child.* Είναι πολύ έξυπνο παιδί [συχνά χρησιμοποιείται για να εκφράσει σαρκασμό] *Whose **bright idea** was it to give the kids finger paints?* Ποιός είχε την έξυπνη ιδέα να δώσει στα παιδιά μπογιές;

smart επίθ. (κυρίως Αμερ.) έξυπνος *If you're so smart, you answer the question.* Αν είσαι τόσο έξυπνος, απάντησε την ερώτηση.

quick επίθ. (συνήθως μετά από ρ.) [συχνά χρησιμοποιείται για να περιγράψει ετοιμόλογα άτομα] γρήγορος *quick on the uptake* που τα πιάνει γρήγορα

brains ουσ. πληθ. 1 [αρκετά ανεπίσημο] μυαλό *She's got brains that girl.* Εκείνο το κορίτσι έχει μυαλό. 2 (πάντα + the) [πρόσωπο] εγκέφαλος *the brains behind the operation* ο εγκέφαλος (που κρυβόταν) πίσω από την επιχείρηση **brainy** επίθ. έξυπνος

Υποτιμητικές εκφράσεις για άτομα που προσπαθούν να φανούν έξυπνα ή είναι έξυπνα με περιπαικτικό ή ενοχλητικό τρόπο.

clever dick (κυρίως Βρετ.) εξυπνάκιας

know-all (Βρετ.), **know-it-all** (κυρίως Αμερ.) εξυπνάκιας, αυτός που τα ξέρει όλα

smart alec εξυπνάκιας

wise guy (κυρίως Αμερ.) εξυπνάκιας

---

237 Able Ικανός

δες επίσης **78 Possible, 239 Skilful**

able επίθ. 1 (μετά από ρ., συχνά + to + ΑΠΑΡΕΜΦΑΤΟ) [χρησιμοποιείται σαν βοηθητικό ρήμα] *to be able to* μπορώ να *I'm sorry I wasn't able to come last night.* Λυπάμαι που δε μπόρεσα να έρθω χθες βράδυ. *I'll certainly help if I'm able (to).* Βεβαίως θα βοηθήσω αν μπορώ. 2 [επιδέξιος] ικανός *He's definitely the ablest of my three assistants.* Είναι σίγουρα ο πιο ικανός από τους τρεις βοηθούς μου. **ably** επίρρ. με ικανότητα

ability ουσ. 1 ουσ.μ.αρ. (συχνά + to + ΑΠΑΡΕΜΦΑΤΟ) ικανότητα, δυνατότητα *the machine's ability to process complex data* η δυνατότητα της μηχανής να επεξεργαστεί πολύπλοκα στοιχεία *to the best of my ability* όσο μπορώ 2 ουσ.μ.αρ.αρ. [δεξιότητα] ικανότητα *a woman of considerable ability* γυναίκα σημαντικών ικανοτήτων *a task more suited to his abilities* εργασία που ταιριάζει περισσότερο στις ικανότητές του

capable επίθ. 1 (μετά από ρ., συχνά + of) ικανός *a car capable of speeds over 200 kph* αυτοκίνητο που μπορεί να αναπτύξει ταχύτητες πάνω από 200 χιλιόμετρα την ώρα [μερικές φορές χρησιμοποιείται υποτιμητικά] *He's quite capable of leaving us to clear up all on our own.* Είναι σε θέση να μας αφήσει να κάνουμε όλο το συμμάζεμα μόνοι μας. 2 ικανός, επιδέξιος *I'll leave the job in your capable hands.* Θα αφήσω τη δουλειά στα επιδέξια χέρια σου. **capably** επίρρ. επιδέξια

capability ουσ.μ.αρ.αρ. (συχνά πληθ.) ικανότητα *No one doubts her capability/capabilities.* Κανείς δεν αμφισβητεί τις ικανότητές της. *nuclear capability* κατοχή πυρηνικών όπλων

competent επίθ. 1 [υπονοεί ότι κάποιος είναι αποδοτικός, όχι έξοχος] ικανός *My secretary's extremely competent at her job.* Η γραμματέας μου είναι πάρα πολύ αποδοτική στη δουλειά της. 2 (συχνά + to + ΑΠΑΡΕΜΦΑΤΟ) [με την απαραίτητη εμπειρία ή προσόντα] *I'm afraid I'm not competent to judge.* Φοβάμαι ότι δεν έχω την ικανότητα να κρίνω. **competently** επίρρ. επαρκώς, ικανοποιητικά **competence** ουσ.μ.αρ. αποδοτικότητα, ικανότητα

proficient επίθ. (συχνά + at, in) [κάπως επίσημο. Με ικανότητες υψηλού επιπέδου] ειδήμων *a proficient mechanic* επιδέξιος μηχανικός *She's proficient in English.* Ξέρει καλά Αγγλικά. **proficiently** επίρρ. με ικανότητα **proficiency** ουσ.μ.αρ. καλή γνώση, ικανότητα

adept επίθ. (+ at + -ing, in + -ing) επιδέξιος *She's very adept at dealing with awkward customers.* Ξέρει πολύ καλά να χειρίζεται δύσκολους πελάτες.

---

238 Sensible Λογικός

δες επίσης **130 Sane, 236 Clever**, αντίθετο **241 Foolish**

sensible επίθ. (συχνά + about) λογικός *Be sensible, you can't possibly afford it.* Λογικέψου, δεν έχεις την οικονομική δυνατότητα να το αγοράσεις. *That's the first sensible suggestion anyone's made all day.* Αυτή είναι η πρώτη λογική πρόταση που έχει γίνει σήμερα. *sensible shoes* αναπαυτικά παπούτσια **sensibly** επίρρ. λογικά

χρήση

Προσέχετε να μην συγχέετε το **sensible** (λογικός) με το **sensitive** (ευαίσθητος) (*δες **151 Emotion**).

sense ουσ.μ.αρ. λογική, μυαλό *I wish you'd had the sense to ask me first.* Μακάρι να είχες το μυαλό να με ρωτήσεις πρώτα. *There's no sense in wasting a good opportunity.* Δεν υπάρχει λόγος να χάσεις μια καλή ευκαιρία. *It **makes sense** to keep on good terms with her.* Συμφέρει να κρατήσουμε καλές σχέσεις μαζί της. *Talk sense!* Μίλα λογικά!

common sense ουσ.μ.αρ. κοινή λογική *Use your common sense!* Χρησιμοποίησε τη λογική σου! *It's only common sense to ask her advice.* Κάθε λογικός άνθρωπος θα ζητούσε τη συμβουλή της. **commonsense** επίθ. λογικός

prudent επίθ. [πιο επίσημο από το **sensible**. Συχνά υπονοεί ενέργεια με προνοητικότητα] συνετός It would be prudent to inform them of your decision. Θα ήτανε συνετό να τους πληροφορήσεις για την απόφασή σου. **prudently** επίρρ. συνετά **prudence** ουσ.μ.αρ. σύνεση

mature επίθ. [περιγράφει: π.χ. νοοτροπία, απάντηση] ώριμος He's being very mature about the whole thing. Αντιμετωπίζει την όλη υπόθεση πολύ ώριμα. **maturity** ουσ.μ.αρ. ωριμότητα

moderate επίθ. [συχνά χρησιμοποιείται στην πολιτική. Περιγράφει: π.χ. απόψεις, τακτική] συγκρατημένος **moderate** ουσ.αρ. μετριοπαθής

φράσεις

to have one's head screwed on (the right way) [ανεπίσημο] είμαι λογικός, εχω μυαλό

to have one's feet on the ground [ανεπίσημο. Είμαι λογικός και ρεαλιστής] τα πόδια μου πατάνε γερά στη γη

---

logical επίθ. 1 [περιγράφει: π.χ. επιχείρημα, απόδειξη, ανάλυση] λογικός 2 [που δείχνει κοινή λογική. Περιγράφει: π.χ. εξήγηση, αποτέλεσμα] λογικός It's the logical next step. Είναι το επόμενο λογικό βήμα. It's not logical to expect them to help us out. Δεν είναι λογικό να έχουμε την απαίτηση να μας βοηθήσουν. **logically** επίρρ. λογικά

logic ουσ.μ.αρ. 1 [προσεκτικός συλλογισμός] λογική to work something out by logic συμπεραίνω κάτι χρησιμοποιώντας τη λογική 2 κοινή λογική There's no logic in what she says. Αυτά που λέει δεν έχουν λογική.

238.1 Σοβαρός
δες επίσης **74 Important**, **447 Sad**

serious επίθ. 1 (συχνά + **about**) [που δεν αστειεύεται. Περιγράφει: π.χ. προσοχή, πρόταση] σοβαρός Is she serious about resigning? Σοβαρολογεί ότι θέλει να παραιτηθεί; Be serious for a moment. Σοβαρέψου για μια στιγμή. **2** (πριν από ουσ.) [όχι διασκεδαστικός. Περιγράφει: π.χ. άρθρο, εφημερίδα, μουσική] σοβαρός **seriousness** ουσ.μ.αρ. σοβαρότητα

seriously επίρρ. σοβαρά to **take** something/somebody **seriously** παίρνω κάτι στα σοβαρά I must think seriously about the proposal. Πρέπει να σκεφτώ σοβαρά την πρόταση. [στην αρχή της πρότασης] Seriously, is that what you really think? Σοβαρά τώρα, αυτή είναι πραγματικά η γνώμη σου;

earnest επίθ. 1 [συνήθως κάπως χιουμοριστικό ή υποτιμητικό όταν αναφέρεται σε ανθρώπους] σοβαρός He's so earnest about everything. Εχει πάντα τόσο σοβαρές προθέσεις και απόψεις. 2 [πιο έντονο από το **serious** και κάπως πιο επίσημο. Περιγράφει: π.χ. προσπάθεια, επιθυμία] ειλικρινής [σαν ουσ.] to be **in earnest** about something σοβαρολογώ για κάτι I thought she was joking, but she was in deadly earnest. Νόμιζα ότι αστειευόταν αλλά σοβαρολογούσε. **earnestly** επίρρ. ειλικρινά, με πάθος, με σοβαρότητα

sober επίθ. 1 [λογικός και χωρίς συναισθηματισμούς. Περιγράφει: π.χ. εκτίμηση, ανάλυση] ισορροπημένος 2 [όχι λαμπερός ή φανταχτερός. Περιγράφει: π.χ. χρώμα, κοστούμι] σοβαρός **soberly** επίρρ. σοβαρά, συγκρατημένα

solemn επίθ. [με απόλυτη πρόθεση να επιτελέσει κάποιο σκοπό. Περιγράφει: π.χ. υπόσχεση] σοβαρός, επίσημος **solemnly** επίρρ. σοβαρά, επίσημα

φράση

to keep a straight face [δε γελάω όταν θέλω να γελάσω] κρατιέμαι για να μη γελάσω I could hardly keep a straight face when he dropped his notes. Με το ζόρι κρατήθηκα να μη γελάσω όταν του έπεσαν οι σημειώσεις.

---

239 Skilful Επιδέξιος
δες επίσης **236 Clever**, αντίθετο **242 Unskilled**

skilful (κυρίως Βρετ.), **skillful** (Αμερ.) επίθ. (συχνά + **at**, **in**) επιδέξιος He's a skilful painter. Είναι επιδέξιος ζωγράφος. **skilfully** επίρρ. με δεξιοτεχνία

skilled επίθ. (συχνά + **at**, **in**) [χρησιμοποιείται κυρίως σε βιομηχανικό ή εμπορικό περιεχόμενο. Περιγράφει: π.χ. εργαζόμενο, διαπραγματευτή, δουλειά] έμπειρος, ειδικός skilled in the art of wood engraving ειδικευμένος στη τεχνική της χαρακτικής ξύλου

accomplished επίθ. [συνήθως αναφέρεται σε καλλιτεχνικές ή κοινωνικές ικανότητες. Περιγράφει: π.χ. ηθοποιό, παράσταση] ικανός, φτασμένος He is an accomplished poet. Είναι πολύ καλός ποιητής.

professional επίθ. 1 [δείχνει θαυμασμό. Περιγράφει: π.χ. επίπεδο, προσέγγιση] επαγγελματικός You've made a really professional job of landscaping the garden. Έκανες δουλειά επαγγελματία στην αρχιτεκτονική του κήπου. 2 [σαν δουλειά. Περιγράφει: π.χ. παίχτη, άθλημα] επαγγελματικός to turn professional γίνομαι επαγγελματίας **professionally** επίρρ. επαγγελματικά **professionalism** ουσ.μ.αρ. επαγγελματισμός

professional ουσ.αρ. 1 [υπονοεί θαυμασμό] επαγγελματίας Being a true professional, she took all the problems in her stride. Σαν αληθινή επαγγελματίας, αντιμετώπισε τα προβλήματα με ευχέρεια. 2 [στα σπορ] επαγγελματίας golf/tennis professional επαγγελματίας του γκολφ/τένις

expert επίθ. (συχνά + **at**, **in**) [περιγράφει: π.χ. γνώση, δεξιοτεχνία, συμβουλή] ειδικός She's expert at handling difficult situations. Είναι ειδική στο να χειρίζεται δύσκολες καταστάσεις. We'd better ask for an expert opinion. Καλύτερα να ζητήσουμε τη γνώμη ενός ειδικού.

expert ουσ.αρ. (συχνά + **on**) ειδικός Experts date the painting to the 11th century. Εμπειρογνώμονες λένε ότι ο πίνακας χρονολογείται από τον 11ο αιώνα. **expertly** επίρρ. πολύ επιδέξια

specialist ουσ.αρ. (συχνά + **in**) ειδικός [συχνά χρησιμοποιείται για γιατρούς που ειδικεύονται σε ένα συγκεκριμένο τομέα της ιατρικής] My doctor sent me to see a specialist. Ο γιατρός μου με έστειλε να δω έναν ειδικό. eye specialist ειδικός οφθαλμίατρος

specialist επίθ. ειδικός a specialist book shop εξειδικευμένο βιβλιοπωλείο

specialize, ΕΠΙΣΗΣ -**ise** (Βρετ.) ρ.α. (συχνά + **in**) (εξ)ειδικεύομαι

virtuoso επίθ. [κυρίως στη μουσική. Περιγράφει: π.χ. ηθοποιό, παράσταση] βιρτουόζος **virtuosity** ουσ.μ.αρ. δεξιοτεχνία

virtuoso ουσ.αρ. δεξιοτέχνης trumpet virtuoso δεξιοτέχνης της τρομπέτας

φράση

be a dab hand at (Βρετ.) [ανεπίσημο, συχνά χρησιμοποιείται με κάπως χιουμοριστικό περιεχόμενο] είμαι μάστορας He's a dab hand at changing nappies. Είναι δεξιοτέχνης στην αλλαγή των πανιών του μωρού.

239.1 Δεξιοτεχνία

skill *ουσ.* 1 *ουσ.μ.αρ.* (συχνά + **at**, **in**) δεξιοτεχνία *It takes great skill to produce an absolutely even surface.* Χρειάζεται μεγάλη δεξιοτεχνία για να κάνεις μια επιφάνεια απόλυτα λεία. 2 *ουσ.αρ.* δεξιότητα *to learn/acquire new skills* μαθαίνω/αποκτώ καινούριες δεξιότητες

knack *ουσ.αρ.* (δεν έχει πληθ.) [ανεπίσημο] κόλπο *It's easy once you have the knack.* Είναι εύκολο όταν μάθεις το κόλπο. *There's a knack to getting the lids off these pots.* Υπάρχει ένα κόλπο για να βγάλεις τα καπάκια από αυτά τα βάζα.

dexterity *ουσ.μ.αρ.* [κάπως επίσημο] επιδεξιότητα *manual dexterity* επιδεξιότητα στα χέρια **dexterous** *επίθ.* [επίσημο] επιδέξιος

prowess *ουσ.μ.αρ.* [κάπως επίσημο. Συχνά χρησιμοποιείται για να περιγράψει σωματική δύναμη, υγεία, κτλ., παρά καλλιτεχνική ή διανοητική ικανότητα] εξαιρετική ικανότητα *He tends to boast about his prowess as a huntsman.* Έχει την τάση να περηφανεύεται για την κυνηγετική του ικανότητα.

239.2 Φυσική ικανότητα

talent *ουσ.* 1 *ουσ.μ.αρ.αρ.* (συχνά + **for**) ταλέντο *He has a talent for spotting a good deal.* Έχει ταλέντο να βρίσκει ευκαιρίες. (σαν *επίθ.*) *talent contest* διαγωνισμός ταλέντων *talent scout* κυνηγός ταλέντων 2 *ουσ.μ.αρ.* [ταλαντούχα άτομα] ταλέντα *We don't appreciate the talent there is here*

in our own company. Δεν εκτιμάμε τα ταλέντα που έχουμε μέσα στην εταιρεία μας. **talented** *επίθ.* ταλαντούχος

gift *ουσ.αρ.* (συχνά + **for**) φυσικό ταλέντο *You've a real gift for designing things.* Είσαι προικισμένος για να σχεδιάζεις πράγματα.

gifted *επίθ.* προικισμένος *gifted children* προικισμένα παιδιά

flair *ουσ.αρ.μαρ.* (δεν έχει πληθ.) (συχνά + **for**) [υπονοεί φαντασία και φανταχτερή συμπεριφορά] ιδιοφυΐα *a journalist with a flair for a good story* δημοσιογράφος με μύτη για καλές ιστορίες *He always dresses with flair.* Πάντα ντύνεται με στυλ.

aptitude *ουσ.μ.αρ.αρ.* (συχνά + **for**) ικανότητα *They show little natural aptitude for the work.* Δείχνουν πολύ λίγη φυσική ικανότητα για τη δουλειά.

φράσεις

to be cut out for something [κάπως ανεπίσημο. Αναφέρεται στο χαρακτήρα και την προσωπικότητα παρά σε δεξιοτεχνίες και ικανότητες] είμαι φτιαγμένος για κάτι *He isn't really cut out to be a teacher.* Δεν είναι φτιαγμένος για να είναι δάσκαλος.

to have what it takes (*Βρετ. & Αμερ.*) **to have got what it takes** (*Βρετ.*) (συχνά αρνητικό) [κάπως ανεπίσημο. Αναφέρεται σε προσωπικά προσόντα και δεξιοτεχνίες, ικανότητες, ταλέντο για αθλήματα, κτλ.] έχω τα προσόντα *She hasn't really got what it takes to be the boss.* Δεν έχει τα φυσικά προσόντα για να είναι αφεντικό. *He's got what it takes to be a professional footballer.* Έχει τα προσόντα να γίνει επαγγελματίας ποδοσφαιριστής.

240 Stupid Ανόητος

δες επίσης **241 Foolish**, αντίθετο **236 Clever**

stupid *επίθ.* [γενική λέξη, συχνά χρησιμοποιείται σε προσβολές. Περιγράφει: πρόσωπο, σχέδιο, ιδέα] ηλίθιος *You stupid idiot!* Ηλίθιε! *How could you be so stupid as to forget?* Πώς είναι δυνατό να είσαι τόσο χαζός ώστε να το ξεχάσεις; [χρησιμοποιείται επίσης για να δείξει εκνευρισμό με κάτι] *This stupid door won't shut.* Αυτή η καταραμένη πόρτα δεν κλείνει. **stupidly** *επίρρ.* ηλίθια, σαν ηλίθιος **stupidity** *ουσ.μ.αρ.* βλακεία

thick *επίθ.* [ανεπίσημο. Συχνά χρησιμοποιείται σαν προσβολή] χοντροκέφαλος *You're just too thick to understand what's going on.* Είσαι πολύ αργόστροφος για να καταλάβεις τι συμβαίνει.

dim-witted *επίθ.* [κάπως λιγότερο έντονο και λιγότερο αγενές από το **stupid** ή το **thick**] χαζός *He's a bit dim-witted, but he tries his best.* Είναι λίγο χαζός αλλά κάνει ό,τι μπορεί. **dimwit** *ουσ.αρ.* χαζός

slow *επίθ.* [κάπως ευφημιστικό] αργός *the slower ones in the class* οι πιο αργοί (μαθητές) στην τάξη

dull *επίθ.* [κάπως επίσημο] κουτός **dullness** *ουσ.μ.αρ.* κουταμάρα * δες επίσης **119 Boring**

backward *επίθ.* [περιγράφει: π.χ. παιδί] καθυστερημένος

dumb *επίθ.* [ανεπίσημο] χαζός *That was a really dumb thing to do.* Αυτό που έκανες ήταν πολύ χαζό.

ignorant *επίθ.* [χωρίς γνώσεις και μόρφωση] ανίδεος *You don't know what it means because you're too ignorant!* Δεν ξέρεις τι σημαίνει γιατι είσαι ανίδεος! * δες επίσης **112.1 Unknown**

παρομοίωση

as thick as two (short) planks (*Βρετ.*) εντελώς ηλίθιος

240.1 Ηλίθιοι άνθρωποι

imbecile *ουσ.αρ.* [χρησιμοποιείται κυρίως σαν σοβαρή προσβολή] βλάκας *You imbecile, you nearly ran me over!* Ηλίθιε, παραλίγο να με πατήσεις!

moron *ουσ.αρ.* [χρησιμοποιείται σαν πολύ προσβλητικός όρος ή προσβολή] μωρός *Only a complete moron could have got that wrong.* Μόνο ένας τελείως βλάκας θα μπορούσε να κάνει αυτό το λάθος. **moronic** *επίθ.* βλακώδης

dummy *ουσ.αρ.* (κυρίως Αμερ.) [ανεπίσημο. Ήπια προσβολή] χαζούλης *You've broken it, you dummy!* Το έσπασες, κουτέ!

241 Foolish Ανόητος

δες επίσης **129 Mad**, **240 Stupid**, αντίθετο **238 Sensible**

foolish *επίθ.* [γενική λέξη που χρησιμοποιείται για να περιγράψει πρόσωπα και πράξεις, σχόλια κτλ., αλλά κάπως υπερβολικά επίσημη για να χρησιμοποιηθεί σε προσβολές] ανόητος *It would be foolish to take the risk.* Θα ήταν

ανόητο να το ριψοκινδυνέψεις. *I felt very foolish when they found out.* Αισθάνθηκα πολύ ανόητος όταν το ανακάλυψαν. **foolishly** *επίρρ.* ανόητα **foolishness** *ουσ.μ.αρ.* ανοησία

silly επίθ. **1** [πιο ανεπίσημο από το **foolish**. Κυρίως χρησιμοποιείται σε σχετικά ήπιες κριτικές ή προσβολές και συχνά προς παιδιά] χαζός *You've been a very silly little boy. Συμπεριφέρθηκες σαν ένα ανόητο παιδί. You can wipe that silly grin off your face.* Πάψε να χαμογελάς σαν χαζός. **2** (μετά από ρ.) *to laugh/drink oneself silly* γελάω τόσο που δεν μπορώ να ελέγξω το γέλιο μου/πίνω σε σημείο που κάνω ανοησίες **silliness** ουσ.μ.αρ. ανοησία

daft επίθ. (κυρίως Βρετ.) [ανεπίσημο] χαζός *Don't be daft, you know you can't afford it.* Μην είσαι χαζός, ξέρεις ότι δεν έχεις την δυνατότητα να το αγοράσεις. *She's completely daft about that horse.* Είναι τελείως τρελή με εκείνο το άλογο.

idiotic επίθ. [πιο έντονο από το **foolish**] βλακώδης *That's the most idiotic suggestion I've ever heard.* Αυτή είναι η πιο βλακώδης πρόταση που έχω ακούσει ποτέ μου. **idiotically** επίρρ. ανόητα, βλακωδώς

241.1 Ανόητοι άνθρωποι

fool ουσ.αρ. ανόητος *You were a fool not to take the offer.* Ήσουν ανόητος που δε δέχτηκες την προσφορά. *He doesn't suffer fools gladly.* Δεν ανέχεται ανόητους ανθρώπους.

idiot ουσ.αρ. [πιο ανεπίσημο από το **fool**, συχνά χρησιμοποιείται σε προσβολές] ηλίθιος *She made me feel a complete idiot.* Με έκανε να αισθανθώ τελείως ηλίθιος. *Some idiot put a lighted cigarette in the waste paper basket.* Κάποιος βλάκας έρριξε ένα αναμμένο τσιγάρο στο καλάθι των αχρήστων.

idiocy ουσ.μ.αρ. [συνήθως χρησιμοποιείται σε πιο επίσημες περιπτώσεις από το **idiot**] ανοησία

jerk ουσ.αρ. (κυρίως Αμερ.) [ανεπίσημο, πιο ήπιο από το **fool** ή το **idiot**] χαζός *Don't be a jerk, apologise to her.* Μην είσαι χαζός, ζήτησέ της συγνώμη.

twit ουσ.αρ. (Βρετ.) [ανεπίσημο, πιο ήπιο από το **fool** ή το **idiot**] χαζός *I felt a bit of a twit hopping around on one leg.* Αισθανόμουν λίγο χαζός να προχωράω πηδώντας στο ένα πόδι.

wally ουσ.αρ. (Βρετ.) [ανεπίσημο, πολύ ήπιο και μερικές φορές μπορεί να εκφράσει ακόμα και στοργή, συνήθως χρησιμοποιείται για άντρες] βλάκας *Her husband's OK but a bit of a wally.* Ο άντρας της είναι καλός αλλά είναι λίγο βλάκας.

φράσεις

need one's head examined [ανεπίσημο] χρειάζεται να σε δει γιατρός *You paid how much? You must need your head examined.* Πόσο πλήρωσες; Πρέπει να σε δει γιατρός.

figure of fun (Βρετ.) περίγελος *They treat their French teacher as a figure of fun.* Περιγελούν την καθηγήτριά τους των Γαλλικών.

241.2 Γελοίος

ridiculous επίθ. γελοίος *You look utterly ridiculous in that hat.* Είσαι τελείως γελοίος με εκείνο το καπέλο. (συχνά εκφράζει θυμό ή αγανάκτηση) *It's ridiculous that we should have to pay twice.* Είναι απαράδεχτο το ότι πρέπει να πληρώσουμε δύο φορές. **ridiculously** επίρρ. γελοία

absurd επίθ. παράλογος *Don't be absurd, you'll never*

manage it all on your own. Μην είσαι παράλογος, δε θα καταφέρεις να το κάνεις όλο μόνος σου. **absurdly** επίρρ. παράλογα **absurdity** ουσ.μ.αρ.αρ. παραλογισμός

ludicrous επίθ. γελοίος, απίστευτος *It's ludicrous to insist that everyone must wear a top hat.* Είναι γελοίο να επιμένουν ότι όλοι πρέπει να φορέσουν ψηλό καπέλο. **ludicrously** επίρρ. παράλογα

laughable επίθ. για γέλια *The whole plan's so impractical that it's laughable really.* Το όλο σχέδιο είναι τόσο ανεφάρμοστο που είναι για γέλια. **laughably** επίρρ. γελοία

preposterous επίθ. [υπονοεί ότι κάτι κάνει κάποιον να θυμώσει επειδή είναι τόσο παράλογο] παράλογος, απαράδεχτος *The price they're charging is preposterous.* Το ποσό που χρεώνουν είναι παράλογο. **preposterously** επίρρ. παράλογα

241.3 Ανοησία

nonsense ουσ.μ.αρ. **1** ανοησία *You're talking nonsense.* Λες ανοησίες. *Nonsense! I feel perfectly well.* Ανοησίες! Αισθάνομαι θαυμάσια. (σαν επίθ.) *nonsense poem* ανόητο ποίημα **2** [ανόητη συμπεριφορά] ανοησία *Stop this nonsense at once!* Σταμάτα αυτή την ανοησία αμέσως. *He won't stand any nonsense.* Δεν ανέχεται ανοησίες.

rubbish (Βρετ.), **garbage** (Αμερ.) ουσ.μ.αρ. σαχλαμάρα *I've seen the film. It's (a load of) rubbish!* Έχω δει την ταινία. Είναι (σκέτη) σαχλαμάρα! (σαν επιφ.) *– You're too old for the job. – Rubbish!* «Είσαι πολύ μεγάλος για τη δουλειά.» «Σαχλαμάρες!» *δες επίσης **71 Rubbish**

senseless επίθ. [περιγράφει: π.χ. σχόλιο, σπατάλη] παράλογος *I utterly condemn this senseless violence/ slaughter.* Καταδικάζω απόλυτα αυτήν την άσκοπη βία/ ανθρωποσφαγή. **senselessly** επίρρ. παράλογα

illogical επίθ. **1** [περιγράφει: π.χ. νοοτροπία, δικαιολογία] παράλογος *I know it's illogical but I still think I'm responsible.* Ξέρω ότι είναι παράλογο αλλά ακόμα θεωρώ τον εαυτό μου υπεύθυνο. **2** [περιγράφει: π.χ. επιχείρημα, συμπέρασμα] παράλογος

241.4 Ανώριμος

immature επίθ. ανώριμος *He's too immature to appreciate her good qualities.* Είναι πολύ ανώριμος για να εκτιμήσει τις αρετές της. **immaturity** ουσ.μ.αρ. ανωριμότητα

childish επίθ. [υποτιμητικό. Περιγράφει: π.χ. συμπεριφορά, νοοτροπία] παιδιάστικος *It's so childish of her not to let the rest of us join in.* Είναι πολύ παιδιάστικο εκ μέρους της να μη μας αφήνει να συμμετάσχουμε. **childishly** επίρρ. παιδιάστικα

infantile επίθ. [υποτιμητικό και κάπως επίσημο] νηπιακός

φράσεις

fool/mess around ρ.α.πρφ. κάνω χαζομάρες *Stop fooling around and get down to some serious work.* Σταμάτα να κάνεις χαζομάρες και στρώσου στη δουλειά στα σοβαρά.

play the fool κάνω τον παλιάτσο, κάνω τρέλες

make a fool/twit, etc. of (sb) γελοιοποιώ *He made a fool of her in front of all her friends.* Την γελοιοποίησε μπροστά σε όλους τους φίλους της. *I got drunk and made a complete fool of myself.* Μέθυσα και γελοιοποιήθηκα.

242 Unskilled Ανειδίκευτος

αντίθετα **237 Able, 239 Skilful**

unskilled επίθ. [κυρίως χρησιμοποιείται σε βιομηχανικά ή εμπορικά συμφραζόμενα. Περιγράφει: εργαζόμενο, δουλειά] ανειδίκευτος

incompetent επίθ. [υποτιμητικό, χρησιμοποιείται για ανθρώπους που θα έπρεπε να έχουν κάποια δεξιότητα. Περιγράφει: π.χ. εργαζόμενο, διευθυντή, προσπάθεια] ανίκανος **incompetently** επίρρ. ανίκανα

incompetence ουσ.μ.αρ. ανικανότητα We lost that order through your incompetence. Χάσαμε την παραγγελία εξ αιτίας της ανικανότητάς σου.

inept επίθ. (συχνά + at) [υποτιμητικό. Κάπως επίσημο, χρησιμοποιείται περισσότερο για να περιγράψει χειρισμό κάποιας κατάστασης παρά σαν γενική περιγραφή] αδέξιος His attempts to calm the crisis were totally inept. Οι προσπάθειές του να εκτονώσει την κρίση ήταν τελείως αδέξιες. **ineptly** επίρρ. αδέξια **ineptitude** ουσ.μ.αρ. αδεξιότητα

amateur επίθ. 1 (δεν έχει συγκρ. ή υπερθ.) [χωρίς πληρωμή. Περιγράφει: π.χ. μποξέρ, ηθοποιό, ομάδα] ερασιτεχνικός amateur dramatics ερασιτεχνική ηθοποιία 2 (συνήθως μετά από ρ.) [υποτιμητικό] ερασιτεχνικός Their first attempts at home decorating looked very amateur. Οι πρώτες τους απόπειρες να βάψουν το σπίτι ήταν πολύ ερασιτεχνικές. **amateur** ουσ.αρ. ερασιτέχνης

amateurish επίθ. [υποτιμητικό. Περιγράφει: π.χ. απόπειρα, δουλειά] ερασιτεχνικός

242.1 Τα θαλασσώνω

bungle ρ.μ.α. τα θαλασσώνω I explained what you had to do so carefully and you still managed to bungle it. Σου

εξήγησα τι έπρεπε να κάνεις τόσο προσεκτικά και παρόλα αυτά κατάφερες να τα θαλασσώσεις. You bungling idiot! Τσαπατσούλη! **bungle** ουσ.αρ. τσαπατσουλιά **bungler** ουσ.αρ. τσαπατσούλης

botch 'Η **bodge** ρ.μ. [ανεπίσημο, χρησιμοποιείται κυρίως για απόπειρες επισκευής αντικειμένων] κακοφτιάχνω a botched job κακοφτιαγμένη δουλειά **botch** 'Η **bodge** ουσ.αρ. τσαπατσουλιά

fumble ρ. 1 ρ.μ. [αντικ.: π.χ. άρπαγμα, μπάλα] πιάνω αδέξια 2 ρ.α. [υποκ.: πρόσωπο] ψηλαφώ I was fumbling around in the dark trying to find the light switch. Ψηλαφούσα στα σκοτεινά προσπαθώντας να βρω το διακόπτη για το φως. his fumbling attempts to find the right words to say οι αδέξιες προσπάθειές του για να βρει να πει τις σωστές λέξεις **fumble** ουσ.αρ. αδεξιότητα

cock sth **up** 'Η **cock up** sth ρ.μ.πρφ. (Βρετ.) [λαϊκό] τα κάνω μούσκεμα Can't you even give someone a message without cocking it up! Ούτε μήνυμα δεν μπορείς να δώσεις σε κάποιον χωρίς να τα κάνεις μούσκεμα!

cock-up ουσ.αρ. (Βρετ.) [λαϊκό] μπέρδεμα I'm afraid there's been a bit of a cock-up with the travel arrangements. Δυστυχώς έχει γίνει κάποιο μπέρδεμα με τις διατυπώσεις για το ταξίδι.

243 Difficult Δύσκολος

δες επίσης **244 Problem**, αντίθετο **247 Easy**

difficult επίθ. 1 (συχνά + to + ΑΠΑΡΕΜΦΑΤΟ) [περιγράφει: π.χ. αποστολή, πρόβλημα] δύσκολος It's a very difficult language to learn. Είναι δύσκολο να μάθεις αυτή τη γλώσσα. We've been going through a difficult time. Περνάμε δυσκολίες. Please don't make life difficult for me. Σε παρακαλώ μην κάνεις τη ζωή μου δύσκολη. 2 [περιγράφει: πρόσωπο] δύσκολος, απαιτητικός

hard επίθ. 1 (συχνά + to + ΑΠΑΡΕΜΦΑΤΟ) [κάπως λιγότερο επίσημο από το **difficult**] δύσκολος It's hard to see why the plan failed. Είναι δύσκολο να καταλάβει κανείς γιατί απέτυχε το σχέδιο. to do something **the hard way** διαλέγω το δύσκολο τρόπο για να κάνω κάτι 2 [κάτι που απαιτεί μεγάλη προσπάθεια. Περιγράφει: π.χ. δουλειά, προσπάθεια, σκέψη] εντατικός, σκληρός to take a long hard look at something εξετάζω κάτι διεξοδικά I've had a very hard day. Σήμερα ήταν πολύ κουραστική μέρα για μένα. 3 [δυσάρεστος και ενοχλητικός] δυσάρεστος to give somebody a hard time προκαλώ δυσκολίες σε κάποιον It's a hard life. Η ζωή είναι σκληρή. **Hard luck!** Τι κακοτυχία! **hardness** ουσ.μ.αρ. δυσκολία

hard επίρρ. σκληρά They worked very hard. Δούλεψαν πολύ σκληρά. I've been **hard at it** all day. Δουλεύω σκληρά όλη μέρα σήμερα.

tricky επίθ. [σχετικά ανεπίσημο. Περιγράφει: π.χ. κατάσταση] περίπλοκος I'm in a tricky position. Είμαι σε δύσκολη θέση. It's a tricky business manoeuvring the car into such a small space. Είναι δύσκολο να κάνεις ελιγμούς με το αυτοκίνητο σε τόσο μικρό χώρο.

tough επίθ. 1 [σχετικά ανεπίσημο. Περιγράφει: π.χ. απόφαση, αποστολή] δύσκολος The exam was very tough. Το διαγώνισμα ήταν πολύ δύσκολο. 2 (συχνά + on) [ανεπίσημο. Άτυχος] κακότυχος, σκληρός It's rather tough on them that they should have to pay for the damage. Είναι αρκετά σκληρό να πρέπει να πληρώσουν αυτοί για τη ζημιά. 'I didn't get the job.' 'Oh, **tough luck!**' «Δε μου έδωσαν τη δουλειά.» «Ατυχία!»

243.1 Κάτι που απαιτεί προσπάθεια

demanding επίθ. [περιγράφει: π.χ. δουλειά, πρόγραμμα, πρόσωπο] απαιτητικός Hamlet is a very demanding role. Ο ρόλος του Άμλετ είναι πολύ απαιτητικός. Children are so demanding at that age. Τα παιδιά είναι πολύ απαιτητικά σε αυτή την ηλικία.

strenuous επίθ. [περιγράφει: π.χ. άσκηση, προσπάθεια] κουραστικός **strenuously** επίρρ. εντατικά

arduous επίθ. [κάπως επίσημο. Περιγράφει: π.χ. ανάβαση, αποστολή] επίπονος

243.2 Περίπλοκος

complicated επίθ. [περιγράφει: π.χ. πρόβλημα, οδηγίες, μηχάνημα] περίπλοκος The situation's too complicated for me to explain it over the phone. Η κατάσταση είναι πολύ περίπλοκη για να σου την εξηγήσω από το τηλέφωνο.

complicate ρ.μ. δυσχεραίνω Just to complicate matters, he's not arriving till the 16th. Για να δυσχεράνει την κατάσταση, δε θα έρθει πριν τις 16 του μήνα.

complication ουσ.αρ. 1 περιπλοκή 2 [ιατρική] επιπλοκή

complex επίθ. [περιγράφει: π.χ. δίκτυο, σχέδιο, ερώτηση] περίπλοκος **complexity** ουσ.μ.αρ.αρ. περιπλοκή

χρήση

Οι λέξεις **complicated** και **complex** είναι όμοιες, και συχνά χρησιμοποιείται η μια στη θέση της άλλης. Η λέξη **complex** όμως, τονίζει το γεγονός ότι απαιτείται πολλή γνώση για να καταλάβουμε αυτό που περιγράφεται, ενώ η λέξη **complicated** τονίζει τον αριθμό των μερών που αποτελούν αυτό που περιγράφεται.

intricate επίθ. [συχνά εκφράζει θαυμασμό, τονίζοντας τη δεξιότητα που χρειάζεται για να κάνουμε αυτό που περιγράφουμε. Περιγράφει: π.χ. χάραγμα, σχέδιο, λεπτομέρειες] πολύπλοκος **intricacy** ουσ.μ.αρ.αρ. περιπλοκή

Ιδιωματικοί τρόποι για να πούμε ότι κάτι είναι δύσκολο

be a job/have a job είναι δύσκολο να *It'll be a job to replace such a good employee.* Θα είναι δύσκολο να αντικαταστήσουμε έναν τόσο καλό υπάλληλο. *You'll have a job finishing that by tomorrow.* Θα το βρεις πολύ δύσκολο να το τελειώσεις μέχρι αύριο.

take some doing απαιτώ προσπάθεια *'I'm going to reorganise the whole office.' 'That'll take some doing!'* «Θα αναδιοργανώσω όλο το γραφείο.» «Αυτό θα απαιτήσει κάποια προσπάθεια.»

be an uphill struggle είναι δύσκολος αγώνας *The business*

is doing well now, but it was an uphill struggle at first. Η επιχείρηση πάει καλά τώρα, αλλά χρειάστηκε σκληρός αγώνας στην αρχή.

have one's work cut out έχω πολύ δουλειά μπροστά μου *You'll have your work cut out getting the job finished in time.* Θα πρέπει να ασχολιέσαι συνέχεια με αυτή την δουλειά για να την τελειώσεις έγκαιρα.

easier said than done είναι πιο εύκολο στα λόγια παρά στην πράξη *'Just slide the pieces together.' 'That's easier said than done.'* «Απλώς σύρε τα κομμάτια για να τα ενώσεις.» «Αυτό είναι πιο εύκολο στα λόγια παρά στη πράξη.»

244 Problem Πρόβλημα

problem *ουσ.αρ.* (συχνά + **of, with**) πρόβλημα *There's the problem of what to wear.* Υπάρχει το πρόβλημα του τι να φορέσω. *I may have a problem getting to the party on time.* Μπορεί να έχω πρόβλημα να φτάσω εγκαίρως στο πάρτι. *That loose connection could cause problems later.* Αυτή η χαλαρή σύνδεση μπορεί να προκαλέσει προβλήματα αργότερα. (σαν *επίθ.*) *problem child* προβληματικό παιδί *problem family* προβληματική οικογένεια

problematic ΕΠΙΣΗΣ **problematical** *επίθ.* προβληματικός *the problematical nature of the relationship* η προβληματική φύση της σχέσης

difficulty *ουσ.μ.αρ.αρ.* (συχνά + **of, with**) δυσκολία *the difficulty of deciding what to do* η δυσκολία του να αποφασίσεις τι να κάνεις *I'm having difficulty/difficulties with my homework.* Δυσκολεύομαι με τα μαθήματά μου. *I had great difficulty convincing him.* Βρήκα μεγάλη δυσκολία για να τον πείσω. *to be in financial difficulty/difficulties* έχω οικονομικές δυσκολίες

snag *ουσ.αρ.* [συνήθως λιγότερο σοβαρό από το **problem** ή το **difficulty**] δυσκολία *We've hit one or two snags.* Μας έτυχαν μια-δυο δυσκολίες. *The snag is we don't know who has the key.* Η δυσκολία είναι ότι δεν ξέρουμε ποιος έχει το κλειδί.

headache *ουσ.αρ.* [ανεπίσημο] μπελάς *My biggest headache is deciding who to leave out.* Ο μεγαλύτερος μπελάς μου είναι να αποφασίσω ποιον να παραλείψω.

dilemma *ουσ.αρ.* δίλημμα *My dilemma is whether or not to go.* Το δίλημμά μου είναι να πάω ή όχι.

Με την κύρια σημασία του, το **dilemma** αναφέρεται σε δύσκολη εκλογή ανάμεσα σε δύο επιλογές. Συχνά χρησιμοποιείται πιο ελεύθερα με τον ίδιο τρόπο όπως το **problem** ή το **quandary**, αν και μερικοί αντιπαθούν αυτήν τη χρήση.

quandary *ουσ.αρ.* δίλημμα, δύσκολη θέση *I'm in a quandary over who to choose.* Δεν μπορώ να αποφασίσω ποιον να διαλέξω.

244.1 Φασαρία

trouble *ουσ.* 1 *ουσ.μ.αρ.αρ.* (συχνά + **with**) [δυσκολία ή ανησυχία] πρόβλημα *money trouble/troubles* οικονομικά προβλήματα *He started telling me all his troubles.* 'Αρχισε να μου λέει όλα τα προβλήματά του. *stomach trouble* πρόβλημα με το στομάχι *to have trouble doing something* δυσκολεύομαι να κάνω κάτι *I'm having trouble getting the*

car started. Δυσκολεύομαι να βάλω μπρος το αυτοκίνητο. *The trouble with you is you're lazy.* Το πρόβλημα με σένα είναι ότι είσαι τεμπέλης. 2 *ουσ.μ.αρ.* [επικίνδυνη ή μεμπτή κατάσταση] φασαρίες *She's in trouble with the police again.* 'Εχει πάλι φασαρίες με την αστυνομία. *They got into terrible trouble over the broken vase.* Βρήκαν τον μπελά τους για το σπασμένο βάζο. *That's just asking for trouble.* Πας γυρεύοντας για μπελάδες. 3 *ουσ.μ.αρ.* [ενόχληση] αναστάτωση *I hope I'm not causing you too much trouble.* Ελπίζω να μη σας προκαλώ μεγάλη αναστάτωση. *It's no trouble at all.* Δεν είναι καθόλου αναστάτωση.

trouble *ρ.* [κάπως επίσημο] 1 *ρ.μ.* βασανίζω *Something seems to be troubling him.* Κάτι φαίνεται να τον βασανίζει. *My back's troubling me again.* Η μέση μου με ταλαιπωρεί πάλι. 2 *ρ.μ.* ενοχλώ *I didn't want to trouble you about such a minor problem.* Δεν ήθελα να σε ενοχλήσω για ένα τόσο ασήμαντο πρόβλημα. [συχνά χρησιμοποιείται σε ευγενικές παρακλήσεις] *Sorry to trouble you, (but) could you pass me my hat?* Συγγνώμη που σας ενοχλώ, (αλλά) θα μπορούσατε να μου δώσετε το καπέλο μου;

troublesome *επίθ.* [περιγράφει: π.χ. πρόσωπο, πρόβλημα, βήχα] ενοχλητικός

bother *ουσ.μ.αρ.αρ.* (κυρίως Βρετ.) (δεν έχει πληθ.) [κάπως ανεπίσημο] ενόχληση *I'm having a spot of bother with my computer.* 'Εχω ένα μικρό πρόβλημα με το κομπιούτερ μου. *Sorry to be a bother, but could you help me with this?* Συγγνώμη που σε απασχολώ αλλά μπορείς να με βοηθήσεις;

bother *ρ.* 1 *ρ.μ.* [προκαλώ αναστάτωση ή ανησυχία] ενοχλώ *I wish she'd stop bothering me about her pension.* Θα ήθελα να πάψει να με σκοτίζει με τη σύνταξή της. *Something's bothering you, what is it?* Κάτι σε απασχολεί, τι είναι; *Will it bother you if I use the vacuum cleaner in here?* Θα σε ενοχλήσει αν χρησιμοποιήσω την ηλεκτρική σκούπα εδώ μέσα; 2 *ρ.α.* (συχνά + **to** + ΑΠΑΡΕΜΦΑΤΟ) [μπαίνω στον κόπο να κάνω κάτι] σκοτίζομαι *He didn't even bother to say hello.* Ούτε που μπήκε στον κόπο να με χαιρετήσει. *I can't be bothered to wash it.* Βαριέμαι να το πλύνω.

inconvenience *ουσ.* [λιγότερο σπουδαίο από το **problem**] 1 *ουσ.μ.αρ.* αναστάτωση *I don't want to put you to any inconvenience.* Δε θέλω να σε αναστατώσω. 2 *ουσ.αρ.* ενόχληση, μπελάς *It's not really a major problem, just an inconvenience.* Δεν είναι σοβαρό πρόβλημα, απλώς μπελάς. **inconvenience** *ρ.μ.* ενοχλώ, αναστατώνω

nuisance *ουσ.αρ.* μπελάς *If he's being a nuisance, send him home.* Αν σου προκαλεί μπελάδες, διώξτον. *It's a nuisance having to wait for her.* Είναι μπελάς να πρέπει να την περιμένουμε.

pain *ουσ.αρ.* [ανεπίσημο] κόπος *Having to wait for the bus every day is a bit of a pain.* Είναι εκνευριστικό να πρέπει να περιμένεις το λεωφορείο κάθε μέρα.

burden *ουσ.αρ.* (συχνά + **to**, **on**) φόρτωμα, βάρος *the burden of responsibility* το βάρος της ευθύνης *I don't want to be a burden to you when I'm old.* Δε θέλω να σου είμαι βάρος όταν γεράσω.

burden *ρ.μ.* (συχνά + **with**) φορτώνω *I don't want to burden you with a lot of extra work.* Δε θέλω να σε φορτώσω με πολλή επιπλέον δουλειά.

> *φράση*
>
> **be in hot water** [ανεπίσημο] μπαίνω σε μπελάδες *He got into very hot water over those books that went missing.* Μπήκε σε μεγάλους μπελάδες για τα βιβλία που έλειπαν.

244.2 Μειονέκτημα

disadvantage *ουσ.αρ.* μειονέκτημα *The plan has one big disadvantage.* Το σχέδιο έχει ένα μεγάλο μειονέκτημα. *You'll be at a disadvantage if you haven't got the right equipment.* Θα είσαι σε μειονεκτική θέση αν δεν έχεις το σωστό εξοπλισμό. **disadvantageous** *επίθ.* ασύμφορος **disadvantaged** *επίθ.* [χρησιμοποιείται για να περιγράψει την κοινωνική ή οικονομική θέση ενός ατόμου] σε μειονεκτική θέση, με λίγες δυνατότητες

drawback *ουσ.αρ.* μειονέκτημα *The main drawback of the plan is lack of cash.* Το κυριότερο μειονέκτημα του σχεδίου είναι η έλλειψη μετρητών.

handicap *ουσ.αρ.* εμπόδιο, μειονέκτημα *physical handicap* σωματική αναπηρία *Not knowing the language is a considerable handicap.* Το να μην ξέρεις τη γλώσσα είναι σημαντικό εμπόδιο. **handicap** *ρ.μ.*, **-pp-** δυσχεραίνω

handicapped *επίθ.* ανάπηρος *physically/mentally handicapped* σωματικά/διανοητικά ανάπηρος (σαν *ουσ.*) *the handicapped* οι ανάπηροι

catch *ουσ.αρ.* παγίδα *There's always a catch with these kinds of special offers.* Πάντα κάτι κρύβεται πίσω από αυτού του είδους τις ειδικές προσφορές. *What's the catch?* Ποια είναι η παγίδα;/Τι κρύβεται πίσω από αυτό;

> *φράσεις*
>
> **a fly in the ointment** [ανεπίσημο] ελάττωμα
>
> **a spanner** (*Βρετ.*) /**monkey wrench** (*Αμερ.*) **in the works** [ανεπίσημο] εμπόδιο *She threw a spanner in the works by refusing to co-operate.* Προκάλεσε εμπόδια με την άρνησή της να συνεργαστεί.

245 Hinder Εμποδίζω

δες επίσης **34 End, 330 Delay**

hinder *ρ.μ.* [συνήθως αναφέρεται σε ενοχλήσεις μικρής κλίμακας] εμποδίζω *I can't do the housework if you keep hindering me.* Δεν μπορώ να κάνω τις δουλειές του σπιτιού αν με εμποδίζεις συνεχώς.

hindrance *ουσ.αρ.* εμπόδιο *She's more of a hindrance than a help.* Είναι περισσότερο εμπόδιο παρά βοήθεια.

hamper *ρ.μ.* [συχνά αναφέρεται σε δυσκολίες σε μεγάλη κλίμακα] εμποδίζω *The rescuers were hampered by bad weather.* Ο κακός καιρός εμπόδιζε τα συνεργεία διάσωσης.

impede *ρ.μ.* [κάπως επίσημο] παρακωλύω *My progress was impeded by the enormous pack I was carrying.* Την πρόοδό μου εμπόδιζε το μεγάλο δέμα που κουβαλούσα.

inhibit *ρ.μ.* **1** [επίσημος ή εξειδικευμένος όρος. Αντικ.: π.χ. ανάπτυξη, εξέλιξη] παρεμποδίζω **2** (συχνά + **from**) εμποδίζω, αναστέλλω *Having the boss present does tend to inhibit people from speaking out.* Όταν είναι το αφεντικό μπροστά οι υπάλληλοι συχνά δεν τολμούν να μιλήσουν ελεύθερα. **inhibited** *επίθ.* γεμάτος αναστολές

inhibition *ουσ.μ.αρ.* (συχνά πληθ.) αναστολή *to lose one's inhibitions* χάνω τις αναστολές μου *I've no inhibitions about taking my clothes off in public.* Δεν έχω αναστολές που θα με εμπόδιζαν να γδυθώ δημοσίως.

hold up sth Ή **hold** sth **up** *ρ.μ.πρφ.* [κάπως ανεπίσημο] καθυστερώ *Sorry, I got held up on the way here.* Συγνώμη, μου έτυχε καθυστέρηση στο δρόμο. *Strikes have held up production.* Απεργίες έχουν καθυστερήσει την παραγωγή. **hold-up** *ουσ.αρ.* εμπόδιο

245.1 Εμποδίζω

obstruct *ρ.μ.* **1** [μπλοκάρω. Αντικ.: π.χ. πέρασμα, σωλήνα, θέα] φράζω **2** [προκαλώ δυσκολίες. Αντικ.: π.χ. σχέδιο, δικαιοσύνη] εμποδίζω *The goalkeeper claimed he had been obstructed.* Ο τερματοφύλακας ισχυρίστηκε ότι τον εμπόδισαν. **obstruction** *ουσ.μ.αρ.αρ.* εμπόδιο

block *ρ.μ.* **1** (συχνά + **off**, **out**, **up**) φράζω *a blocked(-up) nose* μια βουλωμένη μύτη *Move on, you're blocking the corridor.* Κουνήσου, φράζεις το διάδρομο. *That tree blocks out the light from the lounge.* Εκείνο το δέντρο εμποδίζει το φως να μπει στο καθιστικό. **2** [εμποδίζω. Αντικ.: π.χ. ραντεβού, συμφωνία, νομοθεσία] παρεμποδίζω

blockage *ουσ.αρ.* φράξιμο, μπούκωμα *There seems to be a blockage in the pipe.* Φαίνεται ότι κάτι έχει φράξει το σωλήνα.

dam *ρ.μ.*, **-mm-** [αντικ.: μικρό ή μεγάλο ποτάμι] φράζω **dam** *ουσ.αρ.* φράγμα

prevent *ρ.μ.* (συχνά + **from**) [αντικ.: π.χ. ατύχημα, αρρώστια] αποτρέπω *The security man tried to prevent us from leaving.* Ο φρουρός προσπάθησε να μας εμποδίσει να φύγουμε. *I'm trying to prevent a disaster.* Προσπαθώ να αποτρέψω μια καταστροφή. **preventable** *επίθ.* που μπορεί να αποτραπεί

prevention *ουσ.μ.αρ.* πρόληψη *crime prevention* πρόληψη εγκλημάτων *Prevention is better than cure.* Η πρόληψη είναι καλύτερη από τη θεραπεία.

preventive *επίθ.* προληπτικός *preventive medicine* προληπτική ιατρική

thwart *ρ.μ.* [συχνά με πανούργα μέσα. Αντικ.: π.χ. σχέδιο, πλεκτάνη] σαμποτάρω

obstacle *ουσ.αρ.* (συχνά + **to**) εμπόδιο *The last obstacle to a settlement has now been removed.* Το τελευταίο εμπόδιο για τη συμφωνία έχει τώρα απομακρυνθεί. (σαν *επίθ.*) *obstacle race* αγώνας μετ' εμποδίων

hurdle *ουσ.αρ.* εμπόδιο *The next hurdle will be finding someone to give us the money.* Το επόμενο εμπόδιο που θα χρειαστεί να ξεπεράσουμε θα είναι να βρούμε κάποιον να μας δώσει τα λεφτά.

stumbling block *ουσ.αρ.* εμπόδιο

φράσεις

be/get in the way (of) είμαι/μπαίνω στη μέση *I'm trying to take a photograph, but people keep getting in the way.* Προσπαθώ να βγάλω μια φωτογραφία, αλλά συνεχώς μπαίνουν άνθρωποι μπροστά. *We mustn't allow arguments to get in the way of progress.* Δεν πρέπει να αφήσουμε τους καυγάδες να εμποδίσουν την πρόοδο.

stand in the way (of) εμποδίζω *If you want to try for a better job, I won't stand in your way.* Αν θέλεις να

δοκιμάσεις να βρεις καλύτερη δουλειά, δε θα σου σταθώ εμπόδιο.

nip (sth) in the bud καταπνίγω στο ξεκίνημα *Police arrested the ringleaders to try and nip the rebellion in the bud.* Η αστυνομία συνέλαβε τους αρχηγούς της συνωμοσίας στην προσπάθεια να καταπνίξει την επανάσταση.

246 Interfere Ανακατεύομαι

interfere *ρ.α.* [υποτιμητικό] **1** (συχνά + **in**) ανακατεύομαι *I told you not to interfere in matters that don't concern you.* Σου είπα να μην ανακατεύεσαι σε θέματα που δε σε αφορούν. **2** (συνήθως + **with**) [επηρεάζω δυσμενώς. Υποκ.: π.χ. θόρυβος, προβλήματα] εμποδίζω *You mustn't let personal problems interfere with your work.* Δεν πρέπει να αφήσεις προσωπικά προβλήματα να εμποδίζουν τη δουλειά σου.

interference *ουσ.μ.αρ.* **1** (συχνά + **in, with**) παρέμβαση *We just want to get on with our lives without interference.* Θέλουμε να ζήσουμε χωρίς να αναμιγνύονται τρίτοι. **2** [στο ραδιόφωνο, τηλεόραση] παράσιτα

meddle *ρ.α.* (συχνά + **in, with**) [πιο υποτιμητικό από το **interfere**] ανακατεύομαι *Don't meddle with other people's lives.* Μην ανακατεύεσαι στη ζωή των άλλων. **meddler** *ουσ.αρ.* αυτός που ανακατεύεται

disturb *ρ.μ.* **1** [αντικ.: π.χ. ηρεμία, ύπνο, πρόσωπο] ενοχλώ *Am I disturbing you?* Σε ενοχλώ; **2** [επηρεάζω δυσμενώς. Αντικ.: π.χ. παράταξη, διάταξη, χαρτιά] ανακατεύω **3** [αναστατώνω. Αντικ.: πρόσωπο] αναστατώνω *I was profoundly disturbed by what I saw.* Ταράχτηκα έντονα από αυτό που είδα. **disturbing** *επίθ.* συνταρακτικός

disturbance *ουσ.* **1** *ουσ.μ.αρ.αρ.* διαταραχή *emotional disturbance* συναισθηματική διαταραχή *He disliked any disturbance of his routine.* Αντιπαθούσε οποιαδήποτε διαταραχή της ρουτίνας του. *You're causing a disturbance.* Προκαλείς φασαρία. **2** *ουσ.αρ.* σύγκρουση *violent disturbances in the capital* βίαιες συγκρούσεις στην πρωτεύουσα

busybody *ουσ.αρ.* [υποτιμητικό] κουτσομπόλης *an interfering busybody* ένας κουτσομπόλης που ανακατεύεται στις υποθέσεις των άλλων

246.1 Επεμβαίνω για να βοηθήσω

intervene *ρ.α.* (συχνά + **in**) [πρόσωπο, οργανισμός, κτλ.] επεμβαίνω *The government should intervene to solve the problem of pollution.* Η κυβέρνηση πρέπει να επέμβει για να λύσει το πρόβλημα της ρύπανσης. *The union was asked to intervene in the dispute.* Ο σύλλογος κλήθηκε να επέμβει στην προστριβή.

intermediary *ουσ.αρ.* μεσολαβητής

φράσεις

mind one's own business κοιτάω τη δουλειά μου *Mind your own business!* Εσύ να κοιτάς τη δουλειά σου! *I was just walking along, minding my own business, when ...* Περπατούσα χωρίς να πειράζω κανέναν, όταν...

Too many cooks spoil the broth. [παροιμία] [κυριολεκτικά: Οι πολλοί μάγειρες χαλάνε τη σούπα] Όπου λαλούν πολλοί κοκόροι αργεί να ξημερώσει.

to poke/stick one's nose into something [ανεπίσημο και υποτιμητικό. Αντικ.: δουλειά, υποθέσεις. Συνήθως χρησιμοποιείται όταν κάποιος προειδοποιεί κάποιο άτομο να μην ανακατευθεί] χώνω τη μύτη μου *Don't go sticking your nose into other people's business!* Μη χώνεις τη μύτη σου στις δουλειές των άλλων! *Serves you right for poking your nose into things that don't concern you.* Καλά να πάθεις αν χώνεις τη μύτη σου σε πράγματα που δε σε αφορούν.

to keep one's nose out of something [ανεπίσημο. Αντικ.: δουλειά, υποθέσεις. Συνήθως χρησιμοποιείται για να προειδοποιήσουμε κάποιο άτομο να μην ανακατευτεί] μη χώνεις τη μύτη σου *Just keep your nose out of my personal life!* Μην ανακατεύεσαι στα προσωπικά μου! *You'd better keep your nose out of her affairs.* Καλύτερα να μην ανακατεύεσαι στις υποθέσεις της.

247 Easy Εύκολος

αντίθετο **243 Difficult**

easy *επίθ.* (συχνά + **to** + ΑΠΑΡΕΜΦΑΤΟ) [περιγράφει: π.χ. αποστολή, ερώτηση, νίκη] εύκολος *It's so easy to make mistakes.* Είναι πολύ εύκολο να κάνει κανείς λάθη. *an easy victim* ένα εύκολο θύμα *an easy winner* ένας εύκολος νικητής

easily *επίρρ.* **1** εύκολα. *I can easily carry that.* Μπορώ να το κουβαλήσω εύκολα. *They won easily.* Νίκησαν εύκολα. **2** (με υπερθ.) άνετα *easily the best/biggest* άνετα ο καλύτερος/μεγαλύτερος **3** πολύ πιθανόν *They might easily change their minds again.* Θα μπορούσαν θαυμάσια να ξαναλλάξουνε γνώμη.

ease *ουσ.μ.αρ.* ευκολία *He completed the test with ease.* Συμπλήρωσε το τεστ με ευκολία.

παρομοίωση

as easy as pie/ABC/falling off a log πανεύκολο

simple *επίθ.* **1** απλός *Follow these simple instructions for perfect results every time.* Ακολουθήστε αυτές τις απλές οδηγίες για να έχετε τέλεια αποτελέσματα κάθε φορά. *There's probably a very simple explanation.* Υπάρχει προφανώς μια πολύ απλή εξήγηση. **2** [όχι περίπλοκος. Περιγράφει: π.χ. φόρεμα, στυλ, σχέδιο] απλός *the simple life* απλή ζωή *I'm just a simple soldier.* Είμαι ένας απλός στρατιώτης. **simplicity** *ουσ.μ.αρ.* απλότητα

simply *επίρρ.* **1** (μετά από ρ.) απλά *Try to explain it simply.* Προσπάθησε να το εξηγήσεις με απλά λόγια. **2** (μετά από ρ.) απλά *We live/dress very simply.* Ζούμε/ντυνόμαστε πολύ απλά. **3** (πριν από ρ. ή επίθ.) [χρησιμοποιείται για να εντείνει το νόημα] τελείως *I simply don't know what to think.* Ούτε ξέρω τι να σκεφτώ. *The food was simply awful.* Το φαγητό ήταν τελείως απαίσιο. *You can't simply ignore the facts.* Δεν μπορείς απλώς να αγνοήσεις τα γεγονότα. **4** (συνήθως πριν από δευτερεύουσα πρόταση ή φράση) [για το λόγο] μόνο και μόνο *I bought this car simply because it was cheap.* Αγόρασα αυτό το αυτοκίνητο μόνο και μόνο επειδή ήταν φτηνό. *She's doing it simply to impress the judges.* Το κάνει απλά και μόνο για να εντυπωσιάσει την κριτική επιτροπή.

φράσεις

Ιδιωματικοί τρόποι για να πούμε ότι κάτι είναι πολύ εύκολο

child's play [κυριολεκτικά: παιχνίδι για παιδιά] πανεύκολο *The oral test is child's play compared to the written exam.* Η προφορική εξέταση είναι πανεύκολη αν την συγκρίνεις με τη γραπτή (εξέταση).

a doddle (Βρετ.) [ανεπίσημο] κάτι το απλό *Don't get worried about the interview, it'll be a doddle.* Μην ανησυχείς για την συνέντευξη, θα είναι εύκολη.

a piece of cake [ανεπίσημο] πολύ εύκολο *'Did you have any trouble getting permission?' – 'No, it was a piece of cake.'* «Είχες κανένα πρόβλημα να πάρεις άδεια;» «Όχι ήταν πολύ εύκολο.»

there's nothing to it [ανεπίσημο] είναι εύκολο

do sth standing on one's head κάνω κάτι με ευκολία *I could answer that question standing on my head!* Θα μπορούσα να απαντήσω εκείνη την ερώτηση με μεγάλη ευκολία!

straightforward επίθ. **1** [όχι περίπλοκο. Περιγράφει: π.χ. μέθοδο, δρομολόγιο] ξεκάθαρος *That all seems quite straightforward.* Όλα φαίνονται να είναι ξεκάθαρα. **2** [τίμιος και ευθύς. Περιγράφει: π.χ. πρόσωπο, απάντηση] ντόμπρος **straightforwardly** επίρρ. ξεκάθαρα

elementary επίθ. **1** [εύκολο να το καταλάβεις ή να υπολογίσεις. Επίσημο] στοιχειώδης *The questions were so elementary, it was almost an insult to my intelligence.* Οι ερωτήσεις ήταν τόσο απλές που ήταν σχεδόν προσβολή για τη νοημοσύνη μου. **2** [κάπως επίσημο. Περιγράφει: π.χ. επίπεδο, στάδιο, αρχές] θεμελιώδης *an elementary mistake* ένα βασικό λάθος

effortless επίθ. [εκφράζει θαυμασμό. Περιγράφει: π.χ. ευκολία, χάρη] άνετος **effortlessly** επίρρ. χωρίς κόπο

247.1 Κάνω εύκολο

simplify ρ.μ. [αντικ.: π.χ. διαδικασία] απλοποιώ *It would simplify matters if you told them yourself.* Θα απλοποιούσε τα πράγματα αν τους το έλεγες ο ίδιος. **simplification** ουσ.μ.αρ.αρ. απλοποίηση

ease ρ. **1** ρ.μ. [κάπως επίσημο] διευκολύνω *economic aid to ease the changeover to a market economy* οικονομική βοήθεια για να διευκολυνθεί η αλλαγή προς την ελεύθερη αγορά **2** ρ.μ.α. [βελτιώνω. Αντικ./υποκ.: π.χ. πόνος, ένταση] ανακουφίζω

convenience ουσ.μ.αρ. άνεση *designed for the convenience of the user* σχεδιασμένο για την άνεση του χρήστη (σαν επίθ.) *convenience food* προμαγειρεμένα φαγητά

convenient επίθ. [περιγράφει: π.χ. χρόνο, τόπο] βολικός *Would it be more convenient if I came back later?* Θα ήταν πιο βολικό αν ξαναπερνούσα αργότερα; *a convenient excuse* μια δικαιολογία που (με) βολεύει **conveniently** επίρρ. βολικά

facilitate ρ.μ. [επίσημο] διευκολύνω

χρήση

Η λέξη **facilitate** είναι επίσημη. Αντί για αυτή, σε καθημερινή συνομιλία ή στο γραπτό λόγο συνήθως χρησιμοποιούμε την έκφραση **make easier**.

248 War Πόλεμος

war ουσ.μ.αρ.αρ. πόλεμος *to be at war with somebody* πολεμώ κάποιον *to declare war on somebody* κηρύσσω τον πόλεμο εναντίον κάποιου *the Second World War* ο Δεύτερος Παγκόσμιος Πόλεμος *civil war* εμφύλιος πόλεμος (σαν επίθ.) *war hero* ήρωας πολέμου *war memorial* μνημείο των πεσόντων

warfare ουσ.μ.αρ. διαμάχη *chemical/nuclear warfare* χημικός/πυρηνικός πόλεμος

hostilities πληθ. ουσ. εχθροπραξίες *the outbreak/cessation of hostilities* το ξέσπασμα/σταμάτημα των εχθροπραξιών

battle ουσ. **1** ουσ.αρ.μ.αρ. μάχη *the Battle of Hastings* η Μάχη του Άστιγγος *to go into battle* μπαίνω στη μάχη **2** ουσ.αρ. [μη στρατιωτικός όρος] αγώνας *a battle of wits* διανοητική πάλη *a constant battle for survival* συνεχής αγώνας για επιβίωση

battle ρ.α. (συχνά + **with, against**) **1** [μη στρατιωτικός όρος] παλεύω *We're still battling with the problem of lack of space.* Ακόμα παλεύουμε με το πρόβλημα της έλλειψης χώρου. **2** [μάχομαι ένοπλος. Πολύ λογοτεχνικό] μάχομαι *to battle against the foe* μάχομαι εναντίον του εχθρού

combat ουσ.μ.αρ.αρ. μάχη *This was his first experience of actual combat.* Αυτή ήταν η πρώτη του εμπειρία σε πραγματική μάχη. *unarmed combat* άοπλη μάχη

conflict ουσ.μ.αρ.αρ. (συχνά + **between, with**) **1** σύγκρουση *armed conflict* ένοπλη σύγκρουση **2** σύγκρουση *a conflict of interests/loyalties* σύγκρουση συμφερόντων/αφοσίωσης *to be in conflict with something* είμαι αντίθετος με κάτι

conflict ρ.α. (συχνά + **with**) συγκρούομαι *conflicting reports* αλληλοσυγκρουόμενες αναφορές *Your statement conflicts with what the other witness told us.* Η κατάθεσή σου έρχεται σε σύγκρουση με αυτά που μας είπε ο άλλος μάρτυρας.

248.1 Στρατιωτικές ενέργειες

attack ρ. **1** ρ.μ.α. [αντικ.: π.χ. εχθρό, χώρα] επιτίθεμαι **2** ρ.μ. [αντικ.: πρόσωπο] επιτίθεμαι *She was attacked and robbed.* Της επιτέθηκαν και τη λήστεψαν. **3** ρ.μ. [κριτικάρω. Αντικ.: π.χ. κυβέρνηση, σχέδιο, τακτική] επιτίθεμαι **attacker** ουσ.αρ. αυτός που επιτίθεται

attack ουσ. (συχνά + **on**) **1** ουσ.αρ.μ.αρ. επίθεση *to be/come under attack* δέχομαι επίθεση *to mount an attack on somebody/something* εξαπολύω επίθεση εναντίον κάποιου **2** ουσ.αρ. επίθεση *the victim of a savage attack* το θύμα μιας άγριας επίθεσης **3** ουσ.αρ. [κριτική] επίθεση

invade ρ.μ.α. [μπορεί να υπονοεί περισσότερο σχεδιασμό και έλεγχο από ότι το **attack**. Αντικ.: κυρίως χώρα] εισβάλλω *invading forces* δυνάμεις του εισβολέα **invader** ουσ.αρ. εισβολέας **invasion** ουσ.αρ.μ.αρ. εισβολή

defend ρ. (συχνά + **against, from**) **1** ρ.μ.α. [αντικ.: π.χ. επικράτεια, θέση] υπερασπίζομαι **2** ρ.μ. [αντικ.: π.χ. πρόσωπο, συμπεριφορά, μέθοδος] υπερασπίζομαι *He tried to defend himself against their criticism.* Προσπάθησε να υπερασπιστεί τον εαυτό του εναντίον της κριτικής τους.

I'm not trying to defend what she said. Δεν προσπαθώ να υπερασπιστώ αυτά που είπε. **defender** *ουσ.αρ.* υπερασπιστής

defence (*Βρετ.*), **defense** (*Αμερ.*) *ουσ.* **1** *ουσ.μ.αρ.* άμυνα *self- defence* αυτοάμυνα *civil defence* πολιτική άμυνα *He wrote an article in defence of his views.* Έγραψε ένα άρθρο στο οποίο υπερασπιζόταν τις απόψεις του. (*σαν επίθ.*) *defence force* αμυντική δύναμη **2** *ουσ.αρ.μ.αρ.* (*συχνά +* **against**) [κάτι που χρησιμοποιείται για άμυνα] άμυνα *The attackers soon overran our defences.* Οι επιτιθέμενοι σύντομα κατέλαβαν τις αμυντικές θέσεις μας. *The animal gives off a strong smell as a defence against predators.* Το ζώο αναδύει μια έντονη μυρωδιά σαν άμυνα εναντίον των αρπακτικών.

defensive *επίθ.* [περιγράφει: π.χ. θέση, όπλο] αμυντικός (σαν *ουσ.*) *to be* **on the defensive** παίρνω αμυντική θέση

victory *ουσ.αρ.μ.αρ.* νίκη *to lead one's country/team to victory* οδηγώ τη χώρα μου/την ομάδα μου στη νίκη *to win a victory* νικώ (*σαν επίθ.*) *victory parade* νικητήρια παρέλαση **victor** *ουσ.αρ.* νικητής **victorious** *επίθ.* νικήτριος

defeat *ρ.μ.* **1** [αντικ.: π.χ. εχθρό, αντίπαλο] νικώ *The government was defeated in the election.* Η κυβέρνηση ηττήθηκε στις εκλογές. **2** [γίνομαι πολύ δύσκολος για κάποιον] καταβάλλω *I'm not going to let a simple problem like this defeat me.* Δε θα αφήσω ένα τόσο απλό πρόβλημα να με καταβάλει.

defeat *ουσ.αρ.μ.αρ.* ήττα *to suffer a severe/crushing defeat* υφίσταμαι σοβαρή/συντριπτική ήττα *They gave up in defeat.* Παραδόθηκαν σε ένδειξη ήττας.

conquer *ρ.μ.* [πιο θριαμβευτικό από το **defeat**. Συνήθως δε χρησιμοποιείται για σύγχρονες μάχες] κατακτώ **conqueror** *ουσ.αρ.* κατακτητής **conquest** *ουσ.μ.αρ.αρ.* κατάκτηση

surrender *ρ.* (*συχνά +* **to**) **1** *ρ.α.μ.* [υποκ.: π.χ. στρατός, στρατιώτης, χώρα] παραδίνομαι **2** *ρ.μ.* (*συχνά +* **to**) [επίσημο. Δίνω σε κάποιον. Αντικ.: π.χ. έγγραφο, όπλο] παραδίδω **3** *ρ.α.μ.* (*συχνά +* **to**) [υποκύπτω] ενδίδω *He resolved not to surrender to the temptation.* Αποφάσισε σταθερά να μην ενδώσει στον πειρασμό. **surrender** *ουσ.μ.αρ.αρ.* παράδοση

retreat *ρ.α.* [υποκ.: π.χ. στρατός, στρατιώτης] υποχωρώ *Napoleon's army was forced to retreat.* Ο στρατός του Ναπολέοντα αναγκάστηκε να οπισθοχωρήσει. **retreat** *ουσ.αρ.μ.αρ.* υποχώρηση

248.2 Οι ένοπλες δυνάμεις

army *ουσ.αρ.* (+ *ενικ. ή πληθ. ρ.*) στρατός *to join the army* κατατάσσομαι στον στρατό *an army of workmen* στρατός από εργάτες (*σαν επίθ.*) *army camp* στρατόπεδο *army life* η ζωή στο στρατό

navy *ουσ.αρ.* (+ *ενικ. ή πληθ. ρ.*) ναυτικό *the Royal Navy* το Βασιλικό Ναυτικό

naval *επίθ.* [περιγράφει: π.χ. ναυμαχία, αξιωματικό, στολή] ναυτικός

air force *ουσ.αρ.* (+ *ενικ. ή πληθ. ρ.*) αεροπορία

militia *ουσ.αρ.* (+ *ενικ. ή πληθ. ρ.*) πολιτοφυλακή

regiment *ουσ.αρ.* σύνταγμα *an infantry regiment* ένα σύνταγμα πεζικού **regimental** *επίθ.* του συντάγματος

fleet *ουσ.αρ.* (+ *ενικ. ή πληθ. ρ.*) στόλος *the naval fleet* ναυτικός στόλος *a fishing fleet* στόλος από αλιευτικά πλοία *a fleet of vehicles* πομπή οχημάτων

troop *ουσ.αρ.* (*συνήθως πληθ.*) **1** στράτευμα *British troops formed part of the invading force.* Βρετανικά στρατεύματα σχημάτισαν μέρος των δυνάμεων του εισβολέα. **2** [ομάδα ανθρώπων ή ζώων] πλήθος *Troops of schoolchildren were being shown around the museum.* Πλήθη μαθητών ξεναγούνταν στο μουσείο.

troop *ρ.α.* (*πάντα + επίρρ. ή πρόθ.*) κινούμαι σαν ομάδα *Tourists trooped through the house.* Τουρίστες παρέλασαν από το σπίτι σε ομάδες.

officer *ουσ.αρ.* αξιωματικός *officers and men* αξιωματικοί και απλοί οπλίτες *non-commissioned officer* αξιωματικός στον οποίο δεν έχει απονεμηθεί το αξίωμα ακόμα

soldier στρατιώτης   **warrior** πολεμιστής

248.3 Στρατιωτικοί βαθμοί

rank *ουσ.αρ.* βαθμός, αξίωμα *the rank of captain* ο βαθμός του λοχαγού

ranks *πληθ. ουσ.* (*πάντα +* **the**) [στρατιώτες με κατώτερο βαθμό από του λοχία] απλοί στρατιώτες *to be reduced to the ranks* υποβιβάζομαι σε βαθμό απλού στρατιώτη * δες επίσης **74.2 Important**

ΜΕΡΙΚΟΙ ΑΠΟ ΤΟΥΣ ΚΥΡΙΟΥΣ ΒΑΘΜΟΥΣ:	
in the army στο στρατό	**commodore** αρχιπλοίαρχος
private απλός στρατιώτης	**admiral** ναύαρχος
corporal δεκανέας, λοχίας	**in the Royal Air Force** στην αεροπορία
lieutenant υπολοχαγός	**aircraftman** σμηνίτης
captain λοχαγός	**sergeant** λοχίας
major ταγματάρχης	**flight lieutenant** σμηναγός
colonel συνταγματάρχης	**commander** αντιπλοίαρχος
general στρατηγός	**squadron leader** επισμηναγός
in the navy στο ναυτικό	**wing commander** αντισμήναρχος
(ordinary) seaman απλός ναύτης	**group captain** σμήναρχος
petty officer υποκελευστής	**air marshal** αντιπτέραρχος
lieutenant υποπλοίαρχος	
captain πλοίαρχος	

χρήση

Οι παραπάνω βαθμοί του πεζικού και του ναυτικού χρησιμοποιούνται και στις βρετανικές και στις αμερικάνικες δυνάμεις. Η αμερικάνικη αεροπορία έχει βαθμούς για αξιωματικούς που σε γενικές γραμμές είναι οι ίδιοι όπως στο στρατό.

248.4 Όπλα

weapon *ουσ.αρ.* όπλο *nuclear/chemical weapons* πυρηνικά/ χημικά όπλα

arms *πληθ. ουσ.* [κάπως λογοτεχνικό εκτός όταν χρησιμοποιείται σαν *επίθ.*] όπλα *They laid down their arms and surrendered.* Κατάθεσαν τα όπλα και παραδόθηκαν. (σαν *επίθ.*) *arms dealer* έμπορος όπλων *arms embargo* απαγόρευση εισαγωγής όπλων *the arms race* ο ανταγωνισμός εξοπλισμών μεταξύ κρατών

arm *ρ.μ.* (συχνά + **with**) οπλίζω

armed *επίθ.* ένοπλος *the armed forces* οι ένοπλες δυνάμεις *armed robbery* ένοπλη ληστεία *She's armed to the teeth.* Είναι οπλισμένη ως τα δόντια.

unarmed *επίθ.* άοπλος *unarmed combat* άοπλη μάχη

ammunition *ουσ.μ.αρ.* πυρομαχικά, πολεμοφόδια *to run out of ammunition* μου τελειώνουν τα πολεμοφόδια

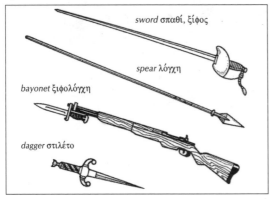

sword σπαθί, ξίφος
spear λόγχη
bayonet ξιφολόγχη
dagger στιλέτο

armour *ουσ.μ.αρ.* πανοπλία *a suit of armour* πανοπλία

armoured *επίθ.* θωρακισμένος *armoured personnel carrier* θωρακισμένο όχημα μεταφοράς στρατιωτών *an armoured brigade* θωρακισμένη ταξιαρχία

tank *ουσ.αρ.* άρμα μάχης, τανκ

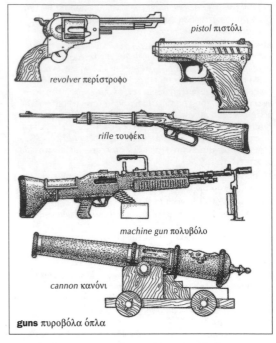

pistol πιστόλι
revolver περίστροφο
rifle τουφέκι
machine gun πολυβόλο
cannon κανόνι

guns πυροβόλα όπλα

bomb *ρ.μ.* [αντικ.: π.χ. στόχος, πόλη, εγκαταστάσεις] βομβαρδίζω

tear gas *ουσ.μ.αρ.* δακρυγόνο αέριο

bullet *ουσ.αρ.* σφαίρα

plastic bullet *ουσ.αρ.* πλαστική σφαίρα

shell *ουσ.αρ.* οβίδα

firearm *ουσ.αρ.* [συνήθως σε εξειδικευμένο ή νομικό περιεχόμενο] πυροβόλο όπλο *regulations governing the use of firearms* κανονισμοί που καθορίζουν τη χρήση πυροβόλων όπλων

artillery *ουσ.* 1 *ουσ.μ.αρ.* πυροβολικό (σαν *επίθ.*) *artillery bombardment* βομβαρδισμός από το πυροβολικό *artillery unit* τμήμα του πυροβολικού 2 (πάντα + **the**) [τμήμα του στρατού] το πυροβολικό

shoot *ρ., αόρ. & μτχ. αορ.* **shot** 1 *ρ.α.μ.* (συχνά + **at**) πυροβολώ *to shoot to kill* πυροβολώ για να σκοτώσω *to shoot an arrow* ρίχνω τόξο 2 *ρ.μ.* [συνήθως υπονοεί ότι ένα άτομο ή ζώο σκοτώνεται, αλλά όχι απαραίτητα. Αντικ.:

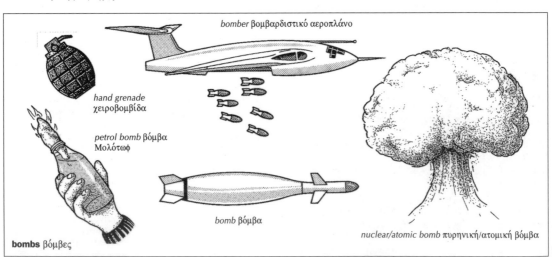

bomber βομβαρδιστικό αεροπλάνο
hand grenade χειροβομβίδα
petrol bomb βόμβα Μολότωφ
bomb βόμβα
nuclear/atomic bomb πυρηνική/ατομική βόμβα
bombs βόμβες

πρόσωπο, ζώο] πυροβολώ *They shot him (down) in cold blood.* Τον σκότωσαν πυροβολώντας τον εν ψυχρώ. *He was shot as a spy.* Τον εκτέλεσαν με την κατηγορία ότι ήταν κατάσκοπος. *I was shot in the leg.* Με πυροβόλησαν στο πόδι.

fire *ρ.μ.α.* [αντικ.: όπλο] πυροβολώ *They fired into the crowd.* Πυροβόλησαν στο πλήθος.

248.5 Στρατιωτικός

military *επίθ.* [περιγράφει: π.χ. εκπαίδευση, πειθαρχία,

εξοπλισμό] στρατιωτικός *to do (one's) military service* υπηρετώ τη στρατιωτική μου θητεία *a military band* μπάντα του στρατού (σαν *ουσ.*) *the military* οι στρατιωτικοί

martial *επίθ.* [συνήθως κάπως λογοτεχνική λέξη] στρατιωτικός, πολέμιος [όχι λογοτεχνική στα παρακάτω συνθετικά] *martial arts* πολεμικές τέχνες *martial law* στρατιωτικός νόμος

warlike *επίθ.* πολεμικός, πολεμοχαρής

249 Fight Μάχομαι

fight *ρ., αόρ. & μτχ. αορ.* **fought** 1 *ρ.α.μ.* (συχνά + **about, against, for, over, with**) [υποκ./αντικ.: πρόσωπο, χώρα, στρατός] μάχομαι, παλεύω *What are those two boys fighting about?* Γιατί παλεύουν εκείνα τα παιδιά; *to fight a battle/war* πολεμώ μάχη/πόλεμο *Iraq was fighting (against) Iran.* Το Ιράκ πολεμούσε εναντίον του Ιράν. 2 *ρ.μ.α.* (συχνά + **against, for**) [αντικ.: π.χ. καταπίεση, αδικία, έγκλημα] αγωνίζομαι, πολεμώ *We must fight for our rights as workers.* Πρέπει να αγωνιστούμε για τα δικαιώματά μας σαν εργαζόμενοι. *to fight a fire* προσπαθώ να σβήσω μια φωτιά 3 *ρ.α.* (συχνά + **about, over**) [διαφωνώ] τσακώνομαι *We always fight about small things like who should wash up.* Πάντα τσακωνόμαστε για ασήμαντα πράγματα όπως το ποιος θα πλύνει τα πιάτα.

fight *ουσ.αρ.* (συχνά + **against, for, with**) αγώνας, καυγάς *to have a fight with someone* τσακώνομαι με κάποιον *to pick a fight with* someone προκαλώ κάποιον σε καυγά

fighter *ουσ.αρ.* [συνήθως αθλητής] αγωνιστής, πυγμάχος

fighting *ουσ.αρ.* συμπλοκή *The town was the scene of heavy fighting between government forces and the rebels.* Στη πόλη έγινε βαριά συμπλοκή ανάμεσα στις κυβερνητικές δυνάμεις και τους επαναστάτες.

struggle *ρ.α.* (συχνά + **to** + ΑΠΑΡΕΜΦΑΤΟ, **with**) 1 [σωματικά] αγωνίζομαι *He managed to struggle free.* Κατάφερε να απελευθερωθεί μετά από αγώνα. 2 [καταβάλλω μεγάλη προσπάθεια] αγωνίζομαι *I'm still struggling to understand what he wrote.* Ακόμα αγωνίζομαι να καταλάβω τι έγραψε. *Jenny's struggling with the new machine.* Η Τζένυ παλεύει να συνηθίσει την καινούρια μηχανή.

struggle *ουσ.αρ.* (συχνά + **to** + ΑΠΑΡΕΜΦΑΤΟ, **with**) 1 συμπλοκή, προσπάθεια *His glasses were broken in the struggle.* Τα γυαλιά του έσπασαν στη συμπλοκή. 2 αγώνας *a struggle for independence/recognition* αγώνας για ανεξαρτησία/αναγνώριση *power struggle* πολιτικός αγώνας για εξουσία *Don't give up the struggle.* Μην παρατήσεις τον αγώνα.

wrestle *ρ.* 1 *ρ.α.μ.* παλεύω *He wrestled me to the ground.* Με έρριξε στο έδαφος μετά από πάλη. 2 *ρ.α.* (συχνά + **with**) παλεύω *I'm still wrestling with the problem.* Ακόμα παλεύω να λύσω το πρόβλημα. * δες επίσης **388 Sport**

clash *ρ.α.* (συχνά + **with**) 1 [υποκ.: π.χ. αντίπαλοι, αντίζηλοι] συγκρούομαι *Police clashed with demonstrators.* Η αστυνομία συγκρούστηκε με τους διαδηλωτές. *clashing colours* χρώματα που δεν ταιριάζουν *They clashed over disciplining the children.* Διαφωνούσαν για το πώς θα επιβάλουν πειθαρχία στα παιδιά. 2 [συμβαίνω συγχρόνως] συμπίπτω *The meeting clashes with my doctor's appointment.* Η συνεδρίαση συμπίπτει με το ραντεβού μου στο γιατρό.

clash *ουσ.αρ.* (συχνά + **between, with**) 1 σύγκρουση *border clashes between units from both armies* συνοριακές συγκρούσεις ανάμεσα σε τμήματα και από τους δύο στρατούς *a clash of interests/personalities* σύγκρουση

συμφερόντων/προσωπικοτήτων 2 (συχνά + **between, with**) σύμπτωση *There's a clash with another meeting.* Αυτή η συνεδρίαση συμπίπτει με μια άλλη.

brawl *ουσ.αρ.* [θορυβώδης, αδέξιος καυγάς ανάμεσα σε ομάδες ή άτομα] καυγάς *a drunken brawl* καυγάς μεθυσμένων **brawl** *ρ.α.* διαπληκτίζομαι

duel *ουσ.αρ.* μονομαχία *to fight a duel* κάνω μονομαχία *to challenge someone to a duel* προκαλώ κάποιον σε μονομαχία **duel** *ρ.α.* μονομαχώ **duellist** *ουσ.αρ.* μονομάχος

φράσεις

come to blows έρχομαι στα χέρια *The arguments got so heated that the chairman and secretary nearly came to blows.* Η διαφωνία άναψε τόσο που ο πρόεδρος και ο γραμματέας παραλίγο να έρθουν στα χέρια.

fight tooth and nail [κυριολεκτικά] πολεμάω με δόντια και νύχια

249.1 Αντιτίθεμαι

oppose *ρ.μ.* [αντικ.: π.χ. σχέδιο, πρόσωπο] αντιτίθεμαι, εναντιώνομαι σε *Nobody dares oppose him/his wishes.* Κανείς δεν τολμάει να του πάει κόντρα/να αντιτεθεί στις επιθυμίες του. *the opposing side* η αντίθετη πλευρά

opposition *ουσ.* 1 *ουσ.μ.αρ.* αντίθεση, αντίδραση *Opposition to the scheme is mounting.* Η αντίδραση προς το πρόγραμμα αυξάνεται. *We met with almost no opposition during our advance.* Δε βρήκαμε σχεδόν καθόλου αντίσταση κατά την προέλασή μας. 2 *ουσ.αρ.* (συνήθως + **the**) αντίθετη παράταξη, αντιπολίτευση *Don't underestimate the opposition.* Μην υποτιμάς την αντίθετη παράταξη.

opponent *ουσ.αρ.* 1 [σε συναγωνισμό] αντίπαλος 2 [αντιτιθέμενο πρόσωπο] πολέμιος *opponents of the tax* τα άτομα που αντιτίθενται στην εισαγωγή του φόρου

resist *ρ.μ.α.* 1 [αντικ.: π.χ. επίθεση, απαίτηση, αλλαγή] αντιστέκομαι *She was charged with resisting arrest.* Η κατηγορία εναντίον της ήταν ότι αντιστάθηκε στη σύλληψή της. 2 [αντικ.: π.χ. πειρασμός, προσφορά, γοητεία] αντιστέκομαι *I couldn't resist taking a peep.* Δεν μπόρεσα να αντισταθώ στον πειρασμό να κρυφοκοιτάξω. 3 [αντικ.: π.χ. σκουριά, λεκέδες, υγρασία] αντέχω

resistance *ουσ.* 1 *ουσ.μ.αρ.αρ.* (δεν έχει πληθ., συχνά + **to**) αντίσταση *The defenders put up (a) stiff resistance.* Οι αμυνόμενοι προέβαλαν σκληρή αντίσταση. *the body's resistance to infection* η αντίσταση του οργανισμού στις μολύνσεις 2 (πάντα + **the**, συχνά με κεφαλαίο γράμμα) [σε καιρό πολέμου] η αντίσταση *the French Resistance* η Γαλλική Αντίσταση (σαν *επίθ.*) *resistance fighter* αγωνιστής της αντίστασης

compete ρ.α. (συχνά + **for**, **with**) [υποκ.: π.χ. ομάδα, παίχτης, εταιρεία, προϊόν] συναγωνίζομαι *The children compete for her attention.* Τα παιδιά συναγωνίζονται για το ποιος θα κερδίσει την προσοχή της. *She competed in the Olympics.* Πήρε μέρος στους Ολυμπιακούς αγώνες. *We simply can't compete with their prices.* Όπως και να το κάνουμε, δεν μπορούμε να ανταγωνιστούμε τις τιμές τους.

competition ουσ. 1 ουσ.μ.αρ. ανταγωνισμός *cut-throat competition* αδίστακτος ανταγωνισμός *They won the contract despite fierce competition.* Πήραν τη δουλειά παρά το σκληρό ανταγωνισμό. *We'll be **in competition with** three other firms.* Θα συναγωνιστούμε τρεις άλλες εταιρείες. 2 (πάντα + **the**, + ενικ. ή πληθ. ρ.) ανταγωνιστής *The*

competition is/are developing a very similar product. Οι ανταγωνιστές μας αναπτύσσουν ένα πολύ παρόμοιο προϊόν.

competitive επίθ. 1 [περιγράφει: π.χ. πρόσωπο, εξετάσεις] ανταγωνιστικός 2 [δύσκολος να νικηθεί. Περιγράφει: π.χ. προϊόν, τιμή] ανταγωνιστικός *We must increase productivity in order to remain competitive.* Πρέπει να αυξήσουμε την παραγωγικότητα για να συνεχίσουμε να είμαστε ανταγωνιστικοί.

competitor ουσ.αρ. ανταγωνιστής *If our competitors reduce their prices, we must do the same.* Αν οι ανταγωνιστές μας ελαττώσουν τις τιμές τους, πρέπει να κάνουμε το ίδιο. * δες επίσης **388 Sport**

---

250 Enmity Έχθρα

αντίθετο **434 Friendship**

enemy ουσ.αρ. 1 εχθρός *As far as I know, she didn't have any enemies.* Απ' όσο ξέρω, δεν είχε εχθρούς. *He's **his own worst enemy**.* Είναι ο χειρότερος εχθρός του ίδιου του του εαυτού. 2 (πάντα + **the**) εχθρός *Our gallant soldiers are advancing against the enemy.* Οι γενναίοι μας στρατιώτες προελαύνουν κατά του εχθρού. (σαν επίθ.) *enemy aircraft* αεροσκάφη του εχθρού *enemy forces* οι δυνάμεις του εχθρού

hostile επίθ. 1 (συχνά + **to**, **towards**) εχθρικός *They seem very hostile to the idea.* Φαίνεται να εναντιώνονται προς την ιδέα. *Why are you being so hostile?* Γιατί παίρνεις τόσο εχθρική θέση; 2 [σε σχέση με το στρατό. Περιγράφει: π.χ. δυνάμεις, μαχητικά πλοία] εχθρικός, του εχθρού **hostility** ουσ.μ.αρ. εχθρότητα, εχθροπραξία

unfriendly επίθ. (συχνά + **to**, **towards**) εχθρικός **unfriendliness** ουσ.μ.αρ. εχθρότητα

cold επίθ. [δίνει έμφαση στη σκόπιμη έλλειψη συναισθημάτων] ψυχρός *He gave me a cold stare.* Μου έρριξε ένα ψυχρό βλέμμα. **coldly** επίρρ. ψυχρά **coldness** ουσ.μ.αρ. ψυχρότητα

cool επίθ. ψυχρός, απαθής *Relations are distinctly cool at the moment.* Οι σχέσεις είναι σαφώς ψυχρές προς το παρόν. **coolness** ουσ.μ.αρ. ψυχρότητα

revenge ουσ.μ.αρ. εκδίκηση *to **take revenge** on sb* εκδικούμαι κάποιον *in revenge (for)* από εκδίκηση (για)

φράσεις

bad blood ουσ.μ.αρ. (συχνά + **between**) αμοιβαία αντιπάθεια *I don't want to cause bad blood between them.* Δε θέλω να τους κάνω να μαλώσουν.

ill feeling ουσ.μ.αρ. θυμός και μνησικακία *The decision was the cause of much ill feeling among the residents.* Η απόφαση προκάλεσε πολλή μνησικακία μεταξύ των κατοίκων.

ill will ουσ.μ.αρ. [κάπως επίσημο] έχθρα *I bear her no ill will.* Δεν είμαι εχθρικός μαζί της.

not be on speaking terms with δε μιλώ σε κάποιον *They weren't on speaking terms last time I visited them.* Την τελευταία φορά που τους επισκέφτηκα δε μιλούσαν ο ένας στον άλλο.

give sb the cold shoulder [είμαι σκόπιμα μη φιλικός, κυρίως μετά από προηγούμενη φιλία] αγνοώ

be at daggers drawn (with) είμαι στα μαχαίρια με κάποιον

---

251 Resentment Δυσαρέσκεια

resentment ουσ.μ.αρ. (συχνά + **against**, **towards**) δυσαρέσκεια, δυσανασχέτηση, έχθρα
resent ρ.μ. [αντικ.: π.χ. συμπεριφορά, νοοτροπία] δυσανασχετώ *I really resent having to go to that meeting.* Δυσανασχετώ πραγματικά που πρέπει να πάω στη συνεδρίαση. **resentful** επίθ. μνησίκακος, πικραμένος **resentfully** επίρρ. με μνησικακία, πικρά, εχθρικά

grudge ουσ.αρ. έχθρα, κακία *to **bear** someone **a grudge*** κρατώ κακία σε κάποιον *He's got a grudge against me.* Μου κρατά κακία.
grudge 'Η **begrudge** ρ.μ. φθονώ, τσιγκουνεύομαι *He grudges every penny he has to spend on food.* Τσιγκουνεύεται και την τελευταία δεκάρα, που ξοδεύει για φαγητό. *I don't begrudge them their success.* Δεν τους φθονώ για την επιτυχία τους.
grudging επίθ. [περιγράφει: π.χ. παραδοχή, έγκριση] απρόθυμος **grudgingly** επίρρ. απρόθυμα

φράση

have a chip on one's shoulder θίγομαι εύκολα *The fact that he didn't get into university has left him with a terrible chip on his shoulder.* Το ότι δεν πέρασε στο πανεπιστήμιο του έχει αφήσει μια τάση να θίγεται εύκολα.

jealous επίθ. (συχνά + **of**) [υπονοεί πιο έντονο και πιο πικρό συναίσθημα από το **envious**] ζηλιάρης *Don't take any notice of her, she's just jealous.* Μην την παίρνεις στα σοβαρά, απλώς ζηλεύει. *She gets jealous if I simply look at another girl.* Ζηλεύει και μόνο με το να κοιτάξω άλλη κοπέλα. **jealousy** ουσ.μ.αρ. ζήλια
jealously επίρρ. με ζήλια, με ζήλο *a jealously guarded secret* ένα καλά κρατημένο μυστικό

envy ουσ.μ.αρ. ζήλια *Her new car is the envy of the whole office.* Το καινούριο αυτοκίνητό της είναι η ζήλια όλου του γραφείου. *green with envy* πράσινος από τη ζήλια
envy ρ.μ. ζηλεύω (συχνά + 2 αντικείμενα) *I envy her her good looks.* Την ζηλεύω για την ομορφιά της. *That's one job I don't envy you.* Αυτή είναι μια δουλειά για την οποία δε σε ζηλεύω.

envious επίθ. (συχνά + **of**) ζηλόφθονος **enviously** επίρρ. ζηλόφθονα

covet ουσ.μ.αρ. [επίσημο. Αντικ.: κάτι που έχει κάποιος άλλος] εποφθαλμιώ **covetous** επίθ. άπληστος **covetousness** ουσ.μ.αρ. απληστία

252 Danger Κίνδυνος

danger *ουσ.* 1 *ουσ.μ.αρ.* [γενική λέξη] κίνδυνος *Danger! – Deep quarry.* Κίνδυνος! Βαθύ ορυχείο. *You're in terrible danger.* Διατρέχεις φοβερό κίνδυνο. *She's in danger of losing her job.* Κινδυνεύει να χάσει τη δουλειά της. *The patient is now out of danger.* Ο ασθενής είναι τώρα εκτός κινδύνου. *(σαν επίθ.) danger signal* σήμα κινδύνου *danger money* αμοιβή για την εκτέλεση επικίνδυνης αποστολής 2 *ουσ.αρ.* (συχνά + **to**) κίνδυνος *a danger to health* κίνδυνος για την υγεία *They faced many difficulties and dangers on the voyage.* Αντιμετώπισαν πολλές δυσκολίες και κινδύνους στο ταξίδι.

dangerous *επίθ.* [περιγράφει: π.χ. φάρμακο, αρρώστια, όπλο] επικίνδυνος *It's dangerous to drive so fast.* Είναι επικίνδυνο να οδηγείς με τόσο μεγάλη ταχύτητα.

dangerously *επίρρ.* επικίνδυνα *dangerously ill* επικίνδυνα άρρωστος *He came dangerously close to ruining the whole project.* Κόντεψε να καταστρέψει όλο το έργο.

endanger *ρ.μ.* [αντικ.: π.χ. ζωή, υγεία] διακινδυνεύω *endangered species* (βιολογικό) είδος που απειλείται με εξαφάνιση

jeopardy *ουσ.μ.αρ.* [πιο επίσημο από το **danger**] κίνδυνος *in jeopardy* σε κίνδυνο

jeopardize *ρ.μ.*, ΕΠΙΣΗΣ -**ise** (*Βρετ.*) [συνήθως δεν αναφέρεται σε σωματικούς κινδύνους] διακινδυνεύω *I don't wish to jeopardize the success of this venture.* Δε θέλω να διακινδυνεύσω την επιτυχία αυτού του εγχειρήματος.

peril *ουσ.μ.αρ.αρ.* [πιο κυριολεκτική λέξη από το **danger**] κίνδυνος *Our lives were in mortal peril.* Διατρέχαμε τον κίνδυνο να χάσουμε τη ζωή μας. *You ignore this warning at your peril.* Με το να αγνοείς την προειδοποίηση μπαίνεις σε κίνδυνο. **perilous** *επίθ.* επικίνδυνος

perilously *επίρρ.* επικίνδυνα *They were driving perilously close to the cliff edge.* Οδηγούσαν επικίνδυνα κοντά στην άκρη του βράχου.

hazard *ουσ.αρ.* (συχνά + **to**) κίνδυνος *a fire/health hazard* κίνδυνος πυρκαγιάς/κίνδυνος για την υγεία *Boredom is an occupational hazard in this job.* Η ανία είναι κίνδυνος που συνοδεύει αυτήν τη δουλειά. *(σαν επίθ.) hazard warning (lights)* (φώτα) προειδοποιητικά του κινδύνου **hazardous** *επίθ.* επικίνδυνος

pitfall *ουσ.αρ.* [πράγμα ή κατάσταση που είναι πιθανόν να προκαλέσει προβλήματα] παγίδα *This is one of the pitfalls for a person learning English.* Αυτό είναι ένα από τα προβλήματα για κάποιον που μαθαίνει Αγγλικά.

risk *ουσ.αρ.μ.αρ.* ρίσκο *a security risk* (άνθρωπος ή αντικείμενο) κίνδυνος για την ασφάλεια ενός οργανισμού *I'm willing to take the risk.* Είμαι πρόθυμος να το διακινδυνεύσω. *You run the risk of losing their support.* Διακινδυνεύεις να χάσεις την υποστήριξή τους. *The future of this company is at risk.* Το μέλλον της εταιρείας κινδυνεύει. *(σαν επίθ.) a high-risk investment* μια επένδυση με μεγάλο ρίσκο

risk *ρ.μ.* 1 [αντικ.: π.χ. υγεία, χρήματα, υπόληψη] διακινδυνεύω *She risked her life to save me.* Διακινδύνεψε τη ζωή της για να με σώσει. 2 [αντικ.: π.χ. θάνατο, ήττα, καταστροφή] διατρέχω κίνδυνο *We risk getting put in prison if we're found out.* Κινδυνεύουμε να πάμε φυλακή αν μας ανακαλύψουν. 3 [αντικ.: πράξη που θα μπορούσε να έχει επικίνδυνες ή δυσάρεστες συνέπειες] ρισκάρω *They won't risk an election while the opinion polls are so unfavourable.* Δε θα ρισκάρουν να κηρύξουν εκλογές όσο

τα αποτελέσματα των γκάλοπ είναι τόσο εναντίον τους.

risky *επίθ.* παρακινδυνευμένος *It's a risky business lending people money.* Είναι παρακινδυνευμένο να δανείζεις λεφτά.

chancy *επίθ.* αβέβαιος, παρακινδυνευμένος

unsafe *επίθ.* επισφαλής, επικίνδυνος *That platform looks extremely unsafe.* Εκείνη η εξέδρα φαίνεται πολύ επισφαλής.

φ ρ ά σ ε ι ς

a close/narrow shave 'Η **a narrow squeak** [ανεπίσημο. Κίνδυνος μόλις που αποφεύχθηκε] παρά τρίχα, παρά λίγο *That was a very close shave; you so nearly went over the edge of the cliff.* Ήταν πολύ επικίνδυνο. Παρά λίγο να πέσεις από τον γκρεμό.

to play with fire [κάνω κάτι που θα μπορούσε να έχει δυσάρεστες συνέπειες] παίζω με τη φωτιά *You're playing with fire if you ignore his instructions.* Παίζεις με τη φωτιά αν αγνοήσεις τις οδηγίες του.

to take one's life in one's hands [κάνω κάτι πολύ επικίνδυνο ή ριψοκίνδυνο. Μερικές φορές χρησιμοποιείται χιουμοριστικά] παίρνω τη ζωή μου στα χέρια μου/ριψοκινδυνεύω τη ζωή μου *You really take your life in your hands when you let him drive the car.* Πραγματικά ριψοκινδυνεύεις τη ζωή σου όταν τον αφήνεις να οδηγεί το αυτοκίνητο.

to live dangerously [ριψοκινδυνεύω πολλά, αλλά όχι απαραίτητα κάτι που περιλαμβάνει σωματικό κίνδυνο. Μερικές φορές χρησιμοποιείται χιουμοριστικά] ζω επικίνδυνα *She believes in living dangerously – she's taking up rock climbing now.* Πιστεύει στην επικίνδυνη ζωή – το χόμπι της τώρα είναι αναρρίχηση βράχων. *Oh go on, live dangerously – have another chocolate!* Άντε, ριψοκινδύνεψέ το – πάρε ακόμα ένα σοκολατάκι!

to skate on thin ice [είμαι σε επικίνδυνη ή λεπτή θέση] επιχειρώ κάτι πολύ ριψοκίνδυνο

to push/press one's luck το παρακάνω, το παρατραβάω *Ask him again by all means, but don't push your luck too far!* Μη διστάζεις να τον ξαναρωτήσεις, αλλά μην το παρατραβήξεις!

252.1 Έκτακτη ανάγκη

emergency *ουσ.αρ.* έκτακτη ανάγκη *In an emergency we may have to evacuate the building.* Σε περίπτωση ανάγκης μπορεί να χρειαστεί να εκκενώσουμε το κτίριο. *I keep a first-aid kit in that cupboard for emergencies.* Έχω ένα κουτί πρώτων βοηθειών σε εκείνο το ντουλάπι για περιπτώσεις επείγουσας ανάγκης. *(σαν επίθ.) emergency (telephone) number* αριθμός (τηλεφώνου) για έκτακτες ανάγκες *the emergency services* οι υπηρεσίες έκτακτης ανάγκης

crisis *ουσ.αρ.*, *πληθ.* **crises** [συνήθως λιγότερο ξαφνικό από το **emergency**] κρίση *a political/economic crisis* πολιτική/οικονομική κρίση *a crisis of confidence* κρίσιμη έλλειψη εμπιστοσύνης *(σαν επίθ.) at crisis point* σε κρίσιμο σημείο

critical *επίθ.* [περιγράφει: π.χ. στιγμή, στάδιο, απόφαση] κρίσιμος, ζωτικός *The next few days could be critical for the company.* Οι επόμενες μέρες μπορεί να είναι κρίσιμες για την εταιρεία. *of critical importance* ζωτικής σημασίας

252.2 Προειδοποιώ

warn *ρ.μ.* (συχνά + **about**, **against**, **of**) προειδοποιώ *You can't say I didn't warn you.* Δεν μπορείς να πεις ότι δε σε προειδοποίησα. *The children were warned about the dangers.* Τα παιδιά είχαν προειδοποιηθεί για τους κινδύνους. (συχνά + **to** + ΑΠΑΡΕΜΦΑΤΟ, + **that**) *The police were warned to be on the look-out for the escaped man.* Οι αστυνομικοί είχαν προειδοποιηθεί να είναι σε επιφυλακή για να εντοπίσουν το δραπέτη. *You might have warned me she was coming.* Θα μπορούσες να με είχες προειδοποιήσει ότι θα ερχόταν.

warning *ουσ.αρ.μ.αρ.* προειδοποίηση *to shout a warning* φωνάζω για προειδοποίηση *They arrived **without** any warning.* Έφτασαν χωρίς προειδοποίηση. (σαν *επίθ.*) *warning light* προειδοποιητικό φως *warning shot* προειδοποιητικός πυροβολισμός

alert *ρ.μ.* (συχνά + **to**) [ενημερώνω] προειδοποιώ, εφιστώ την προσοχή *We were alerted to the dangers.* Μας

προειδοποίησαν για τους κινδύνους. *A neighbour alerted the police.* Ένας γείτονας ειδοποίησε την αστυνομία.

alert *ουσ.μ.αρ.αρ.* επιφυλακή *The army was placed **on full alert**.* Ο στρατός τέθηκε σε πλήρη επιφυλακή. *Be **on the alert for** suspicious-looking packages.* Να είστε σε επιφυλακή για πακέτα που μοιάζουν ύποπτα. *a nuclear alert* προειδοποίηση για πιθανή επίθεση με πυρηνικά όπλα

alert *επίθ.* (συχνά + **to**) [περιγράφει: π.χ. πρόσωπο, μυαλό] άγρυπνος *An alert customs officer spotted the wanted man.* Ένας πολύ παρατηρητικός τελωνειακός εντόπισε τον καταζητούμενο.

253 Safety Ασφάλεια

safe *επίθ.* **1** (συνήθως μετά από *ρ.*, συχνά + **from**) [εκτός κινδύνου] ασφαλής *I couldn't rest till I knew you were safe.* Δεν μπορούσα να ησυχάσω μέχρι την ώρα που έμαθα ότι ήσουν ασφαλής. *The travellers got home **safe and sound**.* Οι ταξιδιώτες επέστρεψαν σώοι και αβλαβείς. *Will my suitcase be safe here?* Θα είναι ασφαλής εκεί η βαλίτσα μου; **2** [περιγράφει: π.χ. τόπο, αυτοκίνητο, επένδυση. Σύγκρινε με το **secure**] ασφαλής, ακίνδυνος *It's not safe to go out alone.* Είναι επικίνδυνο να βγεις έξω μόνος σου. *The roof isn't safe to walk on.* Η στέγη δεν είναι τόσο γερή ώστε να μπορεί κανείς να περπατήσει επάνω της. **3** (πριν από *ουσ.*) [περιγράφει: κυρίως οδηγό] προσεκτικός *to be **in safe hands*** είμαι σε ασφαλή/καλά χέρια

safety *ουσ.μ.αρ.* ασφάλεια, προστασία *Put this helmet on, it's for your own safety.* Φόρεσε το κράνος, είναι για τη δική σου ασφάλεια. ***safety first*** η ασφάλεια έρχεται πρώτα *to reach safety* φθάνω σε μέρος όπου είμαι ασφαλής (σαν

επίθ.) *safety glass* τζάμι ασφάλειας *safety catch* γάντζος ασφάλειας

unharmed *επίθ.* (συνήθως μετά από *ρ.*) σώος, άθικτος

secure *επίθ.* **1** (συχνά + **about**) [χρησιμοποιείται κυρίως για να περιγράψει πώς αισθάνεται ένα άτομο, παρά για να περιγράψει εξωτερικούς παράγοντες – σύγκρινε με το **safe**. Περιγράφει ένα συναίσθημα σιγουριάς και έλλειψη ανησυχίας] ασφαλής *I feel secure because I trust you.* Αισθάνομαι ασφαλής επειδή σου έχω εμπιστοσύνη. *to be secure in the knowledge that* μπορώ να είμαι σίγουρος ότι **2** [ασφαλής και σταθερός. Περιγράφει: π.χ. σπίτι, οικογενειακή κατάσταση, δουλειά] σταθερός **3** (συνήθως μετά από *ρ.*) ασφαλισμένος *to make the doors and windows secure* ασφαλίζω πόρτες και παράθυρα

secure *ρ.μ.* **1** [στερεώνω γερά. Αντικ.: π.χ. πόρτα, παράθυρο, σκοινί] στερεώνω, ασφαλίζω **2** (συχνά + **against**, **from**) [κάνω κάτι ασφαλές και βέβαιο. Αντικ.: π.χ. θέση, επένδυση, μέλλον] εξασφαλίζω

security *ουσ.* **1** *ουσ.μ.αρ.* [συναίσθημα] ασφάλεια, σιγουριά *a feeling of security* αίσθηση ασφάλειας *They need the security of a stable relationship.* Χρειάζονται τη σιγουριά μιας σταθερής σχέσης. **2** *ουσ.μ.αρ.* [μέτρα] ασφάλεια *on grounds of national security* για λόγους εθνικής ασφάλειας *Security was very tight during the Pope's visit.* Τα μέτρα ασφάλειας ήταν πολύ αυστηρά κατά τη διάρκεια της επίσκεψης του Πάπα. (σαν *επίθ.*) *security risk* κίνδυνος για την ασφάλεια *security guard* φρουρός ασφάλειας

safety net δίχτυ ασφάλειας

safety belt ζώνη ασφάλειας

253.1 Προφύλαξη

precaution ουσ.αρ. (συχνά + **against**) προφύλαξη, πρόνοια *We removed everything breakable from the room as a precaution.* Σαν προληπτικό μέτρο, μεταφέραμε οτιδήποτε εύθραυστο έξω από το δωμάτιο. *to take precautions* παίρνω προληπτικά μέτρα **precautionary** επίθ. προληπτικός

insure ρ.μ.α. (συχνά + **against**) [αντικ.: π.χ. σπίτι, αυτοκίνητο, κοσμήματα] ασφαλίζω *Are we insured against theft?* Είμαστε ασφαλισμένοι κατά της κλοπής; *The camera is insured for £200.* Η φωτογραφική μηχανή είναι ασφαλισμένη για 200 λίρες. **insurer** ουσ.αρ. ασφαλιστής

insurance 1 ουσ.μ.αρ. ασφάλεια *The contents of the house are covered by insurance.* Το περιεχόμενο του σπιτιού καλύπτεται από ασφάλεια. *to take out insurance on sth* ασφαλίζω κάτι (σαν επίθ.) *insurance company* ασφαλιστική εταιρεία *insurance policy* [ασφαλιστικό πρόγραμμα] ασφάλεια 2 ουσ.αρ. (συχνά + **against**) μέτρο ασφάλειας *I carry spare parts in my car as an insurance against breaking down a long way from a garage.* Έχω ανταλλακτικά στο αυτοκίνητό μου για την περίπτωση που θα πάθω βλάβη μακριά από γκαράζ.

χρήση

Ο όρος **life insurance** (ασφάλεια ζωής) χρησιμοποιείται και στα αμερικάνικα και στα βρετανικά Αγγλικά, αλλά στη Βρετανία ο όρος **life assurance** χρησιμοποιείται επίσης και συνήθως θεωρείται πιο σωστός.

253.2 Σώζω

save ρ.μ. (συχνά + **from**) σώζω *She saved the boy from drowning.* Έσωσε το αγόρι από πνιγμό. *to save someone's life* σώζω τη ζωή κάποιου *a campaign to save a threatened building/nature reserve* εκστρατεία για τη διάσωση ενός απειλούμενου κτιρίου/διατηρητέας φυσικής περιοχής

rescue ρ.μ. (συχνά + **from**) διασώζω *He rescued a woman from a burning building.* Διάσωσε μια γυναίκα που ήταν μέσα σε ένα φλεγόμενο κτίριο. *I managed to rescue this book before it was thrown away.* Κατάφερα να διασώσω αυτό το βιβλίο πριν να το πετάξουν. **rescuer** ουσ.αρ. σωτήρας

rescue ουσ.αρ.μ.αρ. διάσωση *a daring rescue carried out by helicopter* ριψοκίνδυνη διάσωση που έγινε με ελικόπτερο *to come/go to the rescue of* somebody/something έρχομαι/πηγαίνω προς διάσωση κάποιου (σαν επίθ.) *rescue attempt* απόπειρα διάσωσης *rescue vessel* πλοίο διάσωσης

survive ρ.α.μ. επιζώ *She was badly injured but survived.* Τραυματίστηκε σοβαρά αλλά επέζησε. *my only surviving relative* ο μόνος επιζών συγγενής μου *a tradition which has survived since the Middle Ages* παράδοση που έχει επιβιώσει από το Μεσαίωνα *He survived the crash.* Επέζησε από τη σύγκρουση.

survival ουσ.μ.αρ. επιβίωση *a fight for survival* αγώνας για επιβίωση *the survival of the fittest* η επιβίωση των πιο ικανών (σαν επίθ.) *survival kit* κουτί με τα απαραίτητα *survival raft* σχεδία

survivor ουσ.αρ. επιζών *There were no survivors from the crash.* Δεν υπήρξαν επιζώντες μετά από τη σύγκρουση.

254 Look after Φροντίζω

look after sb/sth ρ.μ.πρφ. 1 [αντικ.: κυρίως πρόσωπο, πολύτιμο αντικείμενο, αντικείμενο που χρειάζεται προσοχή] φροντίζω *Will you look after our cat for us while we're on holiday?* Θα φροντίζεις τη γάτα μας όσο είμαστε διακοπές; *I can look after myself.* Μπορώ να φροντίσω τον εαυτό μου. *This car has been well looked after.* Αυτό το αυτοκίνητο το έχουν φροντίσει καλά. 2 [αντικ.: π.χ. ετοιμασίες, συμφέροντα] φροντίζω

take care of sb/sth ρ.μ.πρφ. 1 φροντίζω, περιποιούμαι *Who's going to take care of you when you're old?* Ποιος θα σε φροντίσει όταν γεράσεις; *Take care of yourself!* Πρόσεχε τον εαυτό σου! 2 [διαχειρίζομαι] φροντίζω *Don't worry about the financial side, that's all been taken care of.* Μην ανησυχείς για την οικονομική άποψη, την έχω φροντίσει.

care for sb/sth ρ.μ.πρφ. 1 [αντικ.: κυρίως άρρωστο ή ηλικιωμένο άτομο] περιποιούμαι 2 [αγαπώ] νοιάζομαι, ενδιαφέρομαι *I know how deeply he cares for you.* Ξέρω πόσο πολύ νοιάζεται για σένα.

φράση

to keep an eye on somebody [ανεπίσημο. Προσέχω κάποιον και βεβαιώνομαι ότι δε μπλέκει σε φασαρία και δε διατρέχει κανένα κίνδυνο] προσέχω *Keep an eye on your little sister while I go to the shops.* Πρόσεχε τη μικρή σου αδελφή όσο θα λείπω για ψώνια.

keep ρ.μ., αόρ. & μτχ. αορ. **kept** 1 [αντικ.: πρόσωπο, τον εαυτό μου] συντηρώ *You can't expect me to keep you now you're grown-up.* Δεν μπορείς να έχεις την απαίτηση να σε συντηρώ τώρα που έχεις μεγαλώσει. 2 [αντικ.: ζώα] διατρέφω *They kept a pig and a few goats on their little farm.* Διέτρεφαν ένα γουρούνι και μερικές κατσίκες στο μικρό τους αγρόκτημα.

keep ουσ.μ.αρ. διατροφή, έξοδα συντήρησης *to earn one's keep* βγάζω τα έξοδά μου

wait on sb ρ.πρφ.μ. [αντικ.: πελάτης σε εστιατόριο] σερβίρω, υπηρετώ [επίσης χρησιμοποιείται υποτιμητικά] *He expects to be waited on hand and foot.* Έχει την απαίτηση να τον υπηρετούν. * δες επίσης **163 Eating and Drinking places**

attentive επίθ. 1 (συχνά +**to**) περιποιητικός *The staff were very attentive to us during our stay.* Το προσωπικό μας περιποιήθηκε πολύ κατά τη διαμονή μας. 2 [περιγράφει: π.χ. ακροατήριο] προσεκτικός

254.1 Προστατεύω

protect ρ.μ. (συχνά + **against, from**) προφυλάγω *She wore goggles to protect her eyes.* Φορούσε προστατευτικά γυαλιά για να προφυλάξει τα μάτια της. *The seedlings must be protected against frost.* Τα νέα φυτά πρέπει να προστατεύονται από τον παγετό.

protection ουσ.μ.αρ.αρ. (συχνά + **against, from**) προστασία *The vaccine gives partial protection against the disease.* Το εμβόλιο παρέχει μερική προστασία κατά της ασθένειας. *She is under police protection.* Είναι υπό την προστασία της αστυνομίας.

protective επίθ. 1 προστατευτικός *protective clothing* προστατευτικά ρούχα 2 (συχνά + **to, towards**) [περιγράφει: π.χ. πρόσωπο, χειρονομία] προστατευτικός *She felt very protective towards her younger sister.* Αισθάνθηκε ότι έπρεπε να προστατεύσει τη μικρή της αδελφή. **protectively** επίρρ. προστατευτικά

protector ουσ.αρ. 1 [άνθρωπος] προστάτης 2 [για μέρος του σώματος] προστατευτικό κάλυμμα *chest protector* προστατευτικό κάλυμμα για το θώρακα

guard ρ.μ.α. (συχνά + **against, from**) [αντικ.: π.χ. σπίτι, φυλακισμένο, σπουδαίο πρόσωπο] φρουρώ *Soldiers were guarding all government buildings.* Στρατιώτες φρουρούσαν όλα τα κυβερνητικά κτίρια.

guard ουσ. 1 ουσ.αρ. φρουρός *security guard* φρουρός ασφάλειας *He managed to slip past the guards at the gate.*

Κατάφερε να ξεγλιστρήσει από την προσοχή των φρουρών στην πύλη. **2** *ουσ.αρ.* (δεν έχει πληθ.) [ομάδα ανθρώπων] φρουρά *He was taken to the airport **under** armed **guard**.* Τον πήγαν στο αεροδρόμιο με ένοπλη συνοδεία. **3** *ουσ.μ.αρ.* επαγρύπνηση *to be **on guard*** είμαι σε επιφυλακή *to be **on one's guard*** *(against something)* είμαι σε επιφυλακή (για κάποιον κίνδυνο) *to **keep guard*** φρουρώ *to **stand guard over*** *something* προστατεύω κάτι **4** *ουσ.αρ.* προφύλαξη *fire guard* σήτα ασφάλειας γύρω από το τζάκι *shin guards* περικνημίδες

safeguard *ρ.μ.* (συχνά + **against**, **from**) προασπίζομαι *We want to safeguard our products against forgery.* Θέλουμε να διαφυλάξουμε τα προϊόντα μας κατά των απομιμήσεων.
safeguard *ουσ.αρ.* [συνήθως σε σύνταγμα, νόμο, συμβόλαιο κτλ.] ασφάλεια

shield *ρ.μ.* (συχνά + **against**, **from**) προστατεύω *She's trying to shield him, though she knows he's committed a crime.* Προσπαθεί να τον καλύψει αν και ξέρει ότι έχει κάνει έγκλημα.

shelter *ρ.* **1** *ρ.μ.* (συχνά + **from**) προφυλάγω *The trees shelter the house from the wind.* Τα δέντρα προφυλάγουν το σπίτι από τον άνεμο. **2** *ρ.μ.* [αντικ.: π.χ. καταζητούμενο, δραπέτη] προσφέρω άσυλο **3** *ρ.α.* (συχνά + **from**) προσφεύγω, καταφεύγω *We went into a shop doorway to shelter from the rain.* Μπήκαμε στην είσοδο ενός μαγαζιού για να προστατευτούμε απο τη βροχή.
shelter *ουσ.* **1** *ουσ.αρ.* καταφύγιο *air raid shelter* αντιαεροπορικό καταφύγιο *bus shelter* υπόστεγο στη στάση λεωφορείου **2** *ουσ.μ.αρ.* καταφύγιο *to **take shelter*** βρίσκω καταφύγιο *Everybody ran for shelter when the downpour started.* Όλοι έτρεξαν να βρουν καταφύγιο όταν άρχισε η μπόρα.

254.2 Διατηρώ

preserve *ρ.μ.* **1** [αντικ.: π.χ. παλιό κτίριο, έθιμο] διατηρώ *The original furnishings had been lovingly preserved.* Η αρχική επίπλωση είχε διατηρηθεί σε καλή κατάσταση με πολλή φροντίδα. **2** [αντικ.: π.χ. ανεξαρτησία, επίπεδο] διατηρώ, περισώζω
preservation *ουσ.μ.αρ.* **1** συντήρηση, διαφύλαξη *the instinct for self-preservation* το ένστικτο της αυτοσυντήρησης **2** διατήρηση *The objects are in a good state of preservation.*

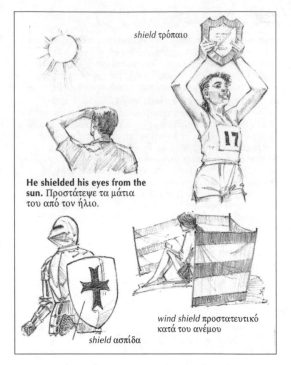

shield τρόπαιο

He shielded his eyes from the sun. Προστάτεψε τα μάτια του από τον ήλιο.

wind shield προστατευτικό κατά του ανέμου

shield ασπίδα

Τα αντικείμενα έχουν διατηρηθεί σε καλή κατάσταση.

conserve *ρ.μ.* **1** [κρατώ ασφαλές. Αντικ.: π.χ. άγρια ζώα και φυτά] συντηρώ **2** [δε σπαταλώ. Αντικ.: π.χ. θέρμανση, ενέργεια, δύναμη] διατηρώ
conservation *ουσ.μ.αρ.* **1** συντήρηση, διατήρηση *nature conservation* προστασία του περιβάλλοντος (σαν *επίθ.*) *conservation area* προστατευμένη περιοχή (π.χ. με ζώα και πουλιά) **2** διατήρηση *energy conservation* διατήρηση ενέργειας
conservationist *ουσ.αρ.* [οπαδός της προστασίας της φύσης, παλιών κτιρίων κτλ. από την βιομηχανική εξέλιξη] οικολόγος

255 Fear Φόβος

αντίθετο **258 Courage**

fear *ουσ.* **1** *ουσ.μ.αρ.* [γενική λέξη] (συχνά + **of**) φόβος *I daren't move **for fear of** being spotted.* Δεν τολμώ να κουνηθώ από το φόβο μη με ανακαλύψουν. *to be/live **in fear of*** *something* ζω με το φόβο για κάτι **2** *ουσ.αρ.* φόβος *Their fears proved groundless.* Οι φόβοι τους αποδείχτηκαν αβάσιμοι.
fear *ρ.* [κάπως επίσημο] **1** *ρ.μ.* [αντικ.: π.χ. θάνατο, τραυματισμό, αφανισμό] φοβάμαι *You've got nothing to fear from me.* Δεν έχεις τίποτα να φοβηθείς από μένα. **2** *ρ.α.* (συχνά + **for**) ανησυχώ *The doctors feared for her sanity.* Οι γιατροί ανησυχούσαν για την πνευματική της υγεία.

fright *ουσ.μ.αρ.αρ.* τρόμος *to give someone a fright* τρομάζω κάποιον *to **take fright*** τρομάζω, παίρνω τρομάρα *I nearly died of fright.* Κόντεψα να πεθάνω από την τρομάρα.

alarm *ουσ.* **1** *ουσ.μ.αρ.* [λιγότερο έντονο από το **fear**] ανησυχία, πανικός *There is no cause for alarm.* Δεν υπάρχει λόγος να πανικοβάλλεσαι. *He cried out in alarm.* Τσίριξε από το φόβο. **2** *ουσ.αρ.* συναγερμός *The alarm was sounded.* Χτύπησε ο συναγερμός. *to **raise the alarm*** χτυπώ το συναγερμό (σαν *επίθ.*) *alarm signal* σήμα κινδύνου **3** *ουσ.αρ.* σύστημα συναγερμού *burglar alarm* σύστημα

συναγερμού κατά των διαρρηκτών **alarm** *ρ.μ.* τρομάζω, ταράζω
alarming *επίθ.* [περιγράφει: π.χ. αύξηση, αναφορά, μέγεθος] ανησυχητικός **alarmingly** *επίρρ.* ανησυχητικά

panic *ουσ.αρ.μ.αρ.* [ξαφνικός, βίαιος φόβος] πανικός *I was in a panic because I thought I'd missed the plane.* Με έπιασε πανικός γιατί νόμισα ότι έχασα το αεροπλάνο. *The news caused panic among investors.* Τα νέα προκάλεσαν πανικό στους επενδυτές. (σαν *επίθ.*) *panic selling* πώληση μετοχών στο χρηματιστήριο πριν πέσει η αξία τους
panic *ρ.α.μ.*, **-ck-** πανικοβάλλομαι *Don't panic!* Μην πανικοβάλλεσαι! *She panicked and tried to burn the letter.* Πανικοβλήθηκε και προσπάθησε να κάψει το γράμμα.

terror *ουσ.μ.αρ.αρ.* [πιο έντονη λέξη από το **fear**] τρόμος *They ran away in terror.* Το βάλανε στα πόδια από τον τρόμο. *terror-stricken* τρομοκρατημένος
terrorist *ουσ.αρ.* τρομοκράτης *Terrorists hijacked the airliner.* Τρομοκράτες κάνανε αεροπειρατεία. (χρησιμοποιείται σαν *επίθ.*) *terrorist bomb* τρομοκρατική βόμβα **terrorism** *ουσ.μ.αρ.* τρομοκρατία

dread *ουσ.μ.αρ.αρ.* [ριζωμένος φόβος για κάτι που θα

συμβεί ή μπορεί να συμβεί στο μέλλον] τρόμος, φόβος *I have a dread of old age.* Τρέμω στη σκέψη των γηρατειών.
dread *ρ.μ.* τρέμω στη σκέψη *I used to dread those visits to the dentist.* Κάποτε έτρεμα τις επισκέψεις στον οδοντίατρο. *I dread to think what might have happened.* Δεν τολμώ να σκεφτώ τι θα μπορούσε να συμβεί.

255.1 Φοβισμένος

afraid *επίθ.* (μετά από ρ.) **1** (συχνά + of, + to + ΑΠΑΡΕΜΦΑΤΟ) [γενική λέξη, όχι πολύ έντονη] φοβισμένος *He's afraid of the dark.* Φοβάται το σκοτάδι. *Don't be afraid to ask questions.* Μη φοβάσαι να κάνεις ερωτήσεις. **2** [εκφράζει ευγενική λύπη] (πάντα + that) λυπημένος *I'm afraid she's not in.* Λυπάμαι αλλά δεν είναι στο σπίτι. *Tickets are sold out, I'm afraid.* Δυστυχώς τα εισιτήρια έχουν εξαντληθεί.

frightened *επίθ.* (συχνά + of, + to + ΑΠΑΡΕΜΦΑΤΟ) [πιο έντονο από το **afraid**] φοβισμένος *Hold my hand if you feel frightened.* Κράτα το χέρι μου αν φοβάσαι.

scared *επίθ.* (συχνά + of, + to + ΑΠΑΡΕΜΦΑΤΟ) [κάπως λιγότερο επίσημο από το **frightened**] φοβισμένος *I was scared stiff.* Κοκάλωσα από το φόβο μου.

fearful *επίθ.* (μετά από ρ., συχνά + of) [πιο επίσημο από το **afraid**] φοβισμένος, αγχωμένος *She was so fearful of offending them, she hardly opened her mouth.* Φοβόταν τόσο πολύ μήπως τους προσβάλει, που σχεδόν δεν άνοιξε καθόλου το στόμα της. **fearfully** *επίρρ.* φοβισμένα

terrified *επίθ.* (συχνά + of, + to + ΑΠΑΡΕΜΦΑΤΟ) [πάρα πολύ τρομαγμένος] τρομοκρατημένος

petrified *επίθ.* (συχνά + of, + to + ΑΠΑΡΕΜΦΑΤΟ) [πολύ έντονη λέξη, αλλά συχνά χρησιμοποιείται για να δηλώσει υπερβολή] απολιθωμένος *I was petrified in case she fell off.* Παρέλυσα από το φόβο μήπως πέσει.

coward *ουσ.αρ.* δειλός *I'm a terrible coward about speaking in public.* Είμαι πολύ δειλός όταν πρόκειται να μιλήσω δημόσια. **cowardice** *ουσ.μ.αρ.* δειλία **cowardly** *επίθ.* δειλός

φράσεις

as white as a sheet [χρησιμοποιείται για να δηλώσει μόνο τη χλωμάδα από το φόβο, όχι άλλη χλωμάδα] άσπρος σαν πανί

get cold feet [ανεπίσημο. Λιγότερο συνηθισμένο για να δηλώσει φόβο σωματικού κινδύνου] με πιάνουν αμφιβολίες, θέλω να οπισθοχωρήσω *He got cold feet the night before the wedding.* Τον έπιασαν αμφιβολίες την παραμονή του γάμου.

lose one's nerve χάνω κουράγιο *She suddenly lost her nerve and refused to get on the plane.* Ξαφνικά έχασε το κουράγιο της και αρνήθηκε να ανεβεί στο αεροπλάνο.

255.2 Φοβίζω

frighten *ρ.μ.* φοβίζω, τρομάζω *They frighten the life out of me, those big lorries.* Με κατατρομάζουν εκείνα τα μεγάλα φορτηγά. *He shouted to frighten the birds away.* Φώναξε για να τρομάξει τα πουλιά και να τα κάνει να φύγουν. **frightening** *επίθ.* τρομακτικός

scare *ρ.μ.* [κάπως λιγότερο επίσημο από το **frighten**] εκφοβίζω *He doesn't scare me with his threats.* Δε με φοβίζει με τις απειλές του. *to scare somebody away/off* διώχνω με εκφοβισμό
scary *επίθ.* [ανεπίσημο] τρομακτικός
scare *ουσ.αρ.* **1** τρομάρα *to give someone a scare* τρομάζω κάποιον **2** [συμβάν] απειλή, αναγγελία *bomb scare* αναγγελία βομβιστικής επίθεσης *rabies scare* γενικός φόβος λύσσας

terrify *ρ.μ.* [πολύ εμφατικό] τρομοκρατώ **terrifying** *επίθ.* τρομακτικός

petrify *ρ.μ.* [πολύ εμφατικό, συχνά χρησιμοποιείται για υπερβολή] απολιθώνω

threaten *ρ.* **1** *ρ.μ.* (συχνά + with) απειλώ *His boss threatened him with the sack.* Το αφεντικό του τον απείλησε με απόλυση. **2** *ρ.μ.* (συχνά + to + ΑΠΑΡΕΜΦΑΤΟ) απειλώ *They're threatening to blow up the building.* Απειλούν ότι θα ανατινάξουν το κτίριο. *clouds threatening rain* σύννεφα που απειλούν με βροχή **3** *ρ.μ.α.* (συχνά + with) [είμαι ή βάζω σε κίνδυνο] απειλώ *a species threatened with extinction* είδος που απειλείται με εξαφάνιση *Price increases are threatening our standard of living.* Οι αυξήσεις των τιμών απειλούν το βιοτικό μας επίπεδο.

threat *ουσ.* **1** *ουσ.αρ.μ.αρ.* απειλή *an empty threat* απειλή που δε θα εκτελεστεί *The local theatre is under (the) threat of demolition.* Το τοπικό θέατρο απειλείται με κατεδάφιση. **2** (συχνά + to) απειλή, κίνδυνος *Their territorial ambitions pose a grave threat to the peace of the region.* Οι εδαφικές τους φιλοδοξίες προβάλλουν σοβαρή απειλή για την ειρήνη στην περιοχή.

bully *ρ.μ.* εκφοβίζω, κάνω τον νταή σε αδύναμους *He tried to bully me into giving him my ticket.* Προσπάθησε να με φοβίσει για να με κάνει να του δώσω το εισιτήριό μου. **bully** *ουσ.αρ.* θρασύδειλος

φράσεις

make someone's hair stand on end κάνω να σταθεί η τρίχα όρθια *Some of the stories they tell, they make your hair stand on end.* Μερικές από τις ιστορίες που διηγούνται κάνουν να σου σταθεί η τρίχα όρθια.

give someone the creeps [ανεπίσημο. Συχνά φόβος με τρόμο ή αποστροφή] κάνω κάποιον να ανατριχιάσει *That house really gives me the creeps.* Εκείνο το σπίτι με κάνει να ανατριχιάζω. *He gives me the creeps.* Είναι τόσο απωθητικός που με κάνει να ανατριχιάζω.

make someone's blood run cold [κάπως λογοτεχνικό] τρομοκρατώ *The sight that met my eyes made my blood run cold.* Πάγωσε το αίμα μου από το θέαμα που αντίκρυσαν τα μάτια μου.

255.3 Δείχνω σημάδια φόβου

shake *ρ., αόρ.* **shook** *μτχ. αορ.* **shaken** **1** *ρ.α.* τρέμω *He was shaking like a leaf.* Έτρεμε σαν φύλλο. *Her hand shook as she went to pick up the telephone.* Το χέρι της έτρεμε καθώς πήγε να σηκώσει το τηλέφωνο. **2** *ρ.μ.* συγκλονίζω *The news really shook me.* Τα νέα πραγματικά με συγκλόνισαν. *She was badly shaken (up) by the accident.* Το ατύχημα την τάραξε πολύ άσχημα.

tremble *ρ.α.* [κάπως λιγότερο φανερή ή βίαιη κίνηση από το **shake** και συχνά χρησιμοποιείται για συναισθήματα διαφορετικά από φόβο] τρέμω *I was trembling all over.* Έτρεμα ολόκληρος. *to tremble with rage/excitement* τρέμω από οργή/έξαψη **tremble** *ουσ.αρ.* τρεμούλα

quiver *ρ.α.* [μικρή κίνηση] τρεμουλιάζω *in a voice quivering with emotion* με φωνή που έτρεμε από συγκίνηση **quiver** *ουσ.αρ.* τρεμούλα

quake *ρ.α.* [πολύ έντονη αντίδραση. Συχνά χρησιμοποιείται κάπως χιουμοριστικά] ριγώ *The boys heard her voice and quaked with terror.* Τα παιδιά άκουσαν τη φωνή της και ρίγησαν από τον τρόμο.

cower *ρ.α.* μαζεύομαι, ζαρώνω *She cowered away from the blow.* Ζάρωσε για να αποφύγει το χτύπημα. *They were cowering in a corner.* Στέκονταν ζαρωμένοι σε μια γωνιά.

freeze *ρ.α.μ.* [δεν μπορώ να κουνηθώ ή να μιλήσω από το φόβο] παγώνω *They froze in horror when they heard the door open.* Πάγωσαν από το φόβο όταν άκουσαν να ανοίγει η πόρτα.

255.4 Ανησυχώ

worry *ουσ.* 1 *ουσ.μ.αρ.* ανησυχία, άγχος 2 *ουσ.αρ.* στεναχώρια *financial worries* οικονομικές στεναχώριες *That's the least of my worries.* Αυτό είναι το ελάχιστο από τα προβλήματά μου.

worry *ρ.* 1 *ρ.α.* (συχνά + about) ανησυχώ *I lie awake at night worrying.* Τη νύχτα ξαγρυπνώ ανησυχώντας. *Don't worry, you won't be left behind.* Μην ανησυχείς, δε θα σε αφήσουμε. *There's nothing to worry about.* Δεν υπάρχει λόγος να ανησυχείς. 2 *ρ.μ.* ανησυχώ *Don't let it worry you.* Αυτό να μη σε ανησυχεί. *It's beginning to worry me that she hasn't learned to read yet.* Έχω αρχίσει να ανησυχώ που δεν έχει μάθει να διαβάζει ακόμα. **worrier** *ουσ.αρ.* στενάχωρο άτομο

worried *επίθ.* (συχνά + about) [περιγράφει: π.χ. πρόσωπο, μορφασμό] ανήσυχος, στεναχωρημένος *We've been worried sick about you.* Έχουμε τρελαθεί από την ανησυχία για σένα.

anxiety *ουσ.* 1 *ουσ.μ.αρ.αρ.* (συχνά + about, over) [κάπως πιο επίσημο από το worry] ανησυχία *The news has caused considerable anxiety.* Τα νέα έχουν προκαλέσει μεγάλη ανησυχία. 2 *ουσ.μ.αρ.* (συχνά + to + ΑΠΑΡΕΜΦΑΤΟ) μεγάλη επιθυμία *In her anxiety to appear grown-up, she had put on too much make-up.* Από την πολλή επιθυμία της να μεγαλοδείξει, έβαλε υπερβολικό μακιγιάζ στο πρόσωπό της.

anxious *επίθ.* 1 (συχνά + about) ανήσυχος, εναγώνιος *an anxious wait* εναγώνια αναμονή *You're making me very anxious.* Με βάζεις σε μεγάλη αγωνία. 2 (συχνά + to + ΑΠΑΡΕΜΦΑΤΟ, + that) ανυπόμονος, πολύ πρόθυμος *I'm anxious to learn all I can.* Ανυπομονώ να μάθω ό,τι μπορώ. **anxiously** *επίρρ.* ανυπόμονα

concern *ουσ.μ.αρ.* [σχετικά επίσημο] ανησυχία *His condition is causing grave concern.* Η κατάστασή του προκαλεί σοβαρή ανησυχία. *There's no cause for concern.* Δεν υπάρχει λόγος για ανησυχία.

concern *ρ.μ.* ανησυχώ *It concerns me that we have made so little progress.* Με ανησυχεί το γεγονός ότι έχουμε κάνει τόσο λίγη πρόοδο. *I'm concerned about her health.* Ανησυχώ για την υγεία της.

apprehensive *επίθ.* (συχνά + about) [πιο επίσημο από το worried]. Αφορά κάτι που θα συμβεί ή θα μπορούσε να συμβεί στο μέλλον] ανήσυχος **apprehensively** *επίρρ.* ανήσυχα

insecure *επίθ.* [ανήσυχος και χωρίς αυτοπεποίθηση, συνήθως περιγράφει ένα χαρακτηριστικό παρά μια περαστική διάθεση] ανασφαλής *She's a very insecure person.* Είναι πολύ ανασφαλές άτομο. **insecurity** *ουσ.μ.αρ.* ανασφάλεια

nerves *πληθ. ουσ.* νεύρα *an attack of nerves* κρίση νεύρων *first-night nerves* τρακ όταν κάνω κάτι για πρώτη φορά *He's a bag/bundle of nerves.* Είναι όλο νεύρα.

nervous *επίθ.* (συχνά + about) ανήσυχος, ταραγμένος *Are you nervous about the interview?* Έχεις τρακ για τη συνέντευξη; *a nervous wreck* συναισθηματικό ράκος

255.5 Άτολμος

timid *επίθ.* άτολμος *Deer are very timid creatures.* Τα ελάφια είναι πολύ δειλά πλάσματα. **timidity** *ουσ.μ.αρ.* ατολμία **timidly** *επίρρ.* άτολμα

shy *επίθ.* ντροπαλός *She's too shy to speak to anyone.* Είναι τόσο ντροπαλή που δε μιλάει σε κανένα. *a shy smile* ένα ντροπαλό χαμόγελο **shyly** *επίρρ.* ντροπαλά **shyness** *ουσ.μ.αρ.* συστολή

φράση

wouldn't say boo to a goose δειλός *Don't be frightened of him, he wouldn't say boo to a goose.* Μην τον φοβάσαι, είναι πολύ δειλός.

256 Tension Ένταση

tension *ουσ.* 1 *ουσ.μ.αρ.* [ανησυχία με εκνευρισμό] ένταση *nervous tension* νευρική υπερένταση *Tension is mounting as the time for the announcement draws near.* Η αγωνία μεγαλώνει όσο πλησιάζει η ώρα της αναγγελίας. 2 *ουσ.μ.αρ.αρ.* [δυσάρεστη ατμόσφαιρα] ένταση *international tension* διεθνής ένταση *racial tensions in inner-city areas* ένταση που προκαλείται από φυλετικές διαφορές στα κέντρα των πόλεων 3 *ουσ.μ.αρ.* [σφίξιμο] τέντωμα *a cable under tension* τεντωμένο καλώδιο

tense *επίθ.* 1 [περιγράφει: π.χ. πρόσωπο, ατμόσφαιρα] τεταμένος 2 [περιγράφει: κυρίως μύες] τεντωμένος *His whole body was tense with anxiety.* Όλο το σώμα του ήταν σε υπερένταση από την αγωνία. **tense** *ρ.μ.α.* εντείνω, τεντώνω

stress *ουσ.μ.αρ.αρ.* 1 άγχος *Stress can cause heart disease.* Το άγχος μπορεί να προκαλέσει καρδιακές παθήσεις. *She has been under a lot of stress lately.* Βρίσκεται κάτω από μεγάλη πίεση τώρα τελευταία. 2 [στη μηχανική] τάση **stressful** *επίθ.* πιεστικός

256.1 Ανήσυχος

uneasy *επίθ.* 1 (συχνά + about) ανήσυχος *I had an uneasy feeling that something was wrong.* Είχα μια ανησυχία ότι κάτι δεν πήγαινε καλά. *I'm very uneasy about the morality of what we're doing.* Ανησυχώ για το πόσο ηθικό είναι αυτό που κάνουμε. 2 [ανήσυχος και που προκαλεί ανησυχία. Περιγράφει: π.χ. ειρήνη, συμμαχία, σιωπή] ανήσυχος, άστατος, αμήχανος **unease** *ουσ.μ.αρ.* ανησυχία

agitated *επίθ.* (συχνά + about) ταραγμένος *She got very agitated when I suggested that we should call the police.* Εκνευρίστηκε πολύ όταν πρότεινα να φωνάξουμε την αστυνομία. **agitation** *ουσ.μ.αρ.* (ψυχική) αναταραχή

het up *επίθ.* (συχνά + about) [ανεπίσημο] αναστατωμένος, νευριασμένος *He got very het up about the plans for a new shopping centre.* Αναστατώθηκε με τα σχέδια για ένα καινούριο εμπορικό κέντρο.

on edge *επίθ.* (πάντα μετά από ρ.) με τεντωμένα τα νεύρα *She's been so on edge lately.* Τα νεύρα της είναι πολύ τεντωμένα τώρα τελευταία.

edgy *επίθ.* [ανεπίσημο] ευερέθιστος

256.2 Τεντωμένος

δες επίσης **100 Hard**

taut *επίθ.* 1 τεντωμένος 2 [χρησιμοποιείται για άνθρωπο ή κατάσταση] τεταμένος *He wore a taut smile.* Είχε ένα αφύσικο χαμόγελο. **taut** *επίρρ.* (μετά από ρ.) τεντωμένα **tautly** *επίρρ.* σφιχτά **tautness** *ουσ.μ.αρ.* τέντωμα

tight *επίθ.* σφιχτός *Is the rope tight enough?* Είναι δεμένο αρκετά σφιχτά το σκοινί;

tight *επίρρ.* (μετά από ρ.) σφιχτά **tightly** *επίρρ.* σφιχτά **tightness** *ουσ.μ.αρ.* σφίξιμο **tighten** *ρ.μ.α.* σφίγγω

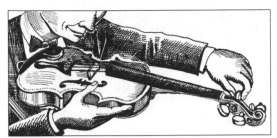

You turn the knob to increase tension on the string. Στρίβεις το κλειδί για να τεντώσεις περισσότερο τη χορδή.

She was laced up tightly. Είχε φορέσει στενούς κορσέδες.

The leather is stretched taut across the top of the drum. Το δέρμα τεντώνεται σφιχτά πάνω στο τύμπανο.

257 Excitement Έξαψη

excitement *ουσ.μ.αρ.αρ.* έξαψη, ενθουσιασμός *The children were wild with excitement.* Τα παιδιά είχαν ξεσηκωθεί από τον ενθουσιασμό. *That's enough excitement for one day.* Είχαμε αρκετές συγκινήσεις για σήμερα.

exhilaration *ουσ.μ.αρ.* [προκαλείται από κάτι (συχνά κάπως τρομακτικό) που συμβαίνει παρά από κάτι που αναμένεται] ενθουσιασμός **exhilarate** *ρ.μ.* ενθουσιάζω

thrill *ουσ.αρ.* έντονη συγκίνηση *a thrill of pleasure/ anticipation* η συγκίνηση της ευχαρίστησης/προσδοκίας *It was such a thrill actually being there.* Ήταν μεγάλη η συγκίνηση του να βρίσκεσαι εκεί. **thrill** *ρ.μ.* συναρπάζω

kick *ουσ.αρ.* [ανεπίσημο. Συχνά χρησιμοποιείται με κάπως υποτιμητική σημασία] απόλαυση *to get a kick out of something* τη βρίσκω με κάτι *So that's how you get your kicks, is it?* Έτσι λοιπόν τη βρίσκεις, ε;

adventure *ουσ.αρ.μ.αρ.* περιπέτεια *She told us all about her adventures in Africa.* Μας διηγήθηκε όλες τις περιπέτειες που είχε στην Αφρική. *Where's your sense of adventure?* Δεν έχεις καμία αίσθηση περιπέτειας; (σαν *επίθ.*) *adventure story* ιστορία περιπέτειας *adventure playground* παιδότοπος

suspense *ουσ.μ.αρ.* αγωνία *Don't keep us all in suspense.* Μη μας κρατάς όλους σε αγωνία. *I can't bear the suspense.* Δεν αντέχω την αγωνία.

hysteria *ουσ.μ.αρ.* υστερία *mass hysteria* μαζική υστερία

257.1 Συνεπαρμένος

excited *επίθ.* (συχνά + **about**) συνεπαρμένος *I'm so excited about this holiday!* Είμαι τόσο ενθουσιασμένος με τη σκέψη αυτού του ταξιδιού! *The children always get excited when their uncle comes.* Τα παιδιά πάντα ξεσηκώνονται όταν έρχεται ο θείος τους.

thrilled *επίθ.* [εμφατικό] συνεπαρμένος *We were thrilled to bits* (*Βρετ.*)/**pieces** (*Αμερ.*) *when she told us.* Καταχαρήκαμε όταν μας το είπε.

worked up *επίθ.* (μετά από *ρ.*) [ανεπίσημο. Ξαναμμένος και ανήσυχος ή θυμωμένος] συγχυσμένος *You've got yourself all worked up over nothing.* Έχεις συγχυστεί για το τίποτα.

257.2 Συναρπαστικός

exciting *επίθ.* συναρπαστικός *Your job sounds very exciting.* Φαίνεται ότι η δουλειά σου είναι πολύ συναρπαστική. **excitingly** *επίρρ.* συναρπαστικά

thrilling *επίθ.* [περιγράφει: π.χ. τέλος, αποκορύφωμα] συγκλονιστικός

dramatic *επίθ.* [περιγράφει: π.χ. αλλαγή, δραπέτευση] συνταρακτικός **dramatically** *επίρρ.* εντυπωσιακά

gripping *επίθ.* συναρπαστικός

nail-biting *επίθ.* [ανεπίσημο] αγωνιώδης και συναρπαστικός

sensational *επίθ.* 1 [περιγράφει: π.χ. ανακάλυψη, αποτέλεσμα] συγκλονιστικός 2 [υποτιμητικό. Περιγράφει: κυρίως είδηση στην εφημερίδα, ρεπορτάζ] εντυπωσιακός **sensationalism** *ουσ.μ.αρ.* επιδίωξη εντυπωσιασμού

257.3 Ξεσηκώνω, εξάπτω

excite *ρ.μ.* 1 [αντικ.: κυρίως πρόσωπο] εξάπτω *The idea really excites me.* Η ιδέα πραγματικά με συναρπάζει. 2 [επίσημο. Αντικ.: π.χ. ενδιαφέρον, θαυμασμό] προκαλώ *Their activities have excited suspicion.* Οι δραστηριότητές τους έχουν προκαλέσει υποψίες.

arouse *ρ.μ.* [αντικ.: π.χ. προσοχή, υποψία, αντίρρηση] διεγείρω, προκαλώ *sexually aroused* σεξουαλικά διεγερμένος **arousal** *ουσ.μ.αρ.* διέγερση

stimulate *ρ.μ.* 1 [διεγείρω ενδιαφέρον ή χρήση του μυαλού] υποκινώ *a stimulating discussion* ζωηρή/ενδιαφέρουσα συζήτηση *We try to stimulate the children with books and toys.* Προσπαθούμε να κινήσουμε το ενδιαφέρον των παιδιών με βιβλία και παιχνίδια. 2 [κάνω πιο δραστήριο. Αντικ.: π.χ. αύξηση, απαίτηση] τονώνω *The government lowered interest rates in order to stimulate the economy.* Η κυβέρνηση χαμήλωσε τα επιτόκια για να τονώσει την οικονομία. **stimulation** *ουσ.μ.αρ.* παρακίνηση

stimulus *ουσ.αρ.*, *πληθ.* **stimuli** [κυρίως εξειδικευμένος όρος] ερέθισμα **stimulant** *ουσ.αρ.* κίνητρο

turn sb **on** *ρ.μ.πρφ.* [ανεπίσημο. Διεγείρω και ελκύω, συνήθως με σεξουαλικό τρόπο] ανάβω *She really turns me on.* Με ανάβει πολύ. *The idea of spending all day in a meeting doesn't really turn me on.* Η σκέψη του να περάσω όλη την ημέρα σε μια συνεδρίαση δε με ενθουσιάζει ιδιαίτερα.

turn-on *ουσ.αρ.* [ανεπίσημο. Κάτι που διεγείρει, συνήθως με σεξουαλικό τρόπο] κάτι το ελκυστικό *That outfit is a bit of a turn-on.* Αυτά τα ρούχα σε κάνουν πολύ ελκυστική. *I'm afraid I don't find computers much of a turn-on.* Φοβάμαι πως δε με τραβούν και πολύ τα κομπιούτερ.

258 Courage Κουράγιο

αντίθετο 255 Fear

courage ουσ.μ.αρ. κουράγιο *It took weeks before he could* **pluck up (the) courage** *to propose.* Χρειάστηκε βδομάδες ώσπου να βρει το κουράγιο να της κάνει πρόταση.

courageous επίθ. [κάπως επίσημο] θαρραλέος **courageously** επίρρ. θαρραλέα

brave επίθ. γενναίος *Be brave, we'll soon have that splinter out.* Δείξε γενναιότητα, σύντομα θα βγάλουμε την αγκίδα. *a brave attempt* μια γενναία προσπάθεια **bravely** επίρρ. γενναία

bravery ουσ.μ.αρ. γενναιότητα *The policeman was awarded a medal for bravery.* Στον αστυνομικό απονεμήθηκε μετάλλιο ανδρείας.

bravado ουσ.μ.αρ. [συχνά υποτιμητικό. Υπονοεί επίδειξη, συχνά με επικίνδυνες πράξεις] παλικαρισμός *He did it out of sheer bravado.* Το έκανε απλώς και μόνο για να δείξει παλικαριά.

heroic επίθ. [περιγράφει: π.χ. απόπειρα διάσωσης, αντίσταση] ηρωικός *Under the circumstances her self-restraint was quite heroic.* Κάτω από αυτές τις περιστάσεις, η αυτοκυριαρχία της ήταν αρκετά ηρωική.

hero (αρσ.) ουσ.αρ., πληθ. **heroes**, (θηλ.) **heroine** 1 ήρωας *He came back to a hero's welcome.* Όταν επέστρεψε του έκαναν υποδοχή ήρωα. *He's my hero.* Είναι ο ήρωάς μου. 2 [βιβλίου, θεατρικού έργου, κτλ.] ήρωας **heroism** ουσ.μ.αρ. ηρωισμός

fearless επίθ. άφοβος *Children of that age are completely fearless.* Παιδιά αυτής της ηλικίας είναι τελείως άφοβα. **fearlessly** επίρρ. άφοβα

valiant επίθ. [λογοτεχνικό όταν χρησιμοποιείται για ανθρώπους. Περιγράφει: κυρίως απόπειρα, προσπάθεια] ανδρείος **valiantly** επίρρ. γενναία **valour** (Βρετ.), **valor** (Αμερ.) ουσ.μ.αρ. ανδρεία

guts πληθ. ουσ. [ανεπίσημο] κότσια *You have to admit it, she's got guts.* Πρέπει να το παραδεχτείς, έχει κότσια. *He didn't even have the guts to tell me himself.* Δεν είχε καν τα κότσια να μου το πει ο ίδιος.

face up to sth/sb ρ.μ.πρφ. [αντικ.: π.χ. γεγονός, ευθύνες] αντιμετωπίζω

258.1 Δείχνω κουράγιο και πρωτοβουλία

dare ρ. 1 ρ.μ.α. (συχνά + ΑΠΑΡΕΜΦΑΤΟ) τολμώ *How dare you come in here without permission?* Πώς τολμάς να μπαίνεις εδώ μέσα χωρίς άδεια; *None of us dared (to) question her decision.* Κανείς μας δεν τόλμησε να αμφισβητήσει την απόφασή της. 2 ρ.μ. προκαλώ *I dare you to jump in with all your clothes on.* Σε προκαλώ να βουτήξεις μέσα με τα ρούχα σου.

dare ουσ.αρ. πρόκληση *She did it for a dare.* Το έκανε για να απαντήσει σε μια πρόκληση.

daring επίθ. [περιγράφει: π.χ. διάσωση, απόδραση, επιδρομή] τολμηρός **daring** ουσ.μ.αρ. τόλμη **daringly** επίρρ. τολμηρά

audacious επίθ. 1 [πιο επίσημο από το **daring**. Συχνά υπονοεί θράσος] παράτολμος 2 θρασύς **audaciously** επίρρ. παράτολμα

audacity ουσ.μ.αρ. 1 [κάπως επίσημο] τόλμη 2 [υποτιμητικό] θράσος *He had the audacity to call me a liar.* Είχε το θράσος να με πει ψεύτη.

adventurous επίθ. παράτολμος *She's not very adventurous in her choice of colours.* Δεν είναι πολύ τολμηρή στην επιλογή των χρωμάτων.

intrepid επίθ. [παλιομοδίτικο ή λογοτεχνικό, αλλά μερικές φορές χρησιμοποιείται χιουμοριστικά. Επαινετικό, υπονοεί αποφασιστικότητα και σθένος] ατρόμητος *an intrepid explorer* ένας απτόητος εξερευνητής

bold επίθ. 1 [περιγράφει: π.χ. πολεμιστή, σχέδιο] τολμηρός, θαρραλέος 2 [συχνά υποτιμητικό] θρασύς *He comes in here* **as bold as brass** *and demands to see the chairman.* Μπαίνει μέσα με πολύ θράσος και ζητάει να δει τον πρόεδρο. 3 [περιγράφει: π.χ. χρώμα, γραμμή] έντονος **boldly** επίρρ. τολμηρά **boldness** ουσ.μ.αρ. τόλμη, αναίδεια

confident επίθ. (συχνά + about, of, that) [περιγράφει: π.χ. πρόσωπο, τρόπο] γεμάτος αυτοπεποίθηση *I'm confident that the play will be a success.* Είμαι βέβαιος ότι το έργο θα γίνει επιτυχία. *We're quietly confident about the outcome.* Έχουμε μια κρυφή αισιοδοξία για το αποτέλεσμα. **confidently** επίρρ. με αυτοπεποίθηση

confidence ουσ.μ.αρ. 1 βεβαιότητα *I can say with complete confidence that the work will be finished on time.* Μπορώ να πω με απόλυτη βεβαιότητα ότι η δουλειά θα τελειώσει εγκαίρως. **self-confidence** αυτοπεποίθηση 2 (συχνά + in) εμπιστοσύνη, πεποίθηση *I have every confidence in the ability of my staff.* Έχω απόλυτη εμπιστοσύνη στις ικανότητες του προσωπικού μου.

259 Calmness Ηρεμία

calm επίθ. 1 [περιγράφει: π.χ. πρόσωπο, φωνή] ήρεμος *Keep calm!* Ηρέμησε! *The situation is calm again after yesterday's disturbances.* Η κατάσταση έχει ηρεμήσει και πάλι μετά τις χθεσινές ταραχές. 2 [περιγράφει: π.χ. θάλασσα, ημέρα, καιρό] ήρεμος **calmly** επίρρ. ήρεμα

calm ουσ.μ.αρ.αρ. ηρεμία *the calm of a summer's evening* η γαλήνη ενός καλοκαιριάτικου βραδινού *the* **calm before the storm** η ηρεμία πριν την καταιγίδα

tranquil επίθ. [περιγράφει: π.χ. σκηνή, τοπίο, όχι ανθρώπους] ήρεμος

tranquillity (Βρετ.), **tranquility** (Αμερ.) ουσ.μ.αρ. γαλήνη

peaceful επίθ. 1 ήρεμος *It's so peaceful here by the river.* Είναι τόσο ήρεμα εδώ στο ποτάμι. 2 [χωρίς βία. Περιγράφει: π.χ. διαδήλωση, διαμαρτυρία] ειρηνικός *efforts to find a peaceful solution to the crisis* προσπάθειες να βρεθεί ειρηνική λύση στην κρίση *peaceful co-existence* ειρηνική συνύπαρξη

peace ουσ. 1 ουσ.μ.αρ. [έλλειψη άγχους] ησυχία **peace of mind** το κεφάλι μου ήσυχο 2 γαλήνη, ηρεμία *I just want some* **peace and quiet**. Θέλω μόνο λίγη ηρεμία. 3 ουσ.μ.αρ.αρ. ειρήνη *The two nations wish to live together in peace.* Τα δύο έθνη θέλουν να ζήσουν μαζί ειρηνικά. (σαν επίθ.) *peace movement* κίνημα ειρήνης *peace talks* ειρηνευτικές συνομιλίες *peace treaty* συμφωνία ειρήνης

cool επίθ. [περιγράφει: πρόσωπο, συμπεριφορά] ψύχραιμος *cool, calm and collected* ψύχραιμος και ατάραχος *Keep cool, don't let them get you angry.* Κράτησε την ψυχραιμία σου, μην τους αφήσεις να σε κάνουν να θυμώσεις. **coolly** επίρρ. ψύχραιμα **coolness** ουσ.μ.αρ. ψυχραιμία

laid-back επίθ. (συχνά + about) [ανεπίσημο. Περιγράφει: πρόσωπο, συμπεριφορά] χαλαρός, άνετος *He has a very laid-back approach to discipline.* Έχει πολύ χαλαρές απόψεις για την πειθαρχία.

easy-going *επίθ.* [περιγράφει ένα πρόσωπο] βολικός

φράση

without turning a hair με απόλυτη ηρεμία *Without turning a hair, he picked up the snake and took it out into the garden.* Χωρίς να δείξει ίχνος φόβου σήκωσε το φίδι και το έβγαλε στον κήπο.

259.1 Ηρεμώ κάποιον

calm (sb/sth) **down** *ρ.μ.α.πρφ.* καθησυχάζω *Calm down, you're getting hysterical.* Ηρέμησε, συμπεριφέρεσαι υστερικά.

comfort *ρ.μ.* [αντικ.: πρόσωπο που είναι λυπημένο ή

άρρωστο] παρηγορώ *The child cried and cried and would not be comforted.* Το παιδί έκλαιγε συνέχεια και τίποτα δεν μπορούσε να το παρηγορήσει.

comfort *ουσ.μ.αρ.αρ.* (δεν έχει πληθ.) παρηγοριά *We can take some comfort from the fact that he did not suffer long.* Μπορούμε να παρηγορηθούμε κάπως με το γεγονός ότι δεν υπέφερε πολύ. *You've been a great comfort to me.* Μου έχεις προσφέρει μεγάλη παρηγοριά.

soothe *ρ.μ.* 1 [αντικ.: θυμωμένο ή στεναχωρημένο άτομο] κατευνάζω, καταπραΰνω 2 [αντικ.: ερεθισμένο ή τραυματισμένο μέρος του σώματος] κατευνάζω, καταπραΰνω

soothing *επίθ.* 1 [περιγράφει: π.χ. φωνή, λέξεις] κατευναστικός, καταπραϋντικός 2 [περιγράφει: π.χ. αλοιφή, φάρμακο] κατευναστικός, καταπραϋντικός

φράσεις

Take it easy! [ανεπίσημο. Το λέμε σε κάποιον για να τον ηρεμήσουμε ή να τον διαβεβαιώσουμε] Ηρέμησε!

Και οι δύο παρακάτω φράσεις είναι ανεπίσημες και κάπως αγενείς:

Keep your hair on! (*Βρετ.*) Μη συγχίζεσαι!

Don't get your knickers in a twist! (*Βρετ.*) [μπορεί να ειπωθεί σε άντρα ή γυναίκα] Ψυχραιμία!

260 Bank Τράπεζα

δες επίσης **265 Money**

bank *ουσ.αρ.* τράπεζα *to put/have money in the bank* βάζω/έχω χρήματα στην τράπεζα

bank *ρ.* 1 *ρ.μ.* [αντικ.: επιταγή, χρήματα] έχω (λογαριασμό) στην τράπεζα 2 *ρ.α.* (συχνά + with) έχω λογαριασμό σε μια τράπεζα *She banks with Lloyds.* Έχει λογαριασμό στη Λόυντς. **banking** *ουσ.μ.αρ.* τραπεζικό σύστημα

banker *ουσ.αρ.* [ιδιοκτήτης ή ανώτερος διευθυντής μιας τράπεζας] τραπεζίτης

building society (*Βρετ.*), **savings and loan association** (*Αμερ.*) *ουσ.αρ.* [παρόμοιος οργανισμός με την τράπεζα, αλλά εξειδικεύεται σε στεγαστικά δάνεια] στεγαστική τράπεζα

260.1 Χρησιμοποιώ ένα τραπεζικό λογαριασμό

account *ουσ.αρ.* (συχνά + with) λογαριασμός *I have an account with Lloyds/at this branch.* Έχω ένα λογαριασμό με τη Λόυντς/σε αυτό το υποκατάστημα.

deposit *ρ.μ.α.* (συχνά + in) [αντικ.: (ποσό) χρημάτων] καταθέτω *I deposited £100 (in my account).* Κατέθεσα 100 λίρες (στο λογαριασμό μου). **deposit** *ουσ.αρ.* κατάθεση

withdraw *ρ.μ.*, *αόρ.* **withdrew** *μτχ. αορ.* **withdrawn** (συχνά + from) [αντικ.: (ποσό) χρημάτων, μετρητών] αποσύρω *I withdrew £100 from my account.* Απέσυρα 100 λίρες από το λογαριασμό μου. **withdrawal** *ουσ.αρ.* ανάληψη

credit *ουσ.αρ.μαρ.* [ποσό που κατατίθεται σε ένα λογαριασμό, ειδικά όπως εμφανίζεται στο δελτίο κίνησης λογαριασμού] πίστωση *Your account is in credit.* Ο λογαριασμός σου είναι πιστωμένος με ένα ποσό.

credit *ρ.μ.* [αντικ.: ποσό χρημάτων, λογαριασμό] πιστώνω *We have credited £50 to your account.* Πιστώσαμε 50 λίρες στον λογαριασμό σου. *We have credited your account with the sum of £50.* Έχουμε πιστώσει το λογαριασμό σου με το ποσό των 50 λιρών.

debit *ουσ.αρ.* [ποσό που αποσύρεται από ένα λογαριασμό, ειδικά όπως εμφανίζεται στο δελτίο κίνησης λογαριασμού] χρέωση *on the debit side of your account* οι χρεώσεις που έχουν γίνει στο λογαριασμό σου

debit *ρ.μ.* [αντικ.: ποσό χρημάτων, λογαριασμό] χρεώνω *We have debited £50 from/against your account.* Έχουμε χρεώσει τον λογαριασμό σου με 50 λίρες.

save *ρ.μ.α.* 1 (συχνά + up) εξοικονομώ *I've saved (up) £1000.* Έχω βάλει στην άκρη 1000 λίρες. *an account that helps you to save* ένας λογαριασμός που σε βοηθάει να κάνεις οικονομίες (συχνά + for) *I'm saving (up) for a new stereo.* Μαζεύω λεφτά για να αγοράσω ένα καινούριο στερεοφωνικό. 2 [δε χρειάζεται να ξοδέψω] εξοικονομώ *I saved £10 by buying two pairs of jeans at once.* Εξοικονόμησα 10 λίρες αγοράζοντας δύο ζευγάρια τζην μαζί. **savings** *πληθ.* ουσ. οικονομίες

interest *ουσ.μ.αρ.* (συχνά + on) τόκος *to earn interest on one's savings* κερδίζω τόκο για τις οικονομίες μου. *to pay interest on a debt* πληρώνω τόκο για ένα χρέος (χρησιμοποιείται σαν *επίθ.*) *an interest rate of 10%* επιτόκιο 10% [κυριολεκτικά: ποσοστό τόκου 10%]

cash *ρ.μ.* [αντικ.: επιταγή. Υποκ.: τράπεζα, ταμίας, πελάτης] εξαργυρώνω *Can you cash cheques at a post office?* Μπορεί κανείς να εξαργυρώσει επιταγές στο ταχυδρομείο; *Does the post office cash cheques?* Εξαργυρώνει επιταγές το ταχυδρομείο; *δες επίσης **265 Money**

cashier (*Βρετ.*), **teller** (*κυρίως Αμερ.*) *ουσ.αρ.* [πρόσωπο που εξυπηρετεί πελάτες σε μια τράπεζα] ταμίας

cashpoint *ουσ.αρ.* μηχανή αυτόματης διάθεσης μετρητών

φράσεις

to be in the black (*Βρετ.*) [έχω περισσότερα από 0 στον λογαριασμό μου] [έχω περισσότερα από 0 στον λογαριασμό μου είναι πιστωμένος με ένα ορισμένο ποσό χρημάτων *My account is £200 in the black.* Ο λογαριασμός μου είναι πιστωμένος με 200 λίρες.

to be in the red (*Βρετ. & Αμερ.*) [έχω λιγότερα από 0 στο λογαριασμό μου] είμαι χρεωμένος

to be overdrawn [έχω λιγότερα από 0 στον λογαριασμό μου] έχω πάρει περισσότερα χρήματα από όσα είχα στον λογαριασμό μου *I'm £200 overdrawn.* Έχω πάρει 200 λίρες περισσότερο από όσα είχα στον λογαριασμό μου.

260.2 Κάρτες και έγγραφα

cheque (*Βρετ.*), **check** (*Αμερ.*) *ουσ.αρ.* επιταγή *to write (out)/make out a cheque* εκδίδω μια επιταγή *to pay by cheque* πληρώνω με επιταγή (συχνά + for) *a cheque for £100* μια επιταγή 100 λιρών *Make out a cheque for $400 to*

Acme Industries. Ετοίμασε μια επιταγή 400 δολλαρίων για τη βιομηχανία ACME.

chequebook (*Βρετ.*), **checkbook** (*Αμερ.*) *ουσ.αρ.* βιβλιάριο επιταγών

cheque card *ουσ.αρ.* (*Βρετ.*) [για να εγγυηθεί μια επιταγή] κάρτα που εγγυάται την πληρωμή μιας επιταγής

credit card *ουσ.αρ.* πιστωτική κάρτα *to pay by credit card* πληρώνω με πιστωτική κάρτα

bank statement *ουσ.αρ.* [που δείχνει όλες τις δοσοληψίες κατά τη διάρκεια μιας χρονικής περιόδου] δελτίο κινήσεως λογαριασμού

261 Borrowing and lending Δανεισμός και δανειοδότηση

borrow *ρ.μ.α.* (συχνά + **from**) [αντικ.: χρήματα, υπάρχοντα, π.χ. στυλό, αυτοκίνητο] δανείζομαι *Can I borrow your umbrella?* Μπορώ να δανειστώ την ομπρέλα σου; *to borrow (money) from a bank* δανείζομαι (χρήματα) από τράπεζα
borrowing *ουσ.μ.αρ.* [ειδικά από τράπεζα] δανεισμός
borrower *ουσ.αρ.* [ειδικά από τράπεζα] δανειζόμενος

lend *ρ.μ.α., αόρ. & μτχ. αορ.* **lent** [αντικ.: χρήματα, υπάρχοντα, π.χ. στυλό, αυτοκίνητο] δανείζω *She lent him her umbrella.* Του δάνεισε την ομπρέλα της. (συχνά + **to**) *Who did she lend her umbrella to?* Σε ποιον δάνεισε την ομπρέλα της; *The banks are unwilling to lend (money).* Οι τράπεζες είναι απρόθυμες να δανείσουν (χρήματα).
lending *ουσ.μ.αρ.* [ειδικά από τράπεζες] δανεισμός
lender *ουσ.αρ.* [ειδικά τράπεζα, κτλ.] δανειστής

χρήση
Θυμηθείτε, όταν δανείζει κανείς (**lend**) είναι το πρόσωπο που δίνει, όταν κάποιος δανείζεται (**borrow**) είναι το πρόσωπο που δέχεται.

loan *ρ.μ.* (συχνά + **to**) [σε επίσημο περιεχόμενο] δανείζω *The equipment has been loaned to us.* Μας έχουν δανείσει τον εξοπλισμό.
loan *ουσ.μ.αρ.* (συχνά + **of**) δάνειο *We thanked them for the loan of the equipment.* Τους ευχαριστήσαμε που μας δάνεισαν τον εξοπλισμό. *The library book you want is already on loan.* Το βιβλίο που θέλεις να δανειστείς από την βιβλιοθήκη είναι ήδη δανεισμένο. *paintings on loan from/to another gallery* πίνακες δανεισμένοι από/σε άλλη πινακοθήκη

261.1 Χρέος

debt *ουσ.αρ.μαρ.* χρέος *to pay one's debts* πληρώνω τα χρέη μου *a total debt of £2000* ένα συνολικό χρέος 2000 λιρών *to be in debt* είμαι χρεωμένος *to get into/out of debt* χρεώνομαι/ξεχρεώνω **debtor** *ουσ.αρ.* οφειλέτης

creditor *ουσ.αρ.* πιστωτής

owe *ρ.μ.* (συχνά + **for**) [αντικ.: (ποσό) χρήματα] χρωστάω [αντικ.: πρόσωπο] χρωστάω *How much do I owe you for the groceries?* Πόσα σου χρωστάω για τα ψώνια; (+ **to**) *She owes £2000 to her brother.* Χρωστάει 2000 λίρες στον αδελφό της.

owing *επίθ.* (μετά από *ουσ.*, συχνά + **to**) [περιγράφει: χρηματικό ποσό] οφειλόμενος *There is still £20 owing (to me).* Ακόμα (μου) οφείλονται 20 λίρες.

IOU [I Owe You] *ουσ.αρ.* [σημείωμα που δηλώνει πόσα χρήματα χρωστάει κάποιος σε κάποιον άλλο, που μερικές φορές γίνεται δεκτό σαν προσωρινή πληρωμή] απόδειξη χρέους, γραμμάτιο

due *επίθ.* (συν. μετά από *ρ.*) **1** [πληρωτέο μέχρι μια συγκεκριμένη ημερομηνία. Περιγράφει: λογαριασμό, πληρωμή] πληρωτέος, λήγων *The next payment is due (on May 5th).* Η επόμενη δόση είναι πληρωτέα (στις 5 Μαΐου). *The bill falls due on May 5th.* Ο λογαριασμός είναι πληρωτέος (στις 5 Μαΐου 2 [οφειλόμενος σε κάποιον. Περιγράφει: (ποσό) χρήματα, ποσό] οφειλόμενος (συχνά + **to**) *You will receive all the money that is due to you.* Θα

πάρεις όλα τα χρήματα που σου οφείλονται.

261.2 Δανεισμός από τράπεζα ή από στεγαστική τράπεζα

loan *ουσ.αρ.* [συγκεκριμένο (σταθερό) ποσό που έχει συμφωνηθεί με την τράπεζα, που ξεπληρώνεται με τακτικές δόσεις] δάνειο

mortgage *ουσ.αρ.* [δάνειο που χρησιμοποιείται για να αγοραστεί ένα σπίτι] στεγαστικό δάνειο, υποθήκη *a £40,000 mortgage* στεγαστικό δάνειο αξίας 40.000 λιρών (σαν *επίθ.*) *mortgage (re)payments* δόσεις του στεγαστικού δανείου

mortgage *ρ.μ.* [χρησιμοποιώ σαν εγγύηση για ένα δάνειο. Αντικ.: κυρίως σπίτι] βάζω υποθήκη *They mortgaged their home to pay for their children's education.* Βάλανε υποθήκη το σπίτι για να πληρώσουν την εκπαίδευση των παιδιών τους.

overdraft *ουσ.αρ.* [έχω λιγότερα από 0 στον λογαριασμό μου. Μπορεί να έχει συμφωνηθεί με την τράπεζα ή όχι.] ανάληψη ποσού μεγαλύτερου των καταθέσεων *She has a £200 overdraft.* Έχει πάρει από το λογαριασμό της 200 λίρες περισσότερο από τις καταθέσεις της. (σαν *επίθ.*) *overdraft limit* το όριο του ποσού που μπορεί κανείς να αποσύρει πέρα από τις καταθέσεις του

overdrawn *επίθ.* [περιγράφει: λογαριασμό, πελάτη] χρεωμένος *You are/Your account is overdrawn.* Ο λογαριασμός σου είναι χρεωμένος. (συχνά + **by**) *overdrawn by £200* χρεωμένος με 200 λίρες

repay *ρ.μ., αόρ. & μτχ. αορ.* **repaid** [αντικ.: χρέος] ξεχρεώνω [αντικ.: ποσό χρημάτων] ξεπληρώνω [αντικ.: πρόσωπο] ξεπληρώνω *I'm repaying the debt in monthly instalments.* Ξεπληρώνω το χρέος με μηνιαίες δόσεις. *I repaid him the £20 I borrowed.* Του επέστρεψα τις 20 λίρες που δανείστηκα.

repayment *ουσ.* **1** *ουσ.αρ.* εξόφλητική δόση *24 monthly repayments of £20* 24 μηνιαίες εξοφλητικές δόσεις των 20 λιρών *I couldn't meet the repayments.* Δεν μπορούσα να ανταποκριθώ στις εξοφλητικές δόσεις. **2** *ουσ.μ.αρ.* εξόφληση *She demanded the immediate repayment of the debt.* Απαίτησε την άμεση εξόφληση του χρέους.

pay off sth Ή **pay** sth **off** *ρ.μ.πρφ.* [τελειώνω τις εξοφλητικές δόσεις] εξοφλώ *I've paid off my overdraft.* Έχω ξεπληρώσει το χρέος μου στην τράπεζα.

take out sth *ρ.μ.πρφ.* [αντικ.: κυρίως δάνειο, υποθήκη, ασφάλεια] παίρνω *I took out a bank loan to buy a new car.* Πήρα δάνειο από την τράπεζα για να αγοράσω καινούριο αυτοκίνητο.

261.3 Αγοράζω με πίστωση

credit *ουσ.μ.αρ.* **1** [όταν επιτρέπεται στους πελάτες να καθυστερήσουν την πληρωμή για διάφορα αγαθά] πίστωση *interest-free credit* άτοκη πίστωση *This shop does not give credit.* Αυτό το μαγαζί δεν κάνει πίστωση. *I bought this furniture on credit.* Αγόρασα αυτή την έπιπλωση με πίστωση. **2** [η αξιοπιστία ενός ατόμου να πληρώσει για αγαθά με αυτόν τον τρόπο] φερεγγυότητα *His credit is good.* Η φερεγγυότητά του είναι καλή.

hire purchase, *σύντ.* HP (*Βρετ.*), **installment plan** (*Αμερ.*) *ουσ.μ.αρ.* [κάπως παλιομοδίτικος τρόπος πίστωσης, με τον οποίο τα αγαθά δεν ανήκουν νόμιμα στον πελάτη έως ότου έχει εξοφλήσει τις δόσεις] αγορά με δόσεις *I'm buying this furniture on hire purchase*. Θα αγοράσω αυτά τα έπιπλα με δόσεις.

instalment (*Βρετ.*), **installment** (*Αμερ.*) *ουσ.αρ.* δόση *to pay in/by monthly instalments* πληρώνω με μηνιαίες δόσεις

deposit *ουσ.αρ.* [αρχική δόση που εξασφαλίζει αγαθά] προκαταβολή (συχνά + **on**) *We've put down a deposit on a new fridge*. Έχουμε δώσει προκαταβολή για ένα καινούριο ψυγείο.

φ ρ ά σ η

to buy sth on the never-never (*Βρετ.*) [χιουμοριστικό ανεπίσημο. Με δόσεις] αγοράζω κάτι με δόσεις

---

262 Doing business Κάνω εμπορικές συναλλαγές

δες επίσης **271 Employment, 273 Shops, 274 Work, 293 Make**

business *ουσ.* 1 *ουσ.μ.αρ.* [γενικά θέματα εργασίας] δουλειές *They were discussing business*. Συζητούσαν για δουλειές. *I had some business in Cambridge*. Είχα δουλειές στο Καίμπριτζ. *She's gone to Cambridge on business*. Έχει πάει στο Καίμπριτζ για δουλειές. *to do business with sb* έχω εμπορικές δοσοληψίες με κάποιον *business deal* επαγγελματική συμφωνία 2 *ουσ.μ.αρ.* [οικονομικός κόσμος, κόσμος του εμπορίου] επιχειρήσεις *a career in business* επιχειρησιακή καριέρα *a government dominated by big business* μια κυβέρνηση που κυριαρχείται από τις μεγάλες επιχειρήσεις (σαν *επίθ.*) *the business pages of the newspaper* οι σελίδες της εφημερίδας που αναφέρονται σε επιχειρησιακά θέματα. 3 *ουσ.αρ.* [διευθύνω μια εταιρεία] επιχείρηση *She's gone into business as a hairdresser*. Άνοιξε κομμωτήριο. *These rent increases could put many shops out of business*. Αυτές οι αυξήσεις των ενοικίων θα μπορούσαν να κάνουν πολλά μαγαζιά να χρεωκοπήσουν. 4 *ουσ.αρ.* [εταιρεία] επιχείρηση *small businesses* μικρή επιχείρηση *He's started his own business*. Έχει ανοίξει δική του επιχείρηση. 5 *ουσ.αρ.μαρ.* [είδος εμπορικής δραστηριότητας] επάγγελμα *What (line of) business are you in?* Με τι ασχολείσαι; *the grocery/publishing/property business* η δουλειά του παντοπώλη/εκδότη/κτηματομεσίτη

businessman (*αρσ.*), **businesswoman** (*θηλ.*) *ουσ.αρ.* επιχειρηματίας

businesspeople *ουσ. πληθ.* οι επιχειρηματίες *a hotel used by businesspeople* ένα ξενοδοχείο που χρησιμοποιείται από επιχειρηματίες

262.1 Γενικά είδη επιχειρησιακής δραστηριότητας

industry *ουσ.* [βιομηχανική παραγωγή αγαθών] 1 *ουσ.μ.αρ.* βιομηχανία *These policies will help industry*. Αυτά τα μέτρα θα βοηθήσουν τη βιομηχανία. *heavy/manufacturing industry* βαρειά/παραγωγική βιομηχανία 2 *ουσ.αρ.* βιομηχανία *What are Japan's main industries?* Ποια είναι τα κυριότερα είδη βιομηχανιών στην Ιαπωνία; *the coal/car/travel industry* η βιομηχανία του άνθρακα/αυτοκινητιστική/τουριστική βιομηχανία

industrial *επίθ.* βιομηχανικός *the government's industrial policy* η πολιτική της κυβέρνησης για τη βιομηχανία *an industrial region of the country* μια βιομηχανική περιοχή της χώρας

commerce *ουσ.μ.αρ.* [πώληση αγαθών και υπηρεσιών] εμπόριο

commercial *επίθ.* εμπορικός *The two countries do not have commercial relations*. Οι δύο χώρες δεν έχουν εμπορικές σχέσεις. *commercial premises/vehicle* εμπορική στέγη/εμπορικό όχημα

enterprise *ουσ.* 1 *ουσ.μ.αρ.* [δημιουργώ και εξελίσσω καινούριες επιχειρήσεις] επιχείρηση *a new spirit of enterprise* ένα καινούριο επιχειρηματικό πνεύμα *private enterprise* ιδιωτική πρωτοβουλία 2 *ουσ.αρ.* [βιομηχανική ή

εμπορική εταιρεία, ειδικά μικρή ή καινούρια] επιχείρηση

entrepreneur *ουσ.αρ.* επιχειρηματίας

262.2 Διαχείριση επιχείρησης

δες επίσης **287 Do**

deal *ουσ.αρ.* [γενική λέξη για οτιδήποτε συμφωνία ή διευθέτηση] συμφωνία *a new pay deal* μια καινούρια συμφωνία για τους μισθούς *to make/do a deal with sb* συνάπτω συμφωνία με κάποιον

deal with sb/sth *ρ.μ.πρφ.* [αντικ.: εταιρεία, πελάτη] έχω συναλλαγές με *Our company deals with many overseas customers*. Η εταιρεία μας έχει συναλλαγές με πολλούς πελάτες από το εξωτερικό.

deal in sth *ρ.μ.πρφ.* [αγοράζω και πουλάω] εμπορεύομαι *We deal in antique furniture*. Εμπορευόμαστε έπιπλα αντίκες.

dealer *ουσ.αρ.* έμπορος *a used-car/software dealer* έμπορος μεταχειρισμένων αυτοκινήτων/προγραμμάτων κομπιούτερ

contract *ουσ.αρ.* συμβόλαιο *to enter into/sign/break a contract* κάνω/υπογράφω/παραβιάζω (τους όρους) ένα συμβόλαιο *The company is under contract to the government*. Η εταιρεία έχει συμβόλαιο με την κυβέρνηση. (συχνά + **to** + ΑΠΑΡΕΜΦΑΤΟ, + **for**) *Our company has won the contract to build the Channel Tunnel*. Η εταιρεία μας έχει πάρει το συμβόλαιο να χτίσει τη σήραγγα για το στενό της Μάγχης.

contract *ρ.α.* (+ **to** + ΑΠΑΡΕΜΦΑΤΟ) συμβάλλομαι, συνάπτω συμφωνία *The company has contracted to deliver the goods by May 5th*. Η εταιρεία έχει συμβληθεί να παραδώσει τα αγαθά μέχρι τις 5 Μαΐου.

φ ρ ά σ η

to drive a hard bargain [επιμένω για πολύ ευνοϊκούς όρους σε μια εμπορική συμφωνία, σε βάρος των υπόλοιπων συναλλασσομένων] κάνω σκληρές διαπραγματεύσεις

262.3 Εμπόριο

trade *ουσ.* 1 *ουσ.μ.αρ.* [αγορά και πώληση, κυρίως ανάμεσα σε χώρες] εμπορικές συναλλαγές (συχνά + **with**) *Britain's trade with the rest of the world* Οι εμπορικές συναλλαγές της Βρετανίας με τον υπόλοιπο κόσμο (σαν *επίθ.*) *trade agreements* εμπορικές συμφωνίες 2 *ουσ.αρ.* [τομέας της βιομηχανίας ή του εμπορίου] (πάντα + **the**) εμπόριο *the fur/arms trade* το εμπόριο της γούνας /των όπλων (συχνά + **in**) *the trade in live animals* το εμπόριο ζωντανών ζώων *the building/tourist trade* κτηματικές/τουριστικές επιχειρήσεις *She knows more about plumbing than some people in the trade*. Έχει περισσότερες γνώσεις για την υδραυλική τέχνη από άτομα που είναι στο επάγγελμα.

trade *ρ.* 1 *ρ.α.μ.* (συχνά + **with**) [υποκ.: χώρα] εμπορεύομαι *India does not trade with South Africa*. Η Ινδία δεν έχει εμπορικές συναλλαγές με τη Νότια Αφρική. 2 (συχνά + **for**) [ανταλλάσσω] *Third-world countries trade raw materials for* *manufactured goods.* Χώρες του τρίτου κόσμου ανταλλάσσουν πρώτες ύλες με βιομηχανικά προϊόντα. **3** *ρ.α.* (πάντα + **in**) εμπορεύομαι *They trade in live animals.* Εμπορεύονται ζωντανά ζώα.

trading *επίθ.* (πριν από ουσ.) εμπορικός *The UK is a major trading nation.* Η Βρετανία είναι σπουδαίο εμπορικό κράτος. *Britain's trading partners* οι εμπορικοί συνέταιροι της Βρετανίας

trader *ουσ.αρ.* **1** [ανάμεσα σε χώρες] έμπορος *fur/arms trader* έμπορος γουναρικών/όπλων **2** [καταστηματάρχης, περιπτεράς] εμπορευόμενος *market traders* μικροέμποροι σε λαϊκές αγορές

tradesman *ουσ.αρ.* [επίσημο. Αυτός του οποίου η δουλειά είναι να παρέχει υπηρεσίες κάνοντας πρακτική ή χειρωνακτική εργασία] πωλητής, τεχνικός *tradesmen's entrance* είσοδος των πωλητών [αντίθετο: η κεντρική είσοδος για τους πελάτες κτλ.]

export *ρ.μ.α.* (συχνά + **to**) εξάγω *Britain exports (oil) to many different countries.* Η Βρετανία εξάγει (πετρέλαιο) σε πολυάριθμες χώρες. **exporter** *ουσ.αρ.* εξαγωγέας

export *ουσ.* **1** *ουσ.αρ.* εξαγωγή *Britain's main exports* Τα κυριώτερα εξαγωγικά προϊόντα της Βρετανίας **2** *ουσ.μ.αρ.* εξαγωγή *the export of manufactured goods* η εξαγωγή βιομηχανικών προϊόντων

import *ρ.μ.α.* (συχνά + **from**) εισάγω *Britain imports coal from Poland.* Η Βρετανία εισάγει κάρβουνο από την Πολωνία. *imported cars* εισαγόμενα αυτοκίνητα **importer** *ουσ.αρ.* εισαγωγέας

import *ουσ.* **1** *ουσ.αρ.* εισαγόμενο είδος *cheap imports from the Far East* φτηνά εισαγόμενα είδη από την Άπω Ανατολή **2** *ουσ.μ.αρ.* εισαγωγή

merchant *ουσ.αρ.* **1** [σε πιο παλιούς καιρούς] έμπορος **2** [χρησιμοποιείται για ορισμένα είδη εμπορικού προμηθευτή] έμπορος *wine merchant* έμπορος κρασιών *coal merchant* έμπορος κάρβουνου *builder's merchant* έμπορος οικοδομικών υλικών

262.4 Βραχυπρόθεσμη και μακροπρόθεσμη ενοικίαση

χρήση
Σε όλες τις παρακάτω περιπτώσεις, το **rent** είναι πιο συνηθισμένο στα Αμερικανικά Αγγλικά από το **hire** ή το **let**.

hire *ρ.μ.* (κυρίως *Βρετ.*) [πληρώνω για να χρησιμοποιήσω κάτι, ειδικά για σύντομο χρονικό διάστημα. Αντικ.: π.χ. αυτοκίνητο, εργαλεία] νοικιάζω *I hired a car from a firm in town.* Νοίκιασα ένα αυτοκίνητο από μια εταιρεία στην πόλη. *a hired suit* ένα νοικιασμένο κοστούμι

hire *ουσ.μ.αρ.* (κυρίως *Βρετ.*) ενοικίαση *I owe them £20 for the hire of the boat.* Τους χρωστάω 20 λίρες για την ενοικίαση της βάρκας. *a car/tool hire firm* εταιρεία που νοικιάζει αυτοκίνητα/εργαλεία *for hire* για ενοικίαση

hire out sth *Ή* **hire** sth **out** *ρ.μ.πρφ.* (κυρίως *Βρετ.*) δίνω για ενοικίαση *He hires out boats at £5 an hour.* Νοικιάζει βάρκες για 5 λίρες την ώρα. (συχνά + **to**) *The bicycles are hired out to tourists.* Τα ποδήλατα ενοικιάζονται σε τουρίστες.

rent *ρ.μ.α.* (συχνά + **from**) **1** [αντικ.: δωμάτιο, διαμέρισμα, σπίτι] νοικιάζω *rented accommodation* ενοικιαζόμενη στέγη **2** [για μεγαλύτερο χρονικό διάστημα από το **hire**. Αντικ.: π.χ. τηλεόραση, αυτοκίνητο] νοικιάζω

rent *ουσ.* **1** *ουσ.μ.αρ.αρ.* [ποσό χρημάτων που πληρώνεται] ενοίκιο (συχνά + **for, on**) *How much rent do you pay on your flat?* Πόσο ενοίκιο πληρώνεις για το διαμέρισμά σου; **2** *ουσ.μ.αρ.* ενοικίαση *houses for rent* σπίτια για ενοικίαση

rent out sth *Ή* **rent** sth **out** *ρ.μ.πρφ.* [αντικ.: συνήθως στέγη] νοικιάζω, δίνω για ενοικίαση (συχνά + **to**) *She rents out rooms to students.* Νοικιάζει δωμάτια σε φοιτητές.

rental *ουσ.* **1** *ουσ.μ.αρ.αρ.* [ενοικίαση, ειδικά για μεγάλη χρονική περίοδο] ενοικίαση **2** *ουσ.αρ.* [ποσό χρημάτων που πληρώνεται] ενοίκιο *Have you paid the TV rental?* Έχεις πληρώσει το ενοίκιο για την τηλεόραση;

let *ρ.μ.*, *-tt-* *αόρ. & μτχ. αορ.* **let** (κυρίως *Βρετ.*) (συχνά + **out**) [γενικά χρησιμοποιείται σε πιο επίσημες περιπτώσεις από το **rent out**] νοικιάζω *The flat has already been let.* Το διαμέρισμα έχει ήδη ενοικιασθεί. (συχνά + **to**) *She lets (out) rooms to students.* Νοικιάζει δωμάτια σε φοιτητές. *a house to let* ένα σπίτι για ενοικίαση

lease *ουσ.αρ.* [συμβόλαιο, ειδικά μακροπρόθεσμο, για ενοικίαση] μισθωτήριο, ενοικιαστήριο *They will have to leave the house when the lease expires.* Θα πρέπει να φύγουν από το σπίτι όταν λήξει το μισθωτήριο. (συχνά + **on**) *The farmer has a 99-year lease on the land.* Ο αγρότης έχει αγοράσει άδεια για να χρησιμοποιήσει τη γη για 99 χρόνια.

lease *ρ.μ.* [με νομικό ή εμπορικό περιεχόμενο. Αντικ.: π.χ. γη, κτίριο, ακριβός εξοπλισμός] **1** (συχνά + **to**) [υποκ.: ιδιοκτήτης] νοικιάζω *The company has leased five helicopters to the army.* Η εταιρεία έχει δώσει στο στρατό πέντε ελικόπτερα για ενοικίαση. **2** (συχνά + **from**) [υποκ.: ενοικιαστής, πελάτης] νοικιάζω *The company leases the land from the local authority.* Η εταιρεία νοικιάζει τη γη από τις τοπικές αρχές.

262.5 Αγαθά

goods *ουσ. πληθ.* **1** [γενική λέξη για πράγματα που παράγονται ή πουλιούνται] αγαθά *consumer goods* καταναλωτικά αγαθά [συνήθως είδη πολυτελείας] **2** (*Βρετ.*) [είδη που μεταφέρονται, κυρίως με τρένο] αγαθά, εμπορεύματα *a goods train* τραίνο που μεταφέρει αγαθά/ εμπορεύματα

product *ουσ.αρ.* [κάτι που πουλιέται ή παράγεται] προϊόν *The company is advertising a new product.* Η εταιρεία διαφημίζει ένα καινούργιο προϊόν. *plastic products* πλαστικά προϊόντα

output *ουσ.μ.αρ.* [ποσότητα που παράγεται] παραγωγή *The factory has increased its output.* Το εργοστάσιο έχει αυξήσει την παραγωγή του.

resources *ουσ. πληθ.* [χρήσιμα πράγματα, υλικά διαθέσιμα στη βιομηχανία] πόροι, πλουτοπαραγωγικές πηγές *The country has few natural resources.* Η χώρα έχει λίγες φυσικές πλουτοπαραγωγικές πηγές.

262.6 Αποθήκευση και μεταφορά αγαθών

stock *ουσ.αρ.μαρ.* [αγαθά διαθέσιμα για χρήση ή πώληση] απόθεμα εμπορευμάτων, στοκ *Stocks of fuel are low at the moment.* Τα αποθέματα των καυσίμων είναι λίγα προς το παρόν. *The shop is selling off old stock.* Το μαγαζί ξεπουλάει παλιά αποθέματα. *We don't have that book in stock at the moment.* Δε διαθέτουμε αυτό το βιβλίο προς το παρόν.

stock *ρ.μ.* **1** [έχω διαθέσιμο για πώληση] διαθέτω *We don't stock pet food.* Δε διαθέτουμε τροφή για κατοικίδια ζώα. **2** (συχνά + **with**) [παρέχω προμήθεια] προμηθεύω *a well-stocked bookshop* ένα καλά προμηθευμένο βιβλιοπωλείο

stock up *ρ.α.πρφ.* (συχνά + **with, on**) [κάνω καλή προμήθεια από κάτι] εφοδιάζομαι *We need to stock up on food for Christmas.* Πρέπει να εφοδιαστούμε με τρόφιμα για τα Χριστούγεννα.

store *ρ.μ.* αποθηκεύω *The grain is stored in large warehouses.* Τα σιτηρά αποθηκεύονται σε μεγάλες αποθήκες.

store *ουσ.αρ.* **1** [ποσότητα] απόθεμα *A large store of food is kept at the warehouse.* Ένα μεγάλο απόθεμα τροφίμων διατηρείται στην αποθήκη. **2** [μέρος] αποθήκη *The hangars are being used as temporary fuel stores.* Τα υπόστεγα χρησιμοποιούνται σαν προσωρινές αποθήκες καυσίμων.
* δες επίσης **273 Shop**

storage *ουσ.μ.αρ.* αποθήκευση *laws governing the storage of dangerous chemicals* νόμοι που καθορίζουν την αποθήκευση επικίνδυνων χημικών φαρμάκων. *meat in* **cold storage** κρέας αποθηκευμένο σε κρύο μέρος *a kitchen with a lot of* **storage space** μια κουζίνα με πολύ χώρο για αποθήκευση

warehouse *ουσ.αρ.* (μεγάλη) αποθήκη εμπορευμάτων

cargo *ουσ.αρ., πληθ.* **cargos** ή **cargoes** [αγαθά που μεταφέρονται με πλοίο ή αεροπλάνο] φορτίο, εμπορεύματα *a cargo of iron ore* ένα φορτίο από μεταλλεύματα σιδήρου

262.7 Ονομασμένα προϊόντα μιας συγκεκριμένης εταιρείας

brand *ουσ.αρ.* (συχνά + **of**) [κυρίως για τρόφιμα ή άλλα μικρά αναλώσιμα είδη] μάρκα *What brand of cigarettes do you smoke?* Τι μάρκα τσιγάρα καπνίζεις;
brand name *ουσ.αρ.* μάρκα

make *ουσ.αρ.* (συχνά + **of**) [κυρίως για μεγάλα ή πολύτιμα αντικείμενα που κρατάει κανείς για πολύ καιρό, π.χ. αυτοκίνητα] μάρκα *What make of washing machine do you have?* Τι μάρκα πλυντήριο έχεις;

trademark *ουσ.αρ.* [λέξη, φράση] σήμα κατατεθέν [σημαδεμένο πάνω στο προϊόν] εμπορικό σήμα *The word 'Hoover' is a registered trademark.* Η λέξη `Hoover' είναι σήμα κατατεθέν.

262.8 Διαφήμιση

advertise *ρ.μ.α.* [αντικ.: προϊόν, δουλειά] διαφημίζω *This car has been advertised on TV.* Αυτό το αυτοκίνητο έχει διαφημιστεί στην τηλεόραση. *Many firms advertise in the local paper.* Πολλές εταιρείες διαφημίζουν τα προϊόντα τους στην τοπική εφημερίδα. (συχνά + **for**) *The company is advertising for a new secretary.* Η εταιρεία έχει βάλει αγγελία για μια καινούρια γραμματέα.

advertising *ουσ.μ.αρ.* **1** [διαφημίσεις] διαφημίσεις *There's too much advertising on TV.* Έχει υπερβολικά πολλές διαφημίσεις στην τηλεόραση. **2** [επάγγελμα] διαφημίσεις *a career in advertising* καριέρα στην παραγωγή των διαφημίσεων

advertisement, *σύντ.* **advert** (Βρετ.), **ad** (Βρετ. & Αμερ.) *ουσ.αρ.* [συγκεκριμένη διαφήμιση] διαφήμιση (συχνά + **for**) *an advertisement for washing powder* μια διαφήμιση για σκόνη πλυσίματος *a job advert* μια αγγελία για δουλειά

commercial *ουσ.αρ.* [στην τηλεόραση ή το ραδιόφωνο. Μάλλον παλιομοδίτικη, πολύ λιγότερο συνηθισμένη από το **advert** ή το **ad**] διαφήμιση

publicity *ουσ.μ.αρ.* [σκόπιμη ή όχι] δημοσιότητα (συχνά + **for**) *These leaflets were the only publicity for the meeting.* Αυτά τα φυλλάδια ήταν η μόνη δημοσιότητα για την συνάντηση. [μπορεί να είναι εχθρική] *The affair was bad publicity for the company.* Η υπόθεση ήταν κακή δημοσιότητα για την εταιρεία.

market *ρ.μ.* [διαθέτω για πώληση, με οργανωμένο τρόπο, με διαφημίσεις, κτλ.] διοχετεύω/παρουσιάζω στην αγορά *These drinks have been cleverly marketed so as to appeal to young people.* Αυτά τα ποτά έχουν παρουσιαστεί στην αγορά με έξυπνο τρόπο ώστε να αρέσουν σε νεαρά άτομα.

marketing *ουσ.μ.αρ.* **1** [προϊόντος] τεχνική της προώθησης προϊόντων στην αγορά, μάρκετινγκ *Thanks to clever marketing, sales of frozen food are increasing.* Χάρη στην έξυπνη προώθηση, οι πωλήσεις των κατεψυγμένων τροφών αυξάνονται. **2** [είδος δουλειάς, τμήμα] μάρκετινγκ *a career in marketing* καριέρα στο μάρκετινγκ

262.9 Οικονομική διαχείρηση

profit *ουσ.αρ.μ.αρ.* (συχνά *πληθ.*) κέρδος *Does the firm make a profit?* Βγάζει η εταιρεία κέρδος; *All the management are interested in is profit(s).* Το μόνο που ενδιαφέρει τους διευθυντές της εταιρείας είναι το κέρδος. (+ **of**) *a profit of £5 million* κέρδος που ανέρχεται στα 5 εκατομμύρια λίρες, *I sold my house* **at a profit.** Πούλησα το σπίτι μου με κέρδος. **profitable** *επίθ.* επικερδής **unprofitable** *επίθ.* μη επικερδής, ασύμφορος

loss *ουσ.αρ.* ζημία *The firm made huge losses/a huge loss last year.* Η εταιρεία είχε τεράστιες ζημίες πέρυσι. *I sold my house* **at a loss.** Πούλησα το σπίτι μου με ζημία.

turnover *ουσ.αρ.* [συνολικό ποσό χρημάτων που εισπράττει μια εταιρεία, πριν να αφαιρεθούν έξοδα ή άλλες κρατήσεις] τζίρος, κίνηση *The company has an annual turnover of £20 million.* Η εταιρεία έχει ετήσιο τζίρο 20 εκατομμύρια λίρες.

takings *ουσ. πληθ.* [ποσό χρημάτων που εισπράττεται, κυρίως από μαγαζί, θέατρο, ή σινεμά] εισπράξεις, έσοδα *Takings always go up before Christmas.* Οι εισπράξεις πάντα ανεβαίνουν πριν από τα Χριστούγεννα.

gross *επίθ.* (πριν από *ουσ.*) [πριν να πληρωθεί ο φόρος και άλλες κρατήσεις. Περιγράφει: κυρίως κέρδος, έσοδα] μικτός *a gross salary of £15,000 a year* μικτός μισθός 15.000 λιρών το χρόνο *She earns £15,000 a year gross.* Παίρνει 15.000 λίρες το χρόνο μικτά.

gross *ρ.μ.* [υποκ.: κυρίως πρόσωπο, εταιρεία, ταινία] κάνω εισπράξεις, αποφέρω συνολικά *The film grossed more than £12 million.* Η ταινία έκανε συνολικές εισπράξεις πάνω από 12 εκατομμύρια λίρες.

net *επίθ.* (πριν από *ουσ.*) [αφού πληρωθεί ο φόρος και άλλες κρατήσεις. Περιγράφει: κυρίως κέρδος, ζημία, εισόδημα] καθαρός

budget *ουσ.αρ.* [χρήματα διαθέσιμα για να ξοδευτούν] προϋπολογισμός *an annual budget of £2 million* ένας ετήσιος προϋπολογισμός δύο εκατομμυρίων λιρών *I'm* **on a tight budget** *at the moment.* Ο προϋπολογισμός μου είναι πολύ χαμηλός προς το παρόν. * δες επίσης **264 Finance**

budget *ρ.μ.α.* (συχνά + **for**) [καθορίζω το ποσό των χρημάτων που μπορεί να ξοδευτεί] συντάσσω προϋπολογισμό *The company has budgeted £2 million for repairs.* Η εταιρεία έχει προϋπολογίσει 2 εκατομμύρια λίρες για επισκευές. *We've budgeted for an inflation rate of 6%.* Στον προϋπολογισμό έχουμε λάβει υπόψη πληθωρισμό 6%.

discount *ουσ.αρ.* [ελάττωση της τιμής σε ορισμένες περιστάσεις] έκπτωση (συχνά + **on**) *The firm offers a 5% discount on bulk purchases.* Η εταιρεία προσφέρει 5% έκπτωση στις χοντρικές αγορές. *to sell sth* **at a discount** πουλάω κάτι με έκπτωση

ΟΜΑΔΕΣ ΛΕΞΕΩΝ

262.10 Συναντήσεις

δες επίσης **206 Organisation**

meeting *ουσ.αρ.* 1 [ομίλου, επιτροπής, κτλ.] συνάντηση, συνεδρίαση *There were 20 people at the meeting.* Στη συνεδρίαση ήταν παρόντα 20 άτομα. *council/board meeting* συνεδρίαση του συμβουλίου 2 (συχνά + **with**, **between**) [ανάμεσα σε συγκεκριμένα άτομα] συνάντηση *I've had a meeting with the manager.* Είχα μια συνάντηση με το διευθυντή.

conference *ουσ.αρ.* 1 [συνάντηση την οποία παρακολουθεί ένας μεγάλος αριθμός συμμετεχόντων] συνέδριο, συνδιάσκεψη *academic/trade-union conference* ακαδημαϊκό/συνδικαλιστικό συνέδριο (σαν *επίθ.*)

conference hall/centre αίθουσα/κέντρο συνεδρίων 2 [κυρίως σε επίσημο περιεχόμενο. Επαγγελματική συνάντηση] σύσκεψη *conference room* αίθουσα συνεδριάσεων

chairperson 'Η **chair** *ουσ.αρ.* πρόεδρος *The chairperson declared the meeting open.* Ο/Η πρόεδρος κήρυξε την έναρξη του συνεδρίου.

chair *ρ.μ.α.* προεδρεύω *The meeting was chaired by Mr Roberts.* Στη συνάντηση προέδρευσε ο κ. Ρόμπερτς. *Who's going to chair?* Ποιος θα προεδρεύσει;

agenda *ουσ.αρ.* [κατάλογος θεμάτων με τη σειρά που πρόκειται να συζητηθούν] ημερήσια διάταξη *the first item on the agenda* το πρώτο θέμα στην ημερήσια διάταξη

263 Buying and selling Αγορά και πώληση

δες επίσης *L12 Shopping*

buy *ρ.μ.α., αόρ. & μτχ. αορ.* **bought** αγοράζω *He bought her a present.* Της αγόρασε ένα δώρο. (+ **for** + πρόσωπο) *I've bought some flowers for my wife.* Έχω αγοράσει λουλούδια για τη γυναίκα μου. (+ **for** + τιμή) *I bought the painting for £5,000.* Αγόρασα τον πίνακα (για) 5.000 λίρες. (συχνά + **from**) *I bought this lawnmower from a neighbour.* Αγόρασα αυτήν τη μηχανή για το γρασίδι από ένα γείτονα.

buy *ουσ.αρ.* [κάπως ανεπίσημο. Κάτι που αγοράζεται] αγορά *These shoes were a really good buy!* Αυτά τα παπούτσια ήταν μια πολύ καλή αγορά!

buyer *ουσ.αρ.* αγοραστής *We've found a buyer for our house.* Έχουμε βρει αγοραστή για το σπίτι.

purchase *ρ.μ.α.* [πιο επίσημο από το **buy**] αγοράζω *Please state where the goods were purchased.* Παρακαλώ δηλώστε πού αγοράστηκαν τα αγαθά. **purchaser** *ουσ.αρ.* αγοραστής

purchase *ουσ.* 1 *ουσ.μ.αρ.* a grant for the purchase of essential equipment επιχορήγηση για την αγορά αναγκαίου εξοπλισμού 2 *ουσ.αρ.* αγορά *A receipt must be produced for all purchases.* Μια απόδειξη πρέπει να εκδοθεί για όλες τις αγορές. *to make a purchase* κάνω αγορά

sell *ρ.μ.α., αόρ. & μτχ. αορ.* **sold** 1 [υποκ.: πρόσωπο, κατάστημα, εταιρεία] πουλάω *This shop sells fishing equipment.* Αυτό το κατάστημα πουλάει εξοπλισμό ψαρέματος. (συχνά + **to**) *I've sold my lawnmower to a neighbour.* Έχω πουλήσει τη μηχανή μου για το γρασίδι σε έναν γείτονά μου. (συχνά + **for**) *The painting was sold for £5,000.* Ο πίνακας πουλήθηκε για 5.000 λίρες. 2 [υποκ.: προϊόν] πουλάω *This book has sold over a million copies.* Πάνω από ένα εκατομμύριο αντίτυπα αυτού του βιβλίου έχουν πουληθεί. (συχνά + **at**, **for**) *This wine sells at/for £5 a bottle.* Αυτό το κρασί πουλιέται στην τιμή των 5 λιρών το μπουκάλι.

seller *ουσ.αρ.* πωλητής *newspaper/ice-cream seller* πωλητής εφημερίδων/παγωτών

sale *ουσ.* 1 *ουσ.μ.αρ.* (πάντα + **of**) [γενική πώληση συγκεκριμένων αντικειμένων] πώληση *the sale of cigarettes* η πώληση τσιγάρων *The tickets are now* **on sale**. Τα εισιτήρια είναι τώρα διαθέσιμα για πώληση. 2 *ουσ.μ.αρ.αρ.* [συγκεκριμένη περίσταση πώλησης] πώληση (συχνά + **of**) *She made a lot of money from the sale of the land.* Έκανε πολλά λεφτά από την πώληση της γης/του οικοπέδου. *This painting is not* **for sale**. Αυτός ο πίνακας δεν είναι για πώληση. *to* **put** *a house* **up for sale** βγάζω ένα σπίτι για πούλημα 3 *ουσ.αρ.* [περίοδος κατά την οποία ένα κατάστημα πουλάει αγαθά σε ελαττωμένες τιμές] εκπτώσεις *I bought this dress in a sale.* Αγόρασα αυτό το φόρεμα με έκπτωση. *the January sales* οι εκπτώσεις του Ιανουαρίου 4 *ουσ.αρ.* [περίσταση κατά την οποία

γίνεται δημόσια πώληση, ειδικά προσωρινή, συχνά ανεξάρτητα από το συνηθισμένο εμπορικό κύκλωμα] πώληση, ξεπούλημα *record/used-car sale* ξεπούλημα δίσκων/μεταχειρισμένων αυτοκινήτων *a sale of Oriental carpets* ξεπούλημα ανατολίτικων χαλιών

sales *ουσ. πληθ.* 1 [όγκος πουλημένων αγαθών] πωλήσεις *The company is experiencing a drop in sales.* Η εταιρεία περνάει μια περίοδο πεσμένων πωλήσεων. (συχνά + **of**) *Sales of ice cream increase during the summer.* Οι πωλήσεις του παγωτού αυξάνονται το καλοκαίρι. (χρησιμοποιείται σαν *επίθ.*) *sales figures* στατιστική για τον αριθμό των πωλήσεων 2 [τμήμα, είδος εργασίας] πωλήσεις *She works in sales.* Δουλεύει στις πωλήσεις.

sales person 'Η **salesman** (αρσ.), **saleswoman** (θηλ.) *ουσ.αρ.* 1 [που ταξιδεύει σε διάφορα μέρη] πωλητής *insurance saleswoman* πωλήτρια ασφαλειών (ζωής) *door-to-door salesman* πλανόδιος πωλητής 2 [υπάλληλος καταστήματος, ειδικά κάποιος με εξειδικευμένες γνώσεις, που συχνά πουλάει μεγάλου μεγέθους ή πολύτιμα αντικείμενα] πωλητής *a car salesman* πωλητής αυτοκινήτων

sales force *ουσ.αρ.* ομάδα πωλητών *The company has a sales force of 5,000.* Η εταιρεία έχει 5000 πωλητές.

customer *ουσ.αρ.* πελάτης *I was the only customer in the shop.* Ήμουνα ο μοναδικός πελάτης στο κατάστημα. *That company is one of our main customers.* Αυτή η εταιρεία είναι ένας από τους κύριους πελάτες μας.

auction *ουσ.αρ.* δημοπρασία, πλειστηριασμός *She's* **put** *her paintings* **up for auction**. Έχει βγάλει τους πίνακές της σε δημοπρασία. *The furniture was sold* **at auction**. Η έπιπλωση πουλήθηκε σε δημοπρασία.

auction *ρ.μ.* [αντικ.: π.χ. αντίκες, ζωντανά, σπίτι] βγάζω σε δημοπρασία **auctioneer** *ουσ.αρ.* αυτός που κάνει τη δημοπρασία

263.1 Πληρώνω χρήματα

pay *ρ.μ.α., αόρ. & μτχ. αορ.* **paid** (συχνά + **for**) [αντικ.: ποσό χρημάτων] πληρώνω [αντικ.: π.χ. λογαριασμό, φόρο] πληρώνω [αντικ.: πρόσωπο] πληρώνω *I paid £100 for this dress.* Πλήρωσα 100 λίρες γι αυτό το φόρεμα. *These bills still haven't been paid.* Αυτοί οι λογαριασμοί ακόμα δεν έχουν πληρωθεί. (+ **to** + ΑΠΑΡΕΜΦΑΤΟ) *He paid me (£20) to look after his children.* Με πλήρωσε (20 λίρες) για να φροντίσω τα παιδιά του. *to pay cash* πληρώνω μετρητά *to pay by cheque* πληρώνω με επιταγή * δες επίσης **265 Money**

payment *ουσ.* 1 *ουσ.μ.αρ.* πληρωμή *I will accept payment in cash.* Θα δεχτώ πληρωμή σε μετρητά. *money set aside for*

202

the payment of household bills λεφτά που έχουν μπει στην άκρη για την πληρωμή (των) λογαριασμών **2** *ουσ.αρ.* πληρωμή *ten weekly payments (of £15)* δέκα εβδομαδιαίες πληρωμές (των 15 λιρών)

unpaid *επίθ.* [περιγράφει: π.χ. λογαριασμό, φόρο] απλήρωτος

pay up *ρ.α.πρφ.* [κάπως ανεπίσημο. Υπονοεί απροθυμία (του συνομιλητή) να πληρώσει] πληρώνω *Come on, pay up.* Άντε, πλήρωνε.

cough up (sth) *ρ.α.μ.πρφ.* [ανεπίσημο. Σημαίνει το ίδιο όπως το **pay up**] πληρώνω (συχνά + **for**) *I had to cough up (£20) for her train fare.* Αναγκάστηκα να της πληρώσω το εισιτήριο του τραίνου (που έκανε 20 λίρες).

cash on delivery, *σύντ.* **COD** [εμπορικός όρος] μετρητά την ώρα της παράδοσης *to pay for goods cash on delivery* πληρώνω για αγαθά την ώρα που μου παραδίδονται

spend *ρ.μ.,* αόρ. & μτχ. αορ. **spent** (συχνά + **on**) ξοδεύω *We usually spend about £30 a week on food.* Συνήθως ξοδεύουμε περίπου 30 λίρες την εβδομάδα για τρόφιμα.

spending *ουσ.μ.αρ.* έξοδα *We're going to have to reduce our spending.* Θα χρειαστεί να ελαττώσουμε το ποσό χρημάτων που ξοδεύουμε.

outlay *ουσ.αρ.* [χρήματα που ξοδεύονται για ένα σκοπό, κυρίως σαν επένδυση] προγραμματισμένη δαπάνη *There is a considerable amount of outlay involved in setting up your own business.* Πρέπει να επενδύσεις ένα σημαντικό χρηματικό ποσό για να αρχίσεις τη δική σου επιχείρηση.

expenditure *ουσ.μ.αρ.* [χρησιμοποιείται σε επίσημο και εμπορικό περιεχόμενο] δαπάνες *Expenditure should not exceed income.* Οι δαπάνες δεν πρέπει να υπερβαίνουν το εισόδημα. *public expenditure* δημόσιες δαπάνες

splash out (sth) *ρ.α.μ.πρφ.* (κυρίως Βρετ.) [ανεπίσημο. Ξοδεύω πολλά χρήματα, αγοράζω κάτι ακριβό, σαν ξεχωριστό δώρο για τον εαυτό μου ή για άλλους] αγοράζω κάτι για τον εαυτό μου που είναι πολυτέλεια (συχνά + **on**) *I've splashed out (£100) on a new dress.* Ξόδεψα 100 λίρες για ένα καινούριο φόρεμα (που δε μου ήταν απαραίτητο).

bribe *ουσ.αρ.* δωροδοκία *a politician accused of taking bribes* πολιτικός που κατηγορήθηκε ότι δεχόταν δωροδοκίες **bribery** *ουσ.μ.αρ.* δωροδοκία

bribe *ρ.μ.* (συχνά + **to** + ΑΠΑΡΕΜΦΑΤΟ) δωροδοκώ *The policeman had been bribed to keep silent.* Ο αστυνομικός είχε δωροδοκηθεί για να μη μιλήσει.

φράση

grease sb's palm [ανεπίσημο] λαδώνω [κυριολεκτικά: λαδώνω την παλάμη κάποιου] *The head waiter will find you a table if you grease his palm.* Ο αρχισερβιτόρος θα σου βρει τραπέζι αν τον λαδώσεις.

263.2 Πληρωτέα ποσά

δες επίσης **266 Cheap, 267 Expensive**

price *ουσ.αρ.* τιμή *Petrol prices are going up again.* Οι τιμές της βενζίνης ξανανεβαίνουν. *Petrol is **going up/coming down** in price.* Η τιμή της βενζίνης ανεβαίνει/κατεβαίνει. *price reductions* ελάττωση των τιμών *The shop is offering **two shirts for the price of one**.* Το κατάστημα προσφέρει δύο πουκάμισα στην τιμή του ενός.

price *ρ.μ.* καθορίζω την τιμή *The company prices its cars very competitively.* Η εταιρεία έχει βάλει πολύ ανταγωνιστικές τιμές στα αυτοκίνητά της. *highly-priced wines* κρασιά σε υψηλές τιμές

price tag *ουσ.αρ.* ετικέτα με την τιμή

---

cost *ρ.μ.* **1** αόρ. & μτχ. αορ. **cost** κοστίζω *How much did your holiday cost (you)?* Πόσο (σου) στοίχισαν οι διακοπές σου; *This cheese costs £5.50 a kilo.* Αυτό το τυρί στοιχίζει πεντέμισυ λίρες το κιλό. **2** αόρ. & μτχ. αορ. **costed** [εμπορικός όρος. Υπολογίζω το συνολικό κόστος κάποιου πράγματος. Αντικ.: π.χ. σχέδιο, εγχείρημα] κοστολογώ

cost *ουσ.* **1** *ουσ.αρ.* [ποσό που πρέπει να πληρωθεί για κάτι] κόστος *What was the total cost of your holiday?* Ποιο ήταν το συνολικό κόστος των διακοπών σου; *the cost of living* το κόστος ζωής **2** *ουσ.αρ.* (πάντα πληθ.) [εμπορικός όρος. Έξοδα που γίνονται για να παραχθεί ή να πουληθεί κάτι] κόστος, έξοδα παραγωγής *Industry is taking steps to reduce its costs.* Η βιομηχανία παίρνει μέτρα για να ελαττώσει τα έξοδά της.

charge *ουσ.αρ.* (συχνά + **for**) [χρήματα πληρωτέα για κάποια υπηρεσία] χρέωση *bank/telephone/prescription charges* χρεώσεις της τράπεζας/του τηλεφώνου/της ιατρικής συνταγής *Health care is provided free of charge.* Ιατρική περίθαλψη παρέχεται δωρεάν (χωρίς χρέωση).

charge *ρ.μ.α.* (συχνά + **for**) [αντικ.: πελάτη, χρήστη, τιμή] χρέωση *They charged me 20 pence for the glass of water.* Με χρέωσαν 20 πένες για ένα ποτήρι νερό. *The hotel charges £20 a night.* Το ξενοδοχείο χρεώνει 20 λίρες τη βραδιά.

fee *ουσ.αρ.* (συχνά + **for**) [χρέωση, κυρίως για επαγγελματικές υπηρεσίες] αμοιβή, δίδακτρα *lawyer's fees* αμοιβή του δικηγόρου *school fees* δίδακτρα του σχολείου

afford *ρ.μ.* (συχνά + **to** + ΑΠΑΡΕΜΦΑΤΟ) [κυρίως στον αρνητικό τύπο, με το **can't**] έχω τα (οικονομικά) μέσα *We can't afford (to buy) a new car.* Δεν έχουμε την οικονομική δυνατότητα να αγοράσουμε καινούριο αυτοκίνητο. *I'd like to go on holiday, but I can't afford it.* Θα ήθελα να πάω διακοπές, αλλά δεν έχω τα λεφτά. *Can you afford the rent?* Βγάζεις αρκετά χρήματα ώστε να μπορείς να πληρώσεις το ενοίκιο;

φράση

make ends meet [κυρίως στον αρνητικό τύπο. Έχω, κερδίζω αρκετά χρήματα για να αντεπεξέρθω σε βασικές ανάγκες και οικονομικές υποχρεώσεις] τα βγάζω πέρα *Since I lost my job I've found it difficult to make ends meet.* Από τότε που έχασα τη δουλειά μου το βρίσκω δύσκολο να τα βγάλω πέρα.

263.3 Εμπορικά έγγραφα

bill *ουσ.αρ.* [που χρεώνει έναν πελάτη για αγαθά και υπηρεσίες] λογαριασμός *Have you paid the electricity bill?* Έχεις πληρώσει το λογαριασμό του ηλεκτρικού; *Waiter, can I have the bill, please?* Γκαρσόν, μπορώ να έχω το λογαριασμό παρακαλώ; (συχνά + **for**) *a bill for £89* λογαριασμός για 89 λίρες

invoice *ουσ.αρ.* [πιο εξειδικευμένος όρος από το **bill**. Συχνά χρησιμοποιείται ανάμεσα σε επιχειρήσεις] τιμολόγιο (συχνά + **for**) *an invoice for the goods we ordered/for £700* ένα τιμολόγιο για τα εμπορεύματα που παραγγείλαμε/για 700 λίρες

invoice *ρ.μ.* (συχνά + **for**) [αντικ.: πελάτη] στέλνω τιμολόγιο, χρεώνω *Our suppliers have invoiced us for the cement.* Οι προμηθευτές μας μας έχουν στείλει τιμολόγιο για το τσιμέντο.

receipt *ουσ.αρ.* απόδειξη (συχνά + **for**) *Do you have a receipt for those items?* Έχεις απόδειξη για εκείνα τα αντικείμενα;

264 Finance Χρηματοδότηση

finance *ουσ.* **1** *ουσ.μ.αρ.* χρήματα, χρηματοδότηση (συχνά + **for**) *The government will provide the finance for the Channel Tunnel.* Η κυβέρνηση θα χρηματοδοτήσει την κατασκευή της σήραγγας του Στενού της Μάγχης. **2** *ουσ.μ.αρ.* [διαχείρηση χρημάτων, συχνά σε μεγάλη κλίμακα] διαχείρηση των (δημοσίων) οικονομικών *The Ministry of Finance* το Υπουργείο Οικονομικών *personal finance* τα προσωπικά οικονομικά (θέματα) **3** *ουσ.αρ.* (πάντα *πληθ.*) [κατάσταση στην οποία είναι τα οικονομικά μιας εταιρείας ή ενός ατόμου] τα οικονομικά *The company is taking steps to improve its finances.* Η εταιρεία παίρνει μέτρα για να βελτιώσει τα οικονομικά της.
finance *ρ.μ.* [αντικ.: π.χ. έργο, οργανισμός] χρηματοδοτώ *a road-building programme financed by the government* πρόγραμμα κατασκευής δρόμων που χρηματοδοτείται από την κυβέρνηση
financial *επίθ.* οικονομικός **1** [που αφορά χρήματα] οικονομικός *the company's financial position* η οικονομική θέση της εταιρείας *I need some financial advice.* Χρειάζομαι οικονομική συμβουλή. *The film was not a financial success.* Η ταινία δεν είχε οικονομική επιτυχία. **2** (πριν από *ουσ.*) [σχετικά με τον τραπεζιτικό τομέα, το χρηματιστήριο, κτλ.] χρηματιστικός *the financial pages of the newspaper* οι σελίδες της εφημερίδας για το χρηματιστήριο **financially** *επίρρ.* οικονομικά

264.1 Εθνική οικονομική πολιτική

economy *ουσ.αρ.* (συχνά + **the**) [βιομηχανική, εμπορική και οικονομική δραστηριότητα ενός έθνους, κτλ.] οικονομία *the British/world economy* η Βρετανική/παγκόσμια οικονομία *The main election issue will be the economy.* Το θέμα που θα κυριαρχήσει στις εκλογές θα είναι η οικονομία.
economic *επίθ.* **1** [που έχει σχέση με την οικονομία. Περιγράφει: π.χ. πολιτική, κατάσταση] οικονομικός **2** [επικερδής] οικονομικά ωφέλιμο *It is no longer economic to keep this factory open.* Δε συμφέρει πια να συνεχίσουμε να λειτουργούμε το εργοστάσιο.
economics *ουσ.μ.αρ.* [τομέας γνώσης, σπουδές] η οικονομική επιστήμη, Οικονομικά *δες επίσης ΧΡΗΣΗ στο **233 Education***

χ ρ ή σ η

Προσέχετε να μη συγχέετε τη λέξη **economic** με τη λέξη **economical**. Η λέξη **economical** δεν αναφέρεται στην οικονομία μιας χώρας ή στην οικονομική επιστήμη. Δες **266 Cheap**

budget *ουσ.αρ.* (συχνά + **the**) **1** [σχέδιο, ειδικά ετήσιο, του εισοδήματος και των δαπανών μιας κυβέρνησης] προϋπολογισμός *Taxes may be raised in the Budget.* Οι φόροι μπορεί να αυξηθούν στον προϋπολογισμό. *budget deficit/surplus* έλλειμμα/πλεόνασμα του προϋπολογισμού (ισοζυγίου) **2** [διαθέσιμα χρήματα για δαπάνη] προϋπολογισμός *the defence/education budget* ο προϋπολογισμός για την άμυνα/παιδεία *I get a travel budget* έχω κονδύλι για τα έξοδα ταξιδιού. *δες επίσης **262 Doing business***
inflation *ουσ.μ.αρ.* πληθωρισμός *Inflation is running at 8%.* Ο πληθωρισμός ανέρχεται στα 8%.
inflationary *επίθ.* [περιγράφει: π.χ. αίτημα για αύξηση μισθού, αύξηση τιμής] πληθωριστικός

264.2 Φόροι και ασφάλεια

tax *ουσ.* **1** *ουσ.μ.αρ.αρ.* (συχνά *πληθ.*) [ποσό] φόρος *I don't have to pay any tax on my savings.* Δε χρειάζεται να πληρώσω φόρο για τις οικονομίες μου. *The government collects £20 billion a year in tax(es).* Η κυβέρνηση εισπράττει 20 εκατομμύρια το χρόνο από φόρους. (χρησιμοποιείται σαν *επίθ.*) *tax increases/cuts* αυξήσεις/περικοπές φόρων **2** *ουσ.αρ.* [είδος] φόρος *The government is introducing a new tax.* Η κυβέρνηση θα εισαγάγει έναν καινούριο φόρο. *a tax on car ownership* φόρος για την ιδιοκτησία αυτοκινήτου
tax *ρ.μ.* φορολογώ *Wines and spirits are heavily taxed.* Τα κρασιά και τα οινοπνευματώδη φορολογούνται βαρειά.
taxation *ουσ.μ.αρ.* φορολογία *a high level of taxation* υψηλό επίπεδο φορολογίας
taxpayer *ουσ.αρ.* φορολογούμενος *Should taxpayers' money be spent on the arts?* Θα πρέπει τα λεφτά των φορολογουμένων να ξοδεύονται για τις (καλές) τέχνες;
income tax *ουσ.μ.αρ.* φόρος εισοδήματος
value-added tax *ουσ.μ.αρ.*, σύντομος τύπος **VAT** (*Βρετ.*) φόρος προστιθέμενης αξίας (ΦΠΑ)
sales tax *ουσ.μ.αρ.* (*Αμερ.*) φόρος πωλήσεων
insurance *ουσ.μ.αρ.* (συχνά + **on**) ασφάλεια, ασφάλιση *to take out insurance* κάνω ασφάλεια *fire/accident/car insurance* ασφάλεια κατά πυρκαγιάς/ατυχημάτων/ασφάλεια αυτοκινήτου *The gallery can't afford to pay the insurance on the paintings.* Η πινακοθήκη δεν έχει τα οικονομικά μέσα να πληρώσει την ασφάλεια για τους πίνακες. (σαν *επίθ.*) *insurance policy/premiums* σύμβαση ασφάλειας/ασφάλιστρα *insurance company* ασφαλιστική εταιρεία
insure *ρ.μ.* (συχνά + **against**) [αντικ.: πρόσωπο, υπάρχοντα, κτίριο] ασφαλίζω *The car is insured against damage and theft.* Το αυτοκίνητο είναι ασφαλισμένο για ζημιές και κλοπή. (+ **for**) *The necklace is insured for £5,000.* Το περιδέραιο είναι ασφαλισμένο για 5.000 λίρες *The hall isn't insured for public performances.* Η αίθουσα δεν είναι ασφαλισμένη για δημόσιες παραστάσεις. (+ **to** + ΑΠΑΡΕΜΦΑΤΟ) *Are you insured to drive this car?* Είσαι ασφαλισμένος για να οδηγήσεις αυτό το αυτοκίνητο;

264.3 Επενδύσεις

invest *ρ.μ.α.* (συχνά + **in**) επενδύω *She invested £5,000 in that company.* Επένδυσε 5.000 λίρες σε εκείνη την εταιρεία.
investor *ουσ.αρ.* επενδυτής
investment *ουσ.* **1** *ουσ.μ.αρ.* (συχνά + **in**) επένδυση *government measures to encourage investment (in new industry)* μέτρα της κυβέρνησης για να ενθαρρυνθούν οι επενδύσεις (στις καινούριες βιομηχανίες) **2** *ουσ.αρ.* (συχνά *πληθ.*) επένδυση *I bought this painting as an investment.* Αγόρασα αυτόν τον πίνακα για να κάνω επένδυση.
stock *ουσ.αρ.μαρ.* (συχνά *πληθ.*) [χρήματα που δανείζονται σε κυβέρνηση ή εταιρεία, για τα οποία πληρώνεται τόκος] μετοχή/μετοχές (συχνά + **in**) *She's bought stock(s) in a textiles company.* Έχει αγοράσει μετοχές σε μια υφαντουργική εταιρεία.
stock market *ουσ.αρ.* (συχνά + **the**) χρηματιστήριο *She made a fortune on the stock market.* Έκανε ολόκληρη περιουσία στο χρηματιστήριο.

stock exchange ουσ.αρ. (συχνά + **the**) [τόπος] χρηματιστήριο He works at/on the stock exchange. Δουλεύει στο χρηματιστήριο.

share ουσ.αρ. (συχνά πληθ.) [ένα από πολλά ίσα μέρη της ιδιοκτησίας μιας εταιρείας, που μπορούν να αγοραστούν και να πουληθούν από το κοινό, οι αγοραστές των οποίων μπορούν να έχουν επιρροή στη διαχείρηση της εταιρείας] μετοχή/μετοχές (συχνά + **in**) He owns shares in an oil company. Έχει μετοχές σε μια εταιρεία πετρελαίου. All he ever talks about is **stocks and shares**. Το μόνο πράγμα για το οποίο μιλάει όλη την ώρα είναι οι μετοχές. **shareholder** ουσ.αρ. μέτοχος

264.4 Λογιστική

accountant ουσ.αρ. [που έχει επαγγελματικά προσόντα/ πτυχίο] λογιστής

accounts ουσ. πληθ. (συχνά + **the**) λογιστικά (βιβλία) to do the accounts κρατάω τα λογιστικά βιβλία The tax inspector asked to see the firm's accounts. Ο εφοριακός/επιθεωρητής της εφορίας ζήτησε να δει τα λογιστικά βιβλία της εταιρείας. **accountancy** ουσ.μ.αρ. λογιστική

bookkeeper ουσ.αρ. [κλητήρας, όχι απαραίτητα με ειδικό πτυχίο] λογιστής, καταστιχογράφος **bookkeeping** ουσ.μ.αρ. λογιστική, τήρηση βιβλίων

auditor ουσ.αρ. ελεγκτής λογαριασμών, ορκωτός λογιστής

265 Money Χρήματα

money ουσ.μ.αρ. χρήματα I've got some money in my pocket/the bank. Έχω μερικά χρήματα στη τσέπη μου/στη τράπεζα. She earns a lot of money. Βγάζει/κερδίζει πολλά λεφτά. If you don't like our product, we'll give you your money back. Αν δε σας αρέσει το προϊόν μας, θα σας επιστρέψουμε τα χρήματά σας. The shop doesn't make money any more. Το κατάστημα δε βγάζει/κερδίζει πλέον λεφτά.

cash ουσ.μ.αρ. **1** [χαρτονομίσματα και κέρματα, παρά επιταγή, κτλ.] μετρητά He asked to be paid in cash. Ζήτησε να πληρωθεί σε μετρητά. petty cash μικροέξοδα **2** [ανεπίσημο. Γενικά χρήματα] μετρητά I'm a bit short of cash at the moment. Έχω κάποια έλλειψη μετρητών αυτό τον καιρό. *δες επίσης **260 Bank**

change ουσ.μ.αρ. **1** [από χρήματα που έχουν δοθεί σαν πληρωμή] ρέστα I got 34p change. Πήρα 34 πένες ρέστα. Keep the change. Τα ρέστα δικά σου. **2** [κέρματα μικρής αξίας/υποδιαίρεσης] ψιλά (συχνά + **for**) Have you got change for a ten-pound note? Έχεις ρέστα από χαρτονόμισμα 10 λιρών; loose/small change ψιλά

change ρ.μ. **1** [σε μικρότερη υποδιαίρεση] χαλάω Can you change a ten-pound note for me? Μπορείς να μου χαλάσεις ένα χαρτονόμισμα των 10 λιρών; **2** (συχνά + **for**, **into**) [σε άλλο νόμισμα] αλλάζω νόμισμα I wanted to change £50 into Swiss francs. Ήθελα να αλλάξω 50 λίρες σε Ελβετικά φράγκα.

funds ουσ. πληθ. **1** [χρήματα για ένα συγκεκριμένο σκοπό, π.χ. που είναι ιδιοκτησία μιας εταιρείας] αποθέματα, κεφάλαιο The campaign will be paid for out of Party funds. Τα έξοδα της εκστρατείας θα πληρωθούν από κεφάλαια του Κόμματος. (συχνά + **for**) The local authority provides the funds for the community centre. Οι τοπικές αρχές παρέχουν τα κεφάλαια για το κοινοτικό κέντρο. **2** [κάπως ανεπίσημη λέξη για χρήματα] χρήματα I'm a bit short of funds at the moment. Έχω έλλειψη χρημάτων αυτό τον καιρό.

fund ρ.μ. [αντικ.: π.χ. οργανισμό, έργο] χρηματοδοτώ The community centre is funded by the local authority. Το κοινοτικό κέντρο χρηματοδοτείται από τις τοπικές αρχές. **funding** ουσ.μ.αρ. χρηματοδότηση

kitty ουσ.αρ. [ποσό χρημάτων στο οποίο συνεισφέρουν ορισμένα άτομα, που έπειτα χρησιμοποιείται για κοινούς σκοπούς] κοινό αποθεματικό χρημάτων to put some money in the kitty βάζω λεφτά στο κοινό ταμείο We pay for groceries out of the kitty. Πληρώνουμε για τα καθημερινά ψώνια από το κοινό ταμείο.

dosh ουσ.μ.αρ. (Βρετ.) [λαϊκό] παραδάκι

dough ουσ.μ.αρ. [κάπως παλιομοδίτικο λαϊκό] παραδάκι

265.1 Νόμισμα

currency ουσ.αρ.μ.αρ. νόμισμα £5,000 in Swiss currency 5.000 λίρες σε Ελβετικό νόμισμα to exchange roubles for **hard currency** αλλάζω ρούβλια με σκληρό νόμισμα currency unit/unit of currency μονάδα νομίσματος foreign currency ξένο νόμισμα/συνάλλαγμα

sterling ουσ.μ.αρ. [γενική λέξη για το νόμισμα της Βρετανίας] στερλίνα, λίρα Αγγλίας to pay for sth in sterling πληρώνω για κάτι με λίρες Αγγλίας £200 pounds sterling 200 λίρες στερλίνες (σαν επίθ.) sterling traveller's cheques ταξιδιωτικές επιταγές σε στερλίνες

Μονάδες εθνικών νομισμάτων

Βρετανία	pound (sterling)	(= 100 **pence**)
Ιρλανδία	pound 'Η punt	(= 100 **pence**)
ΗΠΑ Καναδάς Αυστραλία Νέα Ζηλανδία	dollar	(= 100 **cents**)
Γαλλία Βέλγιο Ελβετία Λουξεμβούργο	franc	(= 100 **centimes**)
Γερμανία	(Deutsch)mark	(= 100 **pfennigs**)
Αυστρία	schilling	(= 100 **groschen**)
Ολλανδία	guilder 'Η florin	(= 100 **cents**)
Ιταλία	lira, πληθ. lire	
Ισπανία	peseta	
Πορτογαλία	escudo, πληθ. escudos	
Ελλάδα	drachma	
Δανία Νορβηγία	krone, πληθ. kroner	(= 100 **ore**)
Σουηδία	krona, πληθ. kronor	(= 100 **ore**)
Φιλανδία	markka	(= 100 **pennia**)
Ρωσία	rouble	(= 100 **kope(c)ks**)
Πολωνία	zloty, πληθ. zlotys	
Ισραήλ	shekel	
Αίγυπτος	pound	(= 100 **piastres** (Βρετ.), **piasters** (Αμερ.) (= 1000 **milliemes**)
Ιαπωνία	yen, πληθ. yen	
Ινδία	rupee	
Νότια Αφρική	rand	(= 100 **cents**)
Αργεντινή Μεξικό	peso, πληθ. pesos	
Βραζιλία	cruzado	

Η Ευρωπαϊκή Ένωση (**the European Union**) έχει το δικό της κοινό νόμισμα, εκτός από τα νομίσματα των κρατών μελών. Είναι γνωστό σαν **European Currency Unit** ή **ECU** για συντομία. Προς το παρόν χρησιμοποιείται κυρίως για εμπορικές συναλλαγές μεταξύ των κρατών.

265.2 Μορφές που μπορούν να πάρουν τα χρήματα

coin *ουσ.αρ.* κέρμα *He collects rare coins.* Κάνει συλλογή από σπάνια κέρματα. *Put a coin in the slot.* Βάλτε ένα κέρμα στη σχισμή.

piece *ουσ.αρ.* κέρμα *a five-pence piece* ένα κέρμα των πέντε πενών

χρήση

Οι λέξεις **piece**, **note** και **bill** γενικά χρησιμοποιούνται για να δηλώσουν την αξία του κέρματος ή του χαρτονομίσματος. Σε άλλο περιεχόμενο, η λέξη **coin** και **banknote** συνηθίζονται περισσότερο. Η λέξη **pound coin** όμως, είναι η λέξη που συνήθως δηλώνει το Βρετανικό κέρμα αξίας μιας λίρας και η λέξη **dollar coin** το κέρμα αξίας ενός δολαρίου.

bank note *ουσ.αρ.* χαρτονόμισμα *a suitcase full of bank notes* μια βαλίτσα γεμάτη χαρτονομίσματα

note (*Βρετ.*), **bill** (*Αμερ.*) *ουσ.αρ.* χαρτονόμισμα *a five-pound note* ένα χαρτονόμισμα των 5 λιρών *a dollar bill* ένα χαρτονόμισμα του ενός δολαρίου

265.3 Χρήματα που παίρνουν οι άνθρωποι

earnings *πληθ. ουσ.* [αυτά που παίρνει κανείς για τη δουλειά που κάνει] αποδοχές, απολαβές *He has increased his earnings by taking an evening job.* Έχει αυξήσει τις αποδοχές του κάνοντας βραδινή δουλειά.

earn *ρ.μ.* κερδίζω (με τη δουλειά μου), βγάζω *She earns £200 a week.* Βγάζει 200 λίρες την εβδομάδα. *He **earns a/his living** as a photographer.* Κερδίζει τα προς το ζην σαν φωτογράφος.

income *ουσ.μ.αρ.αρ.* [αυτά που παίρνει κανείς από όλες τις πηγές] εισόδημα *You must declare all your income to the tax authorities.* Πρέπει να δηλώσεις όλο το εισόδημά σου στην εφορία. *private/unearned income* ιδιωτικό εισόδημα/ εισόδημα για το οποίο δεν έχεις δουλέψει *people on low incomes* άτομα με χαμηλό εισόδημα

pay *ουσ.μ.αρ.* [που λαμβάνεται από εργοδότη] πληρωμή *The workers are on strike for higher pay.* Οι εργάτες απεργούν

Βρετανία

Κέρματα
penny (1p)
(*πληθ.* **pennies**, **pence**)

two pence (2p)

five pence (5p)

ten pence (10p)

twenty pence (20p)

fifty pence (50p)

pound (£1)
(ανεπίσημο **quid**,
πληθ. **quid** λίρα)

Χαρτονομίσματα
five pounds (£5)
(ανεπίσημο **fiver**)

ten pounds (£10)
(ανεπίσημο **tenner**)

twenty pounds (£20)

fifty pounds (£50)

ΗΠΑ

Κέρματα
cent (1¢)
penny (= κέρμα του 1 σεντ)

five cents (5¢)
nickel (κέρμα των 5 σεντς)

ten cents (10¢)
dime (κέρμα των 10 σεντς)

twenty-five cents (25¢)
quarter (κέρμα των 25 σεντς)

fifty cents (50¢)
half-dollar (μισό δολάριο)

Χαρτονομίσματα
dollar ($1) (ανεπίσημο **buck**)

five dollars ($5)

ten dollars ($10)

twenty dollars ($20)

fifty dollars ($50)

a hundred dollars ($100)

1 Ο πληθυντικός του Βρετανικού **penny** είναι **pennies** όταν αναφερόμαστε στα συγκεκριμένα κέρματα, και **pence** σε ποσά χρημάτων. Το γράμμα **p** χρησιμοποιείται στο γραπτό λόγο για ποσά μικρότερα από μια λίρα. Το **p** συχνά χρησιμοποιείται και στον προφορικό λόγο, αν και μερικοί δεν το εγκρίνουν.

2 Οι λέξεις **nickel**, **dime**, **quarter**, **fiver** και **tenner** μπορεί να χρησιμοποιηθούν για να αναφερθούν είτε στα κέρματα ή στα χαρτονομίσματα, ή στο αντίστοιχο ποσό χρημάτων. Οι λέξεις **quid** και **buck** όμως, συνήθως αναφέρονται στο χρηματικό ποσό μόνο.

3 Πριν το 1971, η Βρετανία είχε διαφορετικό νομισματικό σύστημα. Η λίρα (**pound**), που έχει παραμείνει αμετάβλητη, υποδιαιρούνταν σε είκοσι σελίνια (**shillings**), που υποδιαιρούνταν σε 12 πένες (**pence**) το καθένα. Άρα, μια καινούρια πένα (**new penny**) ισοδυναμεί με 2.4 παλιές πένες (**old pence**).

για υψηλότερη πληρωμή. *holiday/sick pay* πληρωμή/ επίδομα διακοπών/ασθενείας (σαν *επίθ.*) *pay increase* αύξηση μισθού *pay packet* μισθός, αμοιβή

pay *ρ.μ.α., αόρ. & μτχ. αορ.* **paid** [αντικ.: υπάλληλος, μεροκάματο, μισθός, ποσό] πληρώνω *I get paid on the last day of the month.* Πληρώνομαι την τελευταία ημέρα του μήνα. *(συχνά + to + ΑΠΑΡΕΜΦΑΤΟ) The farmer pays us £40 a day to pick fruit.* Ο κτηματίας μας πληρώνει 40 λίρες την ημέρα για να μαζεύουμε φρούτα. *a well-/badly-paid job* καλο–/κακοπληρωμένη δουλειά

wage *ουσ.αρ.* (συχνά *πληθ.*) [εργάτη που κάνει χειρωνακτική εργασία. Συχνά πληρώνεται κάθε βδομάδα] μεροκάματο *She earns good wages/a good wage.* Βγάζει καλό μεροκάματο. (σαν *επίθ.*) *wage increase* αύξηση του μεροκάματου *wage packet* μεροκάματο, αμοιβή

salary *ουσ.αρ.μ.αρ.* [σε επαγγελματία υπάλληλο. Συνήθως πληρώνεται κάθε μήνα] μισθός

salaried *επίθ.* μισθωτός *salaried staff* μισθωτό προσωπικό

pension *ουσ.αρ.μ.αρ.* σύνταξη *She goes to collect/draw her pension at the post office.* Πηγαίνει να εισπράξει τη σύνταξή της από το ταχυδρομείο. *state/private pension* κρατική/ιδιωτική σύνταξη (σαν *επίθ.*) *company pension scheme* πρόγραμμα συνταξιοδότησης που οργανώνεται από εταιρείες **pensioner** *ουσ.αρ.* (κυρίως *Βρετ.*) συνταξιούχος

grant *ουσ.αρ.μ.αρ.* [για φοιτητές, που πληρώνεται από την κεντρική ή την τοπική κυβέρνηση] επίδομα σπουδών, υποτροφία

pocket money *ουσ.μ.αρ.* [που δίνουν οι γονείς στο παιδί] χαρτζιλίκι

allowance *ουσ.αρ.* **1** [συνήθως σε επίσημο ή εμπορικό περιεχόμενο. Πληρώνεται για να καλύψει έξοδα συντήρησης ή άλλου είδους] επίδομα, βοήθημα *When I was at university my parents paid me a monthly allowance.* Όταν πήγαινα στο πανεπιστήμιο οι γονείς μου μού έδιναν ένα μηνιαίο επίδομα. *The company gives its employees a clothing/travelling allowance.* Η εταιρεία δίνει στους υπαλλήλους επίδομα ρουχισμού/εξόδων μετάβασης. **2** *(Αμερ.)* χαρτζιλίκι

expenses *ουσ. πληθ.* [που πληρώνονται σε υπάλληλο για να καλύψουν ό,τι ξόδεψε όσο έκανε δουλειές της εταιρείας] έξοδα *travel(ling)/hotel expenses* έξοδα ταξιδιού/ ξενοδοχείου *I'll pay for the meal, I'm on expenses.* Εγώ θα πληρώσω για το γεύμα, μου πληρώνει τα έξοδα η εταιρεία. *∗δες επίσης* **267 Expensive**

on *πρόθ.* [έχοντας σαν εισόδημα] με *It's difficult to survive on a student grant/an old-age pension.* Είναι δύσκολο να επιζήσεις με φοιτητικό επίδομα/σύνταξη. *I'm on £20,000 a year.* Παίρνω 20.000 λίρες το χρόνο.

φράσεις

money for jam/for old rope (κυρίως *Βρετ.*) [ανεπίσημο. Λεφτά που βγαίνουν εύκολα] εύκολα λεφτά *I got a job as a film extra. It was money for jam.* Βρήκα δουλειά σαν κομπάρσος. Ήταν πολύ εύκολα λεφτά.

easy money [λεφτά που βγαίνουν χωρίς μεγάλη προσπάθεια] εύκολο χρήμα *She tried to make some easy money on the stock exchange.* Προσπάθησε να κάνει εύκολο χρήμα στο χρηματιστήριο.

266 Cheap Φτηνός

cheap *επίθ.* [μπορεί να χρησιμοποιηθεί υποτιμητικά, υπονοώντας κατώτερη ποιότητα] φτηνός *Tomatoes are cheaper in summer.* Οι ντομάτες είναι φτηνότερες το καλοκαίρι. *the smell of cheap perfume* η μυρωδιά φτηνού αρώματος *Christmas decorations are* **sold off cheap** *in the New Year.* Τα Χριστουγεννιάτικα στολίδια ξεπουλιούνται φτηνότερα μετά την Πρωτοχρονιά.

cheaply *επίρρ.* φτηνά *You can travel around India quite cheaply.* Μέσα στην Ινδία μπορείς ταξιδεύεις αρκετά φτηνά.

dirt cheap *επίθ.* [ανεπίσημο. Σε πολύ χαμηλή τιμή] πάμφθηνο *I got this car dirt cheap.* Αγόρασα αυτό το αυτοκίνητο πάμφτηνα.

inexpensive *επίθ.* [πιο επίσημο και εκφράζει πιο πολύ θαυμασμό από το **cheap**] οικονομικός *These wines are surprisingly inexpensive.* Αυτά τα κρασιά είναι εκπληκτικά οικονομικά.

affordable *επίθ.* [σε τιμή που οι περισσότεροι άνθρωποι μπορούν να πληρώσουν σχετικά εύκολα] ευπρόσιτος σε τιμή *There is a need for affordable housing in central London.* Υπάρχει ανάγκη για σπίτια σε ευπρόσιτη τιμή στο κεντρικό Λονδίνο.

economical *επίθ.* [που γλυτώνει λεφτά] οικονομικός *It is more economical to buy in bulk.* Είναι πιο οικονομικό να αγοράζει κανείς σε μεγάλες ποσότητες. *These cars are very economical to run.* Αυτά τα αυτοκίνητα είναι πολύ οικονομικά στη συντήρηση.

free *επίθ.* δωρεάν *You pay for the food, the drinks are free.* Πληρώνεις για το φαγητό, τα ποτά είναι δωρεάν. *a free gift inside every copy of the magazine* ένα δώρο μέσα σε κάθε αντίτυπο του περιοδικού *Buy two T-shirts and get one free.* Αγοράστε δύο μπλουζάκια και πάρτε ένα δωρεάν.

free *επίρρ.* δωρεάν *Old-age pensioners can travel free on the buses.* Οι συνταξιούχοι μπορούν να ταξιδέψουν δωρεάν στα λεωφορεία.

complimentary *επίθ.* δωρεάν, τιμής ένεκεν *a complimentary ticket* ένα δωρεάν εισιτήριο

freebie *ουσ.αρ.* [ανεπίσημο] οτιδήποτε δίνεται δωρεάν [συνήθως εμπορικό δώρο]

bargain *ουσ.αρ.* [αντικείμενο του οποίου η τιμή είναι χαμηλότερη από ότι συνήθως ή από ότι αναμένεται] ευκαιρία *These shoes were a bargain.* Αυτά τα παπούτσια ήταν σε τιμή ευκαιρίας. *Bargains galore in our big winter sale!* Μεγάλες ευκαιρίες στις χειμωνιάτικες εκπτώσεις μας. *Quality goods at bargain prices!* Προϊόντα ποιότητας σε τιμές ευκαιρίας!

φράσεις

do sth on the cheap [ανεπίσημο, συχνά κάπως υποτιμητικό. Κάνω κάτι όσο το δυνατό φτηνότερα, συχνά σε βάρος της ποιότητας] κάνω κάτι με λίγα χρήματα *They tried to redecorate their house on the cheap.* Προσπάθησαν να βάψουν το σπίτι τους χωρίς να ξοδέψουν πολλά (και το αποτέλεσμα ήταν φτηνοδουλειά).

do sth on a shoestring [ανεπίσημο. Κάνω κάτι με πολύ περιορισμένο προϋπολογισμό, με πολύ λίγα διαθέσιμα χρήματα. Δεν είναι συνήθως υποτιμητικό] πολύ φτηνά *They travelled around Europe on a shoestring.* Γύρισαν την Ευρώπη χωρίς να ξοδέψουν σχεδόν τίποτα.

on the house [ανεπίσημο. Που παρέχεται δωρεάν από τον ιδιοκτήτη του καταστήματος. Χρησιμοποιείται κυρίως για ποτά σε παμπ, κτλ.] κερνάει το μαγαζί *Have this one on the house.* Αυτό το κερνάει το μαγαζί.

267 Expensive Ακριβός

δες επίσης **269 Rich**

χρήση

Από όλες αυτές τις λέξεις, το **expensive** είναι η μόνη που μπορεί να εκφράσει θαυμασμό, και υπονοεί υψηλή ποιότητα (αν και χρησιμοποιείται και στον αρνητικό τύπο επίσης). Όλες οι άλλες λέξεις δίνουν έμφαση στο γεγονός ότι η τιμή είναι υψηλότερη από αυτή που θα θέλαμε να πληρώσουμε.

expensive επίθ. ακριβός *She only buys expensive wines.* Αγοράζει μόνο ακριβά κρασιά. *Going to court can be very expensive.* Το να πας μια υπόθεση στο δικαστήριο μπορεί να στοιχίσει πολύ ακριβά. **expensively** επίρρ. ακριβά
expense ουσ.μ.αρ.αρ. έξοδο *We want to avoid the expense of a court case.* Θέλουμε να αποφύγουμε τα έξοδα του να πάμε την υπόθεση στο δικαστήριο. *Her parents **went to a lot of expense/spared no expense** to give her a good education.* Οι γονείς της μπήκαν σε πολλά έξοδα/δε λυπήθηκαν τα έξοδα για να της δώσουν καλή εκπαίδευση.
*δες επίσης **265 Money**

dear επίθ. (κυρίως Βρετ.) [πιο ανεπίσημο από το **expensive**] ακριβός *The dearer washing powders sometimes offer better value.* Οι πιο ακριβές σκόνες πλυσίματος μερικές φορές συμφέρουν περισσότερο. *Tomatoes are very dear just at the moment.* Οι ντομάτες είναι πολύ ακριβές αυτό τον καιρό.

costly επίθ. [πιο επίσημο από το **expensive**. Περιγράφει: π.χ. εξοπλισμό, επισκευές, στέγη] ακριβός, πολυέξοδος *Going to court can be a costly business.* Το να πας μια υπόθεση στο δικαστήριο μπορεί να αποδειχτεί μια πολύ ακριβή υπόθεση. *These weapons are effective, though costly.* Αυτά τα όπλα είναι αποτελεσματικά, αν και ακριβά.

pricey 'Η **pricy** επίθ. [ανεπίσημο] ακριβός *These shoes are a bit pricy.* Αυτά τα παπούτσια είναι λίγο ακριβά. *a pricy restaurant* ένα ακριβό εστιατόριο

267.1 Παράλογα ακριβός

steep επίθ. (μετά από ρ.) [κάπως ανεπίσημο] εξωφρενικά ακριβός *Two pounds for a coffee! That's a bit steep!* Δύο λίρες για έναν καφέ! Είναι εξωφρενικό!

exorbitant επίθ. [κάπως επίσημο και πολύ εμφατικό] υπέρογκος *Customers are charged exorbitant prices for*

drinks. Στους πελάτες χρεώνονται υπέρογκα ποσά για ποτά. **exorbitantly** επίρρ. υπέρογκα

overcharge ρ.μ.α. [κάνω έναν πελάτη να πληρώσει περισσότερο από ό,τι χρειάζεται] χρεώνω επιπλέον *I'd been deliberately overcharged.* Με χρεώσανε επιπλέον επίτηδες. (+ **by**) *They overcharged me by 50p.* Μου χρέωσαν 50 πένες περισσότερο από όσο έπρεπε.

rip-off ουσ.αρ. [ανεπίσημο. Παράλογα υψηλή τιμή ή σκόπιμη απάτη] παράλογη χρέωση *Two quid for a coffee – what a rip-off!* Δύο λίρες για έναν καφέ! Τι απάτη!
rip off sb 'H **rip** sb **off** ρ.μ.πρφ. [ανεπίσημο. Χρεώνω επίτηδες υπερβολικά] κλέβω *The waiters make a fortune ripping off tourists.* Οι σερβιτόροι κάνουν περιουσία με το να χρεώνουν υπερβολικά τους τουρίστες.

φράσεις

cost the earth [ανεπίσημο] κοστίζω μια περιουσία *Don't take him to court; it'll cost you the earth.* Μην τον πας στο δικαστήριο. Θα σου στοιχίσει μια περιουσία. *a reliable car that won't cost you the earth* ένα καλό αυτοκίνητο που δε θα σου στοιχίσει μια περιουσία
cost a fortune [κάπως ανεπίσημο] κάνω μια περιουσία *That dress must have cost a fortune.* Εκείνο το φόρεμα πρέπει να έκανε μια περιουσία.
cost an arm and a leg [ανεπίσημο. Υπερβολικά ακριβό, περισσότερο από όσο μπορεί να ξοδέψει κανείς] τα μαλλιά της κεφαλής (μου) *The holiday cost (me) an arm and a leg, but it was worth it.* Οι διακοπές μου στοίχισαν τα μαλλιά της κεφαλής μου, αλλά το άξιζαν.
break the bank (συχνά χρησιμοποιείται σε αρνητικές εκφράσεις) [κάπως ανεπίσημο. Τόσο ακριβό που αφήνει κάποιον χωρίς αρκετά λεφτά] ξοδεύω όλα τα λεφτά μου *Come on, let's eat out tonight, it won't break the bank.* Άντε, ας φάμε έξω απόψε, δε θα χρειαστεί να ξοδέψουμε όλα τα λεφτά μας.
daylight robbery [ανεπίσημο υποτιμητικό. Χρησιμοποιείται όταν κάποιος πρέπει να πληρώσει υπέρογκα υψηλή τιμή] ληστεία μέρα μεσημέρι *Two pounds for a coffee! It's daylight robbery!* Δύο λίρες για έναν καφέ! Αυτό είναι ληστεία μέσα στο καταμεσήμερο!

268 Value Αξία

δες επίσης **417.5 Good**

value ουσ. 1 ουσ.μ.αρ.αρ. [σε σχέση με χρήματα] αξία *an increase in the value of the pound* αύξηση στην τιμή της στερλίνας *objects of great/little value* αντικείμενα μεγάλης/μικρής αξίας 2 ουσ.μ.αρ. [κάτι που είναι οικονομικό] αξία, ποιότητα *All shoppers want **value for money**.* Όλοι οι αγοραστές θέλουν να πάρουν την καλύτερη δυνατή ποιότητα για τα λεφτά που πληρώνουν. 3 ουσ.μ.αρ.αρ. (δεν έχει πληθ.) [σπουδαιότητα, χρησιμότητα] αξία *Never underestimate the value of a good education.* Ποτέ μην υποτιμάς την αξία της καλής εκπαίδευσης. (+ **to**) *information of great value to an enemy* πληροφορίες μεγάλης σημασίας για τον εχθρό
value ρ.μ. 1 [υπολογίζω την αξία. Αντικ.: π.χ. πίνακας, αντίκα, σπίτι] εκτιμώ την αξία *I'm going to have this*

painting valued. Θα ζητήσω να εκτιμήσουν την αξία αυτού του πίνακα. (+ **at**) *The house has been valued at £70,000.* Το σπίτι έχει εκτιμηθεί στις 70.000 λίρες. 2 [θεωρώ πολύ σπουδαίο ή χρήσιμο] εκτιμώ, έχω σε εκτίμηση *I value your opinions highly.* Εκτιμώ πάρα πολύ τη γνώμη σου.

worth επίθ. 1 [σε σχέση με χρήματα] κάποιας χρηματικής αξίας *How much is your car worth?* Πόσο αξίζει το αυτοκίνητό σου; *a painting worth £500* ένας πίνακας αξίας 500 λιρών 2 (συχνά + -ing) [σε σχέση με τη σπουδαιότητα, χρησιμότητα, ιδιότητες, κτλ.] κάτι που αξίζει *A letter is worth a dozen phone calls.* Ένα γράμμα αξίζει μια ντουζίνα τηλεφωνήματα. *It's/He's not worth worrying about.* Δεν αξίζει (τον κόπο) να ανησυχείς γι αυτόν. *I'm not going to the meeting; **it's not worth it**.* Δε θα πάω στη συνεδρίαση, δεν αξίζει τον κόπο.

worth *ουσ.μ.αρ.* **1** [ποσότητα που στοιχίζει ένα συγκεκριμένο ποσό] αξία(ς) *I bought ten pounds' worth of petrol.* Αγόρασα βενζίνη αξίας δέκα λιρών. *The vandals did hundreds of pounds' worth of damage.* Οι βάνδαλοι προξένησαν ζημίες που η αξία τους ανέρχεται σε εκατοντάδες λίρες. **2** [αξία. Δεν χρησιμοποιείται σε ακριβές οικονομικό περιεχόμενο] αξία *She sold the painting for less than its true worth.* Πούλησε τον πίνακα λιγότερο από την πραγματική του αξία. (+ **to**) *He has proved his worth to the team.* Έχει αποδείξει την αξία του στην ομάδα.

268.1 Υψηλή αξία

valuable *επίθ.* **1** [σε σχέση με χρήματα] πολύτιμος, βαρύτιμος *valuable paintings* πίνακες αξίας **2** [περιγράφει: π.χ. συμβουλή, φιλία] πολύτιμος (+ **to**) *Your skills are valuable to the company.* Οι δεξιότητές σου είναι πολύτιμες για την εταιρεία. *a waste of my valuable time* χάσιμο του πολύτιμου χρόνου μου

valuables *ουσ. πληθ.* [προσωπικά είδη] τιμαλφή *Hotel guests may deposit their valuables in the safe.* Οι πελάτες του ξενοδοχείου μπορούν να βάλουν τα τιμαλφή τους στο χρηματοκιβώτιο.

invaluable *επίθ.* [κάπως επίσημο. Πολύ χρήσιμος. Περιγράφει: π.χ. εργαλείο, συμβουλή, βοήθεια] ανεκτίμητος, εξαιρετικά πολύτιμος *Thank you for your invaluable assistance.* Ευχαριστώ για την ανεκτίμητη βοήθεια σου. (+ **to**) *This information proved invaluable to the police.* Αυτή η πληροφορία αποδείχτηκε ανεκτίμητη για την αστυνομία.

priceless *επίθ.* [τόσο πολύτιμο που η χρηματική του αξία είναι αδύνατο να εκτιμηθεί] ανεκτίμητος *This diamond is priceless.* Αυτό το διαμάντι είναι ανεκτίμητης αξίας.

precious *επίθ.* [πολύ πολύτιμος, τόσο που το προσέχουν πολύ, είτε για οικονομικούς είτε για συναισθηματικούς λόγους] πολύτιμος, μονάκριβος *The statue is so precious that it is rarely shown to visitors.* Το άγαλμα είναι τόσο πολύτιμο, που σπάνια το δείχνουν στους επισκέπτες. *precious stones/metals* πολύτιμοι λίθοι/πολύτιμα μέταλλα (+ **to**) *These medals/memories are precious to me.* Αυτά τα παράσημα/Αυτές οι αναμνήσεις είναι πολύτιμες για μένα.

treasure *ουσ.* **1** *ουσ.μ.αρ.* [απόθεμα χρημάτων, κοσμήματα, κτλ., συχνά κρυμμένα] θησαυρός *buried treasure* θαμμένος θησαυρός *treasure chest* σεντούκι με το θησαυρό **2** *ουσ.αρ.* (συχνά πληθ.) [πολύτιμο ή ωραίο αντικείμενο] θησαυρός

treasure *ρ.μ.* [θεωρώ πολύτιμο. Αντικ.: δώρο, αναμνήσεις, φιλία] φυλάγω σαν θησαυρό *Thank you very much for the beautiful vase. I'll treasure it.* Ευχαριστώ για το ωραίο βάζο. Θα το φυλάξω σαν θησαυρό. *His guitar is his most treasured possession.* Η κιθάρα του είναι το πιο πολύτιμο από τα υπάρχοντά του.

268.2 Μικρή ή καθόλου αξία

valueless *επίθ.* χωρίς αξία, άχρηστος *The old coins will be valueless once the new ones come into circulation.* Τα παλιά κέρματα δε θα έχουν αξία όταν μπούνε τα καινούρια σε κυκλοφορία.

worthless *επίθ.* [κάπως πιο υποτιμητικό από το **valueless**] **1** [περιγράφει: π.χ. πίνακα, αυτοκίνητο, κέρμα] χωρίς αξία *a market stall selling worthless junk* ένας πάγκος που πουλάει αντικείμενα χωρίς αξία **2** [περιγράφει: π.χ. πρόσωπο, συνεισφορά, πληροφορία] άχρηστος *His advice is absolutely worthless.* Οι συμβουλές του είναι τελείως άχρηστες.

268.3 Έχω πολύτιμες ή χρήσιμες ιδιότητες

deserve *ρ.μ.* [αντικ.: π.χ. ανταμοιβή, δουλειά, τιμωρία] αξίζω, μου αξίζει *You don't deserve any Christmas presents.* Δε σου αξίζουν καθόλου Χριστουγεννιάτικα δώρα. *The film deserved a bigger audience.* Η ταινία άξιζε μεγαλύτερο ακροατήριο. (συχνά + **to** + ΑΠΑΡΕΜΦΑΤΟ) *He deserves to succeed.* Του αξίζει να πετύχει.

deserving *επίθ.* άξιος *a deserving winner* άξιος νικητής *to give one's money to a deserving cause* δίνω λεφτά για ένα σκοπό που τα αξίζει **deservedly** *επίρρ.* επάξια, δίκαια

worthy *επίθ.* (συχνά μετά από ρ. + **of**) [κάπως επίσημο] άξιος *He wanted to prove himself worthy of their trust.* Ήθελε να αποδείξει ότι ήταν άξιος της εμπιστοσύνης τους. *a worthy winner/successor* ένας επάξιος νικητής/διάδοχος *to give one's money to a worthy cause* δίνω λεφτά για ένα σκοπό που αξίζει

worthwhile *επίθ.* (συχνά + -ing, + **to** + ΑΠΑΡΕΜΦΑΤΟ) [που έχει πολύτιμο, χρήσιμο σκοπό ή αποτέλεσμα] κάτι που αξίζει τον κόπο *Try to read Shakespeare. You'll find the effort worthwhile.* Προσπάθησε να διαβάσεις Σαίξπηρ. Θα βρεις ότι αξίζει την προσπάθεια. *It's worthwhile spending some time in the library.* Αξίζει τον κόπο να περάσεις λίγη ώρα στη βιβλιοθήκη.

269 Rich Πλούσιος

δες επίσης **267 Expensive**

rich *επίθ.* [περιγράφει: π.χ. πρόσωπο, χώρα] πλούσιος *Her invention made her rich.* Η εφεύρεσή της την έκανε πλούσια. [λαϊκό, υποτιμητικό] *filthy/stinking rich* πάμπλουτος

rich *ουσ. πληθ.* (πάντα + **the**) [άνθρωποι] πλούσιοι *The rich should pay more tax.* Οι πλούσιοι πρέπει να πληρώνουν περισσότερο φόρο.

riches *ουσ. πληθ.* [χρήματα, υπάρχοντα] πλούτη *They envied his riches.* Φθονούσαν τα πλούτη του.

wealth *ουσ.μ.αρ.* πλούτη, ευπορία *How did she acquire her vast wealth?* Πώς απέκτησε τα τεράστια πλούτη της; **wealthy** *επίθ.* [πιο επίσημο από το **rich**] εύπορος

fortune *ουσ.αρ.* **1** [μεγάλο ποσό χρημάτων που έχει

αποκτηθεί με δουλειά, που το έχουν κερδίσει, κληρονομήσει, κτλ.] περιουσία *He inherited his uncle's fortune.* Κληρονόμησε την περιουσία του θείου του. *She made her fortune on the stock market.* Έκανε την περιουσία της στο χρηματιστήριο. **2** [ανεπίσημο. Οποιοδήποτε μεγάλο ποσό χρημάτων] περιουσία *He spent a fortune on clothes.* Ξόδεψε μια περιουσία για ρούχα. *This house is worth a fortune.* Αυτό το σπίτι αξίζει μια περιουσία.

affluent *επίθ.* [κάπως επίσημο. Κάποιος που έχει και ξοδεύει πολλά λεφτά. Περιγράφει: π.χ. πρόσωπο, τρόπο ζωής] πλούσιος, εύπορος *an affluent, middle-class family* μια εύπορη μεσοαστική οικογένεια *an affluent society* εύπορη κοινωνία **affluence** *ουσ.μ.αρ.* ευπορία

prosperous επίθ. [κάποιος που κερδίζει, κάνει πολλά λεφτά. Περιγράφει: π.χ. πρόσωπο, εταιρεία, έθνος] αυτός που ευημερεί *Our policies will make the country more prosperous.* Τα μέτρα μας θα κάνουν τη χώρα να ευημερήσει περισσότερο. **prosperously** επίρρ. ευήμερα

prosperity ουσ.μ.αρ. ευημερία *We can look forward to many years of prosperity.* Προσμένουμε πολλά χρόνια ευημερίας.

prosper ρ.α. [κάπως επίσημο] ευδοκιμώ, ευημερώ *The country has prospered under this government.* Η χώρα έχει ευημερήσει με αυτήν την κυβέρνηση.

millionaire (αρσ.), **millionairess** (θηλ.) ουσ.αρ. [κάποιος που έχει περισσότερο από ένα εκατομμύριο λίρες ή δολάρια] εκατομμυριούχος

millionaire επίθ. (πριν από ουσ.) εκατομμυριούχος *a millionaire businessman* ένας εκατομμυριούχος επιχειρηματίας

269.1 Πιο ανεπίσημοι όροι

well-off επίθ., συγκρ. **better-off** 'Η **more well-off** υπερθ. **most well-off** [αρκετά, σχετικά πλούσιος] ευκατάστατος, πλούσιος *Most company directors are fairly well-off.* Οι περισσότεροι διευθυντές εταιρειών είναι αρκετά ευκατάστατοι. *I'll be better-off when the tax system changes.* Θα είμαι σε καλύτερη οικονομική θέση όταν αλλάξει το φορολογικό σύστημα.

well-off ουσ. πληθ. (πάντα + **the**) εύποροι *tax cuts that benefit the well-off* φορολογικές απαλλαγές που ευνοούν τους εύπορους *the better-off in our society* οι πιο εύποροι στην κοινωνία μας

well-to-do επίθ. [ανεπίσημο. Κάποιος που έχει αρκετά χρήματα για να ζήσει άνετα] ευκατάστατος *a well-to-do businessman* ένας ευκατάστατος επιχειρηματίας

well-heeled επίθ. [υπονοεί πλούτη ευγενή] εύπορος, ευκατάστατος

loaded επίθ. [λαϊκό. Πολύ πλούσιος] λεφτάς, παραλής *He's loaded.* Είναι λεφτάς.

moneybags ουσ.αρ. [ανεπίσημο, συχνά χιουμοριστικό] λεφτάς *Come on, moneybags, buy us all a drink!* Άντε λεφτά, κέρασέ μας όλους ένα ποτό!

φράσεις

bags of money [ανεπίσημο] λεφτά με το τσουβάλι *He can afford to lend me £100; he's got bags of money.* Μπορεί να μου δανείσει 100 λίρες. Έχει λεφτά με το τσουβάλι.

be rolling in money/in it [ανεπίσημο. Πολύ πλούσιος] κυλιέμαι στα λεφτά

have more money than sense [έχω πολλά λεφτά, αλλά δεν είμαι συνετός ή είμαι επιπόλαιος στο ξόδεμά τους] έχω περισσότερα χρήματα από λογική *musical Christmas trees for people with more money than sense* τα Χριστουγεννιάτικα δέντρα που παίζουν μουσική (είναι) για ανθρώπους με πιο πολλά λεφτά από λογική

270 Poor Φτωχός

poor επίθ. [περιγράφει: π.χ. πρόσωπο, χώρα] φτωχός *a poor area of the city* μια φτωχή περιοχή της πόλης

poor ουσ. πληθ. (πάντα + **the**) φτωχοί *charities which help the poor* φιλανθρωπικές οργανώσεις που βοηθάνε τους φτωχούς

poverty ουσ.μ.αρ. φτώχεια *to live in poverty* ζω στη φτώχεια *a poverty-stricken region* μια περιοχή που έχει χτυπηθεί από τη φτώχεια

needy επίθ. [πιο επίσημο από το **poor**. Που του λείπουν τα προς το ζην. Περιγράφει: π.χ. πρόσωπο, οικογένεια] άπορος

needy ουσ. πληθ. (πάντα + **the**) οι άποροι

penniless επίθ. [που δεν έχει καθόλου λεφτά] άφραγκος *The failure of his business left him penniless.* Η αποτυχία της επιχείρησής του τον άφησε άφραγκο.

destitute επίθ. [επίσημο. Χωρίς λεφτά, υπάρχοντα, σπίτι, κτλ.] άπορος *The war left many families destitute.* Ο πόλεμος στέρησε πολλές οικογένειες από τα υπάρχοντά τους. **destitution** ουσ.μ.αρ. ανέχεια

bankrupt επίθ. [περιγράφει: κυρίως εταιρεία, επιχειρηματία] χρεοκοπημένος *to go bankrupt* χρεοκοπώ **bankruptcy** ουσ.μ.αρ.αρ. χρεοκοπία

bankrupt ρ.μ. χρεοκοπώ *High interest rates have bankrupted many small firms.* Τα υψηλά επιτόκια έχουν κάνει πολλές μικρές εταιρείες να χρεοκοπήσουν.

beggar ουσ.αρ. ζητιάνος *The streets are full of beggars.* Οι δρόμοι ειναι γεμάτοι ζητιάνους. **beg** ρ.α., -gg- ζητιανεύω *δες επίσης **351 Ask**

panhandler ουσ.αρ. (Αμερ.) επαίτης, ζητιάνος στους δρόμους

270.1 Πιο ανεπίσημοι όροι

badly-off επίθ., συγκρ. **worse-off** υπερθ. **worst-off** [αρκετά, σχετικά φτωχός] σχετικά φτωχός *A lot of old people are quite badly-off.* Πολλοί ηλικιωμένοι είναι αρκετά φτωχοί. *I'll be worse-off after the tax system changes.* Θα είμαι σε χειρότερη οικονομική κατάσταση όταν αλλάξει το φορολογικό σύστημα.

hard up επίθ. [ανεπίσημο. Με πολύ λίγα λεφτά, συχνά προσωρινά] έχω περιορισμένα οικονομικά μέσα *I was always hard up when I was a student.* Τα οικονομικά μου ήταν πάντα περιορισμένα όταν ήμουν φοιτητής.

broke επίθ. (μετά από ρ.) [ανεπίσημο. Αυτός που δεν έχει λεφτά] μπατίρης *flat/stony* (Βρετ.) *stone* (Αμερ.) **broke** απένταρος

φράσεις

on/near the breadline [μόλις που έχει αρκετό εισόδημα για να αγοράσει αυτά που η κοινωνία θεωρεί βασικές ανάγκες] πολύ φτωχός *families living on the breadline* οικογένειες που ζουν πολύ φτωχικά

feel the pinch [συνειδητοποιώ οικονομικές δυσκολίες που με κάνουν να προσέχω πώς ξοδεύω τα λεφτά μου] μου τελειώνουν τα λεφτά *The strikers' families are beginning to feel the pinch.* Οι οικογένειες των απεργών αρχίζουν να συνειδητοποιούν ότι τα λεφτά τους τελειώνουν.

Money doesn't grow on trees. [λέγεται κυρίως σε παιδί που ζητάει ακριβά πράγματα] Τα λεφτά δε φυτρώνουν στα δέντρα.

Do you think I'm made of money? [ανεπίσημο] Νομίζεις ότι είμαι φτιαγμένος από λεφτά;

271 Employment Απασχόληση

δες επίσης **262 Doing business, 274 Work**

employment *ουσ.μ.αρ.* [πιο επίσημο από το **work** ή το **job**] απασχόληση, εργασία *What is the nature of your employment?* Ποια είναι η φύση της δουλειάς σου; *Are you in (regular) employment?* Έχεις (τακτική) απασχόληση;
employ *ρ.μ.* απασχολώ *We will need to employ some extra staff.* Θα χρειαστεί να απασχολήσουμε επιπλέον προσωπικό. *Thousands of people are employed in the fishing industry.* Χιλιάδες άνθρωποι απασχολούνται στην αλιεία. (+ **as**) *She's employed as a nanny.* Δουλεύει σαν νταντά.
unemployment *ουσ.μ.αρ.* ανεργία *Unemployment reached two million last month.* Η ανεργία έφτασε τα δύο εκατομμύρια τον περασμένο μήνα. (σαν *επίθ.*) *unemployment statistics* οι στατιστικές σχετικές με την ανεργία *unemployment benefit* επίδομα ανεργίας
unemployed *επίθ.* άνεργος *an unemployed taxi driver* ένας άνεργος ταξιτζής
unemployed *ουσ. πληθ.* (πάντα + **the**) άνεργοι *the long-term unemployed* οι μακροχρόνια άνεργοι

271.1 Γενικές λέξεις για τη δουλειά που κάνει κάποιος

job *ουσ.αρ.* δουλειά (+ **as**) *He's got a job as a bus driver.* Έχει δουλειά σαν οδηγός λεωφορείων. *I've just lost my job.* Μόλις έχασα τη δουλειά μου.
work *ουσ.μ.αρ.* **1** [απασχόληση επί πληρωμή γενικά] δουλειά, εργασία *She's looking for work.* Ψάχνει για δουλειά. *Who looks after the children while you're **at work**?* Ποιος προσέχει τα παιδιά όσο είσαι στη δουλειά; *I get home from work at six o'clock.* Φτάνω στο σπίτι μετά τη δουλειά στις έξι η ώρα. *I've been **out of work** for six months.* Είμαι άνεργος εδώ και έξι μήνες. **2** [τα καθήκοντα για τα οποία πληρώνεται κάποιος] δουλειά *My work is quite varied.* Η δουλειά μου ποικίλει αρκετά.
work *ρ.α.* δουλεύω, εργάζομαι *He works in London/as a bus driver.* Εργάζεται στο Λονδίνο/σαν οδηγός λεωφορείου. (+ **for**) *I work for a publishing company.* Δουλεύω σε έναν εκδοτικό οίκο.
occupation *ουσ.αρ.* [χρησιμοποιείται ειδικά σε επίσημο περιεχόμενο. Είδος δουλειάς που κάνει κανείς, και πώς κανείς αναφέρεται στον εαυτό του σε σχέση με αυτή] απασχόληση, επάγγελμα *She stated her occupation as translator.* Δήλωσε ότι το επάγγελμά της ήταν μεταφράστρια.
career *ουσ.αρ.* [μακροχρόνια απασχόληση για την οποία είναι κάποιος εκπαιδευμένος, και στην οποία τακτική πρόοδος είναι δυνατή] καριέρα *She had a distinguished career in the civil service.* Έχει κάνει μια διακεκριμένη καριέρα στη δημόσια υπηρεσία. *a political/military/nursing career* μια καριέρα στην πολιτική/στο στρατό/σαν νοσοκόμος (σαν *επίθ.*) *careers advice* επαγγελματικός προσανατολισμός

χ ρ ή σ η
Μην συγχέετε τη λέξη **career** (καριέρα) με τη λέξη **subject** (κλάδος επιστήμης) που κάνει κανείς στο πανεπιστήμιο. *δες επίσης **233 Education**

profession *ουσ.αρ.* [υπολήψιμη απασχόληση, συχνά μη εμπορική, που απαιτεί υψηλό επίπεδο μόρφωσης] επάγγελμα *the legal/medical/teaching profession* το νομικό/

ιατρικό/διδασκαλικό επάγγελμα *She's an architect **by profession**.* Το επάγγελμά της είναι αρχιτέκτονας.
professional *επίθ.* [περιγράφει: π.χ. εργασία, πρόσωπο, τάξεις] επαγγελματικός
trade *ουσ.αρ.* [ειδικά πρακτικού ή χειρωνακτικού είδους] τέχνη, επάγγελμα *You ought to learn a trade.* Πρέπει να μάθεις μια τέχνη *a bricklayer by trade* επαγγελματίας χτίστης

271.2 Εταιρείες και η δομή τους

company *ουσ.αρ.* εταιρεία *a manufacturing company* βιομηχανική εταιρεία *an insurance company* ασφαλιστική εταιρεία (σαν *επίθ.*) *a company director* διευθυντής μιας εταιρείας *a company car* αυτοκίνητο (της) εταιρείας
firm *ουσ.αρ.* [συχνά χρησιμοποιείται όταν γίνεται λόγος για μικρότερες εταιρείες] εταιρεία *a plastics/car-hire firm* εταιρεία πλαστικών ειδών/ενοικίασης αυτοκινήτων *a firm of builders/lawyers* εταιρεία εργολάβων/δικηγόρων
branch *ουσ.αρ.* [επαγγελματική στέγη τράπεζας, οργανισμού, κτλ. σε ένα συγκεκριμένο μέρος] υποκατάστημα *The bank has over 5,000 branches.* Η τράπεζα έχει πάνω από 5.000 υποκαταστήματα.
department *ουσ.αρ.* **1** [τμήμα εταιρείας υπεύθυνο για κάποιο συγκεκριμένο τομέα της δουλειάς του] τμήμα *the advertising/personnel department* το τμήμα διαφημίσεων/προσωπικού **2** [μέρος ενός μεγάλου καταστήματος που πουλάει ένα συγκεκριμένο είδος αγαθών] τμήμα *the menswear/electrical department* το τμήμα ανδρικών/ηλεκτρικών **departmental** *επίθ.* του τμήματος

ΤΟΠΟΙ ΕΡΓΑΣΙΑΣ

factory *ουσ.αρ.* εργοστάσιο *a bicycle/biscuit factory* εργοστάσιο ποδηλάτων/μπισκότων (σαν *επίθ.*) *a factory worker* εργάτης εργοστασίου
works *ουσ.αρ.*, *πληθ.* **works** (συχνά χρησιμοποιείται σε σύνθετα) [αναφέρεται σε βιομηχανικό τόπο εργασίας] εργοστάσιο *a cement works* εργοστάσιο τσιμέντου *the steelworks* η χαλυβουργία
workshop *ουσ.αρ.* [εκεί που γίνονται επισκευές, εξειδικευμένες εργασίες, κτλ. Συνήθως μικρότερο από ή μέρος εργοστασίου] εργαστήριο
warehouse *ουσ.αρ.* [εκεί που αποθηκεύονται εμπορεύματα] αποθήκη εμπορευμάτων *a tobacco warehouse* αποθήκη καπνών
depot *ουσ.αρ.* [εκεί που αποθηκεύονται τα εμπορεύματα πριν να μεταφερθούν στον προορισμό τους] αποθήκη *Coal is transported to the depot by rail.* Το κάρβουνο μεταφέρεται στην αποθήκη σιδηροδρομικώς.
mill *ουσ.αρ.* **1** [εκεί που γίνεται το αλεύρι] μύλος **2** [εκεί που γίνονται υφάσματα, χαρτί, κτλ.] εργοστάσιο επεξεργασίας προϊόντων
mine *ουσ.αρ.* ορυχείο *a coal/tin mine* ανθρακωρυχείο/ορυχείο κασσίτερου *He spent 20 years down the mine(s).* Για 20 χρόνια δούλεψε στα ορυχεία.
mine *ρ.μ.α.* [αντικ.: άνθρακας, μεταλλεύματα, μέταλλα] εξορύσσω [αντικ.: περιοχή, κοιλάδα] ορυχείο *Coal is no longer mined in this valley.* Δεν εξορύσσουν πλέον άνθρακα σε αυτή την περιοχή. (συχνά + **for**) *They're mining for iron ore.* Σκάβουν για (να βρουν) μεταλλεύματα σιδήρου. **miner** *ουσ.αρ.* εργάτης ορυχείου, ανθρακωρύχος **mining** *ουσ.μ.αρ.* μετάλλευμα

271.3 Υπάλληλοι

employee *ουσ.αρ.* [γενική λέξη] υπάλληλος *The company has 5,000 employees.* Η εταιρεία έχει 5.000 υπαλλήλους. *a government/bank employee* υπάλληλος της κυβέρνησης/τράπεζας

worker *ουσ.αρ.* [ειδικά σε χειρωνακτική εργασία] εργαζόμενος, εργάτης *a factory/manual worker* εργάτης σε εργοστάσιο/που κάνει χειρωνακτική εργασία

labour (*Βρετ.*), **labor** (*Αμερ.*) *ουσ.μ.αρ.* **1** [εργάτες που απασχολούνται από κάποιον για χειρωνακτική εργασία] εργάτες *The company is taking on extra labour.* Η εταιρεία προσλαμβάνει επί πλέον εργάτες/εργατικό προσωπικό. **2** [δουλειά που γίνεται σαν μέρος του κόστους κάποιου πράγματος] εργατικά *The plumber charged us £20 for the new pipe plus £10 for labour.* Ο υδραυλικός μας χρέωσε 20 λίρες για τον καινούριο σωλήνα συν 10 λίρες εργατικά.

labourer (*Βρετ.*), **laborer** (*Αμερ.*) *ουσ.αρ.* [ανειδίκευτος χειρωνακτικός εργάτης ειδικά αυτός που δουλεύει στο ύπαιθρο] εργάτης *a building labourer* εργάτης σε οικοδομές

workforce *ουσ.αρ.μ.αρ.* (+ *ρ.* στον ενικ. ή πληθ.) [συνολικός αριθμός των εργαζομένων που απασχολούνται από μια εταιρεία] εργατικό δυναμικό *Most of the workforce is/are on strike.* Οι περισσότεροι εργαζόμενοι στην εταιρεία κάνουν απεργία.

staff 1 *ουσ.αρ.* [ειδικά εργαζόμενοι σε γραφείο ή επαγγελματίες] προσωπικό *We have an accountant on our staff.* Έχουμε έναν λογιστή στο προσωπικό μας. *Pupils should show respect to members of staff.* Οι μαθητές πρέπει να σέβονται τα μέλη του προσωπικού. (σαν *επίθ.*) *staff meeting* συνεδρίαση του προσωπικού **2** *ουσ. πληθ.* [μέλη τέτοιας ομάδας] προσωπικό, μέλη προσωπικού *The staff are all on strike.* Όλο το προσωπικό κάνει απεργία.

staff *ρ.μ.* [κάπως επίσημο] επανδρώνω με προσωπικό (+ **with**) *We will staff the new showroom with experienced salespeople.* Θα επανδρώσουμε το καινούριο σαλόνι επίδειξης με έμπειρους πωλητές.

personnel *ουσ.μ.αρ.* [σε επίσημο περιεχόμενο] προσωπικό *The company keeps full records on all its personnel.* Η εταιρεία κρατάει πλήρες αρχείο για όλο το προσωπικό. (χρησιμοποιείται σαν *επίθ.*) *personnel manager/department* διευθυντής/τμήμα προσωπικού

colleague *ουσ.αρ.* συνάδελφος *He gets on well with his colleagues.* Τα πάει καλά με τους συναδέλφους του.

271.4 Ανώτερο προσωπικό

supervisor *ουσ.αρ.* επόπτης

foreman *ουσ.αρ.*, *πληθ.* **foremen** επιστάτης
forewoman *ουσ.αρ.*, *πληθ.* **forewomen** επιστάτρια

boss *ουσ.αρ.* [κάπως ανεπίσημο] αφεντικό *My boss let me go home early.* Το αφεντικό μου με άφησε να πάω σπίτι νωρίς.

manager *ουσ.αρ.* διευθυντής *financial/personnel manager* οικονομικός διευθυντής/διευθυντής προσωπικού *bank/hotel manager* διευθυντής τράπεζας/ξενοδοχείου *the manager of a record store/football team* ο διευθυντής ενός καταστήματος δίσκων/μάνατζερ ποδοσφαιρικής ομάδας

manage *ρ.μ.α.* [αντικ.: π.χ. εταιρεία, τμήμα] διευθύνω, διοικώ *The company has been badly managed for years.* Η εταιρεία έχει διοικηθεί πολύ άσχημα για χρόνια.

management *ουσ.* **1** *ουσ.μ.αρ.* [δραστηριότητα, δεξιότητες] διεύθυνση *The company is successful as a result of good management.* Η εταιρεία είναι επιτυχημένη σαν αποτέλεσμα καλής διοίκησης. **2** *ουσ.* (+ *ρ.* στον ενικ. ή πληθ.) [διευθυντής/–ές μιας εταιρείας, κτλ.] διεύθυνση

(The) management has/have rejected the workers' demands. Η διεύθυνση έχει απορρίψει τα αιτήματα των εργαζομένων. *a change of management* αλλαγή διεύθυνσης

director *ουσ.αρ.* **1** [ένας από ομάδα ανώτερων διευθυντών που αποφασίζουν για την τακτική μιας εταιρείας] διευθυντής *financial director* οικονομικός διευθυντής *the directors of a football club* οι διευθυντές (μάνατζερ) ποδοσφαιρικής ομάδας *managing director* γενικός διευθυντής *board of directors* συμβούλιο των διευθυντών **2** [αρχηγός οργανισμού, έργου, κτλ.] διευθυντής *the director of the research institute/programme* ο διευθυντής του ιδρύματος/προγράμματος ερευνών

executive *ουσ.αρ.* [ανώτερος διευθυντής, σπουδαίος επιχειρηματίας] ανώτερος υπάλληλος *company executive* υπάλληλος επιχείρησης με διοικητικά καθήκοντα

employer *ουσ.αρ.* [πρόσωπο ή εταιρεία] εργοδότης *Obtain this form from your employer.* Πάρε/Ζήτησε αυτό το έντυπο από τον εργοδότη σου. *The factory is a major employer in this area.* Το εργοστάσιο είναι σημαντική πηγή απασχόλησης σε αυτήν την περιοχή.

271.5 Περίοδοι απασχόλησης

part-time *επίθ.* [περιγράφει: π.χ. δουλειά] μερική απασχόληση
part-time *επίρρ.* με μερική απασχόληση *to work part-time* δουλεύω με μερική απασχόληση

full-time *επίθ.* [περιγράφει: π.χ. δουλειά, φοιτητή] πλήρη απασχόληση
full-time *επίρρ.* με πλήρη απασχόληση *to work full-time* έχω πλήρη απασχόληση

temporary *επίθ.* προσωρινός *δες επίσης **29 Be**

permanent *επίθ.* μόνιμος *δες επίσης **29 Be**

overtime *ουσ.μ.αρ.* **1** υπερωρία *to work overtime* κάνω υπερωρία *I did five hours' overtime last week.* Έκανα/δούλεψα πέντε ώρες υπερωρία την περασμένη εβδομάδα. (σαν *επίθ.*) *overtime payments/rates* πληρωμή/αμοιβή υπερωρίας **2** [χρήματα που παίρνει κανείς] υπερωρία *I get paid overtime for working on Saturdays.* Πληρώνομαι υπερωρία που δουλεύω τις Κυριακές.

271.6 Βιομηχανικές σχέσεις

union Ή **trade union** (*Βρετ.*), **labor union** (*Αμερ.*) *ουσ.αρ.* (+ *ρ.* στον ενικ. ή πληθ.) συνδικάτο, σωματείο *Do you belong to a union?* Ανήκεις σε συνδικάτο; *the National Union of Teachers* η Εθνική Ένωση Διδασκάλων (χρησιμοποιείται σαν *επίθ.*) *union members* μέλη του σωματείου **trade unionist** *ουσ.αρ.* συνδικαλιστής

strike *ουσ.αρ.* απεργία *to be on strike* κάνω απεργία *to go on strike* κατεβαίνω σε απεργία (+ **for**) *The miners are on strike for higher pay.* Οι ανθρακωρύχοι απεργούν για υψηλότερη αμοιβή.

strike *ρ.α.*, *αόρ. & μτχ. αορ.* **struck** (συχνά + **for**) απεργώ *The miners may strike for higher pay.* Οι ανθρακωρύχοι μπορεί να απεργήσουν για υψηλότερη αμοιβή. **striker** *ουσ.αρ.* απεργός

picket *ρ.μ.α.* κάνω πικετοφορία, φρουρώ (π.χ. εργοστάσιο) για να εμποδίσω τη διέλευση απεργοσπαστών *They picketed the factory.* Κάνανε πικετοφορία έξω από το εργοστάσιο.

picket *ουσ.αρ.* **1** [ένα άτομο] απεργός **2** ομάδα απεργών που κάνουν πικετοφορία
picket line *ουσ.αρ.* οι απεργοί *on the picket line* με τους απεργούς *to cross the picket line* είμαι απεργοσπάστης

271.7 Βρίσκω δουλειά

apply ρ.α. (συχνά + **for**) κάνω αίτηση She's applied for the post of assistant manager. Έχει κάνει αίτηση για τη θέση του βοηθού διευθυντή.

application ουσ.αρ. αίτηση There have been hundreds of applications for this job. Έχουν γίνει εκατοντάδες αιτήσεις γι αυτή τη δουλειά. (σαν επίθ.) application form έντυπο αίτησης **applicant** ουσ.αρ. αιτών

interview ουσ.αρ. συνέντευξη (συχνά + **for**) They're holding interviews for the post of assistant manager. Παίρνουν συνεντεύξεις από υποψηφίους για τη δουλειά του βοηθού διευθυντή. *δες επίσης **351 Ask**

interview ρ.μ.α. παίρνω συνέντευξη She's been interviewed for the post of assistant manager. Της πήραν συνέντευξη για τη θέση του βοηθού διευθυντή. **interviewer** ουσ.αρ. άτομο που παίρνει τη συνέντευξη **interviewee** ουσ.αρ. άτομο που δίνει τη συνέντευξη

appoint ρ.μ. (συχνά + **to**) [δίνω σε κάποιον μια ορισμένη δουλειά, ειδικά σε ανώτερο επίπεδο] διορίζω They're going to appoint a new assistant manager. Θα διορίσουν έναν καινούριο βοηθό διευθυντή. He's been appointed to the post of assistant manager. Έχει διοριστεί στη θέση του βοηθού διευθυντή.

appointment ουσ. 1 ουσ.μ.αρ. διορισμός The report recommends the appointment of a safety officer. Η αναφορά προτείνει το διορισμό ενός αξιωματικού υπεύθυνου για την ασφάλεια. 2 ουσ.αρ. διορισμός The company newsletter gives details of new appointments. Η εφημερίδα της εταιρείας δίνει πληροφορίες για τους νέους διορισμούς.

engage ρ.μ. [κάπως επίσημο. Αντικ.: καινούριο εργαζόμενο] προσλαμβάνω The hotel has engaged a new receptionist. Το ξενοδοχείο έχει προσλάβει έναν καινούριο υπάλληλο για τη ρεσεψιόν. (συχνά + **as**) I've engaged him as my personal assistant. Τον έχω προσλάβει σαν προσωπικό βοηθό μου.

take on sb 'ή **take** sb **on** ρ.μ.πρφ. [λιγότερο επίσημο από το **engage**] προσλαμβάνω The company isn't taking on any new staff at the moment. Η εταιρεία δεν προσλαμβάνει καινούριο προσωπικό προς το παρόν.

hire ρ.μ. [στα Βρετανικά Αγγλικά ειδικά, σημαίνει προσωρινά ή τυχαία] προσλαμβάνω (συχνά + **to** + ΑΠΑΡΕΜΦΑΤΟ) He hired a private detective to follow his wife. Προσέλαβε έναν ιδιωτικό ντετέκτιβ για να παρακολουθεί τη γυναίκα του. *δες επίσης **262 Doing business**

promote ρ.μ. (συχνά + **to**) προάγω He was promoted to (the rank of) colonel. Προήχθηκε στο βαθμό του συνταγματάρχη.

promotion ουσ.μ.αρ.αρ. προαγωγή She's hoping for promotion. Ελπίζει για προαγωγή. a job with good promotion prospects μια δουλειά με καλές προοπτικές προαγωγής

271.8 Αφήνω τη δουλειά μου

resign ρ.α.μ. (συχνά + **from**) παραιτούμαι She resigned from the company because of disagreements with her colleagues.

Παραιτήθηκε από την (δουλειά της στην) εταιρεία εξ αιτίας διαφωνιών με τους συναδέλφους της. He's resigned his post. Παραιτήθηκε από τη θέση του.

resignation ουσ.αρ.μαρ. παραίτηση She's handed in her resignation. Έχει υποβάλει την παραίτησή της.

retire ρ.α. [σταματώ τη δουλειά λόγω ηλικίας] αποσύρομαι, βγαίνω στη σύνταξη (+ **from**) He's retired from the school where he taught for forty years. Αποχώρησε από το σχολείο όπου δίδαξε για σαράντα χρόνια. a retired civil servant ένας συνταξιούχος δημόσιος υπάλληλος

retirement ουσ.μ.αρ.αρ. συνταξιοδότηση to take **early retirement** βγαίνω στη σύνταξη νωρίτερα από το κανονικό όριο ηλικίας (παίρνω μειωμένη σύνταξη) (σαν επίθ.) What's the retirement age in your country? Ποιο είναι το όριο ηλικίας για συνταξιοδότηση στη χώρα σου; a retirement present δώρο σε κάποιον με την ευκαιρία της αποχώρησής του από την υπηρεσία

notice ουσ.μ.αρ. 1 [δίνεται από το εργαζόμενο στον εργοδότη] παραίτηση I've handed in my notice. Έχω υποβάλει την παραίτησή μου. 2 [δίνεται από τον εργοδότη στον εργαζόμενο] κοινοποίηση της λήξης σύμβασης (εργασίας), απόλυση The company has given her a month's notice. Η εταιρεία της έχει κοινοποιήσει ότι η σύμβαση εργασίας της θα λήξει τον επόμενο μήνα.

redundant (Βρετ.) επίθ. [κάποιος που έχει χάσει τη δουλειά του επειδή η εταιρεία χρειάζεται λιγότερους εργαζόμενους] άνεργος, υπεράριθμος redundant steelworkers άνεργοι εργάτες στα χαλυβουργεία to make sb **redundant** απολύω κάποιον σαν υπεράριθμο

redundancy ουσ. 1 ουσ.μ.αρ. απόλυση λόγω περιορισμένων θέσεων voluntary redundancy εθελοντική αποχώρηση (σαν επίθ.) redundancy pay αποζημίωση 2 ουσ.αρ. απόλυση The company has announced 200 redundancies. Η εταιρεία έχει ανακοινώσει ότι θα απολύσει 200 εργαζόμενους λόγω έλλειψης εργασίας.

dismiss ρ.μ. (συχνά + **for, from**) [κάπως επίσημο] απολύω The company dismissed her for unpunctuality. Η εταιρεία την απέλυσε επειδή δεν ερχόταν στή δουλειά στην ώρα της. He was dismissed from the company. Απολύθηκε από τη (δουλειά του στην) εταιρεία.

dismissal ουσ.μ.αρ.αρ. απόλυση unfair dismissal άδικη απόλυση

sack (κυρίως Βρετ.), **fire** (κυρίως Αμερ.) ρ.μ. (συχνά + **for, from**) [ανεπίσημο] απολύω They sacked him for continually being late. Τον απέλυσαν επειδή συνεχώς πήγαινε αργά στη δουλειά. You're fired! Απολύεσαι! **sacking** ουσ.μ.αρ.αρ. απόλυση

sack ουσ.μ.αρ. (Βρετ.) (πάντα + **the**) απόλυση She was threatened with the sack. Απειλήθηκε με απόλυση. to give sb/to get the sack απολύω/απολύομαι

lay sb **off** 'ή **lay off** sb ρ.μ.πρφ. [σταματάω να απασχολώ (κάποιον εργαζόμενο) τελείως, ή όσο δεν υπάρχει δουλειά] βάζω σε διαθεσιμότητα We've had to lay off 50 people. Αναγκαστήκαμε να βάλουμε 50 άτομα σε διαθεσιμότητα. I was laid off for three weeks. Ήμουν σε διαθεσιμότητα για τρεις εβδομάδες.

272 The office Το γραφείο

δες επίσης **296 Computers**

office ουσ.αρ. 1 [τόπος εργασίας] γραφείο I've had a hard day at the office. Πέρασα μια δύσκολη μέρα στο γραφείο. (χρησιμοποιείται σαν επίθ.) office equipment/workers

εξοπλισμός γραφείου/εργαζόμενοι σε γραφείο an office block κτίριο που αποτελείται από γραφεία 2 [εταιρείας, οργανισμού] υπηρεσία the local tax office η τοπική εφορία the company's **head office** τα κεντρικά γραφεία/κεντρικές υπηρεσίες της εταιρείας 3 [διευθυντή, κτλ.] γραφείο *Come into my office.* Έλα στο γραφείο μου.

272.1 Εξοπλισμός γραφείου

file *ουσ.αρ.* φάκελος ταξινόμησης εγγράφων

filing cabinet *ουσ.αρ.* ντουλάπι για ταξινομημένα έγγραφα

file *ουσ.αρ.* φάκελος, αρχείο (+ **on**) *The social services department has a file on him.* Το τμήμα κοινωνικών υπηρεσιών έχει το φάκελό του στα αρχεία. *We will keep your details on file.* Θα κρατήσουμε τα χαρτιά σου (π.χ. το βιογραφικό σου σημείωμα) στο αρχείο μας.

file *ρ.μ.α.* [αντικ.: έγγραφα] ταξινομώ σε αρχείο *The personnel records are filed alphabetically.* Οι φάκελοι του προσωπικού έχουν ταξινομηθεί με αλφαβητική σειρά. (συχνά + **under**) *File this letter under 'Enquiries'.* Βάλε αυτό το γράμμα στο φάκελο «πληροφορίες». **filing** *ουσ.μ.αρ.* ταξινόμηση (εγγράφων σε φακέλους)

photocopier Ή **photocopy(ing) machine** *ουσ.αρ.* φωτοτυπικό μηχάνημα

photocopy *ουσ.αρ.* (συχνά + **of**) φωτοτυπία *a photocopy of your birth certificate* φωτοτυπία του πιστοποιητικού γεννήσεώς σου *to take a photocopy of sth* βγάζω κάτι φωτοτυπία **photocopy** *ρ.μ.* φωτοτυπώ

fax *ουσ.αρ.* 1 ΕΠΙΣΗΣ **fax machine** μηχανή φαξ *a message sent by fax* ένα μήνυμα που στέλνεται με φαξ (σαν *επίθ.*) *fax number* αριθμός του φαξ 2 [μήνυμα, γράμμα, κτλ.] φαξ, φωτομήνυμα *to send a fax to sb* στέλνω φαξ σε κάποιον

fax *ρ.μ.* 1 [αντικ.: πρόσωπο, εταιρεία] στέλνω φαξ/φωτομήνυμα σε *You can fax me at the following*

number. Μπορείς να μου στείλεις φαξ στον παρακάτω αριθμό. 2 (συχνά + **to**) [αντικ.: μήνυμα, έγγραφο] στέλνω με φαξ σε *I've faxed the invoice (through) to New York.* Έχω στείλει το τιμολόγιο με το φαξ στη Νέα Υόρκη.

in-tray *ουσ.αρ.* εισερχόμενα

out-tray *ουσ.αρ.* εξερχόμενα

272.2 Προσωπικό γραφείου

secretary *ουσ.αρ.* γραμματέας

secretarial *επίθ.* του/της γραμματέως *secretarial work* δουλειά γραμματέα *a secretarial college* σχολή γραμματέων

clerk *ουσ.αρ.* [εργαζόμενος σε γραφείο, ειδικά κατώτερης βαθμίδας] κλητήρας *accounts/bank/filing clerk* κλητήρας λογιστηρίου/τράπεζας/ταξινόμησης εγγράφων

clerical *επίθ.* [κάπως επίσημο. Περιγράφει: π.χ. δουλειά, εργαζόμενο] του γραφείου

typist *ουσ.αρ.* δακτυλογράφος *a shorthand typist* στενοδακτυλογράφος

receptionist *ουσ.αρ.* [που συναλλάσσεται με άτομα που μόλις φτάνουν σε ξενοδοχείο, γραφείο, κτλ.] υπάλληλος υποδοχής *a hotel/doctor's receptionist* ο υπάλληλος στη ρεσεψιόν ενός ξενοδοχείου/γιατρού

temp *ουσ.αρ.* [προσωρινή γραμματέας, δακτυλογράφος, κτλ.] προσωρινός (αντικαταστάτης) *The secretary's ill; we'll have to get a temp in.* Η γραμματέας είναι άρρωστη. Θα χρειαστεί να φέρουμε μια προσωρινή αντικαταστάτρια.

273 Shops Μαγαζιά

δες επίσης *L12 Shopping*

shop (κυρίως Βρετ.), **store** (κυρίως Αμερ.) *ουσ.αρ.* κατάστημα, μαγαζί *antique/cake/sports shop* μαγαζί αντικών/γλυκών/αθλητικών ειδών *I've been to the shops.* Πήγα στα μαγαζιά. (σαν *επίθ.*) *shop window* βιτρίνα

shop *ρ.α.*, **-pp-** (συχνά + **for**) [αγοράζω πράγματα που χρειάζομαι, κυρίως τρόφιμα και είδη για το σπίτι] ψωνίζω *I usually shop on Saturdays/at the supermarket.* Συνήθως ψωνίζω το Σάββατο/στο σουπερμάρκετ. *to go shopping* πηγαίνω για ψώνια *I went shopping for clothes.* Πήγα να ψωνίσω ρούχα. **shopper** *ουσ.αρ.* αγοραστής

shopping *ουσ.μ.αρ.* 1 [δραστηριότητα] ψώνια *We usually do our shopping on Saturday.* Συνήθως κάνουμε τα ψώνια μας το Σάββατο. *Christmas shopping* Χριστουγεννιάτικα ψώνια (σαν *επίθ.*) *shopping bag* τσάντα για ψώνια 2 [αντικείμενα που αγοράζονται] ψώνια *She put her shopping down on the table.* Έβαλε τα ψώνια της στο τραπέζι. (σαν *επίθ.*) *shopping basket/list* καλάθι/κατάλογος για τα ψώνια

χρήση

Προσέξτε, το **shopping** δεν αναφέρεται σε χώρο, και προσέχετε να μη το συγχέετε με το **shop** (μαγαζί) ή το **shopping centre** (εμπορικό κέντρο).

store *ουσ.αρ.* 1 (Βρετ.) [μεγάλο κατάστημα] κατάστημα *the big stores in town* τα μεγάλα καταστήματα στο κέντρο της πόλης *furniture/electrical store* κατάστημα επιπλώσεων/ηλεκτρικών ειδών 2 (Αμερ.) [οποιοδήποτε κατάστημα] κατάστημα, μαγαζί

department store *ουσ.αρ.* [που πουλάει πολλά διαφορετικά είδη, συχνά σε περισσότερα από ένα πατώματα] πολυκατάστημα

shopping centre (Βρετ.), **shopping mall** (Αμερ.) *ουσ.αρ.* εμπορικό κέντρο

supermarket *ουσ.αρ.* σουπερμάρκετ

market *ουσ.αρ.* αγορά (λαϊκή) *vegetable market* αγορά λαχανικών (σαν *επίθ.*) *market day* ημέρα (λαϊκής) αγοράς

stall *ουσ.αρ.* [κυρίως προσωρινός, με ανοιχτές πλευρές] πάγκος *He has a stall at the market.* Έχει ένα πάγκο στη λαϊκή αγορά *flower/souvenir stall* πάγκος που πουλάει λουλούδια/σουβενίρ **stallholder** *ουσ.αρ.* λιανοπωλητής

kiosk *ουσ.αρ.* (κυρίως Βρετ.) [μικρό, περιφραγμένο υπόστεγο, που πουλάει εισιτήρια, κτλ.] περίπτερο, κιόσκι

χρήση

Όταν η ίδια λέξη μπορεί να αναφέρεται και στο μαγαζί και στον μαγαζάτορα, είναι συνηθισμένο να προσθέτουμε το κτητικό **'s** σαν έναν εναλλακτικό τρόπο για να αναφερθούμε στο μαγαζί. Το **'s** είναι σχεδόν υποχρεωτικό μετά την πρόθεση **at**:

Is there a butcher('s) near here? Υπάρχει κρεοπωλείο εδώ κοντά;

I bought some toothpaste at the chemist's. Αγόρασα οδοντόκρεμα από το φαρμακείο.

counter
πάγκος

(shop) assistant (Βρετ.), (sales) clerk (Αμερ.)
υπάλληλος καταστήματος, πωλητής

cash register
ταμείο

shopkeeper (Βρετ.),
storekeeper (Αμερ.)
καταστηματάρχης

(shopping) trolley (Βρετ.),
shopping cart (Αμερ.)
καροτσάκι για τα ψώνια

till ταμείο

carrier bag (Βρετ.),
grocery bag (Αμερ.)
σακούλα για/με τα
ψώνια

checkout ταμείο

ΚΕΝΤΡΙΚΑ ΜΑΓΑΖΙΑ

baker *ουσ.αρ.* 1 [κατάστημα] αρτοπωλείο
2 [καταστηματάρχης] αρτοποιός, αρτοπώλης

bookshop (*κυρίως Βρετ.*), **bookstore** (*κυρίως Αμερ.*)
ουσ.αρ. βιβλιοπωλείο

stationer *ουσ.αρ.* χαρτοπώλης

butcher *ουσ.αρ.* 1 [κατάστημα] κρεοπωλείο
2 [καταστηματάρχης] κρεοπώλης

chemist *ουσ.αρ.* (*Βρετ.*) 1 ΕΠΙΣΗΣ **pharmacy** (*Αμερ.*)
[κατάστημα] φαρμακείο 2 ΕΠΙΣΗΣ **druggist** (*Αμερ.*)
[καταστηματάρχης] φαρμακοποιός *δες επίσης **126 Cures**

drugstore *ουσ.αρ.* (*Αμερ.*) [πουλάει φάρμακα και γιατρικά
αλλά επίσης πολλά άλλα πράγματα όπως χαρτικά είδη, είδη
καθαρισμού, παιχνίδια, κτλ.] φαρμακείο

dairy *ουσ.αρ.* 1 [μαγαζί που πουλάει γάλα, βούτυρο, τυρί,
κτλ.] γαλακτοπωλείο 2 (*συχνά πληθ.*) [μικρή επιχείρηση που
παραδίδει γάλα στο σπίτι] γαλατάς *Our milk is delivered by
United Dairies.* Το γάλα μας το φέρνει στο σπίτι η εταιρεία
Ενωμένων Γαλακτοπωλών.

delicatessen *ουσ.αρ., σύντ.* **deli** [μαγαζί ή μέρος μεγάλου
καταστήματος ή σουπερμάρκετ που πουλάει αλλαντικά,
τυρί, σαλάτες, και διάφορα τρόφιμα εισαγωγής]

fishmonger *ουσ.αρ.* (*κυρίως Βρετ.*) 1 [μαγαζί] ιχθυοπωλείο
2 [καταστηματάρχης] ιχθυοπώλης

florist *ουσ.αρ.* 1 [μαγαζί] ανθοπωλείο 2 [καταστηματάρχης]
ανθοπώλης

garden centre (*Βρετ.*), **garden center** (*Αμερ.*) *ουσ.αρ.*
κέντρο πώλησης φυτών

greengrocer *ουσ.αρ.* (*κυρίως Βρετ.*) 1 [μαγαζί που πουλάει
φρούτα και λαχανικά] μανάβικο 2 [καταστηματάρχης]
μανάβης

grocer *ουσ.αρ.* 1 [μαγαζί που πουλάει γενικά είδη
τροφίμων] παντοπωλείο 2 [καταστηματάρχης] παντοπώλης

grocery *ουσ.* 1 *ουσ.αρ.* (*πάντα πληθ.*) [γενικά είδη τροφίμων
που αγοράζει κανείς] είδη μπακαλικής *We need to buy some
groceries.* Χρειαζόμαστε είδη μπακαλικής. 2 *ουσ.αρ.*
[μαγαζί] παντοπωλείο 3 *ουσ.μ.αρ.* [επιχείρηση, επάγγελμα
παντοπώλη] επιχείρηση, επάγγελμα παντοπώλη *the grocery
trade* το επάγγελμα του παντοπώλη

hardware store *ουσ.αρ.* μαγαζί που πουλάει εργαλεία, είδη
κουζίνας, κτλ.

ironmonger *ουσ.αρ.* (*κυρίως Βρετ.*) 1 [κάπως πιο
παλιομοδίτικο από το **hardware store**] σιδερικά
2 [καταστηματάρχης] σιδεροπώλης

newsagent *ουσ.αρ.* (*Βρετ.*) 1 [μαγαζί που πουλάει
εφημερίδες, κτλ., και, συχνά, επίσης τσιγάρα και γλυκά]
εφημεριδοπώλης 2 ΕΠΙΣΗΣ **newsstand** πάγκος εφημερίδων

off-licence (*Βρετ.*), **liquor store** (*Αμερ.*) *ουσ.αρ.* [μαγαζί
όπου αγοράζονται αλκοολούχα ποτά για κατανάλωση
αλλού] κάβα ποτών

post office *ουσ.αρ.* 1 [συγκεκριμένο υποκατάστημα]
ταχυδρομείο *I bought some stamps at the post office.* Αγόρασα
μερικά γραμματόσημα από το ταχυδρομείο. 2 (*πάντα + **the***)
[οργανισμός] ταχυδρομείο *He works for the Post Office.*
Δουλεύει στο Ταχυδρομείο.

274 Work Δουλειά

δες επίσης 262 Doing business, 271 Employment, 276 Try

work *ουσ.μ.αρ.* 1 [σωματική ή πνευματική δραστηριότητα
για να πετύχουμε κάτι] εργασία, δουλειά *It must have been
hard work, moving all that furniture.* Πρέπει να απαίτησε
σκληρή δουλειά η μεταφορά όλων εκείνων των επίπλων.
The students were hard at work in the library. Οι μαθητές
είχαν πέσει με τα μούτρα στο διάβασμα στη βιβλιοθήκη.
2 [το αποτέλεσμα] δουλειά *The teacher looked at the
children's work.* Ο δάσκαλος εξέτασε τη δουλειά των
παιδιών.

work *ρ.α.* δουλεύω *Don't disturb me while I'm working.* Μη
με ενοχλείς όσο δουλεύω. *He usually works in the garden at
weekends.* Συνήθως δουλεύει στον κήπο τα

Σαββατοκύριακα. (+ **on**) *I'm working on a new novel.*
Γράφω ένα καινούριο μυθιστόρημα.

worker *ουσ.αρ.* εργάτης, εργαζόμενος *She's a good/hard
worker.* Είναι άτομο που δουλεύει καλά/σκληρά.

274.1 Σκληρή δουλειά

labour (*Βρετ.*), **labor** (*Αμερ.*) *ουσ.μ.αρ.αρ.* (*συχνά πληθ.*)
[πιο επίσημο από το **work**. Συνήθως δηλώνει τη δουλειά
που γίνεται για άλλους] εργασία, κόπος *The job doesn't
involve any manual labour.* Η δουλειά δεν περιλαμβάνει
καθόλου χειρωνακτική εργασία. *Thanks to our labours, the*

project was a success. Χάρη στους κόπους μας, το έργο πέτυχε.

labour (Βρετ.), **labor** (Αμερ.) ρ.α. μοχθώ, κοπιάζω He's still labouring away in the same old job. Ακόμα μοχθεί στην ίδια δουλειά. We laboured hard to make the project a success. Μοχθήσαμε για να πετύχει το έργο.

slave ρ.α. (συχνά + **away**) [κάπως ανεπίσημο. Δουλεύω πολύ σκληρά, συχνά για να υπηρετήσω άλλους] δουλεύω σαν σκλάβος His wife was slaving (away) in the kitchen. Η γυναίκα του δούλευε σαν σκλάβα στην κουζίνα.

toil ρ.α. (συχνά + **away**) [πιο επίσημο ή λογοτεχνικό από το **labour**. Δουλεύω πολύ σκληρά για κάτι που δεν μου αρέσει] μοχθώ, κοπιάζω We could see peasants toiling (away) in the fields. Βλέπαμε τους χωρικούς να μοχθούν στους αγρούς.

toil ουσ.μ.αρ.αρ. (συχνά πληθ.) μόχθος a life of constant toil ζωή με συνεχείς μόχθους

drudge ουσ.αρ. [άτομο που κάνει βαρετή ή ευτελή δουλειά] είλωτας I'm not going to be your drudge! Δε θα γίνω σκλάβος σου! **drudge** ρ.α. μοχθώ, δουλεύω σαν σκλάβος

drudgery ουσ.μ.αρ. μόχθος, αγγαρεία Many women live a life of drudgery. Πολλές γυναίκες ζουν μια ζωή γεμάτη μόχθο.

strain ουσ.μ.αρ.αρ. [δυσάρεστα αποτελέσματα που έχει η σκληρή δουλειά ή προσπάθεια πάνω σε ένα άτομο. Συνήθως αναφέρεται σε πνευματική κατάσταση] ένταση, υπερκόπωση I left the job because I couldn't stand the strain. Άφησα τη δουλειά επειδή δε μπορούσα να αντέξω την ένταση. I've been **under** a great deal of **strain** recently. Έχω υποστεί πολλή ένταση τώρα τελευταία.

strain ρ.α.μ. 1 [χρησιμοποιώ όσο είναι δυνατό] ζορίζω (+ ΑΠΑΡΕΜΦΑΤΟ) They were straining (their eyes) to see. Ζόριζαν τα μάτια τους για να δουν. The weightlifter was straining every muscle. Ο αρσιβαρίστας έβαζε σε ένταση κάθε μυ του. 2 [προκαλώ ζημιά από το ζόρι. Αντικ.: π.χ. μάτια, μύες] ζορίζω Her silly behaviour has been straining our patience. Η ανόητη συμπεριφορά της έχει κουράσει την υπομονή μας. *δες επίσης **256 Tension**

exert oneself ρ.α. [κάνω μεγάλη ή υπερβολική προσπάθεια] ζορίζομαι, προσπαθώ υπερβολικά The doctor warned me not to exert myself. Ο γιατρός με προειδοποίησε να μην κουράζομαι υπερβολικά.

exertion ουσ.μ.αρ.αρ. υπερβολική προσπάθεια the effects of physical exertion τα αποτελέσματα της υπερβολικής σωματικής προσπάθειας In spite of our exertions, the work was not completed on time. Παρά τις μεγάλες προσπάθειές μας, η δουλειά δεν περατώθηκε εγκαίρως.

274.2 Δουλεύω αποτελεσματικά

efficient επίθ. [κάνω καλή, οικονομική χρήση των διαθέσιμων πόρων, χρόνου, κτλ. Περιγράφει: π.χ. εργαζόμενο, μέθοδο, εργοστάσιο] αποτελεσματικός,

αποδοτικός Modern, more efficient machinery would produce the goods more cheaply. Σύγχρονες πιο αποτελεσματικές μηχανές θα μπορούσαν να παράγουν τα αγαθά πιο φτηνά. **efficiently** επίρρ. αποτελεσματικά, επιδέξια **efficiency** ουσ.μ.αρ. ικανότητα, αποδοτικότητα

effective επίθ. [περιγράφει: π.χ. μέθοδο, θεραπεία] αποτελεσματικός Which washing powder did you find most effective? Ποια σκόνη πλυσίματος βρήκες πιο αποτελεσματική; **effectively** επίρρ. αποτελεσματικά **effectiveness** ουσ.μ.αρ. αποτελεσματικότητα

cooperate ρ.α. (συχνά + **with**) συνεργάζομαι The arrested man was willing to cooperate with the police. Ο συλληφθείς ήταν πρόθυμος να συνεργαστεί με την αστυνομία. (+ **to** + ΑΠΑΡΕΜΦΑΤΟ) Countries should cooperate to solve environmental problems. Οι χώρες πρέπει να συνεργαστούν για να λύσουν τα περιβαλλοντικά προβλήματα.

cooperation ουσ.μ.αρ. συνεργασία Thank you for your cooperation. Ευχαριστώ για τη συνεργασία σου. (+ **between**) There has been a great deal of cooperation between the police and the public. Υπήρξε μεγάλη συνεργασία ανάμεσα στην αστυνομία και το κοινό. These problems can be solved by industry **in cooperation with** the government. Αυτά τα προβλήματα μπορούν να λυθούν από τη βιομηχανία σε συνεργασία με τη κυβέρνηση.

274.3 Συγκεκριμένες δουλειές

job ουσ.αρ. δουλειά Painting the ceiling will be a difficult job. Το βάψιμο της οροφής θα είναι δύσκολη δουλειά. *δες επίσης **271 Employment**

task ουσ.αρ. [πιο επίσημο από το **job**] εργασία, αποστολή The robot can carry out a variety of tasks. Το ρομπότ μπορεί να κάνει διάφορες δουλειές. The government's main task will be to reduce unemployment. Η κύρια αποστολή της κυβέρνησης θα είναι να ελαττώσει την ανεργία.

chore ουσ.αρ. 1 [δουλειά του σπιτιού, π.χ. πλύσιμο των πιάτων, ξεσκόνισμα] μικροδουλειά Cleaning the bathroom is my least favourite chore. Το καθάρισμα του μπάνιου είναι η δουλειά που μου αρέσει λιγότερο. 2 (δεν έχει πληθ.) [κάπως ανεπίσημο. Βαρετή ή δυσάρεστη, αλλά αναγκαία, δραστηριότητα] αγγαρεία Writing Christmas cards is such a chore. Το να γράφεις Χριστουγεννιάτικες κάρτες είναι αγγαρεία.

errand ουσ.αρ. [περιλαμβάνει μια μικρή διαδρομή, π.χ. για να αγοράσεις κάτι] θέλημα Will you **run an errand** for me? Θα πας να μου κάνεις ένα θέλημα;

assignment ουσ.αρ. 1 [δίνεται σε κάποιον σαν μέρος των καθηκόντων του. Συχνά ειδικής φύσης ή πρόκληση για επίτευξη δύσκολου σκοπού] ανάθεση, έργο Infiltrating the gang was the most dangerous assignment I've ever had. Το να διεισδύσω μέσα στην σπείρα ήταν η πιο επικίνδυνη αποστολή που μου είχαν ποτέ αναθέσει. **2** (κυρίως Αμερ.) [μελέτη στο σπίτι] μαθήματα/εργασία για το σπίτι The teacher hasn't given us an assignment this week. Ο δάσκαλος δε μας έχει βάλει δουλειά για το σπίτι αυτή τη βδομάδα.

mission ουσ.αρ. [κυρίως για στρατιώτες, κατάσκοπο, κτλ. ή διαστημόπλοιο] αποστολή Your mission is to capture the enemy commander. Η αποστολή σας είναι να αιχμαλωτίσετε τον διοικητή των εχθρών. the Apollo missions οι αποστολές Απόλλων

274.4 Καθήκον και υποχρέωση

duty ουσ.αρ.μ.αρ. καθήκον to do one's duty κάνω το καθήκον μου Your duties include answering the telephone. Στα καθήκοντά σου περιλαμβάνεται το να απαντάς στο τηλέφωνο. It is my duty to inform you of your rights. Είναι καθήκον μου να σε πληροφορήσω ποια είναι τα δικαιώματά σου. Are those police officers **on/off duty**? Είναι εκείνοι οι αστυνομικοί σε ώρα/εκτός υπηρεσίας;

obliged (κυρίως Βρετ.), **obligated** (Αμερ.) επίθ. (συνήθως + **to** + ΑΠΑΡΕΜΦΑΤΟ) [αναγκασμένος να κάνω κάτι, λόγω των περιστάσεων, καθήκοντος, συνείδησης, κτλ.] υποχρεωμένος I'm obliged to arrest you. Είμαι υποχρεωμένος να σε συλλάβω. I felt obliged to give him his money back. Αισθάνθηκα υποχρεωμένος να του επιστρέψω τα λεφτά του.

obligation ουσ.αρ.μ.αρ. υποχρέωση We have a moral obligation to help the poor. Έχουμε την ηθική υποχρέωση να βοηθήσουμε τους φτωχούς. I'm **under an obligation** not to reveal that information. Έχω (αναλάβει) την υποχρέωση να μην αποκαλύψω αυτή την πληροφορία.

responsible επίθ. **1** (μετά από ρ., συνήθως + **for**) [επικεφαλής] υπεύθυνος The same manager is responsible

for two different departments. Ένας διευθυντής είναι υπεύθυνος για δύο τμήματα. **2** (μετά από ρ., συχνά + **for**, **to**) [υπόλογος] υπεύθυνος The team leader is responsible for the climbers' safety. Ο αρχηγός της ομάδας είναι υπεύθυνος για την ασφάλεια των αναβατών. The government is responsible to Parliament. Η κυβέρνηση είναι υπόλογη στο Κοινοβούλιο. If there's an accident, I'll **hold you** personally **responsible**. Εάν συμβεί ατύχημα, θα σε θεωρήσω προσωπικά υπεύθυνο. **3** [λογικός, αξιόπιστος] υπεύθυνος The children should be looked after by a responsible person. Τα παιδιά πρέπει να τα φροντίζει ένα υπεύθυνο άτομο.

responsibility ουσ. **1** ουσ.αρ.μ.αρ. πληθ. [αποστολή, υποχρέωση] ευθύνη It's a big responsibility, looking after 30 children. Είναι μεγάλη ευθύνη να προσέχει κανείς 30 παιδιά. Your responsibilities include dealing with the public. Οι ευθύνες σου περιλαμβάνουν να συναλλάσσεσαι με το κοινό. **2** ουσ.μ.αρ. [προσόν του να είναι κανείς λογικός, αξιόπιστος] υπευθυνότητα *δες επίσης **291 Cause**

role ουσ.αρ. (συχνά + **in**) [συγκεκριμένη λειτουργία ή σημασία] ρόλος Your role will be to supervise the operation. Ο ρόλος σου θα είναι να επιβλέψεις την επιχείρηση. (+ **as**) The magazine is not fulfilling its role as a forum for new ideas. Το περιοδικό δεν εκπληρώνει το ρόλο του σαν φόρουμ για καινούριες ιδέες.

274.5 Άτομα που υπηρετούν άλλους

servant ουσ.αρ. υπηρέτης The Duke has a lot of servants. Ο Δούκας έχει πολλούς υπηρέτες. the servants' quarters τα δωμάτια των υπηρετών

maid ουσ.αρ. υπηρέτρια

slave ουσ.αρ. σκλάβος (σαν επίθ.) the slave trade το εμπόριο σκλάβων

slavery ουσ.μ.αρ. δουλεία the abolition of slavery η κατάργηση της δουλείας

275 Busy Απασχολημένος

busy επίθ. **1** [που έχει να κάνει πολλά] πολυάσχολος a busy housewife μια πολυάσχολη νοικοκυρά The new boss certainly keeps us busy! Το καινούριο αφεντικό σίγουρα μας δίνει αρκετή δουλειά! I've had a busy day. Είχα να κάνω πολλά σήμερα. **2** (συνήθως μετά από ρ.) [κάνω κάποιο συγκεκριμένο καθήκον] απασχολημένος I can't see you now, I'm busy. Δεν μπορώ να σε δω τώρα, είμαι απασχολημένος. (+ **with**) He was busy with a client. Ήταν απασχολημένος με έναν πελάτη. (+ **-ing**) She was busy cleaning the car. Ήταν απασχολημένη με το να καθαρίζει το αυτοκίνητο. **3** [περιγράφει: π.χ. τόπο, μαγαζί, δρόμο] γεμάτος κίνηση a busy station σταθμός με πολλή κίνηση
busily επίρρ. πολυάσχολα

occupied επίθ. (συνήθως μετά από ρ.) **1** [συγκεντρώνομαι, δουλεύω πάνω σε κάτι] απασχολημένος All the staff are fully occupied. Όλο το προσωπικό είναι πλήρως απασχολημένο. It's difficult to keep the children occupied

for such a long period. Είναι δύσκολο να απασχολήσεις τα παιδιά για τόσο μεγάλο χρονικό διάστημα. **2** [περιγράφει: π.χ. σπίτι, δωμάτιο ξενοδοχείου] κατειλημμένος All the seats were occupied. Όλες οι θέσεις ήταν κατειλημμένες.

occupy ρ.μ. **1** απασχολώ How are you going to occupy yourself/your mind/your time now you've retired? Πώς θα απασχοληθείς τώρα που βγήκες στη σύνταξη; **2** καταλαμβάνω The houses are occupied by immigrant families. Τα σπίτια έχουν καταληφθεί από οικογένειες μεταναστών. The performers' friends occupied the first two rows of seats. Οι φίλοι αυτών που έδιναν την παράσταση κατέλαβαν τις δύο πρώτες σειρές.

overworked επίθ. παραφορτωμένος με δουλειά

overwork ουσ.μ.αρ. υπερβολική δουλειά illness caused by overwork αρρώστια που προκαλείται από την υπερβολική δουλειά **overwork** ρ.α. κουράζομαι υπερβολικά

workaholic ουσ.αρ. [άτομο που δουλεύει υπερβολικά πολύ επειδή οι σκέψεις του διακατέχονται από τη δουλειά του, και κατά συνέπεια χάνει άλλα πράγματα όπως κοινωνικές δραστηριότητες και σχέσεις] εργασιομανής

276 Try Προσπαθώ

try *ρ.* 1 *ρ.α.* (συχνά + **to** + ΑΠΑΡΕΜΦΑΤΟ) προσπαθώ *I tried to lift the suitcase/to persuade her.* Προσπάθησα να σηκώσω τη βαλίτσα/να την πείσω. *You should try harder.* Πρέπει να προσπαθήσεις πιο πολύ. *Try and get here on time.* Προσπάθησε να φτάσεις εγκαίρως/στην ώρα σου. 2 [αντικ.: καινούρια μέθοδο, προϊόν, κτλ.] δοκιμάζω *Have you tried this new washing powder?* Έχεις δοκιμάσει την καινούρια σκόνη πλυσίματος; (+ -ing) *Try turning the key the other way.* Δοκίμασε να (δεις αν ανοίξει η πόρτα αν) γυρίσεις το κλειδί προς την άλλη μεριά.

χρήση

Συγκρίνετε τη σύνταξη **try** + **to** με την **try** + -ing στα παρακάτω παραδείγματα: *Jill tried to take the tablets but they were too big to swallow.* (Η Τζιλ προσπάθησε να πάρει τα χάπια αλλά δεν μπορούσε να τα καταπιεί επειδή ήταν πολύ μεγάλα.) *Jill tried taking the tablets but she still felt sick.* (Η Τζιλ πήρε τα χάπια για να δει αν είχαν αποτέλεσμα αλλά συνέχισε να είναι άρρωστη.) Στο πρώτο παράδειγμα η Τζιλ δεν πήρε τα χάπια επειδή ήταν πολύ μεγάλα. Στο δεύτερο παράδειγμα η Τζιλ πήρε τα χάπια αλλά δεν την έκαναν να αισθανθεί καλύτερα. Μπορούμε να χρησιμοποιήσουμε το **try** + **to** για να αναφερθούμε σε μια προσπάθεια που δεν είναι επιτυχής, ή ηκατά ένα μέρος επιτυχής. Το **try** + -ing χρησιμοποιείται όταν κάποιος επιτελεί αυτό που προσπαθεί να κάνει.

try *ουσ.αρ.* προσπάθεια *'I can't open this jar.' 'Let me have a try.'* «Δεν μπορώ να ανοίξω αυτό το βάζο.» «Άσε με να κάνω μια προσπάθεια.» *The car probably won't start, but it's worth a try.* Το αυτοκίνητο πιθανόν να μην ξεκινήσει αλλά αξίζει μια προσπάθεια.

attempt *ρ.μ.* (συχνά + **to** + ΑΠΑΡΕΜΦΑΤΟ) [πιο επίσημο από το **try**] επιχειρώ, προσπαθώ *The prisoner attempted to escape.* Ο φυλακισμένος επιχείρησε να δραπετεύσει. *She is attempting a solo crossing of the Atlantic.* Επιχειρεί να διασχίσει τον Ατλαντικό μόνη της. *an attempted assassination* απόπειρα δολοφονίας

attempt *ουσ.αρ.* προσπάθεια *He passed his driving test at the first attempt.* Πέρασε τις εξετάσεις οδήγησης με τη πρώτη προσπάθεια. *The guard made no attempt to arrest us.* Ο φύλακας δεν έκανε καμιά προσπάθεια να μας συλλάβει. *The President has offered peace talks **in an attempt to** end the war.* Ο Πρόεδρος έχει προσφερθεί να κάνει ειρηνικές συνομιλίες σε μια προσπάθεια να τελειώσει τον πόλεμο.

bother *ρ.μ.* (συχνά + **to** + ΑΠΑΡΕΜΦΑΤΟ, + -ing) [μπαίνω στον κόπο, κάνω μια προσπάθεια. Συνήθως αρνητικό] νοιάζομαι, σκοτίζομαι *We don't usually bother to lock/locking the door.* Συνήθως δεν ανησυχούμε για το αν είναι κλειδωμένη η πόρτα. (συχνά + **about, with**) *Fill this form in, but don't bother about/with the others.* Συμπλήρωσε αυτό το έντυπο, αλλά μην ανησυχείς για τα άλλα. *I couldn't be bothered writing a letter.* Δεν μπορούσα να σκοτιστώ με το να γράψω γράμμα.

bother *ουσ.μ.αρ.* σκοτούρα, φασαρία *I never write letters; it's too much bother.* Ποτέ δε γράφω γράμματα. Είναι φασαρία. * δες επίσης **244 Problem**

practise (*Βρετ.*), **practice** (*Αμερ.*) *ρ.μ.α.* [βελτιώνω δεξιοτεχνία, κτλ.] εξασκούμαι *an opportunity to practise my French* ευκαιρία να κάνω εξάσκηση στα Γαλλικά μου. (+ -ing) *You need to practise reversing around corners.* Χρειάζεσαι εξάσκηση να στρίβεις με την όπισθεν.

practice *ουσ.μ.αρ.* εξάσκηση *She goes to choir practice after school.* Πηγαίνει να κάνει εξάσκηση στη χορωδία μετά το

σχολείο. *I used to play tennis, but I'm **out of practice**.* Κάποτε έπαιζα τένις αλλά δεν είμαι πια σε φόρμα.

effort *ουσ.* 1 *ουσ.αρ.μαρ.* [σωματική ή πνευματική] προσπάθεια *In spite of all our efforts, the project was a failure.* Παρά τις προσπάθειές μας, το έργο απέτυχε. (+ **to** + ΑΠΑΡΕΜΦΑΤΟ) *It took/was quite an effort to lift that suitcase.* Κατέβαλα μεγάλη προσπάθεια για να σηκώσω την βαλίτσα. (+ **to** + ΑΠΑΡΕΜΦΑΤΟ) *We made a huge effort to persuade her to stay.* Καταβάλαμε μεγάλη προσπάθεια για να την πείσουμε να μείνει. 2 *ουσ.αρ.* [αποτέλεσμα προσπάθειας] προσπάθεια *This essay is a really good effort.* Αυτή η έκθεση είναι μια πραγματικά καλή προσπάθεια.

endeavour (*Βρετ.*), **endeavor** (*Αμερ.*) *ρ.α.* (συνήθως + **to** + ΑΠΑΡΕΜΦΑΤΟ) [επίσημο] προσπαθώ, επιδιώκω *We endeavour to give our customers the best possible service.* Επιδιώκουμε να προσφέρουμε στους πελάτες μας την καλύτερη δυνατή εξυπηρέτηση.

endeavour (*Βρετ.*), **endeavor** (*Αμερ.*) *ουσ.μ.αρ.αρ.* προσπάθεια, απόπειρα *The project failed in spite of our best endeavours.* Το έργο απέτυχε παρά τις καλές προσπάθειές μας.

struggle *ρ.α.* (συχνά + **to** + ΑΠΑΡΕΜΦΑΤΟ) 1 [υπονοεί δυσκολία και επιμονή] αγωνίζομαι, μοχθώ *He was struggling to put up the sail.* Αγωνιζόταν να σηκώσει τα πανιά. (+ **against**) *We were struggling against a powerful enemy.* Αγωνιζόμασταν εναντίον ενός παντοδύναμου εχθρού. (+ **for**) *workers who are struggling for their rights* εργαζόμενοι που αγωνίζονται για τα δικαιώματά τους *I struggled up the hill with my heavy suitcase.* Κατέβαλα μεγάλη προσπάθεια για να ανεβώ την ανηφόρα με τη βαρειά βαλίτσα μου. 2 [υπονοεί πιθανή αποτυχία] αγωνίζομαι *The famine victims are struggling to survive.* Τα θύματα της πείνας αγωνίζονται να επιζήσουν. *a struggling football team* μια ποδοσφαιρική ομάδα που δεν τα πάει καλά

struggle *ουσ.αρ.μ.αρ.* αγώνας, μόχθος *It was a struggle to survive.* Χρειαζόταν αγώνας για την επιβίωση. *the workers' struggle against capitalism* ο αγώνας των εργαζομένων κατά του καπιταλισμού *a life of struggle* μια ζωή γεμάτη αγώνα *There is a **power struggle** within the Party.* Γίνεται αγώνας για την εξουσία μέσα στο Κόμμα. *δες επίσης **243 Difficult, 249 Fight**

campaign *ουσ.αρ.* [οργανωμένη σειρά ενεργειών, στην πολιτική, στον επιχειρησιακό τομέα, κτλ.] εκστρατεία *an election/advertising campaign* προεκλογική/διαφημιστική εκστρατεία (+ **against**, + **to** + ΑΠΑΡΕΜΦΑΤΟ) *They launched a campaign against smoking.* Ξεκίνησαν εκστρατεία κατά του καπνίσματος. (+ **for**) *the campaign for prisoners' rights* η εκστρατεία υπέρ των δικαιωμάτων των φυλακισμένων.

campaign *ρ.α.* κάνω εκστρατεία *They are campaigning for peace.* Κάνουν εκστρατεία για την ειρήνη. **campaigner** *ουσ.αρ.* εκστρατεύων

276.1 Δοκιμάζω κάτι καινούριο

try out sth Ή **try** sth **out** *ρ.μ.πρφ.* δοκιμάζω, υποβάλλω σε εξέταση *Would you like to try out the camera before you buy it?* Θα ήθελες να δοκιμάσεις τη φωτογραφική μηχανή πριν την αγοράσεις; *The children learn by trying out different methods.* Τα παιδιά μαθαίνουν με το να δοκιμάζουν διάφορες μεθόδους.

try sth **on** Ή **try on** sth *ρ.μ.πρφ.* [αντικ.: ρούχα, παπούτσια] δοκιμάζω *I never buy shoes without trying them on first.* Ποτέ δεν αγοράζω παπούτσια χωρίς να τα δοκιμάσω πρώτα.

trial *ουσ.αρ.* [διαδικασία δοκιμής ενός καινούριου προϊόντος, κτλ.] δοκιμή, πείραμα *Drugs have to undergo trials before they can be sold.* Τα φάρμακα πρέπει να περάσουν από πειραματικό στάδιο πριν να πουληθούν. *We offer customers a free, ten-day trial of our new computer.* Προσφέρουμε στους πελάτες μας δωρεάν δοκιμή του καινούριου κομπιούτερ μας για δέκα μέρες. *(σαν επίθ.) Cars are being banned from the city centre for a trial period.* Απαγορεύεται στα αυτοκίνητα να κυκλοφορούν στο κέντρο της πόλης για μια δοκιμαστική περίοδο.

trial run *ουσ.αρ.* [δοκιμή για να δει κανείς πώς δουλεύει κάτι, π.χ. μια μηχανή, πριν να χρησιμοποιηθεί σοβαρά, εμπορικά, κτλ.] δοκιμή, δοκιμαστική χρήση *I gave our new burglar alarm a trial run.* Δοκίμασα το καινούριο σύστημα συναγερμού μας.

test *ρ.μ.* (συχνά + **out**) [εξετάζω την κατάσταση, ποιότητα, κτλ. κάποιου πράγματος] εξετάζω, δοκιμάζω *They tested the weapons in the desert.* Έκαναν δοκιμή των όπλων στην έρημο. *I'm going to test out her recipe for cheesecake.* Θα δοκιμάσω (να κάνω) τσιζκέικ με τη συνταγή της (για να δω αν είναι καλή).

test *ουσ.αρ.* εξέταση, δοκιμασία *Nuclear weapons tests* Δοκιμές των πυρηνικών όπλων *(σαν επίθ.) a test drive* μια δοκιμαστική βόλτα με το αυτοκίνητο (συνήθως πριν την αγορά του συγκεκριμένου αυτοκινήτου)

experiment *ουσ.αρ.* πείραμα *to do/carry out/perform an experiment* κάνω πείραμα *(+ on) She thinks that experiments on live animals should be banned.* Πιστεύει ότι τα πειράματα (πάνω) σε ζωντανά ζώα πρέπει να απαγορευτούν.

experiment *ρ.α.* πειραματίζομαι, δοκιμάζω *(+ on) Should scientists be allowed to experiment on live animals?* Θα πρέπει να επιτρέπεται στους επιστήμονες να κάνουν πειράματα με ζωντανά ζώα; *(+ with) Many young people experiment with drugs.* Πολλοί νέοι πειραματίζονται με τα ναρκωτικά.

experimental *επίθ.* πειραματικός *an experimental new drug* ένα καινούριο φάρμακο σε πειραματικό στάδιο

χρήση

Μην συγχέετε τη λέξη **experiment** (πείραμα) με τη λέξη **experience** (πείρα). *δες επίσης* **110 Know**

φράσεις

have a bash *(Βρετ.)***/stab/go at sth** [ανεπίσημο. Προσπαθώ να κάνω κάτι, ακόμα και αν υπάρχει περίπτωση να μην πετύχω ή να το κάνω καλά] κάνω μια προσπάθεια *The exam was far too difficult for me, but I had a stab at the first question.* Οι εξετάσεις ήταν υπερβολικά δύσκολες για μένα, αλλά έκανα μια προσπάθεια να απαντήσω την πρώτη ερώτηση.

bend over backwards [κάνω μεγάλες προσπάθειες για να ευεργετηθεί κάποιος άλλος, ακόμα και αν χρειάζεται μπω σε μεγάλο κόπο] κάνω τα αδύνατα δυνατά *I've bent over backwards to help you.* Έχω κάνει τα αδύνατα δυνατά για να σε βοηθήσω.

move heaven and earth *(κυρίως Βρετ.)* [χρησιμοποιώ όλη τη δύναμη και επιρροή μου, π.χ. για να βοηθήσω κάποιον, ή για να αποτρέψω κάτι] κινώ γη και ουρανό *She moved heaven and earth to get me out of prison.* Κίνησε γη και ουρανό για να με βγάλει από τη φυλακή.

277 Help Βοηθάω

help *ρ.μ.α.* (συχνά (+ **to**) + ΑΠΑΡΕΜΦΑΤΟ) βοηθάω *I helped him (to) unpack.* Τον βοήθησα να βγάλει τα πράγματα από τη βαλίτσα και να τα τακτοποιήσει. *(+ with) Will you help me with my homework?* Θα με βοηθήσεις στα μαθήματά μου; *Can I help you?* Μπορώ να σε/σας βοηθήσω; *charities which help the poor* φιλανθρωπικές οργανώσεις που βοηθάνε τους φτωχούς *Kicking the door won't help.* Με το να κλωτσήσεις την πόρτα δε βοηθάς.

help *ουσ.μ.αρ.αρ.* (δεν έχει πληθ.) βοήθεια *Let me know if you need any help.* Πες μου αν χρειαστείς βοήθεια. *I added up the figures with the help of a calculator.* Πρόσθεσα τα νούμερα με τη βοήθεια ενός μικρού υπολογιστή. *Is this map (of) any help?* Προσφέρει καμμιά βοήθεια αυτός ο χάρτης; *Help!* επιφ. βοήθεια!

helper *ουσ.αρ.* βοηθός *The children were willing helpers.* Τα παιδιά βοήθησαν εθελοντικά.

helpful *επίθ.* [περιγράφει: π.χ. πρόσωπο, πρόταση, πληροφορίες] εξυπηρετικός, χρήσιμος *It was very helpful of you to do the shopping for me.* Με βοήθησε πάρα πολύ που μου έκανες τα ψώνια. **helpfully** *επίρρ.* πρόθυμα

help (sb) **out** 'Η **help out** (sb) *ρ.μ.α.πρφ.* [βοηθάω κάποιον σε ώρα ανάγκης] βοηθάω *My friends helped (me) out when I was short of money.* Οι φίλοι μου με βοήθησαν όταν δε μου έφταναν τα λεφτά. *She sometimes helps out in the shop.* Μερικές φορές βοηθάει στο μαγαζί.

assist *ρ.μ.* [πιο επίσημο από το **help**] βοηθάω *The mechanic has an apprentice to assist him.* Ο μηχανικός έχει έναν μαθητευόμενο για να τον βοηθάει. *(+ in) We were assisted in the search by a team of volunteers.* Μια ομάδα εθελοντών μας βοήθησε να ψάξουμε. *(+ with) He is assisting the police with their enquiries.* Βοηθάει στις έρευνες της αστυνομίας.

assistance *ουσ.μ.αρ.* βοήθεια *Are you in need of assistance?* Χρειάζεσαι βοήθεια; *She was being mugged, but nobody came to her assistance.* Της επιτέθηκαν για να την ληστέψουν, αλλά κανείς δεν πήγε να τη βοηθήσει. *financial assistance* οικονομική βοήθεια

assistant *ουσ.αρ.* [όχι επίσημο] βοηθός *the manager's personal assistant* ο προσωπικός βοηθός του διευθυντή *a conjuror's assistant* βοηθός ταχυδακτυλουργού *(σαν επίθ.) assistant manager/editor* βοηθός διευθυντή(ς)/ συντάκτη(ς) *δες επίσης* **273 Shops**

aid *ουσ.* **1** *ουσ.μ.αρ.* [επίσημο. Βοήθεια, ειδικά σε κάποιον που περνάει δυσκολίες] βοήθεια *The lifeboat brings aid to ships in distress.* Η ναυαγοσωστική λέμβος φέρνει βοήθεια στα πλοία σε περίπτωση ανάγκης. *He ran to her aid.* Έτρεξε προς βοήθειά της. *She reads with the aid of a magnifying glass.* Διαβάζει με τη βοήθεια ενός μεγεθυντικού φακού. *a collection in aid of the local hospital* έρανος προς βοήθεια του τοπικού νοσοκομείου **2** *ουσ.μ.αρ.* [χρήματα, τρόφιμα, κτλ. που δίνονται σε άλλες χώρες] βοήθεια *Britain sends millions of pounds' worth of aid to the Third World.* Η Βρετανία στέλνει βοήθεια αξίας εκατομμυρίων λιρών στις χώρες του Τρίτου Κόσμου. *food aid* βοήθεια σε τρόφιμα **3** *ουσ.αρ.* [αντικείμενο που βοηθάει να κάνεις κάτι] βοήθημα *swimming/teaching aid* βοήθημα για κολύμβηση/εποπτικό μέσο διδασκαλίας *hearing aid* ακουστικό βαρηκοΐας

aid *ρ.μ.* [κάπως επίσημο] **1** [αντικ.: πρόσωπο, κυρίως κάποιος που περνάει δυσκολίες] βοηθώ *The police, aided by a private detective, managed to solve the crime.* Οι αστυνομικοί, βοηθούμενοι από έναν ιδιωτικό ντετέκτιβ,

κατάφεραν να λύσουν το μυστήριο του εγκλήματος.
2 [αντικ.: διαδικασία] βοηθάω *a drug that aids digestion*
φάρμακο που βοηθάει την πέψη

oblige *ρ.μ.α.* [επίσημο. Χρησιμοποιείται για να ρωτήσουμε κάποιον ευγενικά αν θα βοηθήσει ή θα συνεργαστεί] κάνω (τη) χάρη, υποχρεώνω *I need 50 cardboard boxes by tomorrow. Can you oblige?* Χρειάζομαι 50 χαρτοκιβώτια μέχρι αύριο το πρωί. Μπορείτε να με εξυπηρετήσετε; *I'd be obliged if you wouldn't smoke.* [μπορεί να έχει κάπως αυταρχική σημασία] Θα με υποχρέωνες αν δεν καπνίσεις. *(I'm) much obliged (to you).* (Σου) είμαι πολύ υποχρεωμένος.

obliging *επίθ.* εξυπηρετικός, πρόθυμος *She's a very obliging person.* Είναι πολύ εξυπηρετικό άτομο. **obligingly** *επίρρ.* πρόθυμα

hand *ουσ.αρ.* (δεν έχει πληθ.) [ανεπίσημο. Πράξη για βοήθεια] (+ **with**) *Do you want/need a hand with the washing-up?* Χρειάζεσαι βοήθεια για το πλύσιμο των πιάτων; *to give sb/to lend a hand* βοηθάω κάποιον

277.1 Πλεονέκτημα

benefit *ουσ.αρ.μ.αρ.* όφελος, ωφέλεια *the benefits of a healthy diet* οι ωφέλειες από την υγιεινή διατροφή *This discovery was of great benefit to mankind.* Αυτή η ανακάλυψη έφερε μεγάλο όφελος στην ανθρωπότητα. *He explained the problem in simple terms for the benefit of his audience.* Εξήγησε το πρόβλημα με απλά λόγια για χάρη του ακροατηρίου του.

benefit *ρ.* 1 *ρ.μ.* [κάπως επίσημο] ωφελώ *The new shopping centre will benefit the whole community.* Το καινούριο εμπορικό κέντρο θα ωφελήσει όλη την κοινότητα. 2 *ρ.α.* (συχνά + **from**) ωφελούμαι *Criminals should not be allowed*

to benefit from their crimes. Δεν πρέπει να επιτρέπεται στους εγκληματίες να ωφελούνται από τα εγκλήματά τους.

beneficial *επίθ.* (συχνά + **to**) [κάπως επίσημο. Περιγράφει: π.χ. ουσία, αποτέλεσμα] ευεργετικός *Vitamins are beneficial to our health.* Οι βιταμίνες είναι ευεργετικές για την υγεία μας.

advantage *ουσ.αρ.μ.αρ.* [που βάζει κάποιον σε καλύτερη θέση από κάποιον άλλο] πλεονέκτημα *A university education gives one certain advantages in life.* Η πανεπιστημιακή μόρφωση σου δίνει ορισμένα πλεονεκτήματα στη ζωή. (+ **over**) *She has an important advantage over her rivals, namely her experience.* Έχει ένα σπουδαίο πλεονέκτημα που τη βάζει σε καλύτερη θέση από τους αντιπάλους της, την πείρα της. (+ **of**) *The advantage of this machine is that it's easy to operate.* Το πλεονέκτημα αυτής της μηχανής είναι ότι είναι εύκολη στον χειρισμό. *You have the advantage of speaking the language.* Έχεις το πλεονέκτημα ότι μιλάς τη γλώσσα. *This car has the advantage of being easy to park.* Αυτό το αυτοκίνητο έχει το πλεονέκτημα ότι είναι εύκολο να το παρκάρεις. *It would be to your advantage to get there early.* Θα ήταν προς όφελός σου να φτάσεις εκεί νωρίς. *The use of drugs puts certain runners at an unfair advantage.* Η χρήση φαρμάκων βάζει ορισμένους δρομείς σε άδικα πλεονεκτική θέση.

advantageous *επίθ.* [επίσημο] πλεονεκτικός *Her experience puts her in an advantageous position over her rivals.* Η πείρα της την βάζει σε πλεονεκτική θέση απέναντι στους αντιπάλους της. (+ **to**) *These tax changes will be advantageous to larger companies.* Αυτές οι φορολογικές αλλαγές θα βάλουν τις μεγαλύτερες εταιρείες σε πλεονεκτική θέση.

278 Eager Πρόθυμος

δες επίσης **72 Want, 328 Ready,** αντίθετο **278 Unwilling**

eager *επίθ.* (συχνά + **to** + ΑΠΑΡΕΜΦΑΤΟ) [υπονοεί ένα βαθμό ενθουσιασμού ή ανυπομονησίας για κάτι που θέλει να κάνει κάποιος] πρόθυμος, ανυπόμονος *I'm eager to meet her.* Ανυπομονώ να τη γνωρίσω. (+ **for**) *He was eager for his share of the money.* Ανυπομονούσε να πάρει το μερίδιό του από τα λεφτά. *the eager expression on the child's face* η έκφραση της ανυπομονησίας στο πρόσωπο του παιδιού **eagerly** *επίρρ.* πρόθυμα **eagerness** *ουσ.μ.αρ.* προθυμία

keen *επίθ.* (συχνά + **to** + ΑΠΑΡΕΜΦΑΤΟ, + **on**) [με δυνατή διάθεση για κάτι] ενθουσιώδης, ζωηρός *I'm keen to get this job finished today.* Θέλω πολύ να τελειώσω αυτή τη δουλειά σήμερα. *He's very keen on science fiction.* Του αρέσουν πολύ τα μυθιστορήματα επιστημονικής φαντασίας. *I'm not keen on chicken.* Δε μου αρέσει το κοτόπουλο. *He's a keen fisherman.* Είναι ενθουσιώδης ψαράς. **keenly** *επίρρ.* πολύ πρόθυμα **keenness** *ουσ.μ.αρ.* προθυμία

enthusiasm *ουσ.μ.αρ.αρ.* [ενθουσιασμός για να κάνεις ή όταν θέλεις να κάνεις κάτι] ενθουσιασμός *Her ideas filled me with enthusiasm.* Οι ιδέες της με γέμισαν με ενθουσιασμό. (+ **for**) *Her enthusiasm for the job makes her an excellent employee.* Ο ενθουσιασμός της για τη δουλειά την κάνει έξοχη υπάλληλο.

enthusiast *ουσ.αρ.* ενθουσιώδης οπαδός *aeroplane/tennis enthusiasts* οι ενθουσιώδεις των αεροπλάνων/του τένις

enthusiastic *επίθ.* ενθουσιώδης (+ **about**) *He's very enthusiastic about his new job.* Έχει μεγάλο ενθουσιασμό για την καινούρια δουλειά του. **enthusiastically** *επίρρ.* ενθουσιωδώς

avid *επίθ.* [περιγράφει: π.χ. αναγνώστη, συλλέκτη, κινηματογραφόφιλο] διακαής, σφοδρός **avidly** *επίρρ.* διακαώς, αχόρταγα

impatient *επίθ.* [υπονοεί ένα βαθμό ενόχλησης] ανυπόμονος *Don't be so impatient!* Μην είσαι τόσο ανυπόμονος! (+ **to** + ΑΠΑΡΕΜΦΑΤΟ) *I was impatient to get the meeting over with.* Ανυπομονούσα να τελειώσω τη συνεδρίαση. (+ **with**) *That teacher's very impatient with the children.* Εκείνος ο δάσκαλος δεν έχει καθόλου υπομονή με τα παιδιά. *an impatient reply* απάντηση που δίνεται πριν να τελειώσει η ερώτηση **impatiently** *επίρρ.* ανυπόμονα **impatience** *ουσ.μ.αρ.* ανυπομονησία

positive *επίθ.* [με αυτοπεποίθηση και αισιοδοξία. Περιγράφει: π.χ. νοοτροπία] θετικός *Why don't you make some positive suggestions instead of just criticizing everybody?* Γιατί δεν κάνεις μερικές επικοδομητικές προτάσεις παρά να κριτικάρεις τον καθένα; (+ **about**) *She's very positive about the future.* Είναι πολύ αισιόδοξη για το μέλλον. **positively** *επίρρ.* αισιόδοξα

φράσεις

be dying to do sth/for sth [ανεπίσημο. Θέλω να κάνω κάτι πάρα πολύ] πεθαίνω να κάνω κάτι *She's dying to meet you.* Πεθαίνει για να σε γνωρίσει. *I was dying for a drink.* Πέθαινα για να πιω κάτι.

be raring to go [ανεπίσημο. Περιμένω ανυπόμονα να αρχίσω] γεμάτος ενθουσιασμό και προθυμία *The runners were ready and raring to go.* Οι δρομείς ήταν έτοιμοι και ανυπομονούσαν να ξεκινήσουν.

jump at sth *ρ.μ.πρφ.* [κάπως ανεπίσημο. Δέχομαι με ενθουσιασμό. Αντικ.: κυρίως ευκαιρία] αρπάζω *Most people would jump at the chance of taking part in the Olympics.* Οι περισσότεροι θα άρπαζαν την ευκαιρία να πάρουν μέρος στους Ολυμπιακούς αγώνες.

278.1 Κάνω κάτι χωρίς να μου το ζητήσουν ή χωρίς να είμαι αναγκασμένος να το κάνω

willing *επίθ.* (συχνά + to + ΑΠΑΡΕΜΦΑΤΟ) πρόθυμος *I'm willing to forgive you.* Έχω τη πρόθεση να σε συγχωρήσω. *She wasn't willing to lend us her car.* Δεν ήθελε να μας δανείσει το αυτοκίνητό της. *The children are willing helpers around the house.* Τα παιδιά βοηθάνε στο σπίτι πρόθυμα. **willingly** *επίρρ.* με τη θέλησή μου
willingness *ουσ.μ.αρ.αρ.* (δεν έχει πληθ.) προθυμία *He showed little willingness to cooperate.* Έδειξε πολύ λίγη προθυμία να συνεργαστεί.
volunteer *ουσ.αρ.* εθελοντής *I need a volunteer to help me move this piano.* Χρειάζομαι έναν εθελοντή να με βοηθήσει να μεταφέρω το πιάνο.
volunteer *ρ.* 1 *ρ.α.* (συχνά + to + ΑΠΑΡΕΜΦΑΤΟ, + for) προσφέρομαι εθελοντικά *She volunteered to peel the potatoes.* Προσφέρθηκε να καθαρίσει τις πατάτες. 2 *ρ.μ.* [αντικ.: π.χ. πληροφορίες, γνώμη, παρατήρηση] δίνω εθελοντικά *She volunteered several suggestions.*

Προσφέρθηκε να κάνει διάφορες προτάσεις.
voluntary *επίθ.* 1 εθελοντικός, προαιρετικός *After-school activities are purely voluntary.* Οι δραστηριότητες μετά το τέλος των μαθημάτων είναι καθαρά προαιρετικές. 2 (πριν από ουσ.) [σχετικά με φιλανθρωπική δουλειά ή δουλειά χωρίς πληρωμή. Περιγράφει: π.χ. υπηρεσία, εργαζόμενο, οργανισμό] εθελοντικός *She does voluntary work in her spare time.* Κάνει εθελοντική δουλειά στον ελεύθερο χρόνο της. **voluntarily** *επίρρ.* εθελοντικά
initiative *ουσ.* 1 *ουσ.μ.αρ.* [προσωπικό προσόν] πρωτοβουλία *He solved the problem by using his initiative.* Έλυσε το πρόβλημα με την πρωτοβουλία του. 2 *ουσ.αρ.* (συχνά + to + ΑΠΑΡΕΜΦΑΤΟ) [συγκεκριμένο σχέδιο] πρωτοβουλία *a government initiative to reduce unemployment* πρωτοβουλία της κυβέρνησης για να ελαττώσει την ανεργία *The secretary reorganized the filing system* **on her own initiative.** Η γραμματέας αναδιοργάνωσε το σύστημα ταξινόμησης εγγράφων με δική της πρωτοβουλία. *Men are often expected to* **take the initiative** *in romance.* Συχνά αναμένεται από τους άνδρες να πάρουν την πρωτοβουλία για ένα ειδύλλιο.

φ ρ ά σ η

do sth off one's own bat (*Βρετ.*) [ανεπίσημο] κάνω κάτι με δική μου πρωτοβουλία *Did you write that letter off your own bat?* Έγραψες εκείνο το γράμμα με δική σου πρωτοβουλία;

---

279 Encourage Ενθαρρύνω

encourage *ρ.μ.* (συχνά + to + ΑΠΑΡΕΜΦΑΤΟ) ενθαρρύνω *I encouraged him to continue his studies.* Τον ενθάρρυνα να συνεχίσει τις σπουδές του. *These tax cuts will encourage enterprise.* Αυτές οι φορολογικές απαλλαγές θα ενθαρρύνουν τις επιχειρήσεις. *We don't want to encourage complacency.* Δε θέλουμε να ενθαρρύνουμε την ιδέα ότι μπορούμε να επαναπαυόμαστε σε αυτά που έχουμε ήδη κατορθώσει.
encouragement *ουσ.μ.αρ.αρ.* ενθάρρυνση *The weaker students need a lot of encouragement.* Οι πιο αδύνατοι μαθητές θέλουν πολλή ενθάρρυνση. (+ to) *Her example will act as an encouragement to others.* Το παράδειγμα της θα είναι ενθάρρυνση για άλλους.
encouraging *επίθ.* [περιγράφει: π.χ. σημάδι, αποτέλεσμα, βελτίωση] ενθαρρυντικός **encouragingly** *επίρρ.* ενθαρρυντικά

urge *ρ.μ.* (συνήθως + to + ΑΠΑΡΕΜΦΑΤΟ) [κάπως επίσημο. Κάνω μια πολύ έντονη παράκληση] παροτρύνω, προτρέπω *She urged me to leave before it was too late.* Με προέτρεψε να φύγω πριν να είναι πολύ αργά. *The speaker urged an immediate change of policy.* Ο ομιλητής προέτρεψε για άμεση αλλαγή στην πολιτική.
induce *ρ.μ.* (συνήθως + to + ΑΠΑΡΕΜΦΑΤΟ) [κάπως επίσημο. Προξενώ ή πείθω κάποιον να κάνει κάτι που αλλιώς δε θα το είχε κάνει] πείθω, παρακινώ *Competition induces firms to improve their products.* Ο συναγωνισμός παρακινεί τις εταιρείες να βελτιώσουν τα προϊόντα τους. (+ in) *We're trying to induce a sense of responsibility in young people.* Προσπαθούμε να προτρέψουμε την αίσθηση της υπευθυνότητας σε νεαρά άτομα.
inducement *ουσ.μ.αρ.αρ.* προτροπή, παρότρυνση *The children need no inducement to learn.* Τα παιδιά δε χρειάζονται παρότρυνση για να μάθουν. *He was offered financial inducements to resign.* Του προσφέρθηκαν οικονομικές παροτρύνσεις για να παραιτηθεί.

motivate *ρ.μ.* [κάνω κάποιον να θέλει να δράσει, να δουλέψει, να επιτύχει, κτλ.] δίνω κίνητρα (+ to + ΑΠΑΡΕΜΦΑΤΟ) *The teachers find it difficult to motivate the children (to learn).* Οι δάσκαλοι το βρίσκουν πολύ δύσκολο να δώσουν κίνητρα στα παιδιά (για μάθηση). *This crime was motivated by greed.* Το κίνητρο αυτού του εγκλήματος ήταν η απληστία.
motivation *ουσ.μ.αρ.* κίνητρο *The children lack motivation.* Από τα παιδιά λείπει το κίνητρο για μάθηση.
spur *ρ.μ.*, -rr- (συχνά + to + ΑΠΑΡΕΜΦΑΤΟ, on) [κάνω κάποιον να έχει ισχυρά κίνητρα να ενεργήσει] κεντρίζω, παρακινώ *His anger spurred him to write to the newspaper.* Ο θυμός του τον παρακίνησε να γράψει στη εφημερίδα. *The captain was spurring his team-mates on (to victory).* Ο αρχηγός προέτρεπε την ομάδα του στη νίκη.
inspire *ρ.μ.* [γεμίζω κάποιον με ευγενικά, καλλιτεχνικά, κτλ. αισθήματα] εμπνέω (+ with) *The King inspired his troops with patriotic feelings.* Ο Βασιλιάς ενέπνευσε πατριωτικά συναισθήματα στα στρατεύματά του. (+ to) *The captain inspired the team to victory.* Ο αρχηγός ενέπνευσε την ομάδα με αυτοπεποίθηση να νικήσει. *I'm not feeling very inspired today.* Δεν έχω έμπνευση σήμερα. **inspiring** *επίθ.* που δίνει έμπνευση
inspiration *ουσ.μ.αρ.αρ.* (δεν έχει πληθ.) έμπνευση *The poet sits around waiting for inspiration.* Ο ποιητής κάθεται και περιμένει να του έρθει η έμπνευση. (+ to) *a teacher who was an inspiration to her students* δασκάλα που ήταν έμπνευση για τους μαθητές της
incentive *ουσ.αρ.* (συχνά + to + ΑΠΑΡΕΜΦΑΤΟ) [σκοπός ή πιθανή ανταμοιβή που είναι ενθάρρυνση] ερέθισμα, κίνητρο *Since they're not taking exams, they don't have any incentive to study.* Αφού δε θα δώσουν εξετάσεις, δεν έχουν το κίνητρο να μελετήσουν.

impetus ουσ.μ.αρ.αρ. (δεν έχει πληθ.) [ενεργητικότητα που διατηρεί κάποια διαδικασία] ώθηση *These successes have given new impetus to the campaign.* Αυτές οι επιτυχίες έχουν δώσει καινούρια ώθηση στην εκστρατεία.

279.1 Ανεπιθύμητοι τρόποι ενθάρρυνσης

incite ρ.μ. (συχνά + **to** + ΑΠΑΡΕΜΦΑΤΟ) [ενθαρρύνω κάποιον να διαπράξει έγκλημα, κακή πράξη, κτλ.] υποκινώ (+ **to**) *They incite younger children to acts of vandalism.* Υποκινούν τα μικρότερα παιδιά σε πράξεις βανδαλισμού.
incitement ουσ.μ.αρ.αρ. υποκίνηση *His speech amounts to (an) incitement to murder.* Η ομιλία του ισοδυναμεί με προτροπή για δολοφονίες.
provoke ρ.μ. [κάνω κάποιον να αντιδράσει θυμωμένα, βίαια, κτλ.] προκαλώ [αντικ.: π.χ. εξέγερση, βίαιη αντίδραση] προκαλώ *She was trying to provoke me.* Προσπαθούσε να με προκαλέσει. (+ **into**) *Her comment provoked him into (making) an angry reply.* Το σχόλιο της τον προκάλεσε να απαντήσει θυμωμένα. *There is no evidence to suggest that the riot was deliberately provoked.* Δεν υπήρχαν αποδεικτικά στοιχεία ότι η εξέγερση προκλήθηκε επίτηδες.
provocation ουσ.μ.αρ. πρόκληση *She attacked him without provocation.* Του επιτέθηκε χωρίς πρόκληση.
provocative επίθ. [περιγράφει: π.χ. πράξη, σχόλιο] προκλητικός
goad ρ.μ. (συχνά + **into**) [προκαλώ κάποιον με προσβολές, να κάνει κάτι] ερεθίζω, εξωθώ *She goaded him into hitting her.* Τον εξώθησε να την χτυπήσει. (+ **on**) *They were goading him on as he committed the crime.* Τον παρακινούσαν καθώς διέπραττε το έγκλημα.
egg sb **on** 'ή **egg on** sb ρ.μ.πρφ. [κάπως ανεπίσημο. Υπονοεί διαρκή ενθάρρυνση, συχνά για κάτι βίαιο ή δυσάρεστο] παρακινώ *Two boys were fighting and the others were egging them on.* Δύο παιδιά παλεύανε και οι άλλοι τους παρακινούσαν.
nag ρ.α.μ., **-gg-** [κάπως ανεπίσημο, υποτιμητικό] γκρινιάζω *Stop nagging and make my dinner!* Σταμάτα να γκρινιάζεις και φτιάξε το φαγητό μου! (+ **to** + ΑΠΑΡΕΜΦΑΤΟ) *She's always nagging me to get my hair cut.* Όλη την ώρα μου γκρινιάζει να κόψω τα μαλλιά μου.
pressurize (Βρετ.), **pressure** (Αμερ.) ρ.μ. (συχνά + **into**) [χρησιμοποιώ έντονη πειθώ, συναισθηματική πίεση, κτλ.] πιέζω (+ **into**) *I don't want to be pressurized into making the wrong decision.* Δε θέλω να πιεστώ να πάρω λάθος απόφαση.

279.2 Υποστηρίζω

support ρ.μ. 1 [αντικ.: π.χ. πρόσωπο, τακτική, σχέδιο] υποστηρίζω *The public supported the government's decision to go to war.* Ο λαός υποστήριξε την απόφαση της κυβέρνησης να μπει σε πόλεμο. 2 [αντικ.: ομάδα] είμαι οπαδός *She supports Manchester United.* Είναι οπαδός της Μάντσεστερ Γιουνάιτιντ. *δες επίσης 337 Carry
support ουσ.μ.αρ. υποστήριξη *She didn't get much support from her colleagues.* Δεν είχε πολλή υποστήριξη από τους συναδέλφους της. *a speech in support of the government* μια ομιλία προς υποστήριξη της κυβέρνησης
supporter ουσ.αρ. 1 υποστηριχτής *Labour Party supporters* υποστηριχτές του Εργατικού Κόμματος 2 οπαδός *football/ England supporters* οπαδοί ποδοσφαίρου/Αγγλικής ομάδας
back ρ.μ. 1 [υποστηρίζω ένα πρόσωπο, τακτική, κτλ. παρά κάποιον άλλο] υποστηρίζω *Which candidate will you be backing in the election?* Ποιον υποψήφιο θα υποστηρίξεις στις εκλογές; 2 [υποστηρίζω οικονομικά, επίσημα] υποστηρίζω *They're hoping the banks/government will back their proposals.* Ελπίζουν ότι οι τράπεζες/η κυβέρνηση θα υποστηρίξουν τις προτάσεις τους. **backing** ουσ.μ.αρ. υποστήριξη **backer** ουσ.αρ. υποστηρικτής, εγγυητής
back sb **up** 'ή **back up** sb ρ.μ.πρφ. [παρέχω υποστήριξη, επιβεβαίωση] υποστηρίζω *If you ask for a pay rise, I'll back you up.* Αν ζητήσεις αύξηση, θα σε υποστηρίξω. *You need information to back up your argument/to back you up.* Χρειάζεσαι πληροφορίες για να υποστηρίξεις το επιχείρημά σου.
endorse ρ.μ. [συνήθως χρησιμοποιείται σε επίσημο περιεχόμενο. Εκφράζω υποστήριξη για κάτι. Αντικ.: π.χ. δήλωση, τακτική, υποψήφιο] εγκρίνω, επιδοκιμάζω *I fully endorse what you have said.* Επιδοκιμάζω πλήρως αυτά που είπες. **endorsement** ουσ.μ.αρ.αρ. έγκριση, επιδοκιμασία, υποστήριξη
favour (Βρετ.), **favor** (Αμερ.) ρ.μ. [υπονοεί γνώμη παρά ενεργό υποστήριξη] ευνοώ, προτιμώ *She favours the reintroduction of the death penalty.* Είναι υπέρ της επαναφοράς της θανατικής ποινής. *the most favoured option among the possible wedding dates* η πιο ευνοούμενη επιλογή από τις πιθανές ημερομηνίες για γάμο
favour (Βρετ.), **favor** (Αμερ.) ουσ.μ.αρ. εύνοια *His political ideas are gaining/losing favour with the public.* Οι πολιτικές του ιδέες κερδίζουν την εύνοια του λαού. *She's in favour of the death penalty.* Υποστηρίζει τη θανατική ποινή. *to say sth in sb's favour* λέω κάτι υπέρ κάποιου *δες επίσης 426 Like
stand up for sb/sth ρ.μ.πρφ. [υπονοεί ανυπακοή με το να υπερασπίζεται κανείς κάτι/κάποιον] υπερασπίζομαι *You should stand up for yourself, instead of letting him insult you.* Πρέπει να υπερασπιστείς τον εαυτό σου, παρά να τον αφήνεις να σε προσβάλλει. *Women, stand up for your rights!* Γυναίκες, υπερασπιστείτε τα δικαιώματά σας!

φ ρ ά σ η

to be right behind sb [υποστηρίζω κάποιον επειδή συμφωνώ μαζί του, ειδικά αν έχει εμπλακεί σε κάποιο είδος σύγκρουσης] υποστηρίζω *Don't worry, we're right behind you.* Μην ανησυχείς, σε υποστηρίζουμε.

280 Use Χρησιμοποιώ

use ρ.μ. 1 χρησιμοποιώ *This suitcase has never been used.* Αυτή η βαλίτσα δεν έχει χρησιμοποιηθεί ποτέ. *Do you know how to use a Geiger counter?* Ξέρεις πώς να χρησιμοποιήσεις ένα μετρητή Γκέιγκερ; *What teaching methods do you use?* Τι μεθόδους διδασκαλίας χρησιμοποιείς; *Use your eyes/common sense!* Χρησιμοποίησε τα μάτια σου/τη λογική σου! *The washing machine uses a lot of electricity.* Το πλυντήριο χρησιμοποιεί πολύ ηλεκτρικό ρεύμα. (+ **as**) *I use this room as a study.* Χρησιμοποιώ αυτό το δωμάτιο σαν γραφείο. (+ **for**, + **to** + ΑΠΑΡΕΜΦΑΤΟ) *This tool is used for measuring/to measure very small distances.* Αυτό το εργαλείο χρησιμοποιείται για να μετράει πολύ μικρές αποστάσεις. 2 [υποτιμητικό. Εκμεταλλεύομαι, χειρίζομαι. Αντικ.: πρόσωπο] χρησιμοποιώ *She felt that she was being used by unscrupulous politicians.* Αισθάνθηκε ότι τη χρησιμοποιούσαν αδίστακτοι πολιτικοί. **user** ουσ.αρ. χρήστης

use ουσ. **1** ουσ.αρ.μ.αρ. χρήση *This tool has a lot of different uses.* Αυτό το εργαλείο έχει πολλές διαφορετικές χρήσεις. *the use of computers in education* η χρήση των κομπιούτερ στην εκπαίδευση *She offered me the use of her car.* Μου πρόσφερε την χρήση του αυτοκινήτου της. **to make use of sth** χρησιμοποιώ κάτι *The map was of no/great use to me.* Ο χάρτης δε μου φάνηκε καθόλου/μου φάνηκε πολύ χρήσιμος. *a job in which she can put her abilities to good use* μια δουλειά στην οποία μπορεί να χρησιμοποιήσει σωστά στο μέγιστο όλες τις ικανότητές της. **2** ουσ.μ.αρ. χρησιμότητα *What's the use of worrying?* Σε τι ωφελεί να ανησυχείς; *It's no use; I can't open the door.* Δε γίνεται, δε μπορώ να ανοίξω την πόρτα. *It's no use crying, that won't bring her back.* Δεν έχει νόημα το να κλαις, έτσι δε θα τη φέρεις πίσω.

used επίθ. (συνήθως πριν από ουσ.) μεταχειρισμένος *a used car* μεταχειρισμένο αυτοκίνητο *a litter bin for used tickets* καλάθι απορριμάτων για χρησιμοποιημένα εισιτήρια

utilize, ΕΠΙΣΗΣ -**ise** (Βρετ.) ρ.μ. [πιο επίσημο από το **use**] χρησιμοποιώ *Not all the teaching resources are being fully utilized.* Δε γίνεται πλήρης χρήση όλων των (εποπτικών) μέσων διδασκαλίας. **utilization** ουσ.μ.αρ. αξιοποίηση

utility ουσ. **1** ουσ.μ.αρ. [επίσημο. Χρησιμότητα] χρησιμότητα *I have doubts as to the utility of such methods.* Έχω αμφιβολίες για το πόσο ωφέλιμες είναι αυτές οι μέθοδοι. **2** ουσ.αρ. [εξειδικευμένος όρος. Χρήσιμο χαρακτηριστικό] λειτουργία *The computer program contains several important utilities.* Το πρόγραμμα του κομπιούτερ περιλαμβάνει αρκετές σημαντικές λειτουργίες.

purpose ουσ.αρ. [προτιθέμενη χρήση ή αποτέλεσμα] σκοπός *What is the purpose of this invention?* Ποιος είναι ο σκοπός αυτής της εφεύρεσης; *It doesn't matter if it isn't a perfect copy, as long as it serves the purpose.* Δεν πειράζει αν δεν είναι τέλειο αντίγραφο, κάνει για το σκοπό που το θέλουμε. *δες επίσης **107 Intend**

exploit ρ.μ. **1** [εκμεταλλεύομαι, μερικές φορές εγωιστικά ή άδικα] εκμεταλλεύομαι *We must exploit all the possibilities opened up by new technology.* Πρέπει να εκμεταλλευτούμε όλες τις πιθανότητες που μας ανοίγονται με τη νέα τεχνολογία. *She exploits her workforce.* Εκμεταλλεύεται τους υπαλλήλους της. **2** [κάπως επίσημο. Αντικ.: π.χ. ορυχείο, φυσικές πηγές] εκμεταλλεύομαι, αξιοποιώ *Most of the country's coal deposits have not yet been exploited.* Το μεγαλύτερο μέρος των αποθεμάτων άνθρακα της χώρας δεν έχει αξιοποιηθεί ακόμα. **exploitation** ουσ.μ.αρ. εκμετάλλευση

treat ρ.μ. **1** (πάντα + επίρρ.) [συμπεριφέρομαι προς κάποιον/κάτι με ένα συγκεκριμένο τρόπο] μεταχειρίζομαι *She's been badly treated by her employer.* Ο εργοδότης της την έχει μεταχειριστεί άσχημα. *Computer disks should last forever if you treat them properly.* Οι δισκέτες των κομπιούτερ μπορεί να κρατήσουν για πάντα αν τις χειρίζεσαι σωστά. **2** (συνήθως + **as**, **like**) [θεωρώ κάτι με έναν ορισμένο τρόπο] αντιμετωπίζω, θεωρώ *The police are treating his death as murder.* Η αστυνομία αντιμετωπίζει τον θάνατό του σαν δολοφονία. *She treats this house like a hotel!* Θεωρεί αυτό το σπίτι ξενοδοχείο! **3** [υποβάλλω σε χημική ή βιομηχανική επεξεργασία] επεξεργάζομαι *The metal has been specially treated to resist corrosion.* Το μέταλλο έχει υποστεί ειδική επεξεργασία για να αντιστέκεται στη σκουριά. *δες επίσης **126 Cures**

treatment ουσ.μ.αρ. **1** μεταχείρηση *Some employees complained of unfair treatment.* Μερικοί εργαζόμενοι παραπονέθηκαν για άδικη μεταχείρηση. **2** χειρισμός *They were discussing the media's treatment of environmental issues.* Συζητούσαν το χειρισμό των περιβαλλοντολογικών θεμάτων από τα μέσα ενημέρωσης.

mistreat ρ.μ. [κυρίως σωματικά] κακομεταχειρίζομαι *The animals had been starved and mistreated.* Τα ζώα τα είχαν κρατήσει στην πείνα και τα είχαν κακομεταχειριστεί. **mistreatment** ουσ.μ.αρ. κακομεταχείρηση

recycle ρ.μ. [αντικ.: π.χ. χαρτί, γυαλί] ανακυκλώνω *We recycle most of our household rubbish.* Ανακυκλώνουμε τα περισσότερα από τα απορρίματά μας. *recycled paper* ανακυκλωμένο χαρτί **recycling** ουσ.μ.αρ. ανακύκλωση

---

281 Useful Χρήσιμος

useful επίθ. χρήσιμος *Sleeping pills can be quite useful on a long flight.* Τα υπνωτικά χάπια μπορεί να είναι αρκετά χρήσιμα σε μια μεγάλη πτήση. *Her intervention served no useful purpose.* Η επέμβασή της δεν εξυπηρέτησε κανένα χρήσιμο σκοπό/δεν είχε καμμία χρησιμότητα. **usefully** επίρρ. χρήσιμα **usefulness** ουσ.μ.αρ. χρησιμότητα

handy επίθ. **1** [πιο ανεπίσημο από το **useful**] εύχρηστος *a handy little penknife* ένας εύχρηστος σουγιάς *handy hints for travellers* χρήσιμες συμβουλές για ταξιδιώτες *I'll keep this box; it might come in handy one day.* Θα κρατήσω αυτό το κουτί. Ίσως να μου χρειαστεί κάποια μέρα. **2** (συχνά + **for**) [ανεπίσημο. Κοντά, σε κοντική απόσταση] ευπρόσιτος *The hotel is quite handy for the beach.* Το ξενοδοχείο είναι βολικό για να πηγαίνουμε στη θάλασσα. *Keep the hammer handy in case we need it again.* Κράτα το σφυρί πρόχειρο σε περίπτωση που το ξαναχρειαστούμε.

convenient επίθ. **1** (συχνά + **for**) [που ταιριάζει στις ανάγκες κάποιου, ή στην κατάσταση. Περιγράφει: π.χ. χρόνο, τόπο, θέση] βολικός *I can't see you today; would tomorrow morning be convenient?* Δεν μπορώ να σε δω σήμερα. Θα σε βόλευε αύριο το πρωί; *The toilets aren't very convenient for disabled people.* Οι τουαλέτες δεν είναι πολύ βολικές για ανάπηρους. *Disposable nappies are much more convenient.* Οι πάνες μιας χρήσης είναι πολύ πιο βολικές. **2** (συχνά + **for**) [κοντά, σε κοντινή απόσταση] βολικός *The hotel is very convenient for the beach.* Το ξενοδοχείο είναι πολύ βολικό για την ακρογιαλιά.

conveniently επίρρ. βολικά *The hotel is conveniently situated near the city centre.* Το ξενοδοχείο βρίσκεται, πολύ βολικά, κοντά στο κέντρο της πόλης.

χρήση

Μη συγχέετε το **convenient** με το **suitable** [κατάλληλο για μια συγκεκριμένη περίσταση] κατάλληλος π.χ. *This dress isn't really suitable for a funeral.* Αυτό το φόρεμα δεν είναι κατάλληλο για κηδεία. *δες επίσης **420 Suitable**

convenience ουσ. **1** ουσ.μ.αρ. ευκολία *The lawyer checked with both parties as to the convenience of this arrangement.* Ο δικηγόρος ρώτησε και τα δύο ενδιαφερόμενα μέρη αν αυτή η διευθέτηση ήταν βολική. *Please telephone us at your (earliest) convenience.* [επίσημο] Παρακαλώ τηλεφωνήστε μας όσο συντομώτερα σας βολέψει. (σαν επίθ.) *convenience food* έτοιμο φαγητό **2** ουσ.αρ. άνεση *a house with all modern conveniences* σπίτι με όλες τις σύγχρονες ανέσεις *It's a great convenience living so near the shops.* Είναι πολύ βολικό να ζεις τόσο κοντά στα μαγαζιά.

valid επίθ. **1** [περιγράφει: π.χ. εισιτήριο, διαβατήριο, συμβόλαιο] έγκυρος *The half-price tickets are valid only after 9:30.* Τα μισά εισιτήρια ισχύουν μόνο μετά τις 9.30. **2** [περιγράφει: π.χ. αιτία, διαφωνία] σοβαρός *He didn't have a valid excuse for being absent.* Δεν είχε σοβαρή δικαιολογία για την απουσία του. **validity** *ουσ.μ.αρ.* ισχύς, εγκυρότητα

practical *επίθ.* [που αρμόζει για χρήση σε πραγματικές συνθήκες. Περιγράφει: π.χ. συσκευή, ρούχα, σχέδιο] πρακτικός *High-heeled shoes aren't very practical.* Τα ψηλοτάκουνα παπούτσια δεν είναι πολύ πρακτικά.
*δες επίσης **78 Possible**

282 Useless Άχρηστος

useless *επίθ.* **1** άχρηστος *The torch is useless without a battery.* Ο φακός είναι άχρηστος χωρίς μπαταρίες. *It's useless trying to persuade them.* Είναι ανώφελο να προσπαθήσουμε να τους πείσουμε. *useless information* άχρηστες πληροφορίες **2** (συχνά + **at**) [ανεπίσημο. Δεν είμαι καλός σε κάτι] άχρηστος *I'm useless at swimming.* Δεν είμαι καθόλου καλός στο κολύμπι. *I'm a useless swimmer.* Δεν είμαι καθόλου καλός κολυμβητής.

inconvenient *επίθ.* **1** άβολος *You've phoned me at an inconvenient moment.* Με παίρνεις τηλέφωνο σε ακατάλληλη ώρα. (+ **for**) *The toilets are inconvenient for disabled people.* Οι τουαλέτες είναι άβολες για ανάπηρους. **2** [όχι πολύ κοντά] άβολος *The hotel is inconvenient for the city centre.* Το ξενοδοχείο είναι άβολο για να πας στο κέντρο της πόλης. **inconveniently** *επίρρ.* άβολα

inconvenience *ουσ.μ.αρ.αρ.* ενόχληση *The road works are causing a great deal of inconvenience to motorists.* Τα οδικά έργα προκαλούν μεγάλη αναστάτωση στους αυτοκινητιστές. **inconvenience** *ρ.μ.* [επίσημο] αναστατώνω, στεναχωρώ

invalid *επίθ.* **1** [περιγράφει: π.χ. εισιτήριο, διαβατήριο, συμβόλαιο] άκυρος **2** [περιγράφει: π.χ. διαφωνία, αιτία] άκυρος

impractical *επίθ.* μη πρακτικός, ανεφάρμοστος
impracticality *ουσ.μ.αρ.* έλλειψη πρακτικότητας
*δες επίσης **79 Impossible**

pointless *επίθ.* [χωρίς σκοπό. Περιγράφει: π.χ. παρατήρηση, δουλειά, ταξίδι] άσκοπος *It would be pointless to punish him.* Θα ήταν άσκοπο να τον τιμωρήσεις. *This questionnaire is a pointless exercise.* Αυτό το ερωτηματολόγιο είναι άσκοπη απασχόληση. **pointlessly** *επίρρ.* άσκοπα **pointlessness** *ουσ.μ.αρ.* έλλειψη σκοπιμότητας

futile *επίθ.* [υπονοεί περισσότερη περιφρόνηση από το **pointless**. Με λίγο ή πιθανόν καθόλου αποτέλεσμα. Περιγράφει: π.χ. απόπειρα, προσπάθεια] μάταιος *It's futile trying to teach these children anything.* Είναι μάταιο να προσπαθείς να διδάξεις οτιδήποτε σε αυτά τα παιδιά. **futility** *ουσ.μ.αρ.* ματαιότητα

φράσεις

in vain μάταια *I tried in vain to persuade them.* Προσπάθησα μάταια να τους πείσω.

a fat lot of good [ανεπίσημο. Τελείως άχρηστο] χωρίς ωφέλεια *I complained to the police, and a fat lot of good it did me!* Παραπονέθηκα στην αστυνομία και δεν έγινε απολύτως τίποτα.

---

283 Lazy Τεμπέλης

δες επίσης **182 Sleep, 183 Rest and Relaxation**

lazy *επίθ.* τεμπέλης *She's the laziest child in the class.* Είναι το πιο τεμπέλικο παιδί στην τάξη. *We spent a lazy weekend at home.* Περάσαμε το Σαββατοκύριακο τεμπελιάζοντας στο σπίτι. **lazily** *επίρρ.* τεμπέλικα **laziness** *ουσ.μ.αρ.* τεμπελιά

laze *ρ.α.* (συχνά + **around**, **about**) τεμπελιάζω *I enjoy lazing in the sunshine.* Μου αρέσει να τεμπελιάζω στη λιακάδα.

idle *επίθ.* **1** [λιγότερο συνηθισμένο, αλλά συχνά χρησιμοποιείται πιο υποτιμητικά από το **lazy**] αργόσχολος *Go out and look for a job, you idle good-for-nothing!* Βγες και ψάξε για δουλειά, αργόσχολε, δεν κάνεις για τίποτα! *the idle rich* οι αργόσχολοι πλούσιοι **2** (πριν από ουσ.) [χωρίς να δείχνει ιδιαίτερη σοβαρότητα ή σκοπό. Περιγράφει: π.χ. παρατήρηση, απειλή, περιέργεια] ανώφελος *There's no truth in what they're saying, it's just idle gossip.* Δεν υπάρχει αλήθεια σε αυτά που λένε, μόνο επιπόλαια κουτσομπολιά. **idleness** *ουσ.μ.αρ.* αδράνεια, αργοσχολία

idle *ρ.α.* χασομερώ *Stop idling and get on with your work.* Σταμάτα να χασομεράς και κάνε τη δουλειά σου. **idler** *ουσ.αρ.* οκνηρός

idle away sth *ρ.μ.πρφ.* [αντικ.: χρόνος] σπαταλώ άσκοπα *He idled away the final hours before her arrival.* Σπατάλησε άσκοπα τις τελευταίες ώρες πριν την άφιξή της.

idly *επίρρ.* οκνηρά, τεμπέλικα *She was idly leafing through a magazine.* Ξεφύλλιζε τεμπέλικα ένα περιοδικό.

apathetic *επίθ.* [υποτιμητικό. Που δε δείχνει καθόλου ενδιαφέρον] απαθής *I tried to get the students to put on a play, but they're so apathetic!* Προσπάθησα να κάνω τους μαθητές να ανεβάσουν ένα έργο, αλλά είναι τόσο απαθείς! (+ **about**) *Most people are fairly apathetic about politics.* Οι περισσότεροι άνθρωποι δεν ενδιαφέρονται για την πολιτική. **apathetically** *επίρρ.* με απάθεια, χωρίς ενδιαφέρον **apathy** *ουσ.μ.αρ.* απάθεια

lethargic *επίθ.* [π.χ. λόγω αρρώστειας] κοιμισμένος *The drug makes me feel lethargic.* Το φάρμακο μου προκαλεί λήθαργο. *his lethargic movements* οι αργές κινήσεις του **lethargically** *επίρρ.* κοιμισμένα **lethargy** *ουσ.μ.αρ.* λήθαργος

283.1 Τεμπέλης

lazybones *ουσ.αρ.,* πληθ. **lazybones** [ανεπίσημο, συχνά χιουμοριστικό] τεμπελχανάς *My son's a real lazybones.* Ο γιος μου είναι πραγματικός τεμπελχανάς. *Come on, lazybones, time to get up!* Άντε τεμπέλαρε, ώρα να σηκωθείς!

layabout *ουσ.αρ.* (Βρετ.) [ανεπίσημο υποτιμητικό. Μπορεί να υπονοεί ανάμειξη σε μικροέγκλημα] χασομέρης *those layabouts who hang around on street corners* εκείνοι οι χασομέρηδες στη γωνιά του δρόμου

good-for-nothing *ουσ.αρ.* [ανεπίσημο υποτιμητικό. Χρησιμοποιείται κυρίως από γηραιότερα άτομα] ανάξιος *Her husband is a drunkard and a good-for-nothing.* Ο άντρας της είναι μεθύστακας και ανάξιος.

good-for-nothing *επίθ.* (πριν από ουσ.) ανάξιος *that good-for-nothing son of mine* εκείνος ο ανάξιος ο γιος μου

284 Inaction Απραξία

δες επίσης **183 Rest and Relaxation, 404 Slow**

inactive *επίθ.* αδρανής *I don't intend to be inactive after I retire.* Δε σκοπεύω να αδρανήσω όταν βγω στη σύνταξη.

inactivity *ουσ.μ.αρ.* [γενική περίοδος κατά την οποία δεν κάνω πολλά] αδράνεια *long periods of inactivity* μεγάλες περίοδοι αδράνειας

inaction *ουσ.μ.αρ.* [παράλειψη δράσης σε κάποια συγκεκριμένη κατάσταση] απραξία, αδράνεια *The President's inaction over this issue has been much criticized.* Η απραξία του Προέδρου πάνω σε αυτό το θέμα έχει υποστεί πολλή κριτική.

idle *επίθ.* [εμποδίζομαι να δουλέψω από τις περιστάσεις] αδρανής *Ships are lying idle in the harbour.* Τα πλοία μένουν δεμένα στο λιμάνι.

passive *επίθ.* [αφήνω να συμβούν ορισμένα πράγματα και τα δέχομαι] παθητικός *his passive acceptance of human suffering* η απαθής αποδοχή του της ανθρώπινης δυστυχίας **passively** *επίρρ.* παθητικά **passivity** *ουσ.μ.αρ.* παθητικότητα

passive smoking παθητικό κάπνισμα

refrain *ρ.α.* (πάντα + **from**) [κάπως επίσημο. Δεν κάνω κάτι που αλλιώς ίσως να είχα κάνει] αποφεύγω *She was obviously upset, so I refrained from any further criticism.* Ήταν φανερό ότι ταράχτηκε, και έτσι απέφυγα να κάνω περισσότερη κριτική.

abstain *ρ.α.* **1** (πάντα + **from**) [κάπως επίσημο. Επιλέγω να μην κάνω κάτι] αποφεύγω *I abstained from making any comment.* Απέφυγα να κάνω οποιοδήποτε σχόλιο. **2** (συνήθως + **from**) [δεν ενδίδω σε δραστηριότητες όπως σεξ, ποτά] απέχω *I abstained from alcohol during Lent.* Απείχα από το αλκοόλ την Σαρακοστή. **3** [δεν ψηφίζω υπέρ ή κατά] απέχω (της ψηφοφορίας) *The Liberals are expected to abstain in the vote on the government's proposals.* Οι Φιλελεύθεροι αναμένεται ότι θα απόσχουν από την ψήφιση των προτάσεων της κυβέρνησης. **abstinence** *ουσ.μ.αρ.* αποχή, εγκράτεια (από τροφή ή ποτά) **abstention** *ουσ.αρ.* [στη ψηφοφορία] αποχή

284.1 Δεν κάνω πρόοδο

stagnate *ρ.α.* [υπονοεί αργή παρακμή, την ανάγκη για καινούρια ερεθίσματα. Υποκ.: π.χ. πρόσωπο, οικονομία] παραμένω στάσιμος *I feel as if I'm stagnating in this job.* Νιώθω αποτελματωμένος σε αυτήν τη δουλειά. **stagnation** *ουσ.μ.αρ.* αποτελμάτωση

stagnant *επίθ.* [περιγράφει: κυρίως οικονομία] στάσιμος, αδρανής, αποτελματωμένος

stalemate *ουσ.μ.αρ.αρ.* [όταν καμμιά από τις δυο πλευρές δεν μπορεί να κερδίσει] αδιέξοδο *The conflict ended in (a) stalemate.* Η σύγκρουση κατέληξε σε αδιέξοδο.

deadlock *ουσ.μ.αρ.αρ.* [που προκαλείται από ασυμβίβαστη διαφωνία] απροχώρητο *The negotiations have reached (a) deadlock.* Οι διαπραγματεύσεις έχουν φτάσει σε πλήρες αδιέξοδο.

284.2 Ακίνητος

still *επίθ.* (δεν έχει συγκρ.) **1** ακίνητος *to stand/sit/lie still* στέκομαι/κάθομαι/ξαπλώνω ακίνητος *Hold the camera absolutely still.* Κράτα τη φωτογραφική μηχανή εντελώς ακίνητη./Μην κουνάς καθόλου τη φωτογραφική μηχανή. **2** [χωρίς άνεμο] ήρεμος *a warm, still evening* ένα ζεστό, γαλήνιο πρωινό

steady *επίθ.* [σε ελεγχόμενη, ισορροπημένη θέση] σταθερός *You don't look very steady on that ladder.* Δε φαίνεσαι να κρατιέσαι σταθερά πάνω σε κείνη τη σκάλα. *Hold the nail steady while I knock it in.* Κράτα το καρφί σταθερά όσο το καρφώνω.

steady *ρ.μ.* σταθεροποιώ *She tried to steady her trembling hand.* Προσπάθησε να καλμάρει το τρεμάμενο χέρι της.

motionless *επίθ.* [που δεν κάνει καμμία κίνηση] ακίνητος *These lizards remain motionless for long periods.* Αυτές οι σαύρες παραμένουν ακίνητες για μεγάλο χρονικό διάστημα. **motionlessly** *επίρρ.* ακίνητα

immobile *επίθ.* [συχνά υπονοεί ανικανότητα να κινηθεί κάποιος] ακίνητος *He had injured his leg and was temporarily immobile.* Τραυμάτισε το πόδι του και ήταν προσωρινά σε ακινησία.

immobility *ουσ.μ.αρ.* ακινησία *The drawback of these weapons is their immobility.* Το μειονέκτημα αυτών των όπλων είναι το ότι δε μεταφέρονται εύκολα.

stationary *επίθ.* [περιγράφει: κυρίως όχημα] στάσιμος *My car was stationary at the time of the accident.* Το αυτοκίνητό μου ήταν σταθμευμένο την ώρα του ατυχήματος.

φράσεις

twiddle one's thumbs [κάπως ανεπίσημο. Δεν κάνω τίποτα συγκεκριμένο, π.χ. όσο περιμένω] παίζω τα δάχτυλά μου *I sat twiddling my thumbs, waiting for them to arrive.* Κάθησα και έπαιζα τα δάχτυλά μου, περιμένοντάς τους να φτάσουν.

to have time on one's hands [πολύς ελεύθερος χρόνος, που δεν (είναι απαίτητο ότι) ξέρω πώς να τον περάσω] έχω καιρό στη διάθεσή μου *I'd only just retired, and wasn't used to having so much time on my hands.* Μόλις είχα βγει στη σύνταξη και δεν ήμουν συνηθισμένος να έχω τόσο καιρό στη διάθεσή μου.

at a loose end [δεν έχω τίποτα συγκεκριμένο να κάνω] διαθέσιμος *The meeting's been cancelled, so I'm at a loose end.* Η συνεδρίαση έχει ματαιωθεί, και έτσι δεν έχω τίποτα συγκεκριμένο να κάνω.

not lift a finger [κυρίως υποτιμητικό. Δε δίνω καθόλου βοήθεια] δεν κουνάω το δαχτυλάκι μου *She never lifts a finger around the house.* Ούτε το δαχτυλάκι της δε σηκώνει να κάνει δουλειές στο σπίτι. *They didn't lift a finger to help her.* Ούτε το δαχτυλάκι τους δε σήκωσαν για να τη βοηθήσουν.

paralyse (Βρετ.), paralyze (κυρίως Αμερ.) ρ.μ. 1 [σωματικά] παραλύω Since his accident he's been paralysed from the waist down. Από τότε που έγινε το ατύχημα είναι παράλυτος από τη μέση και κάτω. She was paralysed by fear. Παρέλυσε από το φόβο (της). 2 [κάνω κάτι να σταματήσει να δουλεύει, να γίνει άχρηστο/να μην έχει

αποτέλεσμα. Αντικ.: π.χ. κυβέρνηση, οικονομία, σιδηροδρόμους] παραλύω The country has been paralysed by a wave of strikes. Η χώρα έχει παραλύσει από ένα κύμα απεργιών.
paralysis ουσ.μ.αρ. παράλυση The government is gripped by paralysis. Η κυβέρνηση δε μπορεί να δράσει.

285 Unwilling Απρόθυμος

unwilling επίθ. (συνήθως + to + ΑΠΑΡΕΜΦΑΤΟ) απρόθυμος She was unwilling to lend me her car. Έδειξε απροθυμία να μου δανείσει το αυτοκίνητό της. unwillingly επίρρ. απρόθυμα unwillingness ουσ.μ.αρ. απροθυμία

reluctant επίθ. (συχνά + to) [υπονοεί μικρότερο βαθμό απροθυμίας από το unwilling] διστακτικός I was reluctant to sign the contract, but I did so anyway. Είχα τους δισταγμούς μου να υπογράψω το συμβόλαιο, αλλά παρόλα αυτά το υπέγραψα. my reluctant companion ο απρόθυμος συνοδός μου reluctantly επίρρ. απρόθυμα

reluctance ουσ.μ.αρ. δισταγμός It is with great reluctance that I have decided to resign. Με μεγάλη απροθυμία έχω αποφασίσει να παραιτηθώ.

loath ΕΠΙΣΗΣ loth επίθ. (μετά από ρ., πάντα + to + ΑΠΑΡΕΜΦΑΤΟ) [κάπως επίσημο. Υπονοεί προσωπική απροθυμία] απρόθυμος I was loath to part with my old car. Ήμουν απρόθυμος να αποχωριστώ το παλιό μου αυτοκίνητο.

averse επίθ. (μετά από ρ., πάντα + to) [συχνά κάπως χιουμοριστικό. Χρησιμοποιείται κυρίως στον αρνητικό τύπο για να δηλώσει μια αρκετά δυνατή προτίμηση ή προθυμία] αντίθετος I'm not averse to the odd glass of wine. Δε λέω όχι σε κάνα ποτήρι κρασί κάπου–κάπου. He's not averse to criticizing other people. Δε διστάζει να κριτικάρει τους άλλους.

aversion ουσ.αρ. (συχνά + to) [έντονη αντιπάθεια] απέχθεια He has an unnatural aversion to children. Έχει μια αφύσικη απέχθεια για τα παιδιά.

half-hearted επίθ. [που του λείπει ο ενθουσιασμός. Περιγράφει: π.χ. νοοτροπία, υποστήριξη, απόπειρα] χωρίς ζήλο half-heartedly επίρρ. με μισή καρδιά half-heartedness ουσ.μ.αρ. απροθυμία, έλλειψη ζήλου

negative επίθ. [που δεν οδηγεί σε επιτυχή πράξη ή αποτελέσματα. Περιγράφει: π.χ. νοοτροπία, κριτική] αρνητικός He kept making negative comments instead of practical suggestions. Έκανε συνεχώς αρνητικά σχόλια

αντί να προτείνει κάτι το πρακτικό. (+ about) She's very negative about her career prospects. Είναι πολύ αρνητική (απαισιόδοξη) σχετικά με τις προοπτικές της καριέρας της.

object ρ. 1 ρ.α.μ. (συχνά + to) αντιτίθεμαι She objected to the new proposal. Αντιτέθηκε στην καινούρια εισήγηση. I'm willing to chair the meeting, if nobody objects. Είμαι πρόθυμος να προεδρεύσω της συνεδρίασης αν δεν αντιτίθεται κανείς. (+ that) He objected that it wasn't my turn. Έφερε αντίρρηση ότι δεν ήταν η σειρά μου. (+ to + -ing) Do you object to catching a later train? Έχεις αντίρρηση να πάρουμε ένα από τα τρένα που φεύγουν αργότερα; I really object to having to pay extra for the car park. Πραγματικά έχω αντίρρηση να πληρώσω επιπλέον για το παρκάρισμα. 2 ρ.α. [νομικός όρος] κάνω ένσταση I object! Κάνω ένσταση!

objection ουσ.αρ. 1 αντίρρηση I have no objection to you remaining here. Δεν έχω καμμία αντίρρηση αν θέλεις να παραμείνεις εδώ. to raise an objection φέρνω αντίρρηση 2 [νομικός όρος] ένσταση Objection, your honour! Ένσταση, κύριε δικαστά!

mind ρ.α.μ. (συχνά + -ing) [συνήθως σε αρνήσεις ή ερωτήσεις. Χρησιμοποιείται σε ορισμένες φράσεις για να αναφερθεί σε αντίρρηση ή αντιπάθεια] με πειράζει 'Would you mind waiting a moment?' 'No, I don't mind.' «Θα σε πείραζε να περιμένεις μια στιγμή;» – «Όχι δε με πειράζει.» I don't mind the noise. Δε με ενοχλεί ο θόρυβος. I wouldn't mind a piece of cake. Ένα κομμάτι γλυκό δε θα ήταν άσχημο. Do your parents mind you staying out late? Πειράζει τους γονείς σου που γυρνάς στο σπίτι αργά;
*δες επίσης 74 Important

φράση

not be prepared to do sth [δηλώνει αναμφίβολη άρνηση] δεν είμαι διατεθειμένος I'm not prepared to tolerate such behaviour! Δεν είμαι διατεθειμένος να ανεχτώ τέτοια συμπεριφορά!

286 Wait Περιμένω

wait ρ.α. (συχνά + for, until) περιμένω There were several customers waiting. Περίμεναν αρκετοί πελάτες. He waited until after dinner before making his announcement. Περίμενε να τελειώσει το δείπνο για να κάνει την αναγγελία του. Wait a minute, I'm not ready yet. Περίμενε ένα λεπτό, δεν είμαι έτοιμος ακόμα. (+ to + ΑΠΑΡΕΜΦΑΤΟ) I was waiting to see the doctor. Περίμενα για να δω το γιατρό. (+ about, around) I'm fed up with waiting around; I'm going home. Έχω βαρεθεί να περιμένω. Πάω σπίτι. 'What have you bought me for Christmas?' 'Wait and see.' «Τι δώρο μου έχεις πάρει για τα Χριστούγεννα;» «Περίμενε και θα δεις.» (σαν ρ.μ.) to wait one's turn περιμένω τη σειρά μου

wait ουσ.αρ. αναμονή You'll have a long wait; the next bus isn't till six o'clock. Έχεις μεγάλη αναμονή. Δεν έχει άλλο λεωφορείο μέχρι τις έξι η ώρα. The mugger was lying in wait for his victim. Ο ληστής παραμόνευε το θύμα του.

χρήση

Συγκρίνετε το wait με το expect (αναμένω). Το wait συνήθως σημαίνει ότι περιμένεις κάποιον σε ένα σημείο μέχρι να φτάσει ή ότι έχεις κάνει κάποια συγκεκριμένη συνεννόηση, π.χ. I'll wait for you outside the cinema. (Θα σε περιμένω έξω από το σινεμά.) Don't wait up for me. (Μην ξενυχτάς περιμένοντάς με.) Το expect σημαίνει ότι ξέρεις πως κάποιος θα φτάσει ή κάτι θα συμβεί, αλλά δεν είναι απαραίτητο ότι έχεις κάνει κάτι γι αυτό, π.χ. I'll expect you at six. (Θα σε περιμένω στις έξι.) I'm expecting a phone call this afternoon. (Περιμένω ένα τηλεφώνημα σήμερα το απόγευμα.)

await ρ.μ. [πιο επίσημο από το wait for] αναμένω The defendant awaited the jury's verdict. Ο κατηγορούμενος περίμενε την απόφαση των ενόρκων. her eagerly awaited new record ο αναμενόμενος με ενθουσιασμό καινούριος της δίσκος

χρήση

Προσέξτε ότι το **await** παίρνει άμεσο αντικείμενο, ενώ το **wait** χρειάζεται την πρόθεση **for** πριν να πάρει αντικείμενο. Σύγκρινε: *He awaited her decision.* (Περίμενε την απόφασή της.) *He waited for her decision.* (Περίμενε την απόφασή της.)

queue (Βρετ.), **line** (Αμερ.) ουσ.αρ. ουρά *There were about 20 people in the queue.* Ήταν περίπου 20 άτομα στην ουρά. *to jump the queue* παίρνω τη σειρά κάποιου άλλου/δεν περιμένω τη σειρά μου

queue ρ.α. (Βρετ.) (συχνά + **for**, + **to** + ΑΠΑΡΕΜΦΑΤΟ, **up**) περιμένω στη σειρά *I had to queue for hours to get these tickets.* Χρειάστηκε να περιμένω στη σειρά για ώρες για να πάρω αυτά τα εισιτήρια. *People were queuing up outside the shop.* Ο κόσμος περίμενε στη σειρά έξω από το κατάστημα.

line up ρ.α.πρφ. (Βρετ. & Αμερ.) περιμένω στην ουρά *We had to line up outside the cinema.* Χρειάστηκε να περιμένουμε στην ουρά έξω από το σινεμά.

stay ρ.α. (συνήθως + επίρρ.) **1** [δε φεύγω από ένα συγκεκριμένο μέρος] παραμένω *Stay here until I get back.* Μείνε εδώ μέχρι να επιστρέψω. *The guide warned us to stay on the path.* Ο ξεναγός μας προειδοποίησε να μη φύγουμε από το μονοπάτι. *Will you stay for/to dinner?* Θα μείνεις για το δείπνο; (+ **in**) *I stayed in last night and watched TV.* Χθες το βράδυ έμεινα στο σπίτι και είδα τηλεόραση. (+ **out**) *I don't allow my children to stay out late.* Δεν επιτρέπω στα παιδιά μου να μένουν έξω μέχρι αργά. **2** [υποκ.: επισκέπτης, τουρίστας] μένω *I'm looking for a place to stay (the night).* Ψάχνω ένα μέρος να διανυκτερεύσω. *We stayed at a cheap hotel.* Μείναμε σε ένα φτηνό ξενοδοχείο. (+ **with**) *I usually stay with my brother when I'm in London.* Συνήθως μένω στον αδερφό μου όταν πηγαίνω στο Λονδίνο. * δες επίσης **319 Visit**

stay ουσ.αρ. διαμονή *We hope to make your stay in London a pleasant one.* Ελπίζουμε να κάνουμε τη διαμονή σας στο Λονδίνο ευχάριστη. *a long stay in hospital* μακροχρόνια παραμονή στο νοσοκομείο

remain ρ.α. [πιο επίσημο από το **stay**] παραμένω *All staff are requested to remain in the building.* Όλο το προσωπικό παρακαλείται να παραμείνει στο κτίριο.

linger ρ.α. [κάνω περισσότερη ώρα να κάνω κάτι από όσο είναι αναγκαίο, συχνά για κάτι που απολαμβάνω] χρονοτριβώ *We lingered over a cup of coffee.* Ήπιαμε τον καφέ σιγά σιγά για να τον απολαύσουμε.

loiter ρ.α. [κάπως υποτιμητικό] **1** [περπατάω χαζεύοντας, σταματώντας συχνά] χαζεύω *Come straight home; don't loiter on the way.* Έλα κατευθείαν σπίτι. Μη χαζεύεις στο δρόμο. **2** [περιμένω, στέκομαι κάπου χωρίς ξεκάθαρη αιτία] περιφέρομαι άσκοπα *A man was seen loitering near the playground.* Είδαν έναν άντρα να περιφέρεται άσκοπα στην παιδική χαρά. **loiterer** ουσ.αρ. χασομέρης

hesitate ρ.α. (συχνά + **to** + ΑΠΑΡΕΜΦΑΤΟ) [π.χ. από αναποφασιστικότητα] διστάζω *He hesitated before replying.* Δίστασε πριν απαντήσει. (+ **over**) *She hesitated too long over the decision.* Δίσταζε πολύ μέχρι να πάρει την απόφαση. *If you have any queries, don't hesitate to ask.* Αν έχεις ερωτήσεις, μη διστάσεις να με ρωτήσεις. *If attacked, we will not hesitate to retaliate.* Αν μας επιτεθούν, δε θα διστάσουμε να ανταποδώσουμε.

hesitation ουσ.μ.αρ. δισταγμός *I accepted without hesitation.* Δέχτηκα χωρίς δισταγμό. *I have no hesitation in recommending her to you.* Δεν έχω κανένα δισταγμό να σου την συστήσω.

pause ρ.α. (συχνά + **for**, + **to** + ΑΠΑΡΕΜΦΑΤΟ) σταματάω για λίγο *The speaker paused for breath/to look at his notes.* Ο ομιλητής σταμάτησε για λίγο για να πάρει μια ανάσα/να ρίξει μια ματιά στις σημειώσεις του. *Let's pause for coffee.* Ας σταματήσουμε για καφέ.

pause ουσ.αρ. παύση (+ **in**) *There was an embarrassing pause in the conversation.* Μια διακοπή της συνομιλίας μας έφερε σε αμηχανία.

break ρ.α. (συχνά + **for**, + **to** + ΑΠΑΡΕΜΦΑΤΟ) [σταματάω για λίγο] κάνω διάλειμμα *Let's break for lunch.* Ας κάνουμε διάλειμμα για το μεσημέρι.

hang on ρ.α.πρφ. [ανεπίσημο. Χρησιμοποιείται κυρίως στην προστακτική, όταν ζητάμε από κάποιον να περιμένει] περιμένω *Hang on, I'll be with you in a minute.* Περίμενε, θα έλθω αμέσως. *Her line's engaged; would you like to hang on?* Η γραμμή της είναι απασχολημένη/μιλάει. Θα θέλατε να περιμένετε;

hang about (somewhere) (κυρίως Βρετ.) Ή **hang around** (somewhere) (Βρετ. & Αμερ.) ρ.α.μ.πρφ. [ανεπίσημο. Περιμένω, κάθομαι/μένω κάπου χωρίς να κάνω κάτι συγκεκριμένο] περιφέρομαι *There were some lads hanging around in the street.* Μερικοί νεαροί περιφέρονταν στο δρόμο. *He kept me hanging about for ages before he saw me.* Με άφησε να περιμένω ώρες πριν να με δει.

hang back ρ.α.πρφ. [διστάζω, συγκρατούμαι, π.χ. από επιφυλακτικότητα] διστάζω (+ **from**) *I hung back from telling her exactly what I thought.* Δίστασα να της πω ξεκάθαρα τη γνώμη μου.

---

287 Do Κάνω

δες επίσης **293 Make**

do ρ., αόρ. **did** μτχ. αορ. **done** **1** ρ.μ. [αντικ.: κάποια ακαθόριστη πράξη] κάνω *What are you doing?* Τι κάνεις; *I'd never do anything to hurt her.* Ποτέ δε θα έκανα κάτι που θα την πλήγωνε. *All he ever does is complain.* Το μόνο που κάνει όλη την ώρα είναι να παραπονιέται. *Are you doing anything this evening?* Θα κάνεις τίποτα σήμερα το βράδυ; *What do you do for a living?* Τι δουλειά κάνεις; (+ **with**) *Now what have I done with those scissors?* Τι έκανα εκείνο το ψαλίδι; *What are you doing with my briefcase?* Τι κάνεις με τον χαρτοφύλακά μου; (+ **to**) *What have you done to him/to your arm?* Τι του έχεις κάνει;/Τι έπαθε το χέρι σου; (+ **about**) *What shall we do about food for the party?* Τι (ετοιμασίες) θα κάνουμε για το πάρτι; **2** ρ.μ. [αντικ.: συγκεκριμένη πράξη, δραστηριότητα] κάνω *She's doing a crossword/the decorating.* Συμπληρώνει ένα σταυρόλεξο/βάφει τους τοίχους. *I haven't done much work today.* Δεν έχω κάνει πολλή δουλειά σήμερα. *What subjects do you do at school?* Τι μαθήματα κάνετε στο σχολείο; **3** ρ.α. (πάντα + επίρρ.) [σημειώνω επίδοση, πετυχαίνω] τα πάω *He did well/badly in the exam.* Τα πήγε καλά/άσχημα στο διαγώνισμα. *How are you doing in your new job?* Πώς τα πας στην καινούρια σου δουλειά; * δες επίσης ΧΡΗΣΗ στο **293 Make**

deed ουσ.αρ. [κάπως επίσημο ή παλιομοδίτικο] πράξη *a good deed* μια καλή πράξη *Who could have committed such an evil deed?* Ποιός θα μπορούσε να κάνει μια τόσο κακή πράξη;

act ρ.α. **1** δρω, συμπεριφέρομαι *He's been acting rather strangely recently.* Συμπεριφέρεται κάπως περίεργα τώρα τελευταία. *The government has decided to act.* Η κυβέρνηση έχει αποφασίσει να δράσει. (+ **on**) *I acted on her advice.* Έκανα/Έπραξα όπως με συμβούλεψε. **2** (συνήθως + **as**) [έχω κάποιο ρόλο, λειτουργία] λειτουργώ *I agreed to act as her lawyer.* Συμφώνησα να αναλάβω καθήκοντα σαν δικηγόρος της. *The death penalty is supposed to act as a deterrent.* Η θανατική ποινή υποτίθεται ότι θα λειτουργήσει σαν αποτρεπτικός παράγοντας. (+ **for**) *a lawyer acting for Mrs Smith* ένας δικηγόρος που αντιπροσωπεύει την κυρία Σμιθ.

act ουσ.αρ. πράξη, ενέργεια *Her first act as President was to free all political prisoners.* Η πρώτη της ενέργεια σαν Πρόεδρος ήταν να ελευθερώσει όλους τους πολιτικούς κρατούμενους. *Our conscious acts may have unconscious motives.* Οι συνειδητές μας πράξεις μπορεί να έχουν υποσυνείδητα κίνητρα. (+ **of**) *an act of treachery/bravery* πράξη προδοσίας/ανδρείας *δες επίσης **376 Entertainment**

action ουσ. **1** ουσ.αρ. πράξη *The child observes the actions of its mother.* Το παιδί παρατηρεί τις πράξεις της μητέρας του. *to catch and throw the ball in a single action* [κίνηση] πιάνω και ρίχνω τη μπάλα με μια κίνηση **2** ουσ.μ.αρ. [κάνω κάτι παρά να το λέω και να το σκέφτομαι] δράση *We must **take action** to solve this problem.* Πρέπει να δράσουμε για να λύσουμε αυτό το πρόβλημα. *a film with lots of action* μια ταινία με πολλή δράση *You should see this weapon **in action**.* Πρέπει να δεις αυτό το όπλο στην πράξη. **3** ουσ.μ.αρ. [σωματική λειτουργία, αποτέλεσμα] επίδραση *a model to demonstrate the action of the lungs* ένα μοντέλο για να επιδείξουμε την λειτουργία των πνευμόνων *the action of sulphuric acid on metal* η επίδραση του θειικού οξέος πάνω στα μέταλλα *The traffic lights are **out of action**.* Τα σήματα της τροχαίας είναι εκτός λειτουργίας.

χρήση

Όταν έχουν αριθμήσιμη έννοια, οι λέξεις **act** και **action** μπορούν να χρησιμοποιηθούν η μια στη θέση της άλλης με πολύ μικρή ή καθόλου αλλαγή στο νόημα. Π.χ. *a brave act/action* (μια γενναία πράξη) *One must accept the consequences of one's acts/actions.* (Πρέπει κανείς να δέχεται τις συνέπειες των πράξεών του.) Αν υπάρχει κάποια διαφορά ως προς την έμφαση των δυο λέξεων, αυτή οφείλεται στο γεγονός ότι το **act** θεωρεί την πράξη από την πλευρά του ατόμου που την κάνει, ενώ το **action** έχει σχέση περισσότερο με την άποψη των άλλων ανθρώπων ή στο πιο ευρύ πλαίσιο ή συνέπειες της πράξης. Μόνο το **act** μπορεί να χρησιμοποιηθεί με το **of**: π.χ. *an act of defiance* (μια πράξη ανυπακοής).

---

active επίθ. δραστήριος, ζωηρός *These animals are most active at night.* Αυτά τα ζώα είναι πιο δραστήρια τη νύχτα. *He's active in local politics.* Έχει ενεργό ανάμιξη στην τοπική πολιτική. *a soldier **on active service*** ένας στρατιώτης σε ενεργό υπηρεσία **actively** επίρρ. δραστήρια
activity ουσ. **1** ουσ.αρ. δραστηριότητα *after-school/leisure activities* εξωσχολικές δραστηριότητες/δραστηριότητες στον ελεύθερο χρόνο *criminal activities* εγκληματικές δραστηριότητες **2** ουσ.μ.αρ. δραστηριότητα *periods of strenuous activity* περίοδοι έντονης δραστηριότητας

287.1 Συμπεριφέρομαι

behave ρ.α. **1** [δρω με κάποιο συγκεκριμένο τρόπο] συμπεριφέρομαι *grown men behaving like schoolboys* ενήλικοι άντρες που συμπεριφέρονται σαν μαθητές *Scientists are studying the way these particles behave at high temperatures.* Επιστήμονες μελετάνε τον τρόπο με τον οποίο συμπεριφέρονται αυτά τα μόρια σε υψηλές θερμοκρασίες. **2** [υποκ.: κυρίως παιδί] κάθομαι φρόνιμα *Make sure you behave (yourself) while I'm gone!* Πρέπει να καθήσεις φρόνιμα όσο θα λείπω! *She's very well-/badly-behaved.* Είναι πολύ φρόνιμη/άτακτη.

behaviour (Βρετ.), **behavior** (Αμερ.) ουσ.μ.αρ.
1 συμπεριφορά *She studies animal behaviour.* Μελετάει τη συμπεριφορά των ζώων. **2** διαγωγή *That child's behaviour is disgraceful!* Η διαγωγή εκείνου του παιδιού είναι επαίσχυντη. *to be on one's best behaviour* δείχνω τους καλύτερους τρόπους μου

conduct ουσ.μ.αρ. [πιο επίσημο από το **behaviour**] διαγωγή *Your son's conduct has been excellent this term.* Η διαγωγή του γιου σας αυτό το τρίμηνο ήταν εξαίρετη. *The doctor was accused of unprofessional conduct.* Ο γιατρός κατηγορήθηκε για συμπεριφορά ανάρμοστη προς το επάγγελμα.

conduct ρ.μ. **1** [κάπως επίσημο. Αντικ.: π.χ. έρευνα, ερωτικός δεσμός] διεξάγω *The meeting was properly/badly conducted.* Η συνεδρίαση διεξάχθηκε σωστά/άσχημα. **2 conduct oneself** [πιο επίσημο από το **behave**] συμπεριφέρομαι *That is not how a young lady should conduct herself in public!* Αυτός δεν είναι τρόπος που συμπεριφέρεται μια νεαρή κυρία δημοσίως!

react ρ.α. (συχνά + **to**) αντιδρώ *He reacts violently when provoked.* Αντιδρά βίαια όταν τον προκαλέσουν. *The patient is reacting well to the drug.* Ο ασθενής αντιδρά καλά στο φάρμακο. (+ **against**) *These artists are reacting against dominant cultural traditions.* Αυτοί οι καλλιτέχνες αντιδρούν κατά των πολιτιστικών παραδόσεων που επικρατούν.

reaction ουσ.αρ. αντίδραση *Thanks to her quick reactions, an accident was avoided.* Χάρη στις γρήγορες αντιδράσεις της, αποφεύχθηκε ένα ατύχημα. *There was a positive reaction to my suggestion.* Η πρότασή μου βρήκε θετική αντίδραση.

287.2 Εκτελώ καθήκον

perform ρ. **1** ρ.μ.α. [πιο επίσημο από το **carry out**. Αντικ.: π.χ. πράξη, καθήκον] εκτελώ *the surgeon who performed the operation* ο χειρούργος που εκτέλεσε την εγχείρηση *She didn't perform as well as expected in the exam.* Δεν τα πήγε τόσο καλά όσο αναμενόταν στις εξετάσεις. **2** ρ.α. [υποκ.: μηχανή, κυρίως αυτοκίνητο] αποδίδω *The car performs well on wet roads.* Το αυτοκίνητο αποδίδει (καλά) σε βρεγμένο οδόστρωμα.

performance ουσ. **1** ουσ.μ.αρ.αρ. λειτουργία, απόδοση *expenses incurred in the performance of one's duties* έξοδα που έχει συνάψει κάποιος κατά την εκτέλεση των καθηκόντων του **2** ουσ.μ.αρ. απόδοση *a high-performance car* αυτοκίνητο υψηλής απόδοσης

carry out sth Ή **carry** sth **out** ρ.μ.πρφ. [αντικ.: π.χ. έργο, καθήκον, διαταγές] διεξάγω *The police have carried out a thorough investigation.* Οι αστυνομικοί διεξήγαγαν μια διεξοδική έρευνα. *My instructions are to be carried out to the letter.* Οι οδηγίες μου πρέπει να εκτελεσθούν κατά γράμμα.

undertake ρ.μ., αόρ. **undertook** μτχ. αορ. **undertaken** (συχνά + **to** + ΑΠΑΡΕΜΦΑΤΟ) [κάπως επίσημο. Δέχομαι ένα συγκεκριμένο καθήκον] αναλαμβάνω *We undertake to deliver the goods by May 15th.* Αναλαμβάνουμε να παραδώσουμε τα προϊόντα μέχρι τις 15 Μαΐου.

undertaking ουσ.αρ. [κάπως επίσημο] **1** [καθήκον] δέσμευση *This project has been a costly undertaking.* Αυτό το έργο ήταν μια πολυέξοδη δέσμευση. **2** [υπόσχεση] ανάληψη υποχρέωσης *He gave a solemn undertaking not to reveal the information to anybody else.* Έδωσε σοβαρή υπόσχεση να μην αποκαλύψει τις πληροφορίες σε κανέναν.

deal with sth/sb *ρ.μ.πρφ.* [αντικ.: π.χ. ζήτημα, πρόβλημα, πελάτης] χειρίζομαι *the clerk who is dealing with your application* ο υπάλληλος που χειρίζεται την αίτησή σου *Young offenders are dealt with by juvenile courts.* Τους νεαρούς παραβάτες τους χειρίζονται τα δικαστήρια ανηλίκων.

solve *ρ.μ.* [αντικ.: π.χ. πρόβλημα, αίνιγμα] λύνω *another case brilliantly solved by Sherlock Holmes* ακόμα μια υπόθεση που έλυσε έξυπνα ο Σέρλοκ Χολμς. *You won't solve anything by resigning.* Δε θα λύσεις τίποτα με το να παραιτηθείς.

φράσεις

take measures 'Η **steps** παίρνω μέτρα *The government is taking measures/steps to improve security at airports.* Η κυβέρνηση παίρνει μέτρα για να βελτιώσει την ασφάλεια στα αεροδρόμια.

take turns (*Βρετ. & Αμερ.*), **take it in turns** (*Βρετ.*) (συχνά + **to** + ΑΠΑΡΕΜΦΑΤΟ) κάνω κάτι εκ περιτροπής, *We take (it in) turns to do the washing-up.* Κάνουμε το πλύσιμο των πιάτων εκ περιτροπής.

take the plunge [μετά από δισταγμό, αισθάνομαι εκνευρισμένος, κτλ.] παίρνω τη μεγάλη απόφαση *I finally decided to take the plunge and start my own business.* Τελικά πήρα τη μεγάλη απόφαση να αρχίσω δική μου επιχείρηση.

grasp the nettle (*Βρετ.*) [κάπως επίσημο. Αναγνωρίζω ένα δύσκολο πρόβλημα και αρχίζω να το χειρίζομαι] αντιμετωπίζω αποφασιστικά μια δυσχέρεια *It's about time the government grasped the nettle of unemployment.* Είναι καιρός η κυβέρνηση να αντιμετωπίσει αποφασιστικά το πρόβλημα της ανεργίας.

take the bull by the horns [αρχίζω να χειρίζομαι ένα δύσκολο πρόβλημα με ευθύ, αποφασιστικό τρόπο] αρπάζω τον ταύρο από τα κέρατα

bite the bullet [υποφέρω γενναία κάτι δυσάρεστο] κάνω κάτι δύσκολο και δυσάρεστο που απαιτεί κουράγιο *We have to bite the bullet and accept that the project has failed.* Πρέπει να το πάρουμε απόφαση ότι το έργο έχει αποτύχει.

grit one's teeth [παραμένω αποφασιστικός σε μια δύσκολη κατάσταση] σφίγγω τα δόντια *You may be exhausted, but you just have to grit your teeth and carry on.* Μπορεί να είσαι εξαντλημένος αλλά πρέπει να σφίξεις τα δόντια και να συνεχίσεις.

get off one's backside [ανεπίσημο. Σταματάω να είμαι τεμπέλης και αρχίζω να δουλεύω, κτλ.] καταβάλλω προσπάθεια για κάτι *It's about time you got off your backside and found yourself a job!* Είναι καιρός να σταματήσεις να τεμπελιάζεις και να προσπαθήσεις να βρεις δουλειά!

288 Habitual Συνηθισμένος

δες επίσης **442 Normal**

habit *ουσ.αρ.μ.αρ.* [σκόπιμος ή μη συνειδητός] συνήθεια *a bad habit* μια κακή συνήθεια *her peculiar eating habits* οι παράξενες συνήθειές της στο φαγητό *I'm not **in the habit of** lending money to strangers.* Δε συνηθίζω να δανείζω λεφτά σε αγνώστους. *I've **got into/out of the habit of** getting up early.* Έχω αποκτήσει/αποβάλει τη συνήθεια να σηκώνομαι νωρίς το πρωί. *smokers who are trying to **break/kick the habit*** καπνιστές που προσπαθούν να αποβάλουν την συνήθεια

habitual *επίθ.* [συνήθως περιγράφει κάτι κακό ή κάτι που καταδικάζεται] συνηθισμένος *habitual lies* ψέματα που λέει κάποιος από συνήθεια **habitually** *επίρρ.* συνήθως

custom *ουσ.αρ.* 1 [έθνους, κοινωνίας, κτλ.] συνήθεια, έθιμο *How did the custom of shaking hands originate?* Πώς προήλθε η συνήθεια της χειραψίας; 2 [πιο επίσημο από το **habit** και χρησιμοποιείται μόνο για σκόπιμες, συνειδητές πράξεις] συνήθεια *It was her custom to take a walk before dinner.* Συνήθιζε να πηγαίνει βόλτα πριν από το δείπνο.

customary *επίθ.* [πιο επίσημο από το **usual**] συνηθισμένος *He sat in his customary place.* Κάθησε στη συνηθισμένη του θέση. *It is customary to give one's host a small present.* Συνηθίζεται να δίνει κανείς ένα μικρό δώρο στην οικοδέσποινα του.

accustomed *επίθ.* [κάπως επίσημο] 1 (μετά από ρ., πάντα + **to**) συνηθισμένος *to be/become accustomed to sth* είμαι συνηθισμένος/συνηθίζω σε κάτι *I'm not accustomed to being called by my first name.* Δεν είμαι συνηθισμένος να με φωνάζουν με το μικρό μου όνομα. *My eyes gradually became accustomed to the gloom.* Τα μάτια μου σιγά σιγά συνήθισαν στο σκοτάδι. 2 συνηθισμένος *She sat in her accustomed place.* Κάθησε στη συνηθισμένη της θέση.

used to *ρ.* (+ ΑΠΑΡΕΜΦΑΤΟ) κάποτε συνήθιζα να κάνω κάτι *I used to swim every day.* Παλαιά πήγαινα για κολύμπι κάθε μέρα. *He didn't use to like fish.* Κάποτε δεν του άρεσαν τα ψάρια. *Didn't she use to live in London?* Δε ζούσε κάποτε στο Λονδίνο;

used to *επίθ.* (μετά από ρ.) *to be used to sth/to be used to doing sth* έχω συνηθίσει/είμαι συνηθισμένος σε/να κάνω κάτι *Are you used to your new car yet?* Έχεις συνηθίσει το καινούριο σου αυτοκίνητο; *I'm not used to living on my own.* Δεν είμαι συνηθισμένος να ζω μόνος μου. *to get used to sth/to get used to doing sth* συνηθίζω σε/να κάνω κάτι, αποκτώ τη συνήθεια *I can't get used to this new haircut.* Δεν μπορώ να συνηθίσω αυτό το καινούριο κούρεμα. *You'll soon get used to working from home.* Σύντομα θα συνηθίσεις να δουλεύεις στο σπίτι.

χρήση

1 Ο αρνητικός τύπος του *I used to* (συνήθιζα να) είναι *I didn't use/used to* ή *I used not to* και ακολουθείται από το απαρέμφατο π.χ. *I didn't use to go to parties.* (Δε συνήθιζα να πηγαίνω σε πάρτι.) *He used not to like classical music.* (Κάποτε δεν του άρεσε η κλασική μουσική.) Ο πιο συνηθισμένος ερωτηματικός τύπος είναι *Did/didn't you use/used to....?* και ακολουθείται από το απαρέμφατο π.χ. *Didn't they use to be friends?* (Δεν ήταν κάποτε φίλοι;) 2 Προσέχετε να μην συγχέετε το **used to** με το **usually** (συνήθως). Συγκρίνετε: *I used to go skiing every year but I can't afford it now.* (Κάποτε πήγαινα για σκι κάθε χρόνο αλλά τώρα δεν μπορώ να το επιτρέπουν τώρα.) *I usually go skiing in March.* (Συνήθως πάω για σκι το Μάρτιο.) 3 Προσέξτε ότι, ενώ το βοηθητικό **used to** ακολουθείται από το απαρέμφατο, το επίθετο **used to** ακολουθείται από τον τύπο του ρήματος με την κατάληξη **-ing** (ή ένα απλό ουσιαστικό): Συγκρίνετε: *I used to work in London.* (Κάποτε δούλευα στο Λονδίνο.) *I'm used to working in London.* (Είμαι συνηθισμένος να δουλεύω στο Λονδίνο.)

tend *ρ.α.* (πάντα + **to** + ΑΠΑΡΕΜΦΑΤΟ) [δείχνει ένα τακτικό ή χαρακτηριστικό γεγονός] έχω την τάση *I tend to work better in the mornings.* Έχω την τάση να δουλεύω καλύτερα το πρωί. *She tends to exaggerate.* Έχει την τάση να υπερβάλλει.

tendency *ουσ.αρ.* τάση *She has a tendency to exaggerate.* Έχει την τάση να υπερβάλλει.

prone επίθ. (μετά από ρ., συνήθως **+ to**, **+ to** + ΑΠΑΡΕΜΦΑΤΟ) [σε αρρώστια, ελάττωμα, κτλ.] επιρρεπής σε, με τάση να *She's extremely prone to headaches.* Έχει μεγάλη τάση να έχει πονοκεφάλους. *The car is prone to break(ing) down on* *long journeys.* Το αυτοκίνητο έχει την τάση να παθαίνει βλάβη σε μακρινά ταξίδια. *He's accident-prone.* Έχει την τάση να του συμβαίνουν ατυχήματα.

289 Put Βάζω

δες επίσης **66 Position**

put ρ.μ., αόρ. & μτχ. αορ. **put** (πάντα + επίρρ. ή πρόθ.) βάζω *Put the vase on the table.* Βάλε το βάζο πάνω στο τραπέζι. *I'm going to put a mirror on the wall.* Θα βάλω έναν καθρέφτη στον τοίχο. *You've put too much sugar in my coffee.* Έχεις βάλει υπερβολικά πολλή ζάχαρη στον καφέ μου. *Where have I put my keys?* Πού έχω βάλει τα κλειδιά μου; *Your decision puts me in a difficult position.* Η απόφασή σου με βάζει σε δύσκολη θέση.

put sth **away** Ή **put away** sth ρ.μ.πρφ. [στο μέρος που το βάζουν συνήθως] βάζω κάτι στη θέση του *Put your toys away when you've finished playing with them.* Βάλε τα παιχνίδια σου στη θέση τους όταν τελειώσεις το παιχνίδι.

put sth **back** Ή **put back** sth ρ.μ.πρφ. βάζω κάτι πίσω στη θέση του *She put the plates back in the cupboard.* Ξανάβαλε τα πιάτα στο ντουλάπι.

put sth **down** Ή **put down** sth ρ.μ.πρφ. αφήνω, ακουμπάω *Put that gun down!* Άφησε κάτω το όπλο! *I put my briefcase down on the chair.* Ακούμπησα τον χαρτοφύλακά μου στην καρέκλα.

place ρ.μ. (πάντα + επίρρ. ή πρόθ.) [πιο επίσημο από το **put**] τοποθετώ *He placed the ball on the penalty spot.* Τοποθέτησε την μπάλα στο σημείο του πέναλτι. *Place a cross next to the candidate's name.* Βάλε ένα σταυρό δίπλα στο όνομα του υποψηφίου. *δες επίσης **14 Areas**

replace ρ.μ. [πιο επίσημο από το **put back**] επανατοποθετώ *Please replace the receiver after making your call.* Βάλε το ακουστικό πίσω στη θέση του αφού κάνεις το τηλεφώνημά σου. *δες επίσης **57 Substitute**

position ρ.μ. [τοποθετώ κάτι με ακρίβεια, σκόπιμα] τοποθετώ *The magnets have to be carefully positioned.* Οι μαγνήτες πρέπει να τοποθετηθούν προσεκτικά. *This map shows where the enemy troops are positioned.* Αυτός ο χάρτης δείχνει τη θέση των εχθρικών στρατευμάτων.

set ρ.μ., αόρ. & μτχ. αορ. **set** 1 (πάντα + επίρρ. ή πρόθ.) [τοποθετώ σκόπιμα. Πιο επίσημο από το **put**] θέτω *He was waiting for his meal to be set in front of him.* Περίμενε να βάλουν το φαγητό του μπροστά του. (**+ down**) *She set the injured cat down carefully on the table.* Ακούμπησε την τραυματισμένη γάτα προσεκτικά στο τραπέζι. 2 (συχνά + **for**) [αντικ.: π.χ. φωτογραφική μηχανή, μηχανισμό] ρυθμίζω *Set the alarm clock for 6:30.* Ρύθμισε το ξυπνητήρι να χτυπήσει στις 6.30. *The bomb has been set to go off at 3:30.* Η βόμβα έχει ρυθμιστεί να εκραγεί στις 3.30. 3 [αντικ.: π.χ. τιμή, όριο, ρεκόρ] καθορίζω *Let's set a date for the party.* Ας καθορίσουμε την ημερομηνία για το πάρτυ. *She's set a new world record.* Έκανε ένα καινούριο παγκόσμιο ρεκόρ. 4 (κυρίως Βρετ.) [αντικ.: π.χ. άσκηση, διαγώνισμα] αναθέτω *The teacher didn't set us any homework this week.* Ο δάσκαλος δε μας έβαλε δουλειά για το σπίτι αυτή την εβδομάδα.

set sb **down** Ή **set** sb **down** ρ.μ.πρφ. [αντικ.: επιβάτη] κατεβάζω *The taxi (driver) set us down in the city centre.* Το ταξί μας κατέβασε στο κέντρο της πόλης.

set επίθ. [περιγράφει: π.χ. τιμή, ώρα, ποσό] καθορισμένος *I have to work a set number of hours each week.* Είμαι υποχρεωμένος να δουλεύω ένα προκαθορισμένο αριθμό ωρών κάθε βδομάδα.

setting ουσ.αρ. [μηχάνημα, φωτογραφικής μηχανής, κτλ.] ρύθμιση

lay ρ.μ., αόρ. & μτχ. αορ. **laid** 1 (πάντα + επίρρ. ή πρόθ.) [βάζω σε επίπεδη επιφάνεια] βάζω, απλώνω *He laid the baby on the bed.* Ακούμπησε το μωρό στο κρεβάτι. *Lay some newspaper on the floor before you start painting.* Άπλωσε μερικές εφημερίδες στο πάτωμα πριν αρχίσεις να βάφεις. 2 [αντικ.: τραπέζι] στρώνω *The maid has laid the table for dinner.* Η υπηρέτρια έχει στρώσει το τραπέζι για το δείπνο.

spread ρ.μ.α., αόρ. & μτχ. αορ. **spread** (συχνά + **on**) [αντικ./ υποκ.: π.χ. βούτυρο, μαρμελάδα] απλώνω [αντικ.: π.χ. τραπεζομάντηλο, χάρτη] απλώνω *She spreads a lot of butter on her bread.* Βάζει πολύ βούτυρο στο ψωμί της. (**+ out**) *He spread the map (out) on the table.* Άπλωσε το χάρτη πάνω στο τραπέζι.

deposit ρ.μ. [κάπως επίσημο. Συχνά υπονοεί ότι απαλασσόμαστε από κάτι] αποθέτω *The rubbish is deposited at the local dump.* Τα σκουπίδια πετιούνται στον σκουπιδότοπο της περιοχής. *She deposited the contents of her bag on the table.* Απόθεσε το περιεχόμενο της τσάντας της πάνω στο τραπέζι.

plonk ρ.μ. (συχνά + **down**) [ανεπίσημο. Βάζω κάτι κάπου γρήγορα και σχετικά βαριά] αφήνω απότομα *He plonked the bag/himself (down) on the bench next to me.* Έρριξε τη τσάντα/κάθησε απότομα στο παγκάκι δίπλα μου.

slam ρ.μ.α., -mm- [χτυπάω κάτι δυνατά και γρήγορα προς κάτι άλλο] βροντάω *He slammed the book down angrily on the table.* Βρόντηξε το βιβλίο θυμωμένα στο τραπέζι. *The driver slammed on the brakes.* Ο οδηγός πάτησε απότομα τα φρένα. *The door slammed shut.* Η πόρτα έκλεισε με βρόντο.

289.1 Τοποθετώ μεγάλα αντικείμενα

install ρ.μ. [αντικ.: π.χ. συσκευή] συνδέω *We've just had a new gas cooker installed.* Μόλις μας σύνδεσαν μια καινούρια κουζίνα υγραερίου. **installation** ουσ.μ.αρ. εγκατάσταση

erect ρ.μ. [πιο επίσημο από το **put up**. Αντικ.: υψηλό οικοδόμημα, π.χ. κτίριο] ανεγείρω *The townspeople erected a statue in his honour.* Οι πολίτες ανέγειραν άγαλμα προς τιμήν του. **erection** ουσ.μ.αρ. ανέγερση

locate ρ. 1 ρ.μ. [συνήθως στην παθητική φωνή. Δηλώνει γεωγραφική θέση] βρίσκομαι *The hotel is located in the city centre.* Το ξενοδοχείο βρίσκεται στο κέντρο της πόλης. 2 ρ.μ.α. [αντικ.: π.χ. εργοστάσιο, κεντρικά γραφεία] εγκαθιστώ *The company intends to locate (a factory) in this area.* Η εταιρεία έχει σκοπό να εγκαταστήσει ένα εργοστάσιο σε αυτή την περιοχή.

situate ρ.μ. [συνήθως στην παθητική φωνή. Δηλώνει γεωγραφικό περιβάλλον] βρίσκομαι *a village situated in the mountains* ένα χωριό που βρίσκεται στα βουνά

situation ουσ.αρ. τοποθεσία *The house enjoys an ideal situation overlooking the valley.* Το σπίτι βρίσκεται σε ιδεώδη τοποθεσία με θέα την κοιλάδα.

site *ουσ.αρ.* [γη που χρησιμοποιείται για ένα συγκεκριμένο σκοπό] τοποθεσία *the site of a famous battle* το μέρος όπου έγινε μια φημισμένη μάχη *building/archaeological/caravan site* εργοτάξιο/αρχαιολογικός χώρος/χώρος για κάμπινγκ τροχόσπιτων

site *ρ.μ.* [συνήθως σε επίσημο ή εξειδικευμένο περιεχόμενο] χτίζω *The company intends to site a factory in this area.* Η εταιρεία έχει σκοπό να ανεγείρει ένα εργοστάσιο σε αυτή την περιοχή.

290 System Σύστημα

δες επίσης **107.1 Intend**

system *ουσ.αρ.* 1 [κάτι που αποτελείται από διαφορετικά μέρη που λειτουργούν μαζί] σύστημα *Britain's legal/motorway system* το νομικό/οδικό σύστημα της Βρετανίας *the nervous/digestive system* το νευρικό/πεπτικό σύστημα *A new computer system is to be installed.* Ένα καινούριο σύστημα κομπιούτερ πρόκειται να εγκατασταθεί. 2 [οργανωμένος τρόπος δουλειάς, οργάνωσης, κτλ.] σύστημα *filing/accounting/queueing system* σύστημα ταξινόμησης εγγράφων/λογιστικό σύστημα/σύστημα σειράς αναμονής (+ **for**) *I have a system for remembering people's telephone numbers.* Έχω ένα σύστημα για να θυμάμαι τους αριθμούς τηλεφώνων (διαφόρων ανθρώπων).
systematic *επίθ.* [περιγράφει: π.χ. μέθοδο, έρευνα] συστηματικός **systematically** *επίρρ.* συστηματικά

way *ουσ.αρ.* [πολύ γενική λέξη] (συχνά + **of**, + **to** + ΑΠΑΡΕΜΦΑΤΟ) τρόπος *Hold the racket this way.* Κράτα τη ρακέτα έτσι. *Eggs can be cooked in several different ways.* Τα αυγά μπορούν να μαγειρευτούν με διάφορους τρόπους. *He spoke to us in a friendly way.* Μας μίλησε φιλικά (με φιλικό τρόπο). *I don't like her way of doing things.* Δε μου αρέσει ο τρόπος με τον οποίο κάνει κάποια πράγματα. *That's not the way to plant potatoes.* Δε φυτεύουν πατάτες έτσι. *I don't like the way he dresses.* Δε μου αρέσει ο τρόπος που ντύνεται.

method *ουσ.* 1 *ουσ.αρ.* (συχνά + **of**) [τρόπος εκτέλεσης καθήκοντος, κτλ.] μέθοδυς *the method used to carry out the experiment* η μέθοδος που χρησιμοποιήσαμε για να διεξάγουμε το πείραμα *different methods of payment* διαφορετικές μέθοδοι πληρωμής *new teaching methods* καινούριες μέθοδοι διδασκαλίας 2 *ουσ.μ.αρ.* [μεθοδική προσέγγιση] μέθοδος *There doesn't seem to be much method in the way he works.* Δε φαίνεται να υπάρχει καμία μέθοδος στον τρόπο που δουλεύει.
methodical *επίθ.* [περιγράφει: π.χ. εργαζόμενο, προσέγγιση, έρευνα] μεθοδικός **methodically** *επίρρ.* μεθοδικά

technique *ουσ.αρ.* (συχνά + **of**, **for**) [υπονοεί μια ειδική δεξιότητα ή εμπειρία] τεχνική *a tennis player with an unusual technique* ένας παίκτης του τένις με ασυνήθιστη τεχνική *modern surgical techniques* σύγχρονες χειρουργικές τεχνικές

procedure *ουσ.αρ.μ.αρ.* [προκαθορισμένο σύνολο ενεργειών] διαδικασία *The policemen who had arrested*

him had not followed the correct procedure. Οι αστυνομικοί που τον συνέλαβαν δεν είχαν ακολουθήσει τη σωστή διαδικασία. *Applying for a passport is quite a simple procedure.* Η αίτηση για διαβατήριο είναι αρκετά απλή διαδικασία. **procedural** *επίθ.* διαδικαστικός

process *ουσ.αρ.* [συνδεδεμένο, συνεχές σύνολο πράξεων, γεγονότων] διαδικασία, πορεία *the ageing/learning process* διαδικασία μάθησης/πορεία ηλικίας *modern industrial processes* σύγχρονες βιομηχανικές διαδικασίες *We are **in the process of** installing a new computer system.* Η διαδικασία της εγκατάστασης ενός καινούριου συστήματος κομπιούτερ είναι σε εξέλιξη. *These measures will improve efficiency, and, **in the process**, reduce costs.* Αυτά τα μέτρα θα βελτιώσουν την αποδοτικότητα και η όλη διαδικασία θα ελαττώσει το κόστος.

process *ρ.μ.* 1 [βιομηχανικά, χημικά, κτλ. Αντικ.: π.χ. πρώτες ύλες, τρόφιμα, φιλμ φωτογραφίας] επεξεργάζομαι 2 [διοικητικά. Αντικ.: π.χ. αίτηση, αίτηση ασφάλειας] χειρίζομαι

formula *ουσ.αρ.*, *πληθ.* **formulas** ΄ή **formulae** (συχνά + **for**) 1 [επαναλαμβανόμενη, αυτόματη μέθοδος] τύπος *the formula for calculating overtime payments* ο τύπος για τον υπολογισμό των πληρωμών των υπερωριών *There's no magic formula for success.* Δεν υπάρχει μαγική συνταγή για την επιτυχία. 2 [ιδέα, δήλωση, κτλ. που επινοείται για ένα συγκεκριμένο σκοπό] φόρμουλα *They've come up with a formula for settling the dispute.* Έχουν προτείνει μια φόρμουλα για τη διευθέτηση της διαφωνίας.

routine *ουσ.αρ.μ.αρ.* [τακτική, συνηθισμένη σειρά πράξεων] ρουτίνα *The inspectors go through a routine to make sure all the equipment is working properly.* Οι επιθεωρητές ακολουθούν κάποια καθορισμένη διαδικασία για να βεβαιωθούν ότι ο εξοπλισμός δουλεύει καλά. *He was fed up with the same old daily routine.* Είχε βαρεθεί την ίδια καθημερινή ρουτίνα.

routine *επίθ.* [περιγράφει: π.χ. αποστολή, επιθεώρηση] ρουτινιάρικος *The police assured me that their enquiries were purely routine.* Οι αστυνομικοί με διαβεβαίωσαν ότι οι έρευνές τους ήταν καθαρά θέμα ρουτίνας. *They lead a dull, routine sort of life.* Η ζωή τους είναι βαρετή, γεμάτη ρουτίνα.

291 Cause Αιτία

δες επίσης **219.1 Wicked**

cause *ρ.μ.* προξενώ, προκαλώ *What caused the explosion?* Τι προκάλεσε την έκρηξη; *Headaches can be caused by overwork or poor lighting.* Οι πονοκέφαλοι μπορεί να προξενηθούν από υπερβολική δουλειά ή λίγο φωτισμό. *You've caused your parents a lot of anxiety.* Έχεις κάνει τους γονείς σου να ανησυχούν πολύ. *The delay caused me to miss my train.* Η καθυστέρηση με έκανε να χάσω το τρένο.

bring about sth ΄ή **bring** sth **about** *ρ.μ.πρφ.* [κάνω να συμβεί] προξενώ, προκαλώ *It was ordinary people who brought about the changes in Eastern Europe.* Οι απλοί άνθρωποι

ήταν αυτοί που έφεραν τις αλλαγές στη Ανατολική Ευρώπη. *improvements in productivity brought about by new working practices* βελτιώσεις της παραγωγικότητας που προξενήθηκαν από καινούριες μεθόδους δουλειάς

responsible *επίθ.* (μετά από *ρ.*, συνήθως + **for**) [περιγράφει: πρόσωπο] υπεύθυνος *the statesman who was responsible for the abolition of slavery* ο πολιτικός που ήταν υπεύθυνος για την κατάργηση της δουλείας *Who's responsible for this mess?* Ποιος είναι υπεύθυνος γι αυτή την ακαταστασία;

instrumental *επίθ.* (συνήθως + **in**) [κάπως επίσημο. Που παίζει σπουδαίο ρόλο] συμβάλλων, συντελεστής *She was* *instrumental in bringing about these changes.* Συντέλεσε στην εισαγωγή αυτών των αλλαγών. *The scandal was instrumental in his decision to resign.* Το σκάνδαλο συντέλεσε στην απόφασή του να παραιτηθεί.

be sb's fault ρ. είναι λάθος κάποιου, φταίει κάποιος *The accident was the driver's fault.* Για το ατύχημα έφταιγε ο οδηγός. (+ **that**) *'It wasn't my fault that the project failed.'* `Whose fault was it, then?'* «Δεν έφταιγα εγώ που απέτυχε το έργο.» « Ποιός έφταιγε τότε;»

owing to πρόθ. [κάπως επίσημο στα Αμερικανικά Αγγλικά] λόγω, εξ αιτίας *She was absent owing to illness.* Απουσίασε λόγω ασθενείας. *Owing to your negligence, a man was killed.* Εξ αιτίας της αμέλειάς σου, ένας άνθρωπος σκοτώθηκε.

due to πρόθ. εξ αιτίας *Her absence was due to illness.* Η απουσία της οφειλόταν σε ασθένεια. *deaths due to lung cancer* θάνατοι οφειλόμενοι σε καρκίνο των πνευμόνων

χρήση

Στην έκφραση **due to**, η λέξη **due** είναι επίθετο και στην πρόταση πρέπει να υπάρχει ένα ουσιαστικό το οποίο προσδιορίζει. Π.χ. *The **delay** was **due** to bad weather.* (Η καθυστέρηση οφειλόταν στην κακοκαιρία.) Το **due to** θα πρέπει να μπορεί να αντικατασταθεί από τις λέξεις **caused by**. Αλλιώς, το **owing to** πρέπει να χρησιμοποιηθεί. Στην καθομιλούμενη γλώσσα όμως, το **due to** συχνά χρησιμοποιείται και στις δύο περιπτώσεις. Π.χ. *The train was delayed owing/due to bad weather.* (Το τρένο καθυστέρησε λόγω του κακού καιρού.)

291.1 Αιτία

reason ουσ. (συχνά + **for**) λόγος, αιτία *State the reason for your visit.* Δηλώστε την αιτία της επίσκεψής σας. *She just left, for no apparent reason.* Έφυγε χωρίς φανερό λόγο. *All baggage is thoroughly examined, for reasons of security.*

Όλες οι αποσκευές εξετάζονται εξονυχιστικά, για λόγους ασφάλειας. I can't think of any reason for changing our plans. Δεν μπορώ να σκεφτώ κανένα λόγο για να αλλάξουμε τα σχέδιά μας. (+ **to** + ΑΠΑΡΕΜΦΑΤΟ) *You have every reason to be angry.* Έχεις κάθε λόγο να είσαι θυμωμένος. *The reason for the smell was a rotting cabbage.* Η αιτία της μυρωδιάς ήταν ένα σάπιο λάχανο. *δες επίσης **104 Think, 130 Sane**

cause ουσ. 1 ουσ.αρ. (συχνά + **of**) αιτία *The police are trying to find out the cause of the explosion.* Οι αστυνομικοί προσπαθούν να βρουν την αιτία της έκρηξης. *the underlying causes of the French Revolution* οι βαθειές αιτίες της Γαλλικής Επανάστασης. 2 ουσ.μ.αρ. (συχνά + **for**) [αιτία, δικαιολογία] λόγος *There's no cause for alarm/complaint.* Δεν υπάρχει λόγος για πανικό/παράπονα. (+ **to** + ΑΠΑΡΕΜΦΑΤΟ) *There's no cause to complain.* Δεν υπάρχει λόγος να παραπονιέσαι.

motive ουσ.αρ. (συχνά + **for**) [αιτία για την οποία θέλω να κάνω κάτι] κίνητρο *She was acting out of selfish motives.* Ενέργησε με εγωιστικά κίνητρα.

grounds ουσ. πληθ. (συχνά + **for**) [νόμιμη ή επίσημη αιτία] βάση *We have good grounds for believing that she was murdered.* Έχουμε σοβαρούς λόγους να πιστεύουμε ότι δολοφονήθηκε. (+ **that**) *She refused to pay, on the grounds that she had not received the goods.* Αρνήθηκε να πληρώσει επειδή δεν είχε παραλάβει τα εμπορεύματα.

excuse ουσ.αρ. (+ **for**) [αιτία για την οποία κάνω κάτι, ή κάνω κάτι που δεν επιτρέπεται, κτλ.] δικαιολογία *There can be no excuse for this sort of behaviour.* Δεν μπορεί να υπάρχει δικαιολογία γι αυτό το είδος συμπεριφοράς.

for the sake of sb/sth για χάρη κάποιου ατόμου/ πράγματος *Come back home, for your mother's sake.* Γύρισε στο σπίτι, για το χατίρι της μητέρας σου. *I'm telling you this for your own sake.* Σου το λέω για το δικό σου το καλό. *He sacrificed himself for the sake of his country/principles.* Θυσιάστηκε για χάρη της χώρας/των αρχών του.

292 Result Αποτέλεσμα

result ουσ.αρ. 1 [κάποιας κατάστασης ή πράξης] αποτέλεσμα *This social unrest is a/the result of high unemployment.* Αυτή η κοινωνική αναταραχή είναι αποτέλεσμα του υψηλού αριθμού των ανέργων. *Our profits have increased as a result of good management.* Τα κέρδη μας έχουν αυξηθεί σαν αποτέλεσμα της καλής διαχείρησης. *The train was delayed, and, as a result, I was late for the meeting.* Το τρένο καθυστέρησε, και, σαν αποτέλεσμα, άργησα στη συνεδρίαση. 2 [τελική κατάσταση, συμπέρασμα] αποτέλεσμα *They did not publish the results of their research.* Δε δημοσίευσαν τα αποτελέσματα της έρευνάς τους. *the football results* τα αποτελέσματα του ποδοσφαίρου. *exam results* αποτελέσματα των εξετάσεων *The end result was a victory for the local team.* Το τελικό αποτέλεσμα ήταν νίκη για την τοπική ομάδα.

result ρ.α. 1 (πάντα + **in**) έχω σαν αποτέλεσμα, απολήγω *The war resulted in a victory for the Allies.* Ο πόλεμος είχε σαν αποτέλεσμα τη νίκη των Συμμάχων. 2 (συχνά + **from**) προκύπτω *If this dispute is not resolved, then a war could result.* Αν αυτή η διαφωνία δεν επιλυθεί, τότε θα μπορούσε να προκύψει πόλεμος. *a series of mistakes resulting from inexperience* μια σειρά λαθών που προέκυψαν από την απειρία

effect ουσ.αρ. (συχνά + **on**) [παράγεται από κάτι που δρα πάνω σε κάτι άλλο] αποτέλεσμα, συνέπεια *the effect(s) of radioactivity on the human body* τα αποτελέσματα της

ραδιενέργειας πάνω στο ανθρώπινο σώμα *The drug is beginning to take effect.* Το φάρμακο αρχίζει να φέρνει αποτέλεσμα. *Our warnings have had no effect (on him/his behaviour).* Οι προειδοποιήσεις μας δεν είχαν κανένα αποτέλεσμα στη συμπεριφορά του. *The artist learns how to produce/create certain effects.* Ο καλλιτέχνης μαθαίνει πώς να δημιουργεί ορισμένα σκηνικά εφέ.

consequence ουσ.αρ.μ.αρ. [πιο επίσημο από το **result**] συνέπεια *The accident was a direct consequence of the driver's negligence.* Το ατύχημα ήταν άμεση συνέπεια της αμέλειας του οδηγού. *You broke the law, and now you must take/face the consequences.* Παρέβηκες τον νόμο, και τώρα πρέπει να υποστείς τις συνέπειες.

repercussion ουσ.αρ. (συνήθως πληθ.) [σοβαρή, σημαντική συνέπεια] αντίκτυπος, επίπτωση *If the boss finds out, there are bound to be repercussions.* Αν το ανακαλύψει το αφεντικό, σίγουρα θα υπάρξουν επιπτώσεις. (+ **for**) *This disaster could have serious repercussions for the whole world.* Αυτή η καταστροφή θα μπορούσε να έχει σοβαρές επιπτώσεις για όλον τον κόσμο.

outcome ουσ.αρ. [τελικό αποτέλεσμα] έκβαση *The outcome of the negotiations is still in doubt.* Η έκβαση των διαπραγματεύσεων ακόμα αμφισβητείται.

the upshot of sth [τελικό αποτέλεσμα] συμπέρασμα *What was the upshot of your discussion?* Ποιο ήταν το αποτέλεσμα της συζήτησής σας;

293 Make Φτιάχνω

δες επίσης **287 Do, 289 Put, 304 Materials**

make *ρ.μ., αόρ. & μτχ. αορ.* **made 1** φτιάχνω *He makes jewellery for a living.* Η δουλειά του είναι να κάνει κοσμήματα. *I'll make you a cup of tea.* Θα σου φτιάξω ένα φλυτζάνι τσάι. *(+ from, out of) I made these shorts from/out of an old pair of jeans.* Έφτιαξα αυτό το σορτς από ένα παλιό ζευγάρι τζην. *(+ of) a ring made of silver* ένα δαχτυλίδι φτιαγμένο από ασήμι **2** [αντικ.: π.χ. κίνηση, απόπειρα, αλλαγή, λάθος, ανακάλυψη] κάνω [αντικ.: ήχος] κάνω [αντικ.: π.χ. απόφαση, παράκληση, προσφορά] κάνω **3** [αντικ.: χρήματα, απώλεια, εισόδημα] κάνω, βγάζω *I make about £20,000 a year from my business.* Βγάζω περίπου 20.000 λίρες το χρόνο από την επιχείρησή μου. **4** [αντικ.: φίλος, εχθρός] γίνομαι *Our children have made friends with the little boy next door.* Τα παιδιά μας έχουν γίνει φίλοι με το αγοράκι των διπλανών. **5** [έχουν σαν αποτέλεσμα όταν τα προσθέσεις] κάνω *Five and four make(s) nine.* Πέντε και τέσσερα μας κάνουν εννιά.

maker *ουσ.αρ.* [κυρίως βιομηχανικών προϊόντων] κατασκευαστής *The camera didn't work properly so I sent it back to the makers.* Η φωτογραφική μηχανή δε δούλευε κανονικά και έτσι την επέστρεψα στους κατασκευαστές.

χρήση

1 Γενικά το *do* σημαίνει ότι επιτελώ μια πράξη και η έμφαση είναι στο ρήμα, ενώ το *make* σημαίνει ότι δημιουργώ κάτι καινούριο και η έμφαση είναι στο αντικείμενο ή αποτέλεσμα, π.χ. *He's doing the washing-up.* (Πλένει τα πιάτα.) *She's doing her homework.* (Κάνει τα μαθήματά της.) *He's making a paper aeroplane.* (Φτιάχνει ένα χάρτινο αεροπλάνο.) *She's making a cake.* (Φτιάχνει ένα κέικ.) Υπάρχουν όμως πολλές απρόβλεπτες εξαιρέσεις αυτού του κανόνα, ειδικά στην περίπτωση του *make*. Π.χ. *Don't make any sudden movements.* (Μην κάνεις απότομες κινήσεις.) **2** Προσέχετε να μη συγχέετε το **made from** με το **made of**. Το **made of** χρησιμοποιείται όταν περιγράφουμε τα υλικά που χρησιμοποιούμε για να φτιάξουμε κάτι. Π.χ. *a dress made of silk and lace* (ένα φόρεμα φτιαγμένο από μετάξι και δαντέλα). Το **made from** χρησιμοποιείται όταν κάτι έχει γίνει αλλάζοντας το αντικείμενο σε κάτι άλλο. Π.χ. *a dress made from an old curtain* (ένα φόρεμα φτιαγμένο από μια παλιά κουρτίνα).

create *ρ.μ.* [αντικ.: κάτι τελείως καινούριο] δημιουργώ [αντικ.: π.χ. ενδιαφέρον, σύγχυση, προβλήματα] δημιουργώ *God created the world in six days.* Ο Θεός δημιούργησε τον κόσμο σε έξι μέρες. *A lot of new jobs have been created in the last few years.* Πολλές καινούριες θέσεις για δουλειά έχουν δημιουργηθεί τα τελευταία χρόνια. *I can create a lot of trouble for you if you don't cooperate.* Μπορώ να σου δημιουργήσω πολλά προβλήματα αν δε συνεργαστείς.

creation *ουσ.* **1** *ουσ.αρ.* [πράξη της δημιουργίας] δημιουργία *The government is encouraging the creation of new jobs.* Η κυβέρνηση ενθαρρύνει την δημιουργία νέων θέσεων εργασίας. **2** *ουσ.αρ.* [συχνά χιουμοριστικό και κάπως υποτιμητικό. Κάτι που δημιουργείται] δημιουργία *The famous fashion designer is showing off her latest creations.* Η φημισμένη σχεδιάστρια μόδας επιδεικνύει τις τελευταίες δημιουργίες της.

form *ρ.* **1** *ρ.μ.α.* [φέρνω, έρχομαι σε ύπαρξη] διαμορφώνω *The volunteers formed a human chain.* Οι εθελοντές σχημάτισαν ανθρώπινη αλυσίδα. *The club was formed in 1857.* Ο όμιλος σχηματίστηκε το 1857. *Rust forms/is formed when iron comes into contact with water.* Η σκουριά δημιουργείται όταν ο σίδηρος έρχεται σε επαφή με το νερό.

2 [δρω σαν, είμαι ισοδύναμος με κάτι] σχηματίζω *The mountains form a natural border between the two countries.* Τα βουνά σχηματίζουν φυσικά σύνορα ανάμεσα στις δύο χώρες. *Rice forms the basis of their diet.* Το ρύζι αποτελεί τη βάση της διατροφής τους. **δες επίσης **39 Shape***

formation *ουσ.* **1** *ουσ.μ.αρ.* σχηματισμός, διαμόρφωση *He recommended the formation of a new committee.* Πρότεινε το σχηματισμό μιας καινούριας επιτροπής. *the formation of crystals* ο σχηματισμός των κρυστάλλων **2** *ουσ.αρ.μ.αρ.* [τρόπος με τον οποίο κάτι σχηματίζεται, παρατάσσεται] διάταξη *an interesting cloud formation* μια ενδιαφέρουσα διάταξη από σύννεφα *The planes were flying in formation.* Τα αεροπλάνα πετούσαν σε σχηματισμό/διάταξη.

concoct *ρ.μ.* [χιουμοριστικό ή υποτιμητικό, που υπονοεί κάτι το ασυνήθιστο ή έλλειψη λεπτότητας. Αντικ.: π.χ. ποτό, δικαιολογία] επινοώ, εφευρίσκω *(+ from) a sort of soup concocted from parsnips and mangoes* κάτι σαν σούπα φτιαγμένη από παστινάκι και μάνγκο *He concocted some story about being a millionaire.* Επινόησε κάποια ιστορία ότι δήθεν ήταν εκατομμυριούχος.

concoction *ουσ.αρ.* [συνήθως ένα ποτό] επινόηση *She asked me to sample one of her concoctions.* Μου ζήτησε να δοκιμάσω μια από τις επινοήσεις της.

293.1 Πρακτικές και βιομηχανικές δραστηριότητες

produce *ρ.μ.* παράγω *The country exports most of the goods it produces.* Η χώρα εξάγει τα περισσότερα από τα προϊόντα που παράγει. *(+ from) The power station produces energy from household waste.* Ο σταθμός (παραγωγής ενέργειας) παράγει ενέργεια από οικιακά απόβλητα. *the oil-producing countries* οι χώρες πετρελαιοπαραγωγοί *He produces a novel every two years.* Γράφει ένα μυθιστόρημα κάθε δύο χρόνια. *Our discussions did not produce a solution to the problem.* Οι συζητήσεις μας δεν έφεραν λύση στο πρόβλημα.

producer *ουσ.αρ.* παραγωγός *Saudi Arabia is a major producer of oil/oil producer.* Η Σαουδική Αραβία είναι σημαντική πετρελαιοπαραγωγός χώρα.

production *ουσ.μ.αρ.* παραγωγή *The factory has been able to increase (its) production.* Το εργοστάσιο έχει καταφέρει να αυξήσει την παραγωγή του. *The company will begin production of the new car next year.* Η εταιρεία θα αρχίσει την παραγωγή του καινούριου αυτοκινήτου στον επόμενο χρόνο. (σαν *επίθ.*) *production manager/line* διευθυντής/διαδικασία παραγωγής

manufacture *ρ.μ.* παράγω βιομηχανικά *The company manufactures light bulbs.* Η εταιρεία παράγει ηλεκτρικούς λαμπτήρες. *manufactured goods* βιομηχανικά προϊόντα **manufacturer** *ουσ.αρ.* βιομήχανος, κατασκευαστής

manufacture *ουσ.μ.αρ.* κατασκευή *The company specializes in the manufacture of light bulbs.* Η εταιρεία εξειδικεύεται στην κατασκευή ηλεκτρικών λαμπτήρων.

manufacturing *ουσ.μ.αρ.* βιομηχανική παραγωγή *Manufacturing forms the basis of the country's economy.* Η βιομηχανική παραγωγή αποτελεί τη βάση της οικονομίας της χώρας.

build *ρ., αόρ. & μτχ. αορ.* **built 1** *ρ.μ.α.* [αντικ.: π.χ. τοίχο, σπίτι, γέφυρα] χτίζω *The cathedral was built in the 14th century.* Ο καθεδρικός ναός χτίστηκε τον 14ο αιώνα. *The company wants to build on this land.* Η εταιρεία θέλει να χτίσει σε αυτή τη γη. (+ **of**) *houses built of stone* σπίτια χτισμένα/φτιαγμένα με πέτρα 2 *ρ.μ.* (συχνά + **up**) [αντικ.: π.χ. επιχείρηση, σχέση, αυτοπεποίθηση] δυναμώνω (+ **on**) *The Roman Empire was built on slave labour.* Η Ρωμαϊκή Αυτοκρατορία στηρίχτηκε πάνω στους δούλους. *This information will help us build (up) an overall picture of the situation.* Αυτές οι πληροφορίες θα μας βοηθήσουν να σχηματίσουμε μια συνολική εικόνα της κατάστασης.

build on sth *ρ.μ.πρφ.* [χρησιμοποιώ σαν βάση για περαιτέρω πρόοδο] στηρίζομαι *We're hoping to build on our success.* Ελπίζουμε να βελτιώσουμε την επιτυχία μας ακόμα περισσότερο.

building *ουσ.μ.αρ.* χτίσιμο, οικοδόμηση *to finance the building of a new factory* χρηματοδοτώ την ανέγερση ενός καινούριου εργοστασίου. (σαν *επίθ.*) *the building industry* οι εργολαβικές/οικοδομικές επιχειρήσεις

construct *ρ.μ.* [πιο επίσημο από το **build**] κατασκευάζω, χτίζω *They're going to construct a new factory on this site.* Θα χτίσουν ένα καινούριο εργοστάσιο σε αυτό το μέρος. *a carefully constructed argument* ένα καλά δομημένο επιχείρημα

construction *ουσ.* 1 *ουσ.μ.αρ.* κατασκευή *A new hospital is* **under construction.** Ένα καινούριο νοσοκομείο είναι υπό κατασκευή. (σαν *επίθ.*) *the construction industry* η οικοδομική βιομηχανία 2 *ουσ.αρ.* [πιο γενικός όρος από το **building**] κατασκευή *a construction made entirely of glass* μια κατασκευή φτιαγμένη αποκλειστικά από γυαλί

assemble *ρ.μ.* [αντικ.: κάτι που αποτελείται από διάφορα μέρη, π.χ. ένα σύνολο από ράφια] συναρμολογώ, μοντάρω *The equipment is easy to assemble.* Είναι εύκολο να συναρμολογήσεις τον εξοπλισμό. *δες επίσης **207 Group**

design *ρ.μ.* [αντικ.: π.χ. μηχάνημα, κτίριο, ρούχα] σχεδιάζω *The bridge was designed by an American engineer.* Η γέφυρα σχεδιάστηκε από έναν Αμερικανό μηχανικό. (+ **to** + ΑΠΑΡΕΜΦΑΤΟ, + **for**) *These tools were designed for use by left-handed people.* Αυτά τα εργαλεία σχεδιάστηκαν για χρήση από αριστερόχειρες.

design *ουσ.* 1 *ουσ.αρ.μ.αρ.* σχέδιο (+ **for**) *her design for a new type of parking meter* το σχέδιο της για ένα καινούριο είδος παρκόμετρου *a building of (an) unusual design* ένα κτίριο ασυνήθιστης αρχιτεκτονικής 2 *ουσ.μ.αρ.* [δεξιότητα, τομέας γνώσης] σχέδιο *a course in art and design* μαθήματα για τέχνη και σχέδιο *The French lead the world in dress design.* Οι Γάλλοι πρωτοπορούν στο σχεδιασμό ρούχων.

designer *ουσ.αρ.* σχεδιαστής *He's a designer of children's clothes.* Είναι σχεδιαστής παιδικών ρούχων. *a famous aircraft/dress designer* ένας διάσημος σχεδιαστής αεροσκαφών/ρούχων

293.2 Εξελίσσω ιδέες και θεσμούς

found *ρ.μ.* [αντικ.: π.χ. πόλη, σχολείο, εταιρεία] ιδρύω *The college was founded in 1536/by St Augustine.* Το κολέγιο ιδρύθηκε το 1536/από τον Άγιο Αυγουστίνο.

foundation *ουσ.* 1 *ουσ.μ.αρ.* ίδρυση *The school is celebrating the 500th anniversary of its foundation.* Το σχολείο γιορτάζει την 500ή επέτειο της ίδρυσής του. 2 *ουσ.αρ.* [ιδέα, κατάσταση, κτλ., πάνω στην οποία βασίζεται κάτι] θεμέλιο *His argument is built on strong foundations.* Το επιχείρημά του βασίζεται πάνω σε γερά θεμέλια. *Her studies will provide a good foundation for a career in industry.* Οι σπουδές της θα της δώσουν μια καλή βάση για μια καριέρα στη βιομηχανία.

establish *ρ.μ.* 1 [αντικ.: οργανισμός] ιδρύω [αντικ.: π.χ.

κανόνες, σχέση] επιβάλλω *The United Nations was established after the Second World War.* Τα Ηνωμένα Έθνη ιδρύθηκαν μετά το Δεύτερο Παγκόσμιο Πόλεμο. *We have established a framework for negotiations.* Έχουμε επιβάλει ένα πλαίσιο για τις διαπραγματεύσεις. 2 [επιβάλλομαι, γίνομαι αποδεκτός, επιτυχής] επιβάλλομαι (+ **as**) *She has established herself as his likely successor.* Έχει επιβληθεί σαν η πιθανή διάδοχός του. *This novel has established his reputation as Britain's leading writer.* Αυτό το μυθιστόρημα έχει επιβάλει τη φήμη του ως του μεγαλύτερου συγγραφέα της Βρετανίας.

establishment *ουσ.μ.αρ.* ίδρυση *The company has grown rapidly since its establishment in 1960.* Η εταιρεία έχει επεκταθεί γρήγορα μετά την ίδρυσή της το 1960. *δες επίσης **206 Organization**

set up sth Ή **set** sth **up** *ρ.μ.πρφ.* 1 [αντικ.: π.χ. επιτροπή, έρευνα, κεφάλαιο] ιδρύω *This organization was set up to deal with complaints against the police.* Αυτός ο οργανισμός ιδρύθηκε για να χειρίζεται τα παράπονα κατά της αστυνομίας. 2 [ετοιμάζω, ανεγείρω] ετοιμάζω *It'll take us a while to set up the equipment before we start filming.* Θα μας πάρει λίγη ώρα να ετοιμάσουμε τα μηχανήματα πριν αρχίσουμε να τραβάμε την ταινία. *The police have set up roadblocks on all roads out of the city.* Η αστυνομία έβαλε μπλόκα σε όλες τις εξόδους της πόλης.

framework *ουσ.αρ.* 1 [γενικό σχέδιο, όρια] πλαίσιο *We have established a framework for negotiations.* Έχουμε επιβάλει ένα πλαίσιο για τις διαπραγματεύσεις. *We're trying to express our opinions within the framework of the law.* Προσπαθούμε να εκφράσουμε τη γνώμη μας μέσα στα πλαίσια του νόμου. 2 [γύρω από το οποίο κατασκευάζεται ένα κτίριο, όχημα, κτλ.] σκελετός *The framework of the building is still intact.* Ο σκελετός του κτιρίου είναι ακόμα ανέπαφος.

structure *ουσ.* 1 *ουσ.μ.αρ.αρ.* [τρόπος με τον οποίο είναι κατασκευασμένο κάτι] δομή *The two crystals look similar, but they have different structures.* Οι δύο κρύσταλλοι φαίνονται ίδιοι αλλά έχουν διαφορετικές δομές. *the structure of our society* η δομή της κοινωνίας μας *the company's pay/administrative structure* η διοικητική/ μισθωτική δομή της εταιρείας 2 *ουσ.αρ.* [γενική λέξη για οτιδήποτε κατασκευάζεται] κατασκεύασμα, οικοδόμημα *the tallest man-made structure in the world* το ψηλότερο οικοδόμημα που έχει κατασκευάσει άνθρωπος στον κόσμο

structure *ρ.μ.* δομώ, συγκροτώ *You need to learn how to structure your essays.* Χρειάζεται να μάθεις πώς να συγκροτείς τις εκθέσεις σου. *the way our society is structured* ο τρόπος με τον οποίο είναι συγκροτημένη η κοινωνία μας

structural *επίθ.* δομικός *The house is in need of major structural repairs.* Το σπίτι έχει ανάγκη από μεγάλες δομικές επισκευές.

structurally *επίρρ.* δομικά *The building is structurally sound.* Το κτίριο είναι δομικά γερό.

basis *ουσ.αρ., πληθ.* **bases** [γεγονός, υπόθεση, κτλ. που χρησιμεύει σαν σημείο από το οποίο ξεκινάει κάτι] βάση *Your allegations have no basis (in fact).* Οι ισχυρισμοί σου δεν έχουν βάση. (+ **for**) *There is no (factual) basis for these allegations.* Δεν υπάρχει βάση γι' αυτούς τους ισχυρισμούς. *She was appointed to the job **on the basis of** her previous experience.* Διορίστηκε σε αυτή τη θέση με βάση την προηγούμενη πείρα της. *I agreed to take part **on the basis that** I would be paid.* Συμφώνησα να πάρω μέρος υπό τον όρο ότι θα πληρωνόμουνα.

294 Join Ενώνω, συνδέω

join *ρ.* 1 *ρ.μ.* (συχνά + **together**) ενώνω, συνδέω *We need to join these two ropes together somehow.* Πρέπει με κάποιο τρόπο να ενώσουμε αυτά τα σχοινιά μεταξύ τους. (+ **up**) *She doesn't join her letters (up) properly when she writes.* 'Οταν γράφει δεν ενώνει όπως πρέπει τα γράμματα μεταξύ τους. *We all joined hands.* Δώσαμε όλοι τα χέρια. *the passageway that joins the two buildings* ο διάδρομος που ενώνει τα δύο κτίρια μεταξύ τους 2 *ρ.μ.α.* ενώνομαι με κάτι/κάποιον άλλο ενώνομαι, σμίγω [υποκ.: πρόσωπο] ενώνω, φέρνω μαζί *The path joins the main road just up ahead.* Το μονοπάτι ενώνεται με τον κυρίως δρόμο πιο κάτω. *We joined the march halfway through.* Συμμετείχαμε στην πορεία από τη μέση και μετά. *Would you like to join us for lunch?* Θα ήθελες να φας μαζί μας το μεσημέρι; *In case you've just joined us, here are the main points of the news.* Σε περίπτωση που αρχίσατε να μας ακούτε μόλις τώρα, επαναλαμβάνουμε τα κύρια σημεία των ειδήσεων.

join *ουσ.αρ.* [μέρος όπου ενώνονται δυο σημεία] σημείο ένωσης, ραφή *He wears a wig, but you can't see the join.* Φορά περούκα αλλά δε φαίνεται το σημείο ένωσης.

combine *ρ.μ.α.* (συχνά + **with**) [δημιουργώ ένα αντικείμενο, πράξη, ιδέα, κτλ. από δύο ή και περισσότερα ξεχωριστά στοιχεία] συνδυάζω *I managed to combine the business trip with a holiday.* Κατάφερα να συνδυάσω το επαγγελματικό μου ταξίδι με διακοπές. *It's a radio and television combined.* Είναι συνδυασμός ραδιοφώνου και τηλεόρασης. *Hydrogen combines with oxygen to form water.* Το υδρογόνο συνδυάζεται με οξυγόνο για να δημιουργήσει νερό.

combination *ουσ.αρ.μ.αρ.* συνδυασμός *Hydrogen and oxygen are an explosive combination.* Το υδρογόνο και το οξυγόνο είναι εκρηκτικός (που προκαλεί έκρηξη) συνδυασμός. *Students choose different combinations of subjects.* Οι φοιτητές μπορούν να επιλέξουν ανάμεσα σε πολλούς συνδυασμούς μαθημάτων.

attach (συχνά + **to**) 1 [στερεώνω κάτι σε κάτι άλλο, συνήθως χωρίς ιδιαίτερη προσπάθεια] συνδέω, (επι)συνάπτω, προσθέτω *to attach a flash to a camera* προσθέτω το φλας στη φωτογραφική μηχανή *There was a cheque attached to the letter.* Στην επιστολή ήταν επισυνημμένη μια επιταγή. 2 [κάπως επίσημο. Αντικ.: π.χ. σημασία] αποδίδω *I attach a great deal of importance to honesty.* Αποδίδω μεγάλη σημασία στην ειλικρίνεια.

attached *επίθ.* (μετά απο *ρ.*) [συναισθηματικά] συνδεδεμένος, προσκολλημένος *She's very attached to her dog.* Είναι πολύ συνδεδεμένη με το σκύλο της.

attachment *ουσ.αρ.* 1 εξάρτημα *a power drill with various attachments* ένα ηλεκτρικό τρυπάνι με διάφορα εξαρτήματα 2 [συναισθηματικά] αφοσίωση, προσήλωση, συναισθηματική εξάρτηση *The child forms a strong attachment to its mother.* Το παιδί διαμορφώνει μια έντονη συναισθηματική εξάρτηση προς τη μητέρα του.

hook *ουσ.αρ.* γάντζος, κρεμάστρα, αγκίστρι *I hung my coat on the hook.* Κρέμασα το παλτό μου στην κρεμάστρα. *a fishing hook* αγκίστρι για ψάρεμα

hook *ρ.μ.* (πάντα + *επίρρ. ή πρόθ.*) αγκιστρώνομαι *The dog's lead was hooked over the railings.* Το λουρί του σκύλου πιάστηκε στο κιγκλίδωμα. *I accidentally hooked my coat on the barbed wire.* Το παλτό μου πιάστηκε κατά λάθος στο αγκαθωτό συρματόπλεγμα. (+ **up**, **to**) *I hooked the trailer (up) to the back of the truck.* Γάντζωσα τη ρυμούλκα στο πίσω μέρος του φορτηγού.

connect *ρ.μ.* (συχνά + **to**, **with**) 1 [αντικ.: π.χ. συσκευή, καλώδια] ενώνω, συνδέω *The M4 motorway connects London with/to the southwest.* Ο αυτοκινητόδρομος Μ4 συνδέει το Λονδίνο με τη νοτιοδυτική Αγγλία. (+ **up**) *to connect a hosepipe (up) to a tap* συνδέω το λάστιχο ποτίσματος με την κάνουλα *The telephone hasn't been connected yet.* Το τηλέφωνο δεν έχει συνδεθεί ακόμα. *Your thigh bone is connected to your knee bone.* Το μηριαίον οστούν ενώνεται με την επιγονατίδα. 2 [επιβεβαιώνω κάποια σχέση, συσχέτιση, κτλ.] συσχετίζω *The police have found nothing to connect her with/to the crime.* Η αστυνομία δε μπόρεσε να βρει στοιχεία που να τη συσχετίζουν με το έγκλημα. *The two firms have similar names, but they're not connected.* Οι δύο εταιρείες έχουν παρόμοια ονόματα αλλά δεν έχουν καμμία σχέση μεταξύ τους.

connection *ουσ.αρ.* 1 σύνδεση *The switch wasn't working because of a loose/faulty connection.* Ο διακόπτης δε λειτουργούσε λόγω μιας χαλαρής/ελαττωματικής σύνδεσης. 2 μέσον, σχέσεις *He has connections with the Church.* 'Εχει κύκλο γνωριμιών στην εκκλησία. (+ **between**) *There is no connection between the two companies.* Οι δύο εταιρείες δεν έχουν καμμία σχέση μεταξύ τους. *The police would like to speak to her in connection with a number of robberies in the area.* Η αστυνομία θα ήθελε να της μιλήσει σε σχέση με αριθμό ληστειών στην περιοχή. 3 [στον τομέα μεταφορών ή συγκοινωνιών] διασύνδεση (+ **between**) *There are good road and rail connections between London and Scotland.* Υπάρχουν καλές οδικές και σιδηροδρομικές διασυνδέσεις μεταξύ Λονδίνου και Σκωτίας. *The train was delayed, and I missed my connection.* Το τρένο είχε καθυστέρηση και έχασα την ανταπόκριση. *It was a bad connection, so I had to shout down the phone.* Η γραμμή δεν ήταν καλή και ήμουν υποχρεωμένος να μιλώ φωναχτά στο ακουστικό.

link *ουσ.αρ.* 1 (συχνά + **with**) [πολύ παρόμοιο σε σημασία με το **connection**, αλλά μπορεί να υπονοεί σχέση που γίνεται ή χρησιμοποιείται σκόπιμα] σύνδεσμος, συνδετικός κρίκος, σχέση *The university has (built) strong links with local industry.* Το πανεπιστήμιο έχει καλλιεργήσει στενές σχέσεις με την τοπική βιομηχανία. *The airport is the country's only link with the outside world.* Το αεροδρόμιο αποτελεί το μοναδικό μέσο σύνδεσης της χώρας με τον έξω κόσμο. (+ **between**) *This clue provided an important link between the two crimes.* Αυτό το στοιχείο ήταν σημαντικό για τη συσχέτιση των δυο εγκλημάτων. 2 [σε αλυσίδα] κρίκος

link *ρ.μ.* (συχνά + **with**, **to**) συνδέω, ενώνω *The Channel Tunnel will link Britain with/to/and the Continent.* Το τούνελ της Μάγχης θα συνδέσει τη Βρετανία με την ηπειρωτική Ευρώπη. *an organization linked with/to the Red Cross* ένας οργανισμός που διασυνδέεται με τον Ερυθρό Σταυρό

link up (sth) 'ή **link** (sth) **up** *ρ.μ.α.* (συχνά + **with**) συνδέομαι, ενώνομαι *The American and Russian spacecraft are about to link up.* Το αμερικάνικο και το ρώσσικο διαστημόπλοιο ετοιμάζονται να συνδεθούν.

ΟΜΑΔΕΣ ΛΕΞΕΩΝ

294.1 Στερεώνω αντικείμενα μεταξύ τους

bind ρ, αόρ. & μτχ.αορ. **bound 1** [περισσότερο επίσημο απο το **tie (up)**. Δένω στερεά και σφιχτά] προσδένω, περισφίγγω, επιδένω *Bind the wound in order to stop the bleeding. Επίδεσε την πληγή για να σταματήσει η αιμορραγία. The hostages were bound and gagged. Οι όμηροι ήταν δεμένοι και φιμωμένοι.* **2** (συνήθως + **together**) [κάπως επίσημο. Υποκ.: π.χ. δύναμη, συναίσθημα] συνδέω συγκολλώ *the energy which binds atoms together η ενέργεια συνδέσεως των ατόμων (φυσική) We felt bound together in our grief. Νιώσαμε να μας ενώνει ο πόνος μας.* **3** [αντικ.: βιβλίο] βιβλιοδετώ *books bound in leather δερματόδετα βιβλία*
binding ουσ.αρ. εξώφυλλο *a book with a leather binding βιβλίο με δερμάτινο εξώφυλλο*

bond ουσ.αρ. **1** [συναισθηματικά] δεσμός *the bonds of friendship τα δεσμά της φιλίας* (+ **between**) *A special bond often develops between twins. Συχνά διαμορφώνονται ιδιαίτεροι συναισθηματικοί δεσμοί μεταξύ διδύμων.* **2** (συνήθως πληθ.) [επίσημο, απαρχαιωμένο. Αλυσίδες, σχοινιά, κτλ.] δεσμά *The prisoner had broken free from his bonds. Ο φυλακισμένος είχε ελευθερωθεί απο τα δεσμά του.*

stick ρ.μ.α., αόρ. & μτχ.αορ. **stuck** [με κόλλα, κολλητική ταινία ή παρόμοιο υλικό] κολλώ *Don't forget to stick a stamp on the envelope. Μη ξεχάσεις να κολλήσεις γραμματόσημο στο φάκελλο.* (+ **to**) *There was some chewing gum stuck to the wall. Στον τοίχο ήταν κολλημένη τσίχλα.*
stuck επίθ. (μετά από ρ.) [δε μπορώ να κινηθώ] κολλημένος, σκαλωμένος *I got stuck trying to climb through the hole in the wall. Σκάλωσα στην προσπάθειά μου να περάσω μέσα από μια τρύπα στον τοίχο. The door's stuck. Η πόρτα έχει σκαλώσει.*
sticky επίθ. κολλώδης *a sticky substance μια κυλλώδης ουσία sticky labels αυτοκόλλητες ετικέττες My hands are all sticky. Τα χέρια μου κολλάνε.*

weld ρ.μ.α. [αντικ.: κομμάτια μετάλλου, χρησιμοποιώντας θερμότητα για να τα λειώσω] συγκολλώ, οξυγονοκολλώ *to weld two sheets of metal together συγκολλώ δυο κομμάτια μετάλλου* **welding** ουσ.μ.αρ. συγκόλληση, οξυγονοκόλληση **welder** ουσ.αρ. συγκολλητής, οξυγονοκολλητής

fasten ρ. **1** ρ.μ.α. [αντικ.: π.χ. παλτό, κουμπιά] κουμπώνω, στερεώνω, καρφώνω. *Make sure your seat belt is securely fastened. Βεβαιωθείτε ότι η ζώνη ασφάλειάς σας είναι καλά προσδεμένη. a skirt that fastens at the side μια φούστα που κουμπώνει στο πλάι* **2** ρ.μ. (συχνά + **to**) [περισσότερο γενική χρήση] στερεώνω *The load is securely fastened to the truck. Το φορτίο είναι καλά στερεωμένο στο φορτηγό.* (+ **together**) *She fastened the documents together with a paperclip. Στερέωσε τα έγγραφα με ένα συνδετήρα.*
fastener ουσ.αρ. [φερμουάρ, σούστα, κτλ.] τρόπος κουμπώματος

294.2 Χρησιμοποιώντας σπάγγο η σχοινί

tie ρ.μ. (συχνά + **to**) **1** (συχνά + **up**) δένω [αντικ.: π.χ. σκοινιά, κόμπο] δένω *He was tying decorations on/to the Christmas tree. Έδενε τα στολίδια στο Χριστουγεννιάτικο δέντρο. She tied the parcel up with string. Έδεσε το πακέτο με σπάγγο. The hostage was tied to the bed. Ο όμηρος ήταν δεμένος στο κρεβάτι. He tied a knot in his handkerchief. Έκανε ένα κόμπο στο μαντήλι του.* **2** [κάτι που σε σπρώχνει να μείνω σε κάποιο συγκεκριμένο μέρος] δένω,

κρατώ, περιορίζω *There's nothing tying me to this town. Δεν υπάρχει τίποτα που να με κρατά σε αυτήν την πόλη. Now that I've got a baby, I'm tied to the home all day. Τώρα που έχω μωρό είμαι περιορισμένη στο σπίτι όλη την ημέρα.*
tie ουσ.αρ. **1** [που χρησιμοποιείται για να κλείσει σακκούλι για άχρηστα κτλ.] δέσιμο, στερέωμα **2** (συνήθως πληθ.) δεσμοί, υποχρεώσεις *family ties οικογενειακοί δεσμοί a young, single woman with no ties μια ελεύθερη (ανύπαντρη) νεαρή γυναίκα χωρίς υποχρεώσεις* *δες επίσης **192 Accessories**

knot ουσ.αρ. κόμπος *to tie a knot in a piece of string κάνω κόμπο σε ένα κομμάτι σπάγγο*
knot ρ.μ., -tt- δένω κόμπο *I knotted the two ends of the rope together. Έδεσα τις δυο άκρες του σχοινιού κόμπο.*

tangle ρ.μ.α. (συχνά + **up**) [τυλίγω με πολύπλοκο και ακατάστατο τρόπο συνήθως χωρίς να το θέλω] μπερδεύω, εμπλέκω *Be careful not to tangle (up) the wires. Πρόσεξε να μη μπερδέψεις τα σύρματα. The oars had got tangled in/with the fishing net. Τα κουπιά είχαν μπερδευτεί με τα δίχτυα.*
tangle ουσ.αρ. μπερδεμένη μάζα *The wires were in a terrible tangle. Τα σύρματα ήταν μια μπερδεμένη μάζα.*

294.3 Υλικά που χρησιμοποιούνται για κόλλημα, δέσιμο και σύνδεση μεταξύ αντικειμένων

glue ουσ.μ.αρ.αρ. κόλλα *a tube of glue ένα σωληνάριο κόλλα*
glue ρ.μ., μτχ.ενεστ. **gluing** 'H **glueing** κολλώ *I glued the handle back on the cup. Κόλλησα το χερούλι του φλυτζανιού.* (+ **together**) *Glue the two ends together. Κόλλησε τις δυο άκρες.*

paste ουσ.μ.αρ. [χρησιμοποιείται για χαρτί και χαρτόνι. Δεν είναι αρκετά δυνατό για πορσελάνη, ξύλο, κτλ.] αμυλόκολλα *wallpaper paste κόλλα για χαρτί ταπετσαρίας*
paste ρ.μ. κολλώ (+ **to, on**) *There were a few posters pasted on/to the wall. Υπήρχαν μερικές αφίσες κολλημένες στον τοίχο.*

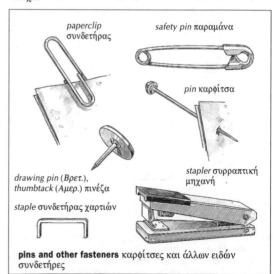

paperclip συνδετήρας
safety pin παραμάνα
pin καρφίτσα
drawing pin (Βρετ.), thumbtack (Αμερ.) πινέζα
stapler συρραπτική μηχανή
staple συνδετήρας χαρτιών
pins and other fasteners καρφίτσες και άλλων ειδών συνδετήρες

tape ουσ.μ.αρ. [κολλώδης ταινία, κυρίως σε λωρίδες ή κύλινδρο] αυτοκόλλητη ταινία *a roll of sticky tape ένας κύλινδρος με αυτοκόλλητη ταινία insulating/masking tape μονωτική ταινία*

sellotape (*Βρετ.*), **scotch tape** (*Αμερ.*) *ουσ.μ.αρ.* (σήμα κατατεθέν, συχνά με κεφαλαία) αυτοκόλλητη ταινία

rope *ουσ.μ.αρ.αρ.* σκοινί *a length of rope* ένα κομμάτι σκοινί *She escaped by climbing down a rope.* Δραπέτευσε κατεβαίνοντας από ένα κομμάτι σκοινί.

string *ουσ.μ.αρ.* σπάγγος *a ball of string* ένα κουβάρι σπάγγος

twine *ουσ.μ.αρ.* [γερό είδος σπάγγου, για παράδειγμα το είδος που χρησιμοποιείται στην κηπουρική] στριμμένο νήμα

pin *ρ.μ.*, -nn- (συχνά + **to, on**) στερεώνω, καρφιτσώνω *I'll pin a copy of the letter to/on the notice board.* Θα καρφιτσώσω ένα αντίγραφο της επιστολής στον πίνακα ανακοινώσεων. (+ **together**) *He pinned the two pieces of material together.* Καρφίτσωσε τα δυο κομμάτια υφάσματος μεταξύ τους.

295 Separate Ξεχωρίζω

separate *ρ.* (συχνά + **from, into**) 1 *ρ.μ.α.* [πράξη] (ξε)χωρίζω, αποχωρίζομαι *The child didn't want to be separated from its parents.* Το παιδάκι δεν ήθελε να αποχωριστεί τους γονείς του. *Let's separate for a while and meet up again later.* Ἀς χωρίσουμε για λίγο και να ξανασυναντηθούμε αργότερα. *I find it difficult to separate these two ideas in my mind.* Μου είναι πολύ δύσκολο να ξεχωρίσω αυτές τις δύο ιδέες στο μυαλό μου. 2 *ρ.μ.* [κατάσταση] χωρίζω *A stone wall separates our land from theirs.* Ένας πέτρινος τοίχος χωρίζει τη γή μας από τη δική τους.

separate *επίθ.* (συχνά + **from**) 1 [όχι μαζί] ξεχωριστά *The piranhas are in a separate tank from the other fish.* Τα πιράνχας είναι σε ξεχωριστό ενυδρείο από τα υπόλοιπα ψάρια. *Keep your cheque book and cheque card separate.* Φυλάγετε το βιβλιάριο επιταγών σε ξεχωριστό μέρος από την κάρτα σας. 2 [όχι τα ίδια] διαφορετικά, ξεχωριστά *My three appointments are on separate days.* Τα τρία μου ραντεβού είναι σε διαφορετικές ημέρες. **separately** *επίρρ.* διαφορετικά, ξεχωριστά **separation** *ουσ.μ.αρ.αρ.* (δια)χωρισμός

divide *ρ.* 1 *ρ.μ.α.* (συχνά + **into, up**) [ξεχωρίζω στα διάφορα μέρη] διαιρώ, διαχωρίζω *to divide a cake in half/into three* κόβω το κέικ σε δυο/τρία μέρη (κομμάτια) *The teacher divided the children (up) into groups.* Ο δάσκαλος χώρισε τα παιδιά σε ομάδες. (+ **between**) *The winners will have to divide the prize money (up) between them.* Οι νικητές θα πρέπει να μοιραστούν τα χρήματα του βραβείου μεταξύ τους. *The cells divide every 20 seconds.* Τα κύτταρα διαχωρίζονται κάθε 20 δευτερόλεπτα. 2 *ρ.μ.* [σαν αποτέλεσμα διαφωνίας. Λιγότερο δυνατό από το **split**] διασπώ, διχάζω *This issue has divided the Party.* Αυτό το ζήτημα έχει προκαλέσει διάσπαση του κόμματος. *Opinions are divided over this issue.* Οι γνώμες είναι διχασμένες σχετικά με αυτό το θέμα.

χρήση

Προσέξτε τη χρήση της πρόθεσης **into** σε προτάσεις όπως: *We divided into three groups.* (Χωριστήκαμε σε τρεις ομάδες.) *I divided the cake into eight portions.* (Ἐκοψα το κέικ σε οκτώ κομμάτια.)

division *ουσ.* 1 *ουσ.μ.αρ.* διαίρεση, μοίρασμα *She complained about the unfair division of the prize money.* Παραπονέθηκε για την άδικη διανομή του χρηματικού βραβείου. *a biologist studying cell division* βιολόγος που μελετά τη διάσπαση των κυττάρων 2 *ουσ.αρ.μ.αρ.* διχόνοια, διάσπαση *This issue has caused deep divisions within the Party.* Αυτό το ζήτημα έχει προκαλέσει διάσπαση μεταξύ των μελών του κόμματος. *δες επίσης **297 Maths**

split *ρ.*, -tt-, αόρ. & μτχ.αορ. **split** 1 *ρ.μ.α.* (συχνά + **into**) [τσακίζω ή ραγίζω χρησιμοποιώντας μυϊκή δύναμη. Αντικ.: π.χ. ξύλο, πέτρα, ρούχα] τσακίζω, κόβω, σκίζω

He split the log into three pieces. Ἐκοψε τον κορμό σε τρία κομμάτια. *His trousers split as he sat down.* Το πανταλόνι του σκίστηκε την ώρα που πήγε να καθήσει. 2 *ρ.μ.α.* (συχνά + **into, up**) [λιγότερο επίσημο από το **divide**] χωρίζω *The teacher split the children (up) into two groups.* Ο δάσκαλος χώρισε τα παιδιά σε δυο ομάδες. *This issue could split the Party.* Αυτό το ζήτημα θα μπορούσε να διασπάσει το κόμμα. (+ **between**) *The winners will have to split the prize money (up) between them.* Οι νικητές θα πρέπει να μοιραστούν το χρηματικό βραβείο μεταξύ τους. 3 *ρ.α.* (συνήθως + **up**) [υποκ.: κυρίως ζευγάρι] χωρίζω *Tracey and Kevin have split (up).* Η Τρέισι και ο Κέβιν έχουν χωρίσει. (+ **with**) *Tracey has split (up) with her boyfriend.* Η Τρέισι έχει χωρίσει με το αγόρι της.

split *ουσ.αρ.* 1 (+ **in**) ρωγμή, σκίσιμο, χαραμάδα *There was a large split in the wooden door.* Η ξύλινη πόρτα είχε μια μεγάλη χαραμάδα. 2 ρήξη *to avoid a damaging split within the Party* για να αποφευχθεί επιζήμια ρήξη μεταξύ των μελών του κόμματος

detach *ρ.μ.* (συχνά + **from**) [συνήθως σκόπιμο, με προσοχή και χωρίς να καταβληθεί ιδιαίτερη προσπάθεια. Αντικ.: κυρίως κινητό μέρος] αφαιρώ, αποσυνδέω *to detach the flash from a camera* αφαιρώ το φλάς απο τη φωτογραφική μηχανή *She detached herself from his embrace.* Αποτραβήχτηκε απο το αγκάλιασμά του.

detached *επίθ.* [όχι συνδεδεμένος συναισθηματικά] αποτραβηγμένος, ανεπηρέαστος, αμερόληπτος *It's difficult for doctors to remain emotionally detached from their work.* Είναι δύσκολο για τους γιατρούς να παραμένουν συναισθηματικά ανεπηρέαστοι από το επάγγελμά τους. **detachment** *ουσ.μ.αρ.* αμεροληψία *δες επίσης **174 Types of building**

disconnect *ρ.μ.* [αντικ.: κυρίως παροχή ηλεκτρικού ρεύματος/φωταερίου, ηλεκτρική συσκευή, σωλήνας] αποσυνδέω, διακόπτω *Their telephone has been disconnected because they didn't pay the bill.* Τους αποσύνδεσαν την τηλεφωνική γραμμή γιατί δεν είχαν πληρώσει το λογαριασμό του τηλεφώνου. **disconnection** *ουσ.μ.αρ.αρ.* αποσύνδεση, διακοπή

disconnected *επίθ.* [που δεν είναι σαφής ή που δεν ακολουθεί μια λογική σειρά. Περιγράφει: π.χ. σκέψεις, παρατηρήσεις] ασυνάρτητος, ασύνδετος

apart *επίρρ.* 1 [όχι μαζί] (ξε)χωριστά *They're married, but they live apart.* Είναι παντρεμένοι αλλά ζουν χωριστά. *He stood with his legs apart.* Στεκόταν με ανοικτά τα πόδια. (+ **from**) *I stood apart from the rest of the crowd.* Στάθηκα σε απόσταση από το υπόλοιπο πλήθος. 2 [σε μέρη ή κομμάτια] (κατα)κομματιάζω, διαλύω *The house was blown apart by the explosion.* Το σπίτι διαλύθηκε με την έκρηξη. *badly made toys that come/fall apart in your hands* κακοφτιαγμένα παιγνίδια που γίνονται κομματάκια όταν τα πιάσεις. *She took the radio apart to see how it worked.* Ξήλωσε το ραδιόφωνο για να δεί πώς λειτουργούσε. *δες επίσης **437 Exclude**

295.1 Αφαιρώ κάτι που είναι κουμπωμένο ή δεμένο

undo *ρ.μ., αόρ.* **undid**, *μτχ.αορ.* **undone** [ο γενικότερος όρος] ξεκουμπώνω, λύνω *She undid her coat/the buttons.* Ξεκούμπωσε το παλτό της/τα κουμπιά. *She undid the knot.* Έλυσε τον κόμπο. *Your shoelace is undone/has come undone.* Το κορδόνι του παπουτσιού σου έχει λυθεί.

unfasten *ρ.μ.* [αντικ.: π.χ. παλτό, ζώνη, κουμπιά] ξεκουμπώνω, ανοίγω

untie *ρ.μ.* (συχνά + **from**) λύνω [αντικ.: κυρίως κορδόνια, σκοινί, σπάγγο, κόμπο] λύνω *They untied the prisoner's hands.* Έλυσαν τα χέρια του φυλακισμένου. *The hostage was relieved to be untied from the chair.* Ο όμηρος ένιωσε ανακούφιση όταν τον έλυσαν από την καρέκλα.

unbutton *ρ.μ.* ξεκουμπώνω

loose *επίθ.* **1** [περιγράφει: ρούχα] χαλαρός [περιγράφει: π.χ. κουμπί, βίδα] χαλαρός *These trousers are very loose around the waist.* Αυτό το παντελόνι είναι πολύ χαλαρό στη μέση. *One of my teeth is coming loose.* Ένα από τα δόντια μου έχει αρχίσει να χαλαρώνει. *The switch wasn't working because of a loose connection.* Ο διακόπτης δε λειτουργούσε λόγω μιας χαλαρής σύνδεσης. **2** (μετά από *ρ.*) [που δεν είναι στερεωμένος με κορδέλες, κλιπ, κτλ. Περιγράφει: κυρίως μαλλιά] λυτός *She usually wears her hair loose.* Συνήθως έχει τα μαλλιά της λυτά.

loosen *ρ.μ.α.* [αντικ./υποκ.: π.χ. κόμπο, άρπαγμα] χαλαρώνω *The nurse loosened the patient's clothing so that he could breathe more easily.* Η νοσοκόμα χαλάρωσε τα ρούχα του ασθενή για να αναπνέει πιο εύκολα.

296 Computers Ηλεκτρονικοί υπολογιστές

computer *ουσ.αρ.* ηλεκτρονικός υπολογιστής, κομπιούτερ *a personal/home computer* προσωπικό σύστημα *We can do these calculations on the computer.* Μπορούμε να κάνουμε αυτούς τους υπολογισμούς με τον ηλεκτρονικό υπολογιστή. (όταν χρησιμοποιείται σαν *επίθ.*) *computer games/programs/equipment* ηλεκτρονικά παιγνίδια/προγράμματα/εξοπλισμός

computerize, ΕΠΙΣΗΣ **-ise** (*Βρετ.*) *ρ.μ.* [αντικ.: π.χ. εταιρεία, λογιστικό σύστημα] αυτοματοποιώ *a computerized booking system for airline tickets* αυτοματοποιημένο σύστημα κρατήσεως αεροπορικών εισιτηρίων **computerization** *ουσ.μ.αρ.* αυτοματοποίηση

system *ουσ.αρ.* [είδη ηλεκτρονικού εξοπλισμού που λειτουργούν σε συνδυασμό] λειτουργικό σύστημα *a (computer) system designed for use in libraries* ένα λειτουργικό σύστημα σχεδιασμένο για χρήση από βιβλιοθήκες

terminal *ουσ.αρ.* τερματικό

word processor *ουσ.αρ.* **1** [είδος ηλεκτρονικού υπολογιστή] επεξεργαστής κειμένου **2** πρόγραμμα επεξεργασίας κειμένου **word processing** *ουσ.μ.αρ.* επεξεργασία κειμένου

keyboard *ουσ.αρ.* πληκτρολόγιο

keyboard *ρ.μ.* [αντικ.: πληροφορίες, κείμενο] δακτυλογραφώ *It will take a long time to keyboard all these sets of figures.* Θα μου πάρει πολύ χρόνο για να δακτυλογραφήσω όλους αυτούς τους αριθμούς.

hardware *ουσ.μ.αρ.* μηχάνημα (του υπολογιστή)

software *ουσ.μ.αρ.* [προγράμματα κτλ.] λογισμικό

hard disk *ουσ.αρ.* μονάδα σκληρού δίσκου

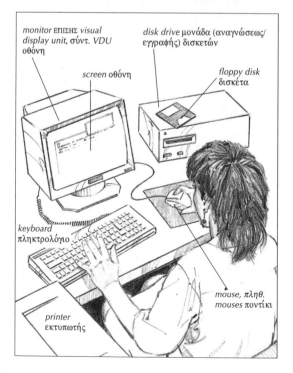

monitor ΕΠΙΣΗΣ *visual display unit, συντ.* VDU οθόνη

disk drive μονάδα (αναγνώσεως/εγγραφής) δισκετών

screen οθόνη

floppy disk δισκέτα

keyboard πληκτρολόγιο

mouse, πληθ. mouses ποντίκι

printer εκτυπωτής

χρήση

Ο όρος **floppy disk** (στην κυριολεξία «μαλακός δίσκος») αναφέρεται κυρίως στις δισκέτες μεγαλυτέρων διαστάσεων, 5.25 ίντσες σε διάμετρο, αλλά μερικές φορές χρησιμοποιείται επίσης για τις μικρότερες δισκέτες, των 3.5 ιντσών, έστω κι αν αυτές δεν είναι στην πραγματικότητα μαλακές. Ο κοινός όρος που περιγράφει αυτές τις μικρότερες δισκέτες είναι **diskette**. Η λέξη **disk**, μόνη της, είναι γενικός όρος και μπορεί να χρησιμοποιηθεί για οποιοδήποτε μέγεθος δισκέτας. Το **hard disk** είναι μόνιμα εγκατεστημένο στο εσωτερικό του υπολογιστή και συνήθως δεν είναι ορατό στον χειριστή.

---

program *ουσ.αρ.* πρόγραμμα *She has written a program to convert Fahrenheit to Celsius.* Έγραψε ένα πρόγραμμα που μετατρέπει βαθμούς Φάρεναϊτ σε Κελσίου.

program *ρ.μ.α., -mm-* [αντικ.: π.χ. υπολογιστή, ρομπότ, βίντεο] προγραμματίζω (+ **to** + ΑΠΑΡΕΜΦΑΤΟ, + **for**) *The computer is not programmed to carry out these tasks.* Ο υπολογιστής δεν είναι προγραμματισμένος για να εκτελεί αυτές τις εργασίες.

(computer) programmer *ουσ.αρ.* προγραμματιστής (ηλεκτρονικών υπολογιστών)

data *ουσ.μ.αρ.* δεδομένα *once all the data has been keyboarded* αφού όλα τα δεδομένα θα έχουν δακτυλογραφηθεί (χρησιμοποιείται σαν *επίθ.*) *data files/storage/processing* φάκελοι/αποθήκευση/επεξεργασία δεδομένων

menu *ουσ.αρ.* μενού

printout (*Βρετ.*), **print-out** (*Αμερ.*) *ουσ.αρ.μ.αρ.* (συχνά + **of**) τυπωμένες σελίδες *a printout of all the members' names and addresses* ένας τυπωμένος κατάλογος με τα ονόματα και τις διευθύνσεις όλων των μελών

down *επίθ.* (μετά από *ρ.*) [που δε λειτουργεί] εκτός λειτουργίας *The system is down.* Το σύστημα είναι εκτός λειτουργίας.

up *επίθ.* (μετά από *ρ.*) [που λειτουργεί ξανά μετά από βλάβη κτλ.] σε λειτουργία *The system will soon be (back) up again.* Το σύστημα θα είναι ξανά σε λειτουργία σύντομα.

bug *ουσ.αρ.* [όταν κάτι δεν πάει καλά με το μηχανικό μέρος ή με τα προγράμματα ηλεκτρονικού υπολογιστή] ιός

297 Maths Μαθηματικά

δες επίσης **38 Shapes, 307 Weights and Measures**

mathematics *ουσ.μ.αρ.*, *σύντ.* **maths** (*Βρετ.*), **math** (*Αμερ.*) μαθηματικά *He studied maths at university.* Σπούδασε μαθηματικά. **mathematical** *επίθ.* μαθηματικός **mathematician** *ουσ.αρ.* μαθηματικός (καθηγητής)

arithmetic *ουσ.αρ.* αριθμητική *mental arithmetic* νοεροί υπολογισμοί **arithmetic(al)** *επίθ.* αριθμητικός

algebra *ουσ.μ.αρ.* άλγεβρα **algebraic** *επίθ.* αλγεβρικός

geometry *ουσ.μ.αρ.* γεωμετρία
geometric(al) *επίθ.* **1** [σχετικός με τη γεωμετρία] γεωμετρικός **2** [που αποτελείται από κανονικά σχήματα ή ορθές γωνίες] γεωμετρικός *the geometric(al) designs of modern architecture* τα γεωμετρικά σχήματα της σύγχρονης αρχιτεκτονικής

diagram *ουσ.αρ.* (συχνά + **of**) σχεδιάγραμμα *to draw a diagram* κάνω ένα σχεδιάγραμμα

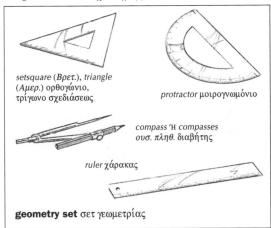

setsquare (*Βρετ.*), *triangle* (*Αμερ.*) ορθογώνιο, τρίγωνο σχεδιάσεως

protractor μοιρογνωμόνιο

compass 'Η *compasses* *ουσ. πληθ.* διαβήτης

ruler χάρακας

geometry set σετ γεωμετρίας

graph *ουσ.αρ.* γραφική παράσταση

formula *ουσ.αρ.*, *πληθ.* **formulae** μαθηματικός τύπος (+ **for**) *What is the formula for solving quadratic equations?* Ποιός είναι ο μαθηματικός τύπος που χρησιμοποιείται για τη λύση τετραγωνικών εξισώσεων;

297.1 Μαθηματικές πράξεις

add *ρ.μ.α.* (συχνά + **to**, **up**) προσθέτω, αθροίζω *If you add 11 to/and 89 you get 100.* 'Οταν προσθέσεις 11 και 89 κάνουν 100. *Don't forget to add VAT (to the price).* Μην ξεχάσεις να συμπεριλάβεις τον φόρο προστιθέμενης αξίας (στην τιμή). (+ **together**) *Add the two numbers together.* Πρόσθεσε τους δύο αριθμούς. *Add up each column of figures.* Πρόσθεσε τους αριθμούς στην κάθε στήλη. *Your total order adds up to £117.* Η συνολική αξία της παραγγελίας σας είναι (ανέρχεται σε) £117. **addition** *ουσ.μ.αρ.* πρόσθεση *δες επίσης* **46 Increase**

subtract *ρ.μ.α.* (συχνά + **from**) αφαιρώ *Add the first two numbers together then subtract the third.* Πρόσθεσε τον πρώτο και το δεύτερο αριθμό και αφαίρεσε τον τρίτο. *If you subtract 11 from 89 you get 78.* 'Οταν αφαιρέσεις 11 από 89 κάνουν 78. **subtraction** *ουσ.μ.αρ.* αφαίρεση

+ (**plus** 'Η **and**) συν
− (**minus**) μείον
× (**times** 'Η **multiplied by**) επί
÷ (**divided by**) δια
= (**equals**) ίσον

Twelve plus three equals/is fifteen. $(12 + 3 = 15)$ Δώδεκα συν τρία ίσον/(μας) κάνουν δεκαπέντε.

Twelve minus three equals/is nine. $(12 − 3 = 9)$ Δώδεκα μείον τρία ίσον/(μας) κάνουν εννιά.

Twelve times three equals/is thirty-six. $(12 \times 3 = 36)$ Δώδεκα επί τρία ίσον/(μας) κάνουν τριανταέξι.

Twelve divided by three equals/is four. $(12 ÷ 3 = 4)$ Δώδεκα δια τρία ίσον/(μας) κάνουν τέσσερα.

The repairs cost £50, plus VAT. Το κόστος των επισκευών ανήλθε στις 50 λίρες, συν ο φόρος προστιθέμενης αξίας (επιπλέον).

a temperature of minus ten degrees Celsius $(-10°\ C)$ θερμοκρασία δέκα βαθμών Κελσίου υπό το μηδέν

a plus/minus sign σήμα πρόσθεσης/αφαίρεσης

multiply *ρ.μ.* (συχνά + **by**) πολλαπλασιάζω *27 multiplied by 89 equals 2403.* 27 επί 89 ίσον 2403. (+ **together**) *Multiply these two numbers together.* Πολλαπλασίασε αυτούς τους δυο αριθμούς. **multiplication** *ουσ.μ.αρ.* πολλαπλασιασμός

divide *ρ.μ.α.* (συχνά + **by**, **into**) διαιρώ *If you divide 2403 by 89 you get 27.* 'Οταν διαιρέσεις 2403 δια 89 κάνουν 27. *11 doesn't divide into 100 exactly.* Το 100 δεν διαιρείται ακριβώς δια 11. **division** *ουσ.μ.αρ.* διαίρεση *δες επίσης* **295 Separate**

297.2 Κάνω υπολογισμούς/μαθηματικές πράξεις

calculate ρ.μ. υπολογίζω *How do you calculate the area of a circle?* Πώς υπολογίζεις το εμβαδό του κύκλου; (+ **that**) *Scientists have calculated that the two planets will collide in about 500 years' time.* Οι επιστήμονες υπολογίζουν ότι οι δυο πλανήτες θα συγκρουστούν σε 500 περίπου χρόνια.

calculation ουσ.αρ.μ.αρ. υπολογισμός *If my calculations are correct, we have about £200 left to spend.* Αν οι υπολογισμοί μου είναι σωστοί μας μένουν £200 ακόμα για να ξοδέψουμε.

calculator ουσ.αρ. υπολογιστής *a pocket/desk calculator* υπολογιστής τσέπης/γραφείου

work out sth 'Η **work** sth **out** ρ.πρφ.μ. [λιγότερο επίσημο από το **calculate**, συχνά χρησιμοποιείται για να περιγράψει απλότερους υπολογισμούς] υπολογίζω (+ **that**) *I worked out that we had spent about £200.* Υπολόγισα ότι είχαμε ξοδέψει γύρω στις 200 λίρες.

sum ουσ.αρ. **1** [απλή μαθηματική πράξη] αριθμητικό πρόβλημα, πράξη *I did a quick sum in my head.* Έκανα γρήγορα–γρήγορα την πρόσθεση στο μυαλό μου. *a multiplication/division sum* αποτέλεσμα πολλαπλασιασμού/διαίρεσης **2** [αποτέλεσμα πρόσθεσης] άθροισμα *What is the sum of 43, 81 and 72?* Ποιο είναι το άθροισμα του 43, 81 και 72; **3** [χρηματικό ποσό] ποσό *The government spends huge sums on defence.* Η κυβέρνηση διαθέτει τεράστια χρηματικά ποσά για την άμυνα.

total ουσ.αρ. αποτέλεσμα, σύνολο *Add up all the figures and write the total at the bottom.* Πρόσθεσε όλους τους αριθμούς και γράψε το αποτέλεσμα από κάτω.

total ρ.μ., **-ll-** (*Βρετ.*), συνήθως **-l-** (*Αμερ.*) ανέρχομαι (σε) *Government spending totalled £500 billion last year.* Τα έξοδα της κυβέρνησης ανήλθαν σε 500 δισεκατομμύρια στερλίνες τον περασμένο χρόνο.

answer ουσ.αρ. [λιγότερο επίσημο από το **result**] απάντηση *The correct answer is 813.* Η σωστή απάντηση είναι 813.
*δες επίσης **352 Answer**

298 Numbers Οι αριθμοί

number ουσ. **1** αριθμός, νούμερο *Multiply the first number by the second.* Πολλαπλασίασε τον πρώτο αριθμό με τον δεύτερο. *The page numbers are at the bottom.* Οι αριθμοί των σελίδων είναι στο κάτω μέρος. *This record is number two in the charts.* Αυτός ο δίσκος είναι στον αριθμό δύο (σε πωλήσεις δίσκων). **2** (συχνά + **of**) [ποσότητες αντικειμένων, προσώπων, κτλ.] αριθμός *Count the number of chairs in the room.* Μέτρησε τις καρέκλες στο δωμάτιο.

I have a number of things to discuss with you. Υπάρχουν μερικά πράγματα που θέλω να συζητήσω μαζί σου. *People were arriving in large numbers.* Ο κόσμος κατέφθανε σε μεγάλους αριθμούς.

number ρ.μ. αριθμώ *Don't forget to number the pages.* Μη ξεχάσεις να αριθμήσεις τις σελίδες. *The hotel rooms are numbered (from) 1 to 400.* Τα δωμάτια του ξενοδοχείου είναι αριθμημένα από το 1 μέχρι το 400.

ΑΡΙΘΜΗΤΙΚΑ

	Απόλυτα	Τακτικά	Επιρρήματα
1	one	first	once
2	two	second	twice
3	three	third	three times
4	four	fourth	four times
5	five	fifth	five times
6	six	sixth	κτλ.
7	seven	seventh	
8	eight	eighth	
9	nine	ninth	
10	ten	tenth	
11	eleven	eleventh	
12	twelve	twelfth	
13	thirteen	thirteenth	
14	fourteen	fourteenth	
15	fifteen	fifteenth	
16	sixteen	sixteenth	
17	seventeen	seventeenth	
18	eighteen	eighteenth	
19	nineteen	nineteenth	
20	twenty	twentieth	
21	twenty-one	twenty-first	
22	twenty-two	twenty-second	
23	twenty-three	twenty-third	
24	twenty-four	twenty-fourth	
30	thirty	thirtieth	
31	thirty-one	thirty-first	
40	forty	fortieth	
50	fifty	fiftieth	

	Απόλυτα	Τακτικά
60	sixty	sixtieth
70	seventy	seventieth
80	eighty	eightieth
90	ninety	ninetieth
100	a/one hundred	hundredth
101	a/one hundred and one	hundred-and-first
149	a/one hundred and forty-nine	hundred and forty-ninth
200	two hundred	two hundredth
796	seven hundred and ninety-six	seven hundred and ninety-sixth
1,000	a/one thousand	
1,001	a/one thousand and one	
1,100	one thousand one hundred	
2,000	two thousand	
6,914	six thousand nine hundred and fourteen	
10,000	ten thousand	
100,000	a/one hundred thousand	
1,000,000	a/one million	
4,132,860	four million, one hundred and thirty-two thousand, eight hundred and sixty	

1, 3, 5 and 7 are **odd numbers.** Το 1, 3, 5 και 7 είναι μονοί αριθμοί.

2, 4, 6, and 8 are **even numbers.** Το 2, 4, 6 και 8 είναι ζυγοί αριθμοί.

Ο αριθμός **0** συνήθως αποκαλείται **nought**. Ο όρος **zero** είναι επίσης πολύ κοινός, κυρίως σε επιστημονικά και μαθηματικά κείμενα. Ο όρος **nil** χρησιμοποιείται σε αποτελέσματα αγώνων ποδοσφαίρου, και ο όρος **love** σε αποτελέσματα αγώνων τένις. Σε τηλεφωνικούς και δεκαδικούς αριθμούς, το ψηφίο **0** προφέρεται όπως το γράμμα **o**. Παραδείγματα: *To multiply by 100, just add two noughts.* (Για να πολλαπλασιάσετε επί 100, απλώς προσθέστε δυο μηδενικά.)

figure *ουσ.αρ.* **1** [γραπτός αριθμός] ψηφίο, αριθμός *All I do in my job is add up rows of figures all day.* Το μόνο που κάνω στο γραφείο είναι να προσθέτω στήλες με αριθμούς. *He earns a six-figure salary.* Ο μισθός του είναι εξαψήφιος αριθμός. **2** [ποσόν που εκφράζεται με αριθμό] ποσόν *Can you give me an approximate figure for the number of guests you expect?* Θα μπορούσατε να μού δώσετε ένα κατά προσέγγιση αριθμό των καλεσμένων που περιμένετε; *They sold their house for a huge figure.* Πούλησαν το σπίτι τους για ένα τεράστιο ποσό.

count *ρ.μ.α.* μετρώ *I counted the (number of) chairs; there were 36.* Μέτρησα τις καρέκλες και ήταν 36. *The miser was counting his money.* Ο φιλάργυρος μετρούσε τα χρήματά του. *The votes have not yet been counted.* Οι ψήφοι δεν έχουν μετρηθεί ακόμα. *The child is learning to count.* Το παιδάκι μαθαίνει να μετρά. *to count from one to ten/to count up to ten* μετράω από το ένα μέχρι το δέκα/μετράω μέχρι το δέκα

298.1 Ουσιαστικά που εκφράζουν συγκεκριμένους αριθμούς

pair *ουσ.αρ.* (συχνά + of) **1** [δυο παρόμοια αντικείμενα που πάνε μαζί] ζευγάρι *a pair of shoes* ένα ζευγάρι παπούτσια *There's a pair of robins nesting in our garden.* Υπάρχει ένα ζεύγος κοκκινολαίμηδων που έκτισε φωλιά στην αυλή μας. *to walk in pairs* περπατάμε σε ζευγάρια (δυο-δυο) **2** [χρησιμοποιείται για να περιγράψει αντικείμενα που αποτελούνται απο δύο ίδια μέρη] ζευγάρι *a pair of trousers/scissors/binoculars* παντελόνι/ψαλίδι/κυάλια

couple *ουσ.αρ.* **1** [κάπως ανεπίσημο. Δύο ή ίσως κάπως περισσότερα] δυο–τρία *There are a couple of cans of beer in the fridge.* Υπάρχουν δυο–τρεις μπύρες στο ψυγείο. *Can you wait a couple of minutes?* Μπορείς να περιμένεις δυο–τρία λεπτά; **2** [άνδρας και γυναίκα κτλ.] ζευγάρι *a married couple* ένα παντρεμένο ζευγάρι

few *επίθ.* **1 a few** [θετική ποσότητα. Περισσότερα από δύο, αλλά όχι πολλά] μερικοί, λίγοι *I invited a few friends over for dinner.* Προσκάλεσα μερικούς φίλους να έρθουν για φαγητό. *I waited for a few minutes, then went home.* Περίμενα μερικά λεπτά και μετά πήγα στο σπίτι μου. **2 few** [αρνητική ποσότητα. Κάπως επίσημο. Όχι πολλά, σχεδόν καθόλου] λιγοστά, ελάχιστα *He has few friends.* Έχει ελάχιστους φίλους. *Few churches can boast such fine architecture.* Ελάχιστες εκκλησίες διαθέτουν τέτοια

Η λέξη **less** χρησιμοποιείται πιο συχνά από τη λέξη **fewer**, π.χ. *There are less people here than I expected.* (Υπάρχει λιγότερος κόσμος εδώ από ό,τι περίμενα.), αλλά αυτή η χρήση θεωρείται ακόμα σαν γραμματικά λανθασμένη από πολλούς.

εξαίρετη αρχιτεκτονική. *There are fewer buses in the evenings.* Τα βράδυα υπάρχουν λιγότερα λεωφορεία.

few *αντων.* **1 a few** μερικά *'Did you take any photos?' 'A few.'* «Έβγαλες καθόλου φωτογραφίες;» «Μερικές.» *I invited a few of my friends over for dinner.* Προκάλεσα μερικά από τους φίλους μου να έρθουν για φαγητό. **2 few** λίγα, ελάχιστα *The Greeks built many fine temples, but few have survived.* Οι Έλληνες έκτισαν πολλούς εξαίρετους ναούς αλλά λίγοι έχουν διασωθεί.

Οι όροι **dozen**, **hundred**, **million** και **billion** μπορούν να χρησιμοποιηθούν, κυρίως στον πληθυντικό, για να περιγράψουν, στο κατάλληλο περιεχόμενο, ένα αόριστα μεγάλο αριθμό αντικειμένων, προσώπων, κτλ. Συχνά υποδηλώνει μια δόση υπερβολής, και σε τέτοια περίπτωση η χρήση θεωρείται ανεπίσημη. Δες τα παραδείγματα πιο κάτω.

dozen *ουσ.αρ.* [δώδεκα] δωδεκάδα, ντουζίνα *I ordered a dozen boxes of pencils.* Παράγγειλα μια δωδεκάδα κουτιά με μολύβια. *half a dozen/a half-dozen eggs* μισή δωδεκάδα αυγά (+ of) *He's had dozens of different jobs.* Έχει κάνει δωδεκάδες δουλειές.

hundred *ουσ.αρ.* εκατοντάδα *There were exactly a/one/two hundred people in the hall.* Τα άτομα στην αίθουσα ήταν ακριβώς εκατό/διακόσια. (+ of) *We had hundreds of applications for this job.* Λάβαμε εκατοντάδες αιτήσεις για αυτή τη θέση.

thousand *ουσ.αρ.* χιλιάδα *He earns a thousand pounds a month.* Κερδίζει χίλιες λίρες το μήνα. (+ of) *Thousands of people visit the museum every day.* Χιλιάδες άτομα επισκέπτονται το μουσείο καθημερινά.

million *ουσ.αρ.* εκατομμύριο *Over 8 million people live in London.* Το Λονδίνο έχει πάνω από 8 εκατομμύρια κατοίκους. (+ of) *I've got a million things/millions of things to do before we go on holiday.* Έχω ένα εκατομμύριο πράγματα να κάνω προτού φύγουμε για διακοπές.

billion *ουσ.αρ.* **1** [ο αριθμός ένα που ακολουθείται από εννέα μηδενικά] δισεκατομμύριο *Government spending totalled £40 billion last year.* Τα έξοδα της κυβέρνησης ανήλθαν σε 40 δισεκατομμύρια λίρες τον περασμένο χρόνο. *There are billions of stars in the galaxy.* Ο γαλαξίας αποτελείται από δισεκατομμύρια αστέρια. **2** (Βρετ.) [απαρχαιωμένο. Ο αριθμός ένα που ακολουθείται από δώδεκα μηδενικά] τρισεκατομμύριο

ΚΛΑΣΜΑΤΑ

$\frac{1}{2}$	**a half** μισό	
$\frac{1}{3}$	**a/one third** ένα τρίτο	
$\frac{2}{3}$	**two thirds** δυο τρίτα	
$\frac{1}{4}$	**a/one quarter** (Βρετ. & Αμερ.), **a/one fourth** (Αμερ.) ένα τέταρτο	
$\frac{3}{4}$	**three quarters** (Βρετ. & Αμερ.), **three fourths** (Αμερ.) τρία τέταρτα	
$\frac{1}{5}$	**a/one fifth** ένας πέμπτο	
$\frac{2}{5}$	**two fifths** δυο πέμπτα	
$\frac{1}{6}$	**a/one sixth** ένα έκτο κτλ.	

fraction *ουσ.αρ.* κλάσμα *Can the value of pi be expressed as a fraction?* Μπορεί η αξία του π να εκφραστεί σαν κλάσμα;
*δες επίσης **45 Small quantity**

ΔΕΚΑΔΙΚΟΙ

21.503 **twenty one point five oh three** Ή **twenty one point five zero three** εικοσιένα κόμμα πέντε μηδέν τρία Σημειώστε ότι το **decimal point** (υποδιαστολή) προφέρεται **point** και συμβολίζεται από μια τελεία (.). Το κόμμα χρησιμοποιείται για να υποδηλώσει τις χιλιάδες όταν

πρόκειται περί μεγάλων αριθμών π.χ. *The distance from the earth to the moon is about 381,000 kilometres.* Η απόσταση από τη γη στο φεγγάρι είναι περίπου 381.000 χιλιόμετρα.

---

299 Correct Σωστός, ακριβής

δες επίσης **215 True**

correct *επίθ.* [περιγράφει: π.χ. απάντηση, μέθοδο, προφορά] σωστός, ορθός, ακριβής *Make sure you use the correct quantity of flour.* Βεβαιωθείτε ότι χρησιμοποιήσατε τη σωστή ποσότητα αλεύρι. **correctness** *ουσ.μ.αρ.* ορθότητα, ακρίβεια **correctly** *επίρρ.* σωστά, με ακρίβεια

correct *ρ.μ.* διορθώνω, επανορθώνω *I'd like to correct my previous statement.* Θα ήθελα να διορθώσω την προηγούμενή μου κατάθεση/δήλωση. *The teacher corrects the children's work.* Ο δάσκαλος διορθώνει τις εργασίες των παιδιών.

correction *ουσ.αρ.μ.αρ.* διόρθωση, επανόρθωση *The teacher makes corrections on the students' work.* Ο δάσκαλος κάνει διορθώσεις στις εργασίες των μαθητών.

right *επίθ.* [λιγότερο επίσημο από το **correct**] σωστός, ορθός *to get a sum right* κάνω σωστά την πρόσθεση *I don't think we're on the right road.* Δε νομίζω ότι βρισκόμαστε στο σωστό δρόμο. *You said the bank would be closed and you were right.* Είπες ότι η τράπεζα θα ήτανε κλειστή και είχες δίκιο. (+ **to** + ΑΠΑΡΕΜΦΑΤΟ) *She was right to call the police.* Έπραξε σωστά που κάλεσε την αστυνομία. *Is that clock right?* Πάει καλά εκείνο το ρολόι (δείχνει τη σωστή ώρα);

right *επίρρ.* [με το σωστό τρόπο] σωστά, καλά *It's important to do this job right.* Έχει σημασία να γίνει σωστά αυτή η δουλειά. *I hope everything goes right for you at the job interview.* Εύχομαι να πάνε όλα καλά στη συνέντευξή σου για τη δουλειά. *δες επίσης **211 Fair, 420 Suitable**

rightly *επίρρ.* σωστά, ορθά *As you rightly point out, this project will be very costly.* Όπως ορθά υποδείξατε αυτό το έργο θα είναι πολύ δαπανηρό.

exact *επίθ.* [ορθός με μεγάλο βαθμό ακρίβειας] ακριβής *The exact time is 7:06 and 33 seconds.* Η ακριβής ώρα είναι 7.06 και 33 δευτερόλεπτα. *What were his exact words?* Ποιές ήταν οι ακριβείς του λέξεις; **exactness** *ουσ.μ.αρ.* ακρίβεια, πιστότητα

exactly *επίρρ.* 1 ακριβώς *It is exactly 11 o'clock.* Είναι ακριβώς έντεκα η ώρα. 2 [όταν χρησιμοποιείται σαν απάντηση που εκφράζει συμφωνία] ακριβώς *'So the murderer must have been known to the victim?' 'Exactly.'* «Ώστε ο δολοφόνος θα πρέπει να ήταν γνωστός του θύματος;» «Ακριβώς.»

precise *επίθ.* 1 [υποδηλώνει ακόμα μεγαλύτερο βαθμό λεπτομέρειας από το **exact**. Περιγράφει: π.χ. λεπτομέρειες, υπολογισμούς] ακριβής *What were his precise words?* Ποιές ήταν οι ακριβείς του λέξεις; [συχνά υποδηλώνει μεγάλο βαθμό επιδεξιότητας] *a police operation that required very precise timing* μια αστυνομική επέμβαση που απαιτούσε πολύ ακριβή συγχρονισμό 2 (πριν από *ουσ.*) [αναφορά σε πολύ συγκεκριμένο χρονικό πλαίσιο, μέρος, κτλ.] συγκεκριμένος *This is the precise spot where he was killed.* Σε αυτό ακριβώς το μέρος σκοτώθηκε. *I'm not doing anything at this precise moment.* Δεν κάνω τίποτα αυτή τη συγκεκριμένη στιγμή.

precisely *επίρρ.* 1 ακριβώς *It is precisely 11 o'clock.* Είναι ακριβώς 11 η ώρα. 2 [όταν χρησιμοποιείται σαν απάντηση που εκφράζει συμφωνία] ακριβώς *'So the murderer must have been known to the victim?' 'Precisely.'* «Ώστε ο δολοφόνος θα πρέπει να ήταν γνωστός στο θύμα;» «Ακριβώς.»

precision *ουσ.μ.αρ.* ακρίβεια *The holes have to be drilled with great precision.* Η διάτρηση θα πρέπει να γίνει με μεγάλη ακρίβεια.

accurate *επίθ.* [περιγράφει: π.χ. ρολόι, μέτρηση, πρόβλεψη] ακριβής *His shot wasn't very accurate.* Δεν είχε μεγάλη ακρίβεια στο σημάδι. **accurately** *επίρρ.* με ακρίβεια

accuracy *ουσ.μ.αρ.* ακρίβεια *The police doubted the accuracy of his statement.* Η αστυνομία αμφισβήτησε την ακρίβεια της κατάθεσής του.

literally *επίρρ.* 1 [αντιλαμβάνομαι τις λέξεις σύμφωνα με τη φαινομενική τους σημασία] στην κυριολεξία, κατά λέξη, χωρίς υπερβολή *I live literally just around the corner.* Χωρίς υπερβολή, μένω δυό βήματα από εδώ. *Hippopotamus means literally `river horse'.* Η λέξη «ιπποπόταμος» σημαίνει στην κυριολεξία «άλογο του ποταμού». 2 [όταν δίνει έμφαση σε μεταφορική έννοια] κυριολεκτικά, χωρίς υπερβολή *We'll literally be there in no time.* Θα είμαστε εκεί κυριολεκτικά σε χρόνο μηδέν.

literal *επίθ.* [περιγράφει: κυρίως έννοια, μετάφραση] κυριολεκτικός, κατά γράμμα, πεζός

---

300 Incorrect Λανθασμένος, όχι ακριβής

incorrect *επίθ.* [κάπως επίσημη λέξη] λανθασμένος, όχι ακριβής *She gave an incorrect answer.* Έδωσε λανθασμένη απάντηση. **incorrectly** *επίρρ.* λανθασμένα

wrong *επίθ.* λάθος *to get a sum wrong* κάνω λάθος στην πρόσθεση *You're waiting at the wrong bus stop.* Περιμένεις στη λάθος στάση του λεωφορείου. *You said the bank would be open, but you were wrong.* Είπες ότι η τράπεζα θα ήτανε ανοικτή αλλά έκανες λάθος. (+ **to** + ΑΠΑΡΕΜΦΑΤΟ) *I was wrong to trust her.* Έκανα λάθος που την εμπιστεύθηκα.

wrong *επίρρ.* λάθος *You've sewn this dress together all wrong.* Συναρμολόγησες το φόρεμα εντελώς λάθος. *Everything has been arranged; what could possibly go wrong?* Όλες οι διευθετήσεις έχουν γίνει. Τι θα μπορούσε να πάει στραβά; *The maths teacher showed me where I'd gone wrong.* Ο δάσκαλος των μαθηματικών μου έδειξε σε ποιό σημείο είχα κάνει λάθος.

wrongly *επίρρ.* λανθασμένα, άδικα *The witness had wrongly identified an innocent man.* Ο μάρτυρας είχε αναγνωρίσει λανθασμένα κάποιον αθώο.

inexact επίθ. [μπορεί να υποδηλώνει κάποια δόση ψευτιάς] ανακριβής, ασαφής *He gave an inexact account of what happened.* Έδωσε μια ασαφή περιγραφή του τι είχε γίνει.

imprecise επίθ. [κάπως ασαφής] ανακριβής, ασαφής *He was imprecise about where he had been at the time of the murder.* Έδωσε μια ασαφή εξήγηση για το πού βρισκόταν την ώρα του φόνου.

inaccurate επίθ. ανακριβής, λανθασμένος *an inaccurate thermometer* ανακριβές θερμόμετρο *He gave an inaccurate account of what happened.* Έδωσε μια ανακριβή περιγραφή του τι είχε γίνει.

φράση

If you think that, you've got another think coming! [κάπως ανεπίσημη φράση. Τα πράγματα δεν έρχονται όπως τα περιμένει ή όπως θα ήθελε κανείς] Αν πράγματι το πιστεύεις αυτό, κάνεις λάθος! *If you think I'm going to lend you my car, you've got another think coming!* Κάνεις λάθος αν νομίζεις ότι θα σου δανείσω το αυτοκίνητό μου!

300.1 Λάθος

mistake ουσ.αρ. [λάθος που γίνεται συμπτωματικά, λόγω άγνοιας, κτλ.] λάθος *a spelling mistake* ορθογραφικό λάθος *to make a mistake* κάνω λάθος *It was a mistake to come out without an umbrella.* Ήταν λάθος μου το να βγω έξω χωρίς ομπρέλλα. *I walked into the wrong hotel room by mistake.* Μπήκα κατά λάθος σε άλλο δωμάτιο του ξενοδοχείου.

mistake ρ.μ., αόρ. **mistook**, μτχ.αορ. **mistaken** (συχνά + **for**) [κάπως επίσημη λέξη] παρανοώ, παρεξηγώ, παίρνω κάτι/κάποιον για κάτι/κάποιον άλλο *I mistook her briefcase for mine.* Πήρα το χαρτοφύλακά της για το δικό μου. *I mistook her intentions.* Παρεξήγησα τις προθέσεις της.

mistaken επίθ. παρεξηγημένος, εσφαλμένος *If you think I'm going to lend you any money, then you're very much mistaken!* Αν νομίζεις ότι θα σου δώσω δανεικά, κάνεις μεγάλο λάθος! *a case of mistaken identity* μια περίπτωση λανθασμένης ταυτότητας **mistakenly** επίρρ. λανθασμένα, εσφαλμένα

error ουσ.αρ.μ.αρ. [περισσότερο επίσημη λέξη από το **mistake**] λάθος, σφάλμα *Her translation contained a number of errors.* Η μετάφρασή της περιείχε αρκετά λάθη. *a typing error* δακτυλογραφικό λάθος

slip ουσ.αρ. [μικρό, όχι σημαντικό λάθος, π.χ. σαν αποτέλεσμα βιασύνης] απροσεξία, λαθάκι *She recited the entire poem without a slip.* Απήγγειλε ολόκληρο το ποίημα χωρίς καθόλου λάθη. *a slip of the tongue* μπέρδεμα της γλώσσας

slip up ρ.πρφ.α. [κάπως ανεπίσημη λέξη] κάνω γκάφα/απροσεξία, αστοχώ *The police slipped up and allowed the thief to escape.* Οι αστυνομικοί ήταν απρόσεκτοι και άφησαν τον κλέφτη να τους ξεφύγει.

blunder ουσ.αρ. [σοβαρό λάθος, κυρίως σαν αποτέλεσμα απροσεξίας ή απερισκεψίας] γκάφα, χονδρό λάθος *I've made a terrible blunder; I've sent the documents to the wrong address.* Έκανα μια τρομερή γκάφα και έστειλα τα έγγραφα σε λάθος διεύθυνση.

blunder ρ.α. κάνω γκάφα/χονδρό λάθος *The government has blundered badly over this issue.* Η κυβέρνηση χειρίστηκε πολύ αδέξια αυτό το θέμα. (+ **into**) *She blundered into a decision.* Πήρε μια επιπόλαια απόφαση.

fault ουσ.αρ. 1 [κάτι που έγινε με το λανθασμένο τρόπο σε σχέση με ορισμένους κανόνες ή διαδικασία] μειονέκτημα, ατέλεια, ψεγάδι *There were a number of faults in the way*

the police conducted the interview. Υπήρχαν μερικές ατέλειες στον τρόπο με τον οποίο η αστυνομία διεξήγαγε την ανάκριση. 2 [στο χαρακτήρα κάποιου] ελάττωμα *Her main fault is her tendency to exaggerate.* Το κυριότερό της ελάττωμα είναι η τάση της για υπερβολή. 3 [σε μηχανή] βλάβη *There's a fault in the car's engine.* Η μηχανή του αυτοκινήτου έχει πάθει βλάβη. *an electrical fault* ηλεκτρική βλάβη

fault ρ.μ. [επισημαίνω λάθη σε κάτι] επικρίνω, ψεγαδιάζω *You can't fault his work.* Δε μπορεί κανείς να βρει ψεγάδι στη δουλειά του.

faulty επίθ. [περιγράφει: π.χ. μηχανή, λογική] ελαττωματικός, εσφαλμένος

fallacy ουσ.αρ. 1 [εσφαλμένη αντίληψη] πλάνη *It's a fallacy that the camera can never lie.* Το ότι η φωτογραφική μηχανή δε ψεύδεται ποτέ είναι μια πλάνη. 2 [λανθασμένη λογική] πλάνη *Her argument is based on a fallacy.* Το επιχείρημά της είναι βασισμένο σε μια πλάνη. *a mathematical fallacy* μαθηματική πλάνη

φράση

to get hold of the wrong end of the stick (Βρετ.) [νομίζω ότι έχω καταλάβει κάτι αλλά στην πραγματικότητα έχω σχηματίσει λανθασμένη εντύπωση] παρεξηγώ κάτι, παίρνω κάτι στραβά *I thought she was his girlfriend, I must have got hold of the wrong end of the stick.* Δε θα κατάλαβα καλά, είχα την εντύπωση ότι ήταν το κορίτσι του.

300.2 Κατά προσέγγιση

approximate επίθ. κατά προσέγγιση *The approximate value of pi is 22/7.* Η κατά προσέγγιση αξία του π είναι 22/7.

approximately επίρρ. κατά προσέγγιση, περίπου *It's approximately 11:15.* Είναι περίπου 11.15.

approximate ρ.α. (συχνά + **to**) προσεγγίζω, πλησιάζω, είμαι περίπου *The value of pi approximates to 22/7.* Η αξία του π είναι περίπου 22/7. **approximation** ουσ.αρ. προσέγγιση, πλησίασμα, χονδρική εκτίμηση

rough επίθ. [λιγότερο επίσημο από το **approximate**. Περιγράφει: π.χ. εκτίμηση, σχέδιο] κατά προσέγγιση, ατελής, πρόχειρος

roughly επίρρ. περίπου, πρόχειρα *Can you tell me roughly what time you'll arrive?* Μπορείς να μου πεις τι ώρα περίπου θα φτάσεις;

general επίθ. [χωρίς λεπτομέρειες] γενικός *Can you give me a general idea of what you plan to do?* Θα μπορούσες να μου δώσεις μια γενική ιδέα του τι σκοπεύεις να κάνεις; *His recommendations were too general to be of much use.* Οι εισηγήσεις του ήταν πολύ γενικές για να μπορέσουν να φανούν χρήσιμες.

ball park ουσ.αρ. [ανεπίσημη λέξη. Συνήθως χρησιμοποιείται σε σχέση με αριθμό η ποσότητα] περίπου, συνολικό ποσόν *It's in the ball park of 2,500.* Είναι περίπου 2,500. (χρησιμοποιείται σαν επίθ.) *I can give you a ball-park figure of £500.* Μπορώ να σού πω ότι το ποσό θα είναι γύρω στις 500 λίρες.

φράση

in the region of [συνήθως αναφέρεται σε αριθμό ή ποσόν] περίπου, κάπου, γύρω στα... *It'll cost something in the region of £100.* Θα στοιχίσει γύρω στις 100 λίρες.

---

301 Careful Προσεκτικός

careful επίθ. προσεκτικός a careful driver/worker προσεκτικός οδηγός/υπάλληλος Be careful when you cross the road. Να είσαι προσεκτικός όταν περνάς το δρόμο. (+ **with**) Be careful with that vase; it's very valuable. Να είσαι προσεκτικός με εκείνο το βάζο γιατί έχει μεγάλη αξία. (+ **to** + ΑΠΑΡΕΜΦΑΤΟ) I was careful not to mention her ex-husband. Ήμουνα προσεκτικός να μην αναφέρω τον πρώην άντρα της. **carefully** επίρρ. προσεκτικά

care ουσ.μ.αρ. προσοχή, επιμέλεια These dangerous chemicals should be handled with care. Αυτές τις επικίνδυνες χημικές ουσίες πρέπει να τις χειρίζονται με προσοχή. She takes a lot of care over her work. Κάνει τη δουλειά της με μεγάλη επιμέλεια. Take care not to wake the baby. Πρόσεχε μη ξυπνήσεις το μωρό. *δες επίσης **254 Look after**

cautious επίθ. [πριν από κάποια πράξη, π.χ. για να αποφύγω τον κίνδυνο] προσεκτικός, επιφυλακτικός, συγκρατημένος a cautious driver/investor προσεκτικός οδηγός/επιφυλακτικός επενδυτής You're too cautious; you need to act boldly if you want to succeed. Είσαι πολύ επιφυλακτικός, πρέπει να δρας με αποφασιστικότητα αν θέλεις να επιτύχεις. cautious optimism συγκρατημένη αισιοδοξία **cautiously** επίρρ. προσεκτικά, επιφυλακτικά

caution ουσ.μ.αρ. προσοχή, επιφύλαξη Police officers should show/exercise caution when approaching armed criminals. Οι αστυνομικοί πρέπει να επιδείχνουν επιφυλακτικότητα όταν πλησιάζουν οπλισμένους εγκληματίες.

caution ρ.μ. (συχνά + **against**) [περισσότερο επίσημο από το **warn**] συνιστώ, προειδοποιώ I cautioned her against over-optimism/being over-optimistic. Της συνέστησα να μην είναι υπερβολικά αισιόδοξη.

guarded επίθ. [υπονοεί μερικές αμφιβολίες ή ανησυχίες. Περιγράφει: π.χ. αισιοδοξία, καλωσόρισμα] επιφυλακτικός, συγκρατημένος **guardedly** επίρρ. επιφυλακτικά, συγκρατημένα

beware ρ.α. (συχνά + **of**) προσέχω, προφυλάσσομαι You'd better beware; there are thieves about. Πρόσεχε γιατί υπάρχουν πολλοί κλέφτες εδώ γύρω. Beware of the dog. Προσοχή στο σκύλο.

thoughtful επίθ. [σκέπτομαι λογικά και ψύχραιμα] συλλογισμένος, στοχαστικός I admire his thoughtful approach to problem-solving. Θαυμάζω τη στοχαστική του προσέγγιση στην επίλυση προβλημάτων. *δες επίσης **104 Think, 224 Kind**

patient επίθ. [πρόθυμος να περιμένω υπομονετικά για κάτι] υπομονετικός, ανεκτικός Be patient! The bus will be along in a minute. Κάνε υπομονή, το λεωφορείο θα φανεί όπου νάναι. (+ **with**) The teacher is very patient with the children. Ο δάσκαλος είναι πολύ υπομονετικός με τα παιδιά. **patiently** επίρρ. υπομονετικά, καρτερικά **patience** ουσ.μ.αρ. υπομονή, καρτερικότητα

attention ουσ.μ.αρ. (συχνά + **to**) [προσηλώνομαι σε κάποιο συγκεκριμένο καθήκον, γεγονός, κτλ.] προσοχή, προσήλωση The children weren't paying attention (to the teacher). Τα παιδιά δεν έδιναν προσοχή (στο δάσκαλο)/δεν πρόσεχαν (στο μάθημα). I will give the matter my full attention. Θα αφιερώσω όλη την προσοχή μου στο θέμα αυτό. I admired the artist's attention to detail. Θαύμασα την προσοχή του καλλιτέχνη στη λεπτομέρεια. **attentive** επίθ. προσεκτικός, προσηλωμένος, περιποιητικός **attentively** επίρρ. προσεκτικά

301.1 Δίνω προσοχή στις λεπτομέρειες

detail ουσ.αρ.μ.αρ. λεπτομέρεια Can you give me further details of your proposals? Μπορείτε να μου δώσετε περισσότερες πληροφορίες σχετικά με τις εισηγήσεις σας; She explained in detail what had happened. Εξήγησε με λεπτομέρειες το τι είχε συμβεί. It was a perfect copy in every detail. Ήταν τέλειο αντίγραφο μέχρι την τελευταία λεπτομέρεια.

detailed επίθ. [περιγράφει: π.χ. περιγραφή, ανάλυση] λεπτομερής

check ρ.μ.α. (συχνά + **for**) ελέγχω Always check your tyres before starting a long journey. Ελέγχετε πάντοτε τα λάστιχα του αυτοκινήτου σας πριν αναχωρήσετε για μακρινό ταξίδι. The teacher checks the children's work (for mistakes). Ο δάσκαλος ελέγχει τις εργασίες των παιδιών (για να δει αν έχουν λάθη). (+ **that**) Check that you haven't forgotten anything. Βεβαιώσου ότι δεν έχεις ξεχάσει τίποτα.

check ουσ.αρ. έλεγχος I'll give the tyres a quick check. Θα κάνω ένα γρήγορο έλεγχο στα λάστιχα.

thorough επίθ. [χωρίς να παραλείψω οποιαδήποτε πλευρά, λεπτομέρεια, κτλ. κάποιας εργασίας] επιμελής, ενδελεχής, εξονυχιστικός The investigation was very thorough. Η έρευνα ήταν εξονυχιστική. **thoroughness** ουσ.μ.αρ. επιμέλεια

thoroughly επίρρ. από πάσης απόψεως, απολύτως, στην εντέλεια The kitchen had been thoroughly cleaned. Η κουζίνα είχε καθαριστεί στην εντέλεια.

meticulous επίθ. [κάνω κάτι με ακρίβεια δίνοντας σημασία και στην τελευταία λεπτομέρεια. Περιγράφει: π.χ. εργάτη, εργασία] λεπτολόγος, ακριβολόγος, σχολαστικός **meticulously** επίρρ. με σχολαστικότητα

painstaking επίθ. [καταβάλλω μεγάλη προσπάθεια για να πετύχω καλή ποιότητα] εργατικός, επιμελής I admired the archaeologists' painstaking reconstruction of a medieval village. Θαύμασα την επιμέλεια με την οποία οι αρχαιολόγοι είχαν αναδημιουργήσει ένα μεσαιωνικό χωριό. **painstakingly** επίρρ. με επιμέλεια

particular επίθ. (συχνά + **about**) [ξέρω τι ακριβώς θέλω και τί όχι] απαιτητικός, ακριβολόγος He's very particular about cleanliness. Είναι πολύ απαιτητικός στο θέμα καθαριότητας. *δες επίσης **84 Particular**

fussy επίθ. (συχνά + **about**) [περισσότερο υποτιμητικό από το **particular**] ιδιότροπος Our children are very fussy about their food. Τα παιδιά μας είναι πολύ ιδιότροπα στο φαγητό τους. **fussiness** ουσ.μ.αρ. ιδιοτροπία

φράσεις

take trouble over sth [συχνά υποβάλλοντας τον εαυτό μου σε κάποιο βαθμό ταλαιπωρίας] μπαίνω σε κόπο I've taken a lot of trouble over this meal, and now you won't eat it! Εγώ μπήκα σε τόσο κόπο για να ετοιμάσω αυτό το γεύμα, κι εσύ δε θες να το φας!

watch/mind one's step [π.χ. για να μην τιμωρηθώ ή προκαλέσω τον θυμό κάποιου] πρόσεχε τις κινήσεις σου I've already warned you not to be cheeky, so you'd better watch/mind your step! Σε έχω ήδη προειδοποιήσει να μην είσαι αυθάδης, πρόσεξε τις κινήσεις σου!

Look before you leap. [παροιμία. Δείχνω επιφυλακτικότητα προτού κάνω κάτι] Μη βαδίζεις στα τυφλά.

Don't put all your eggs in one basket. [παροιμία. Μην αφήσεις ένα και μοναδικό παράγοντα να ελέγχει το αν τα πράγματα θα εξελιχθούν με τον επιθυμητό τρόπο ή όχι] Μη βάζεις όλα σου τα αυγά σε ένα καλάθι.

302 Careless Απρόσεκτος

δες επίσης **252 Danger**

careless *επίθ.* απρόσεκτος *a careless, untidy piece of work* μια εργασία που έγινε ακατάστατα και απρόσεκτα *It was careless of you to leave the door unlocked.* Ήταν απροσεξία εκ μέρους σου να αφήσεις ξεκλείδωτη την πόρτα. (+ **with**) *He's very careless with his belongings.* Είναι πολύ απρόσεκτος με τα προσωπικά του αντικείμενα. **carelessness** *ουσ.μ.αρ.* απροσεξία
carelessly *επίρρ.* απρόσεκτα *He had carelessly left a cigarette burning in the ashtray.* Από απροσεξία είχε αφήσει ένα τσιγάρο να καίει στο τασάκι.

neglect *ρ.μ.* [αντικ.: π.χ. παιδί, το χρέος μου] παραμελώ *Their house has been badly neglected.* Παραμέλησαν άσχημα το σπίτι τους. *His wife feels neglected.* Η γυναίκα του νοιώθει παραμελημένη.
neglect *ουσ.μ.αρ.* παραμέληση, αμέλεια *The house was suffering from neglect.* Το σπίτι έπασχε από άσχημη παραμέληση. *The soldier was charged with serious neglect of duty.* Ο στρατιώτης κατηγορήθηκε για σοβαρή αμέλεια του καθήκοντος.
negligent *επίθ.* (συχνά + **in**) [κυρίως σε επίσημα κείμενα. Σε σχέση με καθήκον, ευθύνες, κτλ.] αμέλεια *The social workers were negligent in not making proper enquiries.* Οι κοινωνικοί λειτουργοί επέδειξαν αμέλεια μη διερευνώντας πλήρως την υπόθεση.
negligence *ουσ.μ.αρ.* αμέλεια *The accident was caused by the driver's negligence.* Το δυστύχημα προκλήθηκε από αμέλεια του οδηγού.

slapdash *επίθ.* [κάπως υποτιμητικό. Υποδηλώνει κάτι που έχει γίνει σε πολύ σύντομο χρονικό διάστημα. Περιγράφει: κυρίως γραπτή εργασία] βιαστικός, άτσαλος, καμωμένος στο πόδι

superficial *επίθ.* [που δεν αναλύει κάτι σε ικανοποιητικό βάθος ή λεπτομέρεια. Περιγράφει: π.χ. ανάλυση, γνώση] επιφανειακός, ρηχός, επιπόλαιος *The report was too superficial to be of much use.* Η έκθεση ήταν πολύ επιφανειακή για να φανεί χρήσιμη. *Many people have quite a superficial view of politics.* Ο περισσότερος κόσμος έχει πολύ επιφανειακή άποψη για τα πολιτικά θέματα.
superficially *επίρρ.* επιφανειακά, επιπόλαια **superficiality** *ουσ.μ.αρ.* επιπολαιότητα *δες επίσης **37 Seem**

thoughtless *επίθ.* [που γίνεται αδιαφορώντας για τις συνέπειες, τα αισθήματα των άλλων, κτλ. Περιγράφει: πράξη, παρατήρηση] απερίσκεπτος, επιπόλαιος *It was thoughtless of you to ask her about her ex-husband.* Ήταν απερισκεψία εκ μέρους σου να τη ρωτήσεις για τον πρώην άντρα της. **thoughtlessly** *επίρρ.* απερίσκεπτα, επιπόλαια **thoughtlessness** *ουσ.μ.αρ.* απερισκεψία, επιπολαιότητα

rash *επίθ.* [που γίνεται σε μικρό χρονικό διάστημα και χωρίς την απαιτούμενη σκέψη. Περιγράφει: π.χ. υπόσχεση, απόφαση] βιαστικός, απερίσκεπτος *It was rash of you to accept such a difficult assignment.* Πήρες βιαστικά απόφαση με το να αναλάβεις μια τόσο δύσκολη εργασία. **rashly** *επίρρ.* βιαστικά, απερίσκεπτα

reckless *επίθ.* [που τίθεται ή θέτει σε κίνδυνο] απρόσεκτος, ριψοκίνδυνος *She was charged with reckless driving.* Κατηγορήθηκε για επικίνδυνη οδήγηση. **recklessly** *επίρρ.* απρόσεκτα, ριψοκίνδυνα

foolhardy *επίθ.* [δίνει ακόμα περισσότερη έμφαση απο το **reckless**] παράτολμος, απερίσκεπτος *It was utterly foolhardy of you to dive off the top of that cliff.* Ήταν παράτολμο εκ μέρους σου να κατέβεις εκείνο το γκρεμό με το αυτοκίνητο.

303 Machinery Μηχανήματα, μηχανισμοί

δες επίσης **296 Computers, 382 Tools**

machine *ουσ.αρ.* μηχανή, μηχάνημα *I've always been fascinated by machines.* Πάντα εξασκούσαν γοητεία επάνω μου οι μηχανές. *a sewing machine* ραπτομηχανή *a coffee machine* μηχανή καφέ (+ **for**) *a machine for punching holes in metal plates* μηχανή που κάνει τρύπες σε λαμαρίνες
machinery *ουσ.μ.αρ.* 1 [μηχανές] μηχανήματα *the outdated machinery in this factory* τα απαρχαιωμένα μηχανήματα αυτού του εργοστασίου 2 [τα κινούμενα μέρη μηχανήματος] μηχάνημα *He got his sleeve caught in the machinery.* Σκάλωσε το μανίκι του στο μηχάνημα.

mechanism *ουσ.μ.αρ.* [τα κινούμενα μέρη μηχανής που δουλεύουν μαζί] μηχανισμός *A watch is an intricate mechanism.* Το ρολόι έχει πολύπλοκο μηχανισμό. *the firing mechanism of a gun* ο μηχανισμός πυροδότησης του όπλου

mechanical *επίθ.* 1 [συχνά χρησιμοποιείται σαν αντίθετο του **electric**] μηχανικός, χειροκίνητος *a mechanical lawnmower* χειροκίνητη χορτοκοπτική μηχανή 2 [που σχετίζεται με μηχανές] μηχανικός *The apprentices are taught mechanical skills.* Οι μαθητευόμενοι διδάσκονται μηχανική. **mechanically** *επίρρ.* μηχανικά
mechanic *ουσ.αρ.* μηχανικός *a car mechanic* μηχανικός αυτοκινήτων

operate *ρ.* 1 *ρ.μ.* [αντικ.: μηχανή] χρησιμοποιώ, χειρίζομαι, λειτουργώ *The apprentice is learning to operate the lathe.* Ο μαθητευόμενος μαθαίνει να χειρίζεται τον τόρνο. *a battery-operated hairdryer* στεγνωτήρας μαλλιών που

λειτουργεί με μπαταρίες 2 *ρ.α.* [υποκ.: μηχανή] λειτουργώ *She explained how a printing press operates.* Εξήγησε πώς λειτουργεί το τυπογραφικό πιεστήριο. **operator** *ουσ.αρ.* χειριστής

operation *ουσ.μ.αρ.* λειτουργία *Visors must be worn when the machine is in operation.* Όσο η μηχανή είναι σε λειτουργία πρέπει να φοριούνται ειδικές προσωπίδες.
operational *επίθ.* εν ενεργεία, σε κατάσταση λειτουργίας *The new computer is fully operational.* Ο καινούριος ηλεκτρονικός υπολογιστής είναι σε κατάσταση πλήρους λειτουργίας.

engineer *ουσ.αρ.* 1 [επαγγελματίας] μηχανικός, μηχανολόγος *civil/electrical engineer* πολιτικός μηχανικός/ ηλεκτρολόγος (με πανεπιστημιακό δίπλωμα) 2 [εργάτης ή εργάτης εργοστασίου] μηχανικός *The engineer came to repair the photocopier.* Ήρθε ο μηχανικός να επισκευάσει το φωτοτυπικό μηχάνημα.
engineering *ουσ.μ.αρ.* 1 εφαρμοσμένη μηχανική ή μηχανολογία *civil/electrical engineering* πολιτική/ μηχανική/ηλεκτρολογία 2 μηχανολογία *heavy/light engineering* βαρειά/ελαφρή μηχανολογία (χρησιμοποιείται σαν *επίθ.*) *engineering workers* μηχανικοί

technical *επίθ.* [που σχετίζεται με εξειδικευμένες γνώσεις και ικανότητες] τεχνικός *The car manual was too technical for me to understand.* Το εγχειρίδιο χρήσεως του αυτοκινήτου ήταν γραμμένο σε γλώσσα πολύ

bicycle pump
τρόμπα ποδηλάτου

petrol pump (Βρετ.), gas pump (Αμερ.)
αντλία βενζίνης

foot pump τρόμπα
ποδιού

εξειδικευμένη για να την καταλάβω. *a technical term in
chemistry* τεχνικός όρος στη χημεία

technician *ουσ.αρ.* [άτομο που ασχολείται με τεχνική
εργασία, αλλά που δεν είναι πτυχιούχος] τεχνικός *a lab/
dental technician* τεχνικός εργαστηρίου/οδοντιατρείου

technology *ουσ.μ.αρ.* τεχνολογία *Technology is advancing
at a rapid rate.* Η τεχνολογία κάνει πρόοδους με γρήγορο
ρυθμό. *The company has invested heavily in new
technology.* Η εταιρεία έχει επενδύσει πολλά λεφτά σε νέα
τεχνολογία. *computer technology* η τεχνολογία των
ηλεκτρονικών υπολογιστών **technological** *επίθ.*
τεχνολογικός

technologically *επίρρ.* τεχνολογικά *a technologically
advanced society* μια τεχνολογικά ανεπτυγμένη κοινωνία

automatic *επίθ.* αυτόματος *an automatic drinks dispenser*
αυτόματος πωλητής ποτών *All the doors on the train are
automatic.* Όλες οι πόρτες του τρένου είναι αυτόματες.

automatically *επίρρ.* αυτόματα *The doors open
automatically.* Οι πόρτες ανοίγουν αυτόματα.

303.1 Είδη και μέρη μηχανών

motor *ουσ.αρ.* [που χρησιμοποιείται για να κινεί μηχανή ή
ηλεκτρική συσκευή] κινητήρας, μοτέρ *an electric motor*
ηλεκτρικός κινητήρας *The washing machine needs a new
motor.* Το πλυντήριο χρειάζεται καινούριο μοτέρ.

engine *ουσ.αρ.* [σε αυτοκίνητο, κτλ.] μηχανή, μοτέρ *a car
engine* μηχανή αυτοκινήτου *to switch on the engine* ανάβω
τη μηχανή (χρησιμοποιείται σαν *επίθ.*) *The car's been
having engine trouble.* Το αυτοκίνητο έχει μηχανικό
πρόβλημα.

switch *ουσ.αρ.* διακόπτης *Where's the light switch?* Πού
είναι ο διακόπτης της λάμπας; *a bewildering array of
switches and dials* μια μπερδεμένη σειρά από διακόπτες και
πίνακες

switch (sth) **on** 'H **switch on** (sth) *ρ.πρφ.μ.α.* [αντικ.: φως,
συσκευή] ανάβω *Just plug the machine in and switch (it) on.*
Βάλε την πρίζα και άναψε τη μηχανή.

switch (sth) **off** 'H **switch off** (sth) *ρ.πρφ.μ.α.* σβήνω *Don't
forget to switch off the computer when you've finished using
it.* Μη ξεχάσεις να σβήσεις τον ηλεκτρονικό υπολογιστή
όταν τελειώσεις.

lever *ουσ.αρ.* μοχλός *Just push/pull this lever to start the
machine.* Απλώς σπρώξτε/τραβήξτε αυτό το μοχλό για να
θέσετε σε λειτουργία τη μηχανή. *I used this knife as a lever
to open the door.* Χρησιμοποίησα αυτό το μαχαίρι σαν
μοχλό για να ανοίξω την πόρτα.

lever *ρ.μ.* (συνήθως + *επίρρ. ή πρόθ.*) ενεργώ/χρησιμοποιώ
κάτι σαν μοχλό *I levered open/off/up the lid using a
crowbar.* Άνοιξα/Σήκωσα το κάλυμμα χρησιμοποιώντας
ένα λοστό για μοχλό. *The concrete slab was levered into
position.* Η πλάκα από μπετόν τοποθετήθηκε στη θέση της
με την βοήθεια μοχλού. **leverage** *ουσ.μ.αρ.* μόχλευση,
ενέργεια μοχλού

cog 'H **cogwheel** *ουσ.αρ.* δόντι οδοντωτού τροχού/
οδοντωτός τροχός (γρανάζι)

piston *ουσ.αρ.* πιστόνι

pump *ουσ.αρ.* αντλία *the pump in the central heating system*
η αντλία του κεντρικού συστήματος θέρμανσης

pump *ρ.μ.α.* αντλώ, αναρροφώ *The oil has to be pumped to
the surface.* Το λάδι πρέπει να αντληθεί στην επιφάνεια.
(+ **up**) *You need to pump up your bicycle tyres.* Χρειάζεται
να τρομπάρεις τα λάστιχα του ποδηλάτου σου. *Just keep
pumping until the water comes out.* Συνέχισε να αντλείς
μέχρι να αφαιρέσεις όλο το νερό.

filter *ουσ.αρ.* **1** [για να αφαιρεθούν ακαθαρσίες] φίλτρο *oil
filter* φίλτρο λαδιού **2** [σε φωτογραφική μηχανή, κτλ.]
φίλτρο

filter *ρ.μ.* φιλτράρω, διυλίζω *The water is filtered in order to
remove impurities.* Το νερό φιλτράρεται για να αφαιρεθούν
οι ακαθαρσίες. (+ **out**) *The impurities are filtered out.* Οι
ακαθαρσίες αφαιρούνται με φιλτράρισμα.

funnel *ουσ.αρ.* χωνί *I poured the oil through the funnel.*
Έχυσα το λάδι μέσα απο το χωνί.

funnel *ρ.μ.*, -ll- (Βρετ.), συνήθως -l- (Αμερ.) διοχετεύω *The
water is funnelled into/through this hole.* Το νερό
διοχετεύεται μέσα σε/από αυτήν την τρύπα.

valve *ουσ.αρ.* **1** [σε σωλήνα, κτλ.] βαλβίδα **2** [σε ραδιόφωνο
παλιού μοντέλου, κτλ.] λυχνία

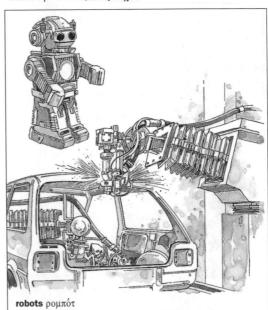

robots ρομπότ

fuse *ουσ.αρ.* ασφάλεια *a 13-amp fuse* ασφάλεια 13 αμπέρ *to blow a fuse* κάνω την ασφάλεια να καεί *The fuse for the upstairs lights has blown.* Κάηκε η ασφάλεια για τα φώτα του πάνω πατώματος. *(σαν επίθ.) fuse wire* σύρμα ασφάλειας

fuse *ρ.μ.α. (Βρετ.)* [σταματά κάποια λειτουργία λόγω ασφάλειας που έχει καεί. Αντικ.: συσκευή, διακόπτη] καίω *If the bulb is too powerful you'll fuse the lamp.* Άν ο γλόμπος είναι πολύ ισχυρός θα κάψεις τη λάμπα. *The lamp has fused.* Κάηκε η λάμπα.

fuse-box *ουσ.αρ.* ντουλάπι όπου βρίσκονται οι διακόπτες ασφάλειας

303.2 Πηγές και μορφές ενέργειας

power *ουσ.αρ.* ενέργεια *nuclear/solar/hydroelectric power* ατομική/ηλιακή/υδροηλεκτρική ενέργεια *I plugged in the machine and switched on the power.* Έβαλα την πρίζα και άναψα τη μηχανή. *(σαν επίθ.) power cut* διακοπές (παροχής ηλεκτρικού) ρεύματος

nuclear *επίθ.* πυρηνικός *a nuclear power station* πυρηνικός σταθμός

atomic *επίθ.* [με αυτή την έννοια, περισσότερο απαρχαιωμένο από το **nuclear**] ατομικός *the peaceful use of atomic energy* η ειρηνική χρήση ατομικής ενέργειας

solar *επίθ.* ηλιακός *solar panels* επιφάνειες για το μάζεμα ηλιακής ενέργειας

steam *ουσ.αρ.* ατμός *The earliest cars used to run on steam.* Τα πρώτα αυτοκίνητα λειτουργούσαν με ατμό. *(σαν επίθ.) a steam engine* μηχανή ατμού

clockwork *(κυρίως Βρετ.) ουσ.μ.αρ.* μηχανισμός ρολογιού *The music box is worked by clockwork.* Το μουσικό κουτί λειτουργεί με μηχανισμό ρολογιού (που χρειάζεται κούρδισμα). *(σαν επίθ.) a clockwork train set* τραινάκι που λειτουργεί με μηχανισμό ρολογιού (κουρδιστό)

battery *ουσ.αρ.* μπαταρία *The battery's run out.* Τελείωσε η μπαταρία. *to recharge a battery* (ξανα)φορτίζω/(ξανα)γεμίζω τις μπαταρίες *a battery-operated radio* ραδιόφωνο που λειτουργεί με μπαταρίες

radiation *ουσ.μ.αρ.* ακτινοβολία, ραδιενέργεια *solar radiation* ηλιακή ακτινοβολία *He had been exposed to dangerous radiation.* Είχε εκτεθεί σε επικίνδυνη ακτινοβολία.

radioactivity *ουσ.μ.αρ.* ραδιενέργεια, ακτινενέργεια **radioactive** *επίθ.* ραδιενεργός

303.3 Καύσιμα

fuel *ουσ.μ.αρ.αρ.* καύσιμα *The car has run out of fuel.* Το αυτοκίνητο έμεινε από καύσιμα. *Coal is one of the cheapest fuels available.* Ο άνθρακας είναι από τα φθηνότερα καύσιμα που υπάρχουν. *solid fuel* στερεά καύσιμα

gas *ουσ.μ.αρ.* **1** αέριο, φωταέριο, γκάζι *There was a smell of gas in the room.* Υπήρχε μια μυρωδιά γκαζιού στο δωμάτιο. *(σαν επίθ.) a gas cooker/fire* κουζίνα/θερμάστρα γκαζιού **2** *(Αμερ.)* [ανεπίσημη συντομογραφία του **gasoline**] βενζίνη

coal *ουσ.* **1** *ουσ.μ.αρ.* άνθρακας, κάρβουνο *Put some more coal on the fire.* Βάλε και άλλα κάρβουνα στη φωτιά. **2** *ουσ.αρ.* [κομμάτι κάρβουνο] κάρβουνο *A burning coal had fallen onto the carpet.* Ένα κομμάτι αναμμένο κάρβουνο είχε πέσει στο χαλί.

oil *ουσ.μ.αρ.* **1** [πρώτη ύλη] πετρέλαιο *crude oil* αργό/ακάθαρτο πετρέλαιο *Saudi Arabia is a major producer of oil.* Η Σαουδική Αραβία είναι απο τις σημαντικότερες πετρελαιοπαραγωγούς χώρες. **2** [για μείωση τριβής σε μηχανές αυτοκινήτων, κτλ.] λάδι

petrol *(Βρετ.)*, **gasoline** *(Αμερ.) ουσ.μ.αρ.* [κυρίως σαν καύσιμη ύλη για αυτοκίνητα, κτλ.] βενζίνη *The car runs on unleaded petrol.* Το αυτοκίνητο κινείται με αμόλυβδη βενζίνη. *(σαν επίθ.) petrol tank/pump/station* δεξαμενή (ντεπόζιτο)/αντλία/πρατήριο βενζίνης

diesel *ουσ.μ.αρ.* ντήζελ *Most lorries run on diesel.* Τα περισσότερα φορτηγά κινούνται με ντήζελ. *(σαν επίθ.) a diesel engine* μηχανή που κινείται με ντήζελ

303.4 Ηλεκτρισμός

electric *επίθ.* ηλεκτρικός *an electric fire/toothbrush/guitar* ηλεκτρική θερμάστρα/οδοντόβουρτσα/κιθάρα *an electric current/charge* ηλεκτρικό ρεύμα/φορτίο

electrical *επίθ.* [περιγράφει: π.χ. συσκευή, κύκλωμα, ενέργεια] ηλεκτρικός *I'm hopeless with anything electrical.* Είμαι εντελώς ανίδεος όσον αφορά τις ηλεκτρικές συσκευές.

electronic *επίθ.* [που λειτουργεί ή που σχετίζεται με τρανζίστορ ή παρόμοια εξαρτήματα/συσκευές] ηλεκτρονικός *an electronic listening device* ηλεκτρονική συσκευή παρακολουθήσεως *electronic components* ηλεκτρονικά εξαρτήματα **electronically** *επίρρ.* ηλεκτρονικά

current *ουσ.μ.αρ.αρ.* (ηλεκτρικό) ρεύμα *The ammeter shows how much current is flowing.* Το αμπερόμετρο δείχνει πόσο ρεύμα περνά. *an electric current* ηλεκτρικό ρεύμα

voltage *ουσ.αρ.μ.αρ.* τάση (ηλεκτρικού ρεύματος), βολτ *What is the voltage of your electric razor?* Πόσα βολτ είναι η ηλεκτρική ξυριστική μηχανή σου;

χρήση

Η ηλεκτρική ισχύς μετριέται σε **volts** (βόλτ), το ηλεκτρικό ρεύμα σε **amps** (αμπέρ) και η ισχύς ή η απόδοση ηλεκτρικής συσκευής σε **watts** (βάττ), π.χ. *a 9-volt battery* (μπαταρία των 9 βόλτ) *a 13-amp fuse* (ασφάλεια 13 αμπέρ) *a 100-watt light bulb* (λάμπα των 100 βάττ).

304 Materials Υλικά, ύλες

*δες επίσης **16** Metals, **193** Textiles, **382** Tools, **293** Make

χρήση

Για να περιγράψουμε το υλικό από το οποίο είναι φτιαγμένο κάποιο αντικείμενο, η φράση που χρησιμοποιείται συνήθως είναι **made of**, π.χ.: *This chair is made of wood/plastic.* (Αυτή η καρέκλα είναι (φτιαγμένη) από ξύλο/πλαστικό) *What (kind of rock) are stalagmites made of?* (Από τί (είδος πετρώματος) αποτελούνται οι σταλαγμίτες;). Οι φράσεις **made out of** και **made from** χρησιμοποιούνται για να δώσουν περισσότερη έμφαση στη διαδικασία της δημιουργίας κάποιου αντικειμένου, και συχνά υποδηλώνουν ότι κάποιο αντικείμενο έχει μετατραπεί σε άλλη, π.χ. *a model of the Eiffel Tower made out of matchsticks* (μιά μικρογραφία του πύργου του Άιφελ φτιαγμένη από σπίρτα) *Paper is made from wood.* (Το χαρτί φτιάχνεται από ξύλο.).

plastic ουσ.μ.αρ.αρ. πλαστικό toy soldiers made of plastic στρατιωτάκια (κατασκευασμένα) από πλαστικό a firm that makes plastics εταιρεία που παράγει πλαστικές ύλες (σαν επίθ.) plastic knives and forks πλαστικά μαχαιροπήρουνα a plastic bag πλαστική σακκούλα

glass ουσ.μ.αρ. γυαλί a piece of broken glass ένα κομμάτι σπασμένο γυαλί a pane of glass τετράγωνο κομμάτι γυαλιού (τζάμι) (σαν επίθ.) a glass jug γυάλινη κανάτα

fibreglass ουσ.μ.αρ. [ίνες γυαλιού] φάιμπεργκλας (σαν επίθ.) a boat with a fibreglass hull πλοίο με κύτος από φάιμπεργκλας

clay ουσ.μ.αρ. άργιλος, πηλός Bricks are made of baked clay. Τα τούβλα γίνονται από ψημένο πηλό.

earthenware ουσ.μ.αρ. [ψημένος πηλός] πήλινα είδη, κεραμικά (σαν επίθ.) earthenware pottery κεραμικά

asbestos ουσ.μ.αρ. αμίαντος

polystyrene ουσ.μ.αρ. πολυστερίνη (σαν επίθ.) polystyrene tiles πλακάκια από πολυστερίνη

304.1 Είδη οικοδομής

brick ουσ.αρ.μ.αρ. τούβλο a pile of bricks μια στοίβα από τούβλα houses made of red brick σπίτια φτιαγμένα από κόκκινο τούβλο (σαν επίθ.) a brick building/wall τοίχος/κτίριο από τούβλο

stone ουσ.μ.αρ. λίθος, πέτρα a statue made of stone άγαλμα από πέτρα (σαν επίθ.) stone houses/walls πέτρινα σπίτια/ τοίχοι *δες επίσης 13 Geography and Geology

concrete ουσ.μ.αρ. μπετόν, τσιμέντο skyscrapers made of concrete and glass ουρανοξύστες από μπετόν και γυαλί (σαν επίθ.) a concrete block/floor/shelter τσιμεντένιο μπλόκ/ πάτωμα/υπόστεγο

concrete ρ.μ. (συνήθως + over) ριχνω μπετόν, επιστρώνω με τσιμέντο They've had their lawn concreted over. Επίστρωσαν το γρασίδι τους με τσιμέντο.

cement ουσ.μ.αρ. τσιμέντο

cement ρ.μ. [κολλώ, ενώνω] συγκολλώ, τσιμεντάρω The builders are cementing the window frames in place. Οι κτίστες στερεώνουν τα πλαίσια των παραθύρων με τσιμέντο.

cement mixer ουσ.αρ. μπετονιέρα

slate ουσ.μ.αρ.αρ. σχιστόλιθος, λιθοκέραμος, κεραμίδι Slate is mined in this quarry. Σε αυτό το λατομείο βγάζουν σχιστόλιθο. A slate has fallen off the roof. Έπεσε ένα κεραμίδι από τη στέγη. (σαν επίθ.) a slate roof μια στέγη με κεραμίδια

plaster ουσ.μ.αρ. σοβάς, γύψος The plaster was peeling off the walls. Ο σοβάς ξεφλουδιζόταν από τους τοίχους.

plaster ρ.μ.α. [αντικ.: τοίχο] σοβατίζω I've spent all morning plastering. Πέρασα ολόκληρο το πρωινό σοβατίζοντας.

plastering ουσ.μ.αρ. σοβάτισμα

304.2 Ξύλο

wood ουσ.μ.αρ. ξύλο a piece/plank of wood κομμάτι ξύλο/ σανίδα What kind of wood is this furniture made of? Από τί είδος ξύλου είναι φτιαγμένα αυτά τα έπιπλα; wooden επίθ. ξύλινος

timber (Βρετ.), lumber (Αμερ.) ουσ.μ.αρ. [ξύλο που χρησιμοποιείται για κατασκευές και βιομηχανικούς σκοπούς] ξυλεία

log ουσ.αρ. [ακατέργαστο μέρος κορμού ή χονδρού κλώνου δέντρου] κούτσουρο Put another log on the fire. Βάλε άλλο ένα κούτσουρο στη φωτιά.

board ουσ. 1 ουσ.αρ. [κυρίως ορθογώνιο κομμάτι ξύλο] σανίδα, πίνακας a bread board σανίδα για το κόψιμο ψωμιού She pinned the map to a large board. Στερέωσε το χάρτη σε ένα μεγάλο πίνακα. 2 ουσ.μ.αρ. [υλικό που θυμίζει λεπτό ξύλο ή χονδρό χαρτόνι] ναστόχαρτο, χονδρό χαρτόνι The two voting booths are divided by a piece of board. Τα δύο εκλογικά απομονωτήρια χωρίζονται με ένα παραβάν απο χονδρό χαρτόνι.

plank ουσ.αρ. σανίδα, μαδέρι a platform built out of wooden planks μια εξέδρα φτιαγμένη απο ξύλινες σανίδες

cork ουσ. 1 ουσ.μ.αρ. φελλός (σαν επίθ.) cork table mats σου–πλά από φελλό 2 ουσ.αρ. [σε μπουκάλι κρασιού, κτλ.] πώμα, φελλός, τάπα

304.3 Μαλακά υλικά

paper ουσ.μ.αρ. χαρτί a sheet/piece of paper ένα φύλλο/ κομμάτι χαρτί writing paper χαρτί αλληλογραφίας parcels wrapped in brown paper δέματα τυλιγμένα με καφετί χαρτί (πακεταρίσματος) (χρησιμοποιείται σαν επίθ.) a paper cup/ aeroplane χάρτινο ποτήρι/αεροπλάνο paper handkerchief χαρτομάνδηλο

cardboard ουσ.μ.αρ. χαρτόνι (χρησιμοποιείται σαν επίθ.) a cardboard box ένα χαρτονένιο κιβώτιο

card ουσ.μ.αρ. (κυρίως Βρετ.) [λεπτό χαρτόνι] χαρτόνι The shirt has a piece of stiff card inside the collar. Το πουκάμισο έχει ένα κομμάτι σκληρό χαρτόνι μέσα στο κολλάρο.

rubber ουσ.μ.αρ. λάστιχο, καουτσούκ a smell of burning rubber μυρωδιά από καμένο λάστιχο (χρησιμοποιείται σαν επίθ.) a rubber ball/spider λαστιχένια μπάλα/αράχνη

wax ουσ.μ.αρ. [το υλικό από το οποίο είναι φτιαγμένα τα κεριά] κερί The wax from the candle had dripped onto the carpet. Το κερί (από το κερί) είχε στάξει στο χαλί.

polythene ουσ.μ.αρ. πολυθένιο sandwiches wrapped in polythene σάντουιτς περιτυλιγμένα με πολυθένιο. (χρησιμοποιείται σαν επίθ.) a polythene bag σακκούλα απο πολυθένιο (κν. πλαστική σακκούλα)

305 Thing Πράγμα

thing ουσ.αρ. 1 πράγμα What's that thing on the floor? Τι είναι εκείνο το πράγμα στο πάτωμα; living things όντα (που ζούν) He keeps his gardening things in this shed. Φυλάγει τα κηπουρικά του εργαλεία σε αυτό το υπόστεγο. Look at that dog; the poor thing is lost. Κοίτα εκείνο το σκυλί, το καημένο το ζώο έχει χαθεί. There's no such thing as ghosts. Φαντάσματα; Δεν υπάρχει τέτοιο πράγμα. 2 [ιδέα, πράξη, γεγονός, κτλ.] πράγμα, κάτι, τίποτα A strange thing

happened to me the other day. Μού συνέβη κάτι παράξενο τις προάλλες. The first thing I did when I arrived was telephone my mother. Το πρώτο πράγμα που έκανα μόλις έφθασα ήταν να πάρω τηλέφωνο τη μητέρα μου. She told me all the things she disliked about him. Μου μίλησε για όλα τα πράγματα που δεν της άρεσαν επάνω του. I didn't hear/feel a thing. Δεν άκουσα/ένοιωσα τίποτα.

object *ουσ.αρ.* [περισσότερο επίσημο απο το **thing**. Συχνά δεν προσδιορίζεται] αντικείμενο *What's that strange object on the table?* Τι είναι εκείνο το παράξενο αντικείμενο πάνω στο τραπέζι;

item *ουσ.αρ.* [ένα ανάμεσα σε αριθμό πραγμάτων, π.χ. σε κατάλογο] στοιχείο, θέμα, αντικείμενο *He'd left the shop without paying for some of the items in his basket.* Είχε φύγει από το κατάστημα χωρίς να πληρώσει μερικά από τα αντικείμενα στο καλάθι του. *an item of clothing* είδος ρουχισμού *the next item on the agenda* το επόμενο θέμα στην ημερήσια διάταξη

article *ουσ.αρ.* [κυρίως κάτι που έχει κάποια χρήση ή αξία] αντικείμενο *an article of clothing* είδος ρουχισμού *Several valuable articles were stolen.* Κλάπηκαν αρκετά πολύτιμα αντικείμενα.

device *ουσ.αρ.* [εργαλείο ή μηχάνημα] συσκευή, εργαλείο *This dictaphone is a handy little device.* Αυτό το μηχάνημα υπαγορεύσεως είναι μια πολύ ευκολόχρηστη συσκευή. **(+ for)** *a device for removing stones from horses' hooves* εργαλείο που αφαιρεί τις πέτρες από τις οπλές των αλόγων *explosive/listening device* εκρηκτική συσκευή/συσκευή παρακολούθησης

305.1 Πράγματα που υπάρχουν σαν μάζα

substance *ουσ.αρ.* [οποιοδήποτε είδος ύλης] ύλη, ουσία *Chemists handle some very dangerous substances.* Οι χημικοί χρησιμοποιούν μερικές πολύ επικίνδυνες ουσίες.

material *ουσ.αρ.* [από το οποίο μπορεί να κατασκευαστεί κάτι] υλικό, εφόδιο *Plastic is an extremely cheap material.* Το πλαστικό είναι πολύ φθηνό υλικό. *building/writing materials* υλικά οικοδομής/χαρτικά είδη *δες επίσης **193 Textiles**

stuff *ουσ.μ.αρ.* 1 [κάπως ανεπίσημο, γενικός όρος που περιγράφει οποιοδήποτε υλικό] πράγμα *I can't get this stuff off my hands.* Δε μπορώ να αφαιρέσω αυτό το πράγμα απο τα χέρια μου. *What's that red stuff in that bottle?* Τι είναι αυτό το κόκκινο πράγμα στο μπουκάλι; **2** [ανεπίσημο. Αριθμός πραγμάτων] πράγματα *You can leave your stuff in my office.* Μπορείς να αφήσεις τα πράγματά σου στο γραφείο μου. *I've got a lot of stuff to do today.* Έχω πολλά πράγματα να κάνω σήμερα.

306 Sort Είδος, τύπος

sort *ουσ.αρ.* (συχνά + of) [πολύ παρόμοιο σε έννοια με το **kind**, αλλά έχει περισσότερο την έννοια ότι κάτι ανήκει σε συγκεκριμένη κατηγορία] είδος, τύπος *What sort(s) of food do you like best?* Τι είδους φαγητό προτιμάς; *I never read that sort of novel/novels of that sort.* Δε διαβάζω ποτέ αυτού του είδους μυθιστορήματα. *I'll make some sort of sauce to go with the fish.* Θα φτιάξω κάποιου είδους σάλτσα που να σερβίρεται με το ψάρι. *She's **a sort of** private detective.* Είναι κάποιου είδους ιδιωτικός ντετέκτιβ. *He's caused us **all sorts** of problems.* Μάς προξένησε διάφορα προβλήματα. *δες επίσης **65 Order**

kind *ουσ.αρ.* (συχνά + of) [αόριστος και γενικός όρος] είδος *What kind of weather can we expect in Australia?* Τι είδους καιρό θα συναντήσουμε στην Αυστραλία; *We saw many different kinds of animal(s).* Είδαμε διάφορα είδη ζώων. *A marquee is a kind of tent.* Το αντίσκηνο είναι ένα είδος τέντας. *She's not the kind of person to bear a grudge.* Δεν είναι ο τύπος ανθρώπου που κρατάει κακία.

type *ουσ.αρ.* [συχνά υποδηλώνει αρκετά συγκεκριμένη και καθορισμένη κατηγορία] είδος, τύπος, κατηγορία *What type of car have you got?* Τι είδους αυτοκίνητο έχεις; *He's a different type of person from me.* Είναι διαφορετικός τύπος ανθρώπου από μένα. *I like all types of music.* Μου αρέσουν όλα τα είδη μουσικής.

breed *ουσ.αρ.* 1 [όταν αναφέρεται σε είδος ζώου, π.χ. σκύλου, αγελάδας, κτλ.] ράτσα, γένος 2 γενεά *a new breed of businessman* μια νέα γενεά επιχειρηματία

species *ουσ.αρ., πληθ.* species [τεχνικός όρος που χρησιμοποιείται μιλώντας για φυτά και ζώα] είδος *That butterfly is an endangered species.* Εκείνη η πεταλούδα είναι είδος που κινδυνεύει να εξαλειφθεί.

category *ουσ.αρ* [κυρίως σε επίσημα κείμενα] κατηγορία *Verbs fall into two main categories, transitive and intransitive.* Τα ρήματα χωρίζονται σε δύο κύριες κατηγορίες, μεταβατικά και αμετάβατα.

categorize, ΕΠΙΣΗΣ **-ise** (Βρετ.) *ρ.μ.* [αυτό το ρήμα δεν είναι συνώνυμο του ρήματος κατηγορώ] κατατάσσω σε κατηγορίες, ταξινομώ *Some of these books are difficult to categorize.* Μερικά απο αυτά τα βιβλία είναι δύσκολο να ταξινομηθούν σε κατηγορίες. **(+ as)** *I don't wish to be categorized as disabled.* Δε θέλω να περιλαμβάνομαι στην κατηγορία των αναπήρων.

categorization, ΕΠΙΣΗΣ **-isation** (Βρετ.) *ουσ.μ.αρ.αρ.* κατάταξη σε κατηγορίες, ταξινόμηση

variety *ουσ.αρ.* [τονίζει τη διαφορά ενός αντικειμένου από ένα άλλο] ποικιλία, ανομοιότης, διαφορά *There are many different varieties of breakfast cereal.* Υπάρχει μεγάλη ποικιλία δημητριακών για πρόγευμα.

version *ουσ.αρ.* (συχνά + of) [κειμένου, τραγουδιού, κτλ.] ερμηνεία, εκδοχή, εκτέλεση *On the B-side there is an instrumental version of the same song.* Στη δεύτερη πλευρά του δίσκου είναι η ορχηστρική εκτέλεση του ίδιου τραγουδιού. *different versions of the Bible* διαφορετικές ερμηνείες/μεταφράσεις της Αγίας Γραφής *Each witness gave a different version of what happened.* Κάθε ένας από τους μάρτυρες έδωσε τη δική του εκδοχή για το τί είχε γίνει.

manner *ουσ.αρ.* [ο τρόπος με τον οποίο γίνεται κάτι] τρόπος, μέθοδος *They criticized the manner in which the police carried out the arrests.* Κατέκριναν την αστυνομία για τον τρόπο που είχε διεξάγει τις συλλήψεις. *Shaking hands is a traditional manner of greeting somebody.* Η χειραψία είναι παραδοσιακός τρόπος για να χαιρετήσεις κάποιον. *δες επίσης **142 Personality**

style *ουσ.αρ.* [ο τρόπος με τον οποίο κάτι έχει σχεδιαστεί ή παρουσιάζεται, χωρίς να εξεταστεί σε βάθος] στύλ, ρυθμός, μόδα [σχετικά με ρούχα ή κόμμωση] στύλ, μόδα [σχετικά με συγγραφείς, ζωγράφους, κτλ.] στύλ, ύφος *I don't like that style of building/architecture.* Δε μου αρέσει εκείνο το στύλ κτιρίων/αρχιτεκτονικής. *These photos show the changing styles of women's clothes.* Αυτές οι φωτογραφίες δείχνουν τα διάφορα στάδια που έχει περάσει η γυναικεία μόδα.

307 Weights and measures Σταθμά και μέτρα

measure *ρ.* **1** *ρ.μ.α.* [πράξη] μετρώ *I measured (the length and width of) the desk.* Μέτρησα το θρανίο/το μήκος και πλάτος του θρανίου. *Electric current is measured in amps.* Το ηλεκτρικό ρεύμα μετριέται σε αμπέρ. *A thermometer measures temperatures.* Το θερμόμετρο μετρά τη θερμοκρασία. **2** [έχω ορισμένες διαστάσεις] φτάνω (σε ύψος ή μήκος), ζυγίζω (σε βάρος), έχω διαστάσεις *The room measures 5 metres by 4 metres.* Το δωμάτιο έχει διαστάσεις 5 επί 4 μέτρα.

measure *ουσ.* **1** *ουσ.αρ.μ.αρ.* μονάδα/μέθοδος/μέσον μετρήσεως *The metre is a measure of length.* Το μέτρο είναι μονάδα μετρήσεως. *a unit of measure* μονάδα μετρήσεως **2** *ουσ.αρ.* [η ποσότητα που μετριέται] ποσότητα, δόση *The barman gave me a double measure of whisky.* Ο μπάρμαν μου σέρβιρε διπλή δόση ουίσκυ. **3** *ουσ.αρ.* [κυρίως όταν χρησιμοποιείται με την τεχνική έννοια. Όργανο που χρησιμοποιείται στο μετρημα] όργανο/μέσο μετρήσεως *a two-litre measure* δίλιτρο μέτρο

measurement 1 *ουσ.αρ.* διαστάσεις *The tailor wrote down my measurements.* Ο ράπτης μου πήρε τα μέτρα και τα σημείωσε. **2** *ουσ.μ.αρ.* μέτρημα *an instrument used for the measurement of very small distances* ένα όργανο που χρησιμοποιείται για το μέτρημα πολύ μικρών αποστάσεων

ruler *ουσ.αρ.* χάρακας

tape measure *ουσ.αρ.* ταινία μετρήσεως

metric *επίθ.* μετρικός *the metric system* το μετρικό σύστημα *The metre is the approximate metric equivalent of the yard.* Το μέτρο είναι το κατά προσέγγιση μετρικό ισοδύναμο της γιάρδας.

χρήση

Αν και το μετρικό σύστημα χρησιμοποιείται ήδη σε ολόκληρο τον κόσμο στην επιστημονική και τεχνική γλώσσα, στη Βρετανία δεν έχει ακόμα ενσωματωθεί πλήρως στην καθομιλουμένη, ενώ στις Ηνωμένες Πολιτείες δε χρησιμοποιείται σχεδόν καθόλου. Οι περισσότεροι Βρετανοί εξακολουθούν να προτιμούν **the Imperial system** (παλιό σύστημα) το οποίο, σε αντίθεση με το μετρικό σύστημα, δεν ακολουθεί τη συμμετρική φόρμουλα που έχει σαν βάση τον αριθμό 10 (δεκαδική βάση). Το αμερικάνικο σύστημα είναι, ως επί το πλείστον, ίδιο με το βρετανικό, αλλά υπάρχουν μερικές διαφορές όσον αφορά την ισοδυναμία μεταξύ των μονάδων μετρήσεως αυτού του συστήματος και εκείνων του μετρικού συστήματος.

307.1 Μήκος

Παλιό σύστημα:
inch (ίντσα) *σύντ.*: **in.**, ″
foot, *πληθ.* **feet** (πόδι) *σύντ.*: **ft.**, ′ = 12 **inches**
yard (γάρδα) *σύντ.*: **yd.** = 3 **feet**
mile (μίλι) *σύντ.*: **m.** = 1,760 **yards**

Μετρικό σύστημα:
millimetre (*Βρετ.*), **millimeter** (*Αμερ.*), *σύντ.*: **mm** χιλιοστόμετρο
centimetre (*Βρετ.*), **centimeter** (*Αμερ.*), *σύντ.*: **cm** εκατοστό
metre (*Βρετ.*), **meter** (*Αμερ.*), *σύντ.*: **m** μέτρο
kilometre (*Βρετ.*), **kilometer** (*Αμερ.*), *σύντ.*: **km** χιλιόμετρο
1 **inch** = 2.54 cm
1 **yard** = .9144 m
1 **mile** = 1.609 km

The worm was three inches long. Το σκουλήκι είχε μήκος τρείς ίντσες.
She is five foot/feet six inches tall. (5′ 6″) Έχει ύψος πέντε πόδια και έξι ίντσες.
He can run 100 yards in less than 10 seconds. Μπορεί να τρέξει 100 γιάρδες σε λιγότερο από 10 δευτερόλεπτα.
The church is about 200 yards from the post office. Η εκκλησία απέχει περίπου 200 γιάρδες από το ταχυδρομείο.
Their house is about a quarter of a mile away from here. Το σπίτι τους απέχει κάπου ένα τέταρτο του μιλιού από 'δω.

307.2 Εμβαδό

square *επίθ.* τετραγωνικό *one square foot* ένα τετραγωνικό πόδι

Παλιό σύστημα:
1 **square foot**	= 144 **square inches**
1 **square yard**	= 9 **square feet**
1 **acre** (ακρ)	= 4840 **square yards**
1 **square mile**	= 640 **acres**

Αντιστοιχίες στο μετρικό σύστημα:
1 **square inch**	= 645.16 mm^2
1 **square yard**	= .8361 m^2
1 **acre**	= 4047 m^2
1 **square mile**	= 259 **hectares** (εκτάρια)

They own a 50-acre farm. Έχουν ένα αγρόκτημα των 50 ακρ.
The forest covers an area of 70 square miles. Το δάσος καλύπτει 70 τετραγωνικά μίλια.

307.3 Υγρή χωρητικότητα

Παλιό σύστημα:
1 **gill** (τζίλ)	= 5 **fluid ounces** (fl. oz.) (κυβικά εκατοστά)
1 **pint** (πίντα)	= 4 **gills**
1 **quart** (τέταρτο γαλονιού)	= 2 **pints**
1 **gallon** (γαλόνι)	= 4 **quarts**

Μετρικό σύστημα:
millilitre (*Βρετ.*), **milliliter** (*Αμερ.*), *σύντ.*: **ml** χιλιόλιτρο
litre (*Βρετ.*), **liter** (*Αμερ.*), *σύντ.*: **l** λίτρο
1 **(UK) fluid ounce**	= 28.4 ml
1 **US fluid ounce**	= 29.6 ml
1 **(UK) pint**	= 568 ml
1 **US pint**	= 550.6 ml
1 **(UK) gallon**	= 4.546 l
1 **US gallon**	= 3.7853 l

Add six fluid ounces of water to the flour. Προσθέστε έξι κυβικά εκατοστά νερό στο αλεύρι.
a glass of whisky containing one sixth of a gill ένα ποτήρι που περιέχει ένα έκτο του τζίλ ουίσκυ
a pint of beer μια πίντα (ένα μεγάλο ποτήρι) μπίρα
a gallon of petrol ένα γαλόνι βενζίνη

307.4 Βάρος

weigh *ρ.μ.* **1** [έχω κάποιο συγκεκριμένο βάρος] ζυγίζω *The parcel weighs two kilograms.* Το δέμα ζυγίζει δύο κιλά. *How much do you weigh?* Πόσο ζυγίζεις; **2** [πράξη] ζυγίζομαι, ζυγίζω *The post-office clerk weighed the parcel.* Ο υπάλληλος του ταχυδρομείου ζύγισε το δέμα.

weigh *sb* **down** 'Η **weigh down** *sb ρ.πρφ.μ.α.* βαραίνω, λυγίζω από το βάρος *The postman was weighed down by the heavy sack.* Ο ταχυδρόμος ήταν υπερφορτωμένος με το βάρος του σάκκου.

weight *ουσ.* **1** *ουσ.αρ.μ.αρ.* βάρος *two parcels of different weights* δύο δέματα με διαφορετικό βάρος *The ship is 2,000 tonnes in weight.* Το πλοίο έχει βάρος 2,000 τόννων. *I'm trying to lose weight.* Προσπαθώ να χάσω βάρος. **2** *ουσ.αρ.* [αντικείμενο που χρησιμοποιείται για να προσθέσει βάρος σε κάτι] βαρίδι [σε ζυγαριά] βάρη *We can use these stones as weights to stop the map blowing away.* Μπορούμε να χρησιμοποιήσουμε αυτές τις πέτρες σαν βαρίδια για να μην πάρει το χάρτη ο άνεμος. *a 250-gram lead weight* μολυβένιο βαρίδι 250 γραμμαρίων

χ ρ ή σ η

1 Ο πληθυντικός του **stone** είναι **stones** ή **stone**. 'Όταν δίνετε βάρος που αποτελείται από αριθμό στόουν συν αριθμό λιβρών πρέπει να χρησιμοποιήσετε το **stone**, π.χ. *She weighs ten stone eleven (pounds).* (Ζυγίζει δέκα στόουν και έντεκα λίβρες.) **2** Οι Βρετανοί δίνουν το βάρος τους σε **stones** και **pounds**, π.χ. *He weighs twelve stone three.* (Ζυγίζει δώδεκα στόουν και τρεις λίβρες.) Οι Αμερικάνοι, από την άλλη μεριά, δίνουν το βάρος τους μόνο σε **pounds**, π.χ. *He weighs a hundred and seventy-one pounds.* (Ζυγίζει εκατόν εβδομηνταμία λίβρες.)

Παλιό σύστημα:

ounce (ουγγιά), *σύντ.*: **oz.**

pound (λίβρα), *σύντ.*: **lb** = 16 ounces

stone (*Βρετ.*), *πληθ.* **stones** 'Η **stone** (στόουν) = 14 pounds

US hundredweight (αμερικανικός στατήρ) = 100 pounds

(UK) hundredweight, *σύντ.*: **cwt** = 112 pounds

US ton (τόνος) = 2,000 pounds

(UK) ton = 20 hundredweight(s)

Μετρικό σύστημα:

gram, *σύντ.*: **g** 'Η **gm** γραμμάριο

kilogram, *σύντ.*: **kilo** 'Η **kg** κιλό

tonne 'Η **metric ton** τόνος

1 ounce = 28.35 g
1 pound = 453.6 g
1 US ton = 907.2 kg
1 (UK) ton = 1016 kg, = 1.016 **tonnes** 'Η **metric tons**

six ounces of flour έξι ουγγιές αλεύρι

The baby weighed seven pound(s) four ounces. **(7 lb 4 oz.)** Το μωρό ζύγιζε επτά λίβρες και τέσσερις ουγγιές.

She weighs nine stone six (pounds) (*Βρετ.*)/*a hundred and thirty-two pounds* (*Αμερ.*). Ζυγίζει εννέα στόουν και έξι λίβρες/εκατόν τριάντα δύο λίβρες.

two hundredweight of coal δύο στατήρες κάρβουνο

The ship weighs 2,000 tons. Το πλοίο ζυγίζει 2.000 τόνους.

heavy *επίθ.* βαρύς *The suitcase was too heavy for me to lift.* Η βαλίτσα ήταν πολύ βαριά και δε μπορούσα να τη σηκώσω. *I'm used to carrying heavy weights.* Είμαι συνηθισμένος να κουβαλάω βαριά αντικείμενα. *a heavy overcoat* ένα βαρύ παλτό

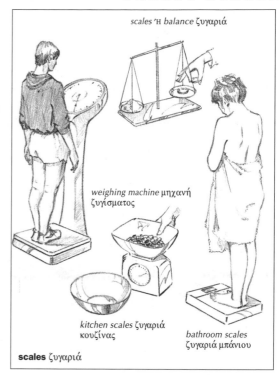

scales 'Η balance ζυγαριά

weighing machine μηχανή ζυγίσματος

kitchen scales ζυγαριά κουζίνας

bathroom scales ζυγαριά μπάνιου

scales ζυγαριά

light *επίθ.* ελαφρύς *The suitcase is fairly light.* Η βαλίτσα είναι αρκετά ελαφρή. *Most people wear light clothes in summer.* Ο περισσότερος κόσμος φορά ελαφρά ρούχα το καλοκαίρι. *How do you make your cakes so light?* Πώς καταφέρνεις να φτιάχνεις τόσο ελαφρά γλυκίσματα;

307.5 Θερμοκρασία

δες επίσης **19 Cold, 20 Hot**

χ ρ ή σ η

Για την πρόγνωση του καιρού, η Βρετανία έχει τώρα επίσημα υιοθετήσει **the Celsius scale** (κλίμακα Κελσίου), για να συμμορφωθεί με άλλες Ευρωπαϊκές χώρες. Σύμφωνα με αυτή την κλίμακα, το σημείο πήξεως του νερού είναι οι 0 βαθμοί και το σημείο βρασμού οι 100 βαθμοί. Μέχρι πριν από μερικά χρόνια η κλίμακα αυτή ήταν επίσημα γνωστή σαν **the Centigrade scale** (εκατοντάβαθμος κλίμακα Κελσίου), και αυτός ο όρος πιθανόν ακόμα και σήμερα να είναι περισσότερο διαδεδομένος στην καθομιλούμενη. Ωστόσο, **the Fahrenheit scale** (η κλίμακα Φάρενάϊτ) εξακολουθεί να χρησιμοποιείται, κυρίως απο άτομα μεγαλύτερης ηλικίας. Σύμφωνα με αυτή την κλίμακα το σημείο πήξεως του νερού είναι οι 32 βαθμοί και το σημείο βρασμού οι 212 βαθμοί. Η κλίμακα Φάρενάϊτ εξακολουθεί να είναι η κοινώς αποδεκτή κλίμακα στις Ηνωμένες Πολιτείες.

Παραδείγματα:

a temperature of 40 degrees Celsius/Fahrenheit (40°C/F) (θερμοκρασία 40 βαθμών Κελσίου/Φάρενάϊτ)

To convert Celsius/Centigrade to Fahrenheit, multiply by 9/5 and add 32. (Για να μετατρέψετε βαθμούς Κελσίου σε Φάρενάϊτ πολλαπλασιάστε επί 9/5 και προσθέστε 32.)

Αντιστοιχίες:
0°C = 32°F	30°C = 86°F
10°C = 50°F	100°C = 212°F
20°C = 68°F	

thermometer *ουσ.αρ.* θερμόμετρο

308 Car Αυτοκίνητο

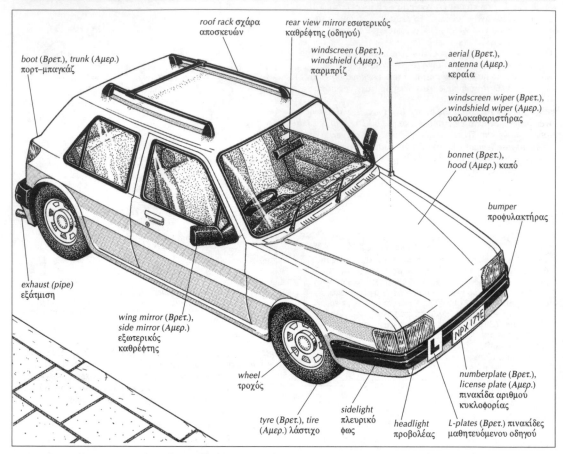

roof rack σχάρα αποσκευών

rear view mirror εσωτερικός καθρέφτης (οδηγού)

boot (Βρετ.), trunk (Αμερ.) πορτ–μπαγκάζ

windscreen (Βρετ.), windshield (Αμερ.) παρμπρίζ

aerial (Βρετ.), antenna (Αμερ.) κεραία

windscreen wiper (Βρετ.), windshield wiper (Αμερ.) υαλοκαθαριστήρας

bonnet (Βρετ.), hood (Αμερ.) καπό

bumper προφυλακτήρας

exhaust (pipe) εξάτμιση

wing mirror (Βρετ.), side mirror (Αμερ.) εξωτερικός καθρέφτης

wheel τροχός

numberplate (Βρετ.), license plate (Αμερ.) πινακίδα αριθμού κυκλοφορίας

tyre (Βρετ.), tire (Αμερ.) λάστιχο

sidelight πλευρικό φως

headlight προβολέας

L-plates (Βρετ.) πινακίδες μαθητευόμενου οδηγού

308.1 Το εσωτερικό του αυτοκινήτου

seat *ουσ.αρ.* κάθισμα

seat belt *ουσ.αρ.* ζώνη ασφάλειας

ignition *ουσ.αρ.* ανάφλεξη
to turn on the ignition βάζω μπρος

choke *ουσ.αρ.* [αυτόματος ρυθμιστής του καρμπιρατέρ] τσοκ

steering wheel *ουσ.αρ.* τιμόνι

clutch *ουσ.αρ.* συμπλέκτης

brake *ουσ.αρ.* φρένο

handbrake *ουσ.αρ.* χειρόφρενο

accelerator (Βρετ. & Αμερ.), gas pedal (Αμερ.) *ουσ.αρ.* γκάζι

gear lever (Βρετ.), gear shift (Αμερ.) *ουσ.αρ.* μοχλός αλλαγής ταχυτήτων

speedometer *ουσ.αρ.* ταχύμετρο, κοντέρ

mileometer (Βρετ.), odometer (Αμερ.) *ουσ.αρ.* χιλιομετρικός μετρητής

petrol gauge (Βρετ.), gas gauge (Αμερ.) *ουσ.αρ.* δείχτης/μετρητής βενζίνης

309 Driving Οδήγημα

drive *ρ.α.μ.*, αόρ. drove, μτχ.αορ. driven οδηγώ *Let me drive you home.* Θα σε πάω σπίτι σου με το αυτοκίνητο. *We drove to London.* Πήγαμε στο Λονδίνο με αυτοκίνητο. *He drives a bus.* Οδηγεί λεωφορείο.

steer *ρ.α.μ.* [τιμονιάρω] οδηγώ *She steered wildly to avoid the bike.* Έστριψε το τιμόνι απότομα για να αποφύγει το ποδήλατο.

reverse *ρ.α.μ.* κάνω όπισθεν *Reverse into the drive.* Μπες στον ιδιωτικό δρόμο με όπισθεν.

give way (to sth) (Βρετ.), yield (Αμερ.) δίνω προτεραιότητα σε *Give way to the right at roundabouts.* Στις διασταυρώσεις κυκλικής κυκλοφορίας δώστε προτεραιότητα σε αυτούς που έρχονται από τα δεξιά.

overtake *ρ.α.μ.* προσπερνώ

pull in *ρ.πρφ.α.* σταματώ στην άκρη του δρόμου *Pull in at the next service station.* Σταμάτησε στο επόμενο συνεργείο.

park *ρ.α.μ.* σταθμεύω *There's nowhere to park.* Δεν υπάρχει μέρος για να σταθμεύσω.

car park (Βρετ.), parking lot (Αμερ.) *ουσ.αρ.* χώρος στάθμευσης

309.1 Αργό ή γρήγορο οδήγημα

accelerate *ρ.α.* επιταχύνω *He accelerated round the corner.* Αύξησε ταχύτητα στη στροφή.

put one's foot down [ανεπίσημο] πατώ γκάζι *You must have put your foot down to get here so quickly!* Θα πρέπει να πάτησες γκάζι για να φτάσεις εδώ τόσο γρήγορα.

change gear (*Βρετ.*), **shift gears** (*Αμερ.*) αλλάζω ταχύτητα

χρήση

Μιλώντας για αλλαγή ταχύτητας, συχνά χρησιμοποιείται η πρόθεση **into**, π.χ. *to change into third (gear)* (βάζω τρίτη (ταχύτητα)). Άν δεν καθορίζεται ο αριθμός της ταχύτητας, μπορείτε να χρησιμοποιήσετε τα ρήματα **change up** (*Βρετ.*), **shift up** (*Αμερ.*) (βάζω μεγαλύτερη ταχύτητα) ή **change down** (*Βρετ.*), **shift down** (*Αμερ.*) (βάζω χαμηλότερη ταχύτητα): π.χ. *I changed down as we approached the junction.* (Έβαλα χαμηλότερη ταχύτητα όταν πλησιάσαμε τη διασταύρωση.) *He changed up a gear.* (Έβαλε μεγαλύτερη ταχύτητα.)

---

brake *ρ.α.* φρενάρω *to brake sharply* φρενάρω απότομα

apply the brakes πατώ φρένο

decelerate *ρ.α.* επιβραδύνω

χρήση

Το **decelerate** είναι περισσότερο επίσημο και λιγότερο κοινό από το **accelerate**. Συνήθως χρησιμοποιείται το **slow down**. Μπορείτε επίσης να πείτε **speed up** αντί για **accelerate**.

309.2 Χρησιμοποιώ τα φώτα

indicate *ρ.α.* βγάζω φλας *You forgot to indicate before you turned right.* Ξέχασες να βγάλεις φλας προτού στρίψεις δεξιά.

dip the headlights χαμηλώνω τους προβολείς

on full beam με αναμμένους τους προβολείς

309.3 Προβλήματα στο οδήγημα

break down *ρ.πρφ.α.* παθαίνω βλάβη *The car broke down miles from home.* Το αυτοκίνητο έπαθε βλάβη μίλια μακριά από το σπίτι μας.

breakdown *ουσ.αρ.* μηχανική βλάβη *We had a breakdown.* Είχαμε μηχανική βλάβη.

stall *ρ.αμ.* σβήνω *I stalled (the car) at the traffic lights.* Μου έσβησε η μηχανή του αυτοκινήτου στα φανάρια.

(to have a) flat tyre με πιάνει λάστιχο

to run out of petrol μένω από βενζίνη

---

traffic jam *ουσ.αρ.* μποτιλιάρισμα

roadworks (*Βρετ.*) *ουσ. πληθ.* οδικά έργα

309.4 Οδικά δυστυχήματα

accident *ουσ.αρ.* δυστύχημα *He was killed in a road/car accident.* Σκοτώθηκε σε οδικό/αυτοκινητικό δυστύχημα.

crash *ουσ.αρ.* σύγκρουση, τρακάρισμα *a car crash* τρακάρισμα (μεταξύ αυτοκινήτων) *He had a crash when trying to overtake another car.* Τράκαρε ενώ προσπαθούσε να προσπεράσει άλλο αυτοκίνητο.

crash *ρ.α.μ.* συγκρούομαι, τρακάρω *Paul crashed his new car.* Ο Πωλ τράκαρε το καινούριο του αυτοκίνητο. *She crashed while driving at 70 miles an hour.* Τράκαρε ενώ οδηγούσε με 70 μίλια την ώρα.

pile-up *ουσ.αρ.* [οδικό δυστύχημα με πολλά οχήματα] σύγκρουση πολλών οχημάτων, καραμπόλα *Reports are coming in of a pile-up on the M4.* Λαμβάνουμε πληροφορίες σχετικά με καραμπόλα στον αυτοκινητόδρομο Μ4.

write sth **off** 'Η **write off** sth *ρ.πρφ.μ.* (κυρίως *Βρετ.*) [καταστρέφω εντελώς και ανεπανόρθωτα ένα αυτοκίνητο σε δυστύχημα] ξεγράφω *That's the third car he's written off in two years.* Είναι το τρίτο αυτοκίνητο που καταστρέφει ολοκληρωτικά μέσα σε δύο χρόνια.

write-off *ουσ.αρ.* (κυρίως *Βρετ.*) [αυτοκίνητο που έχει καταστραφεί ανεπανόρθωτα σε δυστύχημα] σαράβαλο *She was OK but the car was an absolute write-off.* Εκείνη ήταν καλά, αλλά το αυτοκίνητο καταστράφηκε τελείως.

hit-and-run driver *ουσ.αρ.* [οδηγός που δε σταματά αφού παρασύρει πρόσωπο ή έχει προξενήσει ζημιά σε άλλο όχημα] οδηγός που εγκαταλείπει το θύμα του

run sb **over** 'Η **run over** sb *ρ.πρφ.μ.* [παρασύρω και τραυματίζω, όχι οπωσδήποτε περνώ από πάνω] πατώ *She was run over by a bus.* Την πάτησε λεωφορείο.

knock sb **down/over** 'Η **knock down/over** sb *ρ.πρφ.μ.* [ρίχνω κάτω και τραυματίζω] παρασύρω *The old lady was knocked over as she tried to cross the road.* Η γριούλα παρασύρθηκε και τραυματίστηκε ενώ περνούσε το δρόμο.

309.5 Άτομα που οδηγούν οχήματα

driver *ουσ.αρ.* [γενικός όρος και επάγγελμα] οδηγός (συχνά χρησιμοποιείται σε σύνθετες λέξεις) *a bus driver* οδηγός λεωφορείου *a lorry driver* οδηγός φορτηγού

motorist *ουσ.αρ.* [αρκετά επίσημη λέξη, χρησιμοποιείται π.χ. σε στατιστικές] αυτοκινητιστής

chauffeur *ουσ.αρ.* σοφέρ

---

310 Petrol station Πρατήριο βενζίνης

petrol station 'Η **filling station** (*Βρετ.*), **gas station** (*Αμερ.*) *ουσ.αρ.* πρατήριο βενζίνης, βενζινάδικο

garage *ουσ.αρ.* [συχνά κάνει και επισκευές εκτός από το να πουλά βενζίνη] συνεργείο, γκαράζ

petrol pump (*Βρετ.*), **gas pump** (*Αμερ.*) *ουσ.αρ.* αντλία βενζίνης

nozzle *ουσ.αρ.* στόμιο αντλίας

fill up (sth) 'Η **fill** (sth) **up** *ρ.πρφ.μ.* γεμίζω τελείως *I filled up with petrol this morning.* Γέμισα το αυτοκίνητο με βενζίνη σήμερα το πρωί.

self-service *επίθ.* [όπου ο πελάτης βάζει ο ίδιος βενζίνη στο αυτοκίνητό του] σελφ σέρβις *a self-service petrol station* ένα βενζινάδικο σελφ σέρβις

311 Roads Δρόμοι

road *ουσ.αρ.* [γενική λέξη που χρησιμοποιείται για να περιγράψει οποιουδήποτε μεγέθους δρόμο] δρόμος *all major roads North* οι κυριότεροι δρόμοι στο βορρά *to walk down the road* περπατώ στο δρόμο

motorway (*Βρετ.*), **expressway, thruway** 'Η **freeway** (*Αμερ.*) *ουσ.αρ.* αυτοκινητόδρομος *driving on the motorway* οδηγώντας στον αυτοκινητόδρομο (σαν *επίθ.*) *motorway traffic* τα οχήματα στον αυτοκινητόδρομο

highway *ουσ.αρ.* (*κυρίως Αμερ.*) [πλατύς, κύριος δρόμος] εθνική οδός

main road *ουσ.αρ.* [κύριος δρόμος με μεγάλη κίνηση, όχι κατ' ανάγκη πλατύς] κύριος δρόμος

street *ουσ.αρ.* [συνήθως με κτίρια και στις δύο πλευρές] οδός, δρόμος *She lives in the same street as me.* Μένει στον ίδιο δρόμο που μένω κι εγώ.

avenue *ουσ.αρ.* [πλατύς δρόμος, συχνά με δέντρα και στις δύο πλευρές] λεωφόρος

lane *ουσ.αρ.* [στενός δρόμος, συχνά με στροφές, συχνά πλαισιωμένος από φράχτες] δρόμος *country lanes* αγροτικοί δρόμοι

track *ουσ.αρ.* [χωρίς επίστρωση. Μπορεί να είναι στενός πεζόδρομος ή πλατύτερος δρόμος για οχήματα] μονοπάτι, πέρασμα, χωματόδρομος

bypass *ουσ.αρ.* [δρόμος που αποφεύγει κεντρική περιοχή για να ελαττώσει την κυκλοφορία] παρακαμπτήριος

bypass *ρ.μ.* [αποφεύγω κεντρική περιοχή, όχι κατ' ανάγκη χρησιμοποιώντας βοηθητικό δρόμο] παρακάμπτω

ringroad (*Βρετ.*), **beltway** (*Αμερ.*) *ουσ.αρ.* [δρόμος γύρω από πόλη ή εμπορικό κέντρο] περιφερειακός

square *ουσ.αρ.* πλατεία

level crossing *ουσ.αρ.* ισόπεδη διάβαση

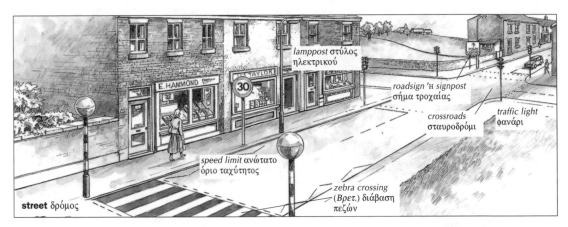

lamppost στύλος ηλεκτρικού

roadsign 'Η signpost σήμα τροχαίας

crossroads σταυροδρόμι

traffic light φανάρι

speed limit ανώτατο όριο ταχύτητος

zebra crossing (*Βρετ.*) διάβαση πεζών

street δρόμος

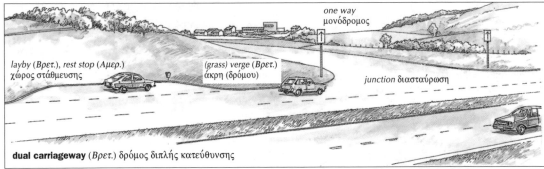

one way μονόδρομος

layby (*Βρετ.*), rest stop (*Αμερ.*) χώρος στάθμευσης

(grass) verge (*Βρετ.*) άκρη (δρόμου)

junction διασταύρωση

dual carriageway (*Βρετ.*) δρόμος διπλής κατεύθυνσης

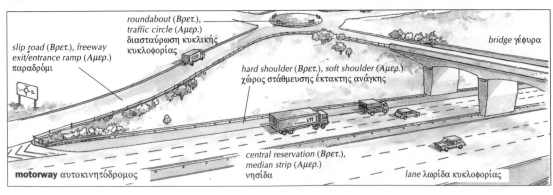

roundabout (*Βρετ.*), traffic circle (*Αμερ.*) διασταύρωση κυκλικής κυκλοφορίας

bridge γέφυρα

slip road (*Βρετ.*), freeway exit/entrance ramp (*Αμερ.*) παραδρόμι

hard shoulder (*Βρετ.*), soft shoulder (*Αμερ.*) χώρος στάθμευσης έκτακτης ανάγκης

central reservation (*Βρετ.*), median strip (*Αμερ.*) νησίδα

lane λωρίδα κυκλοφορίας

motorway αυτοκινητόδρομος

311.1 Μονοπάτια

path *ουσ.αρ.* [μπορεί να είναι με επίστρωση ή χωρίς] μονοπάτι *a path through the forest* ένα μονοπάτι μέσα από το δάσος

pavement (*Βρετ.*), **sidewalk** (*Αμερ.*) *ουσ.αρ.* [με επίστρωση, κατά μήκος δρόμου] πεζοδρόμιο

kerb (*Βρετ.*), **curb** (*Αμερ.*) *ουσ.αρ.* κράσπεδο πεζοδρομίου

footpath *ουσ.αρ.* [στενό και συχνά χωρίς επίστρωση] μονοπάτι *a public footpath* δημόσιο μονοπάτι

alley *ουσ.αρ.* [στενό δρομάκι ή πέρασμα μεταξύ κτιρίων] δρομάκι, σοκάκι

gangway *ουσ.αρ.* **1** [σε πλοίο] διάδρομος, σανιδόσκαλα **2** (*Βρετ.*) [μεταξύ καθισμάτων, π.χ. σε κινηματογράφο ή λεωφορείο] διάδρομος

subway *ουσ.αρ.* (*Βρετ.*) υπόγεια διάβαση

312 Ships and boats Πλοία και βάρκες

ship *ουσ.αρ.* [μεγάλο σκάφος που συνήθως πλέει σε θάλασσα] πλοίο

boat *ουσ.αρ.* [μικρότερο σκάφος από το **ship**. Μπορεί να είναι ανοιχτό από πάνω] βάρκα

vessel *ουσ.αρ.* [κάπως επίσημο. Πλοίο ή βάρκα] σκάφος

craft *ουσ.αρ., πληθ.* **craft** [οποιοδήποτε είδος πλοίου ή βάρκας, αλλά συνήθως χρησιμοποιείται για μικρά σκάφη] πλοιάριο, σκάφος

aboard *επίρρ.* πάνω σε πλοίο *All aboard!* Όλοι επιβιβασθείτε!

on board *επίρρ.* πάνω σε πλοίο *three weeks on board the 'Queen Elizabeth'* τρεις βδομάδες πάνω στο «Κουήν Ελίζαμπεθ»

312.1 Είδη σκαφών

rowing boat (*Βρετ.*), **rowboat** (*Αμερ.*) *ουσ.αρ.* βάρκα με κουπιά

canoe *ουσ.αρ.* κανό **canoeist** *ουσ.αρ.* αυτός που κάνει κανό

yacht *ουσ.αρ.* γιοτ, κότερο

yachtsman (*αρσ.*) **yachtswoman** (*θηλ.*) *ουσ.αρ.* ιστιοπλόος, ιδιοκτήτης κότερου

raft *ουσ.αρ.* σχεδία

ferry *ουσ.αρ.* [μεταφέρει επιβάτες, οχήματα και εμπορεύματα για μικρές αποστάσεις. Μικρό ή μεγάλο σκάφος] φέριμποτ

liner *ουσ.αρ.* [ακούγεται περισσότερο επιβλητικό από το **ferry**. Μεγάλο πλοίο, που συχνά διανύει μεγάλες αποστάσεις] πλοίο της γραμμής

steamboat 'H **steamer** *ουσ.αρ.* [χρησιμοποιείται κυρίως για ταξίδια σε ποτάμι ή παραλία] ατμόπλοιο

barge *ουσ.αρ.* μαούνα

dinghy *ουσ.αρ.* (φουσκωτή) βάρκα

312.2 Μέρη σκαφών

sail *ουσ.αρ.* πανί	**wheel** *ουσ.αρ.* πηδάλιο
mast *ουσ.αρ.* κατάρτι	**rudder** *ουσ.αρ.* πηδάλιο, τιμόνι
deck *ουσ.αρ.* κατάστρωμα	
cabin *ουσ.αρ.* καμπίνα	**oar** *ουσ.αρ.* κουπί
bridge *ουσ.αρ.* γέφυρα	

312.3 Πλωτά ταξίδια

sail *ρ.α.μ.* πλέω, αρμενίζω *We sail at three.* Πλέουμε στις τρεις. *She sailed her yacht around the world.* Έκανε το γύρο του κόσμου με το κότερό της.

row *ρ.α.μ.* κωπηλατώ *We rowed across the lake.* Διασχίσαμε τη λίμνη τραβώντας κουπί.

voyage *ουσ.αρ.* [χρησιμοποιείται κυρίως για περιπετειώδη ταξίδια] ταξίδι

cruise *ουσ.αρ.* [ταξίδι αναψυχής] κρουαζιέρα

embark *ρ.α.* επιβιβάζομαι *We embarked at Liverpool.* Μπαρκάραμε στο Λίβερπουλ.

disembark *ρ.α.* (συχνά + **from**) αποβιβάζομαι

312.4 Σταμάτημα σκαφών

anchor *ουσ.αρ.* άγκυρα *to drop anchor* ρίχνω άγκυρα

anchor *ρ.α.μ.* αγκυροβολώ *We anchored in calm waters.* Αγκυροβολήσαμε σε ήρεμα νερά.

moor *ρ.α.μ.* (συχνά + **to**) [στερεώνω με σκοινί] δένω

moorings *ουσ. πληθ.* **1** ΕΠΙΣΗΣ **mooring** [μέρος όπου δένεται πλοίο] αγκυροβόλιο **2** [σκοινιά] αγκυροδέτης

port *ουσ.αρ.* λιμάνι

dock *ουσ.αρ.* [μέρος όπου φορτώνονται και ξεφορτώνονται πλοία] προκυμαία, δεξαμενή **dock** *ρ.α.μ.* είμαι/μπαίνω/ βάζω σε δεξαμενή

jetty *ουσ.αρ.* μόλος

harbour (*Βρετ.*), **harbor** (*Αμερ.*) *ουσ.αρ.* λιμάνι

pier *ουσ.αρ.* **1** [μέρος όπου αγκυροβολούν πλοία ή κυματοθραύστης] μόλος **2** [σε καλοκαιρινό θέρετρο] προκυμαία

312.5 Άτομα που ασχολούνται με πλοία και βάρκες

docker *ουσ.αρ.* λιμενεργάτης

shipbuilder *ουσ.αρ.* ναυπηγός

shipbuilding *ουσ.μ.αρ.* ναυπήγηση (σαν *επίθ.*) *the shipbuilding industry* η ναυπηγική βιομηχανία

shipyard 'H **dockyard** *ουσ.αρ.* ναυπηγείο

sailor *ουσ.αρ.* [αναφέρεται σε επαγγελματίες ή σε άτομα που ταξιδεύουν για ψυχαγωγία. Μπορεί να αναφέρεται σε όσους απλώς ταξιδεύουν με πλοία και βάρκες] ναυτικός

seaman *ουσ.αρ., πληθ.* **seamen** [αναφέρεται αποκλειστικά σε άνδρες, συνήθως επαγγελματίες ή πολύ έμπειρους ναυτικούς] ναυτικός

crew *ουσ.αρ.* (+ ρ. ενικ. ή πληθ.) πλήρωμα

captain *ουσ.αρ.* καπετάνιος, πλοίαρχος

312.6 Ατυχήματα και τρόποι αποφυγής τους

overboard *επίρρ.* στη θάλασσα *Man overboard!* Άνθρωπος στη θάλασσα! *to fall overboard* πέφτω στη θάλασσα

shipwreck *ουσ.αρ.* ναυάγιο

shipwreck *ρ.μ.* (συνήθως σε παθητική φωνή) ναυαγώ *They were shipwrecked off the Devon coast.* Ναυάγησαν κοντά στις ακτές του Ντέβον.

lighthouse *ουσ.αρ.* φάρος

buoy *ουσ.αρ.* σημαδούρα

lifeboat *ουσ.αρ.* ναυαγοσωστική λέμβος

lifejacket *ουσ.αρ.* σωσίβιο

313 Aircraft Αεροσκάφη

aircraft *ουσ.αρ., πληθ.* **aircraft** αεροσκάφος *a light aircraft* ελαφρό αεροσκάφος

aeroplane (*Βρετ.*), **airplane** (*Αμερ.*), **plane** (*Βρετ.* & *Αμερ.*) [πιό ανεπίσημο από το **aircraft**] *ουσ.αρ.* αεροπλάνο *to fly a plane* πιλοτάρω

airline *ουσ.αρ.* αερογραμμή

airliner *ουσ.αρ.* [κάπως απαρχαιωμένο. Μεγάλο αεροσκάφος για μεταφορά επιβατών] αεροπλάνο της γραμμής

jet *ουσ.αρ.* αεριωθούμενο

jumbo (jet) *ουσ.αρ.* μεγάλο αεριωθούμενο

glider *ουσ.αρ.* ανεμόπτερο

helicopter *ουσ.αρ.* ελικόπτερο

spacecraft *ουσ.αρ., πληθ.* **spacecraft** διαστημόπλοιο

rocket *ουσ.αρ.* πύραυλος

(hot air) balloon *ουσ.αρ.* αερόστατο

cockpit *ουσ.αρ.* καμπίνα πιλότου

cabin *ουσ.αρ.* καμπίνα

wing *ουσ.αρ.* φτερό

Moscow with British Airways. Ταξίδεψα για τη Μόσχα με τη Μπρίτις Αίργουεϊς. *We flew into a storm.* Καθώς πετούσαμε μπήκαμε σε μια καταιγίδα. *They fly the jets low.* Οδηγούν τα αεριωθούμενα χαμηλά.

flight *ουσ.αρ.* πτήση *I booked a flight to Rome.* Έκλεισα θέση σε μια πτήση για Ρώμη. *We had a smooth flight.* Είχαμε ομαλή πτήση.

take off *ρ.πρφ.α.* απογειώνομαι *We took off from London an hour ago.* Απογειωθήκαμε από το Λονδίνο πριν από μια ώρα.

take-off *ουσ.αρ.* απογείωση *Fasten your seat belts during take-off.* Δέστε τις ζώνες ασφάλειας κατά τη διάρκεια της απογείωσης.

land *ρ.α.μ.* προσγειώνομαι *The plane landed in a field.* Το αεροπλάνο προσγειώθηκε σε ένα χωράφι. *She managed to land the plane safely.* Κατάφερε να προσγειώσει το αεροπλάνο χωρίς ατύχημα. **landing** *ουσ.αρ.* προσγείωση

313.1 Το αεροδρόμιο

hangar *ουσ.αρ.* υπόστεγο αεροσκαφών

runway *ουσ.αρ.* διάδρομος προσγείωσης/απογείωσης

radar *ουσ.αρ.* ραντάρ

control tower *ουσ.αρ.* πύργος ελέγχου

check-in desk *ουσ.αρ.* [όπου ζυγίζονται και παραλαμβάνονται οι αποσκευές] γκισέ αερογραμμής

departure lounge *ουσ.αρ.* αίθουσα αναχωρήσεων

313.2 Πτήσεις

fly *ρ.α.μ., αόρ.* **flew**, *μτχ.αορ.* **flown** πετώ, οδηγώ *I flew to*

313.3 Άτομα που ασχολούνται με αεροσκάφη

crew *ουσ.αρ.* πλήρωμα

pilot *ουσ.αρ.* πιλότος

(air) steward (*αρσ.*), **(air) stewardess** (*θηλ.*) *ουσ.αρ.* αεροσυνοδός

air hostess *ουσ.αρ.* αεροσυνοδός

air traffic controller *ουσ.αρ.* υπεύθυνος για τον έλεγχο εναέριας κυκλοφορίας **air traffic control** *ουσ.* (+ *ρ. ενικ. ή πληθ.*) έλεγχος εναέριας κυκλοφορίας

314 Trains Τρένα

train *ουσ.αρ.* τρένο *We travelled by train.* Ταξιδέψαμε με τρένο. *to catch a train* παίρνω το τρένο *passenger/goods train* επιβατικό/φορτηγό τρένο

carriage (*Βρετ.*), **car** (*Αμερ.*) *ουσ.αρ.* βαγόνι

compartment *ουσ.αρ.* [βαγόνι ή μέρος βαγονιού] διαμέρισμα *a no smoking compartment* βαγόνι για μη καπνιστές

railway (*Βρετ.*), **railroad** (*Αμερ.*) **1** [ράγες] σιδηροδρομική γραμμή *Don't play on the railway.* Μην παίζεις επάνω στις σιδηροδρομικές γραμμές. **2** ΕΠΙΣΗΣ **railways** [δίκτυο γραμμών] σιδηρόδρομος *the national railway* το εθνικό σιδηροδρομικό δίκτυο

rail *ουσ.* **1** *ουσ.μ.αρ.* σιδηρόδρομος *to travel by rail* ταξιδεύω με τρένο (σαν *επίθ.*) *rail travel* ταξίδι με τρένο **2** *ουσ.αρ.* [μέρος σιδηροδρομικής γραμμής] γραμμή *Do not cross the rails.* Μην διασχίσεις τις σιδηροδρομικές γραμμές.

314.1 Σταθμός τρένου

(railway) station *ουσ.αρ.* σιδηροδρομικός σταθμός

terminal *ουσ.αρ.* τέρμα

terminate *ρ.α.* τερματίζω *This train terminates at Manchester.* Αυτό το τρένο τερματίζει στο Μάντσεστερ.

waiting room *ουσ.αρ.* αίθουσα αναμονής

platform *ουσ.αρ.* πλατφόρμα *the train departing from platform 7* το τρένο που αναχωρεί από την πλατφόρμα 7

(railway) line Ή **track** *ουσ.αρ.* σιδηροδρομική γραμμή

signal *ουσ.αρ.* σηματοδότης

314.2 Άτομα που ασχολούνται με τρένα

porter *ουσ.αρ.* αχθοφόρος

guard *ουσ.αρ.* υπεύθυνος σταθμού

ticket collector *ουσ.αρ.* ελεγκτής εισιτηρίων

(train) driver *ουσ.αρ.* οδηγός τρένου

signalman *ουσ.αρ.* σηματωρός

315 Other transport Άλλα μεταφορικά μέσα

vehicle *ουσ.αρ.* [κάπως επίσημος ή τεχνικός όρος] όχημα *heavy vehicles* βαριά οχήματα

traffic *ουσ.μ.αρ.* κίνηση, κυκλοφορία *Heavy traffic blocked the roads.* Η πυκνή κυκλοφορία μπλόκαρε τους δρόμους.

315.1 Φορτηγά οχήματα

lorry (*Βρετ.*), truck (*Βρετ. & Αμερ.*) *ουσ.αρ.* φορτηγό

articulated lorry (*Βρετ.*), *semi* (*Αμερ.*) νταλίκα

handcart χειράμαξα

wagon άμαξα

horse and cart άλογο και κάρο

van *ουσ.αρ.* κλειστό φορτηγό, κλούβα

cart *ουσ.αρ.* [μπορεί να έχει 2 ή 4 τροχούς, και να το σέρνουν ζώα ή να το σπρώχνει ανθρώπινο χέρι] κάρο, καροτσάκι

wagon (*Βρετ. & Αμερ.*), waggon (*Βρετ.*) *ουσ.αρ.* 1 [κυρίως που σύρουν άλογα] άμαξα, κάρο 2 (*Βρετ.*) [σιδηροδρομικό βαγόνι για τη μεταφορά εμπορευμάτων] φορτηγό βαγόνι

315.2 Επιβατικά οχήματα

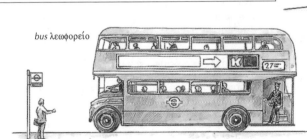

bus λεωφορείο

bus stop στάση λεωφορείου

bus conductor εισπράκτορας λεωφορείου

minibus λεωφορειάκι

taxi 'Η cab *ουσ.αρ.* ταξί *to call a cab* φωνάζω ταξί

hovercraft *ουσ.αρ.* [πλοίο που κινείται πάνω σε στρώμα αέρα] χόβερκραφτ

caravan (*Βρετ.*), camper (*Αμερ.*) *ουσ.αρ.* τροχόσπιτο

315.3 Δίτροχα μεταφορικά μέσα

χρήση

Όλα αυτά τα μεταφορικά μέσα χρησιμοποιούνται σε συνδυασμό με το ρήμα ride, π.χ. *I rode my bike to town.* (Πήγα με το ποδήλατό μου μέχρι την πόλη.) *He rides a moped.* (Οδηγεί μηχανάκι.)

bicycle 'Η [ανεπίσημο] bike *ουσ.αρ.* ποδήλατο
bicycle 'Η [ανεπίσημο] bike *ρ.α.* (συχνά + to) ποδηλατώ
motorbike *ουσ.αρ.* μηχανή
motorcycle *ουσ.αρ.* [κάπως απαρχαιωμένο] μοτοσικλέτα
moped *ουσ.αρ.* μηχανάκι
scooter *ουσ.αρ.* 1 'Η motor scooter [κάπως απαρχαιωμένο, με μικρούς τροχούς] σκούτερ, βέσπα 2 [παιδικό όχημα που αποτελείται από μια σανίδα για να στέκεται το παιδί στο ένα πόδι και να κινείται σπρώχνοντας το έδαφος με το ελεύθερο πόδι] πατίνι

coach (*Βρετ.*), *touring bus* (*Αμερ.*) πούλμαν

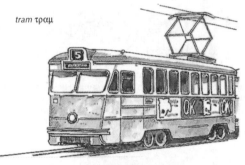

tram τραμ

316 Travel documents and procedures
Ταξιδιωτικά χαρτιά και διαδικασίες

ticket office ουσ.αρ. θυρίδα εισιτηρίων
ticket ουσ.αρ. εισιτήριο
fare ουσ.αρ. ναύλα, τιμή εισιτηρίου *Children travel half fare.* Τα παιδιά ταξιδεύουν στη μισή τιμή.
reserve ρ.μ. [αντικ.: θέση, χώρο] κρατώ, κλείνω *I'd like to reserve a seat on the 12.40 train.* Θα ήθελα να κλείσω μια θέση στο τρένο των 12.40.
reservation ουσ.αρ. κράτηση *to make a reservation* κάνω κράτηση
book ρ.α.μ. κλείνω *I'd like to book a first class ticket to Seattle please.* Θα ήθελα να κλείσω ένα εισιτήριο πρώτης θέσης για το Σιάτλ, παρακαλώ. *Will I be able to get a ticket on the day or do you have to book in advance?* Θα μπορέσω να βρω εισιτήριο την ίδια μέρα, ή θα πρέπει να κλείσω νωρίτερα; *Book me on the 12.30 flight.* Κρατήστε μου μία θέση στην πτήση των 12.30.
booking ουσ.αρ.μ.αρ. θέση *Do you have a booking available for that flight?* Έχετε ελεύθερη θέση σε εκείνη την πτήση;
customs officer ουσ.αρ. τελωνειακός υπάλληλος
customs ουσ. πληθ. 1 [μέρος] τελωνείο *to go through customs* περνώ από το τελωνείο 2 [φόρος] δασμοί *to pay customs (duty) on sth* πληρώνω δασμούς σε κάτι
declare ρ.μ. δηλώνω *goods to declare* αντικείμενα να δηλώσω *nothing to declare* τίποτα να δηλώσω
duty-free ουσ. 1 ουσ.αρ. 'η **duty free shop** (συχνά + **the**) το κατάστημα αφορολόγητων ειδών *Have you been in the duty-free?* Πήγες στο κατάστημα αφορολόγητων ειδών; 2 [είδη] αφορολόγητα *Did you buy any duty-free?* Αγόρασες αφορολόγητα είδη;
duty-free επίθ. αδασμολόγητος, αφορολόγητος *duty-free cigarettes* αφορολόγητα τσιγάρα

visa ουσ.αρ. βίζα
boarding pass ουσ.αρ. κάρτα επιβίβασης
passport ουσ.αρ. διαβατήριο

ΑΓΟΡΑ ΕΙΣΙΤΗΡΙΩΝ

Οι λέξεις **single** (*Βρετ.*) και **return** (*Βρετ.*) συνήθως χρησιμοποιούνται σαν ουσιαστικά: *A single to Cambridge, please.* ('Ένα (απλό) εισιτήριο για το Κέιμπριτζ, παρακαλώ.) *Two returns to Manchester.* (Δύο εισιτήρια με επιστροφή για το Μάντσεστερ.)

Η λέξη **return** μερικές φορές χρησιμοποιείται σαν επίθετο: *A return ticket to London.* ('Ένα εισιτήριο με επιστροφή για το Λονδίνο.)

Η λέξη **single** συνήθως δε χρησιμοποιείται με τον ίδιο τρόπο λόγω της πιθανής σύγχυσης που θα προκαλούσε το γεγονός ότι *a single ticket* θα μπορούσε να σημαίνει εισιτήριο προς μια κατεύθυνση μόνο (και όχι με επιστροφή) ή ένα εισιτήριο μόνο (και όχι περισσότερα).

Στα αμερικάνικα Αγγλικά χρησιμοποιείται ο όρος **one-way ticket** αντί για **single ticket**, και ο όρος **round-trip ticket** αντί για **return ticket**.

Μιλώντας για εισιτήρια τρένου δε συνηθίζεται η διάκριση **second class** (δεύτερη θέση). Συνήθως τα εισιτήρια δεύτερης θέσης είναι ο κανόνας, και αν επιθυμείτε να ταξιδέψετε στην πρώτη θέση πρέπει να το διευκρινίσετε: *A first-class return to Liverpool, please.* ('Ένα εισιτήριο πρώτης θέσης με επιστροφή για το Λίβερπουλ, παρακαλώ.)

Στην περίπτωση των αεροπορικών εισιτηρίων, συνήθως διευκρινίζεται το είδος του εισιτηρίου που χρειάζεται, π.χ. **first class** (πρώτη θέση), **business class** (θέση μπίζνες), **economy class** (τουριστική θέση).

---

317 Travel Ταξιδεύω

travel ρ.α.μ., -ll- (*Βρετ.*), -l- (*Αμερ.*) ταξιδεύω *I travelled to London by train.* Ταξίδεψα στο Λονδίνο με τρένο. *Have you travelled much?* Έχετε ταξιδέψει πολύ; *We travelled over 300 miles a day.* Διανύαμε πάνω από 300 μίλια την ημέρα.
travel ουσ.μ.αρ. ταξίδι *My job involves a lot of travel.* Η δουλειά μου περιλαμβάνει πολλά ταξίδια. *air travel* αεροπορικά ταξίδια (σαν *επίθ.*) *travel writer* συγγραφέας ταξιδιωτικών κειμένων

χρήση

Προσέξτε να μη μπερδεύετε το **travel** (ταξίδι), που είναι μη αριθμήσιμο ουσιαστικό, με το **trip** (ταξίδι, εκδρομή) και το **journey** (ταξίδι, διαδρομή) που και τα δύο είναι αριθμήσιμα. Μπορούμε να πούμε: *I've made many interesting trips/journeys.* ('Έχω κάνει πολλά ενδιαφέροντα ταξίδια.) αλλά όχι *'many interesting travels'.*

traveller (*Βρετ.*), **traveler** (*Αμερ.*) ουσ.αρ. ταξιδιώτης
travel agent ουσ.αρ. 1 [πρόσωπο] ταξιδιωτικός πράκτορας 2 [κατάστημα] ταξιδιωτικό γραφείο **travel agency** ουσ.αρ. ταξιδιωτικό γραφείο
tourism ουσ.μ.αρ. τουρισμός
tourist ουσ.αρ. τουρίστας (σαν *επίθ.*) *the tourist trade* η τουριστική βιομηχανία *a popular tourist resort/attraction* πολύκοσμο τουριστικό θέρετρο/αξιοθέατο

χρήση

Δεν υπάρχει επίθετο που αντιστοιχεί με το ουσιαστικό **tourist**. Αντί αυτού το ίδιο το ουσιαστικό συχνά χρησιμοποιείται σαν επίθετο, όπως δείχνουν τα πιο πάνω παραδείγματα.

hitch-hike ρ.α. κάνω ωτοστόπ **hitch-hiker** ουσ.αρ. άτομο που κάνει ωτοστόπ
commute ρ.α. (συχνά + **to**) [τακτικά, κυρίως προς το μέρος εργασίας μου] πηγαινοέρχομαι καθημερινά *I commute to the office from Berkshire.* Πηγαινοέρχομαι καθημερινά στο γραφείο από το Μπέρκσαϊρ.
commuter ουσ.αρ. άτομο που ταξιδεύει καθημερινά προς το μέρος εργασίας του (σαν *επίθ.*) *commuter train* τρένο που μεταφέρει άτομα που ταξιδεύουν καθημερινά για το μέρος εργασίας τους
passenger ουσ.αρ. επιβάτης *air/rail passengers* επιβάτες αεροπλάνου/τρένου (σαν *επίθ.*) *passenger seat* θέση επιβάτη

317.1 Ταξίδια

journey ουσ.αρ. [γενική λέξη, οποιαδήποτε απόσταση] ταξίδι, διαδρομή *I always wear a seat belt, even on short journeys.* Φοράω πάντα τη ζώνη ασφαλείας ακόμα και στις μικρές διαδρομές. *a journey across Africa* ταξίδι από τη μια άκρη της Αφρικής στην άλλη

journey *ρ.α.* [κάπως λογοτεχνικό] ταξιδεύω *We journeyed through Asia.* Διασχίσαμε την Ασία.

expedition *ουσ.αρ.* [συνήθως περιπετειώδες ταξίδι που απαιτεί προσχεδιασμό και προετοιμασία] εκστρατεία, (εξερευνητική) αποστολή *an expedition to the North Pole* μια εξερευνητική αποστολή στο Βόρειο Πόλο *a mountaineering expedition* μια ορειβατική αποστολή [συχνά χρησιμοποιείται χιουμοριστικά] *We've had an expedition to the shops.* Κάναμε μια επιδρομή στα καταστήματα.

explore *ρ.μ.α.* εξερευνώ *We explored the area on foot.* Εξερευνήσαμε την περιοχή με τα πόδια. **explorer** *ουσ.αρ.* εξερευνητής

exploration *ουσ.αρ.* εξερεύνηση *space exploration* εξερεύνηση του διαστήματος

excursion *ουσ.αρ.* [σύντομο ταξίδι, κυρίως για αναψυχή] εκδρομή *They arrange excursions to a local gold mine.* Διοργανώνουν εκδρομές σε ένα χρυσωρυχείο της περιοχής.

trip *ουσ.αρ.* [συνήθως σύντομο ταξίδι, για αναψυχή ή για δουλειές. Όταν χρησιμοποιείται για να περιγράψει μεγάλες διαδρομές ακούγεται κάπως μπλαζέ στα βρετανικά Αγγλικά] ταξίδι, εκδρομή *a shopping trip* εκδρομή για ψώνια *business trips* επαγγελματικά ταξίδια

tour *ουσ.αρ.* [ταξίδι που περιλαμβάνει επίσκεψη σε διάφορα μέρη] περιήγηση **tour** *ρ.μ.α.* περιηγούμαι

package tour 'Η **package holiday** *ουσ.αρ.* [διακοπές με προκαθορισμένη τιμή που συμπεριλαμβάνει ταξιδιωτικό εισιτήριο, διαμονή και συχνά γεύματα] οργανωμένη εκδρομή

317.2 Διαδρομές και προορισμοί

route *ουσ.αρ.* [υπονοεί περισσότερο οριστικότητα ή σκοπό από το **way**] διαδρομή, δρομολόγιο *bus routes* δρομολόγια λεωφορείων *Which route did you go?* Ποια διαδρομή έκανες;

way *ουσ.αρ.* **1** (συχνά + the) [διαδρομή] δρόμος *Can you tell me the way to the station?* Μπορείτε να μου δείξετε το δρόμο για το σταθμό; **2** κατεύθυνση *Which way is the Eiffel tower from here?* Σε ποια κατεύθυνση βρίσκεται ο Πύργος του Άιφελ;

direct *ρ.μ.* [ελαφρά επίσημο] κατευθύνω *Can you direct me to the nearest Post Office?* Μπορείτε να μου δείξετε το δρόμο για το κοντινότερο ταχυδρομείο;

destination *ουσ.αρ.* προορισμός

mileage *ουσ.μ.αρ.* καλυμένη απόσταση, χιλιόμετρα

map *ουσ.αρ.* χάρτης

foreign *επίθ.* [από διαφορετική χώρα] ξένος *foreign holidays* διακοπές στο εξωτερικό *foreign currency* ξένο συνάλλαγμα *foreign policy* εξωτερική πολιτική **foreigner** *ουσ.αρ.* ξένος, αλλοδαπός

abroad *επίρρ.* στο εξωτερικό *Did you go abroad for your holiday?* Έκανες τις διακοπές σου στο εξωτερικό; *I lived abroad for several years.* Έζησα στο εξωτερικό για κάμποσα χρόνια.

> **χρήση**
>
> Προσέξτε ότι πριν από το **abroad** δε χρησιμοποιείται πρόθεση.

overseas *επίθ.* υπερπόντιος, του εξωτερικού *overseas customers* οι πελάτες του εξωτερικού

overseas *επίρρ.* στο εξωτερικό *troops based overseas* υπερπόντιες στρατιωτικές δυνάμεις

317.3 Τόποι διαμονής

hotel *ουσ.αρ.* ξενοδοχείο

motel (Βρετ. & Αμερ.), **motor lodge** (Αμερ.) *ουσ.αρ.* [για αυτοκινητιστές, συνήθως για διαμονή μιας νύχτας] μοτέλ

guest house *ουσ.αρ.* (κυρίως Βρετ.) [ιδιωτικό σπίτι που διαχειρίζεται σαν μικρό ξενοδοχείο, και όπου οι επισκέπτες πληρώνουν για διατροφή και διαμονή] πανσιόν

bed and breakfast *ουσ.αρ.μ.αρ.* (Βρετ.) [διαμονή σε πανσιόν, ξενοδοχείο ή ιδιωτικό σπίτι όπου οι επισκέπτες πληρώνουν δωμάτιο για τη νύχτα και πρόγευμα το επόμενο πρωί] πανσιόν

resort *ουσ.αρ.* θέρετρο *a holiday resort* τουριστικό θέρετρο *a skiing resort* θέρετρο για σκι

317.4 Αποσκευές

δες επίσης **331 Containers**

luggage (κυρίως Βρετ.), **baggage** (κυρίως Αμερ.) *ουσ.μ.αρ.* αποσκευές *Have you got much luggage?* Έχετε πολλές αποσκευές; *hand luggage* αποσκευές χειρός (σαν *επίθ.*) *luggage rack* σχάρα αποσκευών *luggage label* ετικέτα αποσκευών

suitcase *ουσ.αρ.* βαλίτσα

rucksack (Βρετ. & Αμερ.), **backpack** (κυρίως Αμερ.) *ουσ.αρ.* σακίδιο

holdall *ουσ.αρ.* [μεγάλη τσάντα ή μικρή μαλακή βαλίτσα] ταξιδιωτικός σάκος

pack *ουσ.αρ.* [οποιοδήποτε είδος τυλιγμένου δέματος που κουβαλά κανείς στην πλάτη] μπόγος, σακίδιο

pack *ρ.α.μ.* φτιάχνω τις βαλίτσες μου, μαζεύω τα πράγματά μου *Have you packed a warm jumper?* Έχεις βάλει στη βαλίτσα σου ένα ζεστό πουλόβερ; *She's still packing.* Ακόμα φτιάχνει τις βαλίτσες της. *He packed his bags and left.* Μάζεψε τα πράγματά του και έφυγε.

---

318 Directions Κατευθύνσεις

δες επίσης **L20 Directions**

318.1 Σημεία της πυξίδας

northern *επίθ.* βόρειος   **eastern** *επίθ.* ανατολικός
southern *επίθ.* νότιος   **western** *επίθ.* δυτικός

> **χρήση**
>
> Τα παραπάνω επίθετα σημαίνουν «που ανήκει ή που βρίσκεται στο μέρος του κόσμου ή της χώρας που αναφέρεται», π.χ.: *The eastern region experienced heavy rain.* (Οι ανατολικές περιοχές δέχτηκαν δυνατή βροχόπτωση.) *northern cities* (οι πόλεις του βορρά) *the southern climate* (το κλίμα του νότου).

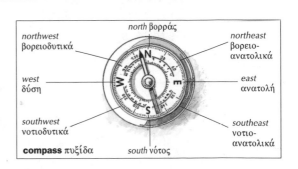

northwest βορειοδυτικά — north βορράς — northeast βορειο-ανατολικά
west δύση — east ανατολή
southwest νοτιοδυτικά — south νότος — southeast νοτιο-ανατολικά

compass πυξίδα

northerly *επίθ.* βόρειος **easterly** *επίθ.* ανατολικός
southerly *επίθ.* νότιος **westerly** *επίθ.* δυτικός

χρήση

Αυτές οι λέξεις σημαίνουν «πηγαίνω προς ή έρχομαι από την κατεύθυνση που αναφέρεται», π.χ.: *westerly winds* (δυτικοί άνεμοι) *travelling in a northerly direction* (κατευθύνομαι προς το βορρά).

northward *επίθ.* βόρειος **eastward** *επίθ.* ανατολικός
northward 'Η **northwards** **eastward** 'Η **eastwards**
επίρρ. βόρεια *επίρρ.* ανατολικά
southward *επίθ.* νότιος **westward** *επίθ.* δυτικός
southward 'Η **southwards** **westward** 'Η **westwards**
επίρρ. νότια *επίρρ.* δυτικά

χρήση

Αυτά τα επίθετα περιγράφουν κατεύθυνση, όχι άνεμο.

318.2 Άλλες κατευθύνσεις

left *επίθ. & επίρρ.* αριστερός, αριστερά *turn left* στρίψε αριστερά *my left hand* το αριστερό μου χέρι
left *ουσ.μ.αρ.* αριστερή μεριά *on the left of the street* στην αριστερή μεριά του δρόμου
right *επίθ. & επίρρ.* δεξιός, δεξιά
right *ουσ.μ.αρ.* δεξιά μεριά *the shop on the right* το κατάστημα στη δεξιά μεριά *to the right of the church* στη δεξιά μεριά της εκκλησίας

inward *επίθ.* 1 [του μυαλού ή του πνεύματος] εσωτερικός, ενδόμυχος *inward peace* εσωτερική γαλήνη 2 [προς το εσωτερικό] προς τα μέσα *an inward curve* καμπύλη προς τα μέσα
inward 'Η **inwards** *επίρρ.* μέσα, προς τα μέσα **inwardly** *επίρρ.* εσωτερικά, ενδόμυχα
outward *επίθ.* 1 [στο σώμα] εξωτερικός, φαινομενικός *Her outward expression remained calm.* Παρέμεινε φαινομενικά ήρεμη. 2 [προς το εξωτερικό] προς τα έξω
outward 'Η **outwards** *επίρρ.* έξω, προς τα έξω **outwardly** *επίρρ.* εξωτερικά, φαινομενικά
clockwise *επίθ. & επίρρ.* κυκλικά προς τα δεξιά
anticlockwise *επίθ. & επίρρ.* (Βρετ.), **counterclockwise** (Αμερ.) κυκλικά προς τα αριστερά
sideways *επίθ. & επίρρ.* λοξά, πλάγια *We shuffled sideways.* Σύραμε τα βήματά μας προς το πλάι. *She gave me a sideways glance.* Μου έρριξε μια λοξή ματιά.
reverse *ρ.μ.α.* [χρησιμοποιείται κυρίως σε σχέση με οχήματα] κάνω όπισθεν *I reversed the car into the drive.* Μπήκα με όπισθεν στο δρομάκι του σπιτιού.
reverse *επίθ.* αντίθετος *in reverse order* αντίστροφα

φράση

as the crow flies [με την περισσότερο απευθείας πορεία] σε ευθεία γραμμή *It's ten miles by car, but only six as the crow flies.* Με αυτοκίνητο είναι δέκα μίλια, αλλά μόνο έξι σε ευθεία γραμμή.

319 Visit Επισκέπτομαι

δες επίσης **286 Wait, 434 Friendship**

visit *ρ.* 1 *ρ.μ.* [αντικ.: πρόσωπο] επισκέπτομαι *I visited* (Βρετ. & Αμερ.)/*visited with* (Αμερ.) *my parents last weekend.* Το περασμένο Σαββατοκύριακο επισκέφθηκα τους γονείς μου. *Are you going to visit him in hospital/prison?* Θα τον επισκεφθείς στο νοσοκομείο/στη φυλακή; *visiting hours* ώρες επισκέψεων 2 *ρ.μ.* [αντικ.: χώρα, πόλη, περιοχή, κτλ.] επισκέπτομαι *They visited Italy last year.* Πέρισυ επισκέφθηκαν την Ιταλία. 3 *ρ.μ.* [αντικ.: π.χ. μουσείο, ίδρυμα, από ενδιαφέρον ή για ψυχαγωγία] επισκέπτομαι 4 *ρ.μ.α.* [δίνω ή παίρνω επαγγελματική συμβουλή. Αντικ.: π.χ. γιατρός, οδοντίατρος, δικηγόρος, κτλ.] επισκέπτομαι *If symptoms persist please visit your doctor.* Αν τα συμπτώματα εξακολουθήσουν παρακαλούμε να επισκεφθείτε το γιατρό σας.

χρήση

Άτομα που έχουν μητρική γλώσσα την αγγλική συχνά χρησιμοποιούν **go to** αντί για **visit**, κυρίως σε περισσότερο ανεπίσημες περιπτώσεις, π.χ. *Did you go to Florence when you were in Italy?* (Πήγες στη Φλωρεντία όσο ήσουνα στην Ιταλία;) *We went to St Paul's Cathedral.* (Πήγαμε στον καθεδρικό ναό του Αγίου Παύλου.)

visit *ουσ.αρ.* (+ **to, from**) επίσκεψη *I might pay a visit to the British Museum.* Ίσως κάνω μια επίσκεψη στο Βρετανικό Μουσείο. *They had a visit from their son.* Είχαν επίσκεψη

από το γιο τους. *This isn't a social visit.* Αυτή δεν είναι κοινωνική επίσκεψη.
visitor *ουσ.αρ.* επισκέπτης *She doesn't get many visitors.* Δεν έχει πολλούς επισκέπτες. *Visitors are asked not to take photographs.* Οι επισκέπτες παρακαλούνται να μη βγάζουν φωτογραφίες.
stay *ρ.α.* (+ **with, at**) [περιλαμβάνει διανυκτέρευση στο μέρος που επισκέπτομαι] μένω *She's staying with friends.* Μένει με φίλους. *I stayed at a lovely hotel.* Έμεινα σε ένα καταπληκτικό ξενοδοχείο. *to stay the night* περνώ τη νύχτα
drop in *ρ.πρφ.α.* (συχνά + **on**) [ανεπίσημο, υπονοεί σύντομη και ανεπίσημη επίσκεψη] περνώ να δω (κάποιον) *I dropped in for coffee on my way to work.* Πέρασα από εκεί για καφέ πηγαίνοντας στη δουλειά.
guest *ουσ.αρ.* 1 [που προσκαλείται στο σπίτι κάποιου για μικρό χρονικό διάστημα ή για να μείνει] φιλοξενούμενος *We've got guests coming for dinner.* Έχουμε καλεσμένους που θα έρθουν για δείπνο. 2 [που προσκαλείται σε εστιατόριο και του πληρώνονται τα έξοδα] προσκεκλημένος *We were taken for a meal as guests of the company.* Βγήκαμε έξω για φαγητό σαν προσκεκλημένοι της εταιρείας. 3 [σε ξενοδοχείο] πελάτης *Guests are reminded that breakfast is at 8.* Υπενθυμίζουμε στους πελάτες μας ότι το πρόγευμα αρχίζει να σερβίρεται στις 8.
host (αρσ.), **hostess** (θηλ.) *ουσ.αρ.* οικοδεσπότης/ οικοδέσποινα

320 Distance Απόσταση

δες επίσης **435 Loneliness**

320.1 Κοντά

near επίρρ. & πρόθ. κοντά *I live near the church.* Μένω κοντά στην εκκλησία. *Do you live near (here)?* Μένεις (εδώ) κοντά; *She stood near me.* Στεκόταν κοντά μου.

near επίθ. [για απόσταση, χρόνο, βαθμό, κτλ.] κοντινός *I got into the nearest car.* Μπήκα στο πλησιέστερο αυτοκίνητο. *in the near future* στο κοντινό μέλλον *the near left wheel* ο αριστερότερος τροχός *Where is the nearest bank from here?* Πού είναι η κοντινότερη τράπεζα;

close επίθ. **1** (συχνά + **to**) [όσον αφορά απόσταση, χρόνο, βαθμό, κτλ.] κοντινός *Is your house close to an airport?* Το σπίτι σου βρίσκεται κοντά σε αεροδρόμιο; *It's close to my bedtime.* Πλησιάζει η ώρα που πάω για ύπνο. **2** [περιγράφει: π.χ. φίλο, συνάδελφο] στενός *We were very close.* Ήμασταν πολύ συνδεδεμένοι.

close επίρρ. (συχνά + **to**) κοντά *The lion was coming closer.* Το λιοντάρι ερχόταν όλο και πιο κοντά. *We stood close to the edge of the cliff.* Σταθήκαμε κοντά στην άκρη του γκρεμού. *Don't go too close to that dog.* Μην πλησιάσεις πολύ εκείνο το σκυλί.

closely επίρρ. από κοντά, στενά *We worked closely on the project.* Συνεργαστήκαμε στενά στην εργασία. *The sheep were packed closely into pens.* Τα πρόβατα ήταν πυκνά στριμωγμένα σε μάντρες.

χ ρ ή σ η

Το **near** και το **close** είναι πολύ παρόμοια σε έννοια. Όμως το **close** δε χρησιμοποιείται ποτέ μόνο του σαν πρόθεση, αλλά ακολουθείται πάντοτε από **to**: π.χ. *I stood near the tree.* (Στάθηκα κοντά στο δέντρο.) *I stood close to the tree.* (Στάθηκα κοντά στο δέντρο.)

---

next επίρρ. επόμενος, διπλανός *My house is next to the station.* Το σπίτι μου βρίσκεται δίπλα στο σταθμό. *I sat next to her.* Κάθησα δίπλα της. *I turned down the next street.* Έστριψα στον επόμενο δρόμο.

nearby επίθ. κοντινός, γειτονικός *a nearby village* ένα γειτονικό χωριό

nearby επίρρ. δίπλα, κοντά *I hid nearby and watched them.* Κρύφτηκα εκεί κοντά και τους παρακολούθησα.

χ ρ ή σ η

Μη χρησιμοποιήσετε το **nearby** σαν πρόθεση, η πρόθεση που χρειάζεστε είναι **near**.

---

local επίθ. τοπικός *local shops* τα καταστήματα της περιοχής *local government* τοπική αυτοδιοίκηση

locally επίρρ. τοπικά, στην περιοχή *Do you live locally?* Μένεις εδώ στην περιοχή;

local ουσ.αρ. **1** ντόπιος **2** μπιραρία της γειτονιάς *I'll see you tonight at my local.* Θα σε δω απόψε στη μπιραρία της περιοχής μου.

neighbouring (Βρετ.), **neighboring** (Αμερ.) επίθ. γειτονικός *The airport is opposed by residents of neighbouring villages.* Οι κάτοικοι γειτονικών χωριών αντιτίθενται στην κατασκευή του αεροδρομίου.

neighbour (Βρετ.), **neighbor** (Αμερ.) ουσ.αρ. γείτονας *my next-door-neighbour* ο διπλανός μου γείτονας *What will the neighbours think?* Τι θα πουν οι γείτονες;

φ ρ ά σ ε ι ς

in the vicinity (of) [επίσημο] πλησίον, στην περιοχή *There are roadworks in the vicinity of Junction 13.* Διεξάγονται οδικά έργα πλησίον της διασταύρωσης 13. *The castle gets in the vicinity of 10,000 visitors a year.* Το κάστρο επισκέπτονται περίπου 10,000 τουρίστες το χρόνο.

within reach (of) εφικτή απόσταση *London is within easy reach by train.* Το Λονδίνο είναι εύκολα προσιτό με τρένο. *When I'm on duty, I have to stay within reach of a phone.* Σε ώρες υπηρεσίας πρέπει να βρίσκομαι κοντά σε τηλέφωνο.

320.2 Μακριά

far επίρρ., συγκρ. **farther** 'ή **further**, υπερθ. **farthest** 'ή **furthest** μακριά *Have you travelled far?* Έχεις διανύσει μεγάλη απόσταση; *Edinburgh isn't far away.* Το Εδιμβούργο δεν είναι μακριά. *Do you live far from the office?* Μένεις μακριά από το γραφείο; *I was far from satisfied.* Δεν έμεινα καθόλου ικανοποιημένος.

far επίθ., συγκρ. **farther** 'ή **further**, υπερθ. **farthest** 'ή **furthest** μακρινός *Is the station far?* Είναι μακριά ο σταθμός; *Is it far to Paris?* Είναι μακριά το Παρίσι; *in the far distance* σε μεγάλη απόσταση

χ ρ ή σ η

Το **far** χρησιμοποιείται συνήθως σε ερωτήσεις ή αρνητικές προτάσεις. Σε καταφατικές προτάσεις συχνά χρησιμοποιείται η φράση **a long way**, π.χ. *'Is it far to Edinburgh?' 'Yes, it's a long way'/'No, it's not far.'* («Είναι μακριά το Εδιμβούργο;» «Ναι, είναι πολύ μακριά»/ «Όχι, δεν είναι μακριά».)

---

distant επίθ. μακρινός *distant lands* μακρινά μέρη *a distant memory* μακρινή ανάμνηση *the distant sound of voices* οι αμυδροί ήχοι φωνών *in the not-too-distant future* στο κοντινό μέλλον

distance ουσ.αρ.μ.αρ. απόσταση *I have to drive long distances to work.* Διανύω μεγάλες αποστάσεις με το αυτοκίνητο για να πάω στη δουλειά. *What's the distance between here and Manchester?* Ποια είναι η απόσταση από εδώ μέχρι το Μάντσεστερ; *I could see someone in the distance.* Ξεχώρισα κάποιον στο βάθος. *I keep my distance when she's in that mood!* Κρατώ απόσταση όταν έχει εκείνη τη διάθεση.

distance oneself ρ. (συνήθως + **from**) [φαίνομαι να μη συμμερίζομαι] μένω αμέτοχος *I tried to distance myself from their criticism of his work.* Προσπάθησα να μείνω αμέτοχος στις επικρίσεις τους για τη δουλειά του.

remote ουσ.αρ. [πολύ μακρινή και απομονωμένη περιοχή] απόμακρος, απόμερος *a remote island* ερημικό νησί *An agreement seems as remote as ever.* Η συμφωνία φαίνεται περισσότερο άπιαστη παρά ποτέ. *They don't have the remotest chance of success.* Δεν έχουν ούτε την παραμικρή πιθανότητα επιτυχίας.

remotely επίρρ. [συνήθως σε αρνητικές προτάσεις] ελάχιστα *I'm not remotely interested.* Ελάχιστα με ενδιαφέρει.

out-of-the-way επίθ. απόμερος *We visited all the little out-of-the-way places.* Επισκεφθήκαμε όλα τα απόμερα μέρη.

long way πολύ μακριά *It's a long way to Athens.* Η Αθήνα είναι μίλια μακριά. *I live a long way away.* Μένω μίλια μακριά. *We walked a long way.* Διανύσαμε μεγάλη απόσταση με τα πόδια. *It's a long way from being finished.* Θα αργήσει πολύ να τελειώσει.

321 Come Έρχομαι

δες επίσης **373 Get**

come *ρ.α.*, *αόρ.* **came**, *μτχ.αορ.* **come** έρχομαι *I've come to see Dr Smith.* Ήρθα για να δω τον Δρ. Σμίθ. *They came to tea.* Ήρθαν για τσάι. *Are you coming with us?* Θα έρθεις μαζί μας;

arrive *ρ.α.* (συχνά + **at**, **in**) φτάνω *We arrived at his house by car.* Φτάσαμε στο σπίτι του με αυτοκίνητο. *when summer arrives* όταν έρθει το καλοκαίρι *The train arrived 10 minutes late.* Το τρένο έφτασε με 10 λεπτά καθυστέρηση.
arrival *ουσ.μ.αρ.αρ.* άφιξη *On arrival, we were given a glass of sherry.* Με το που φτάσαμε μας έδωσαν ένα ποτήρι σέρι. *new arrivals to the firm* καινούριες προσλήψεις στην εταιρεία *Fog delayed all arrivals at Heathrow.* Η ομίχλη προκάλεσε καθυστέρηση σε όλες τις αφίξεις στο Χήθροου.

χρήση

Οι προθέσεις που χρησιμοποιούνται σε συνδυασμό με το **arrive** είναι **at** και **in**. Το **arrive at** αναφέρεται κυρίως σε κτίρια ή μικρά μέρη, και όχι σε μεγάλες πόλεις. Το **arrive in** αναφέρεται κυρίως σε μεγάλα μέρη όπως πόλεις, αλλά μπορεί επίσης να αναφέρεται και σε μικρές πόλεις ή χωριά. Το **arrive in** δεν αναφέρεται ποτέ σε κτίρια, π.χ. *We arrived at school at 9.30.* (Φτάσαμε στο σχολείο στις 9.30.) *We arrived in London yesterday.* (Φτάσαμε στο Λονδίνο χθές.) *She arrives in Spain next week.* (Φτάνει στην Ισπανία την ερχόμενη βδομάδα.)

reach *ρ.μ.* 1 [αντικ.: μέρος] φτάνω *We should reach Kansas before dawn.* Θα πρέπει να φτάσουμε στο Κάνσας πριν από το χάραμα. 2 [κατορθώνω ή επιτυγχάνω] φτάνω *when you reach my age* όταν φτάσεις στην ηλικία μου *to reach a target* επιτυγχάνω κάποιο στόχο

attend *ρ.μ.α.* [χρησιμοποιείται σε αρκετά επίσημες περιπτώσεις. Αντικ.: π.χ. συνεδρίαση, δικαστήριο] παρευρίσκομαι *I've been invited to attend the ceremony.* Με προσκάλεσαν να παρευρεθώ στην τελετή.
attendance *ουσ.μ.αρ.αρ.* προσέλευση *Your attendance at the hearing is required.* Η παρουσία σας στην ακρόαση είναι αναγκαία.

show up *ρ.πρφ.α.* [ανεπίσημο] εμφανίζομαι *Nigel showed up half an hour late.* Ο Νάιτζελ εμφανίστηκε μισή ώρα αργοπορημένος. *She wouldn't dare show up after what you said to her.* Δε θα τολμούσε να εμφανιστεί μετά από τα όσα της είπες.

321.1 Πλησιάζω

approach *ρ.μ.α.* πλησιάζω *We approached the dogs carefully.* Πλησιάσαμε τα σκυλιά προσεκτικά. *The evenings are dark now winter is approaching.* Τα βράδια είναι σκοτεινά τώρα που πλησιάζει ο χειμώνας.
approach *ουσ.* (δεν έχει *πληθ.*) προσέγγιση *We heard the car's approach.* Ακούσαμε το αυτοκίνητο να πλησιάζει. *the approach of death* το πλησίασμα του θανάτου

advance *ρ.α.* (συχνά + **on**, **towards**) [υπονοεί συγκεκριμένο σκοπό] προχωρώ *Troops advanced on the city.* Τα στρατεύματα προέλασαν προς την πόλη. *He advanced towards me, holding a knife.* Προχώρησε προς το μέρος μου κρατώντας μαχαίρι.
advance *ουσ.αρ.* (συχνά + **on**) [χρησιμοποιείται κυρίως σε στρατιωτικά κείμενα] προέλαση

321.2 Εμφανίζομαι

appear *ρ.α.* εμφανίζομαι *A light appeared in the distance.* Ένα φως εμφανίστηκε στο βάθος. *The plumber didn't appear until 11 o'clock.* Ο υδραυλικός δεν εμφανίστηκε πριν από τις 11 η ώρα.
appearance *ουσ.αρ.* εμφάνιση *We were startled by the appearance of a policeman.* Ξαφνιαστήκαμε με την εμφάνιση ενός αστυφύλακα.

turn up *ρ.α.* [ανεπίσημο. Συχνά χρησιμοποιείται σε σχέση με ξαφνικές εμφανίσεις] καταφτάνω *He always turns up late.* Φτάνει πάντα καθυστερημένος. (+ **to**) *Guess who turned up to my party.* Μάντεψε ποιος εμφανίστηκε ξαφνικά στο πάρτι μου.

emerge *ρ.α.* ξεπροβάλλω *He emerged from under the bedclothes.* Ξεπρόβαλε κάτω από τα σκεπάσματα. *A stream emerged from underground.* Ένα ρυάκι ξεπρόβαλε κάτω από τη γη.

322 Go Πηγαίνω, φεύγω

δες επίσης **L4 Leave-taking**

go *ρ.α.*, *αόρ.* **went**, *μτχ.αορ.* **gone** 1 (συχνά + **away**) [αφήνω κάποιο μέρος] πηγαίνω, φεύγω *Don't go yet.* Μη φύγεις ακόμα. *Where has she gone?* Πού πήγε; *The last bus went an hour ago.* Το τελευταίο λεωφορείο έφυγε πριν από μια ώρα. *Go away!* Φύγε! 2 [διαδρομή] πηγαίνω *a train going to London* ένα τραίνο για το Λονδίνο

leave *ρ.α.μ.*, *αόρ. & μτχ.αορ.* **left** φεύγω, αφήνω *We left at 6.* Φύγαμε στις 6. *I left my job in June.* Έφυγα από τη δουλειά μου τον Ιούνιο. *What time did you leave the party?* Ποια ώρα έφυγες από το πάρτι; *I left the office early.* Έφυγα νωρίς από το γραφείο.

χρήση

Συγκρίνετε τα πιο κάτω παραδείγματα: *Mike's gone to Spain.* (Ο Μάικ πήγε στην Ισπανία.) [που σημαίνει ότι ο Μάικ βρίσκεται ακόμα στην Ισπανία] *Mike's been to Spain.* (Ο Μάικ έχει πάει στην Ισπανία.) [που σημαίνει ότι ο Μάικ πήγε στην Ισπανία σε κάποιο σημείο στο παρελθόν αλλά δε βρίσκεται εκεί τώρα].

depart *ρ.α.* [περισσότερο επίσημο από το **leave** και το **go**. Χρησιμοποιείται κυρίως για δημόσια μέσα μεταφοράς] αναχωρώ *The train departs at four.* Το τρένο αναχωρεί στις τέσσερις. *when the last guests had departed* όταν είχαν αναχωρήσει και οι τελευταίοι καλεσμένοι

departure *ουσ.αρ.* αναχώρηση *Colleagues were puzzled by his sudden departure.* Οι συνάδελφοι απόρησαν με την ξαφνική του αναχώρηση. (σαν *επίθ.*, κυρίως σε σχέση με αεροπορικά ταξίδια) *departure lounge* αίθουσα αναχωρήσεων

withdraw *ρ.*, *αόρ.* **withdrew**, *μτχ.αορ.* **withdrawn** (συχνά + **from**) 1 *ρ.α.μ.* [κινούμαι προς τα πίσω, κυρίως μετά από ήττα. Υποκ./αντικ.: κυρίως στρατός] αποσύρω *δες επίσης* **248 War** 2 *ρ.α.* [επίσημο. Κινούμαι προς τα πίσω ή απομακρύνομαι] αποχωρώ *They withdrew from the scene in horror.* Αποχώρησαν με φρίκη από τη σκηνή. 3 *ρ.μ.* [αποσύρω. Αντικ.: π.χ. άδεια, υποστήριξη, παρατήρηση] αποσύρω *When he apologized, I withdrew my complaint.* Όταν απολογήθηκε, απέσυρα την καταγγελία μου.

withdrawal *ουσ.αρ.* αποχώρηση *the army's withdrawal from the occupied territory* η αποχώρηση των στρατευμάτων από την κατεχόμενη περιοχή

return *ρ.* 1 *ρ.α.* (συχνά + **from, to**) επιστρέφω *I will never return to my country.* Δε θα επιστρέψω ποτέ στη χώρα μου. *I returned home to find the house on fire.* Στην επιστροφή μου βρήκα το σπίτι ζωσμένο στις φλόγες. *He returned to work after a long illness.* Επέστρεψε στη δουλειά μετά από μακρόχρονη αρρώστια. 2 *ρ.μ.* (συχνά + **to**) [δίνω πίσω] επιστρέφω *I have to return my library books today.* Σήμερα πρέπει να επιστρέψω τα βιβλία στη βιβλιοθήκη. *I'm just returning your call.* Ανταποδίδω απλώς το τηλεφώνημά σας. *She borrowed my shampoo and didn't return it.* Δανείστηκε το σαμπουάν μου και δεν το επέστρεψε.

return *ουσ.* 1 *ουσ.αρ.μ.αρ.* επιστροφή *They celebrated his return from the war.* Γιόρτασαν την επιστροφή του από τον πόλεμο. *On my return, I was greeted by a crowd of wellwishers.* Στην επιστροφή μου με υποδέχτηκε ένα πλήθος καλοθελητών. *(σαν επίθ.) the return voyage* το ταξίδι της επιστροφής 2 [δίνω πίσω] επιστροφή *The government demanded the immediate return of all hostages.* Η κυβέρνηση ζήτησε την άμεση επιστροφή όλων των ομήρων.

φράσεις

Ανεπίσημες φράσεις που ζητούν από κάποιον να φύγει:
clear off/out! [λέγεται π.χ. σε παρείσακτο] στρίβε!
get out (of here)! [συχνά υπονοεί θυμό και περιφρόνηση] εξαφανίσου!
piss off! *(Βρετ.)* [έντονο και προσβλητικό] στα τσακίδια!
On yer bike! *(κυρίως Βρετ.)* [δεν είναι πολύ έντονο, μπορεί να είναι ελαφρά χιουμοριστικό] χάσου από δώ!
get lost! [εκφράζει θυμό] τσακίσου!

322.1 Φεύγω, ξεγλιστρώ

run away *ρ.πρφ.α.* (συχνά + **from**) φεύγω, το σκάω *We ran away when we heard his voice.* Το βάλαμε στα πόδια όταν ακούσαμε τη φωνή του. *to run away from home* το σκάω από το σπίτι *It's no good running away from your problems.* Δεν ωφελεί να το βάζεις στα πόδια όταν συναντάς προβλήματα.

flee *ρ.α.μ.,* αόρ. & μτχ.αορ. **fled** (συχνά + **from**) [λογοτεχνικό] τρέπομαι σε φυγή *They were forced to flee from the advancing army.* Αναγκάστηκαν να τραπούν σε φυγή μπροστά στον στρατό που προχωρούσε. *to flee the*

country εγκαταλείπω τη χώρα

flight *ουσ.αρ.μ.αρ.* φυγή *to put sb to flight* τρέπω κάποιον σε φυγή *The intruders took flight when the alarm sounded.* Οι παρείσακτοι τράπηκαν σε φυγή όταν ήχησε ο συναγερμός.

retreat *ρ.α.* (συχνά + **from**) [υποκ.: κυρίως στρατού] υποχωρώ *A series of explosions caused the crowd to retreat in confusion.* Σειρά εκρήξεων έκανε το πλήθος να αποτραβηχτεί αναστατωμένο.

retreat *ουσ.αρ.μ.αρ.* (συχνά + **from, to**) υποχώρηση *When he drew a knife I beat a hasty retreat.* Όταν τράβηξε μαχαίρι οπισθοχώρησα βιαστικά. *We would not fire on an army in retreat.* Δε θα ανοίγαμε πυρ σε στρατό που οπισθοχωρεί.

desert *ρ.α.* 1 εγκαταλείπω *His friends deserted him.* Οι φίλοι του τον εγκατέλειψαν. 2 (συχνά + **from**) [από στρατό] λιποτακτώ **desertion** *ουσ.αρ.* εγκατάλειψη, λιποταξία
*δες επίσης **248 War**

abandon *ρ.μ.* 1 [υπονοεί ανευθυνότητα και σκληρότητα] εγκαταλείπω *I couldn't just abandon the children.* Δε θα μπορούσα να εγκαταλείψω τα παιδιά. *They abandoned us to our fate.* Μας εγκατέλειψαν στην τύχη μας.
2 [παρατούμαι] εγκαταλείπω *We had to abandon our plans for a big wedding.* Αναγκαστήκαμε να εγκαταλείψουμε τα σχέδιά μας για έναν πλούσιο γάμο. *We have not abandoned hope that he is alive.* Δε σταματήσαμε να ελπίζουμε ότι είναι ζωντανός.

turn tail [κάπως ανεπίσημο. Υπονοεί φόβο ή δειλία] με την ουρά στα σκέλια *When the intruders saw us they turned tail and fled.* Όταν μας είδαν οι παρείσακτοι έφυγαν με την ουρά στα σκέλια.

322.2 Εξαφανίζομαι

disappear *ρ.α.* εξαφανίζομαι *She disappeared behind a screen.* Εξαφανίστηκε πίσω από ένα παραβάν. *Some beautiful countryside is disappearing.* Η πανέμορφη ύπαιθρος εξαφανίζεται. *All that food disappeared in minutes.* Όλο εκείνο το φαγητό εξαφανίστηκε σε μερικά λεπτά. *My diary has disappeared from my drawer.* Το ημερολόγιό μου έχει εξαφανιστεί από το συρτάρι μου. **disappearance** *ουσ.αρ.μ.αρ.* εξαφάνιση

vanish *ρ.α.* [περιγράφει πιο πλήρη και μόνιμη κατάσταση από το **disappear**] εξαφανίζομαι *The image vanished from the screen.* Η εικόνα χάθηκε από την οθόνη. *He simply vanished into thin air.* Έγινε καπνός.

---

323 Bring Φέρνω

δες επίσης **336 Hold, 337 Carry, 375 Take**

bring *ρ.μ.,* αόρ. & μτχ.αορ. **brought** 1 φέρνω *I've brought you some flowers.* Σου έφερα λίγα λουλούδια. *Will you be bringing a friend to the party?* Θα φέρεις κάποιο φίλο σου στο πάρτι; *Will you bring me back a present?* Θα μου φέρεις δώρο από εκεί που θα πας; 2 προκαλώ *The announcement brought loud applause from the audience.* Η ανακοίνωση έγινε δεκτή από το ακροατήριο με δυνατό χειροκρότημα.

deliver *ρ.μ.α.* [συνήθως σε σχέση με εμπορικά θέματα] παραδίνω *Our new bed was delivered last week.* Μας παρέδωσαν το καινούριο μας κρεβάτι την περασμένη βδομάδα.

delivery *ουσ.αρ.μ.αρ.* παράδοση *We took delivery of a large parcel.* Παραλάβαμε ένα μεγάλο δέμα.

transport *ρ.μ.* [συνήθως σε σχέση με εμπορικά θέματα. Υπονοεί μεγάλα φορτία και αποστάσεις] μεταφέρω *The*

aircraft was adapted to transport racehorses abroad. Το αεροσκάφος μετατράπηκε ανάλογα για να μεταφέρει άλογα κούρσας στο εξωτερικό. **transportation** *ουσ.μ.αρ.* μεταφορά

χρήση

Συγκρίνετε το **bring** (φέρνω) και το **take** (πηγαίνω). Η διαφορά μεταξύ τους είναι παρόμοια με τη διαφορά μεταξύ του **come** (έρχομαι) και του **go** (πηγαίνω). Όταν χρησιμοποιούμε το **bring**, τότε μαζί με το αντικείμενο έρχεται στο ίδιο μέρος και το πρόσωπο. Όταν χρησιμοποιούμε το **take**, τότε μαζί με το αντικείμενο πάει στο ίδιο μέρος και το πρόσωπο. Π.χ. *Shall I bring a bottle of wine to your party?* (Να φέρω ένα μπουκάλι κρασί στο πάρτι σου;) *I'm taking the children to the seaside.* (Θα πάω τα παιδιά στην παραλία.)

fetch ρ.μ. (πηγαίνω και) φέρνω *Would you fetch my shoes from the bedroom?* Μπορείς να πας να μου φέρεις τα παπούτσια μου από την κρεβατοκάμαρα; *I fetched him his meal.* Πήγα και του έφερα το φαγητό του. *Go and fetch her mother.* Πήγαινε να φωνάξεις τη μητέρα της.

drop off sth/sb 'H **drop** sth/sb **off** ρ.πρφ.μ. (συχνά + **at**) αφήνω *I dropped him off outside the station.* Τον άφησα έξω από το σταθμό.

χρήση

'Οταν χρησιμοποιούμε το **fetch**, τότε το πρόσωπο πηγαίνει να φέρει το αντικείμενο από κάπου και το έχει μαζί του στην επιστροφή. *δες επίσης τη χρήση του **bring**.

324 Avoid Αποφεύγω

δες επίσης **445 Hate and Dislike**

avoid ρ.μ. **1** [δεν πλησιάζω] αποφεύγω *I think he's avoiding me.* Νομίζω οτι με αποφεύγει.*They're dangerous people – I avoid them like the plague.* Είναι επικίνδυνα άτομα, τους αποφεύγω όπως ο διάβολος το λιβάνι. **2** [εμποδίζω κάποιον ή τον εαυτό μου από το να κάνει κάτι] αποφεύγω *I avoid physical exercise when possible.* Αποφεύγω τη σωματική άσκηση όποτε είναι δυνατό. *Don't get into conversation with him if you can avoid it.* Μην αρχίσεις κουβέντα μαζί του αν μπορείς να το αποφύγεις. *You can't avoid noticing it.* Δεν μπορείς να μην το προσέξεις. **avoidance** ουσ.μ.αρ. αποφυγή

evade ρ.μ. **1** [κυρίως με ανέντιμα μέσα. Αντικ.: π.χ. καθήκον] διαφεύγω *He evaded conscription by feigning illness.* Απέφυγε τη στρατολογία κάνοντας τον άρρωστο. **2** [ξεφεύγω από. Αντικ.: π.χ. επιτιθέμενος, διώκτης] ξεφεύγω

evasion ουσ.μ.αρ. [με ανέντιμα μέσα] αποφυγή *tax evasion* φοροδιαφυγή

evasive επίθ. **1** [υποτιμητικό] διφορούμενος, ασαφής *evasive answers* ασαφείς απαντήσεις **2** [για να αποφύγω κίνδυνο, κτλ.] *to take evasive action* παίρνω μέτρα αποφυγής

dodge ρ. **1** ρ.μ.α. [κινούμαι ξαφνικά] ξεγλιστρώ *She dodged behind the screen when she saw them approach.* Ξεγλίστρησε πίσω από το παραβάν όταν τους άκουσε να πλησιάζουν. *We ran, dodging falling rocks.* Τρέξαμε, αποφεύγοντας τους βράχους που έπεφταν. **2** ρ.μ. [συχνά υποτιμητικό. Αποφεύγω, κυρίως με κόλπο] ξεγλιστρώ *She's always trying to dodge cleaning duty.* Πάντα προσπαθεί να ξεγλιστρήσει από τα καθήκοντα καθαρίσματος. *I managed to dodge the question.* Κατάφερα να αποφύγω την ερώτηση.

duck ρ.α.μ. [χαμηλώνω το κεφάλι ή ολόκληρο το σώμα] σκύβω γρήγορα *He ducked (his head) as the stone flew* towards him. 'Εσκυψε γρήγορα (το κεφάλι του) καθώς η πέτρα κατευθυνόταν προς το μέρος του. *Duck!* Σκύψε!

duck out of sth ρ.πρφ.μ. [ανεπίσημο. Συχνά υπονοεί ότι αποφεύγω τις ευθύνες μου] ξεγλιστρώ *You said you'd take me swimming – don't try to duck out of it now.* Είπες ότι θα με πήγαινες για κολύμπι, μην προσπαθείς να ξεγλιστρήσεις τώρα.

shirk ρ.α.μ. [υποτιμητικό. Υπονοεί τεμπελιά] αποφεύγω *People won't respect you if you shirk your responsibilities.* Οι άλλοι δε θα σε σέβονται αν παραμελείς τις ευθύνες σου.

get out of sth ρ.πρφ.μ. (συχνά + -ing) [αποφεύγω να κάνω κάτι που είναι δική μου ευθύνη] ξεφεύγω *I managed to get out of going to the meeting.* Κατάφερα να ξεγλιστρήσω από το να πάω στη συνάντηση.

φράσεις

give sb/sth a wide berth [δεν πλησιάζω] αποφεύγω *I'd give that area a wide berth in the tourist season.* Θα σε συμβούλευα να αποφύγεις εκείνο το μέρος κατά τη διάρκεια της τουριστικής σεζόν.

steer clear of sb/sth [δεν πλησιάζω, δεν ανακατεύομαι] αποφεύγω *I'd steer clear of the town centre, the traffic's awful.* Θα σε συμβούλευα να αποφύγεις το κέντρο της πόλης, η κυκλοφορία εκεί είναι φοβερή.

have nothing to do with sb/sth δεν έχω καμμιά σχέση με κάποιον/κάτι *Since she came out of prison, he refuses to have anything to do with her.* Από τότε που βγήκε από τη φυλακή αρνείται να έχει οποιαδήποτε σχέση μαζί της. *She claims she has nothing to do with her son's business affairs.* Ισχυρίζεται ότι δεν έχει καμία σχέση με τις εμπορικές δοσοληψίες του γιου της.

325 Early Νωρίς

early επίθ. **1** [πριν από τη σωστή ή τη συνηθισμένη ώρα] πρόωρος *My bus was early today.* Το λεωφορείο μου ήρθε νωρίτερα σήμερα. (+ **for**) *I was 10 minutes early for the meeting.* 'Εφτασα για τη συνάντηση 10 λεπτά νωρίτερα. **2** [στην αρχή μέρας ή χρονικής περιόδου] πρωινός, αρχικός *an early-morning meeting* μια συνεδρίαση νωρίς το πρωί *the early 1920s* η αρχή της δεκαετίας του '20

early επίρρ. **1** [πριν από τη σωστή ή τη συνηθισμένη ώρα] νωρίς *I usually get up early.* Συνήθως ξυπνάω νωρίς. *She arrived earlier than the others.* 'Εφτασε νωρίτερα από τους άλλους. *We left early to avoid the traffic.* Φύγαμε νωρίς για να αποφύγουμε το μποτιλιάρισμα. **2** [στην αρχή μέρας ή χρονικής περιόδου] νωρίς *We went to Rome earlier in the* year. Πήγαμε στη Ρώμη στην αρχή του χρόνου. *early in the morning* νωρίς το πρωί

premature επίθ. **1** [πριν από το σωστό ή τον προκαθορισμένο χρόνο] πρόωρος *The baby was 2 months premature.* Το μωρό γεννήθηκε 2 μήνες πρόωρα. *her premature death* ο πρόωρος θάνατός της **2** [υποτιμητικό. Νωρίτερα από οτι είναι φρόνιμο ή ευπρεπές] πρόωρος *The celebrations turned out to be premature.* Οι εορτασμοί αποδείχτηκαν πρόωροι.

too soon υπερβολικά νωρίς *Friday is too soon – I won't be ready by then.* Την Παρασκευή είναι υπερβολικά νωρίς, δε θα προλάβω να ετοιμαστώ μέχρι τότε.

326 Late Αργά

δες επίσης **330 Delay**

late επίθ. **1** [μετά από τη σωστή ή τη συνηθισμένη ώρα] καθυστερημένος (+ **for**) *She was late for work.* 'Εφτασε αργοπορημένη στη δουλειά της. *You're too late – all the* tickets have been sold. 'Αργησες – όλα τα εισιτήρια έχουν πουληθεί. *We were too late to save him.* Φτάσαμε πολύ αργά για να τον σώσουμε. *We'll have a late lunch.* Θα γευματίσουμε αργά. **2** [στο τέλος μέρας ή χρονικής περιόδου] αργοπορημένος *late afternoon* αργά το απόγευμα *the late 1980s* στο τέλος της δεκαετίας του '80 *the late-night movie* η ταινία που προβάλλεται αργά τη νύχτα

late *επίρρ.* **1** [μετά από τη σωστή ή τη συνηθισμένη ώρα] αργά *They arrived late for the concert.* Έφτασαν αργά για τη συναυλία. **2** [στο τέλος μέρας ή χρονικής περιόδου] αργά *It happened late at night.* Συνέβη αργά τη νύχτα.

eventually *επίρρ.* τελικά *We eventually saved enough to buy a car.* Τελικά εξοικονομήσαμε αρκετά για να αγοράσουμε αυτοκίνητο. *Eventually I hope to run my own business.* Με τον καιρό ελπίζω να διευθύνω τη δική μου επιχείρηση. *We got there eventually.* Τελικά φτάσαμε εκεί.

eventual *επίθ.* τελικός *The eventual outcome of the project was successful.* Το τελικό αποτέλεσμα της μελέτης ήταν επιτυχημένο.

overdue *επίθ.* **1** [αργοπορημένος] καθυστερημένος *The baby is a week overdue.* Το μωρό έπρεπε να είχε γεννηθεί πριν από μια βδομάδα. **2** [που θα έπρεπε να είχε ήδη γίνει, πληρωθεί, επιστραφεί, κτλ.] ληξιπρόθεσμος *This letter is long overdue.* Αυτό το γράμμα είναι καθυστερημένο. *overdue library books* βιβλία που έπρεπε να είχαν επιστραφεί στη βιβλιοθήκη

last minute την τελευταία στιγμή *a few last-minute adjustments* μερικές προσαρμογές της τελευταίας στιγμής *He always leaves it until the very last minute to do his work.* Περιμένει πάντα μέχρι την τελευταία στιγμή για να κάνει τη δουλειά του.

eleventh hour [ακούγεται περισσότερο δραματικό από το *last minute.* Χρησιμοποιείται σε σχέση με προσπάθειες για αλλαγή ή βελτίωση κατάστασης] την τελευταία στιγμή *an eleventh-hour bid to save the company* μια προσπάθεια την τελευταία στιγμή για να σωθεί η εταιρεία *The government stepped in at the eleventh hour with a substantial grant.* Η κυβέρνηση επενέβη την τελευταία στιγμή με μια αξιόλογη επιχορήγηση.

late in the day [συχνά χρησιμοποιείται αποδοκιμαστικά και υπονοεί ότι η πράξη έγινε πολύ αργά για να κάνει κάποια διαφορά] κατόπιν εορτής *It's a bit late in the day to say you're sorry now.* Δεν ωφελεί να απολογείσαι τώρα, κατόπιν εορτής.

not before time/about time too [συχνά λέγεται με θυμό και τονίζει ότι η πράξη ή το γεγονός έπρεπε να είχε γίνει νωρίτερα] καιρός ήταν *They're getting married, and not before time.* Πρόκειται να παντρευτούν, καιρός ήταν! *He's been promoted – about time too!* Πήρε προαγωγή, καιρός ήταν!

327 On time Στην ώρα

on time στην ώρα (του) *She always gets to work on time.* Πάντοτε φτάνει στο γραφείο στην ώρα της. *Are the trains running on time?* Τα τρένα αναχωρούν στην ώρα τους; (+ **for**) *We were on time for the meeting.* Ήμασταν στην ώρα μας για τη συνάντηση.

in time εγκαίρως (+ **to** + ΑΠΑΡΕΜΦΑΤΟ) *We didn't get there in time to help them.* Δε φτάσαμε εκεί εγκαίρως για να μπορέσουμε να τους βοηθήσουμε. (+ **for**) *They arrived in time for the party.* Έφτασαν εγκαίρως για το πάρτι. *We'll never get this finished in time.* Αδύνατο να το τελειώσουμε εγκαίρως.

Προσέξτε να μη μπερδεύετε το **on time** και το **in time**.

punctual *επίθ.* [που φτάνει στην προκαθορισμένη ώρα] ακριβής *I always try to be punctual.* Προσπαθώ πάντοτε να είμαι στην ώρα μου.

punctually *επίρρ.* ακριβώς *Make sure you get there punctually.* Βεβαιώσου ότι θα φτάσεις εκεί στην ώρα σου. **punctuality** *ουσ.μ.αρ.* ακρίβεια

prompt *επίθ.* **1** [δρω γρήγορα ή αμέσως] άμεσος, γρήγορος *her prompt acceptance of the offer* η πρόθυμη αποδοχή της στην προσφορά **2** [στην ώρα] ακριβώς *six o'clock prompt* στις έξι η ώρα ακριβώς

promptly *επίρρ.* άμεσα *He acted promptly to avert disaster.* Έδρασε άμεσα για να αποτρέψει την καταστροφή. *He promptly withdrew his offer.* Απέσυρε γρήγορα την προσφορά του.

on the dot ακριβώς στην ώρα *He arrived at three o'clock on the dot.* Έφτασε στις τρεις η ώρα ακριβώς.

328 Ready Έτοιμος

δες επίσης **278 Eager**

ready *επίθ.* (συχνά + **to** + ΑΠΑΡΕΜΦΑΤΟ) **1** (συχνά + **for**) έτοιμος *Is dinner ready?* Είναι έτοιμο το δείπνο; *Are you ready to go?* Είσαι έτοιμος για να φύγεις; *I'll get the spare room ready for her.* Θα της ετοιμάσω το δωμάτιο των ξένων. *I feel ready for anything.* Νοιώθω έτοιμος για όλα. **2** [πρόθυμος ή ενθουσιώδης] πρόθυμος *He's always ready to help others.* Είναι πάντοτε πρόθυμος να βοηθήσει τους άλλους. *You're too ready to mock.* Είσαι υπερβολικά βιαστικός στο να κοροϊδεύεις τους άλλους.

readiness *ουσ.μ.αρ.* [είμαι έτοιμος] ετοιμότητα *The bags were packed in readiness for the journey.* Οι αποσκευές ήταν έτοιμες για το ταξίδι. **2** προθυμία

readily *επίρρ.* πρόθυμα *They agreed readily to the plan.* Συμφώνησαν πρόθυμα με το σχέδιο. *readily available* πολύ εύκολα διαθέσιμο

prepare *ρ.μ.α.* **1** [φέρνω στην κατάλληλη κατάσταση] ετοιμάζω *Before painting, I prepared the walls by filling the cracks.* Πριν αρχίσω το μπογιάτισμα ετοίμασα τους τοίχους γεμίζοντας τις χαραμάδες. *Prepare yourself for a shock.* Ετοιμάσου για σοκ. *Prepare for take-off.*

Ετοιμαστείτε για την απογείωση. **2** [κάνω. Αντικ.: π.χ. γεύμα, ομιλία] ετοιμάζω *The children prepared a concert for their parents.* Τα παιδιά ετοίμασαν μια συναυλία για τους γονείς τους. **3** [κάνω σχέδια και διευθετήσεις] ετοιμάζω *We're preparing for visitors.* Ετοιμαζόμαστε για επισκέψεις.

Ενώ θα ήταν σωστό να χρησιμοποιήσουμε το **prepare** σε σχέση με φαγητό ή κάποιο γεύμα, αυτό ακούγεται αρκετά επίσημο και χρησιμοποιείται περισσότερο σε επίσημες περιπτώσεις όπως σε εστιατόρια, π.χ. *Our food is prepared using only the finest ingredients.* (Τα φαγητά μας παρασκευάζονται μόνο με άριστης ποιότητας υλικά.) Σε περισσότερο ανεπίσημες και καθημερινές καταστάσεις χρησιμοποιούνται περισσότερο τα ρήματα **get** και **make**, π.χ. *He got up and made breakfast.* (Σηκώθηκε και έφτιαξε πρόγευμα.) *Shall I get you some lunch?* (Να σου ετοιμάσω μεσημεριανό;)

preparation ουσ. (συχνά + **for**) **1** ουσ.μ.αρ. προετοιμασία No amount of preparation could have averted this disaster. Καμιά προετοιμασία δε θα μπορούσε να αναχαιτίσει αυτή την καταστροφή. Did you do much preparation for the interview? Έκανες πολλή προετοιμασία για τη συνέντευξη; **2** ουσ.αρ. (συνήθως πληθ.) προετοιμασίες Preparations for

the wedding are in hand. Οι προετοιμασίες για το γάμο είναι υπό έλεγχο.

set επίθ. (συχνά + **to** + ΑΠΑΡΕΜΦΑΤΟ. Συχνά προηγείται από **all**) έτοιμος I was (all) set to go when James phoned. Ήμουνα έτοιμος να φύγω όταν τηλεφώνησε ο Τζέιμς.

329 Soon Σύντομα

soon επίρρ. **1** [σε μικρό χρονικό διάστημα] σύντομα I'll be thirty soon. Σύντομα θα κλείσω τα τριάντα. You'll soon improve. Σύντομα θα βελτιωθείς. I soon realized my mistake. Σύντομα αντιλήφθηκα το λάθος μου. We left soon after lunch. Φύγαμε λίγο μετά το γεύμα. Don't worry, you'll find it **sooner or later**. Μην ανησυχείς, αργά ή γρήγορα θα το βρεις. **No sooner** had I finished one drink **than** another appeared. Προτού προλάβω να τελειώσω το ένα ποτό, εμφανιζόταν άλλο. **2** [γρήγορα] σύντομα Please return this form as soon as possible. Παρακαλώ επιστρέψτε αυτό το έντυπο το συντομότερο. Could you type this letter for me? **The sooner the better**. Θα μπορούσες να δακτυλογραφήσεις αυτό το γράμμα; Όσο πιο νωρίς τόσο το καλύτερο.

shortly επίρρ. [περισσότερο επίσημο από το **soon**] προσεχώς, σε λίγο The mayor will be arriving shortly. Ο δήμαρχος θα αφιχθεί σε λίγο. We will shortly be entering the high-security area. Σε λίγο θα μπούμε στην αυστηρά ελεγχόμενη περιοχή. Dr Green will be with you shortly. Ο Δρ. Γκρην θα σας δει σε λίγο.

presently επίρρ. **1** (Βρετ.) σε λίγο I'll be back presently. Θα

επιστρέψω σε λίγο. **2** (κυρίως Αμερ.) [τώρα] προς το παρόν The President is presently visiting Argentina. Αυτή τη στιγμή ο Πρόεδρος πραγματοποιεί επίσκεψη στην Αργεντινή.

χρήση

Η αμερικάνικη χρήση του **presently** με την έννοια του **now** γίνεται όλο και περισσότερο κοινό φαινόμενο στα βρετανικά Αγγλικά.

next επίρρ. επόμενος I won't ask her next time. Την επόμενη φορά δε θα την προσκαλέσω. When's our next meeting? Πότε θα γίνει η επόμενή μας συνάντηση;

φράσεις

in a minute/moment/second [ελαφρά ανεπίσημο] σε ένα λεπτό I'll do it in a moment. Θα το κάνω σε ένα λεπτό. **any minute/moment/second/time now** όπου νάναι We're expecting an announcement any minute now. Αναμένουμε ανακοίνωση όπου νάναι.

330 Delay Καθυστερώ

δες επίσης **245 Hinder, 326 Late**

delay ρ. **1** ρ.μ. καθυστερώ We were delayed at customs. Μας καθυστέρησαν στο τελωνείο. Production was delayed by strikes. Οι απεργίες καθυστέρησαν την παραγωγή. The plane was delayed by an hour. Το αεροπλάνο είχε μια ώρα καθυστέρηση. **2** ρ.μ. αναβάλλω We've delayed the wedding until my mother is out of hospital. Αναβάλαμε το γάμο μέχρι να βγει η μητέρα μου από το νοσοκομείο. **3** ρ.α. [δρω αργά] καθυστερώ If you delay, you'll miss the offer. Αν δε βιαστείτε, θα χάσετε την προσφορά.

delay ουσ.αρ.μ.αρ. καθυστέρηση Fog caused delays on the roads. Η ομίχλη προκάλεσε καθυστέρηση στους δρόμους. What's the delay? Σε τι οφείλεται η καθυστέρηση; A month's delay in production could bankrupt us. Ενός

μηνός καθυστέρηση στην παραγωγή θα μπορούσε να μας χρεωκοπήσει. There will be a delay of two hours on all flights out of Heathrow. Όλες οι πτήσεις από το Χήθροου θα αναχωρήσουν με δύο ώρες καθυστέρηση.

postpone ρ.μ. (συχνά + **to, until**) [αντικ.: π.χ. σπορ, αγώνας, επίσκεψη] αναβάλλω We've postponed the trip until after the New Year. Αναβάλαμε το ταξίδι μέχρι το νέο χρόνο. **postponement** ουσ.μ.αρ.αρ. αναβολή

put (sth) **off** ή **put off** (sth) ρ.πρφ.μ. (συχνά + **until**) αναβάλλω, καθυστερώ I've put off the meeting until we have all the figures. Ανέβαλα τη συνάντηση μέχρι να έχουμε όλα τα στοιχεία.

331 Containers Δοχεία

δες επίσης **192.3 Accessories, 317.4 Travel**

container ουσ.αρ. [γενικός όρος που περιγράφει όλα τα αντικείμενα σε αυτό το κεφάλαιο] δοχείο, θήκη We need to find a suitable container for your coin collection. Πρέπει να βρούμε την κατάλληλη θήκη για τη συλλογή νομισμάτων σου.

receptacle ουσ.αρ. [περισσότερο επίσημο από το **container**] δοχείο, θήκη

331.1 Συσκευασία

box ουσ.αρ. κουτί, κιβώτιο a box of matches κουτί με σπίρτα box ρ.μ. [βάζω σε κουτιά] συσκευάζω
packet ουσ.αρ. [μπορεί να είναι σακούλι, περιτύλιγμα ή χαρτόνι] πακέτο

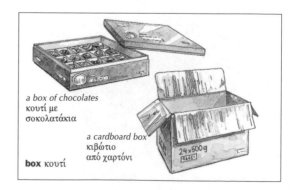

a box of chocolates
κουτί με σοκολατάκια

a cardboard box
κιβώτιο
από χαρτόνι

box κουτί

24 x 500g

a bag/packet of crisps (Βρετ.),
a bag of potato chips (Αμερ.)
ένα σακουλάκι με πατατάκια/
τσιπς

a packet of cigarettes (Βρετ.), pack
of cigarettes (Αμερ.) ένα πακέτο
τσιγάρα

a packet of biscuits (Βρετ.),
package of cookies (Αμερ.)
ένα κουτί μπισκότα

packet πακέτο

pack (Βρετ. & Αμερ.), **packet** (κυρίως Αμερ.) ουσ.αρ. πακέτο

carton ουσ.αρ. 1 που περιέχει υγρά ή ρευστές ουσίες]
χαρτόκουτο 2 [μεγάλο κουτί απο χαρτόνι που συχνά
χρησιμοποιείται για τη συσκευασία αντικειμένων] κούτα

carton of milk ένα
χρτόκουτο με γάλα

a carton of yogurt (Βρετ. & Αμερ.),
a pot of yogurt (Βρετ.) ένα κεσεδάκι
με γιαούρτι

carton χαρτόκουτο

tube ουσ.αρ. [δοχείο για μαλακές και υγρές ουσίες,
συνήθως μεταλλικό ή πλαστικό με μακρύ και στενό σχήμα
και με κάλυμμα στη μια άκρη] σωληνάριο a tube of
toothpaste ένα σωληνάριο οδοντόπαστα a tube of ointment
ένα σωληνάριο με αλοιφή

a can/tin of peas
μπιζέλια κονσέρβα

a can of beer ένα
κουτί μπίρα

a watering can
ποτιστήρι

can κουτί

can ουσ.αρ. 1 [σφραγισμένο κουτί για τρόφιμα και ποτά]
κονσέρβα 2 [μεταλλικό δοχείο, συνήθως κυλινδρικό και με
καπάκι] μπιτόνι, τενεκές an oil can τενεκές λαδιού

---

tin (Βρετ.), **can** (κυρίως Αμερ.) ουσ.αρ. 1 [σφραγισμένα
δοχεία για τρόφιμα] κονσέρβα a tin of tomatoes ντομάτες
κονσέρβα 2 [μεταλλικό δοχείο με καπάκι] κουτί a biscuit
tin κουτί από μπισκότα

tin can ουσ.αρ. [το κουτί όταν είναι άδειο] κονσερβοκούτι

331.2 Κυλινδρικά δοχεία (συνήθως για μαλακές ή υγρές ουσίες)

jar ουσ.αρ. [κυλινδρικό δοχείο με πλατύ στόμιο και με
πώμα] βάζο

a jar of jam (Βρετ. & Αμερ.),
a pot of jam (Βρετ.) βάζο με
μαρμελάδα

a jar of sweets βάζο
με καραμέλες

jar βάζο

pot ουσ.αρ. 1 [μικρό δοχείο παρόμοιο με βάζο ή κουτί] βάζο
a pot of jam ένα βάζο με μαρμελάδα a pot of yogurt ένα
κεσεδάκι με γιαούρτι 2 [όταν χρησιμοποιείται στο
μαγείρεμα] κατσαρόλα, μπρίκι **pots and pans** κατσαρολικά
3 ή **flowerpot** γλάστρα

a pot of face
cream βαζάκι
με κρέμα
προσώπου

a pot of paint ένας
τενεκές μπογιά

a flowerpot
γλάστρα

pot βάζο

tub ουσ.αρ. [κυλινδρικό δοχείο, συνήθως με κάλυμμα,
μεγαλύτερο από το **pot** αλλά αρκετά πλατύ και χωρίς πολύ
βάθος] κάδος a tub of ice cream ένα κουτί παγωτό a tub of
margarine ένα κουτί μαργαρίνη

bottle *ουσ.αρ.* μπουκάλι *a bottle of wine* ένα μπουκάλι κρασί *a bottle of perfume* ένα μπουκαλάκι άρωμα *a hot water bottle* [από καουτσούκ] θερμοφόρα
bottle *ρ.μ.* 1 [βάζω σε μπουκάλια] εμφιαλώνω 2 (*Βρετ.*), **can** (*Αμερ.*) [διατηρώ φρούτα σε μπουκάλια] εμφιαλώνω

a baby's bottle ένα μπιμπερό
a wine bottle ένα μπουκάλι κρασιού
a bottle of perfume ένα μπουκαλάκι άρωμα
a milk bottle ένα μπουκάλι για γάλα
a hot water bottle μια θερμοφόρα
bottle μπουκάλι

flask *ουσ.αρ.* 1 'Η **thermos flask** θερμός 2 'Η **hip flask** [μικρό πλακέ μπουκάλι για τη μεταφορά αλκοόλ] πλακέ μπουκάλι (τσέπης)

331.3 Για αποθήκευση και μεταφορά

crate *ουσ.αρ.* [σκληρό κιβώτιο, συνήθως από ξύλο, που χρησιμοποιείται για τη μεταφορά εμπορευμάτων και μερικές φορές αγροτικών ζώων] καφάσι, κλούβα *Crates of medical supplies were sent.* Στάλθηκαν κιβώτια με ιατρικές προμήθειες.

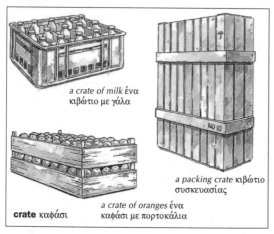

a crate of milk ένα κιβώτιο με γάλα
a packing crate κιβώτιο συσκευασίας
a crate of oranges ένα καφάσι με πορτοκάλια
crate καφάσι

chest *ουσ.αρ.* [μεγάλο, στερεό κιβώτιο, συνήθως από ξύλο, που συχνά χρησιμοποιείται για τη μεταφορά αντικειμένων] μπαούλο
trunk *ουσ.αρ.* [μεγάλο, στερεό κιβώτιο που χρησιμοποιείται για τη μεταφορά και την αποθήκευση ρούχων ή προσωπικών αντικειμένων] μπαούλο
case *ουσ.αρ.* 1 [μεγάλο κιβώτιο ή δοχείο για την αποθήκευση ή τη μεταφορά αντικειμένων] κασόνι 2 [δοχείο για την αποθήκευση ή την προστασία αντικειμένων αξίας] θήκη *a glasses case* θήκη γυαλιών *a jewellery case* κοσμηματοθήκη

331.4 Μεγάλα δοχεία για την αποθήκευση ή τη μεταφορά υγρών

barrel *ουσ.αρ.* [κυλινδρικό δοχείο, συνήθως απο ξύλο] βαρέλι *a barrel of beer* ένα βαρέλι με μπίρα *wine matured in oak barrels* κρασί που έχει ωριμάσει σε βαρέλι από ξύλο βαλανιδιάς
drum *ουσ.αρ.* [κυλινδρικό μεταλλικό δοχείο για υγρά, κυρίως καύσιμα] βαρέλι *an oil drum* ένα βαρέλι για λάδι
tank *ουσ.αρ.* [δοχείο, συνήθως μεταλλικό ή γυάλινο, για υγρά ή αέρια] δεξαμενή, ντεπόζιτο *a petrol tank* δεξαμενή πετρελαίου *a hot water tank* ντεπόζιτο με ζεστό νερό
bin *ουσ.αρ.* 1 [μεγάλο κυλινδρικό δοχείο, συνήθως με καπάκι, όπου αποθηκεύεται αλεύρι, σιτηρά, κτλ.] τενεκές 2 (*Βρετ.*) [κυλινδρικό δοχείο, συνήθως με καπάκι, για τα σκουπίδια] σκουπιδοτενεκές *a wastepaper bin* καλάθι για άχρηστα *I might as well throw it in the bin.* Θα προτιμούσα να το πέταγα στα σκουπίδια.

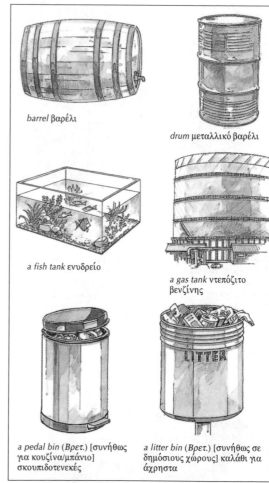

barrel βαρέλι
drum μεταλλικό βαρέλι
a fish tank ενυδρείο
a gas tank ντεπόζιτο βενζίνης
a pedal bin (*Βρετ.*) [συνήθως για κουζίνα/μπάνιο] σκουπιδοτενεκές
a litter bin (*Βρετ.*) [συνήθως σε δημόσιους χώρους] καλάθι για άχρηστα

331.5 Για τη μεταφορά αντικειμένων

bag *ουσ.αρ.* [συνήθως τετράγωνο ή ορθογώνιο δοχείο, συχνά με χερούλια και φτιαγμένο από μαλακά υλικά όπως πλαστικό, χαρτί, ρούχο, κτλ.] σακούλα, τσουβάλι *a carrier*

bag (Βρετ.) πλαστική σακκούλα *a paper bag* χάρτινη
σακούλα *a bag of crisps* ένα σακουλάκι με πατατάκια/
τσιπς **bag** *ρ.μ.*, **-gg-** βάζω σε σακούλες

basket *ουσ.αρ.* [δοχείο, συνήθως με χερούλια, ψάθινο ή
από παρόμοιο υλικό] καλάθι *a shopping basket* καλάθι για
τα ψώνια *a sewing basket* καλάθι ραπτικής

bucket *ουσ.αρ.* [κυλινδρικό στερεό δοχείο, χωρίς κάλυμμα
και με χερούλι. Συνήθως για τη μεταφορά υγρών] κουβάς
a bucket of water ένας κουβάς με νερό

sack *ουσ.αρ.* [μεγάλη σακκούλα από χονδρό ύφασμα όπως
κανναβάτσο, που χρησιμοποιείται για τη μεταφορά
εμπορευμάτων όπως αλεύρι] τσουβάλι

bucket κουβάς
sack τσουβάλι
basket καλάθι

χρήση

'Όλες οι λέξεις που αναφέρθηκαν μέχρι εδώ, εκτός από το
receptacle, μπορούν να χρησιμοποιηθούν για να
περιγράψουν την ποσότητα που περιέχεται σε κάποιο
συγκεκριμένο δοχείο, καθώς και για να περιγράψουν το
ίδιο το δοχείο. (Δηλαδή, μπορούν να χρησιμοποιηθούν
σαν απάντηση σε ερωτήσεις που αρχίζουν με: *"How
much...?"*) Για παράδειγμα: *We drank a bottle of wine.*
('Ήπιαμε ένα μπουκάλι κρασί.) σημαίνει ότι ήπιαμε όλο
το κρασί που περιείχε το μπουκάλι. Το ίδιο ισχύει για
προτάσεις όπως: *We ate half a packet of biscuits.* (Φάγαμε
μισό πακέτο μπισκότα.) *I've used a whole tank of petrol.*
(Κατανάλωσα ολόκληρο ντεπόζιτο βενζίνης.) *She smokes
a packet of cigarettes a day.* (Καπνίζει ένα πακέτο τσιγάρα
την ημέρα.) Η κατάληξη **-ful** προστίθεται μερικές φορές
στο τέλος αυτών των λέξεων όταν χρησιμοποιούνται για
να περιγράψουν συνολικές ποσότητες, π.χ. **boxful**,
bottleful, **jarful**, **sackful**, κτλ. Αυτές οι λέξεις μπορούν να
χρησιμοποιηθούν σε προτάσεις με τον ίδιο τρόπο, π.χ. *I've
used a whole tankful of petrol.* (Κατανάλωσα ολόκληρο
ντεπόζιτο βενζίνης.) Δεν μπορείτε όμως να
χρησιμοποιήσετε το **-ful** για μέρη κάποιου συνόλου (δεν
είναι σωστό να πείτε: *'half a packetful of biscuits'*).

331.6 Αντικείμενα που φέρουν ή συγκρατούν κάτι

δες επίσης **337 Carry**

rack *ουσ.αρ.* [σχάρα που φέρει αντικείμενα, συχνά φτιαγμένη
από ράβδους ή δίχτυ] σχάρα *Put your case on the luggage
rack.* Βάλε τη βαλίτσα σου στη σχάρα των αποσκευών.

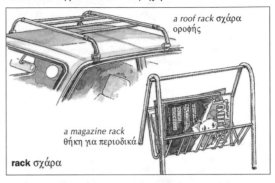

a roof rack σχάρα
οροφής
a magazine rack
θήκη για περιοδικά
rack σχάρα

stand *ουσ.αρ.* [κάθετο πλαίσιο που φέρει ή συγκρατεί
αντικείμενα] βάση, θήκη

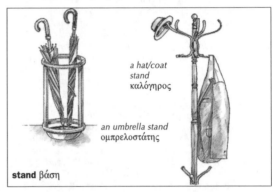

a hat/coat
stand
καλόγηρος
an umbrella stand
ομπρελοστάτης
stand βάση

holder *ουσ.αρ.* [κάτι που φέρει ή συγκρατεί κάποιο
συγκεκριμένο αντικείμενο] θήκη *a plant pot holder* βάση
για γλάστρα *a cigarette holder* τσιγαροθήκη *a pen holder*
θήκη για στυλό

331.7 Περιγραφή δοχείων

airtight *επίθ.* αεροστεγής *an airtight box* αεροστεγές κουτί
watertight *επίθ.* υδατοστεγής
sealed *επίθ.* σφραγισμένος *a sealed container* σφραγισμένο
δοχείο

332 Full Γεμάτος

δες επίσης **43 Large quantity, 207 Group**

fill *ρ.μ.α.* (συχνά + **with**) γεμίζω *Please fill your glasses.*
Παρακαλώ γεμίστε τα ποτήρια σας. *Books filled the
shelves.* Βιβλία γέμιζαν τα ράφια. *Her eyes filled with tears.*
Τα μάτια της γέμισαν με δάκρυα. *They were filled with
hope.* 'Ήταν γεμάτοι ελπίδα. *Shoppers filled the streets.* Οι
δρόμοι ήτανε γεμάτοι με κόσμο που έκανε τα ψώνια του.
You've filled my cup too full. Μου γέμισες υπερβολικά το
φλυτζάνι.

fill up (sth) ή **fill** (sth) **up** *ρ.πρφ.α.μ.* (συχνά + **with**) γεμίζω
τελείως *The party began to fill up with people.* Το πάρτι
άρχισε να γεμίζει με κόσμο. *She managed to fill up the time
reading magazines.* Κατάφερε να γεμίσει την ώρα της
διαβάζοντας περιοδικά. *Don't forget to fill up with petrol.*
Μην ξεχάσεις να γεμίσεις το αυτοκίνητο με βενζίνη.

full up (Βρετ.) *επίθ.* (μετά απο *ουσ.*) πλήρης *The hotel's full
up till Friday.* Το ξενοδοχείο είναι πλήρες μέχρι την
Παρασκευή.

full *επίθ*. **1** (συχνά + **of**, + **with**) [που περιέχει όσο είναι δυνατό] γεμάτος *The room was full of people.* Το δωμάτιο ήτανε γεμάτο κόσμο. *He was carrying a box full of toys.* Κρατούσε ένα κουτί γεμάτο παιχνίδια. *The car park's full.* Ο χώρος στάθμευσης είναι πλήρης. *The bottle was only half full.* Το μπουκάλι ήταν γεμάτο μόνο μέχρι τη μέση. *We'll have a full house with the children home.* Θα είμαστε πλήρεις όταν θα έρθουν και τα παιδιά στο σπίτι. *My diary's full for next week.* Το ημερολόγιό μου είναι πλήρες για την άλλη βδομάδα. *Don't talk with your mouth full!* Μη μιλάς με το στόμα γεμάτο. **2** (συνήθως + **of**, πριν από ουσ.) [που περιέχει μεγάλη ποσότητα ή αριθμό από κάτι] γεμάτος *The garden was full of flowers.* Ο κήπος ήτανε γεμάτος λουλούδια. *You're full of energy today!* Είσαι όλο ενεργητικότητα σήμερα! **3** [με φαγητό] χορτάτος *I'm full.* Χόρτασα. *Don't swim on a full stomach.* Μην κολυμπήσεις με γεμάτο στομάχι.

refill *ρ.μ.* [συνήθως αναφέρεται σε κάτι υγρό] ξαναγεμίζω *Can I refill your glass?* Να σου ξαναγεμίσω το ποτήρι;

refill *ουσ.αρ.* **1** [συνήθως ποτό] αναπλήρωμα *Would you like a refill?* Να σου ξαναγεμίσω το ποτήρι; **2** [αντικαθιστώ κάτι που έχει χρησιμοποιηθεί] ανταλλακτικό *a refill for a lighter/ballpoint pen* ανταλλακτικό για αναπτήρα/στυλό

load *ουσ.αρ.* **1** [κάτι που κουβαλιέται, κυρίως κάτι βαρύ που μεταφέρεται με όχημα] φορτίο *a lorry carrying a load of bricks* φορτηγό που μεταφέρει ένα φορτίο από τούβλα *She was struggling under the weight of a load of books.* Δυσκολευόταν κάτω από το βάρος ενός φορτίου από βιβλία. *The minister bears the full load of responsibility.* Ο υπουργός φέρει όλο το βάρος της ευθύνης. **2** [ποσότητα που μπορεί να κουβαλήσει κάποιο πρόσωπο, όχημα, κτλ., χρησιμοποιείται κυρίως σε σύνθετες λέξεις και φράσεις] φορτίο *a bus-load of schoolchildren* ένα λεωφορείο γεμάτο μαθητές *a lorry-load of medical supplies* ένα φορτηγό γεμάτο ιατρικές προμήθειες **3** [σύνολο βάρους που μπορεί να κουβαλήσει ή να στηρίξει κάτι] βάρος *maximum load 4 people* ανώτατο βάρος 4 άτομα **4** [η ποσότητα εργασίας που πρέπει να γίνει από πρόσωπο ή μηχάνημα] φόρτος (εργασίας) *It was hard work but we **spread the load** between the 3 of us.* Ήταν σκληρή δουλειά αλλά μοιραστήκαμε το φόρτο εργασίας οι τρεις μας. *I've got a heavy **work load** at the moment.* Έχω μεγάλο φόρτο εργασίας αυτή την εποχή.

load *ρ.α.μ.* (συχνά + **up**, + **with**) φορτώνω *We'd better load up the car.* Ας φορτώσουμε το αυτοκίνητο. *They loaded their suitcases into the car.* Φόρτωσαν τις βαλίτσες τους στο αυτοκίνητο. *She loaded the van with her belongings.* Φόρτωσε τα υπάρχοντά της στο φορτηγάκι.

load sb/sth **down** 'Η **load down** sb/sth *ρ.πρφ.μ.* (+ **with**) λυγίζω κάτω από το βάρος *Mark was loaded down with bags of shopping.* Ο Μαρκ λύγιζε κάτω από το βάρος των σακουλιών με τα ψώνια. *δες επίσης **337 Carry**

pack *ρ.* **1** *ρ.α.μ.* [αντικ.: κυρίως βαλίτσα] φτιάχνω τις βαλίτσες *Pack your bags and go!* Φτιάξε τις βαλίτσες σου και φύγε! *I haven't got time to pack.* Δεν έχω χρόνο για να πακετάρω. *Don't forget to pack your swimming costume.* Μην ξεχάσεις να πακετάρεις το μαγιό σου. *He packed his books into boxes.* Έβαλε τα βιβλία του σε κιβώτια. **2** *ρ.α.μ.* (συχνά + **into**) [όπου υπάρχουν πολλά άτομα, κτλ. Σε κάποιο συγκεκριμένο μέρος] συνωστίζω, στριμώχνω *We all packed into the back of the car.* Στριμωχτήκαμε όλοι στο πίσω κάθισμα του αυτοκινήτου. *More than ten thousand*

fans packed the stadium. Πάνω από δέκα χιλιάδες οπαδοί κατέκλυσαν το στάδιο. **3** *ρ.μ.* [για να προστατεύσω κάτι εύθραυστο] συσκευάζω *Pack the glasses in tissue paper.* Τύλιξε τα ποτήρια σε μαλακό χαρτί.

packed *επίθ.* ασφυκτικά γεμάτος *The cinema was packed last night.* Το σινεμά ήταν ασφυκτικά γεμάτο χθες το βράδυ. *a book packed full of new ideas* ένα βιβλίο που ξεχειλίζει με νέες ιδέες

jam-packed *επίθ.* (+ **with**) [κάπως ανεπίσημο και εμφατικό] που ξεχειλίζει *The shops were jam-packed the week before Christmas.* Τα καταστήματα ήταν ασφυκτικά γεμάτα τη βδομάδα πριν από τα Χριστούγεννα. *Our September issue is jam-packed with exciting features.* Η έκδοσή μας του Σεπτέμβρη ξεχειλίζει με συναρπαστικά άρθρα.

chock-a-block *επίθ. & επίρρ.* (*Βρετ.*) (+ **with**) [ανεπίσημο] ασφυκτικά γεμάτος *The streets were absolutely chock-a-block with cars.* Οι δρόμοι ήταν ασφυκτικά γεμάτοι με αυτοκίνητα.

φ ρ ά σ η

like sardines [άτομα πυκνά στριμωγμένα γιατί το αυτοκίνητο, ο χώρος, κτλ. είναι υπερβολικά γεμάτος] σαν σαρδέλες *There were no seats left on the train, we were packed in like sardines.* Δε βρήκαμε θέση στο τρένο, ήμασταν στριμωγμένοι σαν σαρδέλες.

---

stuff *ρ.* **1** *ρ.μ.* (+ **with**, + **into**) [γεμίζω με κάτι, συχνά με γρήγορο, ακατάστατο τρόπο ή χρησιμοποιώντας κάποια δύναμη] παραγεμίζω *She stuffed the money into her purse.* Έχωσε τα χρήματα στο πορτοφόλι της. *a suitcase stuffed full of clothes* μια βαλίτσα παραγεμισμένη με ρούχα *She stuffed the cushions with foam.* Γέμισε τα μαξιλαράκια με αφρολέξ. *stuffed toys* παραγεμισμένα παιχνίδια **2** *ρ.μ.* [αντικ.: ψόφιο ζώο] ταριχεύω *a stuffed tiger* ταριχευμένη τίγρη **3** *ρ.μ.* (συχνά + **with**) [αντικ.: φαγητό] παραγεμίζω *to stuff a chicken* παραγεμίζω ένα κοτόπουλο *tomatoes stuffed with beef* ντομάτες γεμιστές με βοδινό (κρέας) **4** *ρ.α.μ.* [ανεπίσημο] παρατρώω *I've been stuffing myself with chocolate all afternoon.* Έφαγα σοκολάτες μέχρι σκασμού όλο το απόγευμα. *I'm absolutely stuffed!* Έφαγα μέχρι σκασμού!

cram *ρ.μ.*, -mm- **1** (+ **into**) [πιέζω κάποιον ή κάτι σε μικρό χώρο, χρονική περίοδο, κτλ.] στριμώχνω *You can't possibly cram all that work into just three days.* Δεν μπορείς να συμπυκνώσεις όλη εκείνη τη δουλειά μέσα σε τρεις μόνο μέρες. *He crammed an enormous piece of cake into his mouth.* Μπούκωσε με ένα τεράστιο κομμάτι κέικ. **2** (συχνά + **with**) [γεμίζω κάτι υπερβολικά ή τελείως] παραγεμίζω *The fridge was crammed with food.* Το ψυγείο ήταν ασφυκτικά γεμάτο με τρόφιμα. *Shoppers crammed the buses.* Τα λεωφορεία ήταν ασφυκτικά γεμάτα με κόσμο που είχε βγει για ψώνια.

overflow *ρ.α.μ.* [ποτάμι, μπανιέρα, κτλ., συνήθως δεν αναφέρεται σε κάτι μικρό όπως ένα ποτήρι νερό] πλημμυρίζω, ξεχειλίζω *The river overflowed its banks.* Ο ποταμός πλημμύρισε τις όχθες του. *Her eyes overflowed with tears.* Τα μάτια της πλημμύρισαν με δάκρυα. (+ **into**) ξεχειλίζω, ξεχύνομαι *The party overflowed into the adjoining room.* Το πάρτι ξεχείλισε στο διπλανό δωμάτιο. *δες επίσης **132 Damage**

333 Empty Άδειος

δες επίσης 134 Hole

empty *επίθ.* άδειος *My glass is empty.* Το ποτήρι μου είναι άδειο. *There were no empty seats in the theatre.* Δεν υπήρχαν άδειες θέσεις στο θέατρο.

empty *ρ.μ.α.* (συχνά + **out**) αδειάζω *She emptied the bottle in a few gulps.* Άδειασε το μπουκάλι με μερικές γουλιές. *I emptied out the contents of the bag.* Άδειασα τη σακούλα. **emptiness** *ουσ.μ.αρ.* κενότητα

hollow *επίθ.* κοίλος, κούφιος *a hollow chocolate egg* ένα κούφιο σοκολατένιο αυγό

hollow *ουσ.αρ.* κοιλότητα, τρύπα *a hollow in the ground* μία τρύπα στο έδαφος

hollow sth **out** Ή **hollow out** sth *ρ.πρφ.μ.* σκάβω, αδειάζω *We hollowed out a shelter in the rock.* Σκάψαμε ένα καταφύγιο στο βράχο.

blank *επίθ.* 1 [περιγράφει: π.χ. σελίδα, διάστημα, οθόνη] κενός, άγραφος 2 [περιγράφει: π.χ. έκφραση] ανέκφραστος *He gave me a blank look.* Με κοίταξε με ύφος χαμένο. **blank** *ουσ.αρ.* κενό

bare *επίθ.* [περιγράφει: π.χ. δωμάτιο, τοίχο] γυμνός, άδειος *The cupboard was bare.* Το ντουλάπι ήταν άδειο. *The walls of his bedroom were bare.* Οι τοίχοι του δωματίου του ήταν

γυμνοί. *δες επίσης 190 Clothes

deserted *επίθ.* ακατοίκητος, έρημος *a deserted island* ένα ακατοίκητο νησί *The streets were deserted.* Οι δρόμοι ήταν έρημοι.

vacant *επίθ.* 1 [αναφέρεται σε χώρο που προορίζεται για γέμισμα] κενός, ελεύθερος *Is this seat vacant?* Είναι ελεύθερη αυτή η θέση; *Do you have any vacant rooms?* Έχετε δωμάτια ελεύθερα (προς ενοικίαση); *The job's vacant now.* Η θέση είναι κενή τώρα. 2 [που δείχνει έλλειψη αυτοσυγκέντρωσης] απλανής *a vacant stare* απλανές βλέμμα **vacantly** *επίρρ.* ανέκφραστα **vacancy** *ουσ.αρ.μ.αρ.* κενό, κενή θέση

vacuum *ουσ.αρ.* [χώρος που περιέχει αέρα ή αέριο σε πολύ χαμηλή πίεση] κενό

drain *ρ.μ.* (συχνά + **away, off, out**) στραγγίζω *I've drained the pasta.* Στράγγιξα τα ζυμαρικά. *Leave the dishes to drain.* Άσε τα πιάτα να στραγγίξουν. *The blood drained from her face.* Το αίμα χάθηκε από το πρόσωπό της.

unload *ρ.μ.α.* ξεφορτώνω, αδειάζω *They unload their trucks outside the warehouse.* Ξεφορτώνουν τα φορτηγά τους έξω από την αποθήκη.

334 Cover Σκεπάζω

δες επίσης 339 Hide

cover *ρ.μ.* 1 [τοποθετώ κάτι από πάνω] σκεπάζω *He covered my legs with a blanket.* Μου σκέπασε τα πόδια με μια κουβέρτα. *I covered my face with my hands.* Κάλυψα το πρόσωπό μου με τα χέρια μου. 2 [καλύπτω ολόκληρη την επιφάνεια, συχνά χρησιμοποιείται για να δώσει έμφαση στην ποσότητα] καλύπτω *Her body was covered with bruises.* Το σώμα της ήταν καλυμμένο με μώλωπες. *Snow covered the mountains.* Το χιόνι σκέπασε τα βουνά. *The park covers a large area.* Το πάρκο καλύπτει μεγάλη έκταση.

coat *ρ.μ.* επιστρώνω *The fish was coated in batter and fried.* Το ψάρι βουτήχθηκε σε αυγό και αλεύρι και τηγανίστηκε.

coat *ουσ.αρ.* [από μπογιά, βερνίκι, κτλ.] στρώμα, χέρι *a coat of paint* ένα χέρι μπογιά

coating *ουσ.αρ.* [μπορεί να είναι περισσότερο παχύ στρώμα από το **coat**, και χρησιμοποιείται σε σχέση με πολλές ουσίες] επίστρωση *biscuits with a chocolate coating* μπισκότα με στρώμα από σοκολάτα

wrap *ρ.μ.*, -pp- 1 (συχνά + **up** όταν το αντικείμενο είναι δέμα) (περι)τυλίγω *Have you wrapped (up) his present?* Τύλιξες το δώρο του; *The tomatoes are wrapped in plastic.* Οι ντομάτες είναι περιτυλιγμένες σε πλαστικό. 2 [τυλίγω γύρω] επιδένω *I wrapped a bandage round the wound.* Τύλιξα τον επίδεσμο γύρω από την πληγή.

wrapper *ουσ.αρ.* [συνήθως μικρό κομμάτι από χαρτί ή πλαστικό] περιτύλιγμα *sweet wrappers* περιτυλίγματα από καραμέλες **wrapping** *ουσ.μ.αρ.* συσκευασία

overlap *ρ.μ.α.*, -pp- (συχνά + **with**) 1 αντιστοιχώ, συμπίπτω *overlapping panels* φύλλα (π.χ. παραθύρου) που συμπίπτουν 2 συμπίπτω *My research overlaps with work she is doing.* Η έρευνά μου συμπίπτει με μια δουλειά που κάνει εκείνη.

overlap *ουσ.μ.αρ.αρ.* (συχνά + **between**) αντιστοιχία

smother *ρ.μ.* 1 (συχνά + **in, with**) [καλύπτω με παχύ στρώμα] πνίγω *The food was smothered with flies.* Το

φαγητό ήταν καλυμμένο από μύγες. 2 [σταματώ κάτι από το να επεκταθεί. Αντικ.: π.χ. εξέλιξη, αντίθεση] καταπνίγω 3 [δεν μπορώ να αναπνεύσω] ασφυκτιώ, πνίγομαι

334.1 Καλύμματα

cover *ουσ.αρ.* [κυρίως για προστασία. Μπορεί να είναι σκληρό ή μαλακό] κάλυμμα *The tennis court has covers which are pulled over when it rains.* Το γήπεδο του τένις διαθέτει καλύμματα που το σκεπάζουν όταν βρέχει. *cushion covers* καλύμματα για μαξιλαράκια

lid *ουσ.αρ.* [σκληρό. Κάλυμμα για δοχείο] καπάκι *a saucepan lid* καπάκι κατσαρόλας *I can't get the lid off the jam.* Δεν μπορώ να ξεβιδώσω το καπάκι από το βαζάκι της μαρμελάδας.

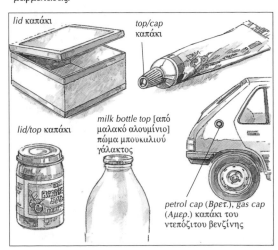

lid καπάκι

top/cap καπάκι

lid/top καπάκι

milk bottle top [από μαλακό αλουμίνιο] πώμα μπουκαλιού γάλακτος

petrol cap (Βρετ.), *gas cap* (Αμερ.) καπάκι του ντεπόζιτου βενζίνης

top *ουσ.αρ.* [στρογγυλό, συνήθως βιδωτό ή κουμπωτό. Για στενά ή πλατειά δοχεία] καπάκι *Who left the top off the toothpaste?* Ποιος άφησε ανοιχτό το καπάκι της οδοντόπαστας;

cap *ουσ.αρ.* [μικρό και στρογγυλό, για στενά δοχεία] τάπα, καπάκι

layer *ουσ.αρ.* στρώμα *a dessert made from layers of cream and fruit* γλυκό φτιαγμένο από στρώματα κρέμας και φρούτων *several layers of clothing* πολλά στρώματα ρούχων **layer** *ρ.μ.* (επι)στρώνω

335 Uncover Ξεσκεπάζω

uncover *ρ.μ.* **1** [αφαιρώ το κάλυμμα] ξεσκεπάζω *We uncover the seedlings when the sun comes out.* Ξεσκεπάζουμε τα νεαρά φυτά όταν βγει ο ήλιος. **2** [ανακαλύπτω] αποκαλύπτω *Police have uncovered an international drugs ring.* Η αστυνομία έχει ανακαλύψει μια διεθνή σπείρα εμπόρων ναρκωτικών.

reveal *ρ.μ.* **1** [δείχνω] αποκαλύπτω *The mist rose to reveal stunning mountain scenery.* Η ομίχλη διαλύθηκε και αποκάλυψε ένα εντυπωσιακό ορεινό τοπίο. **2** αποκαλύπτω *The press revealed the identity of her mystery companion.* Ο τύπος αποκάλυψε την ταυτότητα του μυστηριώδους συνοδού της. *The investigation revealed corruption at the highest levels.* Οι έρευνες αποκάλυψαν διαφθορά στα ψηλότερα επίπεδα. **revealing** *επίθ.* αποκαλυπτικός

expose *ρ.μ.* **1** (συχνά + **to**) εκθέτω *They received burns on any exposed skin.* Έπαθαν εγκαύματα σε όλο το εκτεθειμένο δέρμα. *We have been exposed to extremes of temperature.* Έχουμε εκτεθεί σε ακραίες θερμοκρασίες. **2** [αποκαλύπτω] ξεσκεπάζω *Her illegal dealings were exposed by journalists.* Οι παράνομες συναλλαγές της ξεσκεπάστηκαν από δημοσιογράφους.

exposed *επίθ.* [χωρίς προστασία] ακάλυπτος *an exposed piece of land* ένα εκτεθειμένο κομμάτι γης

strip *ρ.*, **-pp-** **1** *ρ.μ.* [αφαιρώ σκέπασμα ή στρώμα] (απο)γυμνώνω, ξεφλουδίζω *We stripped the wallpaper off.* Αφαιρέσαμε το χαρτί ταπετσαρίας. *Insects stripped the trees of leaves.* Τα έντομα απογύμνωσαν τα δέντρα από τα φύλλα τους. **2** *ρ.α.μ.* γδύνομαι *Strip to the waist, please.* Γδυθείτε από τη μέση και πάνω, παρακαλώ.

336 Hold Κρατώ

δες επίσης **323 Bring, 373 Get, 375.1 Take**

hold *ρ.μ.*, *αόρ.* & *μτχ.αορ.* **held** **1** [με τα χέρια ή με τα μπράτσα] κρατώ *He holds his racket in his left hand.* Κρατά τη ρακέτα στο αριστερό του χέρι. *I held him in my arms.* Τον κράτησα στην αγκαλιά μου. *to hold hands with someone* κρατάμε ο ένας το χέρι του άλλου *Hold on tight to the rail.* Κρατήσου γερά στο κιγκλίδωμα. **2** (συχνά + *επίρρ.* ή *πρόθ.*) [μένω στη θέση μου] κρατιέμαι *My hat was held on by a piece of elastic.* Το καπέλο μου κρατιόταν στη θέση του με ένα λάστιχο. *I held the door open for them.* Κράτησα ανοιχτή την πόρτα για να περάσουν.

reach *ρ.μ.α.* **1** [μπορώ να αγγίξω] φτάνω *The rope did not reach to the ground.* Το σκοινί δεν έφτανε μέχρι το έδαφος. **2** απλώνω το χέρι *I reached for the phone.* Άπλωσα το χέρι για να πάρω το τηλέφωνο.

reach *ουσ.μ.αρ.* η απόσταση που φτάνει το χέρι *Medicines should be kept out of reach of children.* Τα φάρμακα πρέπει να φυλάγονται σε μέρος όπου δε μπορούν να τα φτάσουν τα παιδιά.

grip *ρ.μ.α.*, **-pp-** **1** [κρατώ πολύ σφιχτά] πιάνω σφιχτά *I gripped the steering wheel.* Έσφιξα το τιμόνι. *Those shoes grip the ground.* Εκείνα τα παπούτσια έχουν γερό κράτημα. **2** (συνήθως σε παθητική φωνή) καθηλώνω *gripped by terror* καθηλωμένος από φόβο

grip *ουσ.αρ.* **1** σφίξιμο, πιάσιμο *the vice-like grip of his fingers* το σφίξιμο των δακτύλων του που ήταν σαν τανάλια **2** έλεγχος *She keeps a firm grip on the company's finances.* Κρατά υπό αυστηρό έλεγχο τα οικονομικά της εταιρείας.

grasp *ρ.μ.* [δίνει περισσότερη έμφαση στην πράξη από το **grip**] αρπάζω *I grasped the rope with both hands.* Άρπαξα το σκοινί και με τα δύο χέρια.

grasp at sth *ρ.πρφ.μ.* προσπαθώ να κρατηθώ από *He grasped at branches as he fell.* Προσπάθησε να κρατηθεί από κλαδιά καθώς έπεφτε.

He stood on a chair to reach the top shelf. Ανέβηκε σε μια καρέκλα για να φτάσει το ψηλότερο ράφι.

She came in clutching armfuls of books. Μπήκε μέσα κρατώντας σφιχτά μια αγκαλιά με βιβλία.

clutch *ρ.μ.* [κρατώ σφιχτά, συχνά άγαρμπα ή απεγνωσμένα] σφίγγω

clutch at sth *ρ.πρφ.μ.* [προσπαθώ να φτάσω ή να κρατήσω, συχνά μάλλον απεγνωσμένα] αρπάζω *He clutched wildly at the rope.* Προσπάθησε απεγνωσμένα να πιαστεί από το σκοινί.

cling *ρ.α.*, *αόρ.* & *μτχ.αορ.* **clung** (συνήθως + **to**) **1** [με τα χέρια και με τα μπράτσα. Συχνά υπονοεί αίσθημα απόγνωσης] αρπάζομαι *They clung to one another, sobbing.* Αγκαλιάστηκαν κλαίγοντας. **2** κολλώ *Water clung to the petals.* Το νερό έμενε κολλημένο στα πέταλα.

We managed to cling to the side of the boat. Καταφέραμε να πιαστούμε από το πλευρό της βάρκας.

The three children squeezed into one bed. Τα τρία παιδιά στριμώχτηκαν σε ένα κρεβάτι.

hang on *ρ.πρφ.α.* (συχνά + **to**) στηρίζομαι, αρπάζω *I caught hold of his coat and hung on tight.* 'Αρπαξα το παλτό του και το κράτησα γερά.

squeeze *ρ.* 1 *ρ.μ.* [πιέζω] σφίγγω, ζουλώ 2 *ρ.μ.* [σπρώχνω κάτι να βγει] στίβω 3 *ρ.α.μ.* [προσπαθώ να κάνω κάτι να χωρέσει κάπου] στριμώχνω

336.1 Αγκαλιάζω

embrace *ρ.μ.α.* [ελαφρά επίσημο] αγκαλιάζω
embrace *ουσ.αρ.* αγκάλιασμα *They hugged each other in a warm embrace.* 'Εσφιξαν ο ένας τον άλλον σε ένα θερμό αγκάλιασμα.

hug *ρ.μ.α.*, -**gg**- αγκαλιάζω *They hugged each other in delight.* Αγκαλιάστηκαν καταχαρούμενοι.
hug *ουσ.αρ.* αγκαλιά *I gave him a big hug.* Τον αγκάλιασα σφιχτά.

cuddle *ρ.μ.α.* [μεγαλύτερης διάρκειας από το **hug**] αγκαλιάζω
cuddle (*κυρίως Βρετ.*) *ουσ.αρ.* αγκαλιά *She went to her mother for a cuddle.* Πήγε στη μητέρα της για αγκαλιά.

He squeezed some toothpaste onto the brush. Ζούληξε λίγη οδοντόπαστα πάνω στο βουρτσάκι του.

She squeezed water out of the sponge. 'Εστιψε το νερό από το σφουγγάρι.

clasp *ρ.μ.* [παίρνω και κρατώ σφιχτά. Συχνά περιγράφει πράξη που γίνεται με τα μπράτσα καθώς και με τα χέρια] αγκαλιάζω, σφίγγω *He clasped my hand warmly.* Μου έσφιξε εγκάρδια το χέρι.

337 Carry Κουβαλώ

δες επίσης **331 Container, 413 Rise**

carry *ρ.μ.* 1 [με τα μπράτσα ή επάνω στο σώμα] κουβαλώ *I carried the baby upstairs.* Πήγα το μωρό πάνω. *I carried his suitcase.* Μετέφερα τη βαλίτσα του. *I don't carry much cash with me.* Δεν έχω πολλά μετρητά επάνω μου.
2 [μετακινώ] μεταφέρω *Which airline carries most passengers?* Ποια αερογραμμή μεταφέρει τους περισσότερους επιβάτες; *The wood was carried along by the water.* Το ξύλο μεταφερόταν από το νερό. *I ran as fast as my legs would carry me.* 'Ετρεξα όσο πιο γρήγορα μπορούσα.
3 [ξαπλώνομαι] μεταφέρομαι *Germs are carried in people's clothing.* Τα μικρόβια μεταφέρονται στα ρούχα μας.
4 κρατώ *These shelves won't carry much weight.* Αυτά τα ράφια δε συγκρατούν πολύ βάρος.

χρήση

Μην μπερδεύετε το ρήμα **carry** (κουβαλώ) με το ρήμα to **wear** (φορώ). Σημειώστε το ακόλουθο παράδειγμα: *She was wearing a blue suit and carrying a briefcase.* (Φορούσε ένα μπλέ κουστούμι και κουβαλούσε ένα χαρτοφύλακα.)
*δες επίσης **190 Clothes**

contain *ρ.μ.* περιέχω *a bag containing a few personal belongings* μια σακούλα που περιείχε μερικά προσωπικά αντικείμενα *This book contains the results of years of research.* Αυτό το βιβλίο περιέχει τα αποτελέσματα από έρευνες πολλών χρόνων.

bear *ρ.μ.*, *αόρ.* **bore**, *μτχ.αορ.* **borne** 1 [επίσημο ή λογοτεχνικό] μεταφέρω *Roast swans were borne in on silver platters.* Ψητοί κύκνοι τοποθετημένοι σε ασημένιες πιατέλες. *They arrived bearing gifts and messages.* 'Εφτασαν φέρνοντας δώρα και μηνύματα. 2 [στήριγμα] βαστάζω *a load-bearing wall* τοίχος που βαστάζει το ταβάνι

hold *ρ.μ.*, *αόρ. & μτχ.αορ.* **held** 1 [περιέχω] χωράω *This jug holds 1 pint.* Αυτή η κανάτα χωράει 1 πίντα. *The table was too small to hold all the books.* Το τραπέζι ήταν πολύ μικρό για να χωρέσει όλα τα βιβλία. 2 [στηρίζω] κρατώ *Will this rope hold me?* Θα κρατήσει το βάρος μου αυτό το σκοινί;
*δες επίσης **336 Hold**

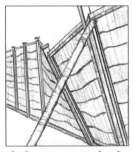

The fence was propped up by a pole. Ο φράχτης στηριζόταν επάνω σε έναν πάσσαλο.

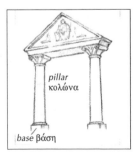

pillar κολόνα

base βάση

Marble pillars supported the porch. Κολώνες από μάρμαρο υποβάσταζαν την πρόσοψη.

hold sth **up** 'Η **hold up** sth *ρ.πρφ.μ.* βαστάζω *The roof was held up by a pole in each corner.* Το ταβάνι βασταζόταν από κολώνες στην κάθε γωνιά.

support *ρ.μ.* υποβαστάζω, στηρίζω *a supporting wall* τοίχος που υποβαστάζει το ταβάνι *A wider base supports more weight.* Μια πλατύτερη βάση στηρίζει περισσότερο βάρος.

prop *ρ.μ.*, -pp- 1 (συνήθως + *επίρρ.* ή *πρόθ.*) [στηρίζω, συνήθως σε πλάγια θέση] υποστηλώνω, υποστηρίζω

We propped the door open. Βάλαμε κάτι στην πόρτα για να μείνει ανοιχτή. **2** [τοποθετώ σε πλάγια θέση] στηρίζω *I propped the chair against the wall.* Στήριξα την καρέκλα πάνω στον τοίχο. **prop** *ουσ.αρ.* στήριγμα

prop up sth 'Η **prop** sth **up** *ρ.πρφ.μ.* (συχνά + **with**) [συνήθως σαν προσωρινό μέτρο για κάτι που διαφορετικά θα έπεφτε] στερεώνω

338 Pull and Push Τραβώ και Σπρώχνω

δες επίσης **98 Touch, 411 Movement**

pull *ρ.μ.α.* **1** [μετακινώ] τραβώ *I pulled the trolley.* Τράβηξα το καροτσάκι. **2** [με τα χέρια] τραβώ *pull the rope* τράβηξε το σκοινί **3** (+ *επίρρ.* ή *πρόθ.*) [αφαιρώ] τραβώ *Pull the plaster off quickly.* Τραβήξτε απότομα το λευκοπλάστη. *The dentist pulled my teeth out.* Ο οδοντογιατρός μου τράβηξε το δόντι.

pull *ουσ.αρ.* τράβηγμα *I felt a pull of the rope.* Ένοιωσα τράβηγμα στο σκοινί.

She pulled the door shut. Τράβηξε την πόρτα για να κλείσει.

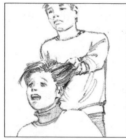

He pulled her hair. Της τράβηξε τα μαλλιά.

She pushed him into the pond. Τον έσπρωξε μέσα στη λιμνούλα.

He pushed the door open. Έσπρωξε την πόρτα για να ανοίξει.

haul *ρ.μ.α.* (συχνά + **at, on**) [υπονοεί μεγάλη προσπάθεια] ρυμουλκώ, τραβώ *They hauled in the net.* Τράβηξαν τα δίχτυα. *I hauled her off to the doctor's.* [χιουμοριστικό] Την πήγα στο γιατρό σέρνοντας.

heave *ρ.μ.α.* [μπορεί να είναι σήκωμα, τράβηγμα ή σπρώξιμο καταβάλλοντας μεγάλη προσπάθεια. Συχνά υπονοεί περισσότερο σύντομη και συγκεκριμένη πράξη από το **haul**] ανυψώνω, ανασύρω *We managed to heave the pillar upright.* Καταφέραμε να ανυψώσουμε την κολώνα σε όρθια θέση. **heave** *ουσ.αρ.* ανύψωση

shove *ρ.μ.α.* **1** [σπρώχνω βίαια] σπρώχνω *They just shoved us aside.* Μας έσπρωξαν στη μπάντα. *She shoved a pie in my face.* Μου έφερε μια πίτα στη μούρη. **2** [ανεπίσημο. Τοποθετώ απρόσεχτα] παρατώ, πετώ *Just shove those papers on the table.* Παράτα εκείνα τα χαρτιά στο τραπέζι.

tug *ρ.μ.*, -gg- (συχνά + **at**) τραβώ *He tugged anxiously at my sleeve.* Μου τράβηξε ανήσυχα το μανίκι. *We tugged (at) the handle, but the door was jammed.* Τραβήξαμε το χερούλι, αλλά η πόρτα είχε κολλήσει. **tug** *ουσ.αρ.* τράβηγμα

tow *ρ.μ.* [αντικ.: κυρίως όχημα] ρυμουλκώ *The tractor towed our car out of the mud.* Το τρακτέρ ρυμούλκησε το αυτοκίνητό μας έξω από τη λάσπη.

tow *ουσ.αρ.μ.αρ.* ρυμούλκηση **on tow** που ρυμουλκείται

wrench *ρ.μ.* **1** [τραβώ βίαια, συχνά με περιστροφική κίνηση] αρπάζω *She wrenched the handle down.* Έστριψε απότομα το χερούλι. *I wrenched the pole out of his hands.* Άρπαξα τον πάσσαλο μέσα από τα χέρια του. **2** [περιστρέφω και προκαλώ πόνο. Αντικ.: π.χ. γόνατο, αγκώνας] στραμπουλίζω

wrench *ουσ.αρ.* **1** τράβηγμα **2** [τραυματισμός] στραμπούλιγμα

I pulled the trigger. Τράβηξα τη σκανδάλη.

They pulled her from the sea Την ανέσυραν από τη θάλαστα.

push *ρ.μ.α.* σπρώχνω, πιέζω *I pushed my chair under the table.* Έσπρωξα την καρέκλα μου κάτω από το τραπέζι. *Just push this button.* Απλώς πιέστε αυτό το κουμπί. *I can't push the pram over these stones.* Δεν μπορώ να σπρώξω το καροτσάκι πάνω σε αυτές τις πέτρες. *We had to push the car.* Αναγκαστήκαμε να σπρώξουμε το αυτοκίνητο.

push *ουσ.αρ.* σπρωξιά *He gave me a push.* Μου έδωσε μια σπρωξιά.

drag *ρ.*, -gg- [πάντοτε στο έδαφος ή κάποια επιφάνεια. Υπονοεί προσπάθεια] **1** *ρ.μ.* σύρω *He dragged the body down the steps.* Έσυρε το πτώμα κάτω στη σκάλα. **2** *ρ.α.* σέρνομαι *Your hem is dragging on the ground.* Ο ποδόγυρός σου σέρνεται στο πάτωμα.

339 Hide Κρύβομαι

δες επίσης **334 Cover**

hide *ρ., αόρ.* **hid**, *μτχ.αορ.* **hidden 1** *ρ.μ.* κρύβω *I hid the letter in a drawer.* Έκρυψα το γράμμα σε ένα συρτάρι. *filmed with a hidden camera* γυρισμένο με κρυμμένη κάμερα *I couldn't hide my disappointment.* Δεν μπόρεσα να κρύψω την απογοήτευσή μου. **2** *ρ.α.* κρύβομαι *He's hiding from the police.* Κρύβεται από την αστυνομία. *We'll hide behind the fence.* Θα κρυφτούμε πίσω από το φράχτη.

in hiding κρυμμένος *She's in hiding from the police.* Κρύβεται από την αστυνομία. *to go into hiding* κρύβομαι

conceal *ρ.μ.* (συχνά + **from**) [κάπως επίσημο] αποκρύπτω *We entered through a concealed doorway.* Μπήκαμε από μια κρυφή είσοδο. *You deliberately concealed the facts.* Απέκρυψες τα γεγονότα εκ προθέσεως.

disguise *ρ.μ.* (συχνά + **as**) μεταμφιέζομαι *He escaped, disguised as a nun.* Δραπέτευσε μεταμφιεσμένος σε καλόγρια. *a thinly-disguised threat* μία φανερή απειλή

disguise *ουσ.αρ.μ.αρ.* μεταμφίεση *She was wearing a clever disguise.* Φόραγε μία έξυπνη μεταμφίεση. *three men **in disguise*** τρεις μεταμφιεσμένοι άνδρες

camouflage *ρ.μ.* [μοιάζω με το περιβάλλον μου] καμουφλάρω *We camouflaged our tent with branches.* Καμουφλάραμε τη σκηνή μας με κλαδιά.

camouflage *ουσ.μ.αρ.αρ.* καμουφλάζ *We used orange sheets as camouflage in the desert.* Χρησιμοποιήσαμε πορτοκαλιά σεντόνια σαν καμουφλάζ μέσα στην έρημο.

screen *ρ.μ.* καλύπτω *trees to screen the house from view* δέντρα που έκρυβαν τη θέα του σπιτιού (+ **off**) *They screened off the scene of the accident.* Κάλυψαν τη σκηνή του δυστυχήματος. **screen** *ουσ.αρ.* παραπέτασμα

339.1 Μυστικό

secret *ουσ.αρ.* **1** μυστικό *to keep sth secret* κρατώ κάτι μυστικό *to tell sb a secret* λέω μυστικό σε κάποιον **2** [τρόπος για να καταφέρω κάτι] μυστικό *the secret of a beautiful complexion* το μυστικό για όμορφο δέρμα

secret *επίθ.* απόρρητος *a secret trap door* μυστική καταπακτή *my secret diary* το κρυφό μου ημερολόγιο *I'm afraid that information's **top secret**.* Δυστυχώς εκείνη η πληροφορία είναι άκρως απόρρητη. *You've got a secret admirer.* Έχεις ένα κρυφό θαυμαστή. *He kept his illness secret for months.* Κράτησε κρυφή την αρρώστια του για μήνες. **secretly** *επίρρ.* μυστικά, κρυφά **secrecy** *ουσ.μ.αρ.* μυστικότητα

confidential *επίθ.* [χρησιμοποιείται σε περισσότερο επίσημα κείμενα από το secret. Περιγράφει καταστάσεις όπου οι πληροφορίες πρέπει να μείνουν μυστικές] εμπιστευτικός *confidential documents* εμπιστευτικά έγγραφα *I attended a confidential government meeting.* Παρευρέθηκα σε μιά μυστική κυβερνητική συνάντηση. *This information is strictly confidential.* Αυτές οι πληροφορίες είναι άκρως απόρρητες. **confidentially** *επίρρ.* εμπιστευτικά

confidence *ουσ.μ.αρ.* εμπιστοσύνη *I'm telling you this in the strictest confidence.* Σου το λέω αυτό πολύ εμπιστευτικά.

hush-hush *επίθ.* (πάντα μετά από *ρ.*) [ανεπίσημο, συχνά χιουμοριστικό] μυστικός *He does something for the foreign office – all very hush-hush.* Κάνει κάτι για το υπουργείο εξωτερικών – είναι άκρως απόρρητο.

private *επίθ.* **1** [προσωπικός και μυστικός] προσωπικός *I keep my home life private.* Κρατώ την ιδιωτική μου ζωή μυστική. *They wrote lies about my private life.* Έγραψαν ψευτιές για την προσωπική μου ζωή. *I'm not telling you how much I earn - it's private.* Δε θα σου πω πόσα κερδίζω, είναι προσωπικό θέμα. *He's a very private person.* Είναι πολύ απομονωμένο άτομο. **2** [που δε σχετίζεται με την εργασία] προσωπικός *I never make private phone calls from work.* Ποτέ δεν κάνω προσωπικά τηλεφωνήματα από τη δουλειά. **3** [που δεν προορίζεται για όλους] ιδιωτικός *This is a private party.* Αυτό είναι ιδιωτικό πάρτι. *I have a private chauffeur.* Έχω προσωπικό οδηγ. *private yachts* ιδιωτικά κότερα **4** [απομονωμένος] απόμερος *Can we go somewhere private?* Μπορούμε να πάμε κάπου απόμερα;

privately *επίρρ.* ιδιαιτέρως, προσωπικά *Privately, I agree with you.* Προσωπικά, συμφωνώ μαζί σου. *Can we talk privately?* Μπορούμε να μιλήσουμε ιδιαιτέρως; **privacy** *ουσ.μ.αρ.* ιδιωτικό περιβάλλον, (θελημένη) απομόνωση

in private ιδιαιτέρως *We met in private.* Συναντηθήκαμε ιδιαιτέρως.

personal *επίθ.* **1** [που σχετίζεται με προσωπικά θέματα] προσωπικός *Stop asking personal questions.* Σταμάτα να κάνεις προσωπικές ερωτήσεις. *My boss discourages personal phone calls.* Ο προϊστάμενός μου δεν ενθαρρύνει τα προσωπικά τηλεφωνήματα. **2** [που ανήκει ή προορίζεται για συγκεκριμένο άτομο] προσωπικός, ατομικός *a personal secretary* προσωπική γραμματέας *My personal opinion is that he's mad.* Η προσωπική μου γνώμη είναι ότι είναι τρελός. **3** [που γίνεται από κάποιο συγκεκριμένο άτομο] προσωπικός *He made a personal appeal for the release of his son.* Έκανε προσωπική έκκληση για την απελευθέρωση του γιού του. **4** [επικρίνω το χαρακτήρα ή την εμφάνιση κάποιου] προσβλητικός, προσωπικός *personal remarks* προσβλητικά σχόλια **5** [του σώματος] ατομικός *personal cleanliness* προσωπική υγιεινή

personally *επίρρ.* **1** αυτοπροσώπως *I sent the letter personally.* Ταχυδρόμησα την επιστολή με τα χέρια μου. **2** [όταν αναφέρομαι στη γνώμη μου] προσωπικά *Personally, I quite like loud music.* Προσωπικά, μου αρέσει αρκετά η δυνατή μουσική. **3** [επικρίνω τον εαυτό μου] προσωπικά *He took the criticism very personally.* Πήρε τις επικρίσεις πολύ προσωπικά.

φράσεις

behind sb's back [υπονοεί ανειλικρίνεια] πίσω από την πλάτη κάποιου *He went behind my back and told our boss.* Πήγε και μίλησε στον προϊστάμενό μας πίσω από την πλάτη μου. *She took the decision behind my back.* Πήρε την απόφαση πίσω από την πλάτη μου.

under cover of προστατεύομαι από *The army advanced under cover of darkness.* Ο στρατός προχώρησε με προστασία το σκοτάδι.

340 Communications Επικοινωνίες

δες επίσης *L43 Problems of communication, L44 Written communications*

communicate ρ. 1 ρ.α. (συχνά + **with**) επικοινωνώ *You will need an ability to communicate.* Θα χρειαστείτε ικανότητες επικοινωνίας. *to communicate by telex* επικοινωνώ με τέλεξ *The computer can communicate with one in head office.* Ο υπολογιστής επικοινωνεί με έναν που βρίσκεται στα κεντρικά γραφεία. 2 ρ.μ. (συχνά + **to**) [μεταδίδω] μεταβιβάζω *They communicated their fear to the children.* Μετέδωσαν το φόβο τους στα παιδιά.

contact ρ.μ. επικοινωνώ *You can contact me on this number.* Μπορείς να επικοινωνήσεις μαζί μου σε αυτό τον αριθμό. (όταν χρησιμοποιείται σαν *επίθ.*) *a contact address* διεύθυνση για αλληλογραφία

contact ουσ. 1 ουσ.μ.αρ. [σχέση] επαφή *We need better contact with our branches.* Χρειαζόμαστε καλύτερη επικοινωνία με τα υποκαταστήματά μας. *I've made contact with her.* Ήρθα σε επαφή μαζί της. *Stay in contact.* Μη χάσεις επαφή. 2 ουσ.αρ. [πρόσωπο] γνωριμία *She has good contacts in the media.* Έχει χρήσιμες γνωριμίες στα μέσα μαζικής ενημέρωσης.

touch ουσ.μ.αρ. επικοινωνώ *get in touch with sb* επικοινωνώ με κάποιον *keep in touch with sb* κρατώ επαφή με κάποιον *lose touch with sb* χάνω επαφή με κάποιον *I'll be in touch!* Θα επικοινωνήσω μαζί σου!

340.1 Αντικείμενα που στέλνονται ταχυδρομικώς

letter ουσ.αρ. [μερικές φορές συμπεριλαμβάνει και το φάκελο] γράμμα *I wrote her an angry letter.* Της έγραψα ένα θυμωμένο γράμμα.

package ουσ.αρ. [συχνά περιέχει αριθμό αντικειμένων που συσκευάζονται μαζί] δέμα, πακέτο *There's a package to sign for.* Έχει έρθει ένα δέμα που χρειάζεται υπογραφή στην παραλαβή.

parcel (κυρίως Βρετ.), **package** (κυρίως Αμερ.) ουσ.αρ. [συνήθως τυλιγμένο σε χαρτί] δέμα, πακέτο

postcard ουσ.αρ. καρτποστάλ *a picture postcard* καρτποστάλ

card ουσ.αρ. κάρτα *a birthday card* κάρτα γενεθλίων *a Christmas card* χριστουγεννιάτικη κάρτα

telegram 'Η **cable** (Βρετ. & Αμερ.), **wire** (Αμερ.) ουσ.αρ. [δε στέλνεται πια στο εσωτερικό της Βρετανίας] τηλεγράφημα *to send sb a telegram* στέλνω τηλεγράφημα σε κάποιον

cable (Βρετ. & Αμερ.), **wire** (Αμερ.) ρ.μ. τηλεγραφώ *to cable sb* τηλεγραφώ σε κάποιον

telex ουσ.μ.αρ.αρ. [το σύστημα και το ίδιο το μήνυμα] τηλέτυπο, τέλεξ **telex** ρ.μ. στέλνω τέλεξ

fax ουσ.μ.αρ.αρ. [το σύστημα και το ίδιο το μήνυμα] φωτομήνυμα, φαξ **fax** ρ.μ. στέλνω φαξ

fax machine ουσ.αρ. μηχανή φαξ

E-mail ΕΠΙΣΗΣ **electronic mail** ουσ.μ.αρ. ηλεκτρονικό ταχυδρομείο

340.2 Χρησιμοποιώ το ταχυδρομείο

*δες επίσης *L46 Using the postal service*

address ουσ.αρ. διεύθυνση *my home address* η διεύθυνση του σπιτιού μου

address ρ.μ. [αντικ.: π.χ. φάκελος] απευθύνω *a letter addressed to my wife* ένα γράμμα που απευθύνεται στη γυναίκα μου *incorrectly addressed* με λάθος διεύθυνση

send ρ.μ. ταχυδρομώ, στέλνω *to send sb a letter* στέλνω γράμμα σε κάποιον *The bills are sent out on the first.* Οι λογαριασμοί ταχυδρομούνται την πρώτη του μηνός.

envelope φάκελος
postmark ταχυδρομική σφραγίδα
address διεύθυνση
stamp γραμματόσημο
postcode (Βρετ.), zip code (Αμερ.) ταχυδρομικός κώδικας

post ουσ. (κυρίως Βρετ.) 1 ουσ.μ.αρ. (συχνά + **the**) [το σύστημα διανομής] ταχυδρομείο *The post is perfectly reliable.* Η ταχυδρομική υπηρεσία είναι απόλυτα συνεπής. *Your cheque is in the post.* Η επιταγή σας έχει ήδη ταχυδρομηθεί. *We send a receipt by return of post.* Στέλνουμε απόδειξη αμέσως (με το επόμενο ταχυδρομείο). (σαν *επίθ.*) *a post van* ταχυδρομικό φορτηγό 2 ουσ.μ.αρ. [αντικείμενα που στέλνονται και παραλαμβάνονται] ταχυδρομείο *The post is delivered by a woman on a motorbike.* Το ταχυδρομείο διανέμεται από μια γυναίκα σε μοτοσικλέτα. 3 ουσ.αρ. (δεν έχει πληθ.) [συγκεκριμένη παραλαβή] ταχυδρομείο *I just caught the last post.* Μόλις που πρόλαβα το τελευταίο ταχυδρομείο. [συγκεκριμένη διανομή κατά τη διάρκεια της ημέρας] διανομή *It might come in the second post.* Μπορεί να φτάσει με τη δεύτερη διανομή.

post ρ.μ. (κυρίως Βρετ.) ταχυδρομώ *to post a letter* ταχυδρομώ ένα γράμμα

postal επίθ. (πριν από ουσ.) ταχυδρομικός *postal workers* ταχυδρομικοί υπάλληλοι

postage ουσ.μ.αρ. [τιμή] ταχυδρομικά τέλη *Add £2.95 for postage and packing.* Προσθέστε 2.95 λίρες για ταχυδρομικά τέλη και συσκευασία. (σαν *επίθ.*) *postage rates* ταχυδρομικά τέλη

mail ουσ.μ.αρ. 1 (συχνά + **the**) [σύστημα διανομής] ταχυδρομείο *Half goes by mail and half by courier.* Τα μισά στέλνονται ταχυδρομικώς και τα μισά με κούριερ. (κυρίως Αμερ.) *She blamed the delay on the mail.* Έρριξε το φταίξιμο για την καθυστέρηση στο ταχυδρομείο. (σαν *επίθ.*) *mail deliveries* διανομή της αλληλογραφίας 2 [αντικείμενα που στέλνονται και παραλαμβάνονται] αλληλογραφία *Have you opened your mail yet?* Άνοιξες την αλληλογραφία σου; (σαν *επίθ.*) *the mail room* το ταχυδρομικό τμήμα 3 [συγκεκριμένη διανομή κατά τη διάρκεια της ημέρας] ταχυδρομείο *It came in the morning mail.* Έφθασε με το πρωινό ταχυδρομείο.

mail ρ.μ. (κυρίως Αμερ.) ταχυδρομώ, στέλνω *The report will be mailed to you immediately.* Η έκθεση θα σας ταχυδρομηθεί αμέσως.

airmail ουσ.μ.αρ. [υπηρεσία] αεροπορικό ταχυδρομείο *by airmail* αεροπορικώς (σαν *επίθ.*) *airmail letters* γράμματα που έχουν σταλεί αεροπορικώς

first class επίθ. πρώτης κατηγορίας *a first class stamp* γραμματόσημο πρώτης κατηγορίας (που υπονοεί ταχύτερη παραλαβή) (σαν *επίρρ.*) *to send a letter first class* στέλνω ένα γράμμα με γραμματόσημο πρώτης κατηγορίας

second class επίθ. κανονικό γραμματόσημο *second class post* κανονικό ταχυδρομείο (σαν *επίρρ.*) *The parcel went second class.* Το δέμα στάλθηκε με κανονικό ταχυδρομείο.

postman (αρσ.) **postwoman** (θηλ.) (Βρετ.), **mailman** (αρσ.) **mailwoman** (θηλ.) (Αμερ.) ουσ.αρ. ταχυδρόμος

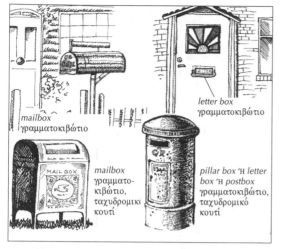

mailbox
γραμματοκιβώτιο

letter box
γραμματοκιβώτιο

mailbox
γραμματο-
κιβώτιο,
ταχυδρομικι
κουτί

pillar box 'Η letter
box 'Η postbox
γραμματοκιβώτιο,
ταχυδρομικό
κουτί

340.3 Χρησιμοποιώ το τηλέφωνο

δες επίσης **L47 Telephoning**

telephone *ουσ.αρ.*, *σύντ.* **phone** τηλέφωνο *He's **on the phone** at the moment.* Μιλάει στο τηλέφωνο αυτή τη στιγμή.
telephone [ελαφρά επίσημο] 'Η **phone** *ρ.μ.α.* (το **phone** μερικές φορές ακολουθείται από **up**, αλλά όχι το **telephone**] τηλεφωνώ *I phoned her to invite her to the party.* Την πήρα τηλέφωνο για να την προσκαλέσω στο πάρτι. *I'll phone back later.* Θα ξαναπάρω (τηλέφωνο) αργότερα.
(telephone/phone) number *ουσ.αρ.* αριθμός (τηλεφώνου) *What's your phone number?* Ποιός είναι ο αριθμός του τηλεφώνου σου;

wrong number *ουσ.αρ.* λάθος νούμερο *to dial the wrong number* παίρνω λάθος νούμερο
call *ρ.μ.* τηλεφωνώ *Call me on my private line.* Πάρε με τηλέφωνο στην ιδιωτική μου γραμμή.
phone/telephone call *ουσ.αρ.* τηλεφώνημα *Who took the call?* Ποιός δέχτηκε το τηλεφώνημα;
ring *ρ.μ.*, *αόρ.* **rang**, *μτχ. αορ.* **rung** (μερικές φορές + **up**) (*κυρίως Βρετ.*) παίρνω τηλέφωνο *I rang you this morning.* Σε πήρα τηλέφωνο σήμερα το πρωί. *Ring her up and ask.* Πάρε τηλέφωνο και ρώτησέ την. *Ring for a doctor.* Πάρε τηλέφωνο το γιατρό. (σαν *ουσ.*, κάπως ανεπίσημα) *to give someone a ring* παίρνω τηλέφωνο κάποιον
dial *ουσ.αρ.* [σε τηλεφωνικές συσκευές παλιού τύπου] καντράν
dial *ρ.μ.α.*, **-ΙΙ-** [με ή χωρίς καντράν] καλώ, παίρνω *to dial a number* καλώ έναν αριθμό *You can dial direct.* Μπορείς να πάρεις απευθείας.
receiver (*Βρετ. & Αμερ.*) 'Η **handset** (*Βρετ.*) *ουσ.αρ.* ακουστικό
telephone/phone box (*Βρετ.*), **phone booth** (*Αμερ.*) *ουσ.αρ.* τηλεφωνικός θάλαμος
telephone/phone directory *ουσ.αρ.* τηλεφωνικός κατάλογος
telegraph pole *ουσ.αρ.* τηλεγραφικός στύλος
(telephone) exchange *ουσ.αρ.* τηλεφωνικό κέντρο
operator *ουσ.αρ.* [σε τηλεφωνικό κέντρο] τηλεφωνητής/τρια [σε ταμπλό] τηλεφωνητής/τρια
switchboard *ουσ.αρ.* τηλεφωνικό κέντρο, ταμπλό
area code *ουσ.αρ.* κωδικός περιοχής
The Yellow Pages (σήμα κατατεθέν) [κατάλογος που περιέχει τους αριθμούς τηλεφώνων των επιχειρήσεων σε συγκεκριμένη περιοχή] Χρυσός Οδηγός

341 Speak Μιλώ

δες επίσης **359 Talkative, L5 Opening a conversation**

speak *ρ.*, *αόρ.* **spoke**, *μτχ.αορ.* **spoken** 1 *ρ.α.* (συχνά + επίρρ. ή πρόθ.) μιλώ *Can you speak a bit louder, please?* Μπορείτε να μιλάτε λίγο πιο δυνατά, παρακαλώ; *Did you speak to anybody?* Μίλησες σε κανέναν; *They wouldn't let me speak.* Δε με άφηναν να μιλήσω. *I want to speak to you (Βρετ. & Αμερ.)/with you (κυρίως Αμερ.) about your results.* Θέλω να σου μιλήσω σχετικά με τα αποτελέσματά σου. *I tried speaking in Spanish.* Προσπάθησα να μιλήσω στα Ισπανικά. 2 *ρ.μ.* [αντικ.: γλώσσα] μιλώ *He speaks fluent Greek.* Μιλά Ελληνικά με ευχέρεια. 3 [επίσημο] λέω *He spoke a few words of encouragement to us.* Μάς είπε μερικά ενθαρρυντικά λόγια. *I try to speak the truth.* Προσπαθώ να λέω την αλήθεια. 4 *ρ.α.* [δημοσίως] αγορεύω, βγάζω λόγο *I'm speaking at the wine society tonight.* Θα κάνω ομιλία στο σύλλογο οινοποσίας απόψε.

talk 1 *ρ.α.* (συχνά + επίρρ. ή πρόθ.) [δίνει έμφαση σε συνομιλία μεταξύ δύο ή περισσότερων προσώπων] κουβεντιάζω, μιλώ *We talked on the phone.* Μιλήσαμε στο τηλέφωνο. *I wish they didn't talk so quickly.* Θα προτιμούσα να μη μιλούν τόσο γρήγορα. *The leaders talked about the situation.* Οι ηγέτες μίλησαν για την κατάσταση. 2 *ρ.μ.* [σε μερικές εκφράσεις] *She's talking nonsense.* Λέει ανοησίες.
talk *ουσ.* 1 *ουσ.μ.αρ.* [συζήτηση ή διαδόσεις] φήμη *silly talk about mass resignations* αβάσιμες διαδόσεις για μαζικές παραιτήσεις 2 *ουσ.αρ.* [σε ακροατήριο] διάλεξη, ομιλία *a talk on the British cinema* διάλεξη με θέμα το βρετανικό κινηματογράφο

say *ρ.μ.*, *αόρ. & μτχ.αορ.* **said** (συχνά + **that**) [συνήθως παραθέτω τα λόγια κάποιου, άμεσα ή έμμεσα] λέω *Say thank you.* Πες ευχαριστώ. *It's getting late, she said.* Είναι περασμένη η ώρα, είπε. *She said she'd come back tomorrow.* Είπε ότι θα ξανάρθει αύριο. *Did she say who she was?* Σου είπε ποια είναι; *I hope I didn't say anything silly.* Ελπίζω να μην είπα καμιά βλακεία. *I said a few words to them.* Τους είπα μερικά λόγια. *δες επίσης ΧΡΗΣΗ **342 Tell**
utter *ρ.μ.* [δίνει έμφαση στην πράξη της άρθρωσης των λέξεων] εκστομίζω, αρθρώνω *He wanted to tell her he loved her, but couldn't utter the words.* 'Ηθελε να της πει ότι την αγαπούσε αλλά δεν μπορούσε να αρθρώσει τις λέξεις.

341.1 Συνομιλίες

speech *ουσ.* 1 *ουσ.μ.αρ.* [ικανότητα για ομιλία] ομιλία *to lose one's powers of speech* χάνω την ικανότητα για ομιλία 2 *ουσ.αρ.* [π.χ. από πολιτικό] ομιλία *her speech to the party conference* η ομιλία της στο συνέδριο του κόμματος

dialogue (*Βρετ.*), **dialog** (*Αμερ.*) *ουσ.αρ.μ.αρ.* [υπονοεί ανταλλαγή απόψεων] διάλογος *a frank dialogue between the two leaders* ένας ειλικρινής διάλογος μεταξύ των δύο ηγετών [π.χ. σε θεατρικό έργο ή μυθιστόρημα] *some humorous dialogue* χιουμοριστικός διάλογος

interrupt *ρ.μ.* διακόπτω *Don't interrupt your father.* Μη διακόπτεις τον πατέρα σου. **interruption** *ουσ.αρ.μ.αρ.* διακοπή

341.2 Εκφράζω τις απόψεις μου

state *ρ.μ.* [υπονοεί ότι δίνω πληροφορίες με σαφή τρόπο] αναφέρω. *Just state the facts.* Να αναφέρετε απλώς τα γεγονότα. *At the risk of stating the obvious, it's raining.* Με κίνδυνο να πω κάτι που είναι φως φανάρι, βρέχει.

statement *ουσ.αρ.* δήλωση, αναφορά *a plain statement of fact* μια απλή αναφορά των γεγονότων *a statement to the press* μια δήλωση στον τύπο

speak out *ρ.πρφ.α.* (συχνά + **against**) μιλώ ανοιχτά *Nobody dared speak out against the proposal.* Κανείς δεν τολμούσε να μιλήσει ανοιχτά εναντίον της πρότασης. *The chairman spoke out in favour of the plan.* Ο πρόεδρος μίλησε ανοιχτά υπέρ του σχεδίου.

express *ρ.μ.* [διαλέγω τις σωστές λέξεις, κτλ. για να πω κάτι] εκφράζω *to express an opinion on sth* εκφράζω τη γνώμη μου σχετικά με κάτι *a tone that expressed his anger* σε τόνο που έδειχνε το θυμό του *He expressed himself very clearly.* Εκφράστηκε πολύ ξεκάθαρα.

expression *ουσ.* 1 *ουσ.αρ.μ.αρ.* έκφραση, ύφος *an expression of regret* ένα μετανοημένο ύφος 2 *ουσ.αρ.* [λέξη ή ομάδα λέξεων] έκφραση *a vivid northern expression* μια παραστατική έκφραση του βορρά *Her exact expression was "Why bother?".* Η ακριβής της έκφραση ήταν: «Γιατί σκοτίζεσαι;». 3 *ουσ.αρ.* [π.χ. στη φωνή ή στο πρόσωπο] έκφραση *a dazed expression* μια σαστισμένη έκφραση

exclaim *ρ.μ.* [π.χ. από έκπληξη] αναφωνώ *'They're here,' she exclaimed.* «Έφτασαν», αναφώνησε. *They all exclaimed how clever I was.* Αναφώνησαν όλοι για το πόσο έξυπνος ήμουν.

exclamation *ουσ.αρ.* επιφώνημα *exclamations of delight* επιφωνήματα ενθουσιασμού

341.3 Μιλώ εν συντομία

comment *ουσ.αρ.μ.αρ.* (συχνά + **on**) [εκφράζω γνώμη] παρατήρηση, σχόλιο *Could I have your comments on the idea?* Μπορείτε να μου πείτε τα σχόλιά σας για την ιδέα αυτή; *Did he make any comments on the building?* Έκανε καθόλου σχόλια σχετικά με το κτίριο; *The move is sure to arouse comment.* Η κίνηση αυτή σίγουρα θα προκαλέσει σχόλια.

comment *ρ.α.* (συχνά + **that, on, about**) παρατηρώ, σχολιάζω *I commented that they seemed tired.* Παρατήρησα ότι φαινόντουσαν κουρασμένοι. *Nobody commented on the changes.* Κανείς δε σχολίασε τις αλλαγές.

remark *ουσ.αρ.* [μπορεί να είναι σοβαρό αλλά όχι κυρίως θέμα] παρατήρηση, σχόλιο *I'd like to make a few remarks about presentation.* Θα ήθελα να κάνω μερικά σχόλια σχετικά με την παρουσίαση. *a casual remark about the weather* ένα πρόχειρο σχόλιο σχετικά με τον καιρό

remark *ρ.* 1 *ρ.μ.* (συχνά + **that, on**) παρατηρώ, σχολιάζω *She remarked in passing that she'd been there herself.* Παρατήρησε συμπτωματικά ότι είχε πάει και η ίδια εκεί. *She remarked on how clean everything was.* Σχολίασε το πόσο καθαρά ήταν όλα.

observe *ρ.μ.* (συχνά + **that**) [υπονοεί διορατικότητα] παρατηρώ, προσέχω *He observed that everybody was in too much of a hurry.* Παρατήρησε ότι όλοι ήταν υπερβολικά βιαστικοί.

observation *ουσ.αρ.* παρατήρηση *It was just a casual observation, I've never really thought about it.* Ήταν απλώς μια συμπτωματική παρατήρηση, δεν ασχολήθηκα με το θέμα ποτέ.

mention *ρ.μ.* (συχνά + **that**) αναφέρω *What was that book you mentioned?* Ποιο ήταν εκείνο το βιβλίο που ανέφερες; *Did I mention she was getting married?* Σου ανέφερα το ότι παντρεύεται; *Don't even mention that name to her.* Ούτε καν να της αναφέρεις εκείνο το όνομα.

mention *ουσ.αρ.μ.αρ.* αναφορά *an earlier mention of the game* μια προηγούμενη αναφορά στο παιγνίδι *The report made no mention of the role of the police.* Η έκθεση δεν έκανε καμιά αναφορά στο ρόλο της αστυνομίας.

refer to sth *ρ.πρφ.μ.* -**rr**- [μιλώ για κάτι συγκεκριμένο] αναφέρομαι (σε) *She never referred to her husband.* Δεν ανέφερε ποτέ τον άνδρα της. *the problems referred to in your report* τα προβλήματα που αναφέρεις στην έκθεσή σου

reference *ουσ.αρ.* αναφορά *the references to my own book* οι αναφορές στο δικό μου βιβλίο

341.4 Μιλώ σε ακροατήριο

commentator *ουσ.αρ.* [κυρίως σε σχέση με αθλητικά ή πολιτικά, π.χ. στα μέσα μαζικής ενημέρωσης] σχολιαστής *a football commentator* σχολιαστής ποδοσφαίρου *Informed commentators are predicting a June election.* Οι πληροφορημένοι σχολιαστές προβλέπουν εκλογές τον Ιούνιο.

commentary *ουσ.αρ.* [π.χ. που συνοδεύει αθλητικό γεγονός ή ντοκυμαντέρ] περιγραφή, σχόλιο *a running commentary* περιγραφή και σχολιασμός

spokesperson, (*αρσ.*) **spokesman**, (*θηλ.*) **spokeswoman** *ουσ.* [π.χ. για κυβέρνηση, εταιρεία] εκπρόσωπος *a White House spokeswoman* μια εκπρόσωπος του Λευκού Οίκου

announce *ρ.μ.* 1 ανακοινώνω *The major banks have announced a cut in interest rates.* Οι μεγαλύτερες τράπεζες έχουν ανακοινώσει μείωση των επιτοκίων. *Both families are pleased to announce the engagement of Mark and Angela.* Οι δύο οικογένειες με χαρά αναγγέλλουν τους αρραβώνες του Μαρκ και της Άντζελα. 2 [ανακοινώνω φωναχτά] αναγγέλλω *Silence please while I announce the results.* Ησυχία, παρακαλώ, όσο θα ανακοινώνω τα αποτελέσματα. 3 [στο ραδιόφωνο, την τηλεόραση, κτλ.] ανακοινώνω

announcement *ουσ.αρ.μ.αρ.* αγγελία, ανακοίνωση *a wedding announcement* αγγελία γάμου *The announcement of the election date was welcomed by all parties.* Η ανακοίνωση της ημερομηνίας των εκλογών έγινε δεκτή με χαρά από όλα τα κόμματα. **announcer** *ουσ.αρ.* εκφωνητής

address *ρ.μ.* [μιλώ με επίσημο τρόπο σε μεγάλο αριθμό ατόμων] προσφωνώ, απευθύνομαι προς *He addressed the crowd from the balcony.* Προσφώνησε το πλήθος από το μπαλκόνι.

address *ουσ.αρ.* [επίσημη ομιλία που απευθύνεται προς μεγάλο αριθμό ατόμων] προσφώνηση, ομιλία *the President's address to the nation* η ομιλία του προέδρου προς το έθνος

341.5 Διαβάζω κείμενο

narrate *ρ.μ.* [με προσεχτικό τρόπο. Αντικ.: π.χ. ιστορία, περιπέτειες] αφηγούμαι, διηγούμαι **narration** *ουσ.αρ.μ.αρ.* αφήγηση, διήγηση **narrator** *ουσ.αρ.* αφηγητής

recite *ρ.μ.* [αντικ.: κάτι που μαθαίνεται απέξω, π.χ. ποίημα] απαγγέλλω *the prayers she recited each night* οι προσευχές που απάγγελνε κάθε βράδυ **recitation** *ουσ.αρ.μ.αρ.* απαγγελία

read *ρ.μ., αόρ. & μτχ.αορ.* **read** (συχνά + **out**) διαβάζω *The priest read the gospel.* Ο ιερέας διάβασε το ευαγγέλιο. *I read the letter out (loud).* Διάβασα το γράμμα φωναχτά.

quote *ρ.μ.* (συχνά + **from**) παραθέτω, αναφέρω *to quote Shakespeare* παραθέτω αποσπάσματα απο τα έργα του Σαίξπηρ *He quoted those lines from the fourth act.* Παρέθεσε εκείνες τις γραμμές από την τέταρτη πράξη. *The statistics you quoted me are wrong.* Τα στατιστικά στοιχεία που μου έδωσες είναι λανθασμένα.

quotation *ουσ.αρ.μ.αρ.* απόσπασμα *learned quotations* αποσπάσματα που έχουν μαθευτεί απέξω

reel off sth ή **reel** sth **off** *ρ.πρφ.μ.* αραδιάζω, λέω χωρίς διακοπή

dictate *ρ.μ.* υπαγορεύω *She dictated a full confession to the sergeant.* Υπαγόρευσε πλήρη ομολογία στον αρχιφύλακα.

dictation *ουσ.μ.αρ.* υπαγόρευση, μάθημα ορθογραφίας *to take dictation* γράφω κείμενο που μου υπαγορεύεται

341.6 Ιδιαίτεροι τρόποι ομιλίας

voice *ουσ.αρ.* φωνή *I thought I heard Dad's voice.* Μου φάνηκε πως άκουσα τη φωνή του μπαμπά. *She has a nice speaking voice.* Έχει ωραίο ύφος. *in a loud voice* με δυνατή φωνή *Don't speak to me in that **tone of voice**.* Μη μου μιλάς με αυτό τον τόνο. *at the top of one's voice* όσο πιο δυνατά μπορώ

oral *επίθ.* προφορικός

dialect *ουσ.αρ.μ.αρ.* διάλεκτος *northern dialects* οι διάλεκτοι του βορρά *written in dialect* γραμμένο σε διάλεκτο (σαν *επίθ.*) *dialect words* λέξεις διαλέκτου

accent *ουσ.αρ.* προφορά *He speaks with a Scottish accent.* Μιλά με σκωτσέζικη προφορά.

pronounce *ρ.μ.* προφέρω *How do you pronounce your name?* Πώς προφέρεται το όνομά σου; *The final b in 'lamb' isn't pronounced.* Το τελικό «b» στη λέξη «lamb» δεν προφέρεται.

pronunciation *ουσ.μ.αρ.αρ.* προφορά *the American pronunciation of the word* η αμερικάνικη προφορά της λέξης *upper-class pronunciation* αριστοκρατική προφορά

intonation *ουσ.μ.αρ.αρ.* τόνος ομιλίας *A different intonation can entirely change the sense of the lines.* Αλλαγή στον τόνο της φωνής μπορεί να αλλάξει εντελώς το νόημα του στίχου.

341.7 Συγκεχυμένοι τρόποι ομιλίας

whisper *ρ.α.μ.* ψιθυρίζω *We had to whisper to each other.* Ήμασταν αναγκασμένοι να ψιθυρίζουμε. *I heard somebody whisper the answer.* Άκουσα κάποιον να ψιθυρίζει την απάντηση.

whisper *ουσ.αρ.* ψίθυρος *He lowered his voice to a whisper.* Χαμήλωσε τη φωνή του σε ψίθυρο.

mutter *ρ.α.μ.* [υπονοεί χαμηλή φωνή, π.χ. όταν γκρινιάζω ή βρίσκομαι σε αμηχανία] μουρμουρίζω *I heard her muttering about incompetent translators.* Την άκουσα να μουρμουρίζει κάτι για ανίκανους μεταφραστές. *I muttered an apology and left.* Μουρμούρησα μια απολογία και έφυγα.

mumble *ρ.α.μ.* [υπονοεί χαμηλή φωνή, συχνά από έλλειψη αυτοπεποίθησης] μουρμουρίζω, μασώ τα λόγια μου *Don't mumble your lines.* Μη μασάς τα λόγια σου.

stutter *ρ.α.μ.* [επαναλαμβάνω ήχους] τραυλίζω *She went red and started stuttering.* Κοκκίνισε και άρχισε να τραυλίζει.

stutter *ουσ.αρ.* τραύλισμα *a slight stutter* ελαφρό τραύλισμα

stammer *ρ.α.μ.* [υπονοεί δυσκολία στην παραγωγή ήχων] τραυλίζω *Halfway through the story he began to stammer.* Στη μέση της διήγησης άρχισε να τραυλίζει.

stammer *ουσ.αρ.* βραδυγλωσσία *to overcome a stammer* ξεπερνώ τη βραδυγλωσσία μου

lisp *ουσ.αρ.* (δεν έχει πληθ.) ψεύδισμα *to speak with a lisp* ψευδίζω **lisp** *ρ.α.μ.* ψευδίζω

inarticulate *επίθ.* [κάποιος που δεν μπορεί να εκφραστεί σαφώς, π.χ. γιατί δεν έχει την κατάλληλη μόρφωση ή γιατί βρίσκεται σε κατάσταση σοκ] άναρθρος, ασαφής *a rather inarticulate attempt at a speech* μια μάλλον άναρθρη προσπάθεια για ομιλία *Embarrassment made her uncharacteristically inarticulate.* Η αμηχανία την έκανε ασυνήθιστα ασαφή.

φράσεις

it's like talking to a brick wall [δε συναντώ αντίδραση ή λογική] είναι σαν να μιλάς στον τοίχο *He won't change his mind, it's like talking to a brick wall.* Δεν πρόκειται να αλλάξει γνώμη, είναι σαν να μιλάς στον τοίχο.

you can talk till you are blue in the face [λέγεται όταν η συζήτηση δεν ωφελεί σε τίποτα] μιλώ μέχρι να μαλλιάσει η γλώσσα μου/στο κουφού την πόρτα όσο θέλεις βρόντα *You can talk till you're blue in the face, I'm not letting you go.* Μπορείς να μιλάς μέχρι να μαλλιάσει η γλώσσα σου, δεν πρόκειται να σε αφήσω να φύγεις.

342 Tell Λέω

χρήση

Συγκρίνετε το **tell** και το **say**. Το **tell** μπορεί να έχει πρόσωπο σαν αντικείμενο. Μπορείτε να χρησιμοποιήσετε τις ακόλουθες φράσεις: *tell sb, tell sth, ή tell sb sth*, π.χ. *Don't be shy - you can tell me.* (Μη ντρέπεσαι, πες μου.) *She tells wonderful stories.* (Διηγείται καταπληκτικές ιστορίες.) *Could you tell me your name please?* (Μπορείτε να μου πείτε το όνομά σας, παρακαλώ;) Το **say** δεν μπορεί να έχει πρόσωπο σαν αντικείμενο, μπορείτε να το χρησιμοποιήσετε στις φράσεις: *say sth*, π.χ. *She said her name was Mary.* (Είπε ότι το όνομά της ήταν Μαίρη.) *He said "Wait for me!"* («Περίμενέ με», είπε.)

tell *ρ.μ., αόρ. & μτχ.αορ.* **told** 1 [δίνω πληροφορίες] λέω *to tell sb sth* λέω κάτι σε κάποιον *I told her my name.* Της είπα το όνομά μου. *Tell me about your day.* Πες μου πώς πέρασες την ημέρα σου. *I'm told you're leaving us.* Μου έχουν πει ότι θα μας φύγεις. *They've been told what to do.* Τους είπαν τι να κάνουν. 2 [λέω. Αντικ.: π.χ. ιστορία, αστείο, ψέμα] διηγούμαι 3 [διατάζω] λέω *I told you not to touch it.* Σου είπα να μην το αγγίξεις.

inform *ρ.μ.* (συχνά + **of**) [υπονοεί αρκετά επίσημη επικοινωνία. Αντικ.: κυρίως πρόσωπο] πληροφορώ *He hasn't informed me of his intentions.* Δε με πληροφόρησε για τις προθέσεις του. *Her parents have been informed.* Έχουν πληροφορηθεί σχετικά οι γονείς της. *our duty to inform the* public το καθήκον μας για πληροφόρηση του κοινού *I'm reliably informed there'll be an election.* Έχω πληροφορηθεί από έγκυρες πηγές ότι θα γίνουν εκλογές.

information *ουσ.μ.αρ.* πληροφορίες *We need more information about the product.* Χρειαζόμαστε περισσότερες πληροφορίες για το προϊόν. *a useful **piece of information*** μια χρήσιμη πληροφορία

message *ουσ.αρ.* μήνυμα *I got your message.* Πήρα το μήνυμά σου. *a clear message to the public* ένα σαφές μήνυμα προς το κοινό

messenger *ουσ.αρ.* αγγελιοφόρος *a motor cycle messenger* κούριερ με μηχανάκι

announce *ρ.μ.* 1 [λέω κάτι σε αριθμό ατόμων. Αντικ.: π.χ. απόφαση, ημερομηνία] ανακοινώνω *Her appointment was announced this morning.* Ο διορισμός της ανακοινώθηκε σήμερα το πρωί. 2 [δηλώνω με αυτοπεποίθηση ή επιθετικότητα] δηλώνω *He suddenly announced that he was bored.* Ξαφνικά δήλωσε ότι είχε βαρεθεί.

announcer *ουσ.αρ.* [π.χ. στην τηλεόραση] παρουσιαστής

announcement *ουσ.αρ.μ.αρ.* ανακοίνωση *the surprise announcement of his retirement* η ξαφνική ανακοίνωση της συνταξιοδότησής του

342.1 Μιλώ σε κάποιον σχετικά με γεγονότα ή κατάσταση

report *ρ.* 1 *ρ.μ.* (συχνά + that, -ing) αναφέρω *The hospital has reported no change in her condition.* Το νοσοκομείο δεν ανέφερε καμιά αλλαγή στην κατάστασή της. *A number of minor incidents have been reported.* Έχει δηλωθεί αριθμός μικροεπεισοδίων. *They reported that many refugees were dying.* Ανέφεραν ότι μεγάλος αριθμός προσφύγων πέθαιναν. *Members of the public have reported seeing the vehicle travelling towards London.* Μέλη του κοινού έχουν αναφέρει ότι είχαν δει το όχημα να ταξιδεύει προς το Λονδίνο. 2 *ρ.α.* (συνήθως + on) [υπονοεί επίσημη περιγραφή κατάστασης] υποβάλλω έκθεση *The committee is due to report next month.* Η επιτροπή θα υποβάλει την έκθεσή της τον ερχόμενο μήνα. *Our job is to report on recent developments in the country.* Η δουλειά μας είναι να κάνουμε αναφορά σχετικά με πρόσφατες εξελίξεις στη χώρα.

report *ουσ.αρ.* [π.χ. από μάρτυρες] καταγγελία [π.χ. από επιτροπή] έκθεση [από δημοσιογράφο] ειδησεογραφία, πληροφόρηση *There are reports of unrest in the cities.* Υπάρχουν πληροφορίες για αναταραχή στις πόλεις. *The report criticized police methods.* Η έκθεση κατέκρινε τις μεθόδους της αστυνομίας. *recent press reports* πρόσφατες δημοσιογραφικές πληροφορίες

reporter *ουσ.αρ.* [συνήθως δημοσιογράφος] ανταποκριτής, ρεπόρτερ

relate *ρ.μ.* [ελαφρά επίσημο. Αντικ.: συνήθως ιστορία ή παρόμοια διήγηση] εξιστορώ *The chapter relates how he had come to live on the island.* Το κεφάλαιο εξιστορεί το πώς έγινε και ήρθε να ζήσει στο νησί.

recount *ρ.μ.* [κάπως επίσημο. Αντικ.: συνήθως κάτι που έχει συμβεί στον ίδιο τον ομιλητή] αφηγούμαι, εξιστορώ *She began to recount her misadventures.* Άρχισε να εξιστορεί τις ατυχίες της.

342.2 Λέω κάτι σε κάποιον με επιβλητικό τρόπο

declare *ρ.μ.* (συχνά + that) διακηρύσσω, δηλώνω *She declared that she would never eat meat again.* Δήλωσε ότι ποτέ δε θα ξανάτρωγε κρέας. *The government has declared its opposition to the proposals.* Η κυβέρνηση έχει δηλώσει την αντίθεσή της στις προτάσεις. *He has declared himself ready to go to Washington.* Έχει δηλώσει ότι είναι έτοιμος για να μεταβεί στην Ουάσιγκτον.

declaration *ουσ.αρ.* δήλωση *a declaration that nobody believed* μια δήλωση που δεν πίστεψε κανείς *a declaration of intent* δήλωση του σκοπού

pronounce *ρ.* 1 *ρ.α.* [κάπως επίσημο. Υπονοεί έντονη προσωπική άποψη] ανακηρύσσω *He pronounced that the tap needed replacing.* Αποφάνθηκε ότι η βρύση χρειαζόταν αντικατάσταση. *'It's the wrong colour,' she pronounced.* «Είναι το λάθος χρώμα», αποφάνθηκε. 2 *ρ.μ.* [δηλώνω επίσημα] κρίνω *The compromise was pronounced acceptable.* Ο συμβιβασμός έγινε αποδεκτός.

pronouncement *ουσ.αρ.* διακήρυξη *a pronouncement no one dared challenge* μιά διακήρυξη που κανείς δεν τόλμησε να αμφισβητήσει

preach 1 *ρ.α.μ.* [σε εκκλησία] κηρύσσω *He preached on the Epistle to the Romans.* Έκανε κήρυγμα με θέμα την προς Ρωμαίους επιστολή. 2 *ρ.α.* [υποτιμητικό. Κάνω κήρυγμα ηθικής] ηθικολογώ *Don't preach to me about fairness.* Μη μου κάνεις κήρυγμα για δικαιοσύνη.

lecture *ρ.* (συχνά + on) 1 *ρ.α.* [π.χ. σε πανεπιστήμιο] δίνω διάλεξη *She lectures on medieval philosophy.* Δίνει διαλέξεις μεσαιωνικής φιλοσοφίας. 2 *ρ.μ.* [συχνά υποτιμητικό. Υπονοεί δυσμενή κριτική κάποιου] κατσαδιάζω, κάνω κήρυγμα *I had to lecture him on punctuality.* Αναγκάστηκα να τον κατσαδιάσω για το θέμα της συνέπειας.

lecture *ουσ.αρ.* [ακαδημαϊκά] διάλεξη [ηθικά] κήρυγμα *a lecture on the value of hard work* κήρυγμα για την αξία της σκληρής δουλειάς

342.3 Ιστορίες

account *ουσ.αρ.* [υπονοεί μια συγκεκριμένη εκδοχή κάποιου γεγονότος] περιγραφή *the police account of events* η περιγραφή των γεγονότων από την αστυνομία *I want a full account of the incident.* Θέλω την πλήρη περιγραφή του περιστατικού.

story *ουσ.αρ.* [αληθινή ή φανταστική] ιστορία, παραμύθι *the story of my life* η ιστορία της ζωής μου *some story about the car breaking down* κάποιο παραμύθι για το ότι χάλασε το αυτοκίνητο

tale *ουσ.αρ.* 1 [συνήθως δημιούργημα της φαντασίας και παραδοσιακή] ιστορία, μύθος *the tale of the three bears* το παραμύθι με τις τρεις αρκούδες *tales of ghosts and goblins* ιστορίες με φαντάσματα και δαιμόνια 2 [υποτιμητικό. Ψέμμα] παραμύθι

anecdote *ουσ.αρ.* [σύντομο, συνήθως αληθινό και διασκεδαστικό] ανέκδοτο *He's got lots of anecdotes about political figures.* Ξέρει πολλά ανέκδοτα σχετικά με πολιτικά πρόσωπα.

343 Explain Εξηγώ

explain *ρ.μ.α.* (συχνά + to) εξηγώ *to explain sth to sb* εξηγώ κάτι σε κάποιον *I explained the system to her.* Της εξήγησα το σύστημα. *That explains the misunderstanding.* Τώρα εξηγείται η παρεξήγηση. *Explain why you're so late.* Εξήγησέ μου γιατί άργησες τόσο πολύ.

explanation *ουσ.αρ.* εξήγηση *I'm sure there's a simple explanation.* Είμαι σίγουρος ότι υπάρχει μια απλή εξήγηση.

clarify ρ.μ. [κάπως επίσημο. Κάνω ξεκάθαρο] διευκρινίζω *I'd just like to clarify the position.* Θα ήθελα να ξεκαθαρίσω την κατάσταση.

get sth **across** Ή **get across** sth ρ.πρφ.μ. [βεβαιώνομαι ότι κάτι έχει κατανοηθεί] γίνομαι αντιληπτός *He has difficulty getting his ideas across.* Του είναι δύσκολο να κάνει αντιληπτές τις απόψεις του. *We use videos to get our message across to the public.* Χρησιμοποιούμε βίντεο για να μεταδώσουμε το μήνυμά μας στο κοινό.

describe ρ.μ. [δείχνω πώς είναι κάτι] περιγράφω *The book describes life in nineteenth-century Australia.* Το βιβλίο περιγράφει τον τρόπο ζωής στην Αυστραλία του δεκάτου ενάτου αιώνα. *She described the bird in detail.* Περιέγραψε λεπτομερώς το πουλί. *I just can't describe my feelings.* Δεν μπορώ να περιγράψω τα αισθήματά μου.

description ουσ.αρ.μ.αρ. (συχνά + of) περιγραφή *a description of the thief* μια περιγραφή του κλέφτη *a vivid description of the atmosphere on board* μια παραστατική περιγραφή της ατμόσφαιρας πάνω στο πλοίο

define ρ.μ. [δίνω ορισμό] προσδιορίζω, ορίζω *How do you define blackmail?* Ποιος είναι ο ορισμός του εκβιασμού; *A fruit is defined as the part bearing the seed.* Ο καρπός ορίζεται σαν το μέρος που περιέχει τους σπόρους.

definition ουσ.αρ.μ.αρ. ορισμός *the definition of a word* ο ορισμός κάποιας λέξης *my definition of a friend* το τι σημαίνει «φίλος» για μένα

instructions ουσ. πληθ. [τρόπος για να γίνει κάτι] οδηγίες *I followed your instructions, but the machine won't go.* Ακολούθησα τις οδηγίες σου αλλά η μηχανή δε λέει να

πάρει μπρος. *I left strict instructions not to be disturbed.* Άφησα αυστηρές οδηγίες να μη με ενοχλήσει κανείς.

343.1 Μεταφράζω

translate ρ.μ. (συχνά + into) [αντικ.: συνήθως γραπτό κείμενο] μεταφράζω *the problems of translating Shakespeare* τα προβλήματα που παρουσιάζονται στη μετάφραση των έργων του Σαίξπηρ *The book has been translated into several languages.* Το βιβλίο έχει μεταφραστεί σε πολλές γλώσσες. **translator** ουσ.αρ. μεταφραστής

translation ουσ.αρ.μ.αρ. μετάφραση *a new translation of the Bible* μια νέα μετάφραση της Αγίας Γραφής *The poem loses something in translation.* Το ποίημα χάνει κάτι στη μετάφραση.

interpret ρ. 1 ρ.μ.α. [αντικ.: συνήθως προφορικός λόγος] (δι)ερμηνεύω *I waited for her to interpret his answer.* Την περίμενα να μου μεταφράσει την απάντησή του. *Can you interpret for us?* Μπορείς να μας κάνεις το διερμηνέα; 2 ρ.μ. [εξηγώ κάποιο πολύπλοκο νόημα] ερμηνεύω *The article interprets all these statistics.* Το άρθρο ερμηνεύει όλα αυτά τα στατιστικά στοιχεία.

interpreter ουσ.αρ. διερμηνέας *a conference interpreter* διερμηνέας συνεδριάσεων

interpretation ουσ.αρ.μ.αρ. 1 [από μια γλώσσα σε άλλη] διερμηνεία *We need a simultaneous interpretation.* Χρειαζόμαστε ταυτόχρονη διερμηνεία. 2 [π.χ. στοιχείων] ερμηνεία *careful analysis and interpretation of the results* προσεκτική ανάλυση και ερμηνεία των αποτελεσμάτων

344 Shout Φωνάζω

Όταν οι λέξεις **shout, yell, scream** και **screech** ακολουθούνται από **at** υπονοούν ότι το πρόσωπο που φωνάζει εκφράζει το θυμό του επιπλήττοντας κάποιο άλλο.

shout ρ.α.μ. φωνάζω *I shouted for help.* Φώναξα βοήθεια. *They shouted insults.* Έβριζαν φωναχτά. *I shouted at the children.* Έβαλα τις φωνές στα παιδιά. **shout** ουσ.αρ. φωνή, κραυγή

yell ρ.α.μ. [περισσότερο εκφραστικός ήχος από το **shout**] ουρλιάζω *I had to yell to make myself heard.* Αναγκάστηκα να ουρλιάζω για να ακουστώ. *He was yelling at the children.* Έβαζε τις φωνές στα παιδιά. **yell** ουσ.αρ. ουρλιαχτό

scream ρ.α.μ. [διαπεραστικός ήχος, π.χ. από πόνο ή θυμό] στριγγλίζω, ξεφωνίζω *If you don't stop I'll scream.* Αν δε σταματήσεις θα ξεφωνίσω. *They screamed in terror.* Ξεφώνισαν έντρομοι. **scream** ουσ.αρ. στριγγλιά

screech ρ.α.μ. [διαπεραστικός και ενοχλητικός ήχος, π.χ. από φόβο ή ευθυμία] ξεφωνίζω, τσιρίζω *'There's something at the window,' she screeched.* «Είναι κάτι στο παράθυρο», τσίριξε. *They screeched with laughter.* Χαχάνισαν δυνατά. **screech** ουσ.αρ. τσίριγμα

call ρ.α.μ. [δεν είναι πάντοτε πολύ δυνατό. Για να τραβήξω την προσοχή κάποιου] καλώ, φωνάζω *Is that your father calling?* Ο πατέρας σου είναι αυτός που φωνάζει; *'Come down', we called.* «Κατέβα», φωνάξαμε. **call** ουσ.αρ. κάλεσμα

cry ρ.α.μ. (μερικές φορές + out) [κάπως λογοτεχνικό. π.χ. από ενθουσιασμό ή σε κατάσταση εκτάκτου ανάγκης] κραυγάζω, φωνάζω *'Watch out,' she cried.* «Πρόσεχε», φώναξε. *They cried out in delight.* Ξεφώνισαν ενθουσιασμένοι. **cry** ουσ.αρ. κραυγή

cheer ρ. [υπονοεί εορτασμό ή ενθάρρυνση] 1 ρ.α. ζητωκραυγάζω *They clapped and cheered like mad.* Χειροκροτούσαν και ζητωκραύγαζαν σαν τρελοί. 2 ρ.μ. (συχνά + on) επευφημώ, ενθαρρύνω *Everybody was cheering us.* Όλοι μας επευφημούσαν. *We were cheering our horse on.* Επευφημούσαμε το άλογό μας. **cheer** ουσ.αρ. ζήτω *Three cheers for Simon!* Τρία ζήτω για το Σάιμον!

344.1 Δυνατές και άγριες φωνές

roar ρ.α.μ. [συνήθως υπονοεί θυμό ή επιδοκιμασία] ουρλιάζω, μουγκρίζω *She roared insults down the phone.* Ούρλιαζε βρισιές από το τηλέφωνο. *'Go away,' he roared.* «Φύγε», μούγκρισε. *to roar with laughter* ξεκαρδίζομαι στα γέλια *The crowd was roaring with excitement.* Το πλήθος ούρλιαζε από ενθουσιασμό. **roar** ουσ.αρ. μούγκρισμα

rant ρ.α. (συχνά + on) [υποτιμητικό. Υπονοεί υπερβολική, παράλογη και ασυνάρτητη έκφραση θυμού] ωρύομαι *She's still ranting on about her husband.* Ακόμη ωρύεται για τον άνδρα της.

bellow ρ.α.μ. [υπονοεί πολύ μεγάλη ένταση και συνήθως θυμό] ουρλιάζω *Don't bellow at me.* Μη μου ουρλιάζεις. *He was bellowing orders at the players.* Ούρλιαζε τις οδηγίες του προς τους παίχτες.

raise one's voice [υπονοεί θυμωμένο ύφος] υψώνω τη φωνή μου *I've never known him raise his voice to his wife before.* Δεν τον είχα ξανακούσει να υψώνει τη φωνή του στη γυναίκα του.

345 Complain Παραπονούμαι

δες επίσης L37 Complaints

complain ρ.α. παραπονούμαι *They complained about the noise.* Παραπονέθηκαν για το θόρυβο. *I complained to the manager.* Παραπονέθηκα στο διευθυντή.

complaint ουσ.αρ.μ.αρ. παράπονο *I wish to make a complaint.* Θα ήθελα να κάνω ένα παράπονο. *voices raised in complaint* φωνές που υψώθηκαν σε διαμαρτυρία

grumble ρ.α. [υπονοεί θυμωμένο ύφος] γκρινιάζω *He's always grumbling about the weather.* Πάντα γκρινιάζει για τον καιρό. **grumble** ουσ.αρ. γκρίνια

criticize ρ.μ. επικρίνω *Police methods were strongly criticized.* Οι αστυνομικές μέθοδοι επικρίθηκαν έντονα.

criticism ουσ.μ.αρ.αρ. επίκριση *press criticism of the policy* η επίκριση της πολιτικής γραμμής από τον τύπο *I have a few minor criticisms of the plan.* Έχω μερικές μικροαντιρρήσεις για το σχέδιο.

critical επίθ. (συχνά + of) επικριτικός *a highly critical report* μια πολύ επικριτική έκθεση *They're extremely critical of the government's record.* Είναι υπερβολικά επικριτικοί σχετικά με το παρελθόν της κυβέρνησης.

moan ρ.α. [κάπως ανεπίσημο, συχνά υποτιμητικό. Υπονοεί μίζερο ύφος] παραπονιέμαι, γκρινιάζω *Stop moaning, other people have problems too.* Σταμάτα να γκρινιάζεις, και οι άλλοι έχουν προβλήματα. *Don't go moaning on about the traffic.* Μην παραπονιέσαι συνεχώς για την οδική κυκλοφορία. [δεν είναι υποτιμητικό όταν αναφέρεται σε ήχους που παράγονται σαν αποτέλεσμα πόνου] *Injured people lay moaning on the ground.* Οι τραυματίες βογγούσαν, ξαπλωμένοι στο έδαφος.

moan ουσ.αρ. γκρίνια, βογγητό *We had a good moan about the boss.* Γκρινιάσαμε για καλά για τον προϊστάμενό μας. *old people's moans and groans* η γκρίνια των γέρων

groan ρ.α. [υπονοεί αποκαρδιωμένο ύφος. Συνήθως ήχος, όχι λόγια] βογγώ, στενάζω βαθειά *I groaned at the thought of a 16-hour flight.* Βόγγηξα με τη σκέψη μιας πτήσης δεκαέξι ωρών. **groan** ουσ.αρ. βογγητό, βαθύς στεναγμός

whine ρ.α. [υποτιμητικό. Υπονοεί διαρκή παράπονα που δεν προκαλούν καμιά συμπάθεια] κλαίγομαι *She's always whining about how poor she is.* Πάντα κλαίγεται για το πόσο φτωχιά είναι.

wail ρ.α. [με δυνατή, παραπονιάρικη φωνή] θρηνώ, σκούζω *'She splashed me,' he wailed.* «Αυτή με πιτσίλισε», έσκουξε.

wail ουσ.αρ. σκούξιμο, γοερή κραυγή *the wails of six disappointed children* οι γοερές κραυγές έξι απογοητευμένων παιδιών

whimper ρ.α. [με χαμηλή φωνή, σαν κλάμα, που εκφράζει φόβο] κλαψουρίζω

whimper ουσ.αρ. κλαψούρισμα *I don't want to hear another whimper out of you.* Δε θέλω να σε ξανακούσω να κλαψουρίζεις.

346 Disagree Διαφωνώ

δες επίσης L29 Disagreeing, αντίθετο 348 Agree

disagree ρ.α. (συχνά + with, about, over) διαφωνώ *I'm afraid I have to disagree with you about the colour.* Δυστυχώς θα διαφωνήσω μαζί σου σχετικά με το χρώμα. *They disagreed over artistic matters.* Διαφωνούσαν για καλλιτεχνικά θέματα.

χρήση

Το **I disagree** εκφράζει αρκετά έντονη διαφωνία και μπορεί να θεωρηθεί αγενές. Πολλοί αγγλόφωνοι προτιμούν να μην εκφράζονται τόσο κατηγορηματικά, γι αυτό χρησιμοποιούν φράσεις όπως: *I'm afraid I have to disagree with you (about..)* ή *I'm not sure I agree with you.....*

disagreement ουσ.αρ.μ.αρ. διαφωνία *I had a disagreement with the landlord.* Είχα μια διαφωνία με το σπιτονοικοκύρη. *There's some disagreement over what time this took place.* Υπάρχει κάποια διαφωνία σχετικά με την ώρα που συνέβη αυτό.

argue ρ.α. (συχνά + over, about, with) [συχνά υπονοεί θυμό] καυγαδίζω *He was sent off for arguing with the referee.* Αποβλήθηκε γιατί τσακώθηκε με το διαιτητή. *All couples argue.* Όλα τα ζευγάρια καυγαδίζουν. *Let's not argue about money.* Ας μην τσακωνόμαστε για λεφτά.

argument ουσ.αρ.μ.αρ. καυγάς, συζήτηση *a heated argument* μια έντονη συζήτηση *to have an argument* τσακώνομαι

difference of opinion [συχνά σαν ευφημισμός] διαφορά γνώμης *There's a small difference of opinion over who should pay.* Υπάρχει μια μικρή διαφορά γνώμης για το ποιος θα πληρώσει.

346.1 Θεωρώ λανθασμένες τις απόψεις κάποιου

contradict ρ.μ. [αντικ.: π.χ. πρόσωπο, δήλωση] αντικρούω, διαψεύδω *He flatly contradicted everything she said.* Εκείνος διέψευσε κατηγορηματικά όλα όσα είπε εκείνη. *The evidence contradicts this claim.* Η μαρτυρία διαψεύδει αυτό τον ισχυρισμό.

contradiction ουσ.αρ.μ.αρ. διάψευση, αντίφαση *That is a contradiction in terms.* Αυτή είναι αντιφατική έννοια.

deny ρ.μ. διαψεύδω, αρνούμαι *Do you deny these charges?* Αρνείσαι αυτές τις κατηγορίες; *I deny ever having been there.* Αρνούμαι ότι έχω πάει ποτέ εκεί.

denial ουσ.αρ.μ.αρ. διάψευση, άρνηση *a strong denial of the claim* μιά έντονη διάψευση του ισχυρισμού

dispute ουσ.αρ.μ.αρ. [υπονοεί εντελώς αντίθετες γνώμες] διαφωνία *to settle a dispute* λύνω κάποια διαφορά *marital disputes* διαφωνίες μεταξύ συζύγων *a border dispute* αμφισβήτηση συνόρων *The facts are not in dispute.* Τα γεγονότα δεν είναι υπό αμφισβήτηση.

dispute ρ.μ. 1 [αντικ.: π.χ. ισχυρισμό] αμφισβητώ *We strongly dispute this allegation.* Αμφισβητούμε έντονα αυτόν τον ισχυρισμό. 2 [αντικ.: π.χ. περιοχή] υπό αμφισβήτηση *the disputed area* η περιοχή που είναι υπό αμφισβήτηση

dissent ρ.α. (συχνά + from) [κάπως επίσημο. Υπονοεί διαφωνία με την πλειοψηφία] αντιτίθεμαι *I have to dissent from my colleagues' opinion.* Αντιτίθεμαι στη γνώμη των συναδέλφων μου. *the only dissenting voice* η μοναδική φωνή που εξέφραζε διαφωνία

dissent ουσ.μ.αρ. διαφωνία *to register dissent* εκφράζω διαφωνία *political dissent* πολιτική διαφωνία

346.2 Διαμαρτύρομαι

protest *ρ.α.* (συχνά + **against**, **about**) [υπονοεί ζωηρή διαμαρτυρία, συχνά προς την εξουσία] διαμαρτύρομαι *They're protesting against the planned motorway.* Διαμαρτύρονται ενάντια στα σχέδια για κατασκευή αυτοκινητόδρομου. *I will protest to the minister about this.* Θα διαμαρτυρηθώ στον υπουργό σχετικά με αυτό το θέμα.
protest *ουσ.αρ.* διαμαρτυρία *My protests were useless.* Οι διαμαρτυρίες μου ήταν μάταιες. *a mass protest outside the parliament* μια μαζική διαμαρτυρία έξω από τη βουλή (σαν επίθ.) *a protest march* μια πορεία διαμαρτυρίας

object *ρ.α.* (συχνά + **to**) [υπονοεί προσπάθεια να σταματήσω κάτι] αποδοκιμάζω, έχω αντίρρηση *I'll go now if nobody objects.* Θα φύγω τώρα, αν δεν έχει κανείς αντίρρηση. *I object most strongly to that question.* Αποδοκιμάζω έντονα την υποβολή αυτής της ερώτησης. *They object to my staying out at night.* Έχουν αντίρρηση στο να μένω έξω τη νύχτα.

χ ρ ή σ η

Προσέξτε τη σύνταξη **object to** + -ing, π.χ. *I don't object to looking after the children for you.* (Δεν έχω αντίρρηση στο να σου προσέχω τα παιδιά.)

---

objection *ουσ.αρ.* αντίρρηση *objections from local residents* αντιρρήσεις των κατοίκων της περιοχής *They raised a number of objections to the plan.* Πρόβαλαν ορισμένες αντιρρήσεις στο σχέδιο. *I'll phone from here, if you've no objection.* Θα πάρω τηλέφωνο από εδώ αν δεν έχεις αντίρρηση.

challenge *ρ.μ.* [υπονοεί ότι θέτω κάτι υπό αμφισβήτηση] αμφισβητώ, προκαλώ *I would challenge that remark.* Θα αμφισβητούσα αυτό το σχόλιο. *We shall challenge the decision in the Court of Appeal.* Θα θέσουμε υπό αμφισβήτηση την απόφαση του Εφετείου. *They challenged the document's validity.* Αμφισβήτησαν την εγκυρότητα του εγγράφου.
challenge *ουσ.αρ.* πρόκληση *a challenge to the government's authority* μια πρόκληση για το κύρος της κυβέρνησης

be against [αρκετά ουδέτερο] είμαι εναντίον *The government is against any change in the law on drugs.* Η κυβέρνηση είναι εναντίον οποιασδήποτε αλλαγής στο νόμο σχετικά με τα ναρκωτικά.

be dead against [κάπως ανεπίσημο. Αντιτίθεμαι έντονα] καταψηφίζω *I'm dead against any further cutbacks.* Καταψηφίζω οποιαδήποτε επιπρόσθετα μέτρα περικοπών.

346.3 Προσωπικές διαφορές

quarrel *ουσ.αρ.* [υπονοεί θυμό ή χάσιμο φιλίας] φιλονικία, καυγάς *a silly quarrel over who should be in goal* ένας

ηλίθιος τσακωμός για το ποιος θα ήταν τερματοφύλακας *a quarrel between neighbours* καυγάς μεταξύ γειτόνων

quarrel *ρ.α.* -ll- (Βρετ.), συνήθως -l- (Αμερ.) φιλονεικώ, τσακώνομαι *Stop quarrelling and get in the car.* Σταματήστε να τσακώνεστε και μπείτε στο αυτοκίνητο. *I don't want to quarrel with you.* Δε θέλω να τσακωθώ μαζί σου. [διαφωνώ] *I can't quarrel with her decision.* Δε μπορώ να διαφωνήσω με την απόφασή της.

row *ουσ.αρ.* (κυρίως Βρετ.) [ανεπίσημο] καυγάς *He got drunk and started a row.* Μέθυσε και άρχισε καυγά. *We had a blazing row.* Είχαμε έναν άγριο καυγά. **row** *ρ.α.* καυγαδίζω

squabble *ρ.μ.* [υπονοεί μικροπρεπή και ασήμαντο καυγά] λογομαχώ *They're always squabbling over whose turn it is to wash up.* Λογομαχούν συνεχώς για το ποιος έχει σειρά να πλύνει τα πιάτα. **squabble** *ουσ.αρ.* λογομαχία

tiff *ουσ.αρ.* [ασήμαντος καυγάς, συνήθως ανάμεσα σε στενούς φίλους, εραστές, κτλ.] μικροκαυγαδάκι *They've had a bit of a tiff.* Είχαν ένα μικροκαυγαδάκι. *a lovers' tiff* καυγαδάκι ερωτευμένων

bicker *ρ.α.* [υπονοεί ασήμαντη λεπτομέρεια] διαπληκτίζομαι *We always end up bickering about where to go on holiday.* Στο τέλος πάντα διαπληκτιζόμαστε για το πού θα πάμε διακοπές.

fall out *ρ.πρφ.α.* (συχνά + **with**) [παύω να είμαι φίλος με κάποιον] μαλώνω, τα χαλάω *We fell out when I refused to lend him some money.* Τα χαλάσαμε όταν αρνήθηκα να του δανείσω λεφτά.

friction *ουσ.μ.αρ.* [όχι φιλική ατμόσφαιρα] προστριβή *There's bound to be friction if it's not clear who's in charge.* Θα υπάρξουν σίγουρα προστριβές αν δε διευκρινιστεί ποιος είναι ο υπεύθυνος.

346.4 Τείνω να διαφωνήσω

quibble *ρ.α.* [καυγαδίζω για ασήμαντα θέματα] λεπτολογώ *You probably think I'm quibbling, but we did say eight fifteen.* Πιθανόν να νομίζεις ότι λεπτολογώ, αλλά είχαμε πει στις οχτώ και τέταρτο.

split hairs [κάνω υπερβολικά λεπτομερείς διακρίσεις] ασχολούμαι με τρίχες

argumentative [υπονοεί ετοιμότητα στο να προκαλώ συζήτηση ή να εξαγριώνω τους άλλους] επιχειρηματικός, μαχητικός *She gets very argumentative if you dare to criticize her.* Γίνεται πολύ μαχητική αν τολμήσεις να την κριτικάρεις.

controversial *επίθ.* [που προκαλεί ή που απολαμβάνει τους καυγάδες] επίμαχος *the President's controversial comments at the summit* τα επίμαχα σχόλια του Προέδρου στη συνάντηση κορυφής
controversy *ουσ.μ.αρ.αρ.* συζήτηση, διαφωνία *The new law has caused a lot of controversy.* Το νέο νομοσχέδιο έχει προκαλέσει μεγάλη συζήτηση.

---

347 Refuse Αρνούμαι

δες επίσης **285 Unwilling**

refuse *ρ.μ.α.* (συχνά + **to** + ΑΠΑΡΕΜΦΑΤΟ) αρνούμαι *We offered our help but she refused it.* Της προσφέραμε βοήθεια αλλά την αρνήθηκε. *I refuse to listen to this nonsense.* Αρνούμαι να ακούσω αυτές τις αηδίες. *We suggested Tuesday, but she refused.* Της προτείναμε την Τρίτη, αλλά αρνήθηκε.
refusal *ουσ.αρ.* άρνηση *a refusal to cooperate* άρνηση για συνεργασία

shake one's head [κίνηση άρνησης] κουνάω το κεφάλι *I mentioned a lift, but he shook his head and said he'd walk.* Του πρότεινα να τον μεταφέρω, αλλά κούνησε το κεφάλι και είπε ότι θα πήγαινε με τα πόδια.

over my dead body [λέγεται για να εκφράσει έντονη αντίσταση] πάνω από το πτώμα μου *You'll sell this house over my dead body.* Για να πουλήσεις το σπίτι θα πρέπει πρώτα να περάσεις πάνω από το πτώμα μου.

348 Agree Συμφωνώ

δες επίσης *L28 Agreeing*, αντίθετο **346 Disagree**

agree ρ.α. (συχνά + **with, to, about, over, on,** + **to** + ΑΠΑΡΕΜΦΑΤΟ) συμφωνώ *I agree with you that some changes are necessary.* Συμφωνώ μαζί σου στο ότι χρειάζονται μερικές αλλαγές. *I would never agree to such a plan.* Δε θα συμφωνούσα ποτέ με ένα τέτοιο σχέδιο.

agreement ουσ. **1** ουσ.μ.αρ. συμφωνία *to reach agreement* κάνω συμφωνία *Is everybody in agreement with* that? Συμφωνούν όλοι με αυτό; **2** ουσ.αρ. [διευθέτηση] συμφωνία *our agreement to buy the shares* η συμφωνία μας να αγοράσουμε τις μετοχές *That's not in the agreement.* Αυτό δεν περιλαμβάνεται στη συμφωνία.

consent ρ.μ.α. (συνήθως + **to** + ΑΠΑΡΕΜΦΑΤΟ, **to**) [κάπως επίσημο. Υπονοεί ότι δίνω την άδεια] εγκρίνω *She has consented to visit the city.* Δέχτηκε να επισκεφθεί την πόλη.

consent ουσ.μ.αρ. συγκατάθεση *I needed my wife's consent.* Χρειαζόμουν τη συγκατάθεση της γυναίκας μου.

assent ρ.α. (συχνά + **to**) [επίσημο. Αφού γίνει κάποια εισήγηση] εγκρίνω *This seemed to solve the problem and everyone assented.* Αυτό φάνηκε να λύνει το πρόβλημα και το ενέκριναν όλοι. *They assented to the proposal.* Ενέκριναν την πρόταση.

assent ουσ.μ.αρ. έγκριση *It would require the formal assent of Parliament.* Θα χρειαστεί την επίσημη έγκριση της Βουλής.

concur ρ.α., -rr- (συχνά + **with**) [επίσημο. Υπονοεί ότι συμμερίζομαι τις ίδιες ιδέες] συναινώ *She said more research was needed and we all concurred.* Είπε ότι χρειαζόταν περισσότερη έρευνα και συμφωνήσαμε όλοι. *sentiments with which we would all concur* απόψεις που συμμεριζόμαστε όλοι

go along with ρ.πρφ.μ. [ανεπίσημο. Υπονοεί ότι δέχομαι τις απόψεις ή τα σχέδια κάποιου] συμφωνώ *I go along with what James said.* Συμφωνώ με τα όσα είπε ο Τζέιμς. *Are you prepared to go along with these arrangements?* Είσαι διατεθειμένος να συμφωνήσεις με αυτές τις διευθετήσεις;

confirm ρ.μ. (συχνά + **that**) [υπονοεί ότι επαναλαμβάνω κάποια προηγούμενη συμφωνία] επικυρώνω, επιβεβαιώνω *I want to confirm our arrangements.* Θέλω να επιβεβαιώσω τις διευθετήσεις μας. *That date has not yet been confirmed.* Εκείνη η ημερομηνία δεν έχει επιβεβαιωθεί ακόμα.

confirmation ουσ.μ.αρ. επικύρωση, επιβεβαίωση *The reports are surprising and we are waiting for confirmation.* Οι πληροφορίες είναι πρωτοφανείς και αναμένουμε επιβεβαίωσή τους. *confirmation of these terms* επιβεβαίωση αυτών των όρων

uphold ρ.μ. [υπονοεί ότι δε δέχομαι αμφισβήτηση] επικυρώνω, υποστηρίζω *The Court of Appeal upheld the verdict.* Το Εφετείο επικύρωσε την ετυμηγορία. *I firmly uphold the view of my colleague.* Υποστηρίζω ακλόνητα την άποψη του συναδέλφου μου.

348.1 Συμφωνώ

in accord [κάπως επίσημο. Έχω τις ίδιες απόψεις] σε συμφωνία *The leaders are in complete accord.* Οι ηγέτες συμφωνούν απόλυτα μεταξύ τους.

in unison [κάπως επίσημο. Υπονοεί ότι συμφωνώ με τους ίδιους όρους] ομοφωνία *The council members spoke in unison when condemning the plans.* Τα μέλη της επιτροπής ήταν σε πλήρη συμφωνία όταν αποδοκίμασαν τα σχέδια.

harmony ουσ.μ.αρ. [κοινές απόψεις, σκοποί, κτλ.] αρμονία *Nothing disturbed the new harmony within the party.* Τίποτα δε διατάραξε την καινούρια αρμονία που επικρατούσε στο κόμμα.

349 Persuade Πείθω

δες επίσης *L26 Persuading*

persuade ρ.μ. (συχνά + **that**, + **to** + ΑΠΑΡΕΜΦΑΤΟ) [με λογικά ή ψυχολογικά επιχειρήματα] πείθω *Nobody could persuade her.* Κανείς δε θα μπορούσε να την πείσει. *I've persuaded him that I can do the job.* Τον έπεισα ότι μπορώ να κάνω τη δουλειά. *We can't persuade him to sell the house.* Δεν μπορούμε να τον πείσουμε να πουλήσει το σπίτι.

persuasion ουσ.μ.αρ. πειθώ *gentle persuasion* πειθώ *We have to use persuasion rather than force.* Είναι καλύτερα να χρησιμοποιήσουμε πειθώ παρά βία.

χρήση

Προσέξτε να μην μπερδεύετε το **persuade** και το **convince**. **Persuade** σημαίνει ότι πείθω κάποιον να κάνει κάτι (**to do**). **Convince** σημαίνει ότι πείθω κάποιον να σκεφτεί κάτι (**think**).

convince ρ.μ. (συχνά + **that, of,** + **to** + ΑΠΑΡΕΜΦΑΤΟ) [με επιχειρήματα] πείθω *You've convinced me.* Με έπεισες. *We shall convince him of your innocence.* Θα τον πείσουμε για την αθωότητά σου. *I can't convince her to speak to you.* Δεν μπορώ να την πείσω να σου μιλήσει.

influence ρ.μ. [υπονοεί ψυχολογικές πιέσεις] επηρεάζω *I don't want to influence your decision.* Δε θέλω να επηρεάσω την απόφασή σου. *I've been influenced by seeing the conditions they are living in.* Επηρεάστηκα από τη θέα των συνθηκών στις οποίες ζουν.

influence ουσ.μ.αρ. επιρροή *to exert influence over* ασκώ επιρροή πάνω σε

convert ρ.μ. (μερικές φορές + **to**) [υπονοεί πλήρη αλλαγή απόψεων, συχνά σε σχέση με τη θρησκεία] προσηλυτίζω *He's always been against alternative medicine, but I've managed to convert him.* Πάντα ήταν εναντίον της μη παραδοσιακής θεραπείας αλλά κατάφερα να τον προσηλυτίσω. *She's been converted to buddhism.* Έχει προσηλυτιστεί στο βουδισμό.

talk sb **round** ρ.πρφ.μ. [υπονοεί σταδιακό ξεπέρασμα αρχικής αντίστασης] πείθω *Mum doesn't like the idea, do you think you can talk her round?* Στη μαμά δεν αρέσει η ιδέα, πιστεύεις ότι μπορείς να την πείσεις;

talk sb **into** sth ρ.πρφ.μ. (συχνά + -ing) [υπονοεί επιμονή, μερικές φορές ενάντια στην κρίση κάποιου] πείθω κάποιον να κάνει κάτι *How did I let you talk me into a canal holiday?* Πώς σε άφησα να με πείσεις να περάσουμε τις διακοπές μας σε βάρκα στο ποτάμι; *I can talk her into coming.* Μπορώ να την πείσω να έρθει.

get sb **to do** sth ρ.πρφ.μ. βάζω κάποιον να κάνει κάτι *I can get Mike to walk the dog.* Μπορώ να βάλω το Μάικ να πάει το σκύλο περίπατο. *He always tries to get somebody else to do his dirty work.* Προσπαθεί πάντοτε να βάλει κάποιον άλλο να βγάλει το φίδι από την τρύπα.

350 Admit Παραδέχομαι

admit *ρ.μ.α.*, -tt- (συχνά + **that**, **to**, -ing) [υπονοεί ότι δέχομαι κάτι σαν γεγονός, συχνά κάτι δυσάρεστο για τον εαυτό μου] παραδέχομαι *He has admitted responsibility for the incident.* Παραδέχτηκε ευθύνη για το συμβάν. *I admit I was speeding.* Παραδέχομαι ότι οδηγούσα με μεγάλη ταχύτητα. *She admitted taking drugs.* Παραδέχτηκε ότι έπαιρνε ναρκωτικά. *It is rather unlikely, I must admit.* Οφείλω να παραδεχτώ ότι είναι μάλλον απίθανο.

admission *ουσ.μ.αρ.* [π.χ. ενοχής] παραδοχή *a clear admission of her involvement in the plot* μια ξεκάθαρη παραδοχή της ανάμιξής της στη συνωμοσία

reveal *ρ.μ.* (συχνά + **that**) [υπονοεί ότι επιτρέπω σε κάποιον να μάθει κάτι, συχνά κάποιο μυστικό] αποκαλύπτω *I wasn't going to reveal my age.* Δεν είχα σκοπό να αποκαλύψω την ηλικία μου. *Journalists have revealed that her phone had been tapped.* Δημοσιογράφοι αποκάλυψαν ότι το τηλέφωνό της ήταν υπό παρακολούθηση.

revelation *ουσ.αρ.μ.αρ.* [συνήθως υπονοεί απρόσδόκητο γεγονός] αποκάλυψη *astonishing revelations about political corruption* εκπληκτικές αποκαλύψεις σχετικά με πολιτική διαφθορά

confess *ρ.μ.α.* (συχνά + **that**, **to** -ing) [υπονοεί ενοχή ή μετάνοια] εξομολογούμαι, ομολογώ *He has confessed his own part in the crime.* Ομολόγησε το ρόλο του στη διάπραξη του εγκλήματος. *I confessed that I had forgotten his name.* Ομολόγησα ότι είχα ξεχάσει το όνομά του. *She confessed to taking the necklace.* Ομολόγησε ότι είχε πάρει το περιδέραιο.

confession *ουσ.αρ.μ.αρ.* εξομολόγηση, ομολογία *She dictated a full confession to the sergeant.* Υπαγόρευσε την πλήρη ομολογία της στον αρχιφύλακα.

own up to sth *ρ.πρφ.μ.* παραδέχομαι *Tom finally owned up*

to breaking the window. Ο Τομ παραδέχτηκε τελικά ότι είχε σπάσει το τζάμι.

concede *ρ.μ.* (συχνά + **that**) [υπονοεί ότι δέχομαι τα επιχειρήματα κάποιου] παραδέχομαι *I concede that point.* Παραδέχομαι αυτό το σημείο. *I concede that I was wrong to say that.* Παραδέχομαι ότι ήταν λάθος που το είπα.

350.1 Σταματώ να κρύβω κάτι

blurt sth **out** Ή **blurt out** sth *ρ.πρφ.μ.* [λέω αυθόρμητα κάτι που δε θα περίμενε κανείς να πω] μου ξεφεύγει *I wanted to surprise you, but the children blurted the news straight out.* Ήθελα να σου κάνω έκπληξη, αλλά τα παιδιά δεν κρατιούνταν και είπαν τα νέα αμέσως. [μπορεί να υπονοεί μεγάλη συγκίνηση] *She suddenly blurted out that she was pregnant.* Ξαφνικά της ξέφυγε το ότι ήταν έγκυος.

let on *ρ.πρφ.μ.α.* (συνήθως + **about**, **that**) [αντί να κρατήσω κάτι μυστικό] δείχνω (ότι ξέρω) κάτι, μαρτυρώ *I knew who he was but I didn't let on.* Ήξερα ποιος ήταν αλλά δεν το έδειξα. *Don't let on to her about the baby.* Μην της μαρτυρήσεις τίποτα σχετικά με το μωρό.

give sth **away** Ή **give away** sth *ρ.πρφ.μ.* [αποκαλύπτω κάτι που έπρεπε να παραμείνει κρυφό] βγάζω στη φόρα *You've gone and given everything away, haven't you?* Τα έβγαλες όλα στη φόρα, το ξέρεις;

φράση

let the cat out of the bag [ανεπίσημο. Προδίδω μυστικό, συνήθως κατά λάθος] σκάω/φανερώνω το μυστικό *She showed me some photos with the two of them together and that let the cat out of the bag.* Μου έδειξε μερικές φωτογραφίες των δυο τους μαζί και έσκασε το μυστικό.

351 Ask Ρωτώ

δες επίσης **L18 Information**

ask *ρ.* 1 *ρ.μ.* [για πληροφορίες] ρωτώ *If you have any problems, ask me.* Αν έχεις απορίες, ρώτησέ με. *I'd like to ask a question.* Θα ήθελα να κάνω μια ερώτηση. *I asked him the time.* Τον ρώτησα τι ώρα είναι. *She asked me how old I was.* Με ρώτησε πόσο χρονών είμαι. 2 *ρ.μ.α.* (συνήθως + **to** + ΑΠΑΡΕΜΦΑΤΟ, **for**) [για πράγμα ή για παροχή υπηρεσιών] ζητώ *If you need advice, ask your doctor.* Αν χρειάζεσαι συμβουλή, ρώτησε το γιατρό σου. *She asked me to sit down.* Μου ζήτησε να καθήσω. *She asked me for a loan.* Μου ζήτησε δάνειο. *I asked for some water.* Ζήτησα λίγο νερό.

question *ουσ.αρ.* ερώτηση *to ask sb a question* κάνω σε κάποιον μια ερώτηση *to put a question to sb* θέτω σε κάποιον ένα ερώτημα

question *ρ.μ.* [υπονοεί ότι κάνουμε αρκετές ερωτήσεις, συνήθως σε επίσημο περιεχόμενο] εξετάζω, ανακρίνω *A man is being questioned by the police.* Ένας άνδρας ανακρίνεται από την αστυνομία. *The survey questioned a sample of 1200 voters.* Η έρευνα έκανε ερωτήσεις σε ένα δείγμα 1200 ψηφοφόρων.

query *ουσ.αρ.* [συνήθως για να βεβαιωθούμε για κάποιο συγκεκριμένο θέμα] απορία, ερώτηση *Most of the calls are timetable queries.* Τα περισσότερα τηλεφωνήματα είναι ερωτήσεις για τα δρομολόγια. *I have a query about the cost.* Έχω μια απορία για το κόστος.

query *ρ.μ.* 1 [υπονοεί ότι το άτομο νομίζει ότι κάτι δεν είναι σωστό] αμφισβητώ *He queried the repair bill.* Αμφισβήτησε το λογαριασμό των επισκευών. *I'd query the need for a*

second car. Θα αμφισβητούσα την ανάγκη για ένα δεύτερο αυτοκίνητο. 2 (Αμερ.) ρωτώ *'Is it ready?' I queried.* «Είναι έτοιμο;» ρώτησα.

enquire ΕΠΙΣΗΣ **inquire** *ρ.* [πιο τυπικό από το **ask**. Δείχνει ότι ανακαλύπτουμε κάτι] 1 *ρ.μ.* ρωτώ *'Are you a member?' she enquired.* «Είσαστε μέλος;» ρώτησε. *I'll enquire if there's a hotel near here.* Θα ρωτήσω αν υπάρχει ξενοδοχείο εδώ κοντά. 2 *ρ.α.* (συνήθως + **about**) ζητώ πληροφορίες για *She was enquiring about our language courses.* Ζήτησε πληροφορίες για τα μαθήματα γλώσσας. 3 *ρ.α.* (πάντα + **into**) [υπονοεί αστυνομική ή παρόμοια έρευνα] ερευνώ *They're enquiring into the cause of the accident.* Ερευνούν την αιτία του ατυχήματος. 4 (πάντα + **after**) [ιδιαίτερα για να μάθουμε πώς είναι κάποιος ή τι κάνει] ρωτώ για *She was enquiring after the boy in the crash.* Ρωτούσε για το παιδί που ήταν στο ατύχημα.

enquiry ΕΠΙΣΗΣ **inquiry** (κυρίως Αμερ.) *ουσ.* 1 *ουσ.αρ.* [π.χ. για ημερομηνίες, κάτι για πούλημα] ζήτηση πληροφοριών *We haven't had a single enquiry about the house.* Ούτε ένας δεν μας ζήτησε πληροφορίες για το σπίτι. *My secretary can handle most of these enquiries.* Η γραμματέας μου μπορεί να απαντήσει τις περισσότερες από αυτές τις ερωτήσεις. 2 *ουσ.αρ.* έρευνα *a police enquiry* αστυνομική έρευνα *an official inquiry into the causes of the riots* μια επίσημη έρευνα για τα αίτια των ταραχών 3 *ουσ.μ.αρ.* [κάνω ερωτήσεις] διερεύνηση *By careful enquiry I established her movements on that day.* Με προσεκτικές ερωτήσεις εντόπισα τις κινήσεις της εκείνη την ημέρα.

interview *ρ.μ.* [π.χ. για περιοδικό ή για δουλειά] παίρνω συνέντευξη *the journalist who interviewed her* ο δημοσιογράφος που της πήρε συνέντευξη *They took references but didn't interview me.* Πήραν τις συστάσεις αλλά δε μου πήραν συνέντευξη.

interview *ουσ.αρ.* συνέντευξη *the first interview he's given since he became president* η πρώτη συνέντευξη που έδωσε από τότε που έγινε πρόεδρος *a job interview* συνέντευξη για δουλειά

consult *ρ.μ.* (συνήθως + **on**, **over**) [ρωτάμε ειδικό, ψάχνουμε σε βιβλίο, κτλ. για πληροφορίες] συμβουλεύομαι *to consult an expert* συμβουλεύομαι κάποιον ειδικό *Can I consult you on a gardening problem?* Μπορώ να ζητήσω τη συμβουλή σου για ένα θέμα κηπουρικής;

351.1 Επίμονες ερωτήσεις

cross-examine *ρ.μ.* 1 [στο δικαστήριο] εξετάζω κατά αντιπαράσταση *to cross-examine a witness* εξετάζω μάρτυρα του αντίδικου 2 [κάνω λεπτομερείς ερωτήσεις] ανακρίνω *I refuse to be cross-examined about my motives.* Αρνούμαι να ανακριθώ για τα κίνητρά μου.

cross-examination *ουσ.αρ.μ.αρ.* ανάκριση *to be under cross-examination* εξετάζομαι κατά αντιπαράσταση

interrogate *ρ.μ.* [αντικ.: π.χ. κατάσκοπο, ύποπτο] ανακρίνω *They were tortured and interrogated by the secret police.* Βασανίστηκαν και ανακρίθηκαν από τη μυστική αστυνομία. **interrogation** *ουσ.αρ.μ.αρ.* ανάκριση

grill *ρ.μ.* [ανεπίσημο. Ανακρίνω ή κάνω δύσκολες ερωτήσεις] ανακρίνω εξαντλητικά *The detective grilled me about the money.* Ο ντετέκτιβ με ανέκρινε εξαντλητικά για τα χρήματα. *I was grilled on irregular verbs.* Με εξέτασαν στα ανώμαλα ρήματα.

grilling *ουσ.αρ.* ανάκριση εξαντλητική *to give sb a grilling* κάνω σε κάποιον εξαντλητικές ερωτήσεις

pry *ρ.μ.* (συχνά + **into**) [υποτιμητικό. Δείχνει ανάμιξη, επέμβαση] χώνω τη μύτη μου *I don't want to pry, but are you pregnant?* Δε θέλω να ανακατεύομαι, αλλά είσαι έγκυος; *Do you have to pry into my affairs?* Πρέπει να χώνεις τη μύτη σου στις υποθέσεις μου;

351.2 Ζητώ κάτι

request *ρ.μ.* [πιο επίσημο από το **ask for**. Δείχνει ευγένεια] 1 [αντικ.: πράγμα] ζητώ *I requested a room with a view.* Ζήτησα δωμάτιο με θέα. 2 (πάντα + **to** + ΑΠΑΡΕΜΦΑΤΟ)

[αντικ.: πρόσωπο] παρακαλώ κάποιον να κάνει κάτι *I requested them to leave.* Τους παρακάλεσα να φύγουν. *We were requested to wait.* Μας παρακάλεσαν να περιμένουμε.

request *ουσ.* 1 *ουσ.αρ.* παράκληση, αίτηση *my requests to speak to the manager* οι παρακλήσεις μου να μιλήσω στο διευθυντή 2 *ουσ.μ.αρ.* (μόνο σε φράσεις) *He came at my request.* Ήρθε κατά παράκλησή μου. *The forms are available on request.* Τα έντυπα είναι διαθέσιμα μετά από αίτηση του ενδιαφερομένου.

beg *ρ.μ.α.*, -gg- (συχνά + **for**) 1 (συχνά + **to** + ΑΠΑΡΕΜΦΑΤΟ) [ζητώ ταπεινά και απελπισμένα] εκλιπαρώ, παρακαλώ *'Leave me alone', he begged.* «Άφησέ με ήσυχο», παρακάλεσε. *I begged her to reconsider.* Την εκλιπάρησα να το ξανασκεφτεί. *I beg you, don't do this.* Σε ικετεύω μην το κάνεις αυτό. 2 [ζητώ χωρίς αξιοπρέπεια] ζητιανεύω *Do I have to beg?* Πρέπει να ζητιανέψω; *They were begging for food.* Ζητιάνευαν για φαγητό.

plead *ρ.α.μ.* (συχνά + **with**, **for**) [υπονοεί ότι ζητώ επίμονα και απελπισμένα] παρακαλώ θερμά, κάνω έκκληση *I pleaded with her for more time.* Την παρακάλεσα να μου δώσει περισσότερο χρόνο. *She pleaded with me to stay.* Με παρακάλεσε θερμά να μείνω.

plea *ουσ.αρ.* έκκληση *a plea for mercy* έκκληση για επιείκεια *All my pleas were ignored.* Όλες μου οι εκκλήσεις αγνοήθηκαν.

appeal *ρ.α.μ.* (συχνά + **to**, **for**) [υπονοεί παράκληση για υπεύθυνες ενέργειες] κάνω έκκληση, απευθύνομαι *He appealed for calm.* Έκανε έκκληση για ηρεμία. *She appealed to us for more information.* Απευθύνθηκε σε μας για περισσότερες πληροφορίες. *I appealed to him to show a little patience.* Του έκανα έκκληση να δείξει λίγη υπομονή.

appeal *ουσ.αρ.* έκκληση, προσφυγή *an appeal for witnesses* έκκληση για μάρτυρα *an appeal to his better nature* μια προσφυγή στη συνείδησή του

beseech *ρ.μ.* (συνήθως + **to** + ΑΠΑΡΕΜΦΑΤΟ) [κάπως επίσημο. Υπονοεί έντονη ανάγκη] εκλιπαρώ, ικετεύω *I beseeched her not to marry him.* Την ικέτεψα να μην τον παντρευτεί. *'You must believe me', he beseeched her.* «Πρέπει να με πιστέψεις», την εκλιπάρησε.

invite *ρ.μ.* (συχνά + **to**, + **to** + ΑΠΑΡΕΜΦΑΤΟ) προσκαλώ *We've been invited to dinner.* Μας έχουν προσκαλέσει σε δείπνο. *I invited him to sit down.* Τον κάλεσα να καθήσει.

invitation *ουσ.* 1 *ουσ.αρ.μ.αρ.* [προσφορά] πρόσκληση *an invitation to speak to the society* πρόσκληση για να μιλήσω στην ένωση 2 [κάρτα] πρόσκληση *I tore up the invitation.* Έσκισα την πρόσκληση.

352 Answer Απαντώ

answer *ρ.μ.α.* 1 (συχνά + **that**) [αντικ.: π.χ. πρόσωπο, ερώτηση, γράμμα] απαντώ *Does that answer your question?* Αυτό απαντά την ερώτησή σου; *She spends a lot of time answering complaints.* Ξοδεύει πολύ χρόνο στις απαντήσεις παραπόνων. *She refused to answer.* Αρνήθηκε να απαντήσει. *She answered that her husband was away.* Απάντησε ότι ο άνδρας της έλειπε. 2 *ρ.μ.* [αντικ.: π.χ. κουδούνι, αγγελία] ανταποκρίνομαι *Will you answer the phone?* Θα σηκώσεις το τηλέφωνο; *I knocked loudly but no one answered.* Χτύπησα δυνατά αλλά κανένας δεν μου άνοιξε.

answer *ουσ.* 1 *ουσ.αρ.* απάντηση *We're still waiting for their answer.* Ακόμη περιμένουμε την απάντησή τους. *I kept ringing but there was no answer.* Χτυπούσα συνέχεια αλλά καμμιά απάντηση. 2 *ουσ.μ.αρ.* απάντηση *I wrote back in answer that ...* Έγραψα σε απάντηση ότι... *in answer to your question* σε απάντηση της ερώτησής σας

reply *ρ.α.μ.* (συνήθως + **to**, **that**) [λίγο πιο επίσημο από το **answer**] απαντώ *Did they ever reply to that letter?* Απάντησαν ποτέ σε εκείνο το γράμμα; *She replied that she was too afraid.* Απάντησε ότι ήταν πολύ φοβισμένη.

reply *ουσ.* 1 *ουσ.αρ.* απάντηση *an evasive reply* διφορούμενη απάντηση *your reply to our advertisement* η απάντησή σας στην αγγελία μας 2 *ουσ.μ.αρ.* (πάντα σε φράση) *'Mmm', he said in reply.* «Μμμ», είπε για απάντηση. *in reply to your question* σε απάντηση της ερώτησής σας

respond *ρ.α.μ.* (συνήθως + **to**, **that**) [επίσημο. Υπονοεί απάντηση σαν αντίδραση] αντιδρώ *I waited for her to respond to the question.* Την περίμενα να αντιδράσει στην ερώτηση. *He responded to their threats by buying a gun.* Αντέδρασε στις απειλές τους με το να αγοράσει ένα όπλο.

response *ουσ.* 1 *ουσ.αρ.* αντίδραση *a considered response* μελετημένη αντίδραση 2 *ουσ.μ.αρ.* (πάντα σε φράση) *what he said in response* αυτό που είπε για απάντηση *in response to their appeal* σε απάντηση στην έκκλησή τους

353 Suggest Προτείνω

δες επίσης *L17 Advice, L27 Suggesting*

suggest *ρ.μ.* (συχνά + **that**) προτείνω *to suggest an idea to sb* προτείνω μια ιδέα σε κάποιον *Can you suggest an alternative?* Μπορείς να προτείνεις μια εναλλακτική λύση; *I suggested to her that we kept the letter.* Της πρότεινα να κρατήσουμε το γράμμα. *'I could borrow your bike',* she suggested. «Θα μπορούσα να δανειστώ το ποδήλατό σου», πρότεινε εκείνη.

suggestion *ουσ.αρ.μ.αρ.* πρόταση, εισήγηση *Have you any better suggestions?* Έχεις καμιά καλύτερη πρόταση; *It was just a suggestion.* Ήταν απλά μια ιδέα.

propose *ρ.μ.* 1 (συχνά + **that**) [υπονοεί προσεκτικά μελετημένη εισήγηση και έντονη πεποίθηση ότι αυτό που προτείνεται είναι λογικό] προτείνω *He is proposing radical reforms.* Προτείνει ριζικές ανασυγκροτήσεις. *I shall propose the scheme to them.* Θα τους προτείνω το σχέδιο. *Are you proposing that we cancel the contract?* Προτείνεις να ακυρώσουμε το συμβόλαιο; 2 (+ **to** + ΑΠΑΡΕΜΦΑΤΟ) [δείχνει ακλόνητη πρόθεση] έχω σκοπό *We propose to build an extension.* Προτείνουμε να χτίσουμε μια προέκταση.

proposal *ουσ.αρ.* 1 πρόταση *The proposals will be discussed at the next meeting.* Οι προτάσεις θα συζητηθούν στην επόμενη συνεδρίαση. 2 πρόταση γάμου

φράση

put it to somebody (that) προτείνω σε κάποιον (ότι) *He put it to me that I should resign.* Μου πρότεινε ότι θα έπρεπε να παραιτηθώ.

353.1 Δίνω συμβουλές

advise *ρ.μ.* (συχνά + **to** + ΑΠΑΡΕΜΦΑΤΟ, **that**) συμβουλεύω *We must advise caution.* Πρέπει να συστήσουμε σύνεση. *I advised her to see you first.* Τη συμβούλεψα να σε δει πρώτα. *'Call an ambulance', she advised.* «Κάλεσε ασθενοφόρο», με συμβούλεψε.

advice *ουσ.μ.αρ.* συμβουλή *to seek expert advice* ζητώ την συμβουλή ειδικού *a good **piece of advice*** μια καλή συμβουλή *My advice would be to go to the police.* Η συμβουλή μου θα ήταν να πας στην αστυνομία.

recommend *ρ.μ.* (συχνά + **that**) [υπονοεί να προτείνεις αυτό που είναι καλύτερο από μια σειρά επιλογών] συνιστώ *Can you recommend a good plumber?* Μπορείς να μου συστήσεις έναν καλό υδραυλικό; *I'd recommend (that) you see an eye specialist.* Θα σου συνιστούσα να δεις έναν οφθαλμίατρο.

recommendation *ουσ.αρ.μ.αρ.* σύσταση *The government has accepted the enquiry's recommendations.* Η κυβέρνηση έχει δεχτεί τις υποδείξεις της έρευνας. *I bought the car **on your recommendation**.* Αγόρασα το αυτοκίνητο σύμφωνα με τις υποδείξεις σου.

guidance *ουσ.αρ.* [υπονοεί ανώτερες γνώσεις ή πείρα] καθοδήγηση *a parent's help and guidance* η βοήθεια και η καθοδήγηση του γονιού ***under the guidance of*** your instructor με την καθοδήγηση του εκπαιδευτή σου

tip *ουσ.αρ.* [π.χ. το πώς να κάνεις κάτι πιο εύκολα] συμβουλή *useful gardening tips* χρήσιμες συμβουλές κηπουρικής

---

354 Discuss Συζητώ

discuss *ρ.μ.* [υπονοεί αρκετά σοβαρή συζήτηση αλλά όχι κάποιο επιχείρημα ή καυγά] συζητώ *Did you discuss the wedding?* Συζητήσατε για το γάμο; *They discussed who might replace her.* Συζήτησαν για το ποιος μπορεί να την αντικαταστήσει. *We discussed the proposed changes.* Συζητήσαμε τις προτεινόμενες αλλαγές.

discussion *ουσ.αρ.μ.αρ.* συζήτηση *our preliminary discussions* οι προκαταρκτικές μας συζητήσεις *This needs further discussion.* Αυτό απαιτεί περισσότερη συζήτηση. *The idea is **under discussion**.* Η ιδέα βρίσκεται υπό συζήτηση.

debate *ρ.μ.* [υπονοεί συζήτηση αντίθετων ιδεών] συζητώ *to debate a motion* συζητώ μια πρόταση *The proposals have not been properly debated.* Οι προτάσεις δεν έχουν συζητηθεί όπως θα έπρεπε. (+ -ing) *We debated extending the deadline.* Συζητήσαμε να παρατείνουμε την προθεσμία.

debate *ουσ.* 1 *ουσ.αρ.* συζήτηση *a debate in Congress* συζήτηση στο Κογκρέσο *heated debates about who should pay* ζωηρές συζητήσεις για το ποιος θα έπρεπε να πληρώσει 2 *ουσ.μ.αρ.* συζήτηση *The tax has been the subject of much debate.* Η φορολογία έχει γίνει το θέμα πολλών συζητήσεων. *Her views are **open to debate**.* Οι απόψεις της είναι συζητήσιμες.

converse *ρ.μ.* (συχνά + **with**) [επίσημο. Μιλώ με συνηθισμένο τρόπο] συνδιαλέγομαι *I saw them conversing idly by the photocopier.* Τους είδα να συνομιλούν άσκοπα κοντά στο φωτοτυπικό.

conversation *ουσ.αρ.μ.αρ.* συζήτηση *We had a long conversation about her family.* Κάναμε μια μεγάλη συζήτηση για την οικογένειά της. *I found him deep in conversation with my father.* Τον βρήκα βαθειά απορροφημένο να κουβεντιάζει με τον πατέρα μου.

talk sth **over** Ή **talk over** sth *ρ.πρφ.* [συζητώ κάτι, συχνά για να λύσω ένα πρόβλημα] συζητώ λεπτομερώς *Come into my office and we'll talk things over.* Έλα στο γραφείο μου και θα συζητήσουμε τα θέματα λεπτομερώς. *We can talk over what to buy them at lunch.* Μπορούμε να συζητήσουμε τι να τους αγοράσουμε καθώς τρώμε μεσημεριανό.

have a word with sb [κάπως ανεπίσημο. Υπονοεί σύντομη τυχαία συζήτηση] μιλώ με κάποιον *Can I have a word with you about this bill?* Μπορώ να σου πω δυο κουβέντες γι' αυτόν το λογαριασμό;

355 Emphasize Δίνω έμφαση

emphasize ρ.μ. (συχνά + **that**) τονίζω I want to emphasize the need for economy. Θέλω να τονίσω την ανάγκη για οικονομία. I cannot emphasize too much that there will be no second chances. Δεν μπορώ να τονίσω αρκετά το γεγονός ότι δε θα υπάρξουν δεύτερες ευκαιρίες.

emphasis ουσ.μ.αρ.αρ. (συχνά + **on**) έμφαση The emphasis is on speed. Η έμφαση είναι στην ταχύτητα. We should **put/lay/place** more **emphasis** on grammar. Θα έπρεπε να δώσουμε περισσότερη έμφαση στη γραμματική.

stress ρ.μ. (συχνά + **that**) [συχνά για να επιτύχουμε καλύτερη συνεννόηση] τονίζω I stressed our willingness to compromise. Τόνισα την προθυμία μας να συμβιβαστούμε. She stressed that there could be a long wait. Τόνισε ότι μπορεί να χρειαζόταν να περιμένουμε πολύ. I want to stress how little time we have left. Θέλω να τονίσω πόσος λίγος χρόνος μας έχει μείνει.

stress ουσ.μ.αρ. (συχνά + **on**) έμφαση a justifiable stress on security δικαιολογημένη βαρύτητα στην ασφάλεια She lays great stress on punctuality. Δίνει μεγάλη βαρύτητα στην ακρίβεια.

underline ρ.μ. [κάνω σαφές] υπογραμμίζω The accident underlines the need for higher safety standards. Το ατύχημα τονίζει την ανάγκη για μεγαλύτερα μέτρα ασφάλειας. I want to underline my opposition to these measures. Θέλω να τονίσω την αντίθεσή μου προς αυτά τα μέτρα.

insist ρ.α.μ. (συχνά + **on** + **-ing**, + **that**) [υπονοεί να δηλώνω ή να ζητώ κάτι σταθερά] επιμένω I insist, they must be stopped. Επιμένω ότι πρέπει να τους σταματήσουμε. Insist on seeing the ambassador. Να επιμείνεις να δεις τον πρεσβευτή. She insisted (that) she was nowhere near there that night. Επέμενε ότι δεν ήταν εκεί κοντά εκείνο το βράδυ.

insistence ουσ.μ.αρ. επιμονή She stuck to this story with great insistence. Κόλλησε σε αυτή την ιστορία με μεγάλη επιμονή.

insistent επίθ. επίμονος in an insistent tone με επίμονο τόνο Her pleas became more insistent. Οι παρακλήσεις της έγιναν πιο επίμονες.

exaggerate ρ.μ. [αντικ.: π.χ. αξίωση, πρόβλημα] υπερβάλλω, μεγαλοποιώ We mustn't exaggerate the danger. Δεν πρέπει να μεγαλοποιούμε τον κίνδυνο. He tends to exaggerate his achievements. Έχει την τάση να μεγαλοποιεί τα επιτεύγματά του. She's exaggerating when she says there were eighty people there. Υπερβάλλει όταν λέει ότι υπήρχαν εκεί ογδόντα άτομα.

exaggeration ουσ.μ.αρ.α. υπερβολή Salesmen can be rather prone to exaggeration. Οι πλασιέ μπορεί να είναι μάλλον επιρρεπείς στην υπερβολή. It's a bit of an exaggeration to say she saved my life. Είναι λιγάκι υπερβολικό να πω ότι αυτή μου έσωσε τη ζωή.

rub sth **in** Ή **rub in** sth ρ.πρφ.μ. [ανεπίσημο. Επισημαίνω κάτι δυσάρεστο περισσότερο έντονα ή επίμονα από ό.τι χρειάζεται, για να κάνω κάποιον να αισθανθεί χειρότερα] επαναλαμβάνω κάτι διαρκώς I know I should have got there earlier, there's no need to rub it in. Ξέρω ότι έπρεπε να είχα φτάσει εκεί νωρίτερα, δε χρειάζεται να μου το λες συνέχεια.

φράση

to get/blow something out of proportion [υπερβάλλω την σπουδαιότητα ή τη σοβαρότητα κάποιου πράγματος, ειδικά κάτι που με ανησυχεί] δίνω δυσανάλογη σημασία σε κάτι It was only a small disagreement, you're blowing it out of proportion. Ήταν απλά μια μικρή διαφωνία, εσύ του δίνεις υπερβολική σημασία.

356 Repeat Επαναλαμβάνω

repeat ρ.μ. (συχνά + **to**) επαναλαμβάνω Can you repeat that? Μπορείς να το επαναλάβεις; Don't repeat this to anybody. Μην το πεις αυτό σε κανέναν. The team are hoping to repeat last Saturday's performance. Η ομάδα ελπίζει να επαναλάβει τις επιδόσεις του περασμένου Σαββάτου.

repeat ουσ.αρ. **1** επανάληψη Make sure you've got your passport – we don't want a repeat of what happened last time! Σιγουρέψου ότι έχεις το διαβατήριό σου – δε θέλουμε να επαναληφθεί ό,τι συνέβη την προηγούμενη φορά. I played the piece with all the repeats. Έπαιξα το κομμάτι με όλα τα ρεφρέν. (χρησιμοποιείται σαν επίθ.) a repeat performance επαναληπτική παράσταση **2** [πρόγραμμα] επανάληψη

repetition ουσ.μ.αρ.αρ. επανάληψη to learn sth by repetition μαθαίνω κάτι με την επανάληψη a repetition of earlier mistakes επανάληψη προηγούμενων λαθών

encore ουσ.αρ. [έξτρα κομμάτι μουσικής που παίζεται μετά από απαίτηση του κοινού] μπιζάρισμα They gave us three encores. Έπαιξαν τρία κομμάτια εκτός προγράμματος. She sang a Schubert song as an encore. Τραγούδησε ένα κομμάτι του Σούμπερτ εκτός προγράμματος.

encore ρ.μ. [αντ.: μουσικός] μπιζάρω [αντ.: μουσική] παίζω εκτός προγράμματος. The aria was encored. Η άρια ξαναπαίχτηκε εκτός προγράμματος.

echo ουσ.αρ.πληθ. **echoes 1** [π.χ. μέσα σε σπηλιά] αντίλαλος a ghostly echo αντίλαλος σαν φάντασμα **2** [π.χ. ενός γεγονότος] απήχηση The protests are an echo of the mass demonstrations of 1968. Οι διαμαρτυρίες είναι μια απήχηση των μαζικών διαδηλώσεων του 1968.

echo ρ. **1** ρ.α. [μερικές φορές + **with**] [υποκ.: π.χ. σπήλαιο] αντηχώ The room echoed with laughter. Το δωμάτιο αντήχησε με γέλια. **2** ρ.α. [υποκ.: θόρυβος] αντηχώ Her voice echoed round the church. Η φωνή της αντήχησε παντού μέσα στην εκκλησία. **3** ρ.μ. [αντικ.: π.χ. γνώμη] απηχώ In saying this I am only echoing the president's own statement. Λέγοντας αυτό απλώς επαναλαμβάνω τη δήλωση του προέδρου. **4** ρ.μ. [αντικ.: π.χ. περιστατικό] απηχώ Her career strangely echoed her mother's experience. Η καριέρα της αντανακλούσε περίεργα την εμπειρία της μητέρας της.

357 Swear Βρίζω

swear *ρ.α., αόρ.* **swore** *μτχ.αορ.* **sworn** (συχνά + **at**)
[χρησιμοποιώ απρεπείς εκφράσεις] βρίζω *Don't swear in
front of the children.* Μη βρίζεις μπροστά στα παιδιά. *He
swore loudly at the referee.* Έβρισε δυνατά τον διαιτητή.
(*σαν επίθ.*) *a swear word* βρισιά

curse *ρ.μ.α.* [ειδικά για να εκφράσει θυμό για κάποιον/κάτι]
καταριέμαι *I found her cursing into the engine.* Την βρήκα
να βλαστημάει τη μηχανή. *I could hear him cursing
computers and whoever invented them.* Τον άκουσα να
καταριέται τους ηλεκτρονικούς υπολογιστές και όποιον
τους εφεύρε. **curse** *ουσ.αρ.* κατάρα

oath *ουσ.αρ.* [κάπως λογοτεχνικό] κατάρα, βρισιά *a strange
oath he'd heard his father use* μια παράξενη βρισιά που
είχε ακούσει να χρησιμοποιεί ο πατέρας του

blaspheme *ρ.α.* (μερικές φορές + **against**) βλαστημώ
to blaspheme against God βλαστημώ το Θεό **blasphemy**
ουσ.μ.αρ. βλαστήμια

eff and blind *ρ.α.* (*Βρετ.*) [ανεπίσημο και αστείο.
Ευφημισμός που βασίζεται στο **fuck** και **bloody**]
βλαστημώ, βρίζω *He was dead drunk and effing and
blinding like mad.* Ήταν τύφλα στο μεθύσι και έβριζε σαν
τρελός.

358 Promise Υπόσχομαι

δες επίσης **82.1 Certain**

promise *ρ.μ.* (συχνά + **to** + ΑΠΑΡΕΜΦΑΤΟ, + **that**) υπόσχομαι
I can promise nothing. Δεν μπορώ να υποσχεθώ τίποτα. *But
you promised me a pony!* Μα μου υποσχέθηκες ένα
αλογάκι. *I was promised my own office.* Μου υποσχέθηκαν
(ότι θα έχω) δικό μου γραφείο. *I promised to be there on
time.* Υποσχέθηκα να είμαι εκεί στην ώρα μου. *I promised
my daughter I'd pick her up.* Υποσχέθηκα στην κόρη μου
ότι θα πήγαινα να την πάρω.

promise *ουσ.αρ.* υπόσχεση *empty promises* κενές
υποσχέσεις *the promise of a job* η υπόσχεση μιας δουλειάς
to keep/break a promise κρατώ/παραβαίνω μια υπόσχεση

φ ρ ά σ η

to give sb one's word [πιο εμφατικό από το υπόσχομαι]
δίνω σε κάποιον το λόγο μου *I give you my word that I'll
have the money for you by Friday.* Σου δίνω το λόγο μου
ότι θα έχω τα χρήματα μέχρι την Παρασκευή.

guarantee *ουσ.αρ.μ.αρ.* [συνήθως επίσημα ή τυπικά]
εγγύηση *a guarantee that no trees would be cut down*
εγγύηση ότι δε θα κοπούν δέντρα *The oven is still under
guarantee.* Ο φούρνος έχει ακόμη εγγύηση.

guarantee *ρ.μ.* (συχνά + **to** + ΑΠΑΡΕΜΦΑΤΟ, + **that**) εγγυώμαι
We cannot guarantee your safety. Δεν μπορούμε να
εγγυηθούμε για την ασφάλειά σας. *They have guaranteed to
provide a replacement.* Μας έχουν εγγυηθεί ότι θα το
αντικαταστήσουν. *Can you guarantee that the car will be
ready?* Μπορείς να μου εγγυηθείς ότι το αυτοκίνητο θα
είναι έτοιμο; *a guaranteed seat* σίγουρη έδρα (στη Βουλή)

assure *ρ.μ.* (συχνά + **that**) [όταν κάτι δεν είναι βέβαιο.
Συνήθως για να καθησυχάσουμε κάποιον] διαβεβαιώνω
Let me assure you that there will be no problems. Σε
διαβεβαιώνω ότι δε θα υπάρξουν προβλήματα. *We were
assured that we would not miss our connection.* Μας
διαβεβαίωσαν ότι δεν θα χάναμε την ανταπόκριση (των
τρένων).

assurance *ουσ.αρ.* διαβεβαίωση *an assurance that her
complaint would be examined* διαβεβαίωση ότι θα
εξεταζόταν το παράπονό της *government assurances that
there was no health risk* διαβεβαιώσεις της κυβέρνησης ότι
δεν υπήρχε κίνδυνος υγείας

claim *ρ.μ.* (συνήθως + **to** + ΑΠΑΡΕΜΦΑΤΟ, + **that**) [υπονοεί
δήλωση που δεν μπορεί να αποδειχθεί] ισχυρίζομαι *He
claimed to be able to cure my asthma.* Ισχυρίστηκε ότι
μπορεί να θεραπεύσει το άσθμα μου. *She claims that
inflation is coming down.* Ισχυρίζεται ότι ο πληθωρισμός
μειώνεται.

claim *ουσ.αρ.* ισχυρισμός *a fully justified claim* ένας τελείως
δικαιολογημένος ισχυρισμός *exaggerated claims of success*
υπερβολικοί ισχυρισμοί επιτυχίας

swear *ρ., αόρ.* **swore**, *μτχ.αορ.* **sworn 1** *ρ.μ.* (συνήθως + **that**)
[υπονοεί ότι δηλώνουμε κάτι επίσημα και με έμφαση]
ορκίζομαι *She swore she'd never seen me.* Ορκίστηκε ότι
δε με είχε δει ποτέ. [ανεπίσημο] *He swore blind he'd locked
the door.* Ορκίστηκε ότι είχε κλειδώσει την πόρτα.
[εκφράζει βεβαιότητα] *I could have sworn I had another
pen.* Θα μπορούσα να είχα ορκιστεί ότι είχα ένα άλλο
στυλό. **2** *ρ.α.* (πάντα + **to**) παίρνω όρκο *I think he's from
Lincoln, but I couldn't swear to it.* Νομίζω ότι είναι από το
Λίνκολν, αλλά δε θα έπαιρνα όρκο γι' αυτό.

oath *ουσ.αρ.* [επίσημη υπόσχεση να κάνεις κάτι ή ότι κάτι
είναι σωστό] όρκος *I took an oath* not to tell anyone. Πήρα
όρκο να μην το πω σε κανέναν. *Will you say that on oath?*
Θα το καταθέσετε αυτό ενόρκως;

pledge *ουσ.αρ.* [επίσημη υπόσχεση να κάνεις κάτι]
υπόσχεση, δέσμευση *our pledge to reduce unemployment* η
υπόσχεσή μας να μειώσουμε την ανεργία

pledge *ρ.μ.* (συχνά + **to** + ΑΠΑΡΕΜΦΑΤΟ) υπόσχομαι,
δεσμεύομαι *to pledge one's support for a cause* δεσμεύομαι
να υποστηρίξω μια υπόθεση *I'll pledge another ten pounds.*
Υπόσχομαι να δώσω άλλες δέκα λίρες.

359 Talkative Ομιλητικός

δες επίσης **341 Speak**

chatty *επίθ.* [που του αρέσει να κουβεντιάζει] ομιλητικός
The boss was in one of her chatty moods. Η προϊσταμένη
ήταν πάλι σε ομιλητική διάθεση. *a chatty letter* φλύαρο
γράμμα

chatterbox *ουσ.αρ.* [ανεπίσημο, αρκετά αστεία και
ανεκτική περιγραφή] πολυλογάς *He can only say a few*

*words, but you can tell he's going to be a real little
chatterbox.* Ξέρει μόνο λίγες λέξεις, αλλά μπορείς να
καταλάβεις ότι θα γίνει ένας σωστός πολυλογάς.

windbag *ουσ.αρ.* [υποτιμητικό. Που μιλάει πάρα πολύ ή με
πομπώδη τρόπο] αερολόγος *How did all these windbags get
elected?* Πώς εκλέχθηκαν όλοι αυτοί οι αερολόγοι;

359.1 Μιλώ με άνεση

fluent *επίθ.* [όταν εκφράζεται κανείς καλά, συχνά σε μια άλλη γλώσσα] άνετος *a fluent style which makes the subject interesting* άνετο στυλ που κάνει το θέμα ενδιαφέρον *I speak German, but I'm not fluent in it.* Μιλώ Γερμανικά αλλά όχι με άνεση. *She speaks fluent Arabic.* Μιλά καλά τα Αραβικά. **fluently** *επίρρ.* άνετα **fluency** *ουσ.μ.αρ.* ευχέρεια (λόγου)

articulate *επίθ.* [υπονοεί ευκολία έκφρασης και καθαρότητα σκέψης] σαφής *an articulate article* ευκρινές άρθρο *She gets her way because she's so articulate.* Γίνεται το δικό της γιατί είναι ικανή να εκφράζεται με σαφήνεια. **articulately** *επίρρ.* σαφώς

eloquent *επίθ.* [υπονοεί να εκφράζεται κανείς καλά και πειστικά] εύγλωττος *The wine made me more eloquent.* Το κρασί με έκανε πιο εύγλωττο. *an eloquent defence of their policies* εύγλωττη άμυνα της πολιτικής τους **eloquence** *ουσ.μ.αρ.* ευγλωττία

φράσεις

a way with words [υπονοεί στυλ και πειστικότητα] που έχει ευφράδεια *You could listen to him for hours, he has such a way with words.* Θα μπορούσες να τον ακούς για ώρες, έχει τόση ευφράδεια λόγου.

the gift of the gab [ανεπίσημο. Ικανότητα να μιλάς με άνεση, συχνά σε καταστάσεις γεμάτες αμηχανία] το χάρισμα του λόγου *She has the gift of the gab, so don't let her talk you into anything.* Έχει το χάρισμα του λόγου γι' αυτό μην την αφήσεις να σε παρασύρει σε οτιδήποτε.

you can't get a word in edgeways [ανεπίσημο. Πιθανές παραλλαγές. Λέγεται όταν κάποιος δε σταματά να μιλά] δεν προλαβαίνεις να πεις λέξη *She's got it all wrong, but she won't let you get a word in edgeways.* Τα είπε όλα λάθος, αλλά δε θα σε αφήσει να πεις λέξη γιατί μιλάει συνεχώς.

talk nineteen to the dozen (*Βρετ.*) [ανεπίσημο. Μιλώ γρήγορα και χωρίς να σταματώ] φλυαρώ *Everybody was talking nineteen to the dozen and the meeting was getting nowhere.* Όλοι φλυαρούσαν ασταμάτητα και η συνεδρίαση δεν οδηγούσε πουθενά.

he/she can talk the hind legs off a donkey [ανεπίσημο. Λέγεται για κάποιον που μιλά ασταμάτητα, συνήθως για πράγματα που ο συνομιλητής δεν νομίζει ότι είναι σπουδαία ή ενδιαφέροντα] είναι πάρα πολύ φλύαρος

360 Gossip Κουτσομπολιό

gossip *ρ.μ.* [συχνά υποτιμητικό.Υπονοεί ότι συζητάμε για την προσωπική ζωή των άλλων] κουτσομπολεύω *I shouldn't gossip, but I think she's left him.* Δε θα έπρεπε να κουτσομπολεύω αλλά νομίζω ότι τον παράτησε. *Have you been gossiping again?* Πάλι κουτσομπολεύατε;

gossip *ουσ.* 1 *ουσ.μ.αρ.* κουτσομπολιό *office gossip* κουτσομπολιό στο γραφείο 2 *ουσ.αρ.* [υποτιμητικό. Πρόσωπο] κουτσομπόλης *He's a terrible gossip.* Είναι φοβερός κουτσομπόλης.

gossipy *επίθ.* με κουτσομπολιό *a gossipy letter* γράμμα με κουτσομπολιό

chat *ρ.μ.*, -tt- [υπονοεί φιλική, τυχαία κουβέντα] κουβεντιάζω *We were chatting about the match.* Κουβεντιάζαμε για τον αγώνα.

chat *ουσ.* 1 *ουσ.αρ.* φιλική συζήτηση *We were having a chat about my operation.* Κουβεντιάζαμε για την εγχείρησή μου. 2 *ουσ.μ.αρ.* [θέματα που συζητιούνται] συζήτηση *There's a lot of chat about TV.* Γίνεται πολύ συζήτηση γύρω από την τηλεόραση.

chitchat *ουσ.μ.αρ.* [όχι σοβαρή κοινωνική συζήτηση για τετριμμένα πράγματα] ψιλοκουβέντα

chatter *ρ.α.* [υπονοεί ότι μιλάμε για ασήμαντα πράγματα] φλυαρώ *We were chattering together on the phone.* Φλυαρούσαμε μαζί στο τηλέφωνο. *I could hear them chattering away.* Τους άκουγα να φλυαρούν πολλή ώρα.

chatter *ουσ.μ.αρ.* φλυαρία *Could we have less chatter and more work please?* Θα μπορούσαμε να φλυαρούμε λιγότερο και να δουλεύουμε περισσότερο παρακαλώ;

natter *ρ.α.* (*Βρετ.*) (συχνά + *επίρρ.*) [υπονοεί μεγάλη συζήτηση για συνηθισμένα πράγματα] κουβεντιάζω *Well, we can't go on nattering all night.* Λοιπόν, δεν μπορούμε να συνεχίσουμε να κουβεντιάζουμε όλη τη νύχτα.

natter *ουσ.αρ.* (*Βρετ.*) κουβέντα *I called you up to have a good natter.* Σου τηλεφώνησα για να τα πούμε λιγάκι.

rabbit *ρ.μ.* -tt- 'Η -t- (*Βρετ.*) (συχνά + **on**) [υποτιμητικό. Υπονοεί να μιλάμε πάρα πολύ] φλυαρώ ασταμάτητα *She was rabbiting on about her arthritis.* Μιλούσε πάρα πολύ για τα αρθριτικά της.

small talk *ουσ.μ.αρ.* [τυχαία συζήτηση, π.χ. σε πάρτι] κουβεντούλα *I'm not much good at small talk.* Δεν είμαι πολύ καλή στην κουβεντούλα.

rumour (*Βρετ.*), **rumor** (*Αμερ.*) *ουσ.αρ.μ.αρ.* φήμη *There's a rumour going round that you're leaving.* Κυκλοφορεί η φήμη ότι φεύγεις. *Don't listen to rumour.* Μην ακούς τις διαδόσεις.

361 Language Γλώσσα

language *ουσ.* 1 *ουσ.αρ.* γλώσσα *a foreign language* μια ξένη γλώσσα *I'm doing languages.* Σπουδάζω γλώσσες 2 *ουσ.μ.αρ.* literary language η γλώσσα της λογοτεχνίας (σαν *επίθ.*) *language courses* μαθήματα ξένων γλωσσών

speaker *ουσ.αρ.* ομιλητής *English speakers* αγγλομαθείς, αγγλόφωνοι *a native speaker of English* αγγλόφωνος (που τα Αγγλικά είναι η μητρική του γλώσσα)

bilingual *επίθ.* δίγλωσσος (αυτός που μιλάει δυο γλώσσες σαν μητρική γλώσσα) *She's bilingual in French and German.* Μιλάει δυο γλώσσες, Γαλλικά και Γερμανικά.

multilingual *επίθ.* πολύγλωσσος *a multilingual class* μια τάξη πολύγλωσση (που αποτελείται από μαθητές πολλών εθνικοτήτων)

361.1 Ευρωπαϊκές γλώσσες

Bulgarian Βουλγάρικα
Czech Τσέχικα
Danish Δανέζικα
Dutch Ολλανδέζικα
English Αγγλικά
Finnish Φιλλανδέζικα
French Γαλλικά
German Γερμανικά
Greek Ελληνικά
Hungarian Ουγγαρέζικα
Italian Ιταλικά

Norwegian Νορβηγικά
Polish Πολωνέζικα
Portuguese Πορτογαλέζικα
Romanian Ρουμάνικα
Russian Ρωσσικά
Serbo-Croat 'Η **Serbo-Croatian** Σερβο–Κροατικά
Spanish Ισπανικά
Swedish Σουηδικά
Turkish Τούρκικα

361.2 Άλλες ευρέως ομιλούμενες γλώσσες

Arabic Αραβικά
Bengali Βεγαλικά
Chinese Κινέζικα
Hindi Ινδουικά
Japanese Γιαπωνέζικα

Korean Κορεάτικα
Persian Περσικά
Punjabi Παντζάμπι
Urdu Ουρδικά

χρήση

Σύγκρινε τα παρακάτω παραδείγματα: *I like Spanish* [αναφέρεται στη γλώσσα] (Μου αρέσουν τα Ισπανικά.) και *I like the Spanish* [αναφέρεται στους ανθρώπους που ζουν στην Ισπανία] (Μου αρέσουν οι Ισπανοί.)

362 Words Λέξεις

362.1 Λέξεις που χρησιμοποιούνται για συγκεκριμένους σκοπούς

vocabulary *ουσ.μ.αρ.αρ.* [υπονοεί το συνολικό αριθμό λέξεων] λεξιλόγιο *to have a large vocabulary* έχω πλούσιο λεξιλόγιο *French vocabulary* γαλλικό λεξιλόγιο

term *ουσ.αρ.* [λέξη ή ομάδα λέξεων, που συνήθως χρησιμοποιούνται σε ένα συγκεκριμένο τομέα] όρος *a technical term* ένας εξειδικευμένος όρος

terminology *ουσ.μ.αρ.αρ.* [υπονοεί λέξεις σε ένα συγκεκριμένο τομέα] ορολογία *scientific terminology* επιστημονική ορολογία

jargon *ουσ.μ.αρ.αρ.* [συχνά υποτιμητικό. Υπονοεί λέξεις που χρησιμοποιούνται από μια συγκεκριμένη ομάδα που δεν είναι κατανοητές από άλλους] επαγγελματική φρασεολογία *sales jargon* γλώσσα των πωλητών *Do you have to use this legal jargon?* Πρέπει οπωσδήποτε να χρησιμοποιήσεις νομική φρασεολογία;

slang *ουσ.μ.αρ.* [πολύ ανεπίσημες λέξεις, χρησιμοποιούνται κυρίως από μια συγκεκριμένη ομάδα] αργκό *drug slang* φράσεις σχετικές με τη διακίνηση ναρκωτικών (σαν *επίθ.*) *slang expressions* λαϊκές εκφράσεις

362.2 Ομάδες λέξεων

phrase *ουσ.αρ.* 1 [λίγες λέξεις] φράση 2 καθορισμένη έκφραση

sentence *ουσ.αρ.* πρόταση

clause *ουσ.αρ.* [εξειδικευμένη λέξη που χρησιμοποιείται στη γραμματική] δευτερεύουσα πρόταση

paragraph *ουσ.αρ.* παράγραφος *the paragraph dealing with burns* η παράγραφος που αναφέρεται στα εγκαύματα

slogan *ουσ.αρ.* [λέξη ή φράση που επαναλαμβάνεται σε πολιτική ή εμπορική διαφήμιση] σλόγκαν *a catchy slogan like "development without destruction"* ένα σλόγκαν που τραβάει την προσοχή όπως «εξέλιξη χωρίς καταστροφή»

idiom *ουσ.αρ.* [σχετικά καθορισμένη έκφραση, της οποίας η σημασία είναι διαφορετική από τις λέξεις που την αποτελούν, όπως οι «φράσεις» σ'αυτό το βιβλίο] ιδιωματισμός

proverb *ουσ.αρ.* [εκφράζει συμβατικές συμβουλές] παροιμία

cliche *ουσ.αρ.* [υπονοεί έκφραση που χρησιμοποιείται πάρα πολύ] κοινοτοπία, κλισέ *It's a bit of a cliche to call the situation a tragedy, but that's what it is.* Είναι κοινοτοπία να ονομάσουμε την κατάσταση τραγωδία, αλλά έτσι έχουν τα πράγματα.

362.3 Ήχοι των λέξεων

vowel *ουσ.αρ.* φωνήεν (σαν *επίθ.*) *vowel sounds* ήχοι φωνηέντων

consonant *ουσ.αρ.* σύμφωνο

syllable *ουσ.αρ.* συλλαβή

362.4 Γραμματικοί όροι

grammar *ουσ.* 1 *ουσ.μ.αρ.* γραμματική *English grammar* αγγλική γραμματική (σαν *επίθ.*) *grammar problems* προβλήματα με τη γραμματική 2 *ουσ.αρ.* [βιβλίο] γραμματική

grammatical *επίθ.* 1 [σχετικός με τη γραμματική] γραμματικός *grammatical inflections* κλιτικές καταλήξεις 2 [που χρησιμοποιεί σωστή γραμματική] γραμματικά σωστός *a grammatical sentence* μια γραμματικά σωστή πρόταση

noun *ουσ.αρ.* ουσιαστικό

verb *ουσ.αρ.* ρήμα *a transitive verb* ένα μεταβατικό ρήμα (σαν *επίθ.*) *verb endings* καταλήξεις ρημάτων

tense *ουσ.αρ.μ.αρ.* χρόνος *the past/present/future tense* ο αόριστος/ενεστώτας/μέλλοντας

adjective *ουσ.αρ.* επίθετο

adverb *ουσ.αρ.* επίρρημα

pronoun *ουσ.αρ.* αντωνυμία *a personal pronoun* προσωπική αντωνυμία

preposition *ουσ.αρ.* πρόθεση

conjunction *ουσ.αρ.* σύνδεσμος

362.5 Ορθογραφία των λέξεων

alphabet *ουσ.αρ.* αλφαβήτα, αλφάβητο *the Greek alphabet* το ελληνικό αλφάβητο

alphabetical *επίθ.* αλφαβητικός *in alphabetical order* με αλφαβητική σειρά

letter *ουσ.αρ.* γράμμα *the letter 'a'* το γράμμα «a»

capital ΕΠΙΣΗΣ **capital letter** *ουσ.αρ.* κεφαλαίο (γράμμα) *block capitals* απλά κεφαλαία γράμματα

upper case *επίθ.* [κυρίως στη τυπογραφία] κεφαλαία *an upper case Y* κεφαλαίο Υ

lower case *επίθ.* [κυρίως στη τυπογραφία] μικρά *a lower case p* μικρό π

small *επίθ.* [συνηθισμένος μη εξειδικευμένος όρος] μικρά

Do I write that with a small 'a' or a capital 'a'? Γράφεται με μικρό ή κεφαλαίο «α»;

abbreviation *ουσ.αρ.μ.αρ.* συντομογραφία

363 Punctuation Στίξη

punctuate *ρ.μ.* βάζω σημεία στίξης *incorrectly punctuated* με λάθος σημεία στίξης
punctuation mark *ουσ.αρ.* σημείο στίξης
full stop (*Βρετ.*), **period** (*Αμερ.*) *ουσ.αρ.* [.] [χρησιμοποιείται στο τέλος των προτάσεων και των συντομογραφιών, όπως: *He's in New York.*] τελεία
comma *ουσ.αρ.* [,] κόμμα
semicolon *ουσ.αρ.* [;] άνω τελεία [·]

colon *ουσ.αρ.* [:] άνω και κάτω τελεία
exclamation mark (*Βρετ.*), **exclamation point** (*Αμερ.*) *ουσ.αρ.* [!] θαυμαστικό
question mark *ουσ.αρ.* [?] ερωτηματικό [;]
dash *ουσ.αρ.* παύλα
hyphen *ουσ.αρ.* ενωτικό σημείο
hyphenate *ρ.μ.* συνδέω ή χωρίζω δύο λέξεις με το ενωτικό σημείο *a hyphenated name* σύνθετο όνομα με ενωτικό

χρήση

Όταν γράφουμε και δακτυλογραφούμε στα Αγγλικά, δεν αφήνουμε επιπλέον διάστημα ανάμεσα στις λέξεις και στα σημεία στίξης, εκτός από την παύλα, πριν και μετά την οποία αφήνουμε διάστημα.

inverted commas (*Βρετ.*) ΕΠΙΣΗΣ **quotation marks** (*Βρετ. & Αμερ.*) *πληθ. ουσ.* [" " ή ' '] εισαγωγικά
brackets (*Βρετ.*), **parenthesis** (*Αμερ.*) *πληθ. ουσ.* [( )] παρενθέσεις
apostrophe *ουσ.αρ.* ['] απόστροφος
asterisk *ουσ.αρ.* [*] αστερίσκος

364 Meaning Νόημα

mean *ρ.μ.* 1 [υποκ.: πρόσωπο] εννοώ *I didn't mean that he was lazy.* Δεν εννοούσα ότι ήταν τεμπέλης. *Say what you mean.* Πες τι εννοείς. *What do you mean by 'inconvenient'?* Τι εννοείς όταν λες «άβολο»; 2 [αντιπροσωπεύω] σημαίνω *The orange light means we need more petrol.* Το πορτοκαλί φως σημαίνει ότι χρειαζόμαστε περισσότερη βενζίνη. *What does 'inconvenient' mean?* Τι σημαίνει η λέξη «inconvenient»;

sense *ουσ.* 1 *ουσ.μ.αρ.* [γενικό νόημα] νόημα *the general sense of the document* το γενικό νόημα του εγγράφου *Does this letter **make sense** to you?* Βγάζεις νόημα από αυτό το γράμμα; 2 *ουσ.αρ.* [συγκεκριμένη σημασία μιας λέξης] έννοια *I'm using the word in its scientific sense.* Χρησιμοποιώ τη λέξη με την επιστημονική της έννοια.

gist *ουσ.αρ.* (δεν έχει πληθ., + the) [υπονοεί βασικό νόημα χωρίς λεπτομέρειες] ουσία, κύρια σημεία *I haven't got time to read the report so just give me the gist of it.* Δεν έχω χρόνο να διαβάσω όλη την αναφορά, γι' αυτό πες μου μόνο ποια είναι τα κύρια σημεία.

essence *ουσ.αρ.* (δεν έχει πληθ.) [υπονοεί την πραγματική ή την πιο σπουδαία σημασία] ουσία *Here we come to the essence of the debate.* Εδώ φτάνουμε στην ουσία της συζήτησης.

364.1 Σήματα και σύμβολα

sign *ουσ.αρ.* 1 σύμβολο *an equals sign* το σύμβολο του «ίσον» *a dollar sign* σύμβολο του δολαρίου 2 [χειρονομία] νεύμα, ένδειξη *She started making signs to get us to quieten down.* Άρχισε να κάνει νοήματα για να μας κάνει να ησυχάσουμε. 3 [π.χ. στους δρόμους] σήμα, πινακίδα *a stop sign* το σήμα του στοπ *There was a sign giving the opening hours.* Υπήρχε μια πινακίδα με τις ώρες λειτουργίας. 4 [στοιχείο] σημάδι *There were signs of a break-in.* Υπήρχαν σημάδια διάρρηξης. *He gave no sign that he was angry.* Δεν έδειξε ότι ήταν θυμωμένος.

signal *ουσ.αρ.* 1 [συμφωνημένο σήμα για να κάνουμε κάτι ή ότι κάτι θα μπορούσε να συμβεί] σήμα, σύνθημα *He gave the signal to fire.* Έδωσε το σύνθημα να πυροβολήσουν. *a railway signal* σήμα του σιδηρόδρομου *A long look at her watch was the signal for us to leave.* Μια παρατεταμένη ματιά στο ρολόι της ήταν το σήμα ότι έπρεπε να φύγουμε. 2 [π.χ. ραδιοκύματα] σήμα *Astronomers are picking up very faint signals from the star.* Οι αστρονόμοι πιάνουν αμυδρά σήματα από το αστέρι.

signal *ρ.μ.* -ll- (*Βρετ.*), συνήθως -l- (*Αμερ.*) (συχνά + to + ΑΠΑΡΕΜΦΑΤΟ) 1 [π.χ. να κάνουμε κάτι] κάνω νόημα *He signalled me to come over.* Μου έκανε νόημα να πάω προς το μέρος του. 2 [μεταβιβάζω μια ιδέα] διαβιβάζω *The measures signalled a change of policy by the government.* Τα μέτρα σήμαιναν αλλαγή πολιτικής της κυβέρνησης.

symbol *ουσ.αρ.* 1 [συμβατικό σήμα] σύμβολο *mathematical symbols* μαθηματικά σύμβολα *The open book became the symbol of the movement.* Το ανοιχτό βιβλίο έγινε το σύμβολο του κινήματος. 2 *ουσ.αρ.* [κάτι που εκφράζει μια ιδέα μέσω συσχέτισης ή συνειρμού] σύμβολο *drivers who regard the car as the symbol of their virility* οδηγοί που θεωρούν το αυτοκίνητο σαν σύμβολο της αρρενωπότητάς τους

symbolic *επίθ.* συμβολικός *a symbolic representation of sth* συμβολική αναπαράσταση κάποιου πράγματος **symbolically** *επίρρ.* συμβολικά

symbolize, ΕΠΙΣΗΣ **-ise** (*Βρετ.*) *ρ.μ.* συμβολίζω

code *ουσ.αρ.μ.αρ.* κώδικας *an easy code to break* κώδικας εύκολος να αποκρυπτογραφηθεί *It's written in code.* Είναι κρυπτογραφημένο.

code *ρ.μ.* κρυπτογραφώ, κωδικοποιώ *coded warnings to the president* κρυπτογραφημένες προειδοποιήσεις προς τον πρόεδρο

364.2 Εκφράζω και συμπεραίνω νόημα

signify *ρ.μ.* [κάπως επίσημο] **1** [υπονοεί ότι δείχνουμε κάτι που συμβαίνει] σημαίνω *What did this sudden departure signify?* Τι σήμαινε αυτή η ξαφνική αναχώρηση; *A further reduction in interest rates could signify an early election.* Μια ακόμα μείωση των επιτοκίων θα σήμαινε πρόωρες εκλογές. **2** (μερικές φορές + **that**) [ανακοινώνω] γνωστοποιώ *She has signified her intention to leave.* Έχει γνωστοποιήσει την πρόθεσή της να φύγει.

represent *ρ.μ.* αντιπροσωπεύω *This chart represents average rainfall.* Αυτό το διάγραμμα αντιπροσωπεύει τη μέση βροχόπτωση. **representation** *ουσ.μ.αρ.αρ.* αναπαράσταση

indicate *ρ.μ.* **1** [δείχνω προς ένα σημείο με το χέρι ή με χειρονομία] δείχνω *She indicated a parked car and told me to get in it.* Έδειξε ένα παρκαρισμένο αυτοκίνητο και μου είπε να μπω μέσα. **2** [δείχνω με σήμα] σημαίνω *A red light indicates that the room is occupied.* Το κόκκινο φως σημαίνει ότι το δωμάτιο είναι κατειλημμένο. *He indicated that he would stand for the post if invited.* Άφησε να εννοηθεί ότι θα έβαζε υποψηφιότητα για τη θέση αν του το πρότειναν.

indication *ουσ.αρ.μ.αρ.* ένδειξη *These flattened crops are an indication of the storm's severity.* Τα ισοπεδωμένα χωράφια είναι ένδειξη της σφοδρότητας της καταιγίδας.

imply *ρ.μ.* (συχνά + **that**) **1** [αφήνω να εννοηθεί έμμεσα] υπονοώ *Are you implying I'm drunk?* Υπονοείς ότι είμαι μεθυσμένος; *No criticism was implied.* Δεν υπονοούσα καμιά κριτική. **2** [έχω σαν λογική συνέπεια] συνεπάγομαι *More responsibility should imply higher wages.* Περισσότερη ευθύνη πρέπει να συνεπάγεται μεγαλύτερο μισθό.

implication *ουσ.αρ.μ.αρ.* συνέπεια *the implications of the proposed law* οι συνέπειες του προτεινόμενου νόμου

infer *ρ.μ.* -rr- (συχνά + **from**, + **that**) συμπεραίνω *What do you infer from these facts?* Τι συμπεραίνεις από αυτά τα δεδομένα; *I inferred from this that she was unlikely to change her mind.* Από αυτό συμπέρανα ότι δεν ήταν πιθανό να αλλάξει γνώμη. **inference** *ουσ.μ.αρ.* συμπέρασμα

χρήση

Η λέξη **infer** συνήθως σημαίνει το ίδιο με τη σημασία 1 της λέξης **imply**, αλλά ορισμένοι δεν εγκρίνουν αυτή τη χρήση.

hint *ουσ.αρ.* [διακριτική υπόδειξη] υπαινιγμός, νύξη *a hint that there would be changes* νύξη ότι επρόκειτο να γίνουν αλλαγές *Did he get the hint?* Κατάλαβε τον υπαινιγμό; *Why don't you take the hint and invite her?* Γιατί δεν την προσκαλείς αφού έχει υπαινιχτεί ότι θέλει να έρθει; *He's been dropping hints about what he'd like for Christmas.* Είναι όλο υπονοούμενα για το τι θα ήθελε για δώρο τα Χριστούγεννα.

hint *ρ.μ.* (συχνά + **that**) υπαινίσσομαι *She hinted that we should go.* Υπαινίχτηκε ότι έπρεπε να φύγουμε.

365 Gesture Χειρονομία

δες επίσης **196 Greet**

gesture *ουσ.αρ.* χειρονομία *a gesture of annoyance* χειρονομία που δείχνει ενόχληση

gesture *ρ.α.μ.* χειρονομώ *She gestured towards the window.* Έδειξε με το χέρι της προς το παράθυρο. *He gestured them to be quiet.* Έδειξε με χειρονομίες ότι έπρεπε να ησυχάσουν.

shrug *ρ.α.μ.* [για να δείξω απαρέσκεια, αμφιβολία, αδιαφορία] σηκώνω τους ώμους *to shrug one's shoulders* σηκώνω τους ώμους μου **shrug** *ουσ.αρ.* σήκωμα των ώμων

nod *ρ.α.μ.* -dd- νεύω, γνέφω με το κεφάλι *They nodded in agreement.* Ένευψαν για να δείξουν ότι συμφωνούσαν. **nod** *ουσ.αρ.* νεύμα, νόημα

shake one's head κουνώ το κεφάλι μου *She shook her head thoughtfully.* Κούνησε το κεφάλι της σκεπτική.

point *ρ.α.* (συχνά + **at**, **to**) δείχνω (με το δάχτυλο) *If he is in this room, please point to him.* Αν βρίσκεται σε αυτό το δωμάτιο, δείξτον (μας).

wave *ρ.α.* (συχνά + **to**, **at**) χαιρετώ κουνώντας το χέρι *We waved goodbye.* Τους αποχαιρετήσαμε κουνώντας το χέρι. **wave** *ουσ.αρ.* κούνημα

beckon *ρ.μ.α.* (συχνά + **to**) νεύω, κάνω νόημα *The waiter beckoned me over.* Ο σερβιτόρος μου έκανε νόημα να πάω προς το μέρος του.

366 Document Έγγραφο

text *ουσ.* **1** *ουσ.αρ.μ.αρ.* [συλλογή γραπτών λέξεων] κείμενο *a text in ancient Greek* ένα κείμενο γραμμένο στα αρχαία Ελληνικά **2** *ουσ.αρ.* (δεν έχει πληθ., συνήθως + **the**) [το κύριο γραπτό μέρος ενός εγγράφου, κυρίως βιβλίου, παρά οι εικόνες, περιεχόμενα, κτλ.] κείμενο *She made cuts in the original text.* Έκανε περικοπές στο αρχικό κείμενο.

textual *επίθ.* του κειμένου *textual changes* αλλαγές του κειμένου

margin *ουσ.αρ.* [και στις δύο πλευρές του κειμένου] περιθώριο *the left-hand margin* το αριστερό περιθώριο *a note in the margin* σημείωση στο περιθώριο

heading *ουσ.αρ.* [π.χ. κεφαλαίου ή παραγράφου] επικεφαλίδα *It comes under the heading 'Accidents and emergencies'.* Είναι στο κεφάλαιο «Ατυχήματα και επείγοντα περιστατικά».

list *ουσ.αρ.* [π.χ. ονομάτων, αριθμών τηλεφώνου] κατάλογος *a mailing list* κατάλογος πελατών/ενδιαφερόμενων

list *ρ.μ.* βάζω σε κατάλογο *A number of recommendations were listed.* Στον κατάλογο μπήκαν ορισμένες συστάσεις.

register [π.χ. μελών, φιλοξενούμενων] μητρώο, κατάλογος *I signed the hotel register.* Υπέγραψα στο βιβλίο επισκεπτών του ξενοδοχείου.

chart *ουσ.αρ.* [π.χ. που δίνει στατιστικές] διάγραμμα *a pie chart* διάγραμμα κυκλικού σχήματος

366.1 Σύντομα τυπωμένα έγγραφα

certificate *ουσ.αρ.* [π.χ. γάμου, επαγγελματικό] πιστοποιητικό *They give you a certificate for completing the course.* Σου δίνουν πιστοποιητικό όταν τελειώσεις τη σειρά μαθημάτων.

form *ουσ.αρ.* [π.χ. για αίτηση για δουλειά, διαβατήριο] έντυπο *to fill in a form* συμπληρώνω ένα έντυπο *tax forms* φορολογικά έντυπα

leaflet *ουσ.αρ.* [μπορεί να αποτελείται από μια ή αρκετές σελίδες, κυρίως με διαφημίσεις ή πληροφορίες] φυλλάδιο *a recipe leaflet* ένα φυλλάδιο με συνταγές

booklet *ουσ.αρ.* [συνήθως για πληροφορίες] βιβλιάριο, φυλλάδιο *an instruction booklet* φυλλάδιο με οδηγίες

pamphlet *ουσ.αρ.* [συνήθως με περισσότερες από μια σελίδες αλλά αρκετά σύντομο, συχνά πάνω σε θρησκευτικά ή πολιτικά θέματα] φυλλάδιο

brochure *ουσ.αρ.* [συνήθως εικονογραφημένο, και μπορεί να είναι αρκετά μεγάλο, κυρίως για διαφημιστικούς σκοπούς] φυλλάδιο *holiday brochures* φυλλάδια που διαφημίζουν διακοπές

catalogue *ουσ.αρ.* [π.χ. αγαθών για πώληση] κατάλογος *a mail order catalogue* κατάλογος για ταχυδρομική παραγγελία και διανομή αγαθών

programme *ουσ.αρ.* [π.χ. φυλλάδιο που δίνει λεπτομέρειες για θεατρικό έργο, κονσέρτο, κτλ. ή που δίνει πληροφορίες για μια σχεδιασμένη σειρά εκδηλώσεων] πρόγραμμα

Programmes for the film festival are available from the box office. Προγράμματα για το φεστιβάλ ταινιών διατίθενται από το ταμείο.

366.2 Έγγραφα σχετικά με ακαδημαϊκή μελέτη ή έρευνα

essay *ουσ.αρ.* [σχετικά σύντομη, π.χ. από φοιτητή ή μαθητή] έκθεση, εργασία *my history essay* η εργασία μου της ιστορίας

dissertation *ουσ.αρ.* [αρκετά μακροσκελής, κυρίως από μεταπτυχιακό φοιτητή] διατριβή, πραγματεία *my M.A. dissertation* η διατριβή μου για το πτυχίο Μάστερ

thesis *ουσ.αρ., πληθ.* **theses** [μακροσκελής, κυρίως για διδακτορικό, που απαιτεί πρωτότυπη έρευνα] διατριβή *a thesis on molecular theory* διατριβή για τη μοριακή θεωρία

report *ουσ.αρ.* [π.χ. από επιτροπή ή αστυνομικό] αναφορά *a sales report* αναφορά για τις πωλήσεις

survey *ουσ.αρ.* [εξέταση μεγάλου αριθμού περιπτώσεων] έρευνα, επισκόπηση *a yearly survey of population trends* ετήσια έρευνα των τάσεων του πληθυσμού σε μια χώρα

367 Book Βιβλίο

367.1 Βιβλία με ιστορίες

novel *ουσ.αρ.* μυθιστόρημα *a spy novel* ένα μυθιστόρημα κατασκοπίας

fiction *ουσ.μ.αρ.* μυθιστοριογραφία

fictional *επίθ.* μυθιστορηματικός, φανταστικός *fictional characters* φανταστικά πρόσωπα (π.χ. σε ένα έργο)

science-fiction *ουσ.μ.αρ.* μυθιστόρημα επιστημονικής φαντασίας

plot *ουσ.αρ.μ.αρ.* πλοκή *a summary of the plot* περίληψη της πλοκής

character *ουσ.αρ.μ.αρ.* πρόσωπο έργου *the principal characters* τα κύρια πρόσωπα του έργου

367.2 Βιβλία για την ζωή διαφόρων ανθρώπων

biography *ουσ.αρ.μ.αρ.* βιογραφία *an authorized biography* εγκεκριμένη βιογραφία (με έγκριση του προσώπου) **biographical** *επίθ.* βιογραφικός **biographer** *ουσ.αρ.* βιογράφος

autobiography *ουσ.αρ.μ.αρ.* αυτοβιογραφία **autobiographical** *επίθ.* αυτοβιογραφικός

diary *ουσ.αρ.* προσωπικό ημερολόγιο

367.3 Βιβλία πηγές και άλλου είδους

dictionary *ουσ.αρ.* λεξικό *a bilingual dictionary* δίγλωσσο λεξικό

encyclopedia *ουσ.αρ.* εγκυκλοπαίδεια

non-fiction *ουσ.μ.αρ.* μη μυθιστορηματικός (χρησιμοποιείται σαν *επίθ.*) *non-fiction books* βιβλία που δεν είναι μυθιστορήματα (όπως π.χ. ιστορικά ή βιογραφίες)

album *ουσ.αρ.* 1 [για φωτογραφίες] λεύκωμα, άλμπουμ *the family album* το οικογενειακό άλμπουμ 2 [δημοσιευμένο] άλμπουμ *an album of the Royal Family* βιβλίο που παρουσιάζει τη βασιλική οικογένεια

annual *ουσ.αρ.* [που δημοσιεύεται μια φορά το χρόνο, κυρίως βασίζεται σε παιδικά περιοδικά] ετήσια έκδοση

367.4 Λογοτεχνικά έργα

literature *ουσ.μ.αρ.* λογοτεχνία

literary *επίθ.* λογοτεχνικός *literary criticism* λογοτεχνική κριτική *literary language* λογοτεχνική γλώσσα

prose *ουσ.μ.αρ.* πεζός λόγος, πεζογραφία (σαν *επίθ.*) *her prose style* το πεζογραφικό της ύφος

poetry *ουσ.μ.αρ.* ποίηση (σαν *επίθ.*) *a poetry reading* φιλολογική εκδήλωση κατά την οποία διαβάζονται ποιήματα **poet** *ουσ.αρ.* ποιητής

poem *ουσ.μ.αρ.* ποίημα

poetic 'Η **poetical** *επίθ.* ποιητικός *a poetic description* ποιητική περιγραφή

verse *ουσ.* 1 *ουσ.μ.αρ.* [ποίηση] έμμετρος λόγος *blank verse* ποίημα χωρίς ομοιοκαταληξία 2 *ουσ.αρ.* [ποιήματος, τραγουδιού, κτλ.] στροφή

rhyme *ουσ.μ.αρ.αρ.* ομοιοκαταληξία

367.5 Μέρη βιβλίου

volume *ουσ.αρ.* τόμος *the second volume of her autobiography* ο δεύτερος τόμος της αυτοβιογραφίας της (χρησιμοποιείται σαν *επίθ.*) *a two-volume history of art* μια δίτομη ιστορία της τέχνης

contents *πληθ. ουσ.* [συνήθως στην αρχή των βιβλίων στα Αγγλικά] περιεχόμενα (σαν *επίθ.*) *the contents page* (η σελίδα με) τα περιεχόμενα

introduction *ουσ.αρ.* [γενικός όρος] εισαγωγή

preface *ουσ.αρ.* [πιο επίσημο από το **introduction**.] Πρόλογος

chapter *ουσ.αρ.* κεφάλαιο

index *ουσ.αρ., πληθ.* συνήθως **indexes** ευρετήριο *I looked her name up in the index.* Έψαξα το όνομά της στο ευρετήριο.

appendix *ουσ.αρ., πληθ.* **appendices** ή **appendixes** παράρτημα, συμπλήρωμα

footnote *ουσ.αρ.* υποσημείωση

367.6 Σχήμα βιβλίου

page *ουσ.αρ.* σελίδα *the title page* σελίδα του τίτλου *see the note on page 23* βλέπε τη σημείωση στη σελίδα 23 *The index is on page 200.* Το ευρετήριο βρίσκεται στη σελίδα 200.

leaf *ουσ.αρ.*, *πληθ.* **leaves** [πιο λογοτεχνικό ή εξειδικευμένο από το **page**] φύλλο

spine *ουσ.αρ.* ράχη

jacket ΕΠΙΣΗΣ **dust jacket** *ουσ.αρ.* κάλυμμα

cover *ουσ.αρ.* εξώφυλλο

hardback *ουσ.αρ.* με σκληρό εξώφυλλο *published in hardback* κυκλοφορεί σε σκληρό εξώφυλλο (σαν *επίθ.*) *hardback prices* τιμές δερματόδετων εκδόσεων/υψηλές τιμές

paperback *ουσ.αρ.* χαρτόδετο αντίτυπο *available in paperback* διατίθεται σε χαρτόδετα αντίτυπα (σαν *επίθ.*) *a paperback novel* ένα μυθιστόρημα σε χαρτόδετη έκδοση

367.7 Παραγωγή βιβλίων

author *ουσ.αρ.* συγγραφέας *a best-selling author* συγγραφέας τα βιβλία του οποίου πουλιούνται σε μεγάλο αριθμό αντίτυπων

publish *ρ.μ.* δημοσιεύω, εκδίδω *My novel's been published.* Το μυθιστόρημά μου έχει εκδοθεί. *They publish mainly illustrated books.* Εκδίδουν κυρίως εικονογραφημένα βιβλία.

publisher *ουσ.αρ.* [πρόσωπο ή εταιρεία] εκδότης *I'm having lunch with my publisher.* Θα γευματίσω με τον εκδότη μου.

publication *ουσ.* 1 *ουσ.μ.αρ.* [διαδικασία ή γεγονός] έκδοση *We're getting the book ready for publication.* Ετοιμάζουμε το βιβλίο για δημοσίευση. 2 *ουσ.αρ.* [π.χ. περιοδικό] έκδοση *one of our more serious publications* μια από τις πιο σοβαρές εκδόσεις μας

print *ρ.μ.* (εκ)τυπώνω *How many copies were printed?* Πόσα αντίτυπα (εκ)τυπώθηκαν; **print** *ουσ.μ.αρ.* τυπογραφικά στοιχεία, τυπωμένη ύλη

printer *ουσ.αρ.* τυπογράφος, εκτυπωτής *The book's at the printer's.* Το βιβλίο έχει πάει για εκτύπωση.

edition *ουσ.αρ.* έκδοση *a revised edition* βελτιωμένη έκδοση [βιβλίο] *a first edition* πρώτη έκδοση

367.8 Χρησιμοποιώ βιβλία

read *ρ.μ.*, *αόρ. & μτχ. αορ.* **read** διαβάζω *I've read all your books.* Έχω διαβάσει όλα τα βιβλία σας.

reader *ουσ.αρ.* αναγνώστης *books for younger readers* βιβλία για νεαρούς αναγνώστες

readership *ουσ.αρ.* αναγνωστικό κοινό *She has a wide readership.* Έχει ευρύ αναγνωστικό κοινό.

literate *επίθ.* εγγράμματος

illiterate *επίθ.* αγράμματος

library *ουσ.αρ.* βιβλιοθήκη *a lending library* δανειστική βιβλιοθήκη

librarian *ουσ.αρ.* βιβλιοθηκάριος

bookseller *ουσ.αρ.* βιβλιοπώλης *your local bookseller's* το βιβλιοπωλείο της περιοχής σου

368 Journalism Δημοσιογραφία

press *ουσ.αρ.* (δεν έχει *πληθ.*, συνήθως + *the*, + *ενικ.* ή *πληθ. ρ.*) τύπος, εφημερίδες *the daily press* ο ημερήσιος τύπος *allegations in the press* ισχυρισμοί στον τύπο *The press have given him a hard time.* Οι εφημερίδες του έχουν προκαλέσει πρυβλήματα. *the quality press* οι ποιοτικές εφημερίδες/εκδόσεις *the tabloid press* οι λαϊκές εφημερίδες (σαν *επίθ.*) *press comment* σχόλιο σε εφημερίδα

newspaper ΕΠΙΣΗΣ **paper** *ουσ.αρ.* εφημερίδα *a quality newspaper* μια εφημερίδα υψηλού επιπέδου *a Sunday paper* κυριακάτικη εφημερίδα *She had her picture in the paper.* Η εφημερίδα είχε τη φωτογραφία της.

news *ουσ.μ.αρ.* νέα, ειδήσεις *What's in the news?* Τι λένε οι ειδήσεις; *He's headline news.* Είναι στην πρώτη σελίδα των εφημερίδων.

magazine *ουσ.αρ.* περιοδικό *a computer magazine* περιοδικό για κομπιούτερ *our house magazine* το περιοδικό με τα νέα της εταιρείας μας

tabloid *ουσ.* (συχνά χρησιμοποιείται σαν *επίθ.*) λαϊκές εφημερίδες *There were photos in all the tabloids.* Όλες οι λαϊκές εφημερίδες είχαν φωτογραφίες. *tabloid journalism* δημοσιογραφία των εφημερίδων χαμηλής ποιότητας

χρήση

Η λέξη **tabloid** αρχικά ήταν εξειδικευμένος όρος για τις εφημερίδες με μικρότερες σελίδες, και αναφερόταν στο σχήμα τους παρά στο περιεχόμενό τους. Τώρα όμως ο όρος αυτός χρησιμοποιείται για το είδος του ρεπορτάζ που βασίζεται περισσότερο σε φωτογραφίες και ειδήσεις που προκαλούν αίσθηση παρά στη σοβαρή κάλυψη των γεγονότων, επειδή οι εφημερίδες αυτού του είδους έχουν συνήθως σελίδες μικρού μεγέθους.

journal *ουσ.αρ.* [συνήθως επαγγελματικού ή ακαδημαϊκού περιεχομένου] περιοδικό *a trade journal* περιοδικό του εμπορικού κλάδου

issue *ουσ.αρ.* τεύχος *in this month's issue* στο τεύχος αυτού του μήνα

368.1 Άτομα που ασχολούνται με τη δημοσιογραφία

journalist *ουσ.αρ.* [οποιοσδήποτε γράφει στον τύπο] δημοσιογράφος *a freelance journalist* ανεξάρτητος/ ελεύθερος δημοσιογράφος

reporter *ουσ.αρ.* [που δίνει ειδήσεις] δημοσιογράφος, ρεπόρτερ *She refused to speak to reporters.* Αρνήθηκε να μιλήσει στους δημοσιογράφους.

correspondent *ουσ.αρ.* [ειδικευμένος] ανταποκριτής *a sports correspondent* αθλητικός ανταποκριτής *a foreign correspondent* ξένος ανταποκριτής

columnist *ουσ.αρ.* [συνήθως εκφράζει απόψεις] αρθρογράφος, χρονογράφος *a political columnist* πολιτικός χρονογράφος

editor *ουσ.αρ.* [επικεφαλής εφημερίδας ή τμήματος] συντάκτης *letters to the editor* γράμματα προς το συντάκτη *our home affairs editor* ο συντάκτης των εσωτερικών ειδήσεων

critic *ουσ.αρ.* κριτικός

368.2 Στοιχεία της δημοσιογραφίας

headline *ουσ.αρ.* επικεφαλίδα, τίτλος *a banner headline* πηχυαίος τίτλος *We don't want this to **hit the headlines**.* Δε θέλουμε να περάσει στην πρώτη γραμμή της δημοσιότητας.

article *ουσ.αρ.* άρθρο the leading article το κύριο άρθρο

page *ουσ.αρ.* σελίδα the front page η πρώτη σελίδα the sports pages οι σελίδες με τα αθλητικά νέα (σαν *επίθ.*) a back page article άρθρο για τελευταία σελίδα

feature *ουσ.αρ.* [π.χ. με τα παρασκήνια των ειδήσεων] ειδικό άρθρο We're running a feature on Third World debt. Έχουμε ειδικό άρθρο για τα χρέη του Τρίτου Κόσμου.

column *ουσ.αρ.* 1 [ολοκληρωμένο κομμάτι κειμένου] στήλη

2 [από αρθρογράφο] στήλη a gossip column η στήλη του κουτσομπολιού

editorial *ουσ.αρ.* [που δίνει την άποψη της εφημερίδας] το κύριο άρθρο

review *ουσ.αρ.* κριτική, ανασκόπηση a rave review of the film διθυραμβική κριτική της ταινίας

obituary *ουσ.αρ.* νεκρολογία (σαν *επίθ.*) an obituary notice αγγελία θανάτου

369 Write Γράφω

write *ρ.μ.α., αόρ.* **wrote** *μτχ. αορ.* **written** γράφω I wrote her a note. Της έγραψα ένα σημείωμα. I'm not very good at writing letters. Δεν είμαι καλός στην αλληλογραφία. Don't forget to write. Μην ξεχάσεις να (μου) γράψεις. Write your name on the box. Γράψε το όνομά σου πάνω στο κουτί. I want to write. Θέλω να γίνω συγγραφέας.

writer *ουσ.αρ.* [π.χ. βιβλίου, γράμματος] συγγραφέας

writing *ουσ.μ.αρ.* γράψιμο, γραφικός χαρακτήρας I can't read her writing. Δεν μπορώ να διαβάσω τι έχει γράψει. creative writing δημιουργικό γράψιμο

handwriting *ουσ.μ.αρ.* γραφικός χαρακτήρας a sample of her handwriting δείγμα του γραφικού της χαρακτήρα (σαν *επίθ.*) handwriting analysis ανάλυση του γραφικού χαρακτήρα

legible *επίθ.* ευανάγνωστος Try to make the notice more legible. Προσπάθησε να γράψεις την ανακοίνωση με πιο ευανάγνωστα γράμματα. **legibly** *επίρρ.* ευανάγνωστα

illegible *επίθ.* δυσανάγνωστος The next word is illegible. Η επόμενη λέξη είναι δυσανάγνωστη. **illegibly** *επίρρ.* δυσανάγνωστα

spell *ρ.μ.α., αόρ. & μτχ. αορ.* **spelled** ή (*Βρετ.*) **spelt** συλλαβίζω, ορθογραφώ [λέω πώς γράφεται μια λέξη αναφέροντας κάθε γράμμα ξεχωριστά] He can't spell. Δεν ξέρει ορθογραφία. How do you spell your name? Πώς γράφεται το όνομά σου;

spelling *ουσ.* 1 *ουσ.μ.αρ.* [πώς γράφεται μια λέξη] ορθογραφία I'm hopeless at spelling. Είμαι πολύ αδύνατος στην ορθογραφία. (σαν *επίθ.*) a spelling checker ελεγκτής της ορθογραφίας 2 [μιας λέξης] ορθογραφία He uses American spellings. Χρησιμοποιεί αμερικάνικη ορθογραφία.

left-handed *επίθ.* αριστερόχειρας left-handed scissors ψαλίδι για αριστερόχειρες

right-handed *επίθ.* δεξιόχειρας

369.1 Τρόποι γραφής

scrawl *ρ.μ.α.* [υπονοεί κακό και συχνά μεγάλο γραφικό χαρακτήρα] κακογράφω, κάνω ορνιθοσκαλίσματα Vandals had scrawled graffiti all over the wall. Βάνδαλοι είχαν μουντζουρώσει με συνθήματα και σκίτσα όλον τον τοίχο.

scrawl *ουσ.μ.αρ.* ορνιθοσκαλίσματα a five-year old's scrawl τα ορνιθοσκαλίσματα ενός πεντάχρονου

scribble *ρ.μ.α.* 1 [υπονοεί κακό και συνήθως γρήγορο γράψιμο] προχειρογράφω, κακογράφω I scribbled her number on an old envelope. Έγραψα τον αριθμό της πρόχειρα σε ένα παλιό φάκελο. 2 [γράφω σχήματα που δεν έχουν νόημα] κάνω ορνιθοσκαλίσματα My little girl has scribbled all over this library book. Η κόρη μου μουντζούρωσε αυτό το βιβλίο από τη βιβλιοθήκη.

note *ρ.μ.* (συχνά + **down**) σημειώνω I've got the name of the book noted here. Έχω σημειώσει τον τίτλο του βιβλίου εδώ. I've noted all the names down. Έχω σημειώσει όλα τα ονόματα.

note *ουσ.αρ.* 1 [μήνυμα] σημείωμα I got your note. Πήρα το σημείωμά σου. 2 [που δίνει πληροφορίες] σημειώσεις I've lost my notes. Έχασα τις σημειώσεις μου. Somebody should **take notes**. Κάποιος πρέπει να κρατήσει σημειώσεις. I **made a note of** the date. Σημείωσα την ημερομηνία.

jot down sth 'Η **jot** sth **down** *ρ.μ.πρφ.*, -tt- [υπονοεί σύντομη σημείωση] σημειώνω I'll jot down your phone number. Θα σημειώσω πρόχειρα τον αριθμό του τηλεφώνου σου.

enter *ρ.μ.* [π.χ. σε έντυπο ή κομπιούτερ] καταχωρίζω Enter your name on the top line. Γράψε το όνομά σου στην πρώτη γραμμή. The amount was wrongly entered. Το ποσό που καταχωρίστηκε ήταν λανθασμένο.

record *ρ.μ.* [για μελλοντική χρήση. Αντικ.: π.χ. γέννηση, γνώμη] καταγράφω The incident is recorded in Evelyn's diary. Το συμβάν είναι γραμμένο στο ημερολόγιο της Έβελυν. Her objections were recorded in the minutes. Οι αντιρρήσεις της καταγράφηκαν στα πρακτικά.

record *ουσ.αρ.* (συχνά + **of**) καταγραφή, εγγραφή a careful record of events μια προσεκτική καταγραφή των γεγονότων There's no record of who was present. Δεν υπάρχουν γραπτά στοιχεία για το ποιοι ήταν παρόντες.

copy *ρ.μ.* (συχνά + **out, down**) [όταν κάτι έχει ήδη γραφτεί ή ειπωθεί] αντιγράφω a phrase he'd copied from a book μια φράση που είχε αντιγράψει από ένα βιβλίο I've copied out the list of members for you. Αντέγραψα τον κατάλογο των μελών για να σου το δώσω. I copied down the number in the advertisement. Αντέγραψα τον αριθμό που ανέφερε η αγγελία.

copy *ουσ.αρ.* (συχνά + **of**) αντίγραφο a copy of your birth certificate αντίγραφο του πιστοποιητικού γεννήσεώς σου I made a copy of the recipe. Έκανα ένα αντίγραφο της συνταγής.

369.2 Γράφω το όνομά μου

sign *ρ.μ.* [αντικ.: π.χ. επιταγή, γράμμα] υπογράφω The petition was signed by all the members. Η διαμαρτυρία υπογράφτηκε από όλα τα μέλη. **signature** *ουσ.αρ.* υπογραφή

autograph *ουσ.αρ.* [συνήθως διάσημου προσώπου] αυτόγραφο to collect autographs κάνω συλλογή αυτογράφων **autograph** *ρ.μ.* βάζω το αυτόγραφό μου

369.3 Γραπτά κείμενα

script *ουσ.* 1 *ουσ.αρ.* [π.χ. θεατρικού έργου] χειρόγραφο, σενάριο 2 *ουσ.αρ.μ.αρ.* τρόπος γραφής a neat clerical script ένα καθαρογραμμένο κείμενο written in Gothic script γραμμένο στη γοτθική γραφή

manuscript *ουσ.αρ.* [γραμμένο με το χέρι, δακτυλογραφημένο, κτλ., παρά τυπωμένο] χειρόγραφο The publishers have accepted the manuscript. Οι εκδότες έχουν δεχτεί το χειρόγραφο για δημοσίευση. The book's still in manuscript. Το βιβλίο είναι ακόμα στο στάδιο του χειρόγραφου.

typescript ουσ.αρ. [δακτυλογραφημένη έκδοση] δακτυλογραφημένο κείμενο *I sent the typescript off to the publishers.* Έστειλα το δακτυλογραφημένο κείμενο στους εκδότες.

braille ουσ.μ.αρ. [για τους τυφλούς] σύστημα μπράιγ *to read braille* διαβάζω με το σύστημα μπράιγ *(σαν επίθ.) a braille typewriter* μια γραφομηχανή για το σύστημα μπράιγ

370 Writing materials Υλικά γραφής

pad ΕΠΙΣΗΣ **notepad** ουσ.αρ. σημειωματάριο

notepaper ουσ.μ.αρ. χαρτί επιστολογραφίας *a sheet of headed notepaper* ένα κομμάτι χαρτιού με έντυπη φίρμα

notebook ουσ.αρ. σημειωματάριο *I've got the address in my notebook.* Έχω τη διεύθυνση στο σημειωματάριό μου.

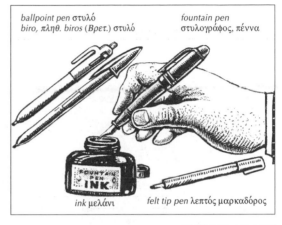

ballpoint pen στυλό
biro, πληθ. biros (Βρετ.) στυλό

fountain pen στυλογράφος, πέννα

ink μελάνι

felt tip pen λεπτός μαρκαδόρος

typist δακτυλογράφος

typewriter γραφομηχανή

keys πλήκτρα

He typed a letter. Δακτυλογράφησε ένα γράμμα.

pencil μολύβι

crayon κραγιόνι

371 Erase Διαγράφω

erase ρ.μ. [επίσημο στα βρετανικά Αγγλικά] διαγράφω *His name was erased from the list.* Το όνομά του διαγράφτηκε από τη λίστα.

eraser ουσ.αρ. [σχετικά επίσημη στα Βρετανικά, συνηθισμένη λέξη στα Αμερικάνικα] γομολάστιχα

rubber ουσ.αρ. (κυρίως Βρετ.) γομολάστιχα

cross sth **out** Ή **cross out** sth ρ.μ.πρφ. [τραβώ γραμμή πάνω σε τμήμα κειμένου] διαγράφω *She crossed out 'annoyed'*

and put 'furious'. Διέγραψε τη λέξη «ενοχλημένος» και έβαλε «έξαλλος».

delete ρ.μ. [πιο επίσημος ή εξειδικευμένος όρος από το **cross out**. Χρησιμοποιείται επίσης στην ορολογία της τυπογραφίας και των κομπιούτερ] διαγράφω, παραλείπω *The reference to children was deleted in the final version.* Η αναφορά σε παιδιά είχε διαγραφεί στην τελική έκδοση.

deletion ουσ.αρ.μ.αρ. διαγραφή

372 Give Δίνω

give ρ.μ., αόρ. **gave** μτχ. αορ. **given** (προσέξτε τη δυνατότητα διπλού αντικειμένου) [γενικός όρος] δίνω *I gave her a clean towel.* Της έδωσα μια καθαρή πετσέτα. *I gave the money to my wife.* Έδωσα τα λεφτά στη γυναίκα μου. (προσέξτε την παθητική σύνταξη, η οποία δεν μεταφράζεται κατά λέξη στα Ελληνικά) *We were given a form to fill in.* Μας δόθηκε ένα έντυπο για να το συμπληρώσουμε. *The house was given to us by my parents.* Οι γονείς μου μας έδωσαν το σπίτι. *Please give as much as you can.* Παρακαλώ δώστε όσο περισσότερα χρήματα μπορείτε.

hand ρ.μ. [δίνω με το χέρι] δίνω *Hand me that screwdriver.* Δώσε μου εκείνο το κατσαβίδι. *I was handed a letter.* Μου παρέδωσαν ένα γράμμα.

hand over sth Ή **hand** sth **over** ρ.μ.πρφ. [υπονοεί μεταβίβαση ιδιοκτησίας] παραδίνω, μεταβιβάζω *They handed over the keys and we moved in.* Μας παράδωσαν τα κλειδιά και μετακομίσαμε (στο σπίτι). *See a lawyer before you hand over any money.* Συμβουλέψου ένα δικηγόρο πριν δώσεις χρήματα.

pass ρ.μ. (συχνά + επίρρ.) [δίνω σε κάποιον που κάθεται κοντά μου] δίνω *Could you pass me the butter?* Μπορείς να μου δώσεις το βούτυρο; *A message has been passed across to me.* Μου έδωσαν ένα μήνυμα.

yield *ρ.μ.* (μερικές φορές + **up**) [κάπως επίσημο] αποφέρω *Their search yielded several clues.* Η έρευνά τους απέφερε αρκετές ενδείξεις. **yield** *ουσ.αρ.* απόδοση, κέρδος

372.1 Δίνω γενναιόδωρα

δες επίσης **224.1 Kind**

give away sth 'Η **give** sth **away** *ρ.μ.πρφ.* [υπονοεί ότι δε θέλουμε τίποτε σαν αντάλλαγμα] χαρίζω *I've given some of your old clothes away.* Χάρισα μερικά παλιά ρούχα σου. *They're giving away free watches with their petrol.* Δίνουν δωρεάν ρολόγια όταν πουλάνε βενζίνη.

present *ουσ.αρ.* [συνηθισμένος όρος] δώρο a *birthday present* δώρο σε κάποιον για τα γενέθλιά του *She brought presents for all the children.* Έφερε δώρα για όλα τα παιδιά.

present *ρ.μ.* (συχνά + **with**) [υπονοεί τελετή. Αντικ.: κυρίως βραβείο, έπαινο] απονέμω, δίνω δημόσια *She was presented with a silver bowl.* Στη τελετή της έδωσαν μια ασημένια κούπα.

gift *ουσ.αρ.* [πιο επίσημο από το **present**] δώρο *You get a free gift if you take out an insurance policy.* Αν αγοράσετε ένα ασφαλιστικό πρόγραμμα θα πάρετε ένα δώρο. *The painting was a gift to the principal on her retirement.* Ο πίνακας ήταν δώρο στη διευθύντρια του σχολείου όταν συνταξιοδοτήθηκε.

tip *ουσ.αρ.* [π.χ. σε σερβιτόρο] φιλοδώρημα
tip *ρ.μ.α.*, -**pp**- φιλοδωρώ *She tipped me five dollars.* Μου έδωσε πέντε δολάρια φιλοδώρημα.

offer *ρ.μ.* 1 [υπονοεί ότι δίνουμε] προσφέρω *She offered me a cup of coffee.* Μου πρόσφερε καφέ. *I offered her my ticket, but she said no.* Προσφέρθηκα να της δώσω το εισιτήριό μου αλλά δεν το δέχτηκε. *It's kind of you to offer, but I can manage.* Είναι ευγενικό εκ μέρους σου που προσφέρεσαι, αλλά μπορώ να τα καταφέρω μόνος μου. 2 [εμπορικά] προσφέρω ευκαιρία αγοράς *They're offering three films for the price of two.* Προσφέρουν τρία φιλμ στην τιμή των δύο.

offer *ουσ.αρ.* 1 [π.χ. χρημάτων] προσφορά a *generous offer* μια γενναιόδωρη προσφορά *to take up an offer* δέχομαι προσφορά an *offer of help* προσφορά βοήθειας 2 [π.χ. από κατάστημα] προσφορά a *limited offer* προσφορά περιορισμένης διάρκειας a *special offer* ειδική προσφορά

offering *ουσ.αρ.* [συνήθως με θρησκευτικό περιεχόμενο] προσφορά, αφιέρωμα *They took the offerings up to the altar.* Πήγαν τις προσφορές στην Αγία Τράπεζα.

charity *ουσ.* 1 *ουσ.αρ.ή.αρ.* [οργάνωση που βοηθάει άτομα σε ανάγκη] φιλανθρωπική οργάνωση a *Third World charity* φιλανθρωπική οργάνωση που βοηθά τις χώρες του Τρίτου Κόσμου *All profits go to charity.* Όλα τα κέρδη πάνε για φιλανθρωπικούς σκοπούς. (σαν *επίθ.*) a *charity performance* παράσταση για φιλανθρωπικούς σκοπούς 2 *ουσ.μ.αρ.* [γενναιοδωρία] φιλανθρωπικά αισθήματα an *appeal to your charity* έκκληση στα φιλανθρωπικά σας αισθήματα

charitable *επίθ.* 1 [που κάνει φιλανθρωπία] φιλάνθρωπος *charitable giving* αγαθοεργία 2 [που δείχνει φιλανθρωπία και συμπόνια] συμπονετικός a *charitable soul* πονόψυχος άνθρωπος

donate *ρ.μ.* [π.χ. σε φιλανθρωπία ή μουσείο] κάνω δωρεά *Britain has donated five million pounds towards the relief operation.* Η Βρετανία έκανε δωρεά πέντε εκατομμυρίων

λιρών για την αποκατάσταση των ζημιών. *The statue was donated by a private collector.* Το άγαλμα ήταν δωρεά ενός συλλέκτη.

donation *ουσ.αρ.* δωρεά *Donations have reached the three million mark.* Οι δωρεές έχουν φτάσει τα τρία εκατομμύρια.

donor *ουσ.αρ.* δωρητής a *blood donor* αιμοδότης *charitable donors* φιλανθρωπικοί δωρητές

372.2 Αναλαμβάνω να δώσω πράγματα

provide *ρ.μ.* (συχνά + **for**, **with**) [υπονοεί ότι κάνω κάτι για να αντιμετωπίσω μια ανάγκη] παρέχω *The army is providing tents and blankets for the refugees.* Ο στρατός παρέχει σκηνές και κουβέρτες στους πρόσφυγες. *Somebody provided me with pen and paper.* Κάποιος μου έδωσε μολύβι και χαρτί. *We were provided with maps.* Μας παρείχαν χάρτες.

provision *ουσ.μ.αρ.* (συχνά + **of**) [κάπως επίσημο] παροχή *The rules allow for the provision of loans to suitable candidates.* Οι κανονισμοί έχουν προβλέψει την παροχή δανείων σε κατάλληλους υποψήφιους.

supply *ρ.μ.* (συχνά + **with**) [υποδηλώνει ότι κάνω κάτι για να αντιμετωπίσω μια ανάγκη ή εμπορική ζήτηση] παρέχω *Full instructions are supplied.* Παρέχονται πλήρεις οδηγίες. *the firm that supplies our components* η εταιρεία που μας προμηθεύει τα εξαρτήματα

supply *ουσ.* 1 *ουσ.μ.αρ.* [παροχή] προμήθεια *Who is responsible for the supply of ammunition?* Ποιος είναι υπεύθυνος για την προμήθεια των πυρομαχικών; *Money is in short supply.* Τα διαθέσιμα χρήματα είναι λίγα. 2 (συχνά πληθ.) [κάτι που παρέχεται ή είναι διαθέσιμο] παροχή, προμήθεια *relief supplies* παροχές για την ανακούφιση των θυμάτων a *small supply of paper* προμήθεια μικρής ποσότητας χαρτιού

issue *ρ.μ.* (συχνά + **with**) [υπονοεί διοικητική έκδοση. Αντικ.: π.χ. έγγραφο, εξοπλισμός] εκδίδω, παρέχω *A main post office can issue you with a visitor's passport.* Ένα από τα κεντρικά ταχυδρομεία μπορεί να σου εκδόσει προσωρινό διαβατήριο. *Everybody was issued with gas masks.* Δόθηκαν σε όλους μάσκες αερίου.

372.3 Δίνω σε ορισμένα άτομα ή ανταλλάζω

share *ρ.μ.α.* [υπονοεί ότι δίνει κανείς ένα μέρος από κάτι σε διάφορα άτομα] μοιράζω *Relief workers attempted to share the blankets among the refugees.* Τα συνεργεία βοήθειας προσπάθησαν να μοιράσουν τις κουβέρτες στους πρόσφυγες. (+ **out**) (*Βρετ.*) *She shared out paintboxes and brushes and set them to work.* Τους μοίρασε κουτιά με μπογιές και πινέλα και τους έβαλε να δουλέψουν. *Children must learn to share.* [υπονοεί έλλειψη εγωισμού] Τα παιδιά πρέπει να μάθουν να μοιράζονται τα πράγματά τους.

distribute *ρ.μ.* (συχνά + **among**) [υπονοεί ότι δίνουμε κάτι σε ορισμένα άτομα με κατάλληλο τρόπο] διανέμω *We're distributing collection boxes among our volunteers.* Διανέμουμε κουτιά εράνου στους εθελοντές μας. *Census forms have been distributed to every household.* Έντυπα απογραφής έχουν διανεμηθεί σε κάθε σπίτι. [που στέλνεται σε καταστήματα, κτλ.] *That model is not distributed in Britain.* Αυτό το μοντέλο δε διατίθεται στη Βρετανία.

distributor *ουσ.αρ.* [εμπορικός] διανομέας *a wholesale stationery distributor* χονδρικός διανομέας χαρτικών

distribution *ουσ.μ.αρ.* διανομή, διάθεση *the efficient distribution of food and clothing* η αποτελεσματική διανομή τροφίμων και ρούχων

exchange *ρ.μ.* (συχνά + **for**) ανταλλάσσω *They exchanged shirts at the end of the game.* Ανταλλάξανε μπλούζες στο τέλος του αγώνα. *Will you exchange this if my wife doesn't like it?* Θα το αλλάξετε αν δεν αρέσει στη γυναίκα μου;

exchange *ουσ.αρ.μ.αρ.* ανταλλαγή *the usual exchange of pens after the treaty was signed* η συνηθισμένη ανταλλαγή των στυλογράφων αφού υπογράφτηκε η συνθήκη *We encourage the exchange of ideas.* Ενθαρρύνουμε την ανταλλαγή ιδεών. *I was given a new tape **in exchange for** the old one.* Μου έδωσαν μια καινούρια κασέτα σε ανταλλαγή της παλιάς.

swap ΕΠΙΣΗΣ **swop** (*Βρετ.*) *ρ.μ.* -**pp**- (συχνά + **for**) [κάπως ανεπίσημο] ανταλλάσσω *We swapped watches.* Ανταλλάξαμε ρολόγια. *I'll swap you my coffee maker for your toaster.* Θα ανταλλάξω τη καφετιέρα μου με τη φρυγανιέρα σου.

swap *ουσ.αρ.* ανταλλαγή *We did a straight swap.* Κάναμε ανταλλαγή παρόμοιων αντικειμένων.

372.4 Αφήνω όταν πεθαίνω

bequeath *ρ.μ.* (συνήθως + **to**) [κάπως επίσημο. Αφήνω στη διαθήκη μου] κληροδοτώ *She bequeathed her library to the college.* Κληροδότησε τη συλλογή των βιβλίων της στο κολέγιο.

leave (συνήθως + **to**) [συνηθισμένος όρος] αφήνω (στη διαθήκη μου) *She's left everything to her son.* Τα άφησε όλα στο γιο της. *He left us the house in his will.* Μας άφησε το σπίτι στη διαθήκη του.

373 Get Παίρνω

δες επίσης **220 Steal, 375 Take**

get *ρ.μ.* -**tt**-, *αόρ.* **got** *μτχ. αορ.* (*Βρετ.*) **got**, (*Αμερ.*) **gotten** [συνήθως δε χρησιμοποιείται με επίσημο περιεχόμενο. Μπορεί να έχει απαιτήσει προσπάθεια ή όχι] παίρνω *I got a letter from the bank.* Πήρα ένα γράμμα από την τράπεζα. *Did you get my message?* Πήρες το μήνυμά μου; *I'll get you some tea.* Θα σου φέρω τσάι. *I'm trying to **get hold of** one of her old recordings.* Προσπαθώ να βρω μια από τις παλιές ηχογραφήσεις της.

receive *ρ.μ.* [πιο επίσημο από το **got**. Δεν χρειάζεται προσπάθεια] παίρνω, παραλαβαίνω *I only received the parcel yesterday.* Μόλις χτες παρέλαβα το πακέτο. *She couldn't be there to receive the award.* Δεν μπορούσε να παραβρεθεί για να παραλάβει το βραβείο.

obtain *ρ.μ.* [κάπως επίσημο. Χρειάζεται προσπάθεια] αποκτώ, πετυχαίνω *How did you obtain this information?* Πώς απόκτησες αυτές τις πληροφορίες; *The pills can only be obtained from a chemist.* Μόνο από φαρμακείο μπορείς να πάρεις τα χάπια.

acquire *ρ.μ.* [κάπως επίσημο. Μπορεί να χρησιμοποιηθεί κατ' ευφημισμό για να αποφύγουμε να αποκαλύψουμε πώς αποκτήσαμε κάτι] αποκτώ *He acquired the painting at auction.* Απόκτησε τον πίνακα σε δημοπρασία. *all these books I've acquired over the years* όλα τα βιβλία που έχω αποκτήσει με την πάροδο του χρόνου

acquisition *ουσ.αρ.μ.αρ.* απόκτηση, απόκτημα *The computer is her latest acquisition.* Ο κομπιούτερ είναι το πιο πρόσφατο απόκτημά της. *the legal acquisition of the documents* η νόμιμη απόκτηση των εγγράφων

come by sth *ρ.μ.πρφ.* [καταφέρνω να βρω] βρίσκω *I sometimes wonder how these people come by their fortunes.* Μερικές φορές απορώ πώς αυτοί οι άθρωποι αποκτούν τις περιουσίες τους. *Good translators are **hard to come by**.* Είναι δύσκολο να βρει κανείς καλούς μεταφραστές.

lay one's hands on sb/sth [ανεπίσημο] βρίσκω *Where can I lay my hands on a German dictionary?* Πού μπορώ να βρω ένα καλό λεξικό Γερμανικών;

get hold of sth [ανεπίσημο. Μερικές φορές υπονοεί ότι κάτι είναι δυσεύρετο] βρίσκω, αποκτώ *Can you get hold of a copy of that report?* Μπορείς να βρεις ένα αντίγραφο εκείνης της αναφοράς;

source *ουσ.αρ.* (συχνά + **of**) πηγή *He has no other source of income.* Δεν έχει άλλη πηγή εισοδήματος. *a constant source of pleasure* μια διαρκής πηγή ευχαρίστησης

available *επίθ.* διαθέσιμος *the best model available* το καλύτερο από τα διαθέσιμα μοντέλα *the only available copy* το μοναδικό διαθέσιμο αντίγραφο *Tickets are still available.* Υπάρχουν ακόμη διαθέσιμα εισιτήρια.

availability *ουσ.μ.αρ.* διαθεσιμότητα *the limited availability of seats* η περιορισμένη διαθεσιμότητα θέσεων

373.2 Μου δίνουν κάτι

gain *ρ.μ.α.* [υπονοεί ότι πετυχαίνουμε κάτι καλό] κερδίζω *Nobody gains by cheating.* Κανείς δεν κερδίζει με την απάτη. *The theatre gains extra income and the sponsor gains publicity.* Το θέατρο κερδίζει επί πλέον εισόδημα και ο χορηγός κερδίζει δημοσιότητα.

gain *ουσ.αρ.* κέρδος *There was a net gain on the deal.* Βγήκε καθαρό κέρδος από τη συμφωνία. *the tax on capital gains* ο φόρος επί των κερδών από επενδύσεις

inherit *ρ.μ.* (συχνά + **from**) κληρονομώ *We stand to inherit the house.* Είμαστε οι πιθανοί κληρονόμοι του σπιτιού. *She inherited her brains from her mother.* Έχει κληρονομήσει το μυαλό της από τη μητέρα της.

inheritance *ουσ.αρ.μ.αρ.* κληρονομιά, κληρονομικότητα *There's not much left of his inheritance.* Δεν έχει απομείνει πολλή από την κληρονομιά του. *the roles played by inheritance and conditioning* ο ρόλος που παίζουν η κληρονομικότητα και οι συνθήκες.

windfall *ουσ.αρ.* [κάτι που δέχεσαι ξαφνικά και απροσδόκητα] απροσδόκητο εύρημα *The tax rebate came as a nice little windfall.* Η επιστροφή του φόρου ήταν ένα ευχάριστο απροσδόκητο κέρδος.

heir *ουσ.αρ.* κληρονόμος *his daughter and only heir* η κόρη του και μοναδική κληρονόμος του

hereditary *επίθ.* [περιγράφει: π.χ. τίτλο, χαρακτηριστικό, αρρώστια] κληρονομικός

374 Have Έχω

have ρ.μ. τρίτο ενικό πρόσωπο **has** αόρ. & μτχ. αορ. **had** [γενικός όρος] έχω We have a house in the country. Έχουμε ένα σπίτι στην εξοχή. Do you have any hobbies? Έχεις χόμπι; I've got a ruler if you need one. Έχω χάρακα αν χρειάζεσαι. He has three daughters. Έχει τρεις κόρες.

own ρ.μ. [κυρίως επειδή έχω πληρώσει] έχω στην ιδιοκτησία μου He owns a racehorse. Είναι ιδιοκτήτης ενός αλόγου κούρσας. Do you own a car? Έχεις δικό σου αυτοκίνητο;

owner ουσ.αρ. ιδιοκτήτης We asked the owners' permission to camp on the land. Ζητήσαμε την άδεια του ιδιοκτήτη για να κατασκηνώσουμε στο χωράφι. loans to home owners δάνεια στους ιδιοκτήτες σπιτιών

ownership ουσ.μ.αρ. ιδιοκτησία The business is now in private ownership. Η επιχείρηση τώρα ανήκει σε ιδιώτες.

proprietor ουσ.αρ. [π.χ. εστιατορίου, ξενοδοχείου] ιδιοκτήτης

possess [πιο επίσημο από το own. Δίνει έμφαση στο ότι έχω ή χρησιμοποιώ κάτι, παρά ένα νομικό δικαίωμα] έχω, κατέχω All she possessed was in that tiny room. Ό,τι είχε βρισκόταν μέσα σε εκείνο το μικρό δωμάτιο. She possesses a keen sense of humour. Έχει έντονη την αίσθηση του χιούμορ.

possession ουσ. 1 ουσ.αρ. [κάτι που κατέχει κάποιος] κτήμα to insure one's possessions ασφαλίζω τα υπάρχοντά μου 2 ουσ.μ.αρ. κατοχή The law forbids possession of the drug. Ο νόμος απαγορεύει την κατοχή του φαρμάκου. She was found to be **in possession of** a gun. Ανακάλυψαν ότι είχε ένα όπλο στην κατοχή της.

374.1 Πράγματα που μου ανήκουν

property ουσ. 1 ουσ.μ.αρ. [κάτι στην ιδιοκτησία κάποιου, κυρίως γη] ιδιοκτησία This building is private property. Αυτό το κτίριο είναι ιδιόκτητο. The computer is my own property. Ο κομπιούτερ είναι προσωπική μου ιδιοκτησία. 2 ουσ.αρ. [κτίριο, συνήθως σπίτι] ακίνητο We bought a run-down property in France. Αγοράσαμε ένα ερειπωμένο σπίτι στη Γαλλία.

belongings πληθ. ουσ. [αναφέρεται σε μικρά αντικείμενα, π.χ. ρούχα, βιβλία, παρά κτίρια, γη, κτλ.] υπάρχοντα I cleared a few belongings out of my desk and never went back to the office again. Μάζεψα τα υπάρχοντά μου από το γραφείο και δεν ξαναγύρισα ποτέ.

belong ρ.α. (συνήθως + to) ανήκω The clock belonged to my father. Το ρολόι ανήκε στον πατέρα μου.

374.2 Έχω για το μέλλον

keep ρ.μ., αόρ. & μτχ. αορ. **kept** [π.χ. παρά να χαρίσω ή να επιστρέψω, ή να καταστρέψω, κτλ.] κρατώ, φυλώ Keep the receipt. Φύλαξε την απόδειξη. She's kept that book I lent her. Έχει κρατήσει το βιβλίο που της δάνεισα. She's kept all her old school reports. Έχει φυλάξει όλους τους ελέγχους της από τότε που πήγαινε σχολείο.

hang onto sth ρ.μ.πρφ. κρατώ, δεν πετώ I'd hang onto that dress, it might come back into fashion. Θα κρατούσα εκείνο το φόρεμα, μπορεί να ξανάρθει στη μόδα.

save ρ.μ. [ώστε να το χρησιμοποιήσω αργότερα] φυλώ, κρατώ I've saved an article for you to read. Έχω κρατήσει ένα άρθρο για να το διαβάσεις. I'm saving some of the chicken for tomorrow's lunch. Θα κρατήσω λίγο κοτόπουλο για το μεσημεριανό αύριο.

reserve ρ.μ. [κρατώ για συγκεκριμένη χρήση] φυλάω για αργότερα the wine I reserve for special occasions το κρασί που φυλάω για ειδικές περιστάσεις I've reserved seats on the train. Έχω κρατήσει θέσεις στο τρένο.

375 Take Παίρνω

δες επίσης 220 Steal, 323 Bring, 337 Carry, 373 Get

take *ρ.μ., αόρ.* **took** *μτχ. αορ.* **taken** *(συχνά + επίρρ. ή πρόθ.)* 1 [ώστε να το κρατήσω εγώ] παίρνω *Take that knife off him.* Πάρε εκείνο το μαχαίρι από τα χέρια του. 2 [σε διαφορετικό μέρος] πηγαίνω *I took the plates back to the kitchen.* Πήγα τα πιάτα πίσω στην κουζίνα. *Take her to the hospital.* Πήγαινέ την στο νοσοκομείο. *He took his coat off.* Έβγαλε το παλτό του. *She took the plates away.* Πήρε τα πιάτα από το τραπέζι. 3 [για να έχω κάτι] παίρνω *I took the money and gave her a receipt.* Πήρα τα χρήματα και της έδωσα μια απόδειξη. *δες επίσης ΧΡΗΣΗ στο 323 Bring

> **χρήση**
>
> Εκτός από αυτές τις γενικές χρήσεις, το **take** χρησιμοποιείται σε πολλές φράσεις όχι με ένα συγκεκριμένο δικό του νόημα, αλλά για να συνοδέψει ουσιαστικά π.χ. *to take place* (δες 31 **Happen**).

375.1 Πιάνω κάτι

δες επίσης 336 Hold

catch *ρ.μ., αόρ. & μτχ. αορ.* **caught** [όταν κάποιος/κάτι πέφτει ή το ρίχνουμε] πιάνω *I just caught her before her head hit the floor.* Μόλις που πρόλαβα να την πιάσω πριν χτυπήσει το κεφάλι της στο πάτωμα. *Try catching the ball with one hand.* Προσπάθησε να πιάνεις τη μπάλα με το ένα χέρι.

seize *ρ.μ.* 1 [δυνατά και συχνά άγρια] αρπάζω *I seized the letter and tore it open.* Άρπαξα το γράμμα και το άνοιξα σχίζοντας το φάκελο. 2 [π.χ. όταν συλλαμβάνω ή επιτίθεμαι] κυριεύω, καταλαμβάνω *Loyalist forces have seized the airport.* Πιστές στην κυβέρνηση δυνάμεις έχουν καταλάβει το αεροδρόμιο. *Officials have seized her passport.* Οι αρχές έχουν κατάσχει το διαβατήριό της.

grab *ρ.μ.* -bb- (συχνά + επίρρ. ή πρόθ.) [σταθερά, γρήγορα και συχνά με αγένεια] αρπάζω *She keeps grabbing my toys!* Συνεχώς αρπάζει τα παιχνίδια μου! *I grabbed the photos back and put them away.* Άρπαξα τις φωτογραφίες και τις έβαλα στη θέση τους.

grab at sth *ρ.μ.πρφ.* αρπάζω απλώνοντας το χέρι *Toddlers grab at everything.* Τα μωρά αρπάζουν οτιδήποτε. **grab** *ουσ.αρ.* άρπαγμα

grasp *ρ.μ.* πιάνω, σφίγγω *She grasped hold of my hand.* Έπιασε σφιχτά το χέρι μου.

snatch *ρ.μ.* (συχνά + επίρρ. ή πρόθ.) [ξαφνικά, γρήγορα και συχνά με αγένεια] αρπάζω *She snatched the paper back off me.* Μου άρπαξε την εφημερίδα από τα χέρια.

375.2 Παίρνω κάτι που θέλω

accept [όταν προσφέρεται κάτι] δέχομαι *He wouldn't accept any money.* Δεν ήθελε να δεχτεί καθόλου χρήματα. *Please accept my thanks.* Παρακαλώ δεχτείτε τις ευχαριστίες μου. *This compromise was accepted.* Αυτός ο συμβιβασμός έγινε δεκτός.

acceptable *επίθ.* [περιγράφει: π.χ. ετοιμασίες, διευθετήσεις]

αποδεκτός *a time and place acceptable to all parties* χρόνος και τόπος αποδεκτός από όλες τις πλευρές **acceptably** *επίρρ.* αποδεκτά

acceptance *ουσ.μ.αρ.αρ.* αποδοχή [συνήθως διευθετήσεων] *the widespread acceptance of the plan* η ευρεία αποδοχή του σχεδίου

scrounge *ρ.μ.* (συχνά + **from, off**) [ανεπίσημο και συχνά υποτιμητικό. Υπονοεί ότι πείθω κάποιον να μου δώσει κάτι που δεν αξίζω] κάνω τράκα, ζητιανεύω *I scrounged the money off my father.* Έκανα τα λεφτά τράκα από τον πατέρα μου. **scrounger** *ουσ.αρ.* τρακαδόρος

intake *ουσ.αρ.* (δεν έχει πληθ.) 1 [π.χ. τροφής από το σώμα] ποσότητα που λαμβάνεται *to reduce one's fat and sugar intake* ελαττώνω την ποσότητα λιπαρών και ζάχαρης που τρώω 2 [για ανθρώπους] εισαγωγή *a higher intake of black students* εισαγωγή μεγαλύτερου αριθμού μαύρων σπουδαστών

375.3 Απομακρύνω κάτι

remove *ρ.μ.* [ώστε κάποιος/κάτι να μην είναι πια εκεί] απομακρύνω *He removed his glasses.* Έβγαλε τα γυαλιά του. *the cost of removing graffiti* το κόστος να αφαιρέσουμε τα συνθήματα και τις ζωγραφιές απο τους τοίχους *The troublesome minister was quickly removed.* Ο ταραχοποιός υπουργός απομακρύνθηκε γρήγορα από το αξίωμά του.

removal *ουσ.μ.αρ.* (συνήθως + **of**) απομάκρυνση *They ordered the removal of the statue.* Διέταξαν την απομάκρυνση του αγάλματος. *the director's removal and replacement* η απομάκρυνση και αντικατάσταση του διευθυντή

collect *ρ.μ.* 1 [όταν κάτι είναι έτοιμο ή κάποιος περιμένει] πηγαίνω και παίρνω *to collect the children after school* πηγαίνω και παίρνω τα παιδιά από το σχολείο *I'm collecting the car on Friday.* Θα πάρω το αυτοκίνητο (π.χ. από το συνεργείο) την Παρασκευή. 2 μαζεύω *We're collecting money for the refugees.* Μαζεύουμε χρήματα για τους πρόσφυγες. *Collect the leaves together.* Συγκεντρώστε τα φύλλα.

collection *ουσ.* 1 *ουσ.μ.αρ.* [π.χ. αγαθών ή επιβατών] παραλαβή *The shoes are ready for collection.* Τα παπούτσια είναι έτοιμα για να τα παραλάβετε. 2 *ουσ.αρ.μ.αρ.* συλλογή *to organize the collection of blankets* οργανώνω τη συλλογή κουβερτών *They're having a collection for her leaving present.* Μαζεύουν χρήματα για το αποχαιρετιστήριο δώρο της.

375.4 Πηγαίνω κάποιον κάπου

lead *ρ.μ., αόρ. & μτχ. αορ.* **led** (συχνά + επίρρ. ή πρόθ.) [υπονοεί ότι καθοδηγούμε κάποιον, μερικές φορές κρατώντας τον από το χέρι] οδηγώ *She led me into her office.* Με οδήγησε στο γραφείο της. *The police led them away.* Οι αστυνομικοί τους απομάκρυναν. *the little boy who leads the team out onto the field* το μικρό αγόρι που είναι επικεφαλής της ομάδας που βγαίνει στο γήπεδο *the path leading to the house* το μονοπάτι που οδηγεί στο σπίτι

376 Entertainment Ψυχαγωγία

entertain *ρ.* 1 *ρ.μ.* (συχνά + **with**) [διασκεδάζω, π.χ. με τραγούδια ή αστεία] διασκεδάζω, ψυχαγωγώ *We were entertained with folksongs.* Μας διασκέδασαν με δημοτικά τραγούδια. 2 *ρ.α.μ.* [έχω φιλοξενούμενους] φιλοξενώ, περιποιούμαι *We do a lot of entertaining.* Έχουμε συχνά κόσμο.

entertainer *ουσ.αρ.* πρόσωπο που διασκεδάζει άλλα άτομα *They had a party with a children's entertainer.* Έκαναν πάρτι και έφεραν κάποιον για να διασκεδάσει τα παιδιά.

perform *ρ.μ.α.* [αντικ.: π.χ. χορό, θεατρικό έργο] εκτελώ, δίνω παράσταση *the first time the work has been performed in this country* η πρώτη φορά που αυτό το έργο παρουσιάζεται σ' αυτή τη χώρα *We had to perform without scenery or props.* Αναγκαστήκαμε να δώσουμε παράσταση χωρίς σκηνικά ή αξεσουάρ θεάτρου.

performance *ουσ.αρ.* 1 [π.χ. θεατρικού έργου] παράσταση *a matinee performance* απογευματινή παράσταση 2 [από έναν ή πολλούς ηθοποιούς] παράσταση *one of the best performances she's ever given* μια από τις καλύτερες παραστάσεις που έχει δώσει ποτέ

performer *ουσ.αρ.* [οποιοσδήποτε κάνει δημόσια εμφάνιση] εκτελεστής, ηθοποιός *the director and performers* ο σκηνοθέτης και οι ηθοποιοί

376.1 Είδη θεαμάτων

show *ουσ.αρ.* [συνήθως όχι σοβαρό δράμα, και συχνά με τραγούδι και χορό] παράσταση *a meal after the show* γεύμα μετά την παράσταση

cabaret *ουσ.αρ.μ.αρ.* καμπαρέ

play *ουσ.αρ.* θεατρικό έργο *to put on a play* ανεβάζω ένα έργο

playwright *ουσ.αρ.* θεατρικός συγγραφέας

drama *ουσ.* 1 *ουσ.μ.αρ.* [λογοτεχνικό είδος] δράμα *television drama* τηλεοπτικό δράμα 2 *ουσ.αρ.* [υπονοεί σοβαρή δουλειά] δράμα *a drama of intrigue and suspicion* ένα δράμα γεμάτο ραδιουργίες και καχυποψίες

dramatic *επίθ.* 1 (πριν από ουσ.) [περιγράφει: π.χ. συγγραφέα, κείμενο] δραματικός 2 [συναρπαστικός] εντυπωσιακός *a dramatic whisper* ψίθυρος ανάμεσα σε δύο πρόσωπα θεατρικού έργου (που υποτίθεται ότι δε θέλουν να γίνουν αντιληπτά από τα άλλα πρόσωπα του έργου)

dramatist *ουσ.αρ.* [υπονοεί σοβαρή δουλειά] δραματουργός *the Elizabethan dramatists* οι δραματουργοί της ελισαβετιανής εποχής

comedy *ουσ.* 1 *ουσ.αρ.* [θεατρικό έργο, κτλ.] κωμωδία 2 *ουσ.μ.αρ.* [λογοτεχνικό είδος] κωμωδία

comedian *ουσ.αρ.* κωμικός *music hall comedians* κωμικοί του μιούζικ χολ

comic *ουσ.αρ.* κωμικός [συνήθως υπονοεί αφελές χιούμορ] κωμικός *a stand-up comic* κωμικός που λέει αστεία επί

σκηνής (συνήθως εμφανίζεται μόνος του)

tragedy *ουσ.* 1 *ουσ.αρ.* [θεατρικό έργο, κτλ.] τραγωδία 2 *ουσ.μ.αρ.* [λογοτεχνικό είδος] τραγωδία

376.2 Πηγαίνω στο θέατρο

χ ρ ή σ η

Αυτές οι λέξεις μπορούν επίσης να χρησιμοποιηθούν σε σχέση με άλλα είδη ψυχαγωγίας όπως ο κινηματογράφος, η όπερα, το μπαλέτο, κτλ.

box office [για εισιτήρια] ταμείο (σαν *επίθ.*) *a box-office success* εμπορική επιτυχία

book *ρ.μ.* κλείνω, κάνω κράτηση *I want to book two seats in the circle.* Θέλω να κλείσω δύο θέσεις στον εξώστη.

programme (*Βρετ.*), **program** (*Αμερ.*) *ουσ.αρ.* πρόγραμμα

interval *ουσ.αρ.* διάλειμμα

audience *ουσ.αρ.* ακροατήριο, θεατές *Audiences love her.* Οι θεατές τη λατρεύουν.

clap *ρ.α.*, -pp- χειροκροτώ *People clapped politely.* Οι ακροατές χειροκρότησαν ευγενικά. *The clapping died down.* Το χειροκρότημα λιγόστεψε.

applaud *ρ.α.μ.* [κάπως πιο επίσημο από το **clap**, συνήθως χρησιμοποιείται μόνο για ομάδες ανθρώπων] επευφημώ, ζητωκραυγάζω *Everybody applauded.* Όλοι επευφήμησαν.

applause *ουσ.μ.αρ.* επευφημία *spontaneous applause* αυθόρμητη επευφημία

376.3 Ηθοποιία, παίξιμο

act *ρ.α.μ.* παίζω, υποδύομαι *He can't act.* Δεν είναι καθόλου καλός ηθοποιός. *She's acting in Romeo and Juliet.* Παίζει στο «Ρωμαίος και Ιουλιέτα». *I was acting the part of Ophelia.* Έπαιζα το ρόλο της Οφήλιας.

actor (*αρσ. ή θηλ.*), **actress** (*θηλ.*) *ουσ.αρ.* ηθοποιός *a character actor* ηθοποιός που παίζει μεγάλους ρόλους

balcony 'Η upper circle δεύτερος εξώστης

circle εξώστης

box θεωρείο

scenery σκηνικά [*props*: οτιδήποτε χρησιμοποιείται επί σκηνής, όπως έπιπλα και οτιδήποτε αντικείμενα αναφέρονται στο έργο]

stage σκηνή

stalls (*Βρετ.*), orchestra (*Αμερ.*) πλατεία

theatre (*Βρετ.*), theater (*Αμερ.*) θέατρο

role *ουσ.αρ.* ρόλος *the leading role* ο κύριος ρόλος

part *ουσ.αρ.* [λιγότερο μεγαλοπρεπές από το **role**] ρόλος

cast *ουσ.αρ.* (+ ενικ. ή πληθ. ρ.) διανομή των ρόλων, το σύνολο των ηθοποιών σε ένα έργο *The members of the cast are in rehearsal.* Οι ηθοποιοί που παίρνουν μέρος στην παράσταση κάνουν πρόβα.

rehearse *ρ.α.μ.* κάνω δοκιμή, πρόβα *They rehearse in an old warehouse.* Κάνουν πρόβες σε μια παλιά αποθήκη.
to rehearse a play κάνω δοκιμή έργου

rehearsal *ουσ.* **1** *ουσ.αρ.* δοκιμή **2** *ουσ.μ.αρ.* πρόβα *They hadn't had enough rehearsal.* Δεν είχαν κάνει αρκετές πρόβες.

dress rehearsal δοκιμαστική παράσταση με τα κανονικά κοστούμια

mime *ρ.α.μ.* μιμούμαι

mime *ουσ.* **1** *ουσ.μ.αρ.* [δεξιοτεχνία] παντομίμα **2** *ουσ.αρ.* [πράξη] μίμηση **3** *ουσ.αρ.* [πρόσωπο] μίμος [Στα Αγγλικά η λέξη **pantomime** χρησιμοποιείται για να αναφερθούμε στη θεατρική αναπαράσταση παραμυθιών, όπως π.χ. η Σταχτοπούτα, και όχι στην παντομίμα (**mime**)]

376.4 Κινηματογράφος

cinema *ουσ.* **1** *ουσ.αρ.* (κυρίως Βρετ.), **movie theater** (Αμερ.) κινηματογράφος *to go to the cinema* πηγαίνω σινεμά **2** *ουσ.μ.αρ.* κινηματογράφος *British cinema* βρετανικός κινηματογράφος (σαν επίθ.) *cinema artists* καλλιτέχνες του κινηματογράφου

pictures (Βρετ.), **movies** (Αμερ.) πληθ. ουσ. (πάντα + **the**) [κάπως παλιομοδίτικο] σινεμά

screen *ουσ.αρ.* οθόνη

film *ουσ.* **1** *ουσ.αρ.* (κυρίως Βρετ.) ταινία (σαν επίθ.) *film star* ηθοποιός (αστέρι) του κινηματογράφου **2** *ουσ.μ.αρ.* η κινηματογραφική τέχνη *the art of film* η τέχνη του κινηματογράφου

movie *ουσ.αρ.* (κυρίως Αμερ.) ταινία *She works in the movies.* Δουλεύει στον κινηματογράφο. (σαν επίθ.) *movie star* ηθοποιός σε ταινίες

376.5 Είδη ταινιών

horror film *ουσ.αρ.* ταινία τρόμου

western *ουσ.αρ.* γουέστερν

comedy *ουσ.αρ.* κωμωδία

376.6 Χορός

dance *ρ.α.μ.* χορεύω *Will you dance with me?* Θα χορέψεις μαζί μου; *They danced a waltz.* Χόρεψαν ένα βαλς. **dancer** *ουσ.αρ.* χορευτής

dance *ουσ.αρ.* χορός

disco *ουσ.αρ., πληθ.* **discos** ντισκοτέκ

ballet *ουσ.μ.αρ.αρ.* μπαλέτο *To go to the ballet.* Πηγαίνω στο μπαλέτο.

ballet dancer *ουσ.αρ.* [άνδρας ή γυναίκα] χορευτής μπαλέτου **ballerina** *ουσ.αρ.* μπαλαρίνα

ballroom dancing *ουσ.μ.αρ.* επίσημος παλιομοδίτικος χορός όπως π.χ. το βαλς

ball *ουσ.αρ.* χοροεσπερίδα

tap (dancing) *ουσ.μ.αρ.* χορός με κλακέτες

377 Circus Τσίρκο

trapeze artist ακροβάτης στο σκοινί

clown κλόουν, παλιάτσος

lion tamer θηριοδαμαστής

juggler ταχυδακτυλουργός *juggle* κάνω ταχυδακτυλουργίες

acrobat ακροβάτης

ringmaster παρουσιαστής προγράμματος τσίρκου

ring αρένα

378 Broadcasting Εκπομπές

television *ουσ.* 1 *ουσ.αρ.* [συσκευή] τηλεόραση *to watch (the) television* βλέπω τηλεόραση 2 *ουσ.μ.αρ.* [μέσο επικοινωνίας] τηλεόραση *Is there anything good on television?* Παίζει τίποτα καλό στην τηλεόραση; *cable and satellite television* καλωδιακή και δορυφορική τηλεόραση

TV [λιγότερο επίσημο από το **television**] 1 *ουσ.αρ.* [συσκευή] τηλεόραση 2 *ουσ.μ.αρ.* [μέσο επικοινωνίας] τηλεόραση *What's on TV?* Τι παίζει στην τηλεόραση; (σαν *επίθ.*) *TV stars* ηθοποιοί/αστέρια της τηλεόρασης

telly (*Βρετ.*) *ουσ.* [ανεπίσημο] 1 *ουσ.αρ.* [συσκευή] τηλεόραση *a colour telly* έγχρωμη τηλεόραση 2 *ουσ.μ.αρ.* [μέσο επικοινωνίας] τηλεόραση (σαν *επίθ.*) *a telly addict* φανατικός θεατής της τηλεόρασης *What's on telly?* Τι παίζει η τηλεόραση;

radio *ουσ.* 1 *ουσ.αρ.* [συσκευή] ραδιόφωνο 2 *ουσ.μ.αρ.* [μέσο επικοινωνίας] ραδιόφωνο (σαν *επίθ.*) *radio coverage of the events* ραδιοφωνική κάλυψη των γεγονότων

χρήση

Η λέξη **media** συνήθως χρησιμοποιείται σαν ουσιαστικό στον ενικό αριθμό με το ρήμα στον ενικό αριθμό: π.χ. *The media is interested in the story.* (Τα μέσα μαζικής ενημέρωσης ενδιαφέρονται για την ιστορία.) Μερικοί όμως έχουν αντίρρηση για αυτή τη χρήση επειδή η λέξη **media** είναι πληθυντικού αριθμού στα Λατινικά. Έτσι προτιμούν να βάζουν το ρήμα στον πληθυντικό αριθμό: π.χ. *The media are sensationalizing the affair.* (Τα μέσα ενημέρωσης επιδιώκουν να δημιουργήσουν εντυπώσεις από την υπόθεση.)

video *ουσ.αρ.*, *πληθ.* **videos** 1 [μαγνητοσκόπηση] βίντεο *We hired a video.* Νοικιάσαμε μια βίντεοταινία. 2 ΕΠΙΣΗΣ **video recorder** βίντεο 3 *ουσ.μ.αρ.* [μέσο] βίντεο *now available on video* τώρα και σε βίντεο

media *ουσ.* (συνήθως + **the**) [περιλαμβάνει τον τύπο] μέσα ενημέρωσης

378.1 Υλικό που εκπέμπεται

programme (*Βρετ.*), **program** (*Αμερ.*) *ουσ.αρ.* πρόγραμμα, εκπομπή

series *ουσ.αρ.*, *πληθ.* **series** σειρά *a new six-part series* μια καινούρια σειρά έξι επεισοδίων

serial *ουσ.αρ.* σήριαλ *a long-running television serial* ένα τηλεοπτικό σήριαλ που μεταδίδεται για μεγάλο χρονικό διάστημα

episode *ουσ.αρ.* επεισόδιο *I missed the first episode.* Έχασα το πρώτο επεισόδιο.

broadcast *ουσ.αρ.* [συνήθως γεγονότος, ομιλίας, κτλ., παρά ενός ειδικά προετοιμασμένου προγράμματος] μετάδοση *the live broadcast of the concert* η ζωντανή μετάδοση της συναυλίας *Millions listened to his war broadcasts.* Εκατομμύρια ακροατών ακούγανε τις ραδιοφωνικές εκπομπές του τον καιρό του πολέμου.

broadcaster *ουσ.αρ.* [υπονοεί κάποιον που δίνει τα γεγονότα ή απόψεις παρά κάποιον που ψυχαγωγεί] εκφωνητής

chat show (*Βρετ.*), **talk show** (*Αμερ.*) *ουσ.αρ.* εκπομπή στην οποία καλούνται διάφορες προσωπικότητες για να συνομιλήσουν με τον παρουσιαστή

documentary *ουσ.αρ.* ντοκιμαντέρ *a wildlife documentary* ένα ντοκιμαντέρ για τα άγρια ζώα και φυτά

soap ΕΠΙΣΗΣ **soap opera** *ουσ.αρ.* σαπουνόπερα *forced to miss an episode of her favourite soap* αναγκασμένη να χάσει ένα επεισόδιο της αγαπημένης της σαπουνόπερας

quiz show (*Βρετ.*) ΕΠΙΣΗΣ **game show** (*κυρίως Αμερ.*) *ουσ.αρ.* πρόγραμμα στο οποίο διαγωνίζονται καλεσμένοι

379 Music Μουσική

musical *επίθ.* 1 [περιγράφει: π.χ. μόρφωση, ήχο] μουσικός 2 [καλός στη μουσική] μουσικός *a musical family* μια φιλόμουση οικογένεια **musician** *ουσ.αρ.* μουσικός

379.1 Είδη μουσικής

pop ΕΠΙΣΗΣ **pop music** *ουσ.μ.αρ.* μουσική ποπ (σαν *επίθ.*) *pop star* αστέρι της ποπ μουσικής

folk music ΕΠΙΣΗΣ **folk** *ουσ.μ.αρ.* δημοτική μουσική

folk song *ουσ.αρ.* δημοτικό τραγούδι

rock *ουσ.μ.αρ.* ροκ μουσική

classical *επίθ.* κλασική μουσική *the classical repertoire* το ρεπερτόριο κλασικής μουσικής

jazz *ουσ.μ.αρ.* τζαζ (σαν *επίθ.*) *jazz players* μουσικοί της τζαζ

reggae *ουσ.μ.αρ.* ρέγκε

country and western *ουσ.μ.αρ.* κάντρυ και γουέστερν

chamber music *ουσ.μ.αρ.* μουσική δωματίου

379.2 Στοιχεία της μουσικής

tune *ουσ.αρ.* [υπονοεί δημοφιλή μουσική] σκοπός, μελωδία **tuneful** *επίθ.* μελωδικός, αρμονικός

melody *ουσ.αρ.μ.αρ.* [πιο επίσημο από το **tune**. Συχνά υπονοεί κλασική μουσική] μελωδία **melodic** *επίθ.* μελωδικός

air *ουσ.αρ.* [λογοτεχνικό ή υπονοεί κλασική μουσική] μελωδία, σκοπός

rhythm *ουσ.αρ.μ.αρ.* ρυθμός **rhythmic** *επίθ.* ρυθμικός

beat *ουσ.αρ.* χτύπος, ρυθμός *to mark the beat* δίνω το χρόνο με κίνηση του χεριού *four beats to a bar* μέτρο τεσσάρων τετάρτων

harmony *ουσ.μ.αρ.αρ.* αρμονία

lyrics *πληθ. ουσ.* τα λόγια ενός τραγουδιού

χρήση

Όταν αναφερόμαστε στα λόγια ενός τραγουδιού χρησιμοποιούμε τις λέξεις **lyrics** ή **words**, αλλά όχι τη λέξη **text** (κείμενο).

379.3 Μουσικά σύνολα

orchestra *ουσ.αρ.* ορχήστρα

conductor *ουσ.αρ.* διευθυντής, μαέστρος **conduct** *ρ.μ.* διευθύνω (ορχήστρα)

baton *ουσ.αρ.* μπαγκέτα

group *ουσ.αρ.* [συνήθως μουσικής ποπ] συγκρότημα

band *ουσ.αρ.* 1 [ποπ ή τζαζ] μπάντα, ορχήστρα 2 'Η **brass band** ορχήστρα πνευστών

accompany *ρ.μ.* συνοδεύω

accompaniment *ουσ.αρ.* ακομπανιαμέντο *the harpsichord accompaniment* ακομπιαμέντο με κλαβεσίνο **accompanist** *ουσ.αρ.* συνοδός σε μουσικό κομμάτι

solo *ουσ.αρ., πληθ.* **solos** μονωδία, σόλο *a violin solo* σόλο για βιολί *(σαν επίθ.) the solo piano* το σόλο για πιάνο

soloist *ουσ.αρ.* σολίστας *the piano soloist* ο σολίστας του πιάνου

duet *ουσ.αρ.* [για δύο φωνές ή όργανα] ντουέτο

duo *ουσ.αρ., πληθ.* **duos** [δύο εκτελεστές] ντουέτο

trio *ουσ.αρ., πληθ.* **trios** [έργο ή εκτελεστές] τρίο

quartet *ουσ.αρ.* [έργο ή εκτελεστές] κουαρτέτο *a string quartet* κουαρτέτο εγχόρδων

379.4 Μουσικά όργανα

play *ρ.μ.α.* [αντικ.: μουσικό όργανο] παίζω *I play the piano.* Παίζω πιάνο. *He played Brahms.* Έπαιξε Μπραμς.

player *ουσ.αρ.* εκτελεστής *orchestral players* εκτελεστές της ορχήστρας

instrument ΕΠΙΣΗΣ **musical instrument** *ουσ.αρ.* (μουσικό) όργανο **instrumental** *επίθ.* ενόργανος

Stringed instruments Έγχορδα όργανα

violin *ουσ.αρ.* βιολί **violinist** *ουσ.αρ.* βιολιστής

viola *ουσ.αρ.* βιόλα **viola player** *ουσ.αρ.* παίχτης βιόλας

cello *ουσ.αρ.* βιολοντσέλο **cellist** *ουσ.αρ.* βιολοντσελίστας

double bass *ουσ.αρ.* κοντραμπάσο **double**

bassist *ουσ.αρ.* παίχτης κοντραμπάσου

guitar *ουσ.αρ.* κιθάρα **guitarist** *ουσ.αρ.* κιθαριστής

harp *ουσ.αρ.* άρπα **harpist** *ουσ.αρ.* αρπιστής

bow *ουσ.αρ.* δοξάρι

string *ουσ.αρ.* χορδή

Woodwind instruments Ξύλινα πνευστά όργανα

oboe *ουσ.αρ.* όμποε **oboist** *ουσ.αρ.* παίχτης όμποε

clarinet *ουσ.αρ.* κλαρίνο, κλαρινέτο **clarinettist** *ουσ.αρ.* παίχτης κλαρινέτου

flute *ουσ.αρ.* φλάουτο **flautist** (*Βρετ.*), **flutist** (*Αμερ.*) *ουσ.αρ.*

φλαουτίστας

bassoon *ουσ.αρ.* βαρύαυλος, φαγκότο **bassoonist** *ουσ.αρ.* παίχτης του βαρύαυλου

recorder *ουσ.αρ.* αυλός, φλογέρα **recorder player** *ουσ.αρ.* παίχτης αυλού

saxophone *ουσ.αρ.* σαξόφωνο **saxophonist** *ουσ.αρ.* σαξοφωνίστας

Brass instruments Πνευστά όργανα

trumpet *ουσ.αρ.* τρομπέτα **trumpeter** *ουσ.αρ.* τρομπετίστας

trombone *ουσ.αρ.* τρομπόνι **trombone player** *ουσ.αρ.* τρομπονίστας

French horn *ουσ.αρ.* γαλλικό κόρνο **French horn player** *ουσ.αρ.* παίχτης γαλλικού κόρνου

tuba *ουσ.αρ.* τούμπα **tuba player** *ουσ.αρ.* παίχτης τούμπας

Percussion instruments Κρουστά όργανα

percussionist *ουσ.αρ.* μουσικός που παίζει κρουστά όργανα

timpani. *ουσ. πληθ, σύντ.* **timps** ημισφαιρικό τύμπανο **timpanist** *ουσ.αρ.* παίχτης ημισφαιρικού τύμπανου

drum *ουσ.αρ.* τύμπανο **drummer** *ουσ.αρ.* τυμπανιστής

cymbals *ουσ. πληθ.* κύμβαλα **cymbalist** *ουσ.αρ.* παίχτης κυμβάλων

xylophone *ουσ.αρ.* ξυλόφωνο **xylophone player** *ουσ.αρ.* παίχτης ξυλόφωνου

Keyboard instruments Μουσικά όργανα που παίζονται με πλήκτρα

piano *ουσ.αρ.* πιάνο *a grand piano* πιάνο με ουρά **pianist** *ουσ.αρ.* πιανίστας

organ *ουσ.αρ.* εκκλησιαστικό όργανο **organist** *ουσ.αρ.* παίχτης αρμονίου

key *ουσ.αρ.* πλήκτρο **keyboard** *ουσ.αρ.* πλήκτρα

pedals *ουσ.αρ.* πεντάλ (π.χ. πιάνου)

379.5 Φωνητική μουσική

sing *ρ.α.μ., αόρ.* **sang** *μτχ. αορ.* **sung** τραγουδώ *We sang the Messiah.* Τραγουδήσαμε το Μεσσία. **singer** *ουσ.αρ.* τραγουδιστής

whistle *ρ.α.μ.* σφυρίζω

choir *ουσ.αρ.* χορωδία **choral** *επίθ.* χορωδιακός **chorister** *ουσ.αρ.* χορωδός

soprano *ουσ.αρ., πληθ.* **sopranos** υψίφωνος

tenor *ουσ.αρ.* τενόρος

baritone *ουσ.αρ.* βαρύτονος

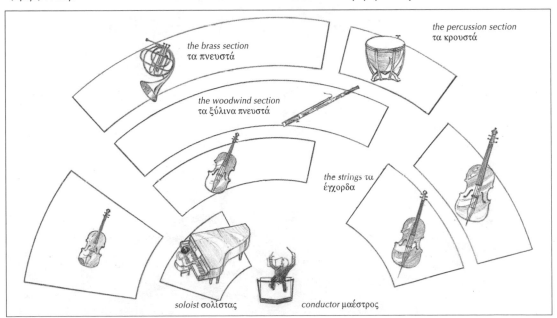

the percussion section τα κρουστά

the brass section τα πνευστά

the woodwind section τα ξύλινα πνευστά

the strings τα έγχορδα

soloist σολίστας   conductor μαέστρος

bass *ουσ.αρ.* μπάσος

alto *ουσ.αρ., πληθ.* **altos** άλτο

countertenor *ουσ.αρ.* κόντρα τενόρος

opera *ουσ.αρ.μ.αρ.* όπερα (*σαν επίθ.*) *an opera singer* τραγουδιστής της όπερας

operatic *επίθ.* (*συνήθως πριν από ουσ.*) μελοδραματικός *an operatic career* καριέρα στην όπερα

379.6 Μουσικές εκδηλώσεις

concert *ουσ.αρ.* κονσέρτο, συναυλία

musical *ουσ.αρ.* μιούζικαλ

gig *ουσ.αρ.* [ανεπίσημο. Για μουσική ποπ] μια μόνο συναυλία

recital *ουσ.αρ.* [κλασικής μουσικής, συνήθως από σολίστα] ρεσιτάλ

379.7 Μουσικά έργα

compose *ρ.μ.* συνθέτω

composer *ουσ.αρ.* συνθέτης *an opera composer* συνθέτης έργων της όπερας

composition *ουσ.αρ.* σύνθεση *one of his late compositions* μια από τις πιο πρόσφατες συνθέσεις του

symphony *ουσ.αρ.* συμφωνία

concerto *ουσ.αρ., πληθ.* **concertos** ή **concerti** κονσέρτο *a violin concerto* κονσέρτο για βιολί

overture *ουσ.αρ.* εισαγωγή

song *ουσ.αρ.* τραγούδι

piece *ουσ.αρ.* [γενική λέξη για οποιαδήποτε μουσική σύνθεση] κομμάτι

379.8 Γραπτή μουσική

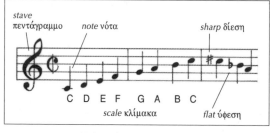

stave πεντάγραμμο *note* νότα *sharp* δίεση

C D E F G A B C

scale κλίμακα *flat* ύφεση

treble clef κλειδί του σολ *key signature* οπλισμός του κλειδιού *chord* χορδή *bar* μέτρο

bass clef κλειδί του φα *time signature* οπλισμός χρόνου *octave* οκτάβα

379.9 Ηχογραφημένη μουσική

recording *ουσ.αρ.* [ηχογραφημένη έκδοση] ηχογράφηση *the 1985 recording of the opera* η ηχογράφηση της όπερας που έγινε το 1985

record *ουσ.αρ.* δίσκος

LP *ουσ.αρ.* δίσκος 33 στροφών

single *ουσ.αρ.* δίσκος 45 στροφών

CD ΕΠΙΣΗΣ **compact disk** *ουσ.αρ.* δίσκος κόμπακτ

album *ουσ.αρ.* [συνήθως υπονοεί δημοφιλή μουσική. Μπορεί να είναι δίσκος ή κασέτα] άλμπουμ

boxed set *ουσ.αρ.* σύνολο δίσκων που αποτελούν ένα μουσικό έργο και διατίθενται σα σύνολο (συσκευασμένα σε κουτί)

cassette *ουσ.αρ.* κασέτα

tape *ουσ.αρ.μ.αρ.* κασέτα, ταινία

stereo *ουσ.* 1 *ουσ.αρ.* ΕΠΙΣΗΣ **stereo system** στερεοφωνικό συγκρότημα 2 *ουσ.μ.αρ.* στερεοφωνικό σύστημα *recorded in stereo* ηχογραφημένο στερεοφωνικά (*σαν επίθ.*) *stereo sound* στερεοφωνικός ήχος

hifi (*κυρίως Βρετ.*) *ουσ.* 1 *ουσ.μ.αρ.* [απόδοση υψηλής πιστότητας] υψηλή πιστότητα *hifi equipment* εξοπλισμός υψηλής πιστότητας 2 *ουσ.αρ.* στερεοφωνικό συγκρότημα

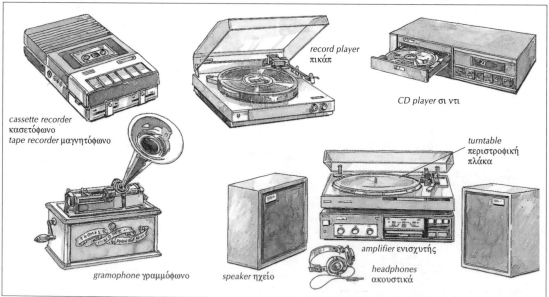

cassette recorder κασετόφωνο
tape recorder μαγνητόφωνο

record player πικάπ

CD player σι ντι

turntable περιστροφική πλάκα

amplifier ενισχυτής

gramophone γραμμόφωνο *speaker* ηχείο *headphones* ακουστικά

380 Leisure activities Δραστηριότητες στον ελεύθερο χρόνο

δες επίσης 381 Arts and Crafts, 386 Games, 388 Sport

hobby *ουσ.αρ.* [πολύ γενικός όρος που καλύπτει όλα τα είδη δραστηριοτήτων, από καλλιτεχνικές ή διανοητικές μέχρι αθλητικές] χόμπι

pastime *ουσ.αρ.* [πιο επίσημο από το **hobby**. Συνήθως υπονοεί κάποια ήσυχη απασχόληση] απασχόληση για τον ελεύθερο χρόνο *an artistic pastime like pottery* ένα καλλιτεχνικό χόμπι όπως η κεραμική

stamp collecting συλλογή γραμματοσήμων

album *ουσ.αρ.* λεύκωμα, άλμπουμ

380.1 Υπαίθριες δραστηριότητες

fishing ΕΠΙΣΗΣ [πιο επίσημο ή εξειδικευμένο] **angling** *ουσ.μ.αρ.* ψάρεμα

(fishing) rod *ουσ.αρ.* καλάμι ψαρέματος

(fishing) line *ουσ.αρ.* πετονιά

bait *ουσ.μ.αρ.* δόλωμα

catch *ρ.μ., αόρ. & μτχ. αορ.* **caught** πιάνω **catch** *ουσ.αρ.* ψαριά

net *ουσ.αρ.* δίχτυ

camping *ουσ.μ.αρ.* κατασκήνωση (σαν *επίθ.*) *camping equipment* εξοπλισμός κατασκήνωσης

camp *ρ.α.* κατασκηνώνω

tent *ουσ.αρ.* σκηνή

sleeping bag *ουσ.αρ.* υπνόσακος

381 Arts and crafts Τέχνες και δεξιοτεχνίες

δες επίσης 382 Tools

381.1 Ζωγραφική και σχέδιο

artist *ουσ.αρ.* καλλιτέχνης **artistic** *επίθ.* καλλιτεχνικός **artistically** *επίρρ.* καλλιτεχνικά

painter *ουσ.αρ.* ζωγράφος **paint** *ρ.μ.α.* ζωγραφίζω (με μπογιές)

illustrator *ουσ.αρ.* [βιβλίων, κτλ.] εικονογράφος **illustrate** *ρ.μ.* εικονογραφώ

draw *ρ.μ., αόρ.* **drew** *μτχ. αορ.* **drawn** ζωγραφίζω, σκιτσάρω

381.2 Υλικά καλλιτεχνών

δες επίσης 370 Writing materials

paint *ουσ.μ.αρ.αρ.* μπογιά

paintbrush *ουσ.αρ.* πινέλο

watercolours (*Βρετ.*), **watercolors** (*Αμερ.*) *πληθ. ουσ.* υδατογραφία

oils 'Η **oil paints** *πληθ. ουσ.* ελαιογραφία *to paint sb in oils* κάνω το πορτρέτο κάποιου σε ελαιογραφία

palette *ουσ.αρ.* παλέτα

canvas *ουσ.* 1 *ουσ.μ.αρ.* [υλικό] κανναβάτσο 2 *ουσ.αρ.* [δουλειά] ελαιογραφία

easel *ουσ.αρ.* καβαλέτο

pencil *ουσ.αρ.* μολύβι, κραγιόνι

381.3 Δουλειά ενός καλλιτέχνη

painting *ουσ.* 1 *ουσ.αρ.* [π.χ. πορτρέτο] πίνακας 2 *ουσ.μ.αρ.* [τέχνη] ζωγραφική

picture *ουσ.αρ.* πίνακας

drawing *ουσ.* 1 *ουσ.αρ.* [π.χ. πορτρέτο] σχέδιο, ζωγραφιά *a line drawing* σκίτσο 2 *ουσ.μ.αρ.* [τέχνη] ζωγραφική

cartoon *ουσ.αρ.* γελιογραφία, σκίτσο

sketch *ουσ.αρ.* σκίτσο

illustration *ουσ.* 1 *ουσ.αρ.* [π.χ. διάγραμμα] εικόνα 2 *ουσ.μ.αρ.* [τέχνη] εικονογράφηση

foreground *ουσ.αρ.* πρώτο πλάνο

background *ουσ.αρ.* βάθος, φόντο

masterpiece *ουσ.αρ.* αριστούργημα

381.4 Φωτογραφία

photography *ουσ.μ.αρ.* φωτογραφική τέχνη **photographic** *επίθ.* φωτογραφικός **photographer** *ουσ.αρ.* φωτογράφος

photograph *ουσ.αρ., σύντ.* **photo** φωτογραφία

slide *ουσ.αρ.* διαφάνεια

camera *ουσ.αρ.* φωτογραφική μηχανή

lens *ουσ.αρ.* φακός

flash *ουσ.αρ.μ.αρ.* φλας

film *ουσ.αρ.μ.αρ.* φιλμ *a roll of film* ένα ρολό φιλμ

develop *ρ.μ.* [αντικ.: ταινία, φωτογραφία] εμφανίζω

negative *ουσ.αρ.* αρνητικό

darkroom *ουσ.αρ.* σκοτεινός θάλαμος

381.5 Πλάθω

sculpture *ουσ.* 1 *ουσ.μ.αρ.* [τέχνη] γλυπτική 2 *ουσ.αρ.* [δουλειά] γλυπτό **sculptor** *ουσ.αρ.* γλύπτης

statue *ουσ.αρ.* άγαλμα

model *ουσ.αρ.* [π.χ. πλοίου] μοντέλο

model *ρ.μ., -ll-* (*Βρετ.*), -l- (*Αμερ.*) ποζάρω

pottery *ουσ.μ.αρ.* 1 [τέχνη] κεραμική *to do pottery* κάνω κεραμικά 2 [αγγεία] κεραμικά

potter *ουσ.αρ.* αγγειοπλάστης

wheel *ουσ.αρ.* τροχός κεραμικής

clay *ουσ.μ.αρ.* πηλός (σαν *επίθ.*) *a clay bowl* μια πήλινη κούπα

381.6 Ραπτική

δες επίσης 193 Textiles

sew *ρ.μ.α., αόρ.* **sewed** *μτχ. αορ.* **sewn** 'Η **sewed** (*κυρίως Αμερ.*) (συχνά + **up**) ράβω *I sewed up the hole in my trousers.* Έραψα την τρύπα στο παντελόνι μου. *to sew on a button* ράβω ένα κουμπί **sewing** *ουσ.μ.αρ.* ράψιμο

cotton (*Βρετ.*), **thread** (*Αμερ.*) *ουσ.μ.αρ.* νήμα

thread *ουσ.μ.αρ.* [έχει πιο εξειδικευμένη σημασία από το **cotton** στα βρετανικά Αγγλικά] κλωστή

thread *ρ.μ.* περνώ κλωστή *to thread a needle* περνώ κλωστή στη βελόνα

stitch *ουσ.αρ.* 1 βελονιά *I sewed the hem with small stitches.* Έραψα τον ποδόγυρο με μικρές βελονιές. 2 [τρόπος με τον οποίο χρησιμοποιείται η βελόνα στο ράψιμο, κέντημα ή πλέξιμο] βελονιά

stitch *ρ.μ.* (συχνά + **up**) ράβω *to stitch up a tear* ράβω ένα σχίσιμο

crochet *ουσ.μ.αρ.* πλέξιμο με βελονάκι **crochet** *ρ.μ.* πλέκω με βελονάκι

dressmaking ουσ.μ.αρ. μοδιστρική **dressmaker** ουσ.αρ. μόδιστρος, μοδίστρα

pattern ουσ.αρ. σχέδιο

knit ρ.μ., -tt- πλέκω

knitting ουσ.μ.αρ. 1 [δραστηριότητα] πλέξιμο 2 [κάτι που

πλέκεται] πλεχτό

wool (Βρετ.), **yarn** (Αμερ.) ουσ.μ.αρ. μαλλί

yarn ουσ.μ.αρ. 1 (Βρετ.) [έχει πιο εξειδικευμένη σημασία από το wool] νήμα 2 'η wool (Αμερ.) νήμα

seam ουσ.αρ. ραφή

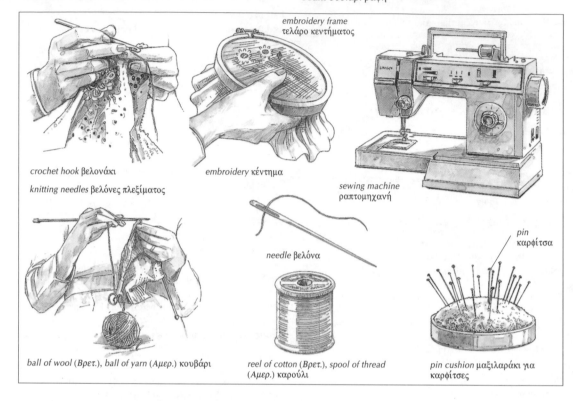

crochet hook βελονάκι

knitting needles βελόνες πλεξίματος

embroidery frame
τελάρο κεντήματος

embroidery κέντημα

sewing machine
ραπτομηχανή

needle βελόνα

pin
καρφίτσα

ball of wool (Βρετ.), ball of yarn (Αμερ.) κουβάρι

reel of cotton (Βρετ.), spool of thread
(Αμερ.) καρούλι

pin cushion μαξιλαράκι για
καρφίτσες

382 Tools Εργαλεία

δες επίσης **304 Materials**

382.1 Εξοπλισμός

tool ουσ.αρ. εργαλείο a bag of tools εργαλειοθήκη

equipment ουσ.μ.αρ. εξοπλισμός

apparatus ουσ.αρ.μ.αρ. [κάπως επίσημο. Υπονοεί περίπλοκο εξοπλισμό]

σύνεργα all the apparatus they need for unblocking the drain όλα τα σύνεργα που χρειάζονται για να ξεβουλώσουν το σωλήνα

gear ουσ.μ.αρ. [ανεπίσημο] εξοπλισμός I'll need my soldering gear. Θα χρειαστώ τον εξοπλισμό

που έχω για συγκόλληση.

utensil ουσ.αρ. [κάπως επίσημο. Υπονοεί μικρό εργαλείο με συγκεκριμένη χρήση] εργαλείο a handy utensil for stripping wire ένα χρήσιμο εργαλείο για την αφαίρεση του περιβλήματος συρμάτων

kit ουσ.αρ. [πλήρες σετ εργαλείων] σειρά εργαλείων a tool kit σειρά εργαλείων a screwdriver kit πλήρης σειρά κατσαβιδιών

gadget ουσ.αρ. σύνεργο

electric drill ηλεκτρικό
τρυπάνι

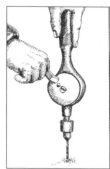

hand drill χειροκίνητο
τρυπάνι

saw πριόνι

chisel σκαρπέλο

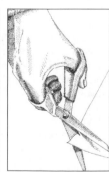

scissors ψαλίδι

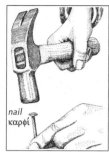

pliers τανάλια, πένσα   *hammer* σφυρί   *screwdriver* κατσαβίδι   *spanner* (*Βρετ.*), *wrench* (*Αμερ.*) γαλλικό κλειδί   *wrench* (*Βρετ.*) κάβουρας, γαλλικό κλειδί

nail καρφί
screw βίδα
nut παξιμάδι βίδας
bolt μπουλόνι

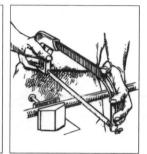

blade λεπίδα

handle λαβή

axe (*Βρετ.*), *ax* (*Αμερ.*) τσεκούρι   *hacksaw* πριόνι

382.2 Βάψιμο

DIY ΕΠΙΣΗΣ **do-it-yourself** *ουσ.μ.αρ.* (κυρίως *Βρετ.*) [καλύπτει όλες τις επισκευές και βελτιώσεις στο σπίτι που γίνονται από κάποιον που δεν είναι επαγγελματίας χτίστης, μπογιατζής, κτλ.] φτιάξτο μόνος σου

paint *ρ.μ.* βάφω

paint *ουσ.μ.αρ.* μπογιά *to give sth a coat of paint* βάζω ένα στρώμα μπογιά **painter** *ουσ.αρ.* μπογιατζής

paintbrush *ουσ.αρ.* πινέλο

whitewash *ουσ.μ.αρ.* ασβέστης **whitewash** *ρ.μ.* ασβεστώνω

creosote *ουσ.μ.αρ.* κρεοζότο **creosote** *ρ.μ.* βάφω με κρεοζότο

wallpaper *ουσ.μ.αρ.* χαρτί ταπετσαρίας (τοίχου) *a roll of wallpaper* ρολό ταπετσαρίας

wallpaper 'Η **paper** *ρ.μ.* περνώ ταπετσαρία
wallpaper paste *ουσ.μ.αρ.* κόλλα ταπετσαρίας
ladder *ουσ.αρ.* σκάλα

382.3 Νερό και ηλεκτρισμός

plumbing *ουσ.μ.αρ.* 1 [τέχνη] υδραυλικά έργα 2 [σωληνώσεις] υδραυλικές εγκαταστάσεις **plumber** *ουσ.αρ.* υδραυλικός

pipe *ουσ.αρ.μ.αρ.* σωλήνας *a length of copper pipe* ένα κομμάτι χάλκινου σωλήνα

plug *ουσ.αρ.* βύσμα, ρευματολήπτης *to wire a plug* περνώ τα σύρματα του καλωδίου σε βύσμα

socket *ουσ.αρ.* πρίζα, ρευματοδότης

flex (*Βρετ.*), **cord** (*Αμερ.*) *ουσ.μ.αρ.αρ.* καλώδιο

lead (*Βρετ.*), **cord** (*Αμερ.*) *ουσ.αρ.* καλώδιο

cable *ουσ.αρ.μ.αρ.* [ηλεκτρικό καλώδιο μεγάλης αντοχής] χοντρό καλώδιο *an extension cable* προέκταση καλωδίου

adaptor *ουσ.αρ.* πολύπριζο

382.4 Υλικά για δέσιμο και ένωμα

δες επίσης **294 Join**

rope *ουσ.αρ.μ.αρ.* σκοινί *a length of rope* ένα κομμάτι σκοινί

wire *ουσ.αρ.αρ.* 1 [γυμνό μέταλλο] σύρμα 2 [ηλεκτρικό] καλώδιο

string *ουσ.μ.αρ.* σπάγγος *a piece of string* ένα κομμάτι σπάγκου

thread *ουσ.μ.αρ.αρ.* νήμα

chain *ουσ.αρ.μ.αρ.* αλυσίδα

383 Repair Επισκευάζω

repair *ρ.μ.* [γενικός όρος] επισκευάζω *They're still repairing the roof.* Ακόμα επισκευάζουν τη σκεπή. **repairer** *ουσ.αρ.* επισκευαστής

repair *ουσ.αρ.μ.αρ.* επισκευή *It needs minor repairs.* Χρειάζεται μικροεπισκευές. *a simple repair job* απλή επισκευή *The car's in for repair.* Το αυτοκίνητο έχει πάει για επισκευή.

mend (κυρίως *Βρετ.*) *ρ.μ.* [συνήθως υπονοεί λιγότερο περίπλοκες επισκευές] επισκευάζω, επιδιορθώνω *Can you mend a fuse?* Μπορείς να επισκευάσεις μια ασφάλεια;

fix *ρ.μ.* [κάτι ώστε να λειτουργεί κανονικά] επισκευάζω, διορθώνω *I've fixed that tap.* Διόρθωσα τη βρύση.

restore *ρ.μ.* [επαναφέρω στην προηγούμενη κατάσταση. Αντικ.: π.χ. σπίτι, ρολόι, επίπλωση] αποκαθιστώ, αναπαλαιώνω (π.χ. διατηρητέα κτίρια) **restoration** *ουσ.μ.αρ.αρ.* αποκατάσταση

renovate *ρ.μ.* [στην προηγούμενη ή καλύτερη κατάσταση. Αντικ.: κυρίως κτίρια] ανακαινίζω *The interior has been completely renovated.* Το εσωτερικό έχει ανακαινιστεί εντελώς. **renovation** *ουσ.μ.αρ.* ανακαίνιση

do sth **up** 'Η **do up** sth *ρ.μ.πρφ.* [σε καλύτερη κατάσταση. Αντικ.: κυρίως σπίτια] επιδιορθώνω, ανακαινίζω

patch *ρ.μ.* (συχνά + **up**) [κάπως ανεπίσημο και συνήθως αναφέρεται σε προσωρινή λύση, όχι διεξοδική δουλειά] επιδιορθώνω πρόχειρα *I've patched it up but you really need a new machine.* Το διόρθωσα στα πρόχειρα αλλά κανονικά χρειάζεσαι καινούριο μηχάνημα.

maintain *ρ.μ.* συντηρώ, διατηρώ *a poorly maintained house* ένα σπίτι που δεν έχει διατηρηθεί καλά

maintenance *ουσ.μ.αρ.* συντήρηση *Central heating needs regular maintenance.* Η κεντρική θέρμανση χρειάζεται τακτική συντήρηση.

384 Gardening Κηπουρική

δες επίσης **11 Plants**

flowerbed παρτέρι

greenhouse θερμοκήπιο

compost heap κοπρόχωμα

lawnmower μηχανή κουρέματος γρασιδιού

lawn γκαζόν, πελούζα
grass χλόη, χορτάρι

cane βέργα, καλάμι

garden (*Βρετ.*), **yard** (*Αμερ.*) κήπος

384.1 Εργαλεία κηπουρικής

spade *ουσ.αρ.* φτυάρι

fork *ουσ.αρ.* τσουγκράνα

trowel *ουσ.αρ.* φτυαράκι κηπουρικής

pick *ουσ.αρ.* σκαπάνη, τσάπα

shears *πληθ. ουσ.* ψαλίδα

secateurs *πληθ. ουσ.* κλαδευτήρι

hoe *ουσ.αρ.* σκαλιστήρι

rake *ουσ.αρ.* τσουγκράνα

roller *ουσ.αρ.* κυλινδρικός στρωτήρας για το γρασίδι

384.2 Δραστηριότητες της κηπουρικής

garden *ρ.α.* [κάπως επίσημο] περιποιούμαι τον κήπο

gardener *ουσ.αρ.* κηπουρός *I'm not much of a gardener.* Δεν είμαι καλός κηπουρός.

dig *ρ.μ.α.* αόρ. & μτχ. αορ. **dug** [αντικ.: π.χ. κήπο, τρύπα] σκάβω

mow *ρ.μ.,* αόρ. **mowed** μτχ. αορ. **mowed** 'Η **mown** κουρεύω το γρασίδι

weed *ρ.μ.* βοτανίζω **weed** *ουσ.αρ.* ζιζάνιο, αγριόχορτο

sow *ρ.μ.,* αόρ. **sowed** μτχ. αορ. **sowed** 'Η **sown** σπέρνω

plant *ρ.μ.* φυτεύω

prune *ρ.μ.* (συχνά + **back, away**) [για να υποβοηθήσω την ανάπτυξη. Αντικ.: π.χ. τριανταφυλλιές, δέντρα] κλαδεύω

trim *ρ.μ.,* -mm- [για να φαίνεται ωραίο. Αντικ.: π.χ. φράχτης] κόβω τις άκρες

thin *ρ.μ.,* -nn- (συχνά + **out**) αραιώνω *The seedlings can be thinned out in March.* Τα νεαρά φυτά μπορούν να αραιωθούν το Μάρτιο.

384.3 Το έδαφος

soil (*Βρετ.*) ΕΠΙΣΗΣ **dirt** (*Αμερ.*) *ουσ.μ.αρ.* [πολύ συνηθισμένος όρος, κυρίως σε σχέση με το πόσο καλλιεργήσιμο είναι] έδαφος *clay soil* αργιλόχωμα *The compost enriches the soil.* Το κοπρόχωμα εμπλουτίζει το έδαφος. (σαν *επίθ.*) *soil erosion* διάβρωση του εδάφους

earth *ουσ.μ.αρ.* [πιο επίσημο από το **soil**] γη, χώμα *a handful of earth* μια χούφτα χώμα *The equipment can move three tonnes of earth a day.* Το μηχάνημα μπορεί να μετακινήσει τρεις τόνους χώμα την ημέρα.

mud *ουσ.μ.αρ.* λάσπη

ground *ουσ.μ.αρ.* [δίνει έμφαση στην επιφάνεια ή την περιοχή του εδάφους] έδαφος *frozen ground* παγωμένο έδαφος

land *ουσ.μ.αρ.* [υπονοεί έκταση εδάφους ή το πόσο καλλιεργήσιμο είναι] γη *a house with ten acres of land* ένα σπίτι με δέκα στρέμματα γη

plot *ουσ.αρ.* [συνήθως ένα αρκετά μικρό κομμάτι γης, ειδικά που χρησιμοποιείται για χτίσιμο] κομμάτι γης, οικόπεδο *a building plot* οικόπεδο για χτίσιμο *She has a small plot for growing vegetables.* Έχει ένα μικρό κομμάτι γης όπου καλλιεργεί λαχανικά.

φράση

have green fingers (*Βρετ.*) **have a green thumb** (*Αμερ.*) [είμαι καλός κηπουρός] έχω πράσινα δάχτυλα

385 Park and funfair Πάρκο και Λούνα παρκ

roundabout (Βρετ.) 'Η **merry-go-round** (Βρετ. & Αμερ.) 'Η **carousel** (Αμερ.) *ουσ.αρ.* [σε λούνα παρκ] περιστρεφόμενα αλογάκια ή αυτοκινητάκια *to go on a roundabout* ανεβαίνω στα περιστρεφόμενα
big wheel (Βρετ.), **ferris wheel** (Αμερ.) *ουσ.αρ.* η ρόδα
roller coaster *ουσ.αρ.* τρενάκι με απότομες ανηφόρες και κατηφόρες
ice cream van *ουσ.αρ.* αυτοκίνητο που πουλά παγωτά
candy floss (Βρετ.), **cotton candy** (Αμερ.) *ουσ.μ.αρ.* μαλλί της γριάς
fortune teller *ουσ.αρ.* μάντισσα, χαρτορίχτρα

(park) bench παγκάκι

swing κούνια

sandpit (Βρετ.), sandbox (Αμερ.) σκάμμα

see-saw (Βρετ. & Αμερ.), teeter-totter (Αμερ.) τραμπάλα

roundabout (Βρετ.), merry-go-round (Βρετ. & Αμερ.) περιστρεφόμενα ψεύτικα αλογάκια ή αυτοκινητάκια

slide τσουλήθρα

climbing frame (Βρετ.), monkey bars (Αμερ.) μονόζυγο, πολύζυγο

386 Games Παιχνίδια

play *ρ.α.μ.* παίζω *The children were playing outside.* Τα παιδιά έπαιζαν έξω. *Shall we play chess?* Παίζουμε σκάκι;

386.1 Παιχνίδια για παιδιά

toy *ουσ.αρ.* παιχνίδι (σαν *επίθ.*) *a toy kitchen* κουζίνα παιχνίδι
doll *ουσ.αρ.* κούκλα
doll's house *ουσ.αρ.* κουκλόσπιτο
marbles *ουσ.μ.αρ.* μπίλιες *to play marbles* παίζω μπίλιες
  marble *ουσ.αρ.* μπίλια

386.2 Παιχνίδια–προβλήματα

jigsaw (puzzle) *ουσ.αρ.* συναρμολόγηση κομματιών εικόνας
crossword ΕΠΙΣΗΣ **crossword puzzle** *ουσ.αρ.* σταυρόλεξο *to do the crossword* λύνω σταυρόλεξο
quiz *ουσ.αρ.* διαγωνισμός γνώσεων, κουίζ

386.3 Χαρτοπαίγνια

card ΕΠΙΣΗΣ **playing card** *ουσ.αρ.* τραπουλόχαρτο
cards *ουσ.μ.αρ.* 'Η πληθ. *ουσ.* χαρτιά *to play cards* παίζω χαρτιά *a game of cards* μια παρτίδα χαρτιά

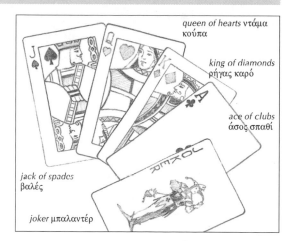

queen of hearts ντάμα κούπα

king of diamonds ρήγας καρό

ace of clubs άσος σπαθί

jack of spades βαλές

joker μπαλαντέρ

pack (Βρετ.), **deck** (Αμερ.) *ουσ.αρ.* τράπουλα
suit *ουσ.αρ.* χρώμα *to follow suit* ακολουθώ το χρώμα
shuffle *ρ.μ.α.* ανακατεύω
deal *ρ.μ.* μοιράζω **dealer** *ουσ.αρ.* αυτός που μοιράζει
hand *ουσ.αρ.* μοιρασιά, τα χαρτιά που έχει ο κάθε παίχτης στο χέρι

386.4 Επιτραπέζια παιχνίδια

board *ουσ.αρ.* πίνακας

board game *ουσ.αρ.* επιτραπέζιο παιχνίδι

dice *ουσ.* 1 *ουσ.αρ., πληθ.* dice [κύβος] ζάρι *to roll the dice* ρίχνω τα ζάρια 2 *ουσ.μ.αρ.* 'Η *ουσ. πληθ.* [παιχνίδι] ζάρια

Scrabble *ουσ.μ.αρ.* [εμπορική ονομασία] σκραμπλ

draughts (Βρετ.), **checkers** (Αμερ.) *ουσ.μ.αρ.* ντάμα

draughtboard (Βρετ.), **checkerboard** (Αμερ.) *ουσ.αρ.* σκακιέρα

chess *ουσ.μ.αρ.* σκάκι (σαν *επίθ.*) *chess pieces* πιόνια

check *ουσ.μ.αρ.* απειλή του βασιλιά *to put sb **in check*** απειλώ το βασιλιά του αντιπάλου μου *'Check!'* Το βασιλιά! **check** *ρ.μ.* απειλώ το βασιλιά

check mate *ουσ.μ.αρ.* ματ **checkmate** *ρ.μ.* κάνω ματ

move *ουσ.αρ.* κίνηση *It's your move.* Σειρά σου να κάνεις κίνηση.

386.5 Τυχερά παιχνίδια

gamble *ρ.α.* (μερικές φορές + on) ποντάρω **gambler** *ουσ.αρ.* τζογαδόρος

bet *ρ.μ.α.,* -tt- *αόρ. & μτχ. αορ.* bet (συχνά + on) *ρ.μ.* στοιχηματίζω *to bet money on a horse* στοιχηματίζω λεφτά πάνω σε ένα άλογο *I bet you a fiver he'll win.* Βάζω στοίχημα πέντε λίρες ότι θα κερδίσει. *to bet on a race* βάζω στοίχημα σε κούρσα **betting** *ουσ.μ.αρ.* στοιχήματα (σαν *επίθ.*) *a betting shop* μαγαζί στοιχημάτων

casino *ουσ.αρ., πληθ.* casinos καζίνο

lottery *ουσ.αρ.* λοταρία, λαχειοφόρα αγορά

pawn πιόνι
king βασιλιάς
bishop αξιωματικός
castle 'Η rook πύργος
knight 'Η [ανεπίσημο] horse άλογο
queen βασίλισσα

387 Luck Τύχη

φράσεις

Αυτές οι φράσεις χρησιμοποιούνται όταν ελπίζουμε για καλή τύχη.

touch wood [συνήθως λέγεται όταν αυτό που μόλις έχεις πει μπορεί να ανατραπεί από την πραγματικότητα] χτύπα ξύλο *I don't think it will rain, touch wood.* Δε νομίζω ότι θα βρέξει, χτύπα ξύλο.

keep your fingers crossed (συχνά + for) σταυρώνω τα δάχτυλά μου ευχόμενος καλή τύχη *I'm keeping my fingers crossed that she'll get here.* Εύχομαι να φτάσει εδώ. *The operation's tomorrow, so keep your fingers crossed!* Η εγχείρηση είναι αύριο, γι' αυτό ευχήσου να πάει καλά!

break a leg! [χρησιμοποιείται στο θέατρο για να ευχηθούμε σε κάποιον καλή τύχη πριν να εμφανιστεί στη σκηνή] εύχομαι να σπάσεις το πόδι σου!

luck *ουσ.μ.αρ.* 1 [καλή ή κακή] τύχη *Have you had any luck?* Έχεις καταφέρει τίποτα; *That's **just my luck!*** Αυτή είναι η τύχη μου!/Τόσο άτυχος είμαι! *Better luck next time!* Την άλλη φορά θα είσαι πιο τυχερός! *What terrible luck!* Τι κακοτυχία! 2 [επιτυχία ή κάτι καλό] καλοτυχία *I had **a stroke/piece/bit of luck.*** Είχα καλοτυχία.

pot luck *ουσ.μ.αρ.* [μπορεί να είμαι τυχερός ή όχι] ό,τι τυχαίνει *I don't know what we're having for dinner – you'll have to take pot luck.* Δεν ξέρω τι έχουμε για δείπνο – θα πρέπει να φάμε ό,τι υπάρχει.

fortune *ουσ.* [πιο επίσημο από το **luck**] 1 *ουσ.μ.αρ.* [καλή ή κακή τύχη] τύχη *We all shared in his good fortune.* Όλοι μοιραστήκαμε την καλοτυχία του. 2 *ουσ.μ.αρ.* 'Η **fortunes** *πληθ. ουσ.* [ό,τι συμβαίνει σε κάποιον] τύχη *Our fortunes began to improve.* Η τύχη άρχισε να είναι με το μέρος μας. 3 [καλή τύχη. Κάπως λογοτεχνικό] τύχη *Fortune was against us from the start.* Η τύχη ήταν εναντίον μας από την αρχή. *Fortune smiled on us.* Η τύχη μας χαμογέλασε.

chance *ουσ.μ.αρ.* [υπονοεί αυθαίρετη εξέλιξη γεγονότων] τύχη *It was simply chance that I was passing.* Περνούσα τελείως κατά τύχη. *I saw her quite **by chance**.* Την είδα τελείως τυχαία. (σαν *επίθ.*) *a chance meeting* τυχαία συνάντηση *δες επίσης **78 Possible**

chance *ρ.μ.* διακινδυνεύω, αποτολμώ *I'll chance going round.* Θα διακινδυνεύσω να πάω από εκεί. *I wouldn't chance it myself.* Εγώ δε θα το διακινδύνευα.

387.1 Καλοτυχία

lucky *επίθ.* 1 [περιγράφει: π.χ. πρόσωπο, σύμπτωση] τυχερός *You lucky thing!* Τυχεράκια! *I was lucky to find her in.* Ήμουν τυχερός που την βρήκα στο σπίτι. *I wasn't lucky enough to meet her.* Δεν είχα την τύχη να την γνωρίσω. 2 [που υποτίθεται ότι φέρνει καλή τύχη] τυχερός *a lucky horseshoe* ένα τυχερό πέταλο

fortunate *επίθ.* [πιο επίσημο από το **lucky**] τυχερός *You were fortunate to meet them.* Ήσουν τυχερός που τους γνώρισες. *a fortunate occurrence* τυχερή σύμπτωση *those less fortunate than ourselves* οι πιο άτυχοι από εμάς *I was fortunate in my choice.* Ήμουν τυχερός στην εκλογή μου.

387.2 Κακοτυχία

bad/terrible, etc. luck κακοτυχία *We've been having terrible luck lately.* Έχουμε φοβερή κακοτυχία τώρα τελευταία. *of all the rotten luck!* τι κακοτυχία!

hard luck [μπορεί να υπονοεί ότι αξίζει σε κάποιον η κακή τύχη] κρίμα *If you miss your train that's your hard luck.* Μην περιμένεις να σε λυπηθώ αν χάσεις το τρένο.

unlucky επίθ. άτυχος *She was terribly unlucky not to get that job.* Ήταν φοβερά άτυχη που δεν της έδωσαν (την πήρανε σε) εκείνη τη δουλειά. *an unlucky fall* πέσιμο που έχει σαν αποτέλεσμα τραυματισμό

unfortunate επίθ. [υπονοεί λύπη] άτυχος *It is most unfortunate they were hurt.* Ήταν μεγάλη ατυχία που

τραυματίστηκαν. *an unfortunate accident* ένα ατύχημα με κακές συνέπειες

misfortune ουσ.αρ.μ.αρ. [κάπως επίσημο] ατυχία *They are bearing up under misfortune.* Τα βγάζουν πέρα παρά την ατυχία τους.

accident ουσ.αρ. [απροσδόκητο, δε σημαίνει απαραίτητα ότι κάποιος τραυματίζεται] περιστατικό, τυχαίο συμβάν *They must have been delayed by some accident.* Κάτι πρέπει να τους έτυχε που έχουν αργήσει. *I found out about the book by accident.* Έμαθα για το βιβλίο κατά τύχη. *a road accident* οδικό ατύχημα

accidental επίθ. συμπτωματικός, τυχαίος *an accidental oversight* τυχαία παράλειψη

388 Sport Αθλητισμός

388.1 Αθλούμαι

play ρ.μ. παίζω *I play football.* Παίζω ποδόσφαιρο. *Do you play squash?* Παίζεις σκουός;

exercise ρ.α.μ. ασκούμαι *I exercise by cycling to work.* Ασκούμαι με το να πηγαίνω στη δουλειά με ποδήλατο.

exercise ουσ.μαρ. άσκηση *I don't get much exercise.* Δεν ασκούμαι συχνά.

exercises πληθ. ουσ. [ασκήσεις που κάνει κανείς τακτικά, από ρουτίνα] ασκήσεις *to do one's exercises* κάνω τη γυμναστική μου

score ρ.μ.α. σκοράρω *He scored the winning goal.* Σκόραρε το νικητήριο γκολ.

score ουσ.αρ. σκορ *What's the score?* Ποιο είναι το σκορ;

foul ουσ.αρ. φάουλ (σαν επίθ.) *a foul shot* κλωτσιά φάουλ
foul ρ.μ. κάνω φάουλ

tackle ρ.μ. μαρκάρω **tackle** ουσ.αρ. μαρκάρισμα

goal ουσ.αρ. γκολ, τέρμα *to score a goal* βάζω γκολ

388.2 Αθλούμενοι

sportsman (αρσ.), **sportswoman** (θηλ.) ουσ.αρ. [γενικός όρος] αθλητής

competitor ουσ.αρ. [κυρίως σε αθλήματα] συναγωνιζόμενος *overseas competitors* συναγωνιζόμενοι από όλα τα μέρη του κόσμου

contestant ουσ.αρ. [λιγότερο συνηθισμένο από το competitor. Συχνά χρησιμοποιείται για κουίζ] διαγωνιζόμενος

team ουσ.αρ. ομάδα (σαν επίθ.) *team games* ομαδικά παιχνίδια

referee ουσ.αρ. [π.χ. στο ποδόσφαιρο και στο ράγκμπι] διαιτητής

umpire ουσ.αρ. [π.χ. στο κρίκετ και τένις] διαιτητής

388.3 Συναγωνισμοί

competition ουσ.αρ.μαρ. [γενική λέξη για οποιοδήποτε άθλημα ή ομαδικό παιχνίδι] συναγωνισμός
*δες επίσης **249 Fight**

contest ουσ.αρ. [χρησιμοποιείται κυρίως όταν το ποιός νικά αποφασίζεται από κριτές] διαγωνισμός *a beauty contest* (Βρετ.) διαγωνισμός ομορφιάς *a talent contest* διαγωνισμός ταλέντων

tournament ουσ.αρ. [έχει πιο εξειδικευμένη σημασία από το **competition**. Χρησιμοποιείται κυρίως για σειρά από αγώνες] πρωτάθλημα, τουρνουά *the Wimbledon tournament* το πρωτάθλημα τένις του Γουίμπλεντον

match ουσ.αρ. [έχει κάπως πιο σοβαρή σημασία από το **game**] αγώνας *a football match* αγώνας ποδοσφαίρου

game ουσ.αρ. παρτίδα *a game of tennis* μια παρτίδα τένις

388.4 Μέρη όπου παίζονται αθλήματα

stadium ουσ.αρ., πληθ. **stadiums** ή **stadia** στάδιο

track ουσ.αρ. στίβος (σαν επίθ.) *track events* αγώνες στίβου

racetrack ουσ.αρ. [για αγώνες ταχύτητας αυτοκινήτου ή ιπποδρομίες] πίστα, στίβος ιπποδρόμου

lane ουσ.αρ. [σε στίβο ή σε πισίνα] λωρίδα

pitch (Βρετ.), **field** (Αμερ.) ουσ.αρ. [μεγάλη περιοχή, π.χ. για ποδόσφαιρο ή κρίκετ] γήπεδο *a cricket pitch* γήπεδο κρίκετ

field ουσ.αρ. [λιγότερο εξειδικευμένος όρος από το **pitch**] γήπεδο *There are thirteen players on the field.* Στο γήπεδο είναι δεκατρείς παίχτες.

ground ουσ.αρ. (συνήθως σε σύνθετα) [περιλαμβάνει και την περιοχή που γίνεται ο αγώνας και το μέρος για τους θεατές. Χρησιμοποιείται για αθλήματα που παίζονται σε γήπεδο] γήπεδο *a football/cricket/baseball ground* γήπεδο ποδοσφαίρου/κρίκετ/μπέιζμπολ

court ουσ.αρ. [μικρότερο από το **pitch**. Χρησιμοποιείται για αθλήματα ρακέτας και νετμπόλ, βόλεϊ, κτλ.] γήπεδο

golf course ουσ.αρ. γήπεδο γκολφ

389 Ball sports Αθλήματα σφαίρας

389.1 Ποδόσφαιρο και ράγκμπι

football *ουσ.* 1 *ουσ.μαρ.* (*Βρετ.*) ΕΠΙΣΗΣ (*Βρετ. & Αμερ.*) [πιο ανεπίσημο] **soccer** ποδόσφαιρο (σαν *επίθ.*) *a football match* ποδοσφαιρικός αγώνας 2 *ουσ.μαρ.* (*Αμερ.*) Ή **American football** αμερικάνικο ποδόσφαιρο (σαν *επίθ.*) *a football game* ποδοσφαιρικός αγώνας 3 *ουσ.αρ.* μπάλα ποδοσφαίρου **footballer** (*Βρετ.*), **football player** (*Αμερ.*) *ουσ.αρ.* ποδοσφαιριστής

rugby *ουσ.μαρ.* ράγκμπι *rugby union* ράγκμπι *rugby league* ράγκμπι [**Rugby union** και **rugby league** είναι παραλλαγές του ράγκμπι με διαφορετικούς κανόνες και αριθμό παιχτών]

goal *ουσ.αρ.* 1 [τόπος] τέρμα 2 [από παίχτη] γκολ *to score a goal* βάζω γκολ

try *ουσ.αρ.* [ένας παίχτης βάζει τη μπάλα στην πίσω γραμμή του γηπέδου κι έχει δικαίωμα για απόπειρα γκολ] απόπειρα

scrum *ουσ.αρ.* συμπλοκή των κυνηγών γύρω από την μπάλα

penalty *ουσ.αρ.* πέναλτι

foul *ουσ.αρ.* φάουλ

offside *επίθ.* [περιγράφει: παίχτη] οφσάιντ

referee *ουσ.αρ.* διαιτητής

ball μπάλα
goal γκολ
goalposts τέρματα
goalkeeper Ή [ανεπίσημο] goalie τερματοφύλακας

The goalkeeper makes a save. Ο τερματοφύλακας αποκρούει ένα γκολ.

389.2 Μπέιζμπολ

baseball *ουσ.μ.αρ.* μπέιζμπολ

pitcher *ουσ.αρ.* παίχτης που ρίχνει τη μπάλα στο ροπαλοφόρο

bat *ουσ.αρ.* μπαστούνι *to be up at bat* χτυπώ με το ρόπαλο **batter** *ουσ.αρ.* ο παίχτης με το ρόπαλο

catcher *ουσ.αρ.* παίχτης που αποκρούει τη μπάλα πίσω από τον παίχτη με το ρόπαλο

diamond *ουσ.αρ.* (συνήθως + **the**) γήπεδο μπέιζμπολ

base *ουσ.αρ.* βάση, ένα από τα τέσσερα σημεία προς τα οποία σκοράρουν οι παίχτες *to reach first base* σκοράρω το πρώτο σημείο

home run *ουσ.αρ.* όταν ο παίχτης τρέχει από τις 4 βάσεις σε μια προσπάθεια να τερματίσει

strike *ουσ.αρ.* χτύπημα της μπάλας

inning *ουσ.αρ.* σειρά της ομάδας να υπερασπίσει το φράχτη *the first inning* η πρώτη προσπάθεια της ομάδας να υπερασπίσει το φράχτη

389.3 Κρίκετ

cricket *ουσ.μ.αρ.* κρίκετ (σαν *επίθ.*) *cricket statistics* στατιστικές για το κρίκετ (π.χ. σκορ και αποτελέσματα) **cricketer** *ουσ.αρ.* παίχτης κρίκετ

bat *ρ.α.*, **-tt-** χτυπώ τη μπάλα με το ρόπαλο *to go in to bat* παίρνω σειρά για να χτυπήσω τη μπάλα

bowl *ρ.* 1 *ρ.α.* ρίχνω την μπάλα *some tough bowling from the Australians* σκληρή επίθεση από τους Αυστραλούς 2 *ρ.μ.* [αντικ.: κυρίως μπάλα, πέρασμα] ρίχνω τη μπάλα προς τον παίχτη με το ρόπαλο (σε επίθεση)

run *ουσ.αρ.* γύρος γηπέδου (πόντος)

over *ουσ.αρ.* δικαίωμα να ρίξει μια ομάδα 6 μπαλιές (από το ίδιο μέρος του γηπέδου)

innings *ουσ.αρ.*, *πληθ.* **innings** σειρά παίχτη να υπερασπιστεί το φράχτη

fielder *ουσ.αρ.* αυτός που προσπαθεί να σταματήσει την μπάλα **field** *ρ.α.* αμύνομαι το φράχτη

wicket keeper παίχτης που στέκεται πίσω από το φράχτη για να πιάσει τη μπάλα

bat ρόπαλο

batsman παίχτης που χειρίζεται το ρόπαλο

bowler παίχτης που ρίχνει τη μπάλα

bails οριζόντια ξύλα του φράχτη

wicket φράχτης (τρεις κάθετοι στύλοι)

stumps τα τρία κάθετα ξύλα του φράχτη

389.4 Χόκεϋ

hockey (*Βρετ.*), **field hockey** (*Αμερ.*) *ουσ.μ.αρ.* χόκεϋ

hockey stick *ουσ.αρ.* ραβδί του χόκεϋ

hockey (*Αμερ.*), **ice hockey** (*Βρετ.*) *ουσ.μ.αρ.* χόκεϋ στον πάγο

puck *ουσ.αρ.* δίσκος του χόκεϋ

389.5 Αθλήματα ρακέτας

tennis *ουσ.μ.αρ.* τένις

set *ουσ.αρ.* σετ

game *ουσ.αρ.* παρτίδα

serve *ρ.α.* κάνω σερβίς

service *ουσ.μ.αρ.* σερβίρισμα

volley *ουσ.αρ.* βόλεϊ

love *ουσ.μ.αρ.* μηδέν *thirty love* τριάντα–μηδέν

deuce *ουσ.μ.αρ.* ισοπαλία

table tennis *ουσ.μ.αρ.* πινγκ–πονγκ

ping-pong *ουσ.μ.αρ.* [κάπως ανεπίσημο, δε σημαίνει αγώνισμα] πινγκ–πονγκ

bat (*Βρετ.*), **paddle** (*Αμερ.*) *ουσ.αρ.* [χρησιμοποιείται μόνο για το πινγκ–πονγκ, όχι για το τένις, μπάντμιντον, κτλ.] ρακέτα

badminton *ουσ.μ.αρ.* μπάντμιντον

shuttlecock (*Βρετ.*) *ουσ.αρ.* μπαλίτσα με φτερά

squash *ουσ.μ.αρ.* σκουός (σαν επίθ.) *a squash court* γήπεδο σκουός

389.6 Γκολφ

golf *ουσ.μ.αρ.* γκολφ (σαν επίθ.) *a golf championship* πρωτάθλημα γκολφ **golfer** *ουσ.μ.αρ.* παίχτης γκολφ

(golf) club *ουσ.αρ.* 1 (που κρατά ο παίχτης) μπαστούνι 2 όμιλος

tee *ουσ.αρ.* πασαλάκι για την μπάλα

hole *ουσ.αρ.* τρύπα *a hole in one* σκορ με μια κίνηση

bunker *ουσ.αρ.* εμπόδιο, ανάχωμα με άμμο

fairway *ουσ.αρ.* ομαλός διάδρομος με τάπητα

green *ουσ.αρ.* ομαλό γρασίδι γύρω από την τρύπα

rough *ουσ.αρ.* μακρύ γρασίδι όπου συνήθως χάνεται η μπάλα

caddy *ουσ.αρ.* άτομο που κουβαλά τα μπαστούνια και τις μπάλες

389.7 Άλλα παιχνίδια με μπάλα

netball *ουσ.μ.αρ.* νέτμπολ

basketball *ουσ.μ.αρ.* μπάσκετ

volleyball *ουσ.μ.αρ.* βόλεϊ

softball *ουσ.μ.αρ.* σόφτμπολ

rounders *ουσ.μ.αρ.* [βρετανικό παιχνίδι] παραλλαγή του μπέιζμπολ που συνήθως παίζεται από κορίτσια

umpire διαιτητής

net δίχτυ

ball μπάλα

ball girl κορίτσι που μαζεύει τα μπαλάκια

service line η γραμμή πίσω από την οποία πρέπει να στέκεται ο παίχτης που σερβίρει

racket Ή racquet ρακέτα

ball boy αγόρι που μαζεύει τα μπαλάκια

(tennis) court γήπεδο τένις

390 Athletics Αθλητισμός

athletics *ουσ.μ.αρ.* αθλητισμός (σαν επίθ.) *an athletics meeting* αθλητική συνάντηση **athlete** *ουσ.αρ.* αθλητής

390.1 Αγωνίσματα στίβου

run *ρ.*, -nn- *αόρ.* **ran** *μτχ. αορ.* **run** 1 *ρ.α.* τρέχω *She's running in the New York marathon.* Θα τρέξει στο μαραθώνιο της Νέας Υόρκης. 2 *ρ.μ.* τρέχω *She ran a great 200 metres.* Έτρεξε τα 200 μέτρα πολύ καλά.

runner *ουσ.αρ.* δρομέας *a cross-country runner* δρομέας ανώμαλου δρόμου

sprint *ρ.α.* τρέχω δρόμο ταχύτητας, **sprinter** *ουσ.αρ.* δρομέας ταχύτητας

hurdle *ουσ.αρ.* εμπόδιο [αγώνας] *the 100 metres hurdles* αγώνας 100 μέτρων μετ' εμποδίων **hurdler** *ουσ.αρ.* αγωνιστής του δρόμου μετ' εμποδίων

race *ουσ.αρ.* αγώνας δρόμου/ταχύτητας

lap *ουσ.αρ.* γύρος στίβου

marathon *ουσ.αρ.* μαραθώνιος

jog *ρ.α.*, -gg- τρέχω με αργό ρυθμό *to go jogging* κάνω τζόγκιν (σαν ουσ.) *a jog round the park* τζόγκιν γύρω από το πάρκο **jogging** *ουσ.μ.αρ.* αργό τρέξιμο **jogger** *ουσ.αρ.* αυτός που κάνει τζόγκιν

390.2 Αγώνες στίβου εκτός από τρέξιμο

high jump *ουσ.μ.αρ.* άλμα σε ύψος **high jumper** *ουσ.μ.αρ.* άλτης ύψους

long jump *ουσ.μ.αρ.* άλμα σε μήκος **long jumper** *ουσ.αρ.* άλτης μήκους

pole vault *ουσ.μ.αρ.* άλμα επί κοντώ **pole vaulter** *ουσ.αρ.* άλτης επί κοντώ

javelin *ουσ.αρ.* ακόντιο *to throw the javelin* ρίχνω ακόντιο [αγώνας] *She lost points on the javelin.* Έχασε βαθμούς στο ακόντιο.

shot (*Βρετ.*), **shot put** (*Αμερ.*) *ουσ.αρ.* (δεν έχει πληθ., πάντα + *the*) σφαίρα *putting the shot* ρίχνω τη σφαίρα (σαν *επίθ.*) *a shot putter* σφαιροβόλος

hammer (*Βρετ.*), **hammer throw** (*Αμερ.*) *ουσ.αρ.* (δεν έχει πληθ., πάντα + *the*) σφύρα *throwing the hammer* σφυροβολία

391 Water sports Θαλάσσια αθλήματα

water polo *ουσ.μ.αρ.* θαλάσσιο πόλο

surfing ΕΠΙΣΗΣ **surfboarding** *ουσ.μ.αρ.* κυματοδρομία **surfer** Ή **surfboarder** *ουσ.αρ.* κυματοδρόμος

windsurfing ΕΠΙΣΗΣ **sailboarding** *ουσ.μ.αρ.* ανεμοκυματοδρομία **windsurfer** *ουσ.αρ.* κυματοδρόμος

waterskiing *ουσ.μ.αρ.* θαλάσσιο σκι **waterskier** *ουσ.αρ.*

σκιέρ στη θάλασσα

scuba diving *ουσ.μ.αρ.* κατάδυση

snorkelling *ουσ.μ.αρ.* κατάδυση με αναπνευστήρα **snorkel** *ουσ.αρ.* αναπνευστήρας **snorkeller** *ουσ.αρ.* καταδύτης που χρησιμοποιεί αναπνευστήρα

canoeing *ουσ.μ.αρ.* κάνω κανό **canoeist** *ουσ.αρ.* κωπηλάτης κανό

rowing *ουσ.μ.αρ.* κωπηλασία

391.1 Κολύμβηση

swimming *ουσ.μ.αρ.* κολύμβηση

swim *ρ.α.μ.*, -mm- αόρ. **swam** *μτχ.* αορ. **swum** κολυμπώ *I swam 50 lengths.* Κολύμπησα 50 διαδρομές. **swimmer** *ουσ.αρ.* κολυμβητής

swimming pool *ουσ.αρ.* πισίνα

length *ουσ.αρ.* διαδρομή

breaststroke *ουσ.μ.αρ.* πρόσθιο *to do/swim (the) breaststroke* κάνω πρόσθιο

crawl *ουσ.μ.αρ.* κρόουλ

butterfly *ουσ.μ.αρ.* πεταλούδα

backstroke *ουσ.μ.αρ.* ύπτια κολύμβηση

dive *ρ.α.*, αόρ. **dived** *μτχ.* αορ. **dived** Ή (*Αμερ.*) **dove** καταδύομαι, βουτώ **diver** *ουσ.αρ.* καταδύτης **diving** *ουσ.μ.αρ.* κατάδυση

diving board *ουσ.αρ.* εξέδρα καταδύσεων

float *ρ.α.* επιπλέω

wetsuit ουσ.αρ.
στολή καταδύσεων

scuba diver *ουσ.αρ.* καταδύτης

392 Gymnasium sports Αθλήματα γυμναστηρίου

gym [συνηθισμένος όρος] Ή **gymnasium** [επίσημο] *ουσ.αρ.* γυμναστήριο

gymnastics *ουσ.μ.αρ.* γυμναστική **gymnast** *ουσ.αρ.* γυμναστής

weightlifting *ουσ.μ.αρ.* άρση βαρών **weightlifter** *ουσ.αρ.* αρσιβαρίστας

weight training *ουσ.μ.αρ.* εξάσκηση στην άρση βαρών

aerobics *ουσ.μ.αρ.* αερόμπικς

keep-fit (*Βρετ.*) *ουσ.μ.αρ.* γυμναστική (για να κρατιέσαι σε καλή φόρμα) (σαν *επίθ.*) *keep-fit classes* μαθήματα γυμναστικής

yoga *ουσ.μ.αρ.* γιόγκα

exercise *ουσ.μ.αρ.αρ.* άσκηση, εξάσκηση

392.1 Αθλήματα πάλης

hit *ρ.μ.*, -tt- αόρ. & *μτχ.* αορ. **hit** χτυπώ *to hit sb on the jaw* χτυπώ κάποιον στο σαγόνι

wrestling *ουσ.μ.αρ.* πάλη *all-in wrestling* είδος πάλης στην Αγγλία και Αμερική **wrestler** *ουσ.αρ.* παλαιστής

sumo ΕΠΙΣΗΣ **sumo wrestling** *ουσ.μ.αρ.* σούμο **sumo wrestler** *ουσ.αρ.* παλαιστής σούμο

martial arts *πληθ. ουσ.* πολεμικές τέχνες

judo *ουσ.μ.αρ.* τζούντο *a black belt at judo* μαύρη ζώνη στο τζούντο

karate *ουσ.μ.αρ.* καράτε   **fencing** *ουσ.μ.αρ.* ξιφασκία

boxing glove
γάντια του
μποξ

boxer μποξέρ

ring ρινγκ, παλαίστρα

boxing μποξ

393 Outdoor sports Υπαίθρια αθλήματα

cycling *ουσ.μ.αρ.* ποδηλασία **cyclist** ποδηλάτης

skateboard πατίνι

rollerskate κάνω πατινάζ με τροχοπέδιλα

393.1 Πεζοπορία και ορειβασία

climbing *ουσ.μ.αρ.* ορειβασία *rock climbing* ανάβαση σε βράχους **climb** *ρ.α.* κάνω ορειβασία **climber** *ουσ.αρ.* ορειβάτης

mountaineering *ουσ.μ.αρ.* ορειβασία **mountaineer** *ουσ.αρ.* ορειβασία

walking *ουσ.μ.αρ.* πεζοπορία **walking boots** *πληθ.ουσ.* μπότες για περπάτημα

hiking *ουσ.μ.αρ.* πεζοπορία (συνήθως στην εξοχή) **hiker** *ουσ.μ.αρ.* πεζοπόρος

393.2 Χειμερινά αθλήματα

skiing *ουσ.μ.αρ.* χιονοδρομία
ski *ρ.α.* κάνω σκι **skier** *ουσ.αρ.* σκιέρ **ski** *ουσ.αρ.* χιονοδρομία (σαν επίθ.) *ski resort* χιονοδρομικό κέντρο
pole *ουσ.αρ.* μπαστούνι του σκι
downhill ΕΠΙΣΗΣ **downhill skiing** *ουσ.μ.αρ.* κατάβαση με σκι
cross-country skiing *ουσ.μ.αρ.* σκι μέσα από δέντρα κτλ. παρά σε διάδρομο
skating *ουσ.μ.αρ.* παγοδρομία *figure skating* παγοδρομία με φιγούρες **skate** *ρ.α.* κάνω παγοδρομία **skater** *ουσ.αρ.* παγοδρόμος
rink ΕΠΙΣΗΣ **ice rink** *ουσ.αρ.* παγοδρόμιο, πίστα για πατινάζ
sledge (*Βρετ.*), **sled** (*Αμερ.*) *ουσ.αρ.* έλκηθρο **sledge** (*Βρετ.*), **go sledding** (*Αμερ.*) *ρ.α.* πάω με έλκηθρο
toboggan *ουσ.αρ.* έλκηθρο τόμπογκαν **tobogganning** *ουσ.μ.αρ.* πάω με έλκηθρο
bobsleigh (*Βρετ.*), **bobsled** (*Αμερ.*) *ουσ.αρ.* αγωνιστικό έλκηθρο **bobsleighing** (*Βρετ.*), **bobsledding** (*Αμερ.*) *ουσ.μ.αρ.* κάνω αγώνα με έλκηθρο

393.3 Αθλήματα στον αέρα

parachuting *ουσ.μ.αρ.* πτώση με αλεξίπτωτο
parachute *ουσ.αρ.* αλεξίπτωτο *The parachute opened safely.* Το αλεξίπτωτο άνοιξε χωρίς πρόβλημα. (σαν επίθ.) *a parachute jump* πτώση με αλεξίπτωτο
parachute *ρ.α.* (συχνά + επίρρ. ή πρόθ.) πέφτω/ρίχνω με αλεξίπτωτο **parachutist** *ουσ.αρ.* αλεξιπτωτιστής
hanggliding *ουσ.μ.αρ.* αιωροπτερισμός **hangglider** *ουσ.αρ.* αιωροπτεριστής
microlight *ουσ.αρ.* αιωρόπτερο του οποίου η κίνηση βοηθιέται από μηχανισμό

394 Target sports Αθλήματα σκοποβολής

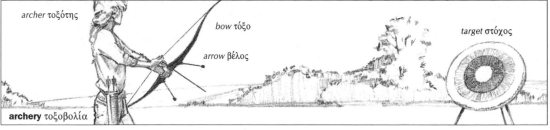

archer τοξότης | *bow* τόξο | *arrow* βέλος | *target* στόχος | *archery* τοξοβολία

shooting *ουσ.μ.αρ.* σκοποβολή

target *ουσ.αρ.* στόχος

darts *ουσ.μ.αρ.* βελάκια
dart *ουσ.αρ.* βελάκι

dartboard *ουσ.αρ.* στόχος για τα βελάκια

bowls (κυρίως *Βρετ.*) *ουσ.μ.αρ.* μπόουλινγκ με ξύλινες μπάλες **bowl** *ουσ.αρ.* ξύλινη μπάλα **bowl** *ρ.μ.* παίζω μπόουλινγκ

bowling green *ουσ.αρ.* υπαίθριο γήπεδο μπόουλινγκ με γρασίδι

snooker *ουσ.μ.αρ.* μπιλιάρδο

billiards *ουσ.μ.αρ.* μπιλιάρδο

pool *ουσ.μ.αρ.* [αμερικάνικο παιχνίδι] μπιλιάρδο

cue *ουσ.αρ.* στέκα μπιλιάρδου

395 Equestrian sports Αθλήματα ιππασίας

ride *ρ.*, *αόρ.* **rode** *μτχ. αορ.* **ridden** *ρ.α.μ.* (συχνά + επίρρ. ή πρόθ.) ιππεύω *She rode off on her pony.* Έφυγε καβάλα στο πόνυ της. *I rode my father's horse.* Ίππευσα το άλογο του

πατέρα μου. **rider** *ουσ.αρ.* ιππέας **riding** 'Η (κυρίως *Αμερ.*) **horseback riding** *ουσ.μ.αρ.* ιππασία

mount *ρ.μ.* ιππεύω **mount** *ουσ.αρ.* [κάπως επίσημο] άλογο ιππασίας

on horseback πάνω στο άλογο *an expedition on horseback* εκστρατεία με άλογα

walk *ρ.* 1 *ρ.α.* περπατώ 2 *ρ.μ.* [αντικ.: συνήθως ένα σκυλί ή ένα άλογο] πάω βόλτα

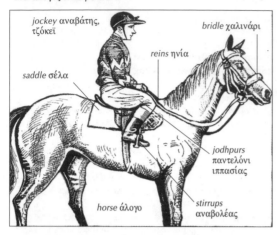

jockey αναβάτης, τζόκεϊ

bridle χαλινάρι

reins ηνία

saddle σέλα

jodhpurs παντελόνι ιππασίας

horse άλογο

stirrups αναβολέας

trot *ρ.α.* βαδίζω γρήγορα με μικρά βήματα (σαν *ουσ.*) *at a trot* με γρήγορο βήμα

canter *ρ.α.* καλπάζω σχετικά αργά (σαν *ουσ.*) *at a canter* με αργό καλπασμό

gallop *ρ.α.* καλπάζω (σαν *ουσ.*) *at a gallop* καλπάζοντας

395.1 Αγωνίσματα ιππασίας

showjumping *ουσ.μ.αρ.* επίδειξη ιππασίας **showjumper** *ουσ.αρ.* ιππέας επιδείξης

jump *ουσ.αρ.* πήδημα, άλμα *to clear a jump* κάνω πετυχημένο άλμα

dressage *ουσ.μ.αρ.* εκγύμναση αλόγου

gymkhana *ουσ.αρ.* αθλητικές επιδείξεις

(fox) hunting *ουσ.μ.αρ.* κυνήγι (αλεπούς)

hound *ουσ.αρ.* λαγωνικό

polo *ουσ.μ.αρ.* πόλο

(horse)racing *ουσ.μ.αρ.* ιπποδρομίες

races *πληθ. ουσ.* (πάντα + the) ιππόδρομος, ιπποδρομίες *a day at the races* μια μέρα στον ιππόδρομο

396 Success Επιτυχία

δες επίσης **107.3 Intend**

success *ουσ.* 1 *ουσ.μ.αρ.* επιτυχία 2 *ουσ.αρ.* επιτυχία *The idea was a brilliant success.* Η ιδέα αποδείχτηκε μεγάλη επιτυχία. (σαν *επίθ.*) *a success story* επιτυχία (ιστορία που διηγείται επιτυχίες)

successful *επίθ.* [περιγράφει: π.χ. πρόσωπο, επιχείρηση, προσπάθεια] επιτυχημένος *the secret of successful cooking* το μυστικό της επιτυχημένης μαγειρικής

successfully *επίρρ.* επιτυχημένα *The picture has now been successfully restored.* Έχουν πετύχει την πλήρη αποκατάσταση του πίνακα.

victory *ουσ.αρ.μ.αρ.* [μετά από αγώνα] νίκη *The decision was a victory for the ecologists.* Η απόφαση ήταν νίκη για τους οικολόγους.

victorious *επίθ.* νικηφόρος, νικητήριος *a struggle from which the right wing emerged victorious* αγώνας από τον οποίο οι δεξιοί βγήκαν νικητές **victoriously** *επίρρ.* νικηφόρα

triumph *ουσ.αρ.μ.αρ.* θρίαμβος *a triumph for common sense* θρίαμβος της κοινής λογικής *The film was a triumph.* Η ταινία ήταν θρίαμβος. *He held the cup aloft in triumph.* Κράτησε ψηλά το κύπελο σε ένδειξη θριάμβου.

triumphant *επίθ.* θριαμβευτικός *the triumphant smile on her face* το θριαμβευτικό χαμόγελο στο πρόσωπό της **triumphantly** *επίρρ.* θριαμβευτικά

fruitful *επίθ.* [υπονοεί καλά αποτελέσματα] καρποφόρος *fruitful discussions* καρποφόρες συνομιλίες

396.1 Πετυχαίνω σε συναγωνισμό

win *ρ.*, **-nn-** *αόρ.* & *μτχ. αορ.* **won** *ρ.μ.α.* [αντικ.: π.χ. διαγωνισμό, βραβείο] νικώ, κερδίζω *the first American to win the title* ο πρώτος Αμερικανός που κέρδισε τον τίτλο *Who won?* Ποιος κέρδισε;

win *ουσ.αρ.* [κυρίως σε αθλήματα ή χαρτοπαιξία] νίκη *an away win* νίκη εκτός έδρας

winner *ουσ.αρ.* [κυρίως σε διαγωνισμό] νικητής

beat *ρ.μ.*, *αόρ.* **beat** *μτχ. αορ.* **beaten** (μερικές φορές + **at**) [π.χ. σε παιχνίδι ή εκλογές] νικώ *to beat sb at chess* νικώ κάποιον στο σκάκι *She was beaten into second place.* Νικήθηκε και ήρθε δεύτερη.

champion *ουσ.αρ.* [συνήθως σε αθλήματα] πρωταθλητής *the world heavyweight champion* ο παγκόσμιος πρωταθλητής βαρέων βαρών (σαν *επίθ.*) *last year's champion jockey* ο αναβάτης που ήταν ο περσινός πρωταθλητής

victor *ουσ.αρ.* [κάπως επίσημο. Συνήθως σε μάχη ή αθλήματα] νικητής

outdo *ρ.μ.*, *αόρ.* **outdid** *μτχ. αορ.* **outdone** [υπονοεί ανώτερη απόδοση] υπερτερώ *attempts by Glasgow and Edinburgh to outdo each other in cultural matters* απόπειρες από τις πόλεις της Γλασκώβης και του Εδιμβούργου να υπερισχύσουν η μια της άλλης σε πολιτιστικά θέματα

overcome *ρ.μ.*, *αόρ.* **overcame** *μτχ. αορ.* **overcome** [αντικ.: π.χ. δυσκολία, αντίπαλο] υπερνικώ *advertising aimed at overcoming consumer resistance* διαφημίσεις με σκοπό να υπερνικήσουν την αντίσταση των καταναλωτών

396.2 Καταφέρνω να κάνω κάτι

succeed *ρ.α.* (συχνά + **in**, **at**) πετυχαίνω *We've succeeded in contacting her.* Έχουμε καταφέρει να επικοινωνήσουμε μαζί της. *the few that succeed at acting* οι λίγοι που καταφέρνουν να γίνουν ηθοποιοί

accomplish *ρ.μ.* [δίνει έμφαση στο ότι μια αποστολή έχει εκτελεστεί] επιτελώ, πραγματοποιώ *We have accomplished what we set out to do.* Έχουμε επιτελέσει τον αρχικό σκοπό μας. **accomplishment** *ουσ.αρ.μ.αρ.* επίτευξη

achieve *ρ.μ.* [δίνει έμφαση στο αποτέλεσμα της δουλειάς] πετυχαίνω *They have achieved a high degree of precision.* Έχουν πετύχει μεγάλο βαθμό ακρίβειας. *We have achieved our main objectives.* Έχουμε πετύχει τους κύριους αντικειμενικούς σκοπούς μας.

achievement *ουσ.αρ.μ.αρ.* πραγματοποίηση, επίτευξη *The agreement was a remarkable diplomatic achievement.* Η συμφωνία ήταν μια αξιοσημείωτη διπλωματική επίτευξη. *an award for outstanding achievement in the arts* βραβείο για αξιοσημείωτες επιτεύξεις στο χώρο των τεχνών.

attain *ρ.μ.* [κάπως επίσημο. Υπονοεί επιμονή και προσπάθεια] πετυχαίνω, κατορθώνω *Nothing can prevent* us from attaining our goal. Τίποτα δεν μπορεί να μας εμποδίσει να πετύχουμε το στόχο μας. **attainment** ουσ.αρ.μ.αρ. επίτευξη, πραγματοποίηση

manage ρ.μ.α. (συχνά + **to** + ΑΠΑΡΕΜΦΑΤΟ) [υπονοεί χειρισμό δυσκολιών] καταφέρνω I managed the first part fairly easily. Κατάφερα να απαντήσω το πρώτο μέρος αρκετά εύκολα. She managed to rescue the painting. Κατάφερε να σώσει τον πίνακα. (π.χ. από τη φωτιά)

pass ρ.μ.α. [αντικ.: κυρίως εξετάσεις, τεστ] περνώ She managed to pass her driving test at the third attempt. Κατάφερε να περάσει τις εξετάσεις για το δίπλωμα οδήγησης με την τρίτη προσπάθεια. **pass** ουσ.αρ. βάση (για να θεωρηθεί κάποια επίδοση επιτυχία)

χρήση

Για εξετάσεις ή τεστ χρησιμοποιούμε τις λέξεις **pass** (περνώ) ή **fail** (αποτυχαίνω), αλλά για τα πτυχία χρησιμοποιούμε το **get** (παίρνω), π.χ. Did you pass your French test? (Πέρασες τις εξετάσεις των Γαλλικών σου;) Did you get your French GCSE? (Πήρες το GCSE (=Γενικό Πιστοποιητικό Δευτεροβάθμιας Εκπαίδευσης) στα Γαλλικά;) I passed my driving test three years ago. (Πέρασα το τεστ οδήγησης πριν από τρία χρόνια.) I got my driving licence three years ago. (Πήρα την άδεια οδήγησης πριν από τρία χρόνια.)

come top (Βρετ.), **be top** (Αμερ.) [σε εξετάσεις] έρχομαι πρώτος

φράσεις

to get the better of sb/sth [π.χ. μετά από αντίσταση, διαφωνία, περιπλοκές] υπερνικώ, υπερισχύω As usual, the bureaucrats have got the better of us. Ως συνήθως, οι γραφειοκράτες υπερίσχυσαν. I've finally got the better of this computer. Τελικά κατάφερα να ξεπεράσω τα προβλήματα που είχα με το χειρισμό του κομπιούτερ.

bring/pull sth off [υπονοεί κάτι εντυπωσιακό που γίνεται με δεξιοτεχνία] πραγματοποιώ/πετυχαίνω δύσκολο εγχείρημα It was an impossible deadline but they brought it off. Κατάφεραν να τελειώσουν το έργο μέσα στη διορία που τους είχαν δώσει αν και ήταν πολύ δύσκολο.

do the trick [είναι αυτό που χρειάζεται] φέρνω το επιθυμητό αποτέλεσμα A letter from our lawyers usually does the trick. Ένα γράμμα από τους δικηγόρους μας συνήθως φέρνει το επιθυμητό αποτέλεσμα.

bear fruit [κάπως λογοτεχνικό. Φέρνω καλά αποτελέσματα] καρποφορώ We all hope the Geneva talks will bear fruit. Όλοι ελπίζουμε ότι οι συνομιλίες της Γενεύης θα καρποφορήσουν.

play one's cards right [ανεπίσημο. Υπονοεί επιδέξια στρατηγική] χειρίζομαι καλά If we play our cards right we'll get both contracts. Αν το χειριστούμε καλά θα πάρουμε και τις δύο δουλειές.

a feather in one's cap [ανεπίσημο. Υπονοεί περηφάνεια για την επιτυχία] καμάρι, καύχημα Her own TV show was another feather in her cap. Το δικό της τηλεοπτικό πρόγραμμα ήταν κάτι άλλο που είχε για καμάρι.

397 Failure Αποτυχία

fail ρ. 1 ρ.α. (συχνά + **to** + ΑΠΑΡΕΜΦΑΤΟ) [γενικός όρος] αποτυχαίνω The plan failed miserably. Το σχέδιο απέτυχε τραγικά. He failed in the attempt. Απέτυχε στην προσπάθεια. He failed to get enough votes. Δεν κατάφερε να πάρει αρκετές ψήφους. 2 ρ.μ. [αντικ.: κυρίως εξετάσεις, τεστ] αποτυχαίνω

failure ουσ. 1 ουσ.μ.αρ. αποτυχία The plan was doomed to failure. Το σχέδιο ήταν καταδικασμένο να αποτύχει. We were facing failure. Αντιμετωπίζαμε το ενδεχόμενο να αποτύχουμε. 2 ουσ.αρ. [απόπειρα] αποτυχία [πρόσωπο] αποτυχία Despite previous failures, I still believe in the idea. Παρά τις προηγούμενες αποτυχίες, ακόμα πιστεύω στην ιδέα.

unsuccessful επίθ. [περιγράφει: π.χ. προσπάθεια, επιχείρηση, πρόσωπο] ανεπιτυχής, αποτυχημένος an unsuccessful novelist ένας αποτυχημένος μυθιστοριογράφος We were unsuccessful in finding her. Δεν καταφέραμε να τη βρούμε.

lose ρ., αόρ. & μτχ. αορ. **lost** 1 ρ.α. [σε συναγωνισμό] χάνω They lost again to Liverpool. Χάσανε πάλι από τη Λίβερπουλ. 2 ρ.μ. [αντικ.: π.χ. αγώνα, μάχη, διαφωνία] χάνω If I lose the case I'm ruined. Αν χάσω την υπόθεση, θα καταστραφώ.

lose out ρ.α.πρφ. (συχνά + **on**) [υπονοεί ότι δεν έχουμε τα πλεονεκτήματα που θα έπρεπε] χάνω, είμαι σε μειονεκτική θέση Middle children lose out in many families. Τα μεσαία

φράσεις

fall flat [υπονοεί απογοήτευση. Υποκ.: π.χ. προσπάθεια, αστείο] πέφτω στο κενό My suggestion fell distinctly flat. Η πρότασή μου έπεσε στο κενό.

fall through [υποκ.: π.χ. ετοιμασίες, σχέδια] δε φέρνω αποτέλεσμα We were buying their house but it all fell through. Επρόκειτο να αγοράσουμε το σπίτι τους αλλά το σχέδιο ανατράπηκε.

come unstuck (Βρετ.) [ανεπίσημο. Αντιμετωπίζω προβλήματα που προκαλούν αποτυχία] πάω στραβά She ignored the bank's advice and not surprisingly she came unstuck. Αγνόησε τις συμβουλές της τράπεζας και δεν ήταν έκπληξη το ότι απέτυχε.

come to grief [υπονοεί αποτυχία που είναι αποτέλεσμα ατυχίας. Υποκ.: π.χ. πρόσωπο, σχέδιο] την παθαίνω I came to grief when interest rates rose. Την έπαθα όταν τα επιτόκια αυξήθηκαν.

come bottom (Βρετ.) [συνήθως σε εξετάσεις] έρχομαι τελευταίος

bite off more than one can chew [ανεπίσημο. Ξεκινώ κάτι που υπερβαίνει τις δυνάμεις μου Get some estimates before you bite off more than you can chew. Ζήτησε να σου κάνουν προσφορές πριν εκτεθείς σε (οικονομικές) υποχρεώσεις πέρα από τις δυνατότητές σου.

fight a losing battle [συνεχίζω να αγωνίζομαι μάταια] παλεύω μια χαμένη μάχη They're fighting a losing battle against closure. Παλεύουν εναντίον του κλεισίματος (π.χ. του νοσοκομείου) αν και ξέρουν ότι έχουν χάσει το παιχνίδι.

wild-goose chase [μάταιες προσπάθειες, κυρίως μια έρευνα] μάταιη αναζήτηση A line of enquiry that turned out to be a wild-goose chase. Έρευνα που αποδείχτηκε μάταια.

not have a leg to stand on [ανεπίσημο. Τελείως ανίκανος να υπερασπιστώ τον εαυτό μου ή το επιχείρημά μου] δεν έχω βάση The facts leave you without a leg to stand on. Τα γεγονότα δείχνουν ότι αυτά που ισχυρίζεσαι δεν έχουν βάση.

παιδιά στις μεγάλες οικογένειες είναι σε μειονεκτική θέση. *Make a claim soon or we'll lose out on tax advantages.* Κάνε αίτηση σύντομα γιατί αλλιώς θα χάσουμε τις φορολογικές ελαφρύνσεις.

miss *ρ.μ.* [αντικ.: π.χ. σκοπό, διορία] χάνω *That penalty means they'll miss a place in the final.* Εκείνο το πέναλτι σημαίνει ότι θα χάσουν τη θέση στον τελικό.

give up *ρ.α.πρφ.* [κάπως ανεπίσημο] τα παρατώ *They got*

discouraged and gave up. Αποθαρρύνθηκαν και τα παράτησαν.

flop *ουσ.αρ.* [ανεπίσημο. Π.χ. φιλμ, ιδέα] παταγώδης αποτυχία *The outing turned out to be a total flop.* Η κοινωνική έξοδος αποδείχτηκε παταγώδης αποτυχία.

flop *ρ.α.*, -pp- αποτυχαίνω παταγωδώς *The membership drive flopped.* Η προσπάθεια να προσελκύσουμε καινούρια μέλη απέτυχε παταγωδώς.

398 Reward Ανταμοιβή

reward *ουσ.αρ.* ανταμοιβή *They're offering a reward for information.* Προσφέρουν ανταμοιβή για πληροφορίες.

reward *ρ.μ.* ανταμείβω *We were rewarded with a delicious meal.* Μας αντάμειψαν με ένα νόστιμο γεύμα.

award *ουσ.αρ.* [υπονοεί επίσημη αναγνώριση] βραβείο *an award for outstanding achievement in the arts* βραβείο απονεμόμενο για εξαιρετικές επιτεύξεις στον τομέα των καλών τεχνών [μπορεί να είναι χρηματικό] *a government award to study in America* υποτροφία από την κυβέρνηση για σπουδές στην Αμερική *award-winning scientists* βραβευμένοι επιστήμονες

award *ρ.μ.* απονέμω (βραβείο) *to award a grant to sb* αποφασίζω την επιδότηση κάποιου *She was awarded an Oscar for her performance.* Της απονεμήθηκε βραβείο Όσκαρ για την απόδοσή της.

prize *ουσ.αρ.* βραβείο *a cash prize* χρηματικό βραβείο *prize-winners* αυτοί που κέρδισαν το βραβείο.

medal *ουσ.αρ.* μετάλλιο *the bronze medal* το χάλκινο μετάλλιο

trophy *ουσ.αρ.* τρόπαιο

399 Agile Ευκίνητος

agility *ουσ.μ.αρ.* ευκινησία, σβελτάδα

grace *ουσ.μ.αρ.* [υπονοεί ωραιότητα κίνησης παρά ταχύτητα] χάρη *She held out her hand with simple grace.* Άπλωσε το χέρι της με απροσποίητη χάρη.

graceful *επίθ.* γεμάτος χάρη *a graceful bow* μια υπόκλιση γεμάτη χάρη **gracefully** *επίρρ.* με χάρη

lithe *επίθ.* [υπονοεί καλή φόρμα και ευελιξία] λυγερός *lithe*

young swimmers εύκαμπτοι νεαροί κολυμβητές **lithely** *επίρρ.* λυγερά

supple *επίθ.* [υπονοεί καλή μυική φόρμα] εύκαμπτος *supple limbs* εύκαμπτα μέλη **suppleness** *ουσ.μ.αρ.* ευλυγισία, ευκαμψία

nimble *επίθ.* [υπονοεί ελαφρότητα και ταχύτητα] σβέλτος *nimble fingers* εύκαμπτα δάχτυλα **nimbleness** *ουσ.μ.αρ.* ευκινησία **nimbly** *επίρρ.* με σβελτάδα

400 Clumsy Αδέξιος

clumsy *επίθ.* [στις κινήσεις ή όταν πιάνουμε αντικείμενα. Περιγράφει: π.χ. πρόσωπο, κίνηση] αδέξιος *a clumsy fall* αδέξια πτώση *a clumsy excuse* αδέξια δικαιολογία

clumsily *επίρρ.* αδέξια *a clumsily wrapped parcel* ένα αδέξια τυλιγμένο πακέτο **clumsiness** *ουσ.μ.αρ.* αδεξιότητα

awkward *επίθ.* [περιγράφει: π.χ. κίνηση, θέση] αδέξιος, άχαρος *She held the pen in an awkward way.* Κρατούσε το στυλό αδέξια.

awkwardly *επίρρ.* αδέξια *She fell awkwardly and broke her ankle.* Έπεσε αδέξια και έσπασε τον αστράγαλό της. **awkwardness** *ουσ.μ.αρ.* αδεξιότητα

gauche *επίθ.* [υπονοεί ανωριμότητα και έλλειψη άνεσης με άλλους] αδέξιος, ατζαμής *a gauche attempt at conversation* αδέξια προσπάθεια για συζήτηση

butterfingers *ουσ.αρ.* [ανεπίσημο. Άτομο που αφήνει να πέσουν πράγματα από τα χέρια του. Συχνά χρησιμοποιείται σαν επιφώνημα όταν κάποιος άλλος έχει

αφήσει κάτι να φύγει από τα χέρια του] αδέξιος, που του πέφτουν όλα από τα χέρια *I'm a real butterfingers.* Είμαι πραγματικά αδέξιος όταν κρατώ κάτι.

φ ρ ά σ ε ι ς

like a bull in a china shop [υπονοεί αδεξιότητα και ανυπομονησία] αδέξιος και ανυπόμονος *She's like a bull in a china shop when she decides to clean the flat.* Όταν αποφασίσει να καθαρίσει το σπίτι είναι πολύ αδέξια και ανυπόμονη.

all fingers and thumbs (*Βρετ.*), **all thumbs** (*Αμερ.*) [καθόλου επιδεξιότητα με τα χέρια] αδέξιος *I was all fingers and thumbs when I first tried changing nappies.* Ήμουν πολύ αδέξιος την πρώτη φορά που προσπάθησα να αλλάξω τις πάνες του μωρού.

have two left feet [αδέξιος στο χορό] έχω δύο αριστερά πόδια

401 Strength Δύναμη

δες επίσης **100 Hard, 228 Control**

strength *ουσ.μ.αρ.* δύναμη *She uses weights to build up her strength.* Χρησιμοποιεί βάρη για να αυξήσει τη μυική της δύναμη. *A holiday will help you regain your strength.* Αν πας διακοπές θα σε βοηθήσει να ανακτήσεις τις δυνάμεις σου. *I was surprised by the strength of her anger.* Η ένταση

του θυμού της με εξέπληξε. *I haven't got the strength of will to give up smoking.* Δεν έχω τη δύναμη της θέλησης να σταματήσω το κάπνισμα.

force *ουσ.μ.αρ.* [μπορεί να υπονοεί βία] δύναμη *We held him down by brute force.* Τον συγκρατήσαμε με ωμή βία.

the sheer force of the impact και μόνο η δύναμη της σύγκρουσης

power *ουσ.μ.αρ.* [δίνει έμφαση στα αποτελέσματα που έχει κάτι δυνατό] δύναμη, ενέργεια *electricity produced by the power of the waves* ηλεκτρισμός που παράγεται από την ενέργεια των κυμάτων *the power a dancer needs to lift his partner* η δύναμη που χρειάζεται ένας χορευτής για να σηκώσει την ντάμα του

energy *ουσ.μ.αρ.* ενεργητικότητα *Have you got the energy left to mow the lawn?* Σου έχει μείνει η ενεργητικότητα να κουρέψεις το γρασίδι;

muscle *ουσ.μ.αρ.* [κάπως ανεπίσημο. Δίνει έμφαση στη σωματική δύναμη] μυϊκή δύναμη *You've got the speed but you lack the muscle.* Έχεις την ταχύτητα αλλά σου λείπει η μυϊκή δύναμη.

might *ουσ.μ.αρ.* [λογοτεχνικό εκτός από την παρακάτω φράση. Υπονοεί σωματική δύναμη] δύναμη *I pulled with all my might.* Τράβηξα με όλη τη δύναμή μου.

401.1 Έχω δύναμη

strong *επίθ.* δυνατός *strong arms* δυνατά χέρια *a strong current* δυνατό ρεύμα

strongly *επίρρ.* δυνατά, έντονα *I am strongly opposed to the scheme.* Αντιτίθεμαι έντονα στο σχέδιο.

muscular *επίθ.* μυϊκός *a muscular physique* μυώδης σωματική διάπλαση

sturdy *επίθ.* [εύρωστος και δυνατός] γεροδεμένος *Look at those sturdy little legs!* Κοίτα εκείνα τα γερά ποδαράκια! *good sturdy timber* καλή γερή ξυλεία **sturdily** *επίρρ.* γερά

robust *επίθ.* [υπονοεί δύναμη με υγεία] εύρωστος *She's always been a fairly robust child.* Πάντα ήταν εύρωστο παιδί. *robust shelving* γερά ράφια

tough *επίθ.* 1 ανθεκτικός *The sacks need to be made of a tough fabric.* Οι σάκοι πρέπει να είναι φτιαγμένοι από ανθεκτικό ύφασμα. *tough shoes for walking* ανθεκτικά παπούτσια για περπάτημα 2 [υποτιμητικό. Περιγράφει: π.χ. κρέας] σκληρός 3 [έντονη προσωπικότητα] ανθεκτικός *Having to struggle against adversity made her tough.* Το ότι έπρεπε να παλέψει με αντιξοότητες την έκανε ανθεκτική.

athletic *επίθ.* αθλητικός τύπος *My sister's the athletic one, always skiing or horse-riding.* Η αδελφή μου είναι ο αθλητικός τύπος, ή θα κάνει σκι ή ιππασία.

hardy *επίθ.* [υπονοεί αντοχή] ανθεκτικός, σκληραγωγημένος *I don't think I'm hardy enough to face camping in October.* Δε νομίζω ότι είμαι αρκετά σκληραγωγημένος για να κάνω κατασκήνωση τον Οκτώβριο. **hardily** *επίρρ.* τολμηρά, σκληρά **hardiness** *ουσ.μ.αρ.* ανθεκτικότητα

powerful *επίθ.* δυνατός, ισχυρός *a powerful blow* ένα δυνατό χτύπημα *a powerful build* μυώδες σώμα **powerfully** *επίρρ.* με δύναμη, δυνατά

mighty *επίθ.* [κάπως λογοτεχνικό] ισχυρός *a mighty tug* ένα

δυνατό τράβηγμα *a mighty crash* μια δυνατή σύγκρουση

intense *επίθ.* 1 [άκρος] έντονος *the intense cold* το έντονο κρύο *intense loudness* μεγάλη ένταση 2 [πολύ σοβαρός και ισχυρογνώμων. Συχνά κάπως υποτιμητικό] υπερευαίσθητος *He's very intense.* Είναι υπερευαίσθητος.

intensely *επίρρ.* έντονα *an intensely enthusiastic supporter* ένας πολύ ενθουσιώδης οπαδός

intensity *ουσ.μ.αρ.* ένταση *Despite the intensity of the campaign, little was achieved.* Παρά την ένταση της εκστρατείας, πολύ λίγα επιτεύχθηκαν.

401.2 Χρησιμοποιώ τη δύναμή μου

energetic *επίθ.* δραστήριος, ενεργητικός *If you're feeling energetic we could go swimming.* Αν αισθάνεσαι ότι έχεις την ενεργητικότητα θα μπορούσαμε να πάμε για κολύμπι. **energetically** *επίρρ.* ενεργητικά, δραστήρια

dynamic *επίθ.* [υπονοεί επίτευξη] δυναμικός *their dynamic leader* ο δυναμικός αρχηγός τους

forceful *επίθ.* [συνήθως αναφέρεται σε διανοητική δύναμη και κύρος παρά σε σωματική δύναμη] ισχυρός *a forceful attack on socialism* μια ισχυρή επίθεση κατά του σοσιαλισμού

forcefully *επίρρ.* δυναμικά *He insisted forcefully on talking to me.* Επέμενε δυναμικά να μου μιλήσει.

lively *επίθ.* [δίνει έμφαση στην κίνηση και ενεργητικότητα] ζωηρός *a lively dance* ένας ζωηρός χορός

full of beans [ανεπίσημο. Υπονοεί ενεργητικότητα και δραστηριότητα] γεμάτος ζωντάνια *It's his bedtime but he's still full of beans.* Είναι ώρα να πάει για ύπνο αλλά ακόμα είναι γεμάτος ζωντάνια.

401.3 Κάνω πιο δυνατό

strengthen *ρ.μ.* [συνήθως στη δομή, αλλά μπορεί να αναφέρεται στην ψυχολογική κατάσταση] ενισχύω *That joint needs strengthening.* Εκείνη η ένωση χρειάζεται ενίσχυση. *This will only strengthen me in my determination.* Το μόνο που θα καταφέρει αυτό θα είναι να ενισχύσει την αποφασιστικότητά μου.

reinforce *ρ.μ.* ενισχύω *a reinforced door* μια ενισχυμένη πόρτα *reports that reinforced our suspicions* ειδήσεις που ενίσχυσαν τις υποψίες μας

fortify *ρ.μ.* [κάπως επίσημο] 1 [εναντίον επίθεσης] οχυρώνω *a fortified city* μια οχυρωμένη πόλη 2 [κυρίως με τρόφιμα ή ενθάρρυνση] δυναμώνω, τονώνω *We fortified ourselves against the cold with a stiff whisky.* Τονωθήκαμε για να αντιμετωπίσουμε το κρύο με ένα δυνατό ουίσκι.

παρομοίωση

as strong as a horse/an ox δυνατός σαν άλογο/σαν βόδι

402 Weak Αδύναμος

weakness *ουσ.* 1 *ουσ.μ.αρ.* αδυναμία, έλλειψη σθένους *You took advantage of my weakness.* Εκμεταλλεύτηκες την αδυναμία μου. 2 *ουσ.αρ.* ελάττωμα *The survey revealed weaknesses in the foundations.* Η έρευνα αποκάλυψε ελαττώματα στα θεμέλια. *another weakness in your argument* μια ακόμα αδυναμία στο επιχείρημά σου

weaken *ρ.μ.α.* [αντικ./υποκ.: π.χ. πρόσωπο, κτίριο, κύρος] εξασθενίζω *This weakens our negotiating position.* Αυτό εξασθενίζει τη διαπραγματευτική μας θέση. *The*

foundations were weakened by erosion. Τα θεμέλια είχαν εξασθενίσει από τη διάβρωση.

feeble *επίθ.* [συχνά υπονοεί προχωρημένη ηλικία ή αρρώστια] ασθενικός, αδύναμος *her feeble old hands* τα αδύναμα γέρικα χέρια της *a feeble cough* αδύναμος βήχας [υποτιμητικό] *their feeble response to our appeal* η ασθενής ανταπόκριση στην έκκλησή μας

puny *επίθ.* [υποτιμητικό. Μικρός και αδύναμος] μικροσκοπικός, ασθενικός *He was too puny for the big* boys to play with. Ήταν πολύ μικρός για να τον παίξουν τα μεγάλα αγόρια.

frail *επίθ.* [συνήθως υπονοεί προχωρημένη ηλικία] ασθενικός, αδύναμος *Mother was getting frail.* Η μητέρα γινόταν πιο ευπαθής.

vulnerable *επίθ.* (συχνά + **to**) τρωτός, ευαίσθητος *We were vulnerable to attack.* Είχαμε αδυναμίες που θα έκαναν μια επίθεση του αντιπάλου μας να πετύχει. *emotionally vulnerable* συναισθηματικά τρωτός

powerless *επίθ.* (συνήθως μετά από ρ., συχνά + **to** + ΑΠΑΡΕΜΦΑΤΟ) [ανίκανος να πετύχει κάτι] ανίσχυρος *The police are powerless to arrest them.* Οι αστυνομικοί είναι ανίσχυροι να τους συλλάβουν.

helpless *επίθ.* [ανίκανος να υπερασπιστεί τον εαυτό του] ανίσχυρος, απροστάτευτος *a helpless baby* ένα ανίσχυρο μωρό

402.1 Αδύνατης κατασκευής

delicate *επίθ.* 1 [υπονοεί ομορφιά που θα μπορούσε να καταστραφεί] εύθραυστος, ευπαθής *delicate fabrics* ευπαθή

υφάσματα 2 [υπονοεί κακή υγεία] ευπαθής *She was a delicate child.* Όταν ήταν παιδί ήταν πολύ ευπαθής.

fragile *επίθ.* [που σπάει ή πληγώνεται εύκολα] εύθραυστος, ευπαθής *fragile china* εύθραυστη πορσελάνη *She's eighty and rather fragile.* Είναι ογδόντα χρονών και πολύ ευπαθής. **fragility** *ουσ.μ.αρ.* ευπάθεια

flimsy *επίθ.* [υποτιμητικό. Υπονοεί κάτι που δεν είναι συμπαγές] ελαφρός και λεπτός *flimsy walls* λεπτοί τοίχοι

402.2 Αδύναμοι άνθρωποι

wimp *ουσ.αρ.* [ανεπίσημο και υποτιμητικό. Πρόσωπο από το οποίο λείπει σωματική και ηθική δύναμη] ασθενής χαρακτήρας, δειλός *You're a wimp if you don't try.* Θα αποδειχτείς φοβητσιάρης αν δεν προσπαθήσεις.

weakling *ουσ.αρ.* [υποτιμητικό] ασθενές πλάσμα *ashamed to be seen with a weakling like me* ντρέπεται να τον δούνε με ένα ασθενές πλάσμα σαν εμένα

baby *ουσ.αρ.* [πρόσωπο από το οποίο λείπει το κουράγιο] μωρό *I'm such a baby when it comes to injections.* Όταν είναι να κάνω ενέσεις κάνω σα μωρό.

403 Quick Γρήγορος

δες επίσης **408 Run**

quick *επίθ.* [υπονοεί σχετικά μεγάλη ταχύτητα και εξοικονόμηση χρόνου] γρήγορος *a quick wash* ένα γρήγορο πλύσιμο (χρησιμοποιείται σαν *επίρρ.*) *Come quick!* Έλα γρήγορα!

quickly *επίρρ.* γρήγορα *I quickly ironed a shirt.* Στα γρήγορα σιδέρωσα ένα πουκάμισο. **quickness** *ουσ.μ.αρ.* γρηγοράδα, ταχύτητα

fast *επίθ.* [υπονοεί αξιοθαύμαστη ταχύτητα] ταχύς *The journey's much faster now.* Το ταξίδι είναι πολύ πιο σύντομο τώρα.

fast *επίρρ.* γρήγορα *I can't run as fast as you can.* Δεν μπορώ να τρέξω τόσο γρήγορα όσο εσύ.

χρήση

Οι λέξεις **quick** και **fast** είναι παρόμοιες, αλλά σε μερικές περιπτώσεις δεν μπορούν να χρησιμοποιηθούν η μια στη θέση της άλλης. Όταν μιλάμε για πράξεις που γίνονται γρήγορα, συνήθως χρησιμοποιούμε το **quick**: π.χ. *a quick look round* (μια γρήγορη ματιά) *a quick meal* (ένα γρήγορο γεύμα). Όταν γίνεται λόγος για πράγματα που μπορούν να κινηθούν σε μεγάλη ταχύτητα, συνήθως χρησιμοποιείται η λέξη **fast**: π.χ. *fast cars* (γρήγορα αυτοκίνητα) *a fast runner* (ένας γρήγορος δρομέας).

---

speedy *επίθ.* [υπονοεί ότι κάνουμε κάτι όσο πιο γρήγορα γίνεται] ταχύς *With best wishes for your speedy recovery.* Με τις καλύτερες ευχές για την ταχεία ανάρρωσή σου. *speedy action to end the strike* γρήγορη δράση για να τελειώσει η απεργία **speedily** *επίρρ.* γρήγορα

swift *επίθ.* [κάπως επίσημο. Υπονοεί ταχύτητα, ευκολία, και συχνά αποφασιστικότητα. Περιγράφει: π.χ. εξέλιξη, αντίδραση, κίνηση] ταχύς, γρήγορος *a swift return to normality* γρήγορη επιστροφή στο φυσιολογικό ρυθμό *a swift advance by the infantry* μια ταχεία προέλαση από το πεζικό **swiftly** *επίρρ.* γρήγορα **swiftness** *ουσ.μ.αρ.* ταχύτητα, γρηγοράδα

rapid *επίθ.* [υπονοεί ταχύτητα και κάτι το αιφνίδιο] ταχύς, γρήγορος *a rapid response to the proposals* μια γρήγορη απάντηση στις προτάσεις *a rapid withdrawal from the border area* μια γρήγορη υποχώρηση από τη συνοριακή περιοχή **rapidly** *επίρρ.* γρήγορα **rapidity** *ουσ.μ.αρ.* γρηγοράδα, ταχύτητα

brisk *επίθ.* [υπονοεί ταχύτητα και αποτελεσματικότητα] γοργός, ζωηρός *a brisk walk* ζωηρό περπάτημα *a brisk refusal to compromise* μια έντονη άρνηση για συνεργασία **briskly** *επίρρ.* έντονα, ζωηρά **briskness** *ουσ.μ.αρ.* γρηγοράδα, σβελτάδα

high-speed *επίθ.* [υπονοεί ταχύτητα που είναι αποτέλεσμα της τεχνολογίας] μεγάλης ταχύτητας *a high-speed dubbing process* μια πολύ γρήγορη μέθοδος μεταγλώττισης

403.1 Προσπαθώ να κάνω γρήγορα

hurry *ρ.* (συχνά + **up**) 1 *ρ.α.* σπεύδω, πάω κάπου βιαστικά *I hurried back to the house.* Επέστρεψα στο σπίτι βιαστικά. *Hurry up!* Βιάσου!/Κάνε γρήγορα! *Don't hurry over your choice.* Μη βιάζεσαι να κάνεις την επιλογή σου. 2 *ρ.μ.* [αντικ.: π.χ. πρόσωπο, πράξη] κάνω κάποιον να βιαστεί, επισπεύδω *I'll try to hurry him along a bit.* Θα προσπαθήσω να τον κάνω να βιαστεί. *It's not a process you can hurry.* Δεν είναι από τις διαδικασίες που μπορείς να επισπεύσεις.

hurry *ουσ.* 1 *ουσ.αρ.* (δεν έχει πληθ.) βιασύνη *I'm in a hurry.* Βιάζομαι. *What's the hurry?* Γιατί να βιαστούμε;/Δεν χρειάζεται να βιαστούμε. *They're in no hurry to move in.* Δε βιάζεται να μετακομίσουν. 2 *ουσ.μ.αρ.* βιασύνη

hurried *επίθ.* [συχνά υποτιμητικό. Περιγράφει: π.χ. πράξη, απόφαση] βιαστικός, εσπευσμένος *a hurried lunch* ένα βιαστικό γεύμα *hurried preparations for the talks* εσπευσμένες ετοιμασίες για τις συνομιλίες

hurriedly *επίρρ.* βιαστικά *a hurriedly arranged press conference* μια βιαστικά ετοιμασμένη συνέντευξη τύπου

rush *ρ.* (συχνά + *επίρρ.*) [υπονοεί μεγαλύτερη δραστηριότητα ή ταχύτητα από το **hurry**] 1 *ρ.α.* σπεύδω, προχωρώ γρήγορα *I rushed round to the doctor's.* Πήγα γρήγορα στο γιατρό. *We rushed to get the house ready.* Με βιασύνη συμμαζέψαμε το σπίτι. 2 *ρ.μ.* [αντικ.: π.χ. πρόσωπο, δουλειά] κάνω κάτι βιαστικά, εξαναγκάζω κάποιον να κάνει κάτι βιαστικά *Don't rush me!* Μη με κάνεις να βιαστώ! *I don't want this report rushed.* Δε θέλω να ετοιμάσετε την αναφορά με βιασύνη. *I'll rush the papers over to you.* Θα σου στείλω τα χαρτιά αμέσως.

rush *ουσ.αρ.* (δεν έχει πληθ.) βιασύνη *It was all done in a terrible rush.* Όλα έγιναν πολύ εσπευσμένα. *I forgot something in the rush.* Μέσα στη βιασύνη ξέχασα κάτι.

haste ουσ.μ.αρ. [υπονοεί συχνά υπερβολική βιασύνη] βιασύνη, απερισκεψία από βιασύνη *She agreed with almost indecent haste.* Συμφώνησε με σχεδόν απρεπή βιασύνη. *They fled in haste.* Έφυγαν με βιασύνη. *In my haste to get here I took the wrong train.* Στη βιασύνη μου να έρθω πήρα λάθος τρένο.

hasty επίθ. [συνήθως υποτιμητικό, υπονοεί ελλιπή φροντίδα ή σκέψη] (επιπόλαια) εσπευσμένος, βεβιασμένος *a rather hasty conclusion* ένα μάλλον βιαστικό/βεβιασμένο συμπέρασμα **hastily** επίρρ. βιαστικά, βεβιασμένα

flat out (συνήθως μετά από ρήματα όπως το **run**, **work**) [ανεπίσημο] με όλες τις δυνάμεις *We went flat out to finish the job.* Δουλέψαμε με όλες τις δυνάμεις μας για να τελειώσουμε τη δουλειά.

accelerate ρ. 1 ρ.α. επιταχύνω, επισπεύδω *to accelerate round a bend* πηγαίνω γρηγορότερα όπως στρίβω από μια γωνία 2 ρ.μ. [κάπως επίσημο] επιταχύνω *growth accelerated by artificial sunshine* ανάπτυξη που επιταχύνεται από τεχνητό φως ηλίου **acceleration** ουσ.μ.αρ. επιτάχυνση

φράσεις

put one's best foot forward [κάπως παλιομοδίτικο. Υπονοεί αποφασιστικότητα να μη σπαταλήσουμε χρόνο] κάνω ό,τι μπορώ για να φέρω καλό αποτέλεσμα

get a move on [ανεπίσημο] Άντε! *Get a move on in there, you lot!* Άντε κουνηθείτε!

have no time to lose δεν έχω χρόνο για χάσιμο

I/we haven't got all day [ανεπίσημο. Συχνά λέγεται ανυπόμονα ή εκνευρισμένα όταν κάποιος μας καθυστερεί] δεν έχω/έχουμε όλη τη μέρα στη διάθεσή μας *Hurry up and drink your tea – we haven't got all day!* Πιες το τσάι σου γρήγορα – δεν έχουμε όλη τη μέρα στη διάθεσή μας!

403.2 Ξαφνικό στο να συμβεί ή να δράσει

sudden επίθ. [απροσδόκητος] ξαφνικός *a sudden improvement* μια ξαφνική βελτίωση *His death was sudden and painless.* Ο θάνατός του ήταν ξαφνικός και ανώδυνος. **suddenness** ουσ.μ.αρ. το αιφνίδιο

suddenly επίρρ. ξαφνικά *Suddenly I realized what had happened.* Ξαφνικά συνειδητοποίησα τι είχε συμβεί.

instant επίθ. (συνήθως πριν από ουσ.) [καθόλου χρόνος για να συμβεί κάτι άλλο] άμεσος, στιγμιαίος *an instant decision* μια άμεση απόφαση *instant relief* άμεση ανακούφιση **instantly** επίρρ. αμέσως

immediate επίθ. [αμέσως επόμενος] άμεσος, πλησιέστερος *my immediate reaction* η πρώτη μου αντίδραση *We felt an immediate liking for each other.* Αμέσως αισθανθήκαμε αλληλοσυμπάθεια. **immediately** επίρρ. αμέσως *I rang you immediately.* Σου τηλεφώνησα αμέσως.

immediately σύνδ. (Βρετ.) αμέσως αφού *I came immediately you called.* Ήρθα αμέσως αφού τηλεφώνησες.

directly επίρρ. [κάπως επίσημο] κατευθείαν, απευθείας *I shall write to him directly.* Θα γράψω στον ίδιο απευθείας.

directly σύνδ. (Βρετ.) μόλις *Directly he realized his mistake, he apologized.* Μόλις κατάλαβε το λάθος του ζήτησε συγνώμη.

φράσεις

straight away αμέσως *We sent off for the brochure straight away.* Αμέσως γράψαμε για να μας στείλουν το κατατοπιστικό έντυπο.

in no time [κάπως ανεπίσημο. Πολύ γρήγορα] σε χρόνο μηδέν *It was all over in no time.* Τελειωσε σε χρόνο μηδέν.

on the spot [κάπως ανεπίσημο. Αυτήν ακριβώς τη στιγμή] αμέσως *They offered me the job on the spot.* Μου έδωσαν τη δουλειά αμέσως.

there and then [κάπως ανεπίσημο. Αυτήν ακριβώς τη στιγμή] αμέσως *They wanted me to give an answer there and then.* Ήθελαν να τους δώσω απάντηση αμέσως.

as quick as a flash [ανεπίσημο. Όταν κάποιος αντιδρά σε κάτι πολύ γρήγορα] γρήγορα σαν αστραπή *She gave the answer as quick as a flash.* Απάντησε γρήγορα σαν αστραπή.

on the spur of the moment [κάπως ανεπίσημο. Υπονοεί ξαφνική και αυθόρμητη πράξη] ξαφνικά και αυθόρμητα *People often buy them on the spur of the moment.* Πολλοί τα αγοράζουν αυθόρμητα.

like a shot [ανεπίσημο] πολύ γρήγορα *She was off like a shot.* Έφυγε πολύ γρήγορα.

like greased lightning [ανεπίσημο] πάρα πολύ γρήγορα *She was in and out of the house like greased lightning.* Μπήκε και βγήκε από το σπίτι πάρα πολύ γρήγορα.

like wildfire [ανεπίσημο] σαν ασυγκράτητη πυρκαγιά *The rumour spread through the school like wildfire.* Οι φήμες διαδόθηκαν στο σχολείο σαν ασυγκράτητη πυρκαγιά.

403.4 Σχετική γρηγοράδα

speed ουσ.μ.αρ.αρ. ταχύτητα *at high speed* με μεγάλη ταχύτητα *wind speeds of up to 100 kilometres an hour* ταχύτητες του ανέμου μέχρι 100 χιλιόμετρα την ώρα

rate ουσ.αρ. [συνήθως χρησιμοποιείται για την ταχύτητα με την οποία συμβαίνει κάτι, παρά για την ταχύτητα με την οποία κινείται κάτι] ρυθμός *the rate of production* ο ρυθμός παραγωγής

pace ουσ.αρ. (συνήθως δεν έχει πληθ.) ρυθμός κίνησης, βήμα *They set off at a brisk pace.* Ξεκίνησαν με ζωηρό ρυθμό. *The pace of change was too slow for her.* Ο ρυθμός της αλλαγής της φάνηκε υπερβολικά αργός.

404 Slow Αργός

δες επίσης 284 Inaction, 107 Walk

slow επίθ. αργός *slow traffic* αργή κυκλοφορία *We're making slow progress.* Κάνουμε αργή πρόοδο. **slowness** ουσ.μ.αρ. βραδύτητα

slowly επίρρ. αργά *Things here change very slowly.* Εδώ οι αλλαγές γίνονται πολύ αργά. *He slowly backed away.* Αργά αργά προχώρησε προς τα πίσω.

slow (sth) down 'Η slow down (sth) ρ.πρφ. [κίνηση ή δραστηριότητα] 1 ρ.α. ελαττώνω την ταχύτητα *I slowed down to see what was going on.* Πήγα πιο αργά για να δω τι συνέβαινε. *Slow down and think carefully.* Μη βιάζεσαι

και σκέψου προσεκτικά. 2 ρ.μ. καθυστερώ *The snow slowed us down.* Το χιόνι μας καθυστέρησε.

slow ρ. [πιο επίσημο από το **slow down**] 1 ρ.α. πάω πιο αργά *The train slowed but did not stop.* Το τρένο πήγαινε πιο αργά αλλά δε σταμάτησε. 2 ρ.μ. ελαττώνω την ταχύτητα *Just slow the engine slightly.* Απλώς ελάττωσε ελαφρά την ταχύτητα της μηχανής.

gradual επίθ. βαθμιαίος *a gradual improvement in sales* βαθμιαία βελτίωση στις πωλήσεις

gradually *επίρρ.* βαθμιαία *The anaesthetic gradually wore off.* Το αναισθητικό βαθμιαία εξασθένησε.

sluggish *επίθ.* [κάπως υποτιμητικό. Υπονοεί αργές αντιδράσεις] νωθρός, βραδυκίνητος *The pills make me terribly sluggish.* Τα χάπια με κάνουν πολύ νωθρό. *The engine's rather sluggish.* Η μηχανή παίρνει μπρος πολύ αργά. **sluggishly** *επίρρ.* βραδυκίνητα

decelerate *ρ.α.* [εξειδικευμένος όρος] επιβραδύνω, μειώνω την ταχύτητα **deceleration** *ουσ.μ.αρ.* επιβράδυνση

φράσεις

at a snail's pace [κάπως ανεπίσημο και υποτιμητικό] αργά σαν σαλιγκάρι *He read the article at a snail's pace.* Διάβασε το άρθρο πολύ αργά.

drag one's feet [υποτιμητικό. Υπονοεί άρνηση για συνεργασία] χρονοτριβώ για να μη συνεργαστώ *The government has promised legislation but is dragging its feet.* Η κυβέρνηση έχει υποσχεθεί (καινούρια) νομοθεσία αλλά χρονοτριβεί.

---

405 Throw Ρίχνω

δες επίσης **70 Throw away**

throw *ρ.μ., αόρ.* **threw** *μτχ. αορ.* **thrown** 1 (συχνά + επίρρ. ή πρόθ.) [γενικός όρος] ρίχνω, πετώ *She threw a snowball at me.* Μου έριξε μια μπάλα χιονιού. *I threw him a book.* Του έριξα ένα βιβλίο. *She threw the newspaper down angrily.* Πέταξε κάτω την εφημερίδα θυμωμένη. *Throw that pen over, will you?* Πέταξέ μου το στυλό σε παρακαλώ.

throw *ουσ.αρ.* ρίξιμο, βολή *That was a good throw.* Καλή βολή!

chuck *ρ.μ.* (κυρίως Βρετ.) (συχνά + επίρρ. ή πρόθ.) [ανεπίσημο. Υπονοεί τυχαία κίνηση] πετώ, ρίχνω *Just chuck your coat on the bed.* Ρίξε το παλτό σου στο κρεβάτι. *Chuck me a tea towel down please.* Πέταξέ μου μία πετσέτα κουζίνας σε παρακαλώ.

hurl *ρ.μ.* [υπονοεί προσπάθεια και απόσταση, και συχνά επιθετικότητα] εκσφενδονίζω *Stones were hurled at the police.* Εκσφενδονίστηκαν πέτρες κατά των αστυνομικών.

toss *ρ.μ.* [υπονοεί λίγη προσπάθεια ή προσοχή σε κάποιο στόχο] ρίχνω *She just tossed some clothes into a case and walked out.* Έριξε απλώς μερικά ρούχα σε μια βαλίτσα και έφυγε. *I tossed him a coin.* Του έριξα ένα νόμισμα. *to toss a coin* ρίχνω κορόνα γράμματα

fling *ρ.μ., αόρ. & μτχ. αορ.* **flung** [υπονοεί προσπάθεια αλλά πολύ λίγη προσοχή στον στόχο] ρίχνω με ορμή *She flung the child to safety.* Έριξε το παιδί προς το μέρος όπου θα ήταν ασφαλές.

aim *ρ.μ.α.* (συχνά + at) στοχεύω, σημαδεύω *I aimed the ball at the goal.* Στόχεψα το τέρμα με την μπάλα. *I was aiming at his head.* Σημάδευα το κεφάλι του.

scatter *ρ.μ.* σκορπίζω *I had scattered some sawdust on the floor.* Είχα σκορπίσει πριονίδια στο πάτωμα.

---

406 Catch Πιάνω

catch *ρ.μ., αόρ. & μτχ. αορ.* **caught** 1 [αντικ.: π.χ. μπάλα] πιάνω *I caught the plate before it hit the ground.* Έπιασα το πιάτο πριν πέσει στο πάτωμα. *(σαν ουσ.) He missed an easy catch.* Δεν κατάφερε να το πιάσει αν και ήταν εύκολο. 2 [αντικ.: π.χ. ποντίκι, εγκληματία] πιάνω, συλλαμβάνω *a good place to catch trout* μέρος κατάλληλο για να πιάσεις πέστροφα

trap *ρ.μ., -pp-* 1 [π.χ. στο κυνήγι ή ανιχνευτική δουλειά] παγιδεύω *a humane way of trapping rabbits* ανώδυνος

τρόπος για παγίδευση κουνελιών 2 (συνήθως στην παθητική φωνή) [σε κλειστό χώρο] παγιδεύω *I was trapped in the bathroom for over an hour.* Παγιδεύτηκα στο μπάνιο για πάνω από μια ώρα. **trap** *ουσ.αρ.* παγίδα *to set a trap* στήνω παγίδα

capture *ρ.μ.* [υπονοεί άσκηση βίας. Αντικ.: π.χ. στρατιώτης] αιχμαλωτίζω *captured prisoners* αυτοί που πιάστηκαν αιχμάλωτοι

---

407 Walk Περπατώ

walk *ρ.* 1 *ρ.α.* περπατώ, πηγαίνω με τα πόδια *I walked to the shops.* Πήγα με τα πόδια στα μαγαζιά. *We walked six miles.* Περπατήσαμε έξι μίλια. 2 *ρ.μ.* περπατώ *They walked the streets all night.* Περπατούσαν στους δρόμους όλη τη νύχτα. 3 *ρ.μ.* [πηγαίνω κάποιον βόλτα] βγάζω βόλτα *to walk the dog* βγάζω βόλτα το σκυλί

walk *ουσ.αρ.* 1 βόλτα, περίπατος *Shall we go for a walk?* Πάμε βόλτα; *forest walks* προκαθορισμένες πορείες σε δάση 2 [τρόπος περπατήματος] περπάτημα *He has a funny walk.* Το περπάτημά του είναι παράξενο.

walker *ουσ.αρ.* [συνήθως αναφέρεται σε ανθρώπους που περπατάνε μεγάλες αποστάσεις για ευχαρίστηση] πεζοπόρος

pedestrian *ουσ.αρ.* πεζός *(σαν επίθ.) pedestrian crossing* διάβαση πεζών

407.1 Κινήσεις περπατήματος

step *ουσ.αρ.* 1 βήμα *a baby's first steps* τα πρώτα βήματα ενός μωρού 2 [προσωπικός ρυθμός περπατήματος] βήμα,

βηματισμός *her usual jaunty step* το συνηθισμένο σίγουρο βήμα της

step *ρ.α., -pp-* (συχνά με επίρρ. ή πρόθ.) βηματίζω, κάνω ένα βήμα *I stepped over the puddle.* Απέφυγα τη λακκούβα του νερού με ένα μεγάλο βήμα. [κάπως επίσημο] *Step this way please.* Περάστε από δω παρακαλώ.

pace *ουσ.αρ.* [ένα βήμα] βήμα *Take two paces forward.* Προχωρήστε δύο βήματα.

pace *ρ.α.μ.* [περπατώ αργά με κανονικά βήματα, συνήθως πάνω κάτω σε ένα χώρο. Συχνά υπονοεί ανία ή ανησυχία] βηματίζω *I paced up and down outside while the judges made their decision.* Βημάτιζα πάνω κάτω όσο οι δικαστές έπαιρναν την απόφαση.

stride *ουσ.αρ.* 1 [μια και μοναδική κίνηση, συνήθως σχετικά μακριά και ζωηρή] δρασκελιά *In a few strides he had caught up with me.* Με μερικές δρασκελιές με έφτασε. 2 (δεν έχει πληθ.) [γρήγορος και σταθερός προσωπικός ρυθμός] βήμα *She headed down the corridor with a confident stride.* Κατευθύνθηκε προς το διάδρομο με σίγουρα βήματα. *δες επίσης 407.3

gait *ουσ.αρ.* (δεν έχει *πληθ.*) [*κάπως* επίσημο. Κινήσεις του σώματος όταν περπατάμε] βηματισμός, περπατησιά *her duck-like gait* ο τρόπος που περπατά σαν πάπια

footstep *ουσ.αρ.* [ήχος ή σημάδι περπατήματος] βήμα *their heavy footsteps on the stairs* τα βαριά τους βήματα στα σκαλιά

tread *ουσ.αρ.* (δεν έχει *πληθ.*) [ήχος και πίεση του βήματος κάποιου] πάτημα, βάδισμα *Even the nurse's gentle tread would wake me.* Ακόμα και το ελαφρό βάδισμα της νοσοκόμας ήταν αρκετό για να με ξυπνήσει.

tread *ρ.α., αόρ.* **trod** *μτχ. αορ.* **trodden** (+ *επίρρ. ή πρόθ.*) πατώ, βαδίζω *He trod on my toe.* Με πάτησε στο δάχτυλο του ποδιού μου.

407.2 Περπατώ αβίαστα

wander *ρ.α.* (συνήθως + *επίρρ. ή πρόθ.*) [υπονοεί ότι δεν υπάρχει συγκεκριμένος προορισμός] περιπλανιέμαι *I've been wandering around these corridors for hours.* Περιπλανιέμαι σ'αυτούς τους διαδρόμους εδώ και ώρες. *You can't just wander in here, you know.* Δεν μπορείς να περιφέρεσαι εδώ, ξέρεις.

roam *ρ.α.μ.* (συνήθως με *επίρρ. ή πρόθ.*) [*κάπως* λογοτεχνικό. Υπονοεί μεγάλες αποστάσεις αλλά όχι συγκεκριμένο προορισμό] περιπλανιέμαι, περιδιαβάζω *We roamed around the old city without a guidebook.* Περιδιαβαίναμε την παλιά πόλη χωρίς (τουριστικό) οδηγό. *I've been roaming the country, looking for a job.* Ψάχνω δουλειά σ'όλη τη χώρα.

stroll *ρ.α.* (συνήθως + *επίρρ. ή πρόθ.*) [υπονοεί αργή, ευχάριστη, σύντομη βόλτα] περπατώ αργά, κάνω βόλτα *We strolled down to the post office.* Πήγαμε βόλτα μέχρι το ταχυδρομείο.

stroll *ουσ.αρ.* βόλτα *to go for a stroll* πάω βόλτα

saunter *ρ.α.* (συνήθως + *επίρρ. ή πρόθ.*) [υπονοεί αργό, ανέμελο, συχνά υπεροπτικό περπάτημα] περιδιαβάζω, σουλατσάρω *He said hello as he sauntered past.* Με χαιρέτησε όπως περιδιάβαινε.

ramble *ρ.α.* [υπονοεί μακρινή βόλτα στην εξοχή] κάνω μακρινό περίπατο, περιφέρομαι *to go rambling* πηγαίνω πεζοπορία *We spent a week rambling round the Peak District.* Περάσαμε μια εβδομάδα με περιπάτους στο Πηκ Ντίστρικτ.

ramble *ουσ.αρ.* βόλτα, περίπατος *to go for a ramble* πάω περίπατο **rambler** *ουσ.αρ.* περιπατητής

amble *ρ.α.* [υπονοεί αργό ήρεμο περίπατο] σουλατσάρω *At twelve he ambles across to the pub for lunch.* Στις δώδεκα σουλατσάρει στην παμπ για μεσημεριανό.

dawdle *ρ.α.* [υπονοεί χασομέρι] χασομερώ, χαζεύω *They tend to dawdle in front of shop windows.* Έχουν την τάση να χαζεύουν τις βιτρίνες των καταστημάτων.

407.3 Περπατώ ζωηρά

march *ρ.α.* (συχνά + *επίρρ. ή πρόθ.*) [υπονοεί τακτικό βηματισμό από, ή σαν, στρατιώτες] παρελαύνω, κάνω πορεία *We marched back to camp.* Επιστρέψαμε βαδίζοντας σε σχηματισμό στο στρατόπεδο. *The protesters marched on Downing Street.* Οι διαδηλωτές έκαναν πορεία στην κατοικία του πρωθυπουργού. [συχνά υπονοεί θυμό] *She marched in and demanded to see the manager.* Μπήκε και απαίτησε να δει το διευθυντή.

march *ουσ.αρ.* πορεία *a protest march* πορεία διαμαρτυρίας

stride *ρ.μ., αόρ.* **strode** *μτχ. αορ.* [σπάνια] **stridden** (συχνά με *επίρρ. ή πρόθ.*) διασκελίζω, βαδίζω με μεγάλα βήματα *He strode off after her.* Την ακολούθησε με μεγάλα βήματα.

*δες επίσης **407.1**

process *ρ.α.* [επίσημο. Υποκ.: π.χ. κληρικοί, χορωδία] κάνω πομπή *We processed solemnly round the cloister.* Με ευλάβεια περιηγηθήκαμε το μοναστήρι. **procession** *ουσ.αρ.* πομπή *to walk in procession* παίρνω μέρος σε πομπή

hike *ρ.α.* (συχνά + *επίρρ. ή πρόθ.*) [υπονοεί μακρινό περίπατο στην εξοχή] πεζοπορώ *to go hiking* πηγαίνω πεζοπορία *We spent a week hiking through Yorkshire.* Κάναμε πεζοπορία μια βδομάδα στο Γιόρκσαϊαρ.

swagger *ρ.α.* (συχνά + *επίρρ. ή πρόθ.*) [υπονοεί περήφανο τρόπο περπατήματος] περπατώ καμαρωτά *He swaggered up to the bar and ordered a bottle of champagne.* Πήγε καμαρωτά στο μπαρ και παράγγειλε ένα μπουκάλι σαμπάνια.

swagger *ουσ.αρ.* κόρδωμα, αλαζονικό βάδισμα *to walk with a swagger* περπατώ με υπεροψία

stamp *ρ.* (συνήθως + *επίρρ. ή πρόθ.*) **1** *ρ.α.* [υπονοεί βαρύ, μερικές φορές επιθετικό τρόπο βαδίσματος] περπατάω βαριά, ποδοπατώ *She swore at me and stamped out.* Με έβρισε και βγήκε με δυνατά βήματα. *He flung the papers to the floor and stamped on them.* Έριξε τα χαρτιά στο πάτωμα και τα ποδοπάτησε. **2** *ρ.μ.* [αντικ.: πόδι] χτυπώ τα πόδια μου *I stamped my foot in rage.* Χτύπησα το πόδι μου στο πάτωμα με θυμό.

tramp *ρ.α.* (συνήθως + *επίρρ ή πρόθ.*) [υπονοεί περπάτημα καταβάλλοντας προσπάθεια] πεζοπορώ, τσαλαπατώ *We had to tramp over there through the mud and rain.* Αναγκαστήκαμε να πάμε με τα πόδια μέχρι εκεί μέσα σε λάσπες και βροχή.

407.4 Περπατώ έτσι ώστε να μη γίνω αντιληπτός

creep *ρ.α., αόρ. & μτχ. αορ.* **crept** (συνήθως + *επίρρ. ή πρόθ.*) [πολύ ήσυχα] περπατώ αθόρυβα, γλιστρώ *I crept upstairs and went to bed.* Γλίστρησα αθόρυβα στο επάνω πάτωμα και πήγα για ύπνο.

crawl *ρ.α.* (συνήθως + *επίρρ. ή πρόθ.*) [υπονοεί χαμήλωμα του σώματος] σέρνομαι *I crawled under the bed.* Σύρθηκα κάτω από το κρεβάτι.

prowl *ρ.α.* (συνήθως + *επίρρ. ή πρόθ.*) [υπονοεί ότι περιμένουμε για κάτι, όπως έναν εγκληματία ή θήραμα] περιφέρομαι σε αναζήτηση λείας *What's the idea of prowling round outside the house?* Γιατί περιφέρεσαι έξω από το σπίτι σα να ζητάς κάτι;

tiptoe *ρ.α.* [συνήθως για να μην ενοχλήσω κάποιον, κυρίως αν κοιμάται] πατώ στις μύτες των ποδιών *She tiptoed out of the room.* Βγήκε έξω από το δωμάτιο πατώντας στις μύτες των ποδιών.

on tiptoe στις μύτες των ποδιών *We were walking around on tiptoe so as not to wake the children.* Περπατούσαμε στις μύτες των ποδιών μας για να μην ξυπνήσουμε τα παιδιά.

407.5 Περπατώ προς τα πάνω

climb *ρ.* [π.χ. σε βουνό ή σκάλες] **1** *ρ.α.* (συνήθως + *επίρρ. ή πρόθ.*) σκαρφαλώνω *I had to climb up the drainpipe.* Αναγκάστηκα να σκαρφαλώσω στον αγωγό. *We could climb in through the window.* Θα μπορούσαμε να μπούμε αν σκαρφαλώναμε από το παράθυρο. **2** *ρ.μ.* ανεβαίνω *She climbed the ladder very slowly.* Ανέβηκε τη σκάλα πολύ αργά.

clamber *ρ.α.* (συνήθως + *επίρρ. ή πρόθ.*) [υπονοεί δυσκολία και χρήση των χεριών] σκαρφαλώνω με δυσκολία *He clambered into the top bunk.* Σκαρφάλωσε με δυσκολία στην πάνω κουκέτα.

scramble ρ.α. (συνήθως + επίρρ. ή πρόθ.) [υπονοεί δύσκολη επιφάνεια ή γρηγοράδα] σπρώχνομαι *Everybody scrambled back on to the coach.* Όλοι σπρωχτήκανε για να ξανανεβούν στο πούλμαν.

407.6 Περπατώ χωρίς άνεση

stagger ρ.α. (συνήθως + επίρρ. ή πρόθ.) [σαν να πρόκειται να πέσω] τρικλίζω, παραπατώ *I staggered out of bed to open the door.* Σηκώθηκα από το κρεβάτι τρικλίζοντας για να ανοίξω την πόρτα.

limp ρ.α. κουτσαίνω **limp** ουσ.αρ. κουτσαμάρα *to walk with a limp* περπατώ κουτσαίνοντας

hobble ρ.α. (συνήθως + επίρρ. ή πρόθ.) [π.χ. λόγω μεγάλης ηλικίας ή τραυματισμού] κουτσαίνω, βαδίζω αδέξια *She was hobbling along on crutches.* Κούτσαινε όπως περπατούσε με τα δεκανίκια.

waddle ρ.α. (συνήθως + επίρρ. ή πρόθ.) [το σώμα κινείται από τη μια άκρη στην άλλη, συχνά από το πάχος. Συχνά χρησιμοποιείται για τις πάπιες] περπατώ σαν πάπια

shuffle ρ.α. (συνήθως + επίρρ. ή πρόθ.) [υπονοεί ότι περπατάμε χωρίς να σηκώσουμε τα πόδια] σέρνω τα πόδια μου *The queue shuffled forward slowly.* Η ουρά των ανθρώπων προχωρούσε αργά.

traipse ρ.α. (συνήθως + επίρρ. ή πρόθ.) [υπονοεί ότι περπατάμε απρόθυμα μεγάλη απόσταση] κάνω κουραστικό ποδαρόδρομο *I had to traipse back to the shops again to pick it up.* Αναγκάστηκα να επιστρέψω στα μαγαζιά με τα πόδια για να το πάρω.

407.7 Περπατώ μέσα απ'το νερό

paddle ρ.α. [σε ρηχό νερό, κυρίως στην ακρογιαλιά] πλατσουρίζω *to go paddling* περπατώ σε ρηχό νερό *I'll just paddle at the water's edge.* Θα περπατήσω στα ρηχά στην άκρη του νερού. (χρησιμοποιείται σαν ουσ.) *to go for a paddle* περπατώ σε ρηχό νερό

wade ρ.α. (συνήθως + επίρρ. ή πρόθ.) [υπονοεί σχετικά βαθύ νερό] προχωρώ με κόπο μέσα στο νερό *We waded in up to our waists.* Προχωρήσαμε με κόπο μέσα στο νερό που έφτανε μέχρι τη μέση μας.

408 Run Τρέχω

δες επίσης **38 Sport, 395 Equestrian sports, 403 Quick**

run ρ. αόρ. **ran** μτχ. αορ. **run 1** ρ.α. (συνήθως + επίρρ. ή πρόθ.) τρέχω *She ran to the gate.* Έτρεξε προς την πύλη. *I ran down the stairs.* Κατέβηκα τις σκάλες τρέχοντας. *He ran into some plate glass.* Όπως έτρεχε έπεσε πάνω σε χοντρό τζάμι. (σαν ουσ.) *to go for a run* πάω για τρέξιμο **2** ρ.μ. [αντικ.: κυρίως αγώνας] κάνω αγώνα δρόμου

trot ρ.α., -tt- (συνήθως + επίρρ. ή πρόθ.) [όπως ένα αργό άλογο] βαδίζω γρήγορα με κοντά βήματα, τρέχω πηδηχτά *She got out of the car and trotted down the path.* Βγήκε από το αυτοκίνητο και άρχισε να τρέχει στο μονοπάτι.

trot ουσ.αρ. τρέξιμο *to break into a trot* αρχίζω να τρέχω

gallop ρ.α. (συνήθως + επίρρ. ή πρόθ.) [όπως ένα γρήγορο άλογο] καλπάζω *I don't want you galloping down the corridors.* Δε θέλω να τρέχετε στους διαδρόμους σαν άλογα.

gallop ουσ.αρ. καλπασμός *to set off at a gallop* ξεκινώ με καλπασμό

race ρ.α. (συνήθως + επίρρ. ή πρόθ.) [υπονοεί έλλειψη χρόνου] σπεύδω *Everybody raced for the doors.* Όλοι έσπευσαν προς τις εξόδους.

dash ρ.α. (συνήθως + επίρρ. ή πρόθ.) [υπονοεί μεγάλη βιασύνη] ξεπετάγομαι, τινάζομαι *I dashed over to the phone.* Πετάχτηκα προς το τηλέφωνο. **dash** ουσ.αρ. εξόρμηση

bolt ρ.α. [συνήθως σημαίνει ότι το βάζουμε στα πόδια] φεύγω απότομα, δραπετεύω *He bolted for the door.* Έφυγε απότομα προς το μέρος της πόρτας.

sprint ρ.α. (συνήθως + επίρρ. ή πρόθ.) [όπως οι αθλητές σε μικρή απόσταση] τρέχω μικρή απόσταση γρήγορα *She sprinted across the road.* Έτρεξε γρήγορα στην απέναντι μεριά του δρόμου. **sprint** ουσ.αρ. γρήγορο τρέξιμο, δρόμος ταχύτητας

scamper ρ.α. (συνήθως + επίρρ. ή πρόθ.) [υπονοεί παιχνιδιάρικα καμώματα] το βάζω στα πόδια, το σκάω *The twins were scampering round the garden.* Τα δίδυμα έτρεχαν στον κήπο.

409 Follow Ακολουθώ

409.1 Ακολουθώ για να πιάσω

chase ρ. ρ.μ. [υπονοεί ταχύτητα. Μπορεί να υπονοεί ότι φτάνουμε κάτι ή το αναγκάζουμε να απομακρυνθεί] κυνηγώ *Stop chasing that poor cat.* Σταμάτα να κυνηγάς την καημένη τη γάτα. *The police chased him on to the roof.* Οι αστυνομικοί τον κυνήγησαν μέχρι τη σκεπή. *He was chasing a dog out of the garden.* Κυνηγούσε ένα σκυλί για να φύγει από τον κήπο. *I chased after him to give him his paper back.* Έτρεξα από πίσω του για να του επιστρέψω την εφημερίδα του.

pursue ρ.μ. [κάπως επίσημο] καταδιώκω *The aggressors will be pursued and punished.* Θα καταδιώξουμε και θα τιμωρήσουμε τους επιτιθέμενους.

pursuer ουσ.αρ. καταδιώκτης *They fled in fear from their pursuers.* Τράπηκαν σε φυγή από το φόβο να μη τους πιάσουν οι καταδιώκτες τους.

pursuit ουσ.αρ. (δεν έχει πληθ.) καταδίωξη *We set off in*

pursuit of the thieves. Ξεκινήσαμε για να καταδιώξουμε τους ληστές.

hunt ρ.μ. [αντικ.: π.χ. αλεπού, εγκληματία] κυνηγώ *a hunted animal* ένα κυνηγημένο ζώο (+ **down**) *We will hunt down the murderer.* Θα κυνηγήσουμε το δολοφόνο μέχρι να τον πιάσουμε.

χρήση

Η λέξη **follower** συνήθως δε δηλώνει κάποιον που περπατά πίσω από κάποιον άλλο, αλλά κάποιον που πιστεύει ή υποστηρίζει κάποιον ή κάτι: π.χ. *the followers of Freud* (οι οπαδοί του Φρόιντ). Στα Αγγλικά, μπορούμε να αναφερθούμε σε ανθρώπους που μας ακολουθούν με διάφορους τρόπους: π.χ. *the people following us on foot* (αυτοί που μας ακολουθούσαν με τα πόδια) *The cars behind me kept hooting.* (Τα αυτοκίνητα πίσω μου συνεχώς κόρναραν.) *the woman after me in the queue* (η γυναίκα που ήταν πίσω μου στην ουρά).

409.2 Ακολουθώ χωρίς να με βλέπουν

trail *ρ.μ.* **1** [υπονοεί μυστικότητα] ακολουθώ τα ίχνη *We trailed him back to the hotel.* Τον ακολουθήσαμε όταν επέστρεψε στο ξενοδοχείο. **2** [δεν μπορώ να συναγωνιστώ] ακολουθώ, περπατώ αργά και κουρασμένα, σέρνομαι *He trailed the leaders till the last 100 metres.* Ακολούθησε τους επικεφαλής μέχρι τα τελευταία 100 μέτρα.

shadow *ρ.μ.* [στενά και μυστικά] παρακολουθώ κατά πόδι, γίνομαι σκιά κάποιου *Foreign journalists are shadowed by members of the secret police.* Οι ξένοι δημοσιογράφοι παρακολουθούνται στενά από τη μυστική αστυνομία.

410 Jump Πηδώ

jump *ρ.α.μ.* (συχνά + *επίρρ.* ή *πρόθ.*) πηδώ *See how high you can jump.* Δες πόσο ψηλά μπορείς να πηδήξεις. *I jumped over the log.* Πήδηξα πάνω από το κούτσουρο. *They jumped the fence.* Πήδηξαν το φράχτη. *He jumped up and ran out of the room.* Πετάχτηκε και βγήκε τρέχοντας από το δωμάτιο. **jump** *ουσ.αρ.* πήδημα, άλμα

spring *ρ.α.*, *αόρ.* **sprang** *μτχ. αορ.* **sprung** (συνήθως + *επίρρ.* ή *πρόθ.*) [υπονοεί κάτι που γίνεται ξαφνικά και με ενεργητικότητα] πετάγομαι, τινάζομαι *I sprang out of bed and ran downstairs.* Πετάχτηκα από το κρεβάτι και έτρεξα στο κάτω πάτωμα. **spring** *ουσ.αρ.* πήδημα, άλμα

leap *ρ.α.*, *αόρ. & μτχ. αορ.* **leapt** ή **leaped** (συνήθως + *επίρρ.* ή *πρόθ.*) [υπονοεί ενεργητικότητα και απόσταση, ή μερικές φορές κάτι που γίνεται ξαφνικά] πηδώ, αναπηδώ *People were leaping out of the blazing building.* Άνθρωποι πηδούσαν από το φλεγόμενο κτίριο. *She leaped out from behind a tree.* Πετάχτηκε πίσω από ένα δέντρο.

leap *ουσ.αρ.* πήδημα, άλμα *She took a flying leap at the burglar.* Πήδηξε για να επιτεθεί στο διαρρήκτη.

hop *ρ.α.*, **-pp-** [μικρά πηδήματα, συνήθως στο ένα πόδι] χοροπηδώ *She came hopping in with a sprained ankle.* Έφτασε πηδώντας στο ένα πόδι επειδή είχε στραμπουλήξει τον αστράγαλό της. [υπονοεί ευκολία] *Hop in a taxi and come over.* Μπες σε ένα ταξί και έλα. **hop** *ουσ.αρ.* πηδηματάκι

skip *ρ.α.*, **-pp-** **1** [τρέχω με πηδηχτά βήματα] χοροπηδώ *They skipped off happily down the road.* Χοροπηδούσαν χαρούμενα όπως περπατούσαν στο δρόμο. **2** [με σχοινάκι] πηδώ σχοινάκι

bounce *ρ.α.μ.* αναπηδώ *Stop bouncing on my bed!* Σταμάτα να πηδάς πάνω στο κρεβάτι μου! *The ball bounced several times.* Η μπάλα αναπήδησε αρκετές φορές. **bounce** *ουσ.αρ.* αναπήδημα

411 Movement Κίνηση

δες επίσης **388 Pull and Push**

move *ρ.α.μ.* **1** [κάνω κίνηση] κινούμαι *I thought I saw him move.* Νόμισα ότι τον είδα να κινείται. *Don't move!* Μην κουνιέσαι! *I've moved the medicines out of reach.* Έχω απομακρύνει τα φάρμακα ώστε να μη μπορούν να τα φτάνουν. *They moved their warehouse to Leicester.* Μετακόμισαν την αποθήκη τους στο Λέστερ. **2** [σε άλλο σπίτι] μετακομίζω *We're moving house tomorrow.* Μετακομίζουμε σε ένα άλλο σπίτι αύριο. *I moved here two years ago.* Μετακόμισα εδώ πριν από δυο χρόνια.

movement *ουσ.* **1** *ουσ.μ.αρ.* κίνηση *The overalls are designed for ease of movement.* Η φόρμα είναι σχεδιασμένη για ευκολία στις κινήσεις. **2** *ουσ.αρ.* κίνηση *Watch out for any sudden movements.* Πρόσεχε μήπως δεις να γίνονται κάποιες ξαφνικές κινήσεις.

motion *ουσ.* [πιο επίσημος ή εξειδικευμένος όρος από το **movement**] **1** *ουσ.μ.αρ.* [συνεχής] κίνηση *motion caused by magnetic attraction* κίνηση που προκαλείται από μαγνητική έλξη *to **set** wheels **in motion*** βάζω τροχούς σε κίνηση **2** *ουσ.αρ.* [κυρίως σαν σήμα] κίνηση *She beckoned me with a confident motion of her arm.* Μου έκανε νόημα με μια κίνηση του χεριού της γεμάτη αυτοπεποίθηση.

mobile *επίθ.* κινητός [δίνει έμφαση στην ικανότητα για μετακίνηση] κινητός *a mobile workforce* κινητό εργατικό δυναμικό *a mobile library* κινητή βιβλιοθήκη **mobility** *ουσ.μ.αρ.* κινητικότητα

411.1 Μικρές κινήσεις του σώματος

shift *ρ.* **1** *ρ.α.* [αλλάζω θέση] μετακινώ *She shifted forward in her seat.* Μετακινήθηκε προς τα μπρος στη θέση της. **2** *ρ.μ.* [κάπως ανεπίσημο] μετακινώ, αλλάζω θέση *I want to shift this fridge.* Θέλω να μετακινήσω αυτό το ψυγείο.

stir *ρ.α.*, **-rr-** [κάπως λογοτεχνικό. Π.χ. μετά από ύπνο ή ακινησία] αναδεύω, σαλεύω *A hedgehog stirred in the grass.* Ένας σκαντζόχοιρος σάλεψε στο χορτάρι.

stir *ουσ.αρ.* σάλεμα, αναταραχή *There was a stir amongst the audience.* Ανάμεσα στο πλήθος επικράτησε αναταραχή.

wriggle *ρ.α.* [π.χ. με ανυπομονησία ή για να αντισταθώ σε κάποιον. Συνήθως σημαίνει ότι κινείται όλο το σώμα] στριφογυρίζω, ξεγλιστρώ *He wriggles so much it takes two of us to change his nappy.* Στριφογυρίζει τόσο πολύ που χρειάζεται δύο άτομα για να του αλλάξουμε την πάνα.

fidget *ρ.α.* [συνήθως από ανυπομονησία ή ανία] κάνω νευρικές κινήσεις *Those hard benches would make anybody fidget.* Εκείνα τα σκληρά καθίσματα θα έκαναν οποιονδήποτε να κουνιέται νευρικά.

jerk *ρ.α.μ.* [με ξαφνικό τράβηγμα] τινάζω, τραβώ απότομα *She jerked her hand away.* Απομάκρυνε το χέρι της τινάζοντάς το.

jerk *ουσ.αρ.* τίναγμα *a sudden jerk of the head* ένα ξαφνικό τίναγμα του κεφαλιού

twitch *ρ.α.μ.* [συνήθως όχι κάτι που κάνουμε ενσυνείδητα ή μπορούμε να ελέγξουμε] κάνω συσπάσεις *Her lips twitched as she tried not to smile.* Τα χείλη της έκαναν συσπάσεις όπως προσπαθούσαν να μη χαμογελάσει.

twitch *ουσ.αρ.* σύσπαση *He's got a nervous twitch.* Έχει μια νευρική σύσπαση στο πρόσωπο.

411.2 Κινήσεις που κάνουμε όταν γλιστράμε

slide *ρ.*, *αόρ. & μτχ. αορ.* **slid** (συνήθως + *επίρρ.* ή *πρόθ.*) [σε λεία επιφάνεια] **1** *ρ.α.* γλιστρώ *to slide down the banister* γλιστρώ πάνω στο κάγκελο της σκάλας [δίνει έμφαση στην ευκολία της κίνησης] *We slid through a gap in the fence.* Γλιστρήσαμε μέσα από ένα άνοιγμα στο φράχτη. **2** *ρ.μ.* γλιστρώ *I slid the letter into my pocket.* Έβαλα το γράμμα στη τσέπη μου (χωρίς να με προσέξουν).

glide *ρ.α.* (συνήθως + *επίρρ.* ή *πρόθ.*) [υπονοεί ήσυχη εύκολη κίνηση] γλιστρώ, κινούμαι ομαλά και αθόρυβα *The dishwasher glides in and out on castors.* Το πλυντήριο πιάτων μπαίνει και βγαίνει εύκολα γλιστρώντας πάνω στις ρόδες. *The bus just glided past without stopping.* Το λεωφορείο πέρασε χωρίς να σταματήσει.

slip *ρ.α.*, -pp- 1 [χάνω την ισορροπία] γλιστρώ, παραπατώ *I slipped on the wet floor.* Γλίστρησα στο βρεγμένο πάτωμα. 2 (συνήθως + *επίρρ.* ή *πρόθ.*) [κινούμαι γρήγορα] ξεγλιστρώ *I'd just slipped round the corner.* Είχα πάει μέχρι τη γωνία. *He slipped out for a minute.* Βγήκε για λίγο.

slippery *επίθ.* γλιστερός *slippery mountain tracks* γλιστερά μονοπάτια στο βουνό

skid *ρ.α.*, -dd- [υπονοεί χάσιμο του στηρίγματος σε επιφάνεια. Υποκ.: κυρίως όχημα] ντεραπάρω, γλιστρώ πλάγια *The van skidded on some black ice.* Το φορτηγό ντεραπάρησε σε πάγο που είχε σχηματιστεί στο δρόμο και δε φαινόταν.

slither *ρ.α.* 1 (κυρίως *Βρετ.*) [υπονοεί επαναλαμβανόμενο γλίστρημα σε βρεγμένη ή γυαλισμένη επιφάνεια] γλιστρώ, κατρακυλώ *My feet kept slithering on the slimy rocks.* Τα πόδια μου γλιστρούσαν συνεχώς πάνω στα γλιστερά βράχια. 2 (*Βρετ.* & *Αμερ.*) [λέγεται για τα φίδια] έρπω

drift *ρ.α.* (συνήθως + *επίρρ.* ή *πρόθ.*) [υπονοεί ανεξέλεγκτη κίνηση, πάνω στο νερό ή σαν να επιπλέουμε] παρασύρω *The smoke drifted upwards.* Ο καπνός παρασύρθηκε προς τα πάνω. *Our boat drifted towards land.* Η βάρκα μας παρασύρθηκε από τα κύματα προς τη στεριά.

411.3 Κίνηση προς τα πίσω ή μπροστά

roll *ρ.* (συνήθως + *επίρρ.* ή *πρόθ.*) 1 *ρ.α.* [υποκ./αντικ.: π.χ. βράχος, βαρέλι] κυλώ, κατρακυλώ *A coin rolled under the counter.* Ένα κέρμα κύλησε κάτω από το ταμείο. 2 *ρ.μ.* (συνήθως + **up**) κάνω ρολό *She rolled up the map.* Έκανε τον χάρτη ρολό.

flow *ρ.α.* (συνήθως + *επίρρ.* ή *πρόθ.*) [σαν ρυάκι] ρέω, κυλώ *the blood that flows through your veins* το αίμα που κυλά στις φλέβες σου

flow *ουσ.αρ.* ροή, παροχή *They cut off the oil flow.* Διέκοψαν τη ροή του πετρελαίου.

rock *ρ.α.μ.* [μπρος-πίσω στην ίδια θέση] λικνίζω, κουνώ *I found her rocking gently in a hammock.* Την βρήκα να κουνιέται ήρεμα σε μια κρεμαστή κούνια. *The wind was rocking the branches.* Ο άνεμος κουνούσε τα κλαδιά.

swing *ρ.*, *αόρ.* & *μτχ. αορ.* **swung** [κίνηση σε σχήμα τόξου] 1 *ρ.α.* αιωρούμαι, ταλαντεύομαι *His fist swung up at me.* Η γροθιά του αιωρήθηκε/ταλαντεύτηκε προς το μέρος μου. *The window swung shut.* Το παράθυρο ταλαντεύτηκε και έκλεισε. 2 *ρ.μ.* περιστρέφω *They were swinging chains around their heads.* Περιέστρεφαν αλυσίδες γύρω από τα κεφάλια τους.

wag *ρ.*, -gg- [υποκ./αντικ.: κυρίως δάχτυλο, ουρά] 1 *ρ.μ.* κουνώ, παίζω *She kept wagging the paper under my nose.* Όλη την ώρα κουνούσε το χαρτί κάτω από τη μύτη μου. 2 *ρ.α.* κουνιέμαι *Her tail was wagging happily up and down.* Η ουρά της κουνιόταν χαρούμενα πάνω κάτω.

hurtle *ρ.α.* (συνήθως + *επίρρ.* ή *πρόθ.*) [υπονοεί μεγάλη και ανεξέλεγκτη ταχύτητα, όπως όταν κάτι πετιέται ή εκτοξεύεται] ορμώ, ρίχνομαι *Rockets hurtled overhead.* Πύραυλοι πετούσαν πάνω από τα κεφάλια μας. *She came hurtling towards us on her bike.* Ήρθε ολοταχώς προς το μέρος μας πάνω στο ποδήλατό της.

412 Fall Πέφτω

δες επίσης **47 Decrease**

412.1 Πέφτω τυχαία

fall *ρ.α.*, *αόρ.* **fell** *μτχ. αορ.* **fallen** (συνήθως + *επίρρ.* ή *πρόθ.*, κυρίως **down**) πέφτω *She stumbled and fell.* Σκόνταψε και έπεσε. *You could fall down and hurt yourself.* Μπορεί να πέσεις και να χτυπήσεις. *A tile's fallen off the roof.* Ένα κεραμίδι έχει πέσει από τη στέγη.

fall *ουσ.αρ.* πτώση, πέσιμο *She had a bad fall.* Έπεσε (και χτύπησε) άσχημα.

trip *ρ.α.*, -pp- (συχνά + **up** ή **over**) [υπονοεί ότι το πόδι κάποιου πιάνεται σε κάτι] σκοντάφτω *I've just tripped over one of your toys again.* Σκόνταψα σε ένα παιχνίδι σου πάλι.

stumble *ρ.α.* 1 (συχνά + **on** ή **over**) [υπονοεί ότι σκοντάφτω και πέφτω πάνω σε κάτι] σκοντάφτω *I stumbled on a shoe that someone had left lying around.* Σκόνταψα σε ένα παπούτσι που κάποιος είχε αφήσει στη μέση. 2 [περπατώ αδέξια ή με αστάθεια] παραπατώ *She stumbled about in the dark trying to find the light switch.* Παραπατούσε ψηλαφώντας στο σκοτάδι καθώς προσπαθούσε να βρει το διακόπτη για το φως.

tumble *ρ.α.* (συνήθως + *επίρρ.* ή *πρόθ.*) [υπονοεί ότι κάτι αναποδογυρίζει] κατρακυλώ *The car tumbled over the cliff.* Το αυτοκίνητο έπεσε αναποδογυρίζοντας από την άκρη του βράχου.

collapse *ρ.α.* 1 [από πρόβλημα στην κατασκευή] καταρρέω *The roof collapsed, killing 5 people.* Η σκεπή κατέρρευσε και σκοτώθηκαν 5 άτομα. 2 [π.χ. πρόσωπο. Π.χ. όταν λιποθυμά κάποιος] λιποθυμώ *She collapsed in a heap.* Λιποθύμησε και σωριάστηκε στο πάτωμα. *to collapse in tears* ξεσπώ σε δάκρυα 3 [αποτυχαίνω] καταρρέω *The business collapsed.* Η επιχείρηση κατέρρευσε.

collapse *ουσ.μ.αρ.αρ.* κατάρρευση, συντριβή *the collapse of communism* η κατάρρευση του κομουνισμού

spill *ρ.μ.α.*, *αόρ.* & *μτχ. αορ.* **spilled** ή (κυρίως *Βρετ.*) **spilt** [αντικ./υποκ.: π.χ. κρασί, αλεύρι] χύνω *Don't spill tea all over me!* Μη χύσεις τσάι πάνω μου! *My drink spilt all over the floor.* Το ποτό μου χύθηκε στο πάτωμα. **spill** *ουσ.αρ.* αυτό που έχει χυθεί

tip *ρ.*, -pp- (συνήθως + *επίρρ.* ή *πρόθ.*) [υπονοεί χάσιμο ισορροπίας από κάποια πίεση] 1 *ρ.μ.* [συνήθως σκόπιμα] ανατρέπω, αναποδογυρίζω *We tipped the car over the edge.* Σπρώξαμε το αυτοκίνητο για να πέσει από την άκρη (του βράχου). *I tipped the contents out on to the table.* Το αναποδογύρισα για να αδειάσω το περιεχόμενο στο τραπέζι. 2 (συνήθως + **over**) [συνήθως από ατύχημα] αναποδογυρίζω *The jolt made the bottle tip over.* Ο κραδασμός έκανε το μπουκάλι να αναποδογυρίσει.

412.2 Πέφτω κατευθείαν προς τα κάτω

plummet *ρ.α.* [υπονοεί ότι κάποιος πέφτει με μεγάλη ταχύτητα για μεγάλη απόσταση] πέφτω κατακόρυφα *A shot rang out and the bird plummeted to the ground.* Ένας πυροβολισμός ακούστηκε και το πουλί έπεσε κατακόρυφα στο έδαφος.

drop *ρ.*, -pp- (συνήθως + *επίρρ.* ή *πρόθ.*) [συμπτωματικά ή όχι] 1 *ρ.μ.* αφήνω να μου πέσει *You've dropped a glove.* Σου έπεσε ένα γάντι. *Just drop your cases anywhere.* Άφησε τις βαλίτσες σου όπου να 'ναι. *They're dropping leaflets* over enemy lines. Ρίχνουν φυλλάδια στις γραμμές του εχθρού. **2** *ρ.α.* πέφτω *The letter dropped from her hand.* Το γράμμα έπεσε από το χέρι της. *The handle's dropped off.* Το χερούλι έχει πέσει. *I dropped to my knees.* Έπεσα στα γόνατά μου.

sink *ρ.*, *αόρ.* **sank** *μτχ. αορ.* **sunk** 1 *ρ.α.* [π.χ. στη θάλασσα] βυθίζομαι *the year the Cambridge boat sank* η χρονιά που βυθίστηκε η βάρκα της ομάδας του Καίμπριτζ. **2** *ρ.μ.* [π.χ. στη θάλασσα] βυθίζω **3** *ρ.α.* [π.χ. από την κούραση] σωριάζομαι, πέφτω απότομα *to sink into an armchair* βουλιάζω σε μια πολυθρόνα *She sank to the ground in exhaustion.* Σωριάστηκε στο έδαφος από την εξάντληση. *I sank to my knees.* Έπεσα στα γόνατά μου.

412.3 Κατεβαίνω με ελεγχόμενη κίνηση

swoop *ρ.α.* (συχνά + **down**) [με γρήγορη κίνηση, και με χάρη σαν αρπαχτικό πουλί] εφορμώ κάθετα *A helicopter swooped down to photograph the crowd.* Ένα ελικόπτερο πέταξε κάθετα για να φωτογραφήσει το πλήθος.

dive *ρ.α.*, *αόρ.* **dived** ή (*Αμερ*) **dove** *μτχ. αορ.* **dived** (συνήθως + *επίρρ.* ή *πρόθ.*) βουτώ, καταδύομαι *The whale suddenly dived.* Η φάλαινα βούτηξε ξαφνικά.

dive *ουσ.αρ.* βουτιά, κατάδυση *an athletic dive* μια αθλητική βουτιά

descend *ρ.α.μ.* [κάπως επίσημο. Υπονοεί κίνηση με προσοχή] κατέρχομαι *We descended through the clouds.* Η κατάβασή μας έγινε μέσα από τα σύννεφα. *They descended the cliff face.* Έκαναν κατάβαση από την επιφάνεια του βράχου.

descent *ουσ.αρ.* κατάβαση *our descent into Heathrow* η κατάβασή μας στο Χήθροου

413 Rise Σηκώνομαι

δες επίσης **46 Increase, 337 Carry**

rise *ρ.α.*, *αόρ.* **rose** *μτχ. αορ.* **risen** (συχνά + **up**) [υπονοεί εμφανή έλλειψη προσπάθειας] σηκώνομαι *The balloon began to rise up into the sky.* Το αερόστατο άρχισε να ανεβαίνει στον ουρανό.

raise *ρ.μ.* [σκόπιμα] υψώνω, σηκώνω *He raised the cup above his head.* Σήκωσε το ποτήρι πάνω από το κεφάλι του.

lift *ρ.μ.* [υπονοεί προσπάθεια παρά μεγάλο ύψος] σηκώνω *I could hardly lift the box.* Μόλις που μπορούσα να σηκώσω το κουτί. *I lifted her onto my shoulders.* Τη σήκωσα στους ώμους μου.

ascend *ρ.α.μ.* [κάπως επίσημο. Υπονοεί κίνηση προς τα πάνω με χάρη ή προσοχή] ανεβαίνω *the view as we ascended* η θέα όπως ανεβαίναμε *She ascended the steps to the main door.* Ανέβηκε τις σκάλες προς την κεντρική είσοδο.

ascent *ουσ.αρ.* ανάβαση *a balloon ascent* ανάβαση με αερόστατο

climb *ρ.α.* αναρριχώμαι, ανυψώνομαι *The plane climbed steadily as it left the runway.* Το αεροπλάνο υψώθηκε σταθερά όπως άφηνε τον αεροδιάδρομο.

414 Turn Γυρίζω

turn *ρ.* [υπονοεί κίνηση σε πλήρη ή μερικό κύκλο] **1** *ρ.α.* (συνήθως + *επίρρ.* ή *πρόθ.*) γυρίζω *The gate turned slowly on its hinges.* Η αυλόπορτα γύρισε αργά πάνω στους μεντεσέδες. *He turned round and stared at me.* Γύρισε και με κοίταξε. *Turn left here.* Στρίψε αριστερά εδώ. **2** *ρ.μ.* γυρίζω *Turn the valve clockwise.* Γύρισε τη βαλβίδα προς τα δεξιά. *I turned the car round.* Έστριψα το αυτοκίνητο.

turn *ουσ.αρ.* στροφή *Give the wheel a quarter turn.* Στρίψε το τιμόνι κατά 90 μοίρες. *twists and turns in the road* στροφές στο δρόμο

414.1 Γυρίζω κυκλικά

spin *ρ.*, -nn- *αόρ. & μτχ. αορ.* **spun** (συχνά + **round** ή **around**) [συνήθως υπονοεί ταχύτητα και συνεχή κίνηση] **1** *ρ.α.* περιστρέφομαι *I watched the clothes spinning round in the machine.* Παρακολουθούσα τα ρούχα όπως περιστρέφονταν στο πλυντήριο. **2** *ρ.μ.* περιστρέφω *The croupier spun the wheel.* Ο κρουπιέρης γύρισε τη ρουλέτα.

revolve *ρ.α.* (συχνά + **round** ή **around**) [πιο εξειδικευμένος όρος από το **spin**. Συνήθως υπονοεί συνεχή κίνηση σε σχέση με έναν άξονα] περιστρέφομαι *Each planet revolves slowly around the sun.* Κάθε πλανήτης περιστρέφεται αργά γύρω από τον ήλιο. **revolution** *ουσ.μ.αρ.αρ.* περιστροφή

rotate *ρ.* [κάπως εξειδικευμένος όρος. Υπονοεί ότι κάτι είναι σταθεροποιημένο σε έναν άξονα] **1** *ρ.α.* περιστρέφομαι *The chamber rotates each time a bullet is fired.* Η θαλάμη περιστρέφεται κάθε φορά που πυροβολείς. **2** *ρ.μ.* περιστρέφω *Each cog rotates the next.* Κάθε δόντι του τροχού κάνει τον επόμενο να περιστραφεί. **rotation** *ουσ.μ.αρ.αρ.* περιστροφή, περιτροπή

414.2 Αλλάζω κατεύθυνση

twist *ρ.* (συχνά + *επίρρ.* ή *πρόθ.*) [υπονοεί ότι το ένα μέρος πηγαίνει προς διαφορετική κατεύθυνση από το άλλο] **1** *ρ.α.* στρίβω *a stretch where the river twists and turns* ένα διάστημα όπου το ποτάμι σχηματίζει στροφές *The cap twists off.* Το καπάκι βγαίνει αν το στρίψεις. *He twisted round to check.* Έστριψε (το κεφάλι του) για να δει. **2** *ρ.μ.* στρίβω *I twisted the cord round my wrist.* Έστριψα το κορδόνι γύρω από τον καρπό του χεριού μου. *I twisted the handle round.* Έστριψα το χερούλι.

twist *ουσ.αρ.* στρίψιμο *with a twist of her wrist* με ένα στρίψιμο του χεριού της

swerve *ρ.α.* [υπονοεί ξαφνική, συχνά βίαιη κίνηση, συνήθως για να αποφύγουμε κάτι] εκτρέπομαι, λοξοδρομώ *I swerved and hit a tree.* Βγήκα από την πορεία μου και χτύπησα σε ένα δέντρο (με το αυτοκίνητο).

veer *ρ.α.* [υπονοεί σημαντική αλλαγή κατεύθυνσης, μερικές φορές από χάσιμο του ελέγχου] στρέφω, αλλάζω πορεία *The road veers off to the left.* Ο δρόμος στρίβει προς τα αριστερά. *You keep veering towards the kerb.* Στρίβεις συνεχώς προς το κράσπεδο.

415 Wave Κυματίζω

wave *ρ.* [υπονοεί σχετικά πλατιά κίνηση] **1** *ρ.μ.α.* [για να χαιρετήσω ή για να κάνω νόημα. Αντικ.: βραχίονας, σημαία] κουνώ, κυματίζω *He waved an umbrella at the taxi.* Έκανε νόημα με την ομπρέλα στο ταξί. *He waved cheerfully at me.* Μου κούνησε χαρούμενα το χέρι για να με χαιρετήσει. **2** *ρ.α.* [υποκ.: π.χ. σημαία] κυματίζω *The barley waved in the sun.* Το κριθάρι κυμάτιζε στον ήλιο.

flutter *ρ.α.* [υπονοεί μικρές επαναλαμβανόμενες κινήσεις] περιτριγυρίζω, φτεροκοπώ *He couldn't stop the pages*

fluttering in the wind. Δεν μπορούσε να σταματήσει τις σελίδες να ξεφυλλίζονται από τον αέρα.

flap *ρ.*, **-pp-** [υπονοεί ζωηρές θορυβώδεις κινήσεις] χτυπώ, ανεβοκατεβάζω (χέρια, φτερούγες, κτλ.) **1** *ρ.α.* χτυπώ, κυματίζω *The washing flapped on the line.* Η μπουγάδα κυμάτιζε στο σύρμα. **2** *ρ.μ.* κουνώ, κάνω αέρα *She was flapping her programme like a fan.* Έκανε αέρα με το πρόγραμμά της σαν να ήταν βεντάλια. *The bird flapped its wings.* Το πουλί ανεβοκατέβασε τα φτερά του.

416 Magic Μαγεία

magic *ουσ.μ.αρ.* μαγεία *black magic* μαύρη μαγεία *to make sth disappear by magic* κάνω κάτι να εξαφανιστεί δια μαγείας.

magic *επίθ.* [πιο γενικός όρος από το **magical**] μαγικός *magic tricks* μαγικά κόλπα *a magic mirror* μαγικός καθρέφτης

magical *επίθ.* [δίνει έμφαση στη γοητεία και το μυστήριο] μαγικός *a magical kingdom* ένα μαγικό βασίλειο

magician *ουσ.αρ.* [κάποιος που διασκεδάζει άλλα άτομα ή σε παραμύθι] μάγος, ταχυδαχτυλουργός

wand *ουσ.αρ.* ραβδί *a magic wand* μαγικό ραβδί

spell *ουσ.αρ.* ξόρκι, μαγεία *to cast a spell (on sb)* μαγεύω

trick *ουσ.αρ.* κόλπο *a disappearing trick* ταχυδαχτυλουργικό κόλπο με το οποίο εξαφανίζονται αντικείμενα

416.1 Μαγικά όντα

fairy *ουσ.αρ.* νεράιδα (σαν *επίθ.*) *a fairy princess* η πριγκήπισσα των νεράιδων

gnome *ουσ.αρ.* καλικάντζαρος

elf *ουσ.αρ.*, *πληθ.* **elves** ξωτικό, αερικό

wizard *ουσ.αρ.* μάγος

witch *ουσ.αρ.* μάγισσα

416.2 Υπερφυσικά όντα

ghost *ουσ.αρ.* [η πιο γενική και συνηθισμένη λέξη] φάντασμα *Do you believe in ghosts?* Πιστεύεις ότι υπάρχουν φαντάσματα;

phantom *ουσ.αρ.* [κάπως λογοτεχνικό] φάντασμα

haunt *ρ.μ.* [αντικ.: π.χ. κάστρο] στοιχειώνω

occult *επίθ.* [περιγράφει: π.χ. δυνάμεις] απόκρυφος (σαν *ουσ.*) *the occult* μαγεία, αστρολογία, κτλ.

417 Good Καλός

δες επίσης **59 Beautiful**, αντίθετο **438 Bad**

good *επίθ.*, *συγκρ.* **better** *υπερθ.* **best** καλός *a very good idea* μια πολύ καλή ιδέα *a good book* ένα καλό βιβλίο *a good tennis player* ένας καλός τενίστας *Let's hope the weather is better tomorrow.* Ας ελπίσουμε ότι θα κάνει καλύτερο καιρό αύριο.

well *επίρρ.*, *συγκρ.* **better** *υπερθ.* **best** [το επίρρημα από το **good**] καλά *They played very well.* Παίξανε πολύ καλά. (σε σύνθετα) *well-dressed* καλοντυμένος *better-educated* καλύτερα μορφωμένος

> χρήση
>
> Όταν το **good** χρησιμοποιείται για να περιγράψει ένα πρόσωπο, μπορεί να αναφέρεται είτε στο πόσο καλός είναι κάποιος στο να κάνει κάτι συγκεκριμένο, π.χ. *a good pilot* (ένας καλός πιλότος) ή στο πόσο καλός είναι από την άποψη της ηθικής. Η λέξη **goodness** χρησιμοποιείται μόνο με αυτή τη σημασία. *Δες **217 Good**

417.1 Καλός αλλά που δεν εμπνέει μεγάλο ενθουσιασμό

> χρήση
>
> Η σημασία όλων των παρακάτω λέξεων εκτός από το **okay** μπορεί να ενισχυθεί με το **very** ή το **extremely**. Συνήθως δεν ακουλουθούν το **absolutely**.

okay ή **OK** *επίθ.* [κάπως ανεπίσημο. Συνήθως σημαίνει ότι κάτι είναι ικανοποιητικό αλλά μπορεί να σημαίνει ότι κάτι είναι καλό ή αρκετά καλό, ανάλογα με τον τόνο της φωνής του ομιλητή] εντάξει *The food wasn't great but it was OK.* Το φαγητό δεν ήταν υπέροχο, αλλά ήταν εντάξει.

decent *επίθ.* **1** [υπονοεί ικανοποίηση] υποφερτός, καλός *We can at last afford a decent car.* Επιτέλους έχουμε την οικονομική δυνατότητα να αγοράσουμε ένα καλό αυτοκίνητο. *a decent meal* ένα καλό γεύμα **2** [περιγράφει: πρόσωπο, συμπεριφορά] ευπρεπής **decently** *επίρρ.* με ευπρέπεια

nice *επίθ.* [καλύτερα να χρησιμοποιείται μόνο σε συνομιλίες] ωραίος *They're a nice couple.* Είναι ένα συμπαθητικό ζευγάρι. *What a nice little house!* Τι ωραίο σπιτάκι! *a nice cup of tea* ένα ωραίο φλυτζάνι τσάι *Have a nice day!* Καλή σας μέρα!

nicely *επίρρ.* [υπονοεί μεγαλύτερο ενθουσιασμό από το **nice**] ωραία *You sang that very nicely.* Το τραγούδησες πολύ ωραία.

pleasant *επίθ.* [ευχάριστα καλός] ευχάριστος *It's a pleasant place, I suppose, but I wouldn't want to live there.* Είναι ευχάριστο μέρος αλλά δε θα ήθελα να ζήσω εκεί. *Thank you for a very pleasant evening.* Ευχαριστώ για μια πολύ ευχάριστη βραδιά. *All the neighbours seem very pleasant.* Όλοι οι γείτονες φαίνονται να είναι πολύ συμπαθείς.

favourable *επίθ.* [υπονοεί έγκριση. Περιγράφει: π.χ. απόψεις, κρίση] ευνοϊκός, ευμενής *The reviews were favourable.* Οι κριτικές ήταν ευμενείς. *I'm hoping for a favourable decision.* Ελπίζω ότι η απόφαση θα είναι ευνοϊκή για μένα.

417.2 Καλός και που εμπνέει θαυμασμό

δες επίσης **77 Great**

lovely *επίθ.* (κυρίως Βρετ.) υπονοεί θαυμασμό ή απόλαυση] ωραίος, θαυμάσιος *What lovely hair!* Τι ωραία μαλλιά! *I hope you have a lovely time.* Ελπίζω να περάσετε πολύ ωραία. *Thank you for that lovely meal.* Ευχαριστώ για το θαυμάσιο γεύμα. (πριν από ένα άλλο *επίθ.*) *lovely fluffy towels* θαυμάσιες απαλές πετσέτες

fine *επίθ.* **1** (συνήθως πριν από ουσ.) [κάπως επίσημο. Δίνει έμφαση στη δεξιοτεχνία και ποιότητα] εξαίρετος, εκλεκτός, περίτεχνος *some fine medieval carvings* κάτι εξαίρετα μεσαιωνικά ξυλόγλυπτα *a fine essay on humour* μια εξαιρετική πραγματεία για την αίσθηση του χιούμορ *fine wines* εκλεκτά κρασιά **2** (συνήθως μετά από ρ.) [υπονοεί ικανοποιητικές περιστάσεις αλλά πολύ λίγο ενθουσιασμό] καλός, ωραίος *The eggs were just fine, darling.* Τα αυγά ήταν ωραία, αγάπη μου. *If you move the chair a little to the right, that'll be fine.* Αν μετακινήσεις την καρέκλα λίγο προς τα δεξιά, θα είναι εντάξει. (συχνά χρησιμοποιείται για επιβεβαίωση) *Your work is fine.* Η δουλειά σου είναι καλή. **3** [περιγράφει: καιρό] ωραίος, καλός *a fine day* μια ωραία ημέρα **4** (μετά από ρ.) [υγής] καλά *I'm fine now.* Είμαι καλά τώρα.

splendid *επίθ.* **1** [κάπως παλιομοδίτικο. Υπονοεί απόλαυση] λαμπρός, υπέροχος *That'll be a splendid present for an eight-year-old.* Αυτό θα είναι ένα υπέροχο δώρο για ένα οχτάχρονο. [εκφράζει ευχαριστίες ή ικανοποίηση] *Eight o'clock will be splendid.* Οχτώ η ώρα με βολεύει θαυμάσια. **2** [υπονοεί μεγαλείο] μεγαλοπρεπής *a splendid oriental carpet* ένα μεγαλοπρεπές ανατολίτικο χαλί

splendidly *επίρρ.* υπέροχα, λαμπρά *The plan worked splendidly.* Το σχέδιο είχε λαμπρά αποτελέσματα.

superb *επίθ.* [υπονοεί εντυπωσιακή ποιότητα] μεγαλειώδης, λαμπρός *a superb banquet* μια μεγαλειώδης συνεστίαση

superbly *επίρρ.* θαυμάσια, έξοχα *She arranged everything superbly.* Τα τακτοποίησε όλα υπέροχα.

magnificent *επίθ.* [υπονοεί εντυπωσιακό αποτέλεσμα] μεγαλοπρεπής *What a magnificent rainbow!* Τι μεγαλοπρεπές ουράνιο τόξο! *The acoustics are magnificent.* Η ακουστική είναι μεγαλειώδης.

magnificence *ουσ.μ.αρ.* μεγαλοπρέπεια *the magnificence of the setting* η μεγαλοπρέπεια του σκηνικού

magnificently *επίρρ.* μεγαλοπρεπώς *a magnificently tiled hallway* ένας διάδρομος μεγαλοπρεπώς διακοσμημένος με πλακάκια

masterpiece *ουσ.μ.αρ.* αριστούργημα *a Venetian masterpiece* ένα ενετικό αριστούργημα

417.3 Εξαιρετικά καλός και που εμπνέει μεγάλο ενθουσιασμό

excellent *επίθ.* [από τους καλύτερους] έξοχος, εξαίρετος *an excellent recording* μια έξοχη ηχογράφηση *an excellent violinist* ένας έξοχος βιολιστής *The wine was excellent.* Το κρασί ήταν εξαίρετο. *The method gives excellent results.* Η μέθοδος φέρνει εξαιρετικά αποτελέσματα. **excellently** *επίρρ.* εξαιρετικά, έξοχα

excellence *ουσ.μ.αρ.* υπεροχή, ανωτερότητα *the excellence of her advice* το πόσο εξαιρετικές ήταν οι συμβουλές της

outstanding *επίθ.* [ασυνήθιστα εξαιρετικός] εξέχων, διαπρεπής *an outstanding interpreter of Chopin* ένας διαπρεπής εκτελεστής έργων του Σοπέν

marvellous *επίθ.* καταπληκτικός, θαυμαστός *She has a marvellous memory.* Έχει καταπληκτική μνήμη.

marvellously *επίρρ.* καταπληκτικά *It's so marvellously simple.* Είναι καταπληκτικά απλό.

wonderful *επίθ.* θαυμάσιος *It's a wonderful place to live.* Είναι θαυμάσιο μέρος για να ζήσει κανείς.

wonderfully *επίρρ.* θαυμάσια *a wonderfully relaxing holiday* πάρα πολύ ξεκούραστες διακοπές

tremendous *επίθ.* [κάπως ανεπίσημο] καταπληκτικός *She makes tremendous pasta.* Φτιάχνει καταπληκτικές μακαρονάδες.

tremendously *επίρρ.* [χρησιμοποιείται για να επιτείνει τη σημασία μιας λέξης] πάρα πολύ *They're tremendously helpful people.* Είναι πάρα πολύ πρόθυμοι να σε βοηθήσουν.

super [ανεπίσημο] υπέροχος *We had super weather.* Ο καιρός ήταν υπέροχος.

terrific *επίθ.* [ανεπίσημο] φανταστικός *I think your sister's terrific.* Η αδελφή σου είναι καταπληκτική.

fantastic *επίθ.* [ανεπίσημο] φανταστικός *Their latest album's absolutely fantastic.* Το πιο πρόσφατο άλμπουμ τους είναι φανταστικό.

fabulous *επίθ.* [ανεπίσημο] θαυμάσιος *Their house is really fabulous.* Το σπίτι τους είναι πραγματικά θαυμάσιο.

brilliant *επίθ.* (Βρετ.) [ανεπίσημο] λαμπρός, έξοχος *The disco was just brilliant.* Η ντισκοτέκ ήταν έξοχη.

great *επίθ.* [ανεπίσημο] πολύ καλός, περίφημος *We had a great time.* Περάσαμε πολύ καλά.

417.4 Τέλειος

perfect *επίθ.* τέλειος *the perfect opportunity* η τέλεια ευκαιρία **perfectly** *επίρρ.* τέλεια **perfection** *ουσ.μ.αρ.* τελειότητα

faultless *επίθ.* [χωρίς πιθανά λάθη, ψεγάδια, κτλ.] άψογος *a faultless performance* μια άψογη εκτέλεση **faultlessly** *επίρρ.* άψογα

impeccable *επίθ.* άψογος, άμεμπτος *She has impeccable manners.* Έχει άψογους τρόπους. **impeccably** *επίρρ.* άψογα

ideal *επίθ.* [ο καλύτερος που μπορεί κανείς να φανταστεί] ιδανικός *the ideal car* το ιδανικό αυτοκίνητο *The weather is ideal for walking.* Ο καιρός είναι ιδανικός για να πάμε για περπάτημα.

ideally *επίρρ.* ιδανικά *He is ideally suited for the job.* Είναι το κατάλληλο άτομο για τη δουλειά.

first-rate *επίθ.* [κάπως ανεπίσημο. Υπονοεί βαθμίδα ποιότητας] πρώτης ποιότητας *a first-rate return on your investment* μια έξοχη απόδοση κερδών από τις επενδύσεις σου

φράσεις

be just the job (*Βρετ.*), **do just the job** (*Αμερ.*) [ανεπίσημο. Ιδανικός για μια συγκεκριμένη περίσταση] ακριβώς αυτό που χρειάζεται *Thanks, a cup of coffee would be just the job.* Ευχαριστώ, ένα φλυτζάνι καφέ θα ήταν ακριβώς αυτό που χρειάζομαι.

second to none [υπονοεί υψηλό επίπεδο] κανείς δεν το ξεπερνά *Our medical staff are second to none.* Κανείς δεν ξεπερνά το ιατρικό προσωπικό μας.

last word in sth [κάπως ανεπίσημο. Το απολύτως καλύτερο] η τελευταία λέξη *We bring you the last word in stereo sound.* Σας φέρνουμε την τελευταία λέξη στο στερεοφωνικό ήχο.

417.5 Εκτιμάω πόσο καλό είναι κάτι

δες επίσης **268 Value**

quality *ουσ.μ.αρ.* [συνήθως καλή, εκτός αν δηλώνεται διαφορετικά] ποιότητα *You'll be amazed by the quality of the work.* Θα εκπλαγείς από την ποιότητα της δουλειάς. *a very poor quality fabric* ύφασμα πολύ κακής ποιότητας (σαν *επίθ.*) *quality materials* υλικά ποιότητας *a high-quality finish* φινίρισμα υψηλής ποιότητας

merit *ουσ.* 1 *ουσ.μ.αρ.* [κάπως επίσημο. Υπονοεί εκτίμηση που αξίζει σε κάποιον/κάτι] προσόν, πλεονέκτημα *The proposals have considerable merit.* Οι προτάσεις έχουν αρκετά πλεονεκτήματα. 2 *ουσ.αρ.* αξία *What are the merits of this approach?* Ποια είναι η αξία αυτής της μεθόδου; *We judge each case on its merits.* Κρίνουμε κάθε περίπτωση ανάλογα με την αξία της.

virtue *ουσ.* 1 *ουσ.αρ.μ.αρ.* [υπονοεί ηθική] αρετή *Punctuality is a rather underrated virtue.* Η συνέπεια είναι μια αρετή που δεν εκτιμάται αρκετά. *the military virtues of speed and surprise* οι στρατιωτικές αρετές της ταχύτητας και του αιφνιδιασμού 2 *ουσ.αρ.* πλεονέκτημα *the virtues of the present system* τα πλεονεκτήματα του σημερινού συστήματος

---

418 Improve Βελτιώνω

improve *ρ.* 1 *ρ.μ.* βελτιώνω *I've improved my time in the 800 metres this year.* Έχω βελτιώσει το χρόνο μου στα 800 μέτρα φέτος. *A little more salt would improve this sauce.* Λίγο ακόμα αλάτι θα μπορούσε να βελτιώσει αυτή τη σάλτσα. *improved working conditions* βελτιωμένες συνθήκες εργασίας 2 *ρ.α.* βελτιώνομαι *The weather seems to be improving.* Φαίνεται ότι ο καιρός βελτιώνεται. *My cooking isn't improving.* Η μαγειρική μου τέχνη δε βελτιώνεται.

improve on/upon *ρ.μ.* [κάνω καλύτερο από] βελτιώνω *I'm trying to improve on my previous record.* Προσπαθώ να βελτιώσω το προηγούμενο ρεκόρ μου.

improvement *ουσ.αρ.μ.αρ.* (συχνά + **on, in**) βελτίωση *There has been a marked improvement in his work.* Έχει γίνει αξιοσημείωτη βελτίωση στη δουλειά του. *The champagne was an improvement on the warm beer they served last time.* Αυτή τη φορά πρόσφεραν σαμπάνια αντί για ζεστή μπίρα όπως την τελευταία φορά. *Your work isn't bad, but there's room for improvement.* Η δουλειά σου είναι καλή αλλά υπάρχει περιθώριο για βελτίωση.

refine 'Η **refine on/upon** *ρ.μ.* [βελτιώνω αλλάζοντας λεπτομέρειες] βελτιώνω *We have refined our drilling techniques.* Έχουμε βελτιώσει τις τεχνικές που χρησιμοποιούμε για διάτρηση. *They need to refine their working methods.* Χρειάζεται να βελτιώσουν τις μεθόδους εργασίας τους.

refinement *ουσ.* 1 *ουσ.μ.αρ.* βελτίωση 2 *ουσ.αρ.* [μια μικρή πρόσθετη λεπτομέρεια] βελτίωση *The anti-jamming device is an added refinement on the new machines.* Ο μηχανισμός αντιμπλοκαρίσματος είναι μια πρόσθετη βελτίωση των καινούργιων μηχανών.

polish 'Η **polish up** *ρ.μ.* [βελτιώνω, κυρίως με εξάσκηση] βελτιώνω *I need an hour to polish tomorrow's speech.* Χρειάζομαι μια ώρα για να βελτιώσω την αυριανή μου ομιλία. *A week in Paris will polish up my French.* Μια εβδομάδα στο Παρίσι θα βελτιώσει τα Γαλλικά μου.

better *ρ.μ.* [επίσημο] 1 βελτιώνω *measures to better the economy* μέτρα για να βελτιώσουμε την οικονομία 2 [κάνω καλύτερο από] βελτιώνω *She bettered her previous record*

by 3 seconds. Βελτίωσε το προηγούμενο ρεκόρ της κατά 3 δευτερόλεπτα.

progress *ουσ.μ.αρ.* πρόοδος *We've made some progress with the plans.* Έχουμε κάνει κάποια πρόοδο με τα σχέδια. *I'm not making much progress with my studies.* Δεν κάνω μεγάλες προόδους με τις σπουδές μου.

progress *ρ.α.* προοδεύω *We've been negotiating all day, but we don't seem to be progressing.* Κάνουμε διαπραγματεύσεις όλη την ημέρα σήμερα, αλλά δεν φαίνεται να σημειώνουμε προόδους. *The patient is progressing well.* Η κατάσταση του ασθενή εξελίσσεται καλά.

advance *ουσ.αρ.* πρόοδος *This is a major new advance in space research.* Αυτή είναι μια σπουδαία πρόοδος στην έρευνα του διαστήματος. *Scientific advances have rendered this equipment obsolete.* Επιστημονικές πρόοδοι έχουν θέσει αυτόν τον εξοπλισμό σε αχρηστία.

advance *ρ.α.μ.* προχωρώ *Our understanding of the disease has advanced considerably.* Έχουμε κάνει σημαντικές προόδους στην κατανόηση της ασθένειας. *Research has advanced treatment of the disease.* Η έρευνα έχει σημειώσει προόδους για την θεραπεία της αρρώστιας.

φράσεις

make (great) strides προοδεύω αλματωδώς *We've made great strides in the treatment of disaster victims.* Έχουμε κάνει αλματώδεις προόδους στη θεραπεία των θυμάτων της καταστροφής.

get better βελτιώνομαι, καλυτερεύω *Your driving is getting better.* Η οδήγησή σου βελτιώνεται. *Leo was quite ill, but now he's getting better.* Ο Λέο ήταν αρκετά άρρωστος αλλά τώρα καλυτερεύει.

come along ΕΠΙΣΗΣ **come on** *ρ.α.πρφ.* πάω καλά *My typing's really coming on now.* Η δακτυλογράφησή μου πάει καλά τώρα. *Your Spanish is coming along nicely.* Κάνεις προόδους στα Ισπανικά.

brush up (on) φρεσκάρω *I'll have to brush up on my maths.* Χρειάζεται να φρεσκάρω τις γνώσεις μου στα μαθηματικά.

419 Superior Ανώτερος

αντίθετο **439 Inferior**

superior επίθ. **1** (συχνά + **to**) [σε ποιότητα, βαθμό, κτλ.] ανώτερος *my superior officer* ο ανώτερός μου αξιωματικός *It definitely gives superior sound quality.* Σίγουρα δίνει ανώτερη ποιότητα ήχου. *The new bike is much superior to the one I had before.* Το καινούριο ποδήλατο είναι κατά πολύ ανώτερο από αυτό που είχα πριν. **2** [κάπως επίσημο. Πολύ καλός] υψηλής ποιότητας *superior brandies* κονιάκ υψηλής ποιότητας **3** [υποτιμητικό] υπεροπτικός *in a superior tone* με υπεροπτικό τόνο **superiority** ουσ.μ.αρ. ανωτερότητα

advanced επίθ. [υπονοεί πρόοδο] προηγμένος *advanced space technology* προηγμένη διαστημική τεχνολογία *The engine is the most advanced of its kind.* Η μηχανή είναι η πιο προηγμένη στο είδος της. *an advanced language course* μαθήματα ξένης γλώσσας για προχωρημένους

senior επίθ. [υπονοεί ηλικία ή ιεραρχία] ανώτερος *our senior accountant* ο αρχιλογιστής μας *He is senior to me.* Είναι ανώτερός μου. **seniority** ουσ.μ.αρ. αρχαιότητα υπηρεσίας

φράσεις

have (ή **give sb**) **the edge on/over** [υπονοεί μικρό αλλά σπουδαίο πλεονέκτημα] υπερτερώ *A better delivery network would give you the edge over your competitors.* Ένα καλύτερο δίκτυο παράδοσης των αγαθών θα σε έκανε να υπερτερήσεις των ανταγωνιστών σου.

head and shoulders above σκάλες καλύτερος *She's head and shoulders above all the other students.* Είναι σκάλες καλύτερη από όλους τους άλλους μαθητές.

have the upper hand [υπονοεί πιο πολλή δύναμη από κάποιον άλλο] έχω το πάνω χέρι *We had the upper hand throughout the game.* Είχαμε το πάνω χέρι σε όλη τη διάρκεια του παιχνιδιού.

(to be) one step ahead [υποδηλώνει πλεονέκτημα μετά από προσπάθεια, πρωτοβουλία, πανουργιά, κτλ.] είμαι ένα βήμα μπροστά *Our research department keeps us one step ahead of other manufacturers.* Το τμήμα ερευνών μας βοηθάει να προηγούμαστε των άλλων κατασκευαστών.

420 Suitable Κατάλληλος

suitable επίθ. (συχνά + **for**) κατάλληλος *the most suitable candidate* ο πιο κατάλληλος υποψήφιος *The film is not suitable for children.* Η ταινία δεν είναι κατάλληλη για παιδιά. *a suitable place to eat* ένα κατάλληλο μέρος για φαγητό **suitably** επίρρ. κατάλληλα **suitability** ουσ.μ.αρ. καταλληλότητα

suit ρ.μ. **1** [είμαι κατάλληλος για] αρμόζω *The music didn't suit the occasion.* Η μουσική δεν άρμοζε στην περίσταση. **2** [είμαι βολικός. Υποκ.: π.χ. ετοιμασίες, σχέδια] βολεύω *Would Friday suit you?* Θα σε βόλευε Παρασκευή; **3** [φαίνεται καλό] ταιριάζω *Red suits you.* Το κόκκινο σου πάει.

420.1 Κατάλληλος σε συγκεκριμένες περιστάσεις

right επίθ. [που ταιριάζει κάτι/κάποιον ακριβώς] κατάλληλος *It was just the right thing to say.* Ήταν το πιο κατάλληλο πράγμα που θα μπορούσε να πει κανείς. *The time seems right.* Η ώρα φαίνεται κατάλληλη. *It's only right that he should pay for his mistake.* Είναι σωστό να πληρώσει για το λάθος του. **rightness** ουσ.μ.αρ. ορθότητα

appropriate επίθ. **1** κατάλληλος *I need an appropriate quotation.* Χρειάζομαι (να μου κάνεις) μια κατάλληλη τιμή. *It seemed appropriate to invite them.* Νομίζαμε ότι θα ήταν κατάλληλο να τους προσκαλέσουμε. *How appropriate that it should happen at Christmas.* Πόσο επίκαιρο που συνέβη τα Χριστούγεννα. **2** (δεν έχει συγκρ. ή υπερθ., πάντα + **the**) [αυτό που χρειάζομαι, διαλέγω, κτλ.] κατάλληλος *I found the appropriate document.* Βρήκα το κατάλληλο έγγραφο. *At the appropriate moment, he called for silence.* Στη στιγμή που έκρινε κατάλληλη, τους ζήτησε να κάνουν ησυχία.

appropriately επίρρ. κατάλληλα *appropriately sombre music* κατάλληλα σοβαρή μουσική

apt επίθ. [περιγράφει: π.χ. έκφραση, τιμή] ταιριαστός, εύστοχος *The proverb seemed very apt in the situation.* Η παροιμία φάνηκε να ταιριάζει πολύ στην περίσταση. **aptly** επίρρ. ταιριαστά

fitting επίθ. [κάπως επίσημο. Κυρίως από την άποψη της ηθικής ή της καλαισθησίας] αρμόζων, πρέπων *a fitting conclusion to a distinguished career* ένα αρμόζον τέλος σε μια διακεκριμένη καριέρα *It seems fitting to let a younger person have the job.* Φαίνεται αρμόζον να δώσουμε τη θέση σε ένα νεότερο άτομο. **fittingly** επίρρ. όπως αρμόζει

proper επίθ. [κάπως επίσημο και στομφώδες. Υπονοεί παραδοσιακά κοινωνικά πρότυπα] πρέπων *Is it proper for students of different sexes to be sharing a house?* Είναι πρέπον να συγκατοικούν φοιτητές του αντίθετου φύλου;

seemly επίθ. [κάπως λογοτεχνικό. Υπονοεί ηθικά και κοινωνικά πρότυπα] ευπρεπής *It would have been more seemly to wait longer before remarrying.* Θα ήταν πιο ευπρεπές να περίμενε ακόμα λίγο καιρό πριν ξαναπαντρευτεί.

420.2 Σχετικός

relevant επίθ. **1** (συχνά + **to**) σχετικός, συναφής *The advice is more relevant to disabled people.* Αυτές οι συμβουλές είναι πιο σχετικές για ανάπηρα άτομα. *Her remarks strike me as extremely relevant.* Μου κάνει εντύπωση πόσο συναφή είναι τα σχόλιά της. **2** (δεν έχει συγκρ. ή υπερθ., πάντα + **the**) [αυτό που χρειαζόμαστε, και είναι απαραίτητο, κτλ.] σχετικός *I think we now have all the relevant details.* Νομίζω ότι τώρα έχουμε όλες τις σχετικές λεπτομέρειες. **relevance** ουσ.μ.αρ. σχέση

apply ρ.α. (συνήθως + **to**) ισχύω *This only applies if you earn over £25,000.* Αυτό ισχύει μόνο άν το ετήσιο εισόδημά σου είναι πάνω από 25000 λίρες. *People say the Welsh are good singers, but that certainly doesn't apply to Paul!* Λένε ότι οι Ουαλλοί τραγουδάνε ωραία, αλλά αυτό σίγουρα δεν ισχύει για τον Πωλ!

applicable επίθ. (μετά από ρ., συχνά + **to**) εφαρμόσιμος *an exception where the usual procedure is not applicable* μια εξαίρεση όπου η συνηθισμένη διαδικασία δεν ισχύει.

421 Comfortable Άνετος

αντίθετο **440 Uncomfortable**

comfortable επίθ. άνετος a comfortable chair μια αναπαυτική πολυθρόνα Are you comfortable sitting there? Κάθεσαι αναπαυτικά εκεί; **comfortably** επίρρ. αναπαυτικά
comfort ουσ. 1 ουσ.μ.αρ. [περιστάσεις ή αίσθηση άνεσης] άνεση in the comfort of your own home στην άνεση του ίδιου του σπιτιού σου. 2 ουσ.αρ. [κάτι το απολαυστικό] απόλαυση little comforts like wine and good music μικρές απολαύσεις όπως το κρασί και η καλή μουσική 3 ουσ.μ.αρ. [πρόσωπο, πράγμα, ή γεγονός που βοηθάει σε δύσκολες στιγμές] ανακούφιση It's some comfort that he didn't suffer. Είναι κάπως ανακουφιστικό το ότι δεν υπέφερε.

cosy (Βρετ.), **cozy** (Αμερ.) επίθ. [υπονοεί ζεστασιά ή ικανοποίηση] ζεστός a cosy scene of hot chocolate in front of the fire μια σκηνή ζεστής σοκολάτας μπροστά από το

τζάκι που σε γέμιζε ζεστασιά **cosily** επίρρ. άνετα, ζεστά
snug επίθ. [κάπως ανεπίσημο. Υπονοεί ζεστασιά και προστατευμένο περιβάλλον] γεμάτος θαλπωρή I was snug in bed until you rang. Χουζούρευα στο κρεβάτι μέχρι την ώρα που τηλεφώνησες. **snugly** επίρρ. άνετα

luxury ουσ. 1 ουσ.μ.αρ. [συναίσθημα ή περιστάσεις] πολυτέλεια, απόλαυση to live in luxury ζω μέσα στη πολυτέλεια This is the **lap of luxury**. Αυτό είναι χλιδή. 2 ουσ.αρ. [κάτι το απολαυστικό και ακριβό] πολυτέλεια A dishwasher isn't a luxury, you know. Το πλυντήριο πιάτων δεν είναι πολυτέλεια, ξέρεις.

luxurious επίθ. [περιγράφει: π.χ. ξενοδοχείο, κουζίνα] πολυτελής I had a long, luxurious shower. Έκανα ένα παρατεταμένο, απολαυστικό ντους.
luxuriously επίρρ. πολυτελώς luxuriously upholstered με

422 Happy Ευτυχής

αντίθετο **447 Sad**

happy επίθ. 1 ευτυχής I feel happy. Είμαι ευτυχισμένος. I'm happy to let you try. Συμφωνώ να σε αφήσω να προσπαθήσεις. 2 [ικανοποιημένος] ευχαριστημένος I'm not happy with her work. Δεν είμαι ικανοποιημένος με τη δουλειά της.
happily επίρρ. ευτυχισμένα They were playing happily together. Παίζανε αρμονικά μαζί. a happily married man κάποιος που είναι ευτυχισμένος στο γάμο του
happiness ουσ.μ.αρ. ευτυχία Money doesn't guarantee happiness. Τα λεφτά δεν εγγυώνται ευτυχία.

joy ουσ. 1 ουσ.μ.αρ. [πιο έντονο από το **happiness**] χαρά Children give you a lot of joy. Τα παιδιά σου δίνουν μεγάλη χαρά. 2 ουσ.αρ. χαρά the joys of family life οι χαρές της οικογενειακής ζωής
joyful [πιο λογοτεχνικό από το **happy** όταν περιγράφει ανθρώπους] χαρούμενος joyful cries χαρούμενες φωνές A joyful crowd was celebrating New Year. Ένα χαρούμενο πλήθος γιόρταζε τον Καινούριο Χρόνο. **joyfully** επίρρ. χαρούμενα

pleasure ουσ. 1 ουσ.μ.αρ. ευχαρίστηση the pleasure you get from your garden η ευχαρίστηση που σου δίνει ο κήπος σου 2 ουσ.αρ. απόλαυση little pleasures like staying in bed late μικρές απολαύσεις όπως να σηκώνεσαι αργά το πρωί
pleasurable επίθ. [κάπως επίσημο] ευχάριστος I found meeting her a very pleasurable experience. Η γνωριμία της ήταν μια πολύ ευχάριστη εμπειρία.
pleasing επίθ. [κάπως επίσημο. Θελκτικός ή ικανοποιητικός] ευχάριστος a pleasing golden colour ένα ευχάριστο χρυσό χρώμα **pleasingly** επίρρ. ευχάριστα

422.1 Χαρούμενος από αιτία

pleased επίθ. (συχνά + **about, at, with**) [ικανοποιημένος και αρκετά ευτυχής] ευχαριστημένος The result made us feel rather pleased. Το αποτέλεσμα μας ευχαρίστησε. I'm so pleased for you! Χαίρομαι πολύ για λογαριασμό σου! I'm pleased with the general effect. Είμαι ευχαριστημένος με το γενικό αποτέλεσμα.
glad επίθ. (συχνά + **about, at**) [ικανοποιημένος αλλά όχι συνεπαρμένος] ευχαριστημένος I'm glad about the baby. Χαίρομαι για το μωρό. He'll be glad to see you again. Θα χαρεί να σε ξαναδεί. [εκφράζει προθυμία] I'd be glad to come. Θα χαρώ να έρθω. [εκφράζει ανακούφιση] I'll be glad when it's over. Θα χαρώ όταν τελειώσει.

gladness ουσ.μ.αρ. [κάπως επίσημο] χαρά You could sense the gladness and relief in his voice. Μπορούσες να διακρίνεις τη χαρά και ικανοποίηση στη φωνή του.
gladden ρ.μ. [κάπως επίσημο ή λογοτεχνικό] χαροποιώ a victory that gladdened the hearts of the party managers νίκη που χαροποίησε τους αρχηγούς του κόμματος

grateful ευγνώμων (συχνά + **to, for, that**) ευγνώμων I can't tell you how grateful I am. Δεν έχω λόγια να σου πω πόσο ευγνώμων είμαι. We're very grateful to you for coming today. Σου είμαστε ευγνώμονες που ήρθες σήμερα. I'm just grateful I still have a job. Είμαι ευγνώμων που έχω ακόμα τη δουλειά μου. **gratefully** επίρρ. με ευγνωμοσύνη

thankful (συνήθως + **for, that**) [π.χ. επειδή ένα πρόβλημα, ατύχημα, κτλ. έχει αποφευχθεί] ευγνώμων Let's be thankful there weren't more casualties. Ας είμαστε ευγνώμονες που δεν είχαμε περισσότερα θύματα. **thankfully** επίρρ. ευτυχώς

relief ουσ. 1 ουσ.μ.αρ. (συχνά + **at**) [που αποφεύχθηκε κάτι ανεπιθύμητο] ανακούφιση a sigh of relief αναστεναγμός ανακούφισης our relief at the decision η ανακούφισή μας όταν ακούσαμε την απόφαση 2 ουσ.αρ. (δεν έχει πληθ.) [π.χ. καλά νέα] ανακούφιση That's a relief, I thought you weren't coming. Τι ανακούφιση, νόμιζα ότι δε θα ερχόσουν. It's such a relief to be home. Είναι μεγάλη ανακούφιση που έφτασα σπίτι.
relieved επίθ. (συνήθως στη μετοχή αορίστου) ανακουφισμένος We're all very relieved she's safe. Ανακουφιστήκαμε όλοι που είναι σώα και αβλαβής.

422.2 Πάρα πολύ χαρούμενος

delighted επίθ. (συνήθως μετά από ρ.) πολύ χαρούμενος I'm delighted to see you all here. Χαίρομαι πάρα πολύ που σας βλέπω όλους εδώ. They're delighted with the new house. Είναι πολύ χαρούμενοι με το καινούριο σπίτι. I'd be delighted to be your best man. Θα χαρώ πάρα πολύ να γίνω κουμπάρος σας.

overjoyed επίθ. (μετά από ρ., συχνά + **about, at,** + **to** + ΑΠΑΡΕΜΦΑΤΟ) [πολύ χαρούμενος και συνεπαρμένος] καταχαρούμενος Everybody's overjoyed about the award. Όλοι είναι καταχαρούμενοι που πήραν το βραβείο.

elated επίθ. [μετά από ρ., συχνά + **about, at**] [πάρα πολύ χαρούμενος και κεφάτος] γεμάτος χαρά You're supposed to feel elated on your wedding day. Υποτίθεται ότι αισθάνεσαι πολύ χαρούμενος και κεφάτος την ημέρα του γάμου σου. **elation** *ουσ.μ.αρ.* ενθουσιασμός

ecstatic *επίθ.* [τόσο χαρούμενος που δεν προσέχω άλλα πράγματα] εκστατικός *She was ecstatic when I told her she had won.* Έμεινε εκστατική όταν της είπα ότι νίκησε. **ecstatically** *επίρρ.* εκστατικά **ecstasy** *ουσ.μ.αρ.αρ.* έκσταση

rapture *ουσ.* [υπονοεί ακατανίκητο αίσθημα ευχαρίστησης] **1** *ουσ.μ.αρ.* αγαλλίαση *The music was sheer rapture.* Η μουσική ήταν σκέτη απόλαυση. **2** *ουσ.αρ.* (πάντα στον *πληθ.*) έκσταση *The scenery sent him into raptures.* Μαγεύτηκε από το τοπίο.

rapturous *επίθ.* εκστατικός, μαγεμένος *rapturous enthusiasm* παθιασμένος ενθουσιασμός **rapturously** *επίρρ.* εκστατικά

rejoice *ρ.α.* (συχνά + over, in) [κάπως επίσημο. Υπονοεί ότι δείχνουμε τη χαρά μας] πανηγυρίζω *There was much rejoicing over the news of a ceasefire.* Μεγάλος πανηγυρισμός ακολούθησε τα νέα της εκεχειρίας.

422.3 Χαρούμενος σε χαρακτήρα ή συμπεριφορά

merry *επίθ.* [χαρούμενος με ζωηρό, συχνά παιχνιδιάρικο τρόπο] εύθυμος, κεφάτος *We all had a merry time at the reunion dinner.* Όλοι ευθυμήσαμε στο δείπνο της συνάντησης. **merrily** *επίρρ.* εύθυμα **merriness** *ουσ.μ.αρ.* ευθυμία

cheerful *επίθ.* [υπονοεί ότι δείχνουμε ευχάριστη προσωπικότητα] ευδιάθετος *She's ill, but managing to keep cheerful.* Είναι άρρωστη, αλλά καταφέρνει να είναι ευδιάθετη.

cheerfully *επίρρ.* ευδιάθετα *They cheerfully agreed to help us.* Με χαρά δέχτηκαν να μας βοηθήσουν. **cheerfulness** *ουσ.μ.αρ.* ευδιαθεσία

jolly *επίθ.* [χαρούμενος με εξωστρεφή τρόπο] κεφάτος

423 Laugh Γελάω

laughter *ουσ.μ.αρ.* γέλιο *the sound of children's laughter* ο ήχος του γέλιου των παιδιών *I could hear gales of laughter coming from the bedroom.* Άκουγα καταιγίδες γέλιου να έρχονται από το υπνοδωμάτιο. *a series of one-liners that made us howl with laughter* μια σειρά από σύντομα αστεία που μας έκαναν να σκάσουμε στα γέλια

laugh *ουσ.αρ.* **1** γέλιο *a quiet laugh* σιωπηλό γέλιο **2** [κάπως ανεπίσημο] γέλιο *It was a real laugh.* Είχε πολύ γέλιο. *We threw him in the swimming pool for a laugh.* Τον πετάξαμε στην πισίνα για να γελάσουμε.

chuckle *ρ.α.* [χαρούμενα αλλά ήσυχα] κρυφογελώ *I chuckled at the thought of the surprise they'd get.* Κρυφογέλασα όταν σκέφτηκα την έκπληξη που θα έπαιρναν. **chuckle** *ουσ.αρ.* συγκρατημένο γέλιο

giggle *ρ.α.* [ήσυχα και νευρικά] χαχανίζω *She saw a rude word in the dictionary and started giggling.* Είδε μια αγενή λέξη στο λεξικό και άρχισε να χαχανίζει.

giggle *ουσ.αρ.* **1** νευρικό γέλιο **2** [κάπως ανεπίσημο] χαχάνισμα *We only did it for a giggle.* Το κάναμε μόνο για να γελάσουμε.

guffaw *ρ.α.* [δυνατά και ανόητα] χασκογελώ *He guffawed at his own joke and slapped me on the back.* Γέλασε δυνατά με το δικό του το αστείο και με χτύπησε στην πλάτη.

guffaw *ουσ.αρ.* καγχασμός *I could hear his upper-class guffaw* Άκουσα τον αριστοκρατικό καγχασμό του.

grin *ρ.α.*, -nn- [με πολύ πλατύ χαμόγελο] χαμογελώ πλατιά

grin *ουσ.αρ.* πλατύ χαμόγελο *Take that stupid grin off your face!* Βγάλε εκείνο το ανόητο χαμόγελο από το πρόσωπό σου!

optimistic *επίθ.* αισιόδοξος *I'm quite optimistic about my prospects.* Είμαι αρκετά αισιόδοξος για τις προοπτικές μου. **optimistically** *επίρρ.* αισιόδοξα **optimism** *ουσ.μ.αρ.* αισιοδοξία **optimist** *ουσ.αρ.* αισιόδοξος

φράσεις

in high spirits [υπονοεί ευτυχία και ενθουσιασμό για τη ζωή] εύθυμος *It was the last day of term and everybody was in high spirits.* Ήταν η τελευταία ημέρα της σχολικής περιόδου και όλοι ήταν εύθυμοι.

full of the joys of spring [συχνά ειρωνικό] καταχαρούμενος *My book had just been published and I was full of the joys of spring.* Το βιβλίο μου μόλις είχε δημοσιευθεί και ήμουν καταχαρούμενος.

over the moon [ανεπίσημο. Πολύ χαρούμενος και συνεπαρμένος για κάτι] πολύ συνεπαρμένος *If she wins the championship we'll all be over the moon.* Αν κερδίσει το πρωτάθλημα όλοι μας θα είμαστε πανευτυχείς. *He was over the moon about his success.* Ήταν πανευτυχής για την επιτυχία του.

in seventh heaven [κάπως παλιομοδίτικο και ανεπίσημο] στον έβδομο ουρανό *Your father would be in seventh heaven if he had a garden like that.* Ο πατέρας σου θα ήταν στον έβδομο ουρανό αν είχε ένα τέτοιο κήπο.

on cloud nine [ανεπίσημο. Απόλυτα ευτυχής και δεν καταλαβαίνω τίποτε άλλο] πετώ στα σύννεφα από τη χαρά μου *He's been on cloud nine since his granddaughter was born.* Πετά στα σύννεφα από τη χαρά του από τότε που γεννήθηκε η εγγονή του.

423.1 Γελώ με δυσάρεστο τρόπο

snigger (*Βρετ.*) ΕΠΙΣΗΣ (*Αμερ.*) **snicker** *ρ.α.* (συχνά + at) [υποτιμητικό. Υπονοεί αγενή συμπεριφορά] κρυφογελώ *They sniggered at her clothes.* Γελάσανε πίσω από την πλάτη της κοροϊδεύοντας τα ρούχα που φορούσε. **snigger** *ουσ.αρ.* πονηρό γέλιο

φράσεις

split one's sides [ανεπίσημο. Υπονοεί ανεξέλεγκτο γέλιο] σκάω από τα γέλια *I really split my sides when the tent fell in on us.* Πραγματικά έσκασα από τα γέλια όταν η σκηνή έπεσε πάνω μας.

be in stitches [ανεπίσημο] ξεκαρδίζομαι *His impressions had us all in stitches.* Οι μιμήσεις του μας έκαναν να μη κρατιόμαστε από τα γέλια.

to have a fit of the giggles ξεσπώ σε νευρικό γέλιο *I had a fit of the giggles just as he was finishing his speech.* Με έπιασε ένα νευρικό γέλιο μόλις τελείωνε την ομιλία του.

die laughing [ανεπίσημο] πεθαίνω στα γέλια *You'd have died laughing if you'd seen him fall off the ladder.* Θα πέθαινες στα γέλια αν τον έβλεπες να πέφτει από τη σκάλα.

crack up (laughing) [ανεπίσημο] σκάω στα γέλια *I just cracked up when she told me what had happened.* Έσκασα στα γέλια όταν μου είπε τι είχε συμβεί.

laugh one's head off [ανεπίσημο. Υπονοεί ότι θεωρούμε κάτι αστείο, μερικές φορές από κακία] γελάω με τη ψυχή μου

smirk ρ.α. [με θρασύ τρόπο, συχνά που δείχνει αυτοϊκανοποίηση] χαμογελώ με κακεντρέχεια *Stop smirking, anyone can make a mistake.* Μη χαμογελάς με τόση κακεντρέχεια, όλοι κάνουμε λάθη.

smirk ουσ.αρ. χαζό/αυτάρεσκο χαμόγελο *a self-satisfied smirk* ένα χαμόγελο αυτοϊκανοποίησης

---

424 Funny Αστείος

δες επίσης **444 Unusual**

424.1 Ιδιότητες που χαρακτηρίζουν αστεία πράγματα

humour (*Βρετ.*), **humor** (*Αμερ.*) ουσ.μ.αρ. χιούμορ *her dry humour* το ξερό της χιούμορ *a keen* **sense of humour** πνευματώδης αίσθηση του χιούμορ

humorous επίθ. [αστείος με χαρούμενο τρόπο. Περιγράφει: π.χ. πρόσωπο, σχόλιο, περίσταση] χιουμοριστικός *a humorous letter to the Times* ένα χιουμοριστικό γράμμα στην εφημερίδα Times.

amusing επίθ. [συχνά υπονοεί κάτι λίγο μόνο αστείο] διασκεδαστικός *an amusing coincidence* μια αστεία σύμπτωση *He's a very amusing companion.* Η παρέα του είναι πολύ διασκεδαστική.

amusement ουσ.μ.αρ. διασκέδαση *The mix-up caused a certain amount of amusement.* Το μπέρδεμα μας έκανε να γελάσουμε. *He lost his glasses,* **to the** *great* **amusement of** *the children.* Έχασε τα γυαλιά του, πράγμα που έκανε τα παιδιά να γελάσουν πολύ.

amuse ρ.μ. ψυχαγωγώ *The pun failed to amuse her.* Δε θεώρησε το λογοπαίγνιο αστείο.

wit ουσ.μ.αρ. [υπονοεί έξυπνο χιούμορ] πνεύμα, χιούμορ *a ready wit* άτομο με ετοιμότητα πνεύματος

witty επίθ. [περιγράφει: π.χ. πρόσωπο, σχόλιο] πνευματώδης *a witty retort* εύστοχη απάντηση

424.2 Προκαλώ γέλιο

funny επίθ. αστείος *It's a very funny book.* Αυτό το βιβλίο είναι πολύ αστείο. *Give me my clothes back – it's not funny!* Δώσε μου τα ρούχα μου – δεν είναι αστείο! *It was so funny – she didn't know the mouse was on her hat!* Ήταν τόσο αστείο – δεν ήξερε ότι το ποντίκι ήταν πάνω στο καπέλο της!

comic επίθ. [γελοίος ή σκόπιμα αστείος. Περιγράφει: π.χ. έκφραση, κοστούμι] κωμικός *her comic impressions of the teachers* οι κωμικές της μιμήσεις των δασκάλων

comical επίθ. [συχνά υπονοεί ανοησία] αστείος *The hat gave him a comical air.* Το καπέλο τον έκανε να φαίνεται αστείος. **comically** επίρρ. φαιδρά *a comically exaggerated accent* μια προφορά που κάποιος την μιμείται, με φαιδρό αποτέλεσμα

comedy ουσ.μ.αρ. κωμωδία *slapstick comedy* φαρσοκωμωδία, χοντροκομμένη κωμωδία *the unintended comedy of the incident* η ακούσια φαιδρότητα του συμβάντος

hilarious επίθ. [πάρα πολύ αστείος, μερικές φορές κατά παράλογο τρόπο] ξεκαρδιστικός *I was furious but she found the idea hilarious.* Εγώ νευρίασα αλλά αυτή βρήκε την ιδέα πολύ αστεία.

hilarity ουσ.μ.αρ. [εύθυμη διάθεση] ιλαρότητα *This rather dampened the hilarity of the occasion.* Αυτό χάλασε την ευθυμία του γεγονότος.

droll επίθ. [κάπως παλιομοδίτικο. Συνήθως υπονοεί ήσυχο χιούμορ] αστείος [συχνά λέγεται σαρκαστικά σε κάποιον που έχει πει ένα αστείο] *Oh, very droll!* Ω, πολύ αστείο!

---

425 Tease Πειράζω

joke ουσ.αρ. 1 [π.χ. υπερβολή ή τέχνασμα] αστείο *I pretended to be angry for a joke.* Προσποιήθηκα ότι θύμωσα στα αστεία. *to* **play a joke on** *sb* σκαρώνω φάρσα σε κάποιον 2 [αστεία ιστορία] αστείο *to tell jokes* λέω αστεία

φράσεις

take the mickey (*κυρίως Βρετ.*) (συχνά + **out of**) [ανεπίσημο. Υπονοεί κάποια έλλειψη σεβασμού, αλλά μπορεί να σημαίνει ότι πληγώνεται κάποιος] κοροϊδεύω, πειράζω *They used to take the mickey because of my stammer.* Κάποτε με κορόιδευαν επειδή τραύλιζα.

pull sb's leg [ανεπίσημο. Π.χ. με την προσποίηση ότι μιλάμε σοβαρά ή ότι κάτι είναι αλήθεια] κοροϊδεύω/δουλεύω κάποιον *You're pulling my leg, you've never been to Japan.* Με δουλεύεις, δεν έχεις πάει ποτέ σου στην Ιαπωνία.

have sb on [ανεπίσημο. Συνήθως με την προσποίηση ότι κάτι είναι αλήθεια] δουλεύω κάποιον *I think he's having me on, he's no architect.* Νομίζω ότι με δουλεύει, δεν είναι αρχιτέκτονας.

joke ρ.α. αστειεύομαι *I was only joking.* Αστειευόμουνα. *He joked that he would soon be too fat to see his feet.* Αστειευόμενος είπε ότι σε λίγο θα πάχαινε τόσο πολύ που δε θα μπορούσε να δει τα πόδια του.

practical joke ουσ.αρ. φάρσα

kid ρ., **-dd-** [λέω ψέματα για να αστειευτώ] 1 ρ.α. κάνω πλάκα *You're kidding!* Πλάκα μου κάνεις! 2 (*Βρετ.*) ρ.μ. (μερικές φορές + **on**) κοροϊδεύω *We kidded them on that it was a real fire.* Τους δουλέψαμε και τους είπαμε ότι ήταν πραγματική φωτιά.

425.1 Επιθετικό πείραγμα

mock ρ.μ. [σκόπιμα αγενής] περιπαίζω, χλευάζω *They openly mocked my beliefs.* Περιπαίξανε τα πιστεύω μου ανοιχτά. *a mocking glance* ένα περιπαιχτικό βλέμμα **mockery** ουσ.μ.αρ. εμπαιγμός, γελοιοποίηση

ridicule ρ.μ. [με υπεροπτικό τρόπο, που μπορεί να πληγώσει] γελοιοποιώ *My parents ridiculed my ambitions.* Οι γονείς μου περιέπαιξαν τις φιλοδοξίες μου. **ridicule** ουσ.μ.αρ. ρεζίλι

deride [κάπως επίσημο] χλευάζω *The president is sometimes derided as ineffectual.* Μερικές φορές χλευάζουν τον πρόεδρο ότι δεν μπορεί να πετύχει πολλά. **derision** ουσ.μ.αρ. χλευασμός

torment ρ.μ. [δίνει έμφαση στο ότι το πρόσωπο που βασανίζουμε υποφέρει. Υπονοεί επιμονή] βασανίζω *Will you stop tormenting your brother!* Σταμάτα να ενοχλείς τον αδελφό σου!

pester ρ.μ. [π.χ. με το να ρωτάμε ή να ζητάμε κάτι συνεχώς] γίνομαι φορτικός *The kids have been pestering me since breakfast.* Τα παιδιά έχουν γίνει φορτικά από το πρωί.

pick on sb ρ.μ.πρφ. [κάπως ανεπίσημο. Πειράζω ή κριτικάρω επανειλημμένα] τα βάζω με κάποιον *Stop picking on me!* Σταμάτα να τα βάζεις μαζί μου! *John is always picking on his younger brother.* Ο Τζων όλη την ώρα τα βάζει με τον μικρότερο αδελφό του.

φ ρ ά σ η

make fun of 'H **poke fun at** κοροϊδεύω *It's easy to poke fun at politicians, but somebody has to run the country.* Είναι εύκολο να περιγελά κανείς τους πολιτικούς, αλλά κάποιος πρέπει να κυβερνήσει τη χώρα.

---

426 Like Μου αρέσει

δες επίσης **427 Love, 428 Enjoy**

like ρ.μ. **1** μου αρέσει *I like your new hairstyle.* Μου αρέσει το καινούριο σου κούρεμα. *I don't like cheese.* Δε μου αρέσει το τυρί. (+ -ing) *Do you like swimming?* Σου αρέσει το κολύμπι; *I don't like getting up early.* Δε μου αρέσει να σηκώνομαι νωρίς το πρωί. **2** (μετά από το **would** ή, λιγότερο συνηθισμένα, το **should**: συχνά ι ΑΠΑΡΕΜΦΑΤΟ) Θα ήθελα να... *I'd like to go to Australia.* Θα ήθελα να πάω στην Αυστραλία. *Would you like a drink?* Θέλεις ένα ποτό;

χ ρ ή σ η

Η σύνταξη like + -ing χρησιμοποιείται για να εκφράσει την ιδέα της απόλαυσης μιας συγκεκριμένης δραστηριότητας, π.χ. *I like dancing.* (Μου αρέσει ο χορός.) Όταν μιλάμε για μια προτίμηση ή συνήθεια, συχνά χρησιμοποιούμε τη σύνταξη like + ΑΠΑΡΕΜΦΑΤΟ, π.χ. *I like to have a nap after lunch.* (Μου αρέσει να παίρνω έναν ύπνο μετά το μεσημεριανό φαγητό.)

---

affection ουσ.μ.αρ. [υπονοεί αίσθημα τρυφερότητας] στοργή *I feel great affection for her.* Της τρέφω μεγάλη στοργή.

be fond of sb/sth [υπονοεί ότι απολαμβάνουμε κάτι ή ότι τρέφουμε τρυφερά συναισθήματα για κάποιον] μου αρέσει κάτι, συμπαθώ κάποιον *I'm very fond of olives.* Μου αρέσουν πάρα πολύ οι ελιές. *She's especially fond of her youngest grandson.* Αγαπά ιδιαίτερα το μικρότερο εγγονό της.

fondness ουσ.μ.αρ. στοργή, αγάπη *a fondness for Mozart* μια αγάπη για τα έργα του Μότσαρτ

be partial to sth [πιο επίσημο από το **fond of**] έχω προτίμηση *She's always been partial to Chinese food.* Πάντα της άρεσαν τα Κινέζικα φαγητά.

partiality ουσ.μ.αρ. προτίμηση, αδυναμία *her partiality to sherry* η προτίμησή της για το σέρι

fan ουσ.αρ. [π.χ. ομάδας, συγκροτήματος] θαυμαστής, οπαδός *soccer fans* οπαδοί του ποδοσφαίρου

fancy (Βρετ.) ρ.μ. **1** [αντικ.: π.χ. ποτό, διακοπές] έχω όρεξη για *I fancy going to the theatre tonight.* Έχω όρεξη να πάω στο θέατρο απόψε. **2** [ανεπίσημο. Αισθάνομαι σεξουαλική έλξη για κάποιον] μου αρέσει κάποιος *Lots of kids fancy their teachers.* Σε πολλά παιδιά αρέσει ο δάσκαλος ή η δασκάλα τους.

approve ρ.μ.α.πρφ. (συχνά + **of**) εγκρίνω *I don't approve of their business methods.* Δεν εγκρίνω τον τρόπο με τον οποίο κάνουν τις δουλειές τους. *I will invite him to join us if you approve.* Θα τον καλέσω να έρθει μαζί μας αν το εγκρίνεις.

approval ουσ.μ.αρ. έγκριση *I hope the wine **meets with** your approval.* Ελπίζω ότι εγκρίνεις το κρασί.

φ ρ ά σ η

to take a fancy to sb [ανεπίσημο. Συχνά, αλλά όχι απαραίτητα, σημαίνει ρομαντικό ενδιαφέρον] μου αρέσει κάποιος *I can see she's taken rather a fancy to you.* Βλέπω ότι μάλλον της αρέσεις.

426.1 Γίνομαι αρεστός

popular επίθ. (συχνά + **with**) [πλατιά αρεστός] δημοφιλής *a very popular figure* ένα πολύ δημοφιλές πρόσωπο *The programme's particularly popular with older viewers.* Το πρόγραμμα είναι ιδιαίτερα αγαπητό στους γεροντότερους θεατές.

popularity ουσ.μ.αρ. δημοτικότητα *the government's popularity in the opinion polls* η δημοτικότητα της κυβέρνησης στις δημοσκοπήσεις.

favour (Βρετ.), **favor** (Αμερ.) ουσ.μ.αρ. εύνοια, συμπάθεια *His ideas are gaining favour with the board.* Οι ιδέες του κερδίζουν την εύνοια του διοικητικού συμβουλίου. **favour** ρ.μ. ευνοώ, υποστηρίζω

favourite (Βρετ.), **favorite** (Αμερ.) επίθ. ευνοούμενος, αγαπημένος *our favourite restaurant* το αγαπημένο μας εστιατόριο **favourite** ουσ.αρ. ο ευνοούμενος *You've always been Mum's favourite.* Πάντα ήσουν ο ευνοούμενος της μαμάς.

catch on ρ.α.πρφ. (συχνά + **with**) [υποκ.: π.χ. στυλ, προϊόν] σημειώνω επιτυχία *The show never caught on in the States.* Η παράσταση δεν κατάφερε να σημειώσει επιτυχία στην Αμερική. *The car soon caught on with motorists.* Το αυτοκίνητο σύντομα σημείωσε επιτυχία με τους αυτοκινητιστές.

φ ρ ά σ ε ι ς

to sb's liking (μετά από ρ.) όπως αρέσει σε κάποιον *Is it cooked to your liking?* Είναι μαγειρεμένο όπως σου αρέσει; *The climate here is very much to our liking.* Το κλίμα εδώ είναι ακριβώς όπως μας αρέσει.

to sb's taste (μετά από ρ.) σύμφωνα με το γούστο κάποιου *I expect Mozart would be more to your taste.* Υποθέτω ότι ο Μότσαρτ θα ήταν πιο πολύ του γούστου σου.

a man/woman/girl, etc. after my own heart [υπονοεί ότι μας αρέσει κάποιος. Που εγκρίνουμε θερμά] ακριβώς όπως μας αρέσει *You're a man after my own heart, sir!* Είσαστε ένας άνθρωπος που μιλά στην καρδιά μου.

---

427 Love Αγάπη

love *ουσ.μ.αρ.* αγάπη, έρωτας *to be in love with sb* είμαι ερωτευμένος με κάποιον *to fall in love with sb* ερωτεύομαι κάποιον *unrequited love* αγάπη χωρίς ανταπόδοση (σαν *επίθ.*) *a love affair* ερωτική σχέση

love *ρ.μ.* αγαπώ *to love sb to distraction* αγαπώ κάποιον μέχρι τρέλας (+ -ing) *I love singing.* Μου αρέσει το τραγούδι πάρα πολύ.

loving *επίθ.* τρυφερός *a loving family environment* ένα τρυφερό οικογενειακό περιβάλλον **lovingly** *επίρρ.* τρυφερά

427.1 Σεξουαλική αγάπη

romance *ουσ.* 1 *ουσ.μ.αρ.* [υπονοεί συναισθηματική διέγερση] αίσθημα, ρομάντζο *The romance had gone out of their relationship.* Το ειδύλλιο είχε φθίνει από τη σχέση τους. 2 *ουσ.αρ.* [σχέση] ειδύλλιο *a whirlwind romance* ένα σύντομο και έντονο ειδύλλιο

romantic *επίθ.* ρομαντικός *a romantic dinner* ένα ρομαντικό δείπνο

passion *ουσ.μ.αρ.αρ.* [υποδηλώνει έντονο συναίσθημα] πάθος *his passion for an older woman* το πάθος του για μια μεγαλύτερη γυναίκα 2 *ουσ.αρ.* [πολύ δυνατή συμπάθεια] πάθος *She has a passion for cats.* Έχει πάθος για τις γάτες.

passionate *επίθ.* φλογερός *a passionate kiss* ένα φλογερό φιλί **passionately** *επίρρ.* φλογερά

lust *ουσ.μ.αρ.* [όρος για έντονη σεξουαλική επιθυμία, που δείχνει ότι αυτός που τον χρησιμοποιεί δεν εγκρίνει] πόθος

427.2 Βαθειά, συχνά μη σεξουαλική αγάπη

devotion *ουσ.μ.αρ.* (συχνά + to) [υπονοεί ότι νοιαζόμαστε για κάποιον] αφοσίωση *maternal devotion* μητρική αφοσίωση *the dog's devotion to its master* η αφοσίωση του σκυλιού στον αφέντη του.

devoted *επίθ.* αφοσιωμένος *a devoted husband and father* ένας αφοσιωμένος σύζυγος και πατέρας **devotedly** *επίρρ.* αφοσιωμένα

adore *ρ.μ.* [υπονοεί πιο έντονα συναισθήματα και λιγότερη λογική από το love] λατρεύω *She absolutely adores him.* Τον λατρεύει αφάνταστα. *He adores those cats.* Λατρεύει αυτές τις γάτες. [χρησιμοποιείται για έμφαση] *I adore Italian food.* Λατρεύω τα Ιταλικά φαγητά. **adoration** *ουσ.μ.αρ.* λατρεία *her blind adoration of her father* η τυφλή λατρεία της για τον πατέρα της

adoring *επίθ.* γεμάτος λατρεία *an adoring gaze* βλέμμα όλο λατρεία **adoringly** *επίρρ.* με λατρεία

worship *ρ.μ., -pp-* [πολύ εμφατικό. Υπονοεί ταπεινή συμπεριφορά] λατρεύω *He worships that woman.* Τη λατρεύει.

427.3 Ανώριμη αγάπη

infatuation *ουσ.αρ.μ.αρ.* [υπονοεί υπερβολική και παράλογη αγάπη] ερωτική τρέλα

infatuated *επίθ.* (συχνά + with) ξετρελαμένος *He's totally infatuated with her.* Είναι τελείως ξετρελαμένος μαζί της.

crush *ουσ.αρ.* [υπονοεί σύντομη εφηβική αγάπη] τσιμπημένος *to have a crush on a teacher* είμαι τσιμπημένος με τη δασκάλα

puppy love *ουσ.μ.αρ.* [κυρίως για αγάπη νεαρού προς μεγαλύτερο άτομο] παιδικός έρωτας

cupboard love *ουσ.μ.αρ.* (*Βρετ.*) [ανειλικρινής έκφραση αγάπης για να πετύχουμε κάτι] επίδειξη αγάπης από υστεροβουλία

hero-worship *ουσ.μ.αρ.* προσωπολατρεία

427.4 Άτομα που αγαπάμε

girlfriend *ουσ.αρ.* φιλενάδα
boyfriend *ουσ.αρ.* φίλος

χρήση

Οι όροι **girlfriend** και **boyfriend** συνήθως χρησιμοποιούνται όταν αναφερόμαστε σε νεαρά άτομα ή νεαρούς ενήλικες. Μπορεί να χρησιμοποιηθούν για ενήλικες μεγαλύτερης ηλικίας αλλά συχνά αποφεύγονται, κυρίως όταν η σχέση είναι μακροχρόνιας φύσης, επειδή αυτές οι λέξεις μπορεί να δώσουν την εντύπωση κοινοτοπίας ή ανωριμότητας. Αντί για αυτές τις λέξεις, συχνά χρησιμοποιείται μια έκφραση όπως το **partner**.

lover *ουσ.αρ.* εραστής *a live-in lover* ένας εραστής με τον οποίο κάποιος συζεί

mistress *ουσ.αρ.* [κάπως παλιομοδίτικος όρος, συχνά υπονοεί ότι ο ομιλητής δεν εγκρίνει την κατάσταση] ερωμένη

the apple of sb's eye [υπονοεί περηφάνεια και αγάπη] καμάρι *His only grandchild is the apple of his eye.* Το μοναδικό εγγόνι του είναι το καμάρι του.

427.5 Όροι που εκφράζουν στοργή

love *ουσ.αρ.* αγάπη μου, χρυσό μου *Come on love, we're late.* Άντε, αγάπη μου, έχουμε αργήσει.

darling *ουσ.αρ.* αγαπημένος *You look lovely darling.* Είσαι στις ομορφιές σου, αγάπη μου. *Did you hurt yourself, darling?* Χτύπησες αγάπη μου; [υπονοεί μόνο στοργή όταν δε χρησιμοποιείται για να απευθυνθούμε σε κάποιον] *My boss is a real darling.* Το αφεντικό μου είναι πραγματικά αξιαγάπητο άτομο.

dear *ουσ.αρ.* αγάπη μου, χρυσό μου *Come on, dear, we're late.* Άντε, αγάπη μου, έχουμε αργήσει.

sweetheart *ουσ.αρ.* αγαπημένος *Thank you sweetheart, I knew you'd remember.* Ευχαριστώ, αγάπη μου, το ήξερα ότι θα το θυμόσουν. *Daddy will be back soon, sweetheart.* Ο μπαμπάς θα έρθει σύντομα, αγάπη μου.

honey *ουσ.αρ.* (*Αμερ.*) αγάπη μου *What's wrong, honey?* Τι δεν πάει καλά, αγάπη μου;

χρήση

1 Αυτοί οι όροι συνήθως χρησιμοποιούνται από άτομα που αγαπιούνται ρομαντικά, και επίσης ανάμεσα σε στενούς φίλους ή μέλη της ίδιας οικογένειας ειδικά όταν ενήλικες απευθύνονται σε παιδιά. Μπορεί επίσης να χρησιμοποιηθούν σε μερικές περιπτάσεις σαν γενικός όρος που δηλώνει στοργή για να απευθυνθούμε σε φίλους ή ακόμα και σε τελείως αγνώστους αλλά δε χρησιμοποιούνται συνήθως από άντρες προς άλλους άντρες. Οι λέξεις **love** και **dear** συνήθως χρησιμοποιούνται με αυτόν τον τρόπο, κυρίως από γυναίκες, ή από άντρες προς γυναίκες: π.χ. *Don't forget your change, dear.* (Μην ξεχάσεις τα ρέστα σου, χρυσό μου.) **2** Αυτοί οι όροι είναι πάντα πιο έντονοι και συνήθως χρησιμοποιούνται με ρομαντική σημασία όταν προηγείται το **my**: π.χ. *I love you, my darling.* (Σ' αγαπάω, χρυσό μου.)

428 Enjoy Απολαμβάνω

δες επίσης **426 Like**

enjoy ρ.μ. απολαμβάνω (συχνά + -ing) *Do you enjoy driving?* Σου αρέσει η οδήγηση; *I've enjoyed this evening very much.* Απόλαυσα τη βραδιά πάρα πολύ. *I'd like to enjoy my retirement in comfort.* Θέλω να απολαύσω τη σύνταξή μου με ανέσεις. *to enjoy oneself* περνώ καλά *They're all out enjoying themselves at the pictures.* Έχουν βγει όλοι έξω και καλοπερνάνε στο σινεμά.

enjoyable επίθ. [περιγράφει: π.χ. γεύμα, βραδιά] ευχάριστος *a very enjoyable film* μια πολύ ευχάριστη ταινία

appreciate ρ.μ. [αναγνωρίζω την ποιότητα κάποιου πράγματος] εκτιμώ *She taught me to appreciate good wine.* Μου έμαθε να εκτιμώ το καλό κρασί.

appreciation ουσ.μ.αρ. εκτίμηση *a deep appreciation of English poetry* μια βαθιά εκτίμηση της Αγγλικής ποίησης

relish ρ.μ. [κάπως επίσημο. Εμφατική λέξη που υπονοεί ικανοποίηση. Αντικ.: συχνά κάτι δύσκολο, επικίνδυνο, ή που προκαλεί στεναχώρια στους άλλους] απολαμβάνω *He relished the opportunity to criticize his superiors.* Απόλαυσε την ευκαιρία που είχε να κριτικάρει τους ανώτερούς του.

relish ουσ.μ.αρ. [υπονοεί ενθουσιώδη απόλαυση] απόλαυση *He described the incident with relish.* Περιέγραψε το γεγονός με ευχαρίστηση.

savour (Βρετ.), **savor** (Αμερ.) ρ.μ. [κάπως επίσημο. Υπονοεί ότι αφιερώνω χρόνο για να απολαύσω κάτι] απολαμβάνω *She savoured each spoonful.* Απόλαυσε κάθε κουταλιά. *Savour the calm of the countryside.* Απολαύστε την ηρεμία της εξοχής.

delight in ρ.μ.πρφ. [υπονοεί ευχαρίστηση από μια συνηθισμένη πράξη] με ευχαριστεί *She delights in terrible puns.* Την ευχαριστούν κάτι φρικτά λογοπαίγνια.

indulge ρ. 1 ρ.α. (συχνά + in) [υπονοεί κάπως ένοχη ή απρόθυμη ευχαρίστηση] επιτρέπω στον εαυτό μου την πολυτέλεια *I decided to indulge in a taxi home.* Αποφάσισα να επιτρέψω στον εαυτό μου την πολυτέλεια να γυρίσω στο σπίτι με ταξί. 2 ρ.μ. ενδίδω σε επιθυμία *I indulged my craving for chocolate.* Ενέδωσα στη λαιμαργία μου για σοκολάτα. *Go on – indulge yourself!* Άντε – επίτρεψε μια απόλαυση στον εαυτό σου!

428.1 Πράγματα που απολαμβάνουμε

enjoyment ουσ.μ.αρ. [συναίσθημα] απόλαυση *I get a lot of enjoyment from the garden.* Ο κήπος μου δίνει μεγάλη ευχαρίστηση.

fun ουσ.μ.αρ. [υπονοεί κάτι το συναρπαστικό. Συναίσθημα ή δραστηριότητα] κέφι *We had lots of fun putting up the tents.* Κάναμε πολύ κέφι όταν στήναμε τις σκηνές. *Cooking can be fun.* Η μαγειρική μπορεί να γίνει διασκέδαση.

treat ουσ.αρ. [συχνά κάτι που έχει κανονίσει κάποιος άλλος για να το απολαύσεις] κέρασμα, εξαιρετική απόλαυση *I thought I'd give you a treat for your birthday.* Σκέφτηκα να σε κεράσω για τα γενέθλιά σου. *A day off would be a real treat.* Μια μέρα άδεια θα ήταν μια εξαιρετική απόλαυση.

treat ρ.μ. (συχνά + to) κερνάω, χαρίζω *I'm going to treat myself to a new pair of shoes.* Θα χαρίσω στον εαυτό μου ένα καινούριο ζευγάρι παπούτσια.

indulgence ουσ.αρ. [πολυτέλεια που επιτρέπω στον εαυτό μου] απόλαυση *Expensive shoes are my great indulgence.* Η πολυτέλεια που επιτρέπω στον εαυτό μου είναι τα ακριβά παπούτσια.

kick ουσ.αρ. [ανεπίσημο. Ευχαρίστηση από το να κάνουμε κάτι] απόλαυση, ικανοποίηση *I get a real kick from winning a chess game.* Νιώθω μεγάλη ικανοποίηση όταν κερδίζω μια παρτίδα σκάκι. *We just started the group for kicks.* Σχηματίσαμε την ομάδα για πλάκα και μόνο.

φράσεις

have a good/nice time [περνώ καλά. Άλλα επίθετα μπορεί να χρησιμοποιηθούν για να επιτείνουν το νόημα αυτής της φράσης, μεταξύ των οποίων τα: **great, wonderful, fantastic,** κτλ.] περνώ καλά *Is everybody having a good time?* Περνάτε όλοι καλά;

have a whale of a time [ανεπίσημο, υπονοεί συχνά ασυγκράτητη κεφάτη απόλαυση] με την ψυχή μου *We had a whale of a time splashing in the pool.* Διασκεδάσαμε με την ψυχή μας πλατσουρίζοντας στην πισίνα.

let one's hair down [με το να είναι λιγότερο σοβαρός από συνήθως] αφήνω κατά μέρος τις επιφυλάξεις μου *Once a year some of the teachers let their hair down and join in the school play.* Μια φορά το χρόνο οι δάσκαλοι αφήνουν κατά

μέρος τη σοβαρότητά τους και παίρνουν μέρος στο σχολικό θέατρο.

have a field day [υπονοεί έξαψη και δραστηριότητα] κατενθουσιάζομαι *The children had a field day trying on our old clothes.* Τα παιδιά κατενθουσιάστηκαν με το να δοκιμάζουν τα παλιά μας ρούχα.

be in one's element [υπονοεί ότι κάνουμε κάτι στο οποίο είμαστε καλοί] είμαι στο στοιχείο μου *The men were in their element analysing the match.* Οι άντρες ήταν στο στοιχείο τους όταν έκαναν ανάλυση του αγώνα.

to one's heart's content [όσο θέλουμε] όσο τραβάει η ψυχή μου *Go out in the garden and you can yell to your heart's content.* Βγες στον κήπο και φώναξε όσο τραβάει η ψυχή σου.

429 Satisfy Ικανοποιώ

satisfy ρ.μ. ικανοποιώ *Our shop can't satisfy the demand for organic vegetables.* Το μαγαζί μας δεν μπορεί να ικανοποιήσει την ζήτηση για οργανικά λαχανικά. *I was well satisfied with the standard of their work.* Ικανοποιήθηκα πολύ με το επίπεδο της δουλειάς τους. [συχνά λέγεται με θυμωμένο τόνο φωνής] *You've made him cry. I hope you're satisfied now!* Τον έκανες να κλάψει. Ελπίζω να είσαι ικανοποιημένος τώρα!

satisfaction ουσ.μ.αρ. 1 [το να είναι κανείς ικανοποιημένος] ικανοποίηση *the quiet satisfaction you get*

from being proved right η σιωπηλή ικανοποίηση που παίρνεις όταν αποδεικνύεται ότι έχεις δίκιο 2 [επίσημο] ικανοποίηση *the satisfaction of young people's aspirations* η ικανοποίηση των επιδιώξεων των νέων

satisfactory επίθ. [ευχάριστος, αρκετά καλός] ικανοποιητικός *a very satisfactory result* ένα πολύ ικανοποιητικό αποτέλεσμα *The present arrangements are perfectly satisfactory.* Η παρούσα διευθέτηση είναι απόλυτα ικανοποιητική.

satisfying επίθ. [εκφράζει πιο πολύ θαυμασμό από το **satisfactory**. Περιγράφει κάτι που μας κάνει να αισθανθούμε ωραία, σωματικά ή πνευματικά] ευχάριστος *a satisfying meal* ένα ευχάριστο γεύμα *I find my job very satisfying.* Η δουλειά μου μού δίνει πολλή ικανοποίηση.

content Ή **contented** επίθ. (συχνά + **with**) ικανοποιημένος *They would probably be contented with minor concessions.* Πιθανό να τους αρκούν ασήμαντες υποχωρήσεις.

content ρ.μ. 1 [επίσημο] ικανοποιώ 2 αρκούμαι *I was bursting with anger, but contented myself with a few*

sarcastic comments. Έσκαγα από το θυμό αλλά αρκέστηκα σε μερικά σαρκαστικά σχόλια. **contentment** ουσ.μ.αρ. ικανοποίηση

fulfil (Βρετ.), -ll-, **fulfill** (Αμερ.) ρ.μ. 1 [υπονοεί ότι ανταποκρινόμαστε στις απαιτήσεις] ανταποκρίνομαι *Only one system fulfils all these requirements.* Μόνο ένα σύστημα ανταποκρίνεται σε όλες αυτές τις απαιτήσεις. 2 [υπονοεί προσωπική εξέλιξη] ολοκληρώνω *I want a job that will fulfil me.* Θέλω μια δουλειά που θα με γεμίσει.

fulfilment (Βρετ.), **fulfillment** (Αμερ.) ουσ.μ.αρ. [π.χ. των συνθηκών] εκπλήρωση [προσώπου] ολοκλήρωση

430 Praise Παινεύω

δες επίσης *L38 Praising*

praise ρ.μ. (συχνά + **for**) [αντικ.: π.χ. πρόσωπο, δουλειά] παινεύω *Her style has often been praised for its clarity.* Το ύφος της το έχουν συχνά παινέψει για τη διαύγειά του.
praise ουσ.μ.αρ. έπαινος *fulsome praise* υπερβολικός έπαινος

congratulate ρ.μ. (συχνά + **on**) [π.χ. για επιτυχία ή ευχάριστο γεγονός. Συχνά με δημόσιο περιεχόμενο] συγχαίρω *Let me congratulate the minister on her frankness.* Θα ήθελα να συγχαρώ την υπουργό για την ειλικρίνειά της.
congratulations πληθ. ουσ. συγχαρητήρια *Congratulations on your promotion!* Συγχαρητήρια για την προαγωγή σου! *I want to be the first to offer my congratulations.* Θέλω να είμαι ο πρώτος που θα (τους) συγχαρεί.
compliment ρ.μ. (συχνά + **on**) [συνήθως για κάτι που έχει γίνει καλά. Συχνά με προσωπικό περιεχόμενο] κάνω φιλοφρόνηση *I complimented her on her choice of wine.* Της έκανα φιλοφρόνηση για την εκλογή του κρασιού. *We*

would like to compliment your team on the efficiency of their action. Θα θέλαμε να συγχαρούμε την ομάδα σας για την αποτελεσματικότητα της δράσης τους.
compliment ουσ.αρ. φιλοφρόνηση *to pay sb a compliment* κάνω κομπλιμέντο σε κάποιον

flatter ρ.μ. [υπονοεί υπερβολή ή υποκρισία] κολακεύω *It never hurts to flatter a customer.* Ποτέ δε βλάπτει να κολακέψεις έναν πελάτη. *to flatter sb's self-esteem* κολακεύω την αυτοπεποίθηση κάποιου **flattery** ουσ.μ.αρ. κολακεία

φράση

give sb a pat on the back Ή **pat sb on the back** [ανεπίσημο. Υπονοεί έπαινο και ενθάρρυνση] συγχαίρω, ενθαρρύνω *a piece of initiative that deserves a pat on the back* πρωτοβουλία που αξίζει ενθάρρυνση

431 Admire Θαυμάζω

admire ρ.μ. (συχνά + **for**) [πιο θερμό συναίσθημα από το **respect**, συχνά υπονοεί επιθυμία για μίμηση] θαυμάζω *I admire her for her honesty.* Τη θαυμάζω για την ειλικρίνειά της. **admiration** ουσ.μ.αρ. θαυμασμός

respect ρ.μ. 1 [αισθάνομαι ότι κάτι ή κάποιος αξίζει υπόληψη. Πιο αδέσμευτο συναίσθημα από το **admire**. Μπορεί να σεβόμαστε κάτι που δε χωνεύουμε] σέβομαι *The patients here are respected and cared for.* Τους ασθενείς εδώ τους σεβόμαστε και τους φροντίζουμε. 2 [δε βλάπτω ή ανακατεύομαι με κάτι] σέβομαι *We try to respect local traditions.* Σεβόμαστε όσο μπορούμε τις τοπικές παραδόσεις.
respect ουσ.μ.αρ. σεβασμός *to treat sb with respect* αντιμετωπίζω κάποιον με σεβασμό *his respect for authority* ο σεβασμός του για την εξουσία.
self-respect ουσ.μ.αρ. αυτοσεβασμός *Poverty had destroyed their self-respect.* Η φτώχεια είχε καταστρέψει τον αυτοσεβασμό τους.
esteem ουσ.μ.αρ. [επίσημο] εκτίμηση *I hold the prime minister in the highest esteem.* Έχω τον πρωθυπουργό σε μεγάλη υπόληψη.
regard ουσ.μ.αρ. [κάπως επίσημο] εκτίμηση *my considerable regard for the police* η μεγάλη μου εκτίμηση για την αστυνομία

431.1 Εξαιρετικός θαυμασμός

wonder ουσ.μ.αρ. [υπονοεί κατάπληξη] θαυμασμός *We looked on in wonder as she stroked the lion.*

Παρακολουθούσαμε με κατάπληξη όπως χάιδευε το λιοντάρι.
awe ουσ.μ.αρ. [υπονοεί κατάπληξη και συχνά φόβο] δέος *Her skill left us in awe.* Η δεξιοτεχνία της μας άφησε σε δέος. *I stood in awe of the examiners.* Στεκόμουν με δέος για τους εξεταστές.

431.2 Απαίτηση θαυμασμού

glory ουσ.μ.αρ. [μεγάλη φήμη και τιμή] δόξα, μεγαλοπρέπεια

φράσεις

think well/highly of sb/sth έχω κάποιον/κάτι σε μεγάλη εκτίμηση *We all think highly of her as a teacher.* Την έχουμε σε μεγάλη εκτίμηση σα δασκάλα. *He's well-thought-of in the profession.* Τα άτομα στον ίδιο τομέα έχουν καλή γνώμη για το άτομό του.

look up to sb [θεωρώ ότι του αξίζει θαυμασμός] θαυμάζω και σέβομαι *Most children look up to their parents.* Τα περισσότερα παιδιά θαυμάζουν και σέβονται τους γονείς τους.

take one's hat off to sb [ανεπίσημο. Εκφράζω το θαυμασμό και την έκπληξή μου για ένα κατόρθωμα] του βγάζω το καπέλο *I take my hat off to her – I couldn't do that at her age.* Της βγάζω το καπέλο – δε μπορούσα να κάνω κάτι τέτοιο στην ηλικία της.

honour (*Βρετ.*), **honor** (*Αμερ.*) *ουσ.* 1 *ουσ.μ.αρ.* υπόληψη *The honour of the party was at stake.* Η υπόληψη του κόμματος είχε μπει σε κίνδυνο. *Tonight we have the honour of welcoming two guests from India.* Απόψε έχουμε την τιμή να καλοσωρίσουμε δυο φιλοξενούμενους από την Ινδία. 2 *ουσ.αρ.* τιμή *It's an honour to work here.* Το θεωρώ τιμή μου που δουλεύω εδώ. **honourable** *επίθ.* αξιότιμος **honourably** *επίρρ.* με υπόληψη

impress *ρ.μ.* εντυπωσιάζω *I'm impressed.* Έχω εντυπωσιαστεί.

impressive *επίθ.* εντυπωσιακός *an impressive achievement* μια εντυπωσιακή επίτευξη

432 Attract Προσελκύω

attract *ρ.μ.* 1 (συχνά + **to**) προσελκύω *You're immediately attracted to this vibrant personality.* Αμέσως σε προσελκύει αυτή η δραστήρια προσωπικότητα. 2 [κάνω να έρθουν] προσελκύω *The course attracts hundreds of students every year.* Τα μαθήματα προσελκύουν εκατοντάδες μαθητών κάθε χρόνο.

attraction *ουσ.μ.αρ.αρ.* έλξη *the attraction of country life* η έλξη για τη ζωή στην εξοχή *The higher interest rates are a considerable attraction for investors.* Οι υψηλότεροι τόκοι είναι ένα σημαντικό θέλγητρο για τους επενδυτές. *tourist attractions* οτιδήποτε προσελκύει τουρίστες (αξιοθέατα και διασκεδάσεις)

attractive *επίθ.* ελκυστικός *attractive eyes* ελκυστικά μάτια *an attractive offer* μια ενδιαφέρουσα προσφορά

charm *ουσ.μ.αρ.* γοητεία *He convinced me by sheer charm.* Με έπεισε με τη γοητεία του και μόνο.

charm *ρ.μ.* γοητεύω *All the teachers were charmed by her.* Όλοι οι δάσκαλοι ήταν γοητευμένοι μαζί της. *He charmed me into buying the house.* Χρησιμοποίησε τη γοητεία του για να με κάνει να αγοράσω το σπίτι.

charming *επίθ.* γοητευτικός *Their manners were charming.* Οι τρόποι τους ήταν πολύ καλοί. *a charming village* ένα πολύ ωραίο χωριό

bewitch *ρ.μ.* [υπονοεί αποτέλεσμα σαν από μαγεία] μαγεύω *They were soon bewitched by the romance of India.* Σύντομα μαγεύτηκαν από τη ρομαντική ατμόσφαιρα της Ινδίας.

bewitching *επίθ.* μαγευτικός *a bewitching charm* μαγευτική γοητεία

entice *ρ.μ.* (συχνά + *επίρρ.* ή *πρόθ.*) [υπονοεί υπόσχεση για ανταμοιβή] δελεάζω *She's been enticed away from teaching.* Έχει δελεαστεί να αφήσει το διδασκαλικό επάγγελμα.

enticing *επίθ.* δελεαστικός *an enticing offer* μια δελεαστική προσφορά

tempt *ρ.μ.* (συχνά + **to** + ΑΠΑΡΕΜΦΑΤΟ) [υπονοεί ότι μας πείθουν ή επιθυμούμε κάτι, συχνά για κάτι κακό] βάζω σε πειρασμό *He tempted me out for a drink.* Με έβαλε στον πειρασμό να βγω μαζί του για ένα ποτό. *I was tempted to give up.* Μπήκα στον πειρασμό να τα παρατήσω.

tempting *επίθ.* [δεν υπονοεί κάτι κακό] δελεαστικός *a tempting menu* ένα μενού που σε βάζει σε πειρασμό

temptation *ουσ.μ.αρ.αρ.* πειρασμός *to resist temptation* αντιστέκομαι στον πειρασμό

seduce *ρ.μ.* 1 [προσελκύω σε σεξουαλική δραστηριότητα] αποπλανώ *She was seduced in her first term at college.* Αποπλανήθηκε την πρώτη ακαδημαϊκή περίοδο που ήταν στο πανεπιστήμιο. 2 [πείθω κάποιον να κάνει κάτι, συχνά κάτι ασύνετο] ξελογιάζω *Don't be seduced by glamorous advertising.* Μη σε ξελογιάζουν οι φανταχτερές διαφημίσεις.

seductive *επίθ.* σαγηνευτικός *seductive photos of holiday beaches* δελεαστικές φωτογραφίες από ακρογιαλιές

lure *ρ.μ.* [συχνά υπονοεί απάτη. Συνήθως περιλαβάνει πειρασμό να πάμε κάπου] σαγηνεύω *Teenagers with no prospects are being lured to the capital.* Νέοι χωρίς προοπτικές σαγηνεύονται από την πρωτεύουσα. *Can you lure her out of her office?* Μπορείς να την κάνεις να βγει από το γραφείο της;

lure *ουσ.μ.αρ.* θέλγητρο *the lure of wealth* τα θέλγητρα του πλούτου

allure *ουσ.μ.αρ.* [ελκυστική ιδιότητα] γοητεία *Modelling still has a definite allure.* Το επάγγελμα του φωτομοντέλου σίγουρα θεωρείται ακόμα γοητευτικό.

alluring *επίθ.* θελκτικός *the car's alluring design* το θελκτικό σχέδιο του αυτοκινήτου

432.1 Πράγματα που προσελκύουν

bait *ουσ.μ.αρ.* 1 [π.χ. για ψάρια] δόλωμα 2 [χρησιμοποιείται για να βάλει κάποιον σε πειρασμό] δέλεασμα *They're running another competition as bait for new readers.* Κάνουν άλλο ένα διαγωνισμό για να τραβήξουν καινούριους αναγνώστες.

magnet *ουσ.αρ.* 1 [για σίδερο] μαγνήτης 2 [που προκαλεί ενδιαφέρον] μαγνήτης *The coast was becoming a magnet for tourists.* Η ακτή τραβούσε τους τουρίστες σαν μαγνήτης.

magnetic *επίθ.* 1 [περιγράφει: ουσία] μαγνητικός 2 [περιγράφει: π.χ. προσωπικότητα] ελκυστικός

magnetism *ουσ.μ.αρ.* 1 [του σιδήρου] μαγνητισμός 2 [π.χ. προσωπικότητας] μαγνητισμός

433 Endure Υπομένω

endure *ρ.μ.* [κάπως επίσημο. Συχνά υποδηλώνει μακροχρόνια κλίμακα] υπομένω, αντέχω *They endured great hardship.* Υπέμειναν πολλές ταλαιπωρίες. *He endured their teasing with good humour.* Ανέχτηκε το πείραγμά τους και το αντιμετώπισε με χιούμορ. (+ -ing) *I can't endure seeing them together.* Δεν μπορώ να ανεχτώ να τους βλέπω μαζί.

endurance *ουσ.μ.αρ.* [υπονοεί αποφασιστικότητα] αντοχή *an ordeal that tested her physical endurance* μια δοκιμασία της σωματικής της αντοχής *The noise was beyond endurance.* Ο θόρυβος ήταν παραπάνω από όσο μπορούσες να ανεχτείς. (σαν *επίθ.*) *endurance test* δοκιμασία αντοχής

bear *ρ.μ.*, *αόρ.* **bore** *μτχ. αορ.* **borne** (πιο συνηθισμένο σε αρνητικές προτάσεις) αντέχω, υπομένω *after a long illness, bravely borne* μετά από μακροχρόνια ασθένεια που την υπέμενε γενναία *I can't bear his constant air of superiority.* Δεν μπορώ να ανεχτώ τον διαρκή αέρα υπεροχής του. (+ **to** + ΑΠΑΡΕΜΦΑΤΟ) *She can't bear to speak to him.* Δεν αντέχει ούτε να του μιλήσει.

stand *ρ.μ.*, *αόρ. & μτχ. αορ.* **stood** (πιο συνηθισμένο σε αρνητικές προτάσεις) [λιγότερο επίσημο από το **bear**] αντέχω *He stood the job for four years before leaving.* Υπέμενε τη δουλειά για τέσσερα χρόνια πριν να φύγει.

I can't stand the pressure any more. Δεν αντέχω πια την πίεση. (+ -ing) *I can't stand doing the housework.* Απεχθάνομαι να κάνω τις δουλειές του σπιτιού.

χρήση

Η λέξη **bear** συνήθως ακολουθείται από το απαρέμφατο, αλλά όχι οι λέξεις **endure** και **stand**.

---

take *ρ.μ.* αντέχω *I resigned because I just couldn't take any more.* Παραιτήθηκα επειδή δεν άντεχα άλλο. *I couldn't take his constant complaining.* Δε μπορούσα να αντέξω τη συνεχή γκρίνια του.

put up with sth/sb *ρ.μ.πρφ.* ανέχομαι *Why should I put up with inefficiency from employees?* Γιατί θα πρέπει να ανεχτώ υπαλλήλους που δεν είναι καλοί στη δουλειά τους; *Parents of teenagers have a lot to put up with.* Οι γονείς νεαρών παιδιών αναγκάζονται να ανεχτούν πολλά.

tolerate *ρ.μ.* [πιο επίσημο από το **put up with**] Υπονοεί ότι δίνουμε την άδεια για κάτι παρά το γεγονός ότι δεν το εγκρίνουμε] ανέχομαι *a regime that tolerates dissent* ένα

καθεστώς που ανέχεται τους διαφωνούντες *Lateness was just not tolerated.* Η αργοπορία δε γινόταν ανεκτή (από τη διεύθυνση).

tolerant *επίθ.* [υπονοεί κατανόηση] ανεκτικός *My grandparents were older but more tolerant.* Οι παππούδες μου ήταν μεγαλύτεροι σε ηλικία αλλά πιο ανεκτικοί.

tolerance *ουσ.μ.αρ.* ανεκτικότητα *British tolerance of eccentric behaviour* η βρετανική ανεκτικότητα προς την εκκεντρική συμπεριφορά

suffer *ρ.* 1 *ρ.α.* (συχνά + from) [υπονοεί σωματικό ή πνευματικό πόνο] υποφέρω *Did he suffer?* Υπέφερε; *I hate to see children suffer.* Δεν μπορώ να βλέπω παιδιά να υποφέρουν. *She suffers terribly from migraine.* Υποφέρει φοβερά από ημικρανίες. 2 *ρ.μ.* [αντικ.: π.χ. πόνος, προσβολές] υποφέρω *the misery I've suffered in this job* η ταλαιπωρία που έχω υπομείνει σ'αυτή τη δουλειά

victim *ουσ.αρ.* θύμα *victims of torture* θύματα βασανιστηρίων *the intended victims of the fraud* τα θύματα που με πρόθεση έπληξε η απάτη *stroke victims* θύματα εγκεφαλικού επεισοδίου

---

434 Friendship Φιλία

δες επίσης **319 Visit**, αντίθετο **250 Enmity**

434.1 Προσωπικές φιλίες

friend *ουσ.αρ.* φίλος *an old school friend* ένας παλιός φίλος από το σχολείο *The Mackays are friends of ours.* Οι οικογένεια Μακέι είναι φίλοι μας. [μετά από καυγά] *We're friends again.* Είμαστε πάλι φίλοι. *We soon made friends with our new neighbours.* Σύντομα γίναμε φίλοι με τους γείτονές μας.

pal *ουσ.αρ.* [ανεπίσημο. Χρησιμοποιείται κυρίως από και για άντρες] φίλος *Are you bringing any of your little pals home tonight?* Θα φέρεις κανέναν από τους φίλους σου στο σπίτι απόψε; [όταν ευχαριστούμε κάποιον] *Thanks Jim, you're a pal.* Ευχαριστώ, Τζιμ, είσαι πραγματικός φίλος.

mate *ουσ.αρ.* (Βρετ.) [ανεπίσημο. Πιο συχνά χρησιμοποιείται για άντρες παρά για γυναίκες] φίλος *I got it second-hand from a mate of mine.* Το πήρα μεταχειρισμένο από ένα φίλο μου.

buddy *ουσ.αρ.* (Αμερ.) [ανεπίσημο. Πιο συχνά χρησιμοποιείται για άντρες παρά για γυναίκες] φίλος

relationship *ουσ.αρ.* [στενή ή μακρινή] σχέση *a loving relationship* σχέση αγάπης *Our relationship is purely professional.* Η σχέση μας είναι καθαρά επαγγελματική.

434.2 Κοινωνικές φιλίες

companion *ουσ.αρ.* 1 [υπονοεί κοινή εμπειρία, κυρίως ταξίδι] σύντροφος *Scott and his companions* ο Σκοτ και οι σύντροφοί του 2 [σύζυγος ή εραστής] σύντροφος, ταίρι *his lifelong companion* η ισόβια σύντροφός του

partner *ουσ.αρ.* 1 [π.χ. σε έγκλημα ή παιχνίδι] συμμέτοχος *She betrayed her former partners to the police.* Πρόδωσε αυτούς που κάποτε ήταν συνένοχοί της στην αστυνομία. *partners in government* συμμέτοχοι στην κυβέρνηση *my tennis partner* ο συμπαίκτης μου στο τένις 2 [άτομα που ζουν μαζί] σύντροφος *marriage partners* συζυγικοί σύντροφοι

partnership *ουσ.αρ.μ.αρ.* συνεργασία *We try to have an equal partnership at home.* Προσπαθούμε να έχουμε ισότητα στη σχέση μας σα ζευγάρι στο σπίτι.

associate *ουσ.αρ.* [κυρίως σε επιχείρηση] συνεργάτης *Two of my former associates are setting up their own company.*

Δύο από τους πρώην συνεργάτες μου ιδρύουν δική τους εταιρεία.

association *ουσ.αρ.* (δεν έχει πληθ.) συνεργασία *a long and happy association with her publishers* μακροχρόνια και αρμονική συνεργασία με τους εκδότες της

associate with sb *ρ.μ.πρφ.* [μερικές φορές υποτιμητικό. Υπονοεί συχνές συναντήσεις] συναναστρέφομαι *You've been associating with some very dubious characters, haven't you?* Συναναστρέφεσαι ύποπτους τύπους, δε νομίζεις;

ally *ουσ.αρ.* [σε σύγκρουση] σύμμαχος *our allies in the fight against pornography* οι σύμμαχοί μας στη μάχη εναντίον της πορνογραφίας *our NATO allies* οι σύμμαχοί μας στο Ν.Α.Τ.Ο.

crony *ουσ.αρ.* [συχνά υποτιμητικό, κλίκες και μερικές φορές κατάχρηση εξουσίας] παλιόφιλος *The head and his cronies stopped me getting the job.* Ο διευθυντής και οι στενοί του φίλοι στάθηκαν εμπόδιο στο να μου δώσουν τη δουλειά.

acquaintance *ουσ.αρ.μ.αρ.* [υπονοεί ότι ξέρουμε κάποιον λίγο] γνωριμία, γνωστός *business acquaintances* επαγγελματικές γνωριμίες *I made her acquaintance on the train.* Τη γνώρισα στο τρένο.

434.3 Φιλική συμπεριφορά

friendly *επίθ.* φιλικός *a very friendly couple* ένα πολύ φιλικό ζευγάρι *a friendly chat* μια φιλική συζήτηση **friendliness** *ουσ.μ.αρ.* φιλικότητα

befriend *ρ.μ.* [συνήθως επίσης σημαίνει ότι φροντίζουμε κάποιον που χρειάζεται βοήθεια ή φιλία] φέρομαι φιλικά *She befriended me on my first day at work.* Ήταν πολύ φιλική μαζί μου την πρώτη μέρα μου στη δουλειά.

warm *επίθ.* [που δείχνει φιλικότητα] θερμός *a warm greeting* ένας θερμός χαιρετισμός **warmly** *επίρρ.* θερμά **warmth** *ουσ.μ.αρ.* ζεστασιά

hospitable *επίθ.* [προς φιλοξενούμενους ή ξένους] φιλόξενος *It would be more hospitable to invite them in.* Θα ήταν πιο φιλόξενο αν τους προσκαλούσαμε να έρθουν μέσα (στο σπίτι).

hospitality *ουσ.μ.αρ.* φιλοξενία *lavish Texan hospitality* γενναιόδωρη τεξανική φιλοξενία

welcoming *επίθ.* [κατά την άφιξη κάποιου] εγκάρδιος

a *welcoming smile* ένα εγκάρδιο χαμόγελο *The couriers were welcoming and efficient.* Οι συνοδοί μας υποδέχτηκαν πολυ φιλικά και ήταν καλοί στη δουλειά τους.

company ουσ.μ.αρ. συντροφιά *I was glad of her company.* Χάρηκα που μου έκανε παρέα. *I kept her company while she was waiting.* Της έκανα παρέα όσο περίμενε. *The*

company was most agreeable. Η συντροφιά ήταν πολύ ευχάριστη.

accompany ρ.μ. συνοδεύω [πιο επίσημο από το **go with**] συνοδεύω *I accompanied her home after the party.* Τη συνόδεψα στο σπίτι της μετά το πάρτι.

φράσεις

get on (*Βρετ.*)/**along** (*Αμερ.*) **well with sb** [υπονοεί άνετη σχέση] τα πηγαίνω καλά με κάποιον *A good doctor needs to get on well with people.* Ένας καλός γιατρός χρειάζεται να τα πηγαίνει καλά με τον κόσμο.

hit it off (with sb) [τα πάω καλά με κάποιον από την πρώτη στιγμή που τον γνωρίζω] ταιριάζω *Lucy and Harry hit it off right away.* Η Λούσυ και ο Χάρυ ταιριάξανε αμέσως μόλις γνωρίστηκαν. *We didn't really hit it off.* Μάλλον δεν ταιριάξαμε.

get on like a house on fire [ανεπίσημο και εμφατικό] τα πηγαίνω θαυμάσια με κάποιον *Everybody was getting*

on like a house on fire until we got on to politics. Όλοι τα πηγαίναμε θαυμάσια ως την ώρα που αρχίσαμε την πολιτική συζήτηση.

break the ice [δημιουργώ πιο φιλική ατμόσφαιρα] σπάω τον πάγο *It was a terrible joke but it broke the ice.* Δεν ήταν επιτυχημένο αστείο αλλά έσπασε τον πάγο.

the more the merrier [λέγεται για να ενθαρρύνει κάποιον να πάει με άλλους] όσο περισσότεροι είμαστε τόσο το καλύτερο *Of course there's room in the car, the more the merrier.* Βεβαίως χωράει το αυτοκίνητο, όσο περισσότεροι είμαστε τόσο το καλύτερο.

---

435 Loneliness Μοναξιά

δες επίσης **320.2 Distance**

lonely (*Βρετ. & Αμερ.*) ΕΠΙΣΗΣ **lonesome** (*Αμερ.*) επίθ. [δυσάρεστο συναίσθημα όταν μας λείπει κάποιος] που αισθάνεται μοναξιά *He feels so lonely now his wife's gone.* Αισθάνεται πολύ μοναξιά, τώρα που η γυναίκα του δεν είναι εδώ. *a lonely weekend* ένα μοναχικό σαββατοκύριακο

alone επίθ. (μετά από ρ.) [πιθανό γιατί το έχουμε διαλέξει, χωρίς άλλα άτομα παρόντα] μόνος *I'm all alone in the house tonight.* Είμαι τελείως μόνος στο σπίτι απόψε. *I need to be alone for a while.* Έχω την ανάγκη να μείνω μόνος μου για λίγο διάστημα.

on one's own [πιθανό γιατί το έχουμε διαλέξει, χωρίς άλλα άτομα παρόντα] μόνος *Don't sit there on your own, come and join us.* Μην κάθεσαι εκεί μόνος σου, έλα μαζί μας. *We're on our own now our daughter's married.* Είμαστε μόνοι μας τώρα που η κόρη μας παντρεύτηκε.

solitary επίθ. (πριν από ουσ.) 1 [μόνος γιατί το συνηθίζει, πιθανό γιατί το έχει διαλέξει] μοναχικός *a solitary existence* μια μοναχική ύπαρξη 2 [μόνο ένα. Εμφατική λέξη] μοναδικός *I've had one solitary phone call all week.* Πήρα μόνο ένα τηλεφώνημα όλη την εβδομάδα.

isolated επίθ. [δίνει έμφαση στη δυσάρεστη σωματική ή πνευματική απόσταση από άλλα άτομα ή πράγματα] απομονωμένος *You feel so isolated not knowing the language.* Νιώθεις πολύ απομονωμένος αν δεν ξέρεις τη γλώσσα. *Aren't you rather isolated out in the suburbs?* Δεν είσαι απομονωμένος στα προάστια;

435.1 Άτομα που είναι μόνα τους

loner ουσ.αρ. [άτομο που προτιμά να ζει ή να δουλεύει μόνο του ή που δεν είναι καλό στο να κάνει παρέα με άλλα άτομα] μοναχικός

recluse ουσ.αρ. [κάπως υποτιμητικό. Άτομο που αποφεύγει τους ανθρώπους] ερημίτης *A widower doesn't need to be a recluse, you know.* Κάποιος που έχει μείνει χήρος δε χρειάζεται να είναι αποτραβηγμένος από τον κόσμο. **reclusive** επίθ. μοναχικός

hermit ουσ.αρ. [άτομο που αφήνει τα εγκόσμια, κυρίως στο παρελθόν και για θρησκευτικούς λόγους] ερημίτης

435.2 Περιγράφω ένα μόνο άτομο ή πράγμα

single επίθ. 1 (πριν από ουσ.) [υπονοεί ότι μπορεί να περιμέναμε περισσότερα] μόνο ένας *If I find one single mistake, there'll be trouble.* Ακόμα και ένα μόνο λάθος να βρω, θα γίνει φασαρία. *We haven't had a single customer all day.* Δεν έχει έρθει ούτε ένας πελάτης σήμερα. 2 ανύπαντρος *a single woman* μια ανύπαντρη γυναίκα *when I was single* όταν ήμουν ανύπαντρος

individual επίθ. (πριν από ουσ.) [ένας και ξεχωριστός] ξεχωριστός *each child's individual needs* οι ξεχωριστές ανάγκες κάθε παιδιού *an individual portion* μια ατομική μερίδα [προσέξτε: όχι *atomic*] *the individual care given to each patient* η ξεχωριστή φροντίδα για κάθε ασθενή

individual ουσ.αρ. άτομο *We treat you as an individual, not a number.* Σας αντιμετωπίζουμε σαν ξεχωριστή προσωπικότητα, όχι σαν αριθμό.

independent επίθ. (συχνά + of) [που δεν έχει σχέση ούτε βασίζεται σε άλλους] ανεξάρτητος *an independent investigation* μια ανεξάρτητη έρευνα *We are totally independent of the insurance companies.* Είμαστε τελείως ανεξάρτητοι από ασφαλιστικές εταιρείες. *an independent wine merchant* [που δεν είναι μέρος αλυσίδας] ανεξάρτητος έμπορος κρασιών **independence** ουσ.μ.αρ. ανεξαρτησία

singular επίθ. [στη γραμματική] ενικός αριθμός *a singular noun* ένα ουσιαστικό στον ενικό αριθμό *the first person singular* το πρώτο ενικό πρόσωπο (σαν ουσ.) *The noun is in the singular.* Το ουσιαστικό είναι στον ενικό αριθμό.

lone επίθ. (πριν από ουσ.) [υπονοεί ασυνήθιστη απουσία άλλων ατόμων ή πραγμάτων] ένας μόνο *a lone cyclist* ένας μόνο ποδηλάτης

436 Include Περιλαμβάνω

include *ρ.μ.* 1 [έχω σαν μέρος] περιλαμβάνω *These costs include fuel.* Αυτά τα έξοδα περιλαμβάνουν τα καύσιμα. 2 [βάζω] συμπεριλαμβάνω *I included a section on opera in the book.* Στο βιβλίο συμπεριέλαβα ένα κεφάλαιο για την όπερα.

including *πρόθ.* συμπεριλαμβανομένου *£22 a night including breakfast* εικοσιδύο λίρες τη βραδιά με πρωινό *all of us including the dog* όλοι μας, μαζί και το σκυλί

inclusive *επίθ.* (κυρίως Βρετ.) (συχνά + of) συμπεριλαμβανόμενος *from the sixth to the tenth inclusive* από τις έξι μέχρι και τις δέκα *£46 a week inclusive of heating* 46 λίρες την εβδομάδα και συμπεριλαμβάνει τη θέρμανση

involve *ρ.μ.* [υπονοεί ότι κάποιος ή κάτι γίνεται αναγκαίος ή επηρεάζεται] ανακατεύω *They don't want to involve the police in this.* Δε θέλουν να ανακατέψουν την αστυνομία στην υπόθεση. *It would involve a long wait.* Θα απαιτούσε μεγάλη αναμονή. *a process involving computers* μια διαδικασία για την οποία απαιτούνται κομπιούτερ *I don't want to get involved with their arguments.* Δε θέλω να ανακατευτώ στους καυγάδες τους.

involvement *ουσ.αρ.* (δεν έχει πληθ.) ανάμειξη, συμμετοχή *my involvement in the case* η ανάμειξή μου στην υπόθεση *We encourage the involvement of the local community.* Ενθαρρύνουμε τη συμμετοχή της τοπικής κοινότητας.

count sb/sth **in** *ρ.μ.πρφ.* [θεωρώ ότι περιλαμβάνεται] (συν)υπολογίζω *If the others are going, count me in too.*

Αν έρθουν οι υπόλοιποι, υπολόγισε και μένα.

consist of sth *ρ.μ.πρφ.* [υπονοεί ότι κάτι σχηματίζεται από διάφορα υλικά, στοιχεία ή σύνολο ανθρώπων] αποτελούμαι από *The alloy consists mainly of steel and copper.* Το κράμα αποτελείται κυρίως από χάλυβα και χαλκό. *The meal consisted of soup, fish and cheese.* Το γεύμα αποτελούσαν σούπα, ψάρι και τυρί.

comprise *ρ.μ.* 1 [αποτελούμαι από. Πιο επίσημο από το **consist of**] περιλαμβάνω *The book comprises ten chapters and an index.* Το βιβλίο αποτελείται από δέκα κεφάλαια και έναν αλφαβητικό κατάλογο. 2 [σχήμα] αποτελούμαι *The building is comprised of three adjoining rooms.* Το κτίριο αποτελείται από τρία εφαπτόμενα δωμάτια.

χρήση

Αν και η χρήση 2 συνηθίζεται, μερικοί τη θεωρούν λανθασμένη.

φράση

be made up of sb/sth αποτελούμαι από κάτι *The class is made up of Cubans and Puerto Ricans.* Η τάξη αποτελείται από Κουβανούς και Πουερτορικανούς. *The course is made up of three parts.* Η σειρά μαθημάτων αποτελείται από τρία μέρη.

437 Exclude Εξαιρώ

exclude *ρ.μ.* (συχνά + from) [συνήθως σκόπιμα] εξαιρώ *I felt deliberately excluded from their group.* Αισθάνθηκα ότι με εξαίρεσαν σκόπιμα από την ομάδα τους. *The programme excluded all mention of government interference.* Από το πρόγραμμα παραλείφθηκε οποιαδήποτε αναφορά στην κυβερνητική ανάμιξη.

exclusion *ουσ.μ.αρ.αρ.* εξαίρεση *the exclusion of immigrants* η εξαίρεση των μεταναστών *the usual exclusions like war and acts of God* οι συνηθισμένες εξαιρέσεις όπως ο πόλεμος και οι θεομηνίες

excluding *πρόθ.* [χωρίς να παίρνει υπόψη] χωρίς να υπολογίζω *£234, excluding VAT* 234 λίρες, χωρίς να υπολογίσεις το ΦΠΑ. *Excluding Friday, we've had good weather so far.* Εκτός από την Παρασκευή, μέχρι τώρα ο καιρός ήταν καλός.

omit *ρ.μ.*, -tt- [τυχαία ή σκόπιμα] παραλείπω *The soloist omitted the repeats.* Ο σολίστας παρέλειψε τις επαναλήψεις. *Unfortunately your name has been omitted.* Δυστυχώς το όνομά σου έχει παραλειφθεί.

omission *ουσ.μ.αρ.αρ.* παράλειψη *We must apologize for the omission of certain facts.* Πρέπει να ζητήσουμε συγνώμη για την παράλειψη ορισμένων γεγονότων.

leave sth/sb **out** 'Η **leave out** sth/sb *ρ.μ.πρφ.* (συχνά + of,

from) [λιγότερο επίσημο από το **exclude** ή το **omit**] παραλείπω *You've left a word out.* Έχεις παραλείψει μια λέξη. *She was left out of the team because of an injured ankle.* Την παρέλειψαν από την ομάδα επειδή τραυμάτισε τον αστράγαλό της.

shun *ρ.μ.*, -nn- [αποφεύγω, συχνά αγενώς] αποφεύγω *The banks tend to shun my kind of company.* Οι τράπεζες κάποτε απέφευγαν εταιρείες σαν τη δικιά μου. *I used to shun any idea of working in an office.* Κάποτε απέρριπτα την ιδέα να δουλέψω σε γραφείο.

ignore *ρ.μ.* αγνοώ *She's been ignoring me all evening.* Με αγνοεί συνεχώς απόψε. *They tend to ignore inconvenient facts.* Έχουν την τάση να αγνοούν γεγονότα που δεν τους συμφέρουν.

except *πρόθ.* εκτός *everyone except my father* όλοι εκτός από τον πατέρα μου

except for *πρόθ.* εκτός από *We were all over 18, except for Edward.* Ήμασταν όλοι πάνω από 18 χρονών, εκτός από τον Έντουαρντ.

apart from *πρόθ.* εκτός από *Apart from Dora, nobody could speak French.* Εκτός από τη Ντόρα, κανείς δεν ήξερε Γαλλικά.

438 Bad Κακός

δες επίσης **60 Ugly, 219 Wicked, 446 Horror and Disgust,** αντίθετο **417 Good**

bad *επίθ.*, *συγκρ.* **worse**, *υπερθ.* **worst** 1 [δυσάρεστος] άσχημος, κακός *I had a bad dream.* Είδα ένα άσχημο όνειρο. 2 [κακής ποιότητας] άσχημος *My exam results were very bad.* Τα αποτελέσματα των εξετάσεών μου ήταν πολύ άσχημα. 3 (συνήθως πριν από ουσ.) άρρωστος *I've got a*

bad knee. Το γόνατό μου δεν είναι καλά. 4 (συνήθως + for) [καταστρεπτικός] κακός *Too much sun is bad for your skin.* Ο πολύς ήλιος κάνει κακό στο δέρμα σου. 5 σοβαρός *a bad cold* ένα βαρύ κρυολόγημα

badly *επίρρ.* άσχημα *She performed badly.* Η παράστασή της ήταν κακή. *badly injured* σοβαρά τραυματισμένος *badly-behaved* με κακούς τρόπους συμπεριφοράς

unpleasant *επίθ.* [που δεν αρέσει σε κάποιον] δυσάρεστος *an unpleasant taste* μια δυσάρεστη γεύση *The tone of the letter was extremely unpleasant.* Ο τόνος του γράμματος ήταν πάρα πολύ δυσάρεστος. **unpleasantly** *επίρρ.* δυσάρεστα

unsatisfactory *επίθ.* [περιγράφει: π.χ. δουλειά, συνθήκες] μη ικανοποιητικός *Their performance has been thoroughly unsatisfactory.* Η απόδοσή τους δεν ήταν καθόλου ικανοποιητική. **unsatisfactorily** *επίρρ.* μη ικανοποιητικά

horrible *επίθ.* [δίνει έμφαση στη προσωπική αντίδραση του ατόμου που χρησιμοποιεί τη λέξη] φρικτός, απαίσιος *a horrible piece of modern architecture* ένα απαίσιο δείγμα μοντέρνας αρχιτεκτονικής *That was a horrible thing to say.* Αυτό που είπες ήταν απαίσιο.

nasty [κάπως ανεπίσημο. Πιο έντονο από το **unpleasant**. Όταν περιγράφει άτομα ή πράξεις, υπονοεί σκόπιμη κακία] αντιπαθής, κακεντρεχής *a nasty smell* μια δυσάρεστη μυρωδιά *a nasty cold* ένα άσχημο κρυολόγημα *a mean and nasty trick* μια κακεντρεχής και δυσάρεστη φάρσα

shoddy *επίθ.* [υπονοεί κακή ποιότητα ή αξιοκαταφρόνητη συμπεριφορά] φτηνός *shoddy goods* σκάρτα αγαθά *The way they treated me was incredibly shoddy.* Ο τρόπος με τον οποίο με μεταχειρίστηκαν ήταν απίστευτα σκάρτος. **shoddily** *επίρρ.* σκάρτα

hopeless *επίθ.* [ανεπίσημο. Υπονοεί περιφρόνηση προς άτομα που δεν είναι αποδοτικά] αδιόρθωτος *My spelling's hopeless.* Είμαι ανορθόγραφος. *a hopeless team* μια ομάδα που είναι καταδικασμένη να αποτύχει

438.1 Πολύ κακός

dreadful *επίθ.* απαίσιος *The acoustics are dreadful.* Η ακουστική είναι φρικτή. *I had a dreadful journey.* Το ταξίδι μου ήταν φρικτό. *a dreadful mistake* ένα φρικτό λάθος

appalling *επίθ.* 1 φρικιαστικός *Her taste is simply appalling.* Το γούστο της είναι απαίσιο. *What appalling weather we've been having.* Τι απαίσιο καιρό που κάνει τώρα τελευταία. 2 [συγκλονιστικός] απαίσιος *an appalling crime* ένα απαίσιο έγκλημα

awful *επίθ.* [μπορεί να υπονοεί σοκ] απαίσιος *This soup is awful!* Αυτή η σούπα είναι απαίσια! *that awful dog they have* εκείνο το απαίσιο σκυλί που έχουν [για να επιτείνει το νόημα κάποιας λέξης] *an awful mess* μια φοβερή ακαταστασία

terrible *επίθ.* [κάπως ανεπίσημο] απαίσιος, φοβερός *The weather's been terrible.* Έχει κάνει φοβερό καιρό τελευταία. *I'm a terrible singer.* Τραγουδώ απαίσια.

ghastly *επίθ.* [υπονοεί τρόμο] φρικτός *a ghastly accident* ένα φρικτό ατύχημα *They have such ghastly taste.* Έχουν απαίσιο γούστο.

frightful *επίθ.* [κάπως επίσημο. Σοβαρός και συγκλονιστικός] τρομακτικός *We saw some frightful injuries.* Είδαμε κάτι τρομακτικά τραύματα. [μπορεί να είναι προσποιητό] *a frightful colour* ένα απαίσιο χρώμα

foul *επίθ.* [πάρα πολύ δυσάρεστος] αποκρουστικός *a foul stench* μια απαίσια δυσωδία *The weather was absolutely foul.* Ο καιρός ήταν απαίσιος.

vile *επίθ.* 1 [ανεπίσημο] απαίσιος *The food was positively vile.* Το φαγητό ήταν πολύ κακής ποιότητας. 2 [κάπως επίσημο. Αξιοκαταφρόνητος] ευτελής *a vile threat* μια αηδιαστική απειλή

obnoxious *επίθ.* [υπονοεί κακούς τρόπους ή σκληρότητα. Περιγράφει: άτομα, συμπεριφορά, κτλ., *όχι* καιρό, γεύση, κτλ.] απεχθής *a particularly obnoxious remark* μια ιδιαίτερα απεχθής παρατήρηση *The immigration officials were being deliberately obnoxious.* Οι αξιωματικοί του τμήματος αλλοδαπών φέρονταν σκόπιμα με απεχθή τρόπο.

crap *ουσ.μ.αρ.* [κάπως χυδαίος λαϊκός όρος. Υπονοεί έντονη αποδοκιμασία] ανοησίες, σκατά *The whole idea is a load of crap.* Η όλη ιδέα είναι ηλίθια. (σαν *επίθ.*) *a crap firm to work for* μια εταιρεία καθόλου καλή για τους υπαλλήλους

crappy *επίθ.* άχρηστος *They're crappy little cars.* Είναι άχρηστα αυτοκινητάκια.

lousy *επίθ.* [ανεπίσημο. Συχνά υπονοεί θυμό] απαίσιος *The food was lousy.* Το φαγητό ήταν απαίσιο. *that lousy stereo I had* εκείνο το απαίσιο στερεοφωνικό που είχα

grim *επίθ.*, **-mm-** [κακός και δύσκολος να υποφερθεί] ζοφερός *the grim prospects for manufacturing industry* οι ζοφερές προοπτικές για τη βιομηχανία *The exam was pretty grim.* Το διαγώνισμα ήταν πολύ δύσκολο.

φ ρ ά σ η

a dead loss [ανεπίσημο. Υπονοεί απογοήτευση] απογοητευτικός *The match was a dead loss.* Ο αγώνας ήταν μεγάλη απογοήτευση.

438.2 Δυσάρεστα άτομα

δες επίσης **1 Wild animals**

bastard *ουσ.αρ.* [λαϊκό] 1 [άνθρωπος που τον μισούν ή περιφρονούν] κάθαρμα *The bastards wouldn't listen.* Τα καθάρματα δεν ήθελαν να με ακούσουν. 2 [δυσάρεστο ή δύσκολο πράγμα] δοκιμασία *This winter's been a real bastard.* Αυτός ο χειμώνας ήταν πάρα πολύ σκληρός.

pig *ουσ.αρ.* [λαϊκό. Υπονοεί δυσάρεστη συμπεριφορά, π.χ. σκληρότητα, απληστία, κτλ. Δεν είναι ιδιαίτερα έντονο, και συχνά χρησιμοποιείται κατά πρόσωπο κάποιου, όχι για να τον περιγράψουμε σε τρίτους] γουρούνι *Give it back, you pig!* Δώστο μου πίσω, γουρούνι!

worm [εκφράζει περιφρόνηση] σκουλήκι *Only a worm like you would print lies like that.* Μόνο ένα σκουλήκι σαν εσένα θα δημοσίευε τέτοια ψέματα.

bitch *ουσ.αρ.* [λαϊκό. Δυσάρεστη γυναίκα] σκύλα *That bitch swore at me.* Η σκύλα με έβρισε.

439 Inferior Κατώτερος

αντίθετο **419 Superior**

worse 1 *επίθ.* (συγκρ. του **bad**) χειρότερος *His cough is worse than ever.* Ο βήχας του είναι χειρότερος από ποτέ. *Things are likely to get worse.* Τα πράγματα είναι πιθανό να χειροτερέψουν. 2 *επίρρ.* (συγκρ. του **badly**) χειρότερα *I'm sleeping even worse lately.* Κοιμάμαι ακόμα χειρότερα τώρα τελευταία.

worst *επίθ.* (υπερθ. του **bad**) ο χειρότερος *the worst book I've ever read* το χειρότερο βιβλίο που έχω διαβάσει ποτέ

μου (χρησιμοποιείται σαν *ουσ.*) *I've seen some bad cases but this is the worst.* Έχω δει άσχημες περιπτώσεις αλλά αυτή είναι η χειρότερη.

439.1 Κατώτερος σε αξίωμα

subordinate *ουσ.αρ.* [υπονοεί δομή βαθμών] υφιστάμενος *You need the respect of your subordinates.* Χρειάζεσαι το σεβασμό των κατωτέρων σου.

subordinate *επίθ.* (συχνά + **to**) κατώτερος *a subordinate civil servant* ένας κατώτερος δημόσιος υπάλληλος

junior *επίθ.* (συχνά + **to**) [σχετικά με ένα ή περισσότερα

άλλα άτομα] νεώτερος *a junior executive* ένας λιγότερο έμπειρος διοικητικός υπάλληλος

junior *ουσ.αρ.* κατώτερος στην ιεραρχία *the office junior* ο κλητήρας του γραφείου

440 Uncomfortable Άβολος

αντίθετο **421 Comfortable**

uncomfortable *επίθ.* 1 άβολος *an uncomfortable bed* ένα άβολο κρεβάτι *I feel uncomfortable wearing a tie.* Δεν αισθάνομαι άνετα όταν φορώ γραβάτα. 2 άβολα *Churches make me uncomfortable.* Δεν αισθάνομαι άνετα μέσα σε εκκλησίες. **uncomfortably** *επίρρ.* άβολα

discomfort *ουσ.μ.αρ.* [κάπως επίσημο] δυσφορία *The heat was causing me some discomfort.* Η ζέστη μου προκαλούσε δυσφορία.

tight *επίθ.* [περιγράφει: π.χ. ρούχα] στενός *My belt's too tight.* Η ζώνη μου με σφίγγει.

tighten *ρ.* 1 *ρ.μ.* σφίγγω *Don't tighten that chin strap too much.* Μη παρασφίγγεις εκείνο το λουρί στο πηγούνι. 2 *ρ.α.* σφίγγομαι *The collar seemed to be tightening around my neck.* Το κολάρο φάνηκε να σφίγγεται γύρω από το λαιμό μου.

pinch *ρ.μ.* [υποκ.: π.χ. παπούτσια] σφίγγω *The boots pinch my toes.* Οι μπότες με σφίγγουν στα δάχτυλα.

cramped *επίθ.* [αντικ.: κυρίως συνθήκες διαβίωσης] στριμωγμένος *Many families live under very cramped conditions.* Πολλές οικογένειες ζουν κάτω από πολύ δύσκολες συνθήκες. *a cramped bedsit* μια μικρή και στενάχωρη γκαρσονιέρα

φράση

like a fish out of water [π.χ. σε άγνωστο περιβάλλον] σαν ψάρι έξω από το νερό *Without his lecture notes he'd be like a fish out of water.* Χωρίς τις σημειώσεις του για τη διάλεξη θα ήταν σαν ψάρι έξω από το νερό.

---

441 Worsen Χειροτερεύω

δες επίσης **132 Damage**

deteriorate *ρ.α.* [κάπως επίσημο. Υποκ.: π.χ. κατάσταση, υγεία] επιδεινώνομαι *The standard of your work has considerably deteriorated.* Το επίπεδο της δουλειάς σου έχει χειροτερέψει σημαντικά.

deterioration *ουσ.μ.αρ.* επιδείνωση *a marked deterioration in diplomatic relations between the two countries* σημαντική επιδείνωση στις διπλωματικές σχέσεις ανάμεσα στις δύο χώρες

aggravate *ρ.μ.* [αντικ.: π.χ. πρόβλημα] επιδεινώνω *The humidity could aggravate your asthma.* Η υγρασία μπορεί να επιδεινώσει το άσθμα σου. *tensions aggravated by foolish press comment* ένταση που επιτείνεται από ανόητα σχόλια στον τύπο **aggravation** *ουσ.μ.αρ.* επιδείνωση

exacerbate *ρ.μ.* [αντικ.: π.χ. πρόβλημα, κατάσταση. Χειροτερεύω κάτι που είναι ήδη σε κακή κατάσταση] επιδεινώνω, παροξύνω *Any intervention by the West will only exacerbate the political situation.* Οποιαδήποτε επέμβαση από τις Δυτικές χώρες θα παροξύνει μόνο την κατάσταση.

φράσεις

go downhill [ανεπίσημο. Χειροτερεύω σταθερά] παρακμάζω *The team went downhill after you left.* Η ομάδα παράκμασε αφού έφυγες.

go to pot [ανεπίσημο. Υπονοεί πλήρη απώλεια της ποιότητας] πάω κατά διαόλου, πάω χαμένος *those who feared that the hotel would go to pot* αυτοί που φοβόταν ότι το ξενοδοχείο δε θα πήγαινε καλά

go to the dogs [ανεπίσημο. Υπονοεί απώλεια της ποιότητας για την οποία θα έπρεπε να ντρέπεται κανείς] υποβαθμίζομαι, παίρνω τον κατήφορο *Ever since I was a boy people have been claiming the country was going to the dogs.* Από τότε που ήμουνα παιδί λέγανε ότι η χώρα έπαιρνε τον κατήφορο.

go to seed [ανεπίσημο. Υπονοεί ότι κάποιος/κάτι κάποτε ήταν καλό(ς)] αδρανώ, μένω στάσιμος *Your brain doesn't have to go to seed when you have a baby, you know.* Δε χρειάζεται να χάσεις το ενδιαφέρον σου για διανοητικά θέματα όταν αποκτήσεις μωρό.

---

442 Normal Φυσιολογικός

δες επίσης **288 Habitual**, αντίθετο **444 Unusual**

normal *επίθ.* φυσιολογικός *It took us a long time to get back to normal after the fire.* Μας πήρε πολύ καιρό μετά την πυρκαγιά για να επανέρθουμε στο φυσιολογικό ρυθμό. *How long is your normal working day?* Πόσες ώρες είναι μια κανονική εργάσιμη μέρα σου; [μπορεί να υπονοεί αρκετά έντονη γνώμη του ομιλητή για το πώς θα έπρεπε να είχαν τα πράγματα] *It's not normal to want to be alone all the time.* Δεν είναι φυσιολογικό να θέλεις να είσαι μόνος σου συνεχώς. *Anger is a normal reaction to the death of a loved one.* Ο θυμός είναι φυσιολογική αντίδραση στο θάνατο ενός προσφιλούς ατόμου.

normally *επίρρ.* φυσιολογικά, συνήθως *Try to act normally.* Προσπάθησε να συμπεριφερθείς φυσιολογικά. *I don't drink

this much normally.* Δεν πίνω τόσο πολύ συνήθως. *Normally we visit my family at Christmas.* Συνήθως επισκεπτόμαστε την οικογένειά μου τα Χριστούγεννα.

natural *επίθ.* [όπως καθόρισε η φύση. Όχι τεχνητός] φυσικός *a natural reaction* μια φυσική αντίδραση *the natural accompaniment to cheese* το φυσικό συνοδευτικό για το τυρί *The acting is very natural.* Το παίξιμο των ηθοποιών είναι πολύ φυσικό.

ordinary *επίθ.* [χωρίς ιδιαίτερα χαρακτηριστικά] συνηθισμένος *a perfectly ordinary day* μια πολύ συνηθισμένη μέρα [μπορεί να είναι κάπως υποτιμητικό] *Her husband's very ordinary.* Ο άντρας της είναι πολύ συνηθισμένος τύπος.

everyday *επίθ.* (πριν από ουσ.) [υπονοεί ρουτίνα] καθημερινός *your everyday problems* τα καθημερινά σου προβλήματα *simple everyday jobs* απλές καθημερινές δουλειές

standard *επίθ.* [υπονοεί γενική έγκριση ή αποδοχή] καθιερωμένος *It's standard procedure.* Είναι (η) καθιερωμένη διαδικασία.

conventional *επίθ.* [υπονοεί παραδοσιακά ή κοινωνικά πρότυπα] συμβατικός *a conventional way of dressing* συμβατικός τρόπος ντυσίματος [κάπως υποτιμητικό] *Her family is terribly conventional.* Η οικογένειά της είναι πολύ συμβατικά άτομα.

conventionally *επίρρ.* συμβατικά *a conventionally designed engine* μια συμβατικά σχεδιασμένη μηχανή

conform *ρ.α.* (συχνά + **to**) [υπονοεί παραδεκτή συμπεριφορά] προσαρμόζομαι, συμμορφώνομαι *the social pressures to conform* η κοινωνική καταπίεση για συμμόρφωση με τους κανόνες (της κοινωνίας) *They're unlikely to conform to their parents' wishes.* Είναι απίθανο ότι θα συμμορφωθούν με τις επιθυμίες των γονιών τους.

442.1 Κάτι που συμβαίνει ή υπάρχει συνήθως

usual *επίθ.* [γενικός όρος] συνηθισμένος *He came at the usual time.* Ήρθε τη συνηθισμένη ώρα. *My usual doctor was away.* Ο γιατρός στον οποίο πηγαίνω κανονικά έλειπε. *It's more usual for the mother to come.* Είναι πιο συνηθισμένο να έρχεται η μητέρα. *She's busy as usual.* Είναι απασχολημένη όπως συνήθως. (σαν ουσ.) *Anything in the post? – Just the usual, bills and circulars.* Έφερε τίποτα ο ταχυδρόμος; – Απλώς τα συνηθισμένα, λογαριασμούς και ενημερωτικά έντυπα.

usually *επίρρ.* συνήθως *I usually wear a tie.* Συνήθως φορώ γραβάτα.

typical *επίθ.* (συχνά + **of**) 1 [αντιπροσωπευτικός] χαρακτηριστικός, κλασικός *a typical London street* ένας κλασικός Λονδρέζικος δρόμος *This is typical of the problems facing young families.* Αυτό είναι χαρακτηριστικό των προβλημάτων που αντιμετωπίζουν οι νεαρές οικογένειες. 2 [συνήθως με υποτιμητική σημασία] χαρακτηριστικός *The remark was typical of her.* Το σχόλιο που έκανε ήταν χαρακτηριστικό της.

typically *επίρρ.* χαρακτηριστικά *a typically stupid suggestion* μια χαρακτηριστικά ανόητη πρόταση *Candidates are typically female and unmarried.* Το χαρακτηριστικό των υποψηφίων είναι ότι οι περισσότεροι είναι γυναίκες και ανύπαντρες.

χρήση

Μη συγχέετε το **typical** (αντιπροσωπευτικός) με το **traditional** (παραδοσιακός) ή με το τυπικός.
*δες επίσης **195 Social customs**

widespread *επίθ.* [του οποίου υπάρχουν πολλές περιπτώσεις] διαδεδομένος *a widespread misunderstanding* μια συνηθισμένη παρεξήγηση *The practice is widespread in Scotland.* Αυτή η συνήθεια επικρατεί στη Σκωτία.

widely *επίρρ.* [συχνά και σε πολλά μέρη] εκτεταμένα *The changes have been widely publicized.* Οι αλλαγές έχουν γίνει γνωστές σε μεγάλη έκταση.

commonplace *επίθ.* [συμβαίνει τόσο συχνά που θεωρείται συνηθισμένο. Συχνά χρησιμοποιείται για κάτι που κάποτε το θεωρούσαν σπάνιο ή ασυνήθιστο] κοινοτοπικός *Satellite launches are now commonplace.* Οι εκτοξεύσεις των πυραύλων είναι πια κάτι το συνηθισμένο. *Muggings are commonplace on the estate.* Οι ληστείες είναι κάτι το συνηθισμένο σ' αυτό το συγκρότημα των πολυκατοικιών.

442.2 Ανάμεσα σε ακραίες περιπτώσεις

average *επίθ.* [όπως άλλοι, λίγο–πολύ] μέσος *average house prices* μέσες τιμές των σπιτιών *It's more versatile than the average computer.* Είναι πιο ευέλικτο από το μέσο κομπιούτερ.

average *ουσ.αρ.μ.αρ.* μέσος όρος *Her performance was above average.* Η απόδοσή της ήταν καλύτερη από το συνηθισμένο.

medium *επίθ.* μεσαίος *a house of medium size* ένα σπίτι μεσαίου μεγέθους *a medium speed of 40 miles an hour* μέση ταχύτητα 40 μιλίων την ώρα

intermediate *επίθ.* 1 [που έγινε ή που συμβαίνει ανάμεσα σε δύο πράγματα] ενδιάμεσος *an intermediate solution* μια ενδιάμεση λύση 2 [ανάμεσα στο επίπεδο αρχαρίου και προχωρημένου] μέσος *intermediate students* μαθητές στο μέσο επίπεδο σπουδών

442.3 Μάλλον υποτιμητικοί όροι

mediocre *επίθ.* [το πιο υποτιμητικό από αυτή την ομάδα των λέξεων] μέτριος *Your marks are pretty mediocre.* Οι βαθμοί σου είναι πολύ μέτριοι. *a mediocre hotel* ένα μάλλον άσχημο ξενοδοχείο

middling *επίθ.* [λιγότερο υποτιμητικό από το **mediocre**, αλλά καθόλου εξαιρετικό] μέτριος, υποφερτός *His health's been fair to middling.* Η κατάσταση της υγείας του είναι από καλούτσικη μέχρι υποφερτή.

run-of-the-mill *επίθ.* [κάπως υποτιμητικό. Υπονοεί κάτι συνηθισμένο χωρίς ιδιαίτερες ιδιότητες] συνηθισμένος *a run-of-the-mill TV comedy* μια πολύ συνηθισμένη τηλεοπτική κωμωδία *All the applicants have been pretty run-of-the-mill.* Όλοι οι υποψήφιοι ήταν κάπως μέτρια άτομα.

middle-of-the-road *επίθ.* [συχνά υποτιμητικό. Υπονοεί ηπιότητα ή κάτι που δεν είναι πειστικό] μετριοπαθής *My artistic tastes are fairly middle-of-the-road.* Τα καλλιτεχνικά μου γούστα είναι σχετικά μετριοπαθή.

443 Often Συχνά

often *επίρρ.* συχνά *How often do you go there?* Πόσο συχνά πας εκεί; *It's often possible to buy tickets at the door.* Συχνά είναι δυνατό να αγοράσεις εισιτήρια στην είσοδο.

frequent *επίθ.* συχνός *He's a frequent guest of the president.* Είναι συχνά φιλοξενούμενος του προέδρου. *frequent arguments* συχνοί καυγάδες

frequently *επίρρ.* [πιο επίσημο από το **often**] συχνά *She frequently travels abroad.* Συχνά ταξιδεύει στο εξωτερικό.

frequency *ουσ.μ.αρ.* συχνότητα

common *επίθ.* συνηθισμένος *Accidents are common on this road.* Είναι συνηθισμένο να γίνονται ατυχήματα σ' αυτόν το δρόμο. *It's a common problem.* Είναι συνηθισμένο πρόβλημα.

regular *επίθ.* τακτικός *to take regular exercise* ασκούμαι τακτικά *They have lunch on a regular basis.* Τρώνε τακτικά μαζί το μεσημέρι. **regularity** *ουσ.μ.αρ.* το ότι γίνεται κάτι τακτικά

regularly *επίρρ.* τακτικά *We meet regularly.* Συναντιόμαστε τακτικά.

444 Unusual Ασυνήθιστος

δες επίσης **surprise 118,** αντίθετο **normal 442**

unusual επίθ. ασυνήθιστος *Ethelred is an unusual name these days.* Το όνομα Εθελρεντ είναι ασυνήθιστο στον καιρό μας. *It's unusual for you to be so early.* Δε συνηθίζεις να έρχεσαι τόσο νωρίς. **unusually** επίρρ. ασυνήθιστα

444.1 Όχι αυτό που θα περιμέναμε ή θα μας άρεσε

strange επίθ. [λίγο ανησυχητικός] παράξενος *a strange coincidence* μια παράξενη σύμπτωση *Her behaviour's been rather strange lately.* Η συμπεριφορά της είναι μάλλον παράξενη τώρα τελευταία. *That's strange, I thought I'd packed another sweater.* Τι παράξενο, νόμιζα ότι είχα βάλει (και) ένα άλλο πουλόβερ στη βαλίτσα μου.

strangely επίρρ. παράξενα *to behave strangely* συμπεριφέρομαι παράξενα *It was strangely quiet.* Έκανε μια παράξενη ησυχία. *Strangely, we never met.* Κατά παράξενο τρόπο, δε γνωριστήκαμε ποτέ. **strangeness** ουσ.μ.αρ. το παράξενο

odd επίθ. [λίγο πιο εμφατικό από το **strange**] παράξενος, περίεργος *That's odd, the phone's not answering.* Περίεργο, το τηλέφωνο δεν απαντά. *That sounds a rather odd arrangement.* Αυτό μου φαίνεται μάλλον παράξενος διακανονισμός.

oddly επίρρ. παράξενα, περίεργα *He looked at me very oddly.* Με κοίταξε παράξενα. *Oddly enough she was here yesterday.* Τι παράξενο, ήταν εδώ χτες.

oddity ουσ. **1** ουσ.αρ. παράξενος, κάτι το παράξενο *Why do people look on tricycles and their riders as oddities?* Γιατί πολλοί βλέπουν τα τρίκυκλα ποδήλατα και τους αναβάτες τους σαν κάτι το παράξενο; **2** ουσ.μ.αρ. [κάπως επίσημο] παραξενιά

peculiar επίθ. [λίγο πιο υποτιμητικό και επικριτικό από το **strange** και το **odd**] παράξενος *The house had a peculiar smell.* Το σπίτι μύριζε παράξενα. *My mother thinks I'm a bit peculiar, not eating meat.* Η μητέρα μου νομίζει ότι είμαι λίγο ιδιόρρυθμη που δεν τρώω κρέας.

peculiarity ουσ. **1** ουσ.αρ. [συγκεκριμένη συνήθεια ή χαρακτηριστικό] ιδιορρυθμία *The bow tie is one of his little peculiarities.* Το παπιγιόν είναι μια από τις μικρές ιδιορρυθμίες του. **2** ουσ.μ.αρ. [κάπως επίσημο] ιδιορρυθμία

curious επίθ. [κάπως επίσημο] περίεργος *He served up a curious mixture of meat and fruit.* Σέρβιρε ένα παράξενο μίγμα από κρέας και φρούτα. **curiously** επίρρ. περίεργα

funny επίθ. [κάπως ανεπίσημο] παράξενος *I heard a funny noise.* Άκουσα ένα παράξενο θόρυβο. *It seemed funny not to invite his parents.* Ήταν παράξενο που δεν προσκάλεσε τους γονείς του.

weird επίθ. [πολύ παράξενος] αλλόκοτος *He's a weird guy.* Είναι αλλόκοτος τύπος. *I've had such a weird day.* Η μέρα μου ήταν αλλόκοτη.

bizarre επίθ. [πολύ παράξενος και αφύσικος] εκκεντρικός *His behaviour is absolutely bizarre.* Η συμπεριφορά του είναι πολύ εκκεντρική.

queer επίθ. [λέξη που γίνεται παλιομοδίτικη, κυρίως επειδή μπορεί να χρησιμοποιηθεί υποτιμητικά για ομοφυλόφιλους. Υπονοεί αίσθημα απορίας ή έλλειψη άνεσης] αλλόκοτος, ιδιόρρυθμος *a queer feeling I'd been there before* μια αλλόκοτη αίσθηση ότι είχα ξαναπάει εκεί

abnormal επίθ. [συχνά σε ιατρικό ή εξειδικευμένο περιεχόμενο, αλλιώς χρησιμοποιείται πολύ επικριτικά] ανώμαλος, ασυνήθιστος *an abnormal heartbeat* ακανόνιστος χτύπος καρδιάς *Her behaviour is completely abnormal.* Η συμπεριφορά της είναι τελείως ασυνήθιστη.

abnormality ουσ.αρ.μ.αρ. ανωμαλία

freak επίθ. [πολύ απροσδόκητο] αλλόκοτος *freak weather conditions* ασυνήθιστες καιρικές συνθήκες

444.2 Κάτι που δεν υπάρχει ή δεν συμβαίνει συχνά

rare επίθ. [δεν υπάρχουν πολλά του είδους του] σπάνιος *a rare example of international cooperation* ένα σπάνιο παράδειγμα διεθνούς συνεργασίας *rare birds* σπάνια πουλιά **rareness** ουσ.μ.αρ. σπανιότητα

rarely επίρρ. σπάνια *I'm rarely at home these days.* Σπάνια είμαι στο σπίτι τώρα τελευταία.

scarce [δεν υπάρχουν αρκετά του είδους του] λιγοστός *Money was scarce.* Τα χρήματα ήταν λιγοστά. *our scarce resources* οι λιγοστές πηγές μας

scarcely επίρρ. σχεδόν καθόλου *There's scarcely any tea left.* Δεν έχει μείνει σχεδόν καθόλου τσάι.

scarcity ουσ.μ.αρ.αρ. έλλειψη *this scarcity of raw materials* η ανεπάρκεια πρώτων υλών

occasional επίθ. [που το βρίσκεις μερικές φορές] σποραδικός *We get the occasional enquiry.* Κάπου κάπου μας ζητάνε πληροφορίες. *occasional visits to the seaside* αραιές επισκέψεις στη θάλασσα **occasionally** επίρρ. κάπου κάπου

uncommon επίθ. [εκπληκτικός όταν τον βρίσκουμε] ασυνήθιστος *an uncommon name* ένα ασυνήθιστο όνομα

exception ουσ.αρ. εξαίρεση *I'm usually in bed by ten but yesterday was an exception.* Συνήθως πάω για ύπνο μέχρι τις δέκα το αργότερο αλλά χτες ήταν εξαίρεση. *The regulations require students to be over eighteen, but we **made an exception** for her.* Οι κανονισμοί απαιτούν να είναι οι φοιτητές πάνω από 18 χρονών, αλλά κάναμε μια εξαίρεση για την περίπτωσή της.

seldom επίρρ. [λίγο επίσημο] σπάνια *I seldom if ever go abroad.* Πολύ σπάνια πάω στο εξωτερικό. *Seldom had we seen such poverty.* Σπάνια είχαμε δει τέτοια φτώχεια.

hardly επίρρ. σχεδόν ποτέ, σχεδόν καθόλου *I **hardly ever** eat meat.* Σχεδόν ποτέ δεν τρώω κρέας.

atypical επίθ. [επίσημο] μη αντιπροσωπευτικός *My own case is somewhat atypical.* Η δική μου περίπτωση δεν είναι αντιπροσωπευτική.

φράσεις

few and far between [όχι πολλοί, συνήθως υπονοεί ότι περισσότεροι θα ήταν καλύτερα] λίγα και σπάνια *My uncle's visits were few and far between.* Οι επισκέψεις του θείου μου ήταν σπάνιες.

once in a blue moon πολύ σπάνια *Once in a blue moon we go out to a restaurant.* Πολύ σπάνια πάμε να φάμε σε εστιατόριο.

444.3 Ασυνήθιστος αλλά που εκτιμάται συνήθως

special επίθ. ειδικός *They needed special permission to get married.* Χρειάστηκαν ειδική άδεια για να παντρευτούν. *Mum's making a special cake for your birthday.* Η μαμά φτιάχνει ένα κέικ ειδικά για τα γενέθλιά σου. *You're a very special person to me.* Είσαι πολύ σημαντικός για μένα.

unique επίθ. [δεν υπάρχει άλλος] μοναδικός *a unique privilege* ένα μοναδικό προνόμιο *The picture is quite unique.* Ο πίνακας είναι μοναδικός.

extraordinary επίθ. [εκπληκτικός, κυρίως ποιοτικά] ασυνήθιστος *The result was extraordinary.* Το αποτέλεσμα ήταν εκπληκτικό. *her extraordinary talents* τα εκπληκτικά ταλέντα της

extraordinarily επίρρ. εκπληκτικά *an extraordinarily brilliant contralto* μια εκπληκτικά καλή βαθύφωνος

remarkable επίθ. (συχνά + **for**) [αξιοπρόσεκτο, κυρίως γιατί είναι καλό] αξιοσημείωτος *a remarkable recovery* μια αξιόλογη ανακάλυψη *The film was remarkable for its use of amateurs.* Η ταινία ήταν αξιοσημείωτη επειδή χρησιμοποίησε ερασιτέχνες.

remarkably επίθ. αξιοσημείωτα *The letter was remarkably short.* Το γράμμα ήταν πάρα πολύ σύντομο.

exceptional επίθ. **1** [υπονοεί ειδικά υψηλή ποιότητα] εξαιρετικός *It has been an exceptional year for Burgundy.* Αυτή η χρονιά ήταν εξαιρετική για τα κρασιά Βουργουνδίας. *Her technique is really exceptional.* Η τεχνική της είναι πραγματικά εξαιρετική. **2** [αποτελεί εξαίρεση] ασυνήθιστος *It's quite exceptional for me to go to London these days.* Αποτελεί εξαίρεση για μένα να πάω στο Λονδίνο αυτόν τον καιρό.

exceptionally επίρρ. εξαιρετικά *exceptionally gifted* εξαιρετικά προικισμένος

444.4 Ενάντια στη συμβατικότητα

unconventional επίθ. μη συμβατικός, ασυνήθιστος *their unconventional home life* η ασυνήθιστη οικογενειακή τους

ζωή **unconventionally** επίρρ. ασυνήθιστα

eccentric επίθ. [περίεργος και συχνά θεωρείται αστείος] εκκεντρικός *an eccentric millionaire* ένας εκκεντρικός εκατομμυριούχος *It was considered rather eccentric to walk in Los Angeles.* Θεωρούνταν αρκετά εκκεντρικό να περπατάς στους δρόμους στο Λος Άντζελες. **eccentric** ουσ.αρ. εκκεντρικός

eccentricity ουσ.μ.αρ.αρ. εκκεντρικότητα *He was respected as a scientist despite his eccentricity.* Τον σέβονταν σαν επιστήμονα παρά την εκκεντρικότητά του.

alien επίθ. [δύσκολος να τον καταλάβεις και να αποδεχτείς, κυρίως επειδή είναι από διαφορετικό πολιτισμό] ξένος *Their enthusiasm for hunting was quite alien to us.* Ο ενθουσιασμός τους για το κυνήγι ήταν κάτι το ξένο για μας.

444.5 Ασυνήθιστα άτομα

eccentric ουσ.αρ. [όχι απαραίτητα υποτιμητικό, συχνά εκφράζει κάποια συμπάθεια] εκκεντρικός *She's a bit of an eccentric.* Είναι λίγο εκκεντρικός τύπος.

odd ball ουσ.αρ. [ανεπίσημο. Πιο υποτιμητικό από το **eccentric**] εκκεντρικός

weirdo ουσ.αρ., πληθ. **wierdos** [ανεπίσημο. Πολύ υποτιμητικό] ανισόρροπος *He's a real weirdo.* Είναι πραγματικά ανισόρροπος.

445 Hate and Dislike Μίσος και Αντιπάθεια

δες επίσης **324 Avoid**

hate ρ.μ. **1** (συχνά + **-ing**) μισώ *I hated sport at school.* Μισούσα τα αθλήματα όταν πήγαινα σχολείο. *I hate flying.* Μισώ το πέταγμα. **2** [λυπάμαι] (+ **to** + ΑΠΑΡΕΜΦΑΤΟ) δε θέλω να κάνω κάτι *We hate to stop you enjoying yourselves, but it's getting late.* Δε θέλουμε να σας διακόψουμε τη διασκέδαση, αλλά είναι αργά.

hate ουσ.μ.αρ. μίσος *a look of pure hate* μια ματιά που έδειχνε καθαρό μίσος

hatred ουσ.μ.αρ. μίσος *her hatred of hypocrisy* το μίσος της για την υποκρισία

χρήση

Οι λέξεις **hate** και **hatred** έχουν σχεδόν όμοια σημασία, και συχνά χρησιμοποιούνται σε παρόμοιες περιπτώσεις. Το **hate**, όμως, δίνει έμφαση στο συναίσθημα του ατόμου που μισεί, ενώ το **hatred** δίνει έμφαση στη νοοτροπία προς κάτι.

detest ρ.μ. (συχνά + **-ing**) [πιο έντονο από το **hate**. Συχνά υπονοεί εκνευρισμό] απεχθάνομαι *He detests Wagner.* Απεχθάνεται τα έργα του Βάγκνερ. *I simply detest ironing.* Απεχθάνομαι το σιδέρωμα.

loathe ρ.μ. (συχνά + **-ing**) [πιο έντονο από το **hate**. Συχνά υπονοεί αηδία] σιχαίνομαι *I loathe hamburgers.* Απεχθάνομαι τα χάμπουργκερ. *I loathe driving on motorways.* Δε μου αρέσει καθόλου να οδηγώ σε αυτοκινητόδρομους.

loathing ουσ.μ.αρ. απέχθεια *She regarded her mother-in-law with deep loathing.* Αντιμετώπιζε την πεθερά της με απέχθεια.

loathsome επίθ. [κάπως επίσημο] απεχθής *that loathsome science teacher we had* εκείνος ο απαίσιος καθηγητής της φυσικής που είχαμε

dislike ρ.μ. αντιπαθώ *I dislike the taste of fish.* Αντιπαθώ τη γεύση του ψαριού.

dislike ουσ.μ.αρ. αντιπάθεια *my dislike of heights* η αντιπάθειά μου για τα ύψη

χρήση

Το ρήμα **dislike** είναι λίγο πιο επίσημο και πιο έντονο σε σημασία από τον αρνητικό τύπο του ρήματος **like**. Στα ανεπίσημα, καθημερινά Αγγλικά είναι πιο πιθανό να πει κάποιος ότι δεν του αρέσει (**don't like**) κάτι παρά να πει ότι αντιπαθεί (**dislike**) κάτι.

disapprove ρ.α. (συχνά + **of**) αποδοκιμάζω *They made it clear they disapproved of my promotion.* Το ξεκαθάρισαν ότι δεν ενέκριναν την προαγωγή μου. *They may disapprove but they can't stop us.* Μπορεί να μην εγκρίνουν αλλά δε μπορούν να μας εμποδίσουν.

disapproval ουσ.μ.αρ. (μερικες φορές + **of**) αποδοκιμασία *widespread disapproval of the changes* εκτεταμένη αποδοκιμασία για τις αλλαγές

scorn ρ.μ. [υπονοεί απορριπτική περιφρόνηση] περιφρονώ *They scorn our attempts to achieve peace.* Περιφρονούν τις προσπάθειές μας να πετύχουμε ειρήνη.

scorn ουσ.μ.αρ. περιφρόνηση *her open scorn for my beliefs* η ανοιχτή περιφρόνησή της για αυτά που πιστεύω *Don't pour scorn on their ambitions.* Μην περιφρονείς τις φιλοδοξίες τους.

scornful επίθ. περιφρονητικός *He rejected the compromise in a scornful letter.* Αρνήθηκε να συμβιβαστεί και τους το είπε σε ένα περιφρονητικό γράμμα. **scornfully** επίρρ. περιφρονητικά

despise ρ.μ. [πολύ έντονο συναίσθημα μίσους και περιφρόνησης] περιφρονώ *She despises people who support apartheid.* Περιφρονεί τα άτομα που υποστηρίζουν τις φυλετικές διακρίσεις.

χρήση

not to one's taste [συχνά χρησιμοποιείται σε φράσεις που δίνουν (επίτηδες ή όχι) μειωμένη έμφαση σε κάτι, συχνά όταν κάτι έχει απορριφθεί] δεν είναι του γούστου μου *So office work is not to your taste, young man.* Λοιπόν, η δουλειά γραφείου δεν είναι του γούστου σου, νεαρέ.

not one's cup of tea [υπονοεί κάτι που δε μπορείς να συμπαθήσεις] κάτι που δε μου αρέσει ή δε μου ταιριάζει *Camping is not at all my cup of tea.* Η κατασκήνωση δε μου αρέσει καθόλου.

I wouldn't be seen dead with/in κτλ. [ανεπίσημο. Άλλες προσωπικές αντωνυμίες είναι επίσης δυνατό να χρησιμοποιηθούν. Υπονοεί αηδία και αντιπάθεια] ούτε πεθαμένο δε θα με έβλεπες με ... *I thought you wouldn't have been seen dead without a tie.* Νόμιζα ότι ούτε πεθαμένο δε θα σε βλέπαμε με γραβάτα.

I wouldn't touch sb/sth with a barge pole (*Βρετ.*)/ **a ten-foot pole** (*Αμερ*) [ανεπίσημο. Άλλες προσωπικές αντωνυμίες είναι επίσης δυνατό να χρησιμοποιηθούν. Υπονοεί έλλειψη εμπιστοσύνης ή κατώτερη γνώμη] δε θα πήγαινα κοντά του *Of course the business will fail, I wouldn't touch it with a barge pole.* Σίγουρα η επιχείρηση θα αποτύχει, δε θα την πλησίαζα καθόλου.

can't stand/bear sb/sth [ανεπίσημο. Εκφράζει έντονη αντιπάθεια] δεν αντέχω/χωνεύω κάποιον/κάτι *I can't stand his mother.* Δεν χωνεύω τη μητέρα του. *She can't bear horror films.* Δεν αντέχει τις ταινίες τρόμου.

446 Horror and Disgust Τρόμος και Αηδία

δες επίσης **60 Ugly, 118 Surprise, 438 Bad**

horror *ουσ.μ.αρ.αρ.* φρίκη *We stared in horror as the car exploded.* Παρακολουθούσαμε με φρίκη καθώς το αυτοκίνητο ανατιναζόταν. *the horrors of war* η φρίκη του πολέμου

disgust *ουσ.μ.αρ.* αηδία *I walked out in disgust at his remarks.* Βγήκα έξω αηδιασμένη από τα σχόλιά του.

distaste *ουσ.μ.αρ.* [υπονοεί ότι βρίσκουμε κάτι/κάποιον προσβλητικό] απέχθεια *my natural distaste for sensational journalism* η φυσική μου αντιπάθεια για δημοσιογραφία που απλώς προσπαθεί να δημιουργήσει εντυπώσεις

446.1 Προκαλώ αηδία

disgusting *επίθ.* αηδιαστικός *Their manners are disgusting.* Οι τρόποι τους είναι αηδιαστικοί. *a disgusting lack of concern* μια αηδιαστική έλλειψη ενδιαφέροντος

horrifying *επίθ.* φρικιαστικός *a horrifying experience* μια φρικιαστική εμπειρία

appalling *επίθ.* [υπονοεί σοκ] φρικτός *Hygiene in the camp was appalling.* Η έλλειψη υγιεινής στο στρατόπεδο ήταν φρικτή.

revolting *επίθ.* [κυρίως κατά το γούστο ή την κρίση κάποιου] αηδιαστικός *a revolting brown mess on the carpet* κάτι αηδιαστικές καφέ ακαθαρσίες στο χαλί

repulsive *επίθ.* [λίγο εντονότερο από το **revolting**] σιχαμερός *that repulsive wart on his nose* εκείνη η αποκρουστική κρεατοελιά στη μύτη του *I find him utterly repulsive.* Τον βρίσκω εντελώς αποκρουστικό.

off-putting *επίθ.* απωθητικός *her off-putting habit of reading while you're talking to her* η απωθητική της συνήθεια να διαβάζει ενώ της μιλάς

repugnant *επίθ.* (συχνά + **to**) [επίσημο. Κυρίως ηθικά] απεχθής *I found the amount of waste quite repugnant.* Βρήκα την έκταση της σπατάλης απεχθή.

repellent *επίθ.* (συχνά + **to**) [επίσημο] απωθητικός, αποκρουστικός *The idea would be repellent to most of us.* Αυτή η ιδέα θα ήταν αποκρουστική για τους περισσότερους από μας. *a repellent sight* ένα αποκρουστικό θέαμα

446.2 Προκαλώ αηδία

disgust *ρ.μ.* αηδιάζω *Your meanness disgusts me.* Η τσιγγουνιά σου με αηδιάζει.

horrify *ρ.μ.* [υπονοεί σοκ] φρικιάζω *The idea of leaving horrified me.* Η ιδέα του να φύγω μου προκάλεσε φρίκη. *I was horrified by her indifference.* Η αδιαφορία της μου προκάλεσε φρίκη.

appal (*Βρετ.*), **-ll-**/, **appall** (*Αμερ*) *ρ.μ.* [υπονοεί σοκ, συχνά συναισθηματικά] προκαλώ φρίκη *They were appalled by the cramped conditions.* Οι συνθήκες κάτω από τις οποίες ζούσαν στριμωγμένοι τους προκάλεσαν φρίκη.

revolt *ρ.μ.* [υπονοεί ενστικτώδη αηδία] αηδιάζω *War revolted her.* Η ιδέα του πολέμου την αηδίαζε.

repel *ρ.μ.*, **-ll-** [υπονοεί ενστικτώδη επιθυμία να αποφύγουμε κάτι/κάποιον] αποκρούω *I was repelled by their callousness.* Βρήκα την ασυνειδησία τους αποκρουστική.

put sb **off** 'H **put off** sb *ρ.μ.πρφ.* [ώστε να μη θέλουμε να το αγοράσουμε, ή να μη θέλουμε να έχουμε σχέση μαζί του, κτλ.] απωθώ *It was the dirt that put me off.* Η βρωμιά ήταν που με απώθησε.

make sb **sick** [μερικές φορές σωματικά, αλλά συνήθως ηθικά] αηδιάζω *The way he sucks up to the boss makes me sick.* Ο τρόπος με τον οποίο κολακεύει το αφεντικό με αηδιάζει.

447 Sad Λυπημένος

αντίθετο **422 Happy**

sad *επίθ.* λυπημένος *I was very sad to see him go.* Λυπήθηκα που έφυγε. *It's sad that she never knew her father.* Είναι λυπηρό που δεν γνώρισε τον πατέρα της. **sadly** *επίρρ.* λυπηρά

sadness *ουσ.μ.αρ.* λύπη *You can hear his sadness in the music.* Μπορείς να ακούσεις τη λύπη του στη μουσική του.

sadden *ρ.μ.* [κάπως επίσημο] λυπώ *We were all saddened to hear of your recent loss.* Λυπηθήκαμε όλοι που μάθαμε για την πρόσφατη απώλειά σου.

unhappy *επίθ.* [υπονοεί κάτι που δεν πάει καλά] δυστυχισμένος *Their quarrels make them both very unhappy.* Οι καυγάδες τους τούς κάνουν και τους δύο πολύ δυστυχισμένους. *I was unhappy in the job.* Δε μου άρεσε η δουλειά. *I'm unhappy with the car's performance.* Δεν είμαι ικανοποιημένος με τη λειτουργία του αυτοκινήτου.

unhappily *επίρρ.* χωρίς επιτυχία *They were unhappily married for years.* Ο γάμος τους είχε αποτύχει εδώ και χρόνια.

unhappiness *ουσ.μ.αρ.* δυστυχία *Do you realize the unhappiness you're causing your family?* Συνειδητοποιείς τη δυστυχία που προκαλείς στην οικογένειά σου;

sorrow *ουσ.μ.αρ.* [κάπως επίσημο ή λογοτεχνικό] θλίψη, λύπη *We share in your sorrow.* Μοιραζόμαστε τη λύπη σου.

sorrowful *επίθ.* περίλυπος *the sorrowful expression on his face* η περίλυπη έκφραση στο πρόσωπό του **sorrowfully** *επίρρ.* λυπημένα, λυπηρά

distress *ουσ.μ.αρ.* [υπονοεί λύπη και ανησυχία] δυστυχία, απελπισία *The uncertainty is causing great distress.* Η αβεβαιότητα προκαλεί μεγάλη ανησυχία.

distress *ρ.μ.* στεναχωρώ *The hostility of his family distressed her greatly.* Η εχθρική συμπεριφορά της οικογένειάς του τη στεναχώρησε πάρα πολύ.

distressing *επίθ.* οδυνηρός, βασανιστικός *a distressing lack of understanding* βασανιστική έλλειψη κατανόησης

hopeless *επίθ.* [υπονοεί απελπισία και καμμία δυνατή επίλυση] απελπισμένος *I felt hopeless and friendless.* Αισθάνθηκα απελπισμένος και χωρίς φίλους.

suffer *ρ.μ.α.* υποφέρω *It's the children who suffer in a divorce.* Τα παιδιά υποφέρουν σε ένα διαζύγιο.

suffering *ουσ.μ.αρ.* πόνος, δυστυχία *She's out of her suffering now.* Δεν υποφέρει πια.

upset *επίθ.* [υπονοεί λιγότερο βαθύ και λιγότερο μόνιμο συναίσθημα από το sad. Συχνά υπονοεί θυμό] αναστατωμένος *Many people are very upset about the changes.* Πολλοί έχουν αναστατωθεί από τις αλλαγές.

upset *ρ.μ., -tt-* αόρ. & μτχ. αορ. **upset** αναστατώνω *I hope I didn't upset you by mentioning the subject.* Ελπίζω ότι δε σε στεναχώρησα που ανέφερα το θέμα.

depressed *επίθ.* [συχνά περιγράφει γενικά κακοκεφιές, αλλά στην ιατρική περιγράφει σοβαρή ψυχολογική διαταραχή] μελαγχολικός *I'm a bit depressed about missing the final.* Έχω τις ακεφιές μου που έχασα τον τελικό.

depression *ουσ.μ.αρ.* [συνήθως με ιατρικό περιεχόμενο μόνο] κατάθλιψη *He suffers from bouts of depression.* Υποφέρει από κρίσεις κατάθλιψης.

fed up (συχνά + **with**) [υπονοεί ότι έχουμε βαρεθεί κάτι] μπουχτισμένος *The weather is making us all rather fed up.* Ο καιρός μας κάνει όλους να αισθανόμαστε μπουχτισμένοι. *δες επίσης **119 Boring**

447.1 Πάρα πολλή λύπη

despair *ουσ.μ.αρ.* απελπισία *Their obstinacy filled me with despair.* Η ξεροκεφαλιά τους με γέμισε απελπισία.

despair *ρ.α.* (μερικές φορές + **of**) απελπίζομαι *Without your help I might have despaired.* Χωρίς τη βοήθειά σου μπορεί να είχα απελπιστεί. *He despaired of ever working again.* Έχασε κάθε ελπίδα ότι θα ξαναδούλευε ποτέ του.

desperate *επίθ.* [υπονοεί απελπισία και επιτακτικότητα] απεγνωσμένος *a desperate mother* μια απεγνωσμένη μητέρα *Don't do anything desperate.* Μην κάνεις τίποτα το απεγνωσμένο. *The situation is desperate.* Η κατάσταση είναι απελπιστική. **desperation** *ουσ.μ.αρ.* απελπισία

grief *ουσ.μ.αρ.* [σε θάνατο ή πόνο] θλίψη, ψυχική οδύνη *She*

never got over her grief. Ποτέ δεν ξεπέρασε τη θλίψη της.

grief-stricken *επίθ.* [πολύ εμφατικό, υπονοεί χάσιμο κάθε ελέγχου] βουτηγμένος στη λύπη

grieve *ρ.α.* (συχνά + **for**) [συνήθως λόγω θανάτου ή άλλης απώλειας] θλίβομαι, θρηνώ *I'm grieving for my lost youth.* Θρηνώ τα χαμένα νιάτα μου.

heartbroken *επίθ.* [πολύ έντονο, αλλά επίσης χρησιμοποιείται με λιγότερο σοβαρό περιεχόμενο από το **grief-stricken**] με ραγισμένη την καρδιά *The cat's lost and the children are heartbroken.* Η γάτα χάθηκε και τα παιδιά είναι καταστεναχωρημένα.

misery *ουσ.* **1** *ουσ.μ.αρ.* [συνήθως συναίσθημα που διαρκεί σχετικά πολύ καιρό] δυστυχία **2** *ουσ.αρ.* [κάτι που προκαλεί δυστυχία] βάσανο *the miseries of old age* τα βάσανα των γηρατειών *Debt has made my life a misery.* Τα χρέη έχουν κάνει τη ζωή μου μαρτύριο.

misery *ουσ.αρ.* [ανεπίσημο, υποτιμητικό. Συνήθως δυστυχισμένο άτομο] γκρινιάρης, κατσούφης

miserable *επίθ.* [υπονοεί μεμψιμοιρία] κακόμοιρος *a miserable frown* κακόμοιρο κατσούφιασμα *The children will be so miserable if they can't go to the disco.* Τα παιδιά θα γκρινιάζουν αν δεν πάνε στη ντισκοτέκ. **miserably** *επίρρ.* με δυστυχία και κακομοιριά

wretched *επίθ.* άθλιος *Migraine makes you feel so wretched.* Οι ημικρανίες σε κάνουν να αισθάνεσαι άθλια. **wretchedly** *επίρρ.* άθλια, κακόμοιρα

447.2 Όχι εύθυμος

serious *επίθ.* [υπονοεί έλλειψη χιούμορ] σοβαρός *She was looking serious and slightly angry.* Είχε ένα σοβαρό και κάπως θυμωμένο βλέμμα. **seriously** *επίρρ.* σοβαρά

solemn *επίθ.* [υπονοεί αίσθηση σπουδαιότητας] σοβαρός, επίσημος *a solemn voice that meant bad news* ένας σοβαρός τόνος φωνής που σήμανε άσχημα νέα **solemnly** *επίρρ.* σοβαρά

wet blanket *ουσ.αρ.* [ανεπίσημο και υποτιμητικό. Πρόσωπο που χαλάει το κέφι των άλλων, συνήθως επειδή είναι μίζερο] κρυόμπλαστρο, σαχλαμάρας

killjoy *ουσ.αρ.* [υποτιμητικό. Πρόσωπο που χαλάει το κέφι κάποιου άλλου επίτηδες] γρουσούζης, γκρινιάρης

447.3 Κλάμα

cry *ρ.α.* κλαίω *I always cry at weddings.* Πάντα κλαίω σε γάμους.

sob *ρ.α., -bb-* [δίνει έμφαση στο θόρυβο του κλάματος] κλαίω με λυγμούς/αναφιλητά/δυνατά *She was sobbing her heart out.* Έκλαιγε με δυνατούς λυγμούς. **sob** *ουσ.αρ.* αναφιλητό, λυγμός

weep *ρ.α.μ., αόρ. & μτχ. αορ.* **wept** [πιο λογοτεχνικό από το **cry**. Δίνει έμφαση στα δάκρυα που τρέχουν, και συνήθως στο ότι η πράξη είναι αθόρυβη] κλαίω *She wept from remorse.* Έκλαιγε από τις τύψεις.

tear *ουσ.αρ.* δάκρυ *The tears streamed down his cheeks.* Τα δάκρυα έτρεχαν σαν ποτάμι από τα μάγουλά του.

448 Disappointment Απογοήτευση

disappointed *επίθ.* (συχνά + **that**) [όταν κάτι δεν έχει συμβεί όπως το ελπίζαμε] απογοητευμένος *a disappointed look* ένα βλέμμα γεμάτο απογοήτευση *I'm disappointed so few people came.* Είμαι απογοητευμένος που ήρθαν τόσο λίγα άτομα.

disillusion *ρ.μ.* [με το να αποκαλύψουμε την αλήθεια] βγάζω από την πλάνη *I hate to disillusion you, but the Danube just isn't blue.* Δεν μου αρέσει να σε βγάλω από τη πλάνη σου, αλλά κατάλαβε ότι ο Δούναβης δεν είναι γαλάζιος. **disillusionment** ΕΠΙΣΗΣ **disillusion** *ουσ.μ.αρ.* απώλεια ψευδαισθήσεων

sorry επίθ. (μετά από ρ., συχνά + **that**) [όταν κάποιος θα ήθελε να έχουν αλλιώς τα πράγματα] λυπημένος *I'm sorry we can't see Siena as well.* Λυπάμαι που δεν μπορούμε να δούμε και τη Σιένα.

blow ουσ.αρ. [π.χ. άσχημα νέα] πλήγμα, συμφορά *That's a blow, I'd been counting on the royalties for my tax bill.* Τι συμφορά, υπολόγιζα στα ποσοστά από τα κέρδη για να πληρώσω το φόρο μου.

let sb **down** 'Η **let down** sb ρ.μ.πρφ. [π.χ. με το να μην τηρήσουμε μια υπόσχεση] απογοητεύω *I hope the post*

doesn't let us down, we need the photos tomorrow.* Ελπίζω να μην απογοητευτούμε από το ταχυδρομείο, χρειαζόμαστε τις φωτογραφίες αύριο. *We felt badly let down by the organizers.* Αισθανθήκαμε ότι οι οργανωτές μας απογοήτευσαν πάρα πολύ.

φ ρ ά σ η

It's no use crying over spilt milk. [παροιμία. Δεν ωφελεί να μετανοιώσεις] Ό,τι έγινε, έγινε.

---

449 Shame Ντροπή

δες επίσης **L23 Apologies,** αντίθετο **148 Proud**

shame ουσ.μ.αρ. ντροπή *To my shame, I didn't help her.* Ήταν ντροπή μου που δεν την βοήθησα.

shameful επίθ. [που προκαλεί ντροπή] επαίσχυντος *a shameful lie* ένα ψέμα για το οποίο θα πρέπει να ντρέπεσαι *The government's refusal to act is deeply shameful.* Η άρνηση της κυβέρνησης να δράσει είναι επαίσχυντη. **shamefully** επίρρ. επαίσχυντα, αισχρά

disgrace [συνήθως υπονοεί κοινωνικό εξευτελισμό] ατίμωση *the disgrace of losing one's job* η ντροπή του να χάσεις τη δουλειά σου *You have brought disgrace on the whole family.* Έχεις ντροπιάσει όλη την οικογένειά σου.

disgrace ρ.μ. ντροπιάζω, εξευτελίζω *Don't disgrace me in front of my friends.* Μη με ντροπιάζεις μπροστά στους φίλους μου.

449.1 Λύπη

sorry επίθ. (μετά από ρ., συχνά + **for** ή + **that**) λυπημένος, μετανοιωμένος *I said I'm sorry.* Είπα ότι λυπάμαι. *Sorry, I didn't see you.* Συγνώμη, δε σε είδα. *I'm sorry for disturbing you.* Συγνώμη που σε ενοχλώ.

apology ουσ.αρ.μ.αρ. συγνώμη, αίτηση συγνώμης *You deserve an apology.* Σου αξίζει να σου ζητήσουν συγνώμη. *My apologies for arriving late.* Συγνώμη που άργησα. *a brief letter of apology* ένα σύντομο γράμμα στο οποίο ζητώ συγνώμη

apologize ρ.α. ζητώ συγνώμη *Don't apologize, it's not serious.* Δε χρειάζεται να ζητήσεις συγνώμη, δεν είναι κάτι το σοβαρό.

apologetic επίθ. [που δείχνει αμηχανία και μετάνοια] μετανοιωμένος *She was very apologetic.* Ήταν γεμάτη μετάνοια. *an apologetic note* ένα σημείωμα στο οποίο ζητούσε συγνώμη **apologetically** επίρρ. με μεταμέλεια

ashamed επίθ. (συνήθως μετά από ρ., συχνά + **of**) [επειδή έχεις κάνει κάτι κακό] ντροπιασμένος *too ashamed to come back* πολύ ντροπιασμένος για να επιστρέψει *I'm ashamed of what I did.* Ντρέπομαι για αυτό που έκανα. *You should be ashamed of yourself!* Θα έπρεπε να ντρέπεσαι!

repent ρ.α. (συχνά + **of**) [κυρίως με θρησκευτικό περιεχόμενο] μετανοώ *She confessed and repented.* Εξομολογήθηκε και μετανόησε. *to repent of one's sins* μετανοώ για τις αμαρτίες μου **repentance** ουσ.μ.αρ. μετάνοια

remorse ουσ.μ.αρ. [υποδηλώνει ενοχή και δυστυχία] τύψεις *seized by remorse* κυριευμένος από τύψεις *He gave himself up in a fit of remorse.* Παραδόθηκε επειδή είχε μια κρίση τύψεων.

remorseful επίθ. γεμάτος τύψεις *a remorseful letter* ένα γράμμα μετάνοιας

regret ρ.μ., -**tt**- μετανοιώνω *The holiday cost a lot, but I don't regret it.* Οι διακοπές μου κόστισαν πολύ αλλά δεν το

μετανοιώνω. *I instantly regretted what I had said.* Αμέσως μετάνοιωσα γι' αυτό που είπα.

guilt ουσ.μ.αρ. **1** [όταν έχω κάνει κάτι κακό] ενοχή *to prove sb's guilt* αποδεικνύω την ενοχή κάποιου **2** [αίσθημα] ενοχή *I can't stand the guilt.* Δεν αντέχω να αισθάνομαι την ενοχή.

guilty επίθ. **1** [για έγκλημα] ένοχος *to be found guilty* με βρίσκουν ένοχο **2** [κρίνω αυστηρά τον εαυτό μου] ένοχος *I feel so guilty about not being there.* Αισθάνομαι πολύ ένοχος που δεν ήμουν εκεί. *to have a guilty conscience* έχω ένοχη συνείδηση **guiltily** επίρρ. ένοχα

449.2 Χάνω την περηφάνεια μου

humiliate ρ.μ. [υπονοεί ότι προσβάλλουμε την αξιοπρέπεια κάποιου] ταπεινώνω *The idea is to improve children's behaviour, not to humiliate them.* Η πρόθεση είναι να βελτιώσουμε τη συμπεριφορά των παιδιών, όχι να τα ταπεινώσουμε.

φ ρ ά σ ε ι ς

go red in the face [π.χ. από ντροπή ή ενοχή] κοκκινίζω

wish the ground would open up and swallow you [όταν κάποιος είναι ανυπόφορα αμήχανος] εύχομαι να άνοιγε η γη να με καταπιεί *When I realized I'd been criticizing his own book I wished the ground could have opened up and swallowed me.* Όταν συνειδητοποίησα ότι κριτικάριζα το δικό του βιβλίο ευχήθηκα να άνοιγε η γη να με καταπιεί.

want to die [είμαι σε φοβερή αμηχανία ή ντρέπομαι πολύ] θέλω να πεθάνω *I just wanted to die when she accused me of stealing.* Το μόνο που ήθελα ήταν να πεθάνω όταν με κατηγόρησε για κλοπή.

have one's tail between one's legs [περιγράφει κάποιον που αισθάνεται ταπεινωμένος] βάζω την ουρά ανάμεσα στα σκέλη *He may think he can beat me but I'll send him away with his tail between his legs.* Μπορεί να νομίζει ότι μπορεί να με νικήσει αλλά θα τον διώξω με την ουρά στα σκέλη.

a skeleton in the cupboard (Βρετ.)/**in the closet** (Αμερ.) επαίσχυντο μυστικό

hang one's head (in shame) σκύβω το κεφάλι μου (από ντροπή) *Those of us who have done nothing to prevent this tragedy can only hang our heads in shame.* Όσοι από μας δεν έκαναν τίποτα για να εμποδίσουν αυτή την τραγωδία το μόνο που μπορούν να κάνουν είναι να σκύψουν το κεφάλι τους από τη ντροπή.

---

humiliation ουσ.μ.αρ.αρ. ταπείνωση *We faced defeat and humiliation.* Αντιμετωπίσαμε ήττα και ταπείνωση. *She wanted revenge for past humiliations.* Ήθελε να πάρει την εκδίκησή της για τις ταπεινώσεις που είχε δεχτεί στο παρελθόν.

humility *ουσ.μ.αρ.* [δείχνει θαυμασμό. Δεν είμαι περήφανος] ταπεινοφροσύνη *I have enough humility to accept my limitations.* Είμαι αρκετά ταπεινόφρονας και δε με πειράζει να παραδεχτώ τις περιορισμένες δυνατότητές μου.

embarrass *ρ.μ.* [υπονοεί έλλειψη κοινωνικής άνεσης αλλά όχι ηθική ενοχή όπως το **shame**] φέρνω σε δύσκολη θέση *It would embarrass me if they asked why I wasn't there.* Θα με έφερναν σε δύσκολη θέση αν με ρωτούσαν γιατί δεν πήγα. *He's embarrassed about his acne.* Αισθάνεται αμηχανία επειδή έχει ακμή. *Don't ask such embarrassing questions.* Μην κάνεις ερωτήσεις που φέρνουν τον άλλο σε δύσκολη θέση.

embarrassment *ουσ.μ.αρ.* [αυτό που αισθάνεσαι όταν έχεις κάνει κάτι ανόητο ή απερίσκεπτο, όχι όταν έχεις κάνει κάτι κακό] αμηχανία *You can imagine my embarrassment when I realised my mistake.* Φαντάζεσαι την αμηχανία μου όταν συνειδητοποίησα το λάθος μου.

blush *ρ.α.* [είτε από αμηχανία είτε από ντροπή] κοκκινίζω *She blushed when I mentioned the missing money.* Κοκκίνησε όταν ανέφερα ότι έλειπαν λεφτά. **blush** *ουσ.αρ.* κοκκίνισμα του προσώπου

χρήση

Οι λέξεις **embarrassment** (αμηχανία) και **shame** (ντροπή) είναι παρόμοιες αλλά όχι ίδιες. Κάποιος είναι **embarrassed** (αμήχανος) όταν κάνει κάτι ανόητο ή ένα λάθος ή βρίσκεται σε κοινωνικά αδέξια θέση. Αισθάνεται έτσι επειδή είναι άλλοι παρόντες ή οι άλλοι ξέρουν τι έχει κάνει.

Κάποιος αισθάνεται **ashamed** (ντροπιασμένος) όταν έχει κάνει κάτι ηθικά κακό και εύχεται να μην το είχε κάνει. Μπορεί να αισθάνεται έτσι ακόμα και αν δεν το ξέρει κανείς.

450 Angry Θυμωμένος

angry *επίθ.* [σχετικά έντονο συναίσθημα] θυμωμένος *I'm not angry with you.* Δεν είμαι θυμωμένος μαζί σου. *They exchanged angry letters.* Αντάλλαξαν θυμωμένα γράμματα. **angrily** *επίρρ.* θυμωμένα

anger *ουσ.μ.αρ.* θυμός *hurtful words said in anger* λόγια για να πληγώσουν που ειπώθηκαν πάνω σε θυμό

anger *ρ.μ.* [πιο επίσημο και λιγότερο συνηθισμένο από το angry] κάνω κάποιον να θυμώσει *He was careful to say nothing that would anger the local authorities.* Ήταν προσεκτικός να μη πει τίποτα που θα έκανε τις τοπικές αρχές να θυμώσουν.

annoy *ρ.μ.* [υπονοεί ανυπόμονη αντίδραση, λιγότερο έντονο από το anger] ενοχλώ, τσατίζω *What annoys me most is her complacency.* Αυτό που με τσατίζει περισσότερο είναι η αυταρέσκειά της.

annoying *επίθ.* ενοχλητικός *an annoying cough* ένας ενοχλητικός βήχας *Your stupid questions can be very annoying.* Οι ανόητες ερωτήσεις σου μπορεί να είναι πολύ ενοχλητικές.

annoyed *επίθ.* (συνήθως μετά από ρ.) ενοχλημένος *She was thoroughly annoyed about the delay.* Είναι πολύ ενοχλημένη για την αργοπορία.

annoyance *ουσ.μ.αρ.αρ.* ενόχληση *She made no secret of her annoyance.* Δεν κράτησε την ενόχλησή της μυστική.

cross *επίθ.* (κυρίως Βρετ.) (συνήθως μετά από ρ.) [υπονοεί δυσαρέσκεια, κυρίως με ένα παιδί. Συνήθως είναι πιο σύντομο και λιγότερο σοβαρό συναίσθημα από το angry] θυμωμένος, τσατισμένος *I was afraid Dad would be cross.* Φοβήθηκα μήπως ο μπαμπάς θύμωνε.

irritate *ρ.μ.* [υπονοεί ανυπόμονη και απογοητευμένη αντίδραση, συχνά προς κάτι αρκετά ασήμαντο] εκνευρίζω *Her sniffing was beginning to irritate me.* Το ρούφηγμα της μύτης της άρχισε να με εκνευρίζει.

irritating *επίθ.* εκνευριστικός *an irritating laugh* ένα εκνευριστικό γέλιο

irritated *επίθ.* (συνήθως μετά από ρ.) ευερέθιστος *She seemed irritated by any request for leave.* Φάνηκε ότι την εκνεύριζε οποιαδήποτε παράκληση για άδεια.

irritation *ουσ.μ.αρ.αρ.* εκνευρισμός *My apologies did nothing to calm her irritation.* Το ότι ζήτησα συγγνώμη δεν είχε κανένα αποτέλεσμα στο να ηρεμήσει τον εκνευρισμό της. *Late payers are a major irritation.* Οι κακοπληρωτές είναι μεγάλος εκνευρισμός.

aggravate *ρ.μ.* [υπονοεί συνεχή εκνευρισμό] εκνευρίζω *Just stop aggravating me, will you?* Σταμάτα να με εκνευρίζεις, σε παρακαλώ!

χρήση

Η λέξη **aggravate** συνήθως χρησιμοποιείται με αυτή την έννοια, αλλά μερικοί τη θεωρούν λάθος, γιατί νομίζουν ότι πρέπει να χρησιμοποιείται μόνο όταν σημαίνει «χειροτερεύω κάτι».

450.1 Έντονος θυμός

fury *ουσ.μ.αρ.αρ.* οργή *the fury aroused by these plans* η οργή που προκλήθηκε από αυτά τα σχέδια *He wrote back in a fury.* Απάντησε στο γράμμα έξαλλος.

furious *επίθ.* εξαγριωμένος *We were furious about the lack of progress.* Είχαμε εξαγριωθεί επειδή δεν είχε σημειωθεί καμμία πρόοδος. **furiously** *επίρρ.* εξαγριωμένα

infuriate *ρ.μ.* εξοργίζω *Pointing out the mistake would simply infuriate her.* Αν της πεις ότι έκανε λάθος το μόνο που θα κατορθώσεις να κάνεις θα είναι να την εξοργίσεις.

infuriating *επίθ.* εξοργιστικός *Her stubbornness is quite infuriating.* Η ισχυρογνωμοσύνη της είναι εξοργιστική.

infuriated *επίθ.* (συνήθως μετά από ρ.) εξαγριωμένος *I was so infuriated I kicked him.* Εξαγριώθηκα τόσο πολύ που τον κλώτσησα.

rage *ουσ.μ.αρ.αρ.* [υπονοεί ανεξέλεγκτο θυμό] οργή *She was seething with rage.* Έβραζε από οργή. *If he can't get what he wants, he **flies into a rage**.* Αν δεν μπορεί να πετύχει αυτό που θέλει, ξεσπά σε οργή.

enrage *ρ.μ.* [κάπως επίσημο] εξοργίζω *I was enraged by his criticism.* Η κριτική του με εξόργισε.

temper *ουσ.μ.αρ.αρ.* [τάση να θυμώνω] θυμός *She has a terrible temper.* Είναι φοβερά οξύθυμη. *a fit of temper* μια κρίση οργής *Don't **lose your temper**.* Μη χάνεις τη ψυχραιμία σου.

mad *επίθ.*, -dd- (συχνά + at) [ανεπίσημο] έξαλλος *Are you still mad at me?* Ακόμα είσαι θυμωμένος μαζί μου; *He gets mad when anything goes wrong.* Γίνεται έξαλλος όταν κάτι δεν πάει καλά.

irate επίθ. [δίνει έμφαση στη κακή διάθεση] θυμωμένος The irate customers had been queuing for hours. Οι οργισμένοι πελάτες περίμεναν στη σειρά εδώ και ώρες.

livid επίθ. [ανεπίσημο. Πολύ εμφατικό] παράφορα θυμωμένος I've lost the keys and Dad'll be livid. Έχασα τα κλειδιά και ο μπαμπάς θα εξαγριωθεί.

outrage ουσ. **1** ουσ.μ.αρ. [υπονοεί θυμό και σοκ] αγανάκτηση public outrage over tax increases η αγανάκτηση του κοινού για τις φορολογικές αυξήσεις **2** ουσ.αρ. [κάτι που προκαλεί αγανάκτηση] αίσχος This bill is an outrage! Αυτός ο λογαριασμός είναι εξοργιστικός!

outrage ρ.μ. εξοργίζω The cuts outraged the unions. Οι περικοπές εξόργισαν τα σωματεία.

outraged επίθ. πάρα πολύ θυμωμένος We felt outraged and powerless to protest. Θυμώσαμε πάρα πολύ και αισθανθήκαμε αδύναμοι να διαμαρτυρηθούμε.

outrageous επίθ. εξωφρενικός an outrageous insult μια εξωφρενική προσβολή **outrageously** επίρρ. εξωφρενικά

---

like a bear with a sore head [υπονοεί απρόκλητη επιθετικότητα] με πολύ κακή διάθεση If he can't get out to play golf he's like a bear with a sore head. Αν δεν μπορεί να βγει να παίξει γκολφ έχει πολύ κακή διάθεση.

make sb's blood boil [υπονοεί θυμό και αηδία] κάνω το αίμα κάποιου να βράσει The way they treat these animals makes my blood boil. Ο τρόπος με τον οποίο μεταχειρίζονται εκείνα τα ζώα κάνει το αίμα μου να βράσει.

get on sb's nerves [ανεπίσημο. Υπονοεί επίμονο εκνευρισμό] δίνω στα νεύρα κάποιου If you're together all day you're bound to get on each other's nerves. Αν είσαστε μαζί όλη μέρα είναι σίγουρο ότι θα εκνευρίσετε ο ένας τον άλλο.

drive sb up the wall/round the bend [ανεπίσημο. Υπονοεί αβάσταχτο εκνευρισμό] μου τη δίνει Her snoring drives me up the wall. Το ροχαλητό της μου τη δίνει.

a pain in the neck [ανεπίσημο. Αιτία εκνευρισμού και φασαρίας] ενοχλητικό πρόσωπο I expect my in-laws find me a pain in the neck too. Φαντάζομαι ότι οι συγγενείς του συζύγου μου με βρίσκουν ενοχλητική επίσης. These forms are a pain in the neck. Αυτά τα έντυπα είναι μεγάλη φασαρία.

be in sb's bad books (Βρετ.) [δεν είμαι αρεστός ή δε με εγκρίνουν, επειδή έχω κάνει κάτι] είμαι στα μαύρα τα κατάστιχα I'll be in her bad books if I miss the deadline. Θα είμαι στα μαύρα της κατάστιχα αν χάσω την προθεσμία.

see red [ανεπίσημο. Υπονοεί ξαφνικό έντονο θυμό και συχνά απώλεια του αυτοέλεγχου] θυμώνω πάρα πολύ

get hot under the collar [ανεπίσημο. Θυμώνω και εξάπτομαι, συχνά με ανόητο τρόπο] θυμώνω, συγχύζομαι It's no good getting hot under the collar with officials, you just have to wait. Δεν ωφελεί να θυμώνεις με τους υπαλλήλους, απλώς πρέπει να περιμένεις.

450.2 Ακούγομαι θυμωμένος

snarl ρ.α. (συχνά + **at**) [με εχθρικό τρόπο] βρυχιέμαι He snarled at me from behind his paper. Βρυχήθηκε απειλητικά πίσω από την εφημερίδα του.

snap ρ.α., -pp- (συχνά + **at**) [υπονοεί σύντομο θυμωμένο

σχόλιο] μιλώ απότομα σε κάποιον, αποπαίρνω She kept snapping at the assistant. Συνεχώς μιλούσε απότομα στην βοηθό.

fuss ουσ.μ.αρ.αρ. [υπονοεί αναστάτωση] αναστάτωση, φασαρία All this fuss about a missing pen! Όλη αυτή η φασαρία επειδή δεν μπορούσες να βρεις το στυλό σου! Must you **make a fuss about** a simple accident? Χρειάζεται οπωσδήποτε να κάνεις φασαρία για ένα απλό ατύχημα;

scold ρ.μ. [κάπως επίσημο] επιπλήττω Teenagers do not react well to being scolded. Οι έφηβοι δεν αντιδρούν καλά αν τους επιπλήξεις.

tell off sb 'Η **tell** sb **off** ρ.μ.πρφ. [κάπως ανεπίσημο] κατσαδιάζω I got told off for not knowing my lines. Με κατσάδιασαν που δεν είχα μάθει τα λόγια μου.

rebuke ρ.μ. [κάπως επίσημο] επιπλήττω He rebuked us gently for our rudeness. Μας επέπληξε ευγενικά για την αγένειά μας. **rebuke** ουσ.αρ. επίπληξη

---

bite sb's head off [επιπλήττω επιθετικά και παράλογα] αντιδρώ θυμωμένα για κάτι I was going to explain until you started biting my head off. Ήμουν έτοιμος να εξηγήσω, όταν άρχισες να θυμώνεις.

give sb a piece of one's mind [υπονοεί πολύ ευθεία κριτική] δίνω τη γνώμη μου έξω από τα δόντια

give sb a flea in their ear (Βρετ.) [ανεπίσημο. Επιπλήττω απότομα] επιπλήττω Anyone who tried to stop him got a flea in their ear. Επέπληξε όποιον προσπάθησε να τον σταματήσει.

450.3 Έχω θυμωμένο βλέμμα

glare ρ.α. (συχνά + **at**) [υπονοεί θυμωμένο βλέμμα] αγριοκοιτάζω The policeman glared at me and asked for my licence. Ο αστυνομικός με αγριοκοίταξε και μου ζήτησε την άδεια οδήγησης. **glare** ουσ.αρ. άγριο βλέμμα

frown ρ.α. (συχνά + **at**) [κυρίως εκφράζει αποδοκιμασία] συνοφρυώνομαι, σκυθρωπιάζω She frowned and asked for an apology. Σκυθρώπιασε και απαίτησε να της ζητήσουν συγγνώμη. **frown** ουσ.αρ. συνοφρύωμα

scowl ρ.α. (συχνά + **at**) [εκφράζει επιθετική αποδοκιμασία] αγριοκοιτάζω I found her scowling at a blank screen. Την βρήκα να αγριοκοιτάζει προς μια άδεια οθόνη. **scowl** ουσ.αρ. βλοσυρό ύφος

---

give sb a black look [υπονοεί σιωπηλό θυμό] ρίχνω θυμωμένο βλέμμα You get black looks from the waiters when you bring a child into some restaurants. Σε ορισμένα εστιατόρια οι σερβιτόροι σου ρίχνουν θυμωμένα βλέμματα όταν φέρνεις παιδιά μαζί σου.

if looks could kill [λέγεται όταν κάποιος αντιδρά με εχθρικό βλέμμα] αν το βλέμμα μπορούσε να σκοτώσει She said nothing, but if looks could kill... Δεν είπε τίποτα, αλλά θα μπορούσε να με σκοτώσει με το βλέμμα της...

Γλώσσα για επικοινωνία

Γλώσσα για επικοινωνία

L1 Introductions Συστάσεις
L2 Forms of address Τύποι προσφωνήσεων
L3 Greetings Χαιρετώ
L4 Leave-taking Αποχαιρετώ
L5 Opening a conversation Ανοίγω μια συζήτηση
L6 During a conversation Κατά τη διάρκεια μιας συνομιλίας
L7 Closing a conversation Κλείνω μια συζήτηση
L8 Asking to see someone Ζητώ να δω κάποιον
L9 Expressing good wishes Εκφράζω ευχές
L10 Seasonal greetings Εποχιακοί χαιρετισμοί
L11 Expressing sympathy Εκφράζω συμπόνια
L12 Shopping Ψώνια
L13 Thanking Ευχαριστώ
L14 Permission Άδεια
L15 Offers Προσφορές
L16 Invitations Προσκλήσεις
L17 Advice Συμβουλές
L18 Information Πληροφορίες
L19 Instructions Οδηγίες
L20 Directions Οδηγίες (κατευθύνσεις)
L21 Making arrangements Κανονίζω
L22 Asking favours Ζητώ χάρες
L23 Apologies Απολογίες
L24 Reminding Υπενθυμίζω
L25 Reassuring Επιβεβαιώνω
L26 Persuading Πείθω
L27 Suggesting Προτείνω
L28 Agreeing Συμφωνώ
L29 Disagreeing Διαφωνώ
L30 Opinions Γνώμες
L31 Preferences Προτιμήσεις
L32 Degrees of certainty Βαθμοί βεβαιότητας
L33 Obligation Υποχρέωση
L34 Expressing surprise Εκφράζω έκπληξη
L35 Expressing pleasure Εκφράζω ευχαρίστηση
L36 Expressing displeasure Εκφράζω δυσαρέσκεια
L37 Complaints Παράπονα
L38 Praising Επαινώ
L39 Announcements Ανακοινώσεις
L40 Reacting to news Αντιδρώ σε ειδήσεις
L41 Talking about the time Μιλώ για την ώρα
L42 Narrating and reporting Αφηγούμαι και αναφέρω
L43 Problems of communication Προβλήματα επικοινωνίας
L44 Written communications Γραπτές επικοινωνίες
L45 Signs and notices Πινακίδες και ανακοινώσεις
L46 Using the postal service Χρησιμοποιώ την ταχυδρομική υπηρεσία
L47 Telephoning Τηλεφωνώ
L48 Other communications Αλλες επικοινωνίες

L1 Introductions Συστάσεις

L1.1 Συστήνομαι

δες επίσης **196 Greet**

Hello, my name is … Γεια σου/Γεια σας, με λένε…

Hello, I'm … Γεια σου /Γεια σας, είμαι ο/η…

[ανεπίσημο] **Hi, I'm …** Γεια/Γεια σου, είμαι ο/η…

[κάπως επίσημο] **How d'you do, I'm …** Τι κάνετε, είμαι ο/η…

[κάπως επίσημο, π.χ. σε ρεσεψιόν] **Good morning/afternoon, I'm …** Καλημέρα σας/Χαίρετε, είμαι ο/η…

L1.2 Συστήνω άλλους

Do you two know each other? Γνωριζόσαστε;

Have you met before? Έχετε ξανασυναντηθεί;

Mary, this is Tom, Tom, this is Mary. Μαίρη, από 'δω ο Τομ, Τομ, από 'δω η Μαίρη.

Hello (Tom), nice to meet you. Γεια σου (Τομ), χάρηκα για τη γνωριμία.

Hello (Mary), how are you? Γεια σου (Μαίρη), τι κάνεις;

Let me introduce you to Mary. Να σε συστήσω στη Μαίρη.

Come and meet Mary. Έλα να γνωρίσεις τη Μαίρη.

[κάπως επίσημο] **Mary, may I introduce someone to you? This is Tom.** Μαίρη να σου συστήσω κάποιον; Αυτός είναι ο Τομ.

(Mary) How d'you do. (Μαίρη) Χαίρω πολύ.

(Tom) How d'you do. (Τομ) Επίσης.

χρήση

Στις συστάσεις, τους χαιρετισμούς, τα αποχαιρετιστήρια, κτλ. το επίπεδο της επισημότητας μπορεί να αλλάξει με το να παραλείψουμε το υποκείμενο και/ή το ρήμα. *Nice to meet you.* είναι πιο ανεπίσημο από το *It's nice to meet you.* και *Must rush!* είναι πιο ανεπίσημο από το *I must rush!*

ΧΕΙΡΑΨΙΕΣ

Όταν δυο άνθρωποι συστηθούν μπορούν να ανταλλάξουν χειραψία. Το αν θα γίνει αυτό ή όχι εξαρτάται από πολλούς παράγοντες όπως το είδος των περιστάσεων, η ηλικία των ανθρώπων και αν είναι άνδρες ή γυναίκες. Γενικά, η χειραψία χαρακτηρίζεται σαν κάπως τυπική χειρονομία και πιο συχνά χρησιμοποιείται σε περιστάσεις όπως συνεδριάσεις επιχειρήσεων κτλ. από ότι σε ανεπίσημες κοινωνικές συγκεντρώσεις. Οι άνδρες είναι πιο πιθανό να δίνουν το χέρι από ότι οι γυναίκες, και τα νεαρά άτομα δεν ανταλλάσσουν συνήθως χειραψίες εκτός και αν τους συστήσουν σε κάποιο μεγαλύτερο άτομο κάτω από αρκετά επίσημες περιστάσεις. Αυτό σημαίνει για παράδειγμα ότι σε μια επίσημη περίσταση όπου δυο άνδρες συστήνονται είναι σχεδόν βέβαιο ότι θα ανταλλάξουν χειραψία, αλλά ένας άνδρας και μία γυναίκα ή δύο γυναίκες που συστήνονται μπορούν απλά να χαιρετηθούν προφορικά.

L2 Forms of address Τύποι προσφωνήσεων

Στη Μεγάλη Βρετανία, οι τύποι προσφωνήσεων είναι σπάνια υποχρεωτικοί στην ομιλία, και οι τίτλοι χρησιμοποιούνται λίγο. *Sir* και *Madam* είναι κάπως επίσημοι τύποι και χρησιμοποιούνται από κάποιον που προσφέρει κάποια υπηρεσία όταν απευθύνεται στο πρόσωπο που εξυπηρετεί, π.χ. σε ένα κατάστημα ή εστιατόριο.

Can I help you, Sir/Madam? Μπορώ να σας εξυπηρετήσω, κύριε/κυρία;

Would you like to order now, Madam/Sir? Θα θέλατε να παραγγείλετε τώρα κύριε/κυρία;

Doctor μπορεί να χρησιμοποιηθεί χωρίς το επώνυμο όταν προσφωνούμε γιατρό (παθολόγο, κτλ.), αλλά χρησιμοποιείται μαζί με το επώνυμο μόνον όταν προσφωνούμε δόκτορα πανεπιστημίου.

[ιατρικός] **Excuse me Doctor, can I have a word with you?** Συγνώμη γιατρέ, μπορώ να σας απασχολήσω για λίγο;

[ακαδημαϊκός] **Doctor Smith, can I come and see you today?** Δόκτορα Σμιθ, μπορώ να έρθω να σας δω σήμερα;

Άλλοι τίτλοι όπως **Professor, Captain** κτλ. χρησιμοποιούνται κανονικά με το επώνυμο σε κοινές συζητήσεις.

Mr, Ms, Mrs και **Miss** χρησιμοποιούνται σχεδόν πάντα με το επώνυμο.

Hello Mrs Brown, nice of you to come. Γεια σας κυρία Μπράουν, ευγενικό εκ μέρους σας που ήρθατε.

Όταν κάνουμε μια δημόσια προσφώνηση (π.χ. μια ομιλία) είναι φυσιολογικό να αρχίσουμε με το **Ladies and Gentlemen** (κυρίες και κύριοι), αν και σε επίσημες περιστάσεις αρχίζουμε συχνά με φράσεις όπως **Good morning/afternoon everybody** (Καλημέρα σας/Χαίρετε).

L3 Greetings Χαιρετώ

δες επίσης **196 Greet**

Hello, how are you? Γεια σου, τι κάνεις;

[ανεπίσημο] **Hello, how are things?** Γεια σου, πώς πάνε τα πράγματα;

[πιο ανεπίσημο] **Hi, how's it going?** Γεια, πώς πάει;

Απαντήσεις όταν τα πράγματα πηγαίνουν καλά ή για να είμαστε απλά ευγενικοί:

Fine, thank you, and you? Καλά, ευχαριστώ, εσύ/εσείς;

[ανεπίσημο] **Okay, thanks, and you?** Καλά, ευχαριστώ, εσύ;

[κάπως ανεπίσημο] **Great, thanks, and you?** Υπέροχα, ευχαριστώ, εσύ;

Όταν τα πράγματα δεν είναι ούτε ιδιαίτερα καλά ούτε ιδιαίτερα άσχημα, συνήθως λέμε σε ανεπίσημες καταστάσεις:

Not so bad, thanks. Όχι κι άσχημα, ευχαριστώ.

Well, mustn't grumble. Ε, ας μη γκρινιάζω (ας μην παραπονιέμαι).

Όταν τα πράγματα δεν πάνε καλά:

Not so good, really. Όχι και τόσο καλά στ' αλήθεια.

Oh, up and down. Ω, έτσι κι έτσι.

ΦΙΛΗΜΑ

Οι στενοί φίλοι ή τα μέλη της ίδιας οικογένειας μπορούν να φιληθούν στο μάγουλο (αλλά όχι και στα δύο μάγουλα) σαν δείγμα χαιρετισμού, ειδικά όταν δεν έχουν συναντηθεί για κάποιο διάστημα. Όμως δε χρησιμοποιούμε αυτόν τον τύπο χαιρετισμού με τυχαίες γνωριμίες. Επίσης είναι αρκετά ασυνήθιστο για δυο άνδρες να φιληθούν με αυτόν τον τρόπο, ακόμη και αν συνδέονται.

L3.1 Καλωσορίζω

Welcome to Spain/France! Καλωσόρισες στην Ισπανία/ Γαλλία!

Welcome home/back! Καλωσήρθες (στο σπίτι μας)!

Όταν καλωσορίζουμε κάποιον στο σπίτι μας, δε συνηθίζεται να λέμε **welcome**. Θα ήταν πιο πιθανόν να πει κανείς κάτι όπως **Come in and make yourself at home.** (Έλα μέσα και νοιώσε σαν στο σπίτι σου.) ή **Glad you could come.** (Χαίρομαι που μπόρεσες και ήρθες.)

L3.2 Χαιρετισμοί μετά από απουσία

(It's) nice to see you again. Χαίρομαι που σε ξαναβλέπω.

(It's) good to see you again. Χαίρομαι που σε ξαναβλέπω.

It's been a long time! Πέρασε πολύς καιρός από τότε (που συναντηθήκαμε)!

[καθομιλούμενη] **Long time no see!** Χαθήκαμε!

L4 Leave-taking Αποχαιρετώ

δες επίσης **322 Go**

Well, I have to go now. Λοιπόν, πρέπει να πηγαίνω τώρα.

Anyway, (I) must rush, ... Τέλος πάντων, πρέπει να βιαστώ, ...

(It's) been nice talking to you. Ήταν ωραία που μιλήσαμε.

[αρκετά ανεπίσημο] **I think I'd better be making a move.** Νομίζω ότι είναι καλύτερα να πηγαίνω.

[πιο επίσημο] **It's been a pleasure.** Ευχαρίστησή μου.

Goodbye Αντίο

[ανεπίσημο] **Bye** Γεια σου

[συνήθως χρησιμοποιείται από ή προς τα παιδιά, αλλά χρησιμοποιείται επίσης μεταξύ ενηλίκων] **Bye-bye** Γεια

[όταν ξέρουμε ότι θα ξαναδούμε κάποιον] **(I'll) see you soon/tomorrow/next week.** Θα σε δω (θα τα πούμε) σύντομα/αύριο/την άλλη βδομάδα.

[όταν ξέρουμε ότι θα ξαναδούμε κάποιον, όχι απαραίτητα την ίδια μέρα] **See you later.** Θα τα ξαναπούμε.

[αρκετά ανεπίσημο] **See you.** Γεια/Γεια σου.

Ανεπίσημες/καθημερινές λέξεις για αντίο:
Bye!/So long!/See you!/Be seeing you!
Cheerio! (Βρετ.)
Ta-ta! [συνήθως προφέρεται /tə'ta:/] (Βρετ.)

L4.1 Όταν κάποιος φεύγει/ταξιδεύει

Have a good trip! Καλό ταξίδι!

Safe journey! Καλό ταξίδι!

[κάπως ανεπίσημο, π.χ. σε ένα φίλο] **Look after yourself!** Και να προσέχεις!

[κάπως ανεπίσημο, π.χ. σε ένα φίλο] **Take care!** Πρόσεχε!

[χρησιμοποιείται για κάποιον που συναντάμε για πρώτη φορά] **(I) hope to see you again!** Ελπίζω να τα ξαναπούμε!

L5 Opening a conversation Ανοίγω μια συζήτηση

L5.1 Τραβώ την προσοχή

Στο δρόμο ή σε δημόσιο χώρο:

Excuse me! Με συγχωρείτε!

Hello! Γεια σας!

Could you help me? Θα μπορούσατε να με βοηθήσετε;

[όταν είμαστε θυμωμένοι, ή όταν δούμε κάποιον να κάνει εγκληματική πράξη] **Hey you!** Ε! εσύ!

Excuse me χρησιμοποιείται συνήθως για να τραβήξει την προσοχή των σερβιτόρων, υπαλλήλων καταστημάτων, κτλ.

L5.2 Βάζω κάποιον στη συζήτηση

Excuse me, ... Με συγχωρείτε, ...

Could I have a word with you? Μπορώ να σας πω κάτι;

Can I speak to you for a moment? Μπορώ να σου μιλήσω για ένα λεπτό;

There's something I wanted to talk to you about. Υπάρχει κάτι για το οποίο θα ήθελα να σου μιλήσω.

Do you have a minute? Διαθέτεις ένα λεπτό;

[συνήθως σε ξένους] **(I'm) sorry to bother you, but ...** Συγνώμη που σε ενοχλώ, αλλά...

L5.3 Ανοίγω ένα θέμα σε μια συζήτηση

It's about x, ... Είναι για το χ, ...

I was wondering about x, ... Αναρωτιόμουν για το χ, ...

I wanted to talk to you/ask you about x, ... Ήθελα να σου μιλήσω/να σε ρωτήσω για το χ, ...

[κάπως ανεπίσημο] **About x, ...** Όσον αφορά το χ, .../Που λες για το χ, ...

L6 During a conversation Κατά τη διάρκεια μιας συνομιλίας

L6.1 Αναπτύσσω/αλλάζω θέμα

By the way, ... Μια που το έφερε η κουβέντα, ...

Talking of x, ... Μια που μιλάμε για το χ, ...

(While) we're on the subject of x, ... Αφού είμαστε στο θέμα για το χ, ...

(I'm) sorry to change the subject, but ... Συγνώμη που αλλάζω θέμα, αλλά ...

Just to change the subject for a moment, ... Για να αλλάξουμε λίγο το θέμα, ...

That reminds me, ... Αυτό μου υπενθυμίζει, ...

L6.2 Αναφέρομαι σε κάποιο προηγούμενο σημείο της συζήτησης

As I was/you were saying, ... 'Οπως έλεγα/έλεγες, ...

As I/you/someone said earlier, ... 'Οπως είπα/είπες/είπε κάποιος πρωτύτερα, ...

As I mentioned before, ... 'Οπως ανέφερα προηγουμένως, ...

To come back to x, ... Για να επανέρθουμε στο χ, ...

Going back to what x was saying, ... Αναφερόμενος σε ότι έλεγε ο χ, ...

Getting back to x, ... Επανερχόμενος στο χ, ...

[όταν συμφωνούμε ή ενισχύουμε τα σχόλια κάποιου] **As I/you say...** 'Οπως λέω/λες ...

L6.3 Διακόπτω

Αυτοί οι τύποι χρησιμοποιούνται συχνά όταν, ως τρίτοι, διακόπτουμε μια ομάδα ανθρώπων που ήδη κάνουν συζήτηση:

Do you mind if I interrupt? Θα σας πείραζε να διακόψω;

Can I just interrupt for a minute? Μπορώ να διακόψω για ένα λεπτό;

[κάπως ανεπίσημο] **Sorry to butt in, ...** Συγνώμη που μπαίνω (στη συζήτηση), ...

[κάπως τυπικό] **May I interrupt you for a moment?** Μπορώ να σας διακόψω για λίγο;

'Οταν διακόπτουμε άτομα με τα οποία ήδη συνομιλούμε, λέμε:

Sorry, ... Συγνώμη, ...

[όταν αισθανόμαστε ότι δε μας αφήνουν να πούμε λέξη, ή κάποιος κυριαρχεί στη συζήτηση, ή όταν διαφωνούμε] **Hang on a minute!** Περίμενε ένα λεπτό!

[αν δυο άνθρωποι αρχίσουν να μιλάνε ταυτόχρονα] **Sorry, after you.** Συγνώμη, τελειώστε (αυτό που λέγατε).

L6.4 Διστάζω

It was ... let me see ... 1985. 'Ηταν ... για να δω ... το 1985.

I think it was ... wait a moment ... last Tuesday. Νομίζω ήταν ... περίμενε μια στιγμή ..., την περασμένη Τρίτη.

[κάπως ανεπίσημο] **His name was ... hang on a minute ... Andrew.** Το όνομά του ήταν ... περίμενε μια στιγμή ... Ανδρέας.

L7 Closing a conversation Κλείνω μια συζήτηση

So, ... Μάλιστα, ...

Well, anyway, ... Λοιπόν, τέλος πάντων, ...

Well, that's it. Λοιπόν, αυτό ήταν.

So, there we are. Αυτά λοιπόν.

[σε κάπως πιο επίσημες περιπτώσεις, συνεδριάσεις, κτλ.] **That was all I wanted to say.** Αυτά είναι όλα όσα ήθελα να πω.

[όταν αισθανόμαστε ότι κάποια πράγματα που θέλαμε να ξεδιαλύνουμε ή να τακτοποιήσουμε έχουν γίνει] **Well, that's that then.** Λοιπόν, αυτό ήταν.

[όταν αισθανόμαστε ότι μπορούμε να αφήσουμε κάποια θέματα μέχρι να έρθει μια άλλη περίσταση] **Let's leave it at that, shall we?** Ας το αφήσουμε εκεί (το θέμα), εντάξει;

L8 Asking to see someone Ζητώ να δω κάποιον

δες επίσης **L47 Telephoning**

Hello, is Mike at home, please? Γεια σας, είναι ο Μάικ στο σπίτι παρακαλώ;

Hello, is Mary there, please? Γεια σας, είναι η Μαίρη εκεί παρακαλώ;

Hi, is Joe in, please? Γεια σου, είναι ο Τζο μέσα παρακαλώ;

Hi, is Sally around? Γεια σου, είναι η Σάλλυ εδώ;

Have you seen Adrian anywhere? Είδες πουθενά τον 'Αντριαν;

L8.1 Στη ρεσεψιόν

I wonder if I can speak to/see Ms Smith? Θα μπορούσα να μιλήσω/να δω την κυρία Σμιθ;

Is Mr Jones/the Manager available? Είναι ο κύριος Τζόουνς/ ο διευθυντής ελεύθερος;

I've come to see Mr Black. 'Ηρθα να δω τον κύριο Μπλακ.

I've got an appointment with Mrs Reed. 'Εχω ραντεβού με την κυρία Ρηντ.

Ms Carr is expecting me. Η κυρία Καρ με περιμένει.

Στις παρακάτω προτάσεις, προσέξτε τη χρήση του αόριστου άρθρου το οποίο δίνει έμφαση στο γεγονός ότι δεν ξέρουμε το άτομο που ζητάμε να δούμε:

Is there a Mr Brown here please? Υπάρχει κάποιος κύριος Μπράουν εδώ παρακαλώ;

Hello, I'm looking for a Miss Scott. Γεια σας, ψάχνω για κάποια δεσποινίδα Σκοτ.

L9 Expressing good wishes Εκφράζω ευχές

L9.1 Για το μέλλον

[επίσημο, π.χ. όταν κάνουμε μια ομιλία, σε ένα γάμο, συνταξιοδότηση, κτλ.] **I/we'd like to offer you my/our best wishes for the future.** Θα ήθελα/θέλαμε να σου/σας ευχηθούμε το καλύτερο για το μέλλον.

[ανεπίσημο] **All the best for the future!** Ευχόμαστε το καλύτερο για το μέλλον!

L9.2 Πριν από διαγώνισμα, συνέντευξη, κτλ.

Good luck with your exam/driving test! Καλή επιτυχία στο διαγώνισμα/στο τεστ για την άδεια οδήγησης!

I hope it goes well tomorrow/this afternoon. Ελπίζω ότι όλα θα πάνε καλά αύριο/τ'απόγευμα.

Best of luck for next Tuesday! Καλή επιτυχία για την άλλη Τρίτη!

I'll keep my fingers crossed for you for your interview. Καλή τύχη/θα σε σκέφτομαι στη συνέντευξη που έχεις.

L9.3 Σε κάποιον που αντιμετωπίζει μια δύσκολη κατάσταση ή δοκιμασία (π.χ. κάποιος που πρόκειται να μπει στο νοσοκομείο)

I hope everything turns out well for you. Εύχομαι όλα να σου έρθουν καλά.

I hope it all goes smoothly for you. Εύχομαι όλα να σου πάνε ομαλά.

L9.4 Σε κάποιον που είναι άρρωστος

I hope you get well soon. Εύχομαι γρήγορα να γίνεις καλά.

I hope you're feeling better soon. Εύχομαι σύντομα να νοιώσεις καλύτερα.

[ανεπίσημο] **Get well soon!** Περαστικά!

L9.5 Πριν το φαγητό και το ποτό

Στα Αγγλικά δεν υπάρχει πραγματικά αντίστοιχη λέξη για το «καλή όρεξη». Η φράση *'Enjoy your meal'* είναι η πιο κοντινά αντίστοιχη, αλλά χρησιμοποιείται περισσότερο από σερβιτόρους προς τους πελάτες από ότι μεταξύ φίλων. Στα Αμερικάνικα Αγγλικά, οι σερβιτόροι απλά λένε *'Enjoy!'*.

[πριν το ποτό, ειδικά ποτά με αλκοόλ] **Cheers!** Εις υγεία!

L10 Seasonal greetings Εποχιακοί χαιρετισμοί

Merry Christmas (Βρετ.)/ **Happy Christmas** (Βρετ. & Αμερ.) Καλά Χριστούγεννα

Όταν γράφουμε, σε κάρτες, κτλ., **Christmas** συνήθως πιο ανεπίσημα συντομεύεται σε **Xmas**.

> ### χ ρ ή σ η
> Είναι πιθανό να πούμε **Happy Easter!** (Καλό Πάσχα) στα Αμερικάνικα Αγγλικά, αλλά συνήθως δε χρησιμοποιείται στα Βρετανικά Αγγλικά. Πριν ακριβώς τις διακοπές του Πάσχα, **Have a good Easter.** είναι γενικά αποδεκτό. Κατά τον ίδιο τρόπο, λέγεται **Have a good Summer/holiday/vacation, etc.** (Καλό καλοκαίρι/διακοπές, κτλ.). Μπορούμε να απαντήσουμε στους παραπάνω χαιρετισμούς με **Thanks, you too!** ή **Thanks, the same to you!** (Ευχαριστώ, επίσης!)

[ακριβώς πριν από τα Χριστούγεννα/Πρωτοχρονιά] **I hope you have a nice Christmas!** Εύχομαι να περάσεις καλά Χριστούγεννα!

[λίγο ανεπίσημο] **Have a good Christmas!** Καλά Χριστούγεννα!

[λίγο ανεπίσημο] **All the best for the New Year!** Τις καλύτερές μου ευχές για τον Καινούριο Χρόνο!

Happy New Year! Καλή Χρονιά!

L10.1 Γενέθλια και επέτειοι

Happy birthday. Να ζήσεις.

Many Happy returns. Χρόνια Πολλά.

Happy (wedding) anniversary. Να τα εκατοστήσετε (σε επέτειο γάμου).

L11 Expressing sympathy Εκφράζω συμπόνια

δες επίσης **222 Sympathy**

Όταν κάποιος υποφέρει από μια αποτυχία ή είχε άσχημα νέα:

A: I didn't get that job, after all. Τελικά δε μου έδωσαν εκείνη τη δουλειά.

B: Oh, I'm sorry, I hope it wasn't too much of a disappointment for you. Ω, λυπάμαι, ελπίζω να μην το πήρες κατάκαρδα.

Sorry to hear about your driving test/exam result, etc. Λυπάμαι που δεν πήρες την άδεια οδήγησης/για τα αποτελέσματα του διαγωνίσματος, κτλ.

A: I didn't pass the exam. Δεν πέρασα το μάθημα (το διαγώνισμα).

B: Oh, what a shame! Ω, τι κρίμα!

Όταν υπάρχει κάποιος θάνατος ή όταν κάποιος έχει περάσει μια τραγωδία:

I was terribly sorry to hear about your father. Πολύ λυπήθηκα όταν έμαθα για τον πατέρα σου.

I was so sorry to hear the sad news. Στεναχωρέθηκα πολύ όταν έμαθα τα άσχημα νέα.

[πιο ανεπίσημο] **Sorry to hear about your grandfather.** Λυπήθηκα όταν έμαθα για τον παππού σου.

Όταν κάποιος αισθάνεται αδιάθετος:

A: I've got a terrible headache. Έχω φοβερό πονοκέφαλο.

B: Oh, you poor thing! Ω, καημενούλη!

L12 Shopping Ψώνια

δες επίσης **273 Shops, L37 Complaints, L46 Using the postal service, L47 Telephoning**

L12.1 Ανοίγω συζήτηση

Οι υπάλληλοι υποδοχής, οι υπάλληλοι καταστημάτων και άλλοι που προσφέρουν τις υπηρεσίες τους συνήθως αρχίζουν με την ερώτηση **Can I help you?** (Μπορώ να σας εξυπηρετήσω;), προσθέτοντας **Sir/Madam** για περισσότερη ευγένεια ή επισημότητα, αν και σε μερικά μαγαζιά στη Βρετανία συχνά εξαρτάται από τον πελάτη να ζητήσει βοήθεια.

[πελάτης] **Can you help me?** Μπορείτε να με εξυπηρετήσετε;

[πιο επίσημο] **I wonder if you could help me?** Μήπως θα μπορούσατε να με εξυπηρετήσετε;

L12.2 Ζητώ προϊόντα/υπηρεσίες

Do you sell (film/note-paper, etc.)? Πουλάτε (φιλμ/χαρτί για σημειώσεις, κτλ.);

Do you have any(calendars/shoelaces, etc.)? Έχετε καθόλου (ημερολόγια/κορδόνια, κτλ.);

I'm looking for (a clothes brush/a map of Spain). Ψάχνω για (μια βούρτσα ρούχων/ένα χάρτη της Ισπανίας).

Do you repair (cameras/shoes, etc.)? Επισκευάζετε (φωτογραφικές μηχανές/παπούτσια, κτλ.);

Do you have one in blue/green? Έχετε σε μπλε/πράσινο;

Do they come in a larger/smaller size? Βγαίνουν σε μεγαλύτερο/μικρότερο μέγεθος;

Do you have anything cheaper? Έχετε κάτι φτηνότερο;

L12.3 *Αρνούμαι την προσφορά υπηρεσιών*

I'm just looking, thank you. Απλά κοιτάω, ευχαριστώ.

I'm being served, thanks. Με εξυπηρετούν, ευχαριστώ.

No, I don't need any help, thank you. Όχι, δε χρειάζομαι βοήθεια, ευχαριστώ.

L12.4 *Όταν τα προϊόντα/οι υπηρεσίες δεν είναι διαθέσιμες*

I'm sorry, we're out of (computer paper/vinegar) at the moment. Λυπάμαι, δεν έχουμε (χαρτί για υπολογιστές/ξύδι) προς το παρόν.

I'm sorry, we don't stock them. Λυπάμαι, δεν τα πουλάμε.

Sorry, I can't help you there, I'm afraid. Λυπάμαι αλλά δυστυχώς δεν μπορώ να σας εξυπηρετήσω σε αυτό που μου ζητάτε.

Sorry, we don't have them; you could try (name of another shop). Λυπάμαι αλλά δεν τα έχουμε, ρωτήστε (όνομα ενός άλλου καταστήματος).

L12.5 *Αποφασίζοντας τι θέλουμε*

I'll take this one please. Θα πάρω αυτό παρακαλώ.

This is what I'm looking for. Αυτό είναι που ζητάω.

I think I'll leave it, thanks. Νομίζω ότι δεν θα το πάρω, ευχαριστώ.

L12.6 *Πληρωμή*

δες επίσης **263 Buying and Selling**

How much is (this)? Πόσο κάνει (αυτό);

[για μεγάλα είδη και σε πιο επίσημο περιβάλλον, π.χ. αγορά έργων τέχνης/αντίκες] **What's the price of this chair/print?**

Ποια είναι η τιμή αυτής της καρέκλας/γκραβούρας;

[ειδικά για υπηρεσίες] **How much do I owe you?** Τι σας οφείλω;

How would you like to pay? Πώς θα θέλατε να πληρώσετε;

Can I pay by cheque/credit card? Μπορώ να πληρώσω με επιταγή/πιστωτική κάρτα;

Do you accept Visa/Mastercard? Δέχεστε Βίζα/ Μάστερκαρντ;

I'll pay cash. Θα πληρώσω σε μετρητά.

Put it on my account/room account, please. Χρεώστε το στο λογαριασμό μου/δωμάτιό μου παρακαλώ.

Can I arrange to have the tax refunded? Μπορώ να κανονίσω να μου επιστραφεί ο φόρος;

Who do I make the cheque out to? Σε ποιό όνομα να γράψω την επιταγή;

Can I leave a deposit? Να δώσω προκαταβολή;

Do you have anything smaller (than a £50 note)? Έχετε τίποτα μικρότερο (από χαρτονόμισμα 50 λιρών);

Sorry, I've no change. Λυπάμαι δεν έχω καθόλου ψιλά.

L12.7 *Συλλογή και μεταφορά αγαθών*

I've come to collect (my tape-recorder/dress, etc). Ήρθα να πάρω το (κασετόφωνό μου/φόρεμά μου, κτλ.)

When will it be ready? Πότε θα είναι έτοιμο;

Will you wrap it for me please? Μου το τυλίγετε σας παρακαλώ;

Could you gift-wrap it please? Μου το τυλίγετε για δώρο σας παρακαλώ; *[πολλά καταστήματα στη Βρετανία δεν προσφέρουν υπηρεσίες για περιτύλιγμα δώρων]*

Do you deliver? Κάνετε διανομή στο σπίτι;

Can I pick it up later? Μπορώ να περάσω να το πάρω αργότερα;

Could you deliver it to this address? Μπορείτε να το παραδώσετε σε αυτή τη διεύθυνση;

Do you have a mail-order service? Έχετε ταχυδρομική υπηρεσία για παραγγελίες;

L12.8 *Κλείνω τη συζήτηση*

Thanks for your help. Ευχαριστώ για τη βοήθειά σας.

[πιο επίσημο, ή όταν κάποιος ήταν ασυνήθιστα εξυπηρετικός] **Thank you, you've been most helpful.** Σας ευχαριστώ ήσασταν πολύ εξυπηρετικός.

L13 Thanking *Ευχαριστώ*

Thank you είναι αποδεκτό στις περισσότερες περιπτώσεις, ενώ για λιγότερο επίσημες καταστάσεις χρησιμοποιούμε το **Thanks**. Η φράση **Thank you very much** είναι κάπως πιο έντονη.

Άλλες έντονες, ανεπίσημες παραλλαγές:

Thanks a lot. Ευχαριστώ πολύ.

Thanks ever so much. Σε ευχαριστώ πάρα πολύ.

Thanks a million. Χίλια ευχαριστώ.

Ta! *(Βρετ.) [πολύ ανεπίσημο και όχι πολύ εμφατικό. Χρησιμοποιείται συνήθως για καθημερινές πράξεις, όπως να δώσουμε το βούτυρο ή να κρατήσουμε την πόρτα.]*

Για πιο επίσημες καταστάσεις:

I'd like to thank you for everything. Θέλω να σας ευχαριστήσω για όλα.

I'm very/extremely grateful to you for helping me. Σας είμαι ευγνώμων που με βοηθήσατε.

I can't thank you enough for everything you've done. Το ευχαριστώ δεν είναι αρκετό για όλα όσα κάνατε για μένα.

Στα Βρετανικά Αγγλικά, το να απαντήσουμε σε κάποιον που μας ευχαριστεί μπορεί να μην είναι απαραίτητο, ειδικά για μικρές καθημερινές αβρότητες (όπως το να κρατήσουμε την πόρτα ανοιχτή για κάποιον), όπου ένα χαμόγελο ή ένα νεύμα μπορεί να είναι αρκετό. Για πιο σημαντικές πράξεις (π.χ. όταν έχουμε βοηθήσει κάποιον σε μια δυσκολία) μπορούμε να απαντήσουμε **That's okay.** ή πιο επίσημα, **Not at all**, ή (για παράδειγμα όταν κάποιος μας ευχαριστεί για τη φιλοξενία) **It was a pleasure.** Στα Αμερικάνικα Αγγλικά, οι απαντήσεις είναι πιο συχνές, ειδικά **You're welcome.** το οποίο χρησιμοποιείται και στα Βρετανικά Αγγλικά.

L14 Permission Άδεια

δες επίσης **230 Allow**

L14.1 Ζητώ άδεια

Γενικά μπορούμε να ζητήσουμε άδεια με το να πούμε **Can I/could I/may I ...?** (Μπορώ/θα μπορούσα) σε αυξανόμενη σειρά επισημότητας:

Can I park here? Μπορώ να σταθμεύσω εδώ;

Could I take a photograph of you? Να σας βγάλω μια φωτογραφία;

May I use your office this afternoon? Μπορώ να χρησιμοποιήσω το γραφείο σας σήμερα το απόγευμα;

Σε δημόσιες καταστάσεις:

Is smoking allowed here? Επιτρέπεται εδώ το κάπνισμα;

Am I allowed to take two bags on to the plane? Θα μου επιτρέψουν να πάρω δύο τσάντες στο αεροπλάνο;

[για πιο λεπτές περιπτώσεις] **Do you mind if I (smoke/bring a friend, etc.)?** Θα σε πείραζε (να καπνίσω/να φέρω ένα φίλο, κτλ.);

[πιο επίσημο/δηλώνει την προσπάθεια του ομιλητή να βολιδοσκοπήσει μια κατάσταση. Προσέξτε το ρήμα στον αόριστο] **Would you mind if I (didn't come tomorrow/brought a friend next time, etc.)?** Θα σας ενοχλούσε αν (δεν ερχόμουν αύριο/έφερνα κάποιο φίλο την επόμενη φορά, κτλ.);

[λιγότερο επίσημο] **Is it okay/all right if I (don't come tomorrow/leave early, etc.)?** Πειράζει αν (δεν έρθω αύριο/φύγω νωρίς, κτλ.);

L14.2 Δίνω άδεια

Όταν απαντάμε στην ερώτηση **Do you mind?** (Σε πειράζει;) δίνουμε την άδειά μας λέγοντας **No.**

A: **Do you mind if I sit here?** Σε πειράζει να καθήσω εδώ;

B: **No, go ahead!** Όχι, κάθησε.

A: **Is it okay if I use this?** Πειράζει αν το χρησιμοποιήσω;

B: **Yes, by all means.** Όχι, κάθε άλλο.

[αρκετά ανεπίσημο] A: **Is it all right if I leave early?** Πειράζει αν φύγω νωρίς;

B: **Yes, no problem.** Όχι, κανένα πρόβλημα.

[αρκετά ανεπίσημο] A: **Is it okay if Joe comes along?** Πειράζει αν έρθει και ο Τζο μαζί μας;

B: **Yes, that's fine by me.** Όχι, από μένα εντάξει.

[ανεπίσημο] A: **Is it okay if I drink my coffee here?** Πειράζει αν πιω τον καφέ μου εδώ;

B: **Yes, fine! Feel free!** Όχι, εντάξει! Ελεύθερα!

[αρκετά ανεπίσημο] A: **Can I borrow your pen a minute?** Να πάρω το στυλό σου ένα λεπτό;

B: **Sure. Be my guest.** Φυσικά. Βολέψου.

L14.3 Αρνούμαι να δώσω άδεια

δες επίσης **231 Forbid**

A: **Can I park here?** Μπορώ να σταθμεύσω εδώ;

B: **No, I'm afraid it's not allowed.** Όχι, φοβάμαι πως απαγορεύεται.

[ευγενικό] A: **Do you mind if I smoke?** Σας πειράζει να καπνίσω;

B: **I'd rather you didn't.** Θα προτιμούσα όχι (να μην καπνίσετε).

[ευθύ και πολύ σταθερό] A: **Do you mind if I smoke?** Σας πειράζει να καπνίσω;

B: **Yes, I do mind, actually.** Ναι, στη πραγματικότητα με πειράζει.

L15 Offers Προσφορές

L15.1 Προσφέρομαι να κάνω κάτι

[γενική προσφορά] **Can I help out in any way?/Can I do anything to help?** Μπορώ να σε βοηθήσω κατά κάποιο τρόπο;

[πιο επίσημο] **May I carry that bag for you?** Να σας μεταφέρω την τσάντα;

[λιγότερο τυπικό] **Let me do that for you.** Άσε με να το κάνω (για σένα).

If you like, I'll bring the coffee. Αν θες θα φέρω τον καφέ.

You can leave it to me to lock up. Άστο σε μένα να κλειδώσω.

[σε περιστάσεις όπως συνεδριάσεις όπου οι άνθρωποι προσφέρονται να κάνουν πράγματα] **I volunteer to take the tickets at the door.** Προσφέρομαι (εθελοντικά) να παίρνω τα εισιτήρια στην πόρτα.

L15.2 Προσφέρομαι να πληρώσω

[κάπως επίσημο] **Please allow me to pay for the meal.** Σας παρακαλώ αφήστε με να πληρώσω για το γεύμα.

[λιγότερο επίσημο] **Let me pay for/get the coffee.** Άφησέ με να κεράσω τον καφέ.

This is on me. Αυτά είναι δικά μου.

L15.3 Δέχομαι προσφορές

Thank you, it's good of you to offer. Ευχαριστώ, καλωσύνη σου να προσφερθείς.

[λιγότερο επίσημο] **Thanks, that's kind of you.** Ευχαριστώ, είναι ευγενικό εκ μέρους σου.

[ευγενική ή διστακτική αποδοχή] **Oh, you really don't have to.** Στ' αλήθεια δε χρειάζεται.

[όταν ένα άτομο προσφέρεται να κάνει για μας κάτι που θα τον βάλει σε φασαρία, όπως το να μας πάρει με το αυτοκίνητο] **Thanks, I hope it's not putting you out in any way.** Ευχαριστώ, ελπίζω να μη σου είναι μπελάς.

[όταν κάποιος έχει προσφερθεί να κάνει κάτι και ο χρόνος έχει περάσει από τότε που έγινε η προσφορά, χωρίς αυτή να έχει γίνει αποδεκτή από την αρχή] **I wonder if I could take you up on your offer of a lift next Saturday.** Αναρωτιέμαι αν ισχύει ακόμα η προσφορά σου να με πάρεις με το αυτοκίνητό σου το ερχόμενο Σάββατο.

L15.4 Αρνούμαι προσφορές

Thanks for the offer, but it's okay. Ευχαριστώ για την προσφορά, αλλά δεν πειράζει.

[σε απάντηση προσφοράς βοήθειας για μια δουλειά, κτλ.] **It's okay, I can manage, thanks.** Είναι εντάξει. Θα τα καταφέρω, ευχαριστώ.

[αρνούμαστε την προσφορά να μας πάρουν με το αυτοκίνητο, κτλ.] **Thanks anyway, but someone is coming to pick me up/I have my bicycle, etc.** Ευχαριστώ, αλλά θα έρθει κάποιος να με πάρει/έχω το ποδήλατό μου, κτλ.

[κάπως επίσημο, όταν γίνεται μια σημαντική προσφορά, π.χ. το δάνειο ενός μεγάλου ποσού χρημάτων] **Thank you, but I couldn't possibly accept.** Ευχαριστώ, αλλά δεν θα μπορούσα ποτέ να το δεχτώ.

L16 Invitations Προσκλήσεις

L16.1 Προσκαλώ

Would you like to come to dinner/come round one evening? Θα ήθελες να έρθεις να φάμε ένα βράδυ;

[όταν καλούμε κάποιον σε ένα γεγονός που ήδη έχει κανονισθεί] **Would you like to join us for our end-of-term lunch?** Θα ήθελες να έρθεις μαζί μας στο γεύμα που θα γίνει για το τέλος του τριμήνου;

[επίσημο] **I/We'd like to invite you to join our committee/give a lecture.** Θα ήθελα/θέλαμε να παραβρεθείτε στην επιτροπή/να κάνετε μια διάλεξη.

[αρκετά ανεπίσημο] **Why don't you come round and have a drink some time?** Γιατί δεν περνάς από το σπίτι για ένα ποτό κάποια στιγμή;

L16.2 Αποδέχομαι προσκλήσεις

Thank you, I'd love to. Ευχαριστώ, πολύ θα το ήθελα.

[επίσημο] **Thank you, I'd be delighted to.** Ευχαριστώ, θα ήταν ευχαρίστησή μου.

[λιγότερο επίσημο] **Thanks, that sounds nice.** Ευχαριστώ, ωραία.

L16.3 Αρνούμαι προσκλήσεις

I'd love to, but I'm afraid I'm booked up that night/busy all day Thursday. Πολύ θα το ήθελα, αλλά λυπάμαι είμαι κλεισμένος εκείνο το βράδυ/απασχολημένος όλη την Πέμπτη.

[πιο επίσημο] **Thank you for the invitation, but I'm afraid I have to say no.** Ευχαριστώ για την πρόσκληση, αλλά φοβάμαι πως πρέπει να πω όχι.

[σε καταστάσεις όπου είναι απαραίτητο να διαπραγματευτούμε μια εναλλακτική λύση] **Sorry, I'm booked up on Monday. Some other time, perhaps?** Λυπάμαι είμαι κλεισμένος τη Δευτέρα. Ίσως κάποια άλλη φορά;

L17 Advice Συμβουλές

δες επίσης **353 Suggest**

L17.1 Ζητώ συμβουλές

I need some advice about renting a flat, can you help me? Χρειάζομαι μερικές συμβουλές για την ενοικίαση ενός διαμερίσματος, μπορείς να με βοηθήσεις;

Can you advise me as to what I should do about ...? Μπορείς να με συμβουλέψεις για το τι θα μπορούσα να κάνω σχετικά με...;

I want to take a language course in France. Can you give me any advice? Θέλω να παρακολουθήσω μαθήματα γλώσσας στη Γαλλία. Μπορείς να μου δώσεις καμμιά συμβουλή;

[ανεπίσημο] **Do you have any tips about car hire in Spain?** Έχεις καμμιά συμβουλή για την ενοικίαση των αυτοκινήτων στην Ισπανία;

L17.2 Δίνω συμβουλές

The best thing to do is to ring the police/book in advance. Το καλύτερο που έχεις να κάνεις είναι να τηλεφωνήσεις στην αστυνομία/να κάνεις μια κράτηση από πριν.

[λιγότερο επίσημο] **If I were you, I'd sell it.** Αν ήμουν στη θέση σου θα το πουλούσα.

[ανεπίσημο] **If I was in your shoes, I'd resign right away.** Αν ήμουν στη θέση σου, θα υπέβαλλα παραίτηση αμέσως.

[επίσημο] **My advice would be to accept the offer.** Η συμβουλή μου θα ήταν να δεχτείς την προσφορά.

You could try ... (+ -ing) Θα μπορούσες να δοκιμάσεις ...

It might be an idea to ... (+ ΑΠΑΡΕΜΦΑΤΟ) Μια ιδέα θα μπορούσε να είναι να ...

Why not (sell it/move nearer town)? Γιατί δεν (το πουλάς/ μετακομίζεις πιο κοντά στην πόλη);

[πολύ έντονο, σε μερικές καταστάσεις σχεδόν απειλητικό]

If you take my advice, you should stop seeing her. Αν θέλεις τη συμβουλή μου, θα πρέπει να σταματήσεις να την βλέπεις.

L17.3 Προειδοποιήσεις

You'd better not park there, you'll get fined. Καλύτερα να μην σταθμεύσεις εκεί, θα φας πρόστιμο.

He's efficient, but, be warned, he has a short temper. Είναι ικανός, αλλά σε προειδοποιώ, είναι ευέξαπτος.

I'm warning you, she's not going to like it. Σε προειδοποιώ, δεν πρόκειται να της αρέσει.

[πιο έμμεσο] **If I were you I wouldn't cause any trouble.** Αν ήμουν στη θέση σου δε θα προκαλούσα φασαρίες.

[πιο επίσημο] **I should warn you that there are pickpockets about.** Πρέπει να σε ενημερώσω ότι εδώ γύρω υπάρχουν πορτοφολάδες.

[απειλητικό] **I'm warning you – if you do that again there'll be trouble!** Σε προειδοποιώ – αν το ξανακάνεις θα έχουμε φασαρίες!

[συνήθως λέγεται με θυμωμένο, απειλητικό τόνο] **If you've got any sense you'll stay away from that girl!** Αν έχεις μυαλό θα παρατήσεις εκείνο το κορίτσι.

[αρκετά επίσημο] **Take care when you leave the building; the steps are slippery.** Προσέξτε όταν φεύγετε από το κτίριο, τα σκαλοπάτια γλιστρούν.

Προειδοποίηση σε κάποιον που βρίσκεται σε άμεσο κίνδυνο:

Mind your head/the door/that car! (Βρετ.) Πρόσεξε το κεφάλι σου/την πόρτα/εκείνο το αυτοκίνητο!

Be careful! Πρόσεχε!

Watch out!/Look out! Πρόσεχε!/Το νου σου!

L18 Information Πληροφορίες

L18.1 Ζητώ πληροφορίες

δες επίσης **351 Ask**

Can you help me? Μπορείτε να με βοηθήσετε;

Where can I find (a phone/toilet/typewriter, etc.)? Πού μπορώ να βρω (τηλέφωνο/τουαλέτα/γραφομηχανή, κτλ);

Where's the nearest (station/baker's, etc.)? Πού είναι ο πιο κοντινός (σταθμός/φούρνος, κτλ.);

What shall I do with (this key/these papers, etc.)? Τι να κάνω με (αυτό το κλειδί/αυτά τα χαρτιά, κτλ.);

What's the matter with (this machine/your friend, etc.)? Τι τρέχει με (αυτό το μηχάνημα/το φίλο σου, κτλ.);

What's the reason for (this extra charge/the delay, etc.)? Ποιος είναι ο λόγος για (αυτή την επιπλέον χρέωση/την καθυστέρηση, κτλ);

Who is in charge of (refunds/room-bookings, etc.)? Ποιος είναι ο υπεύθυνος για (την επιστροφή των χρημάτων/ κλείσιμο δωματίων, κτλ.);

Can you explain (this machine/this list, etc.) for me, please? Μπορείς σε παρακαλώ να μου εξηγήσεις (αυτό το μηχάνημα/αυτόν τον κατάλογο, κτλ.);

How can I get to (the basement/the street, etc.)? Πώς μπορώ να πάω στο υπόγειο/στην οδό, κτλ);

How do I go about (changing my booking/getting my shoe repaired, etc.)? Τι να κάνω για να (αλλάξω την κράτηση/ φτιάξω το παπούτσι μου, κτλ.);

Can you tell me where the bus goes from? Μπορείτε να μου πείτε από πού φεύγει το λεωφορείο;

Can you give me some information about bus times/hotels? Μπορείτε να μου δώσετε πληροφορίες για τα δρομολόγια των λεωφορείων/ξενοδοχεία;

Do you have any information on language courses/Turkey? Έχετε καθόλου πληροφορίες για μαθήματα ξένων γλωσσών/την Τουρκία;

Where can I get information about travel insurance? Πού μπορώ να πάρω πληροφορίες για ταξιδιωτική ασφάλεια;

L18.2 Αδυνατώ να δώσω πληροφορίες

I'm sorry, I can't help you. Λυπάμαι, δεν μπορώ να σας βοηθήσω.

I'm sorry, you've come to the wrong place. Ask at the ticket office. Λυπάμαι, ήρθατε σε λάθος μέρος. Ρωτήστε στην έκδοση εισιτηρίων.

Sorry, we've nothing on Brazil at the moment. Λυπάμαι, δεν έχουμε τίποτα για τη Βραζιλία προς το παρόν.

[καθομιλούμενη] **Sorry, I haven't a clue/haven't the foggiest.** Λυπάμαι, δεν έχω ιδέα.

χρήση

Στις περισσότερες περιστάσεις μπορείτε να ευχαριστήσετε κάποιον με το να πείτε **Thanks for the information.** (Ευχαριστώ για την πληροφορία.) ή **Thanks for your help.** (Ευχαριστώ για τη βοήθεια σας.) εκτός από ασήμαντες περιπτώσεις (π.χ. κάποιος σας λέει πού είναι η τουαλέτα) οπότε μπορείτε απλά να πείτε **Thanks.**

L19 Instructions Οδηγίες

L19.1 Ζητώ οδηγίες

Could you tell me/show me how to work this machine? Θα μπορούσατε να μου πείτε/δείξετε πώς να χειριστώ αυτό το μηχάνημα;

Are there any instructions for the photocopier? Υπάρχουν καθόλου οδηγίες για το φωτοτυπικό (μηχάνημα);

What do I do if I want to change the film? Τι να κάνω αν θέλω να αλλάξω το φιλμ;

How do I go about setting up this projector? Τι να κάνω για να στήσω αυτόν τον προβολέα;

What do I do next? Μετά τι κάνω;

How does x work? Πώς λειτουργεί το χ;

How do you work this (machine/copier)? Πώς το δουλεύεις αυτό (το μηχάνημα/φωτοτυπικό);

L19.2 Δίνω οδηγίες

This is what you do, just press this button, and ... Να τι κάνεις, πατάς αυτό το κουμπί και ...

All you have to do is ... Όλο κι όλο που έχεις να κάνεις είναι ...

You must always remember to close this flap first. Πρέπει πάντα να θυμάσαι να κλείνεις αυτό το φύλλο (του τραπεζιού) πρώτα.

You just flick that switch and that's it. Απλά πατάς ελαφρά εκείνο το διακόπτη και αυτό είναι όλο.

Would you please follow the instructions on the handout. Παρακαλώ ακολουθήστε τις οδηγίες στο φυλλάδιο.

L20 Directions Οδηγίες (κατευθύνσεις)

δες επίσης **318 Directions**

L20.1 Ζητώ οδηγίες

Could you tell me the way to ...? Μπορείτε να μου πείτε το δρόμο για ...;

Excuse me, I'm lost, I wonder if you could help me? Με συγχωρείτε, χάθηκα, μήπως θα μπορούσατε να με βοηθήσετε;

How do I get to the station from here? Πώς να πάω στο σταθμό από δω;

Excuse me, I'm looking for Mill Street. Με συγχωρείτε, ψάχνω για την οδό Μιλ.

[πιο επίσημο] **Could you direct me to Boston Road?** Θα μπορούσατε να μου δώσετε οδηγίες να πάω στην οδό Μπόστον;

L20.2 Δίνω οδηγίες

How are you travelling? Πώς ταξιδεύεις;

Turn left, then right, then go straight on/straight ahead. Στρίψε αριστερά, μετά δεξιά, μετά πήγαινε ευθεία.

Take the first left and the second right. Πάρε τον πρώτο δρόμο αριστερά και το δεύτερο δεξιά.

You'll see it in front of you/on your left, etc. Θα το δεις μπροστά σου/στα δεξιά σου, κτλ.

You can take a short-cut across the park. Μπορείς να κόψεις δρόμο μέσα από το πάρκο.

If you see a church, you've gone too far. Αν δεις μια εκκλησία, έχεις πάει πολύ μακριά.

Look out for the sweet shop on your right. Πρόσεξε για το ζαχαροπλαστείο στα δεξιά σου.

You can't miss it. Αποκλείεται να μην το βρεις.

When you come/get to the lights, branch off to the right. Όταν φτάσεις στα φανάρια, κόψε δεξιά.

L21 Making arrangements Κανονίζω

L21.1 Κανονίζω ώρες/ημερομηνίες, κτλ.

Could we arrange to meet sometime? Θα μπορούσαμε να κανονίσουμε να βρεθούμε κάποτε;

[μια πιο ανεπίσημη έκδοση του προηγουμένου παραδείγματος] **Can we get together sometime soon?** Μπορούμε να βρεθούμε κάποια στιγμή σύντομα;

Are you free on Thursday/Monday? Είσαι ελεύθερος την Πέμπτη/τη Δευτέρα;

What about Friday? Are you free then? Τι λες για την Παρασκευή; Είσαι ελεύθερος τότε;

Could you make a meeting on the 25th? Θα καταφέρετε να έρθετε σε μια συνάντηση στις 25;

Could we meet soon to discuss the future/the conference? Θα μπορούσαμε να συναντηθούμε σύντομα να συζητήσουμε το μέλλον/τη διάσκεψη;

Are you available on the 15th? Είσαι διαθέσιμος στις 15;

Let's say 5pm on Tuesday, shall we? Ας πούμε στις 5 μ.μ. την Τρίτη, εντάξει;

Monday suits me fine. Η Δευτέρα με βολεύει περίφημα.

2 o'clock would be best for me. Δύο η ώρα θα ήταν η καλύτερη ώρα για μένα.

I'll pencil in the 23rd, and we can confirm it later. Θα σημειώσω στις 23 και μπορούμε να το επιβεβαιώσουμε αργότερα.

Let's say the 18th, provisionally, and I'll come back to you. Ας πούμε στις 18 προσωρινά και θα επανέρθω σε σας.

L21.2 Προβλήματα με ώρες/ημερομηνίες, κτλ

I'm afraid the 3rd is out for me. Λυπάμαι στις 3 (του μήνα) είμαι κλεισμένος.

I'm afraid I'm busy tomorrow. Λυπάμαι αλλά είμαι απασχολημένος αύριο.

[ανεπίσημο] **I'm afraid I'm chock-a-block this week.** (Βρετ.) Λυπάμαι αλλά πνίγομαι αυτή τη βδομάδα.

Could we make it Thursday instead? Θα μπορούσαμε να το κανονίσουμε την Πέμπτη (αντί μιας άλλης μέρας);

I'm afraid I'm double-booked on Friday. Could we re-arrange things? Δυστυχώς την Παρασκευή είμαι διπλά κλεισμένος. Θα μπορούσαμε να το κανονίσουμε αλλιώς;

A: 5.30 is a bit of a problem. 5.30 είναι λιγάκι πρόβλημα.

B: Would 6 o'clock be any better? Θα ήταν καλύτερα στις 6 η ώρα;

Could we postpone Friday's meeting? Θα μπορούσαμε να αναβάλουμε τη συνάντηση της Παρασκευής;

Sorry, but we're going to have to cancel tomorrow's meeting. Λυπάμαι αλλά θα πρέπει να ματαιώσουμε την αυριανή συνεδρίαση.

Could we bring the time forward to 3.30 instead of 4? Να φέρουμε την ώρα πιο μπροστά, στις 3.30 αντί στις 4;

L21.3 Λέω την ημερομηνία

χ ρ ή σ η

Στα Βρετανικά Αγγλικά υπάρχει διαφορά στον τρόπο με τον οποίο γράφουμε την ημερομηνία και τον τρόπο που την λέμε, π.χ. γράφουμε **Monday 21st June** ή **Monday, June 21st** αλλά λέμε *"Monday the twenty-first of June"*. Μερικά ακόμη παραδείγματα: **October 27th** λέγεται *"the twenty-seventh of October"* ή *"October the twenty-seventh"* και **August 1st** λέγεται *"August the first"* ή *"the first of August"*. Στα Αμερικάνικα Αγγλικά ο μήνας μπαίνει πάντα μπροστά από την ημέρα και στην ομιλία και στο γράψιμο, και η ημερομηνία μπορεί να επηρεαστεί με τον τρόπο που γράφεται, π.χ. **September 4th** λέγεται *"September fourth"* και **April 30th** λέγεται *"April thirtieth"*.

L22 Asking favours Ζητώ χάρες

I wonder if you could do me a favour. Αναρωτιέμαι αν θα μπορούσες να μου κάνεις μια χάρη.

[κάπως επίσημο] **I need to ask a favour of you.** Θέλω να σας ζητήσω μια χάρη.

[λιγότερο επίσημο] **Could you do me a favour?** Θα μπορούσατε να μου κάνετε μια χάρη;

Ευγενικές και φιλικές απαντήσεις όταν κάποιος ζητάει μια χάρη περιλαμβάνουν **Yes, of course, what is it?** (Ναι, βέβαια, τι είναι;) και **Yes, no problem.** (Ναι, κανένα πρόβλημα.)

L22.1 Μικρές, καθημερινές χάρες

Have you got a light please? Έχεις φωτιά σε παρακαλώ;

Could you keep an eye on my seat for me please? Θα μπορούσατε να φυλάξετε τη θέση μου σας παρακαλώ;

Do you have a pen I could borrow for a moment? Έχεις ένα στιλό που θα μπορούσα να δανειστώ για ένα λεπτό;

Could you change this £10 note by any chance? Μήπως κατά τύχη θα μπορούσατε να μου αλλάξετε αυτό το χαρτονόμισμα των δέκα λιρών;

Do you have any small change for the parking meter/the phone? Έχεις ψιλά για το παρκόμετρο/το τηλέφωνο;

I wonder if you'd mind if I jumped the queue? I'm in a terrible hurry! Αναρωτιέμαι αν θα σας πείραζε να μπω μπροστά από την ουρά; Βιάζομαι τρομερά!

Is this seat free/taken? Do you mind if I sit here? Αυτό το κάθισμα είναι ελεύθερο/πιασμένο; Σας πειράζει αν καθίσω εδώ;

[σε εστιατόριο ή καφετέρια όπου το μοναδικό ελεύθερο κάθισμα βρίσκεται σε ένα τραπέζι το οποίο ήδη είναι πιασμένο] **Do you mind if I join you?** Θα σας πείραζε να καθήσω μαζί σας;

L23 Apologies Απολογίες

δες επίσης **221 Mercy, 449 Shame**

L23.1 Ζητώ συγνώμη

I'm sorry I'm late. Συγνώμη που άργησα.

[πιο επίσημο και εμφατικό] **I'm terribly sorry I've kept you waiting.** Πολύ λυπάμαι που σας έκανα να περιμένετε.

[λιγότερο επίσημο] **Sorry I wasn't here when you arrived.** Συγνώμη που δεν ήμουνα εδώ όταν ήρθες.

[κάπως τυπικό, χρησιμοποιείται συχνά στο γραπτό λόγο] **I apologize for not contacting you earlier.** Ζητώ συγνώμη που δεν ήρθα σε επαφή μαζί σας νωρίτερα.

[πολύ επίσημο, συχνά χρησιμοποιείται στο γραπτό λόγο] **My sincere apologies for the inconvenience we caused you.** Ζητώ ειλικρινά συγνώμη που σας έβαλα σε τόση φασαρία.

[κάπως επίσημο, χρησιμοποιείται συχνά στο γραπτό λόγο] **Please accept my/our apologies for not replying earlier.** Σας παρακαλώ δεχθείτε τη συγνώμη μου που δε σας απάντησα νωρίτερα.

L23.2 Δέχομαι τη συγνώμη

Το πιο συνηθισμένο είναι **That's all right.** Οι φράσεις **That's okay.** και **Forget it!** είναι λιγότερο επίσημες. **That's quite all right.** είναι λίγο πιο επίσημο. Μπορείτε επίσης να χρησιμοποιήσετε **It doesn't matter. Don't worry about it.** ή **Never mind.**

L24 Reminding Υπενθυμίζω

Don't forget to post that letter, will you? Μην ξεχάσεις να ταχυδρομήσεις το γράμμα, εντάξει;

[πιο επίσημο] **Please remember to bring your passport.** Σας παρακαλώ θυμηθείτε να φέρετε το διαβατήριό σας.

[διακριτικό αλλά μπορεί να ακουστεί σαν ελαφριά μομφή ή κατηγορία] **You haven't forgotten it's Sally's birthday tomorrow, have you?** Δεν έχεις ξεχάσει ότι αύριο είναι τα γενέθλια της Σάλλυ, έτσι;

[κάπως επίσημο] **May I remind you that there will not be a meeting next week?** Να σας θυμίσω ότι δε θα γίνει συνεδρίαση την ερχόμενη βδομάδα.

[κάπως επίσημο και διακριτικό, όταν υποπτευόμαστε ότι κάποιος έχει ξεχάσει κάτι] **Can I jog your memory about the talk you promised to give us?** Να σας θυμίσω για την ομιλία που υποσχεθήκατε να κάνετε;

Αν χρειάζεται μια απάντηση, μπορείτε να πείτε **Thanks for reminding me.** Αν θελετε να ζητήσετε συγνώμη για κάτι που ξέχασατε, μπορείτε να πείτε **I'm sorry, it just slipped my mind.**

L25 Reassuring Επιβεβαιώνω

Don't worry, we'll be there by six. Μην ανησυχείς, θα είμαστε εκεί μέχρι τις έξι.

There's nothing to worry about. Δεν υπάρχει τίποτα για να ανησυχείς.

You'll be alright. Θα τα καταφέρεις.

It'll be fine. Θα είναι μια χαρά.

[κάπως επίσημο] **I assure you there'll be no problem with it.** Σε διαβεβαιώ ότι δε θα υπάρξει κανένα πρόβλημα με αυτό.

[κάπως επίσημο, τυπικό στυλ γραψίματος] **I would like to reassure you that we will keep costs to the minimum.** Θα ήθελα να σας διαβεβαιώσω ότι θα κρατήσουμε τα έξοδα στο ελάχιστο.

L26 Persuading Πείθω

δες επίσης **349 Persuade**

Why don't you come with us next week? Γιατί δεν έρχεσαι μαζί μας την άλλη βδομάδα;

Why not come hang-gliding with us? You'd love it, I'm sure. Γιατί δεν έρχεσαι μαζί μας να πετάξουμε με αιωρόπτερο; Είμαι σίγουρος ότι θα σου αρέσει πολύ.

Do come and stay at Christmas, we'd love to have you. Έλα και μείνε μαζί μας τα Χριστούγεννα, πολύ θα το θέλαμε να σε έχουμε μαζί μας.

I really think you ought to take a few days off, you know. Ξέρεις, πραγματικά νομίζω ότι θα έπρεπε να πάρεις λίγες μέρες άδεια.

[πιο επίσημο] **Can I persuade you to join us tonight?** Μπορώ να σε πείσω να έρθεις μαζί μας απόψε;

[ανεπίσημο] **Go on! Have a dessert; I'm having one.** Έλα! Πάρε επιδόρπιο, εγώ θα πάρω.

[ανεπίσημο] **Can I twist your arm and ask you to sponsor me for a charity walk on Saturday?** Μπορώ να σε πείσω να επιχορηγήσεις τον περίπατο που θα κάνω το Σάββατο για φιλανθρωπικούς σκοπούς;

L27 Suggesting Προτείνω

δες επίσης **353 Suggest**

L27.1 Κάνω προτάσεις

Let's take a taxi, shall we? Ας πάρουμε ταξί, τι λες;

Why don't we leave it till next week? Γιατί δεν το αφήνουμε μέχρι την άλλη βδομάδα;

What about changing the date? Τι θα έλεγες να αλλάζαμε την ημερομηνία;

I have a suggestion: let's hold a public meeting. Έχω να κάνω μια πρόταση: ας κάνουμε μια δημόσια συνάντηση.

[πιο επίσημο] Can/may I suggest we meet again tomorrow? Μπορώ να προτείνω να ξανασυναντηθούμε αύριο;

> χρήση
>
> Πρόσεξτε τον τύπο μετά το **suggest**: το απαρέμφατο δε χρησιμοποιείται π.χ. *I suggest (that) you cancel it.* Προτείνω να το ακυρώσεις.

L27.2 Ζητώ προτάσεις άλλων

We have to do something; what do you suggest? Πρέπει να κάνουμε κάτι, τι προτείνεις;

We must raise £3,000; are there any suggestions? Πρέπει να μαζέψουμε 3.000 λίρες, υπάρχουν προτάσεις;

Can you think of a way of stopping this tap from leaking? Μπορείς να σκεφτείς έναν τρόπο να σταματήσουμε αυτή τη βρύση να τρέχει;

[ανεπίσημο] Any suggestions as to how we can fix this door? Έχετε καμμιά πρόταση για το πώς να φτιάξουμε αυτή την πόρτα;

[ανεπίσημο] We need £2,000 immediately; any bright ideas? Χρειαζόμαστε 2.000 λίρες αμέσως, έχετε καμμιά φαεινή ιδέα;

L28 Agreeing Συμφωνώ

δες επίσης **348 Agree**

A: This is crazy. Αυτό είναι τρέλα.

B: I agree. Συμφωνώ.

I agree with everything you say. Συμφωνώ με ό,τι λες.

[πιο επίσημο] I am in complete agreement with you. Βρίσκομαι σε πλήρη συμφωνία μαζί σας.

[ανεπίσημο] A: We'll have to do something about it soon. Θα πρέπει σύντομα να κάνουμε κάτι γι᾽ αυτό.

B: Right. Σωστά.

Εμφατικοί τρόποι συμφωνίας:

I couldn't agree more! Δε θα μπορούσα να συμφωνήσω περισσότερο!

[ανεπίσημο και εμφατικό] You can say that again! Μπορείς να είσαι βέβαιος γι᾽αυτό!

Εμφατικά επιφωνήματα που χρησιμοποιούνται για να εκφράσουν συμφωνία με κάποιον περιλαμβάνουν: *Absolutely!* Βεβαίως! *Quite.* Πράγματι! και *Exactly!* Ακριβώς!

A: I think she'll be perfect for the job. Νομίζω ότι θα είναι τέλεια για τη δουλειά.

B: Absolutely! Βεβαίως!

A: If he was still in London at 6 o'clock then he can't have committed the murder. Αν ήταν στο Λονδίνο στις 6 η ώρα τότε δεν μπορεί να διέπραξε το φόνο.

B: Exactly! Ακριβώς!

A: It seems like a ridiculous idea. Φαίνεται γελοία ιδέα.

B: Quite. Πράγματι.

L29 Disagreeing Διαφωνώ

δες επίσης **346 Disagree**

I disagree (διαφωνώ) είναι ένας αρκετά έντονος τρόπος για να εκφράσουμε διαφωνία στα Αγγλικά. Αντί γι᾽ αυτό, έτσι ώστε να μην φανούμε αγενείς, συχνά μερικώς συμφωνούμε πριν διαφωνήσουμε, για παράδειγμα:

I see what you mean, but ... (Ξέρω τι θέλεις να πεις, αλλά ...) ή *That's right, but ...* (Σωστά, αλλά ...)

Άλλοι τρόποι διαφωνίας με κάποιον περιλαμβάνουν:

I have to disagree with you about that. Θα πρέπει να διαφωνήσω μαζί σου πάνω σ᾽αυτό.

You say she's clever, but I don't see that at all. Λες ότι είναι έξυπνη, αλλά εγώ δεν το βλέπω καθόλου.

[πιο επίσημο] I'm afraid I can't agree with you. Συγνώμη αλλά δεν μπορώ να συμφωνήσω μαζί σας.

L30 Opinions Γνώμες

δες επίσης **105 Believe, 106 Opinion**

L30.1 Ζητώ τη γνώμη κάποιου

How do you see the situation? Πώς την βλέπεις την κατάσταση;

What are your views on capital punishment? Ποιες είναι οι απόψεις σου για την ποινή θανάτου;

What do you think of x? Τι γνώμη έχεις για το χ;

[πιο επίσημο] What's your view of x? Ποια είναι η άποψή σας για το χ;

[πιο επίσημο] What's your opinion of x? Ποια είναι η γνώμη σας για το χ;

[ανεπίσημο] Do you reckon he'll come/she'll win, etc? Πιστεύεις ότι θα έρθει/θα νικήσει, κτλ.;

L30.2 Δηλώνω μια γνώμη

I think ... Νομίζω ...

[πιο επίσημο] My view is that this is wrong. Η άποψή μου είναι ότι αυτό είναι λάθος.

[πιο επίσημο] **In my view/opinion, we've waited long enough.** Κατά την άποψή μου/γνώμη μου, έχουμε περιμένει αρκετά.

[ανεπίσημο] **To my mind, his taste in clothes is appalling.** Κατά τη γνώμη μου, το γούστο του στα ρούχα είναι φρικτό.

[ανεπίσημο] **I reckon they'll be getting married soon.** (κυρίως Βρετ.) Νομίζω ότι θα παντρευτούν σύντομα.

[πολύ επίσημο, σε συζητήσεις, δημόσιες συζητήσεις, κτλ.] **If I may express an opinion, I think that ...** Αν μπορώ να εκφράσω γνώμη, νομίζω ότι ...

χ ρ ή σ η

Προσέξτε ότι το **point of view** (άποψη) χρησιμοποιείται στα Αγγλικά για να αναφερθούμε στο πώς κάτι επηρεάζει τον ομιλητή, παρά απλά στη γνώμη του. Αν κάποιος πει **From my point of view, these new farming regulations are a disaster** (Κατά τη δική μου άποψη, αυτοί οι νέοι κανονισμοί για τη γεωργία είναι καταστροφή), τότε αυτός έχει προφανώς κατά κάποιο τρόπο να κάνει με τη γεωργία, ή άμεσα επηρεάζεται από τους κανονισμούς.

L31 Preferences Προτιμήσεις

δες επίσης **73 Choose**

L31.1 Ρωτώ για τις προτιμήσεις κάποιου

Which would you prefer, a twin or double room? Τι θα προτιμούσες, ένα δωμάτιο με δύο μονά κρεβάτια ή με ένα διπλό;

[πιο ανεπίσημο] **What would you rather have, tea or coffee?** Τι θα προτιμούσες καλύτερα, τσάι ή καφέ;

[αρκετά επίσημο] **Do you have any preference with regard to which flight we take?** Έχεις καμιά προτίμηση όσον αφορά το ποιά πτήση να πάρουμε;

[αρκετά ανεπίσημο] **We can go on Friday or Saturday, it's up to you.** Μπορούμε να πάμε την Παρασκευή ή το Σάββατο, από σένα εξαρτάται.

[ανεπίσημο] **You can have red, green or blue; take your pick.** Μπορείς να πάρεις το κόκκινο, το πράσινο ή το μπλε, διάλεξε.

L31.2 Δηλώνω μια προτίμηση

I think I'd rather go on Monday, if you don't mind. Νομίζω ότι θα προτιμούσα να πάω τη Δευτέρα, αν δε σε πειράζει.

I'd prefer a window-seat, if possible. Θα προτιμούσα μια θέση κοντά στο παράθυρο, αν είναι δυνατόν.

[πολύ επίσημο, ειδικά όταν δε μας έχουν ρωτήσει για την προτίμησή μας] **If I may express a preference, I would rather not have to meet on a Friday.** Αν μπορώ να εκφράσω την προτίμησή μου, θα προτιμούσα να μη συναντιόμασταν την Παρασκευή.

[ανεπίσημο, ειδικά σε σχέση με το φαγητό] **I think I'll go for the chicken.** Λέω να πάρω το κοτόπουλο.

L32 Degrees of certainty Βαθμοί βεβαιότητας

δες επίσης **82 Certain, 83 Uncertain**

L32.1 Βεβαιότητα

I'm sure we've met before. Είμαι σίγουρος ότι έχουμε ξανασυναντηθεί.

He's definitely the tallest person I've ever met. Είναι σίγουρα το πιο ψηλό άτομο που έχω συναντήσει.

She's without doubt/undoubtedly the best captain we've ever had. Είναι χωρίς αμφιβολία/αναμφίβολα η καλύτερη αρχηγός που είχαμε ποτέ.

[αρκετά επίσημο] **There is no doubt that something must be done soon.** Δεν υπάρχει αμφιβολία ότι κάτι πρέπει να γίνει σύντομα.

[εκφράζω ένα πολύ δυνατό αίσθημα βεβαιότητας] **I'm absolutely certain I left it on the table.** Είμαι απόλυτα σίγουρος ότι το άφησα στο τραπέζι.

L32.2 Αμφιβολία και αβεβαιότητα

I'm not sure I can do this for you. Δεν είμαι σίγουρος ότι μπορώ να το κάνω αυτό για σένα.

We're a bit uncertain about the future at the moment. Είμαστε λιγάκι αβέβαιοι για το μέλλον προς το παρόν.

I doubt she'll come before Tuesday. Αμφιβάλλω αν θα έρθει πριν την Τρίτη.

Everyone thinks George is wonderful, but I have my doubts. Όλοι νομίζουν ότι ο Γιώργος είναι θαυμάσιος αλλά έχω τις αμφιβολίες μου.

It's doubtful whether he will succeed. Είναι αμφίβολο αν θα επιτύχει.

I think he said his number was 205, but I can't be sure. Νομίζω είπε ότι ο αριθμός του είναι 205, αλλά δεν μπορώ να είμαι σίγουρος.

[εκφράζω δυνατότερο αίσθημα αβεβαιότητας από ότι στο προηγούμενο παράδειγμα] **I'm not at all sure that this is his number.** Δεν είμαι καθόλου σίγουρος ότι αυτός είναι ο αριθμός του.

Προσέξτε ότι το **no doubt** και [πιο επίσημο] το **doubtless** χρησιμοποιούνται όταν είναι κανείς σχεδόν σίγουρος για κάτι, αλλά θα ήθελε επιβεβαίωση ότι έχει δίκιο: **You've no doubt/doubtless all heard of William Shakespeare.** (Χωρίς αμφιβολία/αναμφίβολα όλοι έχετε ακούσει για τον Γουίλιαμ Σαίξπηρ.)

L32.3 Αοριστία

She's sort of average-looking. Είναι μάλλον μέτριας εμφάνισης.

They need boxes and things like that. Χρειάζονται κουτιά και παρόμοια πράγματα.

I don't understand videos and that sort of thing. Δεν καταλαβαίνω τα βίντεο και τα παρόμοια πράγματα.

He said he was going to Paris or something. Είπε ότι πήγαινε στο Παρίσι ή κάτι τέτοιο.

χρήση

Όταν δε θέλουμε να είμαστε ακριβείς για ένα χρώμα, η κατάληξη –y μπορεί να χρησιμοποιηθεί στα Βρετανικά Αγγλικά, αν και αυτό δεν είναι συνηθισμένο στα Αμερικάνικα Αγγλικά. Δεν είναι συνηθισμένο να χρησιμοποιείται για 'white' ή 'black': **It was a browny/yellowy/greeny sort of colour.** (Ήταν ένα καφετί/κιτρινωπό/πρασινωπό χρώμα.)

Για πολλά επίθετα, και για χρώματα, ώρες και ηλικίες, η κατάληξη **-ish** μπορεί να χρησιμοποιηθεί όταν δε θέλουμε να είμαστε ακριβείς:

She has reddish/blackish hair. Έχει κοκκινωπά/σχεδόν μαύρα μαλλιά.

I'd say she's thirtyish. Θα έλεγα ότι είναι γύρω στα τριάντα.

Come about half-past sevenish. Έλα περίπου στις εφτάμισυ.

It was a dullish day. Ήταν μια μουντούτσικη μέρα.

Προσέξε ότι το **-y** και **-ish** είναι και τα δύο κάπως ανεπίσημα.

L32.4 *Μαντεύω και υποθέτω*

I'd say she was about fifty. Θα έλεγα ότι ήταν γύρω στα πενήντα.

[ανεπίσημο] **I would reckon there are about 3,000 words here.** (Βρετ.) Θα υπολόγιζα ότι υπάρχουν 3.000 λέξεις εδώ.

[αρκετά επίσημο] **I would speculate that we would need round £5,000.** Θα υπέθετα ότι χρειαζόμαστε περίπου 5.000 λίρες.

[τυπικό, και όταν βασίζουμε τις υποθέσεις μας σε υπολογισμούς, πείρα, κτλ.] **We estimate that the project will take 3 years.** Υπολογίζουμε ότι η μελέτη θα μας πάρει 3 χρόνια.

[αρκετά ανεπίσημο] **I don't know, but I would hazard a guess that there were about 10,000 people there.** Δεν ξέρω αλλά θα αποτολμούσα έναν πρόχειρο υπολογισμό ότι υπήρχαν περίπου 10.000 άτομα εκεί.

[ανεπίσημο] **Guess who I met today? I bet you can't!** Μάντεψε ποιον συνάντησα σήμερα; Στοιχηματίζω ότι δε μπορείς.

[ανεπίσημο] **I'll give you three guesses who I'm having dinner with tonight.** Θα σου δώσω τρεις ευκαιρίες για να μαντέψεις με ποιον θα φάω απόψε.

[ανεπίσημο] **She'll be here again tomorrow, I'll bet.** Εδώ θα είναι πάλι αύριο, βάζω στοίχημα.

L33 Obligation *Υποχρέωση*

Εξωτερική υποχρέωση, π.χ. από την κυβέρνηση ή άλλη εξουσία, μπορεί να εκφρασθεί με το **have to: I have to renew my passport next month.** Πρέπει να ανανεώσω το διαβατήριό μου τον άλλο μήνα.

Must εκφράζει την υποχρέωση σαν διαταγή ή οδηγία, είτε στον εαυτό μας, γιατί αισθανόμαστε ότι πραγματικά οφείλουμε να κάνουμε κάτι, είτε από μια εξωτερική δύναμη (π.χ. ένα νόμο ή κανονισμό): **I must wash my hair, it's filthy!** Πρέπει να λούσω τα μαλλιά μου, είναι βρόμικα. **All students must register between 9am and 11am on the first day of term.** Όλοι οι μαθητές πρέπει να γραφτούν μεταξύ 9π.μ. και 11π.μ. την πρώτη μέρα της σχολικής περιόδου. Αλλά μη ξεχνάτε ότι το **must** δεν έχει αόριστο, όπου χρησιμοποιείται το **had to: The students had to register yesterday, so we were very busy.** Οι μαθητές έπρεπε να γραφτούν χθες και έτσι ήμασταν πολύ απασχολημένοι.

Should είναι λιγότερο ισχυρό από το **must: I should really get my hair cut this weekend.** Θα πρέπει πραγματικά να κόψω τα μαλλιά μου αυτό το Σαββατοκύριακο.

You should post that soon, or it won't get there in time. Πρέπει να το ταχυδρομήσεις σύντομα, διαφορετικά δε θα φτάσει εκεί εγκαίρως.

Ought to συχνά υπονοεί ηθική υποχρέωση, τι είναι σωστό να κάνει κανείς: **You really ought to say thanks to your aunt for that present she sent you.** Αλήθεια οφείλεις να πεις ευχαριστώ στη θεία σου για το δώρο που σου έστειλε.

Obliged to είναι πολύ ισχυρό και κάπως πιο επίσημο, και δίνει έμφαση στο γεγονός ότι ο ομιλητής δεν έχει επιλογή στο θέμα: **I am obliged to ask you if you have a criminal record.** Είμαι υποχρεωμένος να σας ρωτήσω αν έχετε ποινικό μητρώο.

Forced to δείχνει πολύ δυνατή εξωτερική επιρροή: **In the face of so much evidence, I was forced to admit I had been wrong.** Εν όψει τόσων πολλών στοιχείων ήμουν αναγκασμένος να παραδεχτώ ότι είχα άδικο. **We were forced to leave the building at gunpoint.** Μας ανάγκασαν να φύγουμε από το κτίριο με την απειλή των όπλων.

Obligation είναι πολύ επίσημο: **I have an obligation to warn you that you do this at your own risk.** Έχω την υποχρέωση να σας προειδοποιήσω ότι το κάνετε αυτό με δική σας ευθύνη. **I'm sorry; I'm not under any obligation to reveal that information to you.** Με συγχωρείτε, δεν έχω καμμία υποχρέωση να σας αποκαλύψω αυτές τις πληροφορίες.

L34 Expressing surprise *Εκφράζω έκπληξη*

δες επίσης **118 Surprise**

I'm surprised that you didn't recognise her. Μου κάνει εντύπωση που δεν την αναγνώρισες.

[εκφράζει πιο δυνατό αίσθημα έκπληξης από ότι το προηγούμενο παράδειγμα] **I'm amazed that you've got here so quickly.** Έχω μείνει κατάπληκτος που έφτασες εδώ τόσο γρήγορα.

Well! What a surprise! Λοιπόν! Τι έκπληξη!

Well! This is a surprise! Ε! Αυτή κι αν είναι έκπληξη!

Good heavens! Θεέ μου!

Good Lord! Θεέ και Κύριε!

Sally! I don't believe it! What are you doing here? Σάλλυ! Δεν το πιστεύω! Τι κάνεις εδώ;

[ανεπίσημο] **Well I never! I didn't expect to meet you today!** Ε, όχι, ποτέ! Δεν περίμενα να σε συναντήσω σήμερα!

[ανεπίσημο] **You could have knocked me down with a feather when I realised who it was!** Έμεινα με το στόμα ανοιχτό όταν συνειδητοποίησα ποιος ήταν! [κυριολεκτικά: Θα μπορούσες να με είχες ρίξει κάτω με ένα φτερό...]

[λέγεται σε κάποιον στον οποίο παρουσιάζουμε ένα δώρο έκπληξη ή μια έκπληξη που έχουμε κανονίσει γι' αυτόν] **Surprise, surprise!** Έκπληξη, έκπληξη!

L35 Expressing pleasure Εκφράζω ευχαρίστηση

δες επίσης **422 Happy**

How nice to have this beach all to ourselves! Τι όμορφα να έχουμε όλη αυτή την παραλία μόνοι μας!

This is wonderful/marvellous/great! Αυτό είναι θαυμάσιο/υπέροχο!

What a pleasure to be home again! Τι ωραία που ξαναβρίσκομαι στο σπίτι!

What fun! I haven't rowed a boat for years! Τι διασκέδαση! Δεν έχω τραβήξει κουπιά σε βάρκα εδώ και χρόνια!

I'm pleased to hear you solved your problem. Χαίρομαι που μαθαίνω ότι έλυσες το πρόβλημά σου.

I'm delighted to hear you're getting married at last. Χαίρομαι που μαθαίνω πως επιτέλους θα παντρευτείς.

I'm very happy that we've been able to meet again. Είμαι πολύ ευτυχισμένος που καταφέραμε να ξανασυναντηθούμε.

[αρκετά επίσημο, για παράδειγμα σε έναν οικοδεσπότη] ***It's a real pleasure to be here.*** Είναι πραγματική ευχαρίστηση που είμαι εδώ.

[πολύ επίσημο, σε ομιλίες, κτλ.] ***It gives me great pleasure to welcome you all tonight.*** Μου δίνει μεγάλη χαρά που σας καλοσωρίζω όλους εδώ απόψε.

L36 Expressing displeasure Εκφράζω δυσαρέσκεια

δες επίσης **450 Angry**

How awful! Τι τρομερό!

What a terrible/dreadful place/person! Τι φοβερό/απαίσιο μέρος/άτομο!

I'm not very happy with the way things have turned out. Δεν είμαι πολύ ευχαριστημένος με την τροπή που πήραν τα πράγματα.

I'm unhappy with the situation at work these days. Είμαι δυσαρεστημένος με την κατάσταση στη δουλειά αυτόν τον καιρό.

I wasn't at all pleased to hear that the prices are going up. Δεν μου άρεσε καθόλου όταν έμαθα ότι οι τιμές ανεβαίνουν.

[εκφράζω δυνατή δυσαρέσκεια και αηδία] ***I'm appalled at what has happened.*** Μου προκαλεί φρίκη αυτό που συνέβη.

[ανεπίσημο. Λέγεται για ένα ενοχλητικό γεγονός ή κατάσταση] ***What a pain!*** Τι μπελάς!

[επίσημο και περισσότερο αυστηρό] ***I'm extremely displeased with your behaviour.*** Είμαι πάρα πολύ δυσαρεστημένος με τη συμπεριφορά σας.

L37 Complaints Παράπονα

δες επίσης **345 Complain**

L37.1 Κάνω παράπονα

Can I see the manager/the person in charge, please? Μπορώ να δω τον διευθυντή/τον υπεύθυνο, παρακαλώ;

Can you do something about this noise/the slow service, please? Μπορείτε να κάνετε κάτι γι' αυτό το θόρυβο/την αργή εξυπηρέτηση, παρακαλώ;

I'm sorry but these goods are unsatisfactory. Συγνώμη αλλά αυτά τα προϊόντα δεν είναι καθόλου ικανοποιητικά.

[αρκετά επίσημο] ***I'd like to make a complaint about my room/the delay, etc.*** Θα ήθελα να κάνω ένα παράπονο για το δωμάτιό μου/την καθυστέρηση, κτλ.

[περισσότερο επίσημο, τυπικό σε στυλ γραψίματος] ***I wish to complain in the strongest possible terms about the poor service I received.*** Επιθυμώ να παραπονεθώ με τον πιο έντονο πιθανό τρόπο για την κακή εξυπηρέτηση που είχα.

[αν δεν ανταποκριθεί κανείς στα παράπονά μας] ***It's just not good enough.*** Είναι απαράδεκτο.

L37.2 Δέχομαι παράπονα

I'm sorry, I'll see what I can do. Λυπάμαι, θα δω τι μπορώ να κάνω.

Leave it with me and I'll make sure something is done. Άστο σε μένα και θα βεβαιωθώ ότι κάτι θα γίνει.

I'll pass your complaint on to the manager/the person in charge. Θα μεταβιβάσω το παράπονό σας στο διευθυντή/τον υπεύθυνο.

L38 Praising Επαινώ

δες επίσης **430 Praise**

Well done! Μπράβο!

[μια πιο επίσημη εκδοχή του προηγούμενου παραδείγματος] ***You've done well.*** Τα πήγες υπέροχα.

I admire your skill/your patience. Θαυμάζω την ικανότητά σας/την υπομονή σας.

[είτε σε πρόσωπο χαμηλότερης κοινωνικής θέσης ή αστεία, σε κάποιον της ίδιας κοινωνικής θέσης] ***I couldn't have done better myself!*** Ούτε εγώ δε θα τα πήγαινα καλύτερα.

[λίγο πιο ανεπίσημο] ***You deserve a pat on the back.*** Σου αξίζουν συγχαρητήρια.

L38.1 Φιλοφρονήσεις

What a lovely house/dress/garden! (κυρίως Βρετ.) Τι όμορφο σπίτι/φόρεμα/κήπος!

You look very nice in that jacket. Είσαι πολύ όμορφη με κείνο το σακάκι.

I envy you your garden; it's wonderful. Ζηλεύω τον κήπο σου, είναι υπέροχος.

I don't know how you manage to be so efficient. Δεν καταλαβαίνω πώς μπορείς και είσαι τόσο δραστήριος.

[πιο επίσημο] ***I must compliment you on your latest book.*** Θα πρέπει να σε συγχαρώ για το τελευταίο σου βιβλίο.

L38.2 Συγχαρητήρια

A: **I've just been promoted in my job.** Μόλις πήρα προαγωγή στη δουλειά μου.

B: **Oh, congratulations!** Ω, συγχαρητήρια!

Congratulations on your new job! Συγχαρητήρια για την καινούρια σου δουλειά!

[επίσημο, π.χ. όταν βγάζουμε λόγο] **I/we'd like to congratulate you on 25 years of service to the company.** Θα ήθελα/θέλαμε να σας συγχαρούμε για τα 25 χρόνια υπηρεσίας σας στην εταιρεία μας.

L39 Announcements Ανακοινώσεις

Τα παρακάτω συχνά προηγούνται δημοσίων ανακοινώσεων:

Can I have your attention please? Μπορώ να έχω την προσοχή σας παρακαλώ;

I'd like to make an announcement. Θα ήθελα να κάνω μια ανακοίνωση.

I'd like to announce the winner of the first prize, ... Θα

ήθελα να αναγγείλω τον νικητή του πρώτου βραβείου, ...

Ladies and Gentlemen, ... Κυρίες και κύριοι, ...

[λίγο πιο επίσημο] **I have an announcement to make.** Έχω να κάνω μια ανακοίνωση.

[αφού έχουμε κάνει μια ανακοίνωση] **Thank you for your attention.** Ευχαριστώ για την προσοχή σας.

L40 Reacting to news Αντιδρώ σε ειδήσεις

δες επίσης **L34 Expressing surprise**

How wonderful! Τι ωραία!

How awful! Τι τρομερό!

[ανεπίσημο] **Great!** Υπέροχα!

[ανεπίσημο] **Oh no!** Όχι ρε!

[όταν τα νέα δεν είναι καλά αλλά αναμενόμενα] **I might have guessed!** Θα μπορούσα να το είχα προβλέψει!

[όταν τα νέα είναι απρόσμενα] **Well, I never thought I would hear that!** Λοιπόν, ποτέ δεν πίστευα ότι θα μάθαινα κάτι τέτοιο!

[όταν οι πληροφορίες είναι εντελώς καινούριες] **Well, that's news to me!** Ε, αυτό κι αν είναι καινούριο για μένα!

[καθημερινή γλώσσα, εκφράζει έκπληξη] **Well I never!** Ε, όχι!

L41 Talking about the time Μιλώ για την ώρα

δες επίσης **26 Time**

What time is it? Τι ώρα είναι;

Have you got the time please? Έχετε ώρα παρακαλώ;

[όταν δεν είμαστε σίγουροι ότι το ρολόι μας δείχνει τη σωστή ώρα] **What time do you make it?** Τι ώρα έχεις εσύ;

It's five o'clock exactly. Είναι πέντε η ώρα ακριβώς.

It's dead on five o'clock. (Βρετ.) Είναι πέντε ακριβώς.

It's just gone half past three. (Βρετ.) Μόλις έχει περάσει τρεισήμισυ.

It's coming up to six o'clock. Πλησιάζει έξι.

My watch must be slow/fast. Το ρολόι μου πρέπει να πηγαίνει πίσω/μπροστά.

[μια πιο επίσημη εκδοχή του προηγουμένου παραδείγματος] **I'm a bit slow/fast.** Πάω λίγο πίσω/μπροστά.

My watch has stopped. Το ρολόι μου έχει σταματήσει.

L42 Narrating and reporting Αφηγούμαι και αναφέρω

L42.1 Αναφέρω γεγονότα και ανέκδοτα

Have you heard about ...? Έχεις μάθει για ...;

Did I tell you about ...? Σου είπα για ...;

I must tell you about ... Πρέπει να σου πω για ...

[πιο επίσημο] **You'll never guess what's happened! ...** Δε θα μαντεύατε ποτέ το τι έχει συμβεί!...

[πολύ ανεπίσημο] **Guess what? We're getting a new boss!** Μάντεψε τι! Θα έχουμε καινούριο αφεντικό!

[κάτι που έγινε πριν από πολύ καιρό] **I'll always remember the time ... / I'll never forget when ...** Πάντα θα θυμάμαι την εποχή .../Ποτέ δε θα ξεχάσω όταν ...

L42.2 Ανέκδοτα

Have you heard the one about ...? Έχεις ακούσει εκείνο με το ...;

I heard a good joke the other day, ... Άκουσα ένα ωραίο ανέκδοτο τις προάλλες, ...

I heard a good one the other day, ... Άκουσα ένα ωραίο τις προάλλες, ...

Do you want to hear a joke? It's quite clean/It's a bit rude. Θες να ακούσεις ένα ανέκδοτο; Δεν είναι σόκιν/Είναι λίγο χοντρό.

[όταν δε μπορούμε να καταλάβουμε το αστείο σημείο] **I'm sorry, I don't get it.** Συγνώμη, αλλά δεν το έπιασα.

L43 Problems of communication Προβλήματα επικοινωνίας

δες επίσης **114 Understand**

L43.1 Παρεξηγήσεις

I'm sorry, I don't understand. Συγνώμη, δεν καταλαβαίνω.

I think I've misunderstood you. Νομίζω ότι σε παρεξήγησα.

I think we're talking at cross-purposes. (ειδικά Βρετ.) Νομίζω ότι άλλα λέω εγώ και άλλα εσύ.

I don't think we're understanding each other properly. Δε νομίζω ότι πολυκαταλαβαίνουμε ο ένας τον άλλον.

I don't seem to be able to get through to him. Φαίνεται ότι δεν μπορώ να του δώσω να καταλάβει.

[πιο επίσημο ή απρόσωπο] **I think there's been a misunderstanding.** Νομίζω ότι έχει γίνει παρεξήγηση.

[ανεπίσημο] **I think I/you've got the wrong end of the stick.** Νομίζω ότι τα πήρα/πήρες όλα στραβά.

L43.2 Προβλήματα με την ένταση/ ταχύτητα

Could you speak more slowly please? Θα μπορούσατε να μιλάτε πιο αργά παρακαλώ;

Could you slow down a bit please? I find it difficult to follow you. Θα μπορούσατε να μιλάτε λιγάκι πιο αργά σας παρακαλώ; Δυσκολεύομαι να σας παρακολουθήσω.

I didn't catch what you said. Could you repeat it please? Δεν κατάλαβα τι είπατε. Θα μπορούσατε να το επαναλάβετε σας παρακαλώ;

χρήση

Στα Βρετανικά Αγγλικά, η ευγενική απάντηση όταν δεν έχουμε ακούσει κάτι είναι να πούμε απλά **sorry** από το να πούμε **what? What?** είναι αποδεκτό σε ανεπίσημες καταστάσεις ή μεταξύ φίλων. **Pardon?** επίσης χρησιμοποιείται στην καθημερινή γλώσσα αν και μερικοί το θεωρούν ψευτοαριστοκρατικό.

L43.3 Ζητώ βοήθεια

Can you help me? I'm having trouble understanding this notice. Μπορείς να με βοηθήσεις; Δυσκολεύομαι να καταλάβω αυτή την ανακοίνωση.

What does 'liable' mean? Τι σημαίνει η λέξη «υπεύθυνος»;

[όταν θέλουμε να μάθουμε πώς ακριβώς χρησιμοποιεί κάποιος μια λέξη] **What do you mean by 'elderly'?** Τι

εννοείς όταν λες «ηλικιωμένος»;

How do you spell 'yogurt'? Πώς γράφεται η λέξη «γιαούρτι»;

How do you pronounce this word here? Πώς προφέρεις αυτήν εδώ τη λέξη;

How do you stress this word? Πώς τονίζεις αυτή τη λέξη;

Can you explain this phrase for me? Μπορείς να μου εξηγήσεις αυτή τη φράση;

Is there another word for 'amiable'? Υπάρχει καμιά άλλη λέξη αντί για τη λέξη «αξιαγάπητος»;

Could you check my English in this letter please? Θα μπορούσες να ελέγξεις τα Αγγλικά μου σ' αυτό το γράμμα σε παρακαλώ;

[ανεπίσημο] **Oh dear, help me! It's on the tip of my tongue!** Ω, βοήθησέ με! Είναι στην άκρη της γλώσσας μου που θέλω να πω (μα δε μου έρχεται αυτή τη στιγμή).

L43.4 Διορθώνω τον εαυτό μου

'Quickly' is an adjective ... sorry, I mean an adverb. Το «γρήγορα» είναι επίθετο ... συγνώμη, εννοώ επίρρημα.

Sorry, I meant to say 'tempting', not 'tentative'. Συγνώμη, ήθελα να πω «ελκυστικός», όχι «δοκιμαστικός».

Bill ... sorry, Jim rather, is the one you should talk to. Ο Μπιλ ... συγνώμη, ο Τζιμ μάλλον, είναι αυτός στον οποίο θα έπρεπε να μιλήσεις.

[ανεπίσημο] **Tuesday ... no, hang on a minute, I'm getting mixed up ... Wednesday is the day they collect them.** Τρίτη ... όχι, περίμενε ένα λεπτό, τα μπέρδεψα ... Τετάρτη είναι η μέρα που τα μαζεύουν.

[ανεπίσημο] **Oxbridge ... Camford ... sorry, I'll get it right in a minute ... Cambridge is well worth a visit.** Όξμπριτζ ... Κάμφορντ ... συγνώμη, θα μου έρθει το σωστό σε λίγο ...το Καίμπριντζ αξίζει μιαν επίσκεψη.

[διορθώνω ένα λάθος σε ένα κείμενο] **Where it says '5 pm' it should say '5.30 pm'.** Όπου λέει 5 μ.μ. θα έπρεπε να λέει 5.30 μ.μ.

[πιο επίσημο, συχνά σε στυλ γραψίματος] **'Southampton' should have read 'Southport' in the third paragraph.** Το «Σάουθαμπτον» στην τρίτη παράγραφο θα έπρεπε να ήταν/ να είχε γραφτεί «Σάουθπορτ».

[διορθώνω κείμενα] **Where it says 'cheque card', cross out 'cheque' and put 'credit'.** Όπου λέει «κάρτα επιταγών», διάγραψε τη λέξη «επιταγή» και βάλε «πιστωτική».

L44 Written Communications Γραπτές Επικοινωνίες

δες επίσης **340 Communications**

L44.1 Προσωπικά γράμματα: εισαγωγή

Dear Michael, Αγαπητέ Μάικλ,

Thanks for your (last) letter. Ευχαριστώ για το γράμμα σου (το τελευταίο σου γράμμα).

I'm sorry I've been slow in replying. Συγνώμη που άργησα να σου απαντήσω.

[ανεπίσημο] **Just a few lines to let you know that ...** Λίγες γραμμές μόνο, απλά για να σε ενημερώσω ότι ...

[πιο ανεπίσημο] **Just a quick line to say hello.** Δυο γραμμές μόνο για να σου πω γεια σου.

L44.2 Προσωπικά γράμματα: επίλογος

Give my regards to Mary. Δώσε τους χαιρετισμούς μου στη Μαίρη.

I hope to hear from you soon. Ελπίζω να μάθω νέα σου γρήγορα.

[ανεπίσημο] **Well, that's all for now.** Λοιπόν αυτά για την ώρα.

[ανεπίσημο] **Write soon.** Γράψε μου σύντομα.

[για γενική χρήση. Ακούγεται φιλικό αλλά είναι αρκετά επίσημο] **Best wishes, June.** Τις καλύτερες μου ευχές, Τζουν.

[ανεπίσημο, σε ένα φίλο] **All the best, Nick.** Ό,τι το καλύτερο, Νικ.

[σε κάποιον που πρόκειται να συναντήσουμε σύντομα] **Look forward to seeing you soon, David.** Ανυπομονώ να σε δω σύντομα, Ντέιβιντ.

[συχνά χρησιμοποιείται για άτομα που μας αρέσουν ή που αγαπάμε πολύ, αλλά επίσης χρησιμοποιείται με φιλικό τρόπο για κάποιον με τον οποίον είμαστε πολύ φίλοι, π.χ. σε μια κάρτα γενεθλίων για ένα συνάδελφό σου] **Love, Terry.** Με αγάπη, Τέρρυ.

[για το σύζυγο, αγαπημένο ή το αγόρι/κορίτσι μας] **All my love, Ron.** Με όλη μου την αγάπη, Ρον.

P.S. Υ.Γ. (υστερόγραφο)

L44.3 *Εμπορικά γράμματα: εισαγωγή*

[όταν απευθυνόμαστε σε μια επιχείρηση ή σε άλλο ίδρυμα] **Dear Sir/Madam,** Αγαπητέ κύριε/κυρία,

[όταν απευθυνόμαστε σε έναν εκδότη εφημερίδας ή περιοδικού] **Dear Editor,** Αγαπητέ Εκδότη,

χρήση

Πολλοί νομίζουν ότι **Dear Sirs** για επιχείρηση και **Sir** για εκδότη εφημερίδας είναι προκαταλήψεις όσον αφορά το γένος και θα πρέπει επομένως να αποφεύγονται, αν και συχνά χρησιμοποιούνται.

Dear Ms Bool/Mr Carter, Αγαπητή κ. Μπουλ/Αγαπητέ κ. Κάρτερ,

I am writing in connection with ... Σας γράφω σχετικά με ...

Thank you for your letter of (date). Σας ευχαριστώ για το γράμμα σας στις (ημερομηνία).

In reply to your recent letter, ... Προς απάντηση του τελευταίου σας γράμματος, ...

Following your letter of (date), I am now writing to ... Σε απάντηση του γραμμάτος σας της (ημερομηνία), σας γράφω για να ...

[σε ένα γράμμα που είναι απαραίτητο να συστηθούμε πρώτα] **First allow me to introduce myself. I am ...** Αρχικά επιτρέψτε μου να συστηθώ. Είμαι ο/η...

L44.4 *Εμπορικά γράμματα: επίλογος*

I look forward to your reply. Θα περιμένω απάντησή σας.

Thank you for your attention to this matter. Σας ευχαριστώ για την προσοχή σας σε αυτό το θέμα.

I enclose a stamped, addressed envelope. Εσωκλείω έναν φάκελλο με γραμμάτοσημο και τη διεύθυνση.

I attach the receipt. Επισυνάπτω την απόδειξη.

Yours sincerely, Anthony O'Donnell (Mr) Ειλικρινά δικός σας, Άντονυ Οντόννελ (κ.)

[πιο επίσημο ή απρόσωπο] **Yours faithfully, G. Sweeney (Dr)** Μετά τιμής, Γ. Σουίνεϋ (Δρ.)

Yours sincerely χρησιμοποιείται όταν έχει χρησιμοποιηθεί το όνομα του παραλήπτη στην αρχή του γράμματος, και **Yours faithfully** όταν το όνομα ήταν άγνωστο και χρησιμοποιήθηκε μια γενική προσφώνηση όπως **Dear Sir/Madam.**

L44.5 *Αιτήσεις*

In reply to your advertisement in (name of source), I should like to apply for ... Προς απάντηση της αγγελίας σας στο (όνομα εντύπου), θα ήθελα να κάνω αίτηση για ...

Please send me further details and application forms for ... Σας παρακαλώ στείλτε μου περισσότερες πληροφορίες και έντυπα αιτήσεων για ...

I hope you will give my application full consideration. Ελπίζω ότι θα δώσετε στην αίτησή μου όλη σας την προσοχή.

I enclose a curriculum vitae. Εσωκλείω βιογραφικό σημείωμα.

[επίσημο] **Please find enclosed our latest brochure.** Εσωκλείω το τελευταίο μας διαφημιστικό φυλλάδιο.

L44.6 *Συμπληρώνω έντυπα*

Επικεφαλίδες και φράσεις που συνήθως βρίσκονται στα έντυπα:

Please use block capitals. Παρακαλώ γράψτε με κεφαλαία γράμματα.

Please use a ballpoint pen. Παρακαλώ χρησιμοποιήστε στυλό διαρκείας.

Please attach a recent photograph. Παρακαλώ επισυνάψτε μια πρόσφατη φωτογραφία.

Please tick the appropriate box. Παρακαλώ σημειώστε με «χ» στο κατάλληλο τετράγωνο.

Put a cross in the box. Βάλτε έναν σταυρό στο τετράγωνο.

n/a δεν έχει σχέση

First name(s)/forename(s)/Christian name(s) Μικρό όνομα/ επώνυμο/Χριστιανικό όνομα

Surname (ειδικά Βρετ.), **last name** (ειδικά Αμερ.) Επώνυμο

Maiden name Πατρικό όνομα (για παντρεμένη)

Address Διεύθυνση

Tel. (daytime/evening) (home/work) Τηλ. (ημέρα/βράδυ) (σπιτιού/εργασίας)

Occupation/profession Επάγγελμα

Nationality/Ethnicity Εθνικότητα

Age/Date of birth /D.O.B. (Αμερ.) Ηλικία/Ημερομηνία γεννήσεως /Η.Γ.

Place of birth/Birthplace Τόπος γεννήσεως

Marital status (single/married/divorced/widowed) Οικογενειακή κατάσταση (ανύπαντρος/παντρεμένος/ διαζευγμένος/χήρος)

Educational background Σπουδές

Qualifications and experience Προσόντα και πείρα

Proposed duration/length of stay Προτεινόμενη διάρκεια παραμονής

Arrival/departure date Ημερομηνία άφιξης/αναχώρησης

Signature/date Υπογραφή/ημερομηνία

L44.7 *Καρτ–ποστάλ*

Τα καρτ–ποστάλ γράφονται συνήθως εν συντομία, ενώ τα υποκείμενα των ρημάτων συχνά παραλείπονται. Παρακάτω δίνονται μερικές χαρακτηριστικές φράσεις και εκφράσεις που χρησιμοποιούνται σε καρτ–ποστάλ.

Greetings from Edinburgh. Ευχές από το Εδιμβούργο.

Having a lovely time. Περνάω υπέροχα.

Weather excellent/lousy. Ο καιρός είναι θαυμάσιος/ απαίσιος.

This is where we're staying. Αυτό είναι το μέρος που μένουμε.

Wish you were here. Μακάρι να ήσουν εδώ.

Regards to everybody. Χαιρετισμούς σε όλους.

L45 Signs and notices Πινακίδες και ανακοινώσεις

Φράσεις και εκφράσεις που συνήθως χρησιμοποιούνται σε πινακίδες και ανακοινώσεις:

No parking. Απαγορεύεται η στάθμευση.

No entry except for access. (Βρετ.) Απαγορεύεται η είσοδος εκτός για πρόσβαση.

Diversion (Βρετ.), **Detour** (Αμερ.) Παρακαμπτήριος

Max. headroom 16'3" (5m). Μέγιστο ύψος οχήματος (για γέφυρες) 5μ.

No smoking. Απαγορεύεται το κάπνισμα.

Caution. Προσοχή.

Danger. Κίνδυνος.

Trespassers will be prosecuted. Οι διερχόμενοι θα διώκονται ποινικά.

The management does not accept liability for loss or damage. Η διεύθυνση δεν αναλαμβάνει την ευθύνη για κλοπή ή ζημιά.

Cars may be parked here at their owners' risk. Τα αυτοκίνητα μπορούν να σταθμεύονται εδώ με ευθύνη των ιδιοκτητών.

Admission £2.50. OAP's/Senior Citizens £1.50. Είσοδος £2.50. Συνταξιούχοι £1.50.

Closing down sale. Εκπτώσεις λόγω διάλυσης.

Please ring for attention. Χτυπήστε το κουδούνι.

Bed and Breakfast 'Η **B & B** [όπου προσφέρονται διαμονή και πρωινό] πανσιόν

Camping prohibited. Απαγορεύεται η κατασκήνωση.

[στη Βρετανία. Μπαρ που δεν είναι ιδιοκτησία ζυθοποιείου] **Free House** Μπαρ

L46 Using the postal service Χρησιμοποιώ την ταχυδρομική υπηρεσία

δες επίσης **340.2 Communications**

L46.1 Ταχυδρομώ γράμματα

How much is a letter/postcard to Spain? Πόσο κάνει να στείλω ένα γράμμα/μια καρτποστάλ στην Ισπανία;

Can this go airmail/express please? Μπορεί αυτό να πάει αεροπορικώς/εξπρές παρακαλώ;

What's the cheapest way to send this parcel please? Ποιος είναι ο πιο φτηνός τρόπος για να στείλω αυτό το δέμα παρακαλώ;

How soon will it get there? Πόσο σύντομα θα βρίσκεται εκεί;

Where's the nearest postbox/letter-box? Πού βρίσκεται το πιο κοντινό γραμματοκιβώτιο;

Do you have an airmail sticker? Έχετε αυτοκόλλητη ετικέτα που να λέει «αεροπορικώς»;

Στη Μεγάλη Βρετανία, τα γράμματα μπορούν να σταλούν «πρώτη κατηγορία» ή «δεύτερη κατηγορία». Τα γράμματα «δεύτερης κατηγορίας» είναι πιο φτηνά αλλά η αποστολή τους παίρνει μια ή δυο μέρες περισσότερο από τα γράμματα «πρώτης κατηγορίας».

L46.2 Πάνω στους φακέλλους

For the attention of 'Η **F.A.O.** Μέριμνα του

[χρησιμοποιείται όταν ο παραλήπτης δε διαμένει στη διεύθυνση που αποστέλλεται το γράμμα] **c/o** φροντίδα του

Urgent. Επείγον.

Sender. Αποστολέας.

Air mail. Αεροπορικώς.

Surface mail. Απλό ταχυδρομείο (όχι αεροπορικό).

Printed matter. Έντυπα.

Handle with care. Χειριστείτε το με προσοχή.

Do not bend. Μην λυγίζετε το φάκελλο.

First/second class. Πρώτη/δεύτερη κατηγορία.

[όταν δεν είμαστε σίγουροι αν κάποιος βρίσκεται στη διεύθυνση που έχουμε γράψει στο φάκελλο] **Or please forward.** Ή παρακαλώ διαβιβάστε.

Not known at this address. Άγνωστος σε αυτή τη διεύθυνση.

Return to sender. Να επιστραφεί στον αποστολέα.

L47 Telephoning Τηλεφωνώ

δες επίσης **340.3 Communications**

Hello, can I speak to Clare? Γεια σας, μπορώ να μιλήσω στην Κλαιρ;

Is John there please? Είναι ο Τζων εκεί παρακαλώ;

Hello, who's calling please? Εμπρός, ποιος τηλεφωνεί παρακαλώ;

Can you put me through to Mr Pemberton please? Μπορείτε να με συνδέσετε με τον κύριο Πέμπερτον παρακαλώ;

A: Can I speak to Lindsay? Μπορώ να μιλήσω στη Λίνζυ;

B: Speaking. Η ίδια.

Hold the line please. Κρατείστε τη γραμμή ανοιχτή παρακαλώ.

Could you speak up a little, the line's terrible. Μπορείτε να μιλάτε λίγο πιο δυνατά, η γραμμή είναι πολύ κακή.

We seem to have got a crossed line. Shall I ring you back? Φαίνεται ότι μπλέχτηκαν οι γραμμές. Να σε ξαναπάρω;

She's not here at the moment. Can you ring back later? Δεν είναι εδώ προς το παρόν. Μπορείτε να ξαναπάρετε αργότερα;

Can I leave/take a message? Μπορώ να αφήσω/κρατήσω κάποιο μήνυμα;

My number is 263459, extension 2857, and the code is 0226. Ο αριθμός μου είναι 263459, εσωτερικό 2857, και ο κωδικός αριθμός είναι 0226.

Do you have a carphone or a mobile phone? Έχεις τηλέφωνο στο αυτοκίνητο ή φορητό τηλέφωνο;

Jill, there's a call for you! Τζιλ, έχεις τηλέφωνο!

Martin, you're wanted on the telephone. Μάρτιν, σε ζητούν στο τηλέφωνο.

[ανεπίσημο] **Norma! Phone!** Νόρμα! Τηλέφωνο!

[ανεπίσημο] **Hang on a minute.** Περίμενε ένα λεπτό.

[επανασύνδεση επαφής μετά από τεχνική διακοπή του τηλεφωνήματος] **I'm sorry, we seem to have been cut off.** Συγγνώμη, φαίνεται ότι μας έκοψαν τη γραμμή.

Could you re-connect me please? Θα μπορούσατε να με επανασυνδέσετε παρακαλώ;

L48 Other communications *Άλλες επικοινωνίες*

Can you fax me please? Our fax number is 2536475. Μπορείτε να μου στείλετε φαξ παρακαλώ; Ο αριθμός του δικού μας φαξ είναι 2536475.

Is there somewhere I can send a fax from? Υπάρχει κάποιο μέρος από το οποίο μπορώ να στείλω ένα φαξ;

I'd like to send a telegram. Θα ήθελα να στείλω ένα τηλεγράφημα.

I'll leave a note in your pigeon-hole. Θα σου αφήσω ένα σημείωμα στη θυρίδα σου.

Do you use electronic mail? Χρησιμοποιείς ηλεκτρονικό ταχυδρομείο;

[λιγότερο επίσημο] Are you on E-mail? What's your number? Έχεις ηλεκτρονικό ταχυδρομείο; Ποιος είναι ο αριθμός σου;

Ευρετήριο αγγλικών λέξεων

Κάθε λέξη στο ευρετήριο ακολουθείται
από τον αριθμό της κατηγορίας ή της
υποκατηγορίας στην οποία ανήκει. Το
σύμβολο ☆ σημαίνει ότι οι λέξεις
παρουσιάζονται επίσης σε εικονογράφηση
και το σύμβολο □ ότι οι λέξεις αυτές
παρουσιάζονται σε πίνακα.

alphabetical /ˌæl·fə'bet·ɪ·kəl/ **362.5**
Alsatian /æl'seɪ·ʃən/ **7.1** ☆
altar /'ɔːl·tər/ **232.5** ☆
alter /'ɔːl·tər/ **58**
alternative /ɔːl'tɜː·nə·tɪv/ **55**
alternatively /ɔːl'tɜː·nə·tɪv·li/ **55**
alto /'æl·təʊ/ **379.5**
aluminium /ˌæl·jə'mɪn·jəm/ **16**
a.m. /ˌeɪ 'em/ **26.1**
amateur /'æm·ə·tər/ **242**
amateurish /'æm·ə·tər·ɪʃ/ **242**
amaze /ə'meɪz/ **118**
amazement /ə'meɪz·mənt/ **118**
amazing /ə'meɪ·zɪŋ/ **118**
ambition /æm'bɪʃ·ən/ **107.2**
amble /'æm·bl̩/ **407.2**
ambulance /'æm·bjə·lənts/ **122**
amethyst /'æm·ə·θɪst/ **15**
ammunition /ˌæm·jə'nɪʃ·ən/ **248.4**
amount /ə'maʊnt/ **41**
amphetamine /æm'fet·ə·miːn, -mɪn/ **172.2**
ample /'æm·pl̩/ **51**
amplifier /'æm·plɪ·faɪ·ər/ **379.9** ☆
amplify /'æm·plɪ·faɪ/ **88.2**
amputate /'æm·pjʊ·teɪt/ **133.1**
amuse /ə'mjuːz/ **424.1**
amusement /ə'mjuːz·mənt/ **424.1**
amusing /ə'mjuː·zɪŋ/ **424.1**
anaemia /ə'niː·mi·ə/ **124.11**
anaesthetic /ˌæn·əs'θet·ɪk/ **122.1**
anaesthetist /ə'niːs·θə·tɪst/ **122.1**
anaesthetize /ə'niːs·θə·taɪz/ **122.1**
analyse /'æn·əl·aɪz/ **113.1**
analysis /ə'næl·ə·sɪs/ **113.1**
anarchism /'æn·ə·kɪ·zəm/ **227.5**
anarchist /'æn·ə·kɪst/ **227.5**
anarchy /'æn·ə·ki/ **227.5**
ancestor /'æn·ses·tər/ **138.7**
anchor /'æŋ·kər/ **312.4**
ancient /'eɪn·tʃənt/ **200.2**
anecdote /'æn·ɪk·dəʊt/ **342.3**
angel /'eɪn·dʒəl/
  good **217.2**
  religion **232.3**
anger /'æŋ·gər/ **450**
Anglicanism /'æŋ·glɪ·kən·ɪ·zəm/ **232.2**
angry /'æŋ·gri/ **450**
aniseed /'æn·ɪ·siːd/ **157.3**
ankle /'æŋ·kl̩/ **86**
anniversary /ˌæn·ɪ'vɜː·sər·i/ **195.1**
announce /ə'naʊnts/
  speak **341.4**
  tell **342**
announcement /ə'naʊnts·mənt/
  speak **341.4**
  tell **342**
announcer /ə'naʊnts·ər/ **342**
annoy /ə'nɔɪ/ **450**
annoyance /ə'nɔɪ·ənts/ **450**
annoyed /ə'nɔɪd/ **450**
annoying /ə'nɔɪ·ɪŋ/ **450**
annual /'æn·ju·əl/
  calendar and seasons **25.4**
  book **367.3**
anonymous /ə'nɒn·ɪ·məs/ **137.3**
anorak /'æn·ə·ræk/ **190.10**
anorexic /ˌæn·ə'rek·sɪk/ **49**
answer /'ɑːnt·sər/
  maths **297.2**
  answer **352**
ant /ænt/ **5**
antelope /'æn·tɪ·ləʊp/ **1**
anthill /'ænt·hɪl/ **5**
antibiotic /ˌæn·ti·baɪ'ɒt·ɪk/ **126.5**
anticipate /æn'tɪs·ɪ·peɪt/ **109.1**
anticipation /æn,tɪs·ɪ'peɪ·ʃən/ **109.1**

anticlockwise /ˌæn·ti'klɒk·waɪz/ **318.2**
antiquated /'æn·tɪ·kweɪ·tɪd/ **203**
antique /æn'tiːk/ **200.2**
antiseptic /ˌæn·tɪ'sep·tɪk/ **126.5**
antlers /'ænt·ləz/ **1** ☆
anxiety /æŋ'zaɪ·ə·ti/ **255.4**
anxious /'æŋk·ʃəs/ **255.4**
apart /ə'pɑːt/ **295**
apart from /ə'pɑːt frəm/ **437**
apathetic /ˌæp·ə'θet·ɪk/ **283**
ape /eɪp/
  wild animals **1**
  copy **56.1**
aperitif /ə,per·ə'tiːf/ **166.1**
apologetic /ə,pɒl·ə'dʒet·ɪk/ **449.1**
apologize /ə'pɒl·ə·dʒaɪz/ **449.1**
apology /ə'pɒl·ə·dʒi/ **449.1**
apostrophe /ə'pɒs·trə·fi/ **363**
appal /ə'pɔːl/ **446.2**
appalling /ə'pɔː·lɪŋ/
  bad **438.1**
  horror and disgust **446.1**
apparatus /ˌæp·ə'reɪ·təs/ **382.1**
apparent /ə'pær·ənt/ **93**
apparently /ə'pær·ənt·li/ **93**
appeal /ə'piːl/ **351.2**
appear /ə'pɪər/
  seem **37**
  come **321.2**
appearance /ə'pɪə·rənts/
  seem **37**
  come **321.2**
appendicitis /ə,pen·dɪ'saɪ·tɪs/ **124.7**
appendix /ə'pen·dɪks/
  human body **101.2**
  book **367.5**
appetite /'æp·ɪ·taɪt/
  want **72.2**
  eat **164**
applaud /ə'plɔːd/ **376.2**
applause /ə'plɔːz/ **376.2**
apple /'æp·l̩/ **152.1**
applicable /ə'plɪk·ə·bl̩/ **420.2**
application /ˌæp·lɪ'keɪ·ʃən/ **271.7**
apply /ə'plaɪ/
  employment **271.7**
  suitable **420.2**
appoint /ə'pɔɪnt/ **271.7**
appointment /ə'pɔɪnt·mənt/
  doctor **121**
  employment **271.7**
appreciate /ə'priː·ʃi·eɪt/ **428**
appreciation /ə,priː·ʃi'eɪ·ʃən/ **428**
apprehensive /ˌæp·rɪ'hent·sɪv/ **255.4**
approach /ə'prəʊtʃ/ **321.1**
appropriate /ə'prəʊ·pri·ət/ **420.1**
appropriately /ə'prəʊ·pri·ət·li/ **420.1**
approval /ə'pruː·vəl/ **426**
approve /ə'pruːv/ **426**
approximate adj /ə'prɒk·sɪ·mət/ **300.2**
approximate v /ə'prɒk·sɪ·meɪt/ **300.2**
approximately /ə'prɒk·sɪ·mət·li/ **300.2**
apricot /'eɪ·prɪ·kɒt/ **152.1**
April /'eɪ·prəl/ **25.2**
apt /æpt/ **420.1**
aptitude /'æp·tɪ·tjuːd/ **239.2**
Aquarius /ə'kweə·ri·əs/ **28** □
Arabic /'ær·ə·bɪk/ **361.3**
arable /'ær·ə·bl̩/ **173.4**
arch /ɑːtʃ/ **38.2** ☆
archaeology /ˌɑː·ki'ɒl·ə·dʒi/ **233.2**
archaic /ɑː'keɪ·ɪk/ **203**
archbishop /ˌɑːtʃ'bɪʃ·əp/ **232.4**
archer /'ɑː·tʃər/ **394** ☆
archery /'ɑː·tʃər·i/ **394** ☆
architect /'ɑː·kɪ·tekt/ **174.6**

arduous /'ɑː·dju·əs/ **243.1**
area /'eə·ri·ə/
  areas **14**
  size **41**
area code /'eə·ri·ə ˌkəʊd/ **340.3**
argue /'ɑːg·juː/ **346**
argument /'ɑːg·jə·mənt/ **346**
argumentative /ˌɑːg·jə'men·tə·tɪv/ **346.4**
arid /'ær·ɪd/ **22**
Aries /'eə·riːz/ **28** □
arise /ə'raɪz/ **97.1**
aristocracy /ˌær·ɪ'stɒk·rə·si/ **205.1**
arithmetic /ə'rɪθ·mə·tɪk/ **297**
arm /ɑːm/
  human body **86** ☆
  war **248.4**
armchair /'ɑːm·tʃeər/ **180** ☆
armed /ɑːmd/ **248.4**
armour /'ɑː·mər/ **248.4**
armoured /'ɑː·məd/ **248.4**
armpit /'ɑːm·pɪt/ **86**
arms /ɑːmz/ **248.4**
army /'ɑː·mi/ **248.2, 248.3** □
aroma /ə'rəʊ·mə/ **90**
arouse /ə'raʊz/ **257.3**
arrange /ə'reɪndʒ/
  order **65**
  control **228.2**
arrangement /ə'reɪndʒ·mənt/
  order **65**
  control **228.2**
arrest /ə'rest/ **209.2**
arrival /ə'raɪ·vəl/ **321**
arrive /ə'raɪv/ **321**
arrogance /'ær·ə·gənts/ **148.2**
arrogant /'ær·ə·gənt/ **148.2**
arrow /'ær·əʊ/ **394** ☆
arson /'ɑː·sən/ **135.1**
art /ɑːt/ **381**
artery /'ɑː·tər·i/ **101.2**
arthritis /ɑː'θraɪ·tɪs/ **124.9**
artichoke /'ɑː·tɪ·tʃəʊk/ **155.3**
article /'ɑː·tɪ·kl̩/
  thing **305**
  journalism **368.2**
articulate /ɑː'tɪk·jə·lət/ **359.1**
artificial insemination /ˌɑː·tɪ·fɪ·ʃəl ɪn,sem·ɪ'neɪ·ʃən/ **136.2**
artificial respiration /ˌɑː·tɪ·fɪ·ʃəl ,res·pə'reɪ·ʃən/ **126.6**
artillery /ɑː'tɪl·ər·i/ **248.4**
artist /'ɑː·tɪst/ **381.1**
arts /ɑːts/ **233.2**
asbestos /æs'bes·tɒs/ **304**
ascend /ə'send/ **413**
ascent /ə'sent/ **413**
ash /æʃ/
  trees **12.1**
  burn **135**
  smoking **171**
ashamed /ə'ʃeɪmd/ **449.1**
ashes /'æʃ·ɪz/ **135**
ashore /ə'ʃɔːr/ **13.5**
ashtray /'æʃ·treɪ/ **171**
ask /ɑːsk/ **351**
asleep /ə'sliːp/ **182**
asparagus /ə'spær·ə·gəs/ **155.1**
aspirin /'æs·pər·ɪn/ **126.5**
ass /æs/
  wild animals **1.1** □
  farm animals **6**
assassinate /ə'sæs·ɪ·neɪt/ **198.1**
assemble /ə'sem·bl̩/
  group **207.2**
  make **293.1**
assembly /ə'sem·bli/ **207.1**

booze /buːz/ **166.1**
border /'bɔː·dəʳ/ **53.1**
border on **53.1**
bore /bɔːʳ/ **119**
boring /'bɔː·rɪŋ/ **119**
borrow /'bɒr·əʊ/ **261**
borrower /'bɒr·əʊ·əʳ/ **261**
borrowing /'bɒr·əʊ·ɪŋ/ **261**
boss /bɒs/
  control **228.3**
  employment **271.4**
bossy /'bɒs·i/ **228.3**
botany /'bɒt·ᵊn·i/ **233.3**
botch /bɒtʃ/ **242.1**
bother /'bɒð·əʳ/
  problem **244.1**
  try **276**
bottle /'bɒt·l̩/
  babies **136.4**
  containers **331.2**
bottom /'bɒt·əm/ **66** ☆
boulder /'bəʊl·dəʳ/ **13.3**
bounce /baʊnts/ **410**
boundary /'baʊn·dᵊr·i/ **53.1**
bow v /baʊ/
  body positions **97.4**
bow n /bəʊ/
  accessories **192.4**
  music **379.4**
  target sports **394** ☆
bowel /baʊəl/ **101.2**
bowl /bəʊl/ **389.3**
bowler /'bəʊ·ləʳ/ **389.3** ☆
bowls /bəʊlz/ **394**
box /bɒks/
  containers **331.1**
  entertainment **376.2** ☆
boxer /'bɒk·səʳ/ **392.1** ☆
boxing /'bɒk·sɪŋ/ **392.1** ☆
Boxing Day /'bɒk·sɪŋ ˌdeɪ/ **25.3**
boxing glove /'bɒk·sɪŋ ˌɡlʌv/ **392.1** ☆
box office /'bɒks ˌɒf·ɪs/ **376.2**
boy /bɔɪ/ **139.2**
boyfriend /'bɔɪ·frend/ **427.4**
bra /brɑː/ **190.9**
brace /breɪs/ **123**
bracelet /'breɪs·lət/ **192.4** ☆
brackets /'bræk·ɪts/ **363**
braille /breɪl/ **369.3**
brain /breɪn/ **101.2** ☆
brains /breɪnz/ **236.2**
brainwave /'breɪn·weɪv/ **108**
brake /breɪk/
  car **308.1**
  driving **309.1**
bran /bræn/ **156.5**
branch /brɑːntʃ/
  trees **12** ☆
  employment **271.2**
brand /brænd/ **262.7**
brand-new /ˌbrænd'njuː/ **201**
brandy /'bræn·di/ **166.4**
brass /brɑːs/
  metals **16**
  music **379.4** ☆
bravado /brə'vɑː·dəʊ/ **258**
brave /breɪv/ **258**
bravery /'breɪ·vᵊr·i/ **258**
brawl /brɔːl/ **249**
bray /breɪ/ **8.1, 8.2** ☐
brazil nut /brə'zɪl ˌnʌt/ **154**
bread /bred/ **156.1**
bread bin /'bred ˌbɪn/ **169** ☆
break /breɪk/
  illnesses **124.13**
  damage **132.2**
  rest and relaxation **183.1**

wait **286**
break down v **309.3**
breakdown n /'breɪk·daʊn/ **309.3**
breakfast /'brek·fəst/ **162**
breast /brest/
  birds **9** ☆
  human body **86**
breaststroke /'brest·strəʊk/ **391.1**
breath /breθ/ **103**
breathe /briːð/ **103**
breathing /'briː·ðɪŋ/ **103**
breed /briːd/
  sex **199.2**
  sort **306**
breeze /briːz/ **18.3**
bribe /braɪb/ **263.1**
brick /brɪk/
  parts of buildings **176** ☆
  materials **304.1**
bricklayer /'brɪkˌleɪ·əʳ/ **174.6**
bride /braɪd/ **195.3** ☆
bridegroom /'braɪd·ɡruːm/ **195.3** ☆
bridesmaid /'braɪdz·meɪd/ **195.3** ☆
bridge /brɪdʒ/
  dentist **123**
  roads **311** ☆
  ships **312.2**
bridle /'braɪ·dl̩/ **395** ☆
brief /briːf/ **29.2**
briefcase /'briːf·keɪs/ **192.3**
briefs /briːfs/ **190.9**
bright /braɪt/
  light **24**
  colours **194.1**
  clever **236.2**
brighten /'braɪ·tᵊn/ **24.1**
brilliant /'brɪl·i·ənt/
  clever **236.1**
  good **417.3**
bring /brɪŋ/ **323**
bring about **291**
brisk /brɪsk/ **403**
brittle /'brɪt·l̩/ **100.2**
broad /brɔːd/ **40** ☆
broad bean /ˌbrɔːd 'biːn/ **155.1**
broadcast /'brɔːd·kɑːst/ **378.1**
broadcaster /'brɔːdˌkɑːstəʳ/ **378.1**
broaden /'brɔː·dᵊn/ **46.2**
broccoli /'brɒk·ᵊl·i/ **155.1**
brochure /'brəʊ·ʃə/ **366.1**
broke /brəʊk/ **270.1**
bronchitis /brɒŋ'kaɪ·tɪs/ **124.8**
bronze /brɒnz/ **16**
brooch /brəʊtʃ/ **192.4** ☆
brood /bruːd/ **104.2**
brook /brʊk/ **13.7**
broom /bruːm/ **187.3**
brothel /'brɒθ·ᵊl/ **199.4**
brother /'brʌð·əʳ/ **138.2**
brother-in-law /'brʌð·əʳ·ɪn·lɔː/ **138.4**
brown /braʊn/
  human body **86.3**
  colours **194.3**
bruise /bruːz/ **124.13**
brunette /bru'net/ **86.3**
brush /brʌʃ/ **187.3**
brussels sprout /ˌbrʌs·l̩ spraʊt/ **155.1**
brutal /'bruː·tᵊl/ **225**
bubble bath /'bʌb·l̩ ˌbɑːθ/ **184.1**
bucket /'bʌk·ɪt/ **331.5**
bucket down **18.2**
buckle /'bʌk·l̩/ **191** ☆
bud /bʌd/ **11** ☆
Buddha /'bʊd·ə/ **232.3**
Buddhism /'bʊd·ɪ·zᵊm/ **232.1**
buddy /'bʌd·i/ **434.1**
budgerigar /'bʌdʒ·ᵊr·ɪ·ɡɑːʳ/ **7.3**

budget /'bʌdʒ·ɪt/
  doing business **262.9**
  finance **264.1**
buffalo /'bʌf·ə·ləʊ/ **1** ☆
buffet /'bʊf·eɪ/ **162.3**
bug /bʌɡ/
  insects **5** ☐
  illnesses **124.2**
  computers **296**
buggy /'bʌɡ·i/ **136.4** ☆
build /bɪld/
  human body **86**
  make **293.1**
builder /'bɪl·dəʳ/ **174.6**
building /'bɪl·dɪŋ/
  types of building **174**
  make **293.1**
building society /'bɪl·dɪŋ səˌsaɪə·ti/ **260**
build on **293.1**
bulb /bʌlb/
  plants **11**
  light **24.4** ☆
Bulgarian /bʌl'ɡeə·ri·ən/ **361.1**
bulky /'bʌl·ki/ **42**
bull /bʊl/ **6**
bulldog /'bʊl·dɒɡ/ **7.1** ☆
bullet /'bʊl·ɪt/ **248.4**
bully /'bʊl·i/
  wicked **219.3**
  fear **255.2**
bump /bʌmp/
  shapes **38.5**
  hit **131.3**
bumper /'bʌm·pəʳ/ **308** ☆
bump off **198.1**
bumpy /'bʌm·pi/ **61**
bun /bʌn/ **156.3**
bunch /bʌntʃ/ **207**
bundle /'bʌn·dl̩/ **207**
bungalow /'bʌŋ·ɡəl·əʊ/ **174.1** ☆
bungle /'bʌŋ·ɡl̩/ **242.1**
bunion /'bʌn·jən/ **124.5**
bunker /'bʌŋ·kəʳ/ **389.6**
Bunsen burner /ˌbʌnt·sᵊn 'bɜː·nəʳ/ **233.4** ☆
buoy /bɔɪ/ **312.6**
burden /'bɜː·dᵊn/ **244.1**
burglar /'bɜː·ɡləʳ/ **220.1**
burgle /'bɜː·ɡl̩/ **220**
burial /'ber·i·əl/ **195.4**
burn /bɜːn/ **135**
burp /bɜːp/ **125.4**
burst /bɜːst/ **132.2**
bury /'ber·i/ **195.4**
bus /bʌs/ **315.2** ☆
bus conductor /'bʌs kənˌdʌk·təʳ/ **315.2** ☆
bush /bʊʃ/ **11**
business /'bɪz·nəs/ **262**
businessman /'bɪz·nɪs·mæn/ **262**
businesspeople /'bɪz·nɪsˌpiː·pl̩/ **262**
businesswoman /'bɪz·nɪsˌwʊm·ən/ **262**
bus stop /'bʌs ˌstɒp/ **315.2** ☆
busy /'bɪz·i/ **275**
busybody /'bɪzˌi·bɒd·i/ **246**
butcher /'bʊtʃ·əʳ/
  kill **198.3**
  shops **273** ☐
butter /'bʌt·əʳ/ **158.1**
buttercup /'bʌt·ə·kʌp/ **11**
butter dish /'bʌt·ə ˌdɪʃ/ **170** ☆
butterfingers /'bʌt·əˌfɪŋ·ɡəz/ **400**
butterfly /'bʌt·ə·flaɪ/
  insects **5**
  water sports **391.1**
butter knife /'bʌt·ə ˌnaɪf/ **170** ☆
buttery /'bʌt·ᵊr·i/ **158.1**

buttocks /'bʌt·əks/ **86**
button /'bʌt·ən/ **190.11**
buttonhole /'bʌt·ən·həʊl/ **190.11**
buxom /bʌk·səm/ **48.1**
buy /baɪ/ **263**
buyer /'baɪ·ər/ **263**
by-election /'baɪ·ɪ,lek·ʃən/ **227.3**
bypass /'baɪ·pɑːs/ **311**

cabaret /'kæb·ə·reɪ/ **376.1**
cabbage /'kæb·ɪdʒ/ **155.1**
cabin /'kæb·ɪn/
 ships and boats **312.2**
 aircraft **313**
Cabinet /'kæb·ɪ·nət/ **227** □
cable /'keɪ·bl̩/
 communications **340.1**
 tools **382.3**
cactus /'kæk·təs/ **11**
caddy /'kæd·i/ **389.6**
cafe /'kæf·eɪ/ **163**
cage /keɪdʒ/ **209.6**
cake /keɪk/ **156.3**
calculate /'kæl·kjə·leɪt/ **297.2**
calculation /,kæl·kjə'leɪ·ʃən/ **297.2**
calculator /'kæl·kjə·leɪ·tər/ **297.2**
calendar /'kæl·ɪn·dər/ **25**
calf /kɑːf/
 farm animals **6**
 human body **86**
call /kɔːl/
 name **137.1**
 communications **340.3**
 shout **344**
call off **34.1**
callous /'kæl·əs/ **223**
calm /kɑːm/
 smooth **62**
 calmness *adj* **259**, *vt* **259.1**
calm down **259.1**
calmness /'kɑːm·nəs/ **259**
camel /'kæm·əl/ **1** ☆
camera /'kæm·rə/ **381.4**
camouflage /'kæm·ə·flɑːʒ/ **339**
camp /kæmp/ **380.1**
campaign /kæm'peɪn/ **276**
camping /'kæmp·ɪŋ/ **380.1**
can /kæn/ **331.1**
canal /kə'næl/ **13.7**
cancel /'kæntˌ·səl/ **34.1**
cancellation /,kæntˌ·sə'leɪ·ʃən/ **34.1**
Cancer /'kæntˌ·sər/ **28** □
cancer /'kæntˌ·sər/ **124.12**
candid /'kæn·dɪd/ **213.2**
candidate /'kæn·dɪ·deɪt/ **227.3**
candle /'kæn·dl̩/ **24.4** ☆
candy /'kæn·di/ **161.1**
candy floss /'kæn·di ,flɒs/ **385**
cane /keɪn/ **384** ☆
canine /'keɪ·naɪn/ **7.1**
cannabis /'kæn·ə·bɪs/ **172.3**
cannon /'kæn·ən/ **248.4** ☆
canoe /kə'nuː/ **312.1**
canoeing /kə'nuː·ɪŋ/ **391**
canteen /kæn'tiːn/ **163**
canter /'kæn·tər/ **395**
canvas /'kæn·vəs/
 textiles **193.1**
 arts and crafts **381.2**
canyon /'kæn·jən/ **13.1**
cap /kæp/
 accessories **192.1** ☆
 cover **334.1**
capability /,keɪ·pə'bɪl·ə·ti/ **237**
capable /'keɪ·pə·bl̩/ **237**
capacity /kə'pæs·ə·ti/ **41**

capital /'kæp·ɪ·təl/
 geography and geology **13.5** ☆
 words **362.5**
capital punishment /,kæp·ɪ·təl 'pʌn·ɪʃ·mənt/ **198.2**
Capricorn /'kæp·rɪ·kɔːn/ **28** □
capsule /'kæp·sjuːl/ **126.5**
captain /'kæp·tɪn/
 war **248.3** □
 ships and boats **312.5**
capture /'kæp·tʃər/ **406**
car /kɑːr/ **308**
caravan /'kær·ə·væn/ **315.2**
carbon dioxide /'kɑː·bən daɪ'ɒk·saɪd/ **17**
card /kɑːd/
 materials **304.3**
 communications **340.1**
 games **386.3**
cardboard /'kɑːd·bɔːd/ **304.3**
cardigan /'kɑː·dɪ·gən/ **190.4**
cardinal /'kɑː·dɪ·nəl/ **298** □
care /keər/
 important **74.1**
 careful **301**
career /kə'rɪər/ **271.1**
care for **254**
carefree /'keə·friː/ **183**
careful /'keə·fəl/ **301**
careless /'keə·ləs/ **302**
carelessly /'keə·lə·sli/ **302**
caress /kə'res/ **98.1**
cargo /'kɑː·gəʊ/ **262.6**
carnation /kɑː'neɪ·ʃən/ **11**
carnivore /'kɑː·nɪ·vɔːr/ **1** □
car park /'kɑːr pɑːk/ **309**
carpenter /'kɑː·pən·tər/ **174.6**
carpet /'kɑː·pɪt/ **180** ☆
carriage /'kær·ɪdʒ/ **314**
carrier bag /'kær·i·ər ,bæg/ **273** ☆
carrot /'kær·ət/ **155.2**
carry /'kær·i/ **337**
carrycot /'kær·i·kɒt/ **136.4**
carry on **33**
carry out **287.2**
cart /kɑːt/ **315.1**
carton /'kɑː·tən/ **331.1**
cartoon /kɑː'tuːn/ **381.3**
carve /kɑːv/ **133.3**
carving fork /'kɑː·vɪŋ ,fɔːk/ **170** ☆
carving knife /'kɑː·vɪŋ ,naɪf/ **170** ☆
case /keɪs/ **331.3**
cash /kæʃ/
 bank **260.1**
 money **265**
cashew /'kæʃ·uː/ **154**
cashier /kæʃ'ɪər/ **260.1**
cash on delivery /,kæʃ ɒn dɪ'lɪv·ər·i/ **263.1**
cashpoint /'kæʃ·pɔɪnt/ **260.1**
cash register /'kæʃ ,redʒ·ɪs·tər/ ☆ **273**
casino /kə'siː·nəʊ/ **386.5**
cassette /kə'set/ **379.9**
cassette recorder /kə'set rɪ,kɔː·dər/ **379.9** ☆
cast /kɑːst/ **376.3**
castle /'kɑː·sl̩/
 types of building **174.4**
 games **386.4** ☆
casual /'kæʒ·ju·əl/ **147**
cat /kæt/ **7.2**
catalogue /'kæt·əl·ɒg/ **366.1**
catch /kætʃ/
 hear **87**
 illnesses **124.13** □
 problem **244.2**
 take **375.1**
 leisure activities **380.1**

catch **406**
catcher /'kætʃ·ər/ **389.2**
catch on
 understand **114.1**
 like **426.1**
categorize /'kæt·ə·gər·aɪz/ **306**
category /'kæt·ə·gər·i/ **306**
caterpillar /'kæt·ə·pɪl·ər/ **5** ☆
cathedral /kə'θiː·drəl/ **232.5**
cattle /'kæt·l̩/
 farm animals **6**
 farming **173.7**
cauliflower /'kɒl·ɪ,flaʊər/ **155.3**
cause /kɔːz/ *v* **291** *n* **291.1**
caution /'kɔː·ʃən/ **301**
cautious /'kɔː·ʃəs/ **301**
CD /,siː'diː/ **379.9**
cease /siːs/ **34**
cedar /'siː·dər/ **12.1**
ceiling /'siː·lɪŋ/ **177.5**
celebrate /'sel·ə·breɪt/ **195.1**
celebration /,sel·ə'breɪ·ʃən/ **195.1**
celebrity /sə'leb·rə·ti/ **111**
celery /'sel·ər·i/ **155.4**
celibate /'sel·ə·bət/ **199.6**
cell /sel/
 human body **101.2**
 legal system **209.6**
cellar /'sel·ər/ **177.4**
cello /'tʃel·əʊ/ **379.4**
Celsius /'sel·si·əs/ **307.5** □
cement /sɪ'ment/ **304.1**
cement mixer /sɪ'ment ,mɪks·ər/ **304.1**
cemetery /'sem·ə·tri/ **195.4**
censor /'sentˌ·sər/ **231.1**
censorship /'sentˌ·sə·ʃɪp/ **231.1**
cent /sent/ **265.1** □, **265.2** □
Centigrade /'sen·tɪ·greɪd/ **307.5** □
centime /'sɑ̃n·tiːm/ **265.1** □
centimetre /'sen·tɪ,miː·tər/ **307.1** □
central heating /,sen·trəl 'hiː·tɪŋ/ **20.1**
central reservation /,sen·trəl re·zə'veɪ·ʃən/ **311** ☆
centre /'sen·tər/
 position **66** ☆
 politics and government **227.4**
century /'sen·tʃər·i/ **25.4**
cereal /'sɪə·ri·əl/
 baked and dried foods **156.5**
 farming **173.5**
ceremonial /,ser·ɪ'məʊ·ni·əl/ **146**
ceremony /'ser·ɪ·mə·ni/ **146**
certain /'sɜː·tən/
 certain **82**
 particular **84**
certainly /'sɜː·tən·li/ **82**
certainty /'sɜː·tən·ti/ **82**
certificate /sə'tɪf·ɪ·kət/ **366.1**
chain /tʃeɪn/ **382.4**
chair /tʃeər/
 living room **180** ☆
 organization **206.1**
 doing business **262.10**
chairperson /'tʃeə·pɜː·sən/
 organisation **206.1**
 doing business **262.10**
chalk /tʃɔːk/ **233.1** ☆
challenge /'tʃæl·əndʒ/ **346.2**
chamber music /'tʃeɪm·bər ,mjuː·zɪk/ **379.1**
champion /'tʃæm·pi·ən/ **396.1**
chance /tʃɑːns/
 possible **78.1**
 luck **387**
chancellor /'tʃɑːntˌ·səl·ər/ **227** □
chancy /'tʃɑːntˌ·si/ **252**
change /tʃeɪndʒ/

delicate /'del·ɪ·kət/ **402.1**
delicatessen /,del·ɪ·kə'tes·ən/ **273** □
delicious /dɪ'lɪʃ·əs/ **157.6**
delighted /dɪ'laɪ·tɪd/ **422.2**
delight in **428**
delirious /dɪ'lɪə·ri·əs/ **129.2**
deliver /dɪ'lɪv·əʳ/ **323**
delivery /dɪ'lɪv·əʳ·i/ **323**
demand /dɪ'mɑːnd/ **72.3**
demanding /dɪ'mɑːn·dɪŋ/ **243.1**
democracy /dɪ'mɒk·rə·si/ **227.5**
democratic /,dem·ə'kræt·ɪk/ **227.5**
demonstrate /'dem·ən·streɪt/ **92**
demonstration /,dem·ən'streɪ·ʃən/
    show **92.3**
    politics and government **227.6**
demonstrative /dɪ'mɒnʳ·strə·tɪv/ **151.3**
denial /dɪ'naɪ·əl/ **346.1**
dense /dens/ **40** ☆
dent /dent/ **132.3**
dental /'den·təl/ **123**
dental floss /'den·təl ,flɒs/ **184.3**
dental hygienist /,den·təl 'haɪ·dʒiː·nɪst/
    123
dental nurse /'den·təl ,nɜːs/ **123**
dentist /'den·tɪst/ **123**
dentures /'den·tʃəz/ **123**
deny /dɪ'naɪ/ **346.1**
deodorant /di'əʊ·dəʳ·ənt/ **184.1**
depart /dɪ'pɑːt/ **322**
department /dɪ'pɑːt·mənt/ **271.2**
department store /dɪ'pɑːt·mənt ,stɔːʳ/
    273
departure /dɪ'pɑː·tʃəʳ/ **322**
departure lounge /dɪ'pɑː·tʃə ,laʊndʒ/
    313.1
depend /dɪ'pend/ **218.1**
dependable /dɪ'pen·də·bḷ/ **218**
dependant /dɪ'pen·dənt/ **218**
dependence /dɪ'pen·dənts/ **218**
dependent /dɪ'pen·dənt/ **218**
depend on **218.1**
deposit /dɪ'pɒz·ɪt/
    bank **260.1**
    borrowing and lending **261.3**
    put **289**
depot /'dep·əʊ/ **271.2** □
depressed /dɪ'prest/ **447**
depression /dɪ'preʃ·ən/ **447**
depth /depθ/ **40** ☆
deputize /'dep·jə·taɪz/ **57**
deputy /'dep·jə·ti/ **57**
deride /dɪ'raɪd/ **425.1**
descend /dɪ'send/ **412.3**
descendant /dɪ'sen·dənt/ **138.7**
descent /dɪ'sent/ **412.3**
describe /dɪ'skraɪb/ **343**
description /dɪ'skrɪp·ʃən/ **343**
desert n /'dez·ət/
    geography and geology **13.2**
desert v /dɪ'zɜːt/
    go **322.1**
deserted /dɪ'zɜː·tɪd/ **333**
deserve /dɪ'zɜːv/ **268.3**
deserving /dɪ'zɜː·vɪŋ/ **268.3**
design /dɪ'zaɪn/
    shapes **38.3**
    make **293.1**
designer /dɪ'zaɪ·nəʳ/
    clothes **190.13**
    make **293.1**
desirable /dɪ'zaɪə·rə·bḷ/ **72**
desire /dɪ'zaɪəʳ/ **72**
desk /desk/ **233.1** ☆
despair /dɪ'speəʳ/ **447.1**
desperate /'des·pəʳ·ət/ **447.1**
despise /dɪ'spaɪz/

proud **148.2**
hate and dislike **445**
dessert /dɪ'zɜːt/ **162.2**
dessert fork /dɪ'zɜːt ,fɔːk/ **170** ☆
dessert spoon /dɪ'zɜːt,spuːn/ **170** ☆
destination /,des·tɪ'neɪ·ʃən/ **317.2**
destitute /'des·tɪ·tjuːt/ **270**
destroy /dɪ'strɔɪ/ **132.1**
destruction /dɪ'strʌk·ʃən/ **132.1**
detach /dɪ'tætʃ/ **295**
detached /dɪ'tætʃt/
    types of building **174.1** ☆
    separate **295**
detail /'diː·teɪl/ **301.1**
detailed /'diː·teɪld/ **301.1**
detect /dɪ'tekt/ **113**
detective /dɪ'tek·tɪv/ **209.2**
detergent /dɪ'tɜː·dʒənt/ **187.2**
deteriorate /dɪ'tɪə·ri·ə·reɪt/ **441**
deterioration /dɪ,tɪə·ri·ə'reɪ·ʃən/ **441**
determined /dɪ'tɜː·mɪnd/ **107.3**
detest /dɪ'test/ **445**
deuce /djuːs/ **389.5**
Deutschmark /'dɔɪtʃ·mɑːk/ **265.1** □
develop /dɪ'vel·əp/
    change **58**
    arts and crafts **381.4**
development /dɪ'vel·əp·mənt/ **58**
device /dɪ'vaɪs/ **305**
devil /'dev·əl/
    wicked **219.3**
    religion **232.3**
devoted /dɪ'vəʊ·tɪd/ **427.2**
devotion /dɪ'vəʊ·ʃən/ **427.2**
devour /dɪ'vaʊəʳ/ **164.3**
devout /dɪ'vaʊt/ **232.8**
dexterity /dek'ster·ə·ti/ **239.1**
diabetes /,daɪə'biː·tiːz/ **124.12**
diagnose /,daɪəg'nəʊz/ **126.2**
diagnosis /,daɪəg'nəʊ·sɪs/ **126.2**
diagonal /daɪ'æg·ən·əl/ **38.4** ☆
diagram /'daɪə·græm/ **297**
dial /daɪəl/ **340.3**
dialect /'daɪə·lekt/ **341.6**
dialogue /'daɪ·ə·lɒg/ **341.1**
diameter /daɪ'æm·ɪ·təʳ/ **38.1** ☆
diamond /'daɪə·mənd/
    jewels **15**
    ball sports **389.2**
diaphragm /'daɪə·fræm/ **101.2** ☆
diarrhoea /,daɪə'rɪə/ **124.7**
diary /'daɪə·ri/ **367.2**
dice /daɪs/ **386.4**
dictate /dɪk'teɪt/ **341.5**
dictation /dɪk'teɪ·ʃən/ **341.5**
dictatorship /dɪk'teɪ·tə·ʃɪp/ **227.5**
dictionary /'dɪk·ʃən·əʳ·i/ **367.3**
die /daɪ/
    illnesses **124.13** □
    die **197**
diesel /'diː·zəl/ **303.3**
diet /daɪ·ət/ **49.1**
differ /'dɪf·əʳ/ **55**
difference /'dɪf·əʳ·ənts/ **55**
different /'dɪf·əʳ·ənt/ **55**
differentiate /,dɪf·ə'ren·tʃi·eɪt/ **55.1**
difficult /'dɪf·ɪ·kəlt/ **243**
difficulty /'dɪf·ɪ·kəl·ti/ **244**
dig /dɪg/ **384.2**
digest /daɪ'dʒest/ **164.2**
dignified /'dɪg·nɪ·faɪd/ **146**
dignity /'dɪg·nə·ti/ **146**
digs /dɪgz/ **175.2**
dilemma /daɪ'lem·ə/ **244**
dilute /daɪ'luːt/ **21**
dim /dɪm/ **23**
dime /daɪm/ **265.2** □

dimensions /,daɪ'men·tʃənz/ **41**
diminish /dɪ'mɪn·ɪʃ/ **47**
dim-witted /,dɪm'wɪt·ɪd/ **240**
din /dɪn/ **88.1**
dine /daɪn/ **164**
dinghy /'dɪŋ·gi/ **312.1**
dining room /'daɪ·nɪŋ ,rʊm/ **170**
dinner /'dɪn·əʳ/ **162**
dinner jacket /'dɪn·ə ,dʒæk·ɪt/ **190.4**
dinner plate /'dɪn·ə ,pleɪt/ **170** ☆
dip /dɪp/ **21.1**
diploma /dɪ'pləʊ·mə/ **233** □, **233.5**
diplomacy /dɪ'pləʊ·mə·si/ **143.2**
diplomatic /,dɪp·lə'mæt·ɪk/ **143.2**
direct /dɪ'rekt, daɪ-/
    honest **213.2**
    travel **317.2**
direction /dɪ'rek·ʃən/ **318**
directly /dɪ'rekt·li/ **403.2**
director /dɪ'rek·təʳ/ **271.4**
dirt /dɜːt/ **189**
dirty /'dɜː·ti/ **189**
disabled /dɪ'seɪ·bḷd/ **124.3**
disadvantage /,dɪs·əd'vɑːn·tɪdʒ/ **244.2**
disadvantaged /,dɪs·əd'vɑːn·tɪdʒd/
    244.2
disagree /,dɪs·ə'griː/ **346**
disagreement /,dɪs·ə'griː·mənt/ **346**
disappear /,dɪs·ə'pɪəʳ/ **322.2**
disappointed /,dɪs·ə'pɔɪn·tɪd/ **448**
disappointment /,dɪs·ə'pɔɪnt·mənt/ **448**
disapproval /,dɪs·ə'pruː·vəl/ **445**
disapprove /,dɪs·ə'pruːv/ **445**
discard /dɪ'skɑːd/ **70**
discern /dɪ'sɜːn/ **91.4**
discipline /'dɪs·ə·plɪn/ **229**
disco /'dɪs·kəʊ/ **376.6**
discomfort /dɪ'skʌmp·fət/
    symptoms **125.1**
    uncomfortable **440**
disconnect /,dɪs·kə'nekt/ **295**
disconnected /,dɪs·kə'nek·tɪd/ **295**
discount /'dɪs·kaʊnt/ **262.9**
discourteous /dɪ'skɜː·ti·əs/ **144.3**
discover /dɪ'skʌv·əʳ/
    find **95**
    find out **113**
discovery /dɪ'skʌv·əʳ·i/
    find **95**
    find out **113**
discriminate /dɪ'skrɪm·ɪ·neɪt/ **212**
discrimination /dɪ,skrɪm·ɪ'neɪ·ʃən/ **212**
discuss /dɪ'skʌs/ **354**
discussion /dɪ'skʌʃ·ən/ **354**
disease /dɪ'ziːz/ **124.1**
disembark /,dɪs·em'bɑːk/ **312.3**
disgrace /dɪs'greɪs/ **449**
disguise /dɪs'gaɪz/ **339**
disgust /dɪs'gʌst/ n **446** v **446.2**
disgusting /dɪs'gʌs·tɪŋ/ **446.1**
dishcloth /'dɪʃ·klɒθ/ **187.5**
dishonest /dɪ'sɒn·ɪst/ **214**
dishrack /'dɪʃ·ræk/ **169** ☆
dishwasher /'dɪʃ,wɒʃ·əʳ/ **187.5**
disillusion /,dɪs·ɪ'luː·ʒən/ **448**
disintegrate /dɪ'sɪn·tɪ·greɪt/ **132.5**
disinterested /dɪ'sɪn·trə·stɪd/ **211**
disk drive /'dɪsk ,draɪv/ **296** ☆
dislike /dɪ'slaɪk/ **445**
disloyal /,dɪs'lɔɪ·əl/ **214.3**
disloyalty /dɪs'lɔɪəl·ti/ **214.3**
dismiss /dɪ'smɪs/ **271.8**
dismissal /dɪ'smɪs·əl/ **271.8**
disobedient /,dɪs·əʊ'biː·di·ənt/ **219.2**
disobey /,dɪs·əʊ'beɪ/ **219.2**
disorder /dɪ'sɔː·dəʳ/ **64**
display v /dɪ'spleɪ/ **92**

eat /iːt/ **164**
eavesdrop /'iːvz·drɒp/ **87**
eccentric /ek'sen·trɪk/ *adj* **444.4**
   n **444.5**
eccentricity /ˌek·sen'trɪs·ə·ti/ **444.4**
echo /'ek·əʊ/ **356**
economic /ˌek·ə'nɒm·ɪk/ **264.1**
economical /ˌek·ə'nɒm·ɪ·kəl/ **266**
economics /ˌiː·kə'nɒm·ɪks/
   education **233.3**
   finance **264.1**
economy /ɪ'kɒn·ə·mi/ **264.1**
ecstatic /ek'stæt·ɪk/ **422.2**
ECU /'ekuː/ **265.1** □
edge /edʒ/ **53**
edgy /'edʒ·i/ **256.1**
edible /'ed·ɪ·bl̩/ **164.1**
edition /ə'dɪʃ·ən/ **367.7**
editor /'ed·ɪ·tər/ **368.1**
editorial /ˌed·ɪ'tɔː·ri·əl/ **368.2**
educate /'edʒ·ʊ·keɪt/ **234**
educated /'edʒ·ʊ·keɪ·tɪd/ **234**
education /ˌedʒ·ʊ'keɪ·ʃən/ **233**
educational /ˌedʒ·ʊ'keɪ·ʃən·əl/ **233**
eel /iːl/ **10.1**
effect /ɪ'fekt/ **292**
effective /ɪ'fek·tɪv/ **274.2**
efficient /ɪ'fɪʃ·ənt/ **274.2**
effort /'ef·ət/ **276**
effortless /'ef·ət·ləs/ **247**
egg /eg/
   insects **5** ☆
   human body **101.3**
   dairy products **158.1**
egg on **279.1**
eiderdown /'aɪ·də·daʊn/ **181.1**
ejaculate /ɪ'dʒæk·jə·leɪt/ **199.3**
elated /ɪ'leɪ·tɪd/ **422.2**
elbow /'el·bəʊ/ **86**
elder /'el·dər/ **200.1**
elderly /'el·dəl·i/ **200.1**
elect /ɪ'lekt/ **73**
election /ɪ'lek·ʃən/ **227.3**
electric /ɪ'lek·trɪk/ **303.4**
electrical /ɪ'lek·trɪ·kəl/ **303.4**
electric blanket /ɪˌlek·trɪk 'blæŋ·kɪt/
   181.1
electric chair /ɪˌlek·trɪk 'tʃeər/ **198.2**
electrician /ˌel·ɪk'trɪʃ·ən/ **174.6**
electronic /ˌel·ek'trɒn·ɪk/ **303.4**
elegant /'el·ɪ·gənt/ **59**
element /'el·ə·mənt/
   part **52.1**
   education **233.4**
elementary /ˌel·ə'men·tər·i/ **247**
elementary school /ˌel·ə'men·tər·i ˌskuːl/
   233 □
elephant /'el·ə·fənt/ **1** ☆
elf /elf/ **416.1**
elm /elm/ **12.1**
eloquent /'el·ə·kwənt/ **359.1**
elsewhere /ˌels'weər/ **30**
E-mail /'iː·meɪl/ **340.1**
emaciated /ɪ'meɪ·si·eɪt·ɪd/ **49**
embargo /em'bɑː·gəʊ/ **231.1**
embark /em'bɑːk/ **312.3**
embarrass /em'bær·əs/ **449.2**
embarrassment /em'bær·əs·mənt/
   449.2
embellish /em'bel·ɪʃ/ **59.1**
embezzle /em'bez·l̩/ **220**
embrace /em'breɪs/ **336.1**
embroidery /em'brɔɪ·dər·i/ **381.6** ☆
embryo /'em·bri·əʊ/ **136.1**
emerald /'em·ər·əld/ **15**
emerge /ɪ'mɜːdʒ/ **321.2**
emergency /ɪ'mɜː·dʒən·si/ **252.1**

emotion /ɪ'məʊ·ʃən/ **151.1**
emotional /ɪ'məʊ·ʃən·əl/ **151.1**
emotive /ɪ'məʊ·tɪv/ **151.1**
emperor /'em·pər·ər/ **205** □
emphasis /'em·fə·sɪs/ **355**
emphasize /'em·fə·saɪz/ **355**
empire /'em·paɪər/ **14.1**
employ /em'plɔɪ/ **271**
employee /ˌem·plɔɪ'iː/ **271.3**
employer /em'plɔɪ·ər/ **271.4**
employment /em'plɔɪ·mənt/ **271**
empress /'em·prəs/ **205** □
empty /'emp·ti/ **333**
emu /'iː·mjuː/ **9** ☆
enable /ɪ'neɪ·bl̩/ **78.1**
enclose /en'kləʊz/ **53**
enclosure /en'kləʊ·ʒər/ **53**
encore /'ɒŋ·kɔːr/ **356**
encourage /en'kʌr·ɪdʒ/ **279**
encouragement /en'kʌr·ɪdʒ·mənt/ **279**
encouraging /en'kʌr·ɪdʒ·ɪŋ/ **279**
encyclopedia /enˌsaɪ·klə'piː·di·ə/ **367.3**
end /end/ **34**
endanger /en'deɪn·dʒər/ **252**
endeavour /en'dev·ər/ **276**
endorse /en'dɔːs/ **279.2**
endurance /en'djʊə·rənts/ **433**
endure /en'djʊər/ **433**
enemy /'en·ə·mi/ **250**
energetic /ˌen·ə'dʒet·ɪk/ **401.2**
energy /'en·ə·dʒi/ **401**
engage /en'geɪdʒ/ **271.7**
engaged /en'geɪdʒd/ **195.3**
engagement /en'geɪdʒ·mənt/ **195.3**
engine /'en·dʒɪn/ **303.1**
engineer /ˌen·dʒɪ'nɪər/ **303**
engineering /ˌen·dʒɪ'nɪə·rɪŋ/ **303**
English /'ɪŋ·glɪʃ/
   education **233.2**
   language **361.1**
enjoy /ɪn'dʒɔɪ/ **428**
enjoyable /ɪn'dʒɔɪ·ə·bl̩/ **428**
enjoyment /ɪn'dʒɔɪ·mənt/ **428.1**
enlarge /ɪn'lɑːdʒ/ **46** ☆
enlargement /ɪn'lɑːdʒ·mənt/ **46** ☆
enmity /'en·mə·ti/ **250**
enough /ɪ'nʌf/ **51**
enquire /ɪn'kwaɪər/ **351**
enquiry /ɪn'kwaɪə·ri/ **351**
enrage /ɪn'reɪdʒ/ **450.1**
ensure /ɪn'ʃɔːr/ **82.1**
enter /'en·tər/ **369.1**
enterprise /'en·tə·praɪz/ **262.1**
entertain /ˌen·tə'teɪn/ **376**
entertainer /ˌen·tə'teɪ·nər/ **376**
entertainment /ˌen·tə'teɪn·mənt/ **376**
enthusiasm /ɪn'θjuː·zi·æz·əm/ **278**
enthusiast /ɪn'θjuː·ziæst/ **278**
enthusiastic /ɪnˌθjuː·zi'æs·tɪk/ **278**
entice /ɪn'taɪs/ **432**
enticing /ɪn'taɪ·sɪŋ/ **432**
entire /ɪn'taɪər/ **50**
entirety /ɪn'taɪə·rə·ti/ **50**
entitle /ɪn'taɪ·tl̩/
   name **137.1**
   allow **230**
entitlement /ɪn'taɪ·tl̩·mənt/ **230**
entrance /'en·trənts/ **176.1**
entrepreneur /ˌɒn·trə·prə'nɜːr/ **262.1**
entry /'en·tri/ **176.1**
envelope /'en·və·ləʊp/ **340.2** ☆
envious /'en·vi·əs/ **251**
environment /ɪn'vaɪə·rən·mənt/ **14.2**
environmental /ɪnˌvaɪə·rən'men·təl/ **14.2**
envy /'en·vi/ **251**
ephemeral /ɪ'fem·ər·əl/ **29.2**
epidemic /ˌep·ɪ'dem·ɪk/ **124.1**

epilepsy /'ep·ə·lep·si/ **124.12**
epileptic /ˌep·ɪ'lep·tɪk/ **124.12**
episode /'ep·ɪ·səʊd/ **378.1**
equal /'iː·kwəl/ **54.1**
equals /'iː·kwəlz/ **297.1** □
equator /ɪ'kweɪ·tər/ **13.5** ☆
equipment /ɪ'kwɪp·mənt/ **382.1**
equivalent /ɪ'kwɪv·əl·ənt/ **54.1**
era /'ɪə·rə/ **26.2**
erase /ɪ'reɪz/ **371**
eraser /ɪ'reɪ·zər/ **371**
erect /ɪ'rekt/ **289.1**
erode /ɪ'rəʊd/ **132.5**
erosion /ɪ'rəʊ·ʒən/ **132.5**
erotic /ɪ'rɒt·ɪk/ **199.1**
errand /'er·ənd/ **274.3**
error /'er·ər/ **300.1**
escalator /'es·kə·leɪ·tər/ **177.2**
escape /es'keɪp/ **210**
escudo /es'kuː·dəʊ/ **265.1** □
essay /'es·eɪ/ **366.2**
essence /'es·ənts/ **364**
essential /ɪ'sen·tʃəl/ **67**
establish /ɪs'tæb·lɪʃ/ **293.2**
establishment /es'tæb·lɪʃ·mənt/ **293.2**
esteem /es'tiːm/ **431**
estimate *n* /'es·tə·mət/ **109**
estimate *v* /'es·tɪ·meɪt/ **109**
estimation /ˌes·tɪ'meɪ·ʃən/ **106**
euthanasia /ˌjuː·θə'neɪ·zi·ə/ **198**
evade /ɪ'veɪd/ **324**
evasion /ɪ'veɪ·ʒən/ **324**
evasive /ɪ'veɪ·sɪv/ **324**
even /'iː·vən/
   alike **54.1**
   smooth **62.1**
   numbers **298** □
even out
   alike **54.1**
   smooth **62.1**
event /ɪ'vent/ **31.1**
eventual /ɪ'ven·tʃu·əl/ **326**
eventually /ɪ'ven·tʃu·əl·i/ **326**
even up **54.1**
everlasting /ˌev·ə'lɑː·stɪŋ/ **29.1**
everyday /ev·ri'deɪ/ **442**
evidence /'ev·ɪ·dənts/ **209.4**
evident /'ev·ɪ·dənt/ **93**
evidently /'ev·ɪ·dənt·li/ **93**
evil /'iː·vəl/ **219**
exacerbate /ɪg'zæs·ə·beɪt/ **441**
exact /ɪg'zækt/ **299**
exactly /ɪg'zækt·li/ **299**
exaggerate /ɪg'zædʒ·ər·eɪt/ **355**
exaggeration /ɪgˌzædʒ·ər'eɪ·ʃən/ **355**
exam /ɪg'zæm/ **233.5**
examination /ɪgˌzæm·ɪ'neɪ·ʃən/
   see and look **91.3**
   education **233.5**
examine /ɪg'zæm·ɪn/
   see and look **91.3**
   education **233.5**
example /ɪg'zɑːm·pl̩/ **92.4**
excellence /'ek·səl·ənts/ **417.3**
excellent /'ek·səl·ənt/ **417.3**
except /ɪk'sept/ **437**
exception /ɪk'sep·ʃən/ **444.2**
exceptional /ɪk'sep·ʃən·əl/ **444.3**
exceptionally /ɪk'sep·ʃən·əl·i/ **444.3**
excess /ɪk'ses/ **68.1**
excessive /ɪk'ses·ɪv/ **68.1**
exchange /ɪks'tʃeɪndʒ/ **372.3**
excite /ɪk'saɪt/ **257.3**
excited /ɪk'saɪ·tɪd/ **257.1**
excitement /ɪk'saɪt·mənt/ **257**
exciting /ɪk'saɪ·tɪŋ/ **257.2**
exclaim /ɪks'kleɪm/ **341.2**

exclamation /ˌeks·klə'meɪ·ʃən/ **341.2**
exclamation mark /ˌeks·klə'meɪ·ʃən
ˌmɑːk/ **363**
exclude /ɪks'kluːd/ **437**
excluding /ɪks'kluː·dɪŋ/ **437**
exclusion /ɪks'kluː·ʒən/ **437**
excursion /ɪk'skɜː·ʃən/ **317.1**
excuse v /ɪk'skjuːz/ **221.1**
excuse n /ɪk'skjuːs/ **291.1**
execute /'ek·sɪ·kjuːt/ **198.2**
execution /ˌek·sɪ'kjuː·ʃən/ **198.2**
executive /ɪg'zek·jə·tɪv/ **271.4**
exercise /'ek·sə·saɪz/
    sport **388.1**
    gymnasium sports **392**
exercise book /'ek·sə·saɪz ˌbʊk/
    233.1 ☆
exert /ɪg'zɜːt/ **274.1**
exertion /ɪg'zɜː·ʃən/ **274.1**
exhale /ɪks'heɪl/ **103**
exhaust /ɪg'zɔːst/ **182.3**
exhausted /ɪg'zɔːstɪd/ **182.3**
exhaustion /ɪg'zɔːs·tʃən/ **182.3**
exhaust pipe /ɪg'zɔːst ˌpaɪp/ **308** ☆
exhibit /ɪg'zɪb·ɪt/ v **92** n **92.4**
exhibition /ˌek·sɪ'bɪʃ·ən/ **92.3**
exhilaration /ɪgˌzɪl·ər'eɪ·ʃən/ **257**
exile /'eg·zaɪl/ **209.5**
exist /ɪg'zɪst/ **29**
existence /ɪg'zɪs·tənts/ **29**
exit /'eg·zɪt/ **176.1**
exorbitant /ɪg'zɔː·bɪ·tənt/ **267.1**
expand /ɪk'spænd/ **46**
expansion /ɪk'spæn·tʃən/ **46**
expect /ɪk'spekt/ **109**
expectation /ˌek·spek'teɪ·ʃən/ **109**
expedition /ˌek·spə'dɪʃ·ən/ **317.1**
expel /ɪk'spel/ **209.5**
expenditure /ɪk'spen·dɪ·tʃər/ **263.1**
expense /ɪk'spents/ **267**
expenses /ɪk'spentsɪz/ **265.3**
expensive /ɪk'spen·sɪv/ **267**
experience /ɪk'spɪə·ri·ənts/ **110.2**
experienced /ɪk'spɪə·ri·əntst/ **110.2**
experiment /ɪk'sper·ɪ·mənt/ **276.1**
experimental /ɪkˌsper·ɪ'men·təl/ **276.1**
expert /'ek·spɜːt/ **239**
expire /ɪk'spaɪər/ **197**
explain /ɪk'spleɪn/ **343**
explanation /ˌek·splə'neɪ·ʃən/ **343**
explode /ɪk'spləʊd/ **132.2**
exploit /'ɪk·splɔɪt/ **280**
exploration /ˌek·splə'reɪ·ʃən/ **317.1**
explore /ɪk'splɔːr/ **317.1**
explosion /ɪk'spləʊ·ʒən/ **132.2**
export n /'ek·spɔːt/ **262.3**
export v /ɪk'spɔːt/ **262.3**
expose /ɪk'spəʊz/ **335**
exposed /ɪk'spəʊzd/ **335**
express /ɪk'spres/ **341.2**
expression /ɪk'spreʃ·ən/ **341.2**
expulsion /ɪk'spʌl·ʃən/ **209.5**
exquisite /ɪk'skwɪz·ɪt/ **59**
extend /ɪk'stend/ **46**
extension /ɪk'sten·tʃən/ **46**
extensive /ɪk'stent·sɪv/ **42**
extent /ɪk'stent/ **41**
exterior /ɪk'stɪə·ri·ər/ **66** □
exterminate /ɪk'stɜː·mɪ·neɪt/ **198**
external /ɪk'stɜː·nəl/ **66** □
extinct /ɪk'stɪŋkt/ **197.1**
extra /'ek·strə/ **68.1**
extraordinarily /ɪk'strɔː·dɪn·ər·əl·i/ **444.3**
extraordinary /ɪk'strɔː·dən·ər·i/
    surprise **118.2**
    unusual **444.3**
extravagant /ɪk'stræv·ə·gənt/ **69**

eye /aɪ/
    human body **86** ☆
    see and look **91.2**
eyeball /'aɪ·bɔːl/ **86** ☆
eyebrow /'aɪ·braʊ/ **86** ☆
eyelash /'aɪ·læʃ/ **86** ☆
eyelid /'aɪ·lɪd/ **86** ☆
eyeshadow /'aɪ·ʃæd·əʊ/ **192.5**
eyesight /'aɪ·saɪt/ **91.6**
eyesore /'aɪ·sɔːr/ **60**

fabric /'fæb·rɪk/ **193**
fabric conditioner /'fæb·rɪk kən·dɪʃ·ə·nər/
    186
fabulous /'fæb·jə·ləs/ **417.3**
face /feɪs/ **86**
face up to **258**
facilitate /fə'sɪl·ɪ·teɪt/ **247.1**
fact /fækt/ **215**
factory /'fæk·tər·i/ **271.2** □
factual /'fæk·tʃʊəl/ **215**
fade /feɪd/ **23**
faeces /'fiː·siːz/ **102**
fag /fæg/ **171**
Fahrenheit /'fær·ən·haɪt/ **307.5** □
fail /feɪl/ **397**
failure /'feɪ·ljər/ **397**
faint /feɪnt/
    quiet **89**
    symptoms **125.3**
fair /feər/
    human body **86.3**
    fair **211**
fairness /'feə·nəs/ **211**
fairway /'feə·weɪ/ **389.6**
fairy /'feə·ri/ **416.1**
faith /feɪθ/ **232**
faithful /'feɪθ·fəl/ **213.3**
fake /feɪk/ **36**
fall /fɔːl/ **412.1**
fallacy /'fæl·ə·si/ **300.1**
fall back on **218.1**
fall out **346.3**
false /fɔːls/ **216**
false teeth /ˌfɔːls 'tiːθ/ **123**
falsify /'fɔːl·sɪ·faɪ/ **216**
fame /feɪm/ **111**
familiar /fə'mɪl·i·ər/ **110.2**
family /'fæm·əl·i/ **138**
family planning /ˌfæm·əl·i 'plæn·ɪŋ/
    199.5
famine /'fæm·ɪn/ **165**
famished /'fæm·ɪʃt/ **165**
famous /'feɪ·məs/ **111**
fan /fæn/
    accessories **192.4**
    like **426**
fancy /'fæn·si/ **426**
fantastic /fæn'tæs·tɪk/ **417.3**
far /fɑːr/ **320.2**
fare /feər/ **316**
farm /fɑːm/ **173**
farmer /'fɑː·mər/ **173**
farming /'fɑː·mɪŋ/ **173**
farmyard /'fɑːm·jɑːd/ **173**
fart /fɑːt/ **125.4**
fascinate /'fæs·ɪ·neɪt/ **120**
fascinating /'fæs·ɪ·neɪ·tɪŋ/ **120**
fascination /ˌfæs·ɪ'neɪ·ʃən/ **120**
fascism /'fæʃ·ɪ·zəm/ **227.4**
fashion /'fæʃ·ən/ **202.1**
fashionable /'fæʃ·ən·ə·bl/ **202.1**
fast /fɑːst/ **403**
fasten /'fɑː·sən/ **294.1**
fastener /'fɑːs·ən·ər/ **294.1**
fast food /ˌfɑːst 'fuːd/ **161.3**

fat /fæt/
    fat **48**
    meat **159.2**
fatal /'feɪ·təl/ **198.4**
father /'fɑː·ðər/ **138.1**
father-in-law /'fɑː·ðər·ɪn·lɔː/ **138.4**
fatigue /fə'tiːg/ **182.3**
fatten /'fæt·ən/ **48**
fattening /'fæt·ən·ɪŋ/ **48**
fatty /'fæt·i/ **159.2**
fault /fɔːlt/
    cause **291**
    incorrect **300.1**
faultless /'fɔːlt·ləs/ **417.4**
faulty /'fɔːl·ti/ **300.1**
favour /'feɪ·vər/
    encourage **279.2**
    like **426.1**
favourable /'feɪ·vər·ə·bl/ **417.1**
favourite /'feɪ·vər·ɪt/ **426.1**
fax /fæks/
    office **272.1**
    communications **340.1**
fax machine /'fæks mə·ʃiːn/ **340.1**
fear /fɪər/ **255**
fearful /'fɪə·fəl/ **255.1**
fearless /'fɪə·ləs/ **258**
feasibility /ˌfiː·zə'bɪl·ə·ti/ **78**
feasible /'fiː·zə·bl/ **78**
feast /fiːst/ **162.3**
feather /'feð·ər/ **9** ☆
feature /'fiː·tʃər/ **368.2**
features /'fiː·tʃəz/ **86** ☆
February /'feb·ru·ər·i/ **25.2**
fed up /ˌfed 'ʌp/ **447**
fee /fiː/ **263.2**
feeble /'fiː·bl/ **402**
feed /fiːd/ **164**
feel /fiːl/
    touch **98**
    emotion **151.1**
feel for **222**
feel like **72**
feeling /'fiː·lɪŋ/ **151.1**
feline /'fiː·laɪn/ **7.2**
fellow /'fel·əʊ/ **139.5**
felt /felt/ **193.1**
felt tip pen /ˌfelt tɪp 'pen/ **370** ☆
female /'fiː·meɪl/ **141**
feminine /'fem·ɪ·nɪn/ **141**
fence /fents/ **176** ☆
fencing /'fent·sɪŋ/ **392.1**
fern /fɜːn/ **11**
ferocious /fə'rəʊ·ʃəs/ **2**
ferret /'fer·ɪt/ **4** ☆, **4** □
ferry /'fer·i/ **312.1**
fertile /'fɜː·taɪl/ **173.6**
fertilizer /'fɜː·tɪ·laɪ·zər/ **173.6**
fetch /fetʃ/ **323**
fever /'fiː·vər/ **124.1**
feverish /'fiː·vər·ɪʃ/ **124.1**
few /fjuː/ **298.1**
fibreglass /'faɪ·bə·glɑːs/ **304**
fiction /'fɪk·ʃən/
    untrue **216**
    book **367.1**
fictional /'fɪk·ʃən·əl/ **367.1**
fictitious /fɪk'tɪʃ·əs/ **216**
fiddle /'fɪd·l/ **214.1**
fidelity /fɪ'del·ə·ti/ **213.3**
fidget /'fɪdʒ·ɪt/ **411.1**
field /'fiːld/
    farming **173.1**
    sport **388.4**
fielder /'fiːl·dər/ **389.3**
fierce /fɪəs/ **2**
fig /fɪg/ **152.5**

fight /faɪt/ **249**
fighting /'faɪ·tɪŋ/ **249**
figure /'fɪg·ər/
  human body **86**
  numbers **298**
file /faɪl/ **272.1**
filing cabinet /'faɪ·lɪŋ ˌkæb·ɪ·nət/ **272.1**
fill /fɪl/ **332**
filling /fɪl·ɪŋ/ **123**
fill up **310**
  petrol station **310**
  full **332**
film /fɪlm/
  entertainment **376.4**
  arts and crafts **381.4**
filter /'fɪl·tər/ **303.1**
filth /fɪlθ/ **189**
filthy /'fɪl·θi/ **189**
fin /fɪn/ **10.1** ☆
final /'faɪ·nᵊl/ **34.2**
finally /'faɪ·nᵊl·i/ **34.2**
finance /'faɪ·næns/ **264**
financial /faɪ'næn·tʃᵊl/ **264**
finch /fɪntʃ/ **9**
find /faɪnd/ **95**
finding /'faɪn·dɪŋ/ **113**
find out **113**
fine /faɪn/
  weather **18.1**
  thin **49.2**
  cut **133.6**
  legal system **209.5**
  good **417.2**
finely /'faɪn·li/ **133.6**
finger /'fɪŋ·gər/
  human body **86** ☆
  touch **98**
fingernail /'fɪŋ·gə·neɪl/ **86** ☆
finish /'fɪn·ɪʃ/ **34**
Finnish /'fɪn·ɪʃ/ **361.1**
fir /fɜːr/ **12.1**
fire /faɪər/
  hot **20.1**
  burn **135**
  war **248.4**
  employment **271.8**
firearm /'faɪər·ɑːm/ **248.4**
fire brigade /'faɪə brɪˌgeɪd/ **135.2**
fire engine /'faɪər ˌen·dʒɪn/ **135.2**
fire extinguisher /'faɪər ɪkˌstɪŋ·gwɪ·ʃər/ **135.2**
firefighter /'faɪəˌfaɪ·tər/ **135.2**
fireplace /'faɪə·pleɪs/ **180** ☆
firing squad /'faɪə·rɪŋ ˌskwɒd/ **198.2**
firm /fɜːm/
  hard **100**
  strict **229**
  employment **271.2**
firmly /'fɜːm·li/ **100**
first aid /ˌfɜːst 'eɪd/ **126.6**
first class /ˌfɜːst 'klɑːs/ **340.2** □
first course /'fɜːst ˌkɔːs/ **162.2**
first floor /'fɜːst flɔːr/ **176.2** ☆
first name /'fɜːst ˌneɪm/ **137.1**
first-rate /ˌfɜːst'reɪt/ **417.4**
fish /fɪʃ/
  fish and sea animals **10**
  meat **159.3**
fish and chips /ˌfɪʃ ᵊn 'tʃɪps/ **161.3**
fish fork /'fɪʃ fɔːk/ **170** ☆
fishing /'fɪʃ·ɪŋ/ **380.1**
fishing line /'fɪʃ·ɪŋ ˌlaɪn/ **380.1**
fishing rod /'fɪʃ·ɪŋ ˌrɒd/ **380.1**
fish knife /'fɪʃ ˌnaɪf/ **170** ☆
fishmonger /'fɪʃˌmʌŋ·gər/ **273** □
fist /fɪst/ **86** ☆
fit /fɪt/

illnesses **124.12**
  healthy **127**
fitting /'fɪt·ɪŋ/ **420.1**
fix /fɪks/ **383**
fizzy /'fɪz·i/ **166.1**
flair /fleər/ **239.2**
flake /fleɪk/ **132.3**
flame /fleɪm/ **135**
flamingo /flə'mɪŋ·gəʊ/ **9.2**
flannel /'flæn·ᵊl/ **184.1**
flap /flæp/ **415**
flash /flæʃ/
  light **24.3**
  arts and crafts **381.4**
flask /flɑːsk/ **331.2**
flat /flæt/
  smooth **62.1**
  drinks **166.1**
  types of building **174.2**
  music **379.8** ☆
flat out /ˌflæt 'aʊt/ **403.1**
flatten /'flæt·ᵊn/ **39**
flatter /'flæt·ər/ **430**
flaunt /flɔːnt/ **92.1**
flavour /'fleɪ·vər/ **157.1**
flavouring /'fleɪ·vᵊr·ɪŋ/ **157.1**
flea /fliː/ **5**
flee /fliː/ **322.1**
fleet /fliːt/ **248.2**
flesh /fleʃ/ **159.2**
flex /fleks/ **382.3**
flexible /'flek·sɪ·bl̩/ **99.1**
flight /flaɪt/
  aircraft **313.2**
  go **322.1**
flight lieutenant /ˌflaɪt lef'ten·ᵊnt/ **248.3** □
flimsy /'flɪm·zi/ **402.1**
fling /flɪŋ/ **405**
flippant /'flɪp·ᵊnt/ **144.3**
float /fləʊt/ **391.1**
flock /flɒk/ **173.7**
flood /flʌd/ **18.2**
floor /flɔːr/
  parts of buildings **176.2**
  inside buildings **177.5**
floorcloth /'flɔː·klɒθ/ **187.3**
flop /flɒp/ **397**
floppy disk /ˌflɒp·i 'dɪsk/ **296** ☆
florist /'flɒr·ɪst/ **273** □
flour /flaʊər/ **156.2**
flow /fləʊ/ **411.3**
flower /flaʊər/ **11** ☆
flowerbed /'flaʊə·bed/ **384** ☆
flowerpot /'flaʊə·pɒt/ **331.2** ☆
flu /fluː/ **124.6**
fluent /'fluː·ᵊnt/ **359.1**
fluid ounce /ˌfluː·ɪd 'aʊnts/ **307.3**
flush /flʌʃ/ **185.1**
flute /fluːt/ **379.4**
flutter /'flʌt·ər/ **415**
fly /flaɪ/
  insects **5**
  birds **9.1**
  clothes **190.11**
  aircraft **313.2**
foetus /'fiː·təs/ **136.1**
fog /fɒg/ **18.2**
foggy /'fɒg·i/ **18.2**
fold /fəʊld/ **39**
fold in **168.3**
folk /fəʊk/ **139.1**
folk music /'fəʊk ˌmjuː·zɪk/ **379.1**
folks /fəʊks/ **139.1**
folk song /'fəʊk ˌsɒŋ/ **379.1**
follow /'fɒl·əʊ/ **409**
follow suit **56.1**

fondle /'fɒn·dl̩/ **98.1**
fondness /'fɒnd·nəs/ **426**
font /fɒnt/ **232.5** ☆
food /fuːd/ **162.1**
food poisoning /'fuːd ˌpɔɪ·zᵊn·ɪŋ/ **124.7**
food processor /'fuːd ˌprəʊ·ses·ər/ **169** ☆
fool /fuːl/
  dishonest **214.2**
  foolish **241.1**
foolhardy /'fuːlˌhɑː·di/ **302**
foolish /'fuː·lɪʃ/ **241**
foot /fʊt/
  human body **86**
  weights and measures **307.1** □
football /'fʊt·bɔːl/ **389.1**
footnote /'fʊt·nəʊt/ **367.5**
footpath /'fʊt·pɑːθ/ **311.1**
footstep /'fʊt·step/ **407.1**
forbid /fə'bɪd/ **231**
force /fɔːs/ **401**
forceful /'fɔːs·fᵊl/ **401.2**
forcefully /'fɔːs·fᵊl·i/ **401.2**
forecast /'fɔː·kɑːst/ **109.1**
foreground /'fɔː·graʊnd/ **381.3**
forehead /'fɔː·hed/ **86** ☆
foreign /'fɒr·ɪn/ **317.2**
foreigner /'fɒr·ɪ·nər/ **317.2**
foreign secretary /ˌfɒr·ɪn 'sek·rə·tᵊr·i/ **227** □
foreman /'fɔː·mən/ **271.4**
forename /'fɔː·neɪm/ **137.1**
foreplay /'fɔː·pleɪ/ **199.3**
forest /'fɒr·ɪst/ **13.2**
forewoman /'fɔːˌwʊm·ən/ **271.4**
forge /fɔːdʒ/ **56**
forget /fə'get/ **117**
forgetful /fə'get·fᵊl/ **117**
forgive /fə'gɪv/ **221.1**
fork /fɔːk/
  dining room **170** ☆
  gardening **384.1**
form /fɔːm/
  shapes **38**
  shape **39**
  education **233** □
  make **293**
  document **366.1**
formal /'fɔː·mᵊl/ **146**
formality /fɔː'mæl·ə·ti/ **146**
formation /fɔː'meɪ·ʃᵊn/ **293**
formula /'fɔː·mjə·lə/
  system **290**
  maths **297**
fornicate /'fɔː·nɪ·keɪt/ **199.2**
fortify /'fɔː·tɪ·faɪ/ **401.3**
fortnight /'fɔːt·naɪt/ **25.1**
fortunate /'fɔː·tʃᵊn·ət/ **387.1**
fortune /'fɔː·tʃuːn/
  rich **269**
  luck **387**
fortune teller /'fɔː·tʃuːn ˌtel·ər/ **385**
forty winks /ˌfɔː·ti 'wɪŋks/ **182.2**
fossil /'fɒs·ᵊl/ **13.3**
foster /'fɒs·tər/ **136.3**
foul /faʊl/
  sport **388.1**
  ball sports **389.1**
  bad **438.1**
found /faʊnd/ **293.2**
foundation /faʊn'deɪ·ʃᵊn/ **293.2**
fountain pen /'faʊn·tɪn ˌpen/ **370** ☆
fowl /faʊl/ **9**
fox /fɒks/
  wild animals **1, 1.1** □
  small animals **4** □
foyer /'fɔɪ·eɪ/ **177.1**

fraction /'fræk·ʃən/
  small quantity **45.2**
  numbers **298.1** □
fracture /'fræk·tʃəʳ/ **124.13**
fragile /'frædʒ·aɪl/ **402.1**
fragment /'fræg·mənt/ **45.2**
fragmentary /'fræg·mən·təʳ·i/ **45.2**
fragrance /'freɪ·grənʦ/ **90**
frail /freɪl/ **402**
frame /freɪm/ **53**
framework /'freɪm·wɜːk/ **293.2**
franc /fræŋk/ **265.1** □
frank /fræŋk/ **213.2**
frankly /'fræŋk·li/ **213.2**
fraud /frɔːd/ **214.1**
freak /friːk/ **444.1**
free /friː/
  free **210**
  cheap **266**
freebie /'friː·bi/ **266**
freedom /'friː·dəm/ **210**
freeze /friːz/
  cold **19**
  fear **255.3**
freezer /'friː·zəʳ/ **169** ☆
freezing /'friːz·ɪŋ/ **19**
French /frenʧ/ **361.1**
French bean /ˌfrenʧ 'biːn/ **155.1**
French horn /ˌfrenʧ 'hɔːn/ **379.4**
frequent /'friː·kwənt/ **443**
frequently /'friː·kwənt·li/ **443**
fresh /freʃ/ **201**
freshly /'freʃ·li/ **201**
friction /'frɪk·ʃən/
  touch **98.2**
  disagree **346.3**
Friday /'fraɪ·deɪ/ **25.1**
friend /frend/ **434.1**
friendly /'frend·li/ **434.3**
friendship /'frend·ʃɪp/ **434**
fright /fraɪt/ **255**
frighten /'fraɪ·tən/ **255.2**
frightened /'fraɪ·tənd/ **255.1**
frightful /'fraɪt·fəl/ **438.1**
fringe /frɪnʤ/ **190.12**
fritter away /ˌfrɪt·əʳ ə'weɪ/ **69**
frog /frɒg/ **4**
front /frʌnt/ **66** ☆
front garden /ˌfrʌnt 'gaː·dən/ **176** ☆
frontier /frʌn'tɪəʳ/ **53.1**
frost /frɒst/ **18.4**
frown /fraʊn/ **450.3**
frozen /'frəʊ·zən/ **19**
fruit /fruːt/ **152**
fruitful /'fruːt·fəl/ **396**
fry /fraɪ/ **168.1**
frying pan /'fraɪ·ɪŋ pæn/ **169** ☆
fuck /fʌk/ **199.2**
fuel /'fjuː·əl/ **303.3**
fulfil /fʊl'fɪl/ **429**
fulfilment /fʊl'fɪl·mənt/ **429**
full /fʊl/ **332**
full stop /ˌfʊl 'stɒp/ **363**
full up /ˌfʊl 'ʌp/ **332**
full-time /ˌfʊl'taɪm/ **271.5**
fumble /'fʌm·bl̩/ **242.1**
fun /fʌn/ **428.1**
fund /fʌnd/ **265**
fundamental /ˌfʌn·də'men·təl/ **75**
fundamentally /ˌfʌn·də'men·təl·i/ **75**
funds /fʌndz/ **265**
funeral /'fjuː·nəʳ·əl/ **195.4**
funfair /'fʌn·feəʳ/ **385**
funnel /'fʌn·əl/ **303.1**
funny /'fʌn·i/
  funny **424.2**
  unusual **444.1**

furious /'fjʊə·ri·əs/ **450.1**
furnish /'fɜː·nɪʃ/ **177.5**
furniture /'fɜː·nɪ·tʃəʳ/ **177.5**
further education /ˌfɜːðəʳ edʒ·ʊ'keɪ·ʃən/ **233** □
fury /'fjʊə·ri/ **450.1**
fuse /fjuːz/ **303.1**
fuse-box /'fjuːz·bɒks/ **303.1**
fuss /fʌs/ **450.2**
fussy /'fʌs·i/ **301.1**
futile /'fjuː·taɪl/ **282**
future /'fjuː·tʃəʳ/ n **26.2** adj **26.3**

gadget /'gædʒ·ɪt/ **382.1**
gain /geɪn/ **373.1**
gait /geɪt/ **407.1**
gale /geɪl/ **18.3**
gallery /'gæl·əʳ·i/ **92.3**
gallon /'gæl·ən/ **307.3** □
gallop /'gæl·əp/
  equestrian sports **395**
  run **408**
galore /gə'lɔːʳ/ **43.2**
gamble /'gæm·bl̩/ **386.5**
game /geɪm/
  wild animals **1** □
  meat **159.3**
  games **386**
  sport **388.3**
  ball sports **389.5**
gammon /'gæm·ən/ **159.1**
gang /gæŋ/ **207.1**
gangway /'gæŋ·weɪ/ **311.1**
gap /gæp/ **134**
gaping /'geɪ·pɪŋ/ **179**
garage /'gær·ɑːʒ/
  parts of buildings **176** ☆
  petrol station **310**
garden /'gaː·dən/ n **384** ☆ v **384.2**
garden centre /ˌgaː·dən 'sen·təʳ/ **273** □
gardener /'gaː·dən·əʳ/ **384.2**
gardening /'gaː·dən·ɪŋ/ **384**
garlic /'gaː·lɪk/ **155.3**
gas /gæs/
  gases **17**
  machinery **303.3**
gas chamber /'gæs ˌtʃeɪm·bəʳ/ **198.2**
gash /gæʃ/ **133.2**
gasp /gaːsp/ **103.1**
gate /geɪt/ **176** ☆
gatepost /'geɪt·pəʊst/ **176** ☆
gateway /'geɪt·weɪ/ **176.1**
gather /'gæð·əʳ/
  believe **105.1**
  group **207.2**
gauche /gəʊʃ/ **400**
gaudy /'gɔː·di/ **194.1**
gaunt /gɔːnt/ **49**
gawp /gɔːp/ **91.2**
gay /geɪ/ **199.6**
gaze /geɪz/ **91.2**
gear /gɪəʳ/ **382.1**
gear lever /'gɪə ˌliː·vəʳ/ **308.1**
gem /dʒem/ **15**
Gemini /'dʒem·ɪ·naɪ/ **28** □
gender /'dʒen·dəʳ/ **199**
general /'dʒen·əʳ·əl/
  general **85**
  war **248.3** □
  incorrect **300.2**
general anaesthetic /ˌdʒen·əʳ·əl ˌæn·əs'θet·ɪk/ **122.1**
generalize /'dʒen·əʳ·əl·aɪz/ **85**
generally /'dʒen·əʳ·əl·i/ **85**
generation /ˌdʒen·ə'reɪ·ʃən/ **138.7**
generous /'dʒen·əʳ·əs/ **224.1**

genitals /'dʒen·ɪ·təlz/ **86**
genius /'dʒiː·ni·əs/ **236.1**
gentle /'dʒen·tl̩/ **3**
gentleman /'dʒen·tl̩·mən/ **139.4**
gentlemanly /'dʒen·tl̩·mən·li/ **139.4**
gently /'dʒent·li/ **3**
gents /dʒents/ **185.1**
genuine /'dʒen·ju·ɪn/
  real **35**
  honest **213.1**
geographer /dʒi'ɒg·rə·fəʳ/ **13**
geography /dʒi'ɒg·rə·fi/
  geography and geology **13**
  education **233.2**
geologist /dʒi'ɒl·ə·dʒɪst/ **13**
geology /dʒi'ɒl·ə·dʒi/ **13**
geometric /ˌdʒiː·əʊ'met·rɪk/ **297**
geometry /dʒi'ɒm·ə·tri/ **297**
gerbil /'dʒɜː·bəl/ **7.3**
germ /dʒɜːm/ **124.2**
German /'dʒɜː·mən/ **361.1**
German measles /ˌdʒɜː·mən 'miː·zl̩z/ **124.10**
gesture /'dʒes·tʃəʳ/ **365**
get /get/ **373**
get across **343**
get out of **324**
get up **97.1**
ghastly /'gaːst·li/ **438.1**
gherkin /'gɜː·kɪn/ **161.2**
ghost /gəʊst/ **416.2**
giant /dʒaɪənt/ **42.1**
gift /gɪft/
  skilful **239.2**
  give **372.1**
gifted /gɪf·tɪd/ **239.2**
gig /gɪg/ **379.6**
giggle /'gɪg·l̩/ **423**
gill /gɪl/
  fish and sea animals **10.1** ☆
gill /dʒɪl/
  weights and measures **307.3** □
gin /dʒɪn/ **166.4**
ginger /'dʒɪn·dʒəʳ/
  human body **86.3**
  flavours **157.3**
  colours **194.3**
giraffe /dʒɪ'raːf/ **1**
girl /gɜːl/ **139.2**
girlfriend /'gɜːl·frend/ **427.4**
girlish /'gɜː·lɪʃ/ **141**
gist /dʒɪst/ **364**
give /gɪv/ **372**
give away
  admit **350.1**
  give **372.1**
give up
  end **34**
  failure **397**
give way **309**
glacier /'glei·si·əʳ/ **13.7**
glad /glæd/ **422.1**
gladden /'glæd·ən/ **422.1**
gladness /'glæd·nəs/ **422.1**
glance /glaːnʦ/ **91.1**
glare /gleəʳ/
  light **24.2**
  angry **450.3**
glass /glaːs/
  dining room **170** ☆
  materials **304**
glasses /'glaː·sɪz/ **91.8**
gleam /gliːm/ **24.2**
glide /glaɪd/ **411.2**
glider /'glaɪ·dəʳ/ **313**
glimmer /'glɪm·əʳ/ **24.3**
glimpse /glɪmps/ **91.1**

glisten /'glɪs·ən/ **24.2**
glitter /'glɪt·ər/ **24.3**
gloom /gluːm/ **23**
gloomy /'gluː·mi/ **23**
glorious /'glɔː·ri·əs/ **77**
glory /'glɔː·ri/
  great **77**
  admire **431.2**
glove /glʌv/ **192.2**
glow /gləʊ/ **24.2**
glue /gluː/ **294.3**
glutton /'glʌt·ən/ **164.4**
gnaw /nɔː/ **164.2**
gnome /nəʊm/ **416.1**
go /gəʊ/ **322**
goad /gəʊd/ **279.1**
goal /gəʊl/
  intend **107.2**
  sport **388.1**
  ball sports **389.1**
goalkeeper /'gəʊl·kiː·pər/ **389.1** ☆
goalposts /'gəʊl·pəʊsts/ **389.1** ☆
goat /gəʊt/ **6**
gobble /'gɒb·l̩/
  birds **9.4**
  eat **164.3**
God /gɒd/ **232.3**
godchild /'gɒd·tʃaɪld/ **195.2**
godfather /'gɒd,fɑː·ðər/ **195.2**
godmother /'gɒd,mʌð·ər/ **195.2**
goggles /'gɒg·l̩z/ **91.8**
gold /gəʊld/ **16**
golden /'gəʊl·dən/ **16**
goldfish /'gəʊld·fɪʃ/ **7.3**
golf /gɒlf/ **389.6**
golf club /'gɒlf ,klʌb/ **389.6**
golf course /'gɒlf ,kɔːs/ **388.4**
good /gʊd/
  good (morally) **217**
  good (quality) **417**
good-for-nothing /'gʊd·fə,nʌθ·ɪŋ/ **283.1**
good-looking /,gʊd'lʊk·ɪŋ/ **59**
goodness /'gʊd·nəs/ **217**
goods /gʊdz/ **262.5**
go off **153**
go on **33**
goose /guːs/ **6.1**
gooseberry /'gʊz·bər·i/ **152.3**
gorge /gɔːdʒ/ **13.1**
gorgeous /'gɔː·dʒəs/ **59**
gorilla /gə'rɪl·ə/ **1**
Gospel /'gɒs·pəl/ **232.7**
gossip /'gɒs·ɪp/ **360**
gossipy /'gɒs·ɪ·pi/ **360**
govern /'gʌv·ən/ **228.4**
government /'gʌv·ən·mənt/ **227**
governor /'gʌv·ən·ər/ **227** □
gown /gaʊn/ **190.5**
grab /græb/ **375.1**
grace /greɪs/ **399**
graceful /'greɪs·fʊl/
  beautiful **59**
  agile **399**
gracious /'greɪ·ʃəs/ **143.1**
grade /greɪd/
  important **74.2**
  education **233** □
grade school /'greɪd ,skuːl/ **233** □
gradual /'grædʒ·u·əl/ **404**
gradually /'grædʒ·u·əl·i/ **404**
graduate v /'grædʒ·u·eɪt/ **233** □,
233.5
graduate n /'grædʒ·u·ət/ **235.1**
grain /greɪn/
  small quantity **45.2**
  farming **173.5**
gram /græm/ **307.4** □

grammar /'græm·ər/ **362.4**
grammar school /'græm·ə ,skuːl/ **233** □
grammatical /grə'mæt·ɪ·kəl/ **362.4**
gramophone /'græm·ə·fəʊn/ **379.9** ☆
grand /grænd/ **77**
grandad /'græn·dæd/ **138.3**
grandchild /'grænd·tʃaɪld/ **138.3**
granddaughter /'grænd,dɔː·tər/ **138.3**
grandeur /'græn·djʊər/ **77**
grandfather /'grænd,fɑː·ðər/ **138.3**
grandmother /'grænd,mʌð·ər/ **138.3**
grandparent /'grænd,peə·rənt/ **138.3**
grandson /'grænd·sʌn/ **138.3**
granny /'græn·i/ **138.3**
grant /grɑːnt/
  allow **230**
  money **265.3**
grape /greɪp/ **152.1**
grapefruit /'greɪp·fruːt/ **152.2**
graph /grɑːf/ **297**
grasp /grɑːsp/
  understand **114**
  hold **336**
  take **375.1**
grass /grɑːs/ **384** ☆
grasshopper /'grɑːs,hɒp·ər/ **5**
grate /greɪt/
  cooking methods **168.2**
  living room **180** ☆
grateful /'greɪt·fʊl/ **422.1**
grater /'greɪ·tər/ **168.2** ☆
grave /greɪv/
  important **74**
  social customs **195.4**
gravestone /'greɪv·stəʊn/ **195.4**
gravy /'greɪ·vi/ **161.5**
graze /greɪz/ **132.3**
greasy /'griː·si/ **189**
great /greɪt/
  great **77**
  good **417.3**
great- /greɪt/ **138.3**
greed /griːd/ **72.2**
greedy /'griː·di/ **72.2**
Greek /griːk/ **361.1**
Greek Orthodox /,griːk 'ɔːθ·ə·dɒks/
232.2
green /griːn/
  colours **194.3**
  new **201.3**
  ball sports **389.6**
greengrocer /'griːn,grəʊ·sər/ **273** □
greenhouse /'griːn·haʊs/ **384** ☆
greet /griːt/ **196**
greeting /'griː·tɪŋ/ **196**
grey /greɪ/
  human body **86.3**
  colours **194.3**
greyhound /'greɪ·haʊnd/ **7.1** ☆
grief /griːf/ **447.1**
grief-stricken /'griːf,strɪk·ən/ **447.1**
grieve /griːv/ **447.1**
grill /grɪl/
  cooking methods **168.1**
  kitchen **169** ☆
  ask **351.1**
grilling /'grɪl·ɪŋ/ **351.1**
grim /grɪm/ **438.1**
grime /graɪm/ **189**
grimy /'graɪ·mi/ **189**
grin /grɪn/ **423**
grind /graɪnd/
  damage **132.4**
  cut **133.3**
grip /grɪp/ **336**
gripping /'grɪp·ɪŋ/
  interesting **120**

excitement **257.2**
groan /grəʊn/ **345**
grocer /'grəʊ·sər/ **273** □
grocery /'grəʊ·sər·i/ **273** □
groschen /'grɒʃ·ən/ **265.1** □
gross /grəʊs/ **262.9**
grotesque /grəʊ'tesk/ **60**
ground /graʊnd/
  gardening **384.3**
  sport **388.4**
ground floor /,graʊnd 'flɔː/ **176.2** ☆
grounds /graʊndz/ **291.1**
group /gruːp/
  group **207**
  music **379.3**
group captain /,gruːp 'kæp·tɪn/ **248.3** □
grow /grəʊ/
  increase **46**
  farming **173.4**
grower /'grəʊ·ər/ **173.4**
growl /graʊl/ **8.1**, **8.2** □
grown-up /'grəʊn·ʌp/ **139.4**
growth /grəʊθ/ **46**
grub /grʌb/ **162.1**
grubby /'grʌb·i/ **189**
grudge /grʌdʒ/ **251**
grudging /'grʌdʒ·ɪŋ/ **251**
grumble /'grʌm·bl̩/ **345**
guarantee /,gær·ən'tiː/
  certain **82.1**
  promise **358**
guard /gɑːd/
  look after **254.1**
  trains **314.2**
guarded /'gɑː·dɪd/ **301**
guess /ges/
  believe **105.2**
  guess **109**
guesswork /'ges·wɜːk/ **109**
guest /gest/ **319**
guest house /'gest ,haʊs/ **317.3**
guffaw /gə'fɔː/ **423**
guidance /'gaɪ·dəns/ **353.1**
guide /gaɪd/ **92.2**
guilder /'gɪl·dər/ **265.1** □
guilt /gɪlt/
  wicked **219.1**
  shame **449.1**
guilty /'gɪl·ti/
  wicked **219.1**
  shame **449.1**
guinea pig /'gɪn·i ,pɪg/ **7.3**
guitar /gɪ'tɑː/ **379.4**
gulf /gʌlf/ **13.5** ☆
gullible /'gʌl·ə·bl̩/ **105.3**
gulp /gʌlp/ **167**
gums /gʌmz/ **86.1**
gun /gʌn/ **248.4**
gust /gʌst/ **18.3**
guts /gʌts/ **258**
gutter /'gʌt·ər/ **176** ☆
guy /gaɪ/ **139.5**
Guy Fawkes Night /'gaɪ fɔːks ,naɪt/ **25.3**
guzzle /'gʌz·l̩/ **164.3**
gym /dʒɪm/ **392**
gymkhana /dʒɪm'kɑː·nə/ **395.1**
gymnastics /dʒɪm'næs·tɪks/ **392**
gym shoes /'dʒɪm ,ʃuːz/ **191** ☆

habit /'hæb·ɪt/ **288**
habitual /hə'bɪtʃ·u·əl/ **288**
hack /hæk/ **133.2**
hacksaw /'hæk·sɔː/ **382.1** ☆
haemophilia /,hiː·mə'fɪl·i·ə/ **124.11**
haggard /'hæg·əd/ **49**
hail /heɪl/ **18.4**

hair /heər/ **86**
hairbrush /'heə·brʌʃ/ **184.2**
haircut /'heə·kʌt/ **184.2**
hairdresser /'heə,dres·ər/ **184.2**
hairdryer /'heə,draɪ·ər/ **184.2**
hairspray /'heə·spreɪ/ **184.2**
hairy /'heə·ri/ **86.2**
half-brother /'hɑːf,brʌð·ər/ **138.5**
half-hearted /hɑːf'hɑːt·ɪd/ **285**
half-sister /'hɑːf,sɪs·tər/ **138.5**
hall /hɔːl/ **177.1**
Halloween /,hæl·əʊ'iːn/ **25.3**
halt /hɒlt/ **34**
halve /hɑːv/ **47**
ham /hæm/ **159.1**
hamburger /'hæm,bɜː·gər/ **161.3**
hammer /'hæm·ər/
 tools **382.1** ☆
 athletics **390.2**
hamper /'hæm·pər/ **245**
hamster /'hæmp·stər/ **7.3**
hand /hænd/
 human body **86**
 help **277**
 give **372**
 games **386.3**
handbag /'hænd·bæg/ **192.3**
handbrake /'hænd·breɪk/ **308.1**
handcart /'hænd·kɑːt/ **315.1** ☆
handful /'hænd·fʊl/ **45.2**
hand grenade /'hænd grə,neɪd/ **248.4** ☆
handicap /'hæn·dɪ·kæp/
 illnesses **124.3**
 problem **244.2**
handicapped /'hæn·dɪ·kæpt/
 illnesses **124.3**
 problem **244.2**
handkerchief /'hæŋ·kə·tʃiːf/ **192.6**
handle /'hæn·dl̩/
 touch **98**
 control **228.2**
 tools **382.1** ☆
hand over **372**
handshake /'hænd·ʃeɪk/ **196**
handsome /'hænd·səm/ **59**
handwriting /'hænd,raɪ·tɪŋ/ **369**
handy /'hæn·di/ **281**
hang /hæŋ/ **198.2**
hang about **286**
hangar /'hæŋ·gər/ **313.1**
hang back **286**
hanggliding /'hæŋ,glaɪ·dɪŋ/ **393.3**
hanging /'hæŋ·ɪŋ/ **198.2**
hang on
 wait **286**
 hold **336**
hang onto **374.2**
hangover /'hæŋ,əʊ·vər/ **166.7**
hankie /'hæŋ·ki/ **192.6**
happen /'hæp·ən/ **31**
happily /'hæp·ɪ·li/ **422**
happiness /'hæp·ɪ·nəs/ **422**
happy /'hæp·i/ **422**
harbour /'hɑː·bər/ **312.4**
hard /hɑːd/
 hard **100**
 difficult **243**
hardback /'hɑːd·bæk/ **367.6**
hard disk /,hɑːd 'dɪsk/ **296**
harden /'hɑː·dən/ **100**
hard-hearted /,hɑːd'hɑː·tɪd/ **223**
hardly /'hɑːd·li/ **444.2**
hard shoulder /,hɑːd 'ʃəʊl·dər/ **311** ☆
hard up /hɑːd 'ʌp/ **270.1**
hardware /'hɑːd·weər/ **296**
hardware store /'hɑːd·weə ,stɔːr/ **273** □
hardy /'hɑː·di/ **401.1**

hare /heər/ **4** □
harm /hɑːm/ **132**
harmful /'hɑːm·fəl/ **132**
harmless /'hɑːm·ləs/ **3**
harmony /'hɑː·mə·ni/
 agree **348.1**
 music **379.2**
harp /hɑːp/ **379.4**
harsh /hɑːʃ/ **229**
harvest /'hɑː·vɪst/ **173.4**
hashish /hæs'iːʃ/ **172.3**
haste /heɪst/ **403.1**
hasty /'heɪ·sti/ **403.1**
hat /hæt/ **192.1** ☆
hatch /hætʃ/ **9.1**
hate /heɪt/ **445**
hatred /'heɪ·trɪd/ **445**
haughty /'hɔː·ti/ **148.2**
haul /hɔːl/ **338**
haunt /hɔːnt/ **416.2**
have /hæv/ **374**
hawk /hɔːk/ **9.3** ☆
hay /heɪ/ **173.5**
haystack /'heɪ·stæk/ **173.5**
hazard /'hæz·əd/ **252**
hazelnut /'heɪ·zəl·nʌt/ **154**
head /hed/
 human body **86**
 control **228.4**
 teach **234.1**
headache /'hed·eɪk/
 illnesses **124.8**
 problem **244**
heading /'hed·ɪŋ/ **366**
headlight /'hed·laɪt/
 light **24.4** ☆
 car **308** ☆
headline /'hed·laɪn/ **368.2**
headmaster /,hed'mɑː·stər/ **234.1**
headmistress /,hed'mɪs·trəs/ **234.1**
headphones /'hed·fəʊnz/ **379.9** ☆
headquarters /,hed'kwɔː·təz/ **206.1**
headscarf /'hed·skɑːf/ **192.2**
headteacher /,hed'tiː·tʃər/ **234.1**
heal /hiːl/ **126.1**
health /helθ/ **127**
health centre /'helθ ,sen·tər/ **121**
health visitor /'helθ ,vɪz·ɪ·tər/ **121**
healthy /'hel·θi/ **127**
heap /hiːp/ **43.1**
hear /hɪər/ **87**
hearing /'hɪə·rɪŋ/ **87**
hearse /hɜːs/ **195.4**
heart /hɑːt/ **101.2** ☆
heart attack /'hɑːt ə,tæk/ **124.11**
heartbroken /'hɑːt,brəʊ·kən/ **447.1**
heartless /'hɑːt·ləs/ **223**
heat /hiːt/ **20**
heater /'hiː·tər/ **20.1**
heather /'heð·ər/ **11**
heating /'hiː·tɪŋ/ **20.1**
heave /hiːv/ **338**
heaven /'hev·ən/ **232.9**
heavenly /'hev·ən·li/ **232.9**
heavy /'hev·i/ **307.4**
hedge /hedʒ/ **173.1**
hedgehog /'hedʒ·hɒg/ **4**
heel /hiːl/
 human body **86**
 shoes **191** ☆
height /haɪt/ **40** ☆
heighten /'haɪ·tən/ **46.2**
heir /eər/ **373.1**
helicopter /'hel·ɪ,kɒp·tər/ **313**
helium /'hiː·li·əm/ **17**
hell /hel/ **232.9**
helmet /'hel·mət/ **192.1** ☆

help /help/ **277**
helper /'hel·pər/ **277**
helpful /'help·fəl/ **277**
helping /'hel·pɪŋ/ **162.1**
helpless /'help·ləs/ **402**
help out **277**
hem /hem/ **190.12**
hen /hen/ **6.1**
herb /hɜːb/ **157.2**
herbivore /'hɜː·bɪ·vɔːr/ **1** □
herd /hɜːd/
 farming **173.7**
 group **207.1**
hereditary /hɪ'red·ɪ·tər·i/ **373.1**
hermit /'hɜː·mɪt/ **435.1**
hero /'hɪə·rəʊ/ **258**
heroic /hɪ'rəʊ·ɪk/ **258**
heroin /'her·əʊ·ɪn/ **172.2**
heron /'her·ən/ **9.2**
hero-worship /'hɪə·rəʊ,wɜː·ʃɪp/ **427.3**
herring /'her·ɪŋ/ **10.1**
hesitate /'hez·ɪ·teɪt/ **286**
hesitation /,hez·ɪ'teɪ·ʃən/ **286**
heterosexual /,het·ər·əʊ'sek·ʃu·əl/ **199.6**
het up /,het'ʌp/ **256.1**
hiccup /'hɪk·ʌp/ **125.4**
hide /haɪd/ **339**
hideous /'hɪd·i·əs/ **60**
hifi /'haɪ·faɪ/ **379.9**
high /haɪ/ **40** ☆
higher education /,haɪ·ər ,edʒ·ʊ'keɪ·ʃən/ **233** □
high jump /'haɪ dʒʌmp/ **390.2**
highly-strung /,haɪ·li'strʌŋ/ **151.3**
Highness /'haɪ·nəs/ **205**
high school /'haɪ ,skuːl/ **233** □
high-speed /,haɪ'spiːd/ **403**
highway /'haɪ·weɪ/ **311**
hijack /'haɪ·dʒæk/ **220.2**
hike /haɪk/ **407.3**
hiking /'haɪ·kɪŋ/ **393.1**
hilarious /hɪ'leə·ri·əs/ **424.2**
hilarity /hɪ'lær·ə·ti/ **424.2**
hill /hɪl/ **13.1**
hillside /'hɪl·saɪd/ **13.1**
hilltop /'hɪl·tɒp/ **13.1**
hinder /'hɪn·dər/ **245**
Hindi /'hɪn·di/ **361.2**
hindrance /'hɪn·drənts/ **245**
Hinduism /'hɪn·duː·ɪ·zəm/ **232.1**
hint /hɪnt/ **364.2**
hip /hɪp/ **86**
hippopotamus /,hɪp·ə'pɒt·ə·məs/ **1**
hire /haɪər/
 doing business **262.4**
 employment **271.7**
hire out **262.4**
hire purchase /haɪər 'pɜːtʃ·əs/ **261.3**
hiss /hɪs/ **8.2**
history /'hɪs·tər·i/ **233.2**
hit /hɪt/
 hit **131**
 gymnasium sports **392.1**
hit-and-run /,hɪt·ən'rʌn/ **309.4**
hitch-hike /'hɪtʃ·haɪk/ **317**
hit upon **95.1**
HIV /,eɪtʃ·aɪ'viː/ **124.12**
hoarse /hɔːs/ **125.4**
hob /hɒb/ **169** ☆
hobble /'hɒb·l̩/ **407.6**
hobby /'hɒb·i/ **380**
hockey /'hɒk·i/ **389.4**
hockey stick /'hɒk·i ,stɪk/ **389.4**
hoe /həʊ/ **384.1**
hold /həʊld/
 hold **336**

laundry **186**
ironing board /'aɪə·nɪŋ ˌbɔːd/ **186**
ironmonger /'aɪən,mʌŋ·gər/ **273** ☐
irregular /ɪ'reg·jə·lər/ **61**
irritate /'ɪr·ɪ·teɪt/ **450**
irritated /'ɪr·ɪ·teɪ·tɪd/ **450**
irritating /'ɪr·ɪ·teɪ·tɪŋ/ **450**
irritation /ˌɪr·ɪ'teɪ·ʃən/ **450**
Islam /'ɪz·lɑːm/ **232.1**
island /'aɪ·lənd/ **13.5** ☆
isolated /'aɪ·sə·leɪ·tɪd/ **435**
issue /'ɪʃ·uː/
  journalism **368**
  give **372.2**
Italian /ɪ'tæl·i·ən/ **361.1**
itch /ɪtʃ/ **125.1**
item /'aɪ·təm/ **305**
ivy /'aɪ·vi/ **11**

jab /dʒæb/ **126.3**
jack /dʒæk/ **386.3** ☆
jacket /'dʒæk·ɪt/
  clothes **190.4**
  book **367.6**
jagged /'dʒæg·ɪd/ **61**
jail /dʒeɪl/ **209.6**
jam /dʒæm/ **160.1**
jam-packed /ˌdʒæm'pækt/ **332**
January /'dʒæn·ju·ər·i/ **25.2**
Japanese /ˌdʒæp·ən'iːz/ **361.2**
jar /dʒɑːr/ **331.2**
jargon /'dʒɑː·gən/ **362.1**
javelin /'dʒæv·lɪn/ **390.2**
jaw /dʒɔː/ **86** ☆
jazz /dʒæz/ **379.1**
jealous /'dʒel·əs/ **251**
jealously /'dʒel·ə·sli/ **251**
jeans /dʒiːnz/ **190.3**
Jehovah /dʒɪ'həʊ·və/ **232.3**
jelly /'dʒel·i/ **160.2**
jeopardize /'dʒep·ə·daɪz/ **252**
jeopardy /'dʒep·ə·di/ **252**
jerk /dʒɜːk/
  foolish **241.1**
  movement **411.1**
Jesus /'dʒiː·zəs/ **232.3**
jet /dʒet/ **313**
jetty /'dʒet·i/ **312.4**
Jew **232.1**
jewel /'dʒuː·əl/ **15**
jewellery /'dʒuː·əl·ri/ **192.4** ☆
jigsaw /'dʒɪg·sɔː/ **386.2**
job /dʒɒb/
  employment **271.1**
  work **274.3**
jockey /'dʒɒk·i/ **395** ☆
jodhpurs /'dʒɒd·pəz/ **395** ☆
jog /dʒɒg/ **390.1**
john /dʒɒn/ **185.1**
join /dʒɔɪn/ **294**
joint /dʒɔɪnt/
  human body **101.2**
  meat **159.2**
  drugs **172.3**
joke /dʒəʊk/ **425**
joker /'dʒəʊ·kər/ **386.3** ☆
jolly /'dʒɒl·i/ **422.3**
jot down **369.1**
journal /'dʒɜː·nəl/ **368**
journalist /'dʒɜː·nəl·ɪst/ **368.1**
journey /'dʒɜː·ni/ **317.1**
joy /dʒɔɪ/ **422**
joyful /'dʒɔɪ·fəl/ **422**
Judaism /'dʒuː·deɪ·ɪ·zəm/ **232.1**
judge /dʒʌdʒ/
  opinion **106.2**

legal system **209.4** ☆
judgment /'dʒʌdʒ·mənt/ **106.2**
judo /'dʒuː·dəʊ/ **392.1**
jug /dʒʌg/ **170** ☆
juggle /'dʒʌg·l̩/ **377** ☆
juggler /'dʒʌg·l̩·ər/ **377** ☆
juice /dʒuːs/ **166.2**
July /dʒʊ'laɪ/ **25.2**
jumble /'dʒʌm·bl̩/ **64**
jumbo jet /ˌdʒʌm·bəʊ 'dʒet/ **313**
jump /dʒʌmp/
  equestrian sports **395.1**
  jump **410**
jump at **278**
jumper /'dʒʌm·pər/ **190.4**
jumpsuit /'dʒʌmp·suːt/ **190.5**
junction /'dʒʌŋk·ʃən/ **311** ☆
June /dʒuːn/ **25.2**
jungle /'dʒʌŋ·gl̩/ **13.2**
junior /'dʒuː·ni·ər/ **439.1**
junior school /'dʒuː·ni·ə ˌskuːl/ **233** ☐
junk /dʒʌŋk/ **71**
junk food /'dʒʌŋk fuːd/ **161.3**
junkie /'dʒʌŋ·ki/ **172.1**
Jupiter /'dʒuː·pɪ·tər/ **27** ☆
juror /'dʒʊə·rər/ **209.4** ☆
jury /'dʒʊə·ri/ **209.4** ☆
jury box /'dʒʊə·ri ˌbɒks/ **209.4** ☆
just /dʒʌst/ **211**
justice /'dʒʌs·tɪs/ **211**
juvenile /'dʒuː·vən·aɪl/ **139.3**

kangaroo /ˌkæŋ·gər'uː/ **1** ☆
karate /kə'rɑː·ti/ **392.1**
keen /kiːn/ **278**
keep /kiːp/
  look after **254**
  have **374.2**
keep fit /ˌkiːp 'fɪt/ **127**
keep-fit /ˌkiːp 'fɪt/ **392**
keepsake /'kiːp·seɪk/ **116.1**
kerb /kɜːb/ **311.1**
ketchup /'ketʃ·ʌp/ **161.5**
kettle /'ket·l̩/ **169** ☆
key /kiː/
  main **75**
  close **178**
  writing materials **370** ☆
  music **379.4**
keyboard /'kiː·bɔːd/ **296**
keyhole /'kiː·həʊl/ **178**
key signature /'kiː ˌsɪg·nə·tʃər/ **379.8** ☆
kick /kɪk/
  hit **131.1**
  excitement **257**
  enjoy **428.1**
kick off **32**
kid /kɪd/
  people **139.2**
  tease **425**
kidnap /'kɪd·næp/ **220.2**
kidney /'kɪd·ni/
  human body **101.2** ☆
  meat **159.4**
kill /kɪl/ **198**
killjoy /'kɪl·dʒɔɪ/ **447.2**
kilogram /'kɪl·əʊ·græm/ **307.4** ☐
kilometre /kɪ'lɒm·ɪ·tər/ **307.1** ☐
kind /kaɪnd/
  kind **224**
  sort **306**
kindergarten /'kɪn·də,gɑː·tən/ **233** ☐
kindly /'kaɪnd·li/ **224**
kindness /'kaɪnd·nəs/ **224**
king /kɪŋ/
  royalty **205** ☐

games **386.3** ☆, **386.4** ☆
kingdom /'kɪŋ·dəm/ **14.1**
kingfisher /'kɪŋ,fɪʃ·ər/ **9.2**
kiosk /'kiː·ɒsk/ **273**
kip /kɪp/ **182.2**
kiss /kɪs/ **196**
kit /kɪt/ **382.1**
kitchen /'kɪtʃ·ən/ **169**
kitten /'kɪt·ən/ **7.2**
kitty /'kɪt·i/ **265**
kiwi fruit /'kiː·wiː ˌfruːt/ **152.4**
knack /næk/ **239.1**
knee /niː/ **86**
kneecap /'niː·kæp/ **101.1** ☆
kneel /niːl/ **97.3**
knickers /'nɪk·əz/ **190.9**
knife /naɪf/
  cut **133.4**
  dining room **170** ☆
knight /naɪt/
  royalty **205.1**
  games **386.4** ☆
knit /nɪt/ **381.6**
knitting /'nɪt·ɪŋ/ **381.6**
knitting needle /'nɪt·ɪŋ ˌniː·dl̩/ **381.6** ☆
knock /nɒk/ **131.3**
knock down **309.4**
knot /nɒt/ **294.2**
know /nəʊ/ **110**
knowledge /'nɒl·ɪdʒ/ **110**
knowledgeable /'nɒl·ɪ·dʒə·bl̩/ **110**
knuckle /'nʌk·l̩/ **86** ☆
koala /kəʊ'ɑː·lə/ **1**
kopeck /'kəʊ·pek/ **265.1** ☐
Koran /kɒr'ɑːn/ **232.7**
Korean /kə'riː·ən/ **361.2**
krona /'krəʊ·nə/ **265.1** ☐
krone /'krəʊ·nə/ **265.1** ☐

label /'leɪ·bəl/ **137**
laboratory /lə'bɒr·ə·tər·i/ **233.4**
labour /'leɪ·bər/
  babies **136.1**
  employment **271.3**
  work **274.1**
labourer /'leɪ·bər·ər/ **271.3**
lace /leɪs/ **193.1**
lad /læd/ **139.2**
ladder /'læd·ər/ **382.2**
ladies /'leɪ·diz/ **185.1**
ladies' room /'leɪ·diz ˌruːm/ **185.1**
lady /'leɪ·di/
  people **139.4**
  royalty **205.1**
ladybird /'leɪ·di·bɜːd/ **5**
ladylike /'leɪ·di·laɪk/ **141**
lager /'lɑː·gər/ **166.5**
laid-back /ˌleɪd'bæk/ **259**
lake /leɪk/ **13.4**
lamb /læm/
  wild animals **1.1** ☐
  meat **159.1**
lame /leɪm/ **124.3**
lamp /læmp/
  light **24.4** ☆
  living room **180** ☆
lamppost /'læmp·pəʊst/ **311** ☆
lampshade /'læmp·ʃeɪd/ **180** ☆
land /lænd/
  aircraft **313.2**
  gardening **384.3**
landing /'læn·dɪŋ/ **177.2** ☆
landlady /'lænd,leɪ·di/ **175.2**
landlord /'lænd·lɔːd/ **175.2**
landscape /'lænd·skeɪp/ **14.1** ☐
lane /leɪn/

roads **311**
sport **388.4**
language /'læŋ·gwɪdʒ/
  education **233.2**
  language **361**
language laboratory /'læŋ·gwɪdʒ lə,bɒr·ə·tᵊr·i/ **233.2**
lanky /'læŋ·ki/ **49**
lap /læp/
  drink **167**
  athletics **390.1**
lapel /lə'pel/ **190.12** ☆
large /lɑːdʒ/ **42**
lark /lɑːk/ **9**
larva /'lɑː·və/ **5** ☆
laser /'leɪ·zər/ **24**
lass /læs/ **139.2**
last /lɑːst/ **34.2**
lastly /'lɑːsᵊ·li/ **34.2**
late /leɪt/
  die **197.1**
  late **326**
lately /'leɪt·li/ **26.3**
laugh /lɑːf/ **423**
laughable /'lɑː·fə·bḷ/ **241.2**
laughter /'lɑːf·tər/ **423**
launder /'lɔːn·dər/ **186**
launderette /,lɔːn·dᵊr'et/ **186**
laundry /'lɔːn·dri/ **186**
lavatory /'læv·ə·tᵊr·i/ **185.1**
law /lɔː/ **208**
lawful /'lɔː·fᵊl/ **208**
lawn /lɔːn/ **384** ☆
lawnmower /'lɔːn,məʊ·ər/ **384** ☆
lawyer /'lɔɪ·ər/ **209.3**
lay /leɪ/
  birds **9.1**
  sex **199.2**
  put **289**
layabout /'leɪ·ə,baʊt/ **283.1**
layby /'leɪ·baɪ/ **311** ☆
layer /leɪər/ **334.1**
lay off **271.8**
laze /leɪz/ **283**
lazy /'leɪ·zi/ **283**
lazybones /'leɪ·zi,bəʊnz/ **283.1**
lead *n* /led/
  metals **16**
lead *v* /liːd/
  control **228.4**
  take **375.4**
lead *n* /liːd/
  tools **382.3**
leader /'liː·dər/ **228.4**
leadership /'liː·də·ʃɪp/ **228.4**
leaf /liːf/
  trees **12** ☆
  book **367.6**
leaflet /'liː·flət/ **366.1**
leak /liːk/ **132.2**
lean /liːn/
  thin **49.2**
  body positions **97.4**
  meat **159.2**
leap /liːp/ **410**
learn /lɜːn/ **235**
learned /'lɜː·nɪd/ **236**
learner /'lɜː·nər/ **32.1**
lease /liːs/
  live **175.2**
  doing business **262.4**
leather /'leð·ər/ **193.1**
leave /liːv/
  rest and relaxation **183.2**
  go **322**
  give **372.4**
leave out **437**

lecture /'lek·tʃər/
  teach **234**
  tell **342.2**
lecturer /'lek·tʃər·ər/ **234.1**
leek /liːk/ **155.3**
left /left/ **318.2**
left-handed /,left'hæn·dɪd/ **369**
left wing /,left 'wɪŋ/ **227.4**
leg /leg/ **86**
legal /'liː·gᵊl/ **208**
legible /'ledʒ·ɪ·bḷ/ **369**
legislate /'ledʒ·ɪ·sleɪt/ **208**
legislation /,ledʒ·ɪ'sleɪ·ʃᵊn/ **208**
legislative /'ledʒ·ɪ·slə·tɪv/ **208**
legless /'leg·ləs/ **166.7**
leisure /'leʒ·ər/ **183.1**
leisurely /'leʒ·ᵊl·i/ **183.1**
lemon /'lem·ən/ **152.2**
lemonade /,lem·ə'neɪd/ **166.2**
lend /lend/ **261**
lender /'len·dər/ **261**
lending /'lend·ɪŋ/ **261**
length /leŋkθ/
  dimensions **40** ☆
  water sports **391.1**
lengthen /'leŋk·θən/ **46.2**
lenient /'liː·ni·ənt/ **221**
lens /lenz/ **381.4**
Leo /'liː·əʊ/ **28** ☐
leopard /'lep·əd/ **1**
leotard /'liː·əʊ·tɑːd/ **190.7**
lesbian /'lez·bi·ən/ **199.6**
lessen /'les·ən/ **47**
lesson /'les·ən/ **235**
let /let/
  allow **230**
  doing business **262.4**
let down **448**
lethal /'liː·θᵊl/ **198.4**
lethargic /lə'θɑː·dʒɪk/ **283**
let off **221.1**
let on **350.1**
letter /'let·ər/
  communications **340.1**
  words **362.5**
letterbox /'let·ə·bɒks/
  parts of buildings **176** ☆
  communications **340.2** ☆
lettuce /'let·ɪs/ **155.4**
leukaemia /luː'kiː·mi·ə/ **124.12**
level /'lev·ᵊl/
  alike **54.1**
  smooth **62.1**
  important **74.2**
level crossing /,lev·ᵊl 'krɒs·ɪŋ/ **311**
level off **62.1**
level out **62.1**
lever /'liː·vər/ **303.1**
liar /'laɪ·ər/ **216**
liberal /'lɪb·ᵊr·ᵊl/ **227.4**
liberate /'lɪb·ᵊr·eɪt/ **210**
liberated /'lɪb·ᵊr·eɪ·tɪd/ **210**
liberty /'lɪb·ə·ti/ **210**
Libra /'liː·brə/ **28** ☐
librarian /laɪ'breə·ri·ən/ **367.8**
library /'laɪ·brᵊr·i/ **367.8**
licence /'laɪ·sᵊnts/ **230**
lick /lɪk/ **164.2**
lid /lɪd/ **334.1**
lie /laɪ/
  body positions **97.2**
  untrue **216**
lie in **182**
lieutenant /lef'ten·ənt/ **248.3** ☐
life /laɪf/ **29**
lifeboat /'laɪf·bəʊt/ **312.6**
lifejacket /'laɪf,dʒæk·ɪt/ **312.6**

lift /lɪft/
  inside buildings **177.2**
  rise **413**
light /laɪt/
  light **24**, **24.1**, **24.4**
  human body **86.3**
  burn **135.1**
  living room **180** ☆
  colours **194.1**
  weights and measures **307.4**
lighten /'laɪ·tᵊn/ **24.1**
lighter /'laɪ·tər/
  burn **135.1**
  smoking **171**
lighthouse /'laɪt·haʊs/ **312.6**
lightning /'laɪt·nɪŋ/ **18.5**
like /laɪk/
  alike **54**
  like **426**
likely /'laɪ·kli/ **80**
likeness /'laɪk·nəs/ **54**
lily /'lɪl·i/ **11**
limb /lɪm/ **86**
lime /laɪm/ **152.2**
limit /'lɪm·ɪt/
  edge **53**
  control **228.5**
limitation /,lɪm·ɪ'teɪ·ʃᵊn/ **228.5**
limited /'lɪm·ɪ·tɪd/
  edge **53**
  control **228.5**
limp /lɪmp/
  soft **99**
  walk **407.6**
line /laɪn/
  trains **314.1**
  leisure activities **380.1**
linen /'lɪn·ɪn/ **193.1**
liner /'laɪ·nər/ **312.1**
line up **286**
linger /'lɪŋ·gər/ **286**
linguist /'lɪŋ·gwɪst/ **233.2**
linguistics /lɪŋ'gwɪs·tɪks/ **233.2**
link /lɪŋk/ **294**
link up **294**
lion /laɪən/ **1** ☆
lion tamer /'laɪən ,teɪ·mə/ **377** ☆
lip /lɪp/ **86** ☆
lipstick /'lɪp·stɪk/ **192.5**
liqueur /lɪ'kjʊər/ **166.1**
liquid /'lɪk·wɪd/ **21**
lira /'lɪə·rə/ **265.1** ☐
lisp /lɪsp/ **341.7**
list /lɪst/ **366**
listen /'lɪs·ən/ **87**
listener /'lɪs·ən·ər/ **87**
literal /'lɪt·ᵊr·ᵊl/ **299**
literally /'lɪt·ᵊr·ᵊl·i/ **299**
literary /'lɪt·ᵊr·ᵊr·i/ **367.4**
literate /'lɪt·ᵊr·ət/ **367.8**
literature /'lɪt·ᵊr·ə·tʃər/ **367.4**
lithe /laɪð/
  soft **99.1**
  agile **399**
litre /'liː·tər/ **307.3** ☐
litter /'lɪt·ər/ **71**
little /'lɪt·ḷ/
  small **44**
  small quantity **45.2**
live *v* /lɪv/
  be **29**
  live **175**
live *adj* /laɪv/
  be **29**
lively /'laɪv·li/ **401.2**
liver /'lɪv·ər/
  human body **101.2** ☆

meat **159.4**
livid /'lɪv·ɪd/ **450.1**
living room /'lɪv·ɪŋ ˌrʊm/ **180**
lizard /'lɪz·əd/ **1.1**
load /ləʊd/ **332**
load down **332**
loaded /'ləʊ·dɪd/ **269.1**
loaf /ləʊf/ **156.1**
loan /ləʊn/ **261, 261.2**
loath /ləʊθ/ **285**
loathe /ləʊð/ **445**
loathing /'ləʊ·ðɪŋ/ **445**
loathsome /'ləʊð·səm/ **445**
lobby /'lɒb·i/ **177.1**
lobster /'lɒb·stər/ **10.2** ☆
local /'ləʊ·kəl/ **320.1**
local anaesthetic /ˌləʊ·kəl ˌæn·əs'θet·ɪk/ **122.1**
locally /'ləʊ·kəl·i/ **320.1**
locate /ləʊ'keɪt/ **289.1**
location /ləʊ'keɪ·ʃən/ **14.2**
lock /lɒk/ **178**
lodge /lɒdʒ/ **175.2**
lodger /'lɒdʒ·ər/ **175.2**
lodgings /'lɒdʒ·ɪŋz/ **175.2**
loft /lɒft/ **177.4**
log /lɒg/ **304.2**
logic /'lɒdʒ·ɪk/ **238**
logical /'lɒdʒ·ɪ·kəl/ **238**
loiter /'lɔɪ·tər/ **286**
lone /ləʊn/ **435.2**
loneliness /'ləʊn·li·nəs/ **435**
lonely /'ləʊn·li/ **435**
loner /'ləʊ·nər/ **435.1**
long /lɒŋ/
  dimensions **40** ☆
  big **42**
long for **72.1**
long jump /lɒŋ ˌdʒʌmp/ **390.2**
longsighted /ˌlɒŋ'saɪ·tɪd/ **124.4**
long-winded /ˌlɒŋ'wɪn·dɪd/ **119**
loo /luː/ **185.1**
look /lʊk/
  seem **37**
  see and look **91**
look after **254**
look for **94**
loose /luːs/ **295.1**
loosen /'luː·sən/ **295.1**
loot /luːt/ **220**
Lord /lɔːd/ **232.3**
lord /lɔːd/ **205.1**
lorry /'lɒr·i/ **315.1**
lose /luːz/
  lose **96**
  failure **397**
lose out **397**
loss /lɒs/
  lose **96**
  doing business **262.9**
lot /lɒt/ **43.2**
lottery /'lɒt·ər·i/ **386.5**
loud /laʊd/ **88**
loudly /'laʊd·li/ **88**
loudspeaker /ˌlaʊd'spiː·kər/ **88.2**
lousy /'laʊ·zi/ **438.1**
love /lʌv/
  ball sports **389.5**
  love **427, 427.5**
lovely /'lʌv·li/
  beautiful **59**
  good **417.2**
lover /'lʌv·ər/ **427.4**
loving /'lʌv·ɪŋ/ **427**
low /ləʊ/
  animal noises **8.1**
  small **44.1**

low-alcohol /ˌləʊ'æl·kə·hɒl/ **166.1**
lower case /ˌləʊ·ə 'keɪs/ **362.5**
loyal /lɔɪəl/ **213.3**
loyalty /'lɔɪəl·ti/ **213.3**
LP /ˌel'piː/ **379.9**
L-plates /'el·pleɪts/ **308** ☆
LSD /ˌel·es'diː/ **172.2**
luck /lʌk/ **387**
lucky /'lʌk·i/ **387.1**
ludicrous /'luː·dɪ·krəs/ **241.2**
luggage /'lʌg·ɪdʒ/ **317.4**
lukewarm /ˌluːk'wɔːm/ **20**
lull /lʌl/ **183.1**
luminous /'luː·mɪ·nəs/ **24.2**
lump /lʌmp/ **38.5**
lumpy /'lʌm·pi/ **38.5**
lunatic /'luː·nə·tɪk/ **129.1**
lunch /lʌnʃ/ **162**
lung /lʌŋ/ **101.2** ☆
lure /lʊər/ **432**
lust /lʌst/ **427.1**
Lutheranism /'luː·θər·ən·ɪ·zəm/ **232.2**
luxurious /lʌg'ʒʊə·ri·əs/ **421**
luxuriously /lʌg'ʒʊə·ri·əs·li/ **421**
luxury /'lʌk·ʃər·i/ **421**
lychee /'laɪ·tʃiː/ **152.4**
lyrics /'lɪr·ɪks/ **379.2**

mac /mæk/ **190.10**
machine /mə'ʃiːn/ **303**
machine gun /mə'ʃiːn ˌgʌn/ **248.4** ☆
machinery /mə'ʃiː·nər·i/ **303**
macho /'mætʃ·əʊ/ **140**
mackerel /'mæk·rəl/ **10.1** ☆
mad /mæd/
  mad **129.1**
  angry **450.1**
madman /'mæd·mən/ **129.1**
madness /'mæd·nəs/ **129.1**
madwoman /'mæd,wʊm·ən/ **129.1**
magazine /ˌmæg·ə'ziːn/ **368**
maggot /'mæg·ət/ **5** ☆
magic /'mædʒ·ɪk/ **416**
magical /'mædʒ·ɪ·kəl/ **416**
magician /mə'dʒɪʃ·ən/ **416**
magnet /'mæg·nət/ **432.1**
magnetic /mæg'net·ɪk/ **432.1**
magnetism /'mæg·nə·tɪ·zəm/ **432.1**
magnificence /mæg'nɪf·ɪ·səns/ **417.2**
magnificent /mæg'nɪf·ɪ·sənt/
  great **77**
  good **417.2**
magnificently /mæg'nɪf·ɪ·sənt·li/ **417.2**
magnify /'mæg·nɪ·faɪ/ **46** ☆
magnifying glass /'mæg·nɪ·faɪ·ɪŋ ˌglaːs/ **46** ☆
maid /meɪd/ **274.5**
mail /meɪl/ **340.2**
mailbox /'meɪl·bɒks/ **340.2** ☆
main /meɪn/ **75**
mainland /'meɪn·lənd/ **13.5** ☆
mainly /'meɪn·li/ **75**
main road /meɪn 'rəʊd/ **311**
maintain /meɪn'teɪn/ **383**
maintenance /'meɪn·tən·ənts/ **383**
maize /meɪz/ **173.5**
majesty /'mædʒ·ə·sti/ **205**
major /'meɪ·dʒər/
  main **75**
  war **248.3** □
majority /mə'dʒɒr·ə·ti/ **43**
make /meɪk/
  doing business **262.7**
  make **293**
make out **91.4**
maker /'meɪ·kər/ **293**

make up **95.1**
make-up /'meɪk·ʌp/ **192.5**
male /meɪl/ **140**
male chauvinist pig /ˌmeɪl ˌʃəʊ·vɪ·nɪst 'pɪg/ **212**
malice /'mæl·ɪs/ **225.1**
malicious /mə'lɪʃ·əs/ **225.1**
malignant /mə'lɪg·nənt/ **124.12**
mam /mæm/ **138.1**
mama /mə'maː/ **138.1**
mammal /'mæm·əl/ **1** □
man /mæn/ **139.1, 139.4**
manage /'mæn·ɪdʒ/
  employment **271.4**
  success **396.2**
management /'mæn·ɪdʒ·mənt/ **271.4**
manager /'mæn·ɪ·dʒər/ **271.4**
mane /meɪn/ **1** ☆
mango /'mæŋ·gəʊ/ **152.4**
mania /'meɪ·ni·ə/ **129.2**
maniac /'meɪ·ni·æk/ **129.2**
manic /'mæn·ɪk/ **129.2**
mankind /mæn'kaɪnd/ **139.1**
manner /'mæn·ər/
  personality **142.1**
  sort **306**
manners /'mæn·əz/ **143**
mansion /'mæn·tʃən/ **174.4**
manslaughter /'mæn,slɔː·tər/ **198.1**
mantelpiece /'mæn·təl·piːs/ **180** ☆
manufacture /ˌmæn·jə'fæk·tʃər/ **293.1**
manufacturing /ˌmæn·jə'fæk·tʃər·ɪŋ/ **293.1**
manure /mə'njʊər/ **173.6**
manuscript /'mæn·jə·skrɪpt/ **369.3**
map /mæp/ **317.2**
maple /'meɪ·pl/ **12.1**
marathon /'mær·ə·θən/ **390.1**
marbles /'maː·blz/ **386.1**
March /maːtʃ/ **25.2**
march /maːtʃ/ **407.3**
margarine /ˌmaː·dʒə'riːn/ **158.2**
margin /'maː·dʒɪn/ **366**
marijuana /ˌmær·ə'waː·nə/ **172.3**
mark /maːk/ **189.1**
market /'maː·kɪt/
  doing business **262.8**
  shops **273**
marketing /'maː·kɪ·tɪŋ/ **262.8**
markka /'maː·kə/ **265.1** □
marmalade /'maː·məl·eɪd/ **160.1**
marriage /'mær·ɪdʒ/ **195.3**
marrow /'mær·əʊ/ **155.3**
marry /'mær·i/ **195.3**
Mars /maːz/ **27** ☆
marsh /maːʃ/ **13.2**
martial /'maː·ʃəl/ **248.5**
martial arts /ˌmaː·ʃəl 'aːtz/ **392.1**
marvellous /'maː·vəl·əs/ **417.3**
marvellously /'maː·vəl·əs·li/ **417.3**
mascara /mæs'kaː·rə/ **192.5**
masculine /'mæs·kjə·lɪn/ **140**
mash /mæʃ/ **168.2**
mass /mæs/ **43.2**
massacre /'mæs·ə·kər/ **198**
masses /'mæs·ɪz/ **43.2**
massive /'mæs·ɪv/ **42.1**
mast /maːst/ **312.2**
master /'maː·stər/
  control **228.4**
  teach **234.1**
masterpiece /'maː·stə·piːs/
  arts and crafts **381.3**
  good **417.2**
masturbate /'mæs·tə·beɪt/ **199.2**
mat /mæt/ **185** ☆
match /mætʃ/

burn **135.1**
sport **388.3**
mate /meɪt/
sex **199.2**
friendship **434.1**
material /mə'tɪə·ri·əl/
textiles **193**
materials **304**
thing **305.1**
materialize /mə'tɪə·ri·ə·laɪz/ **31**
mathematics /mæθ·ə'm'æt·ɪks/
education **233.3**
maths **297**
maths /mæθs/ **297**
matter /'mæt·əʳ/ **74.1**
mature /mə'tjʊəʳ/
old **200.1**
sensible **238**
mauve /məʊv/ **194.3**
maximum /'mæk·sɪ·məm/ **43**
May /meɪ/ **25.2**
May Day /'meɪ·deɪ/ **25.3**
mayonnaise /ˌmeɪ·ə'neɪz/ **161.5**
mayor /meəʳ/ **227.1**
mayoress /ˌmeə'res/ **227.1**
meadow /'med·əʊ/ **173.1**
meagre /'mi:·gəʳ/ **45.1**
meal /mi:l/ **162**
mean /mi:n/
intend **107**
selfish **226**
meaning **364**
means /mi:nz/ **78.1**
measles /'mi:·zl̩z/ **124.10**
measly /'mi:z·li/ **45.1**
measure /'meʒ·əʳ/ **307**
measurement /'meʒ·ə·mənt/ **307**
measuring cylinder /'meʒ·əʳ·ɪŋ ˌsɪl·ɪn·dəʳ/ **233.4** ☆
meat /mi:t/ **159**
mechanic /mɪ'kæn·ɪk/ **303**
mechanical /mɪ'kæn·ɪ·kəl/ **303**
mechanism /'mek·ə·nɪ·zᵊm/ **303**
medal /'med·əl/ **398**
meddle /'med·l̩/ **246**
media /'mi:·di·ə/ **378**
medical /'med·ɪ·kəl/ **126**
medication /ˌmed·ɪ'keɪ·ʃən/ **126.5**
medicinal /mə'dɪs·ɪ·nəl/ **126**
medicine /'med·sən/ **126.5**
mediocre /ˌmi:·di'əʊ·kəʳ/ **442.3**
meditate /'med·ɪ·teɪt/ **104.2**
meditation /ˌmed·ɪ'teɪ·ʃən/ **104.2**
medium /'mi:·di·əm/ **442.2**
meek /mi:k/ **150**
meet /mi:t/ **207.2**
meeting /'mi:·tɪŋ/ **262.10**
melody /'mel·ə·di/ **379.2**
melon /'mel·ən/ **152.1**
melt /melt/ **18.4**
member /'mem·bəʳ/ **206.1**
membership /'mem·bə·ʃɪp/ **206.1**
memento /mə'men·təʊ/ **116.1**
memorable /'mem·əʳ·ə·bl̩/ **116**
memory /'mem·əʳ·i/ **116**
men's room /'menz ˌrʊm/ **185.1**
mend /mend/ **383**
mental /'men·təl/ **101.4**
mention /'men·tʃən/ **341.3**
menu /'men·ju:/
eating and drinking places **163**
computers **296**
merchant /'mɜ:·tʃənt/ **262.3**
merciful /'mɜ:·sɪ·fʊl/ **221**
mercifully /'mɜ:·sɪ·fʊl·i/ **221**
merciless /'mɜ:·sɪ·ləs/ **223**
mercilessly /'mɜ:·sɪ·lə·sli/ **223**

Mercury /'mɜ:·kjə·ri/ **27** ☆
mercury /'mɜ:·kjə·ri/ **16**
mercy /'mɜ:·si/ **221**
mere /mɪəʳ/ **45.1**
merely /'mɪə·li/ **45.1**
merit /'mer·ɪt/ **417.5**
merry /'mer·i/
drinks **166.7**
happy **422.3**
mess /mes/ **64**
message /'mes·ɪdʒ/ **342**
messenger /'mes·ɪn·dʒəʳ/ **342**
mess up **64**
messy /'mes·i/ **64**
metal /'met·əl/ **16**
meteor /'mi:·ti·əʳ/ **27**
meteorology /ˌmi:·ti·ə'rɒl·ə·dʒi/ **18**
method /'meθ·əd/ **290**
methodical /mə'θɒd·ɪ·kəl/ **290**
Methodism /'meθ·ə·dɪ·zᵊm/ **232.2**
meticulous /mə'tɪk·jə·ləs/ **301.1**
metre /'mi:·təʳ/ **307.1** □
metric /'met·rɪk/ **307**
mew /mju:/ **8.1**
microlight /'maɪ·krəʊ·laɪt/ **393.3**
microphone /'maɪ·krə·fəʊn/ **88.2**
microscope /'maɪ·krə·skəʊp/ **233.4** ☆
microwave /'maɪ·krəʊ·weɪv/ **169** ☆
midday /ˌmɪd'deɪ/ **26** ☆
middle /'mɪd·l̩/ **66** ☆
middle-aged /ˌmɪd·l̩'eɪdʒd/ **200.1**
middle class /ˌmɪd·l̩ 'klɑːs/ **204.1**
middle name /'mɪd·l̩ ˌneɪm/ **137.1**
middle-of-the-road /ˌmɪd·l̩·əv·ðə'rəʊd/ **442.3**
middle school /'mɪd·l̩ ˌsku:l/ **233** □
middling /'mɪd·lɪŋ/ **442.3**
midnight /'mɪd·naɪt/ **26** ☆
Midsummer's Eve /ˌmɪd·sʌm·əz 'i:v/ **25.3**
midwife /'mɪd·waɪf/ **122**
might /maɪt/ **401**
mighty /'maɪ·ti/ **401.1**
migraine /'mi:·greɪn/ **124.8**
mike /maɪk/ **88.2**
mild /maɪld/
gentle **3**
hot **20**
mildly /'maɪld·li/ **3**
mile /maɪl/ **307.1** □
mileage /'maɪl·ɪdʒ/ **317.2**
mileometer /maɪ'lɒm·ɪ·təʳ/ **308.1**
military /'mɪl·ɪ·təʳ·i/ **248.5**
militia /mɪ'lɪʃ·ə/ **248.2**
milk /mɪlk/
dairy products **158.1**
farming **173.7**
mill /mɪl/ **271.2** □
millilitre /'mɪl·i·li:·təʳ/ **307.3** □
millimetre /'mɪl·i·mi:·təʳ/ **307.1** □
million /'mɪl·jən/ **298.1**
millionaire /ˌmɪl·jə'neəʳ/ **269**
mime /maɪm/ **376.3**
mimic /'mɪm·ɪk/ **56.1**
mince /mɪnts/
cut **133.3**
meat **159.4**
mind /maɪnd/
important **74.1**
unwilling **285**
mine /maɪn/
metals **16**
employment **271.2** □
mineral /'mɪn·əʳ·əl/ **13.3**
miniature /'mɪn·ə·tʃəʳ/ **44**
minibus /'mɪn·i·bʌs/ **315.2** ☆
minimum /'mɪn·ɪ·məm/ **45**

minister /'mɪn·ɪ·stəʳ/
politics and government **227** □
religion **232.4**
minor /'maɪ·nəʳ/ **76**
minority /maɪ'nɒr·ə·ti/ **45**
mint /mɪnt/ **157.2**
minus /'maɪ·nəs/ **297.1** □
minute nd /mɪn·ɪt/ **26.1**
minute adj /maɪ'nju:t/ **44**
miracle /'mɪr·ə·kl̩/ **118.2**
miraculous /mɪ'ræk·jə·ləs/ **118.2**
mirror /'mɪr·əʳ/
bedroom **181** ☆
bathroom **185** ☆
mischief /'mɪs·tʃɪf/ **219.2**
mischievous /'mɪs·tʃɪ·vəs/ **219.2**
misdemeanour /ˌmɪs·də'mi:·nəʳ/ **209.1**
miserable /'mɪz·əʳ·ə·bl̩/ **447.1**
misery /'mɪz·əʳ·i/ **447.1**
misfortune /mɪs'fɔ:·tʃu:n/ **387.2**
mislay /mɪs'leɪ/ **96**
mislead /mɪs'li:d/ **214.2**
misleading /mɪ'sli:·dɪŋ/ **214.2**
misplace /mɪs'pleɪs/ **96**
miss /mɪs/
want **72**
failure **397**
mission /'mɪʃ·ᵊn/ **274.3**
mist /mɪst/ **18.2**
mistake /mɪ'steɪk/ **300.1**
mistaken /mɪ'steɪ·kən/ **300.1**
mistreat /mɪs'tri:t/ **280**
mistress /'mɪs·trəs/
control **228.4**
love **427.4**
misunderstand /ˌmɪs·ʌn·də'stænd/ **115**
misunderstanding /ˌmɪs·ʌn·də'stæn·dɪŋ/ **115**
mix /mɪks/ **168.3**
mixer tap /'mɪks·ə ˌtæp/ **185** ☆
mixture /'mɪks·tʃəʳ/ **168.3**
moan /məʊn/ **345**
mob /mɒb/ **207.1**
mobile /'məʊ·baɪl/ **411**
mock /mɒk/ **425.1**
model /'mɒd·əl/ **381.5**
moderate /'mɒd·əʳ·ət/ **238**
modern /'mɒd·ən/ **202**
modernize /'mɒd·ən·aɪz/ **202**
modest /'mɒd·ɪst/ **150**
modify /'mɒd·ɪ·faɪ/ **58.1**
Mohammed /məʊ'hæm·ɪd/ **232.3**
moist /mɔɪst/ **21**
moisten /'mɔɪ·sᵊn/ **21.1**
moisture /'mɔɪs·tʃəʳ/ **21**
mole /məʊl/
wild animals **1.1** □
small animals **4** ☆
mollusc /'mɒl·əsk/ **10.2**
moment /'məʊ·mənt/ **26.1**
monarch /'mɒn·ək/ **205**
monastery /'mɒn·ə·stəʳ·i/ **232.5**
Monday /'mʌn·deɪ/ **25.1**
money /'mʌn·i/ **265**
moneybags /'mʌn·i·bægz/ **269.1**
monitor /'mɒn·ɪ·təʳ/
control **228.1**
computers **296** ☆
monk /mʌŋk/ **232.4**
monkey /'mʌŋ·ki/ **1** ☆
monotonous /mə'nɒt·ən·əs/ **119**
monsoon /ˌmɒn'su:n/ **18.2**
monster /'mɒnɪ·stəʳ/ **1** □
monument /'mɒn·jə·mənt/ **174.4**
moo /mu:/ **8.1**
mood /mu:d/ **142.1**
moody /'mu:·di/ **142.1**

peculiar /pɪˈkjuː·li·əʳ/ **444.1**
peculiarity /pɪˌkjuː·liˈær·ə·ti/ **444.1**
pedal /ˈped·əl/ **379.4**
pedal bin /ˈped·əl ˌbɪn/ **169** ☆
pedestrian /pəˈdes·tri·ən/ **407**
pee /piː/ **102**
peel /piːl/
  damage **132.3**
  fruit **152.6**
  cooking methods **168.2**
peeler /ˈpiː·ləʳ/ **168.2** ☆
peep /piːp/ **91.1**
peer /pɪəʳ/
  see and look **91.2**
  royalty **205.1**
peerage /ˈpɪə·rɪdʒ/ **205.1**
peg /peg/ **186**
pelican /ˈpel·ɪ·kən/ **9.2**
pelvis /ˈpel·vɪs/ **101.1** ☆
pen /pen/ **370** ☆
penalty /ˈpen·əl·ti/ **389.1**
pence /penʳs/ **265.1** □, **265.2** □
pencil /ˈpenʳ·səl/
  writing materials **370** ☆
  arts and crafts **381.2**
penguin /ˈpeŋ·gwɪn/ **9.2**
penicillin /ˌpen·ɪˈsɪl·ɪn/ **126.5**
penis /ˈpiː·nɪs/ **86**
pen name /ˈpen ˌneɪm/ **137.3**
pennia /ˈpen·i·ə/ **265.1** □
penniless /ˈpen·i·ləs/ **270**
penny /ˈpen·i/ **265.2** □
pension /ˈpen·tʃən/ **265.3**
pensive /ˈpenʳ·sɪv/ **104.2**
people /ˈpiː·pl̩/ **139**
pepper /ˈpep·əʳ/
  vegetables **155.3**
  flavours **157.2**
peppermint /ˈpep·ə·mɪnt/ **157.3**
perceive /pəˈsiːv/ **91.4**
percentage /pəˈsen·tɪdʒ/ **52**
perceptive /pəˈsep·tɪv/ **236**
perch /pɜːtʃ/ **9.1**
percussion /pəˈkʌʃ·ən/ **379.4** ☆
percussionist /pəˈkʌʃ·ən·ɪst/ **379.4**
perfect /ˈpɜː·fɪkt/ **417.4**
perform /pəˈfɔːm/
  do **287.2**
  entertainment **376**
performance /pəˈfɔː·mənʳs/
  do **287.2**
  entertainment **376**
performer /pəˈfɔː·məʳ/ **376**
perfume /ˈpɜː·fjuːm/
  smell **90**
  accessories **192.5**
perfumed /ˈpɜː·fjuːmd/ **90**
peril /ˈper·əl/ **252**
perilously /ˈper·əl·əs·li/ **252**
period /ˈpɪə·ri·əd/ **26.2**
perish /ˈper·ɪʃ/ **197**
permanent /ˈpɜː·mə·nənt/
  be **29.1**
  employment **271.5**
permissible /pəˈmɪs·ə·bl̩/ **230**
permission /pəˈmɪʃ·ən/ **230**
permit /pəˈmɪt/ **230**
Persian /ˈpɜː·ʒən/ **361.3**
persist /pəˈsɪst/ **33**
persistence /pəˈsɪs·tənʳs/ **33.1**
persistent /pəˈsɪs·tənt/ **33.1**
person /ˈpɜː·sən/ **139**
personal /ˈpɜː·sən·əl/ **339.1**
personality /ˌpɜː·sənˈæl·ə·ti/ **142**
personally /ˈpɜː·sən·əl·i/ **339.1**
personnel /ˌpɜː·sənˈel/ **271.3**
perspiration /ˌpɜː·spəˈreɪ·ʃən/ **86.2**

perspire /pəˈspaɪəʳ/ **86.2**
persuade /pəˈsweɪd/ **349**
persuasion /pəˈsweɪ·ʒən/ **349**
peseta /pəˈseɪ·tə/ **265.1** □
peso /ˈpeɪ·səʊ/ **265.1** □
pester /ˈpes·təʳ/ **425.1**
pet /pet/ **7**
petal /ˈpet·əl/ **11** ☆
petite /pəˈtiːt/ **44**
petrified /ˈpet·rɪ·faɪd/ **255.1**
petrify /ˈpet·rɪ·faɪ/ **255.2**
petrol /ˈpet·rəl/ **303.3**
petrol bomb /ˈpet·rəl ˌbɒm/ **248.4** ☆
petrol gauge /ˈpet·rəl ˌgeɪdʒ/ **308.1**
petrol pump /ˈpet·rəl ˌpʌmp/ **310**
petrol station /ˈpet·rəl ˌsteɪ·ʃən/ **310**
petticoat /ˈpet·ɪ·kəʊt/ **190.9**
petty /ˈpet·i/ **76**
petty officer /ˌpet·i ˈɒfɪ·s·əʳ/ **248.3** □
pew /pjuː/ **232.5** ☆
pfennig /ˈpfen·ɪg/ **265.1** □
phantom /ˈfæn·təm/ **416.2**
pharmacist /ˈfɑː·mə·sɪst/ **126.4**
pharmacy /ˈfɑː·mə·si/ **126.4**
phase /feɪz/ **26.2**
philosophy /fɪˈlɒs·ə·fi/ **106.1**
phobia /ˈfəʊ·bi·ə/ **129.2**
photocopier /ˈfəʊ·təʊˌkɒp·i·əʳ/ **272.1**
photocopy /ˈfəʊ·təʊˌkɒp·i/ **272.1**
photograph /ˈfəʊ·tə·grɑːf/ **381.4**
photography /fəˈtɒg·rə·fi/ **381.4**
phrase /freɪz/ **362.2**
physical /ˈfɪz·ɪ·kəl/ **101.4**
physically /ˈfɪz·ɪ·kli/ **101.4**
physics /ˈfɪz·ɪks/ **233.3**
piano /piˈæn·əʊ/ **379.4**
piastre /piˈæs·təʳ/ **265.1** □
pick /pɪk/
  choose **73**
  gardening **384.1**
picket /ˈpɪk·ɪt/ **271.6**
picket line /ˈpɪk·ɪt ˌlaɪn/ **271.6**
pickles /ˈpɪk·lz̩/ **161.2**
pick on **425.1**
pickpocket /ˈpɪkˌpɒk·ɪt/ **220.1**
picnic /ˈpɪk·nɪk/ **162.3**
picture /ˈpɪk·tʃəʳ/
  see and look v **91** n **91.7**
  living room **180** ☆
  arts and crafts **381.3**
pictures /ˈpɪk·tʃəz/ **376.4**
picturesque /ˌpɪk·tʃəˈresk/ **59**
pie /paɪ/ **156.3**
piece /piːs/
  part **52**
  money **265.2**
  music **379.7**
pier /pɪəʳ/ **312.4**
pierce /pɪəs/ **133**
pig /pɪg/
  wild animals **1.1** □
  farm animals **6**
  eat **164.4**
  bad **438.2**
pigeon /ˈpɪdʒ·ɪn/ **9** ☆
pigsty /ˈpɪg·staɪ/ **173.3**
pile /paɪl/ **43.1**
pile-up /ˈpaɪl·ʌp/ **309.4**
pill /pɪl/
  cures **126.5**
  sex **199.5**
pillar /ˈpɪl·əʳ/
  good **217.2**
  carry **337** ☆
pillar box /ˈpɪl·ə ˌbɒks/ **340.2** ☆
pillow /ˈpɪl·əʊ/ **181** ☆
pillowcase /ˈpɪl·əʊ·keɪs/ **181.1**

pilot /ˈpaɪ·lət/ **313.3**
pimple /ˈpɪm·pl̩/ **86.2**
pin /pɪn/
  join **294.3** ☆, v **294.3**
  arts and crafts **381.6** ☆
pinch /pɪntʃ/
  steal **220**
  uncomfortable **440**
pin cushion /ˈpɪn ˌkʊʃ·ən/ **381.6** ☆
pine /paɪn/ **12.1**
pineapple /ˈpaɪn·æp·l̩/ **152.4**
pine cone /ˈpaɪn ˌkəʊn/ **12** ☆
ping-pong /ˈpɪŋˌpɒŋ/ **389.5**
pink /pɪŋk/ **194.3**
pint /paɪnt/ **307.3** □
pioneer /ˌpaɪəˈnɪəʳ/ **201.1**
pioneering /ˌpaɪəˈnɪə·rɪŋ/ **201.1**
pious /ˈpaɪ·əs/ **232.8**
pip /pɪp/ **152.6**
pipe /paɪp/
  smoking **171**
  tools **382.3**
pipette /pɪˈpet/ **233.4** ☆
Pisces /ˈpaɪ·siːz/ **28** □
piss /pɪs/ **102**
piss down **18.2**
pissed /pɪst/ **166.7**
pistachio /pɪˈstɑː·ʃi·əʊ/ **154**
pistol /ˈpɪs·təl/ **248.4** ☆
piston /ˈpɪs·tən/ **303.1**
pitch /pɪtʃ/ **388.4**
pitch-black /ˌpɪtʃˈblæk/ **23**
pitcher /ˈpɪtʃ·əʳ/ **389.2**
pitfall /ˈpɪt·fɔːl/ **252**
pith /pɪθ/ **152.6**
pitiless /ˈpɪt·ɪ·ləs/ **223**
pity /ˈpɪt·i/ **222**
pizza /ˈpiːt·sə/ **161.3**
place /pleɪs/
  areas **14**
  put **289**
place mat /ˈpleɪs ˌmæt/ **170** ☆
placenta /pləˈsen·tə/ **136.1**
plagiarize /ˈpleɪ·dʒə·raɪz/ **56**
plague /pleɪg/ **124.1**
plaice /pleɪs/ **10.1**
plain /pleɪn/
  geography and geology **13.2**
  ugly **60**
  obvious **93**
plainly /ˈpleɪn·li/ **93**
plaintiff /ˈpleɪn·tɪf/ **209.4**
plan /plæn/
  intend v **107** n **107.1**
  control **228.2**
plane /pleɪn/ **62.1**
planet /ˈplæn·ɪt/ **27**
plank /plæŋk/ **304.2**
planning /ˈplæn·ɪŋ/ **228.2**
plant /plɑːnt/
  plants **11**
  gardening **384.2**
plaster /ˈplɑː·stəʳ/
  cures **126.6**
  materials **304.1**
plastic /ˈplæs·tɪk/ **304**
plastic bullet /ˌplæs·tɪk ˈbʊl·ɪt/ **248.4**
plate /pleɪt/ **170** ☆
platform /ˈplæt·fɔːm/ **314.1**
platinum /ˈplæt·ɪ·nəm/ **16**
plausible /ˈplɔː·zə·bl̩/ **105.4**
play /pleɪ/
  entertainment **376.1**
  music **379.4**
  games **386**
  sport **388.1**
player /ˈpleɪ·əʳ/ **379.4**

Roman Catholic /ˌrəʊ·mən ˈkæθ·əl·ɪk/ **232.2**
romance /rəʊˈmænɪs/ **427.1**
Romanian /rʊˈmeɪ·ni·ən/ **361.1**
romantic /rəʊˈmæn·tɪk/ **427.1**
roof /ruːf/ **176** ☆
roof rack /ˈruːf ˌræk/
  car **308** ☆
  containers **331.6** ☆
room /ruːm/ **41**
root /ruːt/ **11** ☆
rope /rəʊp/
  join **294.3**
  tools **382.4**
rose /rəʊz/ **11** ☆
rot /rɒt/ **132.5**
rotate /rəʊˈteɪt/ **414.1**
rotten /ˈrɒt·ən/ **153**
rouble /ˈruː·bl̩/ **265.1** □
rough /rʌf/
  rough **61**
  incorrect **300.2**
  ball sports **389.6**
roughly /ˈrʌf·li/ **300.2**
round /raʊnd/ **38.1** ☆
roundabout /ˈraʊn·də·baʊt/
  roads **311** ☆
  park and funfair **385** ☆
rounders /ˈraʊn·dəz/ **389.7**
route /ruːt/ **317.2**
routine /ruːˈtiːn/ **290**
row /raʊ/
  noisy **88.1**
  disagree **346.3**
row /rəʊ/
  shapes **38.4** ☆
  ships and boats **312.3**
rowing /ˈrəʊ·ɪŋ/ **391**
rowing boat /ˈrəʊ·ɪŋ ˌbəʊt/ **312.1**
royal /ˈrɔɪəl/ **205**
Royal Air Force /ˌrɔɪəl ˈeə ˌfɔːs/ **248.3** □
royalty /ˈrɔɪəl·ti/ **205**
rub /rʌb/ **98.2**
rubber /ˈrʌb·əʳ/
  materials **304.3**
  erase **371**
rubbish /ˈrʌb·ɪʃ/
  rubbish **71**
  foolish **241.3**
rubble /ˈrʌb·l̩/ **71**
rub in **355**
ruby /ˈruː·bi/ **15**
rucksack /ˈrʌk·sæk/ **317.4**
rudder /ˈrʌd·əʳ/ **312.2**
rude /ruːd/ **144.1**
rug /rʌg/ **180** ☆
rugby /ˈrʌg·bi/ **389.1**
ruin /ˈruː·ɪn/ **132.1**
ruins /ˈruː·ɪnz/ **132.1**
rule /ruːl/
  laws and rules **208**
rule /ruːl/
  control **228.4**
ruler /ˈruː·ləʳ/
  maths **297** ☆
  weights and measures **307**
rum /rʌm/ **166.4**
rumour /ˈruː·məʳ/ **360**
run /rʌn/
  control **228.2**
  ball sports **389.3**
  athletics **390.1**
  run **408**
run away **322.1**
run-down /ˈrʌn·daʊn/ **128**
runner /ˈrʌn·əʳ/ **390.1**
runner bean /ˈrʌn·ə ˌbiːn/ **155.1**

runny /ˈrʌn·i/ **21**
run-of-the-mill /ˌrʌn·əv·ðəˈmɪl/ **442.3**
run over **309.4**
runway /ˈrʌn·weɪ/ **313.1**
rupee /ruˈpiː/ **265.1** □
rush /rʌʃ/
  plants **11**
  quick **403.1**
Russian /ˈrʌʃ·ən/ **361.1**
Russian Orthodox /ˌrʌʃ·ən ɔːˈθ·ə·dɒks/ **232.2**
rust /rʌst/ **16**
ruthless /ˈruːθ·ləs/ **223**
rye /raɪ/ **173.5**

sabotage /ˈsæb·ə·tɑːdʒ/ **132.6**
sack /sæk/
  employment **271.8**
  containers **331.5**
sacred /ˈseɪ·krɪd/ **232.8**
sacrifice /ˈsæk·rɪ·faɪs/ **232.6**
sad /sæd/ **447**
sadden /ˈsæd·ən/ **447**
saddle /ˈsæd·l̩/ **395** ☆
sadistic /səˈdɪs·tɪk/ **225**
sadness /ˈsæd·nəs/ **447**
safe /seɪf/ **253**
safeguard /ˈseɪf·gɑːd/ **254.1**
safety /ˈseɪf·ti/ **253**
safety belt /ˈseɪf·ti ˌbelt/ **253** ☆
safety net /ˈseɪf·ti ˌnet/ **253** ☆
safety pin /ˈseɪf·ti ˌpɪn/
  babies **136.4**
  join **294.3** ☆
Sagittarius /ˌsædʒ·ɪˈteə·ri·əs/ **28** □
sail /seɪl/ *n* **312.2** *v* **312.3**
sailor /ˈseɪ·ləʳ/ **312.5**
saint /seɪnt/
  good **217.2**
  religion **232.3**
sake /seɪk/ **291.1**
salad /ˈsæl·əd/ **155.4**
salary /ˈsæl·əʳ·i/ **265.3**
sale /seɪl/ **263**
sales /seɪlz/ **263**
sales force /ˈseɪlz ˌfɔːs/ **263**
salesman /ˈseɪlz·mən/ **263**
salesperson /ˈseɪlz·pɜː·sən/ **263**
sales tax /ˈseɪlz·tæks/ **264.2**
saleswoman /ˈseɪlz·wʊm·ən/ **263**
saliva /səˈlaɪ·və/ **86.1**
salmon /ˈsæm·ən/ **10.1**
salt /sɔːlt/ **157.2**
same /seɪm/ **54**
sample /ˈsɑːm·pl̩/ **92.4**
sanction /ˈsæŋk·ʃən/ **230**
sand /sænd/ **13.6**
sandal /ˈsæn·dəl/ **191** ☆
sandbank /ˈsænd·bæŋk/ **13.6**
sand dune /ˈsænd djuːn/ **13.6**
sandpit /ˈsænd·pɪt/ **385** ☆
sandwich /ˈsæn·wɪdʒ/ **161.2**
sane /seɪn/ **130**
sanitary towel /ˈsæn·ə·tᵊr·i ˌtaʊəl/ **184.6**
sanity /ˈsæn·ə·ti/ **130**
sapphire /ˈsæf·aɪəʳ/ **15**
sardine /sɑːˈdiːn/ **10.1**
sari /ˈsɑː·ri/ **190.5**
Satan /ˈseɪ·tᵊn/ **232.3**
satellite dish /ˈsæt·əl·aɪt ˌdɪʃ/ **176** ☆
satin /ˈsæt·ɪn/ **193.1**
satisfaction /ˌsæt·ɪsˈfæk·ʃən/ **429**
satisfactory /ˌsæt·ɪsˈfæk·tᵊr·i/ **429**
satisfy /ˈsæt·ɪs·faɪ/ **429**
satisfying /ˈsæt·ɪs·faɪ·ɪŋ/ **429**
satsuma /ˌsæt'suː·mə/ **152.2**

saturate /ˈsætʃ·ᵊr·eɪt/ **21.1**
Saturday /ˈsæt·ə·deɪ/ **25.1**
Saturn /ˈsæt·ᵊn/ **27** ☆
sauce /sɔːs/ **161.5**
saucepan /ˈsɔːs·pən/ **169** ☆
saucer /ˈsɔː·səʳ/ **170** ☆
saunter /ˈsɔːn·təʳ/ **407.2**
sausage /ˈsɒs·ɪdʒ/ **159.4**
sausage roll /ˌsɒs·ɪdʒ ˈrəʊl/ **161.2**
savage /ˈsæv·ɪdʒ/ **2**
savagely /ˈsæv·ɪdʒ·li/ **2**
save /seɪv/
  safety **253.2**
  bank **260.1**
  have **374.2**
savour /ˈseɪ·vəʳ/ **428**
savoury /ˈseɪ·vᵊr·i/ **157.5**
saw /sɔː/
  cut **133.4**
  tools **382.1** ☆
saxophone /ˈsæk·sə·fəʊn/ **379.4**
say /seɪ/ **341**
scale /skeɪl/
  fish and sea animals **10.1** ☆
  size **41**
  music **379.8** ☆
scales /skeɪlz/
  kitchen **169** ☆
  bathroom **185** ☆
  weights and measures **307.4** ☆
scamper /ˈskæm·pəʳ/ **408**
scan /skæn/ **91.1**
scant /skænt/ **45.1**
scantily /ˈskæn·tɪ·li/ **45.1**
scanty /ˈskæn·ti/ **45.1**
scapula /ˈskæp·jə·lə/ **101.1** ☆
scar /skɑːʳ/ **132**
scarce /skeəs/ **444.2**
scarcely /ˈskeə·sli/ **444.2**
scarcity /ˈskeə·sə·ti/ **444.2**
scare /skeəʳ/ **255.2**
scared /skeəd/ **255.1**
scarf /skɑːf/ **192.2**
scary /ˈskeə·ri/ **255.2**
scatter /ˈskæt·əʳ/ **405**
scene /siːn/ **91.7**
scenery /ˈsiː·nᵊr·i/
  see and look **91.7**
  entertainment **376.2** ☆
scenic /ˈsiː·nɪk/ **91.7**
scent /sent/ **90**
scheme /skiːm/ **107.1**
schilling /ˈʃɪl·ɪŋ/ **265.1** □
schizophrenia /ˌskɪt·səʊˈfriː·ni·ə/ **129.2**
scholar /ˈskɒl·əʳ/ **235.1**
scholarship /ˈskɒl·ə·ʃɪp/ **233.5**
schoolboy /ˈskuːl·bɔɪ/ **235.1**
schoolchild /ˈskuːl·tʃaɪld/ **235.1**
schoolgirl /ˈskuːl·gɜːl/ **235.1**
science /saɪənts/ **233.3**
science-fiction /ˌsaɪənts·ˈfɪk·ʃən/ **367.1**
scissors /ˈsɪz·əz/
  cut **133.4**
  tools **382.1** ☆
scoff /skɒf/ **164.3**
scold /skəʊld/ **450.2**
scooter /ˈskuː·təʳ/ **315.3**
score /skɔːʳ/ **388.1**
scorn /skɔːn/ **445**
scornful /ˈskɔːn·fᵊl/ **445**
Scorpio /ˈskɔː·pi·əʊ/ **28** □
scorpion /ˈskɔː·pi·ən/ **4**
scowl /skaʊl/ **450.3**
Scrabble /ˈskræb·l̩/ **386.4**
scramble /ˈskræm·bl̩/ **407.5**
scrap /skræp/ **45.2**

snowflake /'snəʊ·fleɪk/ **18.4**
snowstorm /'snəʊ·stɔːm/ **18.4**
snug /snʌg/ **421**
soak /səʊk/
  wet **21.1**
  cleaning **187.2**
soaking /'səʊ·kɪŋ/ **21**
soap /səʊp/
  personal hygiene **184.1**
  broadcasts **378.1**
soar /sɔːʳ/ **9.1**
sob /sɒb/ **447.3**
sober /'səʊ·bəʳ/
  drinks **166.8**
  sensible **238.1**
social /'səʊ·ʃᵊl/ **204**
socialism /'səʊ·ʃᵊl·ɪ·zᵊm/ **227.4**
society /sə'saɪə·ti/
  society **204**
  organization **206**
sociology /ˌsəʊ·ʃi'ɒl·ə·dʒi/ **233.2**
socket /'sɒk·ɪt/ **382.3**
socks /sɒks/ **190.9**
soft /sɒft/
  quiet **89**
  soft **99**
  mercy **221**
softball /'sɒft·bɔːl/ **389.7**
soft drink /ˌsɒft 'drɪŋk/ **166.1**
soften /'sɒf·ᵊn/ **99**
softener /'sɒf·ᵊn·əʳ/ **99**
softly /'sɒft·li/ **89**
software /'sɒft·weəʳ/ **296**
soggy /'sɒg·i/ **21**
soil /sɔɪl/ **384.3**
solar /'səʊ·ləʳ/ **303.2**
solar system /'səʊ·lə ˌsɪs·təm/ **27** ☆
soldier /'səʊl·dʒəʳ/ **248.2** ☆
sole /səʊl/
  fish and sea animals **10.1**
  human body **86**
  shoes **191** ☆
solemn /'sɒl·əm/
  sensible **238.1**
  sad **447.2**
solicitor /sə'lɪs·ɪ·təʳ/ **209.3**
solid /'sɒl·ɪd/ **100**
solidify /sə'lɪd·ɪ·faɪ/ **100**
solitary /'sɒl·ɪ·tᵊr·i/ **435**
solo /'səʊ·ləʊ/ **379.3**
soloist /'səʊ·ləʊ·ɪst/ **379.3**, **379.4** ☆
solution /sə'luː·ʃᵊn/ **113.2**
solve /sɒlv/
  find out **113.2**
  do **287.2**
son /sʌn/ **138.2**
song /sɒŋ/ **379.7**
son-in-law /'sʌn·ɪn·lɔː/ **138.4**
soon /suːn/ **329**
soothe /suːð/ **259.1**
soothing /'suː·ðɪŋ/ **259.1**
soprano /sə'prɑː·nəʊ/ **379.5**
sore /sɔːʳ/
  illnesses **124.5**
  symptoms **125.1**
sore throat /ˌsɔː 'θrəʊt/ **124.8**
sorrow /'sɒr·əʊ/ **447**
sorrowful /'sɒr·əʊ·fᵊl/ **447**
sorry /'sɒr·i/
  sympathy **222**
  disappointment **448**
  shame **449.1**
sort /sɔːt/
  order **65**
  sort **306**
soul /səʊl/ **232.9**
sound /saʊnd/ **88.1**
soup /suːp/ **161.4**
soup spoon /'suːp ˌspuːn/ **170** ☆
sour /saʊəʳ/ **157.5**
source /sɔːs/ **373**
south /saʊθ/ **318.1** ☆
southeast /ˌsaʊθ'iːst/ **318.1** ☆
southerly /'sʌð·ᵊl·i/ **318.1**
southern /'sʌð·ᵊn/ **318.1**
South Pole /ˌsaʊθ 'pəʊl/ **13.5** ☆
southward /'saʊθ·wəd/ **318.1**
southwest /ˌsaʊθ'west/ **318.1** ☆
souvenir /ˌsuː·vᵊn'ɪəʳ/ **116.1**
sow /səʊ/ **384.2**
space /speɪs/ **41**
spacecraft /'speɪs·krɑːft/ **313**
spacious /'speɪ·ʃəs/ **42**
spade /speɪd/ **384.1**
spaghetti /spə'get·i/ **156.4**
spaniel /'spæn·jəl/ **7.1** ☆
Spanish /'spæn·ɪʃ/ **361.1**
spanner /'spæn·əʳ/ **382.1** ☆
spare /speəʳ/
  unnecessary **68.1**
  mercy **221**
sparkling /spɑː·klɪŋ/ **166.1**
sparrow /'spær·əʊ/ **9**
sparse /spɑːs/ **45.1**
sparsely /'spɑː·sli/ **45.1**
speak /spiːk/ **341**
speaker /'spiː·kəʳ/
  language **361**
  music **379.9** ☆
speak out **341.2**
spear /spɪəʳ/ **248.4** ☆
special /'speʃ·ᵊl/ **444.3**
specialist /'speʃ·ᵊl·ɪst/
  hospital **122**
  skilful **239**
specialize /'speʃ·ᵊl·aɪz/ **239**
species /'spiː·ʃiːz/ **306**
specific /spə'sɪf·ɪk/ **84**
specification /ˌspes·ɪ·fɪ'keɪ·ʃᵊn/ **84**
specify /'spes·ɪ·faɪ/ **84**
speck /spek/ **189.1**
spectacles /'spek·tə·kl̩z/ **91.8**
speculate /'spek·jə·leɪt/ **109**
speculation /ˌspek·jə'leɪ·ʃᵊn/ **109**
speech /spiːtʃ/ **341.1**
speechless /'spiːtʃ·ləs/ **118.1**
speed /spiːd/ **403.3**
speed limit /'spiːd ˌlɪm·ɪt/ **311** ☆
speedometer /spiː'dɒm·ɪ·təʳ/ **308.1**
speedy /'spiː·di/ **403**
spell /spel/
  write **369**
  magic **416**
spelling /'spel·ɪŋ/ **369**
spend /spend/ **263.1**
spending /'spen·dɪŋ/ **263.1**
sperm /spɜːm/ **101.3**
sphere /sfɪəʳ/ **38.2** ☆
spherical /'sfer·ɪ·kl̩/ **38.2** ☆
spice /spaɪs/ **157.2**
spider /'spaɪ·dəʳ/ **4**
spill /spɪl/ **412.1**
spin /spɪn/ **414.1**
spinach /'spɪn·ɪtʃ/ **155.1**
spine /spaɪn/
  human body **101.1** ☆
  book **367.6**
spinster /'spɪnt·stəʳ/ **195.3**
spire /spaɪəʳ/ **232.5** ☆
spirit /'spɪr·ɪt/ **232.9**
spirited /'spɪr·ɪ·tɪd/ **232.9**
spiritual /'spɪr·ɪ·tʃu·əl/ **232.9**
spit /spɪt/ **86.1**
spite /spaɪt/ **225.1**
spiteful /'spaɪt·fᵊl/ **225.1**
splash /splæʃ/ **21.1**
splash out **263.1**
splendid /'splen·dɪd/
  great **77**
  good **417.2**
splendidly /'splen·dɪd·li/ **417.2**
split /splɪt/
  damage **132.2**
  separate **295**
spoil /spɔɪl/ **132**
spokesperson /'spəʊksˌpɜː·sᵊn/ **341.4**
sponge /spʌndʒ/ **184.1**
spongy /'spʌndʒ·i/ **99**
spoon /spuːn/ **170** □
sport /spɔːt/ **388**
sportsman /'spɔːts·mən/ **388.2**
sportswoman /'spɔːts·wʊm·ən/ **388.2**
spot /spɒt/
  shapes **38.3**
  human body **86.2**
  see and look **91.4**
  dirty **189.1**
spotless /'spɒt·ləs/ **188**
spotlessly /'spɒt·ləs·li/ **188**
sprain /spreɪn/ **124.13**
spread /spred/
  increase **46**
  put **289**
spring /sprɪŋ/
  geography and geology **13.7**
  calendar and seasons **25.2** ☆
  jump **410**
spring-clean /ˌsprɪŋ'kliːn/ **187.1**
spring onion /ˌsprɪŋ 'ʌn·jən/ **155.4**
sprint /sprɪnt/
  athletics **390.1**
  run **408**
spur /spɜːʳ/ **279**
spy /spaɪ/ **94.1**
squabble /'skwɒ·bl̩/ **346.3**
squadron leader /ˌskwɒd·rᵊn 'liː·dəʳ/ **248.3** □
squander /'skwɒn·dəʳ/ **69**
square /skweəʳ/
  shapes **38.1** ☆
  weights and measures **307.2** □
  roads **311**
squash /skwɒʃ/
  damage **132.4**
  drinks **166.2**
  ball sports **389.5**
squat /skwɒt/
  body positions **97.3**
  live **175**
squeak /skwiːk/ **8.2**, **8.2** □
squeeze /skwiːz/ **336**
squid /skwɪd/ **10.2**
squirrel /'skwɪr·ᵊl/ **4**, **4** □
stab /stæb/ **133.1**
stable /'steɪ·bl̩/ **173.3**
stack /stæk/ **43.1**
stadium /'steɪ·di·əm/ **388.4**
staff /stɑːf/ **271.3**
stag /stæg/ **1** ☆
stage /steɪdʒ/ **376.2** ☆
stagger /'stæg·əʳ/ **407.6**
stagnant /'stæg·nənt/ **284.1**
stagnate /stæg'neɪt/ **284.1**
stain /steɪn/ **189.1**
stairs /steəz/ **177.2** ☆
stale /steɪl/ **153**
stalemate /'steɪl·meɪt/ **284.1**
stalk /stɔːk/
  plants **11**
  fruit **152.6**
stall /stɔːl/

suit /suːt/
  clothes **190.6**
  games **386.3**
  suitable **420**
suitable /ˈsuː·tə·bl̩/ **420**
suitcase /ˈsuːt·keɪs/ **317.4**
sultana /səlˈtɑː·nə/ **152.5**
sum /sʌm/ **297.2**
summer /ˈsʌm·əʳ/ **25.2** ☆
summit /ˈsʌm·ɪt/ **13.1**
sumo /ˈsuː·məʊ/ **392.1**
sun /sʌn/
  weather **18.1**
  astronomy **27** ☆
Sunday /ˈsʌn·deɪ/ **25.1**
sunglasses /ˈsʌn,glɑː·sɪz/ **91.8**
sunny /ˈsʌn·i/ **18.1**
sunshine /ˈsʌn·ʃaɪn/ **18.1**
super /ˈsuː·pəʳ/ **417.3**
superb /suːˈpɜːb/ **417.2**
superbly /suːˈpɜːb·li/ **417.2**
superficial /ˌsuː·pəˈfɪʃ·əl/
  seem **37**
  careless **302**
superfluous /suːˈpɜː·flu·əs/ **68.1**
superior /suːˈpɪə·ri·əʳ/ **419**
supermarket /ˈsuː·pə,mɑː·kɪt/ **273**
superstition /ˌsuː·pəˈstɪʃ·ən/ **105.3**
superstitious /ˌsuː·pəˈstɪʃ·əs/
  believe **105.3**
  untrue **216**
supervise /ˈsuː·pə·vaɪz/ **228.1**
supervision /ˌsuː·pəˈvɪʒ·ən/ **228.1**
supervisor /ˈsuː·pə·vaɪ·zəʳ/ **271.4**
supper /ˈsʌp·əʳ/ **162**
supple /ˈsʌp·l̩/
  soft **99.1**
  agile **399**
supply /səˈplaɪ/ **372.2**
support /səˈpɔːt/
  encourage **279.2**
  carry **337**
supporter /səˈpɔː·təʳ/ **279.2**
suppose /səˈpəʊz/ **105.2**
supposition /ˌsʌp·əˈzɪʃ·ən/ **105.2**
sure /ʃɔːʳ/ **82**
surely /ˈʃɔː·li/ **82**
surface /ˈsɜː·fɪs/ **38.2** ☆
surfing /ˈsɜː·fɪŋ/ **391**
surgeon /ˈsɜː·dʒən/ **122.1**
surgery /ˈsɜː·dʒər·i/
  doctor **121**
  hospital **122.1**
surname /ˈsɜː·neɪm/ **137.1**
surplus /ˈsɜː·pləs/ **68.1**
surprise /səˈpraɪz/ **118**
surrender /səˈren·dəʳ/ **248.1**
surrogate mother /ˌsʌr·ə·gət ˈmʌð·əʳ/ **136.2**
surround /səˈraʊnd/ **53**
surroundings /səˈraʊn·dɪŋz/ **14.2**
survey v /səˈveɪ/
  see and look **91.2**
survey n /ˈsɜː·veɪ/
  document **366.2**
surveyor /səˈveɪ·əʳ/ **174.6**
survival /səˈvaɪ·vəl/ **253.2**
survive /səˈvaɪv/ **253.2**
survivor /səˈvaɪ·vəʳ/ **253.2**
suspect v /səˈspekt/
  guess **109**
suspect n /ˈsʌs·pekt/
  legal system **209.2**
suspense /səˈspens/ **257**
suspicion /səˈspɪʃ·ən/ **109**
suspicious /səˈspɪʃ·əs/ **109**
swagger /ˈswæg·əʳ/ **407.3**

swallow /ˈswɒl·əʊ/
  birds **9** ☆
  believe **105.3**
  eat **164.2**
swamp /swɒmp/ **13.2**
swan /swɒn/ **9.2**
swap /swɒp/ **372.3**
swear /sweəʳ/
  swear **357**
  promise **358**
sweat /swet/ **86.2**
sweatshirt /ˈswet·ʃɜːt/ **190.4**
swede /swiːd/ **155.2**
Swedish /ˈswiː·dɪʃ/ **361.1**
sweep /swiːp/ **187.3**
sweet /swiːt/
  flavours **157.4**
  snacks and cooked food **161.1**
sweetcorn /ˈswiːt·kɔːn/ **155.3**
sweeten /ˈswiː·tən/ **157.4**
sweetheart /ˈswiːt·hɑːt/ **427.5**
swell /swel/
  increase **46**
  symptoms **125.2**
swerve /swɜːv/ **414.2**
swift /swɪft/ **403**
swig /swɪg/ **167**
swim /swɪm/ **391.1**
swimming /ˈswɪm·ɪŋ/ **391.1**
swimming costume /ˈswɪm·ɪŋ ˌkɒs·tjuːm/ **190.7**
swimming pool /ˈswɪm·ɪŋ ˌpuːl/ **391.1**
swindle /ˈswɪn·dl̩/ **214.1**
swing /swɪŋ/
  park and funfair **385** ☆
  movement **411.3**
switch /swɪtʃ/ **303.1**
switchboard /ˈswɪtʃ·bɔːd/ **340.3**
switch off **303.1**
switch on **303.1**
swoop /swuːp/
  birds **9.1**
  fall **412.3**
sword /sɔːd/ **248.4** ☆
syllable /ˈsɪl·ə·bl̩/ **362.3**
symbol /ˈsɪm·bəl/ **364.1**
symbolic /sɪmˈbɒl·ɪk/ **364.1**
sympathetic /ˌsɪm·pəˈθet·ɪk/ **222**
sympathize /ˈsɪm·pə·θaɪz/ **222**
sympathy /ˈsɪm·pə·θi/ **222**
symphony /ˈsɪmp·fə·ni/ **379.7**
symptom /ˈsɪmp·təm/ **125**
synagogue /ˈsɪn·ə·gɒg/ **232.5**
syringe /sɪˈrɪndʒ/ **126.3**
syrup /ˈsɪr·əp/ **160.1**
system /ˈsɪs·təm/
  system **290**
  computers **296**
systematic /ˌsɪs·təˈmæt·ɪk/ **290**

tabby /ˈtæb·i/ **7.2**
table /ˈteɪ·bl̩/ **180** ☆
tablecloth /ˈteɪ·bl̩·klɒθ/ **170** ☆
tablespoon /ˈteɪ·bl̩·spuːn/ **170** □
tablet /ˈtæb·lət/ **126.5**
table tennis /ˈteɪ·bl̩ ˌten·ɪs/ **389.5**
tabloid /ˈtæb·lɔɪd/ **368**
taboo /təˈbuː/ **231.1**
tackle /ˈtæk·l̩/ **388.1**
tact /tækt/ **143.2**
tactful /ˈtækt·fəl/ **143.2**
tactfully /ˈtækt·fəl·i/ **143.2**
tactless /ˈtækt·ləs/ **144.3**
tail /teɪl/
  wild animals **1** ☆
  birds **9** ☆

tailor /ˈteɪ·ləʳ/ **190.13**
take /teɪk/
  take **375**
  endure **433**
takeaway /ˈteɪk·ə,weɪ/ **161.3**
take care of **254**
take in
  understand **114.1**
  dishonest **214.2**
take off
  copy **56.1**
  clothes **190.2**
  aircraft **313.2**
take-off /ˈteɪk·ɒf/ **313.2**
take on **271.7**
take out **261.2**
take place **31**
takings /ˈteɪ·kɪŋz/ **262.9**
talc /tælk/ **184.1**
tale /teɪl/ **342.3**
talent /ˈtæl·ənt/ **239.2**
talk /tɔːk/ **341**
talkative /ˈtɔː·kə·tɪv/ **359**
talk into **349**
talk over **354**
talk round **349**
tall /tɔːl/ **42**
talon /ˈtæl·ən/ **9.3** ☆
tame /teɪm/ **3**
tampon /ˈtæm·pɒn/ **184.6**
tan /tæn/ **194.3**
tangerine /ˌtæn·dʒəˈriːn/ **152.2**
tangible /ˈtæn·dʒə·bl̩/ **35**
tangle /ˈtæŋ·gl̩/ **294.2**
tank /tæŋk/
  war **248.4**
  containers **331.4**
tap /tæp/
  hit **131.4**
  bathroom **185** ☆
tap dancing /ˈtæp ˌdɑːn·rs·ɪŋ/ **376.6**
tape /teɪp/
  join **294.3**
  music **379.9**
tape measure /ˈteɪp ˌmeʒ·əʳ/ **307**
target /ˈtɑː·gɪt/
  intend **107.2**
  target sports **394** ☆
tart /tɑːt/
  baked and dried foods **156.3**
  flavours **157.5**
task /tɑːsk/ **274.3**
taste /teɪst/
  flavours **157.1**
  eat **164.2**
tasteless /ˈteɪst·ləs/ **157.7**
tasty /ˈteɪ·sti/ **157.6**
Taurus /ˈtɔː·rəs/ **28** □
taut /tɔːt/ **256.2**
tax /tæks/ **264.2**
taxation /tækˈseɪ·ʃən/ **264.2**
taxi /ˈtæk·si/ **315.2**
taxpayer /ˈtæks,peɪ·əʳ/ **264.2**
tea /tiː/
  meals **162**
  drinks **166.3**
tea bag /ˈtiː ˌbæg/ **166.3**
teach /tiːtʃ/ **234**
teacher /ˈtiː·tʃəʳ/ **234.1**
teaching /ˈtiː·tʃɪŋ/ **234**
team /tiːm/ **388.2**
teapot /ˈtiː·pɒt/ **170** ☆
tear /teəʳ/ **132.2**
tear /tɪəʳ/ **447.3**
tear gas /ˈtɪə ˌgæs/ **248.4**
tease /tiːz/ **425**
teaspoon /ˈtiː·spuːn/ **170** ☆

tortoise /'tɔː·təs/ **7.3**
torture /'tɔː·tʃəʳ/ **209.5**
toss /tɒs/ **405**
total /'təʊ·tᵊl/
  whole **50**
  maths **297.2**
touch /tʌtʃ/
  touch **98**
  communications **340**
tough /tʌf/
  hard **100**
  difficult **243**
  strength **401.1**
tour /tɔːʳ/ **317.1**
tourism /'tʊə·rɪ·zᵊm/ **317**
tourist /'tʊə·rɪst/ **317**
tournament /'tɔː·nə·mənt/ **388.3**
tow /təʊ/ **338**
towel /taʊəl/ **184.1**
towel rail /'taʊəl ˌreɪl/ **185** ☆
tower /taʊəʳ/ **232.5** ☆
tower block /'taʊə ˌblɒk/ **174.3**
town /taʊn/ **14.3**
town hall /ˌtaʊn 'hɔːl/ **227.1**
toy /tɔɪ/ **386.1**
trace /treɪs/ **45.2**
trachea /trə'kiː·ə/ **101.2** ☆
track /træk/
  roads **311**
  sport **388.4**
track down **95**
tracksuit /'træk·suːt/ **190.7**
tractor /'træk·təʳ/ **173.2** ☆
trade /treɪd/
  doing business **262.3**
  employment **271.1**
trademark /'treɪd·mɑːk/ **262.7**
trader /'treɪd·əʳ/ **262.3**
tradesman /'treɪdz·mən/ **262.3**
trading /'treɪ·dɪŋ/ **262.3**
tradition /trə'dɪʃ·ᵊn/ **195**
traditional /trə'dɪʃ·ᵊn·ᵊl/ **195**
traffic /'træf·ɪk/ **315**
traffic jam /'træf·ɪk ˌdʒæm/ **309.3**
traffic light /'træf·ɪk ˌlaɪt/ **311** ☆
tragedy /'trædʒ·ə·di/ **376.1**
trail /treɪl/ **409.2**
trailer /'treɪ·ləʳ/ **173.2** ☆
train /treɪn/
  teach **234**
  trains **314**
trainer /'treɪ·nəʳ/
  shoes **191** ☆
  teach **234.1**
traipse /treɪps/ **407.6**
traitor /'treɪ·təʳ/ **214.3**
tram /træm/ **315.2** ☆
tramp /træmp/ **407.3**
tranquil /'træŋ·kwɪl/ **259**
tranquillity /træŋ'kwɪl·ə·ti/ **259**
tranquillizer /'træŋ·kwɪ·laɪ·zəʳ/ **126.5**
transform /træns'fɔːm/ **58**
transient /'træn·zi·ənt/ **29.2**
transition /træn'zɪʃ·ᵊn/ **58**
translate /træn'sleɪt/ **343.1**
translation /træn'sleɪ·ʃᵊn/ **343.1**
transparent /træn'spær·ᵊnt/ **194.1**
transport /'træn·spɔːt/ **323**
trap /træp/ **406**
trapeze artist /trə'piːz ˌɑː·tɪst/ **377** ☆
travel /'træv·ᵊl/ **317**
travel agent /'træv·ᵊl ˌeɪ·dzənt/ **317**
traveller /'træv·ᵊl·əʳ/ **317**
tray /treɪ/ **170** ☆
treacherous /'tretʃ·ᵊr·əs/ **214.3**
treacle /'triː·kl̩/ **160.1**
tread /tred/ **407.1**

treason /'triː·zᵊn/ **214.3**
treasure /'treʒ·əʳ/
  good **217.2**
  journalism **268.1**
treasurer /'treʒ·ᵊr·əʳ/ **206.1**
treat /triːt/
  cures **126**
  use **280**
  enjoy **428.1**
treatment /'triːt·mənt/
  cures **126**
  use **280**
treble /'treb·l̩/ **46.1**
treble clef /ˌtreb·l̩ 'klef/ **379.8** ☆
tree /triː/ **12**
tremble /'trem·bl̩/ **255.3**
tremendous /trɪ'men·dəs/ **417.3**
tremendously /trɪ'men·də·sli/ **417.3**
trend /trend/ **202.1**
trendy /'tren·di/ **202.1**
trial /traɪl/
  legal system **209.4**
  try **276.1**
triangle /'traɪˌæŋ·gl̩/ **38.1** ☆
triangular /traɪˈæŋ·gjə·ləʳ/ **38.1** ☆
tribe /traɪb/ **14.1**
tribunal /traɪˈbjuː·nᵊl/ **209.4**
trick /trɪk/
  dishonest **214.2**
  magic **416**
tricky /'trɪk·i/ **243**
trifle /'traɪ·fl̩/
  unimportant **76**
  sweet foods **160.2**
trifling /'traɪ·fl̩·ɪŋ/ **76**
trim /trɪm/ **384.2**
trio /'triː·əʊ/ **379.3**
trip /trɪp/
  travel **317.1**
  fall **412.1**
triple /'trɪp·l̩/ **46.1**
triplets /'trɪp·ləts/ **136**
tripod /'traɪ·pɒd/ **233.4** ☆
triumph /'traɪ·ʌmpf/ **396**
triumphant /traɪˈʌmp·fənt/ **396**
trivial /'trɪv·i·əl/ **76**
trombone /trɒmˈbəʊn/ **379.4**
troop /truːp/ **248.2**
trophy /'trəʊ·fi/ **398**
tropical /'trɒp·ɪ·kᵊl/ **18.1**
trot /trɒt/
  equestrian sports **395**
  run **408**
trouble /'trʌb·l̩/ **244.1**
troublesome /'trʌb·l̩·səm/ **244.1**
trousers /'traʊ·zəz/ **190.3**
trout /traʊt/ **10.1**
trowel /traʊəl/ **384.1**
truant /'truː·ənt/ **30**
true /truː/
  honest **213.3**
  true **215**
trumpet /'trʌm·pɪt/
  animal noises **8.2**, **8.2** □
  music **379.4**
trunk /trʌŋk/
  wild animals **1** ☆
  trees **12** ☆
  containers **331.3**
trunks /trʌŋks/ **190.7**
trust /trʌst/ **213**
trustworthy /'trʌst,wɜː·ði/ **213**
truth /truːθ/ **215**
truthful /'truː·θ·fᵊl/ **215**
try /traɪ/
  legal system **209.4**
  try **276**

ball sports **389.1** ☆
try on **276.1**
try out **276.1**
T-shirt /'tiː·ʃɜːt/ **190.4**
tub /tʌb/ **331.2**
tuba /'tjuː·bə/ **379.4**
tubby /'tʌb·i/ **48.1**
tube /tjuːb/ **331.1**
Tuesday /'tjuːz·deɪ/ **25.1**
tug /tʌg/ **338**
tulip /'tjuː·lɪp/ **11**
tumble /'tʌm·bl̩/ **412.1**
tumble drier /ˌtʌm·bl̩ 'draɪ·əʳ/ **186**
tummy /'tʌm·i/ **86**
tumour /'tjuː·məʳ/ **124.12**
tune /tjuːn/ **379.2**
turban /'tɜː·bᵊn/ **192.1** ☆
turd /'tɜːd/ **102**
turkey /'tɜː·ki/
  farm animals **6.1**
  meat **159.3**
Turkish /'tɜː·kɪʃ/ **361.1**
turn /tɜːn/ **414**
turncoat /'tɜːn·kəʊt/ **214.3**
turnip /'tɜː·nɪp/ **155.2**
turn on **257.3**
turnover /'tɜːn,əʊ·vəʳ/ **262.9**
turntable /'tɜːn,teɪ·bl̩/ **379.9** ☆
turn tail **322.1**
turn up **321.2**
turn-up /'tɜːn·ʌp/ **190.12** ☆
tusk /tʌsk/ **1** ☆
tutor /'tjuː·təʳ/ **234.1**
TV /ˌtiː'viː/ **378**
tweed /twiːd/ **193.1**
tweet /twiːt/ **9.4**
tweezers /'twiː·zəz/ **184.2**
twig /twɪg/ **12** ☆
twine /twaɪn/ **294.3**
twinkle /'twɪŋ·kl̩/ **24.3**
twins /twɪnz/ **136**
twist /twɪst/ **414.2**
twit /twɪt/ **241.1**
twitch /twɪtʃ/ **411.1**
two-time /ˌtuː'taɪm/ **214.3**
type /taɪp/ **306**
typescript /'taɪp·skrɪpt/ **369.3**
typewriter /'taɪp,raɪ·təʳ/ **370** ☆
typhoon /taɪ'fuːn/ **18.3**
typical /'tɪp·ɪ·kᵊl/ **442.1**
typically /'tɪp·ɪ·kᵊl·i/ **442.1**
typist /'taɪ·pɪst/
  office **272.2**
  writing materials **370** ☆
tyre /taɪəʳ/ **308** ☆

ugly /'ʌg·li/ **60**
ulcer /'ʌl·səʳ/ **124.5**
umbilical cord /ʌmˈbɪl·ɪ·kᵊl ˌkɔːd/ **136.1**
umbrella /ʌmˈbrel·ə/ **192.2**
umpire /'ʌm·paɪəʳ/
  sport **388.2**
  ball sports **389.5** ☆
unable /ʌnˈeɪ·bl̩/ **79**
unarmed /ʌnˈɑːmd/ **248.4**
unattainable /ˌʌn·əˈteɪ·nə·bl̩/ **79**
unaware /ˌʌn·əˈweəʳ/ **112.1**
unbeliever /ˌʌn·bɪˈliː·vəʳ/ **232.10**
unbutton /ʌnˈbʌt·ᵊn/ **295.1**
uncertain /ʌnˈsɜː·tᵊn/ **83**
uncertainty /ʌnˈsɜː·tᵊn·ti/ **83**
uncle /'ʌŋ·kl̩/ **138.6**
uncomfortable /ʌnˈkʌmp·fə·tə·bl̩/ **440**
uncommon /ʌnˈkɒm·ən/ **444.2**
unconscious /ʌnˈkɒn·tʃəs/ **125.3**

wood /wʊd/
  geography and geology **13.2**
  materials **304.2**
woodpecker /'wʊd,pek·ər/ **9** ☆
woodwind /'wʊd·wɪnd/ **379.4** ☆
wool /wʊl/
  textiles **193.1**
  arts and crafts **381.6**
woollen /'wʊl·ən/ **193.1**
word /wɜːd/ **362**
word processor /'wɜːd ˌprəʊ·ses·ər/ **296**
work /wɜːk/
  employment **271.1**
  work **274**
workaholic /ˌwɜː·kə'hɒl·ɪk/ **275**
worked up **257.1**
worker /'wɜː·kər/
  employment **271.3**
  work **274**
workforce /'wɜːk·fɔːs/ **271.3**
working class /ˌwɜː·kɪŋ 'klɑːs/ **204.1**
work out
  find out **113.2**
  maths **297.2**
works /wɜːks/ **271.2** □
workshop /'wɜːk·ʃɒp/ **271.2** □
work surface /'wɜːk ˌsɜː·fɪs/ **169** ☆
worm /wɜːm/
  small animals **4**
  bad **438.2**
worn out **182.3**
worried /'wʌr·ɪd/ **255.4**
worry /'wʌr·i/ **255.4**
worse /wɜːs/ **439**
worsen /'wɜː·sən/ **441**

worship /'wɜː·ʃɪp/
  religion **232.6**
  love **427.2**
worst /wɜːst/ **439**
worth /wɜːθ/ **268**
worthless /'wɜːθ·ləs/ **268.2**
worthwhile /ˌwɜːθ'waɪl/ **268.3**
worthy /'wɜː·ði/ **268.3**
wound /wuːnd/ **124.13**
wrap /ræp/ **334**
wrapper /'ræp·ər/ **334**
wreath /riːθ/ **195.4**
wreck /rek/ **132.1**
wreckage /'rek·ɪdʒ/ **132.1**
wren /ren/ **9**
wrench /rentʃ/
  pull and push **338**
  tools **382.1** ☆
wrestle /'res·l/ **249**
wrestling /'res·l·ɪŋ/ **392.1**
wretched /'retʃ·ɪd/ **447.1**
wriggle /'rɪg·l/ **411.1**
wrist /rɪst/ **86**
write /raɪt/ **369**
write off **309.4**
writer /'raɪ·tər/ **369**
writing /'raɪ·tɪŋ/ **369**
wrong /rɒŋ/ **300**
wrongly /'rɒŋ·li/ **300**

xylophone /'zaɪ·lə·fəʊn/ **379.4**

yacht /jɒt/ **312.1**

yard /jɑːd/ **307.1**
yarn /jɑːn/
  textiles **193**
  arts and crafts **381.6**
yawn /jɔːn/ **182**
year /jɪər/
  calendar and seasons **25.4**
  education **233** □
yearn for **72.1**
yeast /jiːst/ **156.2**
yell /jel/ **344**
yellow /'jel·əʊ/ **194.2**
Yellow Pages /ˌjel·əʊ 'peɪ·dʒɪz/ **340.3**
yen /jen/ **265.1** □
yesterday /'jes·tə·deɪ/ **25.1**
yield /jiːld/
  farming **173.4**
  give **372**
yoga /'jəʊ·gə/ **392**
yoghurt /'jɒg·ət/ **158.1**
young /jʌŋ/ **201.2**
youngster /'jʌŋk·stər/ **139.2**
youth /juːθ/ **139.3**
youthful /'juːθ·fəl/ **201.2**

zebra /'zeb·rə/ **1**
zebra crossing /ˌzeb·rə 'krɒs·ɪŋ/
  311 ☆
zest /zest/ **152.6**
zip /zɪp/ **190.11**
zloty /'zlɒt·i/ **265.1** □
zodiac /'zəʊ·di·æk/ **28** □
zoology /zuː'ɒl·ə·dʒi/ **233.3**

Ευρετήριο
ελληνικών λέξεων

Κάθε λέξη στο ευρετήριο ακολουθείται από τον αριθμό της κατηγορίας ή της υποκατηγορίας στην οποία ανήκει. Το σύμβολο ☆ σημαίνει ότι οι λέξεις παρουσιάζονται σε εικονογράφηση και το σύμβολο □ ότι οι λέξεις αυτές παρουσιάζονται σε πίνακα.